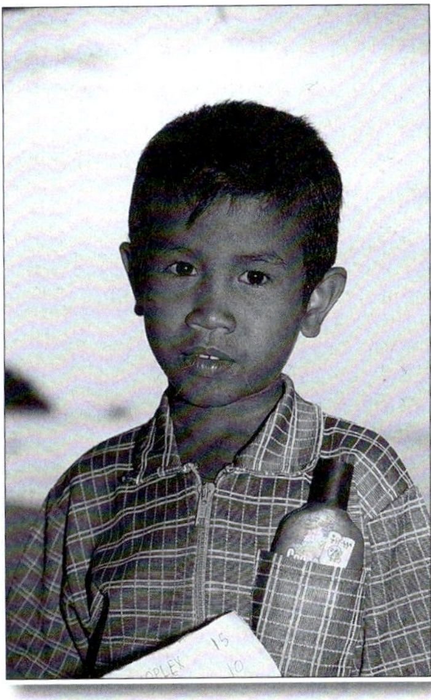

Impressum

Rainer Krack, Tom Vater
Thailand-Handbuch

erschienen im
Reise Know-How Verlag Peter Rump GmbH
Osnabrücker Str. 79
33649 Bielefeld

13., komplett aktualisierte und erweiterte Auflage Oktober 2006

Gestaltung
Umschlag: M. Schömann, P. Rump (Layout);
G. Pawlak (Realisierung)
Inhalt: G. Pawlak (Layout und Realisierung)
Fotos: der Autor, David Henley,
Chaweewan Chuchuay, Aroon Thaewchatturat
Karten: der Verlag, B. Spachmüller
(vordere Umschlagklappe und Farbteil S. I)

Lektorat (Aktualisierung): Barbara Bossinger

Druck und Bindung: Fuldaer Verlagsanstalt GmbH & Co. KG, Fulda

ISBN-10: 3-8317-1410-X
ISBN-13: 987-3-8317-1410-0

Printed in Germany

Dieses Buch ist erhältlich in jeder Buchhandlung Deutschlands, der Schweiz, Österreichs, Belgiens und der Niederlande. Bitte informieren Sie Ihren Buchhändler über folgende Bezugsadressen:

Deutschland
Prolit GmbH
Postfach 9, D-35461 Fernwald (Annerod)
sowie alle Barsortimente

Schweiz
AVA-buch 2000
Postfach, CH-8910 Affoltern

Österreich
Mohr Morawa Buchvertrieb GmbH
Sulzengasse 2, A-1230 Wien

Niederlande, Belgien
Willems Adventure
Postbus 403, NL-3140 AK Maassluis

Wer im Buchhandel trotzdem kein Glück hat, bekommt unsere Bücher auch über unseren **Büchershop im Internet:**
www.reise-know-how.de

Wir freuen uns über Kritik, Kommentare und Verbesserungsvorschläge.

Bangkok Zentrum

Die Namen der Sehenswürdigkeiten und Orientierungspunkte in Thai-Schrift zum Draufzeigen

■Bangkok Christian Hospital, C3
โรงพยาบาลกรุงเทพคริสเตียน

■Bank of Thailand, B1
ธนาคารแห่งประเทศไทย

■Busbahnhof Nord, D1
สถานีขนส่งสายเหนือ

■Chitlada-Palast, C1
พระราชวังจิตรลดา

■Chulalongkorn Hospital, D3
โรงพยาบาลจุฬา ฯ

■Democracy Monument, B2
อนุสาวรีย์ประชาธิปไตย

■Deutsche Botschaft, D3
สถานทูตเยอรมัน

■Erawan-Schrein, D2
ศาลพระพรหม (โรงแรมเอราวัน)

■G.P.O. (Post), C3
ไปรษณีย์กลาง

■Golden Mount, B2
ภูเขาทอง

■Hualampong Station, C3
สถานีรถไฟหัวลำโพง

■Imaging Technol. Museum, C3
พิพิธภัณฑ์เทคโนโลยีแห่งจินตนาการ

■Information TAT (ß), B1
การท่องเที่ยวแห่งประเทศไทย

■Jim Thompson Haus, C2
บ้านจิมทอมสัน

■Khao San Road Market, A1
ตลาดถนนข้าวสาร

■King Chulalongkorn Monu., B1
พระบรมรูปทรงม้า (รัชกาลที่ 5)

■Lak Muang, A2
ศาลเจ้าพ่อหลักเมือง

■Loha Phrasat, B2
โลหะปราสาท

■Lumpini-Park (Suan Lump.), D3
สวนลุมพินี (สวนลุม)

■Mission Hospital, C1/2
โรงพยาบาลมิชชั่น

■National-Bibliothek, B1
หอสมุดแห่งชาติ

■National History Museum, C3
พิพิธภัณฑ์ประวัติศาสตร์แห่งชาติ

■Nationalmuseum, A1
พิพิธภัณฑ์สถานแห่งชาติ

■Nationaltheater, A1
โรงละครแห่งชาติ

■Oriental Hotel, C3
โรงแรมโอเรียนเต็ล

■Österreichische Botschaft, D3
สถานทูตออสเตรีย

■Pahurat-Markt, B2
ตลาดพาหุรัด

■Phak Khlong Market, A3
ปากคลองตลาด

■Phra Buddha Yodfa Monu., A3
อนุสาวรีย์พระพุทธยอดฟ้า (สะพานพุทธ)

■Rama VI Statue, D3
พระบรมรูปรัชกาลที่ 6 (สวนลุมพินี)

■Rommani Nart Park, B2
สวนรมณีย์นาฏ

■Royal Barges, A1
อู่เรือหลวง (ท่าเรือบางกอกน้อย)

■Royal Grand Palace, A2
วัดพระแก้ว

■Sanam Luang, A2
สนามหลวง

■Schlangenfarm, D3
ฟาร์มงู (ถนนพระรามสี่)

■Schweizer Botschaft, D2
สถานทูตสวิท

■Siam Centre, D2
สยามเซ็นเตอร์

■Tammasat-Universität, A2
มหาวิทยาลัยธรรมศาสตร์

■Thai Airways, B2
การบินไทย (ถนนหลานหลวง)

■Thewet-Blumenmarkt, B1
ตลาดดอกไม้เทเวศน์

■Victory Monument, D1
อนุสาวรีย์ชัยสมรภูมิ

■Wat Arun, A2
วัดอรุณ

■Wat Benchamabophit, B1
วัดเบญจมบพิตร

■Wat Boworniwet, B1
วัดบวรนิเวศน์

■Wat Indraviharn, B1
วัดอินทราวิหาร

■Wat Mahathat, A2
วัดมหาธาตุ

■Wat Monkrut, B1
วัดมงกุฎ

■Wat Pho, A2
วัดโพธิ์

■Wat Phra Kaeo, A2
วัดพระแก้ว

■Wat Prayunwong, A3
วัดประยุรวงศ์

■Wat Suthat, B2
วัดสุทัศน์

■Wat Trimit, B3
วัดไตรมิตร

■Weekend Market, D1
สวนจตุจักร

■Zoo, C1
สวนสัตว์ดุสิต

19. September 2006 – Staatsstreich in Thailand

Am 19.9.2006 kam es zu einem Staatsstreich – dem ersten seit 15 Jahren –, in dem das Militär unter Leitung des obersten Armeebefehlshabers Sonthi Bunyaratglin den Ministerpräsidenten Thaksin aus dem Amt enthob. Thaksin waren weitverzweigte Korruption und Machtmissbrauch vorgeworfen worden. Seine Unwilligkeit, sich trotz vorheriger Zusagen aus der Politik zurückzuziehen, hatte viele Thais zutiefst frustriert. Thaksin befand sich in New York, als das Militär in einem unblutigen Putsch die Regierung übernahm und versicherte, innerhalb von zwei Wochen eine Zivilregierung einzusetzen.

Trotz des Putsches verläuft das Leben in Thailand in seinen althergebrachten Bahnen. Von großer Verunsicherung war nichts zu spüren, eher weitgehende Erleichterung, dass der Spuk um Thaksin endlich vorbei war. Sowohl die Bewohner Bangkoks als auch Touristen posierten für Fotos vor Panzern, z.T. mit Soldaten, denen Thais Blumen und Geschenke überreichten. Schon zwei oder drei Tage nach dem Staatsstreich war kaum noch etwas von den vorhergegangenen Spannungen zu spüren – die Thais machten ihrem Ruf, ein gleichmütiges, schnell verzeihendes und vergebendes Volk zu sein, alle Ehre. Touristen sind heute so willkommen wie ehedem, und Thailand ist immer noch „sabai-sabai“, ganz locker, leicht und relaxed. Regierungen kommen und gehen, aber so Vieles in Thailand bleibt eben immer beim Alten – und das ist wohl auch gut so. In diesem Sinne, gute Reise!

Rainer Krack
Bangkok, 22. September 2006

Rainer Krack, Tom Vater

Thailand-Handbuch

In Zusammenarbeit mit Aroon Thaewchatturat

Vorwort

In Thailand findet man alles, was sich Touristen oder Globetrotter nur wünschen können: zahllose herrliche Strände, einsame Berglandschaften, romantische, palmengesäumte Klongs und Flüsse, vor Waren berstende Shopping-Center und eine der raffiniertesten Küchen der Welt. Dazu kommen anmutige Tempel, die zur Weltarchitektur gehören, und imposante Ruinenstädte. Nur wenige Länder haben so vielfältige Attraktionen zu bieten wie Thailand.

Als eines der attraktivsten Reiseziele Asiens hat Thailand in den letzten Jahren beständig steigende Touristenzahlen verzeichnen können. Für das Jahr 2006 rechnet man mit über 12 Mio. Besuchern, mehr als jemals zuvor. Damit wäre Thailand das nach China beliebteste Reiseziel in Asien. Der Tourismus ist seit zwei Jahrzehnten der wichtigste Devisenbringer des Landes, mit Einnahmen von etwa 10 Mrd. € pro Jahr. Unter den vielen Ausländern, die sich permanent in Thailand niedergelassen haben, sind auch etwa 10.000 Deutsche – eine Zahl, die sicher für sich und für das „Land des Lächelns" spricht.

Gerade in den letzten Jahren kam dem Land das Geld aus dem Tourismus sehr gelegen, denn durch den dramatischen Einbruch der thailändischen Wirtschaft in den Jahren 1997/98 war das Land enorm verschuldet, und die Einkommen waren stark gesunken. Dann ließ der Tsunami Ende 2004 die Touristenzahlen kurzzeitig etwas absinken, und viele Angestellte in der Tourismusbranche in den betroffenen Gebieten verloren ihre Arbeit. Der Tsunami forderte über 5.000 Opfer in Thailand. Die Menschen, die Familienmitglieder in der Katastrophe verloren, werden vielleicht nie darüber hinwegkommen; der Tourismus aber erholte sich unerwartet schnell. Heute sieht in den meisten betroffenen Gebiete alles aus wie zuvor.

Natürlich erhofft sich die TAT, die thailändische Touristenbehörde (*Tourism Authority of Thailand*) für die Zukunft noch höhere Besucherzahlen. Aber Touristenmassen haben auch ihre Schattenseiten. So scheinen manche Strände dem Ansturm der zahlreichen Touristen nicht mehr gewachsen, und vor allem die Müllbeseitigung wird zum Problem. Korallenriffe werden durch ankernde Touristenboote zerstört, und so mancher pittoreske Kokoshain auf Ko Samui hat einer profitableren Bungalow-Anlage Platz machen müssen. Vielleicht ist alles ein wenig zu schnell gegangen ... Zum Glück gibt es aber auch Ansätze eines ökologischen Denkens, die hoffentlich schnell weitere Verbreitung finden werden. Es ist Thailand von Herzen zu wünschen, dass es seine Probleme in den Griff bekommt und das bleibt, was es ist: eines der schönsten Länder der Welt.

In diesem Sinne: *„Hay döörn taang dooy plort pay!"* – das ist der thailändische Zungenbrecher für „Gute Reise!"

Rainer Krack und Tom Vater,
September 2006

Inhalt

Die Ostküste

Exkurse

Zentralthailand

Der Norden

Der Nordosten

Der Süden

Anhang

Kartenatlas

Hinweise zur Benutzung

Da Reiseführer leider nicht so aktuell wie Zeitungen erscheinen können, liegt es auf der Hand, dass einige der Informationen in diesem Buch schon beim Kauf veraltet sein können. Das gilt besonders für die angegebenen **Preise für Dienstleistungen oder Verkehrsmittel.** Thailand hat derzeit eine jährliche Inflationsrate von ca. 5 %, und diese macht auch vor touristischen Einrichtungen oder Dienstleistungen nicht halt. Im touristischen Bereich können die Preise sogar noch schneller steigen, vor allem an Orten, die gerade besonders populär sind.

Preise für Unterkünfte werden in diesem Buch anhand von Kategorien angegeben: Die günstigsten Übernachtungsmöglichkeiten bekommen einen Stern, die teuersten fünf. Die Erklärung dieser Preiskategorien findet sich in der hinteren Umschlagklappe.

Bei den Preisangaben ist die Landeswährung Baht oft mit „B" abgekürzt.

Ein besonders kniffliges Problem in Thailand ist die **Transkription von Thai-Schrift** in unser Schriftsystem. Die thailändischen Behörden sind sich selbst nicht schlüssig darüber, wie z.B. ein bestimmter Ortsname zu transkribieren ist, und so mag der Reisende im Verlauf seines Aufenthalts auf viele verschiedene Schreibweisen desselben Namens stoßen. Die in vielen Städten vorzufindende „Königs-" oder „Hauptstraße" kann auf den Straßenschildern in vielen verschiedenen Varianten anzutreffen sein: z.B. als *Ratchadamnoen, Ratdamnoen, Rajdamnoen* oder *Rajdamnern*, um nur die geläufigsten Versionen zu nennen (gesprochen etwa „Ratdamnöhn").

Die unterschiedlichen Schreibweisen resultieren oft aus dem Unterschied, wie Thai-Namen in Thai *geschrieben* und wie sie *gesprochen* werden, und daraus, ob es sich um eine auf dem Englischen basierende Transkribierung handelt oder eine andere.

In diesem Buch sind die Straßennamen oft so wiedergegeben, wie sie auf den Straßenschildern angegeben sind, oder aber wie es linguistisch am sinnvollsten scheint.

Die korrekte **Aussprache von Thai-Begriffen** ist dem Laien schlichtweg unmöglich, und wenn man z.B. auf der Busstation bei der Angabe des gewünschten Zielortes nicht verstanden wird, schlage man das am Ende des Buches befindliche Ortsverzeichnis auf. Dort zeige man auf die Thai-Schrift des betreffenden Orts.

Einige **Stadtpläne** in diesem Buch sind selber „erlaufen" und vor Ort handgezeichnet worden, nämlich dann, wenn keine offiziellen Pläne erhältlich waren. Diese Karten weisen wahrscheinlich Fehler im Maßstab oder in anderen Details auf, dennoch sind sie hoffentlich hilfreich.

Die **Symbole für Tauchen** in den Landkarten geben gute Tauchreviere an.

Was man unbedingt wissen muss

Ein **Visum** ist für Bürger aus Deutschland, der Schweiz und Österreich **nicht nötig.** Bei der Einreise wird eine Aufenthaltsgenehmigung (offiziell *Transit Visa* genannt) von 30 Tagen erteilt. Diese kann nicht verlängert werden.

Internationale Flugverbindungen bestehen in erster Linie zur Hauptstadt Bangkok, die von über 70 Fluglinien angeflogen wird, und nach Phuket, unregelmäßiger nach Chiang Mai, Hat Yai, Krabi und Ko Samui (hier internationale nur ab Singapur).

Zur Einreise besteht **keinerlei Impfpflicht,** es sei denn, man reist aus einem aktuellen Seuchengebiet ein. Bei Besuchen der Dschungelgebiete nahe der burmesischen und kambodschanischen Grenze wie auch der Insel Ko Chang ist eine **Malaria-Prophylaxe** anzuraten.

Thailand hat eine **hohe AIDS-Rate** (ca. 600.000 HIV-Träger), und **Sextourismus** ist, auch wenn es etwas dramatisiert klingt, **lebensgefährlich.**

In Thailand herrschen Tageshöchsttemperaturen **von 30-35°C** und eine z. T. **sehr hohe Luftfeuchtigkeit.**

In den Monaten **Mai bis Oktober** herrscht in den meisten Gebieten **Regenzeit.** Das bedeutet zumeist keinen Dauerregen, eher einige Minuten oder Stunden anhaltende Regenfälle, abwechselnd mit Trockenperioden.

Die **beste Reisezeit** sind die „kühlen" Monate **November bis Februar.** Bei Besuchen des Nordens ist warme Kleidung (Jacke oder Pullover) mitzubringen.

Das **Preisniveau** liegt in Thailand weit unter dem europäischen (Ausnahme: Luxushotels und Nobel-Boutiquen).

Wechselkurs: 1 Euro = ca. 48 Baht. Für Travellerschecks gibt es einen etwas besseren Kurs als für Bargeld. (Stand: September 2006).

In allen klimatisierten Restaurants, Geschäften, Shopping-Centern, Büros etc. besteht seit 2002 **Rauchverbot. Strafe:** 2.000 Baht für den Raucher und 10.000 Baht für das Etablissement, das das Rauchen zulässt. Ab November 2006 soll das Verbot auf öffentliche Parks, Sportstadien und andere sportliche Einrichtungen, Bushaltestellen, Telefonzellen und Apotheken ausgeweitet werden.

Aufgrund eines etwas dubiosen Gesetzes, das Jugendliche vom Alkohol fernhalten soll, darf **zwischen 14 und 17 Uhr kein Alkohol verkauft** werden. Für Großhandelsmengen (also z.B. eine Kiste Wein) gilt dies allerdings nicht – haben wir nicht gerade etwas von einem dubiosen Gesetz gesagt?

Nachtclubs, Bars, Discos etc. müssen aufgrund einer „Kampagne zur sozialen Ordnung" zumeist **um 1 Uhr,** bzw. in bestimmten Entertainment-Zonen um 2 Uhr, **schließen.** Einige Etablissements bleiben aufgrund „guter Beziehungen" zu den Behörden über diese Zeit hinaus geöffnet.

Auch bei Ortsgesprächen muss jeweils die **Vorwahl** des Ortes mitgewählt werden.

Vor der Reise

Wat Benchamabophit, Bangkok

Fabelwesen auf Wandgemälden

Informationen aus dem Internet

Im Folgenden eine Auswahl nützlicher Adressen zu Thailand:

- **Bangkok World**
www.bangkokworld.com
Link-Seite, vorwiegend zu Bangkok und Umgebung, mit Hotel-Guide.
- **The Bangkok Post**
www.bangkokpost.com/index.html
Thailands größte englischsprachige Tageszeitung online.
- **The Nation**
www.nationmultimedia.com
Thailands *beste* englischsprachige Tageszeitung online.
- **Phuket Gazette**
www.phuketgazette.com
Das Online-Magazin der Lokalzeitung Phuket Gazette, ein Partner der Nation-Group.
- **Khao San Road**
www.khaosanroad.com
Aktuelle Übersicht der Rucksacktouristenstraße in Bangkok – Hotels, Nachtleben, Reisetipps. Wird von Westlern betrieben.
- **Untamed Travel Magazine**
www.untamed-travel.com
Thailands bestes Monatsmagazin für Rucksackreisende, mit Hotel-, Restaurant- und Nachtleben-Tipps für Bangkok.
- **Thaivisa.com**
www.thaivisa.com
Aktuelle Übersicht der Visasituation für Thailand. Wird von Westlern betrieben.
- **Domestic Flight Schedule**
http://asiatravel.com/flight.html
Aktuelle Übersicht über Inlandsflüge von Bangkok Airways und Thai Airways.
- **Nationalmuseum von Chiang Saen**
www.thailine.com/thailand/nordthai/chrai/attrak/att-saen/sae-mus.htm
Infoseite über das Nationalmuseum von Chiang Saen in deutscher Sprache
- **Hilltribe.org**
www.hilltribe.org
Übersicht über die Bergstämme Thailands

Weitere spannende Internetseiten im Anhang unter „Interessante Websites“.

Information

Thailändisches Fremdenverkehrsamt

- **in Deutschland:** Bethmannstr. 58, 60311 Frankfurt,
Tel. 069-1381390, Fax 069-13813950, info@thailandtourismus.de
- **in Österreich:** Apropos Marketing & Events, Heumuehlgasse 3, 1040 Wien,
Tel. 01-5852420, Fax 01-5852344, peter.herold@chello.at
- **in der Schweiz:** Zähringerstr. 6, 3012 Bern,
Tel. 031-3003088, Fax 031-3003077, info@tourismthailand.ch
- **www.thailandtourismus.de**
- **www.tourismthailand.ch**

Tourist Authority of Thailand

In Thailand und anderen südostasiatischen Staaten geben die Büros der **TAT** *(Tourist Authority of Thailand)* Auskunft. Auch im Internet unter www.tourismthailand.org:

Head Office

- 1600 New Petchaburi Road, Makkasan, Ratchathewi, Bangkok 10400, Tel. 02-2505 500, Fax 02-2505511, E-Mail: center@tat.or.th
- **TAT,** 4 Ratchadamnoen Nok Avenue, **Bangkok** 10100, Tel. 02-2829773, Fax 02-2829775

In Zentralthailand

- **TAT,** Saeng Chuto Road, Amphoe Muang, **Kanchanaburi** 71000, Tel. 034-511200, Fax 034-511200, E-Mail: tatkan@tat.or.th
- **TAT,** 241/1 Chaihat Road, **South Pattaya** 20260, Tel. 038-428750, 038-427667, Fax 038-429113
- **TAT,** 153/4 Sukhumvit Road, **Rayong** 21000, Tel. 038-655420-1, Fax 038-655422, E-Mail: tatyong@tat.or.th
- **TAT,** Ropwat Phrathat Road, **Lopburi** 15000, Tel. 036-422768-9, Fax 036-424089, E-Mail: tatlobri@tat.or.th

●**TAT,** 209/7-8 Surasi Trade Center, Boromtrailokanat Road, Amphoe Muang, **Phitsanulok** 65000, Tel. 055-252743, Fax 055-231063, E-Mail: tatphlok@tat.or.th
●**TAT,** 108/22 Moo 4, **Ayutthaya** 13000, Tel. 035-246076-7, Fax 035-246078, E-Mail: tatyutya@tat.or.th

Im Norden

●**TAT,** 105/1 Chiang Mai-Lamphun Road, Amphoe Muang, **Chiang Mai** 50000, Tel. 053-248604, 053-248607, Fax 053-248605, E-Mail: tatchmai@tat.or.th
●**TAT,** 448/16 Singhaklai Road, Amphoe Muang, **Chiang Rai** 57000, Tel. 053-717433, Fax 053-717434, E-Mail: tatchrai@tat.or.th
●**TAT,** 193 Taksin Rd., **Tak** 63000, Tel. 055-514341-3, Fax 055-514344, E-Mail: tattak@tat.or.th

Im Nordosten

●**TAT,** 264/1 Khaun Thani Road, Amphoe Muang, **Ubon Ratchathani** 34000, Tel. 045-243770-1, Fax 045-243771, E-Mail: tatubon@tat.or.th
●**TAT,** 15/5 Prachasamosorn Road, Amphoe Muang, **Khon Khaen** 40000, Tel. 043-236634, Fax 043-244497, E-Mail: tatkhkn@tat.or.th
●**TAT,** 2102-2104 Mittraphap Road, Tambon Nai Muang, Amphoe Muang, **Nakhon Ratchasima (Khorat)** 30000, Tel. 044-213666, 044-213030, Fax 044-213667, E-Mail: tatsima@tat.or.th
●**TAT,** 184/1 Sunthornvichit Road, **Nakhon Phanom** 48000, Tel. 042-513490-1, Fax 042-513492, E-Mail: tatphnom@tat.or.th
●**TAT,** 100 Moo 1 Trat-Laem Ngob Rd., Tambon Laem-Ngob, **Trat** 23120, Tel. 039-597259-60, Fax 039-597255, E-Mail: tattrat@tat.or.th
●**TAT,** 16/5 Mukmontri Rd., **Udon Thani** 41000, Tel. 042-325406-7, Fax 042-325408, E-Mail: tatudon@tat.or.th

Im Süden

●**TAT,** Thalang Road, Amphoe Muang, **Phuket** 83000, Tel. 076-212213, 076-211036, 076-217138, Fax 076-213582, E-Mail: tatphuket@tat.or.th
●**TAT,** 1/1 Soi 2 Niphat Uthit 3 Road, Amphoe Hatyai, **Songkhla** 90110, Tel. 074-243747, 074-238518, 074-231055, Fax 074-245986, E-Mail: tatsgkhi@tat.or.th
●**TAT,** 5 Talat Mai Road, Amphoe Muang, **Surat Thani** 84000, Tel. 077-288818-9, Fax 077-282828, E-Mail: tatsurat@tat.or.th
●**TAT,** 500/51 Phetkasem Road, **Cha-Am,** Phetchaburi 76120, Tel. 032-471005, 032-471006, Fax 032-471502, E-Mail: tatphet@tat.or.th
●**TAT,** Sanam Na Muang, Ratchadamnoen Road, Amphoe Muang, **Nakhon Si Thammarat** 80000, Tel. 075-346515-6, Fax 075-346517, E-Mail: tatnksir@tat.or.th

In Nachbarländern

●**TAT,** c/o Royal Thai Embassy, 370 Orchard Road, **Singapore** 238870, Tel. 2357901, Fax 7335653, E-Mail: tatsin@singnet.com.sg oder tatsin@tat.or.th, www.tourismthailand.org.sg und www.wisatathailand.com
●**TAT,** Menara Citibank, Suite 22.01, 22. Stock, 165 Jalan Ampang, 50450 Kuala Lumpur, **Malaysia,** Tel. 21623480, Fax 21623486, E-Mail: sawatdi@po.jaring.my oder tatkul@tat.or.th
●Weitere Vertretungen findet man unter www.tourismthailand.org, Rubrik „About TAT", Stichwort „Local & Overseas Offices".

Ein- und Ausreisebestimmungen

(Stand September 2006)

Hinweis: Da sich die **Einreisebedingungen kurzfristig ändern können,** raten wir, sich kurz vor Abreise beim Auswärtigen Amt (www.auswaertiges-amt.de, bzw. www.bmaa.gv.at oder www.dfae.admin.ch) oder der jeweiligen Botschaft zu informieren.

Visum

Bürger der Bundesrepublik, der Schweiz, Österreichs, der Niederlande sowie zahlreicher anderer Länder erhalten bei Einreise eine **Aufenthaltsgenehmigung** von 30 Tagen. **Achtung!** Ab dem 1. Oktober 2006 wird der 30-Tage-Einreisetempel nur noch 3-mal hintereinander ausgegeben. Danach muss der Reisende entweder ein Visum von einer thailändischen Botschaft oder einem Konsulat einholen, oder aber 90 Tage warten, bis wieder ein 30-Tage-Einreisestempel erteilt werden kann. Wer eine längere Reise plant, sollte sich daher in der nächstgelegenen Auslandsvertretung Thailands ein Visum ausstellen lassen:

- **Deutschland:** Lepsiusstr. 64-66, 12163 Berlin, Tel. (030) 794810, Fax 79481511, www.thaiembassy.de
- **Österreich:** Cottagegasse 48, 1180 Wien, Tel. (01) 47823335, Fax 4782907
- **Schweiz:** Kirchstr. 56, 3097 Liebefeld, Tel. (031) 97030-30, -31, -32, -33, -34, Fax 9703 035, www.thai-swiss.ch

Weitere diplomatische Vertretungen, **aktuelle Reisehinweise** und Hinweise zur allgemeinen **Sicherheitslage** erfährt man bei:

- **Deutschland:** www.auswaertiges-amt.de und www.diplo.de/sicherreisen (Länder- und Reiseinformationen), Tel. 030-5000-0, Fax 5000-3402
- **Österreich:** www.bmaa.gv.at (Bürgerservice), Tel. 05-01150-4411, Fax 05-01159-0
- **Schweiz:** www.dfae.admin.ch (Reisehinweise), Tel. 031-3238484

Die Visa gibt es in den folgenden Kategorien: 60-Tage-Touristen-Visum und 90-Tage-Non-Immigrant-Visum (für Geschäftsreisen). Jedes Visum mit **einer Einreise** ist **ab Ausstellungstag 90 Tage** gültig.

Das **60-Tage-Touristen-Visum** kann auch als **double-entry-** oder **triple-entry-Visum** ausgestellt werden, d.h. die Visa berechtigen dann zum zwei- bzw. dreimaligen Aufenthalt von jeweils 60 Tagen. Beide Visa sind 180 Tage gültig. In der thailändischen Botschaft in Singapur werden jedoch nur Touristenvisa für *eine* Einreise ausgestellt; das Gleiche gilt oft auch in Penang.

Visa-Gebühren

60 Tage-Touristen-Visum:
30 €/60 €/90 €
(Einreise einfach/zweifach/dreifach)

90 Tage-Non-Immigrant-Visum:
50 €/120 €
(Einreise einfach/mehrfach)

Das **90-Tage-Non-Immigrant-Visum** kann als **single-** und als **multiple-entry Visum** erworben werden. Das *multiple-entry* Visum ist 365 Tage gültig.

Zur **Visaerteilung** ist ein **Reisepass** vorzulegen, der am Tag der Ankunft in Thailand noch mindestens 6 Monate gültig sein muss. Des Weiteren ein ausgefülltes Antragsformular und ein Passfoto. **Kinderausweise** werden in Thailand nicht anerkannt. Zur Erteilung eines **Non-Immigrant-Visums** sind außerdem Bestätigungsschreiben des Arbeitgebers und/oder einer thailändischen Firma vorzulegen, die den Reisezweck angeben.

Die obigen Unterlagen, samt Postüberweisungsquittung oder Scheck in Höhe der Visumsgebühr und ausreichend frankiertem Rückumschlag, können auch per Post der Auslandsvertretung zugeschickt werden. Die Bearbeitung dauert je nach Saison 3–15 Tage.

Visumsverlängerungen

Die 30-Tage-Aufenthaltsberechtigung lässt sich einmal um 10 Tage verlängern, die Beurteilung des Falles liegt aber im Ermessen des zuständigen Beamten. Wie bei allen Versuchen, sein Visum verlängern zu lassen, sollte sich der Antragsteller um ein gepflegtes Äußeres und höflich-zurückhaltende Manieren bemühen. Gummischlappen, Shorts und Kaugummi werden auf die Beamten keinen sehr positiven Eindruck machen. Solcherlei Verhalten oder Aussehen kann durchaus als eine kleine Beleidigung oder Missachtung ausgelegt werden.

Ein zweimonatiges Touristenvisum lässt sich problemlos um 30 Tage verlängern, dann noch einmal um 15 Tage. Keine meiner Visumverlängerungen in Bangkok dauerte länger als 50 Minuten, das Ganze läuft im „Normalfall" recht unproblematisch ab. Jede Verlängerung kostet 1900 Baht. Außerdem sind notwendig: ein Passbild und Fotokopien der relevanten Seiten im Pass, d.h. die Seiten mit den Personalangaben, dem Visum und dem Einreisestempel.

Gegenüber dem **Immigration Office** in Bangkok, Soi Suanplu, Sathorn Tai Rd. (Tel. 02-2867003, 02-2864230, -31, -35, -37, 24-Std-Hilfsdienst Tel. 1111), in dem Visa verlängert werden, befinden sich Kopier- und Fotografiermöglichkeiten.

Im Prinzip können Visa in jeder Provinzhauptstadt verlängert werden, dennoch sind Bangkok und Chiang Mai am empfehlenswertesten, da dort Verlängerungen wie am Fließband ausgestellt werden.

Der Antrag auf Visumsverlängerung sollte mindestens 2 oder 3 Tage vor Ablauf des Visums gestellt werden.

„Overstay": Wer ohne gültiges Visum erwischt wird, muss mit empfindlichen Gefängnisstrafen rechnen. Wer aber am Flughafen zur Ausreise auftaucht, und das Visum ist bereits abgelaufen, wird lediglich mit einer Geldstrafe von 500 Baht je Tag nach Ablaufen des Visums bestraft. Überzieht man lediglich einen Tag, wird üblicherweise keine Strafgebühr erhoben.

Es sei hiermit dennoch vom Überziehen des Visums abgeraten!

Langzeitaufenthalt

Zu längeren Thailand-Aufenthalten zwecks Studium oder Arbeit sind **spezielle Visa** oder Genehmigungen nötig, die theoretisch bei allen **Immigration Offices** im Lande eingeholt werden können (am einfachsten in Bangkok, Chiang Mai und Phuket). Die Visagebühren sind relativ hoch (einige tausend Baht), und dazu ist oft ein wahrer Hindernislauf durch die Bürokratie nötig, ehe man das Visum in Händen hält. Gelegentlich vergehen Monate. Die Studien- oder Arbeitsvisa gelten in der Regel für 1 Jahr.

Wer in Thailand ein Einkommen bezieht, kann vom Doppelbesteuerungs-Abkommen Gebrauch machen, das zwischen Deutschland und Thailand besteht.

Geschäftsreisende, Journalisten, Fotografen, Forscher o.Ä., die kein Einkommen in Thailand beziehen, aber einer professionellen Tätigkeit nachgehen, können sich bei einer thailändischen Auslandsvertretung ein für drei Monate gültiges **Non-Immigrant Visum** ausstellen lassen. Diese Visa gibt es in der Kategorie „B" *(Business)* für Geschäftsleute und Kategorie „Ex" *(Expert)* für die meisten anderen Berufssparten. Das Visum lässt sich auf Wunsch auch als **Multiple Entry Visum** (2 mal 3 Monate), d.h. nach den ersten drei

Ausdrücklich gewarnt werden muss vor Reiseunternehmen, die „Visaverlängerungen" oder dubiose Visadienste anbieten. Diese Unternehmen schicken nach Ablauf des Visums den Reisepass per Kurier über die nächstgelegene Grenze, korrupte Beamte stempeln den Pass ab und der Reisende hat so wieder einen 30-Tage-Stempel im Pass ohne selbst das Land verlassen zu haben. Dies klingt zu gut um wahr zu sein, ist es auch.

Zahlreiche Reisende, die sich auf derartige Dienste eingelassen haben, wurden 2003 verhaftet, ins Gefängnis gestekkt, gegen Kautionen von ca. 300.000 Baht vorläufig freigelassen, und/oder – das ist noch der günstigste Fall – abgeschoben und permanent des Landes verwiesen. In manchen Fällen waren die Einreisestempel auch einfach gefälscht, und die Reisenden fielen bei der Ausreise im Flughafen auf.

Das große Problem mit derartigen Reisebüros ist, dass sie offen für ihre Dienste werben, damit völlig legitim wirken, und die thailändische Polizei scheint dies in keinster Weise zu stören. Wehe aber dann, wenn ... Der Dumme ist der Tourist, der sich auf derartige Unternehmen einlässt.

Monaten braucht man nur kurz auszureisen (z.B. in ein Nachbarland) und kann sofort wieder einreisen, wobei man einen neuen Drei-Monats-Stempel erhält. Dieses Visum bleibt 365 Tage gültig

Wer **ohne Arbeitsgenehmigung** in Thailand Geld verdient, kann mit Gefängnisaufenthalt bestraft werden.

Re-Entry Permit

Wer aus irgendeinem Grund plötzlich das Land verlassen muss, verliert normalerweise sein Visum. Durch Ausstellung eines Re-Entry Permits bleibt das Visum jedoch noch für die Zeit der verbleibenden Tage gültig. Beispiel: Wer am 1. August mit einem 60-tägigen Touristenvisum einreist und umständehalber am 10. August ausreist, verliert normalerweise die verbleibenden 49 Tage des Visums (der erste Gültigkeitstag des Visums wird als voller Tag angerechnet).

Mit dem Re-Entry Permit erhält man bei neuerlicher Einreise diese 49 Tage jedoch „zurück". Beantragt werden können die Permits bei den Immigrationsbüros und in den Immigrationsstellen in den internationalen Flughäfen. Mitzubringen sind zwei Passfotos und 1.000 Baht (für 1 Re-Entry; mehrere oder unbegrenzte Re-Entries kosten 3.800 Baht, aber diese sind nur für Leute mit Langzeitvisa, z.B. Arbeitsvisa, relevant).

Wer allerdings schon 30 oder mehr Tage des 60-Tage-Visums „abgewohnt" hat, profitiert nicht von dem Permit, denn bei neuerlicher Einreise gibt es ohnehin eine (kostenlose) 30-tägige Aufenthaltsgenehmigung, und damit kommt man dann auf insgesamt mehr als 60 Tage Aufenthalt.

Devisenbestimmungen

Devisen in bar oder Schecks dürfen in unbegrenzter Höhe in jeglicher Währung eingeführt werden.

Ausländische Devisen können unbegrenzt wieder ausgeführt werden, thailändische nur bis zu 50.000 Baht.

Baht können jederzeit im Flughafen oder in allen Banken mit Wechselservice in ausländische Währungen zurückgetauscht werden.

Einfuhrbeschränkungen

Erlaubt sind bei der Einreise nach Thailand 1 Liter Spirituosen pro Person sowie 200 Zigaretten und Parfüm in Mengen „zum persönlichen Gebrauch". Kontrollen sind jedoch sehr selten und eventuelle leichte Überschreitungen werden generös gehandhabt.

Kameras/Filme

Offiziell darf man nur jeweils eine Foto- oder Videokamera einführen, ebenso nur 5 Fotofilme und 3 Videofilme. In der Praxis wird das Einhalten dieser Bestimmung so gut wie nie überprüft. Wer nicht genügend Filme oder Memory Cards dabei hat, kann sie relativ preisgünstig in Bangkok nachkaufen. (Siehe Kapitel „Ausrüstung".)

Ausfuhrbeschränkungen

Die Ausfuhr von **Antiquitäten** und **Buddhastatuen** oder Einzelteilen davon ist strengstens untersagt. Lediglich Buddhafiguren von Amulettgröße, die also am Körper getragen werden, dürfen außer Landes gebracht werden. Damit soll verhindert werden, dass Buddhafiguren im Ausland als Briefbeschwerer oder Hutständer missbraucht werden. Diese Regel wird beim Export von neuen Buddhafiguren allerdings an Flugplätzen generell nicht durchgesetzt.

Sondergenehmigungen erteilt das Department of Fine Arts. Zur Beantragung müssen die betreffenden Objekte von vorne fotografiert werden (nicht mehr als 5 Objekte pro Foto). Davon sind zwei postkartengroße Abzüge zu machen, die dann zusammen mit Fotokopien der relevanten Seiten des Reisepasses – sowie einer Echtheitsbestätigung des Passes seitens der Heimatbotschaft – bei einer der folgenden Stellen vorzulegen sind (die Bearbeitungszeit beträgt ca. 8 Tage):

- **Department of Fine Arts,** Na-Pharathat Road, Bangkok, Tel. 02-2217811
- **The Chiang Mai National Museum,** Chiang Mai, Tel. 053-221308
- **The Songkhla National Museum,** Songkhla, Tel. 074-311728

Rückeinreise nach Europa

Bei der Rückreise gibt es auch auf europäischer Seite **Freigrenzen, Verbote und Einschränkungen,** die man beachten sollte, um eine böse Überraschung am Zoll zu vermeiden. Folgende **Freimengen** darf man zollfrei einführen:

- **Tabakwaren** (über 17-Jährige in EU-Länder und in die Schweiz): 200 Zigaretten oder 100 Zigarillos oder 50 Zigarren oder 250 g Tabak
- **Alkohol** (über 17-Jährige in EU-Länder): 1 l über 22 % Vol. oder 2 l bis 22 % Vol. und zusätzlich 2 Liter nicht-schäumende Weine; (in die Schweiz): 2 Liter (bis 15 % Vol.) und 1 Liter (über 15 % Vol.)
- **Andere Waren für den persönlichen Gebrauch** (über 15-Jährige): in die BRD 500 g Kaffee, nach Österreich zusätzlich 100 g Tee, (ohne Altersbeschränkung): 50 g Parfüm und 0,25 Liter Eau de Toilette sowie Waren bis zu 175 €. In die Schweiz Waren bis zu einem Gesamtwert von 300 SFr. pro Person.

Wird der Warenwert von 175 € bzw. 300 SFr überschritten, sind **Einfuhrabgaben** auf den Gesamtwert der Ware zu zahlen und nicht nur auf den die Freigrenze übersteigenden Anteil. Die Berechnung erfolgt entweder pauschalisiert oder nach dem Zolltarif jeder einzelnen Ware zuzüglich sonstigen Steuern.

Einfuhrbeschränkungen bestehen z.B. für Tiere, Pflanzen, Arzneimittel, Betäubungsmittel, Feuerwerkskörper, Lebensmittel, Raubkopien, verfassungswidrige Schriften, Pornografie, Waffen und Munition; in Österreich auch für Rohgold und in der Schweiz auch für CB-Funkgeräte. **Nähere Informationen** gibt es bei:

- **Deutschland:** www.zoll.de oder beim Zoll-Infocenter Tel. 069-469976-00
- **Österreich:** www.bmf.gv.at oder beim Zollamt Villach Tel. 04242-33233
- **Schweiz:** www.zoll.admin.ch oder bei der Zollkreisdirektion in Basel Tel. 061-2871111

Handy

Das eigene **Mobiltelefon** lässt sich in Thailand in der Regel problemlos nutzen, denn die meisten Mobilfunkgesellschaften haben Roamingverträge mit den thailändischen Gesellschaften AIS (GSM 900 MHz, www.ais.co.th), Truemove (ehemals: Orange, GSM 1800 MHz, www.truemove.com) oder DTAC (GSM 1800 MHz, www.dtac.co.th). Wegen hoher Gebühren sollte man bei seinem Anbieter nachfragen oder auf dessen Website nachschauen, welcher der Roamingpartner günstig ist und diesen per **manueller Netzauswahl** voreinstellen.

Nicht zu vergessen sind die **passiven Kosten,** wenn man von zu Hause angerufen wird (Mailbox abstellen!). Der Anrufer zahlt nur die Gebühr ins heimische Mobilnetz, die teure Rufweiterleitung ins Ausland zahlt der Empfänger. Wesentlich preiswerter ist es sich von vornherein auf **SMS** zu beschränken, der Empfang ist dabei in der Regel kostenfrei.

Der Versand und Empfang von **Bildern per MMS** hingegen nicht nur relativ teuer, sondern je nach Roamingpartner auch gar nicht möglich. Die **Einwahl ins Internet** über das Mobiltelefon um Daten auf das Notebook zu laden ist noch kostspieliger.

Siehe auch Kapitel „Post und Telefon" in „Praktische Tipps A–Z".

Viele weitere nützliche und geldsparende Tipps zum mobilen Telefonieren bietet das Buch **„Handy global – mit dem Handy ins Ausland"** aus dem Reise Know-How Verlag.

Hin- und Rückflug

Luftweg

Für die Anreise nach Thailand per Flugzeug bietet sich als Ziel Bangkok an. **Nonstop- und Direktverbindungen** aus dem deutschsprachigen Raum **nach Bangkok** bestehen von Düsseldorf mit *LTU*, von Frankfurt mit *Condor, Lufthansa, Royal Brunei Airlines* und *Thai Airways*, von München mit *LTU* und *Thai Airways*, von Zürich mit *Swiss* und *Thai Airways* sowie von Wien mit *Austrian Airlines* und *EVA Airways*.

Man kann aber auch im Winterhalbjahr von Frankfurt mit *Condor*, von München mit *LTU* und *Condor* sowie von Wien mit *Austrian Airlines* ein- oder zweimal wöchentlich **nonstop oder direkt nach Phuket** fliegen.

Daneben gibt es **unzählige Umsteigeverbindungen** über europäische, nahöstliche und fernöstliche Großstädte nach Bangkok und Phuket, die zwar billiger sein können als Direktflüge, bei denen man aber auch eine längere Flugdauer einkalkulieren muss.

Die **Dauer eines Nonstopfluges** von Deutschland, Österreich und der Schweiz nach Bangkok liegt bei etwa 10 Stunden, mit Zwischenlandung oder Umsteigen bei etwa zwei bis vier Stunden mehr.

Flugpreise

Je nach Fluggesellschaft, Jahreszeit und Aufenthaltsdauer in Thailand bekommt man ein Economy-Ticket von Deutschland, Österreich und der Schweiz hin und zurück nach Bangkok **ab unter 500 Euro,** z.B. mit *Mahan Air* von Düsseldorf über Teheran (inkl. aller Steuern, Gebühren und Entgelte). Am günstigsten sind Flüge nach Bangkok von nach Ostern bis Ende Juni, am teuersten im Winterhalbjahr von November bis März, in dem sie für Abflüge von Anfang Dezember bis Anfang Januar am höchsten sind und bis zu 1000 Euro betragen können.

Gabelflüge (z.B. Hinflug nach Bangkok, Rückflug ab Phuket) sind in der Regel etwas teurer, können aber für die Reiseplanung von Vorteil bei der Gestaltung von Rundreisen sein.

Preiswertere Flüge sind mit **Jugend- und Studententickets** (je nach Airline alle jungen Leute bis 29 Jahre und Studenten bis 34 Jahre) möglich. Außerhalb der Hauptsaison gibt es einen Hin- und Rückflug von Frankfurt nach Bangkok ab etwa 450 Euro.

Von Zeit zu Zeit offerieren die Fluggesellschaften **befristete Sonderangebote.** Dann kann man z.B. mit *Emirates* für rund 450 Euro von Hamburg, Düsseldorf, Frankfurt oder München über Dubai oder mit *Gulf Air* von Frankfurt über Bahrain nach Bangkok und zurück fliegen. Diese Tickets haben in der Regel eine befristete Gültigkeitsdauer und eignen sich nicht für Langzeitreisende. Ob für die gewünschte Reisezeit gerade **Sonderangebote** für Flüge nach Thailand auf dem Markt sind, lässt sich im Internet auf der Website von Jet-Travel (www.jet-travel.de) unter „Flüge" entnehmen, wo sie als Schnäppchenflüge nach Asien mit aufgeführt sind.

In Deutschland gibt es von Frankfurt aus die häufigsten Verbindungen nach Thailand. Tickets für Flüge von und nach anderen deutschen Flughäfen sind oft teurer. Da kann es für Deutsche attraktiver sein, mit einem **Rail-and-Fly-Ticket** per Bahn nach Frankfurt zu reisen (entweder bereits im Flugpreis enthalten oder nur 30 bis 60 € extra). Man kann ja nach Fluglinie auch einen preiswerten **Zubringerflug** der gleichen Airline von einem kleineren Flughafen in Deutschland buchen. Außerdem gibt es **Fly & Drive-Angebote,** wobei eine Fahrt vom und zum Flughafen mit einem Mietwagen im Ticketpreis inbegriffen ist.

Indirekt sparen kann man als Mitglied des **Vielflieger-Programms** der www.star-alliance.com (Mitglieder u.a. *Austrian Airlines, Lufthansa, Swiss* und *Thai Airways*). Die Mitgliedschaft ist kostenlos und mit den gesammelten Meilen von Flügen bei Fluggesellschaften innerhalb eines Verbunden reichen die gesammelten Flugmeilen dann vielleicht schon für einen Freiflug bei einem der Partnergesellschaften beim nächsten Flugurlaub. Bei Einlösung eines Gratisfluges ist langfristige Vorausplanung nötig.

Buchung

Folgende **zuverlässigen Reisebüros** haben meistens günstigere Preise als viele andere:

Kleines „Flug-Know-How"

Wichtig!

Ohne einen **gültigen Reisepass und Rükkflugticket bzw. Visum** (für Reisen über 30 Tage Dauer) kommt man nicht an Bord eines Flugzeuges nach Thailand!

Wahl der Fluggesellschaft

Wenn man sich nicht den Komfort der Business Class oder gar First Class leisten kann, kommt es in der Economy Class doppelt und dreifach auf die Annehmlichkeiten an, die eine Airline bieten kann. Man sollte daher z.B. den **Abstand zwischen den Sitzreihen** vergleichen, denn dabei sind die Airlines durchaus unterschiedlich. Bis zu 5 cm mehr Beinfreiheit können für große Nordeuropäer einiges an Mehrkomfort bedeuten. Paradoxerweise bewegen sich die europäischen Fluggesellschaften mit nur 79-82 cm Abstand zum Sitz des Vordermannes ganz unten auf der Skala des Beinkomforts. Bequemere 84-86 cm bieten die meisten nahöstlichen und asiatischen Fluggesellschaften. Darüber hinaus sind diese auch mit persönlichen Videobildschirmen ausgestattet, die bei vielen europäischen Fluggesellschaften nicht immer vorhanden sind. Dieses Plus an Bequemlichkeit macht allemal einen Zwischenstopp in ihrem Heimatflughafen wett.

Das Ticket

Die **Gültigkeitsdauer des Tickets** kann 30 oder 45 Tage, 3, 6 und 12 Monate betragen. Nach Ablauf der Frist (siehe Gültigkeitsdauer in der Mitte des Tickets über der Flugstreckenangabe) ist keine Verlängerung möglich, das Ticket verfällt dann. Sonst kann der Flugtermin innerhalb der Geltungsdauer beliebig oft verschoben werden, wofür aber fast immer Gebühren (bis zu 300 €) anfallen. Aber Achtung, in der Hochsaison sind alle Plätze oft auf Wochen ausgebucht! Bei **Billigtickets,** die einen fixen Termin beinhalten, gibt es keine Änderungsmöglichkeit. Wenn man den Flug verpasst, hat man einfach Pech gehabt. Für solche Tickets mit hohen Umbuchungsgebühren oder fixem Termin ist der Abschluss einer Reiserücktrittskostenversicherung sehr empfehlenswert (siehe „Vor der Reise: Versicherungen").

Geht ein **Ticket verloren,** das schon rükkbestätigt wurde, hat man gute Chancen, einen Ersatz dafür zu erhalten. Einige Airlines kassieren dafür aber noch einmal 50 bis 100 € und bei manchen läuft gar nichts mehr. Gut ist es, deutlich lesbare Fotokopien des Tickets zu machen und bei einer Vertrauensperson zu hinterlegen. Dies hilft enorm bei einer Neuausstellung des Tickets.

All das kann man sich ersparen, indem man von den **elektronischen Tickets** (E-Tickets) Gebrauch macht, die immer mehr Fluggesellschaften anbieten. Die werden im Reservierungssystem der Airline, bei der man einen Flug gebucht hat, gespeichert und können nicht verloren gehen und gestohlen werden. Hinzu kommt, dass für die Ausstellung von Papiertickets neuerdings Zuschläge von bis zu 10 € berechnet werden.

Mahlzeiten und Sitzplatz

Benötigt man eine **besondere Mahlzeit,** z.B. vegetarisch, vegan oder glutenfrei, sollte man dies schon bei der Buchung im Reisebüro deutlich machen, damit es entsprechend bei der Fluglinie veranlasst wird.

Sitzplatz-Tipps: In puncto Beinfreiheit sind die besten Sitzplätze im Flugzeug Gangplätze, die weder in der Nähe der Küche noch bei den Toiletten liegen (denn dort herrscht immer reger Betrieb, der einen vom Schlafen abhält). Plätze bei den Notausgängen bieten zwar noch mehr Beinfreiheit, aber gleich daneben sitzen im Mittelteil meist auch Eltern mit ihren zuweilen quengeligen Säuglingen und Kleinkindern. Außerdem sind es beliebte Aufenthaltsekken für Passagiere, die sich die Füße vertreten wollen und dort ein Schwätzchen halten.

Reist man ganz allein und hat keine Sextanerblase, kann es weitaus angenehmer sein, einen Fensterplatz zu reservieren, damit man für die Sitznachbarn nicht immer aufstehen muss. Außerdem kann man dann natürlich auch aus dem Fenster sehen.

Wer sehr unter **Flugangst** leidet, sollte sich möglichst weit vorn im Flugzeug einen Platz reservieren, denn dort merkt man weniger von den Vibrationen der Maschine.

Das Gepäck

Aus Sicherheitsgründen dürfen **Taschenmesser, Nagelfeilen, Nagelscheren,** sonstige Scheren und Ähnliches nicht mehr im Handgepäck untergebracht werden. Diese sollte man unbedingt im aufzugebenden Gepäck verstauen, sonst werden diese Gegenstände bei der Sicherheitskontrolle einfach weggeworfen. Darüber hinaus gilt, dass Feuerwerke, leicht entzündliche Gase (in Sprühdosen, Campinggas), entflammbare Stoffe (in Benzinfeuerzeugen, Feuerzeugfüllung) etc. nichts im Passagiergepäck zu suchen haben.

In der Economy-Class darf man in der Regel nur **Gepäck bis zu 20 kg pro Person** einchecken (steht auf dem Flugticket) und zusätzlich ein Handgepäck von 7 kg in die Kabine mitnehmen, welches eine bestimmte Größe von 55 x 40 x 23 cm nicht überschreiten darf. In der Business Class sind es meist 30 kg pro Person und zwei Handgepäckstücke, die insgesamt nicht mehr als 12 kg wiegen dürfen. Man sollte sich beim Kauf des Tickets über die Bestimmungen der Airline informieren.

Wenn das Gepäck die Gewichtsgrenze übersteigt, ist die Airline nicht verpflichtet, es auf dem gleichen Flug zu befördern und man trägt die **Mehrkosten** für die Versendung als Frachtgut oder die Zulassung als Übergepäck. Wenn man Glück hat, wird ein Auge zugedrückt. Gepäckstücke, die mehr als 32 kg wiegen, können nicht normal eingecheckt werden – zum gesundheitlichen Schutz des Personals, das diese Gepäkkstücke heben muss.

Sperrige Gepäckstücke (z.B. Fahrräder) müssen bei der Fluggesellschaft vorab angemeldet werden. Deren Beförderung kann mit Zusatzkosten verknüpft sein, die je nach Airline unterschiedlich sind.

Der Check-in

Bei den meisten internationalen Flügen muss man **zwei bis drei Stunden vor Abflug** am Schalter der Airline eingecheckt haben. Viele Airlines neigen zum Überbuchen, d. h., sie buchen mehr Passagiere ein, als Sitze im Flugzeug vorhanden sind, und wer zuletzt kommt, hat dann möglicherweise das Nachsehen.

Wenn ein **vorheriges Reservieren** der Sitzplätze nicht möglich war, hat man die Chance, einen Wunsch bezüglich des Sitzplatzes zu äußern.

Rückbestätigung

Bei den meisten Airlines ist heutzutage die **Bestätigung des Rückfluges** nicht mehr notwendig. Allerdings empfehlen alle Airlines, sich dennoch telefonisch zu erkundigen, ob sich an der Flugzeit nichts geändert hat, denn kurzfristige Änderungen der genauen Abfluguhrzeit kommen beim zunehmenden Luftverkehr heute immer häufiger vor.

Wenn die Airline allerdings eine Rückbestätigung *(reconfirmation)* **bis 72 oder 48 Stunden vor dem Rückflug** verlangt, sollte man auf keinen Fall versäumen, die Airline kurz anzurufen, sonst kann es passieren, dass die Buchung im Computer der Airline gestrichen wird; der Flugtermin ist dahin. Das Ticket verfällt aber nicht dadurch, es sei denn, die Gültigkeitsdauer wird überschritten, aber unter Umständen ist in der Hochsaison nicht sofort ein Platz auf einem anderen Flieger frei.

Die **Rufnummer** kann man von Mitarbeitern der Airline bei der Ankunft, im Hotel, dem Telefonbuch oder auf der Website der Airline erfahren.

- **Jet-Travel,** Buchholzstr. 35, D-53127 Bonn, Tel. 0228-284315, Fax 284086, info@jet-travel.de, www.jet-travel.de. Auch für Jugend- und Studententickets. Sonderangebote auf der Website unter „Schnäppchenflüge".
- **Globetrotter Travel Service,** Löwenstr. 61, CH-8023 Zürich, Tel. 01-2286666, zh-loewenstrasse@globetrotter.ch, www.globetrotter.ch. Weitere Filialen siehe Website.

Die vergünstigten Spezialtarife und befristeten Sonderangebote kann man nur bei wenigen Fluggesellschaften in ihren Büros oder direkt auf ihren Websites buchen; diese sind jedoch immer auch bei den oben genannten Reisebüros erhältlich.

Last-Minute

Wer sich erst im letzten Augenblick für eine Reise nach Thailand entscheidet oder gern pokert, kann Ausschau nach Last-Minute-Flügen halten, die von einigen Airlines mit deutlicher Ermäßigung **ab etwa 14 Tage vor Abflug** angeboten werden, wenn noch Plätze zu füllen sind. Diese Last-Minute-Flüge lassen sich nur bei Spezialisten buchen:

- **L'Tur,** www.ltur.com, (D)-Tel. 01805 212121 (0,12 €/Min.), (A)-Tel. 0820 600800 (0,12 €/Min.), (CH)-Tel. 0848 808088 (0,12 SFr./Min.); 140 Niederlassungen europaweit.
- **Lastminute.com,** www.de.lastminute.com, (D)-Tel. 01805 777257 (0,12 €/Min.).
- **5 vor Flug,** www.5vorflug.de, (D)-Tel. 01805 105105 (0,12 €/Min.).
- **www.restplatzboerse.at,** Schnäppchenflüge für Leser in Österreich.

Vorsicht! Thailand ist ein Zentrum des **Drogenschmuggels,** und niemand sollte irgendwelche Pakete oder Gepäckstücke von Wildfremden unter seinem Namen durch den Zoll bringen, auch wenn der Fremde „irgendwie ganz okay" aussieht. Dasselbe gilt fürs Überqueren der thailändisch-malaysischen Grenze, vor der schon manchem Reisenden unbemerkt ein Päckchen zugeschoben wurde. Kurz vor Grenzübertritt nach Malaysia sollte man das eigene Gepäck noch einmal gründlich durchsuchen!

Der Rückflug

Bei den meisten internationalen Flügen ist zwei Stunden vor dem Abflug am Schalter der Airline einzuchecken *(check in)*.

Beim Abflug von Bangkok (ins Ausland) muss eine **Flughafengebühr** *(airport tax)* bezahlt werden. Sie beträgt **zurzeit 500 Baht, wird aber am 1.2.2007 auf 700 Baht erhöht.** Der entsprechende Coupon kann nach dem Einchecken an einem Automaten gezogen oder an einem Schalter gekauft werden. Eine Ausnahme besteht u.U. bei Charter-Gesellschaften, bei denen die Flughafengebühr bereits im Flugpreis enthalten ist. Manchmal ist sie auch bei anderen Fluggesellschaften im Ticket-Preis enthalten und wird mit diesem verrechnet. Ansonsten schadet es nicht, das Geld gleich am Anfang des Aufenthalts zusammen mit dem Ticket zurückzulegen (in der geforderten Währung, um unnötiges Wechseln zu meist schlechten Konditionen am Flugplatz zu vermeiden). Ohne Airport Tax kein Flug!

Anreise von Asien

- **Von Hongkong:** Täglich etwa 20 Flugverbindungen nach Bangkok, die meisten davon mit Thai Airways und Cathay Pacific. Preise ab ca. 250 € einfach. Außerdem fliegt auch die Billigairline Dragon Air nach Hongkong, die Preise sind allerdings nur wenig günstiger. Flugzeit 2½ Std. Direkte Flüge gibt es auch nach Phuket.
- **Von Indien:** Flüge ab Indien sind etwas preiswerter als in umgekehrter Richtung. Air

India fliegt für ca. 200 € von Delhi nach Bangkok (einfach), für ca. 220 € ab Mumbai (über Delhi). Indian Airlines ist ab beiden Flughäfen oft noch etwas billiger. Flüge ab Kolkata (Kalkutta) mit Indian Airlines kosten einfach ca. 150 €. Indian Airlines fliegt auch ab Bodh Gaya und Guwahati. Verbindungen von Delhi, Mumbai, Kalkutta und Chennai bietet auch Thai Airways an.

Ab Chennai gibt es auch Verbindungen mit MAS (Umsteigen in Kuala Lumpur oder Penang), Singapore Airlines (Umsteigen in Singapur) und Srilankan Airlines (Umsteigen in Colombo).

- **Von Bangladesch:** Bangladesh Biman, Thai Airways und die bhutanesische Druk Air fliegen von Dhaka nach Bangkok. Einfachflüge kosten jeweils ca. 100 €. Außerdem gibt es eine Verbindung von Chittagong nach Chiang Mai (Thai Airways).
- **Von Indonesien:** Ab Jakarta gehen täglich mehrere Direktflüge mit Thai Airways und der indonesischen Garuda, Flugzeit ca. 2½ Std., dazu weitere Verbindungen mit Singapore Airlines (Umsteigen in Singapur), Qantas (Umsteigen in Singapur) und Cathay Pacific (Umsteigen in Hongkong).

Ab Denpasar auf Bali gibt es Direktflüge mit Thai Airways und mit Garuda; Flugzeit ca. 4 Std., dazu weitere Anreisemöglichkeiten mit Umsteigen, z.B. mit Singapore Airlines, Silk Air und Cathay Pacific.

- **Von Kambodscha:** Von Phnom Penh nach Bangkok fliegen Bangkok Airways und Thai Airways (beide je zweimal tägl.), Flugzeit gut 1 Std., Kostenpunkt ca. 100-120 €. Sehr viel günstiger ist der Flug mit Air Asia (ab 40 €), der allerdings nur einmal täglich um 7 Uhr morgens geht.
- **Von Laos:** Flüge mit Lao Aviation und Thai Airways von Vientiane nach Bangkok, Flugzeit knapp 1 Std. Lao Aviation fliegt auch nach Chiang Mai. Die Anreise über Land ist ebenfalls möglich; es besteht eine Brückenverbindung über den Grenzfluss Mekhong zum thailändischen Nong Khai.
- **Von Malaysia:** Thai Airways und MAS fliegen ab Kuala Lumpur (KL) und Penang nach

Foto: Aroon Thaewchatturat

Bangkok (ca. 170 €; Flugzeit 1½ Std.) sowie von Penang nach Phuket (ca. 50 €). Die MAS fliegt auch von Pulau Langkawi nach Phuket. Air Asia fliegen täglich 5-mal von KL, ab 15 €. Preiswerte Flüge von Air Asia gibt es auch von Penang (ab 60 €) und Kota Kinabalu (ab 80 €).

Dazu bestehen zahlreiche Busverbindungen, vor allem von Kuala Lumpur und Penang. Ab Penang fahren auch Sammeltaxis.

Singapur, Malaysia und Thailand sind auch per Schiene verbunden; Züge ab Singapur, Kuala Lumpur und Butterworth (bei Penang). Bei Fahrten ab Singapur Umsteigen in KL und Butterworth, ab KL nur in Butterworth.

- **Von Myanmar (Burma):** Flüge mit Myanmar Airlines und Thai Airways von Yangon (Rangoon) nach Bangkok und Chiang Mai sowie mit Bangkok Airways nach Bangkok. Mit Abstand am preiswertesten ist Air Asia mit Flügen ab 20 €. Nach Chiang Mai gehen auch Flüge ab Mandalay mit Air Mandalay.
- **Von Nepal:** Flüge ab Kathmandu nach Bangkok mit der Royal Nepal Airlines und Thai Airways, Flugzeit 3 Std. 15 Min. Preise ab ca. 250 € einfach. Noch billiger geht es oft mit der Bangladesh Biman, mit Umsteigen in Dhaka oder mit Druk Air, der nationalen Fluglinie Bhutans.
- **Von Singapur:** Täglich ca. 20 Verbindungen nach Bangkok, die meisten davon mit Singapore Airlines, Bangkok Airways und Thai Airways. Besonders preiswerte Verbindungen mit Bangladesh Biman, PIA und SAS. Flugzeit 2 Std.; Preise ab ca. 100 € einfach.

Günstige Angebote hat das Reisebüro Phya Thai Tours im Golden Mile Complex, einem Thai-Shopping-Center an der Beach Road.

Die Silk Air, eine Tochtergesellschaft der Singapore Airways, fliegt von Singapur nach Chiang Mai, Phuket und Hat Yai. Bangkok Airways fliegt direkt nach Ko Samui. Tiger Airways kosten preiswerte 50 Euro. Die Billigfluglinie Air Asia bietet sogar Flüge ab 20 €.

Möglich ist auch die Anreise per Bus. Luxusbusse fahren ab dem Golden Mile Complex in Singapore (Beach Road) nach Hat Yai und Bangkok. Kostenpunkt nach Bangkok ca. 50 €, Fahrzeit allerdings mindestens 24 Std.

Bei Zugfahrten (ab der Keppel Station) muss man in Kuala Lumpur und Butterworth (Malaysia) umsteigen. Eine Ausnahme besteht beim sündhaft teuren, hochluxuriösen Orient Express – Kostenpunkt ab 1000 € einfach! Der Zug fährt die Strecke von insgesamt 1.943 km mit durchschnittlich weniger als 50 km/h, um die Passagiere so ihr Geld ein wenig genießen zu lassen. Fahrzeit 41 Std., Buchungen unter Tel. Singapur (0065) 62272068 oder Fax 62514862; Bangkok Tel. (00662) 2514862; Deutschland Tel. (0211) 162106-7; Schweiz Tel. (022) 36642222.

- **Von Sri Lanka:** Flüge mit Srilankan Airlines und Thai Airways von Colombo nach Bangkok zu ca. 250 €. Flugzeit ca. 3½ Std. Oder zu etwas mehr mit der Singapore Airlines, wobei man aber in Singapur umsteigen muss. Ein längerer Aufenthalt dort ist auf Wunsch möglich.
- **Von Vietnam:** Flüge mit Thai Airways und Vietnam Airlines von Hanoi und Saigon. Von Hanoi gibt es ab 30 € auch 2-mal täglich einen Flug mit Air Asia.
- **Weitere Anreisemöglichkeiten** (z.T. Direktflug) bestehen u.a. ab Pakistan, den Malediven, Brunei, den Philippinen, China, Japan und Süd-Korea.

Rückerstattung der Mehrwertsteuer

Touristen können sich bei größeren Einkäufen die auf die Waren aufgeschlagene Mehrwertsteuer (oder VAT = *Value Added Tax*) rückerstatten lassen. Die Mehrwertsteuer beträgt 7 %. Voraussetzung ist, dass die Waren einen Wert von mindestens 5.000 Baht haben (und mindestens 2.000 Baht pro Artikel) und dass sie in einem speziell ausgezeichneten Geschäft oder Kaufhaus (siehe Ausschilderung „VAT Refund for Tourists") gekauft wurden. Derzeit gibt es über 300 solcher Geschäfte oder Kaufhäuser. Beim Kauf kann man nach Formularen verlangen, die dann ausgefüllt an einem Schalter im Flughafen vorzulegen sind, wo auch die Rückzahlung erfolgt. Die erstandenen Waren sind im Handgepäck mitzuführen, da sie vorgezeigt werden müssen.

Preisliste

Eine kleine Preisliste von Waren und Dienstleistungen, die ein Gefühl für das Preisniveau vermitteln soll:

Tasse Tee: 8-30 Baht (in Nobelrestaurants natürlich noch teurer!)
Zuckerrohrsaft: 10 Baht (¼-Literflasche am Straßenstand)
Coca Cola: 10-15 Baht (¼-Literdose)
Milch: 8 Baht (pasteurisiert; ¼-Literpackung)
Seife: ab 6 Baht (im Dreier- oder Fünferpack noch billiger)
Zahnbürste: ab 15 Baht (in Kaufhäusern gibt's bei Werbeangeboten oft ein kostenloses Zahnputzglas dazu!)
Dia-Entwicklung: 80-100 Baht (Chinatown ist am billigsten, mit Rahmung 40 Baht extra)
Haarschnitt: 30-200 Baht, Herren (hier lohnt es sich, mehr auszugeben. Die besseren Friseure in Bangkok machen 1a-Haarschnitte!)
Filterzigaretten: 33 Baht (Marke Krung Thep, in der Provinz manchmal etwas teurer)
Mekhong-Whisky: 65-75 Baht (für die 0,3-Liter-Flasche)
Aspirin: pro Tabl. 1 Baht (Die Nennung nach dem Whisky ist kein Zufall: Häufig taucht imitierter Mekhong auf dem Markt auf, der optisch und geschmacklich vom Original nicht zu unterscheiden ist. Die Nachwirkungen sind dafür höllisch!)
Heftpflaster: Streifen 1 Baht (Manche Sorten kleben nicht gut)
Breitbandantibiotikum: 5-15 Baht (Doxycyclin, 100mg; Firmen mit einem „großen" Namen sind im Allgemeinen teurer)
Portion Obst: 10 Baht (ca. 200-250 g, kann Ananas, Papaya, Guave oder sonst was sein, am Straßenrand alles der gleiche Preis)
Bündel Bananen: 8-18 Baht (Bananen werden ungern einzeln verkauft)
Apfel: Stück 8-12 Baht (Vorsicht, übermäßig gesprüht)
Rambutans: pro Pfund 8-15 Baht (je nach Gegend und Saison)
Portion Khao Phat: 20-50 Baht (gebratener Reis mit Gemüse, im Normalrestaurant)
Gummisandalen: Paar ab 20 Baht (Die billigeren Sorten sind schnell dahin!)
CDs: Originale mit westlicher Musik kosten ca. 400-500 Baht, Raubkopien zwischen 100 und 120 Baht
Batterien: 30-40 Baht Typ AA 1,5 Volt, alkalin, 2 Stck. (am billigsten in Chinatown)
Paar Shorts: 50-150 Baht (am besten am Straßenstand!)

Zuckerrohr-Saftstand

Preise und Kosten

Wer ein Land zum ersten Mal bereist, hat natürlich keine Ahnung, wie viel er für was zu zahlen hat. Möglicherweise hat man das Gefühl, ein Supergeschäft gemacht zu haben, aber der Händler lacht sich ins Fäustchen, weil *er* nämlich den dicken Reibach gemacht hat.

Auf asiatischen Märkten ist Handeln obligatorisch, und in Thailand sollte man versuchen, ein Drittel des zuerst genannten Preises herunterzuhandeln. Thai-Kenntnisse sind dabei von unschätzbarem Wert, weil die auf einen erfahrenen Reisenden schließen lassen, den man nicht leicht übervorteilen kann - auch, wenn dieser Reisende nichts versteht außer den Zahlen!

Gesundheitsvorsorge

Siehe auch „Reise-Gesundheitsinformationen" im Anhang

Man sollte nicht befürchten, in Thailand krank werden zu „müssen", nur weil es in Asien liegt. Die hygienischen Verhältnisse sind weitaus besser als in den meisten anderen asiatischen Ländern. Selbst die Straßen Bangkoks, einst gefürchtet, sind mittlerweile auffallend sauber (letzteres ist dem früheren Bürgermeister *Chamlong Srimuang* zu verdanken, dem Sauberkeit einer der wichtigsten Programmpunkte ist, und der es sich nicht nehmen lässt, gelegentlich selber als Straßenreiniger Hand anzulegen - inkognito!).

Was dem Reisenden am ehesten zu schaffen machen kann, ist eine **normale Erkältung,** denn die Wechsel von heißen Tagen und eventuell sehr kühlen Nächten oder von der glühenden Straße ins klimatisierte Restaurant können einem schwer zusetzen.

Ebenso ist **Verstopfung** häufig, da die Thais dazu neigen, allzu kühle Getränke zu servieren, was den Darm regelrecht einfrieren lässt. Dazu kommt der Genuss von zu viel weißem Reis, und die Verstopfung ist perfekt. Mit Papayas lässt sie sich aber leicht kurieren.

Die **hygienischen Verhältnisse** in Bangkok sind im Allgemeinen besser als die auf dem Lande. Selbst Bangkoks Trinkwasser ist recht sauber. Leuten, die Länder wie Indien oder Nepal gesund überstanden haben, wird das Wasser nichts anhaben können. Reiseneulinge sollten es sicherheitshalber dennoch meiden.

Im Folgenden einiges Wissenswertes über Impfvorschriften und Krankheitsrisiken in Thailand:

Impfvorschriften

Vorgeschrieben sind Impfungen nur, wenn man aus einem Gelbfiebergebiet einreist (eine Ausnahme bilden Kinder unter 1 Jahr).

Tropeninstitute **empfehlen** Impfungen gegen Hepatitis-A, Polio, Diphterie und Typhus; in zweiter Linie auch gegen Hepatitis-B, Japanische Encephalitis und Tollwut. Die Risiken bezüglich dieser Krankheiten sind jedoch in Thailand relativ gering, viel geringer als z.B. in Indien oder Nepal.

Krankheiten und Risiken

Malaria

Im Zuge der weltweit dramatisch ansteigenden Malaria-Erkrankungen besteht auch in Thailand ein erhöhtes Risiko. Als so gut wie malariafrei gelten Bangkok, die südlich daran angrenzenden Provinzen, Ko Samui, Phuket, Hat Yai, Songhkla, Chiang Mai sowie die höheren Lagen im Gebirge. Ein hohes Risiko besteht in den waldreichen Grenzgebieten zu Myanmar (Burma), besonders in der Provinz Tak, und auch in der nahe Kambodscha gelegenen Provinz Trat. Zu letzterer gehört auch die besonders gefährdete Insel Ko Chang, auf der sich schon mehrere Touristen eine tödliche Malaria zugezogen haben. Als sehr gefährlich galt bis vor einigen Jahren auch die Insel Ko Samet, das Risiko scheint derzeit aber verringert. Ein oder zwei vereinzelte Malaria-Fälle wurden von den Phi Phi Islands gemeldet.

Die in Thailand gemeldeten Malaria-Erreger sind etwa zu 60 % *Pl. falciparum,* ansonsten *Pl. vivax.*

In wenig gefährdeten Gebieten empfiehlt sich vorbeugend die **Expositions-Prophylaxe** – mit anderen Worten sollte man versuchen, sich nicht von Moskitos stechen zu lassen. Dazu hilfreich sind Mittel wie *Autan* oder das in Thailand erhältliche *Jaico,* ein pflanzliches Produkt, das in einer Art Deo-Roller auf die Haut aufgetragen wird. Hilfreich sind auch die Moskitospiralen (*mosquito coils;* auf Thai *yaa-gan-yung*), die bei Abbrennen einen Geruch erzeugen, der Moskitos angriffsunfähig macht. Die Spiralen enthalten jedoch auch für Menschen schädliche Stoffe und sollten nur in gut belüfteten Räumen benutzt werden.

In Gebieten mit erhöhtem Risiko sollte man (neben Expositions-Prophylaxe) das Mittel *Mefloquin* einnehmen.

Ebenfalls zur Prophylaxe geeignet ist das Antibiotikum Doxycyclin (100 mg/Tag). Dieses wird in Deutschland i.d.R. nicht vom Hausarzt zur Prophylaxe verschrieben. Wie alle Medikamente ist es in Thailand aber in jeder Apotheke zu kaufen. Einnahme ein paar Tage vor Reise ins Malariagebiet. Starke

Sonneneinstrahlung ist zu vermeiden, da das Mittel ansonsten Hautallergien hervorrufen kann.

Dengue-Fieber

In den letzten Jahren kam es zu einem starken Anstieg von Fällen des Dengue-Fiebers. Das Dengue-Fieber wird durch Moskitos übertragen. Während der Regenzeit (Mai bis Oktober) ist landesweit sowie auf den vorgelagerten Inseln mit einem höheren Übertragungsrisiko dieser grippeähnlichen Viruskrankheit zu rechnen. Schwerpunkte haben sich 2006 im Norden gebildet.

Vogelgrippe

Ausbrüche der so genannten „Geflügelpest" durch das Vogelgrippevirus A (H5N1) gibt es in Thailand seit Ende 2003. Insgesamt haben sich in Thailand bislang 24 Menschen mit dem Erreger infiziert; 14 von ihnen starben. Bei fast allen Erkrankten ließen sich unmittelbare Tierkontakte nachweisen. Nach einer längeren Pause wurden Ende Juli 2006 zwei neue Fälle bekannt. Kontakte zu Geflügel sollten daher weiterhin vermieden werden. Vom Besuch von Vögelmärkten wird abgeraten.

Botulismus

Ende Juni 2006 kam es zum zweiten größeren Ausbruch dieser gefährlichen Form von **Lebensmittelvergiftung** innerhalb weniger Monate in Nord-Thailand. Die Vergiftung, die gewöhnlich über verunreinigte, unter Luftabschluss konservierte eiweißhaltige Lebensmittel erfolgt, führt neben Magen-Darm-Berschwerden zu schweren Nervenstörungen. Das Gift, das die Bakterien bereits außerhalb des menschlichen Körpers gebildet haben, wird beim Abkochen bei 100 °C erst nach 10 Minuten inaktiviert. Nahrungshygiene – speziell Vorsicht beim Verzehr konservierter einweißhaltiger Nahrung (tierisch oder pflanzlich), ist zu beachten.

Tollwut

Die Tollwut, auf Thai *rog pit-sunakbaa* („Krankheit des verrückten Hundes"), ist zwar längst nicht mehr so verbreitet wie noch vor einem Jahrzehnt, kommt aber dennoch immer noch vor; etwa 50-100 Menschen in Thailand sterben jedes Jahr daran. Leider können sich die Thais nicht dazu aufraffen, wirkungsvoll etwas gegen die überall herumlungernden streunenden Hunde zu unternehmen.

Jedwede Bisswunde durch Warmblüter (Hunde, Katzen, Affen, Fledermäuse etc.) sollte als potenzieller Tollwut-Fall betrachtet und umgehend behandelt werden. Die Wunde mit fließendem Wasser, Seife und – falls vorhanden – Wasserstoffsuperoxyd reinigen und unverzüglich einen Arzt aufsuchen.

Bilharziose

Vereinzelte Fälle werden aus den Provinzen Phitsanulok, Phichit und Surat Thani gemeldet.

Japanische Encephalitis

Eine erhöhte Gefahr besteht in den Monaten Mai bis Oktober, in ländlichen Gebieten des Nordens und Südens.

Magen- und Darmerkrankungen

Aufgrund der fremden, stark gewürzten Speisen, wie auch durch eventuelle Krankheitskeime sind solche Beschwerden relativ häufig. Eine Prophylaxe ist nicht möglich. Im Falle von lang anhaltenden oder blutigen Durchfällen ist ein Arzt aufzusuchen. Bei leichten Verstimmungen leistet ein in Thailand erhältliches Kräuterpulver namens *Haa Chedi* („Fünf Chedis") ausgezeichnete Dienste. Für ein paar Baht ist es in Apotheken erhältlich.

AIDS

Aufgrund der hohen Zahlen von HIV-Infizierten in Thailand ist Geschlechtsverkehr ohne Kondom russisches Roulett (siehe „Prostitution"). In Thailand erhältliche Kondom-Marken sind oft zu klein für Europäer und damit reißgefährdet. Positive Ausnahmen sind die für größere Maße geschnittenen Marken *Durex Comfort* und *BodyGuard*.

Außerdem relativ verbreitet

Darminfektionen, Geschlechtskrankheiten (siehe Kapitel „Tourismus, Prostitution"), Hepatitis-A, Polio, Typhus.

Gesundheits-Information

Aktuelle Telefoninformationen (Tonband) gibt das **Tropeninstitut Heidelberg** unter Tel. 06221-565633 (s. „Gesundheits-Informationen" im Anhang).

- **Buchtipp:** Praxis: **„Selbstdiagnose und Behandlung unterwegs",** Reise Know-How Verlag, Bielefeld.

Vorsicht, Umweltgifte!

An Thailands Straßenständen lässt sich wunderbar preiswert und lecker essen – aber nicht unbedingt gesund. Gefährlich sind dabei weniger eventuell vorhandene Krankheitskeime, als Umweltgifte. Essen, das offen an den Straßen ausliegt, wird stark mit **Schwermetallen,** die von Fahrzeugabgasen herrühren, belastet. Das gilt in allererster Linie für Bangkok, aber ansonsten auch für alle übrigen verkehrsreichen Orte. Die mit dem Essen aufgenommenen Schwermetalle werden vom Körper nicht ausgeschieden; sie sammeln sich an und können nach 15, 20 oder mehr Jahren schwere Schäden an Nervensystem und Organen hervorrufen.

Alle **offen ausliegenden Speisen** sind folglich zu meiden – auch, wenn man so auf manch exotischen Essgenuss verzichten muss. An Straßenständen sollte man nur dann essen, wenn die Speisen in abgedeckten Gefäßen aufbewahrt werden oder natürlich da, wo keine Verkehrsabgase sind.

Auch nicht gerade gesund ist der **Geschmacksverstärker** MSG (Monosodiumglutamat), der unter anderem unter dem Namen *Ajinomoto* auf dem Markt ist. Viele Restaurants und Essensstände bedienen sich dieses weißen Pulvers, das allergische Reaktionen – bis hin zur Ohnmacht – hervorrufen kann. Bei den kleinen Restaurants und Ständen, wo die Mahlzeit vor den Augen des Kunden bereitet wird, sollte man die Anweisung *may say em-es-dji* geben – ohne MSG, bitte!

Versicherungen

Reisekrankenversicherung

Die Kosten für eine Behandlung in Thailand werden von den gesetzlichen Krankenversicherungen in Deutschland und Österreich nicht übernommen, daher ist der Abschluss einer privaten **Auslandskrankenversicherung unverzichtbar.** Diese sind z.B. in Deutschland ab 5–10 Euro pro Jahr auch sehr günstig (siehe FINANZtest 05/2005).

Schweizer sollten bei Ihrer Krankenversicherungsgesellschaft nachfragen, ob die Auslandsdeckung auch für Thailand gilt. Sollte man keine Krankenversicherung mit Auslandsdeckun haben, kann man sich kostenlos bei Soliswiss (Gutenbergstr. 6, 3011 Bern, Tel. 031-3810494, info@soliswiss.ch, www.soliswiss.ch) nach einem attraktiven Krankenversicherer informieren.

Bei der Wahl der Auslandskrankenversicherung sollte man typische Leistungsunterschiede prüfen:

- **Reisedauer:** Bei einigen Versicherern wird von einer maximalen Reisedauer von 30 oder auch 62 Tagen ausgegangen. Bei längerem Aufenthalt wird auch die Versicherung teurer. Für Aufenthalte bis zu 90 Tagen kostet es ca. 55-74 €, für solche bis zu einem Jahr kostet es 350-1300 €. Vergleichen lohnt sich!
- **Rücktransport:** Wird in der Regel nur auf ärztliches Anraten übernommen. Im Todesfall werden unterschiedlich hohe Beträge für die Rücküberführung gezahlt.
- **Selbstbeteiligung:** Einige haben z.B. bei Zahnbehandlungen eine Selbstbeteiligung, andere zahlen 100 %.
- **Nachleistungsfrist:** Kann man nicht wie geplant nach Hause reisen, sollte die Versicherung die Rechnungen noch eine Zeit lang weiterzahlen.
- **Altersgrenze:** Die Kosten sind nach Alter gestaffelt. Die Altersgrenzen sind je nach Versicherer unterschiedlich.
- **Chronische Krankheiten:** Wird aufgrund einer Krankheit, die schon vor Urlaubsantritt bestand, eine Behandlung fällig, ist diese nur von wenigen Versicherungen gedeckt.

Die thailändischen Ärzte sprechen im Allgemeinen Englisch (in Privatkliniken arbeiten viele Ärzte mit Auslands-Doktortitel), einige davon sehr gut. Die Behandlungspapiere können also problemlos in Englisch ausgefüllt werden.

Zur Erstattung der Kosten benötigt man grundsätzlich ausführliche **Quittungen** (mit Datum, Namen, Bericht über Art und Umfang der Behandlung, Kosten der Behandlung und Medikamente).

Der Abschluss einer **Jahresversicherung** ist in der Regel kostengünstiger als mehrere Einzelversicherungen. Günstiger ist auch die **Versicherung als Familie,** statt als Einzelpersonen. Hier sollte man nur die Definition von „Familie" genau prüfen.

Weitere Versicherungen

Egal welche weiteren Versicherungen man eventuell abschließt, hier ein **Tipp:** Für alle abgeschlossenen Versicherungen sollte man die Notfallnummern notieren und mit der Policenummer gut aufheben! Bei Eintreten eines Notfalles sollte die Versicherungsgesellschaft unverzüglich telefonisch verständigt werden!

Ob es sich lohnt, weitere Versicherungen abzuschließen wie eine Reiserücktrittsversicherung, Reisegepäkkversicherung, Reisehaftpflichtversicherung oder Reiseunfallversicherung, ist individuell abzuklären. Aber gerade diese Versicherungen **enthalten viele Klauseln,** sodass sie nicht immer Sinn machen.

Die **Reiserücktrittsversicherung** für 35-80 € lohnt sich nur für teure Reisen und für den Fall, dass man vor der Abreise einen schweren Unfall hat, schwer erkrankt, schwanger wird, gekündigt wird oder nach Arbeitslosigkeit einen neuen Arbeitsplatz bekommt, die Wohnung abgebrannt ist u.Ä. Ausgeschlossen vom Versicherungsumfang sind hingegen: Terroranschlag, Streik, Naturkatastrophe etc.

Die **Reisegepäckversicherung lohnt sich seltener,** da z.B. bei Flugreisen verlorenes Gepäck oft nur nach Kilopreis und auch sonst wird nur der Zeitwert nach Vorlage der Rechnung ersetzt wird. Wurde eine Wertsache nicht im Safe aufbewahrt, gibt es bei Diebstahl auch keinen Ersatz. Kameraausrüstung und Laptop dürfen beim Flug nicht als Gepäck aufgegeben worden sein. Gepäck im unbeaufsichtigt abgestellten Fahrzeug ist ebenfalls nicht versichert. Die Liste ist endlos ... Überdies deckt häufig auch die Hausratsversicherung schon Einbruch, Raub und Beschädigung von Eigentum auch im Ausland.

Ist es zum **Verlust** gekommen, muss sich der Geschädigte von der örtlichen Polizei ein detailliertes Protokoll ausstellen lassen, das den Verlusthergang präzise beschreibt. Die von der thailändischen Polizei ausgestellten Protokolle sind allerdings in Thai, so dass der Tourist zunächst keine Möglichkeit der Überprüfung hat, inwieweit der Tathergang korrekt dargestellt wurde. Zudem kann es auf den Polizeirevieren zu höchsten Sprachverwirrungen kommen, da nur wenige Beamte Englisch sprechen. In Orten, die über eine Abteilung der *Tourist Police* verfügen (diese sind in den Ortsbeschreibungen angegeben), sollte immer diese aufgesucht werden, da dort Englisch gesprochen wird.

Aber auch dort wird das **Protokoll** nur in Thai ausgestellt, und so sollte man bei Versicherungsabschluss gleich abklären, inwieweit die Versicherung fremdsprachige Protokolle akzeptiert. Zur Not sollte die Deutsche/Österreichische/Schweizer Botschaft um eine beglaubigte Übersetzung gebeten werden. Dieses ist allerdings mit Kosten verbunden. Natürlich kann man auch ein Übersetzungsbüro aufsuchen. Offiziell beglaubigte Übersetzungen kosten zwischen 600 und 1000 Baht pro Seite.

Eine **Privathaftpflichtversicherung** hat man in der Regel schon. Hat man eine Unfallversicherung, sollte man prüfen, ob diese im Falle plötzlicher Arbeitsunfähigkeit aufgrund eines Unfalls im Urlaub zahlt. Auch durch manche **Kreditkarten** oder **Automobilclubmitgliedschaft** ist man für bestimmte Fälle schon versichert. Die Versicherung über die Kreditkarte gilt jedoch immer nur für den Karteninhaber!

Gebissmacherladen in Chinatown, Bangkok

Ausrüstung

Wer gerade angekommen ist und durch die Kaufhäuser schlendert, wird sich wohl ärgern, dass er/sie soviel Gepäck mitgenommen hat. Das meiste gibt es hier preiswerter und in ähnlich guter Qualität wie daheim. Das gilt besonders für leichte Baumwollbekleidung wie T-Shirts, Hemden, Hosen etc. Leute mit Übergrößen (d.h. in Thailand über Schuhgröße 44 oder über einem Hüftumfang von 36) sollten allerdings genügend Kleidungsstücke von zu Hause mitbringen. Aber selbst maßgeschneiderte Sachen sind noch absolut erschwinglich. Obacht: Viele der Schneider – die Mehrheit davon Sikhs oder Inder im Allgemeinen – jubeln dem unwissenden Kunden gerne Polyester statt der gewünschten Baumwolle unter!

Unbedingt ins Reisegepäck gehört mindestens ein Satz **„ordentliche Kleidung“** – für den Fall, dass man auf ein Amt gehen muss, bei einer Thai-Familie eingeladen ist oder für andere etwas formellere Anlässe. Die Thais legen äußersten Wert auf standesgemäße und saubere Kleidung, und wäre ich boshaft, so würde ich behaupten, dass selbst der ärmste Thai noch gepflegter aussieht als der durchschnittliche Traveller! Absolut unpassend ist es, außerhalb der Touristenzentren, fern von Strand und Düne, in

Shorts und Gummisandalen einherzuschlurfen! Die Thais lassen sich zwar nichts anmerken, aber eigentlich empfinden sie ein solches Verhalten als unhöflich. Die Thais selber sind wiederum viel zu höflich, um sich darüber offen zu beklagen.

Lediglich hinter vorgehaltener Hand hört man Beschwerden über das unansehnliche Äußere vieler Westler. Völlig unpassend ist es auch, in Shorts einen Tempel zu besuchen. Frauen sollten unbedingt einen BH tragen!

Alle **Medikamente** gibt es in Thailand (problemlos) zu kaufen, und sie sind außerdem sehr billig. Häufig erscheinen aber Präparate unter einem anderen Namen als bei uns. Leute, die auf gewisse Medikamente angewiesen sind, sollten daher die chemischen Inhaltsstoffe dieser Medikamente kennen, um die unter Umständen dem Apotheker nennen zu können. Einfacher ist es natürlich, eine leere Packung mit dem entsprechenden Aufdruck von zu Hause mitzubringen!

Hygieneartikel des täglichen Gebrauchs sind in der Regel billiger als bei uns oder höchstens gleich teuer. Wer auf sein exquisites französisches Parfüm aber nicht verzichten möchte, wird mehr zahlen müssen als daheim.

Rasierschaum ist einer der wenigen Artikel, die teurer sind als in Deutschland. Der Grund? Nicht jeder Thai muss sich rasieren!

Vorhängeschlösser sind sehr wichtig, da die meisten Hütten auf Ko Samui z.B. kein eingebautes Schloss haben. Ebenso werden oft **Taschenlampen** benötigt, denn abends kann es fernab der Hüttensiedlung stockdunkel sein, und in der Hütte selber fällt oft genug der Strom aus. Beides lässt sich billig in Bangkoks Chinatown einkaufen.

Moskitonetze werden von den vielen indischen Kleinhändlern, die übers Land fahren, verkauft.

Was sollte nun eigentlich doch noch **von zu Hause** mitgebracht werden? Nicht viel. **Tampons** sind manchmal schwer erhältlich, und **Sonnenöl** ist etwas teurer. Für die (relativ) kühlen Winterabende sollten **Jacke** und **Pullover** griffbereit sein, ebenso für die teilweise grausig kalten Nachtfahrten in einem A.C.-Bus. Ansonsten: So wenig mitbringen wie möglich!

Karten

Empfehlenswert ist die detailgenaue, GPS-taugliche Thailandkarte des *world mapping project* (Maßstab 1:1,2 Mio.), die im Reise Know-How Verlag erschienen ist.

Wer sehr genaue Karten einer speziellen Gegend benötigt, kann sich eine ONC- *(Operational Navigation Chart)* oder TPC- *(Tactional Pilot Chart)* Karte des entsprechenden Gebietes besorgen. Es sind reine Fliegerkarten, die für normale Touren nicht geeignet sind, aber erstklassig die **Topographie** des Gebietes angeben. ONC-Karten haben den Maßstab 1:1 Mio., sie sind in jeweils 4 TPs (1:500.000) unterteilt. Man erhält sie über DÄRR Expeditionsservice GmbH, Theresienstraße 66, 80333 München.

In allen **Buchhandlungen** Thailands, die auch englischsprachige Bücher

Trekking- oder Wander-Ausrüstung

- **Schuhe:** Am besten sind Jogging-Schuhe mit kräftigem Profil. Bei längeren Touren sollte ein Ersatzpaar mitgenommen werden. Neue Schuhe sollten unbedingt vorher eingelaufen werden, sonst wird die Strecke zum Humpel-Marathon. Für Flussüberquerungen sind Plastik-Sandalen zu empfehlen, die den Füßen rutschfesten Halt geben.
- **Socken/Strümpfe:** Baumwolle ist am besten, und ein Ersatzpaar sollte vorhanden sein, da die Socken sich auf schlammigen oder nassen Wegen schnell vollsaugen. Besonders günstig wären Anti-Blutegelstrümpfe aus Leinen, die es möglicherweise bei Trekking-Ausrüstern zu kaufen gibt.
- **Kleidung:** Je bequemer, desto besser. Für höhere Lagen oder die kühle Jahreszeit auch Pullover, Anorak und/oder Trainingsanzug mitnehmen. Ausreichende Kleidung zum Wechseln ist wünschenswert, denn die Thais sind Ästheten, denen der geringste Übelgeruch missfällt. Als Sonnenschutz empfiehlt sich eine Mütze oder ein Hut.
- **Rucksack:** Am besten wasserdicht und sowohl leicht als auch geräumig.
- **Zum Schlafen:** Isoliermatte sowie Nylon- oder Plastikplanen gegen eventuellen Regen. Bei höheren Lagen und in der kühlen Jahreszeit einen (möglichst leichten und transportablen) Schlafsack.
- **Essen:** Möglichst leicht transportierbar und vor allem nahrhaft. Die besseren Kaufhäuser in Bangkok und Chiang Mai offerieren gesundes Müsli (teuer; ab 200 Baht pro Pfund), Milchpulver (ab 60 Baht pro 400 Gramm-Dose), Ovomaltine und auch Fertiggerichte in Schnellkochpackungen (letzteres nicht unbedingt so gesund). In den Kaufhäusern an Bangkoks Sukhumvit kann man sich mit Vollkornbrot eindecken. Für extrem lange Touren empfehlen sich konzentrierte Nahrungsmittel, wie sie von einigen Trekking-Ausstattern angeboten werden. Ebenso mitzubringen: Salz, Tee/Kaffee, Kekse u.Ä.
- **Ansonsten:** Kochtopf, Streichhölzer/Feuerzeug, Besteck, Taschenmesser, Ess- und Trinkgefäße (leichtes Plastik), Taschenlampe etc.
- **Medikamente:** Der stärkste Chemiehammer ist in Thailands Apotheken frei verkäuflich, nach Rezepten fragt niemand. Zur Standard-Ausrüstung gehören Breitband-Antibiotikum, Durchfallmittel, Desinfektionsmittel, Brandsalbe, Heftpflaster, Mittel gegen Insektenstiche, *Aspirin* und eventuell Mineralsalzgetränke.
- **Insektensprays** gibt es in Thailands Kaufhäusern ab ca. 80 Baht, wobei lokale Produkte billiger sind als ausländische.
- Am wirkungsvollsten gegen **Kakerlaken** ist die so genannte Kakerlaken-Kreide, eine Kreide, mit der man auf dem Fußboden und um die Türen und Fenster Linien zieht. Jede Kakerlake, die in die Nähe der Kreide kommt, fällt nach kurzer Zeit tot auf den Rücken. Die Kreide (Packungen ab 10 Baht) ist unter dem Namen *tschork malängsaab* auf thailändischen Märkten erhältlich (z.B. in der Sampeng Lane, Bangkok).

  Ganz unnütz sind die Kakerlaken übrigens nicht: In Thailand wird aus ihrem Kot eine Medizin namens *Yaa Thepmankhon* („Medizin des engelhaften Drachen") gewonnen. Diese soll gegen bestimmte Racheninfektionen bei Kindern helfen.
- Gegen die ebenfalls unpopulären **Blutegel** (in Thai: *thaak*, die im Wasser lebende Spezies heißt *pling*) hilft das Einreiben mit einer Tabaktinktur oder zur Not Tabak selbst. Schon am Fleische saugende Egel sollten nicht abgerissen werden, besser hilft hier das Aufstreuen von Salz oder heißer Zigarettenasche.

führen, gibt es umfangreiches Kartenmaterial. Die besten Läden sind die in Bangkok und Chiang Mai. Buchketten wie Asia Books, D.K. Books und Kinokuniya führen ein großes Programm an Thailand-Karten, Detail-Karten und Stadtplänen (in der Regel Bangkok, Chiang Mai und Phuket).

Besonders **gute Detailkarten** bietet Periplus Editions. Derzeit erhältlich sind „Bangkok & Zentralthailand", „Phuket & Südthailand", „Ko Samui & Südthailand", „Chiang Mai & Nordthailand", Kostenpunkt jeweils ca. 200 Baht.

Mönch bei der Arbeitsmeditation

Ebenfalls sehr gut sind die Karten von Berndtson & Berndtson (Fürstenfeldbrück), besonders für Selbstfahrer; der Verlag bietet etwa dieselben Regionalkarten wie obiger.

Bei den zahlreichen **Stadtplänen von Bangkok** ist zu beachten, dass die Nummern der Buslinien eingezeichnet sind. Das erspart oft die Taxikosten. Außerdem sollten die Stadtteile und die größeren Straßen auch auf Thai eingetragen sein. Das erleichtert die Kommunikation mit den Taxifahrern oder Busschaffnerinnen enorm. Da die Buslinien sich häufig ändern, sollte man darauf achten, ein möglichst neues Exemplar zu bekommen. Für Selbstfahrer führen die oben genannten Ketten auch Straßenkarten.

法輪
常轉

Praktische Reisetipps A–Z

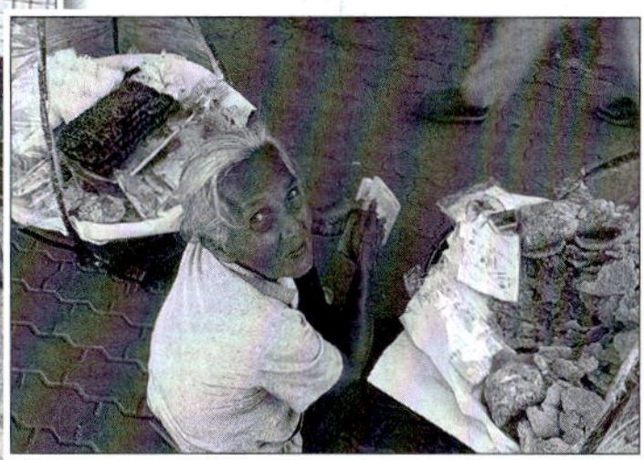

Wat Mangkon, Chinatown, Bangkok

Issaan-Speisen
(Foto: David Henley)

Straßenhändlerin in Bangkok

Behinderte unterwegs

Wie die meisten Länder Asiens ist Thailand nicht gerade behindertenfreundlich; kaum ein Gebäude und schon gar kein Verkehrsmittel ist bewusst so eingerichtet, dass Rollstuhlfahrer erleichterten Zugang finden. Das liegt zum einen daran, dass in Thailand Behinderte kaum am öffentlichen Leben teilnehmen und so im Bewusstsein der Bevölkerung fast gar nicht existieren. Eine gute Portion Verdrängung dürfte ebenfalls mit im Spiel sein.

Ausländische Rollstuhlfahrer werden viel Verwunderung oder gar **Unverständnis** dafür ernten, dass sie überhaupt reisen. Andererseits ruft der Anblick eines Behinderten in vielen Thais auch Mitgefühl hervor – eine der Haupttugenden im Buddhismus –, und es werden sich oft helfende Hände anbieten.

Einkaufen

Aufgrund der günstigen Wechselkurse und der allgemein guten Qualität der Waren ist Thailand das Paradebeispiel eines Einkaufslandes. Bangkok ist, wie nicht anders zu erwarten, der beste Ort zum Shoppen, gefolgt – mit weitem Abstand – von Chiang Mai und Hat Yai. Im Gegensatz zu den Märkten und kleineren Geschäften wird in den Department Stores nicht gefeilscht; häufig gibt es aus irgendeinem Grund automatisch einen Discount von 10 % oder mehr auf die betreffende Ware. Anstatt zu handeln sollte man in den Kaufhäusern diskret anfragen, ob gerade irgendein Discount gegeben wird!

Thai-Kaufhäuser haben meist ein Überangebot an Personal, und bei jedem Prüfversuch einer Ware werden sogleich ein bis drei Verkäufer/innen herbeigeeilt kommen, den Kunden zu bedienen. Der Übereifer hat mehrerlei Gründe: Langeweile, Neugier auf den Fremden und die Gelegenheit etwas zu verdienen, denn die Kaufhaus-Angestellten bekommen häufig eine prozentuale Umsatzbeteiligung.

Textilien

Die in Thailand verkaufte Kleidung ist von sehr guter Qualität, modisch auf dem neuesten Stand und zudem billig. Gute Baumwollhosen gibt es schon ab 200 Baht (Bangkok), Hemden ab 100 Baht und T-Shirts ab 50. Ebenso lassen sich Stoffe kaufen, aus denen man sich dann das gewünschte Kleidungsstück nähen (lassen) kann. Ein Herrenanzug bester Qualität kostet bei den besseren Schneidern Bangkoks 2.000 Baht – Material und Arbeitslohn inklusive! Viele **Schneider** bieten einen 24-Stunden-Service, es ist aber immer besser, ihnen etwas mehr Zeit zu lassen. Jeder hat ja schon mal von der schnellen oder heißen Nadel gehört, mit der gelegentlich genäht wird!

Die meisten Schneiderläden finden sich in Sukhumvit, Pattunam und der Khao San Road in Bangkok, in Pattaya sowie am Patong Beach in Phuket und auf Ko Samui. Die Läden gehören fast

ausnahmslos Indern, die Schneider aber sind Thais oder Burmesen. Geschneidert wird zumeist nicht im Laden selber, sondern in kleinen Workshops, und oft teilen sich mehrere Läden einen Workshop (vor allem in Bangkok), so dass die Qualität eigentlich immer die gleiche ist, egal, wo man kauft. Bei den niedrigen Preisen sollten keine Wunder erwartet werden; mit Anzügen aus Europa können die meisten Thai-Produkte nicht mithalten.

Empfehlenswert ist die bekannte **Thai-Seide.** Diese wird im Nordosten hergestellt, ist aber problemlos in Bangkok erhältlich.

Fächermaler in Chiang Mai

Edelsteine und Schmuck

Thailand ist einer der größten Edelsteinexporteure der Welt, der Export dieser Waren bringt jährlich etwa 1 Mrd. € ein. Am begehrtesten sind thailändische **Rubine** und **Saphire.** Es lohnt sich also durchaus, in den Geschäften auf die Schmuck- oder Edelsteinsuche zu gehen. Kaufen sollte man nur bei bekannten Juwelieren *und* genügend eigene Sachkenntnis haben, um die Ware beurteilen zu können. Ohne dem sind die Käufe oft ein Glücksspiel. Die besseren Geschäfte sind natürlich etwas teurer, dafür ist die Wahrscheinlichkeit, dass man nicht betrogen wurde, höher. Am lohnenswertesten sind Rubine, Saphire und Jade. **Gold** ist etwas billiger als bei uns, aber bei größeren Mengen dürfte der deutsche Zoll Schwierigkeiten bereiten.

Vorsicht: Viele Kaufhäuser bieten billigen, aber ziemlich gut aussehenden Schmuck an; die Steine sind auch echt, aber nach ein paar Tagen blättert die oberste Goldschicht ab, und darunter liegt dann bloß noch Silber!

Viele Schmuckläden bieten dem Käufer einen kostenlosen Rückfahr-Service per Taxi zum Hotel. Der Fahrpreis wird über den höheren Verkaufspreis wieder hereingeholt.

Antiquitäten

Echte Antiquitäten dürfen nur mit Sondergenehmigung ausgeführt werden! (Siehe „Ausfuhrbestimmungen" im Kapitel „Ein- und Ausreisebestimmungen"). Das Riverside Plaza neben dem Orchid Sheraton Hotel in Bangkok gilt als Thailands Zentrum für Antiquitäten, nach Meinung von Kennern sind jedoch sehr viele der dortigen Waren auf alt getrimmte „Antiquitäten". Wie bei den Edelsteinen sollte auch hier eine gewisse Sachkenntnis vorhanden sein.

Zahlreiche Antiquitätenläden befinden sich in Phuket Town.

Handarbeiten

Thailands Bergvölker stellen eine Vielzahl von traditionellen Waren her wie Schmuck, Kleidung, Umhängetaschen, Figuren etc. Der beste Ort zum Kaufen ist zweifellos der **Nachtmarkt von Chiang Mai** – erstens wegen der Auswahl, und zweitens sind die Preise logischerweise niedriger als in den kunsthandwerklichen Läden der Hauptstadt. Opiumpfeifen oder Opiumgewichte (zum Auswiegen) werden ebenfalls angeboten.

Lackarbeiten

Holzschälchen oder -schachteln werden mit verschiedenen Schichten Lack überzogen – ein **altes burmesisches Verfahren,** das hübsche Geschenke oder Souvenirs entstehen lässt. Städte an der burmesischen Grenze wie Mae Hong Son oder Mae Sot haben oft die besten Preise, Bangkok die beste Auswahl.

Celadon

Celadon-Töpferwaren sind eine Spezialität Thailands, die wahrscheinlich aus China stammt und im 13. Jahrhundert in Nordthailand Einzug hielt. Die Waren sind mit einer hellen jadegrünen oder dunkelbraunen Glasur überzogen. Diese wird lediglich aus verschiedenen reinen Holzaschen hergestellt. Charakteristisch für die Celadon-Glasur ist der hell poliert erscheinende Glanz der Oberfläche.

Celadon findet Anwendung bei der Herstellung von Geschirr, Lampen, Vasen und Dekorationsstücken.

Spezialisiert auf Celadon-Produkte ist das Celadon House, 278 Silom Road, Bangkok.

Computer

Da in Thailand keine Importzölle auf Computer erhoben werden, sind PCs, Laptops, etc. oft preiswerter als in Deutschland, häufig sogar billiger als in Singapur. Der **Nachteil** ist, dass die Tastaturen in englischer Sprache sind (manchmal Englisch und Thai); deutsche Tastaturen gibt es nicht. Durch ein Programm wie Word für Windows lässt sich der Computer jedoch so konfigurieren, dass auch Umlaute, etc. geschrieben werden können. Zu beachten ist, dass die mitgelieferten Stecker oft nicht europäischer Norm entsprechen und deshalb ein Adapter notwendig ist.

Alles unter einem Dach in Sachen Computer findet sich im Panthip Plaza, Petchaburi Rd., nahe der Einmündung Rajdamri, in Bangkok.

Zuverlässige **Computer-Reparaturen** gibt es bei Global Solutions im 3. Stock.

Handys

Thailand ist im Handyrausch und die kleinen Klingler, die sich mittlerweile bei 30 % der Bevölkerung finden – noch viel mehr in Bangkok – sind in den letzten Jahren erheblich billiger geworden. Oft sind sie preiswerter als in Europa. Ein sehr guter Ort zum Kauf von Handys ist das Mah Boonkrong Center (MBK) in der Phya Thai Rd. in Bangkok. Hier finden sich hunderte von Ständen mit Handys. Die Preise unterscheiden sich erheblich, je nachdem, ob es sich um eingeschmuggelte Ware handelt (die Thais nennen sie *khong nork*, „Ware von Draußen“) oder um offizielle Ware (*khong suun*, „Ware aus dem Verteilungszentrum der Firma“). In letzterem Falle hat man im Vergleich zum europäischen Markt kaum einen Preisvorteil. Handeln ist auf jeden Fall angesagt. Aufgepasst bei Handys die zu billig erscheinen, oder die nicht mehr ganz neu aussehen: Gelegentlich werden nur wenig benutzte Handys als neu verkauft.

Kameras

Kameras, digitale als auch herkömmliche, sind ebenfalls oft preiswerter als in Deutschland. Auch hier sind die billigeren Produkte oft solche, die am Zöllner vorbei (bzw. gegen Zahlung eines kleinen Oboluses) ins Land gekommen sind. Die günstigsten Geschäfte finden sich in Chinatown in Bangkok (zwischen Einmündungen Rajawong Rd. und Mitthrapan Rd.) sowie im Mah Boonkrong Center in

Muslimischer Roti-Bäcker in Phuket

Bangkok. Sehr gut ist hier das Geschäft Foto File, mit Filialen im Erdgeschoss und im 3. Stock.

Imitate

Thailand ist ein Fälscherparadies. Obwohl aus dem Ausland häufig Druck gemacht wird, dem Zinkergewerbe den Garaus zu machen, und trotz der ein oder anderen Razzia, geht die Fälscherei immer noch fröhlich weiter. Imitiert werden vor allem Markenuhren, Lederwaren, Kleidungsstücke, CDs, VCDs, DVDs und Computersoftware. Nach den gelegentlichen Razzien werden die Besitzer der Geschäfte gegen ein Schmiergeld an die Polizei zumeist wieder frei gelassen. Selbst ihre Ware können sie dann wieder zurückkaufen.

Einige Häfen der Piraterie: Mah Boonkrong Center (MBK), Bangkok (CDs, VCDs, DVDs, Computerprogramme, Uhren, Kleidung, Lederwaren), Patpong-Markt und Silom Rd., Bangkok (Uhren, Lederwaren, CDs, etc.), Pattunam, Bangkok (Designer-Kleidung), Panthip Plaza, Bangkok (Computerprogramme, CDs, VCDs, DVDs).

Elektrizität

Die Netz-Spannung ist wie bei uns **220 Volt** Wechselstrom. Die gebräuchlichen Steckdosen sind Zweipolsteckdosen, in einigen besseren Hotels findet man aber auch dreipolige Sicherheitssteckdosen vor. Falls man einen Zweipolstecker in diese einführen will, sind sie normalerweise blockiert und unbenutzbar.

Wer ein elektrisches Gerät wie z.B. ein Laptop benutzen möchte, sollte sicherheitshalber ein Verlängerungskabel mitbringen; in manchen Hotelzimmern sind die Steckdosen hinter einem Kühlschrank oder sonstwo versteckt, und mit dem normalen Anschlusskabel kommt man eventuell nicht hin.

Die Stromversorgung in Thailand ist im Allgemeinen sehr gut, Stromausfälle sind äußerst selten. Keinen Strom gibt es allerdings auf einigen weniger entwickelten kleinen Inseln, und manche Bungalow-Kolonie behilft sich dann mit einem eigenen Generator. Die Mitnahme einer Taschenlampe kann aber trotzdem nie schaden.

Essen und Trinken

Was essen?

Die Basis einer Thai-Mahlzeit ist **Reis** *(khao)*. Dieser kann auf herkömmliche Weise gekocht oder gebraten, oder aber als Reismehl zu Nudeln *(kuay tio)* verarbeitet sein. Eine Spezialität des Nordostens ist der „klebrige Reis" *(khao niu;* engl. *sticky rice),* Klumpen von glutenhaltigem gekochtem Reis, der entweder mit frischen Mangos bzw. Durian oder mit einer süßen Paste gegessen wird. Es gibt auch eine blau-rote Variante, die heißt dann *khao niu däng* – „klebriger roter Reis". Dieser Reis lässt sich auch in einem Bambusrohr kochen *(khao laam),* was als Spezialität von Nakhon Pathom gilt. In vegetarischen Thai-Restaurants, derer es allerdings relativ wenige gibt, wird Vollkornreis gereicht *(khao däng* oder *khao dam).* Gebratener Reis mit Gemüse *(khao phat)* ist das Standardgericht vieler Traveller, da es überall erhältlich und äußerst billig ist, besonders an den Straßenständen.

Zudem gibt es eine **Vielzahl von Gemüsearten,** und diese werden nur leicht angekocht, niemals zerkocht. Meistens wird eine kleine Schale mit rohem Gemüse zum Essen gereicht, z.B. grüne Bohnen, Salatblätter und Gurkenstücke.

Alle Thai-Gerichte werden durch eine Menge Kräuter, Blätter und **Gewürze** verfeinert, so dass eine Vielzahl von Aromen den Gaumen kitzelt. Übliche Würzhilfen sind: Ingwer, schwarzer Pfeffer, roter Chili, Tamarinde, Zitronengras, Koriander, Shrimp-Paste und eine scharfe Fischsauce. Zu jeder Mahlzeit wird zudem ein ganzes Arsenal an Extragewürzen auf den Tisch gestellt. Dabei fehlt aber oft Salz, das durch die scharfe und salzige Fischsauce *(naam plaa)* ersetzt wird. Thai-Speisen, man sei gewarnt, können extrem scharf sein! Einige Gerichte wer-

Obst in Thailand

• **Ananas** *(sapparot):*
Saison: das ganze Jahr. Die thailändische Version dieser Frucht ist besonders köstlich, da perfekt ausgewogen süß-sauer.

• **Banane** *(gluey):*
Thailand bietet über 100 verschiedene Sorten Bananen, und fast so vielfältig sind die Zubereitungsmöglichkeiten: Sie werden an Straßenständen geröstet oder gebacken, mit *sticky rice* vermengt oder in dünnen Scheiben gebraten. Saison: das ganze Jahr hindurch.

• **Custard Apple** *(noina):*
Saison: Juli-September. Die Schale ist dick und hellgrün und wie mit pyramidenförmigen Wülsten behaftet. Das Fleisch ist weiß und schmeckt leicht feigenartig.

• **Durian** *(thurian):*
Saison: April-Juni. Riesenfrucht mit stacheliger harter grün-gelb-brauner Schale. Der Geruch ist unbeschreiblich und der Geschmack nicht jedermanns Sache. Wird auch als Füllung kleiner, runder Kuchen verwendet.

• **Guave** *(falang):*
Saison: das ganze Jahr. Grüne leicht raue Schale und weißes Fruchtfleisch. Dazu Kerne, die sich gerne in Zahnhöhlen ansiedeln und nicht mehr raus wollen. Der Thai-Name dieser Frucht, *falang,* bedeutet auch „Ausländer". Ein Hinweis, dass diese Frucht nicht immer in Thailand heimisch war.

• **Jackfruit** *(ka-nun):*
Saison: das ganze Jahr. Optisch der Durian ähnlich, auch ihr Geschmack ist umstritten. In der Frucht befinden sich kleine Fächer mit gelbem Fruchtfleisch.

• **Longan** *(lamyai):*
Saison: Juli-Oktober. Kleine runde Frucht mit hellbrauner Schale, die beim Aufbrechen sehr klebt. Das Fruchtfleisch ist klar/weiß und herrlich sauer-süß. Beim Verzehr geraten die Kerne leider oft zwischen die Zähne und geben einen unangenehm bitteren Geschmack ab.

• **Lychee** *(linchi):*
Die thailändische Lychee ist durch Züchtung in den letzten Jahren erheblich gewachsen, und ebenso wurde sie durch die Manipulatoren von Mutter Natur um einige Grade süßer gemacht. Vor einem Jahrzehnt nämlich hatten die Thais die Frucht als zu sauer befunden, und dementsprechend schlecht ließ sie sich verkaufen. Saison: April-Mai.

• **Mango** *(ma-muang):*
Saison: März-Mai. Wird am Anfang der Erntesaison in unreifer Form verzehrt, später erst die vollgelben, saftigen Mangos. Werden dann oft mit Klebreis *(khao niu)* zusammen gegessen.

• **Mangostine** *(mangkhut):*
Saison: April-September. Die Schale ist blaurot und färbt beim Aufbrechen enorm schnell ab. Das Fruchtfleisch ist weißlich und mild süß.

• **Papaya** *(malakor):*
Saison: das ganze Jahr. Kürbisartige Frucht mit orangefarbigem Fleisch. Der wirkungsvollste Feind jedweder Verstopfung! Am besten schmeckt sie in Fruchtsalaten. Werden von jedem Obsthändler angeboten und sind wie die Ananas eine Art Standardfrucht.

• **Pomelo** *(som-o):*
Saison: das ganze Jahr. Ähnelt vom Aussehen der Grapefruit, ist aber weniger bitter, dafür etwas trocken.

• **Rambutan** *(ngork):*
Saison: Juli-September. Rot-grüne runde Frucht mit einer Art langem Stachelpelz (weich!). Die Schale ist recht dick, das Fruchtfleisch klar/weiß und sehr süß. Erinnert etwas an die Lychee.

• **Rose Apple** *(chomphu):*
Saison: April-Juli. Hellrosa oder grüne Frucht, innen weiß und hat etwa die Konsistenz eines Apfels. Schmeckt auch ein bisschen so. Wird von Straßenhändlern oft eisgekühlt verkauft.

• **Buchtipp:** Praxis: **„Essbare Früchte Asiens"** REISE KNOW-HOW Verlag, Bielefeld den durch die Zugabe von Kokosmilch etwas abgemildert.

Eine thailändische **Suppenspezialität** ist die *tom yam,* ein sauerscharfes Kunstwerk, das den Schweiß auf die Stirn treibt. Aber köstlich!

Zu alldem essen die Thais **Fleisch und Fisch** – und was für Mengen! Es gibt Huhn, Schwein, Ente, Rind, geröstete Heuschrecken (20 Baht/Tüte), jede Art von Meeresgetier, Frösche, und Thailands Soldaten lieben einen Cocktail, den sie aus Kobrablut und Whisky zusammenmixen. (Den kann man morgens gegen 6.00 Uhr am Soi Sarasin, nördlich des Lumpini-Parks kosten.)

Der **Whisky** ist thailändischen Ursprungs und unter dem Namen *Mekhong* inzwischen weithin bekannt. Dieses beliebte Getränk hat einen Alkoholgehalt von 20 % und ist – im Gegensatz zu seinem schottischen Namensvetter – selten älter als 10 Tage. Als Rohmaterial dienen glutenhaltiger Reis, Melasse, Hefe und ein Schimmelpilz vom Typ *Ryzophus.* Viele Geschichten ranken sich um den *Mekhong,* beispielsweise, dass er gegen Malaria immun mache etc. Die meisten davon sind offensichtlicher Humbug. Wahr ist, dass oft Mekhong-Imitate auf den Markt kommen, die

Reisetipps

Seafood-Restaurant Savoey
in Patong auf Phuket

Gerichte

kaeng phet gai	scharfes Hühnercurry
kaeng som	Fisch- und Gemüsecurry
kaeng nüa	Beef-Curry
kaeng phanaeng	mildes Hühner- oder Beef-Curry
khao phat	gebratener Reis mit Gemüse
khao phat muu	gebratener Reis mit Schweinefleisch
khao phat gai	gebratener Reis mit Huhn
kuay tio naam	Reissuppe mit Gemüse und Fleisch
phat thai	Reisnudeln, mit Gemüse gebraten
phat siyu	gebratene dünne Nudeln mit Sojasauce
bami naam	Weizennudeln in Brühe mit Gemüse und Fleisch
plaa prior waan	süß-saurer Fisch
kung tort	gebratene Garnelen
plaa phao	gegrillter Fisch
puu nüng	gedämpfte Krabben
por pia	Frühlingsrolle
pet yang	geröstete Ente
gai yang	geröstetes Huhn
som tam	Papaya-Salat
gai phat khing	gebratenes Huhn mit Ingwer
naam yaa	Nudeln mit Fisch-Curry
gai sap tua ngork	Huhn mit Sojasprossen
khai tom	gekochtes Ei
khai dao	Spiegelei
khai jior	Omelette

Getränke

naam plao	einfaches Wasser
naam soda	Soda-Wasser
naam Chaa	Tee
gafää	Kaffee
tschaa dam	schwarzer Tee
gafää dam	schwarzer Kaffee
tschaa djin	chinesischer Tee
tschaa yen	Eistee
naam däng	Limonade
naam som	Orangenlimonade
naam maphrao	Kokoswasser
nomm	Milch
bia	Bier

üble Vergiftungserscheinungen hervorrufen können. Außer *Mekhong* gibt es noch eine Reihe billigerer Thai-Whiskys, die nicht unbedingt empfohlen werden können.

Alkoholische Getränke sind überall frei erhältlich, wenn auch nicht immer so billig. Die bekanntesten **Biermarken** sind *Singha, Singha Gold, Chang* und *Kloster.* Der Preis einer kleinen Flasche (1/3 Liter) in den Bars Bangkoks liegt derzeit bei etwa 55–90 Baht, in einigen Nobel-Etablissements sogar bei 180 Baht. Im Zuge des ökonomischen Niedergangs Thailands kam 1998 ein neues Billig-Bier auf den Markt, *Leo,* das nur etwa halb so teuer ist wie die anderen Marken. In den besser bestückten Warenhäusern gibt es importiertes Dosenbier, zumeist europäische oder japanische Marken.

Importierte Alkoholika sind aufgrund hoher Steuern sehr teuer. So kostet Wein z.B. drei- bis viermal so viel wie in Europa. Alle größeren Kaufhäuser haben Spirituosenteilungen mit Wein (vor allem Weine aus Frankreich, Kalifornien und Australien), Whisky und anderen importierten Alkoholika, dazu einheimische Erzeugnisse.

Auf der mehr oder weniger gesunden Seite des **Getränkeangebotes** gibt es Milch (pasteurisiert und relativ teuer), Sojamilch, Kaffee (Marke Instant), Tee (außer in indischen Restaurants immer Beuteltee der Marke *Lipton),* Soda, Trinkwasser (versch. Marken: *Naam Thip, Polaris* u.a.), Cola, Fanta, Milchshakes. In vielen Restaurants wird kostenfrei ein dünner, chinesischer Eistee *(tscha yen)* ausgeschenkt.

Nicht zu empfehlen sind die kleinen Fläschchen mit **Muntermachern** (*Lipovitan D, M 100, M 150* u.a.), die in den Kühlschränken der Lebensmittelhändler gleich neben der Milch stehen. Diese enthalten zwar auch ein paar Vitamine, die Hauptwirkstoffe sind jedoch Koffein und ein Kodein-Derivat. Die Flaschen werden gerne von den einheimischen Busfahrern getrunken oder bei Trinkfesten dem Mekhong beigemischt. Ein ähnliches Produkt, hierzulande *Red Bull* genannt, ist in Thailand unter dem Namen *Kratin Daeng* erhältlich, was ebenfalls „Roter Bulle" bedeutet. Die chemische Zusammensetzung ist aber anscheinend nicht die gleiche.

Wie essen?

Die Thais essen mit Löffel und Gabel, wobei mit der Gabel das Essen auf den Löffel geschoben wird. Nudeln werden mit **Stäbchen** gegessen. Kellner/innen sollten sehr dezent herbeigerufen werden, am besten durch eine leichte Ziehbewegung der Hand. Lautes Rufen, Schnalzen oder Pfeifen gilt als unhöflich!

„Schwimmendes Restaurant"
am Strand Tham Phra Nang bei Krabi

Reisetipps

Wo essen?

Neben einer Vielzahl von preiswerten Restaurants gibt es die **Straßenstände,** an denen man für ein paar Baht essen kann. Diese haben allerdings keine Speisekarte, und man sollte sich die verschiedenen Speisen einfach zeigen lassen und dann auf die gewünschte deuten. Unbedingt *vor* dem Essen nach dem Preis fragen!

In den einfachen **Restaurants** ist die Speisekarte meist nur in Thai, aber auch hier kann man zeigen, was man will. Die Speisekarten in den besseren (und teureren!) Restaurants sind normalerweise zweisprachig, oder irgendwer vom Personal spricht Englisch.

Die Thais sind notorische Esser, und dementsprechend wird es in keinem Ort schwer fallen, ein Restaurant oder einen Essensstand zu finden. Man behauptet, dass die Thais immer entweder gerade essen oder daran denken, was sie als nächstes essen werden!

Nicht ganz einfach ist die **Klassifizierung** bei Restaurants und Essensständen. So kann man in mancher Brutzelhütte für 40–60 Baht köstlich dinieren, in manchen Feinschmecker-Restaurants dagegen zahlt man 2.000 Baht für die Haifischflossen-Suppe und fühlt sich übers Ohr gehauen, weil's nicht schmeckt. Die sicherste Methode, gute von schlechten Restaurants zu unterscheiden, ist, auf das Urteil der Einheimischen zu hören. Gute und auch preiswerte Essensmöglichkeiten sprechen sich schnell herum, und die Lokale werden dann von Scharen von Thais aufgesucht. Die wirklichen „Geheimtipps" sind dabei äußerlich oft unscheinbar.

Vegetarisch

Die meisten Thais sind hoffnungslose Fleischliebhaber, doch essen sie gelegentlich (besonders an buddhistischen Feiertagen) gerne vegetarisch. Vegetarische Restaurants dürften auch für viele Fleisch essende Traveller interessant sein, da dort oft exzellentes Essen für nur wenig Geld serviert wird. Ein Standardgericht aus Reis und einem Gemüsecurry kostet ca. 20-30 Baht. Viele dieser Restaurants sind in einer „vegetarischen Gesellschaft" zusammengeschlossen, deren Förderer Bangkoks ehemaliger Bürgermeister *Chamlong Srimuang* ist – selbst ein lupenreiner Vegetarier. Die meisten dieser Restaurants schließen allerdings schon am frühen Nachmittag, da sie zum größten Teil nur von Angestellten in der Mittagspause besucht werden. In Bangkok und Chiang Mai gibt es jedoch einige „hochklassige" und etwas teurere vegetarische Restaurants.

Vegetarier, die ein entsprechendes Restaurant suchen, sollten sich den Ausdruck *mangsawirat* (in Bangkok Aussprache: *mangsawilat*) merken, was „vegetarisch" bedeutet. Ein *raan ahaan mangsawirat* ist ein vegetarisches Restaurant.

Viele Thai-Chinesen essen aus religiösen Gründen *ahaan jää,* d.h. vegetarische Kost, die ohne Verwendung von Knoblauch und Zwiebeln zubereitet wird. Dementsprechende Restaurants nennen sich *raan-ahaan jää.* Die vegetarischen Restaurants sind besonders gut besucht an den so genannten *wan phra* oder „Mönchstagen", an denen viele Thais vegetarisch essen, um sich „spirituellen Verdienst" zuzulegen. Die *wan phra* werden durch den Mondkalender bestimmt; sie fallen auf den ersten und achten Tag des abnehmenden und zunehmenden Mondes.

Fotografieren

Die **Einfuhrbestimmungen** besagen, dass lediglich 5 Filme mitgebracht werden dürfen. In der Regel werden Westler aber so gut wie nie nach Filmen durchsucht, so wie ohnehin kaum Zollkontrollen durchgeführt werden. Wer nicht genügend Filme dabei hat, kann sie sich relativ preiswert in Bangkok zulegen.

Die günstigsten Preise für **Filme** - Dia und Papier - erhält man in den Fotoläden von Chinatown in Bangkok, entlang der Charoen Krung Road. Hier sind die Filme nur unerheblich teurer als bei uns: Einen Kodak-Ektachrome-Diafilm gibt es ab 180 Baht, Farbfilme (Fuji, Kodak, etc.) ab 100 Baht. Die Entwicklung von Diafilmen kostet ab 80 Baht, die Rahmung 40 Baht extra. Beim **Kauf der Filme** muss unbedingt aufs Verfallsdatum geachtet werden; in der tropischen Hitze verderben die Filme schneller als daheim. Filme aus Geschäften mit Klimaanlage sind weniger gefährdet, diese Läden (z.B. Department Stores) nehmen aber auch höhere Preise.

Vor Großeinkäufen von Filmen sei gewarnt, auch wenn man ein besonders günstiges Geschäft gefunden zu haben glaubt. Es ist besser, erst nur ein paar Filme zu kaufen und einen davon sofort zu verknipsen und entwickeln zu lassen. Das erspart u.U. den Ärger, einen Großposten verdorbener Filme erstanden zu haben. Von Filmkäufen in der Provinz sei ebenfalls abgeraten, weil dort die Preise zu hoch sind. Das gleiche gilt hier für die Entwicklung.

Für den **Transport der Filme** empfiehlt sich das Verpacken in einem strahlensicheren Bleibeutel. Zwar sind die meisten Röntgengeräte in den Flughäfen heute auf eine solch niedrige Strahlung eingestellt, dass dem Film nichts passiert - aber auch da dürfte es unliebsame Ausnahmen geben. Wer ganz sicher gehen möchte, kann die Kontrollbeamten um einen *handcheck* ohne Durchleuchtung bitten. Die meisten Beamten werden dieser Bitte nachkommen.

Die meisten Fotogeschäfte sind heute mit digitaler Technik vertraut, und **digitale Fotos** können von der Kamera oder dem Chip auf CD gebrannt werden (ca. 100 Baht pro CD), oder aber zu Prints ausgedruckt werden (ca. 8 Baht für ein Standardformat).

Zu guter Letzt noch ein paar wichtige **Vokabeln:** *Khoo thai ruup?* heißt „Darf ich fotografieren?" „Bitte recht freundlich!" heißt auf Thai *yim noy!*, wörtlich „Lächle mal ein bisschen!" Englischsprechern wird die folgende Aufforderung bekannt vorkommen: *act noy!* oder *action noy!*, zu Deutsch: „Bitte 'n bisschen Äkschen!"

Rund ums Geld

Die thailändische Währungseinheit ist der **Baht,** der sich in 100 Satang unterteilt. Im September 2006 galten die folgenden **Wechselkurse:**

1 €	= 48 Baht	100 Baht = 2,10 €
1 CHF	= 30 Baht	100 Baht = 3,30 CHF
1 US$	= 37 Baht	100 Baht = 2,68 US$

Für Traveller-Schecks gelten etwas höhere Kurse als für Bargeld. Bei baren Dollars erzielen große Scheine etwas mehr als kleine.

Es gibt Münzen zu 25 und 50 Satang, 1, 2, 5 und 10 Baht, Banknoten zu 10 (heute ganz selten), 20, 50, 100, 500 und 1.000 Baht.

Die **25- und 50-Satang-Münzen** sind klein, goldfarben und heutzutage fast wertlos. Außer in öffentlichen Bussen in Bangkok oder im Kaufhaus werden sie kaum noch angenommen. Selbst Busschaffner oder Verkäufer werden nicht selten richtig sauer, wenn man ihnen das Kleinzeugs in die Hand drückt!

Die **1-Baht-Münzen** sind silber und etwas kleiner als ein 5-Cent-Stück. Die **5-Baht-Münzen** sind silber und haben etwa die Größe eines 20-Cent-Stücks. Die **10-Baht-Münzen** sind silber und haben einen goldenen Kern, ganz ähnlich der 2-Euro-Münze, die auch exakt die gleiche Größe hat. Eine Zeit lang benutzten gewitzte Leute 10-Baht-Münzen in europäischen Automaten, bis die Automatenhersteller darauf aufmerksam wurden und die Geräte umstellten und „Baht-sicher" machten. Die 2-Baht-Münze ist bisher sehr selten, sie ist silbern und etwas größer als die 1-Baht-Münze.

Banknoten gibt es – wie bereits erwähnt – zu 10 Baht (braun), 20 Baht (grün), 50 Baht (blau), 100 Baht (rot), 500 Baht (violett) und 1.000 Baht (beigebraun). Verwechslungen sind bei den Geldscheinen nicht zu befürchten, da der Wert in deutlichen, uns vertrauten Zahlen aufgedruckt ist.

Die **Banken** sind Mo-Fr von 8.30-15.30 Uhr geöffnet, nicht aber an öffentlichen Feiertagen. In Gebieten mit hoher Touristenkonzentration (Khao San Road, Siam Square, Patpong, Sukhumvit u.a.) gibt es zahlreiche Wechselschalter, die weit länger geöffnet haben, bis 20.00 oder auch 22.00 Uhr. Die Kurse sind im Allgemeinen die gleichen, die man auch bei den normalen Banken erhält.

Beim Einlösen eines **Traveller-Schecks** ist der Reisepass vorzulegen und dann die Unterschrift auf dem Scheck zu leisten. Gelegentlich muss auf der Rückseite nochmal unterschrieben werden, das hat aber nichts zu bedeuten, ist nur eine kleine Sicherheitsmaßnahme. Je Scheck wird eine Wechselgebühr von 30 Baht erhoben, dazu kommen noch einmal 3 Baht pro getätigten Wechsel. Wenn ich also 2 Schecks einlöse, werden mir 2 mal 10 Baht (für die Schecks) und weitere 3 Baht (für das Wechseln) abgezogen, insgesamt also 26 Baht. Verschiedene Banken erheben u.U. geringfügig abweichende Gebühren.

Bangkoks Banken arbeiten extrem effizient, und ein Wechsel dürfte nicht mehr als ein paar Minuten in Anspruch nehmen, wenn überhaupt. Beim Wechseln von **Bargeld** ist kein Reisepass notwendig, es wird nur ein kleines Formular ausgefüllt, und das war's dann auch schon. Die üblichen Weltwährungen (Dollars, Pfund, Yen, Schweizer Franken, Austr. Dollars. etc.) werden überall angenommen und der Umtausch des Euro ist selbstverständlich auch überall möglich. Wird man mit einer Währung bei den kleineren Banken abgewiesen, so sollte man es bei der Bangkok Bank, 333 Silom Road, versuchen. Dort (2. Stock) werden auch „unübliche" Währungen akzeptiert. Hier kann man auch Währungen anderer asiatischer Länder einkaufen, z.B. malaysische Ringgit (auch Malaysische Dollars genannt) oder indonesische Rupien. Andere Banken oder Bankschalter verkaufen diese Währungen in der Regel nicht.

Maestro- und Kreditkarten

In vielen besseren Hotels, Restaurants und Geschäften kann mit Kreditkarten bezahlt werden. Dabei ist vorher abzuklären, ob dabei ein Aufschlag auf den Preis erhoben wird. In einigen Geschäften wird bei Zahlung mit Kreditkarte eine Gebühr von 5 % aufgeschlagen. Reisebüros schlagen zumeist 2,5-3 % auf.

Für die Barabhebung vom Geldautomaten mit der **Maestro-Karte** (in Deutschland auch EC-Karte genannt) wird je nach Hausbank pro Abhebung nur eine Gebühr von ca. 1,30-4 € bzw. 4-6 SFr. berechnet. Barabhebungen per **Kreditkarte** kosten je nach ausstellender Bank bis zu 5,5 % an Gebühr, aber für das bargeldlose Zahlen werden nur ca. 1-2 % für den Auslandseinsatz berechnet. Also am besten viel bargeldlos bezahlen und für Bargeld gleich größere Summen mit der Maestro-Karte abheben.

Vorsicht! Jedes Jahr kommt es in Thailand tausendfach zu Kreditkartenbetrug. Die Daten der Kreditkarte werden elektronisch gespeichert, und dann werden Kopien angefertigt. Es empfiehlt sich, Kreditkarten nur in seriös wirkenden Unternehmen zu verwenden. Besser ist es, sich mit der Karte Bargeld vom Geldautomaten oder von der Bank holen. Das kann viel Ärger ersparen.

Kontoeröffnung bei einer thailändischen Bank

Wer längere Zeit in Bangkok bzw. Thailand bleiben will, kann auch ein **Bankkonto** eröffnen. Die empfehlenswerteste Bank ist wahrscheinlich die Bangkok Bank, die einen sehr effizienten Kundendienst bietet und auch das dichteste Netz an Filialen im Lande besitzt.

Sparkonten können theoretisch bei jeder Filiale der Bangkok Bank (oder anderen Bank) beantragt werden. Die Eröffnung eines Kontos geht sehr schnell, und Zinsen gibt es obendrein (derzeit allerdings sehr wenig, ca. 2 %). Seit dem Jahr 2000 ist die Eröffnung eines Kontos für Ausländer offiziell an die Vorlage einer Arbeitserlaubnis gebunden. Die Handhabung bzw. Befolgung der Regel scheint jedoch von der Filiale oder dem jeweiligen Bankpersonal abzuhängen – unterschiedliche Leute haben unterschiedliche Erfahrungen gemacht. Man sollte es einfach mal probieren. Wenn eine Bankfiliale absagt, nicht aufgeben, sondern einfach bei einer anderen versuchen! (Nach Erfahrung des Autors verlangen einige Banken bei Geldtransfers ins Ausland ebenfalls die Vorlage der Arbeitsgenehmigung oder aber einen Beleg, dass das zu transferierende Geld im Ausland verdient wurde).

Bei der Kontoerteilung sollte gleich eine **ATM-Karte** mitbeantragt werden (ATM = *Automated Teller Machine*). Die normalen ATM-Karten kosten 30 Baht. Mit diesen Karten kann man täglich bis zu 20.000 Baht abheben (2 mal 10.000). Für 250 Baht gibt es die „Premier"-ATM-Karten, die sofort ausgestellt werden, mit diesen lassen sich täglich bis zu 40.000 Baht abheben (2 mal 20.000; 20.000 ist die höchste Summe, die mit einem

Zahlen, die auf Münzen und Geldscheinen vorkommen:

๑	1	๒	2	๕	5
๑๐	10	๒๐	20	๕๐	50
๑๐๐	100	๒๕	25	๕๐๐	500
๑๐๐๐	1000				

Baht, Tical und Muschelgeld

Mindestens ab der Mitte des 14. Jh. war im alten Siam die Währungseinheit **Tical** (sprich „Tickel") in Gebrauch. Der Tical war ursprünglich ein Silberstück von 15 g Gewicht, das zu verschiedenen Zeiten in unterschiedlichen Formen auftrat. Manche Stücke hatten die Form einer Gewehrpatrone, andere sahen aus wie kleine Stangen, manche wie schmale, längliche Rhomben, und andere wiederum waren mehr oder weniger rund.

Der Tical war unterteilt in **4 Salüng** oder „Viertel", ein Salüng wiederum bestand aus **2 Füang;** beides waren Silbermünzen. Dazu waren kleinere Münzen aus Kupfer in Umlauf, so der Song-Pai (1/16 Tical), der Pai (1/32 Tical), der At (1/64 Tical) und der Solot (1/132 Tical). Diese Stückelung in Achter- oder Sechzehner-Einheiten lässt sich bis in die prähistorische Indus-Kultur zurückverfolgen und wurde später von Indien und dem ihm verwandten Kulturkreis übernommen (8 und 16 waren mystische Zahlen in Indien). Ortsweise wurden auch **Kauri-Muscheln** als Währung gehandelt, wobei 1.200 Muscheln den Wert von 1 Füang hatten.

Neben dem Tical war lange Zeit auch die **britisch-indische Rupie** in Umlauf; in Nordthailand (ab der Höhe von Tak) war sie bis in die 90er Jahre des 19. Jh. hinein sogar fast ausschließliches Zahlungsmittel. Reisende in den Norden mussten ihre Tical in Rupien umwechseln, wollten sie nicht plötzlich mittellos dastehen. Fälscherwerkstätten in der Nähe von Chiang Mai brachten korbweise falsche Rupien in Umlauf, und die Markthändler der Region pflegten jede Münze zum Test „klingen" zu lassen.

Anfang des 20. Jh. versuchte die siamesische Regierung, den Gebrauch von Rupien zu unterbinden; gleichzeitig führte sie **Papiergeld** ein. Letzteres wurde zunächst mit Misstrauen betrachtet, und für einen 10-Tical-Schein wurden anfänglich nur 9 Tical Silber (135 g) ausbezahlt.

Was die damaligen **Wechselkurse** angeht, so gab es um das Jahr 1615 für ein Britisches Pfund 8 Tical, gegen Ende des 19. Jh. jedoch schon 20 Tical. Der Wert des Tical war ursprünglich an den Preis von Silber gebunden, der zu jener Zeit beständig sank. 1902 wurde ein **auf Gold basierendes Währungssystem** eingeführt. Ende der dreißiger Jahre verdienten Arbeiter in Bangkok etwa 2 Tical pro Tag.

Das Wort *Tical* stammt vom arabischen *thaqal,* das mit dem hebräischen *shekel* und der in Bangladesch benutzten Währung *Taka* (wörtl. „Münze" oder „Geld") verwandt ist. Der Hindi-Begriff *tikali* bedeutet „kleines, rundes Stück Metall".

In den vierziger Jahren wurde der Tical durch den **Baht** ersetzt. Dieser ist ebenfalls vom Ursprung her eine Gewichtseinheit (15 g); noch heute werden Silber und Gold in Baht gewogen. Das Wort *Baht* stammt vom Hindi-Begriff *baat,* was einfach „Gewicht" oder „Gewichtseinheit" bedeutet.

Seltsamerweise gebrauchen einige ältere, in Thailand ansässige Inder bei Preisangaben noch immer den Begriff „Tical". Den meisten Thais ist dieser heute völlig unbekannt.

- In Bangkok befindet sich ein **Münz-Museum,** das wochentags von Gruppen (mindestens 10 Personen) nach Voranmeldung besucht werden kann. Adresse: 273 Samsen Road (neben Bank of Thailand und der neuen Rama 8. Bridge), Tel. 02-283 5286.

Mal abgehoben werden kann). Für 300 Baht gibt es die „Be First"-Karten, mit denen man täglich bis zu 150.000 Baht abheben kann. Diese Karten sind mit Visa Electron verbunden, d.h. man kann mit ihnen auch wie mit einer Kreditkarte bezahlen. Folglich ist auf diese Karte ebenso gut aufzupassen wie auf eine Kreditkarte. Kredit gibt es mit den Karten allerdings nicht. Die meisten Geldautomaten sind 24 Std. in Betrieb.

Mit den „Premier"- und „Be-First"-Karten lässt sich auch im Ausland Geld aus Automaten holen (z.B. Singapur, Malaysia und auch Europa). Man schaue nach der Ausschilderung „Plus" an den Automaten. Dabei wird pro Automatenbenutzung eine Gebühr von 75 Baht eingezogen; der berechnete Wechselkurs liegt u.U. etwas schlechter als der offizielle. An den meisten **Geldautomaten** kann auch mit Visa-, Master- oder American-Express-Karte abgehoben werden; man achte diesbezüglich auf die Ausschilderung am Automaten.

Kontoeröffnung bei einer ausländischen Bank

Statt bei einer thailändischen Bank kann ein Konto auch bei einer ausländischen Bank eröffnet werden, z.B. bei der Standard Chartered Bank, der Bank of America, der Bank of Asia (Anteile der holländischen AMLO), der Deutschen Bank u.a. Diese Banken arbeiten i.d.R. effizienter als thailändische. Dennoch gibt es einige Nachteile, die ihnen aus Regeln erwachsen, welche zum Teil von den thailändischen Staatsbanken auferlegt wurden, um die ausländischen Banken weniger konkurrenzfähig zu machen: So lässt sich mit den zum Konto ausgegebenen ATM-Karten z.B. kein Geld im Ausland abheben, sondern nur in Thailand selbst. Zudem finden sich weniger ATM-Automaten, die die Geldkarten akzeptieren. Einige Banken fordern ein Mindestguthaben (z.B. 50.000 bei der Standard Chartered Bank); fällt der Kontostand darunter, so zahlt man eine Strafgebühr. Außerdem sind die ohnehin schon geringen Zinsen in Thailand noch etwas niedriger als bei den einheimischen Banken. Ein Vorteil: Man kann auch Konten in ausländischen Währungen führen, z.B. in € oder US$.

Geld überweisen

Ist einem das Geld ausgegangen, kann man sich problemlos welches schicken lassen. Alle **Geldüberweisungen** von Europa aus sollten aber grundsätzlich per Telex oder besser sogar SWIFT abgewickelt werden. So

Welche Schecks oder Währungen mitbringen?

Deutsche tun gut daran, **€-Reiseschecks** mitzuführen, da es unsinnig ist, die Euros erst in Dollars umwechseln zu lassen, um dann Dollar-Schecks wiederum in Baht einzutauschen. €-Reiseschecks von namhaften Banken (also American Express, Bank of America, Deutsche Bank etc.) werden überall in Bangkok angenommen. Schweizer können **Schecks in Schweizer Franken** mitbringen, in diesem Falle gehen € oder Dollars natürlich auch. Neuerdings gibt es auch die Möglichkeit der PTT-Postcheques (bis zu 300 SFr pro Scheck), die man sich in Schweizer Postämtern ausstellen lassen kann. Diese werden von einigen Postämtern in Thailand gegen Landeswährung eingetauscht. Einzelheiten sollten bei den schweizerischen Stellen erfragt werden. Für Österreicher empfiehlt es sich ebenfalls, €-Reiseschecks statt Dollar-Schecks mitzuführen. **In Euro ausgestellte Reiseschecks** lassen sich bei praktisch allen Banken oder Wechselschaltern einwechseln.

Ein paar Scheine **Bargeld** sollten zusätzlich zu den Schecks mitgebracht werden. Damit kann zur Not mal ein Taxi o.Ä. bezahlt werden. Außerdem muss man so am Schluss der Reise nicht womöglich einen großen Scheck einlösen, um noch den letzten Kauf zu tätigen.

EXCHANGE
THE UNION BANK OF BANGKOK LTD.
WE HAVE
THE UNION BANK OF BANGKOK
FOREIGN EXCHANGE QUOTATION
10 8 1989
FOREIGN CURRENCY
BUYING RATE
SELLING
US$ 5
10 20 25.01 25.66
50-100 25.41
£ 40.70 41.6825
M.$
S.$ 12.88 13.075
HK.$ 3.20 3.27875
DM. 13.22 13.51125
YEN .1795 .1844625
SW.FR 15.26 15.67822
GUILLDER
FFR 3.88 3.98312
LIRE
CAN 21.28 21.80233
A.$ 19.04 19.53098
OPEN DAILY
A.M.-08.00P.M.
TOKYO
MANILA
TAIPEI
OSLO
SEATTLE
ZURICH
TATTOO INC.

sollte es dann nicht länger als 2 Tage dauern, wohingegen Normalüberweisungen Wochen dauern können. Aber Telexüberweisungen kosten 30-35 €. Preiswerter sind die SWIFT-Überweisungen (ca. 12,50 €).

Maße und Gewichte

Die in Thailand gebräuchlichen Maße und Gewichte folgen dem metrischen System, also Kilometer, Kilogramm, Liter etc. Ausnahmen bestehen bei **Flächenangaben,** zu denen oft alte thailändische Maße zuhilfe genommen werden. Grundstücke oder andere große Areale werden meist in **rai** gemessen (1.600 m²), die Wohnfläche von Häusern oder andere kleinere Flächen in **Trang-Wah.** Ein *Trang-Wah* oder „Quadrat-Wah" entspricht 4 m². Der *Wah* ist ein altes Längenmaß und entspricht vier „Ellen" (der Arm von den Fingerspitzen bis zum Ellenbogen), d.h. 2 m.

Gold wird in **Baht** gewogen, was in diesem Falle nicht mit der Währungseinheit zu verwechseln ist. 1 *Baht* sind 15 g. Der in den Fenstern der Juwelierläden angegebene Goldpreis bezieht sich immer auf 1 *Baht*. Der *Baht* ist in 4 *Salüng* unterteilt. Da *Salüng* somit so etwas wie „ein Viertel" bedeutet, wird oft auch die thailändische 25-Satang-Münze *Salüng* genannt.

„Kilometer" auf Thai ist schlicht **Kilomet.** 1 Kilomet besteht aus 1.000 **Met.** Thais haben in der Regel nur ungefähre Vorstellungen von Entfernungen, und wer Passanten nach der Entfernung zum Hotel So-und-So fragt, wird oft durch völlig falsche Angaben verwirrt.

Früher gaben die Thais (wie auch andere Völker Asiens) Entfernungen und Zeitspannen dadurch an, wie viele Betelnüsse man zwischenzeitlich kauen könnte. Auf die Frage, wie weit es denn beispielsweise nach Lamphun sei, bekam man also vielleicht Antworten wie „Das schaffst du in sieben Betelnüssen" ...

Medizinische Versorgung

Thailands **Ärzte** sind relativ gut ausgebildet, dennoch gibt es darunter auch zahlreiche schwarze Schafe. Einige Ärzte betreiben das so genannte *liang khai*, das „Hegen des Fiebers" – sie halten den Patienten möglichst lange krank, um ordentlich an ihm zu verdienen. Wenn die Behandlung nach einer angemessenen Zeit nicht angeschlagen hat, sollte man den Arzt wechseln. Gelegentlich werden des Profits wegen sogar Operationen anberaumt, die eigentlich völlig überflüssig sind. Man sollte immer die Meinung eines zweiten, wenn nicht gar dritten Arztes einholen, möglichst in einem anderen Krankenhaus!

Private thailändische **Krankenhäuser** können sehr teuer sein (Tagessätze von bis zu 5.000 Baht), in staatlichen kommt man mit sehr niedrigen Summen davon. Ein Leser der „Bangkok Post" berichtete, dass ihm nach der Behandlung in einem privaten Hospital beschieden wurde, dass „Malaysier doppelt so viel zu zahlen haben wie Thais, Westler das Dreifache".

Das thailändische Gesundheitsministerium plant, demnächst eine Standardisierung der Preise in privaten Krankenhäusern einzuführen, was die Kosten verringern dürfte. Ob diese auch die Übervorteilung von Ausländern unterbinden kann, ist fraglich. Vor der Behandlung sollte man sich auf jeden Fall nach den zu erwartenden Kosten erkundigen.

Im Notfall seien folgende Adressen **in Bangkok** empfohlen:

- **Dr. Praka Wongphaet,** Samrong Hospital, Tel. 02-3610070
- **Dr. Watanayakorn** (Chirurg), Police Hospital (*Roong-Phayabaan-Thamruat*), Rama 1 Road, Tel. 02-2528111-20
- **Dr. Ingbun Thien** (Zahnarzt, spricht deutsch), Bamrungrad International Medical Center, Soi Nana Nuea, Sukhumvit Road, Soi 3, Tel. 02-6672300

Apotheken

Thailands Apotheken sind mit fast allem bestückt, was in Europa an Medikamenten vorrätig ist. Eine **Rezeptpflicht** gibt es theoretisch, in der Praxis aber werden alle Medikamente ohne Nachfrage verkauft – zu Preisen, die weit unter westlichem Niveau liegen. Die meisten Apotheken werden von Thai-Chinesen betrieben, die in der Regel nur wenig oder gar kein Englisch sprechen. Für Reisende sehr empfehlenswert sind die pharmazeutischen Abteilungen in den Filialen der britischen Kette **Boots,** derer es ca. 100 im Lande gibt. Die dort arbeitenden Angestellten haben Universitäts-Abschluss in Pharmazeutik und sprechen zumeist sehr gut Englisch. Bei kleinen Problemen erspart der Gang hierhin eventuell den Arzt.

In Bangkok gibt es Filialen in der Khao San Road, im Mah Boonkrong Centre, Siam Centre, Siam Square, in der Silom Road, Sukhumvit und an vielen anderen Orten.

Notfälle

Verlust von „Plastikkarten"

Bei Verlust oder Diebstahl der der Kredit- oder Maestro-Karten sollte man diese umgehend sperren lassen. Für deutsche Maestro- und Kreditkarten gibt es die einheitliche **Sperrnummer 0049 116116** und im Ausland zusätzlich 0049 30 40504050. Für österreicherische und schweizerische Karten gelten:

- **Maestro-(EC-)Karte,** (A)-Tel. 0043 1 20488 00; (CH)-Tel. 0041 44 2712230, UBS: 0041 800 888601, Credit Suisse: 0041 800 800488.
- **MasterCard/VISA,** (A)-Tel. 0043 1 71701 4500 (MasterCard) bzw. Tel. 0043 1 7111 1770 (VISA); (CH)-Tel. 0041 58 9588383 für alle Banken außer Credit Suisse, Corner Bank Lugano und UBS.
- **American Express,** (A)-Tel. 0049 69 9797 1000; (CH)-Tel. 0041-44 6596333.
- **Diners Club,** (A)-Tel. 0043 1 5013514; (CH)-Tel. 0041 44 8354545.

Verlust von Reiseschecks

Nur wenn man den Kaufbeleg mit den Seriennummern der Reiseschecks sowie den Polizeibericht vorlegen kann, wird der Geldbetrag von einer größeren Bank vor Ort binnen 24 Stunden zurückerstattet. Also muss der Verlust oder Diebstahl umgehend bei der örtlichen Polizei und auch bei American Express bzw. Travelex/Thomas Cook gemeldet werden. Die Rufnummer für ihr Reiseland steht auf der Notrufkarte, die Sie mit den Reiseschecks bekommen haben.

Ausweisverlust / dringender Notfall

Wird der Reisepass oder Personalausweis im Ausland gestohlen, muss man diesen bei der örtlichen Polizei melden. Darüber hinaus sollte man sich an die nächste diplomatische Auslandsvertretung seines Landes wenden, damit man einen Ersatz-Reiseausweis zur Rückkehr ausgestellt bekommt (ohne kommt man nicht an Bord eines Flugzeuges!).

Auch in **dringenden Notfällen,** z.B. medizinischer oder rechtlicher Art, Vermisstensuche, Hilfe bei Todesfällen, Häftlingsbetreuung o.Ä. sind die Auslandsvertretungen bemüht vermittelnd zu helfen.

Deutschland:

- **Botschaft in Bangkok:** 9 South Sathorn Road, Tel. 02-2879000, Notfallnummer außerhalb der Geschäftszeit 081-8456224
- **Honorarkonsulat in Chiang Mai:** 199/163 Moo 3, Ban Nai Fun 2, Kan Klong Chonpatan Rd., Tambon Mae Hia, Amphoe Muang, Tel. 053-838735
- **Honorarkonsulat in Phuket:** 100/425 Moo 3, Chalermprakiat R. 9 Road, Bypass Road North, Rassada, Tel. 076-354119

Österreich:

- **Botschaft in Bangkok:** 14 Soi Nantha, Attakarnprasit Soi 1, South Sathorn Road, Tel. 02-3036057
- **Honorarkonsulat in Chiang Mai:** 15 Moo 1, Huey Kaew Road, Tambon Chang Puak, Amphor Muang, Tel. 053-400231 und 213473
- **Honorarkonsulat in Pattaya:** 504/526 Moo 10, Soi 17, 2nd Road, Pattaya City, Chonburi, Tel. 038-713613
- **Honorarkonsulat in Phuket:** 2 M. 4, Wirathongyok Rd., Wichit district Muang, Tel. 076-248334-6

Schweiz:

- **Botschaft in Bangkok:** 35 North Wireless Road, Skytrain-Station Chitlom, Tel. 02-2530156, Notfallnummer außerhalb der Geschäftszeit 081-8224921

Post und Telefon

Die thailändische Post ist im Allgemeinen recht zuverlässig, zumindest was **Briefe und Postkarten** angeht: Was abgeschickt wurde, kommt meist auch an.

Etwas schlechter sieht es bei **Päckchen oder Paketen** aus. Deren Inhalt scheint einige Postler zu interessieren, und es kommt zunehmend zu Klagen über verloren gegangene Sendungen oder solche, bei denen etwas herausgenommen wurde. Das gilt sowohl für ein- als auch ausgehende Sendungen. Wichtige Sendungen sollten deshalb unbedingt per Einschreiben geschickt werden (auf Thai *long tabiyen*).

Wer noch sicherer gehen will, ist gut mit einem der zahlreichen **Kurierdienste** beraten, die auch eine kürzere Zustellungszeit versprechen. Die folgenden Kurierdienste in Bangkok holen die Sendung auf Abruf vom Hotel (oder sonstiger Adresse des Kunden) ohne Aufpreis ab:

- **Airborne,** Tel. 02-3921383
- **City-Link Express,** Tel. 02-5415303-7
- **CSS Couriers,** Tel. 02-2873278-9
- **Dragon Courier International,** Tel. 02-6569019-21
- **DHL Worldwide Express,** Tel. 02-6588000
- **DPE Worldwide,** Tel. 02-2374751-6
- **Emery Worldwide,** Tel. 02-2357613-4
- **Excellent Courier,** Tel. 02-9397469
- **Federal Express,** Tel. 02-3673222
- **GDM Company,** Tel. 02-2853512
- **OCS,** Tel. 02-2559950-4
- **Skynet Worldwide Express,** Tel. 02-6364939
- **Speedy,** Tel. 02-2542536
- **TNT Express Worldwide,** Tel. 02-2495702-6
- **United Parcel Service,** Tel. 02-7123000
- **Worldpak Express,** Tel. 02-2583896

Die Kosten für die Courier Services sind allerdings recht hoch: Eine Dokumentensendung von bis zu 500 g kostet ca. 1.200 Baht; Warensendungen sind etwas billiger.

In einigen Städten gibt es Niederlassungen des privaten Unternehmens **Mail Boxes Etc.** (MBE), das alle möglichen postalischen Dienste anbietet: das Versenden von Paketen, Briefe, Faxe oder E-Mail-Service. Filialen finden sich bisher in Bangkok (Tani Rd., Banglamphoo), Phuket (Phuket Rd.) und Chiang Mai (Chan Klan Rd. nahe Night Bazar und Thanon Inthawarorot).

Doch zurück zur Post: Es ist nicht nötig, Postkarten oder Briefe vor den Augen abstempeln zu lassen, wie in einigen anderen asiatischen Ländern, wo die Marken abgelöst und wiederverkauft werden. Einige Marken kleben jedoch schlecht, und Vielschreiber sollten sich Klebstoff zulegen.

Ein Brief von Bangkok nach Westeuropa ist selten länger als eine Woche unterwegs, umgekehrt sind's oft nur 4 Tage. Bei Post aus der oder in die Provinz sind 1-3 Tage dazuzurechnen.

Post kann man sich auch postlagernd schicken lassen, am besten zum G.P.O. *(General Post Office)* in Bangkok. Den Briefen ist ein deutliches **poste restante** aufzumalen, und wer die Briefe abholt, sollte die Beamten bitten, sowohl unter dem Vor- als auch dem Nachnamen nachzusehen, da die Briefe oft falsch einsortiert werden. Abholgebühr 1 Baht.

American Express unterhält einen Postlagerservice, allerdings muss der Abholer American Express Travellerchecks haben oder Besitzer einer Scheckkarte selbiger Firma sein.

Pakete

Pakete lassen sich per Luftpost schicken (sehr teuer, ca. 1.000 Baht/kg) oder per Sea-Mail.

Je schwerer die Pakete also, desto niedriger der Kilopreis. Das Limit liegt allerdings bei 20 Kilo.

Sea-Mail-Pakete können mehr als drei Monate unterwegs sein, Beteuerungen der Beamten, die Pakete kämen in vier Wochen an, sind unter der Rubrik „Legende" einzuordnen.

In allen Postämtern gibt es Fertigpakete zu kaufen, inklusive Schnürband und Klebestreifen. Diese sind allerdings etwas knapp bemessen. Ein mittelgroßes kostet 12 Baht.

In Thailand **eingehende Pakete** werden gelegentlich vom Zoll kontrolliert

Portogebühren

Innerhalb Thailands:	
Postkarte	1,50 Baht
Aerogramm	3 Baht
Nach Europa:	
Postkarte	14 Baht
Brief (bis 10 Gramm)	21 Bath
Brief (10-20 Gramm)	24 Baht
Aerogramm	15 Baht

Sea-Mail-Preise für Pakete

1 kg	850 Baht
3 kg	1.090 Baht
5 kg	1.330 Baht
10 kg	1.930 Baht
15 kg	2.530 Baht
20 kg	3.130 Baht

und müssen am der Empfängeradresse nächstgelegenen Postamt abgeholt und verzollt werden. Postsendungen bis zu einem Wert von 1.000 Baht sind zollfrei.

Telefonieren

Orts- und Inlandsgespräche

Gespräche innerhalb Thailands können von **grünen Telefonkarten-Automaten** geführt werden (Telefonzellen mit grünem Dach, siehe Aufschrift „Cardphone"). Die Telefonkarten für Orts- und Inlandsgespräche sind nicht dieselben wie die für Auslandsgespräche (s.u.). Inlands-Telefonkarten heißen auf Thai *bhat thorasap nay pathet*. Die allmählich aussterbenden Münzautomaten sind in Telefonzellen mit blauem Dach untergebracht und nehmen 1- und 5-Baht-Münzen an. Ein Ortsgespräch von einer Minute kostet 3 Baht. Die günstigsten Tarife für Ferngespräche gibt es in der Zeit von 21.00 bis 6.00 Uhr.

Seit einiger Zeit gibt es aber noch eine besonders preiswerte Möglichkeit zu Inlandsgesprächen: Da die Telekommunikations-Firmen ihre Kunden mit einer größeren Anzahl von kostenlosen Telefoneinheiten umwerben, „verkaufen" viele **Mobil-Telefon-Besitzer** ihre so erlangten Einheiten. Am Straßenrand wird dann ein Tisch aufgestellt, darauf liegt das Telefon, und der Besitzer sitzt dabei auf einem Klappstuhl und wartet auf Kunden. Abends nach Arbeitsschluss bilden sich oft größere Warteschlangen. 1 Minute Inlandsgespräch kostet 3-4 Baht, egal ob es ein Orts- oder ein Gespräch in weiter entfernte Provinzen ist. Bei reinen Ortsgesprächen lohnt diese Methode folglich nicht.

Auslandsgespräche

Von **gelben Telefonkarten-Automaten** (Zelle mit gelbem Dach) können Gespräche ins Ausland geführt werden. Die dazu benutzten Telefonkarten sind andere als die bei Inlandsgesprächen; auf Thai nennen sie sich *bhat thorasap tang pathet*. Es gibt sie zwar überall zu kaufen, leider funktionieren sie aber nicht in jeder Telefonzelle.

Auslandsgespräche können auch von besseren Hotels, Postämtern und den sich stetig vermehrenden, privaten Telecommunication Offices geführt werden. Eine Gesprächsminute nach Deutschland kostet im Postamt 45 Baht, zu Nachtzeiten oder an Sonn- und Feiertagen nur ca. 35 Baht. In den privaten Kommunikationsbüros und in den Hotels wird darauf noch ein Zuschlag von ca. 10-20 Baht erhoben, in den ganz teuren Hotels unter Umständen noch erheblich mehr. Bei den Kommunikationsbüros ist die Mindestgesprächsdauer zumeist eine Minute, d.h. auch bei kürzerer Gesprächsdauer muss die volle Minute bezahlt werden.

Die **preiswerteste Möglichkeit** bieten einige Büros in der Khao San Road in Bangkok, bei denen die Telefonver-

Vorwahlnummern

Achtung! Auch bei Ortsgesprächen muss die Ortskennziffer mitgewählt werden.

Deutschland	0149
Österreich	0143
Schweiz	0141
Thailand von Deutschland	0066

Ayutthaya	035
Bangkok	02
Buriram	044
Cha-Am	032
Chantaburi	039
Chayaphum	045
Chiang Khan	042
Chiang Mai	053
Chiang Rai	053
Chonburi	038
Chumphon	077
Hat Yai	074
Hua Hin	032
Kamphaeng Phet	055
Kanchanaburi	034
Khon Khaen	043
Khorat	044
Ko Samui	077
Krabi	075
Lampang	054
Lamphun	053
Loei	042
Lopburi	036
Mae Hong Son	053
Mae Sot	055
Mukdahan	042
Nakhon Phanom	042
Nakhon Pathom	034
Nakhon Sawan	056
Nakhon Si Thammarat	075
Narathiwat	073
Nong Khai	042
Nonthaburi	02
Pattani	073
Pattaya	038
Petchaburi	032
Phang-Nga	076
Phatthalung	074
Phayao	054
Phitsanulok	055
Phuket	076
Phrae	054
Prachuap Khiri Khan	032
Ratchaburi	032
Ranong	077
Rayong	038
Roi-Et	043
Saraburi	036
Satun	074
Si Saket	045
Sukhothai	055
Suphanburi	035
Songkhla	074
Surat Thani	077
Surin	045
Tak	055
Trat	039
Ubon Ratchathani	045
Udon Thani	042
Uttaradit	055
Yala	073
Yasothon	045

Handy-Anschlüsse haben ab dem 1.12.2006 die Vorwahlnummern **081, 084, 085, 086, 087, 088** oder **089.**

bindungen übers Internet geknüpft werden. Hier kostet eine Minute Auslandsgespräch (egal welches Land) **nur 25 Baht.**

Gewählt werden muss bei Auslandsgesprächen 001, dann die Landeskennziffer ohne Nullen (also 49 für Deutschland), dann die Ortskennzahl ohne die voranstehende Null, dann die Nummer des Teilnehmers.

Handy-Anschlüsse haben ab Dezember 2006 die Vorwahlnummern 081, 084, 085, 086, 087, 088 oder 089. Die „8" wird am 1.12.2006 neu in alle Nummern eingefügt. Diese neuen Vorwahlen funktionieren aber bereits seit September 2006. SIM-Karten müssen bis Dezember bei den diversen Telekomunternehmen auf das neue System ungestellt werden.

Falls das Mobiltelefon **SIM-lock-frei** ist (keine Sperrung anderer Provider vorhanden ist) und man viele Telefonate innerhalb Thailands führen möchte, kann man eine örtliche **Prepaid-SIM-Karte** erstehen. Es stehen drei derartige Systeme zur Verfügung, One-2-Call (AIS), D-TAC und True. Bei diesen hat man keine Monatszahlungen zu leisten, die Telefongespräche werden stattdessen von der vorbezahlten, mit einer bestimmten Summe aufgeladenen SIM-Karte abgebucht. Ist der Wert abtelefoniert, kann man sein Telefonguthaben wieder aufstocken. Letzteres erfolgt mit Hilfe einer Aufladekarte *(bhat thörm),* auf der eine Code-Nummer angegeben ist, die ins Telefon eingegeben werden muss. Das funktioniert also ähnlich wie bei europäischen Systemen. Aber Achtung, wenn man kein Dualband- oder Triband-Handy hat, kann man nur eine SIM einlegen, die mit derselben MHz-Zahl arbeitet wie ihr Handy (GSM 900 oder 1800, siehe auch Kapitel „Handy" unter „Vor der Reise").

Registrierung ist bis jetzt noch nicht notwendig, das soll sich gesetzlich aber „demnächst" ändern. Sim-Karten kosten ca. 200-300 Baht. Das Handy kann dann mit Telefonkarten, die es in jedem 7/11 zu kaufen gibt, je nach Bedarf aufgeladen werden.

Funklöcher gibt es aufgrund geographischer Gegebenheiten in einigen Bergregionen und auf einigen kleinen Inseln; keine Verbindung gibt es z.B. etwa 20 km außerhalb von Chiang Mai und am Mai Khao Beach auf Phuket.

Ortsgespräche kosten bei den Prepaid-Anbietern ca. 3-5 Baht/Min., Auslandsgespräche ca. 20 Baht/Min. Der Telefonmarkt ist im stetigen Wandel, und man erkundige sich nach den neuesten Angeboten und Tarifen.

Sowohl SIM-Karten als auch Handys sind am besten im Mah Boonkrong Center in Bangkok erhältlich.

Faxe lassen sich von zahlreichen privat betriebenen Communication Centers aus schicken, die sich in den meisten Touristengegenden finden. Das Faxen einer Din A4-Seite nach Deutschland kostet ca. 50-60 Baht. Von Postämtern aus ist es meist teurer und oft auch sehr zeitraubend.

E-Mail

Die **Internet-Vernetzung** Thailands geht rapide voran; Internet-Cafés finden sich heute auch in kleineren Orten, vor allem aber in Bangkok und in Orten mit vielen Touristen. 1 Stunde Internet kostet im Durchschnitt 20-40 Baht. In der Khao San Road in Bangkok kassieren die meisten Internetläden 1 Baht/Min.; auf der anderen Seite gibt es teure Läden in Sukhumvit oder Siam Square in Bangkok, die das dreifache verlangen.

Wer einen eigenen Laptop dabei hat, könnte sich eine **temporäre Internetverbindung** schaffen und dann vom Hotelzimmer aus surfen. Es gibt zahlreiche Anbieter, die diese Pakete anbieten: Loxinfo, Anet, Inet, Samart, JiNet, um nur einige zu nennen. Man erhält eine Benutzer- sowie eine Codenummer und kann sich in den gewünschten Provider einwählen. Derlei Internet-Pakete sind z.B. erhältlich in allen 7-Eleven-Filialen, im Mah Boonkrong Center und im Panthip Plaza in Bangkok. Die Preise pro Minute liegen je nach Anbieter bei ca. 5-10 Baht/Std. Diese Einwähl-Verbindungen sind allerdings oft grauenhaft langsam, und das Surfen kann zu einem frustrierenden Geduldsspiel werden.

Reiserouten

Die meisten Thailand-Besucher erreichen das Land auf dem Luftweg und landen in Bangkok. Weniger Leute reisen auf dem Landweg von Malaysia aus ein oder kommen per Direktflug nach Phuket, Hat Yai, Surat Thani oder Chiang Mai, die internationale Flugverbindungen unterhalten.

Von Bangkok aus bieten sich **zwei touristische Hauptrouten** an:

Die Nordroute, die über Ayutthaya, Sukhothai (bzw. den Verkehrsknotenpunkt Phitsanulok) nach Chiang Mai und Chiang Rai im hohen Norden führt. Chiang Mai ist die wichtigste Drehscheibe des Nordens, von wo aus man leicht in Orte wie Mae Hong Son, Lampang, Phrae, Phayao u.a. gelangt; Chiang Rai ist ein kleinerer Verkehrsknotenpunkt, mit guten Verbindungen in die Gegend des „Goldenen Dreiecks", dem Dreiländereck von Thailand, Myanmar (Burma) und Laos.

Die Südroute führt von Bangkok über Petchaburi, Cha-Am, Hua Hin, Chumphon nach Surat Thani (und der Insel Ko Samui); von dort aus geht es entweder weiter in den tiefen Süden, nach Hat Yai und Songkhla, oder westwärts nach Phuket, Phang-Nga, Krabi und den Phi Phi Islands.

Eine **touristische Nebenroute** ist die Strecke in den relativ touristenarmen **Nordosten;** sie führt von Bangkok nach Khorat, Khon Khaen, Udon Thani und zu den Orten am Mekhong, dem Grenzfluss zu Laos.

Eine andere Nebenroute, die allerdings in den letzten Jahren immer populärer geworden ist, führt der **Ostküste** entlang zur Insel Ko Samet und dann über Chantaburi und Trat zu Thailands zweitgrößter Insel, Ko Chang.

Welche Route gewählt wird, hängt natürlich vom persönlichen Interesse, aber auch von der **Jahreszeit** und dem **Klima** ab. In der kühlen Jahreszeit (November-Februar) mag es manchem im Norden zu untropisch kühl sein, in der heißen Jahreszeit dagegen (März-April) bietet die Region willkommene Zuflucht vor der Sommerhitze. Wenn man beide Gebiete bereisen will, und das Klima spielt keine Rolle, empfiehlt sich vielleicht zuerst der Norden und danach der Süden mit seinen Stränden: Oft zeigt sich, dass man länger am Strand bleibt als geplant, und ein Teil des geplanten Programms fällt unweigerlich aus.

Bangkok

Bangkok hat unendlich viel zu bieten, seien es Sehenswürdigkeiten, Speise- und Einkaufsmöglichkeiten etc. Leider hat der grauenhafte Verkehr dazu geführt, dass viele Besucher es nicht länger als zwei oder drei Tage in der Stadt aushalten. Wessen Aufenthalt einen Sonntag beinhaltet, hat Glück, denn das ist bei weitem der verkehrsärmste Tag, und man kann schnell überall hin gelangen. Der Samstag ist auch noch erträglich. Ansonsten ist viel Gelassenheit mitzubringen, wenn man die Verkehrsstaus ohne psychischen Schaden überstehen will. Wer seinen Aufenthalt so knapp wie möglich halten möchte, sollte zumindest **Wat Phra Kaeo** besuchen, die herausragendste Sehenswürdigkeit der Stadt. Diese riesige Tempelanlage ist so etwas wie Thailands spirituelles Zentrum und eines der architektonischen Weltwunder. Nirgends drückt sich der den Thais angeborene Sinn für Ästhetik besser aus als hier.

Von Bangkok bieten sich **zahlreiche Ausflüge** in die Umgebung an, die sich dann ganz plötzlich ländlich-idyllisch präsentiert. Orte wie Kanchanaburi, Pathum Thani, Nakhon Pathom, Ratchaburi, Damnoen Saduak, Pattaya u.a. sind gut in einem Tagesausflug aus zu besuchen und bieten einen guten Kontrapunkt zu dem Beton- und Blechmoloch Bangkok (Einzelheiten s. u.).

Wer ganz und gar **nicht in Bangkok übernachten** will, kann vom internationalen Flughafen Don Muang gleich per kostenlosem Pendlerbus zum nahe gelegenen Domestic Airport fahren – von dort gehen alle paar Minuten Flüge zu Orten innerhalb Thailands ab. Tickets sind oft noch kurz vor dem Abflug erhältlich. Zu Engpässen kann es allerdings bei beliebten Zielen wie Phuket, Surat Thani, Ko Samui und Chiang Mai kommen, besonders in der Hauptsaison.

Tagestouren von Bangkok

Als Tagesausflugsziele von Bangkok bieten sich insbesondere an: Das ruhige **Pathum Thani** mit seinem kleinen Vogelschutzgebiet; **Nakhon Pathom** mit dem Phra Pathom Chedi, dem höchsten buddhistischen Bauwerk der Welt; **Kanchanaburi** mit der berühmt-berüchtigten „Brücke am Kwai", die vielleicht nur für Hobby-Historiker interessant ist, aber die Umgebung bietet viel landschaftlich Reizvolles wie z.B. den Erawan-Wasserfall. In Kanchanaburi bieten sich zahlreiche idyllische Unterkünfte am Mae Klong-Fluss zum Übernachten an.

Ayutthaya kann ebenfalls in einer Tagestour von Bangkok besichtigt werden, aber auch hier wählen die meis-

ten Reisenden einen Aufenthalt von ein, zwei oder mehr Tagen. Die alte Hauptstadt Ayutthaya bietet zahlreiche Ruinen, die von ihrer Glanzzeit übrig geblieben sind; diese liegen weit verstreut, und bei einem Tagesausflug muss man sich auf das Wichtigste beschränken.

Bang Pa-In, 13 km südlich von Ayutthaya, bietet mehrere Paläste in verschiedenen architektonischen Stilen, die bei einer Tour nach Ayutthaya gleich mit besucht werden können (falls man morgens ganz früh aufsteht, sonst wird die Zeit knapp).

Ko Kret ist eine idyllische kleine Insel im Chao-Phraya-Fluss, ca. 30 km nördlich von Bangkok, und ein Zentrum der Töpferei. Unterkünfte gibt es nicht, die Insel ist aber ein lohnendes Tagesziel von Bangkok aus – entspannend ruhig und ländlich.

Lopburi, nordöstlich von Bangkok, war einst eine „Nebenhauptstadt" zu Ayutthaya und bietet ebenfalls viele historische Bauten.

Tempel in Ayutthaya

Östlich von Bangkok lässt sich **Pattaya** besuchen, der berühmt-berüchtigte Badeort am Golf von Siam – vielleicht nur, um einmal da gewesen zu sein. Es gibt noch einige recht gute Strandabschnitte dort, ansonsten leidet Pattaya an Landschaftsverschandelung, mangelnder Müllbeseitigung, verschmutztem Meerwasser und Kriminalität. Dazu gibt es noch immer jede Menge käuflichen Sex, die Zeiten, als der Ort ein Dorado der Sextouristen war, scheinen jedoch vorbei zu sein. Durch die Angst vor AIDS und auch die allgemein rückläufigen Touristenzahlen in Pattaya ist die Kundschaft merklich geschrumpft. Pattaya versucht derzeit, sein lädiertes Image aufzupolieren und sich als solides „Familien-Reiseziel" zu präsentieren.

Der Norden

Nicht verpassen sollte man das historische **Sukhothai,** Thailands erste Hauptstadt. Diese befindet sich zwar offiziell in Zentralthailand, liegt aber auf dem Weg von Bangkok in den Norden. Wer nicht beide Ruinenstädte Thailands, Ayutthaya und Sukhothai, besuchen möchte, sollte sich auf das eindrucksvollere Sukhothai beschränken. Das weitläufige Gelände von Alt-Sukhothai, mit unzähligen Ruinen, die von parkähnlicher Landschaft umgeben sind, ist der Traum eines jeden Fotografen.

Die nächst größere Station in Richtung Norden ist **Chiang Mai,** das wichtigste Handels- und Kommunika-

tionszentrum des Nordens und die zweitgrößte Stadt des Landes. Chiang Mai ist bekannt für sein entspanntes nordthailändisches Ambiente (auch wenn der Verkehr sich in den letzten Jahren vervielfacht hat), dazu gibt es viele Tempel zu besuchen, viel einzukaufen (besonders Waren der Bergvölker), und es bieten sich zahlreiche Ausflüge in die Umgebung an.

Als Tagestouren sind zu erwägen: Der obligatorische Trip nach Doi Suthep, ein 16 km von Chiang Mai entfernter Berg, mit einem interessanten Tempel darauf und einer guten Aussicht auf Chiang Mai. Neun Kilometer östlich von Chiang Mai liegt **Bor Sang,** das „Dorf der Schirmmacher", in dem die berühmten kunterbunten Thai-Schirme entstehen. Ein Fest für Fotografen! Einige Kilometer weiter östlich

Tempel in Sukhothai

findet sich das Dorf **San Kamphaeng,** in dem Seiden- und Baumwollprodukte hergestellt und verkauft werden. Eine knappe Busstunde südlich von Chiang Mai liegt **Lamphun** mit Wat Phra That Haripunjai, einem der bedeutendsten Tempel des Nordens.

Samoeng, 50 km westlich von Chiang Mai, ist ein äußerst malerischer, von Bergen und satter Natur umgebener Ort und seltsamerweise vom Tourismus bisher fast unbehelligt. Das gleiche gilt für das wunderschöne Dschungelgebiet im **Tambon** („Unterbezirk") **Thep Sadet,** 50 km nordöstlich von Chiang Mai.

Der bedeutsamste Ort westlich von Chiang Mai ist **Mae Hong Son,** der zwar per Thai Airways erreicht werden kann, dennoch von einem Hauch Abgeschiedenheit umgeben ist. Der Ort ist verschlafen, idyllisch und ruhig (früher war er das „Sibirien Thailands", in das ungeliebte Beamte strafversetzt wurden), und die Umgebung bietet viele Trekking-Möglichkeiten.

Nördlich von Chiang Mai findet sich **Chiang Rai,** das sich heute etwa in dem Stadium befindet, in dem Chiang Mai vor zwanzig Jahren war: Es wird zunehmend großstädtischer. Der Ort selber ist von mäßigem Interesse, er ist jedoch der Ausgangspunkt für lohnenswerte Ziele in der Umgebung: **Mae Sai** an der burmesischen Grenze (die hier sogar passiert werden kann), **Sop Ruak,** das „Goldene Dreieck" (oft fälschlicherweise als Opiumanbauzentrum verrufen), das beschauliche **Chiang Saen** am Ufer des Mekhong, und **Thaton,** das in einer abenteuerlichen Flussfahrt über den Mae Kok erreicht werden kann.

Der Süden

Die erste größere Station in Richtung Süden ist **Petchaburi,** das einige interessante Tempel, einen Höhlentempel sowie einen alten Königspalast vorzuweisen hat. Doch nur wenige Touristen übernachten hier, was zum Teil an den wenig attraktiven Unterkünften liegt.

Der erste akzeptable Strand entlang der Südroute findet sich in **Cha-Am,** das aber hauptsächlich von einheimischen Touristen besucht wird. In den letzten Jahren ist der Strand zunehmend verschmutzt worden.

Zahlreiche Westler finden sich im südlich davon gelegenen **Hua Hin** ein, das von allem etwas bietet: einen akzeptablen Strand, ein wenig Nachtleben und auch unverfälschtes thailändisches Kleinstadtleben (vor allem auf dem beliebten Nachtmarkt). Wer allerdings wirklich schönen Strand sucht, ist besser auf Ko Phangan, Ko Samui oder Phuket aufgehoben (s.u.).

Der nächste wichtige Ort in Richtung Süden ist **Prachuap Khiri Khan,** das nur von wenigen Reisenden aufgesucht wird. Die nahe der Stadt gelegene Bucht Ao Noi (mit Unterkunftsmöglichkeiten) ist jedoch einen Besuch wert, und die weiter gelegenen Strände bei Thap Sakae, Ban Krud und Bang Saphan sind zum Teil sogar ausgezeichnet. Ban Krud ist noch ein echter Strand-Geheimtipp.

Chumphon, im Süden anschließend, bietet in seiner Nähe einige schöne und sehr ruhige Strände. Der Ort kann auch als Sprungbrett zum Insel Ko Tao dienen, die von vielen Leuten bevorzugt wird, denen Ko Samui und Ko Phangan zu überlaufen sind.

Surat Thani ist für viele der Dreh- und Angelpunkt, um nach Ko Samui zu gelangen – in der Stadt selber gibt es nichts, was man unbedingt gesehen haben müsste. Über **Ko Samui** viel zu sagen, ist wahrscheinlich nicht nötig, seit ihrer touristischen Anfangsphase in den 60er Jahren ist die Insel wohl weithin bekannt geworden. Trotz eines anhaltenden Tourismus-Booms, einhergehend mit dem Bau von zahllosen Hotels, hat sich die Insel ihren Charme bewahrt. Wem es an den überlaufeneren Stränden zu „touristisch" zugeht, findet abgelegenere und ruhige Strände.

Die nördlich von Ko Samui gelegene Insel **Ko Phangan** ist wohl noch idyllischer; allerdings hat sich an den Hauptstränden ein verspätetes Hippietum breitgemacht, mit drogengeschwängerten Vollmond-Partys als Höhepunkt. Die Polizei geht mittlerweile gegen das Geschehen vor, allerdings etwas halbherzig, um es sich bei den „Touristen" nicht zu verscherzen.

Weit ruhiger geht es – noch – auf **Ko Tao** zu, der kleinen Insel nördlich von Ko Phangan, die allerdings fast nur relativ einfache Unterkünfte aufweist. Es wird aber viel gebaut, und man braucht kein Prophet zu sein, um eine Ko-Samui-ähnliche Entwicklung voraussagen zu können. Die wunderschönen Korallenriffs um Ko Tao ziehen viele Taucher an, und mittlerweile gibt es dort Dutzende von Tauchschulen.

Von Surat Thani bieten sich zwei verschiedene Routen an: die eine führt weiter südlich nach **Hat Yai, Songkhla** und die Moslem-dominierten Orte **Pattani, Yala** und **Narathiwat.** Hat Yai ist das kommerzielle Zentrum, aufgrund seiner zahlreichen Sex-Etablissements aber auch eine Art Bangkok des tiefen Südens. Songkhla hat viel Kleinstadt-Atmosphäre und einen langen, ruhigen Strand, der aber nicht gut zum Schwimmen geeignet ist. Die anderen drei Orte, schon nahe der malaysischen Grenze gelegen, haben einen sehr großen moslemischen Bevölkerungsanteil, und leider auch ein Terrorismus-Problem: Einige Gruppierungen kämpfen für einen separaten moslemischen Staat, und es gibt gelegentlich Anschläge auf Schulen, Bahngleise o.Ä. Die Provinzen Yala, Pattani und Narathiwat sind derzeit besser zu meiden. In mehreren Orten des tiefen Südens bestehen Grenzübergänge nach Malaysia.

Die zweite Südschiene führt über den dicht bewaldeten **Khao Sok National Park** (u.a. mit Baumhaus-Unterkünften) nach Krabi und Phang-Nga nach Phuket.

Krabi bietet in seiner Umgebung einige sehr schöne Strände, allen voran der Tham Phra Nang Beach. Von Krabi aus lassen sich auch viele Inseln besuchen, darunter die einst viel besungenen **Phi Phi Islands.** Die beiden Inseln (eine davon ist unbewohnt) waren vor 10 Jahren noch gleichbedeutend mit paradiesischer Idylle – dann kam die große Touristenflut und im Jahre 2004 der Tsunami. Heute ist Ko Phi Phi Don dabei, sich sehr langsam vom Tsunami zu erholen. Es wird wohl noch einige Jahre dauern, bis die alte Idylle wiederhergestellt ist.

Der Ort **Phang-Nga,** zwischen Krabi und Phuket, ist Ausgangspunkt zu lohnenswerten Bootsfahrten durch die zerklüftete Inselwelt der Bucht von Phang-Nga.

Phuket schließlich, mit 539 qkm Thailands größte Insel (durch eine Brücke mit dem Festland verbunden), ist heute das zweitbeliebteste Reiseziel des Landes, mit zahlreichen direkten Flugverbindungen von Europa oder Asien. Zwar wird Phuket oft als sehr teuer angesehen, das ist jedoch nur teilweise zutreffend. Es gibt noch immer genug preiswerte Unterkünfte, und aufgrund der zahlreichen Hotelneubauten in den letzten Jahren gehen die Preise teilweise eher herunter als hinauf (vor allem in Patong und Phuket Town). Oft kann sogar um den Preis gehandelt werden, besonders in der Off-Season. Ebenso unzutreffend ist das Klischee, dass Phuket touristisch völlig überlaufen ist. Abseits der Hauptstrände gibt es noch genügend Strände, die sind nur sehr wenig besucht sind (siehe Kamala, Surin, Bang Tao etc.), aber auch nicht weniger attraktiv. Von Phuket aus sind auch zahlreiche Ausflüge zu kleineren Inseln möglich, wovon viele auch Unterkünfte aufweisen. Besonders zu empfehlen ist **Ko Raya Yai,** ein wahres Traum-Eiland, das aber zunehmend Touristen verzeichnet. Zwei ausgezeichnete Alternativen für Traveller mit Entdeckungsgeist sind die beinahe weltvergessenen **Ko Yao Noi** und **Ko Yao Yai;** beide Inseln sind am besten von Phuket aus zu erreichen.

Am Festland nördlich von Phuket – zur Provinz Phang-Nga gehörig – finden sich die Strände von **Khao Lak** und **Bang Sak,** die eine gute Alternative zum touristisch übersättigten Phuket darstellen. Khao Lak ist allerdings das Gebiet, das am stärksten vom Tsunami betroffen war und steckt immer noch in der Wiederaufbauphase (Details siehe Ortsbeschreibung). Bang Sak hat keine bleibenden Schäden erlitten und ist derzeit eine äußerst ruhige und einsame Alternative.

Der Nordosten

Issaan, wie die Thais den Nordosten ihres Landes nennen, ist Thailands touristisches Stiefkind und wird es auch wohl noch lange bleiben: die Landschaft ist karg, die Bevölkerung dementsprechend arm, die touristische Infrastruktur ist relativ schwach, und es gibt nur wenige Sehenswürdigkeiten. Dafür bieten die vielen kleinen Orte des Issaan, besonders am Ufer des Mekhong, unverfälschte Atmosphäre.

Die großen Städte der Region – **Khorat, Khon Kaen, Udon Thani** und **Ubon Ratchathani** – warten mit nur wenig Interessantem auf, die Sehenswürdigkeiten befinden sich außerhalb.

Das winzige **Phimai** z.B. (nahe Khorat) ist der Standort einer imposanten Khmer-Tempelanlage aus dem 12. Jh., die möglicherweise als Vorlage für den berühmten Angkor Wat in Kambodscha diente. Der **Khao Yai Natio-**

nal Park (ebenfalls nahe Khorat) ist eines der letzten großen Regenwaldgebiete Thailands. Von Khorat oder Surin aus zu erreichen ist der **Prasat Khao Phanom Rung,** ein großartiger hinduistischer Tempelkomplex, der zwischen dem 10. und 13. Jh. entstanden ist.

Ein besonderer Leckerbissen ist der Khmer-Tempelkomplex **Khao Phra Viharn,** der hoch auf einem schroffen Felsen auf kambodschanischem Hoheitsgebiet steht. Der überwältigende Tempel (10.-12. Jh.) befindet sich unmittelbar hinter der Grenze und kann von Si Saket aus ohne große Formalitäten besucht werden.

Zu den interessantesten Orten entlang des Mekhong, dem Grenzfluss zu Laos, gehören **Chiang Khan, Pak Chom, Nong Khai** (mit Brückenverbindung nach Laos), **Nakhon Phanom, That Phanom** und **Mukdahan.**

Die Ostküste

Wem die Strände des Südens zu überlaufen sind, dem bietet die Ostküste eine gute Alternative. Über **Chonburi, Si Ratcha, Pattaya** und **Rayong** erreicht man den winzigen Küstenort **Ban Phe,** von dem Fähren nach **Ko Samet** übersetzen. Die Insel ist Teil eines Nationalparks und hat die schönsten Strände in der weiteren Umgebung von Bangkok (ca. sechs Fahrstunden entfernt). Allerdings sind Wochenenden oder Feiertage zu meiden, da dann Tausende von Thais anreisen, zum Teil mit riesigen Ghettoblastern oder anderen Lärminstrumenten, und die Ruhe ist dahin. Außerdem steigen die Übernachtungspreise stark an.

Weiter im Osten, über **Chantaburi** und **Trat** zu erreichen, liegt Thailands zweitgrößte Insel, **Ko Chang** (492 km²), ebenfalls Teil eines Nationalparks. Die Insel hat wunderbare Strände, ist zu 70 % mit Wald bedeckt und befindet sich derzeit touristisch gesehen in rapider Entwicklung. Dennoch hinkt es Phuket und Ko Samui in dieser Beziehung noch um etwa 1-2 Dekaden hinterher. So gibt es z.B. bisher keine Bank, nur private Geldwechsler. Leider ist Ko Chang aber auch Malariagebiet und entsprechende Phrophylaxe ist dringend anzuraten.

Sicherheit

Ob man's wahrhaben will oder nicht: Die thailändische **Kriminalitätsrate** ist in den letzten Jahren als Folge der zunehmenden „Vermaterialisierung" der Gesellschaft stark gestiegen. Diese Entwicklung dem westlichen Einfluss zuzuschreiben, wäre aber vollkommen falsch, denn es gibt genügend Sprengstoff in der thailändischen Psyche selbst: den Hang zum verschwenderischen Wohlleben oder das hitzige Temperament unter dem so stoisch scheinenden Äußeren. Um in die weiteren tiefenpsychologischen Gründe einzudringen, ist hier wohl nicht der rechte Ort.

Von den zahlreichen **Kapitalverbrechen** (über 10.000 Morde/Jahr) bekommt der Tourist zumeist gar nichts mit, in den englischsprachigen Tages-

zeitungen wird nur in Ausnahmefällen davon berichtet. In den thailändischen Zeitungen hingegen bietet sich ein völlig anderes Bild: Gewalttaten beherrschen das Tagesgeschehen. Glücklicherweise werden Ausländer nur selten von solchen Straftaten betroffen, zumeist handelt es sich um „thai-interne" Racheakte o.Ä.

Eigentumsdelikte wären da schon eher möglich, aber mit ein wenig Umsicht kann man auch dieses Risiko stark verringern. Grundsätzlich sollte man sich nicht alleine in abgelegenen Gebieten herumtreiben, und auch nächtliche Spaziergänge in den Städten sind nicht mehr so sicher, wie sie einmal waren. Denken Sie daran, dass Sie mit Ihrer Reisekasse – auch wenn Sie sie selber eher für spärlich halten – ein lohnenswertes Opfer darstellen!

Unter den Thais sind einige **Gebiete** als überdurchschnittlich kriminell bekannt: Die Provinzen (*changwat*) Surat Thani, Nakhon Si Thammarat, Phattalung, Trang, Petchaburi, Chonburi und Ayutthaya. Bangkok ist – verglichen mit ähnlich großen Metropolen des Westens – wahrscheinlich als sehr sicher zu bezeichnen. Für Touristen stellt in erster Linie Pattaya ein Gefahrenmoment dar – Raub und Diebstahl sind relativ häufig, und jedes Jahr kommen zahlreiche Besucher auf zweifelhafte Weise um. Viele stürzen aus Hotel- oder Apartmentzimmern, und ob die Ursache dabei Selbstmord, Alkoholrausch oder ein Verbrechen ist, wird selten zufriedenstellend aufgeklärt.

Hier noch einige generelle Punkte, die beachtet werden sollten:

Unterwegs mit öffentlichen Verkehrsmitteln

Gelegentlich werden die **Züge und Busse** von Ganoven unsicher gemacht, die Touristen zu einem Drink oder Imbiss einladen, von dem letztere erst nach Stunden wieder das Bewusstsein erlangen. Die Aufmerksamkeiten wurden durch ein wohldosiertes Schlafmittel verfeinert! Dass die Reisenden dann bis aufs Hemd ausgeplündert sind, versteht sich von selbst. Überfälle dieser Art werden besonders im Süden des Landes registriert. Mittlerweile macht die Polizei vor Abfahrt der A.C.-Busse Videoaufnahmen, um einen eventuell schon im Bus sitzenden Banditen gleich auf Film zu haben oder um potenzielle Täter von vornherein abzuschrecken.

Vorsicht bei Fremden, die einem partout einen Imbiss aufschwatzen wollen!

Reisebüros

Wiederholt ist es in den letzten Jahren zu Fällen gekommen, in denen Reisebüros ihre Kunden um deren **Anzahlungen** prellten. Manch Reisebüro-Leiter kassierte die Anzahlungen von Dutzenden von Travellern ab, machte am nächsten Tag seinen Laden dicht und tauchte bei einem Vetter auf dem Lande unter. Derlei scheint sich besonders bei Reisebüros in der Khao San Road in Bangkok zu häufen. Die Klagen bei der Polizei führen in der Regel zu nichts, das Geld ist weg.

Um derlei zu vermeiden, sollte man nur sehr geringe Anzahlungen leisten. 500 Baht sollten ausreichen. Verständlicherweise will sich das Reisebüro versichern, dass der Kunde das bestellte Ticket tatsächlich kauft. Falls das Reisebüro sich jedoch auf eine kleine Anzahlung nicht einlässt, zum nächsten gehen! In Bangkok bietet sich als Alternative zur Khao San Road das indische Viertel Pahurat an, das eine Vielzahl von kleinen und sehr preiswerten Reisebüros aufweist. Diese verlangen im Allgemeinen keine Anzahlung. (Am zuverlässigsten: Zoom Travel in der Gasse links neben dem ATM Department Store, Tel. 02-2248046, 02-2227772, geöffnet Mo-Sa 9.00-17.00 Uhr.

Auch gute Preise bietet das sehr professionell geführte T.V.airbookings. Dieses liefert die Tickets auch im Hotel an; Bezahlung beim Eintreffen des Tickets. T.V. Air hat zwei größere Zweigstellen in Bangkok:

- 759 Silom Rd. (nahe Soi 15), Tel. 02-23351606, 02-23695139 oder 02-63504259, Fax 02-2338611, 02-6350433.
- 3rd Floor, Emporium Shopping Centre, 622 Sukhumvit Soi 24, Tel. 02-664850010, Fax 02-6648511, E-Mail: tvair@loxinfo.co.th.

Bei Beschwerden und Problemen wende man sich möglichst an die Tourist Police

Reisetipps

Eine kleinere Filiale befindet sich im Central Chitlom Shopping Center. Hier werden nur internationale Flugtickets verkauft, keine Tickets für Inlandflüge.

Geöffnet jeweils Mo-Fr 10.30-19.00 Uhr und Sa 10.00-19.00 Uhr. In den Büros liegen Listen mit günstigen Sonderangeboten aus.

Angebote

In vielen Touristengegenden treiben Gauner ihr Unwesen, die naiven Reisenden scheinbar verlockende Angebote machen: Da soll etwa ein **Werbefilm** für Coca Cola gedreht werden, und man sucht noch einen westlichen Hauptdarsteller, oder der Tourist soll in einer **Pokerrunde** mitmachen, für die man ihn erst einmal mit 10.000 Dollar ausstattet. Bei all diesen dubiosen Angeboten entwickelt sich im Normalfall ein so ausgeklügelter Plot, dass der Tourist am Ende mit seinem Geld draufzahlt! Anbietern von schnellem Reichtum sei eine gesunde Portion Skepsis entgegenzubringen, denn auch in Thailand verschenkt niemand etwas!

In unserem Beispiel könnte man ohne weiteres die Promotion-Abteilung von Coca Cola anrufen, um herauszufinden, ob wirklich ein Darsteller gesucht wird. Und ohnehin: Firmen dieser Größenordnung schicken bestimmt keine Agenten in Bangkoks Khao San Road, um einen Touristen für Werbeaufnahmen zu gewinnen!

Im zweiten Beispiel ist es noch offensichtlicher, dass etwas faul sein muss: Glücksspiel ist in Thailand streng verboten, und der Reisende, der in einer Pokerrunde mitmischt, macht sich strafbar und ist somit mögliches Opfer von Erpressungen.

Von den beiden oben angeführten Möglichkeiten, reingelegt zu werden, bestehen natürlich zahlreiche Varianten, die ausgeklügelt werden, wenn die alten Tricks bekannt sind.

Edelsteinkauf

In den touristischen Gegenden von Bangkok – vor allem Banglamphoo, Siam Square und Silom Road – als auch in Chiang Mai lauern etliche Betrüger, die sich als Repräsentanten eines Edelsteingeschäftes ausgeben. Diese versuchen, wie gediegene Geschäftsmänner zu wirken, mit dickem Goldschmuck am Hals und möglichst noch einem portablen Telefon in der Hand, und locken Touristen mit **angeblichen Superangeboten** in Edelsteinläden. Meist wird vorgegeben, dass „es gerade heute besonders günstige Preise gibt", etwa weil zufällig ein „Edelstein-Promotion-Tag der thailändischen Regierung" stattfindet oder ähnlich haarsträubender Blödsinn. Die Steine, die in den angepriesenen Läden geboten werden, sind in den meisten Fällen zwar echt, jedoch von schlechtester Qualität und extrem überteuert. Beteuerungen, dass die Steine in Europa einen vielfachen Wiederverkaufswert erzielen können, sind schlichtweg gelogen, meist bringen sie nicht einmal den Kaufpreis wieder ein. Nachträgliche Rückerstattungen, wie sie oft versprochen werden, sind unmöglich und wenn, dann nur zu einem Bruchteil der bezahlten

Summe. Beschwerden bei der Polizei sind oft sinnlos, da sich diese Geschäfte die Polizei durch Zahlungen gefügig machen.

Der **Thai Gem Scam** ist eigentlich reichlich bekannt und so ist es erstaunlich, wie viele Leute doch immer wieder darauf herein fallen. Mittlerweile hat sich eine Interessengruppe von Geschädigten gebildet, die versucht a) ihr Geld wiederzubekommen, worauf die Chancen allerdings nicht besonders gut stehen und deshalb b) zumindest andere Leute zu warnen. Die „Thai Gem Scam Group" unterhält eine Webseite, (www.geocities.com/thaigemscam group) und ist in Bangkok unter einer Hotline zu erreichen: Tel. 089-0031631; E-Mail: thaiwebsamgroup@ yahoo.com. Hochinteressant sind die Erfahrungsberichte von Geschädigten auf der Webseite und so mancher mag sich da nicht mehr ganz so alleine fühlen.

Echtheitstests von Edelsteinen beim International Gemmological Institute (IGI), BGI Building, 9 Soi Charoen Krung 36, New Road, Bangkok 10500, Tel. 02-6306726; Fax 02-6306728, E-Mail: Thailand@igiworldwide.com, www.igi-usa.com.

Nepper und Schlepper

Besonders der Sanam Luang in Bangkok ist Tummelplatz vieler Schlepper, die sich als arme Studenten ausgeben und den Touristen „umsonst" **zu einer Darbietung klassischen Thai-Tanzes führen** wollen. Am Ende zahlt der Tourist jedoch meistens eine dicke Rechnung. Für sich selber, für den angeblichen Studenten und noch ein paar Extras.

Um ein Lokal ausfindig zu machen, in dem klassische Tänze aufgeführt werden, braucht man keinen „Führer"; Angebote dieser Art sollten grundsätzlich abgelehnt werden.

Neuerdings sieht man sehr viele **Afrikaner** in den größeren Shopping-Centers in Bangkok (z.B. Mah Boonkrong, Central World Plaza); manche von ihnen sprechen Touristen an, um sie anschließend in dubiose Geschäfte zu verwickeln oder anderswie an deren Geld zu kommen. Die meisten dieser zweifelhaften Mitmenschen kommen scheinbar aus Nigeria, einige geben vor, aus Sierra Leone zu stammen und durch den dortigen Krieg heimatlos geworden zu sein o.Ä.

Das Beste ist, die Anmache dieser Herren („Hey, man, how are you today?") mit Stillschweigen zu quittieren.

Gelegentlich mischen sich auch **Pakistaner** unter die westlichen Touristen (z.B. in der Khao San Rd.), um dort relativ unauffällig zweifelhaften Aktivitäten nachzugehen. In Thailand agieren einige pakistanische Banden; diese haben vor allem mit gefälschten Schecks oder Reisepässen (ein echter westlicher Pass ist viel Geld wert!), Drogen-, Waffenhandel, Menschenschmuggel oder auch Erpressung zu tun. Das Zentrum der Pakistaner ist das Viertel Bangrak um das Hauptpostamt herum. Sicherlich ist es unfair, eine bestimmte Nationalität pauschal abzustempeln: Was die Pakistaner in Thailand angeht, so haben sie sich jedoch leider bisher fast nur negative Schlagzeilen verdient.

Tuk-Tuk-Fahrer

Viele Tuk-Tuk-Fahrer, besonders solche, die sich in der Nähe der Khao San Road in Bangkok herumtreiben, behaupten oft, dass die eine oder andere Sehenswürdigkeit „heute geschlossen" sei. Dafür bieten sie dem Touristen eine **spottbillige Fahrt in irgendein Geschäft** an, das gerade einen „besonders günstigen, einmaligen Sonderverkauf" o.Ä. anbietet. Das ganze ist natürlich ein Schwindel, die Sehenswürdigkeit ist mit aller Wahrscheinlichkeit doch geöffnet, der Tuk-Tuk-Fahrer aber bekommt vom Besitzer des betreffenden Geschäftes gleich 50 oder 100 Baht, egal ob der Tourist dort etwas kauft oder nicht. Manche Händler geben dem Fahrer einen Benzingutschein. Es liegt auf der Hand, dass man in derlei Läden besonders unsanft zum Kauf gedrängt wird.

Gathoeys

Thailands berühmt-berüchtigte *gathoeys* sind Transsexuelle oder Transvestiten, die Frauen oft zum Verwechseln ähnlich sehen und diese Tatsache für diverse Machenschaften ausnutzen. Sie machen mit Vorliebe männliche Touristen an, um sich ein paar schnelle Baht zu verdienen, sei dies durch gewisse „Dienstleistungen" oder durch **Räubereien.** Kenner der Szene achten immer auf eine eventuell allzu tiefe Stimme oder das Vorhandensein eines Adamsapfels. Mittlerweile lässt man sich den Adamsapfel auch für 10.000 Baht aufwärts wegoperieren.

Gelegentlich kurven zwei oder drei *gathoeys* in einem Auto durch Bangkok, um durch Versprechungen erotischer Art Touristen in den Wagen zu locken. In der Dunkelheit einer Bangkok-Nacht lässt sich oft nicht ausmachen, dass die Anbieter keine leibhaften Frauen sind! Am Ende wird der Tourist ausgeraubt und hatte ein Abenteuer ganz besonderer Art! Viele *gathoeys* tragen auch Messer bei sich und sind als äußerst aggressiv bekannt.

Die **üblichen Tummelplätze der gathoeys in Bangkok** sind: Der Sanam Luang (nachts), der Rajdamnoen Klang, 50 m östlich des Democracy Monument (nachts), die Khao San Road

Transvestit und Freundin

(nachts) sowie Patpong, Sukhumvit und die Petchaburi Road (zu jeder Tageszeit).

Besonders entlang der Sukhumvit Road finden sich spät abends of *gathoeys*, die Touristen anrempeln oder umstellen, sie ablenken und ihnen dann die Geldbörse entwenden.

Der **Lumpini-Park** wird um 19 Uhr geschlossen, da sich auch hier immer dubioses Volk einfand: *gathoeys*, kleine Banditen und eventuell Polizisten nach Feierabend, die allzu gerne mit ihren Dienstpistolen spielen. Früher war der Park bis Mitternacht geöffnet, doch war es zu einer Vielzahl von Morden gekommen, an denen *gathoeys* nicht unbeteiligt waren.

Am Tage jedoch, das sei klar gesagt, ist der Lumpini Park absolut ungefährlich und ein herrliches Fleckchen Grün in der Steinwüste Bangkok.

Die größte Gefahr im Urlaub?

Der Tourist selber! Jedes Jahr sterben Dutzende, wenn nicht gar 100 bis 200 Touristen an Drogenüberdosen, zum Teil selbstverschuldeten Verkehrsunfällen (vor allem durch betrunkenes Motorradfahren) und Selbstmord. Pattaya hat mittlerweile den Ruf, eine Art „Farang-Friedhof" zu sein: Meldungen von Touristen, die sich aus Hochhausfenstern stürzen, finden kaum noch Beachtung; sie sind ein nahezu allwöchentliches Ereignis. Dazu muss man wissen, dass gerade Pattaya Leute mit unstabiler Psyche oder anderen persönlichen Problemen besonders anzieht und die Suizidrate unter den dortigen Touristen überdurchschnittlich hoch ist. Allerdings geschehen viele „Selbstmorde" unter dubiosen Umständen, und die Aufklärungsarbeit der thailändischen Polizei lässt sehr zu wünschen übrig.

Diebstahl

Nicht nur von (einer Minderheit von) Einheimischen werden Diebstähle begangen, sondern auch **von Travellern.** Die Khao San Road ist da ein trauriges Beispiel. Außerdem gibt es reichlich Touristen, die glauben, ihre Hotelrechnung nicht begleichen zu müssen.

Wertsachen sollte man (gegen Quittung!) im Hotelsafe lassen, das scheint am sichersten. Leider hat es besonders in Chiang Mai auch dabei eine Menge Unregelmäßigkeiten gegeben. Also besonders hier: jedes einzelne Stück in der Quittung aufführen lassen (Ticket, Pass, die Schecks mit Seriennummer etc.). Kreditkarten sollte man nur hinterlassen, wenn unbedingt nötig, da gelegentlich Kreditkarten von Hotelangestellten zu Käufen benutzt wurden, was der Kartenbesitzer erst nach der Heimkehr bemerkte.

In Bangkok gilt erhöhte Aufmerksamkeit auf Märkten, in Kaufhäusern und Bussen. Hier ist es in den letzten Jahren zu einem Anstieg von **Taschendiebstählen** gekommen (Die Diebe sind nicht selten illegale Einwanderer aus Kambodscha.). Zur Vorbeugung sollten Geldbörse und Papiere so sicher wie möglich verstaut sein: in Brustbeutel und Geldgürtel, solange man diese nicht sieht oder als solche erkennt. Andernfalls kann man die Wertsachen gut getarnt in eine Umhängetasche stecken. Sich ein gut getarntes Versteck auszudenken und

> **Vorsicht!!!** Die deutschen Auslandsvertretungen warnen Geschädigte, bei **Polizeiprotokollen,** die in Thai verfasst sind und somit für die allermeisten unverständlich sind, ihre Unterschrift darunter zu setzen. Nicht selten wird etwas anderes geschrieben als dem Geschädigten erzählt wird, und durch das abgeänderte Protokoll der Geschädigte plötzlich zum Beschuldigten. In schwerwiegenden Fällen immer das nächstgelegene Konsulat oder die Botschaft zurate ziehen.

auch zu benutzen ist allemal besser, als nach einem Verlust Botschaft, Bank und Airline abklappern zu müssen.

Zu Taschendiebstählen kommt es gelegentlich auch **in Discos** in Bangkok. Dem Autor sind persönlich Fälle aus dem *Hard Rock Café* und der *Angel Disco (Nana Hotel)* bekannt. Das heißt aber nicht, dass diese gefährdeter sind als andere. Die Diebe (in den allermeisten Fällen sind es **Diebinnen!**) machen die Runde in verschiedenen Discos oder Bars.

Überfälle

Überfälle auf Touristen sind selten, aber nicht unbekannt. Wanderungen oder Trekking-Touren durch **abgelegene Gebiete** sollten keinesfalls allein, am besten nur in größeren Gruppen, unternommen werden. Bei unbekannten Gebieten, die normalerweise nicht von Trekking-Gruppen besucht werden, sollte man sich zuvor nach der Sicherheit dort erkundigen. Bei Auskünften seitens der Einheimischen sind dabei einige Abstriche zu machen, da Thais Probleme vor Ausländern gerne herunterspielen.

In der Vergangenheit wurden einige dreiste **Überfälle auf öffentliche Busse** in Bangkok verübt – am helllichten Tage, und in einem Falle sogar direkt an einer Polizeiwache. Derlei ist extrem selten, wer dennoch vorsichtshalber keine Wertsachen mit sich führen möchte, sollte sie im Hotelsafe lassen, falls vorhanden; Geld ist am aller sichersten auf einem problemlos einzurichtenden Bankkonto aufgehoben.

Bei einem Überfall gilt es, auf keinen Fall den Helden spielen zu wollen. Die meisten Banditen haben **Schusswaffen** und machen auch skrupellos Gebrauch davon. Schusswaffen, mehr illegale als legale, gibt es in Thailand zuhauf: Statistisch gesehen besitzt jeder männliche Thai über 16 Jahre eine.

Allein reisende Frauen

Generell gesagt, ist Thailand für allein reisende Frauen **eines der sichersten Länder Asiens.** Belästigungen auf offener Straße sind weitaus seltener als etwa in Indien, Indonesien und wohl auch Malaysia. Was aber nicht heißt, dass derlei nicht vorkäme. Einige Frauen berichten von dümmlicher Anmache oder, sehr selten, Grapschereien.

Die meisten Frauen haben aber keinerlei Probleme, und das mag sie zu der Ansicht führen, dass Thailand absolut sicher sei. Doch dieses Gefühl

Tourist Police bei einer Übung auf Ko Samui

von Sicherheit ist gefährlich, wenn es zum Nachlassen der Aufmerksamkeit führt. Einige **Sicherheitsregeln** sollten immer beachtet werden.

Ganz allgemein ist von allzu großer Vertrauensseligkeit abzuraten; nicht jedes freundliche Gesicht hat lautere Motive. Zimmertüren sollten nachts gut verschlossen werden. Es empfiehlt sich auch, abends und nachts einsame Gegenden zu meiden und gänzlich menschenleere Gebiete völlig auszulassen, egal zu welcher Tageszeit. Allein oder zu zweit reisende Frauen, die sich auf eine Trekkingtour durch abgelegene Bergregionen begeben, fordern Angriffe heraus. Insgesamt scheinen Städte sicherer zu sein als ländliche Gebiete, mit Ausnahme vielleicht von Chiang Mai, aus dem besonders viele Belästigungen gemeldet werden.

Einige sehr **brutale Überfälle** auf westliche Frauen wurden 1994/95 vom Khao Takiab Beach bei Hua Hin gemeldet. 1997 wurde eine Touristin in einer Bar auf Ko Phangan durch ein Schlafmittel betäubt und vom Bar-Besitzer, einem ortsbekannten Drogenhändler, vergewaltigt. Die Anzeige bei der Polizei führte zu nichts. Wie oft in Thailand üblich, wurde das Protokoll (auf Thai) von den Beamten dermaßen verdreht, dass quasi überhaupt keine strafbare Handlung stattgefunden hatte. Dass die Polizei mit einflussreichen (sprich gut zahlenden) Gangstern gemeinsame Sache macht, ist in Thailand kein Geheimnis. Bei ernsteren Fällen

ist deshalb immer die als weniger korrupt geltende **Tourist Police** einzuschalten.

2005 wurde eine Touristin an einem Strand auf Ko Samui vergewaltigt und ermordet. Den Tätern wurde innerhalb eines Monats der Prozess gemacht, der in der Todesstrafe resultierte.

Nächtliche Spaziergänge an Stränden sind auch für Männer wegen möglicher Raubüberfälle gefährlich.

Alles in allem ist es aber auch in dieser Hinsicht wohl noch sicherer als die meisten westlichen Länder.

Polizei und Korruption

Die Polizei ist – jeder Thai weiß es aus eigener Erfahrung – in hohem Maße korrupt, und viele **Straftaten** werden von den wackeren Ordnungshütern selber begangen. Völlig unkorrupte Polizisten sind die absolute Ausnahme, manche Thais würden sogar behaupten, es gäbe überhaupt keine. **Die Polizei verdient mit** beim Rauschgifthandel, bei Prostitution, Erpressung und Menschenhandel.

Polizisten, deren Missetaten publik werden, werden in den seltensten Fällen bestraft, sondern lediglich versetzt. Diese unangebrachte Milde ist ein Ergebnis des thailändischen **Systems der „Patronage"**, in dem Vorgesetzte ihre Untergebenen stets in allen Taten

Hohe Militärs

und Untaten decken; dafür erwarten sie ihrerseits unbedingte Ergebenheit.

Ernsthafte **Anstrengungen, die Korruption einzudämmen,** sind trotz vieler Versprechungen der jeweiligen Regierungen und einer neuen Verfassung, die gerade die Korruption bekämpfen sollte, bisher noch nicht unternommen worden. Thailand rühmt sich zwar, das „Land der Freien" zu sein (*thai* = „frei"), in der Praxis aber ist der Durchschnitts-Thai allzu oft der Willkür erpresserischer Polizisten oder sonstiger Beamter ausgeliefert. Tatsächlich „frei" ist nur der, der Geld oder politischen Einfluss hat und der dadurch so gut wie unantastbar ist.

Touristen sind in der Regel nicht von dem Problem betroffen, mit wenigen Ausnahmen: Seit in Bangkok eine **„Reinlichkeits-Kampagne"** ausgerufen wurde, macht die Polizei gelegentlich Jagd auf Touristen, die Zigarettenkippen oder Papierschnipsel auf die Straße werfen. Dafür werden überhöhte 2.000 Baht abkassiert; Thais zahlen für dasselbe Vergehen nicht mehr als 100 Baht. Der Verdacht liegt natürlich nahe, dass die Strafgelder in der privaten Taschen der Polizisten landen.

Auf Ko Samui stellt die Polizei gerne **Motorrad fahrenden Touristen** nach, um sie entweder wegen fehlenden Schutzhelmes (es besteht Helmpflicht) oder aufgrund irgendeines anderen echten oder imaginären Vergehens über Gebühr zu bestrafen.

Ansonsten werden Ausländer im Allgemeinen nicht behelligt. Falls doch, sollte man sich erstens **nicht einschüchtern lassen** und keine unberechtigten „Strafgelder" zahlen, und zweitens möglichst unverständliches oder sehr schnelles **Englisch sprechen** (oder Deutsch!). Nur sehr wenige Polizisten haben englische Grundkenntnisse, und bei Sprachproblemen verlieren sie „ihr Gesicht" und ziehen sich zurück. Etwaige Beschwerden gegen Polizisten können bei der als zuverlässiger geltenden **Tourist Police** vorgebracht werden. Wie die Polizei sind auch fast alle anderen staatlichen Stellen von Korruption durchsetzt. Die meisten Thais sind der Korruption mittlerweile völlig überdrüssig geworden, aber kaum jemand glaubt, dass sie in absehbarer Zukunft eingedämmt werden kann. Die Korruption ist ein Teil thailändischen Lebensstils geworden. Gemäß einem Bericht von *Transparency International* (2003), einer in Berlin ansässigen Gesellschaft, die die weltweite Korruption „misst", nimmt Thailand derzeit den 70. Platz in der „Ehrlichkeits-Liste" ein – zusammen mit Marokko, Ghana, Ägypten, der Dominikanischen Republik und Bosnien-Herzegowina.

Drogen

Thailand ist einer der größten Drogenproduzenten der Welt. Dem Dealer und Konsumenten drohen hohe Strafen, auch die **Todesstrafe** wird ausgesprochen. Bei Ausländern wird diese in der Regel in eine lebenslängliche Haftstrafe umgewandelt, doch das sollte kein Trost sein.

Weiter verbreitet als Heroin sind **Amphetamine** (*yaa-maa* = „Pferdemedizin"), die in fast allen Gesellschaftsschichten eingenommen werden. Besonders beliebt sind sie bei Schülern, Arbeitern und – allen voran – Bus- und Lastwagenfahrern. Die aufputschende Wirkung hält die Fahrer lange wach. Nicht zufällig werden die Tabletten oft an Tankstellen (illegal) angeboten. Nicht minder traurig ist die Tatsache, dass mittlerweile viele *Mahouts* ihre Arbeitselefanten mit Amphetaminen füttern, damit auch sie länger arbeiten können. Dass die Tiere nach einigen Jahren physisch ruiniert sind, liegt auf der Hand.

Die Amphetamine werden großenteils aus Myanmar eingeschmuggelt, wo sie in Labors nahe der Grenze hergestellt werden. Die Kuriere stammen meist aus dem einst kopfjagenden Volk der Wa.

Die thailändischen Behörden schätzen, dass derzeit bis zu 600 Mio. Amphetamin-Pillen pro Jahr von Myanmar aus in Thailand eingeschmuggelt werden – das sind durchschnittlich zehn „Speed"-Tabletten für jeden Thai. Nach Schätzungen der Behörden sind 5 % aller Thais regelmäßige **Konsumenten** der Droge, d.h. etwa 3 Mio. Menschen.

Bei Menschen (und wohl auch bei Elefanten) kann der Dauergebrauch von Amphetaminen Wahnzustände auslösen, und nicht umsonst sind die thailändischen Zeitungen voll mit Berichten von Irrsinnstaten, die unter Einfluss der Drogen begangen wurden. Aus diesem Grunde wird die Droge landläufig oft *yaa-baa* genannt, „verrückte Medizin".

Im Februar 2003 begann die thailändische Regierung mit einem zunächst auf drei Monate anberaumten **„Krieg den Drogen"**. Den Provinzgouverneuren wurde auferlegt, das Rauschgiftproblem innerhalb der Frist um 25 % zu verringern – oder sie liefen Gefahr ihren Job zu verlieren.

Was dabei herauskam, war ein **Blutbad:** Allein im Februar 2003 wurden 1.140 Personen erschossen, nach Angaben der Polizei zumeist Drogenhändler, die aus eigenen Reihen getötet worden seien, vorgeblich um nicht aussagen zu können. In Wirklichkeit aber schien die Polizei Todesschwadrone gebildet zu haben, um standrechtliche Erschießungen vorzunehmen und so ihre von der Regierung auferlegte Fangquote zu erfüllen.

In dem Kugelhagel starben nicht wenige, die rein gar nichts mit Drogen zu tun hatten, darunter ein 9-jähriger Junge. Manch braver Bürger fand seinen Namen auf der „schwarzen Liste" der Drogenhändler oder -konsumenten, war aber in Wirklichkeit völlig unbescholten und offenbar aus rein persönlichen Gründen von irgendjemandem auf die Liste gesetzt worden – de facto fast ein Todesurteil.

Die Erschießungen riefen tiefe Besorgnis sowohl bei der **UN-Kommission für Menschenrechte** als auch bei Amnesty International hervor. Deren Einwände wurden jedoch von *Premierminister Thaksin* – einem Mann, der durch Kritik oft rasant aus der Fassung gerät – brüsk zurückgewiesen. „Die UN ist nicht mein Vater!" wetterte er auf Fragen von Journalisten und gab damit den Anschein, Thailand kümmere sich nicht um Menschenrechte oder faire Gerichtsverhandlungen.

Um der Kritik aus Presse und Teilen der Öffentlichkeit entgegen zu wirken, veröffentlichte das Innenministerium nach dem 1.3.2003 keine Zahlen mehr über die Todesopfer des blutigen „War on Drugs". Interessanterweise war bis zu diesem Zeitpunkt noch keiner der großen Hintermänner gefasst worden. Die sollten angeblich später drankommen.

Die **Anti-Drogen-Kampagne** hatte zur Folge, dass der Preis der Amphetanin-Tabletten von 100 auf 300 bis 400 Baht schnellte, und in manchen stark betroffenen Gebieten kam es vermehrt zu Raub, Diebstählen und Kurzschlusshandlungen von Süchtigen auf Entzug.

Ebenfalls nicht ganz ungefährlich, wenn auch viel seltener als *yaa baa*, sind die **„magic mushrooms"**, psychedelische Pilze mit Langzeitwirkung. Besonders in den Hütten von Ko Samui verspeisten manche Traveller gern ein Omelett mit besagten Pilzen. Sie wachsen auf Ko Samui in und auf Büffelmist, und deshalb ist der lokale Name *het ki khwai* – „Büffel-Scheiß-Pilze". Die Bezeichnung wird oft zu *het khwai* abgekürzt: „Büffelpilze". Zuerst wuchsen die Pilze nur wild, doch nachdem eine große Zahl von Travellern die Nachfrage in psychedelische Höhen schießen ließ, begannen Inselbewohner, die Pilze auf kleinen Farmen zu züchten. Die Pilzfarmer verdienen etwa 800-1.000 Baht pro Kilo *het khwai.*

Nachdem es in vielen Fällen bei Travellern zu Überdosen und Vergiftungserscheinungen gekommen war, sah sich die in Surat Thani gelegene Vertretung der Tourist Authority of Thailand veranlasst, vor den Pilzen zu warnen. Gemäß TAT können falsch dosierte Pilzmahlzeiten zu schweren Vergiftungen oder sogar zum Tod führen.

Zahlreiche wohlhabende junge Thais nehmen **Ecstasy,** auf Thai *yaa-e* genannt, die „E-Droge". In Clubs auf der Sukhumvit Road in Bangkok kam es 2005 immer wieder zu Drogenrazzien. Gäste mussten Urinproben abgeben und wer keinen Pass dabei hatte, verbrachte die Nacht auf der Wache und hatte 400 Baht zu zahlen. Mit Drogen erwischt wurde allerdings kaum jemand. Besonders die populäre *Q-Bar* scheint betroffen. In der Khao San Road Gegend führt die Polizei Drogenkontrollen auch auf der Straße durch.

Als Hintermänner des thailändischen Drogengeschäftes werden oft „einflussreiche Persönlichkeiten" vermutet. Unter diesem schwammigen Sammelbegriff verbergen sich gut situierte Geschäftsleute, Gangster, Politiker und die auf lokaler Ebene sehr mächtigen Dorfvorsteher.

Buchtipp

- **Schutz vor Gewalt und Kriminalität unterwegs,** Matthias Faermann
- **Drogen in Reiseländern,** Martin Lutterjohann
- **Als Frau allein unterwegs,** Birgit Adam, alle Bände REISE KNOW-HOW, Reihe Praxis

Sport und Erholung

Die Sportmöglichkeiten in Thailand sind relativ begrenzt, einmal abgesehen von den Fünfsterne-Hotels, die **Schwimm-, Tennis-** oder **Badminton-Gelegenheiten** bieten. Manche Fünf-Sterne-Hotels haben Health Clubs oder Saunas, die gegen Gebühr auch Nichtbewohnern des Hauses zugänglich sind.

Parks zum Joggen sind besonders in Bangkok eine Rarität (am günstigsten wäre noch der Lumpini-Park), aufgrund der hohen Luftverschmutzung in der Stadt dürfte der Nutzen sportlicher Aktivität allerdings ohnehin fraglich sein. In den kleineren Orten findet man Jogging-Möglichkeiten entlang ländlicher Straßen.

Gute **Schwimmmöglichkeiten** ergeben sich auf Inseln wie Ko Samet, Ko Chang, Ko Tao, Ko Phangan, Ko Samui, Phuket sowie auf zahlreichen kleineren Inseln und an vielen Stränden des Festlandes. Sehr gut zum **Tauchen** geeignet sind die Similan Islands, Surin Islands, Phuket und die umliegenden Inseln, Ko Tao und die Küste um Chumphon (siehe eigenes Kapitel im Anschluss).

Zwar ist besonders der Norden Thailands bekannt für seine **Trekkingmöglichkeiten,** getrekkt werden kann aber auch im Süden. Sehr gut dafür geeignet ist das Banthat-Gebirge zwischen Trang und Phattalung, in dem sogar noch einige Ureinwohner des malaiischen Regenwaldes leben, die Sakai. Es gibt hier einige Gipfel zu besteigen. Auf Ko Phangan kann der Khao Ra erklettert werden, ein von dichter Vegetation umgebener Berg. Gute Trekking-Möglichkeiten bieten sich auch im Khao Sok National Park, einem der am leichtesten zugänglichen Nationalparks. Auf Phuket bietet sich der Phra Thaew National Park zu Wanderungen an.

Die Gewässer um Phuket bieten auch gute **Paddelmöglichkeiten.** Das Unternehmen Sea Canoe auf Phuket ist bekannt für seine ökologisch behutsamen **Paddeltouren** mit Schlauchbooten oder Kajaks durch die Inselwelt um Phuket und Phang-Nga. Inzwischen hat Sea Canoe viele Nachahmer gefunden, und die bizarren kleinen Felsinseln in der Bucht von Phang-Nga werden mittlerweile von so vielen Touristen aufgesucht, dass die Ökologie schon wieder gefährdet wird. (1998 forderten lokale Banditen, die ein Stück am Geldkuchen mitzuverdienen gedachten, „Schutzgelder" von den Bootsunternehmern. Sea Canoe weigerte sich zu zahlen, woraufhin einer seiner Manager niedergeschossen wurde. Die meisten anderen zahlten und zahlen noch immer.)

Die Bucht Ao Chalong auf Phuket ist ein **Treffpunkt von Seglern** aus aller Welt, und mit etwas Glück kann man hier auf einer Jacht anheuern; man frage in den Restaurants und Bars nahe dem Pier von Ao Chalong nach, in denen sich die Segler treffen.

Zahlreiche **Golfplätze** zieren das Land. Phuket ist ein Zentrum für Golf, es gibt mehrere Golfplätze von internationalem Standard. Viele weitere

YAMAHA
MARINER

Golfplätze befinden sich in und um Bangkok, Pattaya und Hua Hin.

An den Stränden von Pattaya und Patong (Phuket) gibt es ein weites Angebot an Freizeit-Möglichkeiten wie **Wasserski, Parasailing,** Water-Scooter-Fahren und **Bungee-Springen.** Die lauten und oft rücksichtslos gesteuerten **Water-Scooter** (kleine Motorboote) sind leider alles andere als der Erholung zuträglich. Auf Phuket und den umliegenden Inseln sind sie inzwischen offiziell verboten, doch die Betreiber der Geräte weigerten sich, ihr Geschäft aufzugeben und die Behörden sahen - wie so oft - tatenlos zu.

Die Felsen am Strand von Ao Phra Nang bei Krabi ziehen einige **Bergsteiger** und **Freeclimber** an. So kann man dann einen Strandurlaub mit der Kletterei verbinden. **Wandermöglichkeiten** ergeben sich praktisch überall im ländlichen Thailand.

Tauchen

Thailand besitzt **wunderschöne Tauchgründe,** die teilweise zu den besten der Welt gezählt werden. Sie bieten sowohl für Neulinge im Tauchsport als auch erfahrene Taucher herrliche Erlebnisse unter Wasser. Es gibt ideale Gebiete für Anfänger mit geringen Tauchtiefen, aber auch Stellen, die nur für erfahrene Taucher empfehlenswert sind. Einige sehr schöne Saumriffe reichen bis in 30 m Tiefe. Zudem gibt es zahlreiche vorzügliche Tauchreviere an Steilwänden, Unterwassercanyons, Cavernen und Höhlen. Manche Tauchplätze ähneln skurrilen Mondlandschaften. Im Golf von Thailand liegen einige schöne Wracks am Meeresgrund. Die Meeresfauna lässt in ihrer Vielfalt nichts zu wünschen übrig. Von farbigen Nacktschnecken bis zu gigantischen Walhaien gibt es (fast) alles zu sehen.

Die **Tauch-Infrastruktur** Thailands ist hervorragend ausgebaut, so dass in den allermeisten Gebieten mehrere Tauchschulen ihren Service anbieten. Alle haben englisch- oder deutschsprachige Guides. Das Tauchsportzentrum Thailands ist sicherlich Phuket, aber auch Ko Samui, Ko Tao, Pattaya, Ko Chang, Ko Phi Phi oder Ko Lanta sind bedeutende Ausgangspunkte für Tauchfahrten.

Neben Tagestouren bieten einige Veranstalter auch mehrtägige Törns an, deren Ziel insbesondere die Inseln in der Andaman-See sind. **Tagestouren** kosten je nach Ziel und Saison ungefähr 1.000-2.000 Baht. **Mehrtagestouren** werden je nach Ort und Dauer zwischen 3.000 und 37.000 Baht angeboten.

Tauchkurse und Schnuppertauchgänge kann man überall buchen. Anfängerkurse mit Theorie und Praxis (Poolübungen und mindestens vier Freiwassertauchgänge) kosten etwa 8.000-12.000 Baht. Die meisten Tauchschulen bilden nach den Richtlinien des Tauchsportverbandes PADI aus. Manche Tauchlehrer können auch Prüfungen nach den Richtlinien anderer Verbände (NAUI, Verband Deutscher Sporttaucher) abnehmen.

Vor der Anmeldung zum Tauchen oder Kurs sollte man sich mit den Tauchguides unterhalten sowie einen Blick auf die Ausrüstung und das Tauchboot werfen. In dieser Hinsicht kann man ansonsten böse Überraschungen erleben. Hierbei trennt sich die Spreu vom Weizen unter den Tauchläden. Neben einwandfreier Ausrüstung sollten sich Ersatzteile für Tauchgeräte, Erste-Hilfe-Sets, Funk, ggf. ein Beiboot an Bord befinden. Kleine Pannen und Defekte sind natürlich nie auszuschließen; wichtig ist jedoch, wie verantwortungsbewusst Tauchschulen damit umgehen.

Tauchausrüstung

- **Tauchermaske** aus bruchfestem, thermisch entspanntem *(tempered)* Glas. Sie sollte ein möglichst kleines Volumen haben, damit sie leichter ausgeblasen werden kann, falls einmal Wasser eindringt. Außerdem wird das Gesichtsfeld mit abnehmendem Maskenvolumen größer. Die Tauchermaske muss dicht sitzen und die Nase mit einschließen. Zum Test der Dichtigkeit die Maske auf das Gesicht drücken und einatmen. Bleibt die Maske am Gesicht haften, dringt keine Luft ein, und der Sitz ist perfekt.
- **Schnorchel** dürfen nicht länger als 35 cm und dicker als 2,3 cm sein. Das Mundstück sollte einen Dichtrand und Beißnoppen aufweisen.
- Es gibt **Schwimmflossen** mit umschlossenem Fersenteil und **Tauchflossen** mit Fersenband, für die Füßlinge benötigt werden. Im warmen Wasser genügen Schwimmflossen. Anfänger sollte keine sehr harten Flossen nehmen, weil bei fehlender Tauchtechnik und -erfahrung leicht die Gelenke überstrapaziert werden und Krämpfe auftreten können.
- **Tauchanzüge** bestehen aus geschäumtem Neopren. Bei den Wassertemperaturen in Thailand reichen 3-4 mm Dicke aus. Man kann auch ohne Anzug mit T-Shirt oder einem *Stinger-suit* als Schutz vor Nesseltieren im Wasser tauchen. Bei mehreren Tauchgängen am Tag über einige Tage hinweg kann es aber dennoch mit der Zeit kühl werden. Dann empfiehlt sich ein Anzug oder zumindest ein Nierenschutz.
- Der **Lungenautomat** bzw. **Atemregler** reduziert den Flaschendruck auf Umgebungsdruck. Deshalb kann in jeder Tiefe mit dem gleichen Atemwiderstand wie an der Oberfläche eingeatmet werden. Am Flaschenventil sitzt die 1. Stufe, die den Flaschendruck auf etwa 10 bar über dem Umgebungsdruck reduziert. Die 2. Stufe des Atemreglers im Mundstück reguliert den Atemdruck auf die Umgebung ein. Sicherheitshalber sollte an der 1. Stufe ein zweites Mundstück (Oktopus) angeschlossen sein. Damit kann der Tauchpartner atmen, falls er im Notfall Luft benötigt. Der Atemregler muss leichtgängig arbeiten, und bei geöffneter Flasche darf das Mundstück nicht selbsttätig Luft abblasen. Wer einen DIN-Lungenautomaten mit nach Thailand nimmt, sollte einen **Bügeladapter für INT-Anschlüsse** mitnehmen, damit der Automat an die in Thailand üblichen Flaschenventile passt. Adapter sind auf den Tauchbasen rar gesät.
- Das **Finimeter** misst den Restdruck in der Flasche und zeigt somit den verbleibenden Luftvorrat an. Es wird auch an der 1. Stufe angeschlossen. Der Schlauch steht unter Hochdruck (200 bar) und darf deshalb keine Risse aufweisen.
- **Tarierwesten** (BCD-Jackets) sind aus Sicherheitsgründen erforderlich. Durch Einblasen bzw. Auslassen von Luft reguliert man den Auf- und Abtrieb unter Wasser. So kann man ohne Kraftaufwand auf einer Tiefenstufe schweben (Erfahrene Taucher tarieren viel mit der Lunge). An der Oberfläche dienen sie als Schwimmhilfe und ggf. als Rettungsweste. Die Westen müssen unbedingt dicht sein.
- Der Tauchanzug und die Tarierweste verursachen unter Wasser Auftrieb. Um diesen auszugleichen, benötigt man **Bleigewichte,** die an einem Gürtel getragen werden. Mit der Tiefe werden Anzug und Weste (und die Lunge) zusammengedrückt, und deren Auftrieb verringert sich. Überbleite Taucher müssen ab einer bestimmten Tiefe gegen Abtrieb

ankämpfen. Deshalb sparsam mit dem Blei umgehen!

- In einer Konsole am Finimeter befinden sich oft **Kompass** und **Tiefenmesser.** Sie können auch am Arm getragen werden. Der Tiefenmesser soll gut lesbar und in größeren Tiefen möglichst exakt sein. Ideal ist ein Schleppzeiger, der die größte erreichte Tiefe festhält. Unabdingbar ist auch eine **Taucheruhr.** Sie sollte mindestens bis auf 100 m wasserdicht sein und einen rastenden Stellring mit einer deutlichen Nullmarke aufweisen. Tiefenmesser und Uhr sollten ebenso wie **Dekompressions-Tabellen** (sie zeigen die Verweildauer – Nullzeit – in einer bestimmten Tiefe an, ohne dass man Auftauchstopps beim Aufstieg einhalten muss) mitgeführt werden, auch wenn man mit einem **Tauchcomputer** taucht, der diese Funktionen vereinigt.
- Die **Tauchflasche** enthält Pressluft unter 200 bar, ist also quasi eine Bombe. Deshalb müssen die Flaschen regelmäßig geprüft werden (Stahlflaschen 2 Jahre, Aluminium 6 Jahre, siehe TÜV). In Thailand gibt es Prüfzentren; es sollte sich ein Stempel auf der Flasche befinden. Rostige Flaschen und Ventile sind nicht gerade empfehlenswert.
- Das **Tauchmesser ist ein Werkzeug** und soll helfen, wenn sich der Taucher einmal in einem Netz verheddern sollte.

Druckkammern

- **Royal Thai Navy, Division of Underwater & Aviation Medicine** (Department of Medicine), Thaksin Rd., Thonburi, Bangkok 10600, Tel. 02-4601105
- **Apakorn Kiatiwong Hospital,** Division of Internal Medicine (Sections of Underwater & Aviation Medicine), Sattahip Naval Base, Sattahip-Chonburi, Tel. 038-436164
- **Ko Samui** am nordöstlichen Ende des Big Buddha Beach, Tel. 077-427427, Notrufnummer: 081-0848485

Tauchregeln

Für den Tauchneuling ist eine solide, sicherheitsbewusste Ausbildung und entsprechendes eigenständiges Tauchen im Anschluss an einen Kurs wichtig. Tauchen ist ein wundervolles Erlebnis, insbesondere in klaren, tropischen Gewässern. Doch es gilt einige elementare Regeln und Voraussetzungen zu beachten, um sich und seine(n) Tauchpartner nicht in Gefahr zu bringen:

- **Keine Angst** vorm Tauchen (nicht nur aus Solidarität mit dem/der Partner/in einen Kurs belegen).
- Normale **körperliche Fitness** sollte vorhanden sein! Vor der Reise sollte eine Tauchtauglichkeits-Untersuchung vom Sportarzt durchgeführt werden.
- In der **Theorieausbildung** müssen grundlegende Kenntnisse aus Gerätekunde, Tauchphysik, Tauchmedizin und Erste-Hilfe-Maßnahmen vermittelt werden.
- Die **Tauchausrüstung** ist vor jedem Tauchgang zu **überprüfen** (Funktion, Risse, Rost, Dichtungs-/O-Ringe, Dichtigkeit der Weste, etc.) und in gutem Zustand zu halten (z.B. nicht an Bord herumwerfen). Nach dem Tauchen sollte alles mit Süßwasser gespült werden.
- Unbedingt **Tauchplatzbesprechung, Tauchplanung** und **Partnercheck** vor dem Einstieg vornehmen!
- **Keine Selbstüberschätzung,** d.h. niemals allein tauchen, nie tiefer als 40 m, nie bei Unwettern, sehr starkem Wellengang oder Strömungen tauchen und nicht die Nacht vor dem Tauchtag durchzechen (Restalkohol und Übelkeit können fatale Folgen haben – auf bedröhnte Tauchpartner sollte man im eigenen Interesse verzichten)!
- Bei **starker Strömung** stets gegen diese schwimmen.
- Beim Tauchen stets auf den **Partner,** die **Tauchtiefe** und den abschließenden **Sicherheitsstop achten!**
- Tauchgang so planen und durchführen, dass sich bei der **Rückkehr** an Bord noch **50 bar Luft** in der Flasche befinden und keine Dekompressionsstopps erforderlich sind **(Nullzeittauchgänge)!**
- Der Unterwasserwelt **keine Schäden** zufügen (Korallen abbrechen etc.).

- Spätestens **24 Stunden** vor dem **Rückflug** nicht mehr tauchen!

Bei Beachtung dieser Regeln kann nicht viel passieren, und Tauchen wird zu einem Genuss unter Wasser. Schwerelos im Wasser zu schweben und dabei eine fremde Welt zu genießen, zählt sicher zu den größten Vergnügen im Thailandurlaub.

Literaturtipp

- Dieser Text ist dem Buch **Thailand – Tauch- und Strandführer** von Klaus Becker entnommen, das sowohl ein umfassender Naturführer als auch ein praktisches Handbuch für die Erkundung von Thailands Küstenregionen ist. Mit der detaillierten Beschreibung aller bedeutenden thailändischen Tauchplätze ist das Buch für Tauch- und Schnorchelfreunde die ideale Ergänzung zu diesem Reiseführer (erschienen im Reise Know-How-Verlag, Bielefeld).
- **Tauchen in warmen Gewässern,** Klaus Becker, Reise Know-How, Reihe Praxis.

Unterkunft

Thailand ist ein touristisch sehr gut erschlossenes Land und bietet somit eine Vielzahl von verschiedenen Übernachtungsmöglichkeiten. Deren Qualität und Hygiene-Standard ist zumeist höher als in anderen asiatischen Ländern.

Auf den Inseln gibt es noch immer (einige wenige) **Hütten für 100 oder 150 Baht** und für denselben Preis lässt sich sogar in Bangkok noch ein Zimmer auftreiben. Am anderen Ende der Skala stehen Luxusherbergen wie das Oriental in Bangkok oder das Amanpuri in Phuket, in denen eine Übernachtung bis zu 100.000 Baht kosten kann.

Die **Zimmer bis 150 Baht** haben zumeist kein eigenes Bad, dafür steht dann ein *common bath* zur Verfügung. Zimmer mit eigenem Bad *(attached bath)* kosten in der Regel ab 200 Baht. Zahlreiche Guest Houses bieten auch ein **Dorm** (Schlafsaal, von engl. *dormitory);* die darin befindlichen Betten kosten ca. 40-100 Baht pro Übernachtung.

Die Zimmer in der Preislage von **300-600 Baht** sind zumeist schon recht ordentlich; sie haben ihr eigenes Bad (eventuell nur mit kaltem Wasser), einen Deckenventilator *(fan)* und – da, wo es notwendig ist – möglicherweise auch ein Moskitonetz *(mosquito net).*

Die Zimmer in der Preislage von **500-1.000 Baht** sind durchaus komfortabel, haben zumeist eine Klimaanlage (A.C.) und Telefon, dazu wahrscheinlich Kühlschrank und Fernseher. Der Fernseher lohnt für den Normal-

Preiskategorien

Für die Kennzeichnung des Preisniveaus der einzelnen Unterkünfte wird die folgende Einteilung verwendet, die sich aber ausschließlich auf die Preisgruppe und nicht auf den Service bzw. die Qualität bezieht.

Klassifizierung der Unterkünfte

*	bis 150 Baht
**	150-300 Baht
***	300-600 Baht
****	600-1.200 Baht
*****	1.200-2.400 Baht
LLL	Luxusklasse, über 2.400 Baht

Reisetipps

verbraucher nur, wenn darauf auch ausländische Satellitenkanäle zu sehen sind; eine zunehmende Zahl von Hotels in dieser Preisklasse rüstet sich damit aus.

Bei 1.000-1.200 Baht beginnt die **Oberklasse,** bei 2.000-3.000 Baht die **Luxusklasse,** deren Hotels oft mit großartigen Gartenanlagen umgeben sind. Darin befindet sich immer ein Swimmingpool, weiterhin eventuell ein Tennis- oder Badmintonplatz u.Ä. Die Zimmer entsprechen internationalem Standard, sie haben A.C., Telefon (z.T. mit Nebenanschluss in der Toilette!), eventuell ein hauseigenes Videoprogramm, Satelliten-TV, Mini-Bar etc. In vielen Luxushotels kosten die Zimmer ab 3.000-4.000 Baht aufwärts, und nach oben ist fast keine Grenze gesetzt. Die teuersten Zimmer im Lande kosten um die 100.000 Baht.

In den Luxusunterkünften werden auf den annoncierten Preis meist 10 % Bedienungsgebühr *(service charge)* und 7 % Steuern aufgeschlagen. Einige Hotels nennen auf Anfrage gleich den Endpreis (dann handelt es sich oft um eine merkwürdig „krumme" Summe).

Ein **Sterne-System,** wie es anderswo im Hotelgewerbe üblich ist, gibt es in Thailand nicht generell, nur die Luxushotels lassen es sich oft nicht nehmen, sich als Fünf-Sterne-Hotels zu bezeichnen. In Zukunft wird das Sterne-System möglicherweise weiter Fuß fassen.

Luxushotel auf Phuket

Der Zimmerpreis versteht sich meist **für 2 Personen,** so dass ein Einzelner genau so viel zahlen muss wie ein Paar. In vielen Touristengegenden wurde aber mittlerweile unser System vom Einzel- und Doppelzimmer eingeführt. Der Doppelzimmerpreis liegt dann ca. 80 % höher als der Einzelzimmerpreis.

In der Provinz sind Hotels häufig gleichzeitig **Bordelle,** und Zimmer werden auch stundenweise vermietet. Der so entstehende rege Durchgangsverkehr kann den Reisenden erheblich stören. In ganz kleinen Orten besteht aber oft keine Alternative zu diesen Hotels, die oft leicht an ihren Schildern zu erkennen sind: meistens rot leuchtende Neonschilder mit Thai-Schrift und einem Pfeil, der den Weg in die versteckte Gasse weist.

Auf Ko Samet, Ko Tao, Ko Lanta, Ko Chang und einigen anderen kleineren Inseln sind die Unterkünfte oft einfache **Hütten** ohne eigenes Bad und mit Strom aus dem Generator. Wichtig sind ein Moskitonetz und der Ventilator. Die meisten der Hüttenkolonien besitzen ihr eigenes Restaurant, das möglicherweise mit einem Videogerät ausgestattet ist. Wer das Unglück hat, genau zwischen zwei solcher Kolonien zu wohnen, dürfte wohl schwer um seinen Schlaf ringen müssen!

In den Nationalparks gibt es zumeist nur **teure Bungalows** zu mieten, die durchaus 1.000 Baht kosten können. Dafür ist die Zahl der Zimmerbewohner nicht begrenzt, oft beherbergen sie ganze kleine Reisegruppen oder thailändische Großfamilien. Einzelreisende kommen besser mit den **Zelten** weg, die oft zu mieten sind.

Hotel-Vokabular

Bett/Bettlaken	*thii-norn/ phaa-thii-norn*
Decke	*phaa-horm* (ph = p-h, nicht f)
Elekrizität	*fay-faa*
Fernsehgerät	*thorathat*
Frühstück	*ahaan-tschao*
Handtuch	*phaa-tschet-tua*
Klimaanlage	*äi-sii* (engl. A.C.)
Kopfkissen	*mon*
Kühlschrank	*tho-yen*
Licht	*fay*
Moskitonetz	*mung*
Parkplatz	*thii-gep-rot*
Preis/Preisnachlass	*rakha/rakha-lot*
Rechnung	*bill*
Restaurant	*raan-ahaan*
sauber machen	*tham sa-ad*
Seife	*saabuu*
Schlüssel	*kundjä*
Sonderpreis	*rakha phiset*
Swimmingpool	*sra-wainaam*
Tennisplatz	*sanaam-tennit*
Toilette/Badezimmer	*hong-naam*
Toilettenpapier	*kradaat-hong-naam*
Ventilator	*phatlom*
Wächter	*yaam*
(warmes/kaltes) Wasser	*naam (ron/yen)*
Zimmer	*hong*
Zimmer frei?	*mii hong, mai?*

Männliche Reisende können in der Provinz auch häufig – normalerweise kostenlos – in **Klöstern** unterkommen. Dort ist allerdings ein besonders dezentes Verhalten angeraten!

Achtung, die **Hotels mit den Nummernbezeichnungen** *(Hotel 27, Hotel 38* etc.) sind Stundenhotels oder Bordelle. Wo liegt da der Unterschied?

Nun, im ersten Fall bringt der Gast selber jemanden mit, im zweiten sucht er sich jemanden im Hotel aus. Diese Hotels liegen meist etwas versteckt in kleinen Seitengassen oder auf Hinterhöfen. Die Stundenhotels sind daran erkennbar, dass davor Autos geparkt sind, die durch einen Vorhang diskret verborgen werden – damit niemand das Kennzeichen sieht! Rote Neonschilder (meist in Thai-Schrift) mit einem Pfeil, der den Weg weist, deuten auf diese Hotels hin.

Zur Übernachtung für Touristen „nur so" stehen diese Hotels im Allgemeinen nicht zur Verfügung. Ausnahmen gibt es aber auch da. Dann kostet die Übernachtung ab ca. 300 Baht, und die Raumausstattung ist einigermaßen komfortabel: Bad, A.C., dazu Mehrkanal-Video mit chinesischen Kung-Fu- und europäischen Pornostreifen.

Ausländer zahlen mehr!

Viele Hotels, besonders in stark touristisch geprägten Gebieten, haben zwei verschiedene Preisklassen: eine für Einheimische und eine für Ausländer, die ca. 30-100 % höher liegt. Die „Logik" darin ist, dass Ausländer in der Regel viel mehr Geld haben als Thais.

Eigentumswohnung gefällig?

Mit Thailands zunehmender Beliebtheit als Urlaubsland erhöhte sich in den letzten Jahren auch sprunghaft die Zahl derer, die sich dort dauerhaft niederzulassen gedachten, möglichst in einer eigenen Wohnung. Seit dem *Condominium Act* von 1991 ist Ausländern der Erwerb von Eigentumswohnungen gestattet, wogegen der **Kauf von Grundstücken** (und somit Eigenheimen) nach wie vor **nicht erlaubt** ist (was durch thailändische Strohmänner bzw. -frauen jedoch oft umgangen wird).

Vorbedingung für den Erwerb einer Eigentumswohnung ist die **Aufenthaltsberechtigung** des Käufers in Thailand. Wird diese widerrufen, verfällt auch das Eigentumsrecht an der Wohnung, die somit zu veräußern ist. Bei Personen, die sich aus beruflichen Gründen in Thailand aufgehalten haben und nun woanders arbeiten, verfällt ebenfalls das Besitzrecht, und die Wohnung (bzw. das Büro) muss innerhalb eines Jahres verkauft werden.

Insgesamt darf die Beteiligungsrate von Ausländern an Wohn- oder Bürogebäuden nicht mehr als 40 % betragen; bei Überschreiten dieser Quote verliert der überschreitende Käufer sein Eigentumsrecht und hat das Objekt ebenfalls innerhalb von Jahresfrist zu veräußern. Außerdem ist der Käufer – anders als z.B. in Deutschland – rein juristisch nur der Besitzer seiner eigenen Wohnung und nicht auch gleichzeitig Mitbesitzer der Gesamtanlage.

Soweit die groben Richtlinien, die aber eines sicher nicht ersetzen: einen versierten **Rechtsanwalt** aus Thailand, der die mit einem derartigen Kauf verbundenen Risiken mindern kann.

Zu guter Letzt ist ausreichend Kapital mitzubringen, vor allem bei Käufen in Bangkok, wo selbst kleine Eigentumswohnungen leicht die Millionen-(Baht-)Grenze überschreiten. Wegen der thailändischen Wirtschaftskrise sind die Preise für Appartements heute dennoch weit niedriger als noch vor einigen Jahren. Am teuersten sind die Behausungen im Bereich der Sukhumvit und Silom Road.

Dass es aber auch steinreiche Thais gibt und Traveller, die sich das Geld für die Reise hart ersparen müssen, wird geflissentlich übersehen. Das zweigleisige Preissystem wäre wohl in den meisten Ländern des Westens illegal, in Thailand wird es jedoch von der Regierung vorexerziert, z.B. bei staatlichen Museen, wo Ausländer ebenfalls tiefer in die Tasche greifen müssen. Das System wird immer wieder bemängelt – von Ausländern. Anzeichen, dass es in naher Zukunft aufgehoben werden könnte, gibt es jedoch nicht.

Wer gern feilscht, kann an der Rezeption versuchen, den Thai-Preis *(rakha kon thai)* zu ergattern. Die Tatsache, dass der Ausländer um die Existenz des Thai-Preises weiß, lässt das Personal „das Gesicht verlieren" und evtl. auf den Thai-Preis eingehen, um der peinlichen Situation schnell zu entkommen!

Wenn dies dennoch nicht klappt, kann man es noch mit dem „Firmen-Preis" *(rakha bolisat)* versuchen. Viele Hotels geben Berufsreisenden Rabatte von 10-40 %. Wer eine Visitenkarte samt Firmennamen vorlegen kann, hat durchaus Chancen. Dass man dabei aber nicht mit Shorts und Sandalen aufkreuzen kann, liegt auf der Hand.

Verhaltensregeln

Thais sind Ausländern gegenüber in der Regel sehr tolerant und werden Fehler, die der Reisende unwissentlich begeht, gerne übersehen. *„Mai pen rai!"* heißt die vielgehörte Floskel, „Das macht doch nichts!"

Ein mildes Lächeln auf den Lippen gehört zum Alltags-Habitus der Thais, was ihrem Land den etwas überstrapazierten Namen **„Land des Lächelns"** (in Landessprache *Siam Yiim*, „Lächeln-des Siam") eingetragen hat. Man sollte sich aber im Klaren darüber sein, dass das Lächeln oft nur eine rituelle Funktion hat, z.B. um das Gegenüber zu besänftigen, Konflikte zu vermeiden oder um zufrieden und ausgeglichen zu wirken. Wenn Thais lächeln, so muss das also noch lange nicht heißen, dass sie auch nette und wohlmeinende Menschen sind. Die Thais selber wissen das nur allzu gut, und sie sagen von manchem ihrer Mitbürger *„Phak waan, gond priau"*, zu Deutsch „Der Mund ist süß, der Hintern aber sauer!"

Bis in die jüngere Vergangenheit war der Umgang der Thais miteinander (und mit Ausländern) von der sprichwörtlichen thailändischen Freundlichkeit und Gelassenheit geprägt. Der Ruf der „sanftmütigen" Thais verbreitete sich über die ganze Welt. Heute haben diese Eigenschaften etwas nachgelassen, der Umgangston ist kühler geworden. Thailand befindet sich zurzeit in einem Rausch nach Geld und Gut, die Gesellschaft hat sich sehr „vermaterialisiert". Der plötzliche Sprung von der Agrar- zur Beinahe-Industriegesell-

schaft ist dem Land - zumindest was die ethisch-moralischen Werte anbelangt - nicht sehr gut bekommen. Der neue Gott heißt Mammon, und es gibt nicht viele andere Götter neben ihm. Möglicherweise leitet die ernste Wirtschaftskrise des Landes (siehe Kapitel „Wirtschaft") in Teilen der Bevölkerung ein Umdenken ein.

Das alles soll natürlich nicht heißen, dass es heute keine freundlichen, selbstlosen Menschen mehr gibt - man trifft sie noch reichlich, besonders abseits der Touristenzentren -, nur sollte man keine überhöhten Erwartungen hegen. Das Image Thailands muss etwas umgezeichnet werden.

Größere **Konflikte oder Auseinandersetzungen** sind dennoch nicht zu befürchten. Die Thais sind Fremden gegenüber sehr zurückhaltend (wie untereinander auch), was auf manche Reisende, z.B. solche, die gerade aus Indien kommen, vielleicht sogar sehr angenehm wirkt. **Belästigungen** sind extrem **rar.** Allein schon die Verständigungsprobleme (nur wenige Thais sprechen Englisch) lassen die meisten eine distanzierte Haltung Ausländern gegenüber einnehmen.

Nach Thai-Auffassung ist das Nichtbeherrschen von Englisch oder das Nichtkommunizierenkönnen ein „Gesichtsverlust", und den vermeidet man am besten, indem man sich von den Fremden fernhält. Hinzu kommt, dass der thailändische Normen-Kodex das Ansprechen von Fremden kaum gutheißt. Wer andere anquasselt, wirkt möglicherweise *yung* (nervig), vielleicht sogar *süak* (aufdringlich wie die Pest). Das Verhältnis zu Ausländern könnte insgesamt vielleicht als „desinteressierte Toleranz" bezeichnet werden: Niemand stört die Fremden, und sie können sich auch einiges herausnehmen, man unternimmt aber auch keine großen Anstrengungen, ernsthaft mit ihnen in Kontakt zu kommen.

So tolerant die Thais den *falang* (Westlern) gegenüber zumeist sind – untereinander haben sie sich an eine **Vielzahl von sozialen Regeln** zu halten, die oft wie ein zu eng geschnürtes Korsett wirken. Die Diskrepanz zwischen dem, was man oft tun *muss* (z.B. lächeln und freundlich sein), und dem, was man tun *möchte* (z.B. sein Gegenüber in der Luft zerreißen), führt zu starkem psychischen Druck. Dieser macht sich oft in Affekthandlungen Luft, und wer die thailändischen Tageszeitungen studiert, wird zahllose Beispiele dafür finden.

Um nicht allzu sehr anzuecken, sollte man sich in jedem Fall der wichtigsten Spielregeln bewusst sein.

Respekt gegenüber religiösen Empfindungen

Jede Religion ist durch das Gesetz geschützt, und der König ist der Schutzherr eines jeden Glaubens. Eine Handlung, die eine Religion beleidigt, kann mit Gefängnisstrafe geahndet werden. Darunter fällt z.B. auch das **Besteigen einer Buddha-Statue** oder das mutwillige Stören einer religiösen Versammlung. Ein Tourist, der auf einem Buddha sitzend für Fotos posierte, kam dafür ein paar Monate ins Gefängnis, ebenso die Person, die die Fotos machte! Als in Thailand bekannt wurde, dass ein dänisches Magazin Bilder gedruckt hatte, auf denen ein Thaimädchen leicht bekleidet auf einem Buddha gesessen hatte, waren viele Thais empört.

1997 musste eine amerikanische Schuhfirma nach Protesten aus Thailand ihre Werbung mit einem Thai-Mönch zurückziehen, der unter der Robe Sportschuhe trug.

Einer Buddhafigur oder anderen Bildern von Göttern oder verehrten Mönchen ist Respekt zu zollen; die mutwillige **Verunglimpfung des Buddha** ist eines der übelsten Vergehen, dessen man sich schuldig machen kann.

Wer eine Buddhafigur in seinem Zimmer aufstellt, sollte darauf achten, dass die Statue hoch steht; möglichst über Kopfhöhe.

Mönche

Mönche genießen trotz sich häufender Skandale ein hohes Ansehen in Thailand, und einer alten Tradition zufolge sollte jeder Junge oder Mann mindestens 3 Monate seines Lebens in einem Kloster verbracht haben. Dort erlernt er die Meditation und studiert die in Pali verfassten heiligen Schriften. Das wird heute nicht mehr ganz so genau eingehalten, dennoch gibt es zu jeder Zeit etwa 300.000 Männer im Mönchsstand.

Frauen dürfen Mönche nicht berühren oder ihnen keine Gegenstände oder Essen direkt übergeben. Die Frau muss den Gegenstand erst einem Mann überreichen, der ihn dann dem Mönch weitergibt. Oder aber der

Buchtipp

- **KulturSchock Thailand,** Rainer Krack, Reise Know-How Verlag, Bielefeld

Mönch breitet ein Stück seiner safranfarbenen Robe aus, worein die Frau den Gegenstand legt.

In öffentlichen Bussen sitzen Mönche meist in der letzten Reihe (zum halben Preis oder kostenlos), und man muss von dort aufstehen, falls Mönche einsteigen.

Sitzen Mönche (z.B. am Tisch im Restaurant), so gehen die Thais an ihnen vorbei, indem die sich etwas bücken, sich also kleiner machen. Das bezeugt Respekt. Diese Regel kann von Ausländern außer Acht gelassen werden.

Das Königshaus – keine Beleidigungen!

Die königliche Familie, insbesondere König *Bhumipol* (Thai-Aussprache: *Phumipon*), wird von allen Thais verehrt und geliebt. Die Portraits von König und Königin zieren die meisten Wohnhäuser und Geschäfte. **Majestätsbeleidigung** ist ein schweres Vergehen, das mit Gefängnis bestraft wird.

1995 wurde ein Franzose, der an Bord eines Thai Airways-Flugzeuges auf dem Weg von Paris nach Bangkok angeblich abfällige Bemerkungen über das Königshaus gemacht hatte, bei der Ankunft in Bangkok verhaftet. In der folgenden Gerichtsverhandlung, zu der er in Ketten vorgeführt wurde, wurde er allerdings freigesprochen. Der Passagier hatte sich im Flugzeug lediglich darüber mokiert, dass die Hostessen ihm das Anschalten seiner Leselampe verboten hatten. Die Begründung der Hostessen war, dass ein paar Sitze weiter *Prinzessin Somsawali* schliefe, die nicht gestört werden dürfe.

Der Reisende sollte es so halten wie die Thais: Am besten das **Thema Königshaus** gänzlich **meiden,** denn eine unbedachte oder missverstandene Bemerkung kann eine Menge Ärger einbringen. Das bekam auch ein Tourist zu spüren, der in einem Streit mit einem Restaurantbesitzer, bei dem es um die zu zahlende Summe ging, wutentbrannt einen Geldschein zerknüllte und dann darauf herumtrampelte. Da auf dem Geldschein der König abgebildet war, machten sich alle Gäste über den Frevler her.

Im Umgang mit Thais

Berührungen

Absolut zu unterlassen ist es, Menschen an den **Kopf** zu fassen! Der Kopf ist nach thailändischer Auffassung der Sitz der Seele und somit der höchste Teil des Körpers. Das Berühren des Kopfes ist eine schwere Beleidigung! In früheren Zeiten sollen sich selbst die Henker bei ihren zu richtenden Opfern für das Berühren des Kopfes im vorab entschuldigt haben.

Kopf-Berührungen zwischen Personen, die ein inniges Verhältnis zueinander haben, wie Mutter und Kind oder Ehepartner, sind hingegen erlaubt.

Männliche Reisende sollten sich davor hüten, fremde oder nur flüchtig bekannte Frauen zu berühren! **Zwischengeschlechtliche Berührungen** deuten auf ein intimes Verhältnis hin und können die Frau so in eine peinliche Situation bringen.

König Bhumipol Adulyadej

Das Bildnis des Königs ziert jeden Geldschein auf der Vorderseite, und in unzähligen Haushalten Thailands hängt ein Portrait von ihm. Die Thais sprechen nur in tiefer Ehrfurcht von ihm, und in Zeiten politischer Krisen wirkt er als einender Faktor, der das Land zusammenhält. Gemeint ist Seine Majestät *König Bhumipol Adulyadej*, Rama 9, geboren am 5. Dezember 1928 in Cambridge, Massachusetts, USA.

Im Jahre 1946 hat er den Thron bestiegen, nachdem sein älterer Bruder König *Ananda* erschossen in seinem Bett aufgefunden worden war. Seitdem herrscht *König Bhumipol* über die Thais und hat es wie kaum ein Monarch vor ihm verstanden, die Herzen seines Volkes zu gewinnen. Als der König am 5. Dezember 1987 seinen 60. Geburtstag feierte, strömten Hunderttausende Thais aus allen Landesteilen nach Bangkok, um an den Feierlichkeiten teilhaben zu können. Seit dem 2. Juli 1988 ist *König Bhumipol* der Monarch mit der längsten Amtszeit in Thailand. 2006 feierte das Land das 60jährige Thronjubiläum des Königs und den königlichen „Weltrekord". Zu den grandiosen Feierlichkeiten in Bangkok reisten Monarchen und Staatsoberhäupter aus aller Welt an.

Früher hatte man Thailands Herrscher als „Herren des Lebens" bezeichnet, und man führte ihre Herkunft direkt auf die Götter zurück. Der Thai von heute ist zumeist nüchterner und kann die Verehrung, die der derzeitige König genießt, handfest begründen:

Schließlich bemüht sich der König seit Anbeginn seiner Regierungszeit unermüdlich um seine Untertanen, er bereist die entlegensten Gebiete, um sich über die Probleme vor Ort zu orientieren, überwacht höchstpersönlich das Vorankommen von Projekten, und auf dem Gelände seines Wohnsitzes, des Chitlada-Palastes, unterhält er eine Experimentierfarm, auf der landwirtschaftliche Forschung betrieben wird. Zudem ist der König ein Mann vieler Talente, u.a. ein begnadeter Musiker, der in seiner Freizeit mit Vorliebe ein heißes Jazz-Saxophon bläst. Wenn ein bekannter Jazzmusiker einfliegt, lässt es sich der König nicht nehmen, mit ihm zu „jammen". So zuletzt geschehen 2002, als er den Saxophonisten *James Moody* in seinen Palast in Hua Hin einlud. Und die königliche Hymne, die in Kinos vor der Vorstellung gespielt wird, ist eine Eigenkomposition des Königs.

Bei seinen Bestrebungen, die Probleme Thailands zu lösen, wird der König von seiner Familie unterstützt, und wo immer *Königin Sirikit, Kronprinz Maha Vijiralongkorn* oder die Prinzessinnen *Maha Chakri Sirindhorn* und *Chulabhorn* im Lande erscheinen, wird ihnen die tiefe Zuneigung und Hingabe ihrer Untertanen zuteil. Die königliche Familie ist ein unerschütterlicher Faktor in einem Land, das politisch gesehen häufig Erdrutsche erlebt hat.

Möglicherweise geht mit *Bhumipol Adulyadej* das alles zu Ende: Einer alten Weissagung zufolge ist er, Rama der 9., der letzte Herrscher der Chakri-Dynastie.

Wer in Bangkoks Touristenviertel Banglamphoo wohnt, kann möglicherweise einen Blick auf Seine Majestät erhaschen: An manchen Tagen fährt der königliche Konvoi den Rajdamnoen entlang. Dabei ist, wie immer, wenn der König passiert, die gesamte Straße für einige Minuten abgesperrt. Dem königlichen Konvoi voran fährt eine Ehrengarde von Motorrädern, gefolgt von einem halben Dutzend deutscher Luxuslimousinen (die mit dem Stern). Der König selbst sitzt in seiner Lieblingskarosse: Einem gelben Prachtexemplar der Marke Rolls Royce. Heute, im hohen Alter, verbringt der König jedoch weniger Zeit in Bangkok, dafür mehr in seinem Sommerpalast mit dem klangvollen Namen „Palast fern aller Sorgen" in Hua Hin.

Begrüßungen

Das Händeschütteln ist in Thailand nicht üblich, es sei denn bei einer geringen Minderheit von Leuten, die im Ausland studiert haben etc.

Die traditionelle Art des Grußes ist der **Wai**. Dazu werden die Handflächen wie zum Gebet aneinandergelegt. Wie hoch die Handflächen gehalten werden, ist abhängig von der Person, die gegrüßt wird. Von Ausländern wird nicht erwartet, dass sie den *Wai* beherrschen, im Gegenteil, es wirkt zumeist sogar lächerlich, wenn Ausländer versuchen, sich durch den Wai wie Thais zu benehmen. Am schlimmsten ist, wenn Ausländer eindeutig niedriger gestellte Personen „waien", also das Zimmermädchen, die Friseuse oder den Motorradtaxifahrer. Dies ist zutiefst peinlich, und der oder die „Gewaite" wird es als unangenehm empfinden. Allerdings lassen sie sich dies nicht anmerken, um den „Waier" nicht zu verletzen.

Hier nun eine kurze Erläuterung des Wai, so wie die Thais ihn unter sich ausüben:

- **Niedriggestellte** werden gegrüßt, indem sich beim Wai die Daumen etwa in Brusthöhe befinden.
- **Bei Gleichgestellten** haben sich die Daumen etwa in Kinnhöhe zu befinden.
- **Höhergestellte** werden durch Wai mit den Daumen in Höhe der Unterlippe gegrüßt.
- **Mönche** mit den Daumen zwischen den Augenbrauen grüßen.

Der Wai wird im Allgemeinen durch ein leichtes Senken des Kopfes unterstützt: Je angesehener die Person, desto tiefer wird der Kopf gesenkt.

Wais von eindeutig niedriger Gestellten (z.B. Bettler) sollten nicht durch einen Wai erwidert werden, sondern lediglich durch ein kurzes Lächeln oder Nicken. Wird eine eindeutig niedrigere Person durch einen respektvollen Wai gegrüßt, kommt dies einer Verhöhnung gleich!

Lärm und Aggression

Beobachtet man Thais beispielsweise in einem Restaurant, so fällt auf, dass sie sich meist sehr leise unterhalten. Lärm wird nur von angetrunkenen Rowdies verursacht. Lautstarkes Auftreten in der Öffentlichkeit gilt als unhöflich. Wer durch ein Lokal brüllt, bringt Thais zum Erschaudern, denn Lärm ist ihnen gleichbedeutend mit Aggression.

Wer in einer Konfliktsituation herumschreit, macht sich lächerlich und bekommt erst recht nicht das, was er will. Die beste Methode ist: Dezent und leise bleiben, lächeln und ruhig und vernünftig reden! Höflichkeit erreicht mehr als laute Worte.

Das Prinzip des *jai yen,* des „kühlen Herzens", das sich durch nichts aus der Ruhe bringen lässt, ist äußerst wichtig für den täglichen Umgang miteinander. Jemand, der einen Wutanfall bekommt, verliert sein Gesicht und wird gleich deutlich weniger Respekt zu spüren bekommen.

Im seltsamen Gegensatz zu dem leisen Umgang miteinander steht der oft unglaubliche **öffentliche Lärm.** Manchmal scheint es, als wollten die Thais ihre Umwelt so kakophonisch wie möglich gestalten. In Department Stores dudelt aus allem möglichen Ge-

schäften, aus allen erdenklichen Richtungen, diverse, laute Popmusik, manchmal werden gar ganze Stadtteile mit lauter Musik beschallt (siehe die horrend effizienten High-Tech-Lautsprecher in Siam Square, Bangkok), und selbst auf einigen Skytrain-Stationen in Bangkok läuft gnadenlos laute Werbung und Musik. Die Geschäfte der Supermarkt-Kette *Tops* spielen laute Thai-Popmusik und zudem sind in einigen Supermärkten Mini-Fernseher angebracht, die für irgendein ausgestelltes Produkt werben, bzw. in den allgemeinen Lärm hinein quäken und für noch mehr Unruhe sorgen.

Motorräder und Busse knattern ohne jeglichen Lärmschutz mit ohrenbetäubender Lautstärke durch die Straßen, und nicht weniger laut und nervend sind die „Langschwanzboote", mit denen man über Bangkoks Klongs oder zu Stränden gefahren wird. In kleineren Orten kutschieren Lautsprecherwagen durch die Straßen, die mit trommelfellschädigendem Lärm für das lokale Kino werben. Untersuchungen in Bangkok haben ergeben, dass ein großer Teil der Bevölkerung an Hörschäden leidet - verwunderlich ist es nicht.

Wie kann man nun diesen **Gegensatz** zwischen dem leisen Umgang miteinander und dem gnadenlosen öffentlichen Lärm erklären? Vielleicht wollen die Thais einfach kompensieren, den inneren Druck mit Bombenkaracho herauslassen; immer nur buckeln und stille sein macht auch keinen Spaß. Erstaunlicherweise scheint den Thais selber der Lärm gar nichts auszumachen, zumindest nicht sichtbar. Auf meine Frage an eine *Tops*-Kassiererin, warum die Musik im Laden denn so laut sein müsse (genau über der Kasse war einer der vielen Lautsprecher des Geschäfts angebracht) sagte sie, das sei doch gut, dann schlafe sie wenigstens nicht ein! Ein Westler würde bei einer 12-Stunden-Schicht im Laden sicher den Verstand verlieren.

Schmeicheleien

Thais sind ein sehr positiv eingestelltes Volk, und es gilt als unfein, sich allzu negativ zu äußern. Das drückt sich auch im Sprachgebrauch aus: Selten wird ein Thai sagen, dass etwas „schlecht" sei, eher umgeht er den Affront und sagt „nicht gut".

In Gesprächen mit Ausländern werden die Thais immer wieder das angeblich gute Aussehen oder deren tolle Thai-Kenntnisse bewundern. Dieses gut gemeinte Lobpreisen gehört zum *Thai way of life*. Darauf sollte man sich nicht allzu viel einbilden.

Füße

Die Füße sind der unterste Teil des Körpers und damit – als Gegenstück zum Kopf sozusagen – unrein. Beim Sitzen sollte man einem Thai nie die Fußsohlen entgegenstrecken, das wäre eine Beleidigung. Absolut verwerflich ist es, die **Fußsohlen** etwa einem Tempel oder einer **Buddha-Figur entgegenzuhalten.** Niemals sollte man mit dem Fuß auf einen Menschen zeigen, selbst das Zeigen mit dem Finger gilt als unhöflich. Besser ist es, kurz mit dem Kinn in Richtung der betreffenden Person zu nicken.

Am Boden liegendes Essen oder eine schlafende Person dürfen nicht überstiegen werden! Beim Betreten traditionell ausgerichteter Thai-Haushalte sind die **Schuhe** vor der Tür **auszuziehen,** ebenso beim Betreten des Innenraums eines Tempels!

Kleidung

Wer andere vergleichbare „Dritte-Welt"-Länder bereist hat, wird möglicherweise überrascht sein, welch großen Wert die Thais auf **gepflegte Kleidung** legen. Ordentliche Kleidung ist sehr wichtig, um in der Gesellschaft sein Gesicht zu wahren, und wer sich nicht anständig kleidet, gilt entweder als „arm" (was um Himmels Willen niemand möchte) oder gar als asozial (was nur ein paar wenige „Rebellen" möchten). Zudem gilt schludrige Kleidung in den Augen der ästhetisch geprägten Thais als „hässlich". Sie wird nur am Strand als statthaft angesehen.

Westliche Touristen, die in der **typischen Traveller-Kleidung** auftreten (kurze Hose, verwaschenes T-Shirt, Gummisandalen etc.), werden dementsprechend häufig belächelt, und niemand möchte eigentlich etwas mit ihnen zu tun haben. In Thai-Augen gelten sie als „arme" und oft „schmutzige" Ausländer. Diese werden *falang kii-nok* genannt, zu Deutsch „Vogelkot-Guave" oder „Vogelkot-Westler"! *Falang* bedeutet sowohl „Westler" als auch „Guave", und eine *falang kii-nok* ist eine Art Zwergen-Guave, deren Größe die Thais an ein Stück „Vogelkot" erinnert. Im übertragenen Sinne steht der Begriff somit etwa für einen „armen westlichen Schlucker". Und mit denen möchte man nicht zusammen gesehen werden!

Wer von Thais Respekt verlangt, hat sich „anständig" zu kleiden – Hose bzw. Rock sollten lang, ordentlich und sauber sein, das Hemd sauber und gebügelt, und als Schuhe sollte man keine Schlappen, Sandalen oder Flip-Flops tragen. Dieser **Kleider-Kodex** gilt in erhöhtem Maße auf Ämtern oder zu **offiziellen Anlässen,** bei denen eine schludrige Kleidung gar als bewusste Missachtung ausgelegt werden könnte.

Betteln

Bettler sieht man in Thailand kaum häufiger als in Mitteleuropa. Die wenigen, die es gibt, betteln meist völlig unaggressiv, still am Straßenrand sitzend und den Kopf gesenkt. Diese Demutshaltung ist bei den Thais am Erfolg versprechendsten.

Die meisten Bettler finden sich verständlicherweise im relativ wohlhabenden **Bangkok,** das auf Landbewohner die größte Sogwirkung ausübt. Viele der Bettler stammen aus Myanmar oder Kambodscha. Chiang Mai hat ebenfalls eine Anzahl Bettler, viele davon sind Mitglieder der Bergvölker. Einige davon verirren sich auch gelegentlich nach Bangkok.

Etwas merkwürdig wirkt es, wenn sich sonntags morgens thailändische Bettler um den Sikh-Tempel im Stadtteil Pahurat scharen, um von den wohlhabenden Sikhs einen Obolus zu erbetteln. Die Sikhs, von denen die meisten zur Zeit der indischen Unabhängigkeit 1947 aus Indien eingewandert sind, sind heute um ein Vielfaches wohlhabender als die meisten Thais.

Gelegentlich wird berichtet, dass **Verbrecherbanden** Kinder entführen, sie verstümmeln und dann zum Betteln ausschicken. Unterbinden lassen sich diese Verbrechen nur dadurch, dass man nichts gibt. Auch erwachsene Bettler sind oft „Angestellte" von Syndikaten, die den Großteil der erbettelten Gelder für sich einbehalten. Andere sind tatsächlich Menschen in Not, oft solche, die keine Familie haben, die sie ernähren könnte.

Verkehrsmittel

Eisenbahn

Vom Flugzeug einmal abgesehen, ist die Bahn wohl das bequemste Mittel, innerhalb Thailands zu reisen. Bei Nachtfahrten stehen exzellente *Sleeper* zur Verfügung: Zwei gegenüberliegende Sitze werden von einem Bahnangestellten ausgezogen, darauf kommt ein sauberes Bettlaken, Kopfkissen und Decken werden verteilt und ein Vorhang wird vor das neu entstandene Schlafabteil gehängt. Darüber wird eine zweite Schlafkoje heruntergeklappt, die *upper berth,* die einem weiteren Fahrgast zur Schlafstelle bereitet wird. Fertig sind die Betten!

Der Nachteil der Bahn ist, dass sie bedeutend langsamer ist als die A.C.-Busse und dazu teurer. Die Strecke Bangkok – Chiang Mai schafft ein Bus in 10 Stunden (Preis: 180-220 Baht), die Bahn braucht dafür 13 Stunden (mit *lower berth*, der unteren Schlafkoje und in der 2. Kl. je nach Zugart ab 581 Baht). Auf die Grundpreise werden Aufschläge für die verschiedenen Züge und auch für die Schlafkojen erhoben.

Auf der positiven Seite sind die Züge sicherer als die Busse, deren Fahrer gelegentlich unter Einfluss von Alkohol oder Aufputschmitteln stehen.

Bangkok ist der **Verkehrsknotenpunkt** des Landes. So haben alle Eisenbahnlinien und wichtigen Fernstraßen hier Ausgangspunkt bzw. Ende.

Die **Northern Line** der staatlichen Eisenbahnbetriebe führt von Bangkok nach Nong Khai an der Grenze zu

Laos, die **Eastern Line** nach Ubon Rachathani, 65 km vor der kambodschanischen Grenze und die **Southern Line** bis Malaysia. Es gibt noch einige Nebenlinien, am wichtigsten die Strecke Bangkok - Kanchanaburi.

Der früher recht umständliche **Fahrkartenkauf** ist mittlerweile sehr vereinfacht worden: In den meisten wichtigen Orten wird die Buchung per Computer bewerkstelligt. Im Reservierungsbüro des Hauptbahnhofs von Bangkok, der Hualamphong Station, braucht man nur noch eine Nummer zu ziehen, und wenig später wird man aufgerufen. Dank des Computers lassen sich heute auch problemlos **Rückfahrkarten** buchen, außer in einigen sehr kleinen und unbedeutenden Bahnhöfen. In Bangkok können die Karten auch in Reisebüros gekauft werden, in der Regel ohne Aufpreis.

Zu den thailändischen Feiertagen kann es zu Engpässen kommen, da jeder die Gelegenheit zu Verwandtenbesuchen nutzt. Die Züge sind dann oft ein oder zwei Wochen im Voraus ausgebucht. Tickets können 90 Tage im Voraus gekauft werden. Zu Tagesausflügen, an Wochenenden und zu Feiertagen treten oft **Sondertarife** in Kraft, man erkundige sich diesbezüglich am Ticket-Schalter. Außerdem ist ein **Rail Pass** erhältlich, mit dem man 20 Tage lang für 1.100 Baht (2. oder 3. Klasse) das Land bereisen kann **(Blue Pass).** Zu dieser Summe kommen allerdings die diversen Zuschläge. Für 2.000 Baht bekommt man einen Pass, bei dem alle Zuschläge schon inbegriffen sind **(Red Pass).** Kinder bis 12 Jahre zahlen jeweils die Hälfte. **Informationen** in Bangkok unter Tel. 02-2237010, 02-2237020 und 02-2250300, Anschluss (auf Thai: *thor*) 5100 bis 2.

Zuschläge: *Rapid Train* 40 Baht, *Express Train* 60 Baht, *Special Express Train* und *Air-Conditioned Coach* in der 2. und 3. Kl. 70 Baht.

Die **Schlafkojen** kosten: in den *Special Express Trains* (2. Kl. mit A.C.) 260 Baht für die obere, 320 Baht für die untere Schlafkoje; in den *Special Express Trains* ohne A.C. 130/200 Baht; in den *Rapid Trains* (2. Kl. mit A.C.) 250/320 Baht; in den *Rapid Trains* ohne A.C. 100/150 Baht; in der 1.Kl. mit A.C. 520 Baht (in einer Doppelkabine).

Die **untere Koje** ist in mehrfacher Weise bequemer als die obere: Erstens ist sie besser gepolstert und zweitens kann man sie im Unterschied zur obereb fast komplett verdunkeln. Außerdem sind bei nächtlichen Toilettengängen keine großen Klettertouren erforderlich.

Weitere **Informationen** zu Fahrplänen und Buchungssituation bei den Zügen findet man auf der Website der thailändischen Eisenbahngesellschaft, www.railway.co.th.

Busse

Staatliche: Fast jedes Nest in Thailand ist durch die Busse der staatlichen Transportgesellschaft *(Borisat Khon Song)* mit der Außenwelt verbunden. Die meisten dieser Busse haben keine Klimaanlage *(rot thammada),* einige haben A.C. *(rot thua* oder *rot är).* Letz-

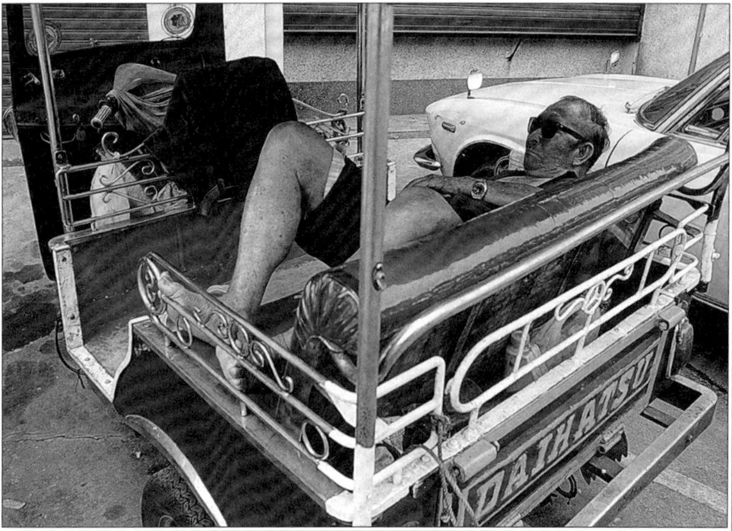

tere sind selbstverständlich bequemer und haben dazu eine Hostess an Bord, die freie Kaltgetränke serviert. Die Non-A.C.-Busse sind extrem billig, verschwinden aber auf den Langstrecken mehr und mehr und werden durch A.C.-Busse ersetzt. Als Verbindungsmittel zwischen kleinen, ländlichen Orten werden sie noch häufig eingesetzt.

Private: Zahlreiche private Busgesellschaften betreiben einen Transport-Service zwischen den wichtigsten Städten. Die Tickets für die Busse der Privatgesellschaften gibt es in deren Büros zu kaufen, die oft direkt am Busbahnhof liegen. Die Busse haben A.C. und eine Hostess, die Snacks und Drinks verteilt, und längere Fahrten werden durch einen Imbiss in einer Raststätte unterbrochen. Das Essen ist im Fahrpreis enthalten!

Leider wird die Klimaanlage oft auf so kalt gestellt, dass einem bei Nachtfahrten das Blut in den Adern gefriert. Da nützen auch die verteilten Decken nichts! Wer sich auf eine längere Nachtfahrt begibt, sollte sicherheitshalber Jacke und Socken bereithaben! Außerdem wird man in den Bussen oft mit lautstarker Musik beschallt, oder es laufen ebenso laute Videofilme. Dieser „Service" ist oft nur mit Ohrstöpseln zu ertragen!

Ein Tuk-Tuk, das gerade keinen Krach macht

Gelegentlich bestehen erhebliche Preisunterschiede für ein und dieselbe Strecke zwischen den privaten A.C.-Bussen und den staatlichen. Preise vergleichen! Eine Fahrt von 100 km kostet im Normalbus ohne A.C. gut 1 €, bei längeren Strecken sinkt der Kilometerpreis noch. Die A.C.-Busse unterscheiden sich häufig in solche erster Klasse (bequemere Sitze) und solche zweiter Klasse, was auch einen kleinen Preisunterschied beinhaltet. Generell sind die Fahrtkosten in A.C.-Bussen ca. 30-90 % höher als in Normalbussen.

Einige private Unternehmen betreiben so genannte **V.I.P.-Busse,** besonders auf längeren Strecken. Diese Busse sind noch etwas komfortabler als die A.C.-Busse mit mehr Beinfreiheit, besseren Sitzen und oft auch mit Bordtoilette. Die V.I.P-Busse sind noch einmal bis zu 50 % teurer als die A.C.-Busse erster Klasse; anders gesagt, sind die V.I.P.-Busse zumeist dreimal so teuer wie die Normalbusse. Als Steigerung gibt es noch die von einigen Privatunternehmen betriebenen „Super-V.I.P.-Busse", die nochmal etwas teurer sind; diese Busse finden sich jedoch auf nur sehr wenigen Strecken.

Preiserhöhungen

2005 und 2006 kam es aufgrund der stetig **steigenden Benzinpreise** zu mehreren Preiserhöhungen, sowohl bei Überlandbussen als auch bei Stadtbussen in Bangkok. Diese Erhöhungen werden nicht die letzten gewesen sein. Aus diesem Grund sind die später in den Stadtbeschreibungen angegebenen **Buspreise eher als eine Art Richtlinie** zu betrachten. Mit höheren Preisen von 10, 20 oder mehr Prozent ist vorsichtshalber zu rechnen.

Die steigenden Benzinpreise haben fast alle Taxifahrer in Bangkok dazu veranlasst auf Gas umzusatteln, das etwa ein Drittel so viel wie Benzin kostet.

Songthaews

Songthaews (sprich etwa: *soong-thäos*) sind **kleine Pick-Up-Trucks,** auf deren Ladefläche sich zwei Sitzreihen befinden. *Songthaew* bedeutet soviel wie „zwei Reihen". Die Songthaews sind überdacht und bieten gut 10 Leuten Platz, werden aber häufig darüber hinaus vollgestopft. In vielen Provinzstädten kurven Songthaews permanent durch die Straßen, ohne einer festgelegten Route zu folgen. Wer mitgenommen werden will, hält den Wagen an und nennt dem Fahrer seinen Zielort. Liegt dieser etwa in der Richtung, die die anderen Fahrgäste eingeschlagen haben, kann man mitfahren.

Der übliche Fahrpreis innerhalb einer Ortschaft liegt zwischen 5 und 10 Baht (je nach Stadt verschieden), und für die in der betreffenden Stadt übliche Summe kann jeder Zielort angefahren werden.

Samlors und Tuk-Tuks

Motorisierte Samlors und Tuk-Tuks sind dasselbe: **Dreirädrige Minitaxis,** in Indien und anderswo auch unter dem Namen Motor-Riksha bekannt. Samlor bedeutet soviel wie „Dreirad" und *tuk-tuk* ist das Geräusch, das sie

verursachen. Ganz nebenbei erzeugen sie noch eine Menge Abgase, von denen der Fahrgast die meisten selber zu schlucken scheint.

Nachts neigen viele der Fahrer dazu, wie die Besinnungslosen zu rasen, und wer sich nicht gut festhält, wird unter Umständen sogar aus dem Fahrzeug katapultiert.

Wie beim Taxi muss auch hier der **Fahrpreis** vorher ausgehandelt werden, Englisch-Kenntnisse der Fahrer sind aber leider so gut wie nicht existent.

In Bangkok lohnt das Tuk-Tuk-Fahren überhaupt nicht, denn die Taxis sind dort preiswerter als Tuk-Tuks. Viele Thais wundern sich, warum die Touristen immer Tuk-Tuk und nicht Taxi fahren.

Als Samlor werden auch die dreirädrigen **Fahrrad-Rikshas** bezeichnet, die in vielen Provinzstädten zu finden sind. In Zentral-Bangkok fahren diese Samlors nicht, aber in einigen Randbezirken der Metropole (z.B. in Nonthaburi). Auch hier gilt es zu handeln, und der übliche Minimalpreis liegt bei 20 Baht (für eine Strecke bis 1 km).

Taxis

Außer im Großraum Bangkok, in Chiang Mai, auf Phuket und Ko Samui gibt es keine Taxis mit **Fahrpreisanzeige,** und bei allen anderen Wagen muss somit der Fahrpreis im Voraus ausgehandelt werden. Selbst auf Ko Samui weigern die Fahrer sich oft, das

Taxameter einzuschalten. Die Taxiflotte auf Phuket und in Chiang Mai ist bisher sehr klein, und die Taxis müssen telefonisch bestellt werden.

In Touristenorten finden sich ansonsten andere mietbare Wagen, häufig stehen sie bei besseren Hotels. Um den Preis muss oft hart gefeilscht werden. Eine Strecke von 10 km sollte ca. 100 Baht kosten. Leider fordern die Fahrer häufig Wucherpreise.

Siehe auch „Taxis" im Kapitel über Bangkok.

Motorrad-Taxis

Besonders in Bangkok nimmt die Zahl der Motorrad-Taxis rapide zu, da diese die Staus am besten durchfahren können. In der Provinz sind sie seltener. Motorrad-Taxis stehen an speziellen Halteplätzen, meist nahe Einkaufszentren oder in belebten Einkaufs- oder Wohngebieten, und an Straßenecken, die Fahrer sind an ihren roten oder orangenen Jacken mit einer Nummer auf dem Rücken zu erkennen. Die Fahrpreise sind auszuhandeln und liegen fast so hoch wie die der Tuk-Tuks.

Vorsicht, unter den Fahrern sind viele Ganoven! Vor allem Frauen sollten abends oder in einsamen Gegenden auf dieses Verkehrsmittel verzichten!

Rad fahren

Die ländlichen Gebiete Thailands eignen sich bestens zum Rad fahren, und in vielen touristisch gut besuchten Orten gibt es Fahrräder oder Mountainbikes zu mieten. Rad fahrende Thais allerdings sind eine absolute Rarität, was in dem in der thailändischen Gesellschaft stark ausgeprägten Statusbewusstsein begründet liegt: Wer Fahrrad fährt, gilt als arm, denn man fährt ja nur Rad, weil das Geld nicht für ein Moped reicht.

Der thailändische Straßenverkehr ist, verglichen mit dem in Mitteleuropa, chaotisch und unberechenbar. Radfahrer tun gut daran, sich möglichst **ganz links am Straßenrand** zu halten (Linksverkehr!). Andererseits berichtete eine Leserin, die mit dem Rad ganz Thailand bereiste, dass ihr der Straßenverkehr weniger aggressiv erschien als der in Deutschland (Unfallstatistiken zeichnen allerdings ein anderes Bild).

In Bangkok ist aufgrund des überwältigenden Verkehrs vom Rad fahren abzuraten. Radfahrer gelten als Hindernis, und mit großer Rücksicht ist nicht zu rechnen.

Entsprechend dem Status von Radfahrern gibt es in Thailand auch **keine Radwege.**

Mietfahrzeuge

Motorräder, Fahrräder und **Pkw** sind in allen Orten mit größerer Touristendichte auszuleihen.

Problematisch ist, dass beim Anmieten von Motorrädern meist der **Reisepass als Pfand** einbehalten wird. Eine unangenehme Situation, zumal es schon zu Erpressungen gekommen ist, in denen der Ausleiher genötigt wurde, größere „Schadens"-Summen zu berappen, ehe er seinen Pass wiedersah. Außerdem steht dieser Usus im Gegensatz zur thailändischen Gesetzgebung, die Ausländern vorschreibt, allzeit ihren Ausweis mit sich zu tragen (was in der Praxis aber so gut wie nie kontrolliert wird). Man sollte darauf bestehen, nur eine Fotokopie des Passes und eventuell eine Geldsumme als Pfand zu hinterlegen (gegen Quittung!). Außerdem sollte das Leihfahrzeug auf Schäden überprüft werden, und auf die eventuellen Mängel sollte dann schon im Vetrag hingewiesen werden. Weiterhin sollte die Fahrzeugmiete unbedingt eine **Vollversicherung** mit einschließen, das muss deutlich auf dem Mietvertrag vermerkt sein. Vorsicht bei Unternehmen, die gar keinen Vertrag vorlegen!

Zum Mieten von Motorrädern und Autos/Jeeps ist ein **internationaler Führerschein** nötig. Beim Mieten von Motorrädern verlangt allerdings nicht jeder Vermieter auch danach.

Die **Preise** für Mietmotorräder sind von Ort zu Ort sehr unterschiedlich, sie liegen bei 100-500 Baht/Tag. Kleine Jeeps wie den *Suzuki Caribien* gibt es schon für 700-1.000 Baht, größere Personenwagen etwa ab 1.200 Baht. Die großen Verleihfirmen haben meist die höchsten Preise, dafür sind sie oft auch am zuverlässigsten. Ein weiterer Vorteil ist, dass man den Wagen beispielsweise in Bangkok leihen, und dann bei irgendeiner anderen Filiale der Firma in Thailand abgeben kann.

Fahrräder werden meist von Guest Houses verliehen für 50-100 B./Tag.

Tanken

Benzin ist an europäischem Maßstab gemessen preiswert, auch wenn die Preise in Thailand in den letzten Jahren rapide gestiegen sind. 1 Liter Superbenzin kostet in Bangkok ca. 27 Baht, in der Provinz ein wenig mehr. Einige wichtige Vokabeln beim Tanken: Die Anweisung *them* heißt soviel wie „volltanken"; *check naman* (Betonung auf der letzten Silbe) bedeutet „Öl nachsehen"; *check naam* heißt „Wasser nachsehen".

Die wichtigsten Highways

- **Highway Nr. 1** Bangkok – Chiang Mai
- **Highway Nr. 2** Bangkok – Nong Khai (Der von den Amerikanern im Vietnam-Krieg erbaute „Friendship Highway")
- **Highway Nr. 3** Bangkok – Trat
- **Highway Nr. 4** Bangkok – Malaysia

Verkehrsregeln

Es gibt Leute, die behaupten, es gäbe keine Verkehrsregeln in Thailand. So ganz falsch ist das nicht. Verkehrssünden werden meist mit einem diskret an den Polizisten überreichten 100-Baht-Schein aus der Welt geschafft. Die wenigsten Thais besitzen einen regulär erlangten Führerschein, denn dieser lässt sich für paar Hundert Baht auch kaufen.

Zu berücksichtigen ist besonders der **Linksverkehr!** Ansonsten gelten die international bekannten Verkehrsschilder bzw. leichte Varianten.

Zebrastreifen haben in Thailand keine sonderliche Bedeutung. Die weißen Streifen sind mehr Straßendekoration als ein Hinweis auf eine sichere Möglichkeit die Straße zu überqueren. Sie bedeuten lediglich, dass man an dieser Stelle das Recht hat, eine Straßenüberquerung zu *versuchen.* Nur wenige Autofahrer halten an, und so ist bei der Benutzung von Zebrastreifen große Umsicht geboten.

Unfälle

Vorsicht, Irrwitz auf Rädern! Thailands Verkehrsteilnehmer haben, euphemistisch gesprochen, einen sehr individuellen **Fahrstil,** und man sollte zu jeder Zeit auf alles vorbereitet sein. Jeder fährt so, wie es ihm gerade einfällt. Das gilt vor allem für die Lastwagenfahrer, die sich durch den Verkehr pflügen, als steuerten sie ein Schlachtschiff. Der Fahrstil ist extrem aggressiv, wer ihnen nicht rechtzeitig ausweicht, hat das Nachsehen. Ein Großteil der Verkehrstoten geht auf das Konto dieser Wahnsinnskapitäne. Am gefürchtetsten sind die ganz schweren Laster, die so genannten *Sip-Lor* oder „Zehnrädrigen". Die Grundregel im thailändischen Verkehr lautet, knapp formuliert: Je größer das Fahrzeug, umso mehr Rechte hat es. Da erübrigt sich auch eine Erläuterung, wie es um die Fußgänger bestellt ist.

Nach offiziellen Angaben sterben täglich durchschnittlich 50 Personen im Straßenverkehr, das sind über 18.000 pro Jahr. Damit sind Verkehrsunfälle die zweithäufigste Todesursache im Land (nach AIDS). Allzu oft kommt es zu Karambolagen mit gleich mehr als einem Dutzend Toten.

So gut wie alle Unfallmeldungen enden mit dem Satz *„The driver fled the scene"* – „Der Fahrer beging Fahrerflucht." Dies ist leider die Regel, nicht die Ausnahme. Der Grund für die zahllosen Fahrerfluchten liegt einerseits an mangelndem Verantwortungsbewusstsein, andererseits aber auch daran, dass auch ein unschuldiger Fahrer aufgrund der korrupten Justizorgane nicht damit rechnen kann, auch ordnungsgemäß freigesprochen zu werden.

Inlandsflüge

Die thailändische Fluggesellschaft **Thai Airways International** (www.thaiair.com) verfügt über ein großes Flugnetz und ist zudem (für europäische Verhältnisse) äußerst billig. Auf den Flugpreis wird eine **Flughafengebühr** von derzeit 50 Baht (Erhöhung am 1.2.2007 auf 100 Baht) erhoben; diese wird seit einiger Zeit gleich beim

Kauf des Tickes auf dessen Preis aufgeschlagen. Außerdem werden in letzter Zeit ständig steigende Benzinzuschläge erhoben, und folglich dürften sich die im Buch aufgeführten Flugpreise mittlerweile schon erhöht haben. Die angegebenen **Preise mögen somit als eine Art Leitlinie** dienen. Preissteigerungen von ein paar hundert Baht sind wahrscheinlich.

Thai Airways ist in der Regel recht pünktlich, und Buchungen werden zuverlässig gehandhabt.

Auf allen längeren Strecken steht neben der **Economy Class** auch eine **Business Class** zur Verfügung. Die Business-Class-Tickets kosten meist 1.000 Baht mehr als die der Economy Class.

Neben Thai Airways existieren noch einige **weitere Inlandsfluggesellschaften:** Nok Air (ein Budget-Ableger von Thai Airways), P.B. Air, Orient Thai Airline und Bangkok Airways (relativ teure „Boutique-Airline"). Thai Airways hat einige der weniger profitablen Routen an P.B.Air und Nok Air abgetreten.

Achtung: Die folgenden Angaben beziehen sich auf den **Don Muang Flughafen,** der Ende September 2006 durch den **Suvarnabhumi Airport** ersetzt werden soll. Zur Zeit der Drucklegung waren noch keine Details über den neuen Flughafen bekannt. Aktuelle Infos: www.bangkokairportonline.com.

Inlandsflüge ab Bangkok gehen vom Domestic Terminal (*Sanaam Bin Nay Prathet*) aus, der sich ca. 2 km südlich des internationalen Terminals befindet. Dort kann man an jedem beliebigen Thai-Airways-Schalter einchecken, die Schalter sind nicht mehr wie früher nach Zielorten unterteilt. Inlandsflüge sind **Nichtraucherflüge.**

Von ihren diversen Stadtbüros unterhält die Airline einen **Pendeldienst vom/zum Flughafen,** der mit Minibussen und/oder Limousinen bewerkstelligt wird. Die Preise für diesen Zubringerdienst liegen je nach Ort etwa bei 70-100 Baht bei den Bussen, und 400 Baht bei den Limousinen.

Wie die Situation am **Suvarnabhumi** aussehen wird, ist derzeit noch nicht abzusehen. Der Flughafen befindet sich ca. 40 km östlich der Innenstadt, und aufgrund der großen Entfernung werden die Taxi- und Buspreise weit über denen von und nach Don Muang liegen. Touristen, die auf der Khao San Road wohnen, haben sehr weite Anfahrtswege zurückzulegen (ca. 45 km).

Boote und Fähren

Thais haben eine innige Beziehung zum Wasser, und als es noch keine Straßen gab, dienten die **Klongs** (Flüsse, Kanäle) des Landes als Verkehrswege. Noch heute paddeln Gemüse- oder Obsthändlerinnen in einigen Gebieten über die Klongs und bieten auf ihren *sampan* (kleine Boote) Waren feil. Auch der Tourist wird bei der Reise oft von Booten oder Schiffen Gebrauch machen müssen.

Von zahllosen kleinen oder größeren Piers auf dem Festland fahren Boote zu vorgelagerten Inseln, oder verbinden die Inseln untereinander. Oft stehen fahrplanmäßig fahrende **Linienboote** zur Verfügung, nicht selten aber ist es notwendig, sich selbst ein **Boot** zu **chartern.** Handeln ist dabei oberstes Gebot. Gecharterte Boote sind teuer, da man Hin- und Rückweg bezahlen muss, weil der Fahrer am Zielort nur selten jemanden finden wird, der ihn für die Rückfahrt anheuert. Als Faustregel kann gelten, dass eine Fahrt zu einer 1-1½ Std. entfernten Insel ca. 1.000 Baht kostet, wobei die Rückfahrt für den Bootslenker inbegriffen ist. Macht man eine Ausflugsfahrt mit häufigen Stopps und fährt auch zum Ausgangspunkt wieder zurück, dann kostet eine Stunde ca. 250-300 Baht.

Die zu charternden Boote sind zumeist *rüa haang yao* oder „Langschwanzboote", schmale, lange Boote mit mehreren schmalen Sitzreihen (Holzbretter) und einem ohrenbetäubend lauten Dieselmotor (in der Regel ein umgemodelter LKW-Motor). Viele der Boote haben ein Dach oder zumindest einen Sonnenschirm; falls nicht, sollte Sonnencreme und eventuell ein Sonnenhut zur Hand sein. Schon eine einstündige Fahrt auf dem Meer, bei der die frische Brise über die wahre Temperatur hinwegtäuscht, kann einen gefährlichen Sonnenbrand zur Folge haben.

Die linienmäßig fahrenden Schiffe können ebenfalls „Langschwanzboote" sein oder aber größere Passagierschiffe. Nach Ko Samui, Ko Phangan und Ko Tao fahren unter anderem die modernen **Expressboote** *(rüa duan)* von *Songserm Co.* Komfortable Schiffe gibt es auch auf der Strecke von Phuket nach Ko Phi Phi. Auf einigen Strecken werden Passagiere auf Frachtschiffen mitgenommen.

Zum **Überqueren von Flüssen** stehen vielerorts **Fähren** *(rüa kham faak)* zur Verfügung (meist 2 Baht).

In einem Aspekt ähneln sich fast alle Schiffe: Der **Sicherheits-Standard** scheint nicht sonderlich hoch. Bei fast keinem Schiff sind Schwimmwesten oder Schwimmreifen an Bord, mit Ausnahme der größeren Schiffe auf der Strecke Ko Samui – Ko Phangan – Ko Tao und Phuket – Ko Phi Phi. Dennoch ist auch bei diesen fraglich, ob im Notfall tatsächlich ausreichend Schwimmwesten vorhanden wären. Im Gegensatz zu Ländern wie Indonesien und den Philippinen aber sind Schiffsunglücke in Thailand sehr selten.

Weiterreise in die Nachbarländer

Über den Flughafen Don Muang

Achtung! Die folgenden Angaben gelten für den **Don Muang Airport,** der am 28.9.2006 durch den **neuen Suvarnabhumi Airport** ersetzt werden soll. Die Eröffnung des Suvarnabhumi Airports – und damit die Schließung von Don Muang – hat sich schon mehrere Male verzögert, trotzdem ist wahrscheinlich, dass die meisten Leser dieser Ausgabe von und nach Suvarnabhumi fliegen werden. Die folgenden Angaben gelten also nur unter Vorbehalt, und sind ein Anhaltspunkt, wie es in etwa auch in Suvarnabhumi aussehen könnte: Aktuelle Infos: www.bangkokairportonline.com.

Zum Flughafen gelangt man per Taxi, Flughafen-Bus, Stadtbus und auch mit dem Zug. Es gelten dieselben Preise wie bei der Anfahrt ab dem Flughafen, siehe Kapitel Bangkok, „Ankunft“.

Vor dem Abflug vom Don Muang International Airport erkunden Sie sich am besten bei Ihrer Airline, ob Ihr Flug von Terminal 1 oder dem neuen Terminal 2 aus geht. Die Terminals liegen zwar direkt nebeneinander, aber so erspart man sich u.U. einen Fußweg von einigen Hundert Metern. Die Thai Airways z.B. fliegt von Terminal 1, Lufthansa, LTU und Swissair von Terminal 2.

Die Check-In-Schalter befinden sich im 3. Stock der Terminals, vor denen die Taxis direkt halten können. Im 4. Stock von Terminal 2 stehen einige Restaurants zur Verfügung, dazu ein Pub und sogar ein Cyber-Café, in denen sich noch restliche Baht ausgeben lassen. Auf demselben Stockwerk finden sich auch die Büros der diversen Airlines, in denen sich Flüge buchen bzw. umbuchen lassen. Falls Sie noch Bares brauchen, finden Sie im 2. Stock Geldautomaten.

Vor der Passkontrolle im 1. Stock müssen noch an einem Schalter oder Automaten die Tickets für die **Flughafengebühr** gekauft werden (500 Baht bzw. ab 1.2.2007: 700 Baht).

In der Abflughalle hinter der Passkontrolle finden sich zahlreiche Duty-Free-Geschäfte (nicht sehr preiswert), Buchläden, mehrere Wechselschalter und Fastfood-Restaurants.

Nach Laos

An einigen **Grenzübergängen** kann man inzwischen ein **2-wöchiges Visum** für Laos bekommen (1.200 Baht für Deutsche, 1.400 Baht für Schweizer und Österreicher), das sich allerdings nicht verlängern lässt. Wer Laos 30 Tage besuchen will, sollte sich ein Visum bei der laotischen Botschaft in Bangkok (siehe „Bangkok, Adressen“), beim laotischen Konsulat in Khon Kaen oder bei der laotischen Botschaft im Heimatland besorgen.

Über Chiang Khong

Seit einigen Jahren kann man über **Chiang Khong,** durch **Houei Sai** (auch: Huay Xai) auf der anderen Mekhong-Seite nach Laos einreisen.

Von Chiang Khong setzen Fähren für 30 Baht/Pers. über nach Huoei Sai. Von dort fahren täglich **Frachtschiffe,** die auch Passagiere aufnehmen, nach Luang Phabang in Laos, Kostenpunkt 300 Baht; Fahrzeit 2 Tage, samt einem Halt in Pak Baeng, Provinz Udomsai; einfache Unterkunft ist dort vorhanden. Von Luang Phabang fahren weitere Boote in Richtung Vientiane, aber nicht jeden Tag. Alles Notwendige wie Essen, Getränke, eventuell eine Decke etc., ist von den Passagieren selber mitzubringen. Außerdem kann es zu unvorhergesehenen Stopps kommen, für die man am besten gut gewappnet ist. Nach Anbruch der Dunkelheit können die Boote oft nicht durch die gelegentlich auftretenden starken Strömungen navigieren, besonders bei

Fahrten stromaufwärts. Dann muss angelegt werden.

Für die Strecke **Houei Sai – Luang Phabang** können auch die typischen laotischen „Langschwanz-Boote" angeheuert werden. Die Fahrt kostet 600 Baht/Pers., bei einer Mindestanzahl von fünf Passagieren.

Über Nong Khai

Seit der Fertigstellung der **Thai-Friendship Bridge** über den Grenzfluss Mekhong ist nur noch die **Einreise per Bus** möglich. Die Fährboote, die früher hin- und hergependelt sind, haben ihren Dienst eingestellt. Die Busse fahren regelmäßig bis zur laotischen Hauptstadt Vientiane (etwa 25 km).

Andere Grenzübergänge

Es gibt zudem Grenzübergänge bei Nakhon Phanom, Mukdahan und Chong Mek, wo ebenfalls zweiwöchige Visa zu bekommen sind. Zuvor muss man sich bei der thailändischen Emigration einen Ausreisestempel geben lassen. Ein weiterer Übergang ist bei Ban Huey Kon. Hier bekommt man kein Visum und der Grenzübertritt ist nicht immer möglich.

- **Weitere Informationen** enthält das **Reisehandbuch Laos,** das im REISE KNOW-HOW-Verlag erschienen ist.

Nach Myanmar (Burma)

Über Mae Sai

Mae Sai im hohen Norden ist zurzeit der beste Landzugang zu Myanmar. Der kleine Ort **Tachilek,** auf der anderen Seite des Mae-Sai-Flusses gelegen, kann problemlos während eines **Tagesausflugs** besucht werden. Dazu brauchen die Pässe nicht mehr – wie zuvor üblich – auf der thailändischen Seite der Grenze abgegeben werden. Viele ausländische Langzeitbewohner von Chiang Mai nutzen diesen Grenzübergang, um nach Ablauf des Visums dort auszureisen und eine halbe Stunde später neu in Thailand einzureisen. Die Grenze ist Mo-Fr 6.00-20.00 Uhr geöffnet, Sa-So 8.00-21.00 Uhr. Hat man kein reguläres Visum, muss man den Reisepass am Grenzposten abgeben. Gegen eine Gebühr von 5 US$ bekommt man den Pass bei der Ausreise aus Tachilek wieder zurück.

Rechts von der Brücke in Tachilek liegt ein **großer Markt,** der allerlei billige Artikel aus China verkauft, darunter auch eine gigantische Auswahl raubkopierter CDs und DVDs.

Um ein paar Devisen mehr zu verdienen, haben die burmesischen Behörden auch die **Straße von Tachilek nach Kengtung** (163 km), der Hauptstadt des Eastern Shan State, für Touristen geöffnet. Das ist allerdings nicht billig. Die Besucher müssen in Dollar bezahlen und dürfen nur regierungseigene, teure Unterkünfte und von der Regierung gestellte Transportmittel benutzen. Maximale Aufenthaltsdauer 4 Tage.

Kengtung ist ein unberührter Ort, in dem die Zeit stehen geblieben zu sein scheint. Man sieht goldene Buddhas, beeindruckende Pagoden und lachende Frauen mit bunten Turbanen.

109tha Foto: rk

Weitere Grenzübergänge

Es gibt drei weitere Grenzübergänge nach Myanmar: **Mae Sot – Myawaddy,** der **Three Pagodas Pass** und der **Victoria Point** westlich von Ranong (per Boot zu erreichen).

Bei Mae Sot wurde 1997 die **Thai-Burmese Friendship Bridge** eröffnet, über die ein reger Grenz- und Handelsverkehr fließt. Auf burmesischer Seite liegt die Stadt Myawaddy. Ausländer dürfen die Grenze nur für einen Tagestrip überqueren. Übernachtungen oder Weiterreisen in Myanmar sind nicht erlaubt. Ein neues 30-tägiges Visum für Thailand bekommt man hier nicht.

An der Grenze zu Myanmar in Mae Sai

Der Grenzübergang am Three Pagodas Pass bei **Sankhlaburi** darf nur zu Tagestouren in den benachbarten burmesischen Ort Phayathon passiert werden; der Grenzübertritt ist Westlern zurzeit erlaubt, was sich aber schnell wieder ändern kann. Auch hier werden keine neuen 30-tägigen Visa für Thailand ausgestellt.

Von **Ranong** aus können westliche Touristen per Boot auf die in burmesischen Gewässern befindliche „Casino-Insel" **Thatay Kyun** und zum Ort **Kawthaung** fahren. Gegen eine Gebühr von 5 US$ erhält man hier einen 24 Stunden gültigen Einreisestempel für Myanmar, so dass man auf dem Rückweg ein neues **30-tägiges Visum für Thailand** bekommt. Von Kawthaung besteht häufig eine Flugverbindung nach Yangon (Rangoon), ansonsten gibt es Schiffsverbindungen dorthin. Überland ist der Weg über Kawthaung hinaus „aus Sicherheitsgründen" nicht erlaubt.

- **Weitere Informationen** enthält das **Reisehandbuch Myanmar,** das im Reise Know-How-Verlag erschienen ist.

Nach Kambodscha

Zur Einreise nach Kambodscha benötigt man ein **Visum,** das an allen offiziellen Grenzübergängen – auch am Flughafen – erhältlich ist. Lediglich für den Besuch des großartigen Khmer-Tempelkomplexes Khao Phra Viharn (10.-12. Jh.), der von Si Saket auf der thailändischen Seite aus besucht werden kann, braucht man **kein Visum.** Von der kambodschanischen Seite aus ist der Tempel kaum zugänglich; eine Straße dorthin ist geplant, deren Fertigstellung wird jedoch noch Jahre auf sich warten lassen.

Ansonsten sollte man sich klar darüber sein, dass die **illegale Einreise über den Landweg nach Kambodscha noch immer gefährlich** sein kann. Zwar liegen die Roten Khmer nicht mehr mit der Regierung im Zwist, es gibt jedoch Banditentum in der Region. Selbst Raubüberfälle durch Polizisten oder Regierungssoldaten, die schlecht oder gar nicht bezahlt werden, sind nicht unbekannt.

Zudem ist die Grenzregion Thailand – Kambodscha auf der kambodschanischen Seite noch immer **vermint.** Auf jeden Fall sollte man also an einem der mehreren offiziellen Grenzposten einreisen und sich nicht auf abenteuerlicher Tempelsuche durch den Wald schlagen.

An offiziellen Grenzübergängen gibt es – bis auf gelegentliche Versuche der kambodschanischen Grenzbeamten ein paar extra Dollar aus Touristen zu quetschen – keine Probleme. Ein beliebter Trick ist es derzeit nach einem **Gelbfieberzeugnis** zu fragen. Falls der Tourist keins bei sich hat, soll er zahlen. Das ist Unsinn und man sollte sich schlichtweg weigern.

Auch die Visumsgebühr scheint an den Landübergängen recht flexibel. Offiziell kostet ein **einmonatiges Tourist Visum 20 US$.** In Poipet (Aranyaphratet) und Ko Kong (Hat Lek) werden mindestens 1.000 Baht verlangt. Eine Instanz bei der man sich beschweren könnte, gibt es in Kambodscha nicht. Nichtsdestotrotz überqueren täglich hunderte Touristen die Grenzen von Thailand nach Kambodscha ohne große Probleme.

Es ist inzwischen ohne weiteres möglich **von Bangkok an einem Tag** über Land nach Siem Reap und zu den Tempeln Angkors zu reisen. Das dauert je nach Transportmittel und Zustand der Straße in Kambodscha 9-12 Stunden. Auf der Khao San Road in Bangkok lassen sich Tickets für den gesamten Weg kaufen. Allerdings kommen diese Mini-Busse so spät in Siem Reap an, dass sich die meisten Passagiere gezwungen sehen, in der Unterkunft, die die Tourcompany anfährt, zu bleiben. Kostenpunkt 400-800 Baht.

Es folgen Grenzübergänge, an denen derzeit ein Visum bezogen werden kann.

Über Hat Lek

Von Trat fahren Songthaews und Sammeltaxis zum Marktflecken (und Schmuggelparadies) Hat Lek an der thailändischen Ostküste (Preis circa 100 Baht/Pers.); Fahrzeit 45 Min. Vom Grenzposten in Hat Lek (geöffnet tägl. 7.00-17.00 Uhr) fahren Songthaews zu 100 Baht/Pers. oder kambodschanische *motos* zu 50 Baht/Pers. zum kambodschanischen Fischerort Ko Kong. Etwa 500 m in kambodschanisches Gebiet hinein findet sich rechts an der Straße ein Spielcasino. Von Ko Kong fahren dann Expressboote für 12-15 US$ über Ko Sdach nach Ko Kompong Som (Sihanoukville).

Es ist inzwischen auch möglich über die Nationalstraßen 48 und 4 von Ko Kong nach Phnom Penh zu gelangen. Die Straße 48 ist in der Regenzeit eine Katastrophe und die Fahrt (8-10 Stunden, ca 15 $ für einen Sitzplatz im Taxi) kann ein echtes Abenteuer werden.

Über Baan Phakkad

Die nächstgelegene thailändische Stadt ist **Chanthaburi.** Von hier fahren Mini-Busse in 1-2 Stunden zur Grenze (100 Baht).

Von Baan Phakkad führt eine Straße nach Pailin, kambodschanisches **Edelsteinzentrum** und ehemalige Hochburg der Roten Khmer. Es ist eine Stadt nach klassischem Wild-West-Vorbild, mit allerlei illegalen Aktivitäten und regem Schmuggel über die Grenze nach Thailand. Von Pailin kommt man leicht weiter nach Battambang (Taxi 25 US$, 3-4 Stunden). Auf der kambodschanischen Seite befindet sich ein Casino. Die Grenze ist tägl. 7-17 Uhr geöffnet.

Über Ban Laem

Ban Laem ist ein weiterer kleiner Grenzposten unweit von Baan Phakkad, an dem es kambodschanische Visa gibt. Von hier ist Battambang relativ leicht zu erreichen (Geöffnet tägl. 7-17 Uhr).

Über Aranyaprathet

Von Aranyaprathet in der Provinz Sa Kaew führt die Eisenbahnstrecke weiter nach Osten zur kambodschanischen Grenze (5 Baht; 30 Min.). Als Alternative bieten sich Songthaews von Aranyaprathet aus an (10 Baht).

Visa sind derzeit für 20 US$, bzw. je nach Laune des Grenzbeamten für um die 1.000 Baht zu haben; Öffnungszeiten der Grenze täglich von 7 bis 17 Uhr.

Hinter der Grenze, die zu Fuß (oder mit dem eigenen Fahrzeug) überschritten wird, finden sich Pick-Up-Trucks, die einen nach Poipet bringen (6 km). Von dort fahren Busse und Züge nach Phnom Penh, Minibusse nach Angkor Wat und Siem Reap.

Über Chong Jom

Auch an diesem kleinen Grenzübergang, von den Kambodschanern **O'Smach** genannt, lassen sich Visa für Kambodscha einholen (geöffnet tägl. 7-17 Uhr).

Auf der kambodschanischen Seite befindet sich der **Khmer-Tempelkom-**

plex Banteay Chhmar, der aus dem 11. Jahrhundert stammt.

War die Gegend einst ein Tummelplatz der Roten Khmer, so wurde sie bis vor einigen Jahren noch von kriminellen Elementen der kambodschanischen 7. Division unsicher gemacht, die wahrscheinlich auch für den groß angelegten Raub an historischen Kunstschätzen verantwortlich waren. 1999 stöberte die thailändische Polizei Hunderte von Skulpturen aus Banteay Chhmar in Prachinburi auf, von denen einige mit Kettensägen entfernt worden waren.

2001 beobachtete der Autor wie bei Ausgrabungen Relikte aus der Vor-Angkorzeit in einem Dorf entdeckt wurden und binnen ein paar Wochen von amerikanischen und thailändischen Händlern, die den Dorfbewohnern einen Dollar pro Tag für das Graben zahlten, geplündert wurden.

Die Gegend ist inzwischen bis auf herumliegende Minen recht sicher. Nachts sollte man natürlich in keine der Grenzregionen auf der kambodschanischen Seite reisen.

Über Chong Sa Ngam

Nachdem der berüchtigte „Schlächter" der Roten Khmer, *Ta Mok,* im Jahre 1999 in Kambodscha verhaftet wurde, wurde es in dieser letzten Khmer Rouge Hochburg immer friedlicher. Von Chong Sa Ngam (Grenze tägl. geöffnet 7-17 Uhr) in der Provinz Surin führt eine Straße nach Anlong Veng, in dem sich der letzte harte Kern von Ta-Mok-Anhängern nach dessen Verhaftung ergab. Hier ist heute das Grab *Pol Pots* zu besichtigen und es gibt auch einige sehr einfache Guest Houses. Nach Siem Reap sind es dann nochmal 140 km auf sehr schlechten Sandpisten.

- **Weitere Informationen** enthält das **Reisehandbuch Kambodscha,** das im Reise Know-How-Verlag erschienen ist.

Nach Malaysia

Die Grenze ist von 6.00-24.00 Uhr malaysischer Zeit geöffnet, d.h. 5.00-23.00 Uhr Thai-Zeit. Es gibt jedoch Pläne, sie in Zukunft 24 Stunden geöffnet zu halten.

Über Thungmo – Pedang Besar

Von **Hat Yai** fahren Busse für 15 Baht nach Thungmo (60 km), einem winzigen Grenzposten. Auf der anderen Seite der Grenze liegt das malaysische Pedang Besar. Die Fahrt dauert ca. 1 Std. Gemeinschaftstaxis ab Hat Yai kosten 50 Baht, und wer nur kurz einreisen will, um sofort wieder nach Thailand zurückzukehren, könnte sich in Hat Yai auch ein Songthaew dafür chartern. Das kostet ca. 400 Baht für Hin- und Rückfahrt.

Nachdem man sich den Ausreisestempel geholt hat, muss man ca. 1 km weiter die Straße geradeaus, bevor man zur malaysischen **Passkontrolle** gelangt. Zwischen dem thailändischen und malaysischen Grenzposten verkehren auch Motorräder (Kostenpunkt liegt bei 10-20 Baht). Bezahlt werden kann auch in malaysischer Währung, d.h. mit 1-2 malaysischen Ringgit.

(Derzeit gibt es für einen Ringgit ca. 10 Baht.)

Pedang Besar kann man auch **per Zug** von Thailand aus erreichen. Ab der Hualamphong Station/Bangkok fährt um 14.45 Uhr der Express Nr. 35 ab, der am nächsten Tag um 11.55 Uhr in Butterworth einläuft. **Fahrtkosten** mit Rapid Train und Schlafwagen in der 2. Kl. mit A.C. 980 Baht (Schlafkoje o.) bzw. 1.070 Baht (Schlafkoje u.).

Zusteigemöglichkeiten bestehen auch bei Nakhon Pathom, Ratchaburi, Petchaburi, Hua Hin, Prachuap Khiri Khan, Chumphon, Surat Thani, Thung Song, Phattalung und Hat Yai. Nach den Grenzkontrollen in Pedang Besar fährt der Zug weiter bis **Butterworth,** von wo man per Fähre nach Penang gelangt.

Über Sadao

Hier befindet sich ein Grenzposten, der von den Bussen passiert wird, die **von Hat Yai nach Penang** fahren. Zwischen dem thailändischen und dem malaysischen Grenzposten liegt wieder ein guter Kilometer. Das macht aber nichts aus, da man wahrscheinlich eh mit Bus oder Taxi weiterreist.

Über Betong

Dieses ist der **südlichste Ausreisepunkt** nach Malaysia. Ab Hat Yai fahren Busse für 70 Baht, Sammeltaxis für 110 Baht, ab Yala Busse für 31 Baht.

Über Sungai Golok

Von der **Bahnstation** in Sungai Golok sind es noch 1-1½ km bis zur Grenze. Auch hier fahren wieder Motorräder für 20 Baht. **Busse** weiter nach **Kota Bahru** kosten 2 Ringgit, Sammeltaxis 3,80 Ringgit. Gegenüber der Bushaltestelle liegen einige Geschäfte, die Thai-Geld wechseln. In den Grenzgebieten kann man aber problemlos beide Währungen benutzen.

Über Satun

Von der kleinen Hafenstadt Satun an der Westküste im tiefen Süden fahren Boote nach **Kuala Perlis** in Malaysia (Abfahrt mehrmals tgl., Fahrzeit 50 Min.) und **Pulao Langkawi** (Abfahrt ca. 4-5 mal tgl., Fahrzeit 1 Std.). Satun ist von Hat Yai und Trang aus per Bus zu erreichen. Von Hat Yai fahren auch Sammeltaxis.

- **Weitere Informationen** enthält das **Reisehandbuch Malaysia,** das im Reise Know-How-Verlag erschienen ist.

Zeit und Kalender

Zeitverschiebung

Zur mitteleuropäischen Sommerzeit ist Thailand Mitteleuropa um **5 Stunden voraus,** zur Winterzeit um 6 Stunden; d.h. wenn es 12 Uhr mittags in Deutschland ist, ist es in Thailand 17.00 bzw. 18.00 Uhr.

In den letzten Jahren hat es gelegentlich Überlegungen gegeben, die thailändische Zeit um eine Stunde vorzustellen, um sie der von Malaysia und Singapur anzugleichen und somit auch näher an die fernöstlichen Zeitzonen heranzurücken. Diese Angleichung könnte für die asiatischen Geschäftsverbindungen von Vorteil sein, da kein bzw. weniger Zeitverlust aufgrund unterschiedlicher Bürozeiten auftreten würde. Nach Europa würde sich der Abstand allerdings vergrößern. In der nächsten Zeit ist wohl nicht mit einer Änderung zu rechnen.

Der Thai-Kalender

Gemäß dem traditionellen Thai-Kalender (*pa-thi-tin*) werden die Jahre von Buddhas Todesjahr an gezählt (dem vermuteten, nicht dem historischen). Das Jahr 2007 ist demnach das Thai-Jahr 2550. In den meisten Fällen wird heute aber schon der westliche Kalender benutzt.

Im Gegensatz zur Jahreszählung decken sich die **Monate des Thai-Kalenders** mit den westlichen. Bei den Namen fällt auf, dass Monate, die 30 Tage haben, auf *-yon* enden und solche, die 31 Tage haben, auf *-kom*. Der Ausnahme-Monat Februar endet auf *-phan*.

Zeitangaben und Uhrzeit

Zur Zeiteinteilung benutzen die Thais die Begriffe *wii-nathii* (Sekunde), *nathii* (Minute) und *chuamong* (Stunde); *nalika* ist „Stunde" in Uhrzeitangaben, im Sinne von „3 Uhr" etc.

Neben den auch bei uns gebräuchlichen Zeitangaben (z.B. „3 Uhr 15") benutzen die Thais das folgende System: „erste Stunde nach Mittag" (*baai-nüng*) = 13.00 Uhr, „zweite Stunde des Abends und ein halb" (*song thuum khrüng*) = 20.30 Uhr etc.

Das Wort **nalika** hat eine interessante Herkunft: Zur **Zeitmessung** im alten Indien wurden *ghatika* benutzt, flache Schalen, in die ein kleines Loch gebohrt war und die auf eine Wasseroberfläche gesetzt wurden. Durch das einströmende Wasser sank die Schale. Die Zeit, die bis dahin verstrich, wurde zur Maßeinheit *nalika*. Ein *nalika* war damals 24 Minuten lang. Die Thais übernahmen zwar das Wort *nalika*, nicht aber dessen ursprünglichen Zeitwert. *Nalika* heißt heute auch „Uhr" im Sinne von Armbanduhr oder Wecker.

Monate

Januar	*Mokhara-kom*
Februar	*Khumpha-phan*
März	*Mina-kom*
April	*Mesa-yon*
Mai	*Prütsa-pha-kom*
Juni	*Mithuna-yon*
Juli	*Karakada-kom*
August	*Singha-kom*
September	*Kanya-yon*
Oktober	*Thula-kom*
November	*Pritsajika-yon*
Dezember	*Thanwa-kom*

Wochentage

Die thailändischen Wochentage sind den Planeten gewidmet:

Montag	*Wan-Chan*, „Mond-Tag"
Dienstag	*Wan-Ankaan*, „Mars-Tag"
Mittwoch	*Wan-Phut*, „Merkur-Tag"
Donnerstag	*Wan-Pharühat*, „Jupiter-Tag"
Freitag	*Wan-Suk*, „Venus-Tag"
Samstag	*Wan-Saao*, „Saturn-Tag"
Sonntag	*Wan-Athit*, „Sonnen-Tag"

100
Lee

Land und Natur

Reitelefant auf Phuket
Reissetzlinge
Gibbon im Gibbon Rehabilitation Center, Phuket

Geographie

Thailand liegt etwa zwischen dem 6. und 21. Breitengrad der nördlichen Hemisphäre und bedeckt eine **Fläche** von 514.000 km^2, was ungefähr der Größe Frankreichs entspricht. In der größten nordsüdlichen Ausdehnung beträgt die Distanz zwischen den Landesgrenzen 1650 km, von Westen nach Osten 800 km. An seiner schmalsten Stelle, dem Isthmus von Kra, ist Thailand jedoch kaum 15 km breit.

Bangkok, die Hauptstadt des Landes und sowohl Handels- als auch Verkehrszentrum, liegt etwa auf derselben geographischen Breite wie Madras, Khartoum, die Karibikinsel Martinique und Manila. Im Westen und Norden grenzt Thailand an Burma, im Nordosten an Laos, im Osten an Kampuchea, und im Süden teilt es eine schmale Grenze mit Malaysia. Entsprechend seiner großen Ausdehnung haben die diversen Landesteile innerhalb Thailands in weitem Maße ihre kulturelle Identität bewahrt. So hat ein Mitglied der hoch im Norden lebenden Bergstämme kaum etwas gemein mit dem moslemischen Thai, der ganz im Süden des Landes lebt. Ein Bauer, der in der kargen Nordost-Provinz Issaan sein Auskommen hat, ahnt nur wenig vom Leben seines Landsmannes, der in Bangkoks Silom Road die Tasten eines Computers bedient.

Thailand lässt sich in vier topographisch unterschiedliche Zonen unterteilen: Das fruchtbare **Zentral-Thailand,** das vom Chao Phraya-Fluss und dessen Nebenflüssen durchzogen wird, der bergige und waldreiche **Norden** mit Doi Inthanon, der mit 2565 m höchste Berg des Landes, das trockene, von Menschenhand kahlgeschlagene **Nordost-Plateau** Issaan sowie den schmalen **Südzipfel,** der sowohl tropischen Regenwald aufweist als auch sonnenverwöhnte, palmengesäumte Strände.

Kaum 15 % der Landesfläche sind heute mit **Wald** bedeckt, im Jahre 1961 waren es noch 53 %, 1950 gar 58 %. Den größten Waldanteil hat der bergige Norden, wo noch 50 % der Fläche mit Wald bewachsen sind; im Nordosten, dem waldärmsten Gebiet, sind es gerade noch 14 %.

Das unbedachte Abholzen lebenswichtigen Waldes blieb nicht ohne ökologische Folgen: So mancher Monsun wird zur Dürre oder Flutkatastrophe. Fruchtbarer Boden wird – da es keine Baumwurzeln gibt, ihn zu halten – hinweggespült (Bodenerosion) und schließlich in die Flussmündungen getragen, wo er Verschlickungen verursacht und die Schifffahrt behindert.

Die thailändische Regierung hat es zum längerfristigen Ziel erklärt, wieder 40 % der Landesfläche unter einen ökologisch wichtigen Mantel von Wald zu bekommen. Zur Wiederaufforstung werden Baumarten gesucht, die erstens besonders schnell wachsen und zweitens noch ein Einkommen abwerfen. Als vielversprechend in diesen Punkten hat sich der **Eukalyptus-Baum** erwiesen, der rapide wächst und sehr widerstandsfähig ist. Die Aufforstung mit Eukalyptus hat aber auch zahlreiche Kritiker, da der Baum den Boden schnell auslaugt, und die Regierung zuviel des Guten tut und die Gefahr von Monokulturen nicht erkennt.

Weiterhin wird mit Gummi- und Cashewbäumen, Pinien, *krathin yak (Leucaena leucocephala)* und *krathin narong (Acacia auriculiformis)* aufgeforstet. Insgesamt ist Thailand aber ein sehr fruchtbares Land. Es ist der größte Reis- wie auch Gummi-Exporteur der Welt, und weitere Exportprodukte sind Mais, Gummi, Früchte, Tapioca-Produkte und Fisch. Thailands Fischerei-Flotte ist die elftgrößte der Welt.

Ein wesentlicher Teil des thailändischen Lebens spielt sich auf dem **Wasser** ab, das Land wird von einer Vielzahl von Flüssen durchzogen, die überquert werden wollen, als Transportwege dienen oder gar schwimmenden Häusern Platz bieten. Die Thais hegen schon immer eine sentimentale Liebe für ihre Flüsse, und nicht umsonst heißt Fluss auf Thai *mae nam,* wörtlich „Mutter des Wassers" (*mae* sprich mä).

Thailand wird von seinen Einwohnern *prathet thai* oder *müang thai* genannt – was beides unserem „Thailand" gleichkommt. *Thai* wiederum bedeutet „frei", was zu dem reichlich überstrapazierten Klischee vom **„Land der Freien"** geführt hat.

Einige geographische Begriffe

Auf Landkarten wird der Reisende immer wieder auf bestimmte Begriffe stoßen, die nicht etwa nur ein Name sind, sondern auch etwas bedeuten. Beispiel *Ko Samui* = Insel Samui oder *Chiang Mai* = neue Stadt.

amphoe	Distrikt (oe sprich ö)	*nakhon*	Stadt
ao	Bucht	*nam*	Wasser
ban	Haus, Dorf	*nam tok*	Wasserfall
bang	Siedlung a.e. Fluss	*nong*	Sumpf
bo	Quelle	*paknam*	Flussmündung
buri	Stadt	*phu, phu khao*	Berg
changwat	Provinz	*phanon*	Hügel
chiang	Stadt	*sanam*	großer Platz
doi	Berg (im Nord-Dialekt)	*sapan*	Brücke
hat	Strand	*soi*	Gasse
keng	Stromschnellen	*sra*	Teich
khao	Berg, Hügel	*suan*	Park
king-amphoe	Unter-Distrikt	*talat*	Markt
klong	Kanal	*tha*	Pier
ko	Insel	*tha rüa/ruea*	Hafen
kuen	Damm	*thale*	See
laem	Kap (ae sprich ä)	*thale sap*	Binnensee, Lagune
mae, mae nam	Fluss (ae sprich ä)	*thanon*	Straße
müang/mueang	Stadt	*tham*	Höhle

Tatsächlich ist Thailand im Gegensatz zu all seinen Nachbarn niemals von einer fremden Macht kolonialisiert worden. Und nicht zuletzt daraus erklärt sich wohl, warum die Thais Fremden gegenüber so freundlich und unvoreingenommen sind.

Pflanzen- und Tierwelt

Thailands regional verschiedene Klimazonen sowie die unterschiedlichen Bodenbeschaffenheiten sorgen für eine enorm artenreiche **Flora,** wie sie nicht jedes tropische Land aufzuweisen hat.

Das Landschaftsspektrum reicht von tropischen Regenwäldern im immerwarmen, regenverwöhnten Süden bis zu den europäisch anmutenden Wäldern des temperierten Nordens, wo das Quecksilber nicht selten in Gefrierpunktnähe fällt.

Neuere Satellitenaufnahmen beziffern den Waldanteil an der Gesamtfläche des Landes auf karge 15 % – eine erschreckende Zahl, bedenkt man, dass zur Zeit des 2. Weltkrieges noch 85 % der Fläche bewaldet war. Der **Baumbestand** der Wälder umfasst Akazien, Bambus, Redwood, Sandel- und Teakholzbäume, wovon letztere wertvolle Exportartikel sind.

Ebenso ist Thailand mit einer unglaublichen Vielfalt von **Obstbäumen** gesegnet – so wollen allein über 100 Sorten Bananen gekostet werden, von der großen *gluey hom,* der „duftenden Banane" bis hin zu *gluey khai,* der winzigen, süß schmeckenden „Eierbanane". Dazu kommen die beliebten Mangos, Mangostinen, Ananas, Papayas, Lichees, Pomelos, Orangen, Lamyai, Rambutans und Durians. Klingen schon viele dieser Namen für uns bekannt und appetitanregend, so sind andere Früchte wie die kleinen gelben *Langsart* oder die zuckersüßen braunen, etwa kartoffelgroßen *Lamut* hierzulande gänzlich unbekannt. Im Norden Thailands gedeihen sogar Erdbeeren, von den Thais *Strawberry* genannt, wenn auch in typisch thailändischer Aussprache.

Tausende von **Blumen** verschönen Wald und Wiese, darunter allein 1.000 Arten von Orchideen. Diese Vielfalt hat dazu beigetragen, die Thais zu schönheitsliebenden Ästheten zu machen, die die schmückende Farbenpracht der Blumen zu jeder Gelegenheit nutzen. Außerdem sind thailändische Blumen – vor allem die Orchideen – ein wichtiger Exportartikel. Die Orchidee ist so etwas wie die thailändische Nationalblume, die als Opfergabe an Tempeln abgelegt wird, oder deren Blütenform zur Vorlage kunstvoller Verzierungen dient (siehe das Logo der Thai Airways International!).

Der Rückgang der Wälder hat zu einschneidender Dezimierung der **Tierwelt** geführt. Acht Spezies sind bereits ausgestorben oder „so gut wie", sechzehn weitere gehören zu den **gefährdeten Arten.** Die Sumatra- oder Java-Rhinozerosse waren schon vor einem halben Jahrhundert fast verschwunden, und der Glaube vieler Chinesen, das Nashornpulver habe potenzfördernde Eigenschaften, gaben der Spezies den Rest. Der noch in geringen Zahlen vorhandene *Kouprey*, eine wilde Ochsenart, ist das seltenste große Säugetier der Erde. Noch immer vorhanden sind Elefanten, Tiger, Leoparden und Wasserbüffel.

In freier Wildbahn existieren noch ca. **1.000-1.500 Elefanten.** Einige weitere Elefanten – ehemalige Arbeitselefanten – dienen heute als Reittiere bei Touristenausflügen, oder ihre Hüter treiben sie durch Bangkok, wo sie dann Bananen zur Fütterung der Tiere an Touristen verkaufen. So mancher Elefant ist im Chaosverkehr von Bangkok angefahren worden oder – durch den Lärm und Stress irritiert – Amok gelaufen. Elefanten gehören nicht nach Bangkok, und jeder Tourist, der Bananen an sie verfüttert, macht sich an ihrem Schicksal mitschuldig.

Sowohl Elefanten als auch Tiger sind begehrte Zielscheiben für Wilderer, die einen guten Absatzmarkt für Elfenbein, Tigerfelle und Tigerknochen vorfinden. Tigerknochen sind Bestandteil der traditionellen chinesischen Medizin, und so landen sie bei Chinesen in Malaysia, Singapur oder Hongkong, die hohe Preise dafür zahlen. Derzeit gibt es nach Angaben des Royal Forestry Department nur noch etwa **150 Tiger.**

In den Bäumen und Palmen tummeln sich verschiedene **Affenarten,** meist Gibbons und Makaken.

Seltener geworden sind **Schlangen,** deren Lebensraum entwaldet oder zuasphaltiert wurde. Alte Dorfbewohner erzählen noch, dass sie früher

täglich Schlangen beobachten konnten, heute seien sie nur noch gelegentlich zu sehen. Dennoch existieren noch über 100 Schlangenarten, wovon 16 giftig und 6 tödlich sind. Die lebensgefährlichen Spezies sind die Kobra, die bis zu 6 m lange Königskobra, die Green Pit Viper, die Malayische Viper, die Russel's Viper und die Banded Krait.

880 **Vogelarten,** 10 % aller Vogelarten der Welt, nisten in den Bäumen, und gelegentlich verirrt sich sogar ein Geier aus der freien Wildbahn ins zubetonierte Bangkok.

Tausende von **Insektenarten** vervollständigen das Bild, und Ameisen aller Größenordnungen, Moskitos und Kakerlaken „bereichern" jedes Heim. Als natürlicher Insektenvertilger fungieren die scheuen Geckos, die mit Vorliebe nachts auf die Jagd gehen.

Thailands „weiße“ Elefanten

Elefanten sind überall in Asien hoch verehrte Tiere. Bewundert werden ihre Sanftmut, ihre Ausdauer und vor allem ihre Intelligenz. Im Englischen gibt es den Ausdruck *elephant's memory* – ein Tribut an das unglaubliche Gedächtnis, das Elefanten an den Tag legen können. So gibt es zahlreiche Geschichten von Elefanten, die durch irgendwelche Umstände von ihrem *mahout* (Elefantentreiber) getrennt wurden und ihn noch Jahrzehnte später wiedererkannten. Die Hindus erhoben das gutwillige Tier gar zum Gott und verehren ihn noch heute unter dem Namen *Ganesha* oder *Ganapati*. Der Elefantengott wird immer dann angebetet, wenn man zu irgendeinem Unterfangen viel Glück benötigt. Gar nicht so weit entfernt ist auch der alte thailändische Brauch, schwangere Frauen unter einem Elefantenbauch durchkriechen zu lassen, um ihnen eine problemlose Geburt zu garantieren.

Einen ganz besonderen Status hatten im alten Siam die „weißen“ Elefanten. Eigentlich waren es eher rosa-farbene oder rosagraue Tiere, mit weißen Haarbüscheln an Kopf und Schwanz sowie roten Augen, deren Iris gelb und rotgerändert zu sein hatten. Die Thais bezeichneten solche Elefanten als *chaang phueak,* wörtlich „Albino-Elefanten“.

Die Albino-Elefanten, selten, wie Albinos nun einmal sind, wurden als Glücksbringer für das Land betrachtet. Wurde in irgendeinem Dschungel ein solcher *chaang phueak* gesichtet, setzte man alles daran, ihn einzufangen und dem König zum Geschenk zu machen. Der Besitz möglichst vieler „weißer“ Elefanten sollte dem Reich einen glücklichen Fortbestand verheißen. Als besonders glücklich galt das Auffinden eines solchen Tieres zu Anbeginn der Herrschaft eines neuen Königs – ein göttliches Zeichen, dass der König wahrhaft gesegnet sei. Nicht verwunderlich also, wenn Könige bei Raubzügen in fremden Territorien großen Wert auf die Besitznahme von neuen *chaang phueak* legten. So bemächtigte sich im 11. Jahrhundert der burmesische Heerführer *Anawrahta* bei einem Überfall auf Thaton 32 solcher Elefanten. Bis 1917 zeigte die Flagge Siams einen weißen Elefanten auf rotem Grund, und so musste das Tier auch symbolisch als Glücksbringer herhalten.

Die große Verehrung der weißen Elefanten beruht auf einer Legende, die sich um Buddhas Geburt rankt:

In einem Traum sah *Königin Maya,* die zukünftige Mutter Buddhas, wie sie von vier Königen samt ihrem Bett in die Höhe gehoben und zum Himalaya getragen wurde. Die vier Frauen der Könige badeten sie, um so jegliche menschlichen Unreinheiten von ihr zu waschen, schmückten sie mit Blumen und rieben kostbare Öle in ihre Haut. Dann bereiteten sie ihr ein himmlisches Bett, das mit dem Kopf nach Osten zeigte. Als die Königin schlief, erschien ihr die Figur eines weißen Elefanten, der eine Lotusblume im Rüssel hielt. Unter lautem Trompeten näherte sich der Elefant, der nichts anderes war als der zukünftige Buddha, dem Bett seiner Mutter. Er umschritt das Bett dreimal, gab der rechten Körperseite *Königin Mayas* einen leichten Hieb und verschwand in ihrem Bauch. Als die Königin von ihrem Traum erzählte, sahen diese darin ein glückliches Omen. Die Königin würde einen Buddha zur Welt bringen, einen Erleuchteten, der die Menschheit vom Schleier des Unwissens befreien würde.

Aufgrund dieser Legende, die in der Pali-Schrift *nidana-katha* zitiert worden war, wurden „weiße" Elefanten mit dem Buddha gleichgesetzt. Die Könige von Ayutthaya strebten demzufolge nach dem Besitz von möglichst vielen solcher Repräsentanten des Erleuchteten. Die Pflege der Dickhäuter war äußerst aufwändig – so hatte jedes Tier vier Diener, die ihm kühle Luft zufächelten und die Fliegen vertrieben. Sonnenschirme schützten sie vor der Glut des Tages, und das Futter wurde ihnen auf goldenen Tellern serviert. Die Körper der Elefanten wurden in prächtige „Kleider" gehüllt, die Stoßzähne mit Goldringen verziert, und auf dem Kopf trugen sie kostbare Kronen.

Bei Prozessionen gingen den Elefanten Musikanten voraus, die die Ankunft seiner Durchlaucht durch fröhliche Lieder und Fanfaren verkündeten.

Wurde ein Elefant krank, so wurde er vom Hofpriester mit geheiligtem Wasser bespritzt und mit kostbaren Ölen gepflegt. Man betete nach Leibeskräften für seine Gesundheit, denn mit dem Leben des Elefanten stand auch das Schicksal des gesamten Reiches auf dem Spiel. Starb der Elefant, so mussten die Diener des Tieres damit rechnen, vom verzweifelten König hingerichtet zu werden. So geschehen im Jahre 1633, als ein weißer Elefant dahingeschieden war, und *König Prasat Thong* von Ayutthaya die Exekution der Diener befahl. Im Jahre 1862 war ein Elefant am Hofe König *Mongkuts* verstorben, doch niemand wagte es, dem König die schlechte Nachricht zu überbringen. Als der König schließlich vom Ableben des Tieres erfuhr, brach er hysterisch schluchzend zusammen.

War ein Elefant verstorben, so wurden ihm Hirn und Herz entnommen, und beides wurde in einer ehrenvollen Zeremonie verbrannt. Der übrige Körper wurde in weißes Leinen gehüllt und unter Wehklagen zum Fluss getragen und ins Wasser geworfen.

Wie weit das hohe Ansehen der geheiligten Jumbos reichte, bekam auch Königin *Victoria von England* zu spüren – wenn auch auf etwas uncharmante Weise. Als sich der siamesische Botschafter in England für einen Hofempfang bedanken und der Königin ein paar Komplimente machen wollte, griff er zu folgenden Worten: „Man kann über einen bestimmten Aspekt der erlauchten Königin von England nur allerhöchst verblüfft sein. Zunächst stammt sie aus einer gottgesegneten Erbfolge von Krieger-Königen und Beherrschern der Welt. Und dazu sind ihre Augen, ihr Teint und vor allem ihre körperliche Erscheinung gleich einem prächtigen weißen Elefanten".

Über die Reaktion der Königin auf das Kompliment ist nichts bekannt.

Auch heute noch gelten die Tiere als nationale Glücksbringer, und auf dem Gelände des Königpalastes wird gut ein Dutzend weißer Elefanten gehalten.

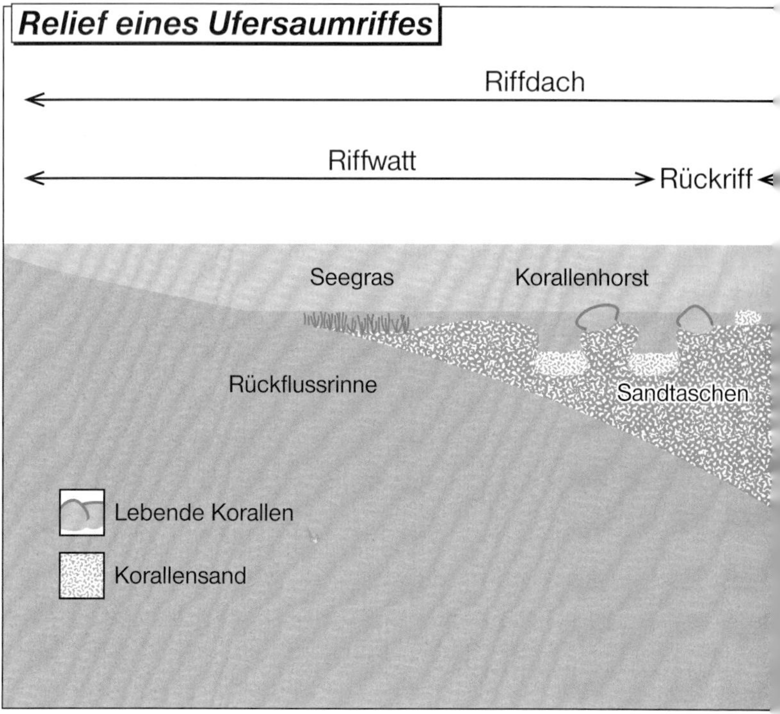

Manche Insekten müssen allerdings auch als Nahrung für den *homo sapiens* ihr Leben lassen: So verkaufen viele Straßenstände geröstete Heuschrecken *(dagkathään tort)* oder Wasserkäfer *(määngdaa tort)*. Die Tüte zu 20 Baht.

500 verschiedene **Schmetterlingsarten** umflattern die Vegetation, und viele davon enden in Schaukästen, als aufgespießte Touristensouvenirs an den Straßenständen Bangkoks oder Chiang Mais.

Korallenriffe

Felsengrund in klarem, lichtdurchflutetem Wasser erlaubt die Ansiedlung von riffbildenden **Steinkorallen.** Sie bilden das Grundgerüst eines Riffes. Korallenriffe sind typische Flachwasser-Gemeinschaften der Tropen. Sie kommen nur dort vor, wo die Wassertemperatur niemals unter 20 °C absinkt. Korallenriffe gehören zu den artenreichsten und produktivsten Ökosystemen der Erde.

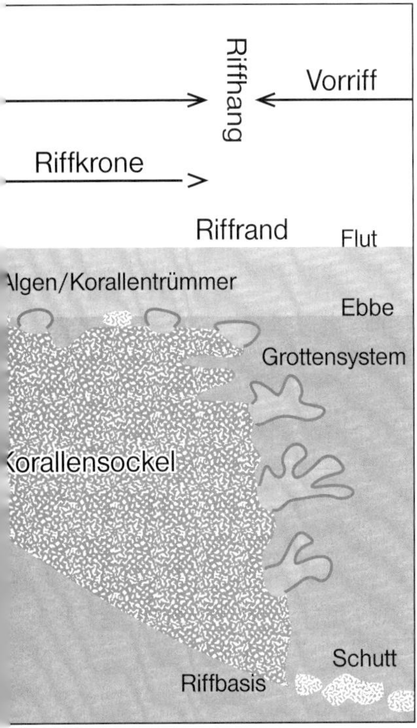

Seeleute und Naturfreunde bezeichnen gerne alle festsitzenden, krustenförmig oder verzweigt wachsenden Lebewesen als „Korallen". Es kann sich hierbei um Steinkorallen, Kalkalgen, Moostierchen etc. handeln. Für Zoologen sind „Korallen" Vertreter der Nesseltiere.

Die **Nesseltiere** umfassen vier Tierklassen: Polypentiere *(Hydrozoa)*, Quallen *(Scyphozoa)*, Blumentiere *(Anthozoa)* und Würfelquallen *(Cubozoa)*. Mit Ausnahme der Feuerkorallen, die zu den Polypentieren gehören, zählen Korallen zu den Blumentieren. Riffbildende Korallen sind festsitzende Formen mit einem festen, zusammenhängenden Kalkskelett, das nach Absterben des Tieres über einen langen Zeitraum erhalten bleibt.

Riffe in Thailand

Typisch ausgebildete Saumriffe mit breitem Riffdach sind in Thailand selten. Meistens sind sie sehr kurz. Das gilt insbesondere für den Golf von Thailand, der grundsätzlich schlechtere Bedingungen für die Riffentstehung als die Andaman-See bietet. In Thailand gibt es an der Festlandsküste und an den großen Inseln (Ko Chang, Ko Tarutao, Ko Lanta) keine Riffe. Sie existieren durchweg nur an kleinen, vom Festland entfernten Inseln. Korallenwuchs beginnt an vorgelagerten Inseln der **Ostküste** bei Chonburi und an der **Südostküste** ab Petchaburi.

Korallenformationen im Golf von Thailand werden in folgende Typen unterteilt: **Korallen-Gemeinschaften** sind dichte Korallenbestände, ohne dass sich ein Riff gebildet hat. In diesen Gemeinschaften sind vor allem Gelbe Poren-, Erdbeer- und Favites-Korallen vertreten. Korallengemeinschaften findet man in **sandigen Gebieten** mit wenigen Felsflächen und in Regionen, die häufig von starken Stürmen betroffen sind.

Bei **Korallen-Gemeinschaften in Entwicklung zum Saumriff** sind Riffdach, Riffkante und Riffhang ausgebildet, die einzelnen Riffabschnitte aber nicht klar voneinander getrennt. Das Riff erstreckt sich maximal 100 m seewärts. Am Riffhang sieht man bereits viele verschiedene Wuchsformen. Viele Riffe im zentralen Golf von Thailand befinden sich in diesem Stadium.

In einem **jungen Saumriff** schufen frühere Korallengenerationen bereits einen Kalksockel. Das Riff ist bis zu 500 m breit und deutlich in unterschiedliche Abschnitte gegliedert. Auf dem Riffdach findet man Ansammlungen von toten und lebenden Korallen, zwischen denen Seegräser wachsen. An der Riffkante wachsen große, massive Korallen, und der steile Riffhang ist mit vielen Arten bedeckt. Der Riffhang reicht im Golf von Thailand selten tiefer als 10 m hinab. Es existieren junge Saumriffe um **Chumphon, Ko Tao** sowie an einigen Inseln um **Ko Chang.**

Die **schönsten Saumriffe** Thailands liegen in der Andaman-See. Häufig findet man dichte Bestände mit Geweihkorallen, die klares Wasser lieben. Der Riffhang reicht bis auf 30 m herab. Wundervolle Saumriffe befinden sich bei den nördlichen Inseln in der Andaman-See: **Ko Surin, Ko Bon** und **Ko Tachai** (Provinz Phang-Nga) sowie um **Ko Rok** und **Ko Hai** (Krabi).

Lebensraum Riff

Thailands Korallenriffe gehören zum Indopazifik, der größten zusammenhängenden Riffregion der Erde. Die riesige Ausdehnung ermöglichte die Entstehung einer **immensen Artenfülle.** Außerdem überlebte im äquatorialen Indopazifik während der vergangenen Eiszeiten ein Artenreservoir, das nach dem Ende der Eiszeiten neue Riffe entstehen ließ. Während der Eiszeiten starben die meisten damals existierenden Riffe ab, als sich der Meeresspiegel um 120 m senkte.

Beim Schnorcheln und Tauchen in Thailands Riffen begegnet man einer schillernden Vielfalt an Formen und Farben. Fast alle Stämme des Tierreiches sind im Korallenriff vertreten. **Schwämme,** wie die gewaltigen **Neptunkelche,** gehören zu den ursprünglichsten, mehrzelligen Tieren. Ihr Körper besteht aus einem Zellverband ohne innere Organe und Nervengewebe. Sie leiten Wasser durch ein Kanalsystem im Körperinnern, wo kleine Nahrungspartikel herausgefiltert werden.

Lederkorallen *(Sarcophyton, Sinularia, Lemnalia)* und **Krustenanemonen** wie Seematten, überziehen große Flächen. **Felsaktinien** schmiegen sich zwischen Korallenblöcken und Sandtaschen. Buntgefärbte **Stachelige Prachtkorallen** bilden fantastisch anmutende Ko-

Schnorcheln und Tauchen

Zum Schnorcheln eignen sich am besten Korallengründe im Flachwasser (bis max. 5 m). Dann kann die Lebenswelt im Riff leicht von der Oberfläche aus beobachtet werden. Gute Schnorchelgründe gibt es an vielen Stellen, z.B. Ko Kradat, Ko Wai (Trat), Ko Tao (Surat Thani), Ko Phi Phi, Ko Hai, Ko Poda (Krabi) und Ko Rawi (Satun).

Flaschentauchern bieten sich im Golf von Thailand die besten Möglichkeiten um Ko Tao und in der Andaman-See von Phuket aus, dem Tauchsportzentrum Thailands (siehe auch „Praktische Reisetipps: Tauchen“).

rallengärten. Biegsame **Hornkorallen** (Gorgonien, Peitschenkorallen) wiegen sich in der Strömung. Fächergorgonien wachsen stets senkrecht zur Hauptströmungsrichtung, um Nahrung aus dem vorbeifließenden Wasser zu fangen.

- **Literaturtipp:** Der Text über Korallenriffe ist dem Buch **Thailand – Tauch- und Strandführer** von Klaus Becker entnommen, das sowohl ein umfassender Naturführer als auch ein praktisches Handbuch für die Erkundung der thailändischen Küstenregionen ist. Mit der detaillierten Beschreibung aller bedeutenden Tauchplätze ist das Buch für Tauch- und Schnorchelfreunde die ideale Ergänzung zu diesem Reiseführer (erschienen im REISE KNOW-HOW Verlag, Bielefeld).

Nationalparks

Thailand besitzt 63 Nationalparks und 32 Naturschutzgebiete, es bietet sich also ein weites Feld für Naturfreunde. Über 11 % der Landesfläche stehen unter **Naturschutz,** das ist beachtlich. Leider sehen sich die Park Rangers des Forestry Department und der National Parks Division ständig mit Wilderei, illegaler Abholzung und Besiedlung der Gebiete konfrontiert. Etwa 50 Ranger sind in den vergangenen 25 Jahren von Wilderern oder so genannten „einflussreichen Persönlichkeiten" erschossen worden, da sie handfesten Geschäftsinteressen im Wege standen. Nicht alle Forstbeamte sterben allerdings diesen Heldentod, es gibt auch einige schwarze Schafe darunter, die mit den Dunkelmännern zusammenarbeiten.

Aufgrund kurzsichtigen Profitdenkens sind Thailands Wälder heute einer solchen Beanspruchung ausgesetzt, dass ihre Zukunft düster aussieht. 1990 beging *Sueb Nakhasathien,* der Leiter des Naturschutzgebietes Huai Kha Khaeng, Selbstmord, da er an der Aussichtslosigkeit des Kampfes gegen die Wilderermafia verzweifelt war. Er war zuvor mehrfach in Feuergefechte mit Wilderern verwickelt gewesen. Vier seiner Kollegen waren dabei umgekommen.

Information und Reservierungen

- **Royal Forestry Department,** Phaholyothin Road, Bang Khen, Bangkok 10900, Tel. 02-5790529, 02-5794842.
- **National Park Division of the Royal Forestry Department,** Phaholyothin Road, Bang Khen, Bangkok 10900, Tel. 02-5970529, 02-5794842.
- Der **Eintritt** zu allen Nationalparks beträgt für Ausländer seit 2000 relativ hohe 200 Baht; Thais zahlen nur 20 Baht. Diese Preisdiskriminierung hat für viel Unmut seitens ausländischer Besucher geführt. Auch thailändische Tourunternehmer protestierten dagegen.
- Eine ausgezeichnete Informationsquelle ist auch das Buch „National Parks of Thailand" von *Denis Gray, Collin Piprell* und *Mark Graham;* erschienen bei Communications Resources (Thailand) Ltd., Bangkok. Erhältlich ist es in Buchläden in Bangkok und Chiang Mai.

Die wichtigsten Nationalparks

Im Folgenden nur eine stichwortartige Übersicht zu den bedeutendsten Nationalparks. Etliche werden im Verlaufe des Buches ausführlicher beschrieben. (Abkürzungen: **T** = viele Tiere, **N** = schöne Natur, **W** = gut zum Wandern, **S** = Schwimmen, Tauchen.)

Ang Thong Islands (S)

- **Provinz:** Surat Thani
- **Anreise:** Mit dem Schiff ab Ban Nathon/ Ko Samui. (Entfernung: ab BKK 990 km, ab Ko Samui 25 km.)
- **Unterkünfte:** 9 Bungalows für 2-8 Personen zu 500-1.400 Baht sowie Dorm.

Ao Phang-Nga

- **Provinz:** Phang-Nga.
- **Anreise:** Mit Booten ab dem Tha Dan-Pier in Phang-Nga. (Entfernung ab BKK: 710 km.)
- **Unterkünfte:** 14 Bungalows für 4-10 Personen zu 700-1.500 Baht.

Doi Inthanon

- **Provinz:** Chiang Mai.
- **Anreise:** entlang der Straße Chiang Mai-Hot, nach 58 km links abbiegen und 9 km weiter geradeaus. (Entfernung: ab BKK 767 km, ab Chiang Mai 67 km.)
- **Unterkünfte:** 28 Zimmer und Bungalows für 3-23 Personen zu 1.000-6.500 Baht oder Zeltunterkünfte zu 100 Baht pro Person/ Übernachtung.

Doi Khuntan (N, T, W)

- **Provinz:** Lamphun und Lampang.
- **Anreise:** ab dem Bahnhof Khuntan an der Strecke Bangkok-Lamphun, dann 7 km Fußweg. (Entfernung ab BKK: 683 km.)
- **Unterkünfte:** 14 Bungalows für 6-9 Personen zu 1.500-2.700 Baht.

Erawan Nationalpark (N)

- **Provinz:** Kanchanaburi.
- **Anreise:** ab Kanchanaburi über Highway Nr. 3199, in nördliche Richtung fahren. Nach 56 km rechts abbiegen und 4 km weiterfahren. (Entfernung ab BKK: 190 km.)
- **Unterkünfte:** 19 Bungalows für 2-8 Personen zu 800-2.400 Baht oder Zeltunterkünfte zu 100 Baht pro Person/Übernachtung.

Kaeng Krachan

- **Provinz:** Petchaburi.
- **Anreise:** über Highway Nr. 4 ab Bangkok, dann bei Kilometer 186 rechts abbiegen und 40 km weiterfahren. (Entfernung ab BKK: 220 km.)
- **Unterkünfte:** 29 Zimmer und Bungalows für 2-10 Personen zu 800-2.700 Baht.

Khao Chamao/Khao Wong

- **Provinzen:** Rayong, Chantaburi.
- **Anreise:** Highway Nr. 3 (Sukhimvit Road), dann 7 km nach Klaeng links abbiegen und 17 km weiterfahren. (Entfernung ab BKK: 295 km.)
- **Unterkünfte:** 23 Bungalows für 2-4 Personen zu 600-1.200 Baht, Zeltunterkünfte zu 100 Baht pro Person/ Übernachtung sowie Dorms zu 3.000 Baht (30 Personen).

Khao Kitchagut

- **Provinz:** Chantaburi.
- **Anreise:** über Highway Nr. 3 (Sukhumvit Road) bis hinter Chantaburi bei Kilometer 324. Links abbiegen und nach 21 km rechts abbiegen und 2 km weiterfahren. (Entfernung ab BKK: 350 km.)
- **Unterkünfte:** 10 Bungalows für 2-8 Personen zu 600-2.400 Baht oder Zeltunterkünfte zu 100 Baht pro Person/Übernachtung.

Khao Luang

- **Provinz:** Nakhon Si Thammarat.
- **Anreise:** ab Nakhon Si Thammarat 30 km in Richtung Lansaka fahren. Entfernung ab BKK: 1.230 km.
- **Unterkünfte:** 16 Bungalows für 2-20 Personen zu 600-2.000 Baht oder Zeltunterkünfte zu 100 Baht pro Person/Übernachtung.

Khao Sam Roi Yot

- **Provinz:** Prachuap Khiri Khan.
- **Anreise:** von Highway Nr. 4 (Petchakasem Road) bei Kilometer 286 vor Prachuap links abbiegen und 4 km weiterfahren. (Entfernung ab BKK: 320 km.)
- **Unterkünfte:** 16 Bungalows für 5-9 Personen zu 1.200-2.200 Baht oder Zeltunterkünfte zu 100 Baht pro Person/Übernachtung.

Khao Sam Lan

- **Provinz:** Saraburi.

● **Anreise:** über Highway Nr. 1 (Paholyothin Road), bei km 102 rechts abbiegen und 9 km weiterfahren. (Entfernung ab BKK: 113 km.)
● **Unterkünfte:** Dorms oder Zelte zu 100 Baht pro Person/Übernachtung.

Khao Yai

● **Provinzen**: Nakhon Nayok, Nakhon Ratchasima, Prachinburi, Saraburi.
● **Anreise:** Über Highway Nr. 2 (Mitthraparb), bei Km 170 in die Thanarat Road abbiegen, 40 km weiter bis Khao Yai fahren. Oder: Über Highway Nr. 3 (via Nakhon Nayok und Prachinburi), dann links in Highway Nr. 3077 abbiegen und 45 km weiter bis zum Park fahren. (Entfernung ab BKK: 205 km)
● **Unterkünfte:** es gibt Bungalows der Parkverwaltung mit Platz für je 2-8 Pers. zu 800-3.600 Baht. Buchungen bei der Forstverwaltung unter 02-5614292. Außerdem gibt's einen Schlafsaal, Betten zu je 100 Baht.

Lan Sang (N, W)

● **Provinz:** Tak.
● **Anreise:** über Highway Nr. 1 (Asia Road) ab Nakhon Sawan, 7 km vor Tak links in Highway Nr. 105 abbiegen und nach 12 km wiederum links einbiegen; dann 3 km weiter geradeaus fahren. (Entfernung ab BKK: 430 km.)
● **Unterkünfte:** 9 Bungalows für 2-10 Personen zu 400-2.000 Baht oder Zeltunterkünfte zu 100 Baht pro Person/ Übernachtung.

Nam Nao (N, T, W)

● **Provinz:** Petchabun und Chaiyaphum.
● **Anreise:** ab Petchabun 50 km in Richtung Lom Sak. (Entfernung ab BKK: 439 km.)
● **Unterkünfte:** 10 Bungalows zu 400-1.200 Baht oder Zeltunterkünfte zu 100-200 Baht pro Person/Übernachtung.

Phu Kradung (N)

● **Provinz:** Loei.
● **Anreise:** mit Bus ab Loei. (Entfernung: ab Loei 74 km, ab BKK 444 km.)
● **Unterkünfte:** 40 Zimmer und Bungalows für 4-10 Personen zu 900-3.600 Baht, Zelte für 200 Baht.

Phu Phan

● **Provinz:** Kalasin und Sakhon Nakhon.
● **Anreise:** bei Khon Khaen über Highway Nr. 209 nach Kalasin, dann über Highway Nr. 213 zum Park. (Entfernung ab BKK: 570 km.)
● **Unterkünfte:** 7 Bungalows für 4 Personen zu 500-600 Baht oder Zeltunterkünfte zu 100-200 Baht pro Person/Übernachtung.

Phu Ruea

● **Provinz:** Loei.
● **Anreise:** ab Petchabun über Highway Nr. 203 in Richtung Phu Rua; nach 48 km links zum Nationalpark abbiegen. (Entfernung ab BKK: 610 km.)
● **Unterkünfte:** 12 Bungalows für 4-6 Personen zu 2.000-3.000 Baht oder Zeltunterkünfte ab 100 Baht pro Person.

Ramkamhaeng Historical National Park

● **Provinz:** Sukhothai.
● **Anreise:** ab Sukhothai die Ausfallstraße nach Westen nehmen, ca. 6 km. (Entfernung ab BKK: 360 km.)
● **Unterkünfte:** 5 Bungalows zu 500-1.000 Baht, Zeltunterkünfte 100 Baht pro Person/ Übernachtung. Guest House am Ostrand des Parks.

Sai Yok (N)

● **Provinz:** Kanchanaburi.
● **Anreise:** ab Kanchanaburi über Highway Nr. 323 in nördlicher Richtung und 85 km weiterfahren. (Entfernung ab BKK: 210 km.)
● **Unterkünfte:** 10 Bungalows zu 800-2.100 Baht oder Zeltunterkünfte zu 100 Baht pro Person/Übernachtung.

Tarutao National Park (N, T)

● **Provinz:** Satun.
● **Anreise:** mit Booten ab dem Pak Bara Pier in Satun. (Entfernung: ab Satun 25 km, ab BKK 1.300 km.)
● **Unterkünfte:** 38 Zimmer und Bungalows für 4-10 Personen zu 1.200-5.000 Baht.

Tat Ton

● **Provinz:** Chaiyaphum.
● **Anreise:** über Highway Nr. 2051, bis 21 km außerhalb von Chaiyaphum. (Entfernung ab BKK: 350 km.)
● **Unterkünfte:** 11 Bungalows für 4-20 Personen zu 1.200-2.400 Baht.

Thale Ban (N, T, W)

● **Provinz:** Satun.
● **Anreise:** an der Strecke Hat Yai-Satun 78 km nach Hat Yai links abbiegen und 12 km weiterfahren. (Entfernung ab BKK: 1.310 km.)
● **Unterkünfte:** Bungalows der Parkverwaltung 600-2.200 Baht. Zelten kostet 40 Baht.

Tham Than Lot (Rattanakosin National Park)

● **Provinz:** Kanchanaburi.
● **Anreise:** über Highway Nr. 3199 ab Kanchanaburi, nach 16 km links in Highway Nr. 3086 abbiegen und 80 km weiterfahren. (Entfernung: ab BKK 225 km, ab Kanchanaburi 97 km.)
● **Unterkünfte:** 12 Bungalows zu 500-1.000 Baht oder Zeltunterkünfte ab 100 Baht pro Person/Übernachtung.

Thung Salaeng Luang

● **Provinz:** Phitsanulok und Petchabun.
● **Anreise:** über Phitsanulok; in östlicher Richtung über die Straße Phitsanulok-Lomsak fahren bis 80 km östlich von Phitsanulok. (Entfernung ab BKK: 610 km.)
● **Unterkünfte:** Einige Zimmer, Dorms u. Bungalows zu 1.000-5.000 Baht oder Zeltunterkünfte ab 100 Baht pro Person/Übernachtung.

Klima

Thailands Klima lässt sich in **drei Jahreszeiten** unterteilen: Die trockene (nicht überall!) und relativ kühle Zeit von November bis Februar, die heiße Zeit bis Mai und den **Monsun** von Juni bis Oktober. Im August kommt es dabei in Phuket zu den stärksten Regengüssen, im September in Bangkok. Im November und Dezember regnet es noch an der Südost-Küste, und dabei kann es recht zugig und kühl werden. Um Ko Samui kann es zu dieser Zeit so stürmen, dass der Fährverkehr eingestellt werden muss.

Bangkok gilt offiziell als die **heißeste Metropole der Welt,** mit Tagestemperaturen von selten unter 32 °C. Selbst im Dezember und Januar sinkt das Quecksilber bei Nacht kaum unter 21 °C. Nächtliche Temperaturen von nur 15° C sind die absolute Ausnahme. Im April klettert das Thermometer in Bangkok normalerweise auf **39-41 °C,** was gar nicht so schlimm klingt, aber die unglaubliche **Feuchtigkeit** trägt das Ihrige dazu bei. Wer dann in einem voll besetzten Stadtbus stehend fahren muss und von einem Stau in den nächsten gerät, der versteht, was Buddha mit seiner Lehre vom Leid gemeint hatte!

In Chiang Mai kommt es zu dieser Zeit zu Höchsttemperaturen von bis zu 43 °C, meistens ist es jedoch einige Grad kühler. Die Luft ist dort allemal besser als in Bangkok. Uttaradit in Zentralthailand ist mit bis zu 45,5 °C die heißeste Stadt des Landes. Wer im **Winter** die Nordregionen aufsucht, sollte warme Kleidung dabeihaben. Nachts wurden in Chiang Mai schon 4 Grad registriert, die durchschnittliche Winternacht ist etwa 12 Grad kühl. Temperaturen von knapp über dem Gefrierpunkt sind in Mae Hong Son oder Loei nichts Außergewöhnliches. Im Dezember 1989 wurde in Fang der gegenwärtige thailändische Kälterekord von 1,5 °C aufgestellt.

Zu jeder Jahreszeit bietet sich aber eine Wetteralternative: In der heißen Jahreszeit kann man in die Berge flüchten, dem Monsun kann man (kennt man seinen Gang) ausweichen.

Temperaturen in °C

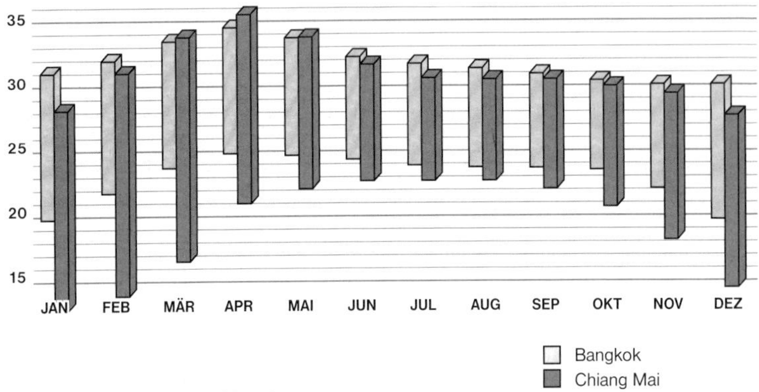

Anzahl Regentage im Monat

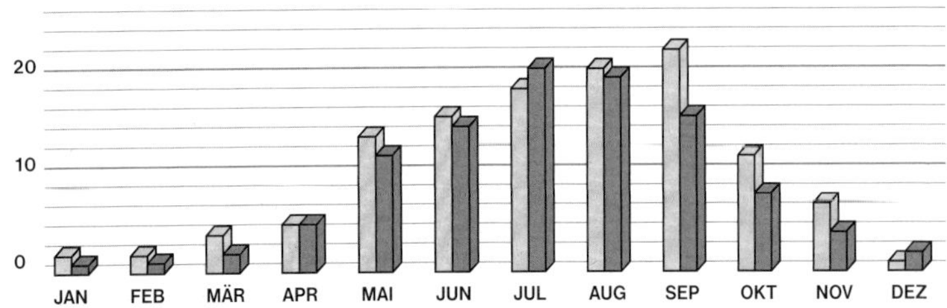

Luftfeuchtigkeit in %

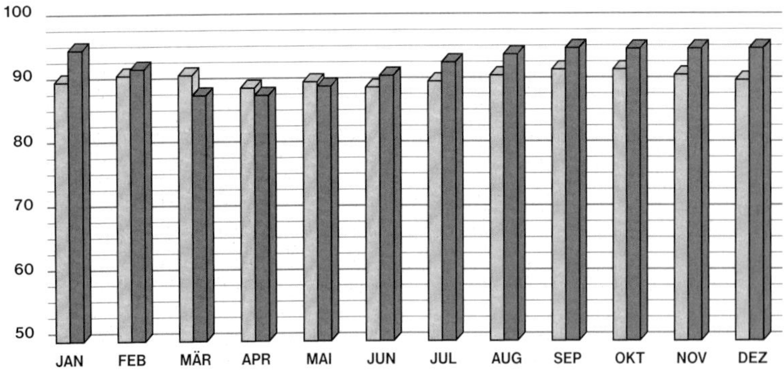

Temperaturen in °C

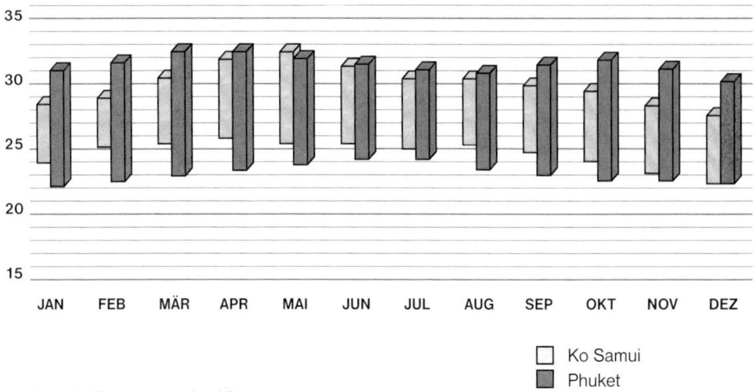

Anzahl Regentage im Monat

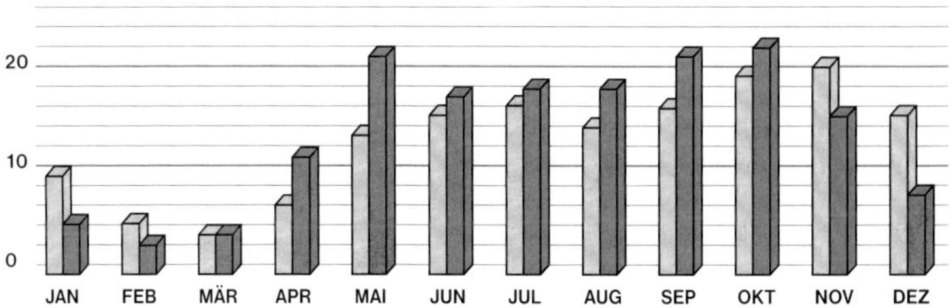

Luftfeuchtigkeit in %

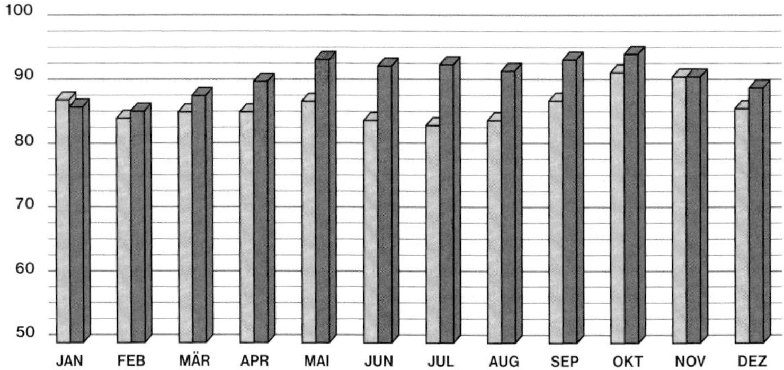

Kultur und Gesellschaft

Totenfeier für ein Mitglied der königlichen Familie, Chiang Mai

Bäuerinnen bei der Arbeit

Feiernde Süd-Thais

Geschichte

Die frühe Geschichte der Thais ist bis heute umstritten. Als Ayutthaya **1767** von den Burmesen zerstört wurde, verschwanden auch alle wichtigen Dokumente, die eventuell Aufschluss über die Anfänge der Besiedlung des Landes hätten geben können. Neuere Ausgrabungen deuten zumindest daraufhin, dass schon etwa vor 7000 Jahren eine weit entwickelte Kultur auf dem Gebiet des heutigen Nordost-Thailands bestanden haben muss. Die Ausgrabungen bei Ban Chiang (nahe Udon Thani) brachten eine Vielzahl von Töpfereiwaren und Bronzeobjekten zum Vorschein.

In **prähistorischer Zeit** war Thailand wahrscheinlich von einer Bevölkerung australischer, melanesischer und indonesischer Herkunft besiedelt. Diese lebte, so wird vermutet, in einer matriarchalischen Gesellschaft und betrieb Ahnenkult.

Im **5. und 6. Jahrhundert n. Chr.** lebten die Mon in dieser Region. Über die Mon ist nur wenig bekannt, soviel aber, dass sie von Indien stark beeinflusst waren. Viele indische Ideen bezüglich Technik, Religion und Literatur wurden von den Mon übernommen.

Im **7. Jahrhundert** erwähnten chinesische Quellen ein buddhistisches Königreich namens *Dvaravati* (= „Ort der Pforten"), das sich im unteren Chao Phraya-Tal befand. Wahrscheinlich war Dvaravati die lose Zusammenfassung einiger Stadtstaaten und erstreckte sich von Zentralthailand bis ins heutige Kampuchea. Das Zentrum war vermutlich Nakhon Pathom (= „die erste Stadt"). Die Dvaravati-Periode endete im 11. oder 12. Jahrhundert und hinterließ einen großen Schatz an Kunstwerken.

Vom Jahre **802** an hatten die Khmer das Land mit steigender Intensität bedroht, und Anfang des 13. Jahrhunderts war der größte Teil des heutigen Nordost-Thailand unter ihre Herrschaft geraten.

Die Thais stammten ursprünglich aus Südchina, wo sie im Bereich der heutigen Provinz Yünnan im **7. Jahrhundert** das Königreich Nanchao gegründet hatten. Als die Chinesen sie mehr und mehr zu bedrängen begannen, wanderten sie südwärts und spalteten sich – so lautet die erste Version – in drei Gruppen: Die erste ging nach Osten ins heutige Laos, die zweite in die Chao Phraya-Ebene, wo sie das Thai-Königreich begründete, die dritte in die Shan-Staaten Burmas, die heute von den Thai Yai („große Thai") bewohnt werden.

Die zweite Version besagt, dass sich die Thai auf ihrer Wanderung südwärts mit den Mon, Khmer und Burmesen vermischten.

Als Nanchao im Jahre **1253** von den Mongolen eingenommen worden war, beschleunigte sich der Wanderungsprozess. Einige Thais verdingten sich als Söldner bei den Khmer, die die Thais *syam* nannten, „die Dunklen" (Sanskrit: *shyama* = der Dunkle). Daraus wurde später der Name *Siam* für das thailändische Königreich.

Im **13. und 14. Jahrhundert** hatten sich einige der von den Thai beherrschten Gebiete zusammengeschlossen, und Thai-Prinzen nahmen den Mon Haripunjai (Lamphun) ab und den Khmer Sukhothai (= „der Anbeginn des Glücks").

Im Jahre 1238 erklärte das Königreich Sukhothai seine Unabhängigkeit. Noch heute wird der Sukhothai-Periode von vielen Thais mit Wehmut gedacht, als der Beginn der nationalen Identität und einer Zeit, in der jedermann satt zu essen hatte und glücklich war.

Unter dem zweiten König von Sukhothai, *Ramkamhaeng*, erstreckte sich das Reich von Nakhon Si Thammarat im Süden bis Vientiane und Luang Prabang in Laos und Pega in Südburma. *Ramkamhaeng* schuf die heute bekannte Thai-Schrift und verankerte den von Sri Lanka herübergekommenen Therava-da-Buddhismus in der Gesellschaft.

Auf Sukhothai folgte Ayutthaya. Mitte des **14. Jahrhunderts** waren die Könige von Ayutthaya immer mächtiger geworden. Im Jahre 1376 annektierten sie Sukhothai, und **1431** eroberten sie Angkor in Kambodscha. Ayutthaya wuchs zu einer der größten und wohlhabendsten Städte Asiens heran, und Europäer, die es besuchten, waren vom Glanz der Stadt überwältigt.

Im Jahre **1511** wurde eine portugiesische Botschaft eingerichtet, um den wachsenden Handelsbeziehungen Rechnung zu tragen. Es folgten die Holländer (1605), Engländer (1612). Dänen (1621) und die Franzosen (1662).

Im **18. Jahrhundert** wurde das Königreich von den Burmesen angegriffen, die zunächst die südlichen Städte des Reiches einnahmen. **1766** standen sie vor den Toren Ayutthayas, das sich jedoch heftig widersetzte. Nach einem Jahr des erbitterten Kampfes fiel Ayutthaya (1767), und die Burmesen zerstörten alles, dessen sie habhaft werden konnten. Tempel, religiöse Kunstwerke und wichtige Dokumente wurden ein Opfer der tobenden burmesischen Armee. Ist Sukhothai der Ursprung einer nationalen Identität der Thais, so ist die Verwüstung Ayutthayas ein dunkles Trauma in der nationalen Psyche.

Lange konnten die Burmesen sich nicht behaupten, und im Jahre **1769** krönte sich ein Thai-General *(Phya Taksin),* zum König. Er erkor Thonburi, auf der anderen Flussseite von Bangkok gelegen und mittlerweile ein Stadtteil der Metropole, zur neuen Hauptstadt. Thonburi, so hatte *Taksin* gehofft, sollte ein neues Ayutthaya werden, doch es kam ganz anders.

Taksin wurde wahnsinnig, und als seine Minister die Exzentrizitäten des Königs nicht mehr ertragen konnten, ließen sie ihn hinrichten. Ein anderer General kam an die Macht, *Chao Phya,* und **1782** wurde er zum König gekrönt. Ihm wurde der Titel Rama 1. verliehen, und so wurde eine Dynastie begründet, die bis heute fortbesteht. (Der heutige König *Bhumipol* ist Rama 9.) Die Dynastie heißt – ihrem Begründer zufolge – Chakri-Dynastie. Aus strategischen Gründen wurde die Hauptstadt nun auf die andere Flussseite verlegt, und Bangkoks Werdegang von einem unbedeutenden Dorf zu einer Weltstadt hatte begonnen.

Unter den nun folgenden Königen sollte zunächst König *Mongkut,* (Rama 4.) hervortreten. *Mongkut* war ein Gelehrter, der vor seiner Thronbesteigung 27 Jahre als Mönch gelebt hatte. Er führte ein europäisch ausgerichtetes Schulsystem ein und unterzeichnete Handelsabkommen mit den europäischen Mächten. Auf religiösem Sektor führte er eine Reihe von Reformen durch. Sein größter Verdienst ist wohl der, dass er den geschickten Balance-Akt zwischen den damaligen Großmächten begann, der es erlaubte, allseits gute Beziehungen zu pflegen, das Land aber vor einer Kolonialisierung schützte.

Mongkuts Sohn *Chulalongkorn* (Rama 5.) setzte den Reform- und Balancekurs fort und erneuerte vor allem das Verwaltungswesen. *Mongkut* und *Chulalongkorn* werden als die Väter des modernen Thailand betrachtet.

Im **Ersten Weltkrieg** kämpfte Thailand auf der Seite der Alliierten.

In den **1920er Jahren** breitete sich unter den Intellektuellen, besonders jenen, die in Europa studiert hatten, Missmut gegen den zu jener Zeit herrschenden König *Prajadhipok* (Rama 7.) aus. Prajadhipok zeigte kein Interesse an Reformen, sein Hofstaat war erzkonservativ. **1932** kam es deshalb zu einem Staatsstreich, nach dem die Monarchie nie wieder dieselbe sein sollte: Die absolute Monarchie wurde abgeschafft, und musste dem britischen Modell der konstitutionellen Monarchie weichen, das bis heute besteht.

Im Jahre **1939** wurde Siam offiziell umbenannt – in das uns heute bekannte Thailand. Die offizielle Thai-Bezeichnung ist *prathet thai.*

Im **2. Weltkrieg** wurde Thailand von den Japanern besetzt, und unter deren Druck erklärte das Land den USA und Großbritannien den Krieg. Der damalige thailändische Botschafter in den USA aber weigerte sich, die Kriegserklärung weiterzuleiten.

Mongkut, König von Siam

Die **Nachkriegszeit** entwickelte sich zu einer instabilen politischen Phase, in der immer wieder die Militärs das Sagen hatten. **1973** sah blutige Demonstrationen an Bangkoks Thammasat-Universität, die am Ende die zwei wichtigsten Militärs aus dem Land vertrieben.

Bis 1976 herrschte darauf eine gewählte konstitutionelle Regierung. Als aber einer der zuvor vertriebenen Militärs als Mönch wieder ins Land zurückkehrte, kam es abermals zu blutigen Demonstrationen. Die Folge: Eine ultra-rechte Regierung ergriff die Macht, und die Intellektuellen wandten sich desillusioniert von der Politik ab. Einige wenige gingen in den Untergrund und schlossen sich kommunistischen Guerillagruppen an.

Von 1980 bis zum Juli 1988 war *Prem Tinsulonand* Premierminister. In dieser Zeit war Thailand politisch relativ stabil, und der Premier, ein Mann des Militärs, handelte sich den Ruf ein, alle innenpolitischen Hürden elegant zu umgehen. Nach den Wahlen vom Juli '88 entschloss sich *Prem,* nicht mehr für das höchste Staatsamt zu kandidieren, und zog sich aus dem aktiven politischen Leben zurück.

An seine Stelle trat *Chatichai Choonhavan* (sprich *Tschatschai),* zu dessen Amtszeit Thailand ein ungeahntes Wirtschaftswachstum verzeichnen konnte.

Am **23.2.1991** übernahm in einem unblutigen Putsch wieder einmal das Militär die Regierung, das *Chatichais* Kabinett Korruption unerhörten Ausmaßes vorwarf. Das Militär setzte einen Interimspräsidenten ein, *Anand Panyarachun,* und versprach Neuwahlen innerhalb eines Jahres.

März 1992: Nach den Wahlen vom 22. des Monats wird nach längerem politischen Tauziehen *Suchinda Kraprayoon,* zuvor das Oberhaupt der thailändischen Armee, Premierminister. Da er kein gewähltes Parlamentsmitglied ist – nach der Konstitution können auch Personen in dieses Amt berufen werden, die nicht dem Parlament angehören – regt sich heftiger Widerstand gegen seine Ernennung.

Mai 1992: Eine Demonstrationswelle fegt über Thailand – besonders Bangkok – hinweg, die den Rücktritt *Suchindas* fordert. Die Demonstranten verlangen zudem eine Änderung der Konstitution, nach der in Zukunft nur noch Parlamentsmitglieder Premierminister werden können. Die Proteste erreichen ihren Höhepunkt am 17.–20. des Monats, als die Armee mit brutaler Gewalt gegen die Demonstranten vorgeht. Nach einem mehrtägigen Blutbad sind nach offiziellen Angaben 50 Opfer zu beklagen, die wahren Zahlen liegen aber wahrscheinlich weit höher. Nach dem Ereignis gelten 50 Personen als „vermisst". *Suchinda,* der als „Schlächter von Bangkok" in die thailändische Geschichte eingeht, tritt nach Intervention des Königs zurück – eher nolens als volens. Der vormalige Premier *Anand Panyarachun* wird zum Interimspräsidenten ernannt, der die von den Demonstranten geforderte Verfassungsänderung herbeiführt und Neuwahlen vorbereitet.

Sept. 1992: Am 22.9. finden Wahlen statt, nach denen eine Fünfparteien-Koalition die Regierungsgeschäfte übernimmt. Die dem Militär zugeneigten Parteien sind die großen Verlierer der Wahl. Premierminister wird *Chuan Leekpai* (Democrat Party).

1993: Die Regierung erklärt der Kinderprostitution – nach eigener Verlautbarung – den „Krieg". Zuhälter und Kunden von Prostituierten unter 15 Jahren werden mit erheblichen Gefängnis- und Geldstrafen bedroht. Aber: Weitreichende Korruption bei der Polizei und sonstigen Behörden erschwert oder verhindert die Einhaltung des neuen Gesetzes. Das lauthals angekündigte Gesetz lässt leider auch vergessen, dass jegliche Prostitution in Thailand illegal ist und demnach verfolgt werden müsste. Das ist, abgesehen von einigen Vorzeigerazzien, in der letzten Zeit jedoch nur selten der Fall.

1995: Nach den Wahlen wird *Banharn Silpa-Archa* von der Chart Thai Party Premierminister; er hatte sich in der vorangegangenen Wahlkampagne den scherzhaften Titel „Mr. ATM" (nach den Bankautomaten) errungen. *Banharn* soll sich großzügig Stimmen erkauft haben – eine Praxis, die in Thailand aber nichts Neues ist. Das von *Banharn* erstellte Kabinett erfährt sogleich Kritik, dem Premierminister wird Cliquenwirtschaft vorgeworfen. Auch ansonsten zeichnet er sich nicht sehr positiv aus. Nachdem der wenig geschliffene und in weiten Teilen der Bevölkerung als intellektueller Zwerg angesehene *Banharn* einen

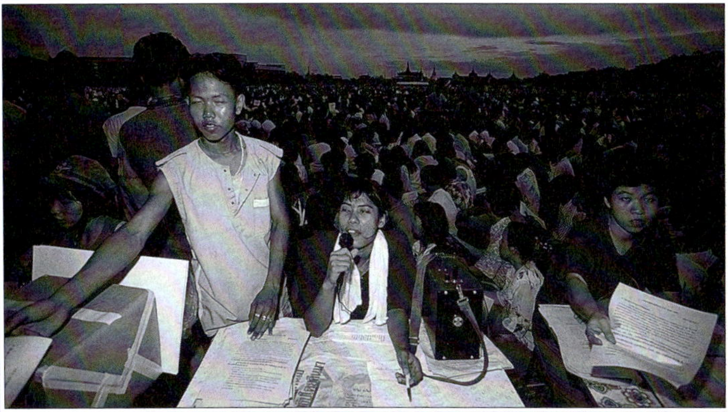

Kugeln, Blut und Tränen – der „Schwarze Mai" 1992

Es waren wohl die unheimlichsten Tage, die Bangkok in den letzten zwei Jahrzehnten erlebt hat – Soldaten schossen mit Maschinengewehren auf wehrlose Demonstranten, trampelten auf Verletzten herum und verbreiteten gemeinhin eine Aura von Tod und Schrecken. Die Fernsehbilder, die um die Welt gingen, zeigten eine Facette Thailands, die bisher wohl nur wenige Besucher erlebt hatten. Was war geschehen in diesem Land, das oft für seinen buddhistischen Sanftmut gerühmt wird?

Nach den nationalen Wahlen vom 22. März 1992 war nach längerem politischen Tauziehen *Suchinda Kraprayoon* zum Premierminister ernannt worden. *Suchinda* war zuvor der oberste Heereschef der thailändischen Armee. Die Ernennung des Militärs erhitzte die Gemüter vieler Thais, vor allem der gebildeten und zunehmend wohlhabenden Mittelschicht in Bangkok: Diese war schon lange der tragenden Rolle des Militärs in der thailändischen Politik überdrüssig, und besonders erzürnte die Tatsache, dass *Suchinda* nicht einmal ein gewähltes Parlamentsmitglied war – gemäß der thailändischen Verfassung konnten auch solche Personen zum Premierminister ernannt werden, die nicht dem Parlament angehören. Was aber war der Sinn von Wahlen, wenn die gewählten Parlamentsabgeordneten dann jeden beliebigen Außenstehenden zum Premierminister küren konnten?

Als Folge von *Suchindas* Ernennung fegte eine Demonstrationswelle über Thailand hinweg, vor allem Bangkok. Die Demonstranten forderten den Rücktritt *Suchindas* und eine Verfassungsänderung, nach der in Zukunft nur noch Parlamentsmitglieder in das höchste Staatsamt berufen werden könnten. Die Demonstrationen erreichten ihren ersten Höhepunkt am Abend des 17. Mai, als *Chamlong Srimuang,* Gründer der PDP (Palang Dhamma Party) und Führer der Opposition gegen *Suchinda,* zu einer Massenveranstaltung auf den Sanam Luang rief. Es kamen ca. 150–200.000 Demonstranten aus allen Schichten – darunter Schüler und Studenten, aber auch ganz „normale" Hausfrauen und Geschäftsleute.

Protestversammlung unmittelbar vor dem Massaker von 1992

Gegen 22.00 Uhr entschließt sich *Chamlong*, die Demonstranten zum Parlamentsgebäude zu führen, um dort den sofortigen Rücktritt *Suchindas* zu fordern. Doch der Weg wird ihnen versperrt: Polizeieinheiten stoppen die Menschenmassen auf der Höhe der Phan Fah-Brücke am Wat Saket. Die Demonstranten stauen sich vor den hastig errichteten Absperrungen und bilden ein riesiges Menschenmeer, das von besagter Brücke bis zum Sanam Luang reicht – eine Strecke von ca. 1 km, genau in der Mitte das Democracy Monument, das wie schon in den Unruhen der siebziger Jahre zum Drehpunkt des Geschehens werden sollte.

Bald gehen einige Polizeistationen und Polizeifahrzeuge in Flammen auf. Später bestätigt sich ein Verdacht, den schon viele Demonstranten während der Brände hegen – die Feuer waren von agents provocateurs der Regierungsseite gelegt worden, um einen Vorwand zum Einsatz gegen die Demonstranten zu schaffen. Gegen Mitternacht erklärt die Regierung den Notstand, die Polizeieinheiten werden durch Soldaten ersetzt. Diese fordern die Demonstranten auf, nach Hause zu gehen, doch niemand folgt den Appellen. Man will *Suchindas* Rücktritt, heute, jetzt, sofort.

Gegen 4.00 Uhr morgens folgt die erste blutige Eskalation. Ohne Vorwarnung eröffnen die Soldaten das Feuer, mit mörderischen Maschinengewehren vom Typ M-16. Tausende von Schüssen fetzen über die Köpfe der Demonstranten hinweg, die sich flach auf den Boden werfen. Auch ich bin dabei und sehe, wie die Kugeln etwa 30 cm über meinen Kopf hinwegsausen. Dass man Kugeln nachts richtig sehen kann, als kurze schnelle Lichtblinker, etwa wie helle Glühwürmchen, ist mir bis dahin noch nicht klar gewesen. Im Verlaufe der Nacht werden noch einige Male Salven geschossen. Insgesamt sind an diesem Tage „nur" etwa 20 Tote zu beklagen. Es gab Momente, da hätte ich schwören können, ich wäre bald einer davon.

Von diesen Stunden an herrscht in Bangkok Krieg. Noch im Morgengrauen werden an alle wichtigen Punkte der Stadt Armee-Einheiten beordert. Vor den um das Democracy Monument aufgebauten Absperrungen versammeln sich wütende Einwohner und belegen die Soldaten mit derben Verwünschungen.

Die Opposition lässt sich durch die Aufmärsche jedoch nicht von ihrem Ziel abbringen. Für den Abend des 18. Mai wird eine neuerliche Demonstration auf dem Sanam Luang angekündigt. Da Militärrecht herrscht und öffentliche Versammlungen illegal sind, ist wohl allen Teilnehmern klar, wie explosiv die Situation ist. Gegen 5 Uhr morgens werden die schlimmsten Befürchtungen Wirklichkeit. Von den Bereichen um das traditionsreiche Royal Hotel eröffnen die Soldaten ein halbstündiges Non-Stop-Maschinengewehrfeuer, der Lärm von Hunderttausenden von Kugeln zerfetzt die Nacht. Die Soldaten schießen, meucheln, morden. Einige Verletzte werden, hilflos am Boden liegend, richtiggehend exekutiert; Schwerverwundete und Ärzte, die in der Lobby des Royal Hotel eine Art Notklinik eingerichtet haben, werden von Soldaten misshandelt. Friedliches, buddhistisches Thailand? Irgendwo muss es auf der Strecke geblieben sein in dieser Nacht.

Die Ausschreitungen halten noch weitere zwei Tage an, Bangkok steht am Rand der Anarchie. Motorrad-Banden machen sich die Lage zunutze, gegen die lang gehasste Polizei zuzuschlagen, Polizei und Soldaten schießen dafür auf alles, das zufällig gerade Motorrad fährt. Währenddessen gehen die Proteste gegen *Suchinda* weiter, z.B. auf dem Gelände der Ramkamhaeng-Universität. Insgesamt werden in diesen Tagen über 2.000 Demonstranten verhaftet, zum Teil misshandelt.

Am 22. Mai endlich greift der thailändische König, der sich ansonsten traditionell aus der Politik heraushält, in das Geschehen ein. In einer Fernsehansprache erscheint er mit dem verhassten Premierminister *Suchinda* und Oppositionsführer *Chamlong*, der zuvor noch verhaftet worden war. In seiner Rede appelliert der Monarch, die Auseinandersetzungen einzustellen und einen Kompromiss zu suchen. Unter dem Druck des Königs verspricht *Suchinda* seinen baldigen Rücktritt, und auch, einer Verfassungsänderung nicht mehr im Wege zu stehen. Schon Momente nach der Fernsehansprache verändert sich das Leben in Bangkok wieder, die Worte des Königs wirken wie Balsam, Angst und Schrecken machen der Hoffnung Platz. Allein der König hat in Thailand einen solchen Einfluss, eine hochbrisante Situation im Nu zu entschärfen; niemand würde es wagen, gegen seinen Wunsch zu handeln.

Im Zuge der Einigung wird eine Amnestie erlassen, die alle an den Ausschreitungen beteiligten Personen von Schuld freispricht – eine kontroverse Entscheidung, denn dürfen Massenmörder ungestraft davonkommen? Nach offiziellen Angaben sind etwa 50 Tote zu beklagen, noch 1 Jahr nach dem „Schwarzen Mai", wie der blutige Monat bald genannt wird, gelten ca. 50 Personen als „vermisst". Augenzeugen wollen gesehen haben, wie Militär-Lastwagen Leichen an unbekannte Orte verfrachteten. *Suchinda Kraprayoon* geht als „Schlächter von Bangkok" in die thailändische Geschichte ein und wird bitter verspottet.

Am 24. Mai tritt *Suchinda* zurück, und Bangkok atmet auf. An seine Stelle tritt der hoch angesehene *Anand Panyarachun,* der nach dem Putsch vom Februar '91 schon einmal für 14 Monate Premierminister gewesen war. *Anand* führt die von den Demonstranten geforderte Verfassungsänderung herbei, nach der in Zukunft nur noch gewählte Parlamentsabgeordnete Premierminister werden können und bereitet Neuwahlen vor. In Thailand ist Ruhe eingekehrt.

Dennoch wird das Land nach den Mai-Ereignissen wohl nie wieder dasselbe sein. Das Militär, das Thailand seit 1932, dem Beginn der konstitutionellen Monarchie, fest im Griff gehalten hatte, hat viel an Respekt verloren. Im Zuge der Geschehnisse wurden viele hohe Militärs, denen man die Mitschuld an den Massakern zusprach, von Premier *Anand* auf unwichtige Posten versetzt, und der Institution wurde ganz allgemein das Versprechen abgerungen, sich von nun an aus der Politik herauszuhalten. Ob der Frieden andauern wird? Wie so oft in Thailand könnte die Antwort lauten: Jein, sicher, natürlich nicht, vielleicht doch. Oder genau das Gegenteil von alledem.

Magistertitel von der Ramkamhaeng-Universität verliehen bekommt, regt sich der Verdacht, dass die Magisterarbeit ein Plagiat ist. Schlimmer noch: Hervorgerufen durch allgemeines Missmanagement, Korruption, einen starken Rückgang der Exporte und ein großes Außenhandelsdefizit wird Thailand von einer schweren wirtschaftlichen Krise erschüttert.

1996–97: Weniger als ein Jahr nach seiner Wahl wird das ungeliebte Staatsoberhaupt gestürzt, und nach Neuwahlen Ende 1996 wird *Chavalit Yongchaiyudh* von der New Aspiration Party neuer Premierminister. *Chavalit,* ein ehemaliger Militär und Machtpolitiker, der seit langem auf diesen Posten brennt, gilt vielen Thais als Inbild der Korruption. Auch die Regierung Chavalit erweist sich schnell als überfordert, und die Äußerungen und Handlungen des Kabinetts scheinen oft einem Satiremagazin entnommen: Nur einen Tag, nachdem *Chavalit* das Volk auffordert, „den Gürtel enger zu schnallen" und nur noch Thai-Waren zu kaufen, legt er sich einen neuen Mercedes zu – Kostenpunkt 8 Mio. Baht. Der stellvertretende Innenminister, der als großmäulig bekannte *Chalerm Yubamrung,* prahlt in einem Interview, er habe „60 Hemden von Versace, keines billiger als 10.000 Baht". Seine Schuhe, so der redselige *Chalerm* weiter, kämen alle handgemacht aus Italien.

Den meisten Thais bleibt das Lachen freilich im Halse stecken, denn die Wirtschaft geht Mitte 1997 vollends auf Crash-Kurs. Tausende Firmen machen bankrott, die Regierung rät arbeitslosen Industriearbeitern, wieder „zurück in die Landwirtschaft" oder auf Arbeitssuche ins Ausland zu gehen.

Um den thailändischen Baht abzuwerten, wird die Währung, deren Wert zuvor an ein vom Dollar dominiertes Währungspaket gekoppelt war, „gefloatet", d.h. dem Wechselkurs wird freier Lauf gelassen, er wird von nun an vom Devisenmarkt bestimmt. Der Baht sinkt im Verhältnis zu den wichtigsten ausländischen Währungen sogleich um ca. 20 %. Die Regierung erhofft sich durch den billigeren Baht vermehrt Investitionen aus dem Ausland. Der Sofort-Effekt der Maßnahme aber ist bitter: Für viele Firmen mit Auslandsschulden bedeutet der niedrigere Baht eine effektive Mehrverschuldung und damit häufig auch den Ruin. Weiterhin werden Importwaren und Benzin teurer, was die Inflation schürt. Thailand versucht, den drohenden Staatsbankrott durch einen massiven Kredit des *International Monetary Fund* (IMF) abzuwenden (siehe auch „Wirtschaft").

Im November '97 bleibt dem ungeliebten *Chavalit* nur der Rücktritt. Neuer Premierminister wird der als grundehrlich angesehene *Chuan Leekpai* von der *Democrat Party*, der nun zum zweiten Male diesen Posten übernimmt. *Chuan* steht vor der immensen Aufgabe, die immer noch tiefer sinkende Wirtschaft wieder auf Genesungskurs zu bringen.

1998: Der Baht fällt Anfang des Jahres auf seinen bisher tiefsten Kurs (1 US$ = 56 Baht), danach erholt er sich wieder etwas. Dennoch gehen Dutzende von Finanzinstituten bankrott und die Arbeitslosenzahl steigt rapide. Im Herbst '98 sieht es so aus, als würde es mindestens fünf Jahre dauern, bis Thailand wieder den Wohlstand erreicht, den es Anfang der neunziger Jahre einmal hatte.

1999–2000: Thailands Wirtschaft bleibt trotz aller gegenteiligen Behauptungen der Regierung auf Depressions-Niveau und ausländische Investitionen lassen auf sich warten. In der Bevölkerung regt sich zunehmend Unmut über die allgegenwärtige Korruption, ohne deren Ausmerzung das Land nicht den Anschluss an wohlhabendere Länder schaffen kann. Ende 2000 stehen Neuwahlen an. Als Favorit für das Amt des Premierministers gilt der Business-Tycoon **Thaksin Shinawatra** mit der von ihm gegründeten Thai-Rak-Thai-Partei. Der Name bedeutet „Thais lieben Thais" (!). *Thaksin,* ein Mann aus einfachsten Verhältnissen, heute aber vielfacher Dollar-Milliardär, verdankt sein Vermögen vor allem seinen Telekommunikations-Unternehmen; seine Firma *Shin Corps* besitzt unter anderem Telekommunikations-Satelliten. *Thaksin* verscherzt sich jedoch viele Sympathien dadurch, dass er anscheinend Parlamentsabgeordnete anderer Parteien mit größeren Geldsummen zu Gunsten seiner eigenen Partei abwirbt.

Anfang 2001: Nach Wahlen im Januar wird mit überwältigender Mehrheit *Thaksin Shinawatra* von der *Thai Rak Thai Party* Premierminister. Gegen *Thaksin,* der einen Teil seines Riesenvermögens auf die Namen seiner Hausangestellte überschrieben hat, ist jedoch in ein konstitutionelles Verfahren wegen Finanzverheimlichung im Gange, und ihm droht die Amtsenthebung. Niemand war sonderlich überrascht, als er freigesprochen wurde.

2002 bis 2004: *Thaksins* „Thai Rak Thai"-Partei verfügt über eine unanfechtbare Mehrheit im Parlament und er beginnt das Land nach seinen Plänen zu „sanieren". Viele vollmundig angekündigten Pläne, so die Idee, jedem der 70.000 Dörfer des Landes ein Darlehen von 1 Mio. Baht zu gewähren, um damit Wirtschaftsprojekte zu initiieren, erweisen sich als schlecht durchdacht oder leere Wahlpropaganda. Kritik an der Regierung wird vermehrt unterdrückt, *Thaksin* versucht die Presse zu knebeln und scheint diktatorische Züge zu entwickeln. Eine Bangkoker Universität veröffentlicht eine Umfrage, die besagt, dass der Popularitätsgrad *Thaksins* sinkt und erhält sogleich Besuch von der Polizei. Anfang 2003 erklärt die Regierung dem ausufernden **Drogenproblem** den Krieg (siehe auch „Drogen"). Daraufhin werden bis Oktober 2003 über 4.000 Drogenverdächtige auf mysteriöse Weise erschossen. Die Kritik an der Regierung mehrt sich.

Anfang 2005: Die **Neuwahlen** gewinnt *Thaksins* TRT-Partei erwartungsgemäß mit großer Mehrheit. Mit seinem großspuriger Führungsstil und seinen zum Teil etwas undurchsichtigen Machenschaften, macht sich der Premierminister allerdings täglich neue Feinde.

Anfang 2006: Es kommt zum **Eklat:** *Thaksin* drückt ein neues Gesetz durch, das ausländischen Investoren ermöglicht 49 % an thailändischen Telekommunikationsgesellschaften zu besitzen; zuvor war dies auf 25 % beschränkt gewesen. Schon wenige Tage nachVerkündigung des Gesetzes, wird *Thaksins* Absicht klar: Er verkauft seine Firma *Shin Corps* an ein Unternehmen aus Singapur, zum stolzen Preis von 73 Milliarden Baht, etwa 1,5 Milliarden Euro. Das Gesetz hatte er zu seinem eigenen Gunsten geschaffen. Es kommt zu **Massendemonstrationen** gegen *Thaksin,* und als Forderungen lauter werden, seine Finanzgeschäfte zu durchleuchten, rettet sich der Premierminister, indem er das Parlament auflöst und Neuwahlen für den April anberaumt. Es beginnt die wohl turbulenteste Phase seit den Demonstrationen gegen General *Suchinda* im Jahr 1992 (siehe Exkurs „Kugeln, Blut und Tränen"): Die Demonstrationen gegen *Thaksin* werden massiver, es scheint nur noch ein kleiner Schritt bis Gewalt offen ausbricht. *Thaksin* verstrickt sich in weiteren zweifelhaften Aktionen, und er verliert viel von seinem Rückhalt in der Bevölkerung. Die **Neuwahlen im April 2006** finden statt, werden jedoch ein paar Monate später vom Verfassungsgericht für ungültig erklärt. Die Spannung im Land steigt weiter an. Eine Wahl wird für Oktober 2006 anberaumt, und *Thaksins* Zeit scheint allmählich dem Ende entgegenzugehen: Mitglieder der Wahlkommission, die *Thaksin* zuvor schamlos parteiisch unterstützt haben, landen wegen Missbrauchs ihrer Amtsgewalt im Gefängnis - ein Zeichen, dass *Thaksins* Allmacht allmählich zu bröckeln scheint.

Mitte 2006 wirkt Thailand wie ein Schiff im Sturm, das Segel und Ruder verloren hat und einem unbekannten Ziel entgegen treibt. Die ungewisse politische Lage hält ausländische Investoren auf Distanz und Thailands Wirtschaftswachstum sinkt dramatisch. Erst vor kurzem hatte *Thaksin* geprahlt, Thailand bald zu einem hochentwickelten Land zu machen. Thailands Bürger sind scheinbar wieder einmal betrogen worden.

Die thailändische Flagge

Bis zum Jahre 1917 war die thailändische Flagge blutrot mit einem weißen Elefanten darauf. Der weiße Elefant galt als Glücksbringer für das Königreich, und selbst ein Gesetz aus dem Jahre 1921 besagt, dass, immer wenn ein weißer Elefant aufgefunden wurde, er sofort dem König übergeben werden müsse.

Die Elefantenflaggen waren aber leider unsorgsam hergestellt, und der Elefant war deshalb nicht immer als solcher zu erkennen: Viele Ausländer hielten das königliche Tier glatt für ein Schwein.

Daraufhin beschloss König *Vajiravudh,* Rama 6., ein neues Staatssymbol schaffen zu lassen, das zudem „moderner" aussehen sollte. Mit Blick auf die Flaggen anderer Länder entschied sich *Vajiravudh* für eine Staats-Flagge mit verschiedenfarbigen Streifen.

Die heutige thailändische Fahne besteht aus fünf horizontalen Streifen, von denen der mittlere etwas breiter ist als die anderen. Die beiden äußeren Streifen sind rot und symbolisieren die Nation, die weiter innen befindlichen zwei weißen Streifen stehen für die Religion, und der breite blaue Mittelstreifen symbolisiert den König. Diese drei Elemente gelten als Grundpfeiler des Staates.

Alle Regierungsgebäude ziert dazu eine Abbildung des **Kruth,** des mystischen Garuda-Vogels aus dem Hindu-Epos Ramayana (in Thailand *Ramakien* genannt). Der Kruth ist auch auf allen Geldscheinen zu sehen.

Zerstörung, Tod und Geisterplage – der Tsunami in Thailand

Als am Morgen des 26. Dezember 2004 die Nachricht von massiven Flutwellen in Süd- und Südostasien die Runde machte, ahnte zunächst noch niemand, welch schreckliche Katastrophe sie verursacht hatten. Etwa eine Stunde nach dem **Seebeben westlich der Küste der indonesischen Provinz Aceh auf Sumatra** erreichten die Flutwellen Thailand und richteten große Verwüstung an. Ich persönlich erhielt zunächst einen aufgeregten Anruf aus Patong, der von „starken Überschwemmungen" und „vielen Toten" sprach. „Überschwemmungen" können doch im Dezember gar nicht sein, dachte ich mir, zwar regnet's da vielleicht manchmal, so jahreszeitlich gänzlich untypisch, aber Überschwemmungen und Tote ...? Ein Anruf bei einer Bekannten in Phuket Town brachte keine weiteren Informationen. In Phuket Town, 17 km von der Westküste entfernt, wusste man von nichts.

Erst langsam sickerten mehr Nachrichten durch, und es wurde klar, dass das Seebeben ungeheure Flutwellen verursacht hatte, die vor allem Indonesien, Indien und Sri Lanka in Mitleidenschaft gezogen hatten, aber auch Thailand war nicht ungeschoren davon gekommen. Der Strand von Kamala war verwüstet, am Strand von Patong waren die Gebäude an der Strandstraße zerstört, und Khao Lak und Ko Phi Phi waren eine Trümmerwüste. Es dauerte Tage bis man ein genaues Ausmaß über den materiellen Schaden hatte, und gar Monate, bis eine relativ exakte Zahl der Todesopfer vorlag. Insgesamt waren **knapp 5.400 Tote** zu beklagen, etwa 2.000 Menschen galten als „vermisst". Etwa die Hälfte der Opfer waren Touristen, darunter vor allem Skandinavier, von denen sich zum Zeitpunkt der Katastrophe viele Tausende in Khao Lak aufgehalten hatten, dem Ort, der die meisten Todesopfer zu verzeichnen hatte. Über speziell eingerichtete Websites suchten viele Menschen nach ihren vermissten Familienmitgliedern, sehr oft leider vergebens.

Wat Yanyao in Takua Pa bei Khao Lak wurde während der Bergungsarbeiten zur Einsatzzentrale und zur Leichensammelstelle. Nach Aussagen von freiwilligen Helfern, die gleich nach der Katastrophe an Ort und Stelle eintrafen, stapelten sich gleich zu Beginn schon zweitausend Leichen im Tempel, und ein unsäglicher Leichengeruch hing über dem Tempel und über dem gesamten Strand von Khao Lak. Erst drei Tage nach der Katastrophe trafen die ersten Regierungsvertreter ein, die sogleich jedmögliche Hilfe ankündigten. Die Versprechungen wurden nur teilweise eingehalten: Zwar wurden vom Tsunami betroffene Touristen mit oft rührender Hilfsbereitschaft versorgt und kostenlos nach Bangkok und weiter in ihre Heimatländer geflogen; in vielen betroffenen Orten wartet die örtliche Bevölkerung jedoch noch bis heute auf die versprochene Hilfe. Einige leben zu diesem Zeitpunkt noch in Behelfsunterkünften und viele der für die Tsunami-Opfer versprochenen Gelder scheinen im Sand versickert zu sein. Außerdem machten sich Mafia-Figuren daran, heimatlos gewordenen Dorfbewohnern mit gefälschten Besitzurkunden oder blanker Gewaltandrohung deren Grund und Boden streitig zu machen. Die allermeisten ausländischen Tsunami-Geschädigten waren aber einhellig der Meinung, dass die Hilfe, die sie vor allem von der normalen Bevölkerung erhielten, über alles zu erwartende Maß hinausging und viele versprachen, wiederzukommen, um so der geschädigten Region unter die Arme zu greifen.

Gleich nach den Flutwellen hatte Thailands Premierminister *Thaksin Shinawatra* in typisch großspuriger Manier angekündigt, dass **Thailand keine finanzielle Hilfe von anderen Staaten akzeptieren werde,** da „Thailand selber genug Geld" habe. Eine Geste, die auf viel Unverständnis stieß, denn sollte in einer solchen Situation nicht jedwede Hilfe mehr als willkommen sein? Kritiker des Premiers vermuteten bald, dass diese Haltung weniger auf fehlplaziertem Nationalstolz beruhte, sondern vielmehr auf ganz unpatriotischer Raffgier: Ausländische Geberländer hätten mit Sicherheit auf eine exakte Abrechnung der gespendeten Gelder gepocht; bei den Geldern, die die thailändische Regierung jedoch selber für den Wiederaufbau veranschlagte, würde – wie so oft – keinerlei Transparenz gefordert sein; also konnte sich so manch hochgestellte Persönlichkeit klammheimlich bereichern.

Die **Wiederaufbauarbeiten gingen allgemein sehr zügig voran.** In Khao Lak waren schon zwei Wochen nach der Katastrophe weite Areale einplaniert, die Trümmer vieler Unterkünfte beseitigt. Am Patong Beach auf Phuket wurde mittlerweile ein **Tsunami-Warnsystem** eingerichtet, das im Mai 2005 in Anwesenheit des Premierministers „erfolgreich getestet" wurde. Nachdem in den Tagen und Wochen nach dem Tsunami zahlreiche Thais die **„Geister"** der in den Wellen Verstorbenen gesichtet hatten, wurden auf Anordnung des Premierministers mehrfach Exorzismusriten am Strand von Patong zelebriert, die die Geister ein für alle mal verbannen sollten. Zu diesem Zweck wurde unter anderen ein Trupp buddhistischer Mönche aus Japan eingeflogen – ein nicht ganz billiges Unterfangen. Der Exorzismus war vor allem darauf angelegt, die von den Geistergeschichten verängstigten asiatischen Touristen zurückzuholen, vor allem die Chinesen, Koreaner und Taiwanesen, unter denen der Geisterglaube sehr verbreitet ist. Aber auch viele Thais blieben den betroffenen Gebieten fern, denn die Geistergeschichten, die durch die lokale Presse und das Fernsehen gingen, waren nun doch zu beängstigend. So grassierte beispielsweise das Gerücht von einem ganzen Flugzeug voll von Geistern: Ein Flugzeug war gechartert worden, Tsunami-geschädigte Touristen nach Bangkok auszufliegen; nachdem jedermann an Bord gegangen war, hob das Flugzeug planmäßig ab, und plötzlich bemerkten die Hostessen, dass das Flugzeug völlig leer war – die an Bord gegangenen „Passagiere" waren Geister gewesen, die plötzlich wieder unsichtbar waren. Geschichten wie diese wurden von sehr vielen Thais völlig ernst genommen. Bemerkenswerterweise waren die meisten gesichteten Geister die von verstorbenen Westlern, die scheinbar furchteinflößender sind, als die, einheimischer Geister.

Der Tsunami bewies aber auch, dass ein **sechster Sinn** durchaus retten kann. So berichteten zahllose Hundehalter, dass ihre Hunde Minuten bevor die Wellen zuschlugen ganz aufgeregt waren und vom Meer wegliefen. Ein Hundebesitzer am Surin Beach auf Phuket, mit dem ich sprach, folgte seinem aufgeregt kläffenden Hund eine Anhöhe hinauf, und eine Minute später krachte unter ihm die Welle ein und zerstörte sein kleines hölzernes Strandrestaurant. Besitzer und Hund sahen aus sicherer Höhe zu. Ein Hundebesitzer in Phuket Town sagte, dass sein Hund sich schon einen Tag vor dem Tsunami unter dem Tisch verkroch und erst nach der Katastrophe wieder darunter hervorkam. An einigen Stränden rissen sich Elefanten kurz vor dem Tsunami von ihren Eisenketten los und rannten in schierer Panik vom Strand in Richtung Binnenland. Auf einem dieser Reitelefanten saß gerade ein kleiner britischer Junge, der so möglicherweise dem Elefanten sein Leben verdankt. Die Eltern des Jungen verpflichteten sich, dem Elefanten und seinem Halter lebenslang ein monatliches Zubrot zukommen zu lassen.

Als Folge des Tsunami erlitt die Tourismusindustrie in der Tsunami-betroffenen Region einen Schaden in Milliarden-Baht-Höhe; viele Angestellte von touristischen Unternehmen wurden arbeitslos. **Die beste Wiederaufbauhilfe: hinfahren, Spaß haben und Geld ausgeben.** Die Geister werden es wohlwollend und aus sicherer Entfernung beobachten.

Die Bevölkerung

Im Jahre 2006 hatte Thailand 65 Mio. Einwohner, der jährliche Zuwachs beträgt etwa 1 %. Hatte die Zuwachsrate in den 1960er Jahren noch besorgniserregende 3 Prozent pro Jahr betragen, so liegt sie heute gut unter dem asiatischen Durchschnitt (ca. 1,5 % pro Jahr).

Thailand betreibt ein konsequentes Familienplanungs-Programm, und der Erfolg auf diesem Sektor ist nicht zuletzt einem gewissen Herrn *Meechaii Veeravaidya* zu verdanken (ee sprich i). Besagter Herr Veeravaidya war einmal Beauftragter für Familienplanung und ist heute Regierungssprecher. In seiner Funktion als Familienplaner sorgte er dafür, dass jedermann in Thailand wusste, was ein Kondom ist, und was damit zu tun wäre: In Schulen wurden z.B. Kondom-Aufblas-Wettbewerbe abgehalten, um den Schulkindern zu zeigen, dass es sich um einen ganz „normalen" Gegenstand handelt, mit dem man eine Menge Spaß haben kann.

Auf diese Weise wurde ein tabuisiertes Gummiprodukt zu einer alltäglichen, lustigen Angelegenheit. Knallig-bunte Kondome wurden produziert und jederman(n) konnte sich nun seine Lieblingsfarben aussuchen oder die Farben der Saison. Doch der gute Mr. Veeravaidya hätte damit rechnen müssen: Aufgrund seiner Kondom-Kampagnen bekam das Gummi nun einen neuen Namen verpasst: Im Thai-Slang heißt Kondom seit einigen Jahren *meechai* – genau wie *Mr. Veeravaidya!*

Wie überall in der „Dritten Welt" geht Armut und die daraus resultierende fehlende Schulbildung mit Kinderreichtum zusammen. Aus diesem Grund beträgt die Größe einer durchschnittlichen Familie des armen Nordostens über 6,5 Familienmitglieder, während der Landesdurchschnitt bei etwa **5,5 Personen pro Haushalt** liegt. Die durchschnittliche Lebenserwartung der Thais liegt bei ca. 69 Jahren.

Fast jeder 6. Thai wohnt in Bangkok (9–10 Mio. Einw.), das eine **Bevölkerungsdichte** von etwa 5.000 Menschen pro km² aufweist. Die Gesamtbevölkerungsdichte von Thailand liegt dagegen bei nur etwa 105 Personen pro km². (Zum Vergleich: alte Bundesländer: 246 Einwohner/km²; Malaysia: 45 Einwohner/km²)

Bangkok ist mit Abstand die größte Stadt des Landes, gefolgt von Chiang Mai mit ca. 350.000 Einwohnern und Hat Yai mit 150.000 Einwohnern.

Etwa 82 % der **Bevölkerung** sind „echte" Thai, der Rest eine bunte Völkervielfalt von Chinesen, Burmesen, Malayen, Mon, Khmer, Laoten und Indern. Über die Generationen haben sich viele dieser Völker vermischt – besonders Thais und Chinesen – und einen kleinen ethnischen Schmelztiegel geschaffen.

In Thailand leben ca. fünf Millionen **Chinesen** die – ihrer relativ geringen Zahl zum Trotz – einen enormen Einfluss auf Handel und Wirtschaft ausüben. Viele dieser Chinesen sprechen noch heute ihre Heimatsprache, und die Geschäftsschilder in Bangkoks Chinatown sind immer zweisprachig: Zuerst in Thai, wie es gesetzesmäßig verordnet ist, dann Chinesisch.

Eine weitere größere Minderheit bilden die **Bergvölker** des Nordens, deren Bevölkerungszahl über 500.000 beträgt. Sie sprechen unterschiedliche Sprachen und pflegen ihre eigenen Traditionen. Die wichtigsten Bergvölker sind die Akha, die Meo oder Hmong, die Lawa, die Yao, Lahu und Lisu sowie die Karen. Die Angehörigen dieser Bevölkerungsgruppen gehören zu den ärmsten Einwohnern des Landes und leben häufig – notgedrungen – nur vom Opiumanbau.

Die im Lande lebenden ca. 100.000 **Inder** unterteilen sich etwa zur Hälfte in Hindus aus dem Punjab und aus Uttar Pradesh, zur anderen Hälfte in Sikhs. Erstere verdingen sich meist mehr schlecht als recht als Textil- und Moskitonetzverkäufer oder als Nachtwächter, letztere sind durchweg wohlhabende Geschäftsleute.

Zu all diesen legalen Bewohnern des Landes gesellt sich eine nicht unerhebliche Dunkelziffer von illegalen Einwanderern, zumeist Burmesen, Nepalis und Bangladeshis, die zu Fuß die thailändisch/burmesische Grenze überqueren, um ein besseres Leben zu beginnen. Manche Schätzungen sprechen von 1 Mio. **Burmesen,** die sich illegal im Land aufhalten und dort arbeiten – zumeist in schlecht bezahlten Sparten, vor denen viele Thais zurückschrecken (Fischerei, Arbeit in Kautschuk- oder anderen Plantagen, Fabrikarbeit). Als im Jahr 2000 die thailändischen Behörden strikt gegen

Opium

Seit Jahrhunderten bauen die Bergvölker des thailändischen Nordens Opium an. Zunächst war es nur als Naturheilmittel geschätzt, und Babys bekommen noch heute geringe Dosen von Opium zur Beruhigung verabreicht.

Gemäß der Studie eines Rehabilitations-Centers bei Chiang Mai, dem Northern Drug Dependance Treatment Center, ist der Gebrauch von Opium als Hausmedizin die Hauptursache für die **große Anzahl von Süchtigen** unter den Bergvölkern. Insgesamt sind über 50.000 Bewohner opiumabhängig. Die meisten Süchtigen finden sich unter den Karen, gefolgt von den Lahu, Meo, Akha, Yao und Lisu. Konservative Schätzungen gehen von mindestens 300.000 Süchtigen (einschl. Heroinsüchtigen) in ganz Thailand aus.

Im 19. Jahrhundert wurde das Opium Tauschprodukt, und mittlerweile ist es die Haupteinkommensquelle vieler Dörfer.

Opium wird ab einer Höhe von 1.000 m angebaut, und wie seit Jahrhunderten üblich, werden die Felder durch **Brandrodung** urbar gemacht. Damit entziehen sich die Bergbewohner ihre eigene Lebensgrundlage, denn der Boden ist nach ein paar Jahren ausgelaugt. So verlässt man dann das alte Dorf, baut irgendwo ein neues auf, und weitere Waldgebiete fallen der Rodung zum Opfer.

Die thailändische Regierung bemüht sich, den Bergvölkern den Anbau von Ersatzprodukten wie Reis, Tomaten, Bohnen oder Kohl schmackhaft zumachen. Man hat aus früheren Fehlern gelernt, denn die Drogenvernichtungsaktionen, bei denen Soldaten aus Hubschraubern Pflanzengift versprühten, konnten zwar die Opiumernte zerstören, boten aber keine alternative Lebensgrundlage.

Gemäß den Studien des Northern Drug Dependance Treatment Center (NDTC) ist die Zuwachsrate von Süchtigen mittlerweile rückläufig. Viele jüngere Leute, besonders aus den höheren Schichten, greifen heute lieber zu Marihuana oder Ecstasy, und zahllose Arbeiter, Lkw-Fahrer und Studenten halten sich mit Amphetaminen wach.

Derzeit werden in Thailand nur noch etwa **20 Tonnen Opium** produziert, woraus zwei Tonnen reines Heroin destilliert werden – früher war die Opiumernte um ein Vielfaches höher. Das Heroin wird in den Abnehmerländern jedoch noch um ein Vielfaches gestreckt. Nebenbei gilt Thailand als wichtigstes Transitland für in Myanmar und Laos hergestelltes Heroin, das die thailändischen Mengen bei weitem übertrifft.

Auch die Amphetamine werden weitgehend in den Nachbarländern hergestellt und von dort nach Thailand geschmuggelt. Im relativ wohlhabenden Thailand ist mehr zu verdienen.

Die Labors für die leicht herzustellenden Amphetamine befinden sich zumeist auf burmesischem Territorium, gleich hinter der thailändischen Grenze, von wo die Ware mit Hilfe korrupter Beamter und einem Netzwerk von Kurieren über ganz Thailand verteilt wird.

illegale ausländische Arbeitnehmer vorgingen, mussten zahlreiche Betriebe eingestellt werden, da sich keine Thais bereit fanden, die die Burmesen ersetzen konnten.

Die meisten der Burmesen sind zwar **ökonomische Flüchtlinge,** manche aber auch politische. Unter den in Thailand ansässigen Burmesen finden sich viele politisch aktive Studenten.

Die Grenzgänger werden von **Karen-Rebellen,** die gegen die burmesische Junta kämpfen, zu Preisen um 1.000 Baht nach Thailand hineingelotst. Rückkehrer zahlen noch mehr, da die Rebellen sie gegen Wegelagerer schützen müssen, die ihnen ansonsten ihr gesamtes in Thailand verdientes Vermögen abnehmen würden.

Thailand hat aber auch mit eigenen Rebellen zu kämpfen. In den **vier südlichsten Provinzen** des Landes – Yala, Pattani, Sadao, Narathiwat – streiten die Pattani United Liberation Organization sowie andere Separatisten für einen selbstständigen, moslemischen Staat, bzw. die Anbindung an Malaysia – die Zielsetzung ist etwas undurchsichtig. Gut 80 % der Bewohner der o.g. Provinzen sind Moslems malaiischer Herkunft, und viele Moslems fühlen sich widerrechtlich vom alten Siam annektiert. Pattani war einst ein stolzes moslemisches Sultanat.

In den letzten Jahren ist ein starker **Anstieg des moslemischen Extremismus** zu verzeichnen, und die drei Provinzen Yala, Pattani und Narathiwat befinden sich praktisch im Ausnahmezustand. Täglich kommt es zu gewaltsamen Aktionen durch Extremisten – Bombenanschläge, Brandlegungen und Morde, letztere vor allen an Buddhisten, oder an Moslems, die als Handlanger der Regierung angesehen werden. Von Reisen in diese Region wird zurzeit abgeraten.

Aufgrund der kunterbunten Völkermischung sind **„Mentalitätsunterschiede“** innerhalb des Landes selbstverständlich. Die Südler werden allgemein als etwas rauer, trotziger eingestuft, was sich auch schon in der Sprache bemerkbar macht. Die Nordler dagegen gelten als das Abbild der Sanftmut. Die Chinesen sind als gewiefte Geschäftsleute bekannt, die um jeden Cent schachern, während die „echten“ Thais eigentlich nichts anderes wollen als *sanuk,* ihren Spaß.

Bergvölker

Der Norden Thailands wird von einigen Bergvölkern bewohnt, deren Bevölkerung auf derzeit über eine Million geschätzt wird. Gelegentlich tauchen Mitglieder dieser Völker auch in der Hauptstadt auf und wirken dort weit fremder als der Tourist aus dem fernen Europa oder Amerika. Die Volksgruppen unterscheiden sich in Herkunft, Sprache und Traditionen voneinander und bieten Ethnologen ein interessantes Beschäftigungsfeld. Die Stammesangehörigen kreuzen häufig die Grenzen Thailand/Laos oder Thailand/Myanmar, da für sie nur Volkszugehörigkeiten von Belang sind, nicht aber Nationalitäten und Staatsgrenzen. Viele von ihnen leben unter anderem vom **Opiumanbau,** und der

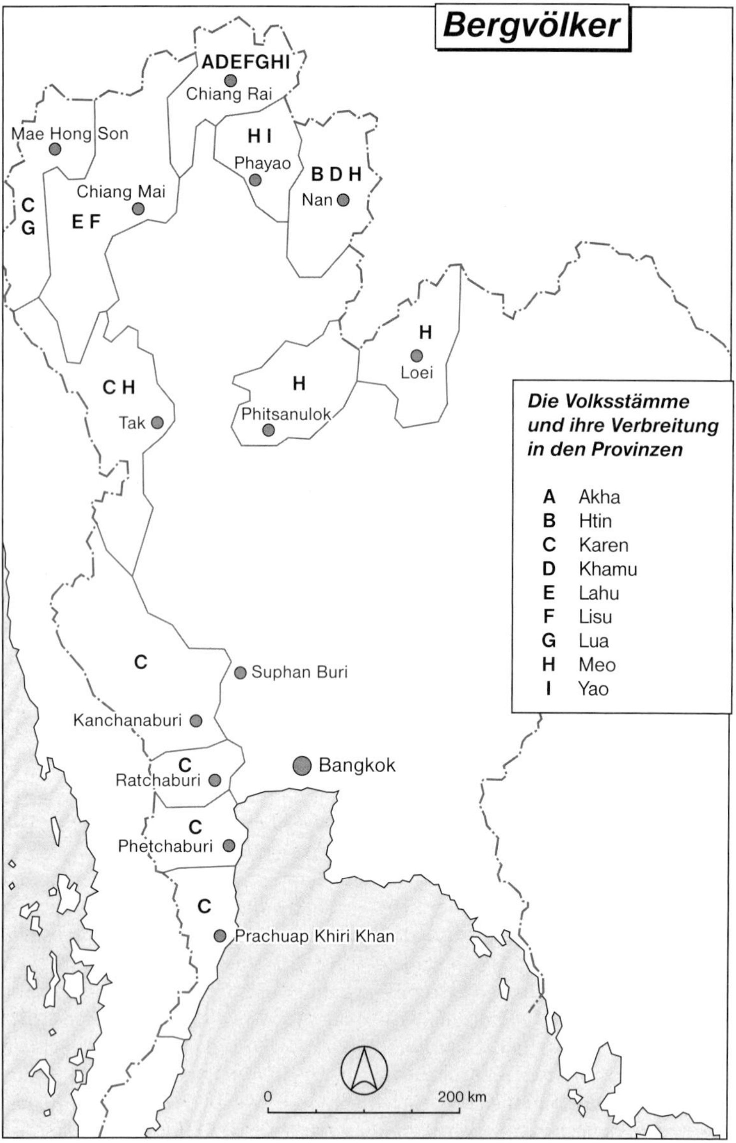
Bergvölker
ADEFGHI
Chiang Rai
Mae Hong Son
H I
Phayao
B D H
Nan
C
G
E F
Chiang Mai
H
Loei
H
Phitsanulok
C H
Tak
Die Volksstämme und ihre Verbreitung in den Provinzen
A Akha
B Htin
C Karen
D Khamu
E Lahu
F Lisu
G Lua
H Meo
I Yao
C
Suphan Buri
Kanchanaburi
C
Ratchaburi
Bangkok
C
Phetchaburi
C
Prachuap Khiri Khan
0
200 km

Genuss von Opium gehört zur angestammten Tradition. Der persönliche Konsum von Opium ist für sie nicht strafbar, wohl aber der Handel. Manchem Reisenden, der in ein Bergdorf vordringt, wird zur Begrüßung die Opiumpfeife gereicht!

Neben dem Drogenproblem leiden heute viele Bergdörfer unter einer Art „Entvölkerung" durch **AIDS:** Die Bergvölker sind im Durchschnitt schlimmer von der Epidemie betroffen als die übrige Bevölkerung, und in manchen Dörfern sind nur noch die Alten und einige Waisen übrig.

An der Mae Rim Road in Chiang Mai, ca. 1 km nördlich des Superhighways, befindet sich ein kleines Museum, das sich mit den Bergvölkern befasst. Das **Tribal Research Center** ist Montag bis Freitag 8.00–12.00 und 13.00–16.00 Uhr geöffnet. Die angeschlossene Bibliothek ist von 9.00 bis 16.00 Uhr geöffnet.

Interessante Infos zum Thema auch unter **www.hilltribe.org.**

Hier eine Übersicht über die wichtigsten Volksgruppen:

Akha (Thai: äkhor)

Die Akha (in Thailand ca. 70.000) stammen aus der chinesischen Provinz Yuennan, von wo aus sie in die burmesischen Shan-Gebiete wanderten. Anfang dieses Jahrhunderts ließen sie sich auch in Thailand nieder. Die meisten Akha-Dörfer umfassen lediglich 10–40 Hütten und sind zumeist höher gelegen, als die Dörfer der anderen Bergvölker. Die Akha gelten als das rückständigste und ärmste unter ihnen und werden von den anderen Bergbewohnern als eine Art Untermenschen betrachtet.

Die Akha bauen Baumwolle an und betreiben Viehzucht. Mit Katapulten, Pfeil und Bogen, Fallen oder Gewehren jagen sie Waldtiere. Ansonsten leben sie hauptsächlich von Reis, Mais, Chillies und ein bisschen Gemüse. Bekannt ist die Liebe der Akhas für Hundefleisch, und die zu verspeisenden Hunde werden möglichst schnell mit einem kräftigen Keulenschlag ins Jenseits befördert, da die Akha glauben, dass ein langsames Sterben des Hundes den Fleischgeschmack beeinträchtigt.

Die Akhas sind Animisten, im Gegensatz zu den anderen Hilltribes befinden sich ihre Geisterschreine aber immer außerhalb des Hauses.

Die Akha-Frauen tragen schwarze Blusen und etwa knielange Röcke. Häufig schmücken sie sich mit Perlenketten oder Silberreifen. Die Art des Silberreifens gibt Auskunft über den finanziellen Status der Trägerin. Auf ihren Köpfen tragen die Frauen hohe Kappen, die mit Silberschmuck behangen sind.

Die Männer tragen schwarze Hosen und (z.T.) bestickte schwarze Jacken. Einige tragen auch Armreifen.

Hmong (Thai: meo)

Die Meo (in Thailand ca. 200.000) unterteilen sich in drei Gruppen: Schwarze oder Blaue, Weiße und Gestreifte Meo; sie werden von vielen Ethnologen als Verwandte der Yao angesehen. Die Meo leben in Höhen von 1.000–1.300 m, bauen Gemüse und Opium an und betreiben Viehzucht.

Die Meo-Männer sind als rechte Chauvinisten bekannt, und während sich ihre Frauen und Kinder auf den Feldern oder bei der Jagd abplagen, saugen sie mit Vorliebe an ihren Opiumpfeifen.

Die Meo leben zum großen Teil vom Opiumanbau, und eine Familie kann durch das Opium über 10.000 Baht verdienen - ein kleines Vermögen in den armen Bergregionen.

Das Pflanzen und Ziehen der jungen Opiumpflanzen findet zwischen den Monaten August und November statt, im Dezember stehen die Pflanzen in voller Blüte, und von Januar bis März wird geerntet. Die thailändische Regierung, als auch *König Bhumipol* bemühen sich, die Meo vom Opiumanbau abzubringen und verstärkt zur Viehzucht oder zum Anbau von legalen Früchten zu bewegen.

Die Kleidung der Meo ist vorherrschend schwarz, und die Frauen sind zumeist an ihrem Haarknoten zu erkennen. Die Männer tragen eine kleine runde Kappe auf dem Kopf.

Lisu (Thai: lisor)

Die Lisu (in Thailand ca. 40.000) stammen von Quellgebieten des Salwin-Flusses in Tibet, von wo aus sie in die chinesische Provinz Yuennan wanderten, und erst Anfang dieses Jahrhunderts erreichten sie Thailand. Sie leben auf Berggipfeln, die möglichst von Bergketten umgeben sind, um sich vor Feinden zu schützen.

Die Lisu leben von Ackerbau und Viehzucht, und in ihren Essgewohnheiten sind sie noch immer ihrer chinesischen Heimat verhaftet. So essen sie z.B. mit Stäbchen und - im Unterschied zu den Thais - sehr mild.

Die Lisu sind Animisten, die den Geistern regelmäßig Opfer darbringen.

Besonders die Frauen schmücken sich mit magischen Amuletten, die vor Unglück bewahren sollen. Verstirbt ein Lisu, so hält man drei Jahre lang Opferrituale für den Toten ab. Danach - davon geht man aus - ist die Seele wiedergeboren.

Die Kleidung der Lisu ist auffallend bunt. Die Frauen tragen knielange Blusen und einen Turban, die Männer tragen einen Ohrring.

Lahu (Thai: musö)

Die Lahu (in Thailand ca. 160.000) stammen aus der chinesischen Provinz Yuennan, und Anfang des 20. Jh. tauchten sie in Thailand auf. Die Lahu unterteilen sich in vier Zweige: Lahu Nyi, Lahu Na, Lahu Shi und Lahu Shele.

Die Lahu leben von der Viehzucht und vom Gemüseanbau. Dazu kommt z.T. die Kultivierung von Opium. Wie die meisten Hilltribes sind die Lahu Animisten, und jedes Dorf beherbergt einen hochangesehenen Magier, der als Mittler zwischen den Geistern und den Menschen gilt. Er verteilt außerdem glückbringende Amulette oder gibt Anweisungen für fruchtbringende Opferriten.

An der Kleidung können sich die Lahu voneinander unterscheiden, je nachdem welchem der vier Zweige sie angehören. Zumeist ist die Kleidung aber schwarz, die Blusen der Frauen sind mit roten, weißen oder blauen Streifen verziert.

Lawa (Thai: lua)

Die Lawa stammen wahrscheinlich aus dem nördlichen Thailand und werden eher als ethnische Minderheit betrachtet, denn als Bergvolk.

Die Frauen tragen Arm- und Beinstutzen, um bei der Feldarbeit vor Verwundungen geschützt zu sein. Die verheirateten Frauen tragen einen dunkelblauen Rock, die Mädchen einen weißen. Viele Lawa-Frauen sind begeisterte Pfeifenraucherinnen. Die Männer tragen weite Hosen und Hemden. Die meisten Lawas leben südlich und westlich von Chiang Mai.

Karen (Thai: yang/kariang)

Die Karen bilden das größte Bergvolk der Region: Über 2 Millionen leben in Burma und Thailand, 500.000 davon in Thailand. Die Karen auf der burmesischen Seite der Grenze kämpfen seit 40 Jahren für einen eigenen, von Burma unabhängigen Staat, genannt *Karenni*. Weite Gebiete nahe der burmesisch-thailändischen Grenze sind unter ihrer Kontrolle.

Die Karen sind tibeto-burmesischer Abstammung, und die in Thailand lebenden Karen unterteilen sich in vier Zweige: die Sako, die Pwo, die Bhwe und die Thaungthu.

Die Karen leben zumeist in Bergtälern, oft in der Nähe von Wäldern oder an Flüssen.

In den religiösen Praktiken unterscheiden sich die Karen oft voneinander: So betreiben viele Karen Ahnenkult, andere sind Christen (meistens Baptisten oder Katholiken), andere wieder sind strenge Buddhisten.

Viele Karen verfügen über eine gute Schulbildung, insbesondere die Christen. Ihre Lebensgrundlage ist der Anbau von Reis, Gemüse und die Viehzucht. Die Männer tragen eine kurze weite Hose und eine ärmellose Jacke, die Frauen eine Jacke und einen Sarong. Unverheiratete Mädchen tragen ein weißes Gewand und einen weißen Kopfschmuck.

Yao

Die Yao stammen aus den zentralchinesischen Provinzen Tzetchuan und Kieng-Tsi, wurden von feindlichen Volksgruppen von dort vertrieben und wanderten südwärts. Auf dem Wege aus Burma und Laos erreichten sie Thailand um 1910, und in den nächsten 40 Jahren strömten weitere Yao in Thailand ein.

Die Yao (in Thailand ca. 45.000) leben in einer Höhe von 1.000–1.300 m von Ackerbau und Viehzucht. Sie sind Animisten, und Personen mit Kenntnissen in Zauberei erfreuen sich besonderer Achtung. Die Yao unterscheiden zwischen zwei Arten von Magiern: Solchen, die die Rituale zur Besänftigung des „Großen Geistes" beherrschen, und solchen, die sich den „kleineren" Geistern widmen.

Die Yao leben hauptsächlich vom Reis, dazu gibt es Kartoffeln, Kürbis, Wurzelgemüse, Schweinefleisch und einen guten selbst gebrannten Tropfen aus Reis, Mais, Weizen oder Hirse. Bei religiösen Zeremonien werden dazu

Hühner verspeist, eine Tradition, die man aus China übernommen hat.

Yao-Frauen tragen meist schwarze Hosen und bunt bestickte Blusen, um deren Halsende sich eine Art rote Krempe befindet. Auf dem Kopf tragen sie eine Art Turban. Yao-Männer tragen schwarze Hosen und Jacken.

Religion

Etwa 95 % der Thais sind **Theravada-Buddhisten,** der Rest Moslems, Christen, Hindus und Sikhs.

Buddha wurde um das Jahr 500 v. Chr. als *Siddharta Gautama* im heutigen Nordindien geboren (der Ehrentitel *Buddha* – „der Erleuchtete" – wurde ihm erst später verliehen). *Siddharta* war in einer fürstlichen Familie zur Welt gekommen und genoss in seinem Palast, abgeschirmt von dem Elend der Welt, das Leben in Freuden und Luxus. Früh wurde er verheiratet, und eines Tages entschloss er sich aus Neugier, hinaus in die Welt außerhalb seines Palastes zu gehen. Das Bild, das sich ihm bot, erschreckte ihn zutiefst: Wohin er blickte sah er Krankheit, Alter und Tod. *Siddharta* entschloss sich, einen Weg zu suchen, der die Menschheit aus der ewigen Kette des Leidens führen könnte. Heimlich verließ er seine Frau und seinen gerade erst geborenen Sohn und verbrachte lange Jahre als wandernder Asket. Bei einer Meditation unter einem Baum wurde ihm schließlich die Erleuchtung zuteil, Buddha entdeckte die **vier edlen Wahrheiten.**

Die „vier edlen Wahrheiten"

1. **Dukkha** – alles Leben ist Leiden
2. **Samudaya** – alles Leiden wird durch Begierden hervorgerufen
3. **Nirodha** – das Leiden kann durch die Zerstörung der Begierden beendet werden
4. **Magga** – die Begierden können durch Begehen des „edlen achtfachen Pfades" zerstört werden, somit auch das Leiden

Der „achtfache Pfad"

1. Die **richtige Erkenntnis,** d.h. das Erkennen der Grundprobleme aller Existenz
2. **Rechtes Denken,** d.h. Denken, ohne zu verletzen, edle Gedanken zu hegen
3. **Rechte Rede,** d.h. Rede, ohne zu verletzen oder die Unwahrheit oder aus eigennützigen Motiven zu sprechen
4. **Rechte Taten,** d.h. nicht zu töten, stehlen etc.
5. **Rechter Lebenserwerb,** d.h. Lebenserwerb, der nicht auf Kosten anderer geht
6. **Rechte Bestrebung,** d.h. mit eigener Kraft die eigenen unheilvollen Gedankenströme überwinden
7. **Rechte Aufmerksamkeit,** d.h. durch Meditation und Kontemplation die Selbsterkenntnis erlangen
8. **Rechte Konzentration,** d.h. Konzentrationskraft, durch die man einen Gedanken verfolgen kann, ohne abzuschweifen.

Das Endziel des Buddhismus ist das **Nirvana** (Pali: *nibbana),* das Auslöschen aller Wurzeln des Leidens, was der Beendigung allen körperhaften Lebens gleichkommt.

Der Buddhist glaubt an die **Wiedergeburt,** d.h. alle Wesen müssen sich so lange in verschiedenen Körpern inkarnieren, bis sie das Nirvana erreicht haben. Das Schicksal, das die Wesen in ihrer nächsten Geburt zu durchleben haben, wird bestimmt durch die Taten, die sie in diesem Leben begehen. Gute Taten fördern ein gutes Schicksal, schlechte ein böses und unglückliches. In diesem Prinzip des **Karma,** der Lehre von Ursache und Wirkung, liegt die thailändische Tradition von **tham buun** (= gute Taten tun und damit Pluspunkte für sein nächstes Leben gewinnen.)

Das sichtbarste Beispiel von *tham buun* ist die frühmorgendliche Speisung von Mönchen, die mit einem Bettelgefäß durch die Straßen ziehen. Die Gläubigen füllen die Gefäße der Mönche mit Speisen, ohne diesen morgendlichen Rundgang der Mönche als Betteltour zu betrachten. Im Gegenteil: Man ist den Mönchen dankbar, dass sie den Gläubigen die Möglichkeit geben, Verdienste zu erwerben.

In den ersten 500 Jahren nach Buddhas Erleuchtung verbreitete sich die neue Lehre in ganz Indien. Im 3. Jahrhundert v. Chr. erreichte diese frühe Form des Buddhismus, das „kleine Fahrzeug", **Hinayana,** (in Thailand *Theravada)* Sri Lanka und dann Teile Süd- und Südostasiens.

In Indien bildete sich eine neue Form des Buddhismus heran, das „große Fahrzeug", **Mahayana,** die weniger Wert auf das Nirvana als auf liebendes Mitgefühl mit allen Kreaturen legte. Das Idealbild dieser Lehre war der *Boddhisattva,* ein vollkommenes Wesen, das die himmlische Ruhe des Nirvana aufgab, um anderen zu helfen, die Erlösung zu erlangen.

Buddha-Statue in Sukhothai

Erst um das 1. Jahrhundert n. Chr. waren die Doktrinen und Mönchsregeln des Buddha schriftlich niedergelegt, und ebenso die Predigten, die zuvor nur mündlich weitergegeben worden waren.

Der Mahayana-Buddhismus verbreitete sich zwischenzeitlich über China, Zentralasien, Japan, Vietnam, Kambodscha und andere Teile Ostasiens.

Tempel-Terminologie

Bot: Gebäude im Tempel, in dem religiöse Zeremonien durchgeführt werden. Es besitzt einen Altar und ringsherum Grundsteine

Chedi: glockenförmiger Turm, in dem häufig die Reliquien des Buddha oder einer anderen verehrten Person aufbewahrt werden

Chofa: an den Giebeln von Tempeldächern angebrachtes Ornament, das gelegentlich wie eine Flamme aussieht. Symbolisiert den Garuda

Garuda: mystischer Vogel, halb Mensch, halb Tier, auf dem Gott Vishnu reitet

Mondop: quadratischer Bau mit gewölbtem Dach, der häufig über einer geheiligten Reliquie errichtet wird, z.B. über einem Fußabdruck des Buddha

Phra: Bezeichnung für den Buddha, Statuen Buddhas oder auch Mönche

Prang: länglicher Turm, hauptsächlich bei Khmer-Bauwerken. Die Spitze ist gewöhnlich abgerundet

Prasat: turmartiger Bau aus der Khmer-Architektur. Das Wort wird oft benutzt, um einen gesamten Tempelkomplex zu bezeichnen

Sema: an einem Bot platzierter Grundstein. Unterscheidet so den Bot vom Viharn

That: Reliquien-Turm aus der Architektur Nordost-Thailands mit quadratischem Sockel

Viharn: Tempelgebäude, in dem geheiligte Objekte aufbewahrt werden. Hier werden weniger wichtige Zeremonien abgehalten

Wat: buddhistischer Tempel

Thailand kam schon im 3. Jahrhundert v. Chr. unter den Einfluss des Buddhismus, noch bevor sich dieser Glaube in seine zwei Hauptströmungen gespalten hatte. Der indische Herrscher Ashoka hatte zwei Missionare in das „Land aus Gold" entsandt, womit wahrscheinlich das Mon-Königreich Dvaravati gemeint war, dessen Zentrum bei Nakhon Pathom lag (55 km westlich von Bangkok).

Im 13. Jahrhundert, zur Zeit des ersten unabhängigen Thai-Reiches mit der Hauptstadt Sukothai, knüpften buddhistische Mönche aus dem Süden des Landes Kontakte nach Sri Lanka. Auf diese Weise kamen sie unter den Einfluss des Hinayana-Buddhismus, dessen heilige Schriften in Pali verfasst waren.

König *Ramkamhaeng* (1279–1298) von Sukhothai berief die Mönche in die Hauptstadt und förderte schließlich die Verbreitung des Hinayana. Durch diese königliche Patronage und die daraus resultierenden engen Beziehungen zu Sri Lanka fasste der Hinayana-Buddhismus (Theravada) Fuß in Thailand.

Auf Sukhothai folgte das Königreich von Ayutthaya, und dessen Herrscher erbauten zahllose Tempel und Klöster und förderten den Glauben uneingeschränkt weiter.

Bei der Zerstörung Ayutthayas im Jahre 1767 durch die Burmesen wurden viele der heiligen Schriften und Dokumente vernichtet, und der Buddhismus erlitt einen Rückschlag.

Erst *König Mongkut,* (Rama 4., 1851–1868) verhalf dem Glauben zu neuer Blüte. Vor seiner Thronbesteigung war *Mongkut* 27 Jahre lang Mönch gewesen und hatte sich in dieser Zeit zu einem hervorragenden buddhistischen Gelehrten herangebildet. Zum Zwecke der Wiedererneuerung der religiösen Praxis gründete er einen neuen, strengeren Mönchsorden, Thammayut. Dieser besteht bis heute neben dem traditionellen Orden Mahanikai fort.

Wie wohl überall, sind auch die religiösen Institutionen Thailands recht begütert. Es wird geschätzt, dass jeder Wat in Bangkok mindestens 200 Millionen Baht auf seinem Bankkonto hat. Zu den „wohlhabenderen" Tempeln gehören Wat Mahathat mit 550 Millionen, Wat Phra Buddha Chinaraj mit 700 Millionen, und Wat Thammakai hat 800 Millionen Baht auf der hohen Kante. Insgesamt dürfte sich der gesamte Geldbesitz aller Wats des Landes auf Billionenhöhe belaufen. Zehn Milliarden Baht alleine lassen die Wats verleihen und verdienen so an den Zinsen.

Buddhistische Meditation

- **Sorn-Thawee Meditation Centre,** Bangkla, Provinz Chachoengsao (ca. 17 km nördlich von der Provinzhauptstadt Chachoengsao);
- **Sunnataram Forest Monastery,** Provinz Kanchanaburi (180 km Richtung Sankhlaburi, an d. Straße Kanchanaburi – Sankhlaburi);
- **Wat Benchamabopit,** Si Ayutthaya Road, Bangkok;
- **Wat Boworniwet,** Phra Sumen Road, Banglamphoo, Bangkok;
- **Wat Cholaprathan Rangsarit,** Pakkret, Nonthaburi;
- **Wat Kow Tahm,** Ko Phangan, Surat Thani;
- **Wat Mahathat,** Sanam Luang, Bangkok;
- **Wat Paknam,** Thoet Thai Road, Phasi Charoen, Thonburi, Bangkok;
- **Wat Phleng Vipassana,** Soi Ying Amnuay, Charan Sanitwong Rd., Thonburi, Bangkok;
- **Wat Phra Thammakai,** Phaholyothin Road, Rangsit, Bangkok;
- **Wat Suan Mokh,** Chaiya, Surat Thani;
- **World Fellowship of Buddhists,** 33 Sukhumvit Road (zwischen Soi 1 und 3), Tel. 02-2511188.

Buddhistische Homepages

- www.dhammathai.org
- www.buddhanet.net
- www.suanmokkh.org
- www.accesstoinsight.org

Die thailändischen Mönche

In den Bussen sitzen sie immer bescheiden in der letzten Sitzreihe, und im Stadtbild fallen sie durch ihre leuchtend orangenen Roben und die kahlgeschorenen Schädel auf – Thailands 300.000 Mönche *(Phra)*. Jeder männliche (buddistische) Thai sollte einer alten Regel entsprechend mindestens 3 Monate seines Lebens als Mönch verbringen. Daran hält sich heute nicht jeder junge Thai, andere bleiben dafür aber gleich mehrere Jahre im Mönchsstand und einige ihr ganzes Leben.

Die Mönche wohnen in den Unterkünften, die ihnen Thailands 30.000 **Wats** zur Verfügung stellen. Diese Unterkünfte machen von außen einen recht bequemen Eindruck, doch entbehrungsreich ist das Mönchsleben. Ein Mönch muss sich an **227 buddhistische Vorschriften** halten. Vor Sonnenaufgang stehen die Mönche auf und meditieren, danach – immer noch früh morgens – geht man auf die Al-

mosen-Tour. Mit ihren **Bettelgefäßen** *(baat)* sammeln sie die Speisen, die die Mitbürger ihnen geben. Dabei soll der Mönch keine Präferenzen entwickeln. Alles, was der Mönch von den Gläubigen zur Speise erhält, hat er klaglos zu verzehren – doch spätestens bis 11 Uhr morgens, denn danach darf nicht mehr gegessen werden.

Der Rest des Tages wird mit Meditation, dem Lesen der heiligen Schriften und dem Studieren verbracht. Viele Mönche lernen Englisch und sprechen gerne Reisende an, um ihr Englisch zu verbessern!

Will ein Mönch sein Mönchsleben aufgeben, so kann er dies jederzeit tun, eine „Bestrafung" gibt es nicht.

Neben den „klassischen" Mönchen gibt es aber auch Rebellen. So etwa die Anhänger der **Santi-Asoke-Sekte,** die viel „unnützes Beiwerk" wie Riten etc. außer Acht lassen und sich auf den Kern des Buddhismus zurückbesinnen wollen. Die Mönche der Sekte (zurzeit sind es nur 93) sind Mönche auf Lebenszeit, rasieren sich nicht wie die anderen Mönche die Augenbrauen und sind strikte Vegetarier – alles Gründe, warum *Santi Asoke* vom Sangha, dem Obersten Buddhistischen Rat, im Jahre 1990 für „abweichlerisch" erklärt wurde. Seither dürfen die Mönche bei Androhung von Gefängnisstrafen nicht mehr die üblichen orangenen Roben tragen, sondern kleiden sich in Weiß. Die Sekte, zu deren zahlreichen Laienanhängern auch *Chamlong Srimuang* zählt, der charismatische Gründer der Palang Dharma Party (PDP) und langjährige Gouverneur von Bangkok, ist jedoch weiterhin sehr aktiv. Unter anderem betreibt sie organische Landwirtschaft (in ihrem Zentrum bei Nakhon Pathom) und besitzt zahlreiche vegetarische Restaurants, die rein auf kostendeckender Basis fungieren.

Doch nicht alles, was sich heilig gibt, ist es auch. **Skandale** um Mönche, die vom rechten Pfad abgekommen sind, scheinen sich zu mehren. In mancher Mönchsunterkunft fand die Polizei Schusswaffen oder Pornos, und einige Mönche wurden unehrenhaft „entrobt", da ihnen sexuelle Eskapaden nachgewiesen wurden. Von jüngeren Mönchen wird manchmal gemunkelt, dass einige nachts heimlich die Disco besuchen – in „Zivil" und mit einer flotten Mütze auf dem verräterischen Kahlkopf.

Einsiedlermönch in Südthailand

In früheren Zeiten wurden Mönche, die aus dem Mönchsstand enthoben worden waren, durch eine Tätowierung im Gesicht gebrandmarkt; heute ziehen sie oft einfach in eine andere Stadt und lassen sich erneut ordinieren.

Die Nonnen

Einen weit **geringeren Status** als die Mönche genießen die buddhistischen Nonnen *(Mae Chi)*. Sie scheren sich ebenfalls die Köpfe, hüllen sich aber in weiße Gewänder. Eigentlich können Frauen offiziell gar nicht ordiniert werden, da die thailändische Auslegung des Buddhismus dies nicht vorsieht; die Nonnen sind somit genau genommen nur Nonnen von eigenen Gnaden, **ohne Sanktionierung** durch den Sangha.

Sporadisch wird von Frauenverbänden gegen die Diskriminierung protestiert, ändern wird sich an der Regelung dennoch nichts. Die Benachteiligung setzt sich auch innerhalb der Tempelmauern fort. Meist werden die Nonnen - häufig **Witwen ohne jeglichen Lebensunterhalt** - zu Putzfrauen und Bediensteten degradiert. Ihre Unterkünfte sind viel unkomfortabler als die der Mönche. Im Gegensatz zu letzteren studieren sie nicht die religiösen Schriften; spirituellen Verdienst erhalten sie dem Glauben gemäß schon durch ihre Dienste im Tempel. Da das Almosengeben an Nonnen weniger „Heil" verspricht als an Mönche, kommen sie auch hier schlechter davon als ihre männlichen Kollegen. Kein Wunder, wenn viele Nonnen einen äußerst bedauernswerten Eindruck machen und oft westliche Tempelbesucher um Geld anbetteln - oft sogar auf sehr fordernde Weise.

Geisterhäuschen

Beim **Bau eines Hauses** in Thailand müssen Dinge beachtet werden, die dem Westmenschen gänzlich fremd erscheinen. Wird ein Thai-Haus errichtet, so muss der Bauherr die vom Grundstück vertriebenen Geister dadurch besänftigen, in dem er ihnen eine neue Bleibe verschafft. Ein spirituelles Umsiedelverfahren sozusagen.

Dazu werden die kleinen Geisterhäuschen geschaffen, Vogelhaus-ähnliche Gebilde, ohne die fast kein Thai-Haus komplett ist. Doch das Errichten selbst eines Geisterhauses ist gar nicht so einfach, müssen dabei doch zahlreiche Regeln beachtet werden.

Zunächst einmal sollte das Geisterdomizil östlich, nordöstlich oder südlich des Wohnhauses liegen, dessen Schatten niemals auf das Geisterhäuschen fallen darf. Der Zeitpunkt der Errichtung des Häuschens ist astrologisch berechnet, und die „Einweihungszeremonie" sollte auf jeden Fall vor 11 Uhr morgens beendet sein, damit die Geister noch in Ruhe zu Mittag essen können. (Da die Thais selber permanent ans Essen denken, gestehen sie gerechterweise auch ihren Geistern ausgedehnte Mahlzeiten zu!)

Während der Einweihungszeremonie werden den Geistern **Opfer** dargebracht, z.B. Reis mit einem in Bananenblättern gewickelten harten Eiern,

Aberglauben

Auf den ersten Blick mögen uns die Thais „verwestlicht" vorkommen – die allgemein getragene westliche Kleidung, die modernen Verkehrsmittel und die beeindruckende Skyline von Bangkok geben jedoch ein falsches Bild ab. In seinem Inneren ist der Thai Asiat, er denkt und fühlt asiatisch. Zu dieser Denkweise gehört sowohl der Glaube als auch der Aberglaube. Oft vermischt sich beides zu einem undefinierbaren Etwas.

Um ein wenig Einblick in die Denkweise der Thais zu geben, seien hier einige weit verbreitete Vorstellungen der Thais dargelegt. Ob Glaube oder Aberglaube – wer vermag das zu sagen?

Unterschreibe nie ein Dokument mit einem **roten Stift!** Das kann den Tod bedeuten. (Da bei thailändischen Bestattungsunternehmen der Name mit roter Farbe an den Sarg geschrieben wird, ist diese Vorstellung verständlich!)

Lasse dir nie die **Haare an einem Mittwoch schneiden,** das bringt Unglück! (Der Ursprung dieses Glaubens ist mir nicht bekannt. Viele Friseurläden in der Provinz bleiben am Mittwoch geschlossen.)

Man soll **keinen Frangipani-Baum** an seinem Hause **pflanzen!** (Grund: Das Thai-Wort für Frangipani ist *lantom,* und das klingt *ratom* allzu ähnlich. *Ratom* bedeutet „gebrochenes Herz".)

Kleine Kinder sollten als *na-gliet* **(„hässlich")** bezeichnet werden! (Würde ein Baby als besonders hübsch bezeichnet, würden die Geister darauf aufmerksam werden und es peinigen!)

Das **Hindurchkriechen unter einer Wäscheleine** bringt Unglück! (Da der Kopf der höchste Körperteil ist, sollte dieser sich nicht unter Wäsche befinden, die eventuell an „unreinen" Körperpartien getragen wird.)

Ein **Mädchen,** das beim Gehen zu **ungraziös trampelt,** beleidigt dadurch *Thorani,* die Mutter der Erde. (Mit diesem Argument bekommen Thai-Mütter ihre Töchter dazu, sich einen eleganten Gang zuzulegen.)

Tritt nie auf die **Schwelle des Hauses,** sondern immer darüber hinweg! (Das Treten auf die Schwelle verstört die Geister, die im Hause wohnen!)

Schwangere Frauen sollten unter dem **Bauch eines Elefanten** hindurchkriechen, das bringt Glück! Bis vor kurzen sah man zu diesem Zweck sogar noch in Bangkok Elefanten. 1995 verbannte die Stadtverwaltung die Tiere jedoch, um das dortige Verkehrschaos nicht noch zu vergrößern – Strafe 500 Baht. Als darauf die Elefantenfreunde protestierten, beschloss die Stadtverwaltung, die Verordnung zwar „beizubehalten, sie aber nicht anzuwenden". Rätselhaftes Thailand!? 1998 jedenfalls wurde verkündet, die Verordnung trete nun „unwiderruflich" in Kraft ...

Betritt eine **schwangere Frau** als erste Kundin des Tages ein **Geschäft,** so wird das ein ertragreicher Tag für den Geschäftsmann. (Ein fruchtbarer Bauch gilt verständlicherweise als gutes Omen für einen ertragreichen Geschäftstag!)

Ist ein **Kind erkrankt,** so sollte es rituell von einer Buddha-Statue, einer Götterfigur oder einem verehrten Mönch „adoptiert" werden! Die bösen Geister, die die Krankheit verursacht haben, werden sich daraufhin zurückziehen. Die Eltern dürfen ihr Kind aber nicht mehr schlagen, sonst kommen die Geister zurück.

Ereignet sich eine **Sonnenfinsternis,** sollte jedermann mit Kochtöpfen und Schüsseln möglichst laut Radau schlagen! Viele Dorfbewohner glauben, dass der Dämon *Rahu* die Sonne verschlucken will, und dass der Lärm ihn verjagt. Erstaunlicherweise lässt er nach dem Getrommel ja tatsächlich von der Sonne ab ...

Geisterhaus in Südthailand

Kokosnüsse, Bananen, Fleisch, Tee und sogar ganze Schweinsköpfe. Hat man diese Gaben den Geistern gebracht, kann man hoffen, dass sie sich in ihrem neuen Domizil wohlfühlen und die Hausbesitzer nicht aus Rache ob der Vertreibung von ihrem Platz schikanieren. Im Gegenteil, anständige Hausgeister sorgen sogar für das Wohl des Haushaltes und beschützen ihn vor Unglück.

Doch wie sehen die Geisterhäuschen nun eigentlich aus? Schwer zu sagen, denn da gibt es viele Varianten (wie es Arten von Geistern gibt). Manche Geisterhäuser, beispielsweise von großen Hotels oder sogar Banken, weisen oft die **Größe eines kleinen Wohnhauses** auf und sehen aus wie verkleinerte Nachbildungen von buddhistischen Tempeln – und das obwohl Buddha selber mit Geistern nicht viel im Sinne hatte.

Das wohl bekannteste Geisterhaus Thailands ist der **Erawan-Schrein** in Bangkok, an der Kreuzung Rajdamri und Ploenchit Road gelegen. Der Schrein ist nichts anderes als das übergroß ausgefallene Geisterhäuschen des vormals daran gelegenen Erawan Hotels, das 1988 abgerissen wurde.

Weit weniger prächtig fallen zumeist die Geisterhäuser normaler Wohnhäuser aus. Meist sind es auf einem Pfahl stehende kleine Tempelnachbildungen von der Größe der schon erwähnten Vogelhäuschen. Ausgefüllt werden sie mit Opfergaben und mit magischen Figuren. Vor den Häuschen brennen oft ein paar Räucherstäbchen.

Am unteren Ende der Geisterhausarchitektur stehen die zu Geisterdomizilen umfunktionierten **Blechbüchsen oder -kanister,** die ebenfalls auf einen Pfahl gestellt und mit Opfergaben versehen werden – spirituelle Slumsiedlungen sozusagen. Aber auch diese Geister wollen beachtet sein, und die Häuschen müssen immer mindestens in Augenhöhe der Menschen angebracht sein, eine niedrigere Bauweise könnte die Geister erzürnen.

Glauben denn nun wirklich alle Thais an die Macht der Geister? Gibt es niemanden, der der Geisterwelt mit aufgeklärtem, rationalem Blick in die Augen sieht? Nun, wenn selbst die großen Banken und Hotels den Geistern ihre Huldigung darbringen, wie könnte sich der normale Hausherr da versagen? Aber nicht alle Thais glauben wirklich an die Geister, die sie beschwören.

Doch man kann ja nie wissen, sicher ist halt sicher ...

Feste und Feiertage

Thai-Feiertage sind oft übermütige Angelegenheiten, bei denen die Thais ihren Sinn für Humor und Spaß so richtig entfalten können. Selbst religiöse Feiertage fallen weit weniger ernst aus als bei uns.

Viele der Feiertage richten sich nach dem **Mondkalender** und liegen somit von Jahr zu Jahr auf einem anderen Datum, andere sind unbeweglich. Für den Reisenden ist wichtig: Die Banken sind an diesen Tagen geschlossen.

Fällt ein Feiertag auf einen Samstag oder einen Sonntag, so ist der erste Wochentag danach normalerweise arbeitsfrei!

Januar

Der 1. Januar ist als **Neujahrstag** offizieller Feiertag. Die Feiern fallen aber weniger lärmend aus als bei uns, da dies halt der westliche Neujahrstag ist, das Thai-Neujahr *(Songkran)* aber am 13. April beginnt. Trotzdem rufen viele Thais den Reisenden ein herzliches *„sawatdi pimai!"* zu: frohes neues Jahr!

Februar

Am Vollmondtag wird **Makha Puja** gefeiert, ein buddhistischer Feiertag, der an den Tag erinnert, an dem sich 1.250 Jünger versammelt hatten, um Buddhas Rede zu hören. Abends werden Kerzen Prozessionen um die Tempel geführt.

Der Februar ist auch der Beginn der **Drachenflug-Saison,** die bis in den April oder Mai dauert. Drachenflugwettbewerbe werden abgehalten, und auf dem Sanam Luang in Bangkok versammeln sich oft Tausende von Menschen, um den Zweikampf von Riesendrachen zu beobachten.

März

Im März findet in Nakhon Chaisi im Wat Bang Phra, nicht weit von Bangkok entfernt, ein bizarres Fest statt. Thailands Kleinganoven und Mafiosi lassen sich von den Mönchen des Wats magische **Schutzsprüche auf die Haut tätowieren.** Schutzsprüche werden in der Khmer Schrift mit langen Stahlnadeln in die Haut geklopft. Gottheiten und Tiermotive sind auch beliebt. Einige der Tätowierten fallen in eine ziemlich wilde Trance, in der sie die Eigenschaften der Schutztiere annehmen. Das Fest findet am Morgen des zweiten Samstags des Monats statt und Besucher sind willkommen. Auch sonst wird in diesem Wat täglich tätowiert.

April

Am 6. wird der **Chakri Day** begangen, der an die Gründung der bis heute fortdauernden Chakri-Dynastie *(König Bhumipol)* erinnert.

Der 13. April ist **Songkran,** der Beginn des neuen Jahres im Thai-Kalender. Zu dieser Gelegenheit bespritzen sich die Thais mit gefärbtem Wasser und bunten Farbpulvern und haben wohl mehr *sanuk* (Spaß), als an irgendeinem anderen Feiertag. Ausländer sind beliebte Zielscheiben für die gut gemeinten Spritzattacken aus Farbbeuteln und Wasserpistolen.

158tha Foto: rk

Leider wird das Fest Jahr für Jahr rowdyhafter, und wer den Tag unbehelligt überstehen will, sollte lieber im Hotelzimmer bleiben. Bis zu 700 Verkehrstote gibt es während der drei Feiertage. In Chiang Mai wird besonders ausgiebig gefeiert, etwa eine Woche lang! Bangkok hingegen ist relativ verkehrsfrei und ruhig, da viele Thais zu ihren Familien in die Provinzen fahren. Wer nicht völlig durchnässt werden will, bleibe auf alle Fälle der Khao San Road fern, die sich in eine „Wasserkriegszone" verwandelt.

Das Songkran-Fest ähnelt sehr dem indischen Frühlingsfest Holi, von dem es möglicherweise auch herrührt. Das Wort Songkran stammt von *sankranti* (Sanskrit) und bedeutet „Überwechseln in ein anderes Tierkreiszeichen".

Mai

An einem Tag der von Brahmanen-Priestern, die für alle königlichen Zeremonien zuständig sind, bestimmt wird, feiert man den Beginn der Pflanz-Saison. Bei der **„Zeremonie des Pflü-**

Gebete zum buddhistischen Makha-Puja-Fest

gens“ (Thai: *räk nakwan*) werden geheiligte Ochsen zu einer rituellen Pflügezeremonie herangeholt und geheiligte Körner gepflanzt. Die Brahmanen geben dazu Prophezeiungen ob der zu erwartenden Ernte ab.

Der 1. Mai ist der uns bekannte **Tag der Arbeit,** der 5. Mai der **Tag der Krönung** *(coronation day),* zur Erinnerung an die Krönung des gegenwärtigen Königs.

Visakha Puja, der auf den Vollmondtag fällt, ist der wichtigste Feiertag der Buddhisten, an dem Buddhas Geburt, Erleuchtung und Todestag gefeiert werden. Abends finden an den Tempeln Kerzenprozessionen statt.

Das **Raketen-Fest,** das in einigen Städten im Nordosten stattfindet, ist beeindruckend. Gigantische Raketen werden in den Himmel geschossen, um die Regenzeit einzuläuten und der Alkohol fließt in Strömen.

Juli

Am Vollmondtag wird **Asanha Puja** gefeiert, der Jahrestag, an dem Buddha seine erste Predigt vor seinen ersten fünf Schülern gehalten hat. Dieser Tag ist der Beginn der buddhistischen Fastenperiode *(khao phansa)* und somit auch der Beginn einer dreimonatigen Meditationszeit für die Mönche.

August

Am 12. August wird der **Geburtstag der Königin Sirikit** gefeiert, der auch als „Muttertag“ (*wan mä*) gilt. Viele öffentliche oder private Gebäude sind mit Lichterketten und Portraits der Königin geschmückt.

Oktober

In diesem Monat wird **Ok Phansa** gefeiert, die Erinnerung an Buddhas Rückkehr aus dem Himmel, nachdem er dort eine Fastenperiode lang gepredigt hatte. Ok Phansa markiert das Ende der Fastenperiode und den Beginn von Krathin, der traditionellen Zeit, in der Mönche von den Gläubigen neue Roben oder andere Geschenke bekommen.

Der 23. Oktober ist der **Chulalongkorn Day,** der Todestag des Königs *Chulalongkorn* (Rama 5.).

In der Vollmondnacht wird *Mae Khongkha* gehuldigt, der Göttin der Flüsse und des Wassers. **Loy Krathong** ist das wohl malerischste aller Thai-Feste: Die Thais versammeln sich an Flüssen, Seen und Teichen und lassen kleine lotusförmige Gestecke aus Blumen und Blättern schwimmen. Auf diesen Gestecken *(krathong)* befinden sich eine Kerze, Weihrauch und eine Münze – Opfergaben für die Göttin. Am schönsten ist dieser Feiertag in Chiang Mai und in Sukhothai, wo eine bezaubernde Umgebung für ein unvergessliches Erlebnis sorgt.

Dezember

Am 5. Dezember wird der **Geburtstag von König Bhumipol Adulyadej** (Rama 9.) begangen. Der Tag gilt auch als „Vatertag“. Straßen und Häuser sind mit Lichtern, Flaggen und dem Portrait des Königs geschmückt.

Der 10. Dezember ist der **Tag der Konstitution,** ein allgemeiner Feiertag, ebenso wie der **31. Dezember,** der letzte Tag des Jahres.

Kunst und Kultur

Tanz

Es wird angenommen, dass der Thai-Tanz eigentlich aus der Puppenspielerei entstand.

Im 16. und 17. Jahrhundert wurden große Büffelfelle zu Figuren aus dem Ramakien (das Hindu-Epos Ramayana) zurechtgeschnitten. Diese Figuren wurden vor einer von Fackeln beleuchteten Leinwand von Puppenspielern geführt. In der Hitze des Spieles konnten die Spieler nicht umhin, sich mit den Emotionen der gespielten Szenen hin- und herzubewegen ... Schließlich tanzten die Puppenspieler mit den ansonsten unbeweglichen Puppen und brachten so die auszudrückenden Emotionen klarer hervor. Aus diesem Tanz entwickelte sich schließlich eine eigene Kunstform.

Die populärste Form des Tanz-Dramas ist der **Khon,** in dem Tänzer in bizarren Masken Episoden aus der Ramakien darstellen. Lediglich die Figuren Rama, Sita und Phra Lak treten ohne Masken auf, doch werden deren Gesichtszüge so unbeweglich gehalten, dass sie wie Masken wirken. Durch die maskierten bzw. ausdruckslosen Gesichter wird die Aufmerksamkeit der Zuschauer auf die Tanzbewegungen konzentriert. Der Tanz fordert den Darstellern ein enormes Maß an Körperbeherrschung ab, und trotz der tänzerischen Schwierigkeiten schaffen sie es, ein Bild von Anmut und Grazie zu vermitteln.

Noch anmutiger anzuschauen ist die Tanzform des **Lakhon,** von dem zwei Versionen existieren: *lakhon nay* („innerer Lakhon"), der ursprünglich nur innerhalb des Palastes aufgeführt wurde und *lakhon nork* („äußerer Lakhon"), der außerhalb des Palastes nur von Männern getanzt wurde.

Lakhon nay ist heute die populärere Form: Die Tänzerinnen sind in die farbenprächtigsten und fantasievollsten Kostüme gekleidet und bewegen sich fast gleitend und langsam einher. Dabei wird durch scheinbar unbedeutende und geringfügige Bewegungen die Handlung ausgedrückt.

Eine sehr derbe Form des *Lakhon* ist der Likay (sprich *likeh),* in dem oft nicht stubenreine Possen oder Szenen dargestellt werden. Dabei kann auch schon manches Mal auf das Publikum eingegangen und improvisiert werden. Der *Likay* ist eine Art dörfliche Version des *Lakhon,* und das Publikum ist entsprechend informell. Während der Vorstellungen, die die ganze Nacht dauern können, herrscht im Auditorium ein stetiges Kommen und Gehen.

In vielen Wats werden gelegentlich **chinesische Theaterdarbietungen** geboten, hauptsächlich in der Hauptstadt Bangkok, das eine große chinesische Bevölkerung aufweist. Die Darsteller sind in die buntesten und zum Teil absurdesten Kostüme gekleidet, die zum Vortrag kommenden Tanzdarbietungen sind dabei aber recht rudimentär und optisch nicht so attraktiv. Wie alle chinesischen Darbietungen, geht es recht laut zu, und das begleitende Orchester bemüht sich nach

Leibeskräften, alle Geister aus der Hörweite zu vertreiben.

Musik

Wie bei der Durian-Frucht, so muss man sich auch hieran erst gewöhnen: Beim ersten Hinhören ist die **klassische Thai-Musik** weder „verständlich" noch leicht verdaulich. Dem Uneingeweihten scheint die klassische Musik ein absurdes Neben-, Mit- und Gegeneinander der verschiedenen Melodiekaskaden, die die beteiligten Instrumente spielen. Thai-Musik wird in einer pentatonischen (also aus 5 Tönen bestehenden Tonleiter) gespielt, und das macht sie für westliche Ohren (die auf eine Tonleiter aus 8 Tönen ausgerichtet sind) zunächst sehr disharmonisch. Wie an die Durian gewöhnt man sich bei längerem Genuss aber auch hieran.

Das klassische **Phipat-Orchester** besteht aus Oboen-ähnlichen Blasinstrumenten *(phi nai)*, die von verschiedenen Rhythmusinstrumenten begleitet werden. Der Rhythmus wird von der *ching* vorgegeben, einer kleinen Art Schelle, die ihrerseits von mit Fingern geschlagenen Trommeln unterstützt wird. Die Melodie wird von zwei Arten *ranad* gespielt, einer Art Xylophon aus Bambusholz. Dazu kommen schließlich zwei Sätze Gongs *(gong wong)*, die gestimmt sind und mit denen man so Melodien spielen kann.

Des Weiteren spielt die traditionelle ländliche Musik Thailands eine wichtige Rolle. Vor allem der Musik-Stil **Mor Lam,** der aus Laos und Nordostthailand stammt, hat das ganze Land mit modernen Versionen alter Songs erobert. Dazu kann man gut tanzen.

Preng Phua Chiwit (Song for Life) sind Protestsongs à la *Bob Dylan,* die seit der Studentenbewegung in den 1970er Jahren sehr populär sind. *Ad Carabao,* der bekannteste Protestsänger, ist mittlerweile vom Revoluzzer zum schwerreichen Vertreiber des Aufputschdrinks *Carabao Daeng* geworden.

Soontree Wechanon, die bekannteste Folksängerin Nordthailands betreibt seit Jahren das Huan Soontree Restaurant in Chiang Mai, in dem die Sängerin allabendlich auftritt.

Schließlich hören die Thais auch gerne schnulzige Schlager, so genannte **Luk Thung** oder **Luk Grung.**

Literatur

Die Thais pflegten von je her die Tradition der mündlichen Überlieferung, und das erwies sich von Vorteil, als im Jahre 1767 Ayutthaya zerstört wurde und dabei das gesamte Schriftgut verloren ging. Dazu kommt, dass sich tropische Insekten mit Vorliebe auf Palmblatt-Papier stürzen, eher aus handfestem Überlebensinstinkt als aus literarischem Interesse.

Das Kernstück thailändischer Literatur ist die **Ramakien,** die sich von Indien aus (dort heißt sie Ramayana) über ganz Südostasien einschließlich Indonesien verbreitete.

Die Ramakien ist die Geschichte um den Gott-König *Rama* und dessen schöne und treue Ehefrau *Sita*. Diese

wird von dem Dämonenkönig *Tosakan* auf der Insel Longka (Sri Lanka) gefangen gehalten. *Tosakan* drängt *Sita, Rama* zu verlassen und stattdessen ihn zu ehelichen. Auf seiner Suche nach *Sita* wird *Rama* von seinem Bruder *Phra Lak* unterstützt, und gemeinsam widerfährt ihnen so manches Abenteuer. Rama gewinnt schließlich die Unterstützung des Affengottes *Hanuman,* der ein hervorragender, wenn auch gelegentlich neckischer Krieger ist. *Hanuman* und seine Armee von Affen bauen schließlich eine Brücke nach Longka, bekämpften das Monster *Tosakan,* der wie alle Bösewichte am Ende sterben muss, und befreien Sita.

Ist die Ramakien eigentlich indischen Ursprungs, so ist das klassische Werk **Khun Chang, Khun Phaen** ganz Thai. Darin geht es in einer Liebes-Dreiecksgeschichte um eine schöne junge Frau und ihre zwei Geliebten. Der eine ist ein kahlköpfiger Witwer, der andere ein gut aussehender, aber armer Bursche.

Dieses Stück, das so eine Art klassischer Schmachtfetzen ist, stammt aus der Ayutthaya-Periode und gibt einen guten Einblick in die zeitgenössischen Sitten und Moralvorstellungen dieser geschichtlichen Epoche.

Das Werk **Phra Aphaimani,** im 18. Jahrhundert von dem Dichter *Sunt-*

Musiker in Südthailand

Thai-Boxen

... oder *muey thai* ist so etwas wie der thailändische Nationalsport – eine Form des Boxens, die auf den ersten Blick grob und gewalttätig wirkt. Doch wie so häufig täuscht der erste Blick, und hinter dem Anschein von zügelloser Brachialgewalt verbirgt sich eine in hohem Maße reglementierte Sportart, die außerdem noch Unterhaltungswert besitzt.

Wie Judo, Karate oder Kung Fu war auch *muey thai* anfangs ein System der Selbstverteidigung, das von Kriegern angewendet wurde. Im Laufe der Zeit wurden die Bewegungsabläufe von den Lehrmeistern immer mehr ritualisiert und systematisiert, was die Boxkunst verfeinerte. Ein Nebeneffekt dessen war aber auch, dass die Bewegungsabläufe nun von den Lehrern an die Schüler unverändert weitergegeben werden konnten, und die Kampfart so in ihrer Form über die Generationen erhalten blieb.

Ein Thai-Boxkampf ist in erster Linie ein Männerereignis. Die Stimmung ist erregt bis chaotisch, Wetten werden abgeschlossen, und am heißesten geht es – wie so häufig – auf den Plätzen der 2. und 3. Klasse zu. Auf den Plätzen der 1. Klasse versammelt sich die etwas verhaltenere Geldaristokratie.

Vor dem eigentlichen Kampf – eine Thai-Boxveranstaltung besteht zumeist aus fünf oder mehr verschiedenen Kämpfen – nimmt ein Orchester mit klassischen Thai-Instrumenten neben dem Ring Platz. Dann betreten die zwei ersten Boxer den Ring, gefolgt von ihren Trainern und Assistenten. Wie die Boxer der westlichen Schule des Sportes tragen auch sie Boxshorts und zunächst auch einen Umhang, der zum Kampf abgelegt wird. Um den Kopf tragen die Thai-Boxer ein Stirnband, das ihnen von ihren jeweiligen Lehrmeistern verliehen wurde und als Glücksbringer fungieren soll. Doch auf einen einzigen Talisman will sich der Thai-Boxer nicht verlassen, und so trägt er um seinen Oberarm ein weißes oder buntes Band, in das ein Amulett eingenäht ist. So ausgestattet, kann dann nichts mehr schiefgehen, und das Vorspiel zum Kampf kann beginnen. Doch Moment einmal, haben die Boxer da nicht ihre Schuhe vergessen? Nein, ein Thai-Boxer kämpft mit blanken Füßen, an seinen Fäusten jedoch drohen 12 oder 16 Unzen schwere Boxhandschuhe.

Vor dem Kampfbeginn spielt sich ein festgelegtes Ritual ab: Das Orchester beginnt eine langsame, gleichförmige Kadenz zu spielen, während sich die Boxer niederknien und dreimal vor ihren Lehrmeistern verbeugen. Auf diesen *wai khru* oder „Gruß an den Meister" folgt eine Art ritualisierter Tanz, der *ram muey*. Dieser Tanz ist äußerst kompliziert zu erlernen, und die perfekte Ausführung dessen lässt ein bewunderndes Raunen durch die Zuschauerreihen gehen. Nebenbei soll der Tanz noch ein paar unglückverheißende Geister vertreiben und dem Gegner das Fürchten ob der eigenen Geschicklichkeit lehren.

Während des Kampfes, der fünf 3-Minuten-Runden dauert, wird mit allem gekämpft, womit sich schlagen lässt: Da wird mit den Füßen zugetreten oder mit dem Ellenbogen ein Seitenhieb verpasst; da wird mit den Fäusten gehämmert oder mit dem Knie gekickt. Mit allem darf geschlagen werden, mit Ausnahme des Kopfes, denn der ist auch einem Thai-Boxer dafür zu schade. Den ganzen Kampf hindurch begleitet das Orchester das Geschehen im Ring mit improvisiertem Getöse – je nach der Intensität im Ring, mal zaghaft, dann wieder wie ein entfesselter Orkan. Die Geräuschkulisse des Orchesters vermischt sich wieder um mit den Anfeuerungsrufen des erhitzten Publikums, das „seinen" Favoriten gewinnen sehen will.

Zuschauen

Die besten Orte, um sich selber unter ein Thai-Boxpublikum zu mischen, sind das Lumpini-Stadion an Rama 4, etwas östlich des Lumpini-Parks oder das Rajdamnoen-Stadion an der Rajdomnoen Nok Avenue, nahe der TAT in Bangkok.

Im **Lumpini Stadium** wird Di und Fr 18.30-23.00 Uhr sowie Sa 16.30-20.00 Uhr und 20.30-24.00 Uhr geboxt. Die Tickets sind nicht billig, sie kosten, je nach Sitzplatz und Leistungsklasse der teilnehmenden Boxer, 500-1.500 Baht; Tel. 02-2475385.

Die Veranstaltungen im **Rajdamnoen Stadium** finden So, Mo, Mi und Do 18.30-22.00 Uhr statt (Tel. 02-2801684).

Ernsthafte Interessenten könnten auch im **Muay Thai Institute** vorbeischauen, das sich in einem Vorort von Bangkok befindet (336/ 932 Prahonyothin 118 Vipravadee Road Prachatipat Thayaburee Prathumthanee Rangsit; Tel. 02-9920096-9, Fax 02-9920095. Mo-Sa 8.00-18.00 Uhr).

Weitere Informationen zum Sport findet man unter **www.wmcmuaythai.org.**

horn Phu geschrieben, ist die Geschichte eines aufmüpfigen Prinzen, der nichts mit dem Studium der Regierungskunst im Sinn hat, sondern sich voll und ganz dem Flötenspiele hingegeben hat. Der König und Vater des Prinzen ist verständlicherweise erbost über das Verhalten seines Nachfolgers, und der Sohn sucht das Weite. Nach einer Reihe von Abenteuern kehrt er schließlich an den Königshof zurück und wird am Ende – anders als der Königssohn Buddha – doch zum König gekrönt.

Die **moderne thailändische Literatur** macht vor allem soziale Themen zum Mittelpunkt, so wie die Armut auf dem Lande oder die Probleme von Landflüchtigen, die in der Stadt ein besseres Auskommen suchen, dafür aber Entfremdung und Einsamkeit finden. 2005 erschien in New York die Kurzgeschichtensammlung „Sightseeing". Der erst 25 Jahre alte Autor, *Rattawut Lapcharoensap,* hat ein außergewöhnliches literarisches Werk über Thailand vorgelegt, das sehr zu empfehlen ist (s. Anhang „Literaturtipps").

In den Buchläden Thailands gibt es eine schier endlose Auswahl an **billigen Thrillern und Bargirl-Romanen,** die in Bangkoks Rotlichtbezirk spielen. Sie sind alle schlecht geschrieben und werden nur solche Leser befriedigen, die ihr Leben sowieso in diesem Milieu verbringen. Einzig zu empfehlen in diesem Genre ist „Der Jadereiter" von *John Burdett,* der zwar auch einem Polizisten durch das Rotlicht-Milieu folgt, es aber dennoch schafft dem Leser thailändische Gegebenheiten span-

nend darzustellen ohne die üblichen Klischees zu bedienen.

Architektur

Thailands eigenständige Architektur konzentriert sich in erster Linie auf religiöse Bauwerke und hat so **Wats** geschaffen, die selbst dem wenig kunstkundigen Touristen ein ehrfürchtiges Staunen abzuringen in der Lage sind (siehe z.B. Wat Phra Kaeo, Wat Po oder Wat Arun in Bangkok). Die Thais haben Architekturelemente aus Indien, Kambodscha und China übernommen, und seltsamerweise verschmelzen diese Einzelteile zu einem ganz neuen, eigenen Stil. (Nicht weniger beeindruckend sind Thailands Paläste, bzw. deren Ruinen.)

Wat Tha Ruea auf Phuket

Jeder Teil an einem Wat hat eine symbolische Bedeutung. So sind die Sockel von Säulen z.B. wie Wasserlilien oder Lotusblüten geformt – ein Symbol für die Reinheit der Gedanken des Buddha. Besonders die Lotusblüte wird oft zu religiöser Symbolik herangezogen (so wie auch in Indien), da sich ihre Wurzeln im Schlamm und Schmutz des Teiches befinden, ihre Blüte aber faszinierend schön ist. Die flammenförmigen Gebilde an den Giebeln der Tempeldächer, die *chofa,* symbolisieren den Garuda, den mystischen Halb-Vogel, Halb-Menschen, auf dem Gott Vishnu reitet.

Alle anderen Elemente am Wat begründen sich ebenfalls auf Legenden und Mythen.

Malerei

Die inneren Wände eines *bot* oder *viharn* (siehe „Tempel-Terminologie") sind traditionellerweise mit filigranen Gemälden geschmückt. Diese erfüllten bis in die jüngste Vergangenheit einen didaktischen Zweck: Da die Mönche oft Männer von gehobener Bildung und großem Wissen waren, diente der Wat auch als ein Ort des Lernens für die einfacheren Bevölkerungsschichten. Die mit religiösen Motiven bemalten Wände dienten so als Schautafeln und sagten manchem simplen Dorfbewohner mehr als tausend Worte.

Das Hauptthema der **Tempelgemälde** ist das Leben des Buddha sowie der Werdegang der Seelen auf ihrer Suche nach Erlösung von den Wiedergeburten.

Die hintere Wand der Tempel zeigt üblicherweise *maravijaya,* oder den „Sieg über Mara". Mara symbolisiert die dunklen Kräfte, die den Buddha während seiner Meditation vom Erreichen des Nirvana abhalten wollten. Buddha zu Hilfe kommt *Mae Torani,* die Göttin der Erde, die sich ihr langes Haar auswindet, aus dem eine Flut von Wasser fließt, das Buddhas Feinde schließlich vertreibt (siehe den Torani-Brunnen an der Nordostseite des Sanam Luang in Bangkok).

Beispiele für Sprachgemeinsamkeiten

Deutsch	**Sanskrit**	**Thai**
Zahn	danta	fan
Gans	hansa	hongse
Saal	sala	sala
Mensch	manushya	manut
Minister	mantrin	montri
Nase	nasika	nasik
Wissenschaft	vidhya	wittayasaat
Weste	vastra	pastraporn
	(formell für „Kleidung")	

Die Sprache

Die offizielle Landessprache Thailands ist **Thai** *(phasa thai),* das der sino-tibetischen Sprachenfamilie zuzuordnen ist. Ein erheblicher Wortschatz stammt zudem aus dem Sanskrit, dessen Ableger **Pali** auch heute noch die heilige Sprache der Buddhisten ist. Alle wichtigen religiösen Schriften der Buddhisten sind in Pali verfasst, und diese Sprache gehört somit zum Pflichtfach eines jeden thailändischen Mönches. Der Sanskriteinfluss macht sich vor allem bei den Familiennamen bemerkbar, als auch bei den offiziellen Bezeichnungen für Ämter oder Würdenträger.

Da das Deutsche ebenfalls mit dem Sanskrit verwandt ist – beide Sprachen gehören der indo-germanischen Sprachgruppe an – kommt es tatsächlich zu einigen Sprachgemeinsamkeiten zwischen Thai und Deutsch! Wer weiß, wie Thai klingt, wird nicht wenig erstaunt darüber sein!

Der Laie wird allerdings Schwierigkeiten haben, diese Gemeinsamkeiten in einem Gespräch mit einem Thai herauszuhören.

Was das Thai für europäische Zungen und Ohren so schwierig macht, sind die darin vorkommenden **fünf verschiedenen Tonhöhen** oder Tonfälle. Ein Wort kann praktisch 5 verschiedene Bedeutungen haben, je nachdem in welchem Tonfall es gesprochen wird. Die Tonfälle können sein: Steigend, fallend, steigend und dann abfallend, abfallend und dann steigend oder gleichbleibend. Klingt konfus? Für jemanden, der länger im Lande bleiben will, sind elementare Thai-Kenntnisse fast ein Muss: Nur wenige Leute außerhalb der Touristen-Ghettos sprechen Englisch, selbst in Bangkok kann es Probleme geben. (Bei der Untersuchung einer Universität kam heraus, welcher Berufszweig in Thailand das beste Englisch sprach: Es waren die Bar-Girls!)

Das Thai – eine Sprache mit „Kastensystem"

Das Thai ist eine Sprache mit einem sehr differenzierten Wortschatz, und je nach dem beabsichtigten **Höflichkeitsgrad** hat man oft die Wahl zwischen mehreren Begriffen für ein und dieselbe Sache. Im Umgang mit dem **König** wird sogar eine eigene, stark Sanskrit-lastige Sprache gesprochen, das **Rajasap** (von Sanskrit *raja-shabda*: „königliche Worte"). Da kaum ein Thai vom Rajasap mehr als ein paar Worte beherrscht, hat der Großteil der Bevölkerung Hemmungen, mit dem König zu parlieren. Bei seinen Dorfbesuchen bemüht man sich, so höflich und „hochgestochen" wie möglich mit dem Monarchen zu sprechen. Die unvermeidlichen verbalen Fehltritte werden als Mangel an Bildung ausgelegt, nicht als böse Absicht.

Aber auch in der Alltagssprache gibt es viele Feinheiten zu beachten. So existieren für die **persönliche Anrede** mehrere Möglichkeiten:
müng = du (sehr grob und pöbelhaft)
thö = du (etwas derbe, aber oft unter guten Freunden oder Verwandten üblich)
khun = Sie (formell und höflich; die geläufigste Anredeform, mit der man nie allzu falsch liegen kann)
than = Euer Hochwürden (bei Mönchen und anderen sehr hochgestellten Personen; Thai Airways spricht bei den Borddurchsagen so die Fluggäste an)

Die besseren Buchläden in Bangkok bieten eine Vielzahl von Wörter- oder Lehrbüchern in Englisch für Thai an, doch lassen viele die tonalen Zeichen einfach weg. Ohne diese tonalen Zeichen sind die Bücher jedoch wertlos, da die betreffende Vokabel unmöglich richtig ausgesprochen werden kann!

Die in den verschiedenen Landesteilen gesprochenen **Dialekte** können sehr unterschiedlich sein – fast wie eng verwandte, fremde Sprachen – und wer in Bangkok-Thai kommuniziert, muss noch lange nicht das Issaan-Thai (phaasa issaan) verstehen.

Bei den **Bergvölkern** wird die Kommunikation wohl im Allgemeinen noch schwieriger, da diese ihre jeweils eigenen Sprachen sprechen. Einige der Stämme haben Muttersprachen, die der Mon-Khmer-Sprachfamilie angehören, so die Mon, Palaung und Wa. An der Grenze zu Malaysia ist Yawi, ein Dialekt des Malaiischen, weit verbreitet, Thai ist jedoch die Amtssprache und wird auch von Nicht-Moslems gesprochen.

Die **Thai-Schrift** wird seit dem 13. Jahrhundert benutzt und wurde von König *Ramkamhaeng* aus der Devnagari-Schrift entwickelt, in der Sanskrit geschrieben wurde. Da es schwierig ist, Thai-Begriffe in unser Schriftsystem zu transkribieren, kommt es immer wieder zu den verschiedensten Schreibweisen für ein und dieselbe Thai-Vokabel. Dieses ist zu beachten, wenn sich gelegentlich Orts- oder Eigennamen in diesem Reiseführer nicht exakt mit den korrespondierenden Worten in anderen Büchern decken.

Thai-Schulen

Hier eine Auswahl von **Sprachschulen** mit gutem Ruf. Das Angebot reicht von sehr preiswert (z.B. *A.U.A.* 60 Std. Unterricht zu 3.900 Baht) bis zu teuer und exklusiv (20 Std. Privatunterricht bei Berlitz Sukhumvit zu 12.500 Baht). Das billigste ist natürlich nicht immer das beste, die Kurse von A.U.A. werden jedoch häufig gelobt. Im Times Square Building in Sukhumvit befinden sich mehrere Schulen, sodass man dort gut auf „Shopping-Tour" für einen Sprachkurs gehen kann.

- **A.U.A.,** 179 Rajdamri Rd., Bangkok 10330, Tel. 02-2528170, Anschluss 3201, Fax 02-2528398, www.auathailand.org
- **A.U.A.,** 73 Ratchadamnoen Rd., Chiang Mai 50200, Tel. 053-211973, aualanna@loxinfo.co.th
- **Berlitz Language Center,** 2nd Floor, Times Square Bldg., 246 Sukhumvit (zwischen Soi 14 und 16), Bangkok 10110, Tel. 02-2556070, Fax 02-2556075, www.berlitz.co.th
- **Berlitz Language Center,** 22th Floor, Silom Complex, 323 Silom Rd., Bangkok 10500, Tel. 02-2311222, Fax 02-2311219, www.berlitz.co.th
- **Inlingua,** 7th Floor, Central Chidlom Tower, Ploenchit Rd., Bangkok 10330, Tel. 02-2547028-30, Fax 02-2547098, www.inlinguathailand.com
- **Kingswood Language Centre,** 826/4 Sukhumvit Soi 55, Bangkok 10110, Tel./Fax 02-2586920
- **Nisa Language School,** 32/1-16 Yenakart Rd., Sathorn, Bangkok 10120, Tel. 02-6713359-60, Fax 02-671361, nisathai@cmcoms.com
- **Pro Language,** 10th Floor, Times Square Bldg., 246 Sukhumvit (zwischen Soi 14 und 16), Bangok 10110, Tel. 02-2500072-3, Fax 02-2500129, www.prolanguage.co.th
- **Unity Thai Language School,** 15th Floor, Times Square Bldg., 246 Sukhumvit, Bangkok 10110, (zwischen Soi 12 und 14), Tel./Fax 02-6531583
- **Union Language School,** CCT (Christian Church of Thailand) Bldg., 109 Suriwong Rd., Bangkok 10500, Tel. 02-2334482, union_lang@yahoo.com

Literaturtipp

Dem Reisenden sei hiermit das im gleichen Verlag erschienene **„Thai – Wort für Wort"** (Kauderwelsch-Band 19) empfohlen, das die Sprache leicht erlernen lässt. Wer die Sprache schon zu Hause am Computer lernen möchte, kann mit dem **Kauderwelsch digital** das komplette Buch auf den Bildschirm bringen und sich per Mausklick jedes Wort vorsprechen lassen. Das Buch wird zudem ergänzt durch eine **mobile Version inklusive Vokabeltrainer auf dem Handy.** Näheres siehe auf der Homepage des Reise Know-How-Verlags.

Medien

Presse

Zwei **englischsprachige Morgenzeitungen** erscheinen in Thailand, die *Bangkok Post* (Aufl. ca. 56.000) und *The Nation* (Aufl. ca. 45.000). Preis jeweils 25 Baht.

Die hervorragenden *Bangkok Post* und *The Nation* gehören zu den besten Tageszeitungen Asiens und sind seit langem die Standard-Morgenlektüre vieler Thailand-Besucher.

Die *Bangkok Post* scheint manchmal die aktuellere der beiden zu sein, dafür hat die *Nation* mehr „Biss" und spart nicht mit Kritik an der Regierung. Der internationale Nachrichtenteil ist in beiden Blättern sehr umfangreich und besser als vieles, das in heimischen Landen gedruckt wird.

Das beste **englischsprachige Stadtmagazin** ist *Farang Untamed Travel* (www.untamed-travel.com), das monatlich erscheint und von der *Bangkok Post* vertrieben wird, 100 Baht kostet und ausführliche Tipps in Sachen Hotels, Bars und Restaurants gibt.

Eine internationale Ausgabe der *International Herald Tribune* (nachmittags) wird zumeist nur in größeren Buchläden verkauft. Eine lokale Ausgabe, *Thai Day*, ist überall erhältlich und bietet gelegentlich kritische Artikel zur Politik in Thailand.

Alle guten Buchhandlungen führen auch die Asien-Ausgaben von *Time* und *Newsweek*. Beide erscheinen dienstags und kosten 120 Baht.

Wer **Nachrichten aus Deutschland** sucht, dem bieten einige Zeitungshändler Abhilfe, die deutsche Magazine und Zeitungen führen. Zahlreiche befinden sich am Patong Beach in Phuket, in Pattaya, einige auf Ko Samui und in Bangkok (z.B. Villa Supermarket, Sukhumvit Soi 5, D.K. Books, Suriwong Rd., Ecke Patpong, Teck Heng Bookshop, Charoen Krung Rd., nahe Einmündung Silom Rd., mehrere Läden in der Khao San Rd.). *Spiegel* und *Focus* kosten je 270 Baht, weiterhin gibt es *Bild* und sogar das eine oder andere Fußballmagazin (z.B. am Patong Beach). Die Zeitschriften sind oft schon einen Tag nach dem deutschen Erscheinungstermin erhältlich.

Über die Internetseite www.thepaperboy.com finden sich die Webseiten zahlreicher deutschsprachiger Zeitungen.

Radio

Insgesamt senden in Thailand an die 450 FM- und AM-Stationen, knapp 100 davon in Bangkok. Die Programme sind für westliche Besucher allerdings nicht sehr interessant; die gesendete Musik ist zumeist seichter Pop, Thai oder Englisch. Englischsprachige Nachrichtenprogramme werden oft leider in derart schlechtem Englisch präsentiert, dass das Zuhören zur Qual wird.

Wer einen Kurzwellenempfänger hat, kann die Programme der BBC, Voice of America oder Radio Australia überall im Lande klar empfangen.

Internet-Radio

Über das Webportal www.publicradiofan.com können zahlreiche **deutsche Radiostationen** gehört werden.

Fernsehen

... dürfte in Thailand nur mäßig interessant sein, weil die Programme meist auf Thai gesendet werden, auch ist das Niveau nicht immer das anspruchsvollste. Seichte Unterhaltungsprogramme, Quiz-Shows und Seifenopern beherrschen den Bildschirm. Es gibt **7 Stationen:** Channel 3 (privat), Channel 5 (in Militärbesitz), Channel 7 (in Militärbesitz; Sendezeit wird aber auch an privat vermietet), Channel 9 (staatlich), Channel 11 (in Besitz des Erziehungsministeriums) und den privaten Sender iTV. Gut und bissig ist der Sender Nation TV, der derselben Mediengruppe angehört wie die Zeitung The Nation; die Programme sind jedoch fast ausschließlich auf Thai.

Viele Haushalte in Thailand sind heute verkabelt oder haben eine Satellitenschüssel auf dem Dach. Wer in den besseren Hotels wohnt, kann

wahrscheinlich ebenfalls eine Reihe von Satelliten- oder Kabelkanälen empfangen. Dazu gehören **Star TV** (mehrere Kanäle), die Musiksender **MTV** und **Channel [V], BBC-TV, IBC, CNN, Fox-News** u.a. Zu empfangen ist auch das Programm der Deutschen Welle, **DW TV,** das abwechselnd in Deutsch und Englisch gesendet wird. Die Programme sind auch übers Internet zu empfangen. Viele Hotels bieten zusätzlich hauseigene Videoprogramme.

Kino

Kinos, die thailändische oder drittklassige Hongkong-Filme zeigen, gibt es in jeder Provinzstadt, in Bangkok zeigt eine Reihe von Kinos dazu ausländische Filme, in Englisch mit Thai-Untertiteln. Zu jeder beliebigen Zeit, kann man in Bangkok ein gutes halbes Dutzend (meistens) amerikanische Filme sehen. Leider wird das Programm nicht sehr häufig geändert, die meisten Filme laufen gleich wochenlang, da jeder Film mit einer hohen Importsteuer belastet ist.

Bei einheimischen Produktionen handelt es sich meist um herzzerreißende Liebesdramen, Komödien, Horrorfilme oder um derbe Haudrauf-Filme im Kung-Fu-Stil. In den letzten Jahren hat die Filmindustrie in Thailand allerdings einen großen Aufschwung erlebt. Auch ernsthaftere Filme, die internationale Preise gewinnen, werden gelegentlich produziert.

Besonders zu empfehlen sind die Filme von *Pen-Ek Ratanaruang*, vor allem „Last Life in the Universe" und „69" sowie der Thriller „Bangkok Dangerous" von *Danny Pang*, der in Hollywood mit *Nicolas Cage* nochmal gedreht werden soll.

Die englischsprachigen Tageszeitungen *Bangkok Post* und *The Nation* drucken täglich das **Kinoprogramm** mit ausländischen Filmen. Der **Eintrittspreis** liegt in Bangkok üblicherweise bei 100-140 Baht. Die besseren Kinos verfügen über **Superdeluxe-Vorführräume** („Gold Class" oder „Emperor Class") mit nur 50 oder 60 Sitzen. Hier kann man es sich in wunderbar gepolsterten Sesseln bequem machen, die einen First-Class-Vielflieger vor Neid erblassen lassen würden. Auf Wunsch kann man sich von Personal in weißen Handschuhen Getränke oder Snacks servieren lassen. Die Ticketpreise in dieser Luxusklasse liegen üblicherweise bei 500 Baht, bei einigen Kinos etwas außerhalb des Stadtkerns von Bangkok auch darunter. Die Luxusklasse gibt es unter anderem in Kinos im Discovery Center (Rama 1 Rd.), Siam Paragon Shopping Center (Rama 1 Rd.), Centralword Shopping Center (Rajdamri Rd.), Big C Shopping Center (Rajdamri Rd.) und Emporium Shopping Center (Sukhumvit, Ecke Soi 24).

Reklamewagen für die bekannte thailändische Rock-Band Carabao

Etwas ärgerlich ist, dass viele Filme aufgrund eines Pornographiegesetzes aus dem 19. Jh. (!) zensiert werden. Intime Körperteile, auch weibliche Busen, werden durch Weichzeichnung unkenntlich gemacht, und erotische Szenen werden meist völlig herausgeschnitten. Leider gilt dasselbe nicht für Gewaltszenen.

Vor der Filmvorführung wird die **königliche Hymne** gespielt, zu der jeder Besucher aufzustehen hat.

Das **Bangkok Film Festival** ist inzwischen regional eines der besten. Über hundert internationale Produktionen werden in diversen Kinos in Bangkok gezeigt. 2005 feierte *Roman Polanski* die Premiere seiner Produktion „Oliver Twist" in Bangkok. Das Festival findet im Oktober statt.

Das **Bangkok International Film Festival** findet im Februar statt und konzentriert sich weniger auf westliche Unterhaltungsfilme, sondern mehr auf neue Produktionen aus der Region. Dennoch sind der Westen und besonders Hollywood gut vertreten. Im Jahre 2004 hatte der deutsche Regisseur *Werner Herzog* eine Retrospektive. 2005 waren *Michael Douglas, Oliver Stone* und *Jeremy Irons* zu Gast in Bangkok (www.bangkokfilm.org).

Wirtschaft

Thailand ist an erster Stelle ein Agrarland, und erst an zweiter Stelle steht die Produktion von Industriegütern. Dieses verdeutlichen die folgenden Zahlen: Etwa 65 % der arbeitenden Bevölkerung sind in der Landwirtschaft beschäftigt, nur 11 % dagegen in der Industrie.

Als wichtigste **Agrargüter** exportiert Thailand (in der Reihenfolge ihrer Bedeutung) Fisch- und Krabbenprodukte, Reis, Tapioca-Produkte, Gummi, Zucker und Mais.

Die zehn einträglichsten **Industrieprodukte** sind Textilien, Microchips, Stoffe, Computer, Schmuck und Edelsteine, integrierte Schaltungen, Schuhe, Plastikprodukte und Möbel- bzw. Möbelteile.

In den achtziger Jahren erlebte Thailand ein enormes **Wirtschaftswachstum,** was nicht zuletzt auf massiven Investitionen aus westlichen Ländern und Japan beruhte, aber auch auf dem Tourismus, der der größte einzelne Devisenbringer ist. Über viele Jahre verzeichnete die Wirtschaft jährliche Zuwachsraten von 7, 8 oder gar über 10 Prozent.

Das durchschnittliche **Monatseinkommen** stieg auf fast **200 US$ pro Kopf,** und Thailand galt als einer der dynamischen „asiatischen Tiger", eine der aufstrebenden Industrienationen des Kontinents.

1996, während der Amtszeit von Premierminister *Banharn Silapa-archa,* setzte jedoch ein rapider **Abstieg** ein, hervorgerufen durch einen schwachen Export, Überschuldung, finanzielles Missmanagement und, nicht zuletzt, durch die allgegenwärtige Korruption. Häufig wurden von den Politikern solche Maßnahmen ergriffen, durch die sie sich zwar selber die Taschen füllen konnten, die dem Lande aber nur schadeten. Premierminister *Banharn* z.B. verlegte noch schnell ein paar Sitzungen vor seine Amtsaufgabe 1996, die eigentlich für die Zeit nach seinem Rücktritt geplant waren und die somit eigentlich sein Nachfolger hätte führen müssen; bei diesen Sitzungen waren über 100 Entscheidungen zu treffen. Der bauernschlaue *Banharn* sicherte sich so die Möglichkeit, selbst von diesen Entscheidungen zu profitieren, anstatt den Gewinn seinem Nachfolger zu überlassen.

Thailands Außenhandelsdefizit stieg rasant, ebenso die **Verschuldung.** Unter der Regierung von *Chavalit Yongchaiyudh,* Premierminister von Dezember 1996 bis November 1997, verschlimmerte sich die Lage weiter, und die Regierung sah sich gezwungen, die **Koppelung des Baht an den US-Dollar aufzuheben** („floating"). Zuvor hatte die thailändische Zentralbank vergebens versucht, den Baht durch Dollar-Verkäufe zu stützen. Im Verlauf der von vornherein zum Scheitern verurteilten Aktion verlor die Zentralbank 25 Mrd. Dollar, was den Großteil der thailändischen Reserven ausmachte. Die Restreserven betrugen noch ca. 15 Mrd. US$; denen standen aber Auslandsschulden von über 90 Mrd. US$ gegenüber (staatliche sowie private). Die meisten der Gelder waren in „unproduktive" Projekte gesteckt worden, vor allem riesige Appartement-Gebäude und Hotels. Viele von ihnen stehen nun leer.

Nach der Abkopplung vom US-Dollar sank der Baht im Verhältnis zu allen wichtigen Weltwährungen sogleich stark ab. Der stete **Verfall der thailändischen Währung,** wie auch der immer schwächer werdende Arbeitsmarkt – Tausende von Unternehmen gingen bankrott – zwangen den widerborstigen *Chavalit* im November '97 schließlich zum Rücktritt.

Thailand hatte sich mittlerweile einen **Kredit vom International Monetary Fund** (IMF) von 17, 2 Mrd. US$ gesichert, der dem Land zunächst aus dem Ärgsten heraushelfen sollte. Der Kredit war aber, wie immer wenn der IMF einen Kredit erteilt, an strikte wirtschaftliche Auflagen gebunden.

Die Tatsache, dass eine von Ausländern geführte Organisation nun **das Sagen über Thailands Finanzpolitik** haben sollte, traf das auf seine Freiheit so stolze Land sehr tief. Es blieb ihm aber keine andere Wahl, Thailand stand in vielen Momenten direkt vor einem Staatsbankrott. Bald darauf konnten die Thais sich damit trösten, dass der IMF auch Süd-Korea und Indonesien, die beide ebenfalls tief in einer Wirtschaftskrise steckten, mit Krediten unter die Arme greifen musste.

Viele andere Länder Südostasiens befanden sich in einer ähnlich misslichen Lage. Bis zum Januar '98 hatte die thailändische Währung in einem halben Jahr die Hälfte ihres Wertes verloren. Darüber freuen konnten sich nur die Touristen, die nun weit mehr Baht für ihre ausländischen Devisen bekamen als jemals zuvor.

Dann **erholte der Baht sich** allmählich wieder und in den letzten Jahren veränderte sich sein Wert nur geringfügig.

Thailand, lange als „asiatischer Tiger" gepriesen, war eine kranke Hauskatze geworden, von der niemand zu sagen wagte, ob sie jemals wieder auf die Beine kommen würde. Nach Ansicht vieler Beobachter wird **Thailands Wirtschaft nur wieder gesunden** können, wenn einige seiner Grundprobleme ausgemerzt werden – Korruption, Vetternwirtschaft, Inkompetenz und Laissez-Faire –, und darauf wagt kaum jemand zu hoffen.

Premierminister *Thaksin* plante, die Wirtschaft durch gigantische Großprojekte in Milliarden-Euro-Höhe anzukurbeln; eines davon war der 3,2 Mrd. Euro teure neue Flughafen Bangkoks. Der Verdacht lag aber nicht fern, dass der Premierminister – ein mit allen Wassern gewaschener Geschäftsmann – und seine Parteifreunde nicht unerheblich von den Projekten profitieren würden. Allgemein verbreitete die Regierung *Thaksin* Unwohlsein unter ausländischen Investoren, und ausländische Direktinvestitionen gingen stark zurück. Derzeit liegt das **Wirtschaftswachstum** bei ca. 3,5-4 %, weit unter den 8-10 %, die der als großspurig bekannte *Thaksin* seinen Wählern zuvor versprochen hatte.

Tourismus

Seit Mitte der 1970er Jahre konnte Thailand stets steigende Touristenzahlen erreichen, bis der Tourismus in den 1980er Jahren schließlich der größte Devisenbringer des Landes wurde.

Thailands touristischer Erfolgskurs begann in vollem Maße im Jahre 1987, das zum „Visit Thailand Year" erklärt worden war. In diesem Jahre feierte der thailändische König seinen 60. Geburtstag, ein wichtiger Meilenstein in thailändischen Augen (5 mal 12 „Lebenszyklen"), und man nahm die dazu veranstalteten Feierlichkeiten zum Anlass, in verstärktem Maße Touristen ins Land zu locken.

Auch danach stiegen die Touristenzahlen beständig. 2002 besuchten um die 11 Millionen Touristen das Land. 2003 mussten allerdings wegen SARS und dem Krieg gegen den Terror große Einbußen hingenommen werden. Ende 2004 schlug dann der **Tsunami** in Südasien zu, was sicher noch ein paar Jahre Auswirkungen auf den Tourismus an der Westküste Thailands haben wird. Der Rest des Landes hat sich allerdings längst erholt.

2005 besuchten **etwa 12 Mio.** Touristen das Land. Etwa 400.000 davon kamen aus Deutschland, 120.000 aus der Schweiz und 50.000 aus Österreich. Mit derzeit fast einer Million Einreisen pro Jahr stellen die **Malaysier** die größte Gruppe der Touristen. Die meisten verbringen einen ein- oder zweitägigen Kurzurlaub in Thailand.

Ob das so bleiben wird, muss abgewartet werden. **Unruhen, Bomben und Staatsgewalt im tiefen Süden** Thailands sind unter der Regierung *Thaksin* in den letzten Jahren immer weiter außer Kontrolle geraten und selbst buddhistische Mönche und Lehrer fallen regelmäßig Attentaten zum

Opfer. Die Beziehungen zu Malaysia sind seit der Flucht von 131 Thai Bürgern über die Grenze im September 2005 sehr angespannt.

Bisher haben die Probleme der drei südlichsten Provinzen Thailands, in denen Teile der (meist moslemischen) Bevölkerung für größere Autonomie bzw. Unabhängigkeit kämpfen, keinerlei Auswirkung auf Urlaubsinseln wie Phuket. Mit dem globalen Krieg gegen den Terrorismus haben die Unruhen nichts zu tun und daher kann man optimistisch bleiben und hoffen, dass Thailand vor Katastrophen wie dem Attentat auf Bali verschont bleibt.

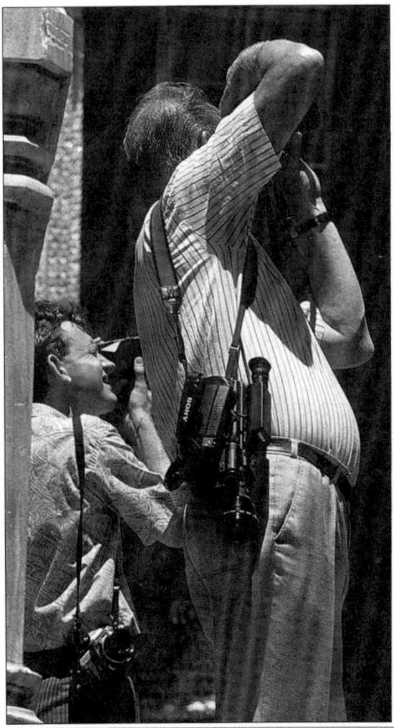

Mit Einnahmen von 10 Mrd. € (2005) ist der Tourismus der wichtigste Devisenbringer des Landes, gefolgt - mit großem Abstand - vom Textilexport. Kein Wunder, dass die Tourismusbehörde TAT für die nahe Zukunft Zahlen von über 15 Mio. Besuchern anvisiert.

Die negativen Folgen des Tourismus-Booms

Einem weiteren Anstieg des Tourismus - der aufgrund Thailands vielfältiger Attraktionen durchaus denkbar wäre - steht vor allem ein Problem entgegen: die **Umweltzerstörung.** Fehlende Planung, Korruption sowie ein nur schwach ausgeprägtes oder gar nicht vorhandenes Umweltbewusstsein haben einige Touristenziele innerhalb eines Jahrzehnts in ökologische Sorgengebiete verwandelt.

Das beste (oder schlimmste) Beispiel ist die Insel Ko Phi Phi Don, einst eine **Paradiesinsel** wie aus dem Bilderbuch, die heute mit **Müll** übersät ist. Auf Phuket hat der Bau-Boom des letzten Jahrzehnts der herrlichen Natur erheblich zugesetzt. Weniger eklatante Beispiele gibt es noch reichlich. Thailand läuft heute Gefahr, die Gans, die die goldenen Eier legt (sprich die wunderschöne und vielfältige Natur des Landes) aus Unwissenheit und Profitgier zu schlachten.

Um die ökologischen Probleme zu begrenzen, hat die TAT gelegentlich Pläne laut werden lassen, in Zukunft hauptsächlich *quality tourists* anzulocken, d.h. solche, die nur kurz bleiben, aber viel ausgeben. Dies ist jedoch nicht nur eine sehr undankbare Haltung (gegenüber den weniger betuchten Besuchern), sondern eine sehr kurzsichtige, denn es sind zumeist nicht die Touristen, die die Umwelt verschandeln, sondern einheimische Tourismus-Unternehmen, die – mit Hilfe von korrupten Lokalpolitikern und Polizisten – die bestehenden Umweltvorschriften unterlaufen. Gelegentlich wird eine überflüssige Straße oder ein anderes Projekt in die Natur gesetzt, nur weil ein Kommunalpolitiker dadurch eine Provision von der Baugesellschaft einstreichen kann. An vielen Stränden lässt sich beobachten, welche Mengen Müll thailändische Tagesausflügler hinterlassen.

Thailands Behörden werden in den nächsten Jahren massive Anstrengungen unternehmen müssen, dieses von der Natur so gesegnete Land vor weiterem Schaden zu bewahren. Diese Maßnahmen können jedoch nur greifen, wenn gleichzeitig auch massiv gegen die allgegenwärtige Korruption angegangen wird. Die Hoffnung auf letzteres ist sehr gedämpft.

Prostitution

Eng verknüpft mit dem Tourismus ist die hinlänglich bekannte Prostitution in Thailand, so scheint es zumindest auf den ersten Blick. Bangkoks Massage-Parlours, Go-Go-Bars und Coffee Shops haben mittlerweile traurigen Weltruhm erlangt, und wahrscheinlich etwa 14 % des thailändischen Bruttosozialprodukts werden durch Prostitution erwirtschaftet.

Die ersten Bordelle der Stadt hatten sich Anfang des 19. Jh. entlang der Sampeng Lane in Chinatown etabliert. Die damaligen Prostituierten stammten alle aus der chinesischen Provinz Kanton, erst später kamen thailändische Frauen dazu. Allen Prostituierten wurde der chinesische Vorname „Kim“ gegeben, und auch die thailändischen (damals „siamesischen“) Frauen mussten sich so nennen, wenn sie sich denn auf diese Art und Weise ihr Brot verdienten. Die Prostituierten hießen also alle Kim Lung, Kim Hiang, Kim Kie etc. Da Sampeng das Zentrum der Prostitution war, wurde der Ausdruck „Frau aus Sampeng“ gleichbedeutend mit „Prostituierte“.

Sampeng war das geeignete Pflaster für lockere Damen, denn in der Umgebung hatten sich viele Immigranten, vor allem aus China, angesiedelt und lebten nun fernab von Frau und Familie. Langsam wurden Polygamie und das „Sammeln“ von Konkubinen zu einer Art Statussymbol. Zur gleichen Zeit wurde der thailändische Adel „durchsichtiger“, und es wurde bekannt, in welchem verzwickten Netz von Frauen, Nebenfrauen und Konkubinen dessen männliche Mitglieder zu leben pflegten. Diese Tradition von Hauptfrauen und Nebenfrauen existiert noch heute. Im Thai gibt es sowohl eine Vokabel für das rechtlich angetraute Weib, *mia-luang,* als auch für die „Nebenfrau“, *mia-noy* (wörtlich Hauptfrau bzw. kleine Frau).

Allmählich wurde das „Recht" auf mehrere Frauen zu einer legitimen, sozial akzeptierten Angelegenheit, und Prostituierte fanden einen festen Platz in der Gesellschaft.

Als in den 1960er Jahren der Vietnam-Krieg wütete, entspannten sich die amerikanischen G.I.'s gerne bei den vielen tausend *service girls,* die sie in Thailand vorfanden. Als die Kunde vom offensichtlichen Reichtum der fremden Soldaten weitere Mädchen in die Nähe der Militärbasen lockte, war der zweite Bordell-Boom hereingebrochen. Es wird geschätzt, dass die amerikanischen Soldaten Ende der 1960er etwa 400 Mio. Baht pro Jahr ausgaben, etwa genauso viel wie 250.000 Thais durchschnittlich pro Jahr verdienten!

Auf die Soldaten folgten schließlich die Touristen. Waren es in den 1970er Jahren stets doppelt so viel männliche wie weibliche **Touristen,** die Thailand besuchten, so herrscht heute etwa ein Verhältnis von 60/40.

Gemäß verschiedenen Schätzungen gibt es in Thailand einige Hunderttausend bis gar zwei Millionen Prostituierte. Eine „Studie" der thailändischen Regierung im Jahre 1997 nannte eine lächerliche Zahl von etwas über 70.000 – ein schlechter Scherz in den Augen von Landeskennern. Alleine in Bangkok dürften es schon weit mehr sein. Untersuchungen von nichtstaatlichen Hilfsorganisationen gehen von über 800.000 minderjährigen Prostituierten aus, von den volljährigen ganz zu schweigen. Auch dieses scheint jedoch etwas am Ziel vorbeizuschießen. Realistisch betrachtet dürfte die Zahl bei **500.000–1 Mio.** liegen.

Doch was sind die Gründe für die verblüffend hohen Zahlen? Zunächst natürlich das Geld. **Arbeitsplätze** für Mädchen sind besonders auf dem Lande **rar.** Die wenigen, die es gibt, bringen kaum etwas ein. Selbst in Bangkok verdient eine Kaufhaus-Angestellte kaum über 6.000 Baht im Monat, auf dem Lande verdient ein Mädchen oft nur 2.000 Baht. Häufig müssen die Mädchen noch ihre Familien unterstützen und für die Ausbildung ihrer jüngeren Geschwister sorgen, was in Thailand als selbstverständlich gilt. Das Geld reicht vorne und hinten nicht, wie verlockend (besser: zwingend) ist es da, in einem „Massage-Salon" 20.000 Baht oder mehr zu verdienen?

Nicht ganz unschuldig an der hohen Zahl von *service girls* sind auch Thailands Männer. Auf dem Lande wird oft im Alter von 18 oder 19 geheiratet, ein Jahr später ist das erste Kind da, und noch 2 oder 3 Jahre später setzt sich der Vater ab – auf Nimmerwiedersehen. Den jungen Müttern fällt somit die Erziehung der Kinder anheim, Geld muss verdient werden, und möglicherweise müssen noch die eigenen Eltern unterstützt werden.

Viele Eltern, besonders im armen Nordosten, sehen sich gezwungen, ihre Tochter an einen Zuhälter zu verkaufen. Der Durchschnittspreis beträgt 20.000–30.000 Baht. Der Zuhälter steckt das Mädchen in eines seiner Bordelle, wo es diese Summe „abzuarbeiten" hat. Wann das Geld abgearbeitet ist, bestimmt selbstverständlich der Zuhälter selber. Bezeichnenderweise stammen 48 % der Prostituierten aus dem Norden, 26 % aus dem Nordosten, 20 % aus Zentralthailand und nur 2 % aus dem relativ wohlhabenden Süden. Andere Studien bringen häufig andere Zahlen, die Dominanz des Nordens ist aber allgemeingültig.

Die meisten Mädchen des Gewerbes bekommen nur selten einen Ausländer oder Touristen zu sehen, denn die weitaus meisten Bordelle werden fast ausschließlich von Thais besucht. Jede Provinzstadt hat mindestens ein halbes Dutzend solcher Häuser. Die Mädchen aus Bangkoks Coffee Shops sind also keineswegs repräsentativ für ihre Zunft, schon eher das 19-jährige Landmädel, das in einem schmierigen Kleinstadtbordell hockt und auf einen 200- oder 300-Baht-Kunden wartet.

So lebt also die Prostituierte in einer mehr als unangenehmen Situation: Einerseits macht sie ihren Job nur um des Überlebens willen (oft auf Veranlassung engster Verwandter), andererseits wird sie von der Gesellschaft dafür verachtet. (Auch, wenn die Thais sich das dem Fremden gegenüber nicht so sehr anmerken lassen!) So greifen nicht wenige Mädchen zum Alkohol, und Bangkoks Patpong-Girls betäuben sich mit Schmerzmitteln oder Muntermachern.

Krankheiten sind Teil des Berufsrisikos. Etwa 40–50 % aller Prostituierten leiden an Krankheiten, die durch Geschlechtsverkehr übertragen werden. Die Mädchen vieler Bars versuchen ihre Kunden durch die hellblauen oder rosafarbenen Ausweise zu beschwichtigen, in denen der allwöchentliche Gesundheitsscheck registriert wird. Wer jedoch noch gestern gesund war, muss es heute schon lange nicht mehr sein.

Die große Zahl von Prostituierten, die den Thais „zur Verfügung" stehen, weist aber auch darauf hin, dass es nicht einfach ist, bei einem „normalen" Mädchen zum Zuge zu kommen. Die **Thai-Gesellschaft** ist traditionellerweise streng, und voreheliche Beziehungen sind unerwünscht bis verboten. Allerdings findet in den größeren Städten Thailands unter der jüngeren Generation derzeit eine Liberalisierung dieser alten Werte statt. Der lokalen Sexindustrie scheint das neu gefundene Sexualbewusstsein unter Jugendlichen allerdings bislang keine Einbußen zu bescheren.

Geschlechtskrankheiten

Im Zeitalter von AIDS haben die Geschlechtskrankheiten fast schon ihren Schrecken verloren, sind aber dennoch sehr präsent. Einige Erreger erweisen sich sogar als resistent gegenüber Medikamenten, da viele Prostituierte prophylaktisch Antibiotika einnehmen, was die Erreger im Laufe der Zeit immun macht.

AIDS

AIDS ist ein ernsthaftes Problem in Thailand; die Zahlen, die dazu genannt werden, geben zu denken: So

Der käufliche Sex – ein Blick hinter die Kulissen

Zwar sind dank AIDS die „Bumsbomber"-Zeiten vorbei, in denen 70 % aller Thailand-Besucher alleinreisende Männer waren, die zum Teil gleich vom Flughafen aus das erstbeste Bordell ansteuerten. Der „klassische" Sextourist ist heute die unrühmliche Ausnahme, nicht die Regel. Den übrig gebliebenen harten Kern der Bar- oder Bordellkunden wird es aber leider kaum interessieren, was sich hinter den Kulissen der Sex-Etablissements abspielt:

Szene 1: Hotel xy in einer Seitenstraße Bangkoks. In fünf Schauzimmern stellen sich gut 100 Mädchen, zumeist im Alter von 15 bis 22 aus. Die meisten von ihnen stammen aus dem armen Norden oder Nordosten und müssen mit ihren Einnahmen ihre daheimgebliebenen Familienmitglieder ernähren. Kaum eines der Mädchen erzählt daheim die Wahrheit über ihr Schaffen: Meistens erklärt man die Zuwendungen an die Familie durch die Trinkgelder, die man angeblich in einem Restaurant als Serviererin einnimmt. Das Geld wird zwar gebraucht, eine Prostituierte als Tochter zu haben, wäre dennoch eine unüberwindliche Schande für die meisten Familien.

„Short-Time", oder die schnelle Nummer, kostet 200-300 Baht, je nach Laune des Kassierers, der in einem kleinen Kassenhäuschen im ersten Stock des Hotels seiner Arbeit nachgeht. Hat ein Mädchen einen Kunden geangelt, so händigt er ihm eine Art Gutschein aus, auf dem geschrieben steht, wie viel ihm von dem Geld, das der Freier hinblättert, zusteht: 35 Baht.

An Wochenenden drängen sich Hunderte von jungen Thais durch die Gänge des Hotels und suchen sich – eher schüchtern als forsch – ein Mädchen aus. An solchen Tagen, wenn es also heiß hergeht, hat manches Mädchen 5, 7 oder mehr Kunden pro Nacht. Was es damit verdient, reicht gerade aus, sich und seine Familie zu ernähren.

Szene 2: Die xy-Bar in einer kleinen Straße, in der 40 so genannte Go-Go Bars die Mädchen tanzen und auf Freier hoffen lassen. In der Bar tanzen der Reihe nach 30 Mädchen auf einer kleinen Bühne, jeweils drei oder vier zur gleichen Zeit. Jedes der Mädchen trägt an ihrem Dress – meistens am Bikini-Oberteil – ein rundes Plastikschildchen mit ihrer Nummer. Ausländische Bargäste können sich die Namen der Mädchen schlecht merken, die Nummern helfen zu identifizieren. Der Bargänger kann so dem Kassierer hinter dem Tresen zu verstehen geben, dass er „Nummer 16" in ein Hotel zu führen gedenkt.

Mädchen „Nummer 16" erhält wie alle Mädchen in der Bar ein Grundgehalt von etwa 4.000 Baht pro Monat (etwa 80 €). Doch das kann sich durchaus verringern: Jedes Mädchen ist dazu verpflichtet, im Monat mindesten 40 Drinks an Gäste zu verkaufen. Bleibt sie unter dieser Mindestzahl, werden ihr für jeden zu wenig verkauften Drink 30 Baht vom Gehalt abgezogen.

Damit nicht genug: Jedes Mädchen muss im Monat außerdem mindestens fünf Freier bedienen, denn Gäste, die ein Mädchen mit ins Hotelzimmer nehmen wollen, müssen der Bar dafür eine Auslösesumme von 600 Baht zahlen. Hat ein Mädchen weniger als fünf Freier im Monat, werden ihr pro fehlenden Kunden ein paar Hundert Baht vom Gehalt abgezogen. Wie viel Geld sie vom Kunden für den außerbarmäßigen Dienst verlangt, bleibt ihr selbst überlassen, das Geld muss nicht an die Bar abgeführt werden.

In dieser Bar finden sich, wie in den meisten Go-Go Bars Bangkoks viele Gäste aus Deutschland ein. Die fühlen sich hier möglicherweise sehr daheim: Der Besitzer der Bar ist selbst Deutscher.

erwiesen sich bei einer Testgruppe von einigen Hundert **Prostituierten** in Chiang Mai 80 % als HIV-positiv, in Pattaya waren es bei ähnlichen Tests 40 %. Diese Zahlen sind allerdings nicht unbedingt repräsentativ für alle Prostituierten in Thailand.

Seit im Jahre 1984 der erste AIDS-Fall in Thailand registriert worden war, hat die Regierung einige Sinneswandel in Sachen **AIDS-Aufklärungspolitik** durchgemacht, was nicht ohne Folgen blieb. Zahlreiche Touristen, durch die Bangkok Post und die Nation gut informiert, verzichteten auf intimere Urlaubserlebnisse, und das Geschäft mit dem käuflichen Sex in Bangkoks Patpong und anderswo ging deutlich zurück. Und einschneidender noch – der malaiische Touristenstrom, der tagtäglich Hat Yai im Süden heimsuchte, ebbte drastisch ab.

Ärzte und Gesundheitsbehörden sind sich jedoch klar darüber, dass AIDS nur in den Griff zu kriegen ist, wenn die Thais (vor allem die Männer) ihren **hedonistischen Lebensstil** einschränken. Ein Bordellgang gehört für viele Männer zur normalen Alltags-Entspannung, und viele Ehefrauen finden sich klaglos mit den Eskapaden ihrer Gatten ab. Kein Wunder, wenn sich die Seuche in Windeseile ausbreitet.

2002 gab es **über 100.000 bekannte AIDS-Fälle** in Thailand, die Rate der HIV-Infizierten liegt aber Schätzungen der UNAids zufolge bei 600.000. 58.000 Thais sind 2003 an AIDS gestorben. Mit Abstand am stärksten betroffen sind die Provinzen Phayao, Chiang Rai und Chiang Mai.

Die Krankheit ist heute längst aus dem Dunstkreis der so genannten „Hauptrisikogruppen" ausgebrochen. In den **Dörfern des Nordens,** auch bei den Bergvölkern, gehören AIDS-Kranke schon zum Alltagsbild. Gemäß der Weltgesundheitsbehörde WHO wird in den nächsten Jahren der größte Zuwachs an HIV-Fällen in Thailand und Indien registriert werden.

Verschont von der Seuche bleibt keine gesellschaftliche Schicht, selbst **Mönche** zählen zu den Betroffenen. Ein besonders makaberer Ansteckungsfall wurde aus Chonburi vermeldet: Bei einer Mönchsweihe wurde, wie die Tradition es will, den Novizen der Kopf kahl geschoren, wobei nur ein einziges Rasiermesser verwendet wurde. Einer der Mönchsanwärter war unwissenderweise Träger des HI-Virus. Über das Messer, das winzig kleine Wunden verursacht haben muss, wurde der Virus auf einige andere Aspiranten übertragen. Bekannt wurde dies jedoch erst viel später, als der Ansteckungsweg einiger erkrankter Mönche verfolgt wurde.

Bangkok

Wat Prayunwong

Chinesische Oper

Hohe Militärs

Buddha-Statuen in Wat Suthat

Überblick

Bangkok – Paradies oder Katastrophe? Diese Frage mag sich manch Neuankömmling stellen. Einerseits hat Thailands Hauptstadt alles, was Touristen begehren: Unzählige **Sehenswürdigkeiten** (allein ca. 400 Tempel), günstige **Einkaufsmöglichkeiten** in gigantischen Einkaufszentren an jeder Straßenecke, **Nachtleben** aller Schattierungen und Tausende von **Restaurants,** die alle namhaften Küchen der Welt servieren. Bangkok ist heute zweifellos die pulsierendste und aufregendste Metropole Südostasiens, oft aber auch die aufreibendste.

Schuld an Letzterem sind vor allem der unsäglich **chaotische Verkehr** und die damit verbundene hohe Luftverschmutzung und der ohrenbetäubende Lärm. Über 2 Millionen Fahrzeuge quälen sich durch Bangkoks völlig überlastete Straßen; in den Jahren des thailändischen Wirtschaftsbooms wuchs die Zahl der Fahrzeuge in Bangkok jährlich um etwa 200.000 bis 300.000. Zu ihren schlimmsten Zeiten wurden die berüchtigten Verkehrsstaus Bangkoks sogar als „nationaler Notstand" betrachtet, durch den täglich Millionen von Baht verloren gingen.

Ganz so schlimm ist es heute jedoch nicht mehr. Zahlreiche auf Hochtrassen errichtete **Expressways** erleichtern den Verkehrsfluss, und die Stadt ist wieder etwas lebenswerter geworden.

Große Verkehrsstaus gibt es nur noch zu den Stoßzeiten morgens und am späten Nachmittag. Oder am Monatsende, wenn das Geld locker in der Tasche sitzt. Oder wenn es stark regnet. Oder am letzten Tag vor Feiertagen. Oder am ersten Tag nach den Ferien. Oder wenn ein V.I.P-Konvoi vorbeifährt. Oder, oder ... Im Allgemeinen ist es aber gar nicht so schlimm, die Staus halten sich heute in erträglichen Grenzen.

1999 wurde aus Anlass des 72. Geburtstages von *König Bhumipol* endlich der lang geplante und oft aufgeschobene **Skytrain** in Betrieb genommen, eine elektrische Hochbahn, deren Streckennetz vorerst jedoch nur 23½ km umfasst. In den nächsten Jahren soll das System nach Osten (bis Sukhumvit Soi 107) und Westen um einige Kilometer erweitert werden. 2004 wurde eine **U-Bahn** eröffnet, ebenfalls aber mit relativ kurzer Streckenführung.

Für September 2006 war die Eröffnung des neuen **Suvarnabhumi International Airport** geplant, ein gigantisches 156-Milliarden-Baht-Projekt (3,5 Mrd. Euro), 40 km östlich der Innenstadt in der Provinz Samut Prakarn gelegen, um das sich so mancher Korruptionsskandal rankte. Viele Fachleute zweifelten daran, dass der Eröffnungstermin eingehalten werden könne, schließlich hatte es schon so einige Verzögerungen bei dem Bau gegeben. Allerspätestens 2007 wird er jedoch in Betrieb sein.

Die ausufernden Bauaktivitäten der letzten Jahre haben dem Stadtbild allerdings alles andere als gutgetan. Die einst so zahlreichen, palmengesäumten Klongs oder Kanäle, die Bangkok den Beinnamen „Venedig des Ostens"

eingetragen hatten, sind nur noch in einigen Außenbezirken der Stadt zu sehen. Ältere Einwohner berichten, dass man in Bangkoks Klongs vor dreißig oder vierzig Jahren noch mit den bloßen Händen Fische fangen konnte. Heute sind die Klongs stark verschmutzt, genau wie der **Chao-Phraya-Fluss,** der so genannte „König der Flüsse", der sich durch Bangkok schlängelt und in dessen Nähe sich einige der wichtigsten Sehenswürdigkeiten befinden.

Bangkok nimmt derzeit eine **Fläche** von ca. **2.000 km²** ein und beherbergt **ca. 8 Millionen Einwohner** – niemand kennt die genaue Zahl. Die offizielle Statistik spricht zwar nur von 6,8 Millionen Einwohnern, doch darin sind nicht die zahlreichen Zuzügler aus der Provinz enthalten, die ohne behördliche Anmeldung in der Stadt wohnen. Der größte Zustrom wird aus der verarmten Nordostprovinz Issaan verzeichnet.

Aufgrund der Wirtschaftskrise und dem damit in vielen Fällen verbundenen Verlust des Arbeitsplatzes war in den letzten Jahren aber auch eine Rückwanderung in die ländlichen Gebiete zu verzeichnen.

Trotzdem bietet Bangkok als **Wirtschafts-, Verkehrs- und Industriezentrum** immer noch zahlreiche Arbeitsmöglichkeiten, und die Löhne lie-

Ein typischer Klong

Der längste Städtename der Welt

Bangkok heißt heute offiziell *Krung Thep Mahanakhon* („die große Stadt der Engel"), was oft zu *Krung Thep* verkürzt wird. Der volle Name der Stadt lautet aber so:

Krungthep-mahanakhorn-
bowornrattanakosin-
mahintarayutthaya-
mahadilokpop-
noppharatchathani-
burirom-udomratchaniwet-
mahasthan!

gen weit höher als in den meisten anderen Landesteilen. Bangkok ist in jeder Beziehung das Herz Thailands oder, vielleicht besser gesagt, sein Motor.

Auf den Besucher wirkt die Stadt extrem verwirrend. Es gibt kein konkretes Stadtzentrum, alles ist ein einziger, endloser **Beton-Dschungel.** Aus dem Wirrwald an Hochhäusern ragt bestenfalls der Baiyoke 2 Tower im Stadtteil Pattunam heraus, das mit 320 m derzeit höchste Gebäude Thailands (eigentlich sollte es das höchste der Welt werden, doch aufgrund von Thailands Wirtschaftskrise begnügte man sich mit dieser verkleinerten Version!).

Die Sehenswürdigkeiten liegen zum Teil weit auseinander, und von einem Punkt zum anderen zu gelangen ist oft ein kleines Abenteuer. Bangkok, als Paradebeispiel ungezügelten, unkontrollierten Wachstums, kann die Nerven arg strapazieren. Wenn man sich aber aufrafft, hinter die Fassade des Molochs zu sehen, entdeckt man ein anderes Bangkok: **fesselnd, faszinierend und dynamisch.** Wer es nicht glaubt, frage einen der zahlreichen Westler, die als Traveller nach Bangkok kamen und sich dann dauerhaft oder für sehr lange Zeit dort niederließen und anscheinend zufrieden sind.

Kurz gesagt ist Bangkok ein großes Chaos mit viel Kultur, Charme und Charakter. Das beste ist, sich einfach kopfüber hineinzustürzen.

Geschichte

Bangkok heißt übersetzt „Dorf der Oliven" und war zunächst ein unbedeutendes Dorf, in dem sich einige chinesische Händler angesiedelt hatten und das als Zollposten diente. **1782** beschloss Rama 1. die Hauptstadt von Thonburi auf die andere Flussseite nach Bangkok zu verlegen, da dessen Lage strategisch günstiger war. Bangkok lag in einer Flussschlaufe, und durch das Graben einiger Kanäle wäre die gesamte Stadt von Wasser umgeben – ganz wie zuvor das legendäre Ayutthaya. Der Königspalast wurde gebaut, und zwar an einer Stelle, die als einzige niemals von Hochwasser erreicht wurde. Die dort zuvor angesiedelten Chinesen mussten weichen und wurden in neuen Quartieren untergebracht. Der Stadtteil, in den sie zogen, ist heute als Chinatown bekannt.

Hunderte von Tempeln wurden errichtet, die den Glanz des alten Ayutthaya wiederaufleben lassen sollten, und Kanäle gezogen, die – mangels eines Straßennetzes – als Transportwege dienten. **1855** unterzeichnete *König Mongkut* (Rama 4.) ein Handelsabkommen mit den Engländern, worauf Verträge mit anderen europäischen Staaten und den USA folgten. Botschaften und Handelsniederlassungen wurden errichtet, und Hunderte von Fremden ließen sich in Bangkok nieder. Als diese sich beim König über die schlechten Transportwege innerhalb der

Stadt beschwert hatten, ordnete der König **1861** den Bau der ersten Straße der Stadt an: Die New Road (Charoen Krung Road) sollte vom südlichen Bangkok entlang des Flusses bis zum königlichen Palast führen. 1864 war die Straße fertiggestellt, und weitere sollten folgen. Bangkoks Aufstieg als Handelsstadt war nun unaufhaltsam. Um die Jahrhundertwende war die Bevölkerung auf eine halbe Million angewachsen. Etwa 1000 waren Ausländer, denen zum Teil Verwaltungsaufgaben anvertraut waren. Die Handelsgesellschaften bauten ihre Kontore aus, und deren Baustil ist noch heute entlang des Chao Phraya zu bewundern.

Die alten Wasserstraßen, die Klongs, sind mittlerweile fast verschwunden: Beim gewaltigen Bauboom, der die Stadt umfunktioniert, sind sie zum größten Teil zugebaut worden. Nur in Thonburi, das mittlerweile mit Bangkok zusammengewachsen ist und in dem die radikale Entwicklung der letzten Jahrzehnte langsamer vor sich ging, dienen sie noch als Transportwege für Menschen und Material.

Ankunft

Der neue Flughafen Suvarnabhumi

Mit der **Eröffnung des neuen Flughafens** im September 2006, oder vielleicht etwas später, wird alles anders werden: Der Flughafen liegt weit außerhalb der Stadt, die Anfahrtswege für Leute, die z.B. in der Khao San Road wohnen, werden sich erheblich verlängern.

Ab Ende 2007 soll es eine **Zugverbindung** vom Makkasan-Phya Thai in Bangkok zum neuen Flughafen geben. Die Strecke wird 28 km lang sein, die Arbeiten gehen jedoch nur schleppend voran und eine Eröffnung 2008 oder noch später ist wahrscheinlicher.

Derzeit ist noch ziemlich unklar, wie es um die Transportmittel vom/zum Flughafen bestellt sein wird. Nach bisherigen Informationen wird es im Flughafen selber nur einen teuren **Limousinen-Service** in die Innenstadt geben. Diese Airport-Taxis werden voraussichtlich ab 1.200 Baht kosten.

Der Stand für die preiswerteren **Taxameter-Taxis** soll sich 2½ km (!) vom Flughafen an einem Busbahnhof befinden, zu dem die Passagiere mit **Shuttle-Bussen** gefahren werden. Aufgrund vieler schon vor der Eröffnung eingeganger Beschwerden ob des weit entfernten Taxistandes im Tranport Center, soll nun auch direkt am Flughafen ein Taxistand im 1. Stock eingerichtet werden. Taxis, die am Flughafen oder am Transit Center Passagiere aufnehmen, werden voraussichtlich einen **Flughafenzuschlag** von 100 Baht erheben.

Vom Busbahnhof fahren Busse nach Chonburi, Pattaya, Nong Khai, Samut Prakarn und zur kambodschanischen Grenze bei Aranyaprathet. Dazu gibt es A.C.-Busse zu diversen Zielen innerhalb von Bangkok zu je 35 Baht. Diese Busse fahren nach Banglamphoo (für Reisenden zur Khao San Rd.), Bang Na Intersection, Don Muang Airport, Hualamphong Station, Sri Nakharin Road und Sri Phraya Pier.

Über die aktuelle Situation informiere man sich unter: **www.bangkokairportonline.com** oder unter **Tel. 02-13 21888** (24 Std.).

Im Folgenden wird die **Ankunft am alten Don Muang Airport** beschrieben, da sich die Eröffnung von Suvarnabhumi nochmals verschieben kann.

Ankunft am alten Flughafen Don Muang

Schon im Flugzeug wird dem Reisenden vom Bordpersonal eine **Embarkation Card** ausgehändigt, auf die er seine persönlichen Daten einzutragen hat. Diese Karte wird später von den thailändischen Grenzbeamten in den Reisepass geheftet, an die Stelle, wo sich das Visum befindet (falls ein Visum vorhanden ist – bis zu 30 Tagen Aufenthaltsgenehmigung erhält man bekanntermaßen auch ohne Visum). Die Karte sollte gut gehütet werden, da sie bei der Ausreise wieder von den Schalterbeamten einkassiert wird.

Die **Passkontrollen** in Bangkoks **Don Muang Airport** sind in der letzten Zeit zügiger geworden, und die Wartezeiten dürften ca. 10-20 Minuten betragen. Falls mehrere Flüge gleichzeitig eintreffen, könnte es jedoch länger dauern.

Hinter den Passbeamten führen Rolltreppen eine Etage tiefer zu den Rollbändern mit dem **Gepäck.** Das Ganze ist sehr übersichtlich, also keine Sorge. Gleich seitlich von den Rollbändern befinden sich die Ausgänge in die Ankunftshalle. Zuvor muss man die **Zollschalter** passieren (grün: nichts zu verzollen, rot: Waren zu verzollen). Im Allgemeinen werden Touristen aus dem Westen nicht angehalten, kaum jemand muss den Koffer öffnen.

Nahe den Rollbändern stehen einige **Wechselautomaten,** an denen Banknoten der wichtigsten Währungen in Baht gewechselt werden können. Ansonsten befinden sich einige **Wechselschalter sowie Geldautomaten** in der Ankunftshalle des Flughafens. Die Kurse sind eventuell leicht niedriger als in der Innenstadt und so sollte man nur erst einmal das Notwendigste wechseln. Wer keine Lust hat, nach einem langen Flug an Schaltern oder Automaten anzustehen, kann thailändisches Bargeld auch schon von zu Hause mitbringen (siehe „Einreisebestimmungen"). In der Ankunftshalle befindet sich ein **Meeting Point,** an dem sich Verabredete treffen können. Pfeile weisen den Weg.

Bei der **Ausreise** ist übrigens eine Flughafengebühr von 700 Baht zu zahlen. Die entsprechenden Coupons sind an Schaltern kurz vor der Passkontrolle zu kaufen.

Weiterfahrt per Taxi

In der **Ankunftshalle** befinden sich Schalter für Limousinen- und Minibusfahrten in die Innenstadt. Die **Limousinen** werden von zwei verschiedenen Unternehmen, Thai Airways und einer Privatgesellschaft, betrieben. Die Angestellten der letzteren (grüne Jacken) kreisen meist schon zwischen dem Ausgang vom Zollschalter und der Ankunftshalle herum, um dort Touristen abzufangen. Das artet bisweilen leider in dreiste Aufdringlichkeit aus.

Von den beiden Gesellschaften scheint Thai Airways die verlässlichere zu sein: Die Limousinen sind neuer und komfortabler, die Fahrer besser und unaufdringlicher.

Die Limousinen beider Gesellschaften kosten 800 Baht bis in die Innenstadt, zu weiter entfernten Außenbezirken etwas mehr. Für die ganz Anspruchsvollen gibt es noch Luxus-Limousinen, Kostenpunkt 1.000 Baht. Zu zahlen ist jeweils am Schalter selber. Vorsicht, gelegentlich wird vorgegeben, die normalen Limousinen seien alle besetzt, um so die teureren Luxuswagen an den Mann zu bringen!

Nahe dem Ausgang befindet sich ein weiterer Schalter, siehe Schild „Airport Taxi", an dem spezielle **Flughafen-Taxis** gebucht werden können. Kosten bis in die Innenstadt 500 Baht.

Außerhalb des Flughafengebäudes, an den Ausgängen der beiden Terminals, befinden sich Schalter, an denen **Taxameter-Taxis** gebucht werden können (siehe Ausschilderung „Public Taxi"). An den Schaltern gibt man seinen Zielort an und bekommt dann einen Schein mit der Nummer seines Taxis, das schon vor dem Schalter parkt. Der Schein ist gleichzeitig eine Postkarte und bei eventuellen Beschwerden über den Fahrer kann diese an die entsprechende Behörde (Adresse ist schon aufgedruckt) geschickt werden. Einige unehrliche Fahrer versuchen dem Fahrgast unter irgendeinem Vorwand das Papier abzunehmen; man sollte es jedoch immer behalten.

Fahrten in die Innenstadt (z.B. Khao San Road) kosten je nach Verkehrslage ca. 170–200 Baht, hinzu kommen eventuelle Highway-Gebühren (je nach Highway 25–40 Baht); manchmal muss man über zwei verschiedene Highways fahren und folglich auch zweimal zahlen. Trotzdem sind die Highways den normalen Straßen vorzuziehen, denn die Zeitersparnis ist oft erheblich.

Manche Taxifahrer versuchen auf Biegen und Brechen an mehr Geld zu kommen als ihnen zusteht. Sie behaupten z.B. das Taxameter funktioniere nicht und fordern einen (zu hohen) Fixpreis, oder sie winseln permanent um ein **Trinkgeld.** Wenn das Taxameter angeblich nicht funktioniert, sollte man dem Fahrer klar machen, dass er in diesem Fall kein Geld bekommt. Plötzlich wird das Gerät dann doch funktionieren. Winselei um Trinkgeld ist generell zu ignorieren. Die Taxifahrer verhalten sich nur bei Ausländern so, bei Thais würden sie sich das nicht trauen, denn da würden sie ganz schnell zurechtgewiesen werden.

Beschwerden über unlautere oder rüde Taxifahrer sind vorzubringen bei der *Airports Authority of Thailand* (AAT), Tel. Bangkok 02-5351519, 02-5351616 oder 02-5351432.

Falls am Taxi-Schalter gerade keine Taxis zur Verfügung stehen (kommt gelegentlich vor, wenn mehrere Flüge gleichzeitig eintreffen!), kann man von der Ankunftshalle mit dem Lift in die **Abflugebene** hochfahren. Dort kommen andauernd Taxis mit abreisenden Passagieren an, und die Fahrer nehmen nur allzu gerne wieder Fahrgäste in die Innenstadt mit. Eigentlich dürfen sie das an dieser Stelle gar nicht, was aber niemanden zu kümmern scheint. Manche Fahrer weigern sich allerdings, das Taxameter einzuschalten und fordern 300-400 Baht; dann hat die ganze Aktion natürlich keinen Zweck.

Ansonsten ließe sich noch ein Taxi an der Hauptstraße anhalten, die vor dem Flughafengebäude vorbeiführt.

Das erfordert jedoch einen zwei- bis dreiminütigen Fußmarsch. Die Hauptstraße ist vom Ausgang der Ankunftshalle aus zu sehen; über die am Ausgang vorbeiführende Zufahrtsstraße – über die die Taxis an- und abfahren – gelangt man sowohl linksherum als auch rechtsherum zur Hauptstraße.

Die an der Straße angehaltenen Taxis müssten je nach Zielort und Verkehrsverhältnissen ungefähr 150 bis 250 Baht kosten, aber bei Staus tickt das Taxameter fröhlich weiter (siehe „Verkehrsmittel").

Achtung, **unlizensierte Taxis!** Am Flughafen treiben sich einige Fahrer herum, die ankommende Passagiere mit besonders preisgünstigen Angeboten in ihre Wagen zu locken versuchen. Diese Wagen sind keine lizensierten Taxis, sondern ganz normale Privatwagen. Die Fahrer sind oft zwielichtige Gestalten, und Fahrgäste wurden schon beraubt und ermordet. Für ein paar ersparte Baht sollte man sich diesem Risiko nicht aussetzen. Nicht umsonst nennen die Thais diese Taxis *teksii phii*, „Geister-Taxis"!

Thai Airways betreiben auch einen **Minibus-Service** zum Asia Hotel an der Phya Thai Road für 100 Baht/Person, Abfahrt etwa alle halbe Stunde. Dieser Service dürfte aber nur interessant sein, falls man in der Nähe des Hotels (im Bereich Siam Square, Pattunam oder Phetchaburi Rd.) zu wohnen gedenkt. Taxi-Fahrten von dort zu den anderen wichtigen Hotelbezirken wie Khao San Road, Sukhumvit oder Soi Ngam Duphli kosten noch einmal 70-100 Baht.

Andere Minibusse der Thai Airways unternehmen eine Tour zu einigen der größeren Hotels, wo sie die Passagiere auf Wunsch absetzen. Der Verkehr in Bangkok ist aber schon schlimm genug. Erst ein paar andere Hotels ansteuern zu müssen, bevor man in sein eigenes kommt, ist wohl nicht sehr attraktiv. Kostenpunkt 100 Baht/Person.

Wer vom internationalen Flughafen zum **Inlands-Flughafen** (Domestic Airport) weiter möchte, um direkt innerhalb des Landes weiterzufliegen, kann von einem kostenlosen Bus-Service zwischen den beiden Terminals Gebrauch machen. Die Busse fahren etwa jede halbe Stunde. Der **Inlands-Terminal** (auf Thai *Sanaam Bin Nay Prathet*) befindet sich ca. 2 km südlich des internationalen Terminals.

Airport-Busse

Es stehen spezielle Airport-Busse, die wohl die beste Alternative zu den unrühmlichen Taxis darstellen, zur Verfügung. Die Busse fahren über vier verschiedene Routen in die Innenstadt und halten vor allem an größeren Hotels. Abfahrt alle 15 Minuten, Fahrpreis 100 Baht. Fahrzeit bis zur Endstation je nach Verkehrssituation ca. 60-100 Minuten. Die Haltestellen an den Strecken sind mit dem Schild „Bus Stop Airport Bus" ausgezeichnet.

- **Bus Nr. A1** passiert den Vibhvadee-Rangsit Highway, die Ratchaprarob Road, Rajdamri Road, Silom Road, Surawong Road und Charoen Krung Road (New Road). Haltepunkte entlang der Route befinden sich am *Indra Hotel, Arnoma Swissotel, Grand Hyatt Erawan Hotel, Regent Hotel* und *Dusit Thanin Hotel.*

●**Bus Nr. A2** fährt entlang der Phay Thai, Petchaburi und Larn Luang Road sowie dem Rajdamnoen und endet am Sanam Luang. Haltepunkte befinden sich am Victory Monument, dem *Siam City Hotel* und nahe dem *Majestic Hotel* und *Royal Hotel*. Dieser Bus eignet sich gut für Leute, die in der beliebten Khao San Road absteigen wollen; aussteigen am *Royal Hotel*.

●**Bus Nr. A3** bedient in erster Linie die Sukhumvit Road. Die Haltepunkte befinden sich am *Amari Hotel, Ambassador Hotel, Delta Grand Pacific Hotel, Ban Chang, Building Novotel* und gegenüber dem Eastern Bus Terminal. Von hier kann man direkt weiter in Richtung Ostküste fahren, also z.B. nach Chonburi, Pattaya, Ko Samet.

●**Bus Nr. A4** fährt die Pahonyothin Rd. entlang, am Victory Monument vorbei, die Phay Thai Rd. hinunter, bis zur Rama 4 und schließlich zum Hauptbahnhof Hualamphong.

Die Busse fahren ebenfalls alle 15 Minuten wieder **zurück zum Flughafen,** aufgrund der zahlreichen Einbahnstraßen wird jedoch streckenweise eine leicht veränderte Route gewählt.

Normalbusse

Direkt an der Hauptstraße befindet sich auch eine Haltestelle für Busse, mit denen man von für wenige Baht in die **Innenstadt** fahren kann (mit dem Flughafen im Rücken links herunter).

Vorsicht! Busse, die vorne am Fahrerfenster statt einem blauen ein rotes Schild mit den Zielorten (in Thai) aufweisen, fahren zwar die angegebene Strecke, enden aber ausnahmsweise schon vor ihrer normalen Endhaltstelle. Außerdem ändern sich gelegentlich auch die Routen, also vorsichtshalber beim Fahrer oder Schaffner nachfragen. Die Khao San Road spricht sich auf Thai *Thanon Khao Sarn*, die Hualamphong Station ist *Satthani Rot-Fay Hualampong*, die Silom Road *Thanon Siilom*, Soi Ngam Duphli *Soi Ngaam Dup-li*, und Sukhumvit heißt *Sukkumwitt*.

●**Normalbus Nr. 59** fährt bis zur Rajdamnoen Road, in die Nähe der Guest Houses in der Khao San Road; aussteigen nahe dem Democracy Monument (auf Thai *anusaweri pratcha thipatai*).

●**A.C.-Bus Nr. 513** (A.C. = *air-conditioned*, „klimatisiert") fährt entlang der Sukhumvit Road und endet am Eastern Bus Terminal.

●**A.C.-Bus Nr. 504** passiert den Stadtteil Pattunam, dann die Rajdamri Silom Road und Charoen Krung Road, an denen sich zahlreiche Hotels der oberen Klassen befinden (letzter Bus schon um 19.00 Uhr). Dieser Bus eignet sich aber auch für Leute, die im Low-Budget-Viertel um Soi Ngam Duphli zu wohnen gedenken: aussteigen an der großen Kreuzung Rajdamri Rd./Silom Rd./Rama 4 Rd. und dort einen beliebigen Bus in östliche Richtung, die Rama 4 Rd. entlang, nehmen, dann an der Ecke Soi Ngam Duphli aussteigen.

●**Normalbus Nr. 29** und **A.C.-Bus Nr. 29** fahren zur Hualamphong Station, Bangkoks Hauptbahnhof. Von hier fahren Züge in alle Richtungen.

Bahn

Relativ wenig empfehlenswert ist die Fahrt per Bahn vom Flughafen in die Innenstadt (Fahrpreis je nach Zug – 3. Klasse 5 Baht, Rapid Train 45 Baht, Express Train 65 Baht; Fahrzeit 45-50 Min.). Über eine Fußgängerbrücke gelangt man vom Flughafen über die vorbeiführende Straße hinweg zu einem kleinen Bahnhof. Von hier fahren täglich nur 10, oft sehr volle Züge in Richtung Innenstadt, und wer nicht nahe dem Endpunkt Hualamphong Station zu wohnen gedenkt, muss von dort noch per Bus oder Taxi weiterfahren.

Abfahrt am Flughafen: 3.18-23.03 Uhr, ca. alle 30-40 Minuten (Information Tel. 1690 oder www.railway.co.th).

Einen extra **Flughafenzug** gibt es auch. Er fährt direkt ohne Stopps nach Hualamphong, allerdings nur fünfmal am Tag. Erster Zug um 7.00, letzter Zug um 20.00 Uhr. Kostenpunkt 100 Baht.

Inlandsflughafen

Wer nach einem Inlandsflug an Bangkoks **Domestic Airport** ankommt (ca. 500 m südlich von Terminal 2 des Flughafens Don Muang), ist im Prinzip mit denselben Problemen konfrontiert wie beim internationalen Flughafen. An einem Schalter mit der Aufschrift „Public Taxi" werden Taxameter-Taxis (s.o.) vermittelt, oft wird aber behauptet, es sei gerade kein Taxameter-Taxi zur Stelle. Da hilft nur Druck machen, damit man schnell eines bekommt! Das Personal ist zum Teil sehr unfreundlich, doch davon sollte man sich nicht einschüchtern lassen. Daneben gibt es wiederum die bequemeren Thai-Airways-Limousinen – Preis, wie vom internationalen Flughafen aus, 500 Baht.

Erste Orientierung in der Stadt

Bangkok unterteilt sich, grob gesagt, in **zwei Teile:** Einen westlich des Chao-Phraya-Flusses, genannt **Thonburi,** und einen östlich davon, das **eigentliche Bangkok.** Beide Teile zusammen machen das „Greater Bangkok" aus, auch wenn Thonburi administrativ separat behandelt wird. Thonburi ist der provinzieller wirkende Teil von Bangkok, hier gibt es sogar noch die Klongs, die die Stadt einst so berühmt machten.

Der östlich vom Fluss gelegene Teil ist das modernere Bangkok, hier finden sich die wichtigsten touristischen Einrichtungen, wie Shopping-Center, Büros und die meisten Sehenswürdigkeiten.

Das Herzstück dieses östlichen Teiles ist die so genannte **Rattanakosin Island** oder Alt-Bangkok. Dieses ursprüngliche Bangkok wird im Westen und Süden vom Chao Phraya begrenzt, im Norden vom Klong Banglamphoo, und im Osten von Klong Ong Ang. Da der Stadtteil somit von Wasser umgeben ist, bezeichnete man ihn früher als „Insel"; davon ist allerdings heute, wo den Klongs kaum mehr Bedeutung zugemessen wird, nur noch selten die Rede.

Historisch gesehen ist Alt-Bangkok der interessanteste Stadtteil. Hier finden sich die wichtigsten und schönsten Tempel als auch das Touristenviertel **Banglamphoo** mit seinen zahllosen Guest Houses. Als wichtige und unübersehbare Anhalts- oder Orientierungspunkte in diesem Viertel kann das Democracy Monument dienen, oder der **Sanam Luang,** eine weite Rasenfläche, die von wichtigen historischen Gebäuden flankiert wird.

Nordöstlich, östlich und südöstlich von Alt-Bangkok erstreckt sich die moderne Innenstadt, die alles bietet außer einem: einem Stadtzentrum. Bei Bangkoks planlosem Wachstum hat sich kein Viertel als Stadtzentrum herauskristallisieren können.

Die Bankenstraße **Silom Road,** die so genannte „Wall Street Thailands", ist genauso „Zentrum" wie die touristische **Sukhumvit Road** oder das Einkaufsviertel **Siam Square** oder das Viertel um das Hauptpostamt herum, **Bangrak.** Oder, oder ...

Um sich in der Riesenstadt nicht zu verlaufen, ist ein **Stadtplan** unabdingbar. Die gibt es in allen Touristenvierteln – überall da, wo sich mehrere Hotels oder Guest Houses nahe beieinander finden – dazu in fast jedem Buchladen und bei der *Tourist Authority of Thailand* (TAT). Am besten sind solche Stadtpläne, bei denen die Nummern der Buslinien eingezeichnet sind, da man sich so gut per Bus bewegen kann. Die Busrouten ändern sich aber gelegentlich, und außerdem kommen laufend neue Bussysteme dazu. Es gilt also, einen möglichst druckfrischen Plan zu ergattern, auf dem die wichtigsten Stadtteile auch in Thai stehen sollten. Einfaches Draufzeigen erspart meist aufregende Kommunikation in Thai.

Um wieder zu seinem Wohnort zurückzufinden, lasse man sich vom Personal eine **Visitenkarte des Hotels/Guest House** aushändigen, auf der die Adresse auf Thai angegeben ist. Diese lässt sich notfalls einem Taxi- oder Tuk-Tuk-Fahrer präsentieren, die in der Regel nur über minimale (wenn überhaupt) Englischkenntnisse verfügen. Ihnen Stadtpläne unter die Nase zu halten hat übrigens gar keinen Zweck: Für die meisten Thais sind Stadtpläne ein Buch mit sieben Siegeln.

Informationsstellen

Die Tourist Authority of Thailand oder **TAT,** das thailändische **Fremdenverkehrsbüro,** betreibt eine Reihe von Informationsstellen im Lande, deren Zentrale sich in Bangkok befindet. Sie liegt relativ günstig nahe dem Touristenviertel Banglamphoo:

- **TAT:** 4 Rajdamoen Nok Avenue, Bangkok 10100, Tel. 02-2829773, Fax 02-2829775.

Das offizielle **Hauptbüro** befindet sich für die meisten Touristen relativ ungünstig nahe der Skytrain-Station Ratchathewi (sprich Rathewi):

- **TAT:** 1600 New Petchaburi Rd., Bangkok 10310, Tel. 02-2505500, Fax 02-2505511, E-Mail: center@tat.or.th.

Weitere Nebenstellen der TAT gibt es in der Ankunftshalle des Don-Muang-Flughafens (Tel. 02-5042701, 8.00-24.00 Uhr), gegenüber dem Eingang zu Wat Phra Kaeo (1 Na Phralan Rd., täglich 8.30-19.30 Uhr) und am Jatujak (Chatuchak) Market (Kamphaeng Phet 2 Road, tägl. 8.30-19.30 Uhr).

Das Personal der TAT händigt Informationsbroschüren aus: Busfahrpläne, Hotellisten, Broschüren zu diversen Reisezielen u.v.m. Allerdings muss man eventuell mehrmals nachhaken, um das zu bekommen, was man will. Angeschlossen ist der TAT die für Touristen zuständige **Tourist Police,** Tel. 1155. Die Hauptstelle der Tourist Police befindet sich in 26/56 TPI Tower Building, 23 St., Tung Mahamek, Sathorn Rd., Tel. 02-6786800-9, Fax 02-6786829, E-Mail: tourist@police.go.th.

Eine Außenstelle befindet sich im Don Muang Airport, Tel. 02-5351641.

Im Touristenviertel Banglamphoo, nahe dem weiß getünchten Sumen Fort, befindet sich das **Bangkok Tourist Bureau** (Phra Arthit Rd., Tel. 02-2257612-4, Fax 02-2257616). Dieses initiiert diverse touristische Aktivitäten. So werden z.B. Besichtigungs-Touren der Ratanakosin Island organisiert (die historisch bedeutende Gegend um Wat Phra Kaeo mit dem Grand Palace), die per traditionellem altem Samlor absolviert werden, der guten alten Fahrrad-Riksha. Siehe auch unter Wat Phra Kaeo, Bangkok. Samstags um 18 Uhr werden Fahrrad-Touren durch die historische Gegend durchgeführt, bei denen die Teilnehmer der Verkehrssicherheit wegen von Polizeiwagen eskortiert werden (290 Baht/Pers.).

Kommunikationshilfe für Bangkok

Auch in Bangkok kann es Verständigungsprobleme geben, der Neuankömmling merkt es schnell. Kaum jemand spricht flüssig Englisch, die Kommunikation erfolgt häufig mit Händen und Füßen. Das kann bei Verkäufern oder Taxifahrern zum Problem werden. Und erst recht, wenn man sich verlaufen hat (das passiert jedem Touristen in Bangkok!) und das Hotel nicht mehr wiederfindet. Was tun also?

Im Taxi

Taxifahrer können die Anweisungen des Touristen meistens nicht verstehen. Wie sollten sie auch, wenn die Reisenden die Thai-Namen so unverständlich hervorstammeln! Das ist halt das spezifische Problem des Thai, dass man es anfangs nie richtig aussprechen kann. Versteht der Taxifahrer die Anweisung nicht, so sollte man versuchen, den Orts- oder Straßennamen in allen möglichen Tonvarianten (siehe Sprachhilfe im Anhang) auszusprechen. Mit etwas Glück trifft man nach dem zehnten Mal den richtigen Ton. Englischsprachige Stadtpläne können die Fahrer meist nicht entziffern.

Will man zu irgendeiner obskuren Seitenstraße, so sollte man besser einen in der Nähe befindlichen bekannten Ort nennen. Wats sind da recht günstig, die kennen die Fahrer meistens. Auf der ersten Seite des Buches stehen die wichtigsten Sehenswürdigkeiten Bangkoks in **Thai-Schrift.** Man kann also auf das entsprechende Wort und die Stelle im Stadtplan zeigen.

Im Hotel

Verlässt man sein Hotel, sollte man dessen Visitenkarte in der Tasche tragen. Und die sollte natürlich in Thai sein! Ist sie nur englischsprachig, kann man einen Hotelangestellten bitten, die Adresse in Thai auf die andere Seite zu schreiben. Zudem kann man sich wichtige Hilfspunkte in der Nähe des Hotels merken, z.B. einen bekannten Wat. Von dem kann man dann zur Not zu Fuß zum Hotel finden.

Vom Hotelpersonal sollte man sich auch den Standort des Hotels in den Stadtplan einzeichnen lassen. Und ohne diesen nicht aus dem Haus gehen! Jedenfalls in den ersten Tagen nicht –

danach wird man feststellen, dass die Stadt gar nicht so verwirrend ist. Kann der Taxifahrer die Anweisung zum Hotel nicht verstehen, kann man auch gemeinsam mit ihm das Hotel anrufen und sich vom Personal lotsen lassen.

Telefonieren

Wer seine Airline oder das Tourist Office anruft, wird keine Probleme haben, dort spricht man Englisch. Ansonsten könnte es schwierig werden, weil die Kommunikation per Telefon immer problematischer ist: Die hilfreiche Gestik kommt nicht rüber! Bei wichtigen Anrufen am besten dem Hotelpersonal (das im Durchschnitt weit mehr Englisch versteht als der Rest der Bevölkerung) erklären, worum es geht. Dann einen Thai anrufen lassen.

Sehenswertes

Bangkok bietet eine solche Vielfalt an Sehenswürdigkeiten, dass ein normaler touristischer Aufenthalt längst nicht für alles reicht. Hinzu kommt der stockende Verkehr, der den Transport zwischen den oft weit auseinander liegenden Sehenswürdigkeiten erschwert. Daher eine Übersicht über das, was man unbedingt gesehen haben sollte:

- **Wat Phra Kaeo und Grand Palace**
- **Wat Po**
- **National Museum**
- **Wat Arun**
- **Wat Suthat**
- **Wat Rajanadta mit Amulettmarkt und Lohaprasad**
- **Wat Saket und Golden Mount**
- **Wat Benchamabopit (Marmortempel)**
- **Vimarnmek Palace**

Im Bereich Sanam Luang

Der Bereich um den Sanam Luang ist der ursprüngliche Stadtkern Bangkoks, der aufgrund seiner „Insellage" – umgeben vom Fluss und von Klongs – auch Rattanakosin Island genannt wird. Rattanakosin ist die Bezeichnung für die Epoche von der Gründung Bangkoks im Jahre 1782 bis zur Gegenwart.

Derzeit sind Bestrebungen im Gange, den **Stadtteil zu verschönern,** um so das kulturelle Erbe Bangkoks zu würdigen, ihn damit aber auch attraktiver für Touristen zu machen. Der Gesamtplan besteht aus 25 Einzelprojekten und soll 7,25 Mrd. Baht kosten. Bis zum Jahre 2010 soll alles abgeschlossen sein. Als erstes widmet man sich den Bereichen entlang des Flusses, vom Blumen- und Obstmarkt Phak Klong Talaat bis nördlich zum Bootspier Tha Phrachan. Die **Straßenhändler** an mehreren Bootspiers entlang der Strecke mussten ihre Plätze schon räumen, darunter auch der bekannte Amulett-Markt am Wat Mahathat. Baufällige Gebäude in der Gegend werden abgerissen, um Platz für Parks oder andere erholsame Einrichtungen zu schaffen.

Sanam Luang

Der große, weite Rasenplatz diente seit je her königlichen Zeremonien. So wird hier die *ploughing ceremony* abgehalten (siehe „Feste & Feiertage"), oder am 5. Dezember 1987 erschien hier z.B. der König, um an diesem seinem 60. Geburtstag die Huldigung

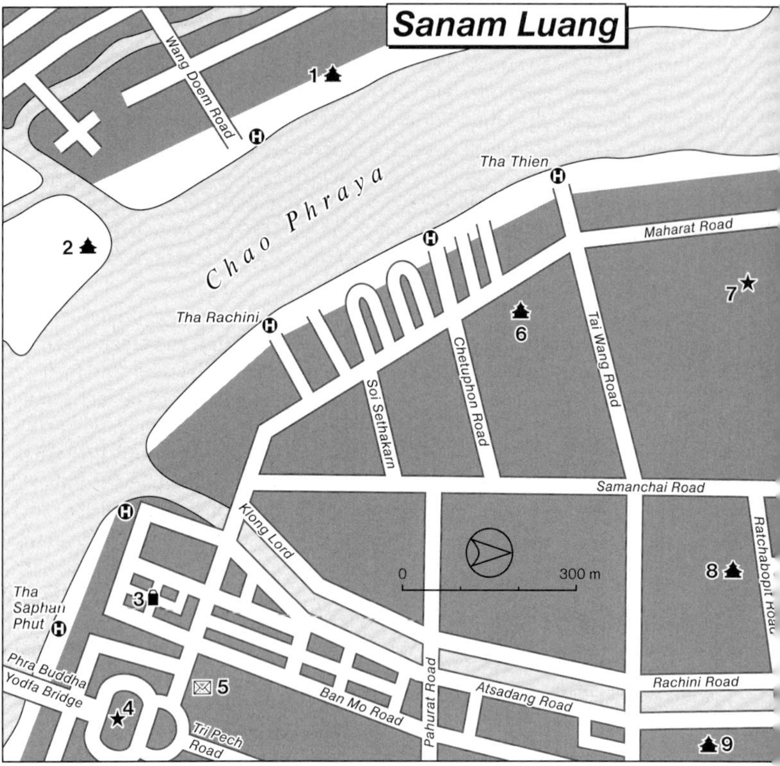

seines Volkes entgegenzunehmen. Zur Zeit Rama 3. hatte der Platz sogar einmal als Reisfeld gedient, damit andere Länder sähen, wie fruchtbar und reich Thailand sei.

Im Frühjahr lässt man hier heute Drachen steigen, was in Thailand nicht nur ein Spaß für Kinder ist. Besonders an Wochenenden finden sich hier Tausende von Menschen ein und halten auf dem Platz – auf gemieteten Teppichen sitzend – ihr Picknick ab.

Nachts dient der Sanam Luang vielen aus der Provinz Zugereisten als temporärer Schlafplatz. Unter den Tamarinden- und Jackfruit-Bäumen, die den Sanam Luang flankieren, warten abends Prostituierte auf Freier, was ihnen die Spitznamen „Geister des Tamarinden-Baums" *(phii makhaam)* bzw. „Geister des Jackfruit-Baums" *(phii kanun)* eingetragen hat.

An der Nordostseite des Sanam Luang befindet sich der **Thorani-**

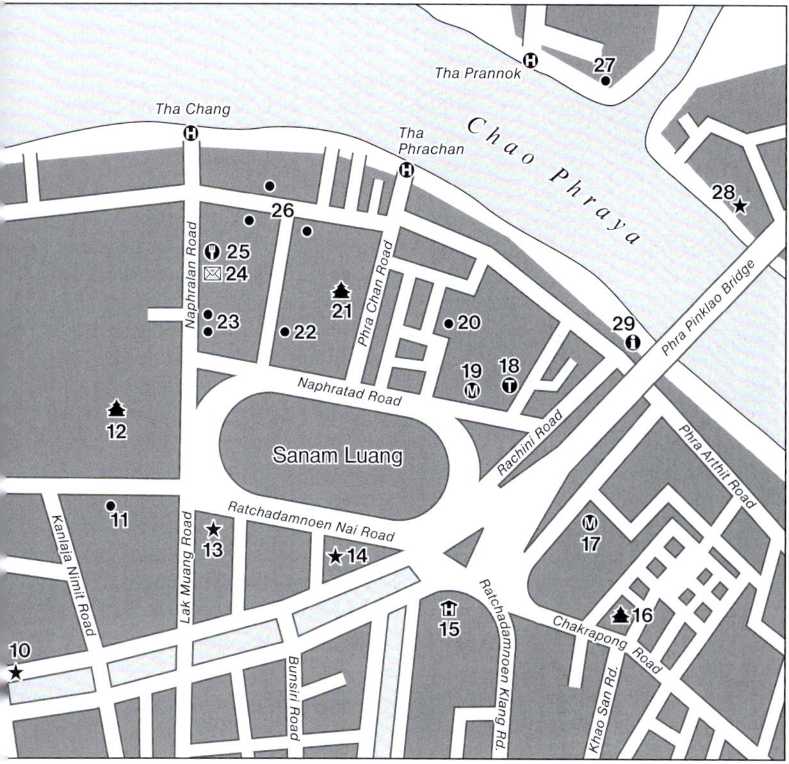

Brunnen. Gemäß einer Legende vertrieb die Göttin Thorani Buddhas Feinde, indem sie sich Fluten von Wasser aus dem Haarzopf wrang. Die Figur der Göttin ist das Wappenzeichen der Democrat Party.

Um den Brunnen herum versammeln sich in jüngster Zeit einige Künstler, und für 100 Baht kann man sich von einem Porträtmaler zeichnen lassen.

Wat Arun

Dieser Tempel, in Thonburi gelegen, hieß zunächst Wat Makok, doch als eines Tages König *Taksin* bei Morgengrauen an dem Tempel vorbeisegelte und die im frühen Sonnenlicht strahlenden *Prangs* (Chedis im Khmer-Stil) sah, nannte er ihn „Tempel der Morgenröte" (Wat Chiang oder Wat Arun). Die Prangs sind mit Stücken farbig lackierten chinesischen Prozellans dekoriert, die das Sonnenlicht reflektie-

ren. Der höchste Prang ist 74 m hoch und durch enge und steile Treppen zu besteigen.

Wie in vielen Tempeln in Bangkok (z.B. Wat Suthat) stehen auch hier eine Reihe chinesischer Statuen, die als Schiffsbalast von China nach Thailand gebracht wurden. Die Schiffe hatten Reis nach China geliefert. Viele der Statuen zeigen Europäer in den Uniformen des 18. und 19. Jahrhunderts.

Vorsicht! Am Wat Arun treiben sich einige Ganoven herum, die unter allen möglichen Vorwänden „Spenden" für den Tempel einsammeln. Die Spenden landen natürlich in ihren Taschen.

Wat Arun
(Foto: Aroon Thaewchatturat)

•**Geöffnet** tägl. von 8.30-16.30 Uhr, 30 Baht.

Lak Muang

Dies ist der offizielle Mittelpunkt Bangkoks, die Stelle von der aus alle Entfernungen gemessen werden und hier steht der Tempel, der den Schutzgeistern der Stadt gewidmet ist. Das Hauptheiligtum ist ein Pfeiler aus dem Holz des Chaiyapruk-Baumes *(Cassia renigera),* der mit Goldplättchen beklebt und um den ein eindrucksvoller Gebetsraum eingerichtet worden ist. Hierhin kommen auch Frauen, die bisher keine Kinder haben konnten, und wer die Form des Pfeilers gesehen hat, erkennt den Zusammenhang!

Auf einem Tisch liegen Opfergaben für die Stadtgeister, darunter auch rotgefärbte Eier und Schweinsköpfe, denen man respektlos Räucherstäbchen in die Nasenlöcher gesteckt hat! Hier finden täglich kostenlose Aufführungen klassischen Thai-Tanzes statt.

•**Geöffnet** tgl. 6.00-17.00 Uhr, Eintritt frei.

Wat Po

Dieser Wat beherbergt den 45 m langen und 15 m hohen, mit Goldplättchen verzierten **„Liegenden Buddha"**. Die Figur zeigt Buddha in dem Moment, in dem er ins Nirvana hinübergeht. An seinen Füßen sind symbolisch die 108 Zeichen eingearbeitet, an dem man einen Buddha (= Erleuchteten) erkennen kann. Die um den Buddha gebaute Wandelhalle ist leider recht knapp bemessen, so dass man keine gute Perspektive von der Dimension der Figur erhält.

Legende zu Karte S. 206

1	Wat Arun	16	Wat Chanasongkhram
2	Wat Kanlayanamit	17	Nationalgalerie
3	Pak Klong Talaat (Großmarkt)	18	Nationaltheater
4	Phra-Buddha-Yodfa-Statue	19	Nationalmuseum
5	Post	20	Thammasat-Universität
6	Wat Po	21	Wat Mahathat
7	Royal Palace	22	Dept. of Fine Arts
8	Wat Rajapradit	23	Foto-Läden
9	Wat Rajabopit	24	Post
10	Schweine-Schrein	25	Na Phra Lan Restaurant
11	Verteidigungsministerium	26	Amulett-Markt
12	Wat Phra Kaeo	27	Bangkok-Noi Bahnhof
13	Lak Muang	28	Königliche Barken
14	Thorani-Brunnen	29	Bangkok Tourist Bureau
15	Royal Hotel		Expressboot-Anleger

Auf dem Tempelgelände befinden sich weitere 400 Buddhafiguren aus den verschiedensten Epochen sowie mit Porzellanstücken bedeckte Chedis. Der Tempel ist ein Zentrum der traditionellen Medizin und der Massage, und zahlreiche Masseure und Masseurinnen bieten ihre Dienste an. Die kraftvoll ausgeführten Massagen (für Ausländer 1 Std. 300 Baht, ½ Std. 180 Baht, Fußmassagen 45 Minuten 300 Baht) verursachen nicht selten zunächst einmal Schmerzen, aber danach setzt der Frischeeffekt ein. Es ist auch möglich hier an einem Massagekurs teilzunehmen (7-10 Tage, Tel. 02-2213686).

Ein zweisprachiges Schild auf dem Tempelgelände weist darauf hin, dass die Mönche nicht mit den ausländischen Touristen sprechen dürfen.

Zusammen mit Wat Phra Kaeo ist dies wohl der touristischste Wat Bangkoks. Hierher werden die Touristen busweise herangekarrt.

• **Geöffnet** tägl. 8.30-17.00 Uhr, Eintritt 20 Baht.

Wat Phra Kaeo und Grand Palace

Einer der berühmtesten Wats des Landes (und so etwas wie ein Wahrzeichen) beherbergt den *Emerald Buddha* oder „smaragdenen Buddha", der aber wahrscheinlich aus Jade besteht.

Im Jahre 1434 schlug ein Blitz in die Pagode des Wat Phra Kaeo in Chiang Rai ein und zerstörte einen Gipsbuddha. Unter dem gebrochenen Gips kam plötzlich ein grün leuchtender Buddha zum Vorschein. Der Herrscher von Chiang Mai brachte die Statue 1486 in sein Reich, und in einer Kette von Ereignissen landete der Buddha schließlich in Vientiane, wo er 215 Jahre verblieb. 1778 wurde Vientiane von der Thai-Armee eingenommen, und der Buddha kam zurück nach Thailand. Zunächst brachte man ihn nach Thonburi, später nach Bangkok in den Wat Phra Kaeo, das gleichzeitig mit der Gründung der Stadt im Jahre 1782 erbaut wurde.

Heute sitzen Dutzende oder Hunderte von Thais andächtig betend vor dem Emerald Buddha, die Füße nach Thai-Sitte zur Seite gewendet, damit die Fußsohlen respektvoll von ihm wegzeigen. Westliche Besucher sollten es ähnlich halten. Die Statue steht in einer prunkvollen Halle, hoch auf einem reich geschmückten Thron. Fotografieren ist hier streng verboten.

Die Anlagen um die Halle herum sind nicht minder interessant – da stehen furchterregende Yaks, die dämonisch aussehenden, steinernen Tempelwächter; die Chedis sind mit Kinaris oder Fabelwesen verziert, und es gibt großartige Wandmalereien zu bestaunen. Wenn jemand nur Zeit für eine einzige Sehenswürdigkeit in Thailand hätte, so sollte es Wat Phra Kaeo sein! Störend wirken leider die vielen japanischen oder anderen ostasiatischen Reisegruppen, die nichts besseres zu tun haben, als sich vor den diversen Attraktionen gegenseitig abzulichten, und andere Besucher dazu aus der „Schussbahn" zu scheuchen.

Der nebenan gelegene Königspalast – fast wirkt er bescheiden neben den anderen Anlagen – wird heute nicht mehr als Residenz für die königliche Familie genutzt, sondern nur für einige zeremonielle Ereignisse.

Leute in unpassender Kleidung (Shorts, tief ausgeschnittene Blusen etc.) werden vom Personal wieder zurückgeschickt. Die so entstandene Marktlücke hat ein Geschäft genau gegenüber dem Eingang von Wat Phra Kaeo genutzt, das lange Hosen verleiht! Gegen Vorlage des Reisepasses werden aber auch an der Eintrittskasse kostenlos Kleidungsstücke verliehen.

• **Geöffnet** 8.30-15.30, Sa und So geschlossen. Eintritt 250 Baht, darin ist auch eine Eintrittskarte zum Vimarnmek Palace enthalten. **Vorsicht!** Um den Tempel herum gibt es viele Tuk-Tuk-Fahrer, die „Stadtrundfahrten für 10 Baht" oder ähnlichen Blödsinn anbieten. In Wahrheit werden die Passagiere zu Läden befördert, wo der Fahrer gleich einen Benzingutschein oder etwas Geld erhält. Die Verkaufsmethoden in den Läden sind dann sehr rabiat. Außerdem laufen viele „nette Leute" herum, die einen unter allem möglichen Süßholzgeraspel ebenfalls in ein Geschäft schleppen wollen. Auf keinen Fall darauf eingehen!

• **Fahrrad-Riksha-Touren ab Wat Phra Kaeo** Das *Bangkok Tourist Bureau* in der Phra Arthit Road (Tel. 02-2257612-4) hat Samlor- oder Fahrrad-Riksha-Touren ins Leben gerufen, mit der Touristen die historisch bedeutsame Gegend um Wat Phra Kaeo relativ geruhsam erkunden können. Die Touren beginnen am Wat Phra Kaeo und kosten für Ausländer 50 Baht/Pers.; durchgeführt werden sie Mo-Fr 15-20 Uhr, Sa, So & Fei 10-20 Uhr. Die Fahrer, gekleidet in traditionelle blaue *mor-hom*-Hemden, haben grundlegende Englischkurse absolviert.

Wat Rajabopit

Dieser Tempel wurde 1863 von *König Chulalongkorn* nach dem Vorbild des Phra Pathom Chedi in Nakhon Pathom errichtet. So wird der Mittelpunkt wie dort von einem hohen goldenen Chedi gebildet; darin ist ein auf einer Naga sitzender Buddha aus Lopburi untergebracht.

Der Chedi wird von Tempelgebäuden mit einem zweistöckigen Dach umgeben. Besondere Aufmerksamkeit sollte den Details geschenkt werden; Türen und Fenster sind mit Perlmutt-Arbeiten besetzt, Wände und Säulen mit bunten Kacheln bedeckt. Auf der der Atsadang Road zugewandten Seite des Tempelgeländes ist ein kleiner Friedhof mit eng aneinandergereihten Gräbern angelegt.

• **Geöffnet** tägl. 9.00-17.00 Uhr; Eintritt frei.

Royal Barges

Die „königlichen Barken" sind in einem Bootsschuppen nahe der Phra-Pinklao-Brücke auf der Thonburi-Seite untergebracht. Die großartig gearbeiteten Barken, die zu festlichen Anlässen benutzt wurden, kamen zuletzt 1999 aus Anlass des „Sechsten Lebenszyklus" von *König Bhumipol* (6 mal 12 Jahre) zum Einsatz. In einer besonders feierlichen Zeremonie wurden 52 Barken von 2.082 in traditionelle Gewänder gekleideten Bootsleuten den Fluss hinabgerudert. Das Ganze wurde begleitet von sonorem, lautsprecherverstärktem Priestergesang und am Flussufer sahen Zigtausenden von Menschen zu, die meisten mit gelben Hemden bekleidet. Gelb ist traditionell die Farbe, die den Montag symbolisiert, der Tag, an dem der König geboren wurde.

Die wichtigste Barke, in der die Könige zu sitzen pflegen, ist der Suwannahongse (das End-s wird nicht gesprochen), der „Goldene Schwan". Auf diesem ist eine Art goldener Pavillon errichtet. Eine weitere prächtige Barke ist die Anantanagaraja („Unendlicher Schlangenkönig"), dessen Bug wie eine siebenköpfige Schlange geformt ist. Diese Barke stammt aus dem Jahre 1914; das Original wurde während der Regierungszeit von *König Rama 4.* (1851-68) gebaut.

Royal-Barge-Prozession
(FOTO: AROON THAEWCHATTURAT)

Den Schuppen mit den Barken erreicht man mit dem Express-Boot; aussteigen am Pier nahe der Thonburi Station (Bangkok Noi Stn.), dann links der Gleise 200 m geradeaus gehen, danach rechts über eine Klong-Brücke.

• **Geöffnet** tägl. 9.00-17.00 Uhr, Eintritt 30 Baht.

Thammasat-Universität

Hier begann der blutige Aufstand von 1976, und die Universität gilt als die Hochburg linksgerichteter Intellektueller. Staatsstreiche oder versuchte

Staatsstreiche – und derer gab es im letzten halben Jahrhundert mehr als ein Dutzend – kündigten sich häufig durch aufgeregte Studentenversammlungen an, was der Uni den Ruf einbrachte, die Nase immer im (politischen) Wind zu haben.

Viele Reisende dürften sich aber mehr für die Uni-Kantine interessieren, die jedermann zugänglich ist und die gutes und preiswertes Essen serviert.

Nationalmuseum

Auf dem Gelände des Museums hat einst der Palast des „stellvertretenden" oder „zweiten" Königs gestanden. Diese wohl einmalige Einrichtung geht auf eine Gepflogenheit aus der Zeit Ayutthayas zurück. Teile des Palastes sind noch erhalten. Am Eingang des Geländes steht Wat Buddhaisawan, ein Tempel vom Ende des 18. Jahrhunderts. (Schuhe, die ordnungsgemäß vor dem Tempel ausgezogen wurden, werden häufig gestohlen. Also besser in eine Umhängetasche stecken!)

Das Nationalmuseum ist das größte Museum Südostasiens und der beste Ort, einen Gesamteinblick in thailändische Geschichte und Kultur zu erhalten. Die Exponate umfassen alle kulturellen Epochen des Landes, von Dvaravati bis Rattanakosin. Außerdem sind zahlreiche noch ältere Funde zu sehen, z.B. aus den ersten Jahrhunderten unserer Zeitrechnung, als weite Teile Südostasiens unter indischem Einfluss standen. Einige Ausstellungsstücke sind gar römischen Ursprungs.

- **Geöffnet** Mi-So, 9.00-15.30 Uhr, Eintritt 40 Baht. Donnerstags um 9.30 Uhr werden kostenlose Führungen in Deutsch gegeben, Führungen in Englisch dienstags (Thema thailändische Kultur), mittwochs (Buddhismus) und donnerstags (thailändische Kunst). Wer es sich zutraut, kann mittwochs noch an französischen oder japanischen Führungen teilnehmen. Weitere Informationen unter Tel. 02-2241370.

Wat Mahathat

Dieser Tempel wurde während der Ayutthaya-Periode gebaut und später von Rama 1. und Rama 4. restauriert. Hier ist ein Zentrum der Mahanikai-Sekte des Buddhismus, und an buddhistischen Feiertagen wird ein Markt abgehalten, auf dem es traditionelle Arzneien zu kaufen gibt. In Section 5 des Tempels befindet sich ein Meditationszentrum, das nach Voranmeldung auch Ausländer aufnimmt. Am Tempel befindet sich ein gut gehender Markt, in dem Buddha-Amulette verkauft werden. Die teuersten Exemplare können Hunderttausende von Baht kosten.

- **Geöffnet** tägl. 9.00-19.00 Uhr, Eintritt frei.

Im Bereich Giant Swing

Wat Suthat

Dies ist ein relativ wenig besuchter Wat, doch einer der schönsten. Um eine große Wandelhalle thronen Dutzende von Buddhas, und das Gelände ist mit vielen Statuen übersät, die meisten davon aus China. Die kleine parkähnliche Anlage rund um den Tempel lädt zur Erholung ein. Der Bau des Tempels wurde von Rama 1. begonnen und von Rama 3. vollendet.

An der Ostseite von Wat Suthat in der Unakan Road befindet sich ein kleiner Hindu Tempel, **Vishnu Mandir,** der erst aus den 60er Jahren stammt und von indischen Priestern instand gehalten wird.

● Der Wat ist unregelmäßig geöffnet, etwa 8.30-21.00 Uhr; Eintritt 20 Baht.

Giant Swing

Zwischen Wat Suthat und dem massiven weißen Gebäude des Rathauses befindet sich die leuchtendrot gestrichene Giant Swing oder **„große Schaukel"** (*sao ching-chaa*). Hier fanden früher vom Brahmanismus geprägte **Feste** zu Ehren des Hindu-Gottes Shiva statt.

Neben der Schaukel befand sich ein 25 m hoher Pfahl, an dem ein Beutel mit Geld befestigt war. Die Teilnehmer des Festes mussten sich hochschaukeln und versuchen, den Geldbeutel mit dem Mund vom Pfahle zu klauben. Wie nicht anders zu erwarten, kamen viele der Teilnehmer dabei ums Leben. Aus diesem Grund wurde das Fest 1935 verboten.

Die heute an dieser Stelle befindliche Schaukel ist nur eine **originalgetreue Kopie,** die im Lauf der Jahre auch schon etwas morsch geworden war. Deshalb wurde sie zunächst renoviert, und im Jahre 2004 dann gänzlich durch ein neues Exemplar ersetzt. Da die beiden Pfeiler jeweils aus einem einzigen Baumstamm zu bestehen haben, war die Beschaffung des Holzes nicht einfach.

Buddha-Statue in Wat Suthat
(*Foto: Aroon Thaewchatturat*)

Bot Phram

Etwa 50 m nordwestlich von Wat Suthat, in der Ban Dinso Road, befindet sich Bot Phram, ein Tempel der **Thai-Brahmanen.** Diese Brahmanen stammten eigentlich aus Südindien, kamen dann über Angkor in Kambodscha nach Thailand und sind bis heute für alle religiösen Zeremonien am Königshofe verantwortlich. Die Thai-Brahmanen haben im Laufe der Zeit ihr indisches Aussehen verloren, kleiden sich aber mit indischen Wickel-

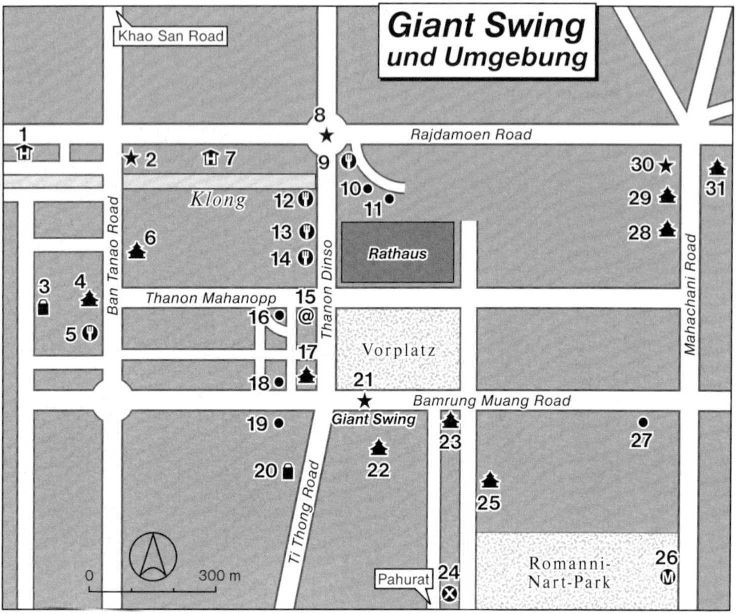

1 Palace Hotel	17 Bot Phram (Brahmanen-Tempel)
2 14 October Memorial	18 Buddha-Fabrik
3 Musikinstrumentladen	19 Buddha-Fabrik
4 Sanjao Por Sua (chin. Tempel)	20 Pokalgeschäfte
5 Kai Yang Boran Restaurant	21 Sao Ching-Chaa (Giant Swing)
6 Wat Mahanopp	22 Wat Suthat
7 Hotel 90	23 Vishnu Mandir
8 Democracy Monument (Anusaweri Pracha Thipatai)	24 Sammeltaxis nach Kanchanaburi
9 Sorn Daeng Restaurant	25 Dev Mandir Tempel
10 Sai Baba Foundation	26 Corrections Museum
11 Thai-Bharata Library	27 Polizei
12 Restaurant, Essensstände	28 Wat Theptidaram
13 Nan Faa Restaurant	29 Wat Ratchanadta und Amulett-Markt
14 Thien Song Restaurant	30 Rama 3. Memorial Park
15 Coffeeshop-Internet	31 Wat Saket (Golden Mount)
16 Wäscherei	

Giant Swing („Gigantische Schaukel")

gewändern *(dhoti),* tragen einen Haarknoten und sind traditionell Vegetarier – die sechs verbliebenen Priester werden aber gelegentlich an den Fleisch verkaufenden Essensständen in der Nachbarschaft gesehen.

Auf dem Tempelgelände stehen mehrere Gebäude, in denen sich Figuren von Hindugöttern befinden, u.a. auch *Shiva-Lingams,* die phallischen Symbole des Gottes Shiva. Nach Absprache mit den Brahmanen kann man die Gebäude besichtigen.

In der Gasse hinter dem Brahmanen-Tempel (Westseite) befindet sich eine größere **Fabrik für Buddha-Statuen.** Hier kann man den Arbeitern gerne über die Schulter sehen; überall stehen Buddha-Statuen verschiedener Größenordnung und in unterschiedlichen Fertigungsstadien herum. Sie werden zusammen mit anderen buddhistischen Devotionalien in vielen Geschäften an der nahen Bamrung Muang Road verkauft.

● **Unregelmäßige Öffnungszeiten,** Eintritt frei.

Wat Saket (Golden Mount)

Schon vor der Gründung Bangkoks hatte an dieser Stelle ein Tempel gestanden, der eigentliche Wat Saket wurde aber von Rama 1. erbaut und ist somit einer der ältesten der Stadt.

Als im Jahre 1782 der Heerführer *Chao Phraya Mahakasatsuk* nach längerer Abwesenheit in die Stadt zurückkehrte, wählte er diesen Tempel für die **Zeremonie des Haarewaschens,** die heimkehrende Soldaten laut Tradition durchführten. Von da an wurde der Tempel *Wat Saket* genannt, von *Sa* (waschen) und *Ket* (Haar). Die Thais sprechen *Ket* eher „Kes" aus).

Der Tempel wurde auf einem aufgeschütteten Hügel errichtet, da der Boden immer wieder absank. Auf diese Erhebung wurde ein **goldener Chedi** gesetzt, der dem Hügel den Namen gab. Der Chedi enthält Relikte des Buddha, die die Britische Regierung Indiens 1899 König *Chulalongkorn* überlassen hatte. Die goldene Kuppel des Chedi ist am Spätnachmittag der Traum eines jeden Fotografen (am fotogensten von Rajdamnoen).

Die Plattform um den Chedi kann bestiegen werden (10 Baht), von dort ergibt sich ein ausgezeichneter **Ausblick auf Bangkok.**

Das Gelände um Wat Saket wurde bis ins letzte Jahrhundert als Exekutionshof genutzt, auf dem Verbrecher öffentlich hingerichtet, zerhackt und den Geiern zum Fraß vorgeworfen wurden.

Jedes Jahr im November findet auf dem Tempelgelände ein vielbesuchter **Jahrmarkt** statt, mit Essensständen, Schaustellern, Magiern u.Ä.

● Der Eintritt zu Wat Saket ist frei; geöffnet etwa 7.30-17.00 Uhr.

Amulettmarkt

Bangkoks berühmtester Amulettmarkt liegt am **Wat Ratchanatda,** gegenüber Wat Saket (Ecke Rajdamnoen/Mahachai Road). Hier werden kleine Anhänger verkauft, denen man nachsagt, dass sie wundersame Dinge vollbringen. Bestimmte Amulette sollen jeweils eine bestimmte Art von Schutz herbeizaubern können. Besonders beliebt sind Amulette, die den Träger so unverwundbar machen, dass ihm weder Messer noch Kugeln etwas anhaben können. Buddhastatuen und allerlei religiöses Zubehör werden hier ebenfalls verkauft.

Das auffallendste bauliche Merkmal von Wat Rachanatda ist jedoch der **Lohaprasad** oder „Eisenturm", ein 33½ m hohes Steingebäude, das unter Rama 3. errichtet wurde. Es wurde einem Tempel aus dem 2. Jh. auf Sri Lanka nachempfunden und ist vom Stil her für Thailand einmalig. Das etwas klobig wirkende Gebäude ist mit zahlreichen kleinen Eisentürmen versehen – daher sein Name – und neben den eleganten Tempelbauten im Thai-Stil wirkt es fast deplatziert, bizarr. Irgendwie sieht es aus wie ein gigantischer Geburtstagskuchen!

An der Nordseite der Tempelanlage befindet sich der hübsche kleine **Rama 3. Memorial Park,** der erst im Jahr 1990 angelegt wurde. Dieser beherbergt eine überlebensgroße Statue des Monarchen, einen filigran verzierten Pavillon und einige Sitzbänke für die Rast. Der Ausblick von hier, auf Wat Saket und Wat Rachanatda, ist sicher einer der fotogensten der Stadt. An der Stelle des Parks hatte sich zuvor das traditionsreiche Chaloerm Thai Cinema befunden, ehemals ein bekanntes Theaterhaus, das unter zahlreichen Bürgerprotesten abgerissen wurde.

Wat Theptidaram

Genau an der anderen Seite von Wat Rachanatda, der Südseite, steht ein weiterer Tempel, Wat Theptidaram. Darin befindet sich ein winziges, unausgeschildertes **Museum,** das *Sunthorn Phu* (1786-1855), Thailands berühmtestem Dichter, gewidmet ist. *Sunthorn Phu* hatte einige Zeit als Mönch in diesem Tempel zugebracht – andere Lebensphasen verbrachte der Exzentriker dagegen in Zecherei und Frohsinn. Das Museum besteht nur aus der *Kuti* oder Mönchsunterkunft, die der Dichter seinerzeit bewohnt hat. Darin sind einige seiner Utensilien ausgestellt. Der Raum ist

normalerweise verschlossen, und man sollte einen der Mönche bitten, hineinsehen zu dürfen.

In anderen Stadtteilen

Marmortempel (Wat Benchamabopit)

Dieser Tempel besteht, wie der Name treffend angibt, zu großen Teilen aus italienischem Carrara-Marmor und ist sicher einer der schönsten Tempel Bangkoks. Der Thai-Name bedeutet „Fünf Prinzen" und bezieht sich auf einen alten Tempel, der einst an dieser Stelle gestanden und fünf Chedis besessen hatte. 1899 ließ König *Chulalongkorn* diese, die zu einem größeren Tempelkomplex gehörten, abreißen, um Platz für eine Palasterweiterung zu schaffen. Dafür ließ er Wat Benchamabopit errichten, womit er den Prinzen *Narisaranuwatiwongse*, kurz *Naris* genannt, beauftragte. Das Ergebnis war eine wunderschöne Konstruktion mit harmonisch ineinander verschachtelten, eleganten Dächern, die mit gelben Ziegeln gedeckt wurden. Im Inneren des Tempels befindet sich eine Nachbildung des Phra Buddha Chinnarat, einer hochverehrten Buddha-Figur aus Phitsanulok.

Wat Benchamabopit

- **Geöffnet** täglich 6.00-18.00 Uhr, Eintritt 20 Baht.

Vimarnmek Palace

Ende des 19. Jahrhunderts hatte König Chulalongkorn einen Palastbau auf der Insel Ko Si Chang nahe Si Ratcha in Auftrag gegeben. Schon kurz nach Baubeginn wurde das Vorhaben jedoch aufgrund politischer Spannungen mit Frankreich aufgegeben. Im Jahre 1901 stattete Chulalongkorn der Insel einen erneuten Besuch ab und beschloss, den begonnenen Palast nach Bangkok transportieren und dort weiterbauen zu lassen. Der verantwortliche Architekt sollte wiederum Prinz *Narisaranuwatiwongse* sein, der bis heute als Vater der thailändischen Architektur gilt. Aus ungeklärten Gründen wurde die Arbeit später einem deutschen Architekten namens *Sandreczki* übertragen.

Es entstand ein L-förmiger Prachtbau mit 81 Zimmern, gefertigt aus dem heute raren goldfarbenen Teakholz. Der Vimarnmek Palace ist die weltgrößte Teakholzkonstruktion.

Heute ist der Palast ein Museum, in dem ein wunderbares Sammelsurium von Objekten zu bewundern ist; darunter sind auch Souvenirs, die der König von seinen Auslandsreisen mitgebracht hat, und die Räumlichkeiten selber sind von betörender „thai-viktorianischer" Eleganz.

Der Palast hat übrigens noch einen weiteren Superlativ aufzuweisen: So besaß das Badezimmer des Königs die erste Dusche Thailands. Bedienstete mussten Wasser in einen Tank gießen, von dem aus es hinab durch den Duschkopf floss.

• **Geöffnet** tägl. 9.30-16.00 Uhr; Eintritt 100 Baht; beim Besuch des Grand Palace/ Wat Phra Kaeo erhält man eine Freikarte für den Palast.

Chitlada-Palast

Der Palast König *Bhumipols* und seiner Familie befindet sich auf einem fast quadratisch angelegten, weitläufigen Gelände von ca. 1 km² im Stadtteil Dusit. Der Palast liegt hinter Bäumen versteckt und kann nicht eingesehen werden, auch sind Besucher in der Regel nicht erlaubt. Eine Ausnahme besteht zum Geburtstag des Königs (5. Dezember), wenn Tausende von Thais zum Palast strömen, ihrem Herrscher ihre Aufwartung zu machen. Westliche Besucher sind zwar unüblich, werden aber nicht abgewiesen.

Auf dem Palastgelände werden auch Forschungsprojekte betrieben, und von außen sieht man einige Nutzgebäude, die wohl solchen Zwecken dienen.

Der Palast ist von einem Wassergraben umgeben, an dessen Eckpunkten sich Wachposten befinden.

Wat Bowornniwet

Der Tempel wurde von Rama 3. begründet, diente seinem Sohn König *Monkut* als Ort der Sammlung und ist das Zentrum der von Mongkut begründeten strengen Thammayut-Sekte des Buddhismus. Der Tempel war von Anfang an mit der Chakri-Dynastie verbunden, und König Bhumipol verbrachte die Fastenperiode des Jahres 1956 als Mönch in Boworniwet. Vor ihm hatten schon sein Urgroßvater

König Mongkut und sein Großvater König Chulalongkorn eine Zeit als Mönch in dem Tempel verbracht.

• **Geöffnet** tägl. 9.00-17.00 Uhr, Eintritt frei.

Wat Indraviharn

Am Nordrand von Banglamphoo, das bis vor etwa zehn Jahren ein florierender kleiner Rotlichtbezirk war, überragt der 41 m hohe Stehende Buddha von Wat Indraviharn die Szenerie. 1867 hatte ein Mönch mit der Konstruktion der riesenhaften Figur begonnen, wobei er als Stütze 16 Teakholzstämme verwendete, die mit Stein ummauert wurden. Nachdem das Projekt etliche Male zum Stillstand gekommen war, wurde die Figur 1967 endlich fertiggestellt – lange nach dem Tod des so baufreudigen Mönches. Zur 200-Jahr-Feier Bangkoks im Jahre 1982 wurde die Statue mit einer Goldschicht überzogen. Im überdimensionalen Haarknoten der Figur befindet sich angeblich ein Teil der Asche Buddhas, die 1978 von Mönchen aus Sri Lanka herbeigeschafft wurde.

Aufgrund der nahe dem Tempel verlaufenden Zubringer zur neuen Rama 8. Bridge (fertiggestellt 2001) ist das Ambiente der Gegend mittlerweile stark gestört.

• **Geöffnet** tägl. 8.30-20.00 Uhr, Eintritt frei.

Der Phallus-Schrein

Phallus-Schrein

Auf dem Gelände des Nai Lert Park Hotels (vormals Hilton; Wireless Road oder auf Thai *Thanon Witthayu*) am Klong Saen Sap befindet sich ein merkwürdiger Schrein, der aus Hunderten von Phalli der unterschiedlichsten Größen besteht. Der Schrein ist der Göttin *Chao Mae Tabtim* geweiht, und die Phalli (in Indien würde man sie *lingam* nennen) sind Opfergaben an die Göttin. Niemand weiß so recht, warum gerade diese Form der Opfergabe gewählt wurde, sicher ist, dass die Gläubigen Chao Mae Tabtim allerlei Wundertaten zutrauen. Dazu gehört das Fruchtbarmachen von bisher kinderlosen Frauen (das könnte die

Phalli erklären), aber auch das Glücksbringen im Allgemeinen. Eine Verbindung zum hinduistischen Shiva-Kult mit dem Phallussymbol *lingam* ist nicht auszuschließen.

Suan Pakkard Palace

Dieser „Palast im Kohlgarten" – so lautet die Übersetzung – ist eine Ansammlung aus sechs traditionellen Thai-Häusern samt einem wunderschönen Pavillon, die 1952 von *Prinz Chumbhot* von Nakhon Sawan und seiner Frau als Privatresidenz errichtet wurde. Die hölzernen Bauteile dazu sind aber noch mindestens ein Jahrhundert älter und dienten Vorfahren des Prinzen als Wohnsitz. Thai-Häuser wurden früher so angelegt, dass sie leicht transportabel waren.

Die Häuser, denen auch eine neu hinzugebaute Kunstgalerie angeschlossen ist, dienen heute als Museum. Das Museum besitzt eine sehr vielfältige Sammlung von Exponaten. Zu sehen sind Fotos der königlichen Familie (zumeist aus dem 20. Jh.), sitzende Buddha-Figuren (13./14. Jh.), ein Torso der Hindu-Göttin Uma aus dem 7. Jh. (von der Prinzessin selbst nahe der kambodschanischen Grenze entdeckt), religiöse Texte, Betelgefäße, Urnen u.v.m. In der angeschlossenen Kunstgalerie werden die Werke zeitgenössischer thailänischer Künstler ausgestellt. Mit seiner Vielfalt an Ausstellungsstücken und seiner idyllischen Lage mitten im chaotischen Herzen von Bangkok ist die Anlage sicher einen Besuch wert. Sie befindet sich an der Südseite der Sri Ayutthaya Road, am Nordrand des Stadtteils Pattunam. Vom weithin sichtbaren Baiyoke 2 Tower ist es nur ein kurzer Fußweg dorthin.

● **Geöffnet** Mo-Sa 9.00-16.00 Uhr, außer an Feiertagen; Eintritt 100 Baht.

Wat Chakrawat

An der Chakrawat Road, etwa zwischen dem indischen Viertel Pahurat und Chinatown liegt Wat Chakrawat, ein Tempel aus dem 17. Jahrhundert, der zunächst Wat Samphlum hieß – „Der Tempel der drei Freuden". Damit waren die drei Grundpfeiler des Buddhismus gemeint: der Buddha, der Mönchsstand und Dhamma, das religiöse Gesetz. Ende des 18. Jahrhunderts wurde der Wat von einem ehemaligen Adligen erneuert, der kurz zuvor ohne ersichtlichen Grund aus dem Adelsstand enthoben worden war, und der sich nun mit aller Energie der Religion zuwandte. Nach einigen Jahren wurde er in den Adelsstand zurückberufen, und sein Sohn setzte die Tempelrenovierung fort. Im Jahre 1849 wurde der Tempel in Wat Chakrawat umbenannt, „Der Tempel des großen Führers", eine Hommage an König Rama 1.

Wat Chakrawat ist heute ein wunderbar ruhiger Tempel, inmitten eines der geschäftigsten Viertel der Stadt. Sein heiligster Aspekt ist ein Schatten des Buddhas, den der Erleuchtete bei einer seiner astralen Reisen auf einer Felswand hinterlassen haben soll. An diesem Schatten wurde ein kleiner Schrein errichtet, an dem die Thais beten und Opfergaben ablegen.

Gebete an KönigChulalongkorn – ein neuer Kult ist geboren

Wer dienstagabends nichts Besseres vorhat, könnte vielleicht an der Royal Plaza vorbeischauen, dem großen Platz schräg gegenüber Wat Benchamabopit, am Nordende der Rajdamnoen Nok Road.

Jeden Abend, vor allem aber dienstags, strömen hier Tausende von Thais zusammen, um vor der schwarzen Reiterstatue von König Chulalongkorn, Rama 5. (1868-1910), zu beten.

Die ersten Gläubigen finden sich am frühen Abend ein, und die letzten gehen erst am frühen Morgen. Die Betenden sind davon überzeugt, dass der Geist von König Chulalongkorn der Statue innewohnt, und dass er Wünsche erfüllen, Krankheiten heilen oder anderweitig behilflich sein kann – besonders auch bei der nationalen Lotterie. So werden ihm Kerzen, Blumen und gar Flaschen mit Whisky geopfert, und man hofft auf Erhörung der Gebete.

Manche Gläubige bringen eigene Gebetsschreine mit, auf denen sich kleine Imitationen der verehrten Reiterstatue befinden. Bilder des Königs und „magische" Amulette mit seinem Abbild finden reißenden Absatz. Die Getränke- und Snackverkäufer, die überall da in Thailand auftauchen, wo sich mehr als fünf Personen versammeln, verdienen auch nicht schlecht.

Wie und warum der Kult um König Chulalongkorn entstanden ist, niemand weiß es genau. 1991 fanden sich zum ersten Mal einige Königsverehrer an der Royal Plaza ein, und durch „Mundpropaganda" wurden es bald Hunderte, dann Tausende. Dem Glauben gemäß ist die Statue mit saksit erfüllt, spiritueller Kraft. Heute gehört der Dienstagabend an der Royal Plaza zum festen Programm vieler Bewohner Bangkoks; sehr viele Gläubige reisen auch von außerhalb an. Warum gerade der Dienstag? Angeblich steigt der Geist des Königs aus unerfindlichem Grunde nur dienstags in die Statue hinab.

Paradoxerweise war König Chulalongkorn einer der aufgeklärtesten und reformerischsten Könige Thailands, dazu der Initiator der „Verwestlichung" Thailands (ob zum Guten oder nicht, sei dahingestellt). Der König hatte nach Reisen in Europa vieles, was ihm dort nachahmenswert erschien, auf Thailand zu übertragen versucht. Unter anderem hielt er die Thai-Frauen dazu an, ihre Haare auf europäische Art lang zu tragen, anstelle kurz geschoren, wie traditionell üblich. Er förderte den Gebrauch von Stühlen anstelle des Sitzens auf dem Boden und propagierte den Gebrauch von Essbesteck anstelle der nackten Hand. Dazu versuchte er das Betelkauen einzudämmen, das damals bei Jung und Alt universell verbreitet war. Das Betelkauen verfärbte die Zähne dauerhaft rot-schwarz, was damals bei Frauen als Schönheitsmerkmal galt. Eins der größten Verdienste des Königs war die Abschaffung von Sklaverei und Fronarbeit.

Heute schwebt sein Geist über der Royal Plaza und wundert sich wohl. Wäre der König noch am Leben, würde er sicher zuerst den Kult um seine Person abschaffen.

In einer anderen Ecke des Geländes befindet sich ein Krokodilsteich, an dessen Seite ein Glaskasten mit einem ausgestopften Krokodil zu sehen ist. Dieses war einäugig und irgendwann in den dreißiger Jahren von jemandem zum Tempel gebracht worden. Der Abt nahm das Tier auf und brachte es in einem Teich unter. Die Geschichte des einäugigen Krokodils machte die Runde, und nun brachten auch andere Leute Krokodile zum Tempel, die der Abt wiederum alle aufnahm. Das aber bedeutete den Tod des einäugigen Krokodils, das in einem Kampf mit einem Rivalen ums Leben kam. Heute leben nur einige kleinere Krokodile in dem Teich, die sich aber nur selten über der Wasseroberfläche sehen lassen.

• **Geöffnet** tägl. 8.00-18.00 Uhr, Eintritt frei.

Wat Prayunwong

Dieser Tempel mit einer interessanten Vorgeschichte steht in Thonburi, etwas westlich der Memorial Bridge *(sapan phut)*. Der Legende nach soll Rama 3. eines Nachts bei Kerzenschein gelesen haben, als sein Berater bemerkte, dass sich das geschmolzene Wachs zu einem bizarren Klumpen geformt hatte. Man beschloss, ein Wat in der Form dieses Wachsklumpens zu bauen. Dieser Hügel ist heute am Wat Prayunwong zu bewundern, und darauf befinden sich kleine Häuschen, in denen die Asche von Verstorbenen aufbewahrt wird.

Eine weitere, etwas makabere Beziehung zum Tod eröffnet sich in einem Tempelgebäude an der Westseite des Hügels: Hier sind in Glaskästen die Leichen von einer Frau, einem Mann und einem Kinde ausgestellt. Frau und Kind wurden Opfer der Tollwut, und der Mann war allem Anschein nach zu Lebzeiten ein passionierter Raucher – in seinem Mund steckt eine Zigarette! Damit wird womöglich angedeutet, was ihn in sein (gläsernes) Grab gebracht hat.

• **Geöffnet** 9.00-17.00 Uhr, Eintritt frei.

Wat Kanlayanimit

Läuft man von Wat Prayunwong weiter in nordwestlicher Richtung, sieht man die **Santa-Cruz-Kirche** aus dem 18. Jh., die von einer idyllischen, von Christen gegründeten Wohnkolonie umgeben ist. Daran schließt sich einige Fußminuten weiter nordwestlich Wat Kanlayanimit an, einer der vielen Tempel, die von Rama 3. begründet wurden. Sein auffallendstes Merkmal ist die enorm hohe Vihara, in der sich eine massive, riesige Buddha-Figur befindet. Auf dem Tempelgelände ist eine Bronzeglocke aufgestellt, die größte Thailands, die in den 20er Jahren in Japan gegossen wurde.

Wat Paknam Phasi Charoen

Ebenfalls in Thonburi befindet sich der ruhige Wat Paknam, in dessen Gebetsraum eine Figur des Watgründers, *Luang Pho Sod Chandasaro* (1883–1959), steht. Dieser war der Begründer der derzeit umstrittenen Dhammakaya-Sekte, die nördlich von Bangkok, in Nonthaburi, einen gigantischen Tempel unterhält. Das Hauptgebäude sieht etwa aus wie ein riesiges UFO und hat 30 Mrd. Baht gekostet. Der Tempel wird aufgrund seines ostentativen Materialismus häufig kritisiert. In Wat Paknam geht es aber beschaulich und bieder zu.

Die Figur des ehemaliges Abtes von Wat Paknam thront auf einem Altar, vor dem die Gläubigen beten. Dem Wat, der als einer der wichtigsten Meditations-Wats gilt, ist ein prächtiges Wohngebäude für die dort lebenden Mönche angeschlossen. Das Gebäude ist aus poliertem Teakholz und erinnert an die Architektur des Nordens. Ein dahinter gelegenes Wohngebäude für die ansässigen Nonnen ist weitaus schlichter.

Der Wat liegt nahe der Endstation des Busses Nr. 4 in Thonburi. Von der Haltestelle etwa 200 m nach rechts gehen (entweder am Klong entlang oder durch die kleine Straße rechts). Bus Nr. 4 lässt sich z.B. ab Kreuzung Soi Ngam Duphli/Rama 4 nehmen (in westl. Richtung) oder von der Chakrawat Road im Norden von Pahurat (dann südl. Richtung).

Wat Nang Chi

Geht man von der Endstation des Busses Nr. 4 etwa 100 m zurück (aus Fahrtrichtung des Busses gesehen), überquert die Hauptstraße und geht an der anderen Seite derselben die kleine Straße entlang, kommt man zu Wat Nang Chi (nach dem Wat fragen, er liegt etwas verborgen). In einer Ecke der Mauer, die den Wat umgibt, befindet sich ein gläserner Sarg mit der Mumie einer verehrten Nonne. Während oder nach der Regenzeit liegt diese Ecke des Tempels meist unter Wasser.

Von diesem Wat bietet sich noch ein **kleiner Ausflug** an: Geht man den kleinen Weg weiter, der direkt hinter dem Sarg mit der Mumie abzweigt, auf dem man einen Klong überquert, landet man urplötzlich in einer Ko Samui ähnlichen Landschaft. Palmen, Palmen und ländliche Idylle! Man glaubt kaum, sich noch mitten in Bangkok zu befinden! In der herrlichen Landschaft liegt auch ein kleiner **Privatzoo,** und meistens wird man von Einheimischem angesprochen, die einen dahin führen wollen. Der Zoo zeigt u.a. Elefanten und Schlangen. Der Eintrittspreis beruht allerdings mehr oder weniger auf Verhandlungen. Der Handel beginnt so etwa bei 100 Baht, was aber zuviel des Guten ist. 30-50 Baht pro Person sind okay.

Santa-Cruz-Kirche

Wat Trimit

Dieser Wat, gelegen an der Chroen Krung Road in Chinatown, nahe Trimit Road, beherbergt den berühmten „Goldenen Buddha", eine Buddha-Statue aus 5,5 Tonnen purem Gold! Er wurde erst 1955 entdeckt, als man einen vermeintlichen Gipsbuddha mit dem Kran transportieren wollte. Der Buddha löste sich, fiel hin. Unter der Gipsschicht kam der wahre Buddha

Wat Kanikaphon – ohne Hurerei, kein Tempel

Eine kleine Besonderheit unter Bangkoks Tempeln ist Wat Kanikaphon, wörtlich **„Der Tempel, der aus Hurenlohn erbaut wurde".** Er befindet sich in der Maitrichit Road in Chinatown, schräg gegenüber einer Polizeiwache.

Wat Kanikaphon wurde Ende des 19. Jh. von der aus China stammenden Prostituierten *Yai Fang* erbaut, die damit für ihre „Sünden" Abbitte leisten wollte. Zu jener Zeit war Chinatown voll von Bordellen, die vor allem die chinesischen Männer bedienten, die ohne ihre Familien ins damalige Siam ausgewandert waren. Nicht weniger Bordelle gab es in den angrenzenden oder nahen Stadtbezirken Sam Yot, Sao-Ching-Chaa, Banglamphoo und Bang Khun Phrom. In Pattunam paddelten Prostituierte auf Booten einher und suchten sich ihre Kunden. Es bedarf nicht viel historischer Recherche, um zu dem Ergebnis zu gelangen, dass Prostitution in Thailand beileibe nicht erst durch den Tourismus oder durch die im Vietnam-Krieg stationierten GIs entstanden ist. Bangkok war schon im 19. und frühen 20. Jh. ein Paradies für lustwandelnde Männer.

Noch heute wird Wat Kanikaphon von Prostituierten aufgesucht, die in den Billigbordellen des nahegelegenen Circle of 22nd July oder in anderen Bordellen der Umgebung ihren Dienst tun. Der Wat unterscheidet sich optisch nicht von Abertausenden von Wats in Thailand – besonderes zu Sehen gibt es nicht – als historisches Monument ist er jedoch eine kleine Besonderheit.

zum Vorschein. Es wird angenommen, dass die Gipsschicht dazu diente, den Buddha vor feindlichen Armeen zu tarnen. Seine Entstehungsgeschichte ist unbekannt, der Tempel stammt wahrscheinlich aus dem 13. Jh.

• **Geöffnet** 8.00-17.00 Uhr, Eintritt 20 Baht.

Jim Thompson House

Der Amerikaner *Jim Thompson* hat sich nach dem 2. Weltkrieg um die thailändische Seidenindustrie verdient gemacht. Durch seine Anstrengungen erlebte die Seidenweberei eine unerwartete Renaissance, und allein ihm ist es wohl zu verdanken, dass das Handwerk heute noch nicht ausgestorben ist. 1967 verschwand er bei einem Spaziergang spurlos in den Cameron Highlands von Malaysia, und bis heute ist sein Verschwinden eines der asiatischen Mysterien des 20. Jh. Einer Theorie nach wurde er von einem Tiger gefressen, einer anderen zufolge war er ein Spion, der umgebracht wurde.

In dem in traditioneller Bauweise errichteten Haus sind Kunstschätze zu sehen, die *Thompson* zusammengetragen hatte, aber auch das Haus allein ist schon einen Besuch wert. Wer sich mit dem Rätsel um den eifrigen Kunstmäzen beschäftigen möchte, dem sei das Buch „Jim Thompson – An Unsolved Mystery" von *William Warren* empfohlen (erschienen bei Archipelago Press, Singapur, in einigen Buchhandlungen Bangkoks erhältlich).

Das Haus befindet sich in Soi Kasemsan 2, eine Gasse, die schräg gegenüber des Tokyu Shopping Center/ Mah Boonkro Center von der Rama 1. Road abzweigt (Skytrain-Station Siam Square oder National Stadium).

• **Geöffnet** Mo-Fr 9.00-17.00 Uhr, Eintritt 100 Baht, unter 25 Jahren 40 Baht.

Mariammam-Tempel

An der Silom Road/Ecke Pan Road steht der auffällige Mariammam-Tempel (auch Sri-Mariamman-Tempel). Dieser in den 60er Jahren des 19. Jh. von südindischen Einwanderern erbaute Tempel wird von den Einheimischen *Wat Khaek* genannt oder „Tempel der Gäste". *Khaek* bedeutet „Gast", bezeichnet aber üblicherweise Araber und Bewohner Südasiens oder auch einfach Hindus oder Moslems. Der Tempel, dessen Hauptbesucher Thais sind, ist der Hindu-Göttin *Mariammam* oder *Umadevi* geweiht.

Freitagmorgens finden spezielle Gebetsstunden im Tempel statt, und danach, etwa um 11.30 Uhr, gibt es ein südindisches, vegetarisches Essen. Gäste sind dabei herzlich willkommen.

In den 90er Jahren des 20. Jh. wurde der Tempel von südindischen Handwerkern restauriert und ausgebaut, und nun erstrahlt er in neuem Glanz. Die Gopurams oder Tempeltürme sind mit Heerscharen von kunterbunten Götterfiguren verziert, genau wie man es von Tempeln in Südindien her kennt. Der Eintritt ist frei. Keine Kameras!

Wat Thammamongkhon

Dieser erst Ende des 20. Jahrhunderts fertiggestellte Tempel besitzt Bangkoks höchsten Chedi (95 m). Der Chedi hat 14 Stockwerke, und mit einem Fahrstuhl kann man bis zur Spitze gelangen. Im Chedi werden Reliquien des Buddhas aufbewahrt, darunter ein Haar, die vom buddhistischen Oberhaupt von Bangladesch gestiftet wurden. Die Anlage befindet sich weit außerhalb in Sukhumvit Soi 101, und es ist fraglich, ob sich die lange Fahrt dorthin lohnt.

Erawan-Schrein

Der Erawan-Schrein ist im Grunde genommen ein überdimensionales Geisterhäuschen, das für das ehemals danebenliegende Erawan-Hotel gebaut wurde. Die Thais glauben, dass beim Bau eines Hauses, den Geistern, die das Stück Land bewohnt haben, eine neue Bleibe geschaffen werden muss. Beim Bau des Hotels soll es zu vielen schweren Unfällen gekommen sein, die erst aufhörten, als den Geistern ein prächtiges neues Haus gebaut worden war. Der Schrein, obwohl erst 1956 gebaut, ist einer der heiligsten Orte der Stadt, und zu jeder Tages- oder Nachtzeit kann man Trauben von gläubigen Thais beim Gebet sehen. Bei Nacht ist die Atmosphäre besonders faszinierend. Hier werden auch klassische Tanzaufführungen mit Musikbegleitung dargeboten, die nichts kosten. Die Tänzer und Musiker werden von Gläubigen engagiert, die sich dafür etwas von den Göttern erhoffen.

Der Schrein ist eigentlich *Indra* gewidmet, dem hinduistischen Regen- und Wettergott. Indras geliebtes Reittier war der Erawan, der mystische Urelefant, der in den Tiefen des Ozeans entstand. Aus diesem Grunde spenden viele Besucher hölzerne Elefantenfiguren am Schrein, und einige Straßenhändler bieten diese recht aufdringlich an. Erawan (von Sanskrit *Airawata*) bedeutet „der Wasser-Besitzende" und bezieht sich auf das Was-

ser, das der Elefant mit seinem Rüssel versprüht.

2005 kam es am Schrein zu einem folgenschweren Zwischenfall: Ein geistig verwirrter junger Mann schlug mit einem Hammer auf die Indra-Statue ein und zerstörte sie komplett. Auf seiner Flucht wurde er von einer aufgebrachten Menschenmenge zu Tode geprügelt. Der junge Mann war Moslem, was die Gemüter im Nachhinein zusätzlich erhitzte. Die zwei Hauptbeteiligten an der Lynchjustiz wurden kurzzeitig in Haft genommen, dann aber gegen Kaution auf freien Fuß gesetzt.

Tänzerinnen am Erawan-Schrein

Die heutige Statue ist eine **originalgetreue Kopie** der Ursprünglichen, die schon wenige Wochen nach dem Ereigni von Premierminister *Thaksin* eingeweiht wurde. Viele Thais sahen in der Zerstörung der Statue ein böses Omen für ihr Land. Die nachfolgenden politischen Ereignisse, nicht zuletzt verursacht durch *Thaksin,* schienen ihnen Recht zu geben.

Der Schrein steht an der Kreuzung Ploenchit Road/Rajdamri Road, schräg gegenüber dem gigantischen Central World. Das legendäre Erawan-Hotel, mit dem alles begonnen hatte, wurde 1988 abgerissen. An seiner Stelle steht heute das bombastische Bangkok Hyatt Erawan.

●**Geöffnet** täglich 7.00-23.00 Uhr; Eintritt frei. Besonders reizvoll ist der Schrein nach Anbruch der Dunkelheit, wenn dicke Schwaden von Räucherwerk über dem Platz hängen und sich noch mehr Gläubige als sonst darum drängen.

Lumpini-Stadion

Hier finden die berühmten **Thai-Boxkämpfe** statt, bei denen fast alles erlaubt ist. Beginnt der Kampf noch zurückhaltend mit einem *wai khru,* einem Gruß im Geiste an den Lehrmeister des jeweiligen Boxers, bricht danach die Hölle los – zu infernalischer Musikbegleitung und den Anfeuerungsrufen der Zuschauer. (Preise und Termine siehe Exkurs Thai-Boxen im Kapitel „Kultur und Gesellschaft".)

Dusit-Zoo

Dieser Zoo an der Rama 5. Road, an der Westseite des Chitlada-Palastes, ist nicht gerade ein Muss auf der Besichtigungstour. Etwas Besonderes gibt es nicht zu sehen, und viele Thais kommen nur für einen geruhsamen Spaziergang in die parkähnliche Anlage. Ausländer erregen sich oft über die wenig professionelle, zum Teil unwürdige Art der Tierhaltung. Auf dem Gelände befinden sich mehrere Restaurants und Essensstände, darunter auch KFC.

●**Geöffnet** tägl. 8.00-18.00 Uhr, Eintritt 30 Baht.

Schlangenfarm

Die „Snake Farm" wurde 1923 gegründet und ist somit die zweitälteste Schlangenfarm in der Welt (die erste entstand in Brasilien). Hier wird zweimal täglich den giftigsten Schlangen, die das zoologische Wörterbuch kennt, das Gift abgemolken, um daraus Antiserum zu gewinnen. Die zwei Shows (10.30 und 14.30 Uhr, Sa, So/Fei nur 11.00 Uhr) sind für Besucher zugänglich. Unter den Schlangen sind Kobras, Kraits und verschiedene Vipernarten. Die Farm befindet sich an der Ecke Henri Dunant Road/Rama 4. Road, einige hundert Meter westlich der großen Kreuzung Rajdamri Road/Silom Road/Rama 4. Road und des Lumpini-Parks.

●**Geöffnet** Mo-Fr 8.30-16.30, Sa, So/Feiertage 8.30-12.00 Uhr, Eintritt 70 Baht.

Siam Ocean World

Das Siam Ocean World ist Teil des gigantischen Siam Paragon Shopping Centers und eine Art riesiges, **begehbares Aquarium.** Auf zwei Etagen und 10.000 Quadratmetern Fläche werden 400 Meeresspezies vorgestellt. Leider sind viele der „Meerespflanzen" aus Plastik, und Gerüchte sprechen von vielen vorzeitig verendeten Tieren. Störend sind die vielen lauten Besucher, ebenso die Guides, die ihre maritimen Erkenntnisse per Lautsprecher zum besten geben. Ansonsten aber ist der Besuch vielleicht ein lohnender Zeitvertreib für Kinder und auch manche Erwachsene. Das Ocean World gehört denselben Betreibern wie das Underwater World in Singapur und kassiert Singapur-ähnliche Preise.

●**Eintritt** Erwachsene 450 Baht, Kinder 280 Baht. **Geöffnet** tgl. 9-22 Uhr. **Pinguinfütterungen** um 12.30 und 16.30 Uhr, **Haifütterungen** um 13.30 und 17.30 Uhr.

Parks

Lumpini-Park

Dies ist die „Lunge" der Innenstadt von Bangkok, einige der wenigen größeren **grünen Oasen** in der Stadt. Frühmorgens sieht man hier alte Chinesen bei ihren Tai-Chi-Übungen. Ansonsten kann man joggen, ein paar Gewichte stemmen, sich ein Tretboot mieten oder ganz einfach ein Nickerchen machen, so wie viele Thais es tun.

Der Park ist bestens angelegt, alle hundert Meter steht ein Toilettenhäuschen, und an den Zugängen werden Obst und Getränke verkauft. An Wochenenden wimmelt es von Thai-Familien, die entspannen wollen. Nach Anbruch der Dunkelheit kann es etwas bizarr werden (s. Kapitel „Sicherheit", Stichwort „Gathoeys").

• **Geöffnet** 6.00-19.00 Uhr. Der Park befindet sich zwischen Rajdamri Rd., Witthayu (Wireless) Rd., Rama 4 Rd. und Soi Sarasin und kann mit zahlreichen Buslinien angefahren werden.

Chatuchak-Park

An der Phaholyothin Road, nördlich an den Chatuchak oder Weekend Market (siehe „Einkaufen/Märkte") anschließend, befindet sich dieser weitläufige Park, der etwa dieselben Attraktionen bietet wie der Lumpini Park. An Wochentagen ist es hier relativ ruhig, am Wochenende dafür recht überlaufen, es treffen sich hier vor allem Bewohner der Nordostprovinz Issaan.

• **Geöffnet** von 5.00-20.00 Uhr.

Railway Park (Suan Rot-Fay)

Der Suan Rot-Fay oder „Railway Park" befindet sich auf dem Gelände des ehemaligen Golfplatzes der *Railway Authority of Thailand* am Northern Bus Terminal (Morchit) an der Phahonyothin Road. Der Park ist außerordentlich gepflegt und ausgezeichnet zum **Joggen** oder zur Erholung geeignet.

• **Geöffnet** 5.00-20.00 Uhr.

Rama-9.-Park

Gut 20 km außerhalb der Innenstadt befindet sich dieser Park. Er wurde 1987 zu Anlass des 60. Geburtstag König Bhumipols angelegt. Es ist wohl der ruhigste aller Parks in Bangkok, zumindest an Wochentagen. Es gibt einen künstlich angelegten fischreichen Lotus-See, an dessen Ufern Wasservögel nisten, und in einigen Pavillons werden exotische Pflanzen ausgestellt, darunter eine umfassende Sammlung von Kakteen. Der Romaneeya Garden wurde den fünf geographischen Hauptregionen Thailands nachempfunden und präsentiert so ein anschauliches Bild der Geographie des Landes. Das Zentrum des Parks bildet die futuristische Rajamonkol Hall, die etwa wie ein zukünftiges Raumschiff-Terminal aussieht, und in der gelegentlich kulturelle Veranstaltungen stattfinden.

• **Geöffnet** 6.00-18.00 Uhr. Der Park ist der Entfernung entsprechend etwas umständlich zu erreichen: Man nehme zunächst einen Bus bis Sukhumvit, Soi 103, und fahre von dort mit einem beliebigen Bus weiter in Richtung Norden bis zum Parkeingang. Einfacher wäre ein Taxi, Fahrtkosten ca. 160-200 Baht.

Rommani-Nart-Park

Dieser für Bewohner der Khao San Road nächstgelegene Park befindet sich zwischen der Mahachai Road und der Unankan Road an der Ostseite von Wat Suthat. Auf dem relativ kleinen Gelände hatte sich bis vor einigen Jahren ein Durchgangsgefängnis befunden, von dem heute nur noch ein paar Wachttürme übrig sind; diese überblicken nun die 4 Ecken des Parks.

Um ca. 18.00 Uhr wird der Park mit lauter Disco- oder **Techno-Musik** beschallt, und einige Hundert Fitnessbewusste hüpfen sich unter Anleitung eines Aerobic-Trainers dazu die Seele aus dem Leib. An der Ostseite des Parks, an der Mahachai Road, ist ein ehemaliges Gefängnisgebäude vom Corrections Department, dem Amt für Strafvollzug, zu einem **„Gefängnis-Museum"** (Corrections Museum) umgewandelt worden, leider scheint dieses aber nie geöffnet zu sein.

- Der Park ist **geöffnet** von 5.00-20.00 Uhr. Man erreicht ihn mit den roten oder blauen **Bussen** Nr. 35, 42, 89 und 96 oder von Banglamphoo aus mit grünem Minibus Nr. 56.

Das Indische Viertel Pahurat

Das kleine indische Viertel Pahurat, am Südwestrand von Chinatown gelegen, erstreckt sich entlang der Chakraphet Road, von der aus mehrere kleine Gassen ausgehen. Dort könnte man sich fast nach Old Delhi versetzt fühlen. Es gibt Dutzende kleiner Restaurants, preiswerte Stoffgeschäfte, Reisebüros und sogar einige Betelhändler.

Die meisten Geschäfte gehören thailändischen Sikhs. Aufgrund des hohen Sikh-Anteils befindet sich hier auch Thailands größter **Sikh-Tempel,** Siri Guru Singh Sabha, der gut einen Besuch wert ist. Frühmorgens wird dort das traditionelle *langar* abgehalten – das gemeinsame, kostenlose Essen der Sikhs (vegetarisch), zu dem jedermann willkommen ist.

Gleich am Tempel (die Sikhs nennen ihre Tempel *gurudwara*, „Tor zum Guru") liegt der **Pahurat Market,** mit zahllosen Stoffgeschäften. Im zweiten Stock, zugänglich von einer ziemlich versteckten Treppe an der Pahurat Road, finden sich einige Geschäfte, die Kleinkram aus Indien verkaufen (Räucherstäbchen, Schmuck etc.).

Bis zum November 2004 wurde das kleine Viertel vom **ATM Department Store** dominiert, ein Kaufhaus, das auf vier Stockwerken Textilien aller Art anbot. Dann brannte das Department Store ab, und bis heute befindet sich an seiner Stelle nur ein Ruinenfeld. Da während des Brandes auch die in der Gasse neben dem Kaufhaus liegenden Geschäfte in Mitleidenschaft gezogen wurden, zogen diese in andere Gassen in Pahurat, und das gesamte Bild des kleinen Viertels wandelte sich.

An der Stelle des alten ATM Department Store soll ein neues 4-stöckiges „indisches" Department Store mit Platz für 311 Geschäfte entstehen. Die Geschäfte sollen vor allem Textilien, Modeartikel, Elektronik und Souvenirs anbieten. Mit dabei sein werden auch ein Supermarkt und ein Food Court. Der Name wird voraussichtlich **„India Emporium"** sein. Die Bauarbeiten sollen Ende 2007 beendet sein.

Aufgrund der vielen indischen Geschäfte und Restaurants ist Pahurat ein paar Stunden Aufenthalt wert. Neben Geschäften mit indischen Nahrungsmitteln und Kleinkram findet man hier etwa ein Dutzend Läden, die **Bollywood-DVDs** verkaufen. Die DVDs kosten in der Regel 100 Baht und sind Raubkopien. Die besten Kopien hat DVD World an der Chakraphet Road, etwa gegenüber dem chinesischen Tempel, und Jolly DVD in der kleinen Gasse neben dem MaMa Restaurant.

Das beste Restaurant im Viertel ist das altgediente *Royal India,* gefolgt vom *Krishna* (etwas unregelmäßig geöffnet), *MaMa Restaurant* und *Punjab Sweet.* Das kleine namenlose Restaurant links neben *Jolly DVD* hat die beste indische vegetarische Küche im Viertel. Es ist bei den Indern in Bangkok dafür bekannt, das beste *Puri-Chole* zu machen: Kichererbsen-Curry mit aufgeblähten, gebratenen Teigballons. Das Essen ist spottbillig und superlecker. Viele Inder in Pahurat nennen den Besitzer „Puri-Wallah" („der, der die Puris macht"), und jeder kennt ihn. Das *Royal India* hat eine Zweigstelle in Soi Rambutri in Banglamphoo und einen Stand im Food Court des Siam Paragon. Die Filiale in Pahurat aber ist die Beste.

In der Gasse links neben dem ehemaligen ATM Department Store – ca. 50 m von der Chakraphet Road entfernt – befindet sich das kleine, von einem freundlichen Sikh geleitete Zoom Travels (Tel. 02-2227772), ein zuverlässiges Reisebüro mit Niedrigstpreisen.

Geschichte des Viertels

Nachdem Rama 1. dem vietnamesischen König bei der Unterdrückung eines Aufstandes geholfen hatte, waren viele Vietnamesen ins Land gekommen. Diese siedelten sich im Gebiet des heutigen Pahurat an und bildeten dort „Baan Yuan" („Dorf der Vietnamesen"). Mitte des 19. Jh. brannte das gesamte Dorf ab, wurde wieder aufgebaut und vom Rama 1. nach seiner verstorbenen Tochter benannt – Pahurat.

Auf die Vietnamesen folgten die Inder. Hauptsächlich Sikhs kamen zuerst, mittellos, aber mit dem Vorsatz, hart zu arbeiten. Einige Sikhs wurden um die Jahrhundertwende Polizisten, ganz im Geiste ihrer kämpferischen Tradition. Andere wurden kleine Geschäftsleute, und ein oder zwei Generationen später wurde aus den armen Immigranten eine wohlhabende Schicht.

Hindus aus Nordindien kamen nun und verdingten sich als Arbeiter oder wurden kleine Händler. Man konzentrierte sich in Pahurat, machte es zum „indischen Viertel".

Nachtleben

... in Bangkok, das bedeutet nicht nur die Go-Go-Bars von Patpong, Nana Plaza oder Soi Cowboy, deren leichtgeschürzte Tänzerinnen ihr Haupteinkommen aus anderen, außerfahrplanmäßigen Aktivitäten beziehen. Neben diesen Etablissements gibt es jede Menge „normale" Bars oder Discos.

Doch noch ein paar Sätze zu **Patpong,** das eigentlich aus zwei parallel

Pass mitnehmen!

Seit einiger Zeit verlangen einige Nacht-Etablissements die Vorlage des Personalausweises (bei Thais), bzw. des Reisepasses (bei Ausländern). **Ohne Ausweispapier erhält man keinen Einlass.** Nach thailändischem Gesetz ist das Mindestalter zum Betreten von Nachtclubs, Discos usw. 20 Jahre, und Thais werden sehr genau kontrolliert. Sie müssen sich auch meist einer Handtaschenkontrolle unterziehen.

Ab und zu kommt es zu **Drogenrazzien** der Polizei, und wer keinen Ausweis dabeihat, bekommt Ärger – vom Drogenbesitz reden wir erst gar nicht. Offiziell muss jeder Ausländer in Thailand seinen Pass mit sich tragen, obwohl diese Regel außerhalb der Nachtclub-Szene praktisch nie angewendet wird. Eine Kopie des Passes *kann* gelegentlich ausreichend sein, dafür besteht aber keine Gewähr.

verlaufenden kleinen Straßen besteht, Patpong 1 und Patpong 2. Die Gegend ist voll auf Tourismus eingestellt, und so mancher Spaziergänger wird von den Türstehern/-steherinnen fast ins Lokal gezogen.

Häufig kommt es zu unliebsamen Zwischenfällen, vor allem bei den so genannten „Live Shows", bei denen dem ausländischen Gast regelmäßig um ein Vielfaches **überhöhte Rechnungen** präsentiert werden. Das beste ist, sich vorher genau nach den Preisen der Getränke zu erkundigen, und dann jedes Getränk nach Erhalt sofort zu bezahlen. So merkt man dann schnell, wie der Hase läuft. Überhöhte Preise auf keinen Fall zahlen! Eine Drohung mit der Tourist Police macht sich ganz gut. Die Stimmung ist dann mit Sicherheit hin, und man sollte den Club schnellstens verlassen, um nicht noch mehr Ärger zu bekommen.

Patpong ist heute nicht nur Sündenmeile sondern auch ein quirliger **Markt:** In und um die beiden Straßen herum finden sich zahllose Stände mit Imitationswaren, Kleidung, Uhren u.v.m. Unbedingt handeln! Die Händler zahlen hohe Mieten und ebenso hohe Schmiergelder an die Polizei, und so versuchen sie die Unkosten durch überhöhte Preise wett zu machen.

Soi Cowboy, eine kleine Verbindungsstraße zwischen Sukhumvit Soi 21 und Soi 23, ist voll mit Go-Go-Bars, und da das Personal hier weit unaufdringlicher als in Patpong ist, und überhöhte Rechnungen außerordentlich selten sind, finden sich hier zahlreiche in Bangkok ansässige Westler oder „wissende" Touristen ein.

Nana Plaza ist ein Gebäudekomplex in Sukhumvit Soi 4, in dem sich ebenfalls viele Go-Go-Bars befinden. Aufgepasst, in zweien davon tanzen ausschließlich Gathoeys, einige von Thailands berühmt-berüchtigten Transsexuellen oder Transvestiten. Zu erkennen sind sie meist an ihrem großen Körperwuchs und ihren riesigen Silikon-Busen.

Discos

Bangkok beherbergt eine stattliche Anzahl von Discos, und für viele Nachtschwärmer ist die Stadt **das Unterhaltungs-Zentrum Südostasiens.** Aufgrund der Tatsache aber, das die Unterhaltungsstätten je nach Lokalität um 1 oder 2 Uhr schließen müssen, läuft Bangkok Gefahr, den Ruf eines Nighlife-Mekkas zu verlieren.

Noch ein **Tipp an männliche Reisende:** Discos sind keine Anmach-Bars, und die lokale Damenwelt ist besonders Ausländern gegenüber schüchtern und zurückhaltend. Viele Thais kommen in einem großen Freundeskreis, und man tanzt nur miteinander. Ausnahmen bestätigen die Regel, und in vielen vor allem von Ausländern besuchten Discos finden sich zahllose käufliche Damen ein. Diese sind für in Bangkok ansässige Westler (und natürlich auch Thais) schon aus weiter Distanz auszumachen; Touristen lassen sich jedoch durch die Beteuerungen der Damen, „anständige" Mädchen zu sein („Ich bin heute zum ersten Mal in einer Disco") zumeist blenden. In Wahrheit kann sich kaum eine normale Thai-Frau leisten, die Nächte in einer Disco durchzumachen, sowohl aus finanziellen als auch beruflichen Gründen.

Die Discos mit derartigem Personal sind unter anderem: *Hard Rock Café, Concept CM²* im Novotel Bangkok, *Spasso, Riva's, Angel Disco* im Nana Hotel, *Hollywood* und *Dance Fever* an der Ratchadapisek Rd. u.v.m. Die Konzentration von „Nachtarbeiterinnen" ist unterschiedlich und in den meisten Discos dürften sich westliche Besucherinnen kaum gestört fühlen. Eine Ausnahme ist vielleicht die Angel Disco, in der so gut wie alle weiblichen Besucher auf Freiersuche sind. Westliche Besucherinnen dürften sich hier deplaziert fühlen und sich bestenfalls zu soziologischen Studien hingerissen fühlen.

Männliche Besucher dürften ansonsten sehr erstaunt darüber sein, dass in manchen Herrentoiletten **„Masseure"** bereitstehen, dem Wasserlasser während seiner Aktion eine Schulter- und Rückenmassage zu verpassen! Das mag zwar dem thailändischen Sinn des *sabai-sabai* (angenehm, entspannend) entsprechen, die meisten Westler dürften da aber eher Berührungsängste haben. Die Floskel *mai ao!* („Das will ich nicht!") erspart dem Toilettenbesucher die unerwünschte Rückenbehandlung. Aus verständlichen Gründen ist ein großer Teil der Toilettenmasseure schwul.

Eine „typische" Thai-Disco hat übrigens keine reguläre Tanzfläche; der durchschnittliche Thai ist vielleicht zu schüchtern, um sich wie auf einer Bühne auf der Tanzfläche zu präsentieren. Stattdessen befinden sich überall im Saal kleine runde Tische, auf denen die Getränke stehen, und um die man im Freundeskreis herumtanzt. Auf Thai nennt man so etwas *khrua thek,* „Disco-Küche", weil man wie um einen kleinen Küchentisch tanzt.

Das **Mindestalter** zum Besuch von Unterhaltungsetablissements ist 20, und seit 2002 werden verschärft Ausweiskontrollen durchgeführt. Gelegentlich kommt es zu Drogenkontrollen (siehe Kap. Drogen). An manchen Discos wird man am Eingang per Metalldetektor nach Waffen abgesucht (z.B. *The Forte).*

- Eine der Top-Discos der Stadt ist **Spasso** im Grand Hyatt Erawan Hotel an der Rajdamri Rd. Dies ist eine Mischung aus Disco, Bar und Restaurant, in der recht gute westliche

Bands spielen. Die Preise sind relativ hoch (das Hyatt ist eines der teuersten Hotels Bangkoks). Die Drinks kosten um 250 Baht. Eintritt 500 Baht, inbegriffen sind 2 Drinks. Ein Teil des weiblichen Publikums gehört dem „hochklassigeren" Gunstgewerbe an.

● Ähnlich vom Ambiente ist **Riva's** im Sheraton Hotel in Sukhumvit, bei Soi 12. Auch hier spielt eine Band, es gibt gutes Essen und die Preise sind relativ hoch. Eintritt 300 Baht, inklusive eines Drinks.

● **Concept CM²** im Untergeschoss des Novotel Bangkok (Siam Sq., Soi 6) ist eine riesengroße, etwas finstere und „grottig" wirkende Disco. Abends ab 22 Uhr spielt eine (zumeist westliche) Band. Angeschlossen sind eine Karaoke-Bar, eine Bar nur für Frauen *(Femme le Club)* und das sehr gute italienische *Facazzio* Restaurant. Der Großteil des weiblichen Publikums sind „freelancers" auf Freiersuche, eine Tatsache, die zahlreiche männliche Westler anzieht. Eintritt an Wochenenden 300 Baht, inklusive eines Drinks, ansonsten 200 Baht; an besonderen Tagen (Halloween, Valentine's Day u.a) 500 Baht.

● Das **Hard Rock Café** in Soi 11 des Siam Square ist leicht von außen zu erkennen: Über dem Eingang hängt ein Tuk-Tuk in der Wand. Das Hard Rock ist eine gelungene Mischung aus Restaurant und Rock-Kneipe; geboten werden recht gute amerikanische Speisen (in Riesenportionen!), und ab 22 Uhr spielen sehr gute, zumeist philippinische Bands. Die Stimmung ist meist ausgezeichnet, und an so manchem Wochenende tanzen die Besucherinnen auf Tischen und Stühlen! Manchen Leuten ist die Musik allerdings zu laut – das Lokal ist ziemlich klein, und die Leute von der Band drehen ordentlich auf. Die Drinks kosten ca. 200 Baht; für 350 Baht gibt es eine Mitgliedskarte, die zu Reduktionen von 15 % berechtigt. Geöffnet 11-2 Uhr, Eintritt Fr und Sa: 200 Baht (inkl. 1 Drink). Auch hier sind „freelancers" am Werk.

● **The Forte** in Royal City Avenue (RCA) ist sehr beliebt bei wohlhabenden Thais. Es ist gleichzeitig Disco, Bar und Restaurant und der besondere Clou ist, dass gelegentlich die Barkellnerinnen auf den Tresen springen und lostanzen als sei der Leibhaftige hinter ihnen her. Dazu schießen Flammen aus dem Tresen empor und umzüngeln die (scheinbar feuerfesten) Schuhe der Kellnerinnen. Ab 22 Uhr spielen Bands. Eintritt 250 Baht, was einen Drink einschließt. Für verschieden hohe Summen (10.000 Baht, 50.000 Baht etc.) gibt es diverse Mitgliedschaftspakete, was einerseits zu preiswerteren Getränken führt, aber auch zu dem Umstand, dass das weibliche Personal dann besonders aufmerksam und zuvorkommend ist. Nahe dem Eingang sitzen einige Thai-Damen, die – in typischer Thai-Manier – zum Hinzusetzen „angemietet" werden können – oft auch zu mehr, wenn der Preis stimmt.

● Ganz etwas anderes ist **Lucifer** in Radio City in Patpong 1. Dies ist ein Rave-Club mit „satanischem" Ambiente: Überall hängen leuchtende Teufelsmasken in dem ansonsten nur notdürftig beleuchteten Club, das Personal ist als lebende Deibel verkleidet, und die Musik, nun ja, die ist höllisch lauter Techno. Manchem Besucher mag unerklärlich sein, wie das ganze nüchtern zu ertragen ist, andere mögen's teuflisch gern. Preis für einen Drink ca. 200 Baht. Links neben dem Luficer gibt es einen ganz besonderen Spaß: In lockerer Kneipenatmosphäre singen sich **ein Elvis-Presley- und ein Tom-Jones-Imitator** durch die Geschichte der Popmusik. Die beiden machen ihren Job ausgezeichnet und die Stimmung ist gut.

● **Hollywood** und **Dance Fever** an der Ratchadapisek Road werden hauptsächlich von jungen Thais besucht. Es spielen thailändische Bands, die Sängerinnen zumeist in gewagten Outfits, die sie fast für Aufnahmen in einem Herrenmagazin geeignet machen, und man tanzt um die kleinen runden Tische herum. Einige der weibliche Besucher sind Angestellte aus den zahlreichen Massage-Salons der Ratchadapisek Road, die hier wohlverdient in den Feierabend tanzen. Eintritt 250 Baht, inklusive eines Drinks. Ähnlich das **Sparks** im Emerald Hotel an der Ratchadapisek Road, in dem sich aber auch viele chinesische und japanische Gäste einfinden. Eintritt 400 Baht (2 Drinks). In allen drei Discos findet sich ein nicht unerheblicher Prozentsatz weiblicher „freelancers".

● **DJ Station** in Soi 2 der Silom Road ist Bangkoks beliebteste Schwulen- und Lesben-Disco. Das Publikum ist zum Teil extravagant bis bizarr gekleidet, und auf erhöhten Plattformen im Tanzsaal können „Exhibitionisten" ihre Tanzkünste zur Schau stellen.

• Die **RCA** oder Royal City Avenue ist eine schier unendlich lange Unterhaltungsmeile, gelegen im Nordosten von Bangkoks Innenstadt, mit zahleichen Bars und Discos. Diese konkurrieren miteinander, was dazu führt, dass sie alle durch laute Musik auf sich aufmerksam zu machen versuchen, was wiederum zu ungeheurem Lärm in der Straße führt. Die Musik ist zumeist Techno, das Publikum sehr jung und fast ausschließlich Thai. Westler sind eine Seltenheit, und wer über 35 ist könnte sich wie auf dem falschen Planeten fühlen. Zu den beliebtesten Discos hier gehört das **Route 66,** das auch meist zum Bersten voll ist. Viele der Etablissements bieten auch Sitzgelegenheit draußen. Nicht wenige der jungen Gäste in der RCA nehmen Ecstasy oder *yaa baa,* Amphetamine. Einige der jungen Mädchen sind käuflich – in Bangkok ist diese Szene nie außer Reichweite – und wenn um 1 oder 2 Uhr die Lokale schließen und die Kunden ausgeblieben sind, versuchen sie es noch mal in einem der einschlägigen, 24 Std. geöffneten Coffee-Shops der Stadt.

• Eine ganz junge Szene – viele Thais, die soeben offiziell das Alter erreicht haben, in eine Disco zu gehen – findet sich in **Soi 4 der Ratchadapisek Road.** Einige der Bars schaffen es, auch länger als die offizielle Sperrstunde geöffnet zu bleiben.

• **Aisé** in Sukhumvit Soi 33 (genauer gesagt, in einer Neben-Soi, die in westl. Richtung von Soi 31 abzweigt), ist eine kleine, zweistöckige Disco, die wohlhabende junge Thais anzieht. Westler sind hier sehr selten, sie werden aber trotzdem nicht sonderlich beachtet; viele der Gäste beachten scheinbar nur ihr Handy. Ein Einblick, wie die verborgene Welt der jungen, von Geldsorgen befreiten Thais. Angenehm: Draußen gibt es einen Swimmingpool, an dem man seine Drinks nehmen kann.

• **Suzy Pub** (eher Disco als Pub) befindet sich in einer kleinen Gasse an der Nordseite der Khao San Road und zieht – erstaunlicherweise in dieser Gegend – weit mehr Thais als Ausländer an. Die kleine Disco ist meist proppevoll, die Preise sind mäßig.

Bars, Pubs und Clubs

• Das **Brown Sugar** in Soi Sarasin an der Nordseite des Lumpini Parks ist fast schon eine Institution. In dem gemütlichen kleinen Lokal spielen Jazz-, Blues- oder Rockbands, und da nicht viel Platz ist, nehme man sich vor dem Gitarrenhals des Bassspielers oder der wild ausschwingenden Trompete in Acht. Die Preise sind nicht ganz niedrig, ca. 250 Baht für einen Drink. Dazu gibt es recht gutes Essen.

• Ähnlich, aber größer ist das **Saxophone** an der Nordostseite des Victory Monument an der Phya Thai Road. Hier spielen abends Rock-, Blues-, Jazz- oder Reggaebands, und das ganze Ambiente erinnert an eine europäische Rockkneipe. Mäßige Preise. Wer mitjammen möchte, sollte sich unter Tel. 02-2474295 bis 18 Uhr zuvor anmelden.

• Heavy-Metal-Bands spielen im **Rock Pub** an der Phya Thai Rd. gegenüber dem Asia Hotel.

• Die **Q Bar** in Sukhumvit Soi 11 zeichnet sich durch ihr modernes, unterkühltes Ambiente aus, man könnte sich hier auch in einen Club in New York versetzt fühlen. Gespielt werden Techno und House Music. Das Publikum ist eine Mischung aus modischen, betuchten jungen Thais und ebenso modischen und nicht immer ganz so betuchten jungen Westlern. Man munkelt, dass manche der Gäste Ecstasy nehmen sollen. Die Polizei hat den Gerüchten geglaubt und schon mal erfolgreich nachgecheckt. Leicht erhöhte Drink-Preise.

• **Gulliver's Tavern** in Sukhumvit Soi 5 ist ein blitzsauberer neuer Unterhaltungskomplex bestehend aus einer Art gediegener Kneipe, einem Pool-Raum mit acht Billardtischen und einem Raum für Live-Musik. Auffallend ist auch die effizient arbeitende Klimaanlage. Die Getränke kosten ab ca. 150 Baht und es gibt relativ preiswertes Essen, von Falafel bis Steak. Eine Zweigstelle von Gulliver's Tavern findet sich in der Khao San Road.

• **Faith Club** in einem Unter-Soi von Sukhumvit Soi 23 (96/4-5 Sukhumvit Soi 23) ist eine hochmoderne Bar und ein Tummelplatz von bekannten thailändischen Persönlichkeiten. Für die Innenausstattung wurde viel Metall und Beton verwendet, was „cooles" Ambiente ausstrahlt. Dennoch ein guter Platz für einen Drink.

- Bangkoks heißester Neuzugang ist der **Bed Supper Club** in Sukhumvit Soi 26, ein futuristisches Gebilde, in dem Betten von den Wänden hängen, die zum Räkeln einladen, und Kellnerinnen in Raumschiffuniformen unter kühlblauem Neonlicht die Cocktails servieren. Die Klientel sind zumeist hochmodische und wohlbetuchte Thais, die Preise sind hoch – ein Ort zum Sehen und Gesehenwerden. Leute in Lotterkleidung müssen vor der Tür bleiben. Neben Drinks gibt es Mahlzeiten, eine Mischung aus Thai und westlich.
- Die **Banana Bar** in der Khao San Road (nahe dem Chat G.H.) macht von außen nicht viel her, ist jedoch ein beliebter Treffpunkt für Leute, die auf Hip-Hop, Acid-Jazz oder Indie-Musik stehen. Gelegentlich kam schon die Polizei vorbei, um den Gästen in die Taschen zu schauen. Derzeit ist aber auch in anderen Lokalen mit überraschenden Drogenkontrollen zu rechnen.
- **The Club** in der Khao San Rd., ist morgens ein gediegener Platz um sein Frühstück einzunehmen, abends gegen 20 Uhr geht jedoch richtig die Post ab, mit Musik, Lichteffekten und Tanz. Kein Platz für Low-Budget-Traveller, die meisten Gäste sind besser betuchte Thais. Abends Eintritt 300 Baht. Von allen Besuchern wird das Vorzeigen eines Ausweises verlangt.
- **Gulliver's** in der Khao San Road (Ecke Chakrabongse Road, gegenüber der Polizeiwache) ist ein lauter, ziemlich verqualmter Treff von Backpackern, freischaffenden Damen und gelegentlich ein paar Uni-Studenten oder sonstigen Thai-Normalbürgern. Oft ist es sehr nett, wenn aber manche Backpacker richtig Singha-Bier getankt haben, kann es auch schon mal unangenehm werden.
- **Irish X Change** in der Convent Road (südlich von der Silom Rd. ausgehend) ist ein irischer Pub, der natürlich das dazu gehörende Guinness serviert. Irische Live-Musik kann man hier montags und donnerstags hören. Sonntags um 18.30 Uhr werden Filme gezeigt, danach gibt es Live-Jazz.
- Ähnlich ist der nahe gelegene **O'Reilly's Irish Pub** an der 62/1-4 Silom Road, nahe Einmündung Soi Thaniya. Neben einer irischen Band gibt es einen Zauberer, der mit seinen Tricks von Tisch zu Tisch tourt.
- **Bobby's Arms** in Patpong 2 ist so etwas wie das britische Pendant dazu und – umgeben von den zahlreichen Go-Go-Bars von Patpong – ist es regelrecht eine Oase der Normalität in diesem Lotterviertel. Entgegen britischer Tradition ist sogar das Essen hier gar nicht mal schlecht, und eine Vielzahl der Kunden sind britische und australische Airline-Crews (hoffentlich *nach* dem Flug).
- Ebenfalls unverkennbar britisch ist **The Londoner Brew Pub** im Untergeschoss des UBC 2 Building der Ecke Sukhumvit/Soi 31. Das Lokal zieht vornehmlich Thais an, die sich an einen der zahlreichen Tische setzen, Bier trinken, eine britische oder westliche Mahlzeit zu sich nehmen (recht teuer) und der Pop-Musik der Hausband lauschen. Dieses ist ein „anständiges" Lokal, in das man auch seine Eltern mitnehmen könnte. Mittwochabend ist Happy Evening, dann gibt es für jedes Getränk, das man bestellt, einmal dasselbe kostenlos dazu.
- Ähnliches gutbürgerliches Ambiente, dazu sehr gute Live-Musik, bietet der **Huntsman's Pub** im Kellergeschoss des Landmark Hotels in Sukhumvit, nahe Einmündung Soi 4.
- Heiß Latino geht's zu im **Salsa Club** im Untergeschoss des Pathumwan Princess Hotels an der 444 Phya Thai Road, links neben dem Mah Boonkrong Center. Gehobene Preislage. Live-Musik und Latino-Küche. Geöffnet tägl 18-2 Uhr. Nebenbei gibt's Unterricht im Salsa-Tanz.
- Der **Bus Stop** in Sukhumvit Soi 4, etwas südlich des Nana Hotels, ist eine Art Open-Air-Bar mit kleinem Garten. Trotz des Namens hat der australische Besitzer des Lokals seinem weiblichen Personal keine Busschaffneruniformen verpasst, sondern die Outfits der Singapore Airlines-Stewardessen! Abends wird hier zu guter Rockmusik (vom CD-Player) ordentlich gezecht, morgens aber gibt es ausgezeichnete, reichhaltige westliche Frühstücke. Über den Großbildschirm laufen Sportübertragungen. Die Bar ist nicht besonders empfehlenswert für weibliche Reisende; die Singapore-Airline-Hostessen sowie das andere weibliche Personal ist zum größten Teil für „Privatflüge" zu mieten.
- Der **Biergarten** in Sukhumvit Soi 7 ist beinahe eine kleine Legende, weniger wegen

dem tollen Ambiente (hat es beileibe nicht), eher wegen der zahlreichen Damen, die auf Vertreter des männlichen Chromosomenpools warten. Das soll ja nicht stören, die Preise sind niedrig und das rustikale deutsche Essen, das in echten Schwerstarbeiterportionen daher kommt, billig. Wenn man „Glück" hat, gibt's sogar noch deutsche Schunkelmusik im Hintergrund. Kein Ort für weibliche Reisende oder Leute mit Germanenallergie.

- Ein ganz anderes Kaliber ist die **Bamboo Bar** im Oriental Hotel, 48 Oriental Avenue. Das Ambiente ist dschungelinspiriert, mit Palmen und viel Bambus, und die abends gebotene Jazz-Musik ist vom Feinsten. Ein toller Platz für einen besonderen Abend. Entsprechend den Preisen im *Oriental,* oft zum „besten Hotel der Welt" erkoren, ist viel Kleingeld mitzubringen. Geöffnet So-Do 11-1 Uhr, Fr und Sa 11-2 Uhr.
- Ebenfalls Live-Jazz erschallt allabendlich in der Cocktail-Lounge des Banyan Tree Westin Hotels in 210/100 South Sathorn Road, der **Compass Rose.** Die Lounge befindet sich im 59. Stock und bietet eine großartige Aussicht auf die Skyline von Bangkok.
- Einen ähnlich guten Ausblick bietet die **Roof Top Bar** im 83. Stock des Baiyoke 2 Hotels im Stadtteile Pattunam. Weder Ambiente noch Musik sind aber so gut wie im Banyan Tree; dafür ist's etwas erschwinglicher.
- Die **Bar@494** ist die Wein- und Champagner-Bar im Grand Hyatt Erawan Hotel an der Rajdamri Road, eine der wenigen Wein-Bars der Stadt. Die Innenarchitektur ist modern, Metall prägt das Bild. Es gibt zumeist hochpreisige Weine, dazu Havanna-Zigarren.

Transvestiten-Shows

Für viele Touristen gehört zum Bangkok-Trip ein Besuch in einer der bekannten Transvestiten-Shows; viele andere können den überkandidelt aufgemotzten, grellen *gathoeys* nichts abgewinnen.

- Eines der besten Transvestiten-Kabaretts ist das **Calypso Cabaret** im Asia Hotel (296 Phya Thai Rd.). Die in fantastische Gewänder gehüllten Transvestiten tanzen zu bekannten Songs. Show-Time 20.15 und 21.45 Uhr. Eintritt für Ausländer 700 Baht inkl. 1 Getränk; Thais zahlen weniger. Das Calypso ist oft von Tourgruppen belegt, und Voranmeldungen sind ratsam, besonders für die besseren Plätze vorne und in der Mitte. Tel. 02-2616355-6.

Kinos

Eine ganze Reihe von Kinos in Bangkok zeigt amerikanische Filme in Originalsprache, andere zeigen sie auf Thai synchronisiert. Ausländische Filme erfreuen sich bei jungen Thais steigender Beliebtheit, und in diesem Zuge hat sich auch der Standard der Kinos in den letzten Jahren stark verbessert. Filmtickets kosten üblicherweise 100-140 Baht. Annoncen mit den aktuellen Programmen finden sich in den Tageszeitungen *Bangkok Post* und *The Nation.*

Zu den besten Kinos gehört das **Grand EGV** (6. & 7. St., Discovery Center, Rama 1 Rd.), ein Kinokomplex mit sieben Leinwänden, einem Shopping-Center und einem Restaurant. Die Gesamtfläche beträgt 8.000 m². Zwei der darin enthaltenen Kinos sind Super-Deluxe-Kinos, mit Sitzen wie in der First Class im Flugzeug (Ticketpreise bis zu 500 Baht).

Im 5. Stock des **Siam Paragon Shopping Center** an der Rama 1 Road befinden sich gleich 14 Leinwände, darunter einige Deluxe-Vorführräume und ein IMAX-Kino.

Das **Thai IMAX Theatre** (1837 Phaholyothin Rd.) präsentiert unter anderem Filme in IMAX-Projektion (zum Preis von 140 Baht), als auch dreidimensionale Produktionen (200 Baht).

Steindämonen am Wat Arun
(Foto: Aroon Thaewchatturat)

Vor der Vorstellung wird übrigens die königliche Hymne abgespielt, und Bilder der Königsfamilie werden gezeigt. Dabei haben alle Zuschauer aufzustehen. Der ausländische Gast kann dabei für sich keine Ausnahmeregel beanspruchen und sollte dem Beispiel folgen. Das gleiche gilt, wenn morgens um 8 und abends um 6 Uhr landesweit über öffentliche Lautsprecher die Nationalhymne gespielt wird. Wie die Thais auch, so sollte der Reisende während des Abspielens stehen bleiben bzw. aufstehen.

Thai-Tanz

Liebhaber klassischen Thai-Tanzes können die Vorstellungen besuchen, die von einigen Restaurants angeboten werden, was eine reichhaltige Mahlzeit mit beinhaltet. Die Preise sind allerdings nicht niedrig, ca. 400 Baht. Außerdem sollte man sich im Klaren sein, dass alle derartigen Veranstaltungen mehr oder weniger touristischer Nepp sind, mit einem echten kulturellen Ereignis haben sie nur entfernt etwas gemein.

- Eines der besseren Restaurants ist das **Supatra River House** (266 Soi Wat Rakhang, Arun-Amarin Rd., Tel. 02-4110305). Shows beginnen freitags und samstags um 20.30 Uhr.
- Daneben gibt es noch die Möglichkeit des **kostenlosen Zuschauens,** so am Erawan-Schrein oder am Lak Muang. An beiden werden den ganzen Tag über Vorstellungen gegeben. Die Auftraggeber sind Gläubige, die die Götter durch die ihnen dargebotene Unterhaltung gnädig stimmen wollen.

Shopping

Einkaufen kann man in kleinen Läden, an Straßenständen, auf Märkten oder in den großen Department Stores, von denen einige wohl alles in den Schatten stellen, was wir diesbezüglich von zu Hause kennen.

Kaufhäuser

Riesige Kaufhäuser gibt es in Bangkok heute in jedem Stadtviertel, die meisten sehen nicht anders aus als ihre Gegenstücke im Westen. In den letzten Jahren sind einige gigantische Center hinzu gekommen und das Einkaufen macht heute mehr Spaß denn je. Die **größte zusammenhängende Einkaufszone** befindet sich zwischen dem Mah Boonkrong Shopping Center an der Phya Thai Road und dem Gaysorn Plaza an der Rajdamri Road/ Ploenchit Road, und weiter nördlich bis Panthip Plaza. In diesem ca. 3 km^2 großen Bereich warten etwa ein halbes Dutzend große Shopping-Center auf locker sitzende Kreditkarten. Hier findet man eigentlich alles, was man braucht – und vielleicht auch nicht braucht, dafür aber unbedingt haben will.

Die üblichen **Öffnungszeiten** der Kaufhäuser sind 10.00-22.00 Uhr, einige kleinere schließen schon um 20.00 oder 21.00 Uhr.

Das **Siam Discovery Center** an der Ecke Phya Thai Road/Rama 1 Road beherbergt einige Boutiquen, dazu Kunstgeschäfte, einen Foto- und einen Buchladen (*Asia Books,* 4. Etage), Läden für Gitarren und andere Instrumente, dazu einige Restaurants. Im 4. Stock, neben *Asia Books,* führt eine Glaspassage ins benachbarte **Siam Center,** das vor allem Kleidungsboutiquen beherbergt. Bangkoks weibliche Jugend shoppt hier ausgesprochen gerne. Dazu gibt es einige Restaurants und im 4. Stock einen etwas übermodern-kalt wirkenden, aber preiswerten Food Court. Wer sehen will, wie thailändische Studenten und Studentinnen Hausarbeiten machen, sollte es sich für längere Zeit im Starbucks im Erdgeschoss bequem machen. Das Siam Center ist durch eine Brücke direkt mit der Skytrain-Station Siam Square verbunden.

Gleich an der Ostseite des Siam Center schließt sich das **Siam Paragon** an, das bei seiner Eröffnung Ende 2005 gefeiert wurde, als wären Buddha und Jesus gemeinsam Hand in Hand zurück auf die Erde gekommen und hätten eine neue Religion verkündet. Der protzige Riesenkomplex war schon lange vorher als neue, ultimative Shopping-Destination in Thailand angekündigt worden, und wer die Thais kennt, vor allen die weiblichen, der weiß, welche Ekstase ein gut angefüllter Shopping-Komplex auslösen kann.

Das Siam Paragon (www.siamparagon.co.th) bietet auf sechs Etagen und 800.000 Quadratmetern ein unvergessliches Shopping-Erlebnis. Im Erdgeschoss kann man sich an Food Courts oder in noblen Restaurants laben, und dann geht's ab in die höheren Stockwerke, wo man viel Geld auszugeben kann. Man findet Kleiderboutiquen, Elektronik- und CD-Geschäfte, Kunsthandwerkliches, und in speziellen Showrooms kann man sogar einen Maserati oder Porsche bewundern und natürlich auch bestellen. Eigentlich bräuchte man nirgends anders einkaufen – es gibt alles. Einen sehr positiven Eindruck macht der Buchladen *Kinokuniya* im 3. Stock, der zusammen mit dem *B2S* im Central World (s.u.) das größte Buchgeschäft Thailands ist. Es gibt sogar eine Menge Bücher auf Deutsch.

Das Siam Paragon ist so riesig, dass man einige Kilometer darin wandern und so in gut klimatisierter Atmosphäre seine täglichen Bewegungseinheiten ablaufen kann. Am besten lässt man sich an einem der Informationsschalter einen Plan des Kauftempels geben, denn ansonsten verläuft man sich womöglich und endet wimmernd in einer der Toiletten, in denen die Verrichtung der Notdurft durch Fernsehschirme mit Reklamespots verschönt wird.

Von der Skytrain Station Siam Square führen Brückenverbindungen direkt ins Siam Paragon.

Die Eröffnung des Siam Paragon löste einen Renovierungsrausch bei den nahebei gelegenen Department Stores aus, die durch die neue Konkurrenz um ihre Kunden bangen mussten. Fünf Minuten Fußweg weiter östlich, an der Ecke Rama 1 Road und Rajdamri Road, liegt das gründlich renovierte und erweiterte **Central World.** Dieses ist das Flaggschiff der Central-Kette (www.central.co.th) und behauptet von sich noch größer zu sein, als das Paragon, und wer weiß, möglich ist alles. Auch das Central World ist schön gemacht, die Architektur ist hell, modern und freundlich. Zur Drucklegung Mitte 2006 war das Central World erst teilweise eröffnet und eine Zusammenfassung der zu erstehenden Waren und Serviceleistungen war noch nicht möglich. Erwähnenswert ist der Buchladen *B2S* im 3. Stock, mit einer Riesenauswahl Büchern und Magazinen. Wie im Siam Paragon so funktioniert auch hier die Klimaanlage vorzüglich, und man kann kilometerweit laufen, ohne mineralhaltige Wiederbelebungsmittel zu benötigen. An den Ecken des Central World zur Rajdamri und Rama 1 Road hinaus befinden sich Schreine, darunter mit dem Elefantengott Ganesh, die dem Erawan-Schrein schräg gegenüber unheilige Konkurrenz machen sollen. Der Schrein an der Kreuzung Rajdamri und Rama 1 Road steht bei jungen Leuten in dem Ruf, den Wunsch nach einem geliebten Partner zu erfüllen.

Nördlich gegenüber des Erawan-Schreins, auf der anderen Seite der Rajdamri Road und neben dem Intercontinental Hotel, liegt das **Gaysorn Plaza** (www.gaysorn.com). Dies ist nicht der Mittelpunkt der Schwulenszene Bangkoks, wie man vermuten könnte (*gaysorn* heißt Safran), sondern ein kleineres Kaufhaus, das sich auf absolute Nobelmarken spezialisiert hat. Meist ist das Center verhältnismäßig menschenleer, denn nicht jeder Thai kann sich eine 50.000-Baht-Louis-Vuitton-Handtasche leisten.

Etwa 100 m südlich des Erawan-Schreins an der Rajdamri Road befindet sich das **Peninsula Plaza,** ebenfalls ein recht gehobenes Kaufhaus, vor allem mit Kleidungs-Boutiquen. Etwas um die Ecke, an der Ploenchit Rd., ein paar Schritte östlich des Erawan-Schreines liegt das **Amarin Plaza** und an Rama 4, Ecke Silom Road der noble **Robinson Department Store.** Die unterste Etage sowie die Lebensmittelabteilung im Kellergeschoss haben bis Mitternacht geöffnet! Aus den im Kaufhaus gelegenen Cafes mit Blick auf den Lumpini Park lässt sich gut das geschäftige Treiben Bangkoks beobachten.

Der **Central Department Store** an der Ecke Soi Chitlom/Ploenchit Rd. (auch **Central Chitlom** genannt) bietet ein sehr gutes Rundumangebot – vergleichbar mit Karstadt – darunter viele westliche Nahrungsmittel im Supermarkt im Erdgeschoss. Ein besonderes Lob verdient die **Weinabteilung** im Supermarkt; sie ist gut bestückt und wie bei allen Central-Läden sind die Weine relativ preiswert, da die Central-Kette Selbstimporteur ist. Wer vorhat, Dauerkunden zu werden, kann sich eine Mitgliedskarte aushändigen lassen, durch die viele Lebensmittel verbilligt werden.

Im 6. Stock liegt das **Food Loft,** ein nobler Food Court mit Ständen diverser Küchen: Thai, vietnamesisch, chinesisch, indonesisch, indisch und italienisch. Beim Betreten wird einem eine elektronische Karte ausgehändigt, auf dem die Speisen per Computer verzeichnet werden. Am Ende zeigt man die Karte an der Kasse vor und bezahlt die darauf verbuchte Summe. Verliert man die Karte, kostet das 1.000 Baht, was die Höchstsumme ist, die man darauf verbuchen kann! Im Food Loft kann man sich die Gerichte selber von den Ständen holen, oder aber einen der Bediensteten damit beauftragen. Das sollte man vielleicht tun, denn auf die Preise kommt ohnehin eine zehnprozentige Service Charge.

Das Central Departement Store ist ein sehr angenehmes, ruhiges, und unprätentiöses Kaufhaus, ohne viel Schnickschnack, aber mit guter Leistung. Von der Skytain-Station Chitlom führt eine Verbindung ins Kaufhaus.

Das **Panthip Plaza** an der Petchaburi Road, etwas westlich der Kreuzung mit der Rajaprarop (Ratprarop) Road, ist Bangkoks Zentrum für Computer und Software-Piratenware. Kopierte Computer-Programme werden ebenso verkauft wie Raubkopien von CDs und DVDs und wirklich preiswerte Computer. Wegen einiger Razzien wird die heiße Ware nicht immer offen ausgestellt, sondern erst auf Verlangen herbeigeholt. Angeboten werden auch preiswerte DVD-Player, Digital-Kameras und anderes technisches Gerät. Männliche Besucher werden unweigerlich von dubiosen kleinen Wieseln dazu animiert, Porno-DVDs zu erstehen.

Leider aber ist es in dem Plaza so **unerträglich laut,** dass man sich ins Paragon oder Central World sehnt. Jedes Geschäft dreht seine Lautsprecher bis zum Anschlag auf und feiert den anstehenden Verlust der Gehörnerven.

Einen Preis für Originalität verdient das **Old Siam Plaza** im Stadtteil Pahurat, zwischen der Pahurat Road und der New Road (Charoen Krung Rd.). Die Architektur des Hauses ist dem Talaat („Markt") Ming Muang nachempfunden, der Anfang des 20. Jahrhunderts an dieser Stelle stand, mit einer hohen, gewölbten Halle, von der altertümlich-gemütliche Shopping-Arkaden ausgehen. Wahrscheinlich ist es heute das optisch gefälligste Shopping-Plaza der Stadt; es passt sich mit seinem typischen Thai-Stil gut der Umgebung an. Zu kaufen gibt es vor allem Kunsthandwerkliches und Antiquitäten, aber auch Schmuck und Kleidung. Im 3. Stock finden sich einige sehr dezent eingerichtete Cafés, im Erdgeschoss einige Restaurants mit Thai- und westlichen Speisen sowie Essensstände. Eine besondere Spezialität sind die Stände im Erdgeschoss, die alte traditionelle Thai-Süßigkeiten verkaufen. Da gibt es Süßspeisen, die man sonst kaum noch irgendwo findet. Lecker!

Das Nonplusultra eines Budget-Kaufhauses ist das **Mah Boonkrong Center (MBK)** an der Phya Thai Road, nahe Ecke Rama 1, das mit dem Tokyu Department Store zusammengewachsen ist. Zwischen beiden Häusern bestehen Durchgänge. Das Mah Boonkrong Center ist mehr als nur ein Kaufhaus: Man kann sich die Haare schneiden lassen, sich tätowieren lassen, einen Arzt aufsuchen, einen Film oder eine Live-Show sehen (nicht von der Patpong-Sorte!) oder sich eine Fußmassage gönnen. Bei einem Hi-Fi-Händler kann man sich kostenfrei an Rockvideos ergötzen oder im 6. Stock schlemmen gehen. Dort gibt es eine große Zahl von Essensständen, die verschiedene Spezialitäten anbieten. Man könnte einen ganzen Tag im Mah Boonkrong verbringen. Viele junge Thais scheinen das auch zu tun. Vor allem die Handy-Stände im 4. Stock werden mit beinahe religiöser Inbrunst bewundert. Von der Skytrain-Station National Stadium führt eine Brücke direkt ins Tokyu Department Store, und von da geht's weiter ins MBK.

The Emporium an der Sukhumvit Road/Ecke Soi 24 ist ein hochklassiges und etwas teureres Kaufhaus, das vor allem die in der Umgebung wohnenden wohlhabenden Thais und westlichen „Expats" bedient. Neben teurer Boutiquen-Ware findet sich auch Handwerkliches, und im 5. Stock locken ein sehr gutes Food-Center mit zahlreichen Ständen und Restaurants und ein teurer Nobel-Food-Court, der ähnlich funktioniert wie der im Central Chitlom (s.o.).

Von der Phrong Phong Station des Skytrain führt eine Fußgängerbrücke direkt ins Emporium.

In Sukhumvit Soi 49, nahe der Einmündung Soi 33 und an der Ploenchit Road finden sich Filialen von **Villa Supermarket,** der zahlreiche westliche Nahrungsmittel führt – Käse, Wurst, Brot u.v.m. Die Filiale an der Sukhumvit Soi 33 (schräg gegenüber Emporium) bietet im Obergeschoss die größte Weinabteilung Thailands, angeblich mit 4.000 Sorten.

Ebenfalls sehr viele westliche Lebensmittel sind im Foodland erhältlich, in

Sukhumvit Soi 5. Außerdem gibt es **deutsche Magazine und Zeitungen.** Das Geschäft ist 24 Std. geöffnet.

Eine sehr große Auswahl an westlichen und sonstigen exotischen Nahrungsmitteln führen die eleganten Filialen von **Gourmet Market** im Erdgeschoss des Siam Paragon und im 5. Stock des Emporium Shopping Center.

An der Srinakharin Road, ganz im Osten der Stadt, liegt das ausufernde **Seacon Square,** das bis vor einigen Jahren größte Kaufhaus Südostasiens. Hier findet sich wahrhaft alles unter einem einzigen Dach, manchem mag es aber schon zu verwirrend groß sein. Außerdem ist der Anfahrweg von der Innenstadt aus beträchtlich: Ein Taxi von der Khao San Road kostet ca. 180-200 Baht. Hier braucht man eigentlich nur hin, wenn man einmal Vorstadt-Shopping-Ambiente schnuppern will.

Märkte

Auf dem berühmten Wochenendmarkt oder **Weekend Market** am Chatuchak (auch *Jatujak Park* geschrieben), gegenüber dem Northern Bus Terminal, gibt es so gut wie alles: von der Topfpflanze bis zum Kampfhahn, von der second-hand Elektronik bis zum Büffelschädel, auch fast neue Magazine wie *Stern* und *Spiegel* an den Buchständen an der Südwestseite des Marktes. Der Markt ist immer brechend voll. **Vorsicht vor Taschendieben!** Geöffnet ist er Mittwoch bis Sonntag ca. 7-18 Uhr; Mittwoch und Donnerstag sind jedoch nur die Geschäfte mit landwirtschaftlichen Produkten sowie Restaurants und Getränkestände geöffnet.

Der **Bobay (Bo Bae) Markt** an der Krung Kasem Road, gut einen Kilometer nördlich von Hualamphong Station, ist der billigste Markt in Sachen Kleidung, auch sehr gut dafür ist der **Pattunam Markt** an der Kreuzung Rajdamri/Petchaburi Road. Hier handelt sich bei einem Teil der Ware um Kopien von Designerwaren.

Auf dem **Theves Markt,** am Nordende der Lak Luang Road, nahe dem Klong gibts's Blumen aller Gattungen und Sorten, auf dem **Bangrak Markt** an der New Road, südlich der Einmündung Silom Road, ebenfalls Blumen sowie Obst und Textilien.

Der **Pak Klong Talaat** („Markt an der Klong-Mündung") nahe der Memorial Bridge (Nähe Stadtteil Pahurat) ist ein Großmarkt für Gemüse, Blumen und Süßigkeiten, und dem Fotografen bieten sich hier zahlreiche kunterbunte Motive. Nachmittags, wenn der Markt zu Ende geht, lassen sich hier riesige Blumensträuße zu Pfennigbeträgen kaufen. Der Markt sollte vor einiger Zeit geschlossen und verlegt werden, was aufgrund von Protesten jedoch vorläufig verworfen wurde.

Der **Klong Toey Markt** (auch **Penang Market** genannt) an der Ratchadapisek Road, etwas nördlich der Highway-Überführung ist besonders günstig für Obst, Gemüse, Kleidung und billige Elektronikartikel. Wer die unter dem Autobahnkreuz verlaufende Eisenbahnlinie in südwestlicher Richtung verfolgt und dann an der ersten Weiche rechts abbiegt, erreicht nach einigen Minuten Klong Toey, Bangkoks berüchtigten Slum. Das Viertel ist kein Vergleich zu den Slums Kalkuttas, aber dennoch ist es hier aufgrund der vielen Heroinsüchtigen nicht ganz ungefährlich.

Ein einziger großer Markt ist **Chinatown,** wo es absolut alles gibt, und das zu den oft günstigsten Preisen der Stadt. Interessant sind die vielen Geschäfte mit traditioneller chinesischer Medizin, die von der Ginseng-Wurzel (genau so teuer wie bei uns) bis zu eingelegten Schlangenbabys ein merkwürdiges Sortiment an Heilmitteln bieten. Wer an einer Erkältung leidet, sollte sich dort aus den samowarähnlichen Gefäßen *yaa khom* (5 Baht pro Glas) ausschenken lassen, ein kaffeeartiges, bitteres Gebräu (*yaa khom* = „bittere Medizin"). Das bringt einen enorm zum Schwitzen und vertreibt die Erkältung. Viele Thais trinken die Medizin auch als Stärkungsmittel, kippen aber gleich ein paar Schluck *yaa waan* (= „süße Medizin") hinterher – um den Geschmack wegzukriegen! Yaa waan ist ein goldfarbenes, gesüßtes Getränk, das nach Kamille schmeckt. (Die Anweisung „Chinatown" wird von nicht vielen Taxifahrern verstanden. Am besten, man sagt „Sampeng".)

Der **Pahurat Markt** (siehe Karte) liegt genau im **indischen Viertel,** und hier verkaufen indische Händler Stoffe und Kleidung. In der zweiten Etage des zum Bersten vollen Marktes gibt es zudem Schmuck, Räucherwerk und Kunstgegenstände aus Indien.

Gleich vom Pahurat Markt, unter der Fußgängerbrücke an der Chakrapet Road, geht die **Sampeng Lane** (Soi Wanit) ab. Diese schmale Gasse, die sich bis tief nach Chinatown hineinzieht, bietet wieder ein absolutes Allround-Angebot. Besonders nützlich: die für etwa 50 Baht erhältlichen (wirklich funktionierenden) **Kakerlakenfallen** *(baan malängsaab)!* Die Gasse ist immer brechend voll mit Menschen und man fühlt sich äußerst beengt.

In Patpong 1 abseits der Silom Road, in Bangkoks berüchtigster Rotlichtstraße hat sich der **Patpong Market** angesiedelt. Mitten in der schmalen Straße, flankiert von zahlreichen Go-Go-Bars und Bars, in den „Live-Shows" präsentiert werden, warten dutzende von Straßenständen auf Kunden. Verkauft werden vor allem Imitate von Designerkleidung oder -lederwaren, Uhren, VCDs und DVDs u.v.m. Das Gedränge ist riesig und vielerseits wird beanstandet, dass der Markt so etwas wie eine „Feuerfalle" ist – sollte es einmal zu einem Brand kommen, dürfte er katastrophale Auswirkungen haben.

Spezialgeschäfte

Braucht jemand eine **Mönchskutte?** Oder einen **Hausaltar?** Religiöses (buddhistisches) Zubehör gibt es beiderseits der Giant Swing (Sao Ching-Chaa), entlang der Bamrung Muang Road. Weiterhin werden **Riesenkerzen, Gongs** in allen Größen, **Räucherstäbchen** und bunte **Fächer** verkauft. Goldene Buddha-Statuen sind ebenfalls zu bewundern, die dür-

fen aber bekanntermaßen nicht ausgeführt werden.

Wer der Mönchsrobe eine **Armee-** oder **Marineuniform** vorzieht, kann diese in Geschäften entlang der Atsadang Road (an der Ostseite des Klong Lord, südlich des Royal Hotel) erstehen.

An derselben Straße verkaufen zahlreiche Läden **Schreibmaschinen, Second-hand-Kameras** und außerdem (neue) Hi-Fi-Waren.

Wer nicht die passenden **Schuhe** findet, kann sich in der Thanon Tanao (zwischen Thanon Mahanopp und der Kanlaya Nimit Road) in mehreren Läden Schuhe maßarbeiten lassen. Ein Paar kostet um die 2.000 Baht; dafür gibt's zu Hause so gerade noch Schuhwerk vom Regal. Zwei weitere Schuhmacher befinden sich in der schmalen Straße (kein Straßenschild) rechts vom Thai-Brahmanen Tempel (Bot Phram). Die Geschäfte liegen im Schatten eines unglaublich schmalen rosafarbenen Hauses. Das Haus ist an seiner schmalsten Seite nur 50 cm breit.

Teurere Schneiderläden liegen an Sukhumvit und dessen Sois sowie an der Silom Road. Auch hier sind die meisten Schneider Inder.

Jede Menge **Korbwaren,** vom Bastsofa bis zum Blumentopfuntersatz gibt es an der Mahachai Road, etwas südlich der Einmündung Bamrung Muang

Handwerker im „Dorf der Bettelgefäßmacher“

Road. Hier liegen gleich mehrere Geschäfte nebeneinander.

Die **Bettelgefäße,** in denen die Mönche bei ihren morgendlichen Rundgängen Speisen einsammeln, werden etwas südlich des Wat Saket in Handarbeit hergestellt. Südöstlich der Kreuzung Boriphat/Mahachai Road liegt eine kleine Handwerkersiedlung, in der die Gefäße gefertigt werden. Die Siedlung heißt *baan baat* oder „Das Dorf der Bettelgefäße“. Ein dort hergestelltes Bettelgefäß *(baat)* kostet mehrere hundert Baht, industriell gefertigte allerdings nur ca. 100-200 Baht. Die handgearbeiteten sind aber haltbarer und können zur Not auch repariert werden. Das Handwerk der Bettelgefäßmacherei stirbt allerdings aufgrund der übermächtigen Konkurrenz der Industrie allmählich aus.

Chinesische Medizin, darunter zum großen Teil (angebliche) Aphrodisiaka und sonstige Stärkungsmittel, verkaufen zahlreiche Geschäfte entlang der Charoen Krung Road in Chinatown (also etwa zwischen Chakrawat Rd. und Mitsamphan Rd.).

In diesem Bereich findet man auch die preiswertesten **Fotoläden** der Stadt, wenn nicht gar ganz Thailands. Die Preise liegen meist auf dem selben Level wie in Singapur, oft sogar noch etwas darunter (handeln!). Im Vergleich zu Deutschland sind die Waren erheblich billiger. Nebenbei lässt sich gut Filmmaterial einkaufen. Diafilme (Kodak Ektachrome oder Fujichrome) kosten ab 180 Baht, die Diaentwicklung kostet ab 80 Baht pro Film, für Rahmung 40 Baht extra. (Kodachrome-Filme können in Thailand nicht entwickelt werden!)

Östlich der Kreuzung Mahachai/Charoen Krung Road liegen einige Läden mit **Kuriosa.** Da gibt's dann alles mögliche, von der alten Taschenuhr bis zum Totempfahl.

Entlang der Charoen Krung Road in Chinatown liegen zahlreiche **Münzgeschäfte** und -stände, die alte (vielleicht nur gezinkte?) Münzen und Geldscheine verkaufen.

Modische und preiswerte **Kleidung** gibt es vor allem an den Straßenständen um das New World Department Store in Banglamphoo, ebenso in den Shopping-Arkaden am Siam Square (Rama 1, gegenüber dem Siam Center und Siam Paragon) oder an Ständen, die abends an der Silom Road aufgebaut werden (etwa 18.00-23.00 Uhr, zwischen dem Robinson Department Store und Patpong). Ebenfalls gut ist der Pattunam-Markt, auf dem man äußerst billig Kleidung erstehen kann.

Edelsteine können in Geschäften entlang der Silom Road erstanden werden, ebenfalls **Kunstgegenstände, Schmuck** etc.

Eine großartige Auswahl von **Kunstgegenständen** und **Handwerksartikeln** führt das Rasi Sayam in 32 Sukhumvit Soi 23, und das zu erstaunlich vernünftigen Preisen.

Die berühmte **Thai-Seide** gibt es sehr gut (aber nicht so billig) bei *Jim Thompson's Thai Silk Co.,* 9 Suriwong Road. In derselben Straße (Nummer 23/15-6) befindet sich *P. Shinawatra Thai Silk,* ebenfalls mit Seide, Baumwollstoffen etc. Um übrigens echte Seide von Polyester-Gemischen zu unterscheiden, lässt man sich am besten ein kleines Stück des zu kaufenden Materials geben und brennt es an – echte Seide verbrennt zu einem feinen Pulver und riecht wie angebranntes Fleisch. Polyester-Gemische riechen dagegen eindeutig nach Plastik.

Eine große Auswahl an **CDs und DVDs** bietet *CD Warehouse* im 3. Stock des Emporium Shopping Center sowie die etwas kleinere Filiale im 5. Stock des Siam Discovery Center. Im Centralworld Plaza findet sich im Erdgeschoss die gut sortierte CD-Abteilung von *B2S*. Im Siam Paragon bietet im 3. Stock das *Gramophone* eine gute Auswahl an CDs (viel Jazz), und im 4. Stock wartet das *Gram* auf, ein Ableger des Gramophone. CDs kosten in Thailand ca. 400-500 Baht.

Stadtverkehr

Außer den im Kapitel „Verkehrsmittel" erwähnten Taxis und Tuk-Tuks verfügt Bangkok über ein hervorragendes Busnetz, eine elektrische Hochbahn (Skytrain), eine U-Bahn sowie über Fähr- und Expressboote.

Bus

Bangkoks Busnetz ist flächendeckend und sehr dicht, durch die hohe Anzahl verschiedener – und verschieden-farbiger – Busse auch **sehr verwirrend.** Es gibt blaue Busse ohne Klimaanlage zu 7 Baht Standardpreis, dazu rot-beige Busse ohne Klimaanlage zu 8 Baht und giftgrüne Minibusse zu 6,50 Baht.

Des Weiteren gibt es noch blaue **A.C.-Busse,** deren Liniennummern nicht mit denen der Normalbusse übereinstimmen. Die Nr. 1 der A.C.-Busse fährt also nicht dieselbe Strecke wie die Nr. 1 der Normalbusse. Die klimatisierten Busse kosten zwischen 11 und 20 Baht, je nach Strecke.

Die privat betriebenen, kompakt gebauten **Micro-Busse** *(bas maicro)* sind mit A.C. ausgestattet und an ihrer rot-silbrigen Farbgebung zu erkennen. Die Macro-Busse sind etwas kleiner als die blauen A.C.-Busse, dafür aber noch bequemer. Alle Fahrten kosten 20-25 Baht.

Weiterhin kommen einige gasbetriebene und klimatisierte **Luxus-Busse** (Thai: *por or por*) dazu, die aber nur die nordöstlichen Vororte mit der Innenstadt verbinden. Der Fahrpreis beträgt ab 12 Baht.

Die beiden zuletzt genannten Linien haben ihre eigenen Nummern, die

Achtung, Preiserhöhungen! Die momentanen Buspreise werden bei den **steigenden Benzinpreisen** nicht zu halten sein. Mittlerweile sind sie möglicherweise schon wieder um 1 oder 2 Baht gestiegen.

Generell braucht man keine Sorge zu haben, in den Bussen von den Schaffnern betrogen zu werden: Kaum ein Thai würde sich dermaßen erniedrigen und um 1 oder 2 Baht betrügen.

sich nicht mit denen der anderen Busse decken.

Wenig zu empfehlen sind die eingangs erwähnten **grünen Mini-Busse.** Erstens bieten diese den Komfort einer rollenden Konservendose, und dazu liefern sich die Fahrer oft mit anderen Bussen halsbrecherische Rennen, bei denen die Sicherheit der Fahrgäste völlig außer Acht gelassen wird. Beschwerden über die grünen Busse häufen sich, und nicht wenige Bewohner Bangkoks wären froh, wenn sie ihre Fahrt gänzlich einstellen würden.

Alles in allem: Bangkoks Bussystem ist höchst kompliziert und verwirrend, dafür aber auch enorm preiswert.

Boot

Die langen, schmalen **Klongboote** haben umgebaute LKW-Motoren als Antrieb und sind dementsprechend schnell. Diese Boote verkehren oft in den schmalen Kanälen, die vom Fluss ausgehen. Bei den Anlegestellen hinter Wat Po und Wat Mahathat können diese Boote auch stundenweise angemietet werden. Die Stunde kostet ca. 300 Baht, die Anfangsforderung beträgt aber leicht 1.000-2.000 Baht.

Auf dem Chao Phraya fahren verschiedene Typen von Booten: Die kurzen und hohen **Fährboote** pendeln zwischen bestimmten Anlegestellen zwischen den Flussseiten hin und her.

Expressboot auf dem Chao Phraya

Foto: Aroon Thaewchatturat

Eine Überfahrt kostet 2 Baht, zu zahlen an einem Kassenhäuschen oder auf dem Boot.

Die **Expressboote** sind das angenehmste Transportmittel in Bangkok: schnell, luftig und preiswert. Die Möglichkeit bietet, eine bestimmte Strecke per Expressboot zurückzulegen, sollte man unbedingt wahrnehmen.

Expressboote verkehren auf dem Chao Phraya zwischen 6 und 18.00 Uhr und kosten je nach Strecke und Bootstyp 8-15 Baht.

Die Boote verkehren zwischen 5.30 und 18.00 Uhr alle 20 bis 30 Minuten, sind aber nicht immer ganz pünktlich. Nach Norden fahren Expressboote bis Nonthaburi, nach Süden bis zum Stadtteil Thanon Tok.

Ein weiterer Expressverkehr, allerdings mit den **schmalen Klongbooten,** bietet sich auf dem Klong Mahanak: Ab Wat Saket fahren die Boote bis zum nordöstlichen Vorort Bangkapi, Kostenpunkt bis dort 15 Baht, bei kürzeren Strecken entsprechend weniger. Von Wat Saket aus erreicht man in wenigen Minuten den Stadtteil Pattunam, zu dem man per Bus mindestens eine Dreiviertelstunde benötigt. Aber Vorsicht, speziell auf diesem Streckenabschnitt stinkt der Klong ganz erbärmlich! Die Mitnahme eines Taschentuches als Geruchsschutz ist anzuraten.

Auf den in Bangkok erhältlichen Stadtplänen sind zumeist die Routen und Anlegestellen der Boote auf dem Chao Phraya eingezeichnet, nicht aber die der Klongboote.

Taxameter-Taxi

Nachdem die Taxis ohne Taxameter, bei denen der Fahrpreis im vorab auszuhandeln war, völlig verschwunden sind, gibt es nun ca. 100.000 Taxis mit Taxameter in Bangkok. Eine Klimaanlage gehört ebenfalls zur **Grundausstattung.**

Die Taxis sind an dem auf dem Dach angebrachten Schild „Taxi-Meter" zu erkennen und kommen aber ansonsten in allen erdenklichen **Farbkombinationen** daher. Taxis mit grün-gelbem Anstrich weisen aus, dass sie Eigentum des Fahrers sind; alle andersfarbigen Taxis sind solche, deren Fahrer die Wagen von einem *taukey,* einem „großen Geschäftsmann", mieten. Das kostet sie etwa 450-550 Baht pro 12-Stunden-Schicht.

In der Vergangenheit waren Bangkoks Taxifahrer oft wegen ihres rüden **Umgangs mit den Kunden** gefürchtet, inzwischen hat sich jedoch ihr Niveau entscheidend verbessert. Das liegt vor allem daran, dass viele zuvor gut bezahlte Angestellte, die aufgrund des Wirtschaftskollapses ihre Arbeit verloren, nun Taxi fahren. Diese eher sanften Zeitgenossen haben die derben Haudegen von einst weitgehend verdrängt (was allerdings nicht auf die berüchtigten Airport-Taxis zutrifft), und das Taxifahren in Bangkok ist heute so angenehm wie lange nicht mehr.

Aufgrund der engen finanziellen Lage in Thailand und der **mangelnden Kundschaft** lässt heute auch so gut wie kein Taxifahrer mehr einen Kunden abblitzen – in den (für die Taxifahrer) besseren Zeiten war es so, dass sich so manch Taxifahrer seine Kundschaft aussuchte und nur fuhr, wenn ihm die Strecke genehm war.

Sollte es dennoch Ärger geben (z.B. eine überlange „Stadtrundfahrt"), kann man **sich beschweren** beim *Land and Transport Department,* Tel. 02-2725489. Z. B. auch darüber, dass ein Taxifahrer eine Fahrt ablehnt; ihm droht dafür eine Geldstrafe von 1.000 Baht. Soviel kostet es auch, wenn der Fahrer das zentrale Türverschlusssystem einschaltet und den Passagier somit quasi gefangen hält; die Regel wurde eingeführt, nachdem einige Fahrer so Passagiere beraubt oder vergewaltigt hatten. Mit 2.000 Baht wird es geahndet, wenn der Fahrer den Passagier vor dem vereinbarten Fahrtziel aus dem Wagen komplimentiert.

Die **Preiskalkulation** der Taxameter-Taxis sieht wie folgt aus: Anfangsgebühr (bis 2 km) 35 Baht; jeder weitere Kilometer bis 12 km kostet 4,50 Baht, 13-20 km: 5 Baht, darüber: 5,50 Baht/km. Standzeiten werden mit 2 Baht pro 100 Sekunden berechnet. Beim Befahren der Schnellstraßen, was viel Zeit einsparen kann, muss die **Straßengebühr** (30-40 Baht) vom Fahrgast getragen werden. In der Regel sind Taxis nicht teurer als die Tuk-Tuks (s.u.), oft sogar billiger!

Taxameter-Taxis können gegen einen Aufpreis von 30 Baht auch **per Telefon** gebucht werden.

Es gibt mittlerweile zahlreiche Unternehmen mit Funk-Taxis. Man versuche beispielsweise Tel. 1661, 3545 oder 02-8789998. Die Funkzentrale beordert das Taxi, das dem Abholort am nächsten gelegen ist. Mit einer Wartezeit von einer halben Stunde ist zu rechnen.

Tuk-Tuk

Der Fahrpreis für Bangkoks Tuk-Tuks ist vor Fahrtbeginn auszuhandeln. Eine Kurzstrecke per Tuk-Tuk (1-2 km) kostet etwa 30 Baht. Bei langen Strecken sind die Tuk-Tuks meist teurer als die Taxis! Einige Tuk-Tuk-Fahrer, besonders in der Khao San Road, neigen zu Wucherpreisen. Vorsicht auch vor Fahrern, die sich anbieten, für 10 Baht oder eine ähnlich lächerliche Summe eine Stadtrundfahrt zu veranstalten – am Ende versuchen sie dann, den Passagier in ein Edelsteingeschäft o.Ä. zu locken, wo er dann ordentlich zur Kasse gebeten wird.

Periodisch gibt es immer wieder mal Bestrebungen, die Tuk-Tuks abzuschaffen, was aus ökologischer Sichtweise sicher gerechtfertigt wäre. Tuk-Tuks sind ohrenbetäubend laut und gehören mit zu den schlimmsten Luftverpestern.

Motorrad-Taxi

Vor Kaufhäusern oder an Zugängen zu längeren Sois (Gassen) finden sich oft Motorrad-Taxis, deren Fahrer zumeist rote oder blaue Westen tragen. Die Motorrad-Taxis sind günstig, um schnell die Staus zu durchfahren, dafür ist die **Unfallgefahr** relativ hoch, und sie **kosten** fast genauso viel wie Tuk-Tuks oder Taxis. Die Fahrer werden oft von Polizisten zu hohen Schmiergeldzahlungen genötigt und müssen sich das Geld irgendwie zurückverdienen.

Einige der Fahrer sind keine unbeschriebenen Blätter, und **Frauen** sollten Fahrten in einsame Gebiete oder während der Dunkelheit vermeiden.

Skytrain (BTS)

Ende 1999 wurde die lang geplante **elektrische Hochbahn** oder Skytrain eröffnet (auf Thai *rot-fay fay-fa loy* = „schwebender Elektro-Zug"). In der Amtssprache nennt er sich auch BMTS oder *Bangkok Mass Transit System.*

Die **Preise** liegen je nach Fahrstrecke bei 10-40 Baht und sind somit für die meisten Einwohner Bangkoks zumindest für die längeren Strecken zu hoch; außerdem ist das Streckennetz noch zu kurz. Es gibt jedoch Pläne für einen Ausbau.

Für die meisten Reisenden aber dürften die vollklimatisierten und sehr schnellen Züge Marke Siemens eine ausgezeichnete Alternative zu den Bussen sein, besonders auf der touristisch wichtigen Strecke zwischen Sukhumvit, Siam Square und der Silom Road. Für die Strecke Siam Square – Phrom Phong (Emporium Shopping Ctr.) benötigt man 6½ Minuten; mit dem Taxi dauert es je nach Tageszeit drei- oder viermal so lange. Der Fahrpreis per Skytrain beträgt 25 Baht, mit dem Taxi bei normalem Verkehr ca. 50-60 Baht. Ein Nachtteil des Skytrain ist, dass einige Stationen nicht über Rolltreppen verfügen, so dass man so bis zu 84 Stufen zu Fuß erklimmen muss – daher sieht man vor allem junge und relativ fitte Menschen in den Zügen!

Die **elektronischen Plastik-Tickets,** können an Münzautomaten oder an Schaltern gekauft werden. Für Vielfahrer lohnt der Kauf eines „Stored-Value-Tickets". Bei diesem wird der Fahrpreis beim Passieren der elektronischen Schranken automatisch abgezogen, und man braucht nicht für jede Fahrt ein neues Ticket zu kaufen. Wenn der Wert der Tickets verbraucht ist, kann man sie an den Schaltern wieder um eine selbst zu bestimmende Summe „aufladen" lassen.

Es existieren zwei **Linien,** die auf recht unansehnlichen Hochtrassen durch die Stadt führen: Die Silom-Linie, die vom National Stadium (nahe Mah Boonkrong Shop. Ctr.) über die

Ratchdamri Road und Silom Road zur Sathorn Bridge führt. Die zweite Linie, die Sukhumvit-Linie, führt vom Bahn-Depot in Morchit (relativ nah am Northern und Northeastern Bus Terminal) über das Victory Monument, National Stadium und die Ploenchit Road bis zu Soi Onnuj an der Sukhumvit Road.

Das Bahnnetz ist bisher insgesamt 23,5 km lang, die Sukhumvit-Linie wird jedoch in den nächsten Jahren bis Sukhumvit Soi 107 ausgebaut.

U-Bahn (BMCL)

Seit 2004 ist eine U-Bahn in Betrieb. Die Linie führt von der Hualamphong Station über die Silom Road am Dusit Hotel und dem dem Lumpini Park vorbei weiter über die Rama 4 Road, Soi Asoke/Sukhumvit und über die Ratchadapisek Road nach Morchit zum **Northern & Northeastern Bus Terminal.** Ein Ausbau des Streckennetzes ist für die Zukunft geplant.

An der Silom Road kreuzen sich U-Bahn und Skytrain beinahe; zwischen der U-Bahn-Station Silom und der Skytrain-Station Sala Daeng liegen nur ca. 100-150 m Fussweg (je nachdem welchen Aus- oder Zugang man nimmt).

Die **Fahrpreise** betragen je nach Strecke 14-36 Baht. Ähnlich wie beim Skytrain kann man sich ein „Stored-Value-Ticket" ausstellen lassen und braucht dann nicht bei jeder Fahrt neu am Schalter um ein Ticket anzustehen. Die U-Bahn und der Skytrain sind leider nicht integriert, d.h. Tickets des einen Systems können auf dem anderen System nicht benutzt werden.

Preiskategorien

Für die Kennzeichnung des Preisniveaus der einzelnen Unterkünfte wird die folgende Einteilung verwendet, die sich aber ausschließlich auf die Preisgruppe und nicht auf den Service bzw. die Qualität bezieht.

Klassifizierung der Unterkünfte

*	bis 150 Baht
**	150-300 Baht
***	300-600 Baht
****	600-1.200 Baht
*****	1.200-2.400 Baht
LLL	Luxusklasse, über 2.400 Baht

Unterkunft

Die Auswahl an Unterkünften in Bangkok ist riesig, doch sind die Distanzen in der Stadt gewaltig, und man sollte bei der Ankunft eine Vorstellung davon haben, wo man wohnen möchte. Über 80.000 Hotelzimmer gibt es derzeit in Bangkok.

Die wichtigsten Hotelbezirke

Bangrak: Der Stadtteil um das Hauptpostamt (G.P.O.) herum, mit einigen zum Teil dubiosen Guest Houses (vorwiegend pakistanisches Publikum), aber auch einigen recht guten Mittelklasse-Hotels. In den Guest Houses wird öfters von Diebstählen berichtet.

Chinatown: Hier finden sich einige Hotels der oberen Mittelklasse und auch zahlreiche billige Bordell-Hotels. Aufgrund der enormen Verkehrslautstärke und der Abgasbelastung braucht man hier aber sowohl Nerven als auch Lungen aus Stahl.

Hualamphong Station: Am Ostrand von Chinatown, mit denselben Lärm- und Abgasproblemen. Außerdem sind auch hier die Unterkünfte größtenteils Bordelle.

Khao San Road: Die günstigste Wohngegend, für Bangkoker Verhältnisse ruhig und in der Nähe zahlreicher Sehenswürdigkeiten gelegen. Es gibt Dutzende von sehr preiswerten Guest Houses und einige Hotels der unteren Mittelklasse. Besonders ruhig gelegen sind die Unterkünfte westlich der Khao San Raod, um Wat Chanasongkhram herum. Gelegentlich werden Diebstähle gemeldet: begangen zumeist von Travellern! Ein paar sehr gute Unterkünfte finden sich etwa 1½ km nordöstlich der Khao San Road, nahe dem National Museum.

Pattunam (Pratunam): Einige teurere Hotels, umgeben von viel Verkehrschaos und einem lebendigen Markt. Viele der Gäste in den billigeren Unterkünften sind Pakistaner oder Nigerianer, auch in zweifelhafter Mission.

Siam Square: Ein lebendiges, modernes Viertel, ein Treffpunkt der Jugend mit unzähligen Shopping- und Essgelegenheiten. Eine der besten Wohngegenden der Stadt, aber mit begrenzter Zahl von Unterkünften.

Silom Road: Bangkoks quirlige „Wall Street", mit einigen teuren Hotels. Abseits der Straße liegt der berühmt-berüchtigte Barbezirk Patpong.

Soi Ngam Duphli: Die erste Traveller-Straße der Stadt, die heute allerdings einen etwas verlassenen Eindruck macht. Es gibt mehrere preiswerte Guest Houses. Die Gegend ist leider auch ein Treffpunkt für Konsumenten harter Drogen.

Sukhumvit: Eine schier endlos lange Ausfallstraße in Richtung Osten, mit internationalem Flair. In den zahlreichen von Sukhumvit abzweigenden Sois (Gassen) finden sich Dutzende von Hotels der Mittel- und Oberklasse; diese gehören zu den besten Wohnmöglichkeiten in der Stadt. Preiswerte Guest Houses wie in der Khao San Road gibt es allerdings nicht.

Suriwong Road: Eine Parallelstraße der Silom Road, allerdings hässlicher und lauter. Es gibt hier ein paar teure Hotels.

Achtung, Rabatte! In Bangkok wurde in den letzten Jahren eine große Zahl von Hotelneubauten errichtet. Es gibt heute mehr Hotels, als eigentlich benötigt werden, vor allem im Mittel- und Oberklassenbereich. Aus diesem Grunde kann man bei vielen Hotels den Preis herunterhandeln, manche geben gleich von sich aus einen Rabatt. Preisnachlässe kann man oft auch durch Buchungen über Reisebüros in Bangkok herausschlagen: Man zahlt so weniger, als wenn man direkt an der Rezeption aufkreuzt.

Zimmersuche

Wer am Bangkoker Flughafen ankommt, sollte eine ungefähre Vorstellung haben, wie viel Geld er für ein Zimmer auszugeben bereit ist. Danach kann er sich aus den Stadtteilbeschreibungen einen Bezirk aussuchen und diesen am Taxischalter im Flughafen nennen.

Die Taxifahrer am Flugplatz kennen die Hotelgegenden sehr gut, so wird es da keine Probleme geben. Doch Vorsicht, gelegentlich behaupten die Fahrer, dass gerade das Hotel der Wahl „bis an die Decke voll" ist, weil sie den Touristen lieber in ein Hotel schleppen würden, das ihnen Kommission zahlt. Bangkok ist voll von Hotels, und man sollte sich durch solche Bemerkungen nicht verängstigen las-

Khao San Road:

Von der „Hundekot-Straße" zum internationalen Traveller-Treff

Die Entwicklung, die die Khao San Road in den letzten Jahrzehnten erlebt hat, ist in der Tat erstaunlich. Gebaut wurde die Straße zur Regierungszeit von *König Rama 5.* (1868-1920), und zunächst bestand sie nur aus einigen einfachen Holzhäusern. Der Name der Straße (khao san = „geschälter Reis") beruht wohl darauf, dass sich dort kleine Reishändler angesiedelt hatten. Später war die Gegend bekannt für die dort befindlichen Geschäfte mit Hochzeitsaustattungen und religiösen Paraphernalia. Noch heute kaufen Bräute hier ihre Hochzeitskleider ein.

Das erste Hotel der Gegend war das Vieng Tai Hotel in der Rambutri Road, das in den 60er Jahren des 20. Jhs. von einer adligen Thai-Dame errichtet wurde, *Khunying* („Edle Dame") *Raem Promobol Bunyaprasop.* Zu dieser Zeit nannten viele Thais die Khao San Road scherzhaft Thanon Kii-Maa oder „Hundekot-Straße" – aufgrund der zahlreichen Hundeköttel, die die streunenden Hunde hinterließen, die von den Mönchen von Wat Chanasongkhram gefüttert wurden.

Da sich die Straße günstig nahe zu den wichtigsten Sehenswürdigkeiten der Stadt befand, erschien die Khao San Road Anfang der siebziger Jahre des 20. Jhs. zum ersten Mal in einem Reiseführer. Von nun an sollte die Straße nie wieder dieselbe sein. Einige der ersten Traveller, die sich einfanden, konnten sich die damals bestehenden zwei Hotels des Viertels nicht leisten und mieteten sich zu Niedrigstpreisen in Privathäusern ein. Bald kamen die Hausbesitzer auf die Idee, kleine Guest Houses einzurichten. Und der Rest, nun ja, der ist thailändische Tourismus-Geschichte.

Von der Khao San Road aus breiteten sich die Guest Houses in den neunziger Jahren auch in die Umgebung aus, so in die Gegend der Phra Arthit Road, in Soi 1, 2, 3, 5 und 6 der Samsen Road und sogar bis in die zwei Kilometer entfernte Sri Ayutthaya Road (nahe National Library).

1999 wurden einige Szenen des Filmes „The Beach" mit *Leonardo DiCaprio* in der Khao San Road gedreht, und die daraus entstandene Publicity sorgte für weiteren Zustrom. Einige der durch den Film angelockten Traveller zeigten sich aber enttäuscht darüber, dass sich die Straße als regelrecht modern entpuppte, und nicht – wie erhofft – als staubige Dritte-Welt-Landstraße mit abendlichem Laternenschein.

Derzeit ist die Khao San Road auch bei vielen unternehmungslustigen jungen Thais „in". Vor einigen Jahren noch fürchteten sich viele Thais vor den wild aussehenden

sen. Niemand muss auf der Straße schlafen! Ist das gewünschte Hotel tatsächlich belegt, so liegen in dessen Umgebung bestimmt noch eine Menge anderer Unterkünfte.

Die **beste Zeit,** ein Zimmer zu suchen, ist morgens oder um 12 Uhr mittags, weil dann viele Gäste auschecken. Wer spät abends eintrifft, ist nicht so gut dran, das gewünschte Hotel könnte belegt sein. Dann: Einfach ein Zimmer in der Nähe für nur eine Nacht nehmen und am nächsten Morgen etwas Besseres suchen.

und nicht immer frisch geduschten Travellern; die meisten Thais erlitten in der Khao San Road einen erheblichen Kulturschock.

In den letzten Jahren ist die Straße zunehmend smarter geworden, und es gibt zahlreiche gediegene Night-Spots, Bars und Restaurants; und auch das Niveau der Klientel ist dementsprechend etwas gehobener als zuvor. Zu den besten Night-Spots gehört Gulliver's Traveller Tavern (Ecke Khao San Rd./Chakrabong Rd.), eine Art Rock-Kneipe, jeden Abend gerammelt voll, die Lava Bar mit ihrer Techno-Musik, die smarte Silk Bar, mit Sitzgelegenheit unter anderem im Freien, und die große, blitze-saubere Buddy's Bar, die 24 Std. lang geöffnet ist. Dem Gesetz nach darf nach 2 Uhr kein Alkohol ausgeschenkt werden, Cocktails, die nicht nach Alkohol aussehen, werden jedoch fröhlich weiter ausgegeben. Vorsicht, abends finden sich neben den zahlreichen weiblichen „freelancers" auch einige Dutzend gathoeys ein. Auch in der Khao San Road ist nicht alles Frau, was nach Frau aussieht!

Am turbulentesten geht es in der Straße zum Songkran-Fest zu (13. April), wenn sich hier hunderte von Thais einfinden, um vor allem die Ausländer mit Wasser zu bespritzen. Einige kommen dazu von weit hergereist. Wer zufällig an diesem Tag ankommt und ein Guest House sucht, oder wer gerade abreisen muss, tut gut daran, alle Wertsachen wasserdicht verpackt zu halten. Der Rucksack wird sicher etliche Liter Wasser abbekommen. Am allerbesten, man meidet diesen Tag sowohl für Ankunft und Abfahrt.

Das Viertel um die Khao San Road

Dies ist der zurzeit **größte Traveller-Treff** der Stadt, und daran wird sich vorläufig auch nichts ändern. In der ein paar hundert Meter langen Straße befinden sich gut 50 Guest Houses, in der weiteren Umgebung noch mindestens drei Dutzend mehr. Die Häuser sind durchweg sauber und zudem sehr preiswert. Die große Konkurrenz hält die Preise tief. Wer in der Hauptsaison am späten Abend eintrifft, kann das Pech haben, alles voll vorzufinden und sollte dann bei den Guest Houses in der Umgebung auf die Suche gehen.

In der Straße befinden sich mehrere **Wechselschalter,** die von 8.00 bis 20.00 Uhr geöffnet sind.

Das dort eingewechselte Geld kann immer leichter in der Khao San Road ausgegeben werden, finden sich dort doch zunehmend teure Bekleidungsgeschäfte – allesamt von indischen Sikhs geleitet – und Restaurants. In den letzten Jahren hat sich das Flair der Straße stark auf das des nobleren Sukhumvit zubewegt, alles wird etwas gepflegter, glatter und leider auch teurer. Vorsicht vor den Tuk-Tuk-Fahrern, die dort Wucherpreise verlangen. Es gilt: Handeln und nochmals handeln! Die guten Verdienstmöglichkeiten in dem Viertel haben sogar Dutzende von indischen Wahrsagern angelockt, indische Sikhs aus der schlecht beleumundeten Kaste der Bhatare, die von Zukunftsängsten geplagte Touristen auflauern.

Die preiswerten Unterkünfte – und das sind die meisten in dieser Gegend – ähneln sich alle mehr oder weniger. Großer Komfort ist nicht zu erwarten, es sei denn, man zahlt 400 oder 500 Baht. Betten im Dorm kosten ca. 80-100 Baht.

1 Reggae Bar
2 Nana Plaza Inn
3 Buddy Lodge
4 Pub Bayon
5 Chabad Restaurant
6 Marco Polo Hostel
7 New Nith Charoen Hotel
8 Nat G.H.
9 Siam Oriental Hotel
10 Top G.H.
11 Sawadee Bangkok Inn
12 Kawin Place
13 Khao San Restaurant
14 Krung Thai Bank
15 Khao San Palace Hotel
16 Lek G.H.
17 Hello G.H.
18 D+D Inn
19 Banana Leaf Bar
20 Chart G.H.
21 Polizei
22 J+Jor G.H.
23 Thai G.H.
24 Sawadee Khao San Inn
25 New Joe G.H.
26 Viengtai Hotel
27 Au-Thong Restaurant und Guest-House
28 Bank
29 Sawasdee Hotel
30 My House G.H.
31 Marry V. G.H.
32 Green G.H.
33 New Siam G.H. 21
34 Roof Garden G.H.
35 Apple G.H.
36 Peachy G.H.
37 New Merry V.
38 Phra Arthit Mansion
39 Ricky's Coffee Shop
40 Apple G.H. 2
41 Siam Café/Internet
42 Joy Luck Club
43 Primavera Rest.
44 Ptt Tankstelle
45 Bank
46 Ad Here Bar und Baghdad Cafe
47 New World Lodge Hotel

Khao San Road und Nebengassen

Hier gibt es jede Menge Restaurants, Reisebüros und Geschäfte. Zahlreiche Unterkünfte finden sich auch in Trok Mayom, einer zwischen der Khao San Road und dem Rajdamnoen verlaufenden Gasse; diese Unterkünfte sind meist ruhiger. Einige Guest Houses liegen in den kurzen Verbindungsgassen zwischen Khao San Road und Trok Mayom. Die Auswahl ist riesig. Ein großer Nachteil der Khao San Road ist der Lärm, der bis nachts um 2 Uhr aus zahlreichen Bars und Restaurants schallt. In dieser Beziehung sind die westlich der Khao San Road gelegenen Unterkünfte (nahe Wat Chanasongkhram, s.u.) vorzuziehen. Khao San wird gelegentlich auch *Kao Sarn* oder in anderen Varianten geschrieben.

- Sehr gut ist das **Top Guest House****-*** (126/1 Khao San Rd., Tel. 02-2819954, top housebkk@gmail.com), mit sauberen Zimmern (Bad).
- Das **Barn Thai Guest House****-*** (27 Trok Mayom Chakraphong Rd., Tel. 02-2819041) hat ordentliche Zimmer (Bad) für bis zu vier Personen.
- Ausgesprochen gut für seinen Preis ist das **D & D Inn*****-***** (68-70 Khao San Rd., Tel. 02-6290526-8; Fax 02-6290529); es gibt Zimmer mit Bad, A.C., TV, Telefon und einen Swimmingpool.
- Relativ ruhig hinter der Straße liegt das **Kawin Place****-*** (86 Khao San Rd., Tel. 02-2817512, Fax 02-2814708, kawinplace@ yahoo.com); akzeptable Zimmer ohne und mit Bad.
- Recht gute Zimmer hat das **Marco Polo Hostel & Restaurant****, gelegen in einer Seitengasse (108/7-10 Khao San Rd., Tel. 02-2811715); Zimmer mit Bad und A.C.
- In einer kleinen Soi zwischen Khao San Rd. und Rajdamnoen liegt das neue **Sawadee Bangkok Inn*****-**** (126/2 Khao San Rd., Tel. 02-2817818), Internet Service, Zimmer mit A.C., TV und Safe.
- Das **Khao San Palace Inn****-**** (139 Khao San Rd., Tel. 02-2820578, 02-2813272) ist eine der ältesten Unterkünfte in der Straße, mittlerweile ist sie jedoch gründlich renoviert. Ein bescheidenes Einkaufszentrum ist angeschlossen. Es gibt ordentliche Zimmer mit Bad, dazu Kabelfernsehen und einen Swimmingpool.
- Für den Preis sehr gut ist das **Nith Charoen Hotel**** (183 Khao San Rd., Tel. 02-2819872); Zimmer mit Bad.
- Ganz neu ist das **Centre Point Plaza und Hotel******-***** (183-185 Kha San Rd., Tel. 02-6291999, Fax 02-6295899, centrepoint plaza@gmail.com. Alle Zimmer mit A.C., Bad, Kabelfernsehen, Telefon und Wi-Fi (*wireless fidelity:* kabelloser Internetanschluss).
- Das **Siam Oriental Inn****-**** (190 Khao San Rd., Tel. 02-6290311, 02-6290312, siam oriental@hotmail.com) hat gute Zimmer (Bad). Sehr beliebt ist das Restaurant des Hauses, das meist gerammelt voll ist.
- Das **Buddy Lodge*******, das „Boutique Hotel" der Khao San Road (256 Khao San Rd., Tel. 02-6294477, www.buddylodge.com) bietet A.C., TV, Safe, Minibar, Telefon in allen Zimmern sowie ein Restaurant und ein kleines Shopping Center, komplett mit McDonald's, Bar, Restaurant, Schmuckgeschäft, Tätowierstudio und Nachtclub. Da muss man während des Urlaubs gar nicht mehr raus.
- Einfache Zimmer ohne eigenes Bad hat das **Nat Guest House**** (217-219 Khao San Rd., Tel. 02-2826401).
- Zimmer ohne eigenes Bad im **J & Joe House***-*** (1 Trok Mayom, Tel. 02-2812949).
- Das **New Joe House****-*** (81 Trok Mayom, Tel. 02-2812948, www.newjoe.de) hat einen kleinen Garten. Internet-Service, Zimmer mit Bad, die teureren mit A.C., Reisebüro.
- **Lek Guest House**** (125-127 Khao San Rd., Tel. 02-2818441), Zimmer ohne eigenes Bad.
- Besser ist das **Chart Guest House****-*** (58-62 Khao San Rd., 02-2820171, chart guesthouse@hotmail.com) mit Zimmern mit und ohne eig. Bad, kann aber nachts recht laut werden (Musik). Internet im Haus.
- Das **Sawadee Khaosan Inn*****-****, nicht weit von der Ecke Khao San Road/Chakraphong Rd. in Richtung Rajdamnoen (18 Chakraphong Rd., Tel. 02-6294798) hat Zimmer mit Bad, TV und wenn die Airway Bar auf dem Dach offen ist, auch einen Blick auf den Royal Palace.
- Das **Viengtai Hotel******* in der nördlichen Parallelstraße zur Khao San Road (42 Rambu-

tri Road, Tel. 02-2805434-45; Fax 02-2818 153, www.viengtai.co.th) hat komfortable Zimmer (Bad, A.C., TV, Tel., Kühlschrank).

●Das **New World Lodge Hotel******-***** auf der Nordseite des Klongs (Samsen Rd Soi 2, Tel. 02-2815596) hat große Zimmer mit TV und Balkon. Frühstück inklusive. Internet Service. Eine Bäckerei und ein Restaurant sind angeschlossen.

Nahe Wat Chanasongkhram und Phra Arthit Road

Am Westende der Khao San Road sieht man an der Chakrabong Road den Tempel Wat Chanasongkhram, und dahinter finden sich einige der besten und vor allem ruhigsten Unterkünfte des Viertels. Die Chakrabong Road wird auch oft *Chakrabongse* geschrieben, das se am Ende wird in Thai aber nicht ausgesprochen.

●Gute und preiswerte Zimmer und einen sehr freundlichen Besitzer hat das **Roof Garden Sun Guest House****-*** (62 Soi Rambutri, Phra Arthit Road, Tel. 02-6290626, roofgarden1@hotmail.com).

●Preiswerte und ordentliche Zimmer ohne eigenes Bad im **Green Guest House***-** (27 Soi Chanasongkhram, Phra Arthit Rd., Tel. 02-6293025).

●Das **New Siam Guest House****-*** hat sehr ruhige Zimmer. (21 Soi Chanasongkhram, Phra Arthit Rd., Tel. 02-2817461).

●Nördlich des Tempels liegt das saubere **Sawasdee House****-*** (147 Soi Rambutri, Chakrapong Rd., Tel. 02-2818138) mit ordentlichen aber kleinen Zimmern ohne eigenes Bad, dazu A.C.-Räume mit Bad.

●Gut und preiswert ist das **Peachy Guest House***-*** (10 Phra Arthit Rd., Tel. 02-2816471) mit Einzelzimmern ohne eigenes Bad sowie Doppelzimmern ohne Bad aber mit A.C.

●Das **New Siam 2 Guest House****** (10/1 Phra Arthit Rd., Tel. 02-2816838) hat neue, komfortable Zimmer mit Bad, TV, Telefon.

●Das **Apple Guest House***-** (10/1 Phra Arthit Rd., Tel. 02-2816838) hat Zimmer ohne eigenes Bad sowie Betten im Dorm.

●Das **Apple Guest House 2***-** (11 Phra Sumen Rd., Trok Kai Chae, Tel. 02-2811219) hat Einzelzimmer ohne eig. Bad, Doppel und Dorm-Betten, einige Zimmer auch mit A.C.

●Sauber und ruhig ist das **Merry V. Guest House***-** (33-35 Soi Chanasongkhram, Phra Arthit Rd., Tel. 02-2829267-8); Zimmer ohne eigenes Bad.

●Direkt nebenan liegt das **My House Guest House***-*** (37 Soi Chanasongkhram, Phra Arthit Rd., Tel. 02-2829263) hat Zimmer mit und ohne eigenem Bad und A.C.

●Das **New Merry V. Guest House***-*** (18-20 Phra Arthit Road, Tel. 02-2803315) hat ordentliche Zimmer ohne eigenes Bad sowie Doppel mit Bad und Doppel mit Bad, A.C und TV.

●Das **Phra Arthit Mansion******-***** (22 Phra Arthit Rd., Tel. 02-2800744-48; Fax 02-2800749) hat sehr komfortable Zimmer mit Bad, A.C., TV und Kühlschrank.

●Das **River Guest House***-** liegt sehr ruhig nahe dem Fluss (18/1 Soi Wat Sampraya oder Soi 3, Samsen Rd., Tel. 02-2800876); ordentliche Zimmer ohne eigenes Bad.

Unterkünfte an der Visutkasat Road, nahe Rama 8. Bridge

●Ein sehr gutes kleines „Boutique"-Hotel ist das **Swana Hotel******-*****, gelegen an der Visutkasat Road, schräg gegenüber dem großen stehenden Buddha von Wat Indraviharn (322 Visutkasat Rd., Tel. 02-2828899, Fax 02-2817816, info@swanabangkok.com). Die Entfernung von der Khao San Road beträgt etwas über 1 km. Von der Khao San Road geht man am besten die Samsen Road in Richtung Norden und biegt in Samsen Soi 6 rechts ein und folgt dem Soi um die Linksbiegung. Die Zimmer haben A.C. und TV und sind geschmackvoll eingerichtet, allesamt nach einem anderem „Thema", das Personal sehr hilfsbereit.

●Auf der anderen Straßenseite der Visutkasat Road, etwas von der Straße zurückversetzt, liegt das **Trang Hotel******-***** (99/1 Visukasat Rd., Tel. 02-28114002 bis 3, Fax 02-2803610, sales@tranghotelbangkok.com). Die Zimmer sind sauber, haben A.C. und TV und die Lage ist außerordentlich ruhig, viel ruhiger als man beim Anblick der wenig ansehnlichen Visukasat Road glauben würde.

Wat Indraviharn liegt nur einige Schritte entfernt.

Guest Houses nahe dem Nationalmuseum

Einige gute Guest Houses befinden sich nahe dem Nationalmuseum an der Sri Ayutthaya Road, ca. 1½ km nordöstlich der Khao San Road. Der Stadtteil nennt sich *Thewet* (oft Thewes geschrieben). Mit Bussen ab der Chakrabong Road in Richtung Norden kommt man für 5 Baht hin. Eine Taxifahrt ab der Khao San Road kostet nach Taxameter ca. 40 Baht.

- **Backpacker Lodge**** (85 Sri Ayutthaya Rd., Tel. 02-2823231).
- **Sri Ayutthaya Guest House***** (23/12 Sri Ayutthaya Rd., Tel. 02-2825942)
- **Taewez Guest House**-***** (83 Sri Ayutthaya Rd., Tel. 02-2808856-8).
- **Shanti Lodge**-****** (37 Sri Ayutthaya Rd., Tel. 02-2812497).
- **Sawasdee Guest House***-*** (71 Sri Ayutthaya Rd., Tel. 02-2810757, 02-2825349).
- **Tavee Guest House**** (83 Sri Ayutthaya Rd., Tel. 02-2801447).

Soi Ngam Duphli

Diese kleine Straße, mit dem Malaysia Hotel als ihrem berühmt-berüchtigten Mittelpunkt, war der erste Traveller-Treffpunkt der Stadt, hat aber seit dem Aufstieg der Khao San Road an Wichtigkeit eingebüßt. Zudem ist die Gegend ein beliebter Junkie-Treff.

- Recht ordentlich ist das **Anna Guest House** *-** (21/30 Soi Ngam Duphli, Tel. 02-2868830); Zimmer mit und ohne Bad. Die Besitzerin ist recht exzentrisch.
- Auch nicht schlecht ist das **Lee Guest House**** (23/83 Soi Ngam Duphli, Tel. 02-2865624); Zimmer mit Gemeinschaftsbad.
- Legendär ist das **Malaysia Hotel****** (54 Soi Ngam Duphli, Tel. 02-6797127-36, Fax 02-2871457-8), in dem einst amerikanische Vietnam-Soldaten ihren Urlaub verbrachten, danach die internationale Bruderschaft der Junkies. Heute gibt sich das Hotel etwas nobel, ein undefinierbarer Hauch von Schmuddel hängt aber immer noch daran. Mit Swimmingpool.
- Nicht weit weg vom Malaysia Hotel liegt das **Tung Mahamek Privacy Hotel***** (31 Soi Ngam Duphli, Tel. 02-2862339), Zimmer mit Bad. Wie der Name schon sagt, wird hier Wert auf Privatsphäre gelegt.
- Sehr wohnlich ist das **Sala Thai****-*** (15 Soi Si Bamphen, Tel. 02-2871436), Eingang über den Hinterhof; gute Zimmer ohne Bad.
- Auch gut ist das direkt daneben gelegene **Madam Guest House**** (11 Soi Saphan Khu, Tel. 02-2869289); Zimmer mit und ohne Bad.
- Daneben liegt das **Lee Guest House 3***-** (13 Soi Saphan Khu, Tel. 02-6797045), Zimmer mit Gemeinschaftsbad.
- Sehr sauber ist das **Lee Guest House 4**** (9 Soi Saphan Khu, Tel. 02-2867874); Zimmer mit Bad für bis 3 Personen.
- Das **Charlie House***** (1034/36-37 Soi Saphan Khu, Tel. 02-6798330, Fax 02-6797308) ist ein Hotel für Nichtraucher und bietet saubere Zimmer mit A.C. und TV.
- Das **T.T.O. Guest House**** (2-48 Soi Sri Bumpen, Tel. 02-2866783) liegt sehr ruhig in einer kleinen Seiten-Soi der Soi Sri Bhumpen.
- Das **Penguin House****-*** (44-6 Soi Sri Bumphen, Tel. 02-6799809) bietet kleine Zimmer mit und ohne A.C. und mit und ohne Bad. Ein Internet-Service ist auch im Haus.
- Das **ETC Guest House***-** (5/3 Soi Ngam Dupli, Tel. 02-2869424) ist der sehr verlässlichen Reiseagentur des gleichen Namens angeschlossen. Einfache Zimmer für (fast) geldlose Rucksacktouristen.
- Abseits der „Szene" von Soi Ngam Duphli liegt das komfortable **YWCA****** (13 Sathorn Tai Road, Tel. 02-2861936, 02-28731 36); A.C.-Räume und Shopping Plaza.
- Das **Pinnacle Hotel Lumpinee******* (17 Soi Ngam Duphli, Tel. 02-2870111-30, Fax 02-2873420) ist die nobelste Unterkunft in der Straße. Meist lassen sich Rabatte herausschlagen.
- **Natural Place Suite** (38/8 Soi Ngam Duphli, Tel./Fax 02-6799500-2) ist ein luxuriöses Condominium, das seine Zimmer nur mo-

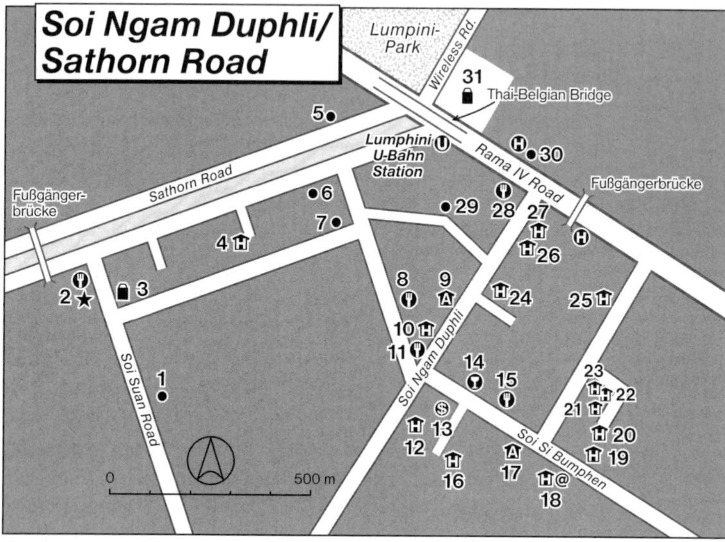

- 1 Immigration Office
- 2 Baan Kanitha & Gallery
- 3 Markt
- 4 YWCA
- 5 Sathorn Car Rent Autovermietung
- 6 Deutsche Botschaft
- 7 Österreichische Botschaft
- 8 Mali Restaurant
- 9 Natural Place Suite (Condominium)
- 10 Malaysia Hotel
- 11 Just One
- 12 Thung Mahamek Privacy Hotel
- 13 Geldwechsel
- 14 Wong's Place
- 15 Trajai Steak House
- 16 T.T.O. Guest House
- 17 Sri Bumphen Condominium (Apartmentanlage)
- 18 Penguin House/ @ Internet
- 19 Lee Guest House
- 20 Sala Thai Guest H.
- 21 Lee Guest House 3
- 22 Madam Guest House
- 23 Lee Guest House 4
- 24 Anna Guest House
- 25 Charlie House
- 26 Pinnacle Hotel Lumpinee
- 27 ETC Guest House und ETC Travel
- 28 Chandrphen Rest.
- 29 Goethe-Institut
- 30 Lumpini-Stadion
- 31 Suan Lum Night Bazar
- Bushaltestelle

natsweise vermietet. Es gibt Swimmingpool, einen Sportraum, und die Apartments sind mit allem Komfort ausgestattet. Eine gute Unterkunft für Langzeitaufenthalte. Apartments mit einer Wohnfläche von 74 m² kosten 25.000 Baht im Monat, Apartments mit einer Größe von 125 m² 45.000 Baht; dazu kommt jeweils Strom und Wasser.

Chinatown

Bangkoks Chinatown lässt sicher keine Assoziationen mit dem alten Shanghai aufkommen, ein chinesisches Flair findet sich nur noch versteckt in einigen Gassen, wo an manch taoistischem

„Little Vietnam" am Chao-Phraya-Fluss – und in den Kochtöpfen

Neben einem chinesischen und einem indischen Viertel beherbergt Bangkok auch ein kleines, eigentlich völlig unauffälliges vietnamesisches Viertel. Dieses befindet sich in den kleinen Gassen um Soi 13 der Samsen Road herum (ca. 3 km nördl. der Khao San Rd.), am Ostufer des Chao-Phraya-Flusses.

Zwar unterscheidet sich das Viertel optisch kaum von anderen Stadtteilen, der vietnamesische Einfluss ist aber durch zwei katholische Kirchen präsent (viele Vietnamesen sind Katholiken) und auch im Aussehen der Einwohner. Die meisten der Nachfahren der vietnamesischen Einwanderer sprechen nur Thai.

Ein Mitbringsel der vietnamesischen Einwanderer ist, wie auch im Falle der Chinesen und Inder, ihre Küche. Wer preiswert und gut vietnamesisch essen möchte, ist in der Gegend bestens aufgehoben. Es gibt mehrere einfache, aber gute Restaurants. Das *Khun Non Naem Nueng* (513/10-11 Samsen Rd., Ecke Soi 13) bietet neben Thai-Gerichten einige vietnamesische Standard-Speisen, z.B. verschiedene Frühlingsrollen, Prawns auf Zuckerrohr, Naem-Nueng-Würste u.a. Das *Raan Naem Nueng Baa Gey* (268/6 Soi Chaiyot, abseits Samsen Rd. Soi 13) ist ein weiterer guter Ort, vietnamesische Küche zu probieren. Im klimatisierten Obergeschoss wird pro Person ein Zuschlag von 10 Baht erhoben. Montags geschlossen.

Soll es gehobene (und teure) vietnamesische Küche sein, so bietet sich *Le Dalat* an. Dieses findet sich allerdings fernab des vietnamesischen Viertels, in 47/1 Sukhumvit Soi 23. Untergebracht ist es in einem kolonial anmutenden alten Haus, dessen Innenwände mit zahlreichen alten Fotos geschmückt sind. Das Ambiente alleine ist schon den Besuch wert. Geöffnet tägl. 11.30-14.00 und 17.00-22.00 Uhr.

Das 1983 eröffnete *Helen's Place* ist nach eigenen Aussagen das älteste vietnamesische Restaurant in der Stadt. Auch dieses befindet sich fernab des vietnamesischen Viertels, am Ostende der Silom Road und nahe Patpong (82-84 Soi 4, Silom Rd., Tel. 02-2316174). Geboten werden die vietnamesischen Standard-Gerichte zu leicht gehobenen Preisen. Sonntags geschlossen. Von hier lässt sich gut ein Nightlife-Ausflug in die Gegend um Patpong anschließen.

Schrein Bündel von Räucherstäbchen glimmen. Chinatown ist ein unglaublich quirliges Geschäftsviertel mit einem noch unglaublicheren Verkehr, gegen deren Abgase auch die Weihrauchbündel nichts auszurichten vermögen. Das Viertel verwandelt sich zur Hauptverkehrszeit in ein reines Chaos. Andererseits bieten sich hier viele Einkaufsmöglichkeiten (Elektroartikel, Kameras, Uhren, Goldschmuck, chinesische Medizin, Antiquitäten, Kitsch u.v.m.), und wer nachts durch die engen Gassen jenseits der Yaowarat Road oder Charoen Krung Road schlendert, entdeckt die stille, geheime Seite Chinatowns, mit alten chinesischen Wohnhäusern und dubiosen Spelunken. Vorsicht, die alten chinesischen „Hotels" – *(Roong-Rääm)* – sind allesamt Billigbordelle, ebenso die so genannten „Teehäuser", *Rong-Naam-Chaa.*

Unterkunft

Das Wohnen in Chinatown ist wohl kaum etwas für Leute auf Erholungs-Urlaub, denn Straßenlärm und Luftverschmutzung setzen

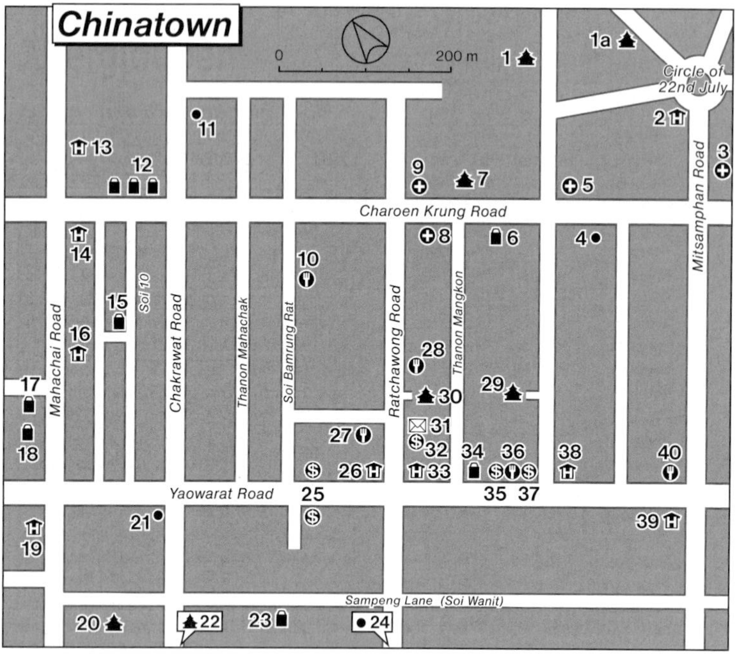

- 1 Sanjao Li-Thoe-Bia (chin. Tempel)
- 1a Wat Kanikaphon
- 2 Tai Pei Hotel
- 3 Chin. Klinik
- 4 Zahnarzt
- 5 Klinik
- 6 Viagraständе
- 7 Wat Mangkon (chin. Tempel)
- 8 Chin. Apotheke
- 9 Zahnklinik
- 10 Pae Tiang Restaurant
- 11 Polizei
- 12 Schallplattenläden
- 13 Miramar Hotel
- 14 Burapa Hotel
- 15 Antiquitäten
- 16 Grande Ville Hotel
- 17 Central Department Store
- 18 Merry Kings Department Store
- 19 Golden Bangkok Guest House
- 20 Chin. Tempel
- 21 Pfandhaus
- 22 Wat Chakrawat
- 23 Hare Ram Hare Krishna Shop
- 24 Thai-Airways-Büro
- 25 Geldwechsel
- 26 Grand China Princess Hotel u. Business Center
- 27 Hah Seng Restaurant
- 28 Schwalbennester-Restaurant
- 29 Chua Hoi Kanh Tempel
- 30 Wat Maeploy (chin. Tempel)
- 31 Post
- 32 Geldwechsel
- 33 Golden Chain Hotel
- 34 The Old Market
- 35 Geldwechsel
- 36 Schwalbennester Restaurant
- 37 Geldwechsel
- 38 White Orchid Hotel
- 39 Chinatown Hotel
- 40 Haifischflossen-Restaurant

arg zu. In den teureren Hotels ist man vom Lärm einigermaßen gut isoliert, dennoch sollte man immer auf Zimmer nach hinten hinaus beharren.

Viele der sehr billigen chinesischen Hotels in dem Viertel sind **Bordelle** der untersten Kategorie, also Vorsicht.

- Das **Tai Pei Hotel***** (Mitsamphan Road, Tel. 02-2266480) befindet sich direkt am Straßenstrich und ist eine recht chaotische und abenteuerliche Herberge, mit akzeptablen Zimmern.
- Ähnlich ist das **Burapa Hotel***** (160/14 Charoen Krung Road, Tel. 02-2213545-9, Fax 02-2261723).
- Ein paar Klassen besser ist das **White Orchid Hotel******-LLL (409-421 Yaowarat Road, Tel. 02-2260026; Fax 02-2256403) mit Zimmern (A.C., TV, Video etc.) unterschiedlicher Luxus-Ausstattung. Frühstück inklusive.
- Sehr gut ist das **Chinatown Hotel******-***** (526 Yaowarat Road, Tel. 02-2250204-26, Fax 02-2261295), gegenüber einer der verruchtesten Gassen Chinatowns gelegen, der Soi Texas. Sehr komfortable Zimmer (A.C., TV, Video etc.). Frühstück inklusive.
- Das **Grand China Princess Hotel*******-LLL (215 Yaowarat Rd., Tel. 02-2249977, Fax 02-2247999) bietet Luxus im Herzen Chinatowns. Das Hotel befindet sich im Grand China Trade Tower, direkt an der Kreuzung Ratchawong and Yaowarat Road, also nahe der Einkaufsgassen und Restaurants.
- Hervorragend ist das **Grande Ville Hotel******* am Westende von Chinatown (903 Mahachai Road, Tel. 02-2250050; Fax 02-2257593), mit einem guten Ausblick von den oberen Stockwerken. Zimmer mit allem Drum und Dran; Luxus-Suite vorhanden.
- Am Südwestende von Chinatown, schon nahe der Gegend um das General Post Office (G.P.O.), liegt das sehr gute **River View Guest House*****-**** (768 Soi Phanunrangsi, Tel. 02-2345429, Fax 02-2375428). Das Haus befindet sich, wie der Name andeutet, gleich am Fluss, in einer recht interessanten Umgebung aus geschäftigen kleinen Gassen, chinesischen Tempeln und gar einer Kirche. Zimmer mit Bad, teilweise A.C. Probleme könnte allerdings das Auffinden bereiten. Am besten, man schlage sich vom *Royal Orchid Sheraton* durch, von wo man der dort nach Norden verlaufenden Gasse folge (den Fluss entlang). Nach ein paar hundert Metern taucht dann das Guest House auf.

Hualamphong Station

Wie zuvor erwähnt – die folgenden Hotels seien nur Leuten empfohlen, die unbedingt am Bahnhof übernachten müssen. Die Hotels, die sich alle an der **Rongmuang Road,** direkt an der Ostseite des Bahnhofes befinden (rechts, wenn man vor dem Bahnhof steht) machen einen dekadenten Eindruck. Vorsicht, die Reisebüros, die allesamt ein TAT-Zeichen an der Tür haben, haben nichts mit der TAT zu tun. Es ist der alte Trick, vertrauenerweckend wirken zu wollen.

- **Krung Kasem Hotel***** (1860 Krung Kasem Road, Tel. 02-2250132); komfortable Zimmer (A.C., TV). Etwa 100 m links vom Bahnhof gelegen.
- **Bangkok Centre Hotel*******-LLL (328 Rama 4 Rd., Tel. 02-2384848 bis 57; Fax 02-2361862), Luxushotel ca. 100 m südlich des Bahnhofs; Einzel, Doppel und Luxus-Suiten.
- Eine beliebte Traveller-Unterkunft ist das **T.T. Guest House**** (138 Soi Wat Mahaphuttaram, off Mahanakhorn Rd., Tel. 02-2363053 02-2362946), das allerdings ca. 1 km vom Bahnhof entfernt und nicht allzu leicht zu finden ist. Vom Bahnhof aus kommend, gehe man die Rama 1 Road links hinunter (östliche Richtung), bis auf der rechten Straßenseite die Abzweigung zur Mahanakhorn Road auftaucht. Dort biege man ein und folge der Straße bis zur Soi Wat Mahaphuttaram. Entlang der Route sind stellenweise Hinweisschilder zum Guest House zu sehen, gut darauf achten. Die Zimmer sind angenehm und sauber. Im Haus gibt es auch einen Gepäckaufbewahrungs-Service.

Siam Square

Die Gegend um den Siam Square ist eines der lebendigsten Einkaufsviertel der Stadt, mit zahlreichen Imbissstuben, gehobeneren Restaurants, Cafés, Boutiquen und einigen Shopping-Centers. Hier finden sich die **Einkaufspaläste** Mah Boonkrong (MBK), Tokyu Shopping Centre, Discovery Centre, Siam Centre und – einige hundert Meter entfernt – die gigantischen Siam Paragon und Central World. Darüber hinaus ist das Viertel von kleinen Gassen durchzogen, in denen vor allem modische Kleidung angeboten wird. Siam Square ist das „In"-Viertel der Jugend Bangkoks, und abends wird die Gegend von tausenden Studenten der nahen Chulalongkorn-Universität überflutet.

Es gibt einige sehr ordentliche Unterkünfte in dem Viertel. Die folgenden befinden sich in den beiden Sois, die nördlich des Tokyu Shopping Centre/Mah Boonkrong Centre von der Rama 1. Road abzweigen.

- **White Lodge***** (Soi Kasemsan 1, Tel. 02-2168867); saubere und ordentliche Zimmer, teilweise mit A.C.
- **Reno Hotel*******-****** (Soi Kasemsan 1, Tel. 02-2150026 bis 7), ordentliche Zimmer mit A.C.
- Preiswert ist **Wendy House******-***** (Soi Kasemsan 1, Tel. 02-2162436, Fax 02-2168 053), dessen Zimmerpreise am unteren Ende der Preiskategorie beginnen; saubere Zimmer mit A.C. und TV.
- Das **Muangphol Mansion****** (Soi Kasemsan 1, Tel. 02-2150033, Fax 02-2168053) ist für den Preis sehr gut; alle Zimmer mit A.C. Das Haus befindet sich allerdings an der Ecke zur verkehrsreichen Rama 1 Road, und möglicherweise könnte der Verkehrslärm stören.
- Das **Pranee Building***** (Soi Kasemsan 1, Tel. 02-2163181) ist eine der preiswertesten Optionen in der Gegend, die Zimmerpreise beginnen am unteren Ende der Kategorie. Zimmer mit Bad, die teueren haben auch A.C.
- **M.P.Villa***** (Soi Kasemsan 2, Tel. 02-2802041 bis 2), gelegen in dem Soi, wo sich auch das Jim Thompson House befindet; gute Zimmer, die auch monatsweise anzumieten sind.
- Dazu kommt das luxuriöse, günstig mitten im Siam Square gelegene **Novotel Bangkok** LLL (Siam Sq., Soi 6, Tel. 02-2556888, Fax 02-2552445). Zimmer mit allem Komfort. Ein weiteres Plus ist die im Kellergeschoss gelegene Disco CM².

Indisches Viertel (Pahurat)

Pahurat bietet mehrere Dutzend **kleine Hotels,** die in den letzten Jahren jedoch zunehmend heruntergekommen sind. Die meisten Gäste sind Inder, Bangladeshis oder Nepalesen, die Bangkok als Zwischenstation benutzen, um von dort illegal in westliche Länder einzureisen. Viele von ihnen haben abgelaufene Visa oder arbeiten ohne Genehmigung, und Polizei-Razzien sind fast an der Tagesordnung. Da in Thailand jedoch nichts endgültig ist, können sich die Verhafteten meist gegen „Lösegelder" von bis zu 5.000 Baht wieder freikaufen.

Die Hotels im Viertel sind preiswert, aber meist nicht gerade sauber. Außerdem ist der Straßenlärm beträchtlich. Das Wohnen hier sei nur abgehärteten Asien-Freaks empfohlen.

- **Golden Bangkok G.H.****-***** (641/1-2 Chakraphet Road, Tel. 02-2253786), ordentlich, Einzelzimmer mit Bad, Doppel- oder Mehrbettzimmer; Handeln versuchen.

●**Citi Inn****-*** (links neben abgebranntem ATM Department Store), halbwegs akzeptable Zimmer (A.C.) in verschiedenen Größen, mit der Anzahl der Bewohner pro Zimmer nimmt man es nicht so genau.

●**Welcome G.H.****-*** (in der Gasse hinter Royal India Restaurant), halbwegs ordentliche Zimmer mit und ohne Bad und TV. Indisches Restaurant im Erdgeschoss.

●Das **Sunny Guest House***-**, neben dem *Cha Cha Restaurant,* gehört einer Sikh Familie und hat akzeptable Zimmer ohne Bad.

Sukhumvit, New Petchaburi Road, Silom Road, Suriwong Road, Sathorn Road

In diesen Straßen befinden sich zumeist teurere Unterkünfte, die mit etwas Glück so um die 400 Baht kosten, oft jedoch erheblich teurer sind. Die zentrale Lage, hautnah am Geschäfts- und Nachtleben hat halt ihren Preis. Da Bangkok derzeit ein Überangebot an Hotelzimmern aufweist, das sich durch weitere geplante Bauten in den nächsten Jahren womöglich noch vergrößern wird, sollte man ruhig versuchen, den Preis herunterzuhandeln. Schließlich geben viele Hotels einheimischen Gästen einen inoffiziellen „Thai-Preis", der niedriger liegt als der für Ausländer. Zwecks guter Unterkünfte in diesen Gegenden siehe die vorangegangenen Hotellisten. Preiswerte Unterkünfte sind rar, einige wenige gibt es dennoch:

●Recht gut und preiswert ist das ruhig gelegene **Niagara Hotel****-*** in Soi Susan (Soi 9) abseits der Silom Road. Tel. 02-2335783 bis 4. Das Hotel liegt ziemlich genau in der Mitte zwischen Silom Road und Sathorn Road und ist auch über Soi 10 der Sathorn Road zu erreichen. Die Gasse heißt Soi Sueksa Withaya, „Gasse zum Erlernen der Wissenschaften".

●In der gleichen Gasse, in Haus-Nr. 37, findet sich auch das **Sathorn Inn****** (Tel. 02-2344 137, Fax 02-2376668), mit wohnlichen Zimmern samt A.C. und TV.

●Sehr gute Zimmer mit A.C. bietet das **Bangkok Christian Guest House****** in 123 Soi Saladaeg, die nahe dem Ostende der Silom Road in südliche Richtung davon abzweigt. Übernachtungspreis inklusive Frühstück.

●Das **Silom Village Inn******* befindet sich im westlicheren Bereich der Silom Road (Silom Village Trade Ctr, 286 Silom Rd., Tel. 02-6356810, Fax 02-6356817, E-Mail:silom-village-inn@thai.com); alle Zimmer haben A.C., TV, einen Safe und Kühlschrank, und dies ist eine der günstigeren Unterkünfte an dieser relativ teuren Straße. Über die Zimmerpreise lässt sich verhandeln.

●Schräg gegenüber der Einmündung der Suriwong Road in die Charoen Krung Road (New Rd.), und etwas südlich des Hauptpostamtes, liegt das recht gute **Newrotel** (1216/1 Charoen Krung Rd., Tel. 02-23710 94, Fax 02-2371102); saubere Zimmer mit A.C. und TV.

●**Intown Residence*****-**** befindet sich an der Charoen Krung Road, etwas südöstlich der Einmündung mit der Si Phraya Road an der Westseite der Charoen Krung Road und nördlich des Hauptpostamtes (1086/6 Charoen Krung Rd., Tel. 02-2333596, Fax 02-2366886); es hat saubere, sehr angenehme Zimmer mit A.C. und TV. Die Preise beinhalten Frühstück, wer keines haben will, kann den Preis etwas herunterhandeln.

Weitere gute Unterkünfte

●**Baiyoke 2 Tower Hotel**LLL im Baiyoke 2 Tower, 222 Ratchaprarob Road, Tel. 02-6563 000, 02-6563456, Fax 02-6563555, 02-6563 555; baiyoke@mozart.inet.co.th. Es gibt 673 Zimmer und bei geringer Auslastung könnte man evtl. versuchen, um den Preis zu feilschen, besonders bei längeren Aufenthalten.

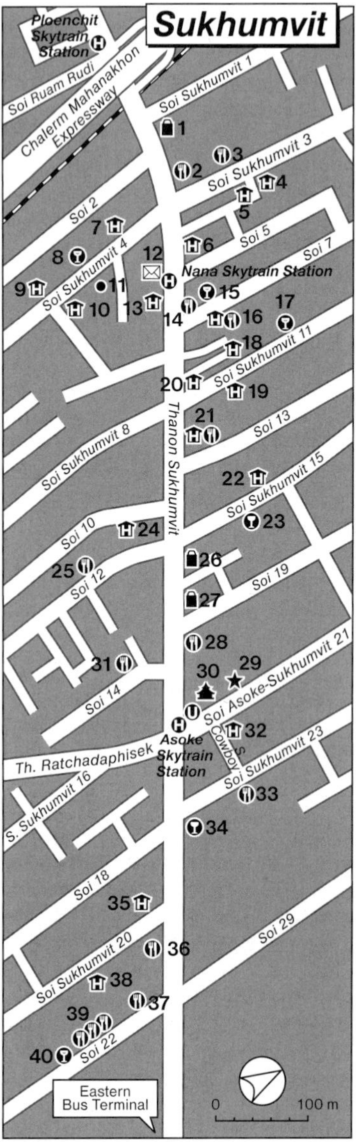

1 Markt
2 Akbar Restaurant
3 Meh Maan Restaurant
4 Grace Hotel
5 Al Hussain Restaurant
6 Fortuna Hotel
7 Nana Hotel
8 Sin Bar/Ball in Hand
9 Rajah Hotel
10 Dynasty Inn
11 Nana Plaza
12 Post
13 Landmark Hotel
14 Bukhara Restaurant
15 Biergarten
16 Park Hotel,
Uncle Ho's Restaurant
17 Old German Beerhouse
18 Maxim's Inn
19 Bangkok Inn
20 City Lodge
21 Ambassador Hotel/
Am Café
22 Manhattan Hotel
23 Münchner Bierkutsche
24 Ruamchit Travel Lodge,
Plaza & Hotel
25 Crêpes & Co.
26 Asia Books
27 Robinson Department Store/
Grand Pacific Hotel
28 Dosa King
29 Siam Society/Kamthieng House
30 Namdhari-Tempel
31 Suda Restaurant
32 Asoke Place
33 Confusion Restaurant
34 The Highlander
35 Windsor Hotel
36 Bei Otto
37 Larry's Dive
38 Premier Inn
39 Village Plaza
(Restaurants/Bars)
40 Titanium

Von den höher gelegenen Zimmern ergeben sich großartige Ausblicke auf die Stadt. Die Rezeption befindet sich im 19. Stock.

●**Bangkok Inn****** (155/12-13 Sukhumvit, Soi 11/1, Tel. 02-2544834-7; Fax 02-2543545) – schöne Zimmer (A.C., TV, Kühlschrank); das Haus wird von einem deutsch-indischen Ehepaar geleitet.

●**Bossotel******-***** (55/12-14 Soi Charoen Krung, Charoen Krung Rd., Tel. 02-2358001, 02-2332474) – ordentliches, ruhig aber zentral gelegenes Hotel im Stadtteil Bangrak, nahe dem Westende der Silom Road und dem Shangri-La Hotel.

●**Business Inn****** (155/4-5 Sukhumvit, Soi 11, Tel. 02-2547981 bis 4; Fax 02-255 7159) – ordentliche Zimmer (A.C., TV) und Suite.

●**Carlton Inn******-***** (22/2-4 Soi Asoke, Sukhumvit, Tel. 02-2580471; Fax 02-25837 17) – sehr gemütliche Zimmer (A.C., TV, Kühlschrank), nahe Soi Cowboy.

●**Chinatown Hotel*******-LLL (526 Yaowarat Road, Tel. 02-2261267-95; Fax 02-2261295) – sehr gutes Hotel mitten im Trubel von Chinatown, die Zimmer verfügen über A.C., TV und vieles mehr.

●**City Lodge****** (137/10 Sukhumvit, Soi 9, Tel. 2552930; Fax 02-2554660) – gute Zimmer (A.C., TV, Kühlschrank).

●**Consort Inn****** (1/11-12 Sukhumvit, Soi 10, Tel. 02-2525680; Fax 02-2551843) – für den Preis sehr gute Zimmer mit A.C., TV, etc.; gute Lage mitten in Sukhumvit.

●**Dynasty Inn******-***** (5/4-5 Soi 4, Sukhumvit, Tel. 02-2501397; Fax 02-2529930) – saubere Zimmer (A.C., TV, Radio).

●**Grand Business Inn******-LLL, (Sukhumvit Soi 11, Tel. 02-2557155-8, Fax 02-2557259), gepflegtes neues Business-Hotel mit gut eingerichteten Zimmern, A.C., TV, Kühlschrank. Wenige Schritte von der Skytrain-Station Nana entfernt.

●**Grottino Residence****** (9-10 Sukhumvit Soi 19, Tel. 02-2536024, Fax 02-2536023, residence@grottino.com) – einem Schweizer Restaurant angeschlossenes, kleines Hotel mit sehr komfortablen Zimmern, A.C., TV usw., dazu kostenlos Wirless Internet. Die meisten Gäste sind Deutsche und Schweizer. Das Haus liegt sehr zentral in Sukhumvit in der kleinen Soi hinter dem Robinson Department Store.

●**Jim's Lodge****** (Soi Ruam Rudee, abseits der Ploenchit Rd., Tel. 02-2553100, 02-255 0190); angenehme Zimmer mit A.C., TV und Kühlschrank in relativ zentraler und teurer Lage; nahe Central Dep. Store Chitlom, auf halben Weg zwischen Siam Square und Sukhumvit.

●**New Light House***** (120/187-188 Ratprarob Road, Tel. 02-2522481) – bequeme Zimmer (A.C., TV) im lebendigen Stadtteil Pattunam, aber ruhig.

●**Newrotel****** (1216/1 New Road, Bangrak, Bangkok 10500, Tel. 02-2331406; Fax 02-2371102) – nahe G.P.O. gelegen, saubere Zimmer (A.C.) und Suite. Aufpassen, einige Zimmer haben keine Fenster!

●**New World House**** (2 Samsen Road, Banglamphoo, Bangkok 10200, Tel. 02-2815 596 bis 605) – saubere Guest-House-Zimmer (A.C.) und Apartments, auch wochen- und monatsweise vermietet.

●**Orchid G.H.***** (499/21-23 Soi Hasadin, Ratprarob Road, Pattunam, Tel. 02-2532437; Fax 02-2535421) – etwas abseits aber noch nah genug am Trubel von Pattunam.

●**Premier Travellodge****** (Sukhumvit Soi 8, Tel. 02-2513031, 02-2533201, Fax 02-25331 95) – kleines Hotel mit gut ausgestatteten Zimmern in bester Lage in Sukhumvit; Zimmer mit A.C., TV, Kühlschrank, Safe, Tel. und Fax.

●**President Inn****** (Soi 11, Sukhumvit, Tel. 02-2554230 bis 4; Fax 02-254235) – gute Zimmer A.C., TV, Kühlschrank) und Suite.

●**Royal Asia Lodge******* (91 Sukhumvit, Soi 8, Bangkok 10100, Tel. 02-2515514 bis 6; Fax 02-25325554, -3541) – Gutes Hotel mit komfortabel eingerichteten Zimmern (Bad, A.C., Kühlschrank). Preise oft Verhandlungssache. Auf dem Dach befindet sich eine Sonnenterrasse und ein Jacuzzi (Whirlpool), Swimmingpool ebenfalls vorhanden. Ein hauseigenes Tuk-Tuk sorgt für den kostenlosen Transport zur einige hundert Meter entfernten Sukhumvit Road.

●**Royal Benja Hotel*******-LLL (Sukhumvit Soi 5, Tel. 02-6552-9054, Fax -8579), Großhotel mit 30 Stockwerken und 388 Zimmern, günstige und ruhige Lage, am Ende von Soi 5; besonders große, komfortable Zimmern mit A.C., TV. Kühlschrank, Tel. etc. Angeschlossen sind ein großer Swimmingpool, Health Club, Massage-Salon, Sauna, ein 24-Std.-Restaurant und eine Snooker-Halle. Die Preise werden auf Anfrage oft gesenkt, und dann ergibt sich hier ein außerordentlich gutes Preis/Leistungsverhältnis.

- **Stable Lodge******* (39 Sukhumvit, Soi 8, Bangkok 10100, Tel. 02-25-334101; Fax -25125) – angenehmes Hotel unter dänischer Leitung.
- **Swisshotel** (3 Convent Road, Silom, Bangkok 10500, Tel. 02-2335345; Fax 02-23694 25) – Luxuszimmer für den anspruchsvollen Touristen oder Geschäftsmann, mit A.C., TV, Minibar u.a.; Strom aus Sonnenenergie! Ein Teil des Rezeptionspersonals spricht Deutsch; Schweizer Management.
- **Thai House******* (Buchungsbüro: 22 Phra Arthit Rd., Banglamphoo, Bangkok 10200, Tel. 02-2800740-41; Fax 02-2800741) – dieses sehr idyllisch gelegene traditionelle Thai-Haus befindet sich zwar in Nonthaburi, was offiziell eine von Bangkok separate Provinz ist, praktisch ist es jedoch mittlerweile ein Vorort von Bangkok geworden. Das wunderbare Haus ist von Grün umgeben und liegt an einem Klong, auf dem man Paddel-Touren unternehmen kann; Fahrradausflüge sind ebenfalls möglich. Außerdem werden viertägige Thai-Kochkurse geboten. Die insgesamt 9 Zimmer haben jedoch kein eigenes Bad und sind nicht billig.
- **T.T.Guest House**** (516-518 Soi Sawang, Si Phya Rd., Bangrak, Bangkok 10500, Tel. 02-2362946, 02-2363053-4; Fax 02-2363054) – sehr empfehlenswertes Guest House in „untouristischer" Lage. Es befindet sich, grob gesagt, zwischen der Hualamphong Station und dem G.P.O. Zimmer mit Bad.
- **Town Lodge******* (106 Sukhumvit Soi 18, Tel. 02-6637712, Fax 02-6637711, townlodge @gmail.com) – preiswertes kleines Hotel in relativ ruhiger Lage in Sukhumvit. Ordentliche Zimmer mit A.C. und TV ab 1.200 Baht, inkl. Frühstück.
- Eine der besseren Unterkünfte im Stadtteil Pattunam, und günstig gelegen für Leute, die sich in den Märkten des Viertels mit Kleidung oder mit Software eindecken wollen (im nahen Panthip Plaza) ist das **White Palace Hotel****** (Soi Somprasong, Soi 15, Petchaburi Rd., Tel. 02-2552701-5, Fax 02-2552700; Zimmer mit A.C., TV und Kühlschrank, Swimmingpool vorhanden.
- **Woodlands Inn****** (1158/5-7 New Road, Bangrak, Bangkok 10500, Tel. 02-2353766/02-2356640; Fax 02-2240805) – am Hauptpostamt gelegen, mit komfortablen Zimmern (A.C., Satelliten-TV, Kühlschrank); unten im Haus gutes indisches Restaurant (The Cholas).
- **World Inn****** (131/5-7 Soi 9, Sukhumvit, Tel. 02-253591-2; Fax 02-2537728) – gute Zimmer (A.C., TV, Kühlschrank) und Suite in zentraler Lage.

Luxusunterkünfte

- **Amari Watergate** (847 Petchaburi Rd., Tel. 02-6539000-19; Fax 02-6359044-6), 4.680-8.775 Baht.
- **Ambassador** (171 Soi Sukhumvit 11-13, Tel. 02-2540444, 02-2550444; Fax 02-2534123), 2.119-76.020 Baht.
- **Bel-Aire Princess** (16 Soi 5 Sukhumvit, Tel. 02-2534300; Fax 02-2558850), 2.800-5.880 Baht.
- **Dusit Thani** (946 Rama 4 Road, Tel. 02-2360450; Fax 02-2366400), 5.200-37.000 Baht.
- **Felix Arnoma Swissotel** (99 Rajdamri Rd., Tel. 02-25534-10; Fax -568), 2.400-5.600 Baht.
- **Holiday Inn Crowne Plaza** (981 Silom Rd., Tel. 02-238-4300; Fax -5289), 3.200-30.000 Baht.
- **Landmark Hotel** (138 Sukhumvit, Tel. 02-2540404; Fax 02-2558419), 5.964-9.416 Baht.
- **Le Meridien President** (135/36 Gaysorn Rd., Tel. 02-2530444, 02-2536550; Fax 02-2537565), 3.531-10.500 Baht.
- **Marriott Royal Garden Riverside** (257/1-3 Charoen Krung Rd., Tel. 02-4760022; Fax 02-4761120), 4.200-38.000 Baht.
- **Mansion Kempinski** (75/23 Soi 11, Sukhumvit, Tel. 02-2532655; Fax 02-2532329-13), 2.750-9.416 Baht.
- **Oriental Hotel** (48 Oriental Ave., Tel. 02-2360400; 02-23060420), 210-2.100 US$, dazu 10 % Steuern und 10 % Service Charge (das Hotel ist eines der wenigen in Thailand,

die ihre Preise in Dollar nennen). Dieses über 130 Jahre alte Hotel wurde des Öfteren zum besten Hotel der Welt gekürt, der Service ist legendär. Die meisten Gebäude sind neuere Zubauten, in der bekannten „Authors' Lounge" herrscht aber noch der Geist der alten Tage. Wer sich das Wohnen hier nicht leisten kann, könnte dort zumindest auf einen Tee vorbeischauen. Das Oriental war früher die bevorzugte Herberge von Schriftstellern, darunter William Somerset Maugham.

- **Pan Pacific** (952 Rama 4 Rd., Tel. 02-6329000; Fax 02-6329011), 4.200-35.000 Baht.
- **Royal Princess** (269 Larn Luang Rd., Tel. 02-2813088; Fax 02-2801314), 3.300-11.000 Baht.
- **Shangri-La** (89 Soi Wat Suan Phlu, Charoen Krung Rd., Tel. 02-2367777; Fax 02-2368579), 5.265-54.142 Baht.
- **Siam Intercontinental** (967 Rama 1 Rd., Tel. 02-2530355-7; Fax 02-2532275), 5.179-11.170 Baht.
- **Tai-Pan** (25 Soi 23, Sukhumvit, Tel. 02-2609888; Fax 02-2597908), 2.825-12.000 Baht.
- **The Emerald** (99/1 Ratchadapisek Rd., Tel. 02-2764567; Fax 02-2764555), 2.600-41.100 Baht.

Essen und Trinken

Bangkok hat über **10.000 Restaurants,** die praktisch jede Küche der Welt offerieren: von Burmesisch bis Kantonesisch, von Balinesisch bis Koscher. Dazu kommen noch geschätzte **50.000 Essensstände** in den Straßen sowie einige Food Center in den größeren Department Stores. Es gibt wohl keine Metropole auf der Welt, in der überall solche riesigen Essensberge auf Verzehr warten wie in Bangkok – überall und zu jeder Tages- und Nachtzeit findet sich etwas Essbares.

Jeden Mittwoch müssen die Straßenstände aufgrund einer städtischen Verordnung pausieren, damit es wenigstens an einem Tag in der Woche freie Bürgersteige gibt.

Empfehlenswerte Restaurants

Thai

- Einige der besten Thai-Restaurants befinden sich in Sukhumvit, so das **Green Tamarind** (Soi 39, Sub-Soi Pormjai, Tel. 02-2615698-9, 02-2615727-8) und das **Lemongrass** (Soi 24, Tel. 02-2588637). Beide servieren so etwas wie „Thai-Nouvelle-Cuisine" und sind sehr beliebt bei in Bangkok ansässigen Westlern. Tischreservierungen empfohlen.
- Sehr gut ist auch das originell betitelte **Cabbages & Condoms** (in der Soi 12, Telefon 02-2523960 bis 4), das von der Planed Parenthood Association of Thailand geleitet wird, einer Geburtenkontroll-Organisation. Das erklärt dann auch die zum Kauf dort ausliegenden Kondome! Das Essen ist aber hervorragend, es gibt hier gehobene Thai-Kost zu erträglichen Preisen.
- Die **Bangkok Bar, Restaurant & Gallery** befindet sich in einem 150 Jahre alten chinesischen Haus. Das hellgelb-gestrichene Gebäude befindet sich an der 591 Phra Sumen Road, ca. 100 m nördlich der Einmündung in den Rajdamnoen Klang. (knapp zehnminütiger Gang von der Khao San Road). Das Haus, dessen ursprüngliche Vorderseite zum Klong Saen Saeb hinaus liegt, besteht aus mehreren dezent eingerichteten Speiseräumen, denen auch eine Kunstgalerie angeschlossen ist. Das sehr gute Essen (Thai, Seafood) wird mit Funk, Rock- oder Soul-Musik untermalt. Preise ca. 80-150 Baht pro Gericht. Geöffnet tägl. 18.00-2.00 Uhr.
- Hochklassige Thai-Cuisine zu moderaten Preisen bietet **Ban Khanitha** (Sukhumvit Soi 23); ca. 800 Baht/2 Pers. Eine neuere Filiale, **Ban Khanitha & Gallery,** befindet sich in Soi Ruam Rudee 2, abseits der Ploenchit Road; diese ist vollgestopft mit Kunstobjekten aus einer im Obergeschoss gelegenen Galerie.

• Relativ preiswert ist das für Bewohner der Khao San Road günstig gelegene **Sorn Daeng** (Rajdamoen/Ecke Dinso Rd., Tel. 02-224 3210) direkt im Schatten des Democracy Monument. Es gibt traditionelle Thai-Küche und Seafood.

• Noch näher an der Khao San Road liegt das **Hemlock** (56 Phra Arthit Rd.), das besonders bei den Studenten der nahen Thammasat-Universität beliebt ist und dementsprechend leichtes Bohème-Ambiente ausstrahlt. Es gibt sehr gute thailändische Küche (darunter hervorragende Seafood) und eine sehr umfangreiche Weinkarte.

• Eines der besten und preiswertesten Restaurants an der Silom Road ist das **Charuvan** (70-72 Silom Rd.), gelegen etwa 100 m westlich des Robinson Department Store, nahe Silom Soi 4. Das Lokal hat sowohl einen A.C.-Speiseraum als auch einen ohne Klimaanlage. Es gibt sehr gute Thai- oder chinesische Gerichte zu ca. 20-50 Baht und preisgünstiges Bier.

• Das **Harmonique** befindet sich in Soi 34 der Charoen Krung Road, etwas südlich des Hauptpostamtes; es ist ein stilvolles kleines Restaurant mit viel Grün drumherum - eine absolute Rarität in dieser hektischen und abgasvernebelten Gegend. Zu dem entspannten Ambiente kommt sehr gutes Thai-Essen in mittlerer Preislage, dazu Milk-Shakes, Säfte etc. Es werden auch Antiquitäten zum Kauf angeboten.

• **Ban Lao** in 49 Sukhumvit Soi 36 kredenzt die Küche aus Thailands Nordosten und ist in einem scheunenähnlichen traditionellen Gebäude untergebracht, mit niedrigen Tischen und Sitzkissen für die Gäste. Zu den beliebtesten Gerichten gehört *khaeng pak waan khai mot daeng* (süßes Gemüse-Curry mit den Eiern roter Ameisen). Das Restaurant ist immer gut besucht, und an Wochenenden empfiehlt sich eine Voranmeldung. Tel. 02-2566096.

• Sehr gute Seafood und andere Thai-Küche im gemütlichen **Orchid Kitchen,** in dem innen ein kleiner Wasserfall plätschert. Das Lokal befindet sich in Soi 5 der Samsen Road, ca. einen halben Kilometer nördlich des New World Dep. Store in Banglamphoo, neben Wat Sam Phraya; von der Khao San Road ist es ein ca. zehnminütiger Fußweg hierhin.

• Beschaulicher ist da ein **Essen auf einem Flussboot:** Mehrere Restaurants entlang des Chao Phraya bieten abendliche Bootsfahrten, auf denen ausgiebig diniert werden kann. Zu den empfehlenswerteren gehört das **Rim Naam,** das sich direkt neben der Phra Pinklao Bridge nahe Banglamphoo befindet. Die Boote fahren gegen 20.00 Uhr ab, schippern über den abendlichen Chao Phraya und kehren gegen 22.00 Uhr zum Ausgangspunkt zurück. Zum Essen wird pro Person ein „Bootszuschlag" von 50 Baht erhoben.

• Sehr gute Ausblicke auf Wat Arun und Wat Phra Gaew eröffnen sich vom ausgezeichneten **Supatra River House.** Dieses aus zwei Gebäuden bestehende Restaurant befindet sich in 266 Soi Wat Rakhang, Arun-Amarit Road, Stadtteil Thonburi; vom Maharat-Pier kann man per Fährboot dorthin übersetzen. Der Fährbetrieb ist seit fast 100 Jahren im Besitz der Familie, die auch das Restaurant betreibt. In eleganter Umgebung werden traditionelle Thai-Speisen geboten, darunter viel Seafood. Gehobenere Preislage, ca. 600-1.000 Baht/2 Pers.; geöffnet tägl. 11.30-14.30 und 18.00-23.00 Uhr. Dem Restaurant ist ein kleines Familien-Museum angeschlossen, und nebenan gelegen ist das Patravadi Theatre, in dem zeitgenössische Theaterstücke aufgeführt werden (Sa/So, 20 Uhr).

Chinesisch

Allen Erwartungen zum Trotz finden sich in Chinatown selbst nur sehr wenige gemütliche China-Restaurants, dafür aber jede Menge kleiner Brutzelhütten, die aber nicht unbedingt schlechter sein müssen. Abends werden zudem Tische und Stühle auf den Bürgersteig gestellt, und Teile der Charoen Krung Road verwandeln sich in ein ausgedehntes Open-Air-Schlemmerlokal.

• Eines der wenigen „richtigen", etwas gehobeneren Restaurants ist das nur in Thai ausgeschilderten **Texas Suki and Noodles** in der Soi Padum Dong, inoffiziell „Soi Texas" genannt (wegen eines ehemals dort vorhande-

nen Texas Cinema); die Soi befindet sich zwischen der Yaowarat und der Charoen Krung Road, wenige Meter westlich des Chinatown Hotel. In dem recht großen Restaurant gibt es chinesische und thailändische Standardgerichte zu mäßigen Preisen.

- Eine sehr große Konzentration von guten chinesischen Restaurants bietet der Siam Square, der wahrscheinlich eine der höchsten Restaurant-Dichten Bangkoks aufweist (bekannt ist die Gegend auch für die sich wie Kaninchen vermehrenden Restaurants mit westlichem Fast Food). Zu den besseren chinesischen Restaurants der Gegend gehören das **IATA** (Siam Square, Soi 4), Spezialität u.a. geröstete Tauben, das **PATA** (Soi 3) und das **Kirin** (Soi 2). In Soi 1, in der Nähe der Ecke Rama 1, befinden sich einige **Haifischflossen-Restaurants,** doch Vorsicht, Haifischmahlzeiten können leicht einige Hundert, wenn nicht gar 2.000 Baht kosten.

Open-Air-Rösterei

- Für Bewohner von Banglamphoo empfiehlt sich ein Besuch im **Kraisi** (214/216 Prasumen Rd., neben dem New World Department Store), ein sehr gutes Dim-Sum-Restaurant.

Indisch

Die indische Küche ist in Bangkok auffallend häufig vertreten, insgesamt gibt es um die 100 Restaurants, hauptsächlich mit nordindischer Küche. Die preiswertesten Restaurants befinden sich im indischen Viertel Pahurat, wo sich gleich ca. 25 auf engstem Raum drängen.

- Das beste Restaurant hier ist das kleine **Royal India Restaurant** (zwecks Ortung siehe Karte Pahurat) mit Gerichten ab 40 Baht. Besonders gut ist das *Shahi Panir Korma,* ein cremiges Käse-Curry und die *Bhaigan Bharta,* ein Auberginen-Curry. Das Royal India unterhält auch eine (weniger gute) gleichnamige Zweigstelle in der Khao San Road.

- Eine weitere gute Gegend für indisches (als auch pakistanisches) Essen ist der Stadtteil um das G.P.O. herum. Eines der besten Restaurants dort ist das **The Cholas** im Woodlands Hotel, gleich rechts neben dem Ferngesprächsamt an der Charoen Krung Road. Es gibt sehr gute indische Gerichte in mittlerer Preisklasse, dazu auch einige Thai-Gerichte; letztere sind nichts Besonderes.
- Das wohl beste Preis-/Leistungsverhältnis bietet das **Indian Hut** in der 311/1-5 Suriwong Road (gegenüber Manora Hotel). Geboten werden nordindische Gerichte, auch vegetarisch, alles ganz ausgezeichnet. Unbedingt probieren: das *Paneer Pasanda,* Käsestücke mit Minzpaste in einer sehr schmackhaften Soße. Ca. 500-700 Baht/2 Personen.
- Die vielleicht besten *Masalla Dosas* der Stadt kreiert **Dosa King** in Sukhumvit Soi 19. Preis: 60 Baht. Dazu gibt es weitere süd- und nordindische Gerichte, alles allerdings vegetarisch.
- Zu den teuersten indischen Restaurants gehört das **Rang Mahal** im Rembrandt Hotel (Sukhumvit Soi 18). Das Essen ist von höchster Qualität, aber auch recht teuer, ab ca. 1.000 Baht/2 Pers. Lohnenswert sind die sonntagmittags gebotenen Buffets zu 480 Baht (zusätzlich Steuer und Service Charge), mit nord- und südindischen Gerichten, indischen Salaten, Nachspeisen u.v.m. Hier kann man einige Stunden lang schlemmen.
- Gute Live-Musik und hochklassiges, teures Essen bietet das **Tandoor** im Holiday Inn an der Silom Road.
- Preiswerte südindische (vegetarische) Küche kredenzt das **Chennai Kitchen** in der 48/6 Pan Rd., abseits der Silom Road (ca. 100 m hinter dem Mariammam-Tempel). Ausgezeichnet sind z.B. die *Idlis,* gedämpfte Reiskuchen, die mit Kokos-Chutney und einer scharfen Soße serviert werden. Überteuerte Getränke.
- Zahlreiche weitere gute indische Restaurants finden sich in Sukhumvit, so z.B. **Akbar's, Mehmaan** (beide Soi 1), **Maharaja** (Soi 8), **Dhaba** (Soi 10), **Moghul Room** und **Mrs. Balbir's** (beide Soi 11) oder **Pasanda** (Sukhumvit; Ecke Soi 12).

Chinesisch-Indisch

- Mit sehr origineller Küche begeistert das preisgekrönte **Xing Fu** im Novotel Lotus Hotel (1 Soi Saeng Udom, Sukhumvit Soi 33). Kredenzt wird ausgezeichnete chinesische Cuisine (kantonesisch und Szechuan), dazu Essen, wie es von den Chinesen in Kalkutta zubereitet wird. Der Chefkoch ist Nepalese, was die internationale Mixtur noch etwas erweitert. Gehobene Preislage, für die Qualität jedoch angemessen; ca. 1.000 Baht/2 Pers.

Westlich

Restaurants mit westlicher Küche gibt es jede Menge, die größte Dichte herrscht entlang Sukhumvit und in dessen Sois. Da die bei den Speisen verwendeten Zutaten zum Teil importiert werden müssen, sind die Preise meist relativ hoch, wobei aber zudem wohl noch ein gewisser „Snob-Bonus" eine Rolle spielt.

- **Italienisch:** Wer nicht ohne Pizza auskommt, findet im Siam Square etliche Fast-Food-Restaurants (Shakey's, Pizza Hut), die halbwegs verdauliche Versionen davon kreieren. Die Preise sind hier relativ niedrig, doch sollte man nicht allzuviel erwarten.

Das beste italienische Essen der Stadt kredenzt wohl **Zanotti** im Erdgeschoss der Saladaeng Colonnade (Soi Saladaeng, am Ostende der Silom Rd., nahe der Skytrain Station Soi Saladaeng). Es gibt hervorragende Pizzen, Pasta, Risotto, dazu Steaks und Meeresfrüchte, die über einem Grill mit Orangenbaumholz gegrillt werden. Gehobene Preislage.

Der Besitzer des Zanotti ist auch Teilinhaber **Pizzeria Limoncello** in 17 Sukhumvit Soi 11 (von der Abzweigung Sukhumvit ca. 200 m in den Soi, linke Straßenseite, etwas zurückversetzt). Dort serviert man großartige Pizzen und Pasta. Das piekfeine Ambiente ist das eines gehobenen Restaurants in Italien, der Service ist effizient und zuvorkommend, und besonders die Pizzen (ab 190 Baht) sind sehr gut. Ausgesprochen gut gewählt ist auch der Hauswein, italienischer Cabernet Sauvignon

(110 Baht/Glas). Insgesamt sehr empfehlenswert. Ca. 1.500 Baht/2 Pers. Viele Gäste sind thailändische Prominente, Politiker sowie Schauspieler. Geöffnet Di-So 12-14 und 18-24 Uhr, Tel. 02-6510707.

Der ehemalige Chef-Pizzabäcker des Limoncellos eröffnete 2004 sein eigenes Restaurant, **Basilico,** in Sukhumvit Soi 31, gegenüber dem Novotel. Die Pizzen sind großartig, ebenso die anderen italienischen Gerichte. Kein Wunder, dass das große Restaurant (300 Plätze) fast jeden Abend voll ist. Auch der Service ist exzellent - Chef *Sergio* wirbelt persönlich zwischen den Tischen umher und sorgt dafür, dass alles reibungslos läuft.

Des Weiteren zu empfehlen sind **Sara Jane's** (Convent Rd., ab dem Ostende der Silom Rd.) und **Paesano** (Soi Tonson, bei Soi Lang Suan, an der Nordseite des Lumpini Parks).

Pomodoro in Sukhumvit, einige Schritte westlich der Einmündung Soi 5, bietet hochklassige italienische Küche, allerdings zu hohem Preis. Ca. 1.200 Baht/2 Pers. Pizzen gibt es hier nicht; für diese, als auch für andere italienische Gerichte, sind zwei preiswertere Filialen von Pomodoro zuständig: Eine befindet sich nahe bei, in Sukhumvit, genau vor den Treppen zur Skytrain-Station Nana (etwas östlich von Einmündung Soi 7), eine weitere im Emporium Shopping Center, Sukhumvit, Ecke Soi 24.

Am Ostende der Khao San Road befindet sich **La Casa,** mit sehr guten Pizzen und anderen italienischen Gerichten.

Siehe weiterhin auch **Govinda** in der Rubrik „Vegetarisch".

- **Französisch:** Kenner französischer Küche - zu denen sich der Autor leider nicht rechnen kann - schwören auf das **St.Tropez** (Sukhumvit Soi 18), das in einem schönen traditionellen Thai-Haus untergebracht ist, umgeben von einem Garten. Neben französischer Haute-Cuisine gibt es eine reiche Auswahl an französischem Rebsaft.

Kanit in der Teethong Road gegenüber Wat Suthat ist wahrscheinlich das älteste französische Restaurant der Stadt. Geboten werden sehr gute Suppe (z.B. Kürbis-, Karotten-, Zwiebel-S.), Salate und Seafood. Die verwandten Kräuter werden aus eigenem organischem Anbau gewonnen.

Butler in Sukhumvit Soi 33 bietet sehr gute französische Küche und die wohl niedrigsten Weinpreise für ein derartiges Restaurant.

- **Holländisch:** In Mike O'Henry's, (Sukhumvit Soi 23) herrscht gemütliche Atmosphäre, neben westlichen stehen auch Thai-Gerichte auf dem Programm.
- **Belgisch:** L'Ilot Sacre, 33/30 Ekamai Rd., Sukhumvit; relativ neues Restaurant, bisher liegen noch keine Testergebnisse vor.
- **Englisch:** Bobby's Arms, Patpong 2; die englische Küche ist nicht gerade für ihre Raffinesse bekannt, die gemütliche Pub-Atmosphäre dieses Etablissements, mitten im dekadenten Patpong, hat aber etwas für sich.
- **Schweizerisch:** Helvetia, Sukhumvit Soi 24, Restaurant Bodensee & Pub, Sukhumvit Soi 19, Café Swiss, Swiss Lodge, 3 Convent Rd., The Garden Bar, Indra Regent Hotel, 120 Ratchaprarop Rd., Bierstube, 569 Sukhumvit (nahe Soi 29).

Gute westliche Küche - wenn auch mit etwas schwankendem Standard - kredenzt das von einem Österreicher geleitete, gemütliche **Primavera** an der 65 Phra Sumen Road, ein paar Minuten von der Khao San Road entfernt. Es gibt Crêpes, Pizzas, Steak, Kuchen (guten Apfelstrudel) und hausgemachtes Eis.

Deutsch

- **Bei Otto,** Sukhumvit Soi 20 (eine Bäckerei ist angeschlossen; Schwarzbrot!);
- **Biergarten,** Sukhumvit Soi 7;
- **Bierkutsche,** Sukhumvit Soi 3;
- **Edelweiß,** Sukhumvit Soi 23;
- **Old German Beer House,** Sukhumvit Soi 11;
- **Haus Hamburg,** Sukhumvit Soi 15;
- **Haus München,** Sukhumvit Soi 15;
- **Heidelberg,** Sukhumvit Soi 4 (dem Namen zum Trotz Schweizer Besitzer und großenteils Schweizer Gäste);
- **Hofbräuhaus,** Soi Sala Daeng, Silom Rd., Zweigstelle im Don Muang Airport, Terminal 2, 4. St. (eine der immer beliebter werdenden „Mikro-Brauereien", in denen an Ort und Stelle gebrautes Bier ausgeschenkt wird, dazu bayrische Kost);
- **Hosenträger Restaurant,** Sukhumvit Soi 20;

- **Kempinski Terrace,** Mansion Kempinski Hotel, Sukhumvit Soi 11;
- **Paulaner Brauhaus,** Sukhumvit Soi 24 (Thailands erste „Mikro-Brauerei", mit deutschem Essen – oft gerammelt voll!);
- **Ratsstube,** 18/1 Soi Attakarnprasit (im Gebäude des Goethe-Instituts, zwischen South Sathorn Rd. und Soi Ngam Duphli); Zur Taverne, Sukhumvit Soi 3;
- **Schnurrbart,** Sukhumvit Soi 23.

Pizza/Backwaren/Eiscreme etc.

- Ausgezeichnete, dünnkrustige Gourmet-Pizzen serviert das **Pickle Factory** in 55 Soi Rajwithi 2, einige hundert Meter nordöstlich des Victory Monuments. Das Restaurant ist in einem ehemaligen Privathaus untergebracht und es gibt Sitzgelegenheiten an einem Swimmingpool, der von den Gästen benutzt werden kann. Neben originellen Pizzen (z.B. Pizza alla Vodka, Pizza mit Chiang-Mai-Würsten etc.; bis zu 200 Baht) werden ausgezeichnete Kuchen serviert, z.B. Apfel- und Möhrenkuchen, dazu Salate und Sandwiches. Gegen leichten Aufpreis werden die Waren auch ins Hotel geliefert; Tel. 02-2463 036.
- Die vielleicht besten Backwaren der Stadt finden sich im sehr professionell geführten Oriental Shop, der vom Oriental Hotel betrieben wird; es gibt Filialen im Isetan Shopping Centre (Central World, Rajadamri Rd., Erdgeschoss), Central Department Store Chitlom (Soi Chitlom, Ecke Ploenchit Rd., Erdgeschoss), im Emporium Shopping Ctr. (Sukhumvit, Ecke Soi 24, 5.St.), im Siam Paragon (Rama 1 Rd., Erdgeschoss) sowie im Oriental Hotel selber. Geboten werden ausgezeichnete Brote (z.B. Walnuss-, Sesam-Brot, Rosinenbrot etc.), Croissants, Kuchen, Pralinen, Schokolade, Eiscreme, das alles zu leicht gehobenen, aber durchaus gerechtfertigten Preisen. Verkauft werden auch bessere Weine, Konfitüre, Wurstwaren, Kaffee und Tee. Man kann die Waren auch an Ort und Stelle verzehren. Liefer-Service Tel. 02-2640931-2.
- Sehr beliebt zum Frühstück ist **Maria's Bakery & Restaurant** (909-911 Silom Rd., gegenüber Central Dep. Store); neben sehr guten Backwaren und Kaffee gibt es thailändische, vietnamesische, italienische und vegetarische Speisen, dazu hausgemachten italienischen Käse.
- **Le Boulange** in 2-1/2 Convent Road (nahe Ostende der Silom Rd.) verkauft sehr gute, frisch gebackene Brote, Baguettes, Sandwiches und Kuchen, die auch gleich im dortigen Café verzehrt werden können. Weiterhin erhältlich sind Salate, Omelettes und ein täglich wechselndes Lunch-Set (120-140 Baht).

Bier, deutsche Küche und Musik

- Deutsche und thailändische Küche serviert das **Tawandaeng Brew House,** etwas außerhalb der Stadtmitte an der Rama 3. Road gelegen (ca. 60 Baht per Taxi ab der Silom Rd.); gehobenere Preislage. Die meisten Gäste kommen aber wohl wegen des an Ort und Stelle gebrauten Bieres; es gibt vollmundiges Weizen, Pils und Dunkel, gebraut von einem deutschen Braumeister. Das Halbliterglas kostet 100 Baht. Zum Bier gibt's verschiedene Sorten von Brezeln (38 Baht/Stck.)

Das geräumige, zweistöckige Tawandaeng („Rote Sonne") hat angeblich Platz für 4.000 Personen, dennoch sind an Wochenenden kaum ein paar Quadratzentimeter frei. Dann hat man am Eingang seinen Namen in eine Warteliste einzutragen, und nach einiger Zeit – manchmal eine Stunde oder mehr – wird man aufgerufen. Zur Beliebtheit des Bierhauses trägt auch das gebotene Unterhaltungsprogramm bei. Es spielen ausgezeichnete thailändische Bands (Folklore, Blues oder Rock), dazu der Amerikaner *Bruce Gaston* mit seinem Ensemble Fong Nam, das eine originelle Mischung aus klassischer Thai-Musik und Jazz präsentiert. Die Musik ist allgemein sehr laut. Es gibt aber auch Sitzgelegenheit an der Peripherie des Gebäudes, und dort kann man besser kommunizieren. Für Freude von Bier und guter Küche ist das Tawandaeng sicher ein Muss auf dem Besuchsprogramm.

Vegetarisch

Bangkok besitzt über 100 vegetarische Restaurants oder Essensstände, die meisten sind jedoch klein, unauffällig und oft in Vororten angesiedelt. Viele der Restaurants werden von Anhängern der Santi-Asoke-Sekte geführt, deren Mitglieder allesamt Vegetarier sind. Sie bieten erstklassige vegetarische Thai-Kost zu Tiefstpreisen ab 15 Baht. Diese Restaurants nennen sich alle schlichtweg **Sala Mangsawirat** oder „Vegetarisches Restaurant".

- Bangkoks größtes vegetarisches Restaurant befindet sich an der Südseite des Chatuchak Parks. Fragen nach Sala Mangsawirat. Hier wird eine Riesenauswahl an köstlichen Gerichten geboten, ab jeweils 15 Baht. Ein Paradies für Vegetarier! Di-So 6.00-14.00 Uhr.
- Das Zentrum der Santi-Asoke-Sekte befindet sich im nordöstlichen Vorort Bangkapi; hier leben einige Mönche der Bewegung, und auch ansonsten finden sich sehr interessante Leute ein. Am Eingang zu dem Gelände befindet sich links ebenfalls ein Sala Mangsawirat. Der Stadtteil Bangkapi liegt gut 1½ Busstunden vom Zentrum Bangkoks entfernt, dort dann nach dem Santi-Asoke-Zentrum fragen, jeder kennt es. Das landesweite Hauptquartier der Sekte befindet sich bei Nakhon Pathom, dort wird u.a. organische Landwirtschaft betrieben. Ein Besuch lohnt.
- Das alteingesessene **Whole Earth Restaurant** befindet sich in Soi Lang Suan (zwischen Lumpini Park und Ploenchit Rd.). Geboten wird gehobene vegetarische Thai-Küche zu leicht gehobenen Preisen. Das Essen ist sehr gut, einige indische Gerichte stehen ebenfalls auf der Speisekarte. Zudem gibt es auch einige Fleischgerichte, was bei einer Restaurant-Kette, die sich als Vorreiter des Vegetarismus versteht, vielleicht etwas merkwürdig wirkt. Eine Zweigstelle befindet sich in Chiang Mai.
- Ein absoluter Hit ist **Govinda,** ein italienisches, vegetarisches Restaurant (mit indischem Namen). Das Restaurant befindet sich in Sukhumvit Soi 22, etwa 100 m südlich der Einmündung des Soi in Sukhumvit. Es gibt hervorragende Pizzas, Lasagne, Überbackenes, Salate, einen göttlichen Tiramisu u.v.m. Alles ist von höchster Qualität. Hohe Preislage, ca. 1.000 Baht/2 Pers. Dienstags geschlossen.
- Mit ausgezeichneten, reichhaltigen Salat-Buffets, inklusive Süßspeisen und Obst, warten die Filialen von **Sizzler** auf, die ansonsten eher Steak-Freunde bedienen; die Fleischgerichte sind aber eher mäßig. In den Salat-Buffets sind auch Suppen enthalten (von denen aber nur die Pilz- und Mais-Suppe rein vegetarisch sind). Filialen von Sizzler finden sich u.a. im 4. Stock des Siam Centre (Rama 1. Rd., gegenüber Siam Sq.) und im 6. Stock des Central World (Rajdamri Rd.).
- **May Kaidee** hat zwei Filialen in der Nähe der Khao San Road und bietet sehr gute thailändische vegetarische Gerichte zu Preisen ab ca. 30 Baht (www.maykaidee.com). Ein Geschäft befindet sich an der Tanao Road, einige Schritte nördlich der Einmündung Khao San Road, das andere an der Samsen Road, ca. 500 m nördlich der Khao San Road, wenige Meter südlich von Samsen Soi 1.
- Und noch einige Restaurant/Essensstände im Bereich Banglamphoo: **Vegetarian Restaurant,** in der Gasse links neben dem Postamt nahe der Khao San Road (siehe Karte Banglamphoo); **Ranee's Guest House,** Trok Mayom nahe Khao San Road; **Vegetarian Food,** Dinso Road (siehe Karte Sao Ching-Chaa, Nr. 13), normales Thai-Restaurant mit einigen vegetarischen Gerichten.
- Außerdem führen alle indischen Restaurants in und um Khao San Road zahlreiche vegetarische Gerichte, derzeit gibt es dort drei indische Restaurants: **Himalayan Kitchen, Royal India** und **Gaylord.**
- Weitere Möglichkeiten: Die Kantine des **Bangkok Mission (Adventist) Hospital,** Phitsanuloke Road., rein vegetarisch; **Sala Mangsawirat,** Phaholyothin Road., Sapan Khwai, gegenüber dem Paolo Hospital; **Sala Mangsawirat,** Phaholyothin Road., ca. 1 km nördl. des Victory Monument; **Veg House,** Sukhumvit Soi 3; **Ambassador Food Center,** Sukhumvit Soi 11; **Metro's Gourmet Corner,** New Petchaburi Rd. Soi 35; **Mah Boonkrong Food Center,** Mah Boonkrong Department Store, Phya Thai Road; **Punjab Sweet Restaurant & Sweets,** Pahurat (siehe Karte Pahurat), dazu mehrere kleine Restaurants oder Essensstände in Pahurat mit Thai- oder chinesisch-vegetarischer Küche.

• Südindische vegetarische Gerichte im **Chennai Hotel** in der Pan Rd. (zwischen Silom Rd. und Sathorn Rd.), ca. 100 m südlich des hinduistischen Sri-Mariammam-Tempel (Wat Khaek). Für 120 Baht gibt eine *Thali*, einen großen runden Teller voll verschiedener Gemüse-Curries, Reis und andere Zugaben.

Food Centers

Viele Department Stores reservieren der Schlemmerei eine ganze Etage, in der sich dann Stand an Stand reiht. Diese Food Centers sind eine sehr preisgünstige Essensmöglichkeit.

• Das Center mit der wohl besten Auswahl ist das **Mah Boonkrong Center,** in dessen 6. Stock etwa 50 Essensstände aufwarten. Von Seafood über Moslemkost, Fast Food und Gourmetküche ist alles vorhanden – ein wahrhaftes Essparadies! Die Preise sind etwas höher als an entsprechenden Straßenständen, da die Stände ein Drittel ihrer Einnahmen als Miete an das Kaufhaus abzuführen haben. Täglich 10-20 Uhr geöffnet.
• Auch sehr gut ist die **Kantine der Hauptstelle der Bangkok Bank** an der Silom Road (8. Stock; geöffnet Mo-Fr. 11.00-14.00 Uhr), wo zum mittäglichen Essen bisweilen gar noch eine Band aufspielt.
• Direkt hinter dem Gebäude der Bangkok Bank, in der treffend benannten Soi Bank, befindet sich der preiswerte **Talaat Soi Bank,** ein Essens-„markt" (=*talaat*) mit zahlreichen guten Essensständen. Dies ist eine der preiswertesten Speisemöglichkeiten im Bereich der Silom Road und zur Mittagszeit dementsprechend brechend voll.

Bangkoks höchstes Restaurant

... ist das **Baiyoke Sky Restaurant** im alles überragenden Baiyoke 2 Tower im Stadtteil Pattunam. An klaren Tagen kann man von hier angeblich bis Pattaya sehen. Es gibt Buffets (kein à-la-carte) mit westlicher und asiatischer Küche zu 220 Baht (Lunch) und 320 Baht (Dinner), zuzüglich Steuer und Bedienungsgebühr. Leider ist das Essen alles andere als gut. Geöffnet 11-14 und 18-22 Uhr; nach 22 Uhr metamorphost das Restaurant zu einer Cocktail-Longe mit Live-Musik. Das mit 320 m und 84 Stockwerken **höchste Gebäude Thailands** ist schon von weitem zu sehen. Im 77. Stockwerk befindet sich eine Aussichtsplattform (Eintritt 200 Baht inklusive Freigetränk im Café), und von dort – sowie vom Restaurant – bietet sich ein einzigartiger Ausblick auf die architektonisch so malträtierte Stadt. Der Tower beinhaltet auch das **Baiyoke Sky Hotel**^LLL^, das höchste Hotel der Welt (siehe auch Unterkunft).

Adressen

Botschaften (Auswahl)

Achtung! Die Visaabteilungen in den Botschaften schließen in der Regel schon um 11.30 oder 12 Uhr.

• **Deutschland:** 9 South Sathorn Rd., Bangkok 10120. Tel. 02-2879000, Notfallnummer außerhalb der Geschäftszeit 081-8456224, Passstelle 02-2879068 (bei Passverlust), Fax 02-2871776; Mo-Fr 8-12 Uhr
• **Kambodscha:** 185 Rajdamri Rd., Bangkok 10330, Tel. 02-2546630, Fax 02-2539859; Mo-Fr 9-17 Uhr
• **Laos:** 520, 502/1-3 Soi Sahakarnpramoon, Pracha-Uthit Rd., Bangkok 10310, Tel. 02-5396667, 02-5396679, Fax 02-5393827; Mo-Fr 8.00-16.00 Uhr
• **Malaysia:** 33-35 South Sathorn Rd., Bangkok 10120, Tel. 02-6792190-9, Fax 02-6792208; Mo-Fr 8.30-16.00 Uhr
• **Myanmar:** 132 North Sathorn Rd., Bangkok 10500, Tel. 02-2332237, 02-2340278, Fax 02-2366898; 8.30-16.30 Uhr

- **Österreich:** 14 Sathorn Soi 1, Bangkok 10120, Tel. 02-3036057-9, 02-2873970-2, Fax 02-2873925; Mo-Fr 9-12 Uhr
- **Schweiz:** 35 North Wireless Rd., Bangkok 10330, Tel. 02-2530156-60, Fax 02-2554481; Mo-Fr 7.45-16.30 Uhr
- **Singapur:** 129 South Sathorn Rd., Bangkok 10120, Tel. 02-2862111, 02-2761434, Fax 02-2872578; Mo-Fr 8.30-16.00 Uhr
- **Vietnam:** 83/1 Wireless Rd., Bangkok 10330, Tel. 02-2517202, 02-2515835, Fax 02-2517201; Mo-Fr 8.30-16.30 Uhr

Tourist Police

Der Zentrale der TAT ist auch die Tourist Police angeschlossen, eine Polizeitruppe, die speziell für die Klagen von Touristen eingerichtet wurde. Landesweit umfasst sie über 900 Polizisten. Die Truppe ist nicht immer unkorrupt (wie die normale Polizei auch), bei schwerwiegenden Fällen sollte die Heimatbotschaft eingeschaltet werden.

Bei allen Klagen bei der Tourist Police ist höflich aufzutreten – sonst läuft nichts in Thailand – aber gleichzeitig auch mit dem richtigen Nachdruck.

- Die **normale Polizei** kann landesweit unter Tel. 191 erreicht werden.
- Die **Hauptstelle der Tourist Police** befindet sich im Unico House, 29/1 Soi Lang Suan, Ploenchit Road, Patumwan, Bangkok 10330, Tel. 1155, 2552964-8.
- Eine **Zweigstelle** ist an der Kreuzung Rama 4 Rd./Rajdamri Rd./Silom Rd. gelegen. Günstig für Nachtschwärmer, die sich im nahen Rotlichtviertel Patpong über den Tisch haben ziehen lassen!

Geld

Banken

- **Thai Military Bank,** 34 Phyathai Road, Tel. 02-2460020, 02-2457503.
- **Siam Commercial Bank,** 1060 New Petchaburi Road, Tel. 02-2513114, 02-2527418.
- **Bank of America,** 2/2 North Wireless Road, Tel. 02-2516333.
- **Banque Indosuez,** 142 Wireless Road, Tel. 02-2533616-9.
- **Banque National de Paris,** Dusit Thani Building, 5. Stock, 946 Rama 1, Tel. 02-2334310, 02-2331655.
- **Citibank,** 127 Sathorn Tai Rd., Tel. 02-2132441-2.
- **Deutsche Bank,** 208 Wireless Rd., Tel. 02-6515000.
- **Dresdner Bank,** Floor 32, Abdul Rahim Place, 990 Rama 4 Rd., Tel. 02-6360500
- **Standard Chartered Bank,** Abdul Rahim Place, 990 Rama 4 Rd., Tel. 02-6361000

American Express

- **S.E.A. Tours** (für Verlustmeldungen) im Siam Center, Rama 1, Tel. 02-251862-9.
- Schecks können gekauft werden in der **Bangkok Bank,** 333 Silom Road, 1.Stock.

Krankenhäuser

- **Bangkok Christian Hospital,** 124 Silom Rd., Tel. 02-2336981-9
- **Bangkok General Hospital,** Soi 47, New Petchaburi Rd., Tel. 02-3180066
- **Bangkok Mission (Adventist) Hospital,** 43 Phitsanulok Rd., Tel. 02-2821100
- **Bangkok Nursing Home,** 9 Convent Rd., Tel. 02-6320540
- **Bumrungrad International Medical Centre,** 33 Soi 3 Sukhumvit, Tel. 02-6671000
- **Chao Phraya Hospital,** 113/44 Pinklao-Nakhon Chaisi Rd., Tel. 02-4340265, 02-4341111
- **Chulalongkorn Hospital,** Chulalongkorn University, Rama 4. Rd., Tel. 02-2528181
- **Mahesak Hospital,** 46/7-9 Mahesak Rd., Tel. 02-6357123-5
- **Phyathai 1 Hospital,** 364/1 Sri Ayutthaya Rd., Tel. 02-2452620
- **Samitiwet Hospital,** 133 Soi 49 Sukhumvit, Tel. 02-3920010-9

- **Samrong Hospital,** Soi 78 Sukhumvit, Tel. 02-3610070
- **Siriraj Hospital,** Phran Nok Rd., Thonburi, Tel. 02-4197508
- **St. Louis Hospital,** 215 South Sathorn Rd., Tel. 02-6755000

Fluggesellschaften (Auswahl)

- **Air Asia,** 89/169-170 Moo 3, Vipavadee Rangsit Rd., www.airasia.com, Tel. 02-5159999
- **Air France,** 20th Floor, Vorawat Building, 849 Silom Rd., Tel. 02-6351191
- **Air India,** 12th Floor, One Pacific Place, 140 Sukhumvit, Bangkok10110, Tel. 02-6532288
- **Alitalia,** 8th Floor, Boonmitr Bldg., 138 Silom Rd., Tel. 02-2334004-4
- **Austrian Airlines,** 18th Floor, Wall Street Tower, 33/90 Suriwong Rd., Bangkok 10500, Tel. 02-670873-5
- **Bangkok Airways,** Bangkok Airways Bldg, M 14, Vipavadee Ransit Rd., Lardprao, Bangkok 10900, Tel. 02-2655555
- **British Airways,** Abdulrahim Place, 990 Rama 4 Road,Tel. 02-6361747
- **Cathay Pacific,** 11th Floor, Ploenchit Tower, 898 Ploenchit Rd., Tel. 02-2630606
- **China Airlines,** 4th Floor, Peninsula Plaza, 153 Rajdamri Rd., Tel. 02-2509880-9
- **Emirates,** B.B. Bldg., 54 Asoke Rd., Sukhumvit 21, Tel. 02-2607400-4
- **EVA Airways,** 2nd Floor, Green Tower, Rama 4 Rd., Tel. 02-2400890, 02-3673388
- **Garuda,** 27th Floor, Lumpini Tower, 1168 Rama 4 Rd., Tel. 02-2856470-3
- **Gulf Air,** 15th Floor Maneeya Center, 518/5 Ploenchit Rd., Tel. 02-2547931-4
- **Indian Airlines,** 24th Floor CP Tower Bldg., 313 Silom Rd., Tel. 02-2310555
- **Japan Airlines,** 12th Floor, Nantawan Bldg, 161 Rajdamri Rd., Bangkok 10330, Tel. 02-6499520
- **KLM,** 20th Floor, Voravat Bldg., 849 Silom Rd., Bangkok 10500, Tel. 02-6791100, ext. 2
- **Korean Air,** 9th Floor, Kongboonma Bldg., 699 Silom Rd., Bangkok 10500, Tel. 02-6350465-72
- **Kuwait Airways,** 22nd Floor, M Thai Tower, All Seasons Place, 87 Wireless Road, nahe der US Botschaft, Tel. 02-6540545
- **Lao Aviation,** Ground Floor, Silom Plaza, Silom Rd., Tel. 02-2369822-3
- **LTU,** 7th Floor, Voravat Bldg., 849 Silom Rd., Bangkok 10500, Tel. 02-2671202-3
- **Lufthansa,** 18th Floor, Q. House Asoke Bldg., 66 Sukhumvit Soi 21, Tel. 02-2642400-1
- **MAS Malaysia Airlines,** 20th Floor, Ploenchit Tower, 898 Ploenchit Rd., Tel. 02-2630565-71
- **Myanmar Airways,** 8th Floor, Unit 3808, BB Bldg, 54 Asoke Rd., Bangkok 10110, Tel. 02-2615060
- **Nok Air,** 11th Floor, Pacific 1 Building, 140 Sukhumvit Rd., Tel. 02-9009955, Buchungs-Hotline Tel. 1318 (nur innerhalb Thailands)
- **Orient Thai Airlines,** 138/70, 17th Floor, Jewelry Center, Nares Rd., Tel. 02-2673210-4
- **P.B. Air,** 17th Floor, UBC 2 Building, 591 Sukhumvit Soi 33, Tel. 02-2610220-5
- **Qantas,** Abdulrahim Place, 990 Rama 4 Rd., Tel. 02-6361747
- **Royal Air Cambodge,** c/o MAS, 20th Floor, Ploenchit Tower, 898 Ploenchit Road., Tel. 02-2620565-72
- **SAS**, 8th Floor, Glas Haus Bldg., 1 Sukhumvit Soi 25, Tel. 02-2600444
- **Singapore Airlines,** 12th Floor, Silom Center Bldg., 2 Silom Rd., Tel. 02-3536000
- **Silk Air,** c/o Singapore Airlines (s.o.)
- **Srilankan,** 942/34-35 Charn Issara Tower, Rama 4 Rd., Tel. 02-2368450
- **Swiss,** Abdulrahim Place, 990 Rama 4 Rd., Bangkok 10500, Tel. 02-6362186
- **United Airlines,** 9th Floor, Regent House, Ratchadamri Rd., Tel. 02-2530558

Thai Airways

- **24-Std.-Reservierungsdienst:** 02-3561111
- **Head Office,** 89 Vibhavadhi Rangsit Rd., Bangkok 10900, Tel. 02-5451000
- **Silom Office,** 485 Silom Rd., Bangkok 10500, Reservierung: Tel. 02-2800060, Tickets: Tel. 02-2328000
- **Pattaya Office,** Dusit Resort Hotel, 240/2 Pattaya Beach Road, Tel. 038-420995-7

Sonstige Adressen

- **Immigration Office,** Soi Suan Phlu, Sathorn Tai Road, Tel. 02-2873101, 24-Std.-Hotline Tel. 1111.
- **Fine Arts Department,** Naphratad Road (nahe National Museum), Tel. 02-2261661, 02-2810433 (zwecks Ausfuhrgenehmigung für Antiquitäten)
- **G.P.O. (Hauptpostamt),** Charoen Krung Road (New Road), etwas nördlich der Einmündung Suriwong Road. Geöffnet Mo-Fr: 8.00-20.00, Sa: 9.00-13.00 Uhr. Die Abteilung für Telex, Fax und Ferngespräche (in einem Gebäude rechts neben dem Hauptgebäude) ist 24 Stunden geöffnet.
- **Goethe-Institut,** Soi Goethe, South Sathorn (Sathorn Tai) Road, Tel. 02-2870942-4, Fax 02-2871829, www.goethe.de/bangkok.

Hier gibt es ein paar Tage alte deutsche Zeitungen und Magazine zu lesen, und häufig werden auch kulturelle Veranstaltungen geboten. Geöffnet Di-Mi 8.00-18.00, Do 9.30-17.00 Uhr, Fr 9.30-13.00 Uhr, Sa und So 8.00-13.00 Uhr.

- Dem Institut ist auch das **Thai-Deutsche Zentrum** (Tel. 02-2874389, 02-5103439, Fax 02-2874390) angeschlossen, das zwei Vereine betreut: die *Thai-Deutsche Kulturstiftung* und den *Verein der ehemaligen Thai-Studenten in Deutschland*. Das Haus beherbergt auch ein ausgezeichnetes deutsches Restaurant, die *Ratsstube* (Tel. 02-2864258).

Das Institut ist Mo-Fr 8.00-17.00 Uhr und Sa 8.00-13.00 Uhr geöffnet.

- **Deutsch-Thailändische Handelskammer,** Floor 25, Empire Tower 3, 195 South Sathorn Rd., Tel. 02-6700600, Fax 02-6700601, gtcc@gtcc.org
- **GTZ – Project Administration Service,** 16th Floor, Lake Ratchada Building, 193 New Ratchadapisek Road, Klong Toey Tel. 02-6619273-80, Fax 02-6619282, gtz-bkk@inet.co.th
- **Swiss-Thai Business Association,** c/o Embassy of Switzerland, 35 Wireless Rd., Tel./Fax 02-2679705
- **Netherlands-Thai Chamber of Commerce,** 19th Floor B.B. Bldg., 54 Soi Asoke, Sukhumvit, Bangkok 10110, Tel. 02-2584077, Fax 02-2583570

Wichtige Telefonnummern

- **Tourist Police** 1155
- **Tourist Information** Hotline 1672 (8.00-20.00 Uhr) Man muss das Thai bei der automatischen Ansage abwarten, dann kommt die Ansage auf Englisch und dann drückt man die 9, um mit jemandem auf Englisch zu sprechen
- **Feuerwehr** 199
- **Krankenwagen** 02-2522171-5
- **Telefonauskunft Bangkok** 13
- **Auskunft für Inlandsgespräche** 183
- **Auskunft für Ferngespräche** 100
- **Domestic Airport** 02-5352081-3
- **Don Muang International Airport** 02-5351111; Abflugzeiten 5351254, 5351386; Ankunftszeiten 5351301, 5351310
- **Airport-Limousine:** 52390103
- **Hualamphong Station** (Hauptbahnhof) 2230341-60, 2237010, 2237020

Kunstausstellungen

- Kunstausstellungen, oft avantgardistischer Natur, dazu Filmvorführungen, werden im rosa getünchten **About Café** dargeboten. Adresse: 402-408 Maitrichit Rd., Chinatown, ca. 200 m westlich der Hualamphong Station; Tel. 02-6231742-3. Das Café ist ein beliebter Treffpunkt von Kunststudenten und Werbeleuten.Geöffnet tägl. ab 18 Uhr.

Weiterreise von Bangkok

Mit dem Flugzeug

Zur Zeit der Drucklegung war noch unklar, wann genau der **neue Suvarnabhumi Airport** seinen Betrieb aufnehmen wird. Geplant war die Eröffnung für den 28.9.2006. Da der Termin jedoch schon mehrfach verschoben wurden, ist unklar, ob er diesmal eingehalten werden konnte.

Aller Voraussicht nach werden die sowohl die nationalen als auch die internationalen Flüge von Suvarnabhumi aus starten. Alle inländischen Fluggesellschaften (Thai Airways, Nok Air, P.B. Air, Orient Thai Airline und Bangkok Airways) werden hier mit Schaltern vertreten sein.

Ausreise aus Thailand

Wer **Buddhas im Gepäck** hat, riskiert, dass ihm diese im Flughafen abgenommen werden (siehe „Vor der Reise, Ausreisebestimmungen"). Das Gepäck wird durchleuchtet, und da fallen die Buddhas auf. Wer buddhaähnliche Figuren dabei hat (beispielsweise hinduistische Gottheiten etc.) sollte diese vorher von der Zollstelle, die sich in der Abflughalle befindet, überprüfen lassen. Ansonsten riskiert man, dass einem diese ausführbaren (!) Figuren „versehentlich" aus dem Gepäck gefischt werden, da man sie für Buddhas hält.

Restliche Baht können problemlos im Flughafen zurückgetauscht werden – zumindest in die geläufigen Währungen. Restgeld lässt sich ansonsten bestens in den im Airport auf Kundschaft wartenden Snack-Bars und Restaurants verjubeln, aber die sind – wie in allen Flughäfen – recht teuer.

Mit dem Zug

Bangkoks Hauptbahnhof ist die **Hualamphong Station** am Westende der Rama 1 Road, oder anders gesagt, an der Ostseite von Chinatown. Von hier gehen Züge zu vielen wichtigen Reisezielen wie z.B. Kanchanaburi, Ayutthaya, Chiang Mai, Udon Thani, Surat Thani, Hat Yai u.a. Zudem fahren Züge zum Don Muang Airport.

Die **Tickets** können in der Schalterhalle des Bahnhofs gekauft werden, wo die Buchungen neuerdings per Computer gehandhabt werden. Die ganze Transaktion dauert nur ein oder zwei Minuten. Vor oder zu Feiertagen bilden sich aber oft endlos lange Warteschlangen, und möglicherweise geht man dann leer aus. Wichtige Feiertage unbedingt meiden, oder aber das Ticket einige Wochen im Voraus kaufen! Ansonsten bekommt man wahrscheinlich nur Tickets in der sehr teuren 1. Klasse.

Die Tickets können auch in Reisebüros gekauft werden, wobei üblicherweise 50 Baht aufgeschlagen werden.

Von der kleinen **Wong Wien Yai-Station** am Taksin Circle in Thonburi fahren nur Züge in die Umgebung.

Mit dem Bus

Die Busse zu Zielen innerhalb Thailands fahren von verschiedenen **Busstationen** ab, die sich weit außerhalb des Stadtkerns befinden. Wer per Taxi zu den Busstationen gelangen will, sollte dem Fahrer den in Klammern angegebenen Thai-Begriff (s.u.) angeben, da der englische Name oft nicht verstanden wird.

Die Busstationen sind auf den in Bangkok erhältlichen Stadtplänen eingezeichnet, dazu auch die örtlichen Buslinien, mit denen man dorthin gelangen kann.

Richtung Norden und Nordosten

Vom Morchit Bus Terminal geht's nach Ayutthaya, Lopburi, Nakhon Sawan, Sukhothai, Chiang Mai, Chiang Rai und anderswo in den Norden, aber auch in den Nordosten, so z.B. nach Khorat, Udon Ratchathani, Khon Kaen, Nong Khai u.a. Einige wenige Busse in den Osten, so nach Pattaya und Chachoengsao.

Ein Leser empfiehlt die Busse ab Morchit in Bangkok nach Kanchanaburi, die eine gute Alternative sind, wenn man aus dem nördlichen Bereich von Bangkok nach Westen reisen und sich die lange Fahrt zum Southern Bus Terminal ersparen will.

- **Morchit Bus Terminal,** Phaholyothin Rd., Tel. 02-9363659-60 (Norden), 02-9362852 bis 66, Anschluss 611 (Nordosten). Nächste Skytrain-Station ist Morchit.

Richtung Süden

Busse in Richtung Süden (z.B. Petchaburi, Hua Hin, Surat Thani, Krabi, Phuket, Hat Yai) aber auch nach Westen (z.B. Nakhon Pathom, Kanchanaburi u.a.) und in Richtung Zentral-, Nord- und Nordost-Thailand.

- **Southern Bus Terminal,** ab November 2006 an der Pinklao-Nakhon Chaisi Road im Stadtteil Taling Chan.

Richtung Ostküste

Busse in den Osten und an die Ostküste, z.B. nach Chonburi, Pattaya, Rayong, Ban Phe, Chantaburi, Trat.

- **Eastern Bus Terminal** (Ekamai), gegenüber Sukhumvit Soi 65, Tel. 02- 3918097, 02-3919829, 02-3929227.

Die verschiedenen Busarten

Die sehr billigen **Normalbusse** *(rot thammada)* haben keine Klimaanlage (A.C.), sind für kurze Strecken jedoch komfortable genug. Für Langstrecken sind sie nicht sonderlich zu empfehlen, sie werden auf diesen Strecken aber ohnehin immer seltener.

A.C.-Busse *(rot thua)* sind sehr komfortabel und auch schneller als die Normalbusse. Sie sind ganz grob gesagt etwa doppelt so teuer wie die Normalbusse. Die A.C.-Busse unterscheiden sich oft noch nach blauen (A.C.-Busse erster Klasse) und orangefarbenen (A.C.-Busse zweiter Klasse); letztere haben nicht ganz so bequeme Sitze, sind dafür aber ein paar Baht billiger.

Noch besser und teurer sind die so genannten **V.I.P.-Busse** (*rot wii-ei-pii*), mit noch mehr Beinfreiheit und bequemeren Sitzen. Diese verkehren jedoch bislang nur auf einigen besonders langen Strecken.

Geht man zu einer „vernünftigen" Tageszeit (d.h. nicht hähnekrähend früh oder mitten in der Nacht) zum Terminal, so wird man immer in spätestens einer Stunde einen Bus in die gewünschte Richtung bekommen.

Vorbuchungen können bei den A.C.-Bussen gemacht werden, sind aber in der Regel nicht nötig. Ausnahme: Kurz vor oder nach Feiertagen, wenn jeder versucht, nach Hause in die Provinz bzw. wieder zurück zur Arbeit nach Bangkok zu kommen.

Die Busse sind im Allgemeinen sehr **pünktlich,** was nicht zuletzt am halsbrecherischen Stil der Fahrer liegt.

Die Umgebung Bangkoks

Novizen in Ayutthaya

Tempel in Kanchanaburi

Yak (Tempelwächter)

Thai Human Imagery Museum

Etwa 30 km westlich von Bangkok, am Highway Thonburi – Nakhon Chaisi, befindet sich dieses eindrucksvolle Museum mit absolut lebensechten Figuren. Dargestellt werden u.a. die Könige der Chakri-Dynastie, bekannte buddhistische Mönche und auch ganz alltägliche Szenen. Die Figuren sind von thailändischen Künstlern modelliert worden und wirken verblüffend „lebendig".

Öffnungszeiten

Mo-Fr 9.00-17.30 Uhr; Sa, So u. Fei 8.30-18.00 Uhr (Tel. 034-332109). Eintritt für Ausländer 200 Baht.

Anreise

Alle Busse ab dem Southern Bus Terminal, die in Richtung Nakhon Chaisi oder Nakhon Pathom fahren, passieren das Museum, das bei Kilometerstein 31 gelegen ist. Busse dahin kosten ca. 25 Baht; je nach Laune des Schaffners kann sich auch eine kleine Abweichung ergeben.

Rückfahrt nach Bangkok

Mit jedem beliebigen Bus aus Richtung Nakhon Pathom oder Nakhon Chaisi zum Southern Bus Terminal.

Crocodile Farm (Samut Prakarn)

สมุทรปราการ

Der einzige Grund, Samut Prakarn zu besuchen, dürfte die Crocodile Farm sein. Hier finden sich neben Löwen, Tigern, Schlangen und Elefanten 60.000 Krokodile. Die Farm wurde ursprünglich gegründet, die Reptilien vor dem Aussterben zu bewahren, andererseits sollte ihnen aber auch das Fell über die Ohren gezogen werden. Das Leder der Tiere wird zu Handtaschen, Gürtel und anderen Lederartikeln verarbeitet. An einem Stand gegenüber von einem Restaurant auf dem Gelände wird zudem Krokodilsuppe verkauft. Diese soll, ähnlich dem Nashornpulver, potenzsteigernde Eigenschaften haben. Die Hauptattraktion der Krokodilsfarm ist der Ringkampf eines „Dompteurs" mit einem Krokodil, das aber wohlgenährt ist und nicht immer hellwach.

Wenn man die Becken besichtigt, in denen die Krokodile vor sich hin dösen, sollte man vorsichtshalber ein Taschentuch als Atemschutz bereithalten. Es stinkt erbärmlich, und empfindlichen Leuten kommt eventuell das Frühstück hoch! Bei meinem letzten Besuch erwischte es einen Mönch, der wohl so viel Animalisches auf einem Haufen nicht gewöhnt war.

Öffnungszeiten

Täglich von 7.00-18.00 Uhr, Eintritt 300 Baht, Kinder 200 Baht (Tel. 02-7034891, www.crocodilefarm.com). Die Krokodil-Show findet jeden Tag ab 9.00 Uhr stündlich statt. Eine halbe Stunde später folgt jeweils eine Elefanten-Show. Die Fütterung der Krokodile erfolgt täglich von 16.30-17.30 Uhr.

Anreise

Die **Crocodile Farm** ist mit den Bussen 508, 513 und 536 direkt aus Bangkok zu erreichen.

● **A.C.-Bus** Nr. 508 kostet vom Startpunkt westlich des Wat Phra Kaeo 18/24 Baht, vom Siam Square 18/22 Baht, etc. Bus 513 geht von Sukhumvit/Siam Square ab und Bus 536 fährt vom Victory Monument.

Samut Prakarn ist durch das ewig expandierende Bangkok praktisch zu einem Vorort dessen geworden und so bestens mit öffentlichen Bussen zu erreichen.

● Die **Buslinien** Nr. 25 und 102 enden in Samut Prakarn. Fahrpreis jeweils 6/7 Baht. Ansonsten fahren die A.C.-Busse 508 und 511 dorthin. Der Fahrpreis richtet sich nach der Einstiegsstelle und der Art des Busses. A.C.-Bus Nr. 511 hält u.a. am Rajdamnoen Klang und ist somit günstig für Bewohner der Khao San Road. Die Fahrzeit für die Strecke (28 km) hängt sehr davon ab, wie die Verkehrslage in der häufig verstopften Sukhumvit aussieht, ca. 2-3 Std.

● Von der Busstation in Samut Prakarn fahren **Minibusse** für 10 Baht pro Person. Samlors vom Zentrum Samut Prakarns kassieren 20 Baht bis zur Farm.

● Einige Reisebüros bieten etwa 3-4-stündige **Package-Tours** zur Krokodilfarm an, also Hin- und Rückfahrt und Eintritt inklusive. Kostenpunkt ca. 500 Baht.

Rückfahrt nach Bangkok

Im Prinzip wie die Hinfahrt, nur umgekehrt. Hier die Zeiten für die letzten Busse ab Samut Prakarn: Linie 25 (23.00 Uhr); Linie 102 (22.40 Uhr). Die letzten A.C.-Busse fahren zwischen 19 und 20 Uhr zurück.

Crocodile Farm, Samut Prakarn

Ancient City (Muang Buran)
เมืองบุราณ

Etwa 6 km südlich der Krokodilfarm liegt dieser 80 Hektar große Park, in dem die auf ein Drittel verkleinerten wichtigsten Monumente Thailands nachgebaut sind. Der Park hat exakt die Form Thailands, und jedes Monument liegt an seinem „richtigen" Ort. Hier ist also eine gute Möglichkeit für Leute mit wenig Zeit, Thailands Sehenswürdigkeiten im Eilverfahren zu erleben. Neben all den präzise imitierten Gebäuden lockt eine herrliche Parklandschaft mit kleinen Seen und Wasserfällen. Am Eingang des Parks erhält der Besucher eine Landkarte dieses verkleinerten Thailands, um sich nicht irgendwo zwischen Ayutthaya und Chiang Mai zu verlaufen. Die Ancient City (Tel. 02-3239253) ist täglich von 8.30 bis 17.00 Uhr geöffnet, Eintritt 300 Baht für Erwachsene, 200 Baht für Kinder. Thais zahlen nur 100 Baht, Thai Kinder 50 Baht.

Anreise

- Von Samut Prakarn (s.o.) mit dem **Taxi** (ca. 60 Baht) oder Songthaew (10 Baht). Gelegentlich organisiert das Unternehmen Busfahrten von Bangkok aus. Informationen bei Ancient City Company in Bangkok, Tel. 02-2261227, Fax 02-2261227. Das Büro befindet sich genau an der Südostseite des Democracy Monument am Rajdamnoen.
- **Taxis** ab Bangkok sollten nicht mehr als 800 Baht (retour) kosten.
- Viele Reisebüros bieten **Tagestouren** an, die im Anschluss an einen Besuch der Krokodilfarm zur Ancient City führen.

Samut Songkhram
สมุทรสงคราม

Samut Songkhram liegt 78 Straßenkilometer südwestlich von Bangkok am Mae Klong. Hier gibt es nichts Besonderes zu sehen, der Ort kann aber als Ausgangspunkt für einen Besuch der **„Schwimmenden Märkte"** von Damnoen Saduak dienen. Wer hier übernachtet, erspart sich das allzu frühe Aufstehen, denn von Bangkok aus müsste man um 6.00 Uhr morgens losfahren, um die Märkte bei voller Aktivität zu erleben.

Samut Songkhram ist übrigens der Geburtsort von *Chan* und *In*, den ersten bekannten Siamesischen Zwillingen, die im Jahr 1811 dort geboren wurden. Erzählungen nach soll In ein rechter Trunkenbold gewesen sein, was seinen Bruder verärgert haben soll, da er ja nicht umhinkonnte, dessen Blutalkoholspiegel „mitzutrinken". Chan seinerseits war dafür ein leidenschaftlicher Zocker. Die beiden heirateten Zwillingsschwestern in den U.S.A., zeugten 18 Kinder und starben dort 1874.

Unterkunft

- Das einzig empfehlenswerte Hotel in Samut Songkhram ist das **Baan Tai Had****** (1 Moo 2 Taihad, Tel. 034-767220), das direkt am Fluss liegt und einen Swimmingpool hat. Einige Zimmer haben Balkon mit Flussblick.

Anreise

- Von Bangkoks Southern Bus Terminal fahren von 5.00-21.00 Uhr alle 30 Minuten **A.C.**-

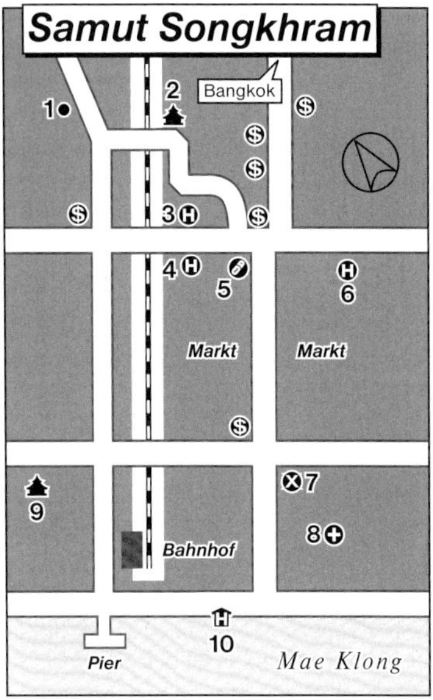

- ● 1 Kino
- 2 Wat
- 3 AC-Busse nach Bangkok
- 4 Songthaews
- 5 Apotheke
- 6 Busbahnhof
- 7 Tuk-Tuks
- 8 Krankenhaus
- 9 Wat
- Bank
- 10 Baan Tai Had Resort

Busse für 61 Baht. Die Fahrtdauer beträgt etwa 1 Std. 40 Min.

●Von der Wong Wien Yai Station in Thonburi fahren jede Stunde **Züge** bis Samut Sakhorn. In der Nähe des dortigen Bahnhofs liegt ein Pier, von dem aus der Fluss Tha Chin überquert werden muss. Auf der anderen Flussseite fahren dann die Züge nach Samut Songkhram ab. Gesamtkosten 15,50 Baht.

Der letzte Zug von Samut Songkhram in Richtung Samut Sakhorn fährt um 15.30 Uhr. Von dort aus fahren alle 15 Min. Busse zurück nach Bangkok, der letzte um 20.00 Uhr.

Weiterreise

●**Busse nach Damnoen Saduak** kosten 18 Baht.

●**Weitere Busse** fahren nach u.a. Petchaburi, Nakhon Pathom und zurück nach Bangkok.

●Zur Fahrt nach Ratchaburi können am Pier in Samut Songkhram auch **Boote** angemietet werden. Der Preis ist dabei Verhandlungssache, dürfte aber um die 500 Baht liegen.

Damnoen Saduak (Floating Market)

ดำเนินสะดวก

Nachdem die Touristenscharen den „schwimmenden Märkten" von Thonburi quasi ein Ende bereitet haben, wendete man sich zunehmend denen von Damnoen Saduak zu. Damnoen Saduak bedeutet „Die günstigen Verkehrswege", was darauf hinweist, wie bedeutend die Klongs früher für die Thais waren. „Schwimmender Markt" heißt auf Thai *Talaat Naam*, wörtlich „Wassermarkt".

Die zahlreichen Boote auf dem Wassermarkt, voll beladen mit Obst, Gemüse, Blumen und sonstigen Naturalien, und gesteuert von Marktfrauen mit ihren traditionellen breiten Korbhüten, geben hier noch wunderbare Fotomotive her – Thailand wie in der Urlaubsbroschüre! Dennoch ist auch in Damnoen Saduak nicht mehr alles beim alten. Die Wege entlang der Klongs sind weitgehend blockiert und unbegehbar

Lastkähne *(FOTO: DAVID HENLEY)*

– Gerüchten zufolge teilweise sogar absichtlich! – so dass man quasi fast gezwungen ist, zur Besichtigung ein Boot zu mieten. Dazu drängen sich auch gleich zahlreiche Bootslenker auf. Der Fahrpreis sollte bei ca. 100 Baht/Std. liegen, manche Bootsleute fordern aber absolute Wucherpreise.

Damnoen Saduak liegt 109 Straßenkilometer südwestlich von Bangkok oder etwa 54 km südlich von Nakhon Pathom, in einer von zahlreichen Klongs durchzogenen Landschaft. Das rege Treiben auf den schwimmenden Märkten beginnt schon bei Sonnenaufgang, gegen acht oder neun Uhr erreicht es seinen geschäftigsten Punkt.

Die Hauptmärkte heißen Thon Khem und Hia Kui, beide an verschiedenen Ufern des Damnoen Saduak-Kanals gelegen; etwas weiter südlich befindet sich der Markt Khun Phitak. Um 10 Uhr treffen dann die großen Tourbusse aus Bangkok ein, und der „Wassermarkt" wird von Touristen überflutet.

Unterkunft

- Um das frühe Aufstehen zur Anfahrt nach Damnoen Saduak zu vermeiden, ließe sich die Übernachtung am Ort erwägen. Das **Nok Noi****-*** oder „Little Bird" (Tel. 032-254382) bietet einfache, aber saubere Zimmer mit Bad, die teureren auch mit A.C. Das Haus befindet sich ca. 2 km von Talat Ton Khem entfernt.
- **Ban Sukchoke Resort****-*** (Tel. 032-3457 98), ordentliche Bungalows, ca. anderthalb Kilometer nordwestlich des Schwimmenden Marktes. Die teureren Zimmer haben A.C. und TV.

Anreise

- Ab dem Southern Bus Terminal in Bangkok fahren die frühsten **Busse** um 6.00 Uhr direkt nach Damnoen Saduak; Abfahrt danach etwa alle 20 Min, Fahrpreis 72 Baht. Da die Fahrzeit knapp 2 Std. beträgt, sollte man unbedingt einen der ersten Busse nehmen, um so das Marktgeschehen noch voll miterleben zu können.
- Von der Bushaltestelle in Damnoen Saduak fahren etwa alle 15 Minuten **Boote** zum Markt Ton Khem (Kostenpunkt 30 Baht). Auch fahren Minibusse für 10 Baht, am schönsten ist aber ein frühmorgendlicher Spaziergang den Kanal entlang. Für Rundfahrten lassen sich Boote mieten, die kosten aber um die 300-500 Baht pro Stunde. Zum Teil werden die Klong-Brücken blockiert, um Spaziergänge zu erschweren und Touristen so quasi zu Bootsfahrten zu zwingen!

Der **Markt Hia Kui** befindet sich noch einmal 1 km südlich des Ton Khem. Noch weiter südlich liegt der ruhigere Khun Phitak.

Petchaburi

เพรชบุรี

Der Name der Stadt (40.000 Einwohner), auch Phetburi geschrieben, bedeutet „Stadt der Diamanten", da früher in dem durch den Ort fließenden Fluss Edelsteine gefunden wurden. Zur Zeit Ayutthayas war der Ort ein künstlerisches Zentrum.

Sehenswert ist die **Khao Luang-Höhle** nördlich der Stadt, die eine Reihe verehrter Buddhastatuen enthält. Am besten wird die Höhle zwischen 11.00 und 14.00 Uhr besucht, wenn von oben einfallendes Sonnenlicht ein magisches Bild kreiert.

Wat Yai Suwannaram stammt aus dem 17. Jahrhundert, und das Bot enthält Fresken, die zu den besterhaltenen des Landes gehören.

Wat Kamphaeng Laeng ist ein alter Khmer-Tempel, dessen zentrales Bauwerk ein Prang ist, der von drei kleineren Prangs umgeben wird, und **Wat Mahathat** besitzt einen großen weißen Prang, der von weitem sichtbar und in Anlehnung an die typischen Khmer-Prangs von Lopburi oder Phimai gebaut worden ist.

Auf einem Hügel im Westen der Stadt liegt **Khao Wang,** ein königlicher Palast, der von König *Monkut* im 19. Jahrhundert erbaut wurde. Zu dem Palast gehört ein Turm für astronomische Beobachtungen, von dem aus man eine gute Aussicht über das Gelände hat. Auf der Spitze des Hügels steht ein Chedi.

Der Eintritt zum Palastgelände beträgt 40 Baht, darin ist die Benutzung der Seilbahn enthalten, die in einer einminütigen Fahrt den Hügel hinauf gleitet. Vorsicht vor den zahlreichen aggressiven **Affen,** die den Besuchern alles aus der Hand reißen, das entfernt nach Essen aussieht. Die Affen haben sich so unbeliebt gemacht, dass sich die Stadtverwaltung 1999 gezwungen sah, männliche Affen einzufangen, um sie dann zeugungsunfähig zu machen. Leider konnte man nur einer geringen Zahl Affen habhaft werden, die meisten entkamen der Zwangssterilisation.

Songthaews innerhalb von Petchaburi kosten 12 Baht/Person.

Unterkunft

Die in der Innenstadt gelegenen Hotels sind in den letzten Jahren arg verkommen und dienen nur noch als Stundenhotels.

- Das empfehlenswerteste Hotel in der Innenstadt ist das **Khao Wang****, das in unmittelbarer Nähe des Eingangs zum Palast gelegen ist (174/1-3 Ratchawithi Rd., Tel. 032-425167). Die recht großen Zimmer (Bad) können von bis zu 4 Personen bewohnt werden. Die nach vorne liegenden sind sehr laut.
- Das beste Preis-/Leistungsverhältnis am Ort bietet wohl das **Phetkasem Hotel****-*** (86/1 Thanon Phetkasem, Tel. 032-425581) am nördlichen Stadtrand, an der Straße Richtung Bangkok. Saubere und moderne Zimmer mit Bad, die teureren mit A.C. und heißem Wasser.
- Das **Royal Diamond Hotel******-***** (555 Mu 1 Soi Samchaophet, Tel. 032-411060) ist Petchaburis teuerstes Hotel und bietet allen Komfort den man für den Preis erwartet: A.C., TV, Kühlschrank etc. Es liegt allerdings westlich des Khao-Wang-Palastes und somit weit vom Stadtzentrum entfernt.

Anreise

- Vom Southern Bus Terminal in Bangkok (136 km) fahren alle 45 Minuten **A.C.-Busse** zu 104 Baht. Fahrzeit ca. 2½ Std.
- Ab der Hualamphong Station in Bangkok gehen täglich 10 **Züge,** der erste fährt um 7.45 Uhr. Fahrzeit ca. 3½ Std. Fahrpreise in der 3./2./1. Kl. 34/78/158 Baht, dazu die diversen Zuschläge.

Weiterreise

Busse nach Cha-Am 30 Baht, nach Hua Hin 42 Baht, Ratchaburi 36 Baht.

Kaeng-Krachan-Nationalpark

อุทยานแห่งชาติแก่งกระจาน

Dieser Nationalpark, gelegen in den Provinzen Petchaburi und Prachuap Khiri Khan, ist mit einer Fläche von 2.920 km² der größte Thailands und wohl auch einer der urwüchsigsten. Die relativ starken Regenmengen, die in dem Gebiet niedergehen (besonders Juni bis September), begünstigen

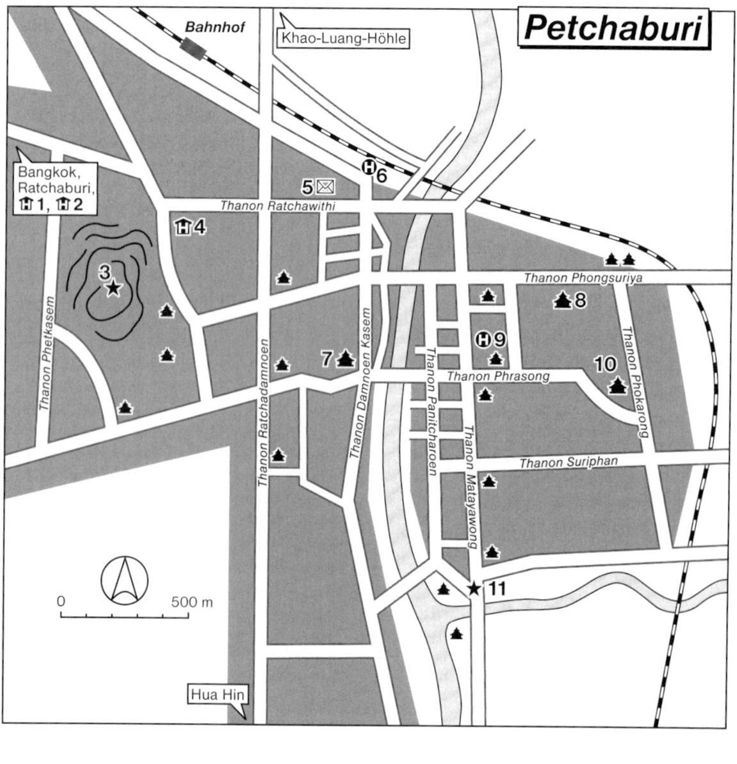

den Wuchs eines dichten tropischen Waldes, der **zahlreiche Tiergattungen** beherbergt. Es gibt Elefanten, Leoparden, Tiger, Bären, Wildschweine, Hirsche, zahlreiche Affenarten, Krokodile und angeblich sogar einige der vom Aussterben bedrohten Sumatra-Nashörner. Von letzteren gibt es mit Gewissheit nur noch kleine Populationen in Malaysia und Indonesien, ob jedoch auch hier in Kaeng Krachan, ist fraglich. Mit Sicherheit leben hier aber noch über 250 Vogelarten, darunter auch der imposante Nashornvogel.

Eine zusätzliche Attraktion ist der 45 km² große **Kaeng Krachan-Stausee,** der sich für ausgedehnte Boots-Touren anbietet (von Dezember bis Mai aufgrund niedrigen Wasserstandes jedoch nicht so sehr zu empfehlen).

An **Wanderungen** bieten sich praktisch unzählige Möglichkeiten in dem Terrain, dazu sollten im Parkhauptquartier Führer angeheuert werden.

- 1 Phetkasem Hotel
- 2 Royal Diamond Hotel
- ★ 3 Khao-Wang-Palast
- 4 Khao-Wang-Hotel
- 5 Post
- 6 A.C-Busse
- 7 Wat Mahathat
- 8 Wat Yai Suwannaram
- 9 AC-Busse nach Bangkok
- 10 Wat Kamphaeng Laeng
- ★ 11 Glockenturm
- Wat

Das Gelände ist ansonsten ideal, um sich darin zu verlaufen, und in den abgelegenen Gebieten nahe der burmesischen Grenze treiben Heroinschmuggler ihr Unwesen, die auf jeden Eindringling Jagd machen.

Unterkunft/Essen

- Im Park stehen 18 **Bungalows** zur Übernachtung zur Verfügung, die je nach Größe 800-3000 Baht kosten. Ein Restaurant ist angeschlossen. Für 20 Baht/Pers. kann man sein eigenes **Zelt** aufschlagen. Bei größeren Wanderungen ist die Mitnahme von Zelt und Proviant ohnehin anzuraten.
- Das Unternehmen **Kaeng Krachan Boat House Paradise Resorts** in Bangkok bietet eine teure Wohnmöglichkeit in schwimmenden Unterkünften auf dem Stausee. Info unter Tel. 081-8108366.

Anreise

Mit **gemietetem Fahrzeug** ab Petchaburi bzw. Cha-Am (über Highway 3175) oder Hua Hin (über Highway 3203). Aus Petchaburi kommend, zweige man bei der Ortschaft Tha Yang (20 km südl. v. Petchaburi) rechts ab; von dort sind es weitere 49 km in westliche Richtung bis zum Parkhauptquartier.

Wat Yai Suwannaram, Petchaburi

Cha-Am

ชะอำ

Wer einen sehr **attraktiven, nicht überlaufenen Strand** in relativer Nähe Bangkoks sucht, ist mit Cha-Am gut beraten. Wochentags ist es hier (noch) fast menschenleer, und man hat den ganzen Strand für sich. An Wochenenden oder Feiertagen aber stürmen Tausende von Thai-Ausflüglern den Ort, und mit der Ruhe ist es vorbei. Dann scheint es, als wären alle CD-Player Bangkoks nach Cha-Am verfrachtet worden, um dort die Küste zu beschallen. Dann verdoppeln sich auch leicht die Zimmerpreise, teilweise werden sogar bereits in den Hotels wohnende Gäste zum Berappen der Wochenendpreise aufgefordert, oder zur Evakuierung. Vom Besuch an Wochenenden sei also abgeraten.

Am Pier an der Nordseite Cha-Ams liegen einige bunt bemalte Fischerboote vor Anker, aber ansonsten ist der Strand *die* Attraktion. Überall werden Fahrräder vermietet und an einigen Stellen Tretboote. Freunde des Nachtlebens können in der *Octopus Disco* (diese liegt ca. 7 km südlich des zentralen Strandes neben dem noblen *Regent Cha-Am Hotel)* das Tanzbein schwingen.

Information

Ein sehr hilfreiches **Informationsbüro der TAT** befindet sich ca. 500 m südlich der Stadt am Phetkasem Highway. Tel. 032-471005, 081-4864936. Informationen auch zu Petchaburi und Hua Hin. Geöffnet tägl. 8.30-16.30 Uhr.

Unterkunft

An Wochenenden und zu Feiertagen kann es eng werden und Vorbuchungen sind zu empfehlen. An diesen Tagen schnellen die Preise nicht selten um bis zu fünfzig Prozent in die Höhe, an Wochentagen dagegen gibt es oft Reduktionen.

Cha-Am bietet eine großes Spektrum von Unterkünften: geräumige, meist von der Straße zurückversetze Bungalows, einigermaßen moderne, aber billig dahin gebaute Hotel-Kästen mittlerer Preislage und eine Anzahl hochklassiger Hotels. Ähnlich wie im weiter südlich liegenden Hua Hin ist die Zahl von Budget-Unterkünften sehr begrenzt.

Im folgenden eine Aufzählung von preiswerten und Mittelklasse-Unterkünften:

- Im Norden des Ortes liegt das empfehlenswerte **Kaen-Chan Hotel** (Tel. 032-471314), mit Bungalows*** und in einem Hotelblock untergebrachten Zimmern***-****.
- **Rua Makam Villa*****-***** (Tel. 032-471 073), ebenfalls an der Nordseite gelegen, hat ältere, aber geräumige Bungalows ohne A.C. und erheblich teurere mit A.C.
- Ebenfalls im Nordbereich: **Happy Home** *** (Tel. 032-471393), Zementbungalows, einige davon mit A.C. und TV; **Pratharnchok House****-*** (Tel. 032-471215), ein gutes Spektrum an preiswerten Zimmern ohne eig. Bad, Zimmern mit Bad und solchen mit Bad und A.C.; **Cha-Am Villa****-***** (Tel. 032-471241) ebenfalls ein große Auswahl an Zimmern mit A.C.; **Jithravee Place*****-**** (Tel. 032-471879), akzeptable Zimmer mit A.C.
- Sozusagen in der Stadtmitte, an der Kreuzung die Nord und Süd Cha-Am teilt, befindet sich das **J.J. Hotel***** (277/2 Ruamjit Rd., Tel. 032-471231). Saubere, preiswerte Zimmer mit und ohne A.C., TV.
- An der Südseite des Ortes findet sich das beliebte **Santisuk Bungalows & Beach Resort****-LLL (Tel. 032-471212, Bangkok 02-2980532), mit älteren hölzernen Bungalows (Bad, z.T. A.C.) und ordentlichen Zimmern in einem Hotelbau.
- Weiterhin im Süden: **Niradon Resort*****-***** (Tel. 032-471738), saubere Zimmer mit A.C. und TV; **Nipon Resort****-**** (Tel. 032-433193), Bungalows mit oder ohne A.C. (letz-

- 1 Polizei
- 2 Post
- 3 Busse nach BKK, Petchaburi
- 4 Krung Thai Bank
- 5 Busse nach Hua Hin/Süden
- 6 The Cha-Am Methavalai Hotel
- 7 Happy Home
- 8 Khaen Chan Hotel
- 9 Rua Makam Villa
- 10 Cha-Am Villa Hotel
- 11 Jithravee Place
- 12 Phrathanchok House
- 13 Tourist Information
- 14 J.J. Hotel
- 15 Mai Ru Restaurant
- 16 Crawford Irish Pub
- 17 Niradon Resort
- 18 Narumon Lucky House
- 19 Santiksuk Bungalows& Beach Resort
- 20 Nipon Resort
- 21 Anantachai Guest House

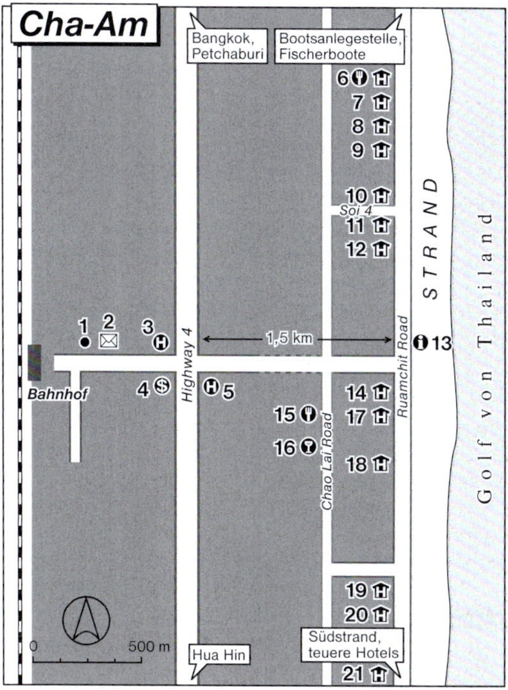

tere ca. halb so teuer), dazu Zimmer in einem Hotelbau mit A.C. und TV; **Narumon Lucky House******-***** (Tel. 032-471440), große Drei-Zimmer-Bungalows (Platz für 10-12 Personen) mit Veranda, Bad und (die teureren) auch mit A.C.; **Anantachai Guest House***** (Tel. 032-471980), sehr ordentliche Zimmer mit Bad, Dusche, A.C., preiswertes Restaurant.

Essen

Entlang des Strandes finden sich einige Seafood-Restaurants als auch jede Menge Straßenstände, die etwas brutzeln.

- Das **Sorn Daeng Restaurant** im *Cha-Am Methavalai Hotel* bietet ausgezeichnete Seafood und Thai-Gerichte zu gehobenen Preisen.
- Das **Mai Ru Restaurant,** auf der Chao Lai Rd., die parallel zur Strandstraße verläuft, bietet sehr gutes deutsches Essen und eine große Auswahl Thaigerichte.
- Nebenan im **Crawford Irish Pub** kann man ein Guinness trinken.

Golf

In der Gegend um Cha-Am und Hua Hin haben sich einige Golfplätze angesiedelt. Einige sind an Resorts angeschlossen. Hier eine Auswahl.

- **Imperial Lakeview Hotel and Golf Club,** Sam Phraya, Cha-Am, Tel. 032-456233.
- **Palm Hills Resort and Country Club,** 1444 Phetkasem Rd., Cha-Am, Tel. 032-520800, www.palmhills-golf.com.
- **Springfield Royal Country Club,** Hua Sai Noi, Cha-Am, Tel. 032-593223, www.springfieldresort.com.

- **Sawang Resort Golf Club,** Khao Yoi, Petchaburi, Tel. 032-499555, www.sawangresortgolf.com.

Anreise

- **Busse** ab Bangkok (Southern Bus Terminal) kosten 131 Baht, ab Petchaburi 20 Baht; die Normalbusse halten ca. 1½ km östlich des Strandes am Phetkasem Highway, von wo Motorrad-Taxis (10 Baht) oder Songthaews (5 Baht) zum Strand fahren.
- **Züge** ab Hualamphong Station fahren täglich um 9.25 und 15.50 Uhr. Ab Thonburi Station fahren Züge um 7.20, 13.10 und 19.15 Uhr; Fahrpreis 93/182 Baht. Ab dem Bahnhof in Cha-Am fahren Motorrad-Taxis für 30 Baht zum Strand.

Weiterreise

- **Busse** fahren für 12 Baht nach Hua Hin (25 km), A.C.-Busse zu 32 Baht. Mit der Bahn lohnt die Strecke wohl kaum.

Nakhon Pathom

นครปฐม

Diese Stadt (50.000 Einwohner), 56 km westlich von Bangkok gelegen, soll vor über 2.000 Jahren gegründet worden sein, zu einer Zeit, als sich der Golf von Siam noch weiter nordwestlich erstreckte. Nakhon Pathom war damals also an der Küste erbaut und wurde früh die Hauptstadt eines Mon-Königreiches. Später wurde die Stadt für 300 Jahre verlassen, und zwischen dem 6. und 11. Jahrhundert war sie das Zentrum des Dvaravati-Reiches.

Die Hauptattraktion Nakhon Pathoms ist der 127 Meter hohe **Phra Pathom Chedi,** das größte buddhistische Bauwerk der Welt. Der Chedi ist unübersehbar Mittelpunkt des Ortes, und die Stadt wirkt wie um ihn herum drapiert. Der Phra Pathom Chedi wurde wahrscheinlich im 6. Jh. von Theravada-Buddhisten erbaut. Im 11. Jahrhundert wurde Nakhon Pathom von den Khmer eingenommen, die einen Prang auf das Bauwerk setzten. Im Jahre 1057 zerstörten die Burmesen den Chedi, und in diesem Zustand verblieb er bis König Mongkut im Jahre 1860 einen größeren Chedi darüber bauen ließ. Später wurden vier Viharns, ein Bot und eine Nachbildung des ursprünglichen Chedis hinzugefügt.

Um den heutigen Chedi befindet sich eine Art kreisförmiger Wandelgang, der an seiner Außenseite mit zahlreichen Buddhafiguren versehen ist. An der Nordseite des Komplexes, am Hauptzugang begrüßt ein Riesenbuddha die Besucher.

Das **Phra Pathom Chedi Museum,** auf dem Gelände des Chedi, ist mittwochs bis sonntags von 9.00 bis 16.00 Uhr geöffnet. Eintritt 30 Baht.

Außerhalb des Wandelganges wird auf einer kleinen, überdachten Bühne gelegentlich *Likay* aufgeführt, das sind rustikale Theatervorführungen wobei Männer die Rolle von Frauen übernehmen und umgekehrt, und oft kommt es zu köstlich anzüglichen Dialogen.

Etwa 2 km westlich des Chedi hat sich Rama 6. einen kleinen Palast bauen lassen, der in Sanam Chan, einem hübschen Park gelegen ist. Das Gebäude ist sehr verfallen und kann nicht besichtigt werden.

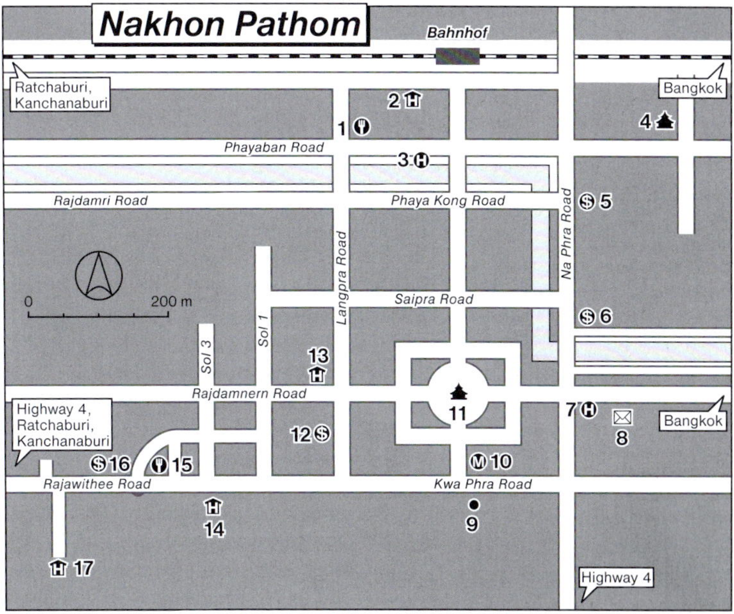

1	Pizza Hut/Svensen's	
2	Mitr Phaisal Hotel	
3	Busse nach Bangkok	
4	Chin. Tempel	
5	Krung Thai Bank	
6	Bangkok Bank	
7	Busstation (nach Kanchanaburi, Damnoen Saduak, Petchaburi)	
8	Post	
9	Polizei	
10	Phra Pathom Chedi Museum	
11	Wat Phra Pathom Chedi	
12	Krung Thai Bank	
13	Mitr Sampan Hotel	
14	Nakhon Inn Hotel	
15	Vegetarisches Restaurant	
16	Thai Farmers Bank	
17	Whale Hotel	

Unterkunft

- Wenn man aus dem Bahnhof kommt, befindet sich geradeaus rechts das ordentliche **Mitpaisan** oder **Mitr Phaisal****-***, je nach Transkription (120/30 Phyapan Rd., Tel. 034-242422).
- In der Straße westlich vom Chedi (Rajdamnoen Rd.), ein paar Schritte von der am Chedi entlang führenden Straße entfernt, liegt das **Mitr Sampan****. Die Zimmer sind sauber.
- Eine Qualitätsklasse höher liegt das **Nakhon Inn*****-**** (55 Soi 3. Rajawithee Rd.,

Tel. 034-242265, 251152), mit ordentlichen A.C.-Zimmern.

- Besser noch ist das **Whale Hotel*****-****** (151/79 Soi 19, Rajawithee Rd., Tel. 034-251020). Dies ist das gediegenste Haus am Ort, mit sauberen A.C.-Zimmern, die sich über vier verschiedene Gebäude verteilen. Angeschlossen sind Restaurant, Coffee-Shop, Disco, Sauna und Massage-Salon.

Essen

- Absolutes Muss ist der **Khao lam,** der in einem Bambusrohr mit Kokosmilch gekochte Reis, der eine Spezialität der Stadt ist. Geht man vom Bahnhof oder Busstop in Richtung Chedi, passiert man Dutzende von **Ständen,** die die gefüllten Bambusrohre anbieten. Die Preise liegen zwischen 5 und 10 Baht, je nach Volumen des Bambus. Solche Stände befinden sich auch an der Nordseite des Chedi, in der Nachbarschaft vieler Obstzstände. In der unmittelbaren Umgebung befinden sich auch einige Essensstände.
- Ein wenig versteckt hält sich ein sehr gutes **vegetarisches Restaurant** mit Gerichten ab 10 (!) Baht. Wie die meisten vegetarischen Restaurants nennt sich auch dieses schlicht *Mangsawirat*. Man gehe die Rajdamnoen Rd., die an der Westseite des Chedi liegt, weiter westlich, dann die zweite Straße links bis zu einem Markt *(Talaat Odien),* dann rechts, wo ein paar neue, große Gebäude stehen. Auf der linken Seite ist das Mangsawirat mit Tischen und Stühlen draußen.

Anreise

- Vom Southern Bus Terminal fahren tagsüber alle 30 Minuten **A.C.-Busse** für 40 Baht. Die Fahrt dauert knapp 1 Stunde. Die letzten Busse fahren gegen 20.00 Uhr zurück nach Bangkok.
- Vom Bahnhof in Thonburi fahren 2 **Züge** nach Nakhon Pathom, um 7.45 und 13.50 Uhr. Züge ab der Hualamphong Station um 7.45, 9.25, 13.00, 14.45, 15.15, 15.50, 17.05, 17.35, 18.20, 19.15 und 22.50 Uhr. Tickets 3. Kl. 14 Baht, 2. Kl. 31 Baht, 1. Kl. 60 Baht; Fahrzeit je nach Zug 1 Std. 20 Min. bis 1 Std. 40 Min. Mit den Bussen kommt man da schneller voran.

Weiterreise

- **Busse** nach Damnoen Saduak fahren ab der Haltestelle nahe der Kreuzung Na Phra Road und Kwa Phra Road.

Ratchaburi

ราชบุรี

Ratchaburi, sprich Ratburi, ist die Hauptstadt der gleichnamigen Provinz, die an Burmas Osten angrenzt, und an der Bahnlinie Richtung Süden gelegen. Die Stadt ist über 1.000 Jahre alt und war einst ein wichtiger Teil des Suwannaphum-Königreichs. Heute ist sie bestenfalls für die dort hergestellten *ong* bekannt, glasierte Keramikgefäße, die man an vielen Stellen der Stadt aufgestapelt sieht. Im Ort selber gibt es nicht viel zu sehen, er eignet sich aber als Ausgangspunkt für einige Ausflüge, u.a. zu den Schwimmenden Märkten von Damnoen Saduak, die nur 40 km entfernt liegen.

In Ratchaburi gibt es nur einen halbwegs sehenswerten Tempel zu besichtigen, **Wat Phra Sri Ratana Mahathat,** der im Volksmund Wat Na Phra That genannt wird. Dieser stammt aus der Khmer-Epoche und ist einem Tempel der Anlage von Angkor Wat in Kambodscha nachempfunden. Er weist die für die Khmer-Architektur typischen Prangs auf.

Etwa 3 km außerhalb der Stadt befindet sich der **Khao Wang** oder „Palasthügel", mit einem sehr gut erhaltenen Palast König *Rama des 4.* darauf, Baujahr 1871.

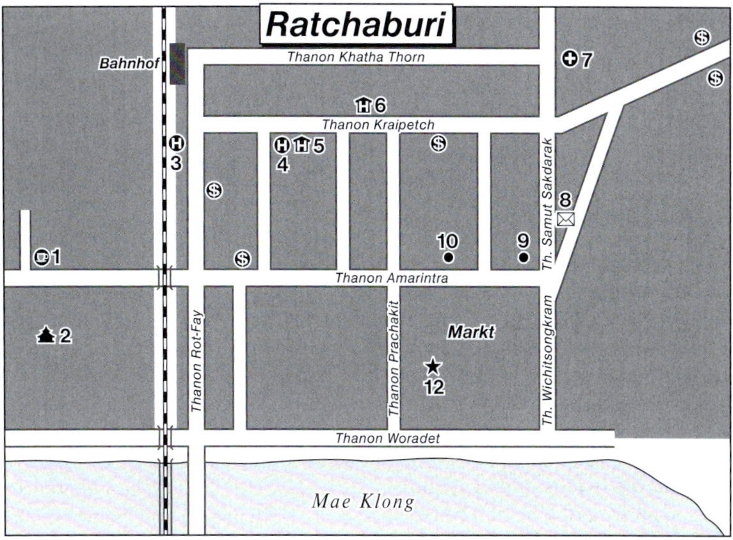

☕	1	Bäckerei/Café	✚	7	Ratchaburi General Hospital
⛩	2	Wat Sattanat Paliwat	✉	8	Post
Ⓗ	3	Bushaltestelle Songthaews nach Damnoen Saduak	●	9	Polizei
Ⓗ	4	AC-Busse nach BKK	●	10	Kino
🏨	5	Numsin Hotel	★	12	Glockenturm
🏨	6	Arayah Hotel	$		Bank

Unterkunft

- Das **Numsin Hotel****-***** (2-6 Kraipetch Rd., Tel. 032-326238), ist zwar das beste Hotel am Ort, allzu großer Komfort sollte aber dennoch nicht erwartet werden. Einem Leser erschien es wie ein „umgebautes Gefängnis". Zimmer für bis zu 4 Personen (A.C.) vorhanden. Im Hotel gibt's auch einen Wasch-Service.
- Das **Arayah Hotel****-***, 187/1-12 Kraipetch Road, Tel. 032-337782 hat Zimmer mit A.C. und TV.

Anreise

- Vom Southern Bus Terminal in Bangkok, 109 km entfernt, fahren etwa jede Stunde **A.C.-Busse** für 77 Baht.
- Obwohl westlich von Bangkok gelegen, befindet sich Ratchaburi an der Südlinie der thailändischen **Eisenbahn;** die Linie nach Süden macht zuerst einen größeren Schlenker nach Westen. Tägl. fahren 11 Züge ab der Hualamphong Station in Bangkok, der erste um 7.45 Uhr, der letzte um 22.50 Uhr; Fahrzeit ca. 2½ Std. Fahrpreis 25/57 Baht.

Weiterreise

● **Songthaews** nach Damnoen Saduak fahren ab dem Haltepunkt an der Thanon Rot-Fay („Bahnhofs-Straße") nahe Ecke Thanon Kraiptech; 25 Baht. Von selbiger Haltestelle fahren auch die **Busse** nach Petchaburi. **A.C.-Busse** nach Bangkok fahren vom Numsin Hotel ab.

Umgebung von Ratchaburi

Khao-Bin-Höhle

Die Umgebung von Ratchaburi weist eine Vielzahl von Höhlen auf, von denen die interessanteste sicher die Tham Khao Bin ist, die „Höhle des fliegenden Berges" (*tham* = „Höhle"). Der Name stammt von einer der drei Bergspitzen des umgebenden Berges, der über die beiden anderen Spitzen hinweg zu fliegen scheint. Die Höhle besteht eigentlich aus 8 Einzelhöhlen, genannt *hong* („Zimmer"), die durch Gänge miteinander verbunden und vollgespickt mit Stalaktiten und Stalagmiten sind. Der überwältigende Eindruck wird durch farbige Scheinwerfer unterstrichen, die die markantesten Stellen ausleuchten. In vielen Gesteinsformationen erkennt man Elefanten, Gesichter und in einem Fall sogar eine *Kinnari*, ein thailändisches Fabelwesen.

Jede volle Stunde zwischen 10.00 und 17.00 Uhr finden **Führungen** statt (auf Thai allerdings), bei denen auf diese Besonderheiten hingewiesen wird. In der Höhle ist es zumeist brütend heiß, ein Besuch lohnt dennoch. Da die Provinzverwaltung von Ratchaburi diese Sehenswürdigkeit weiter zu fördern gedenkt, ist nahe der Höhle der Bau eines Hotels geplant. Zahlreiche kleine Restaurants und Souvenirläden umgeben den Parkplatz vor der Höhle.

● **Anfahrt:** Ab Ratchaburi (ca. 20 km) bieten sich Songthaews an (10 Baht), die jedoch meist nur an der Hauptstraße halten, von wo eine Abzweigung 2 km zur Höhle führt. Gecharterte Tuk-Tuks sollten ca. 700 Baht für die Hin- und Rückfahrt kosten. Eintritt 10 Baht.

Chompon-Höhle

Etwa 10 km weiter nordwestlich von Tham Khao Bin und gut mit einem Besuch dieser zu kombinieren, erreicht man eine weitere Höhle, die Tham Chompon. Der Felsen, der die Höhle umgibt, ist der Wohnsitz einer großen Affenherde, die den ganzen Tag lang ausschwärmt, um sich von den Besuchern mit Bananen und Erdnüssen füttern zu lassen, die es dort zu kaufen gibt. Die Affen schwimmen und tauchen auch gerne in einem Tümpel vor der Höhle. In die Höhle gelangt man über eine lange Holztreppe. Im Inneren befinden sich nur wenige interessante Felsformationen, dafür eine Anzahl von Buddhafiguren, darunter ein großer liegender Buddha. An dessen Standort (Liegeort?) ist die Höhle sehr hoch, mit einer runden Öffnung in der Decke, durch die Sonnenlicht einfällt.

● **Anfahrt:** Songthaew ab Ratchaburi (10 Baht) oder besser mit gechartertem Tuk-Tuk (ca. 1000 Baht hin und zurück). Eintritt 10 Baht – falls das Kassenhaus besetzt ist, was nicht immer der Fall zu sein scheint.

Kangkao-Chongpran-Höhle

Eine weitere Höhle, 17 km von Ratchaburi entfernt, bietet jeden Abend ein fantastisches Naturschauspiel: In der Tham Kangkao Chongpran leben einige Millionen **Fledermäuse,** die jeden Tag gegen 18.00 Uhr, kurz vor Sonnenuntergang, in schier endlos langen Formationen aus der Höhle ausschwärmen, um auf Nahrungssuche zu gehen. Ein faszinierendes Spektakel, bei dem sich der Himmel vor lauter Flatterern schwarz färbt! Angeblich fliegen die Tiere in absolut festgelegter Reihenfolge aus, so dass, falls eine der Fledermäuse aus der vorbestimmten Reihenfolge tanzt, sich alle zurück in die Höhle begeben, um den Ausflug von neuem zu starten – das behauptete zumindest ein Dokumentarfilm des thailändischen Fernsehens.

Im Inneren der Höhle, deren Name etwas umständlich mit „Fledermaus-Höhle mit einem schmalen Durchlass für Jäger" zu übersetzen wäre, finden sich auch einige Buddhabildnisse.

Mittlerweile zieht die Höhle auch Tourgruppen an, und eventuell teilt man das Naturerlebnis mit einigen Dutzend anderen Besuchern.

- Zur **Anfahrt** chartere man am besten ein Tuk-Tuk, Kostenpunkt ab Ratchaburi ca. 600 Baht (hin und zurück).

Khao Ngu

Etwa 8 km nordwestlich von Ratchaburi liegt das Khao Ngu-Hügelmassiv, wörtlich die „Schlangenberge". Darin befindet sich die **Tham Russi** oder „Höhle des Weisen", mit einer Darstellung der ersten Predigt Buddhas, ausgeführt im Stil der indischen Gupta-Periode. Das Bildnis wird von der lokalen Bevölkerung hoch verehrt, und jedes Jahr im September/Oktober findet ein großes Volksfest statt, das neben Religiosität auch eine gute Dosis Jahrmarktatmosphäre aufkommen lässt. In der Nähe der Höhle ist ein „Fußabdruck des Buddhas" zu bewundern, dessen Alter unbekannt ist. Dieser hier ist von Menschenhand angelegt – ansonsten werden derlei Fußabdrücke stets der magischen Kraft des Buddhas selbst zugeschrieben.

- **Anfahrt:** per Songthaew, einfacher aber per gechartertem Tuk-Tuk, Kostenpunkt ca. 500 Baht hin und zurück.

Buddha in der Chompon-Höhle

Bor Klueng

Nur ernsthaften Quellforschern oder Kneipp-Fanatikern sei der Ausflug zu den **Heißen Quellen** von Bor Klueng empfohlen, ca. 15 km von Suan Phueng („Bienengarten") an der burmesischen Grenze (ca. 60 km von Ratchaburi). Hier strömt Wasser mit einer Temperatur von 52-68 Grad Celsius aus, das sehr mineralstoffreich ist und sich vorzüglich zur Behandlung von Hautkrankheiten eignen soll (Bor Klueng, sprich *bor klüng*, bedeutet soviel wie „Einreib-Quelle".

- **Anfahrt:** per gechartertem Tuk-Tuk für ca. 2000 Baht (hin und zurück).

Wat Khongkaram

Dieser über 200 Jahre alte Mon-Tempel steht in **Klong Takot,** ca. 22 km nördlich von Ratchaburi. Sein ursprünglicher Name lautete wenig einfallsreich Wat Klaang oder „Zentral-Tempel", bis sich König *Mongkut* sich den gegenwärtigen Namen ersann, wörtlich etwa „Mönchssitz am Ganges" (*Khongka* = „Ganges", *aram* = „Mönchsunterkunft"). Der Tempel ist mit einigen sehr schönen Wandmalereien ausgestattet, die Szenen aus Buddhas Leben zeigen.

- **Anfahrt:** am besten per Tuk-Tuk, hin und zurück ca. 600 Baht.

Die Brücke am River Kwai
bei Kanchanaburi

Kanchanaburi

กาญจนบุรี

Kanchanaburi (40.000 Einwohner) liegt 133 Bahnkilometer nordwestlich von Bangkok, am linken Ufer des Mae Nam Mae Klong, etwas unterhalb des Zusammenflusses von Mae Nam Kwae Yai und Mae Nam Kwae Noi, die dann den Mae Klong bilden.

Die Provinz um Kanchanaburi ist eine der fruchtbarsten des Landes: Angebaut werden Zuckerrohr, Tabak, Cassava, Weizen und Baumwolle.

Ursprünglich war *Kan* – so nennen es die Einheimischen – von Rama 1. gegründet worden und sollte als vorderste Verteidigungslinie gegen die Burmesen dienen und die traditionelle Invasionsroute am Three Pagodas Pass, die Grenze zwischen Burma und Thailand, bewachen.

Die Stadt selber ist heute weniger interessant, die Hauptattraktionen liegen außerhalb. In erster Linie hat die **„Brücke am Kwai"** der Stadt zu touristischer Bekanntheit verholfen. Im Zweiten Weltkrieg hatten die japanischen Besatzer beschlossen, in kürzester Zeit eine Eisenbahnlinie – die schließlich den inoffiziellen, aber treffenden Namen „Death Railway" bekommen sollte – zu bauen, die genau der zuvor erwähnten Invasionslinie folgte, nur in umgekehrter Richtung. Bei den Arbeiten kamen 16.000 alliierte Gefangene ums Leben sowie geschätzte 100.000 Kulis aus Burma, Indien, China, Indonesien, Malaysia und

Thailand. Die meisten wurden von Unterernährung, Malaria und Cholera dahingerafft. Die toten Kriegsgefangenen wurden auf zwei Friedhöfen beigesetzt, die verstorbenen Kulis wurden meistens da verscharrt, wo sie umkamen. Die Geschichte der Brücke wurde in *Pierre Boules'* weltberühmten Roman „Die Brücke am Kwai" (sprich Kwä) verarbeitet, der die Grundlage für den ebenso bekannten Film bot.

Die heutige Brücke ist allerdings nicht mehr das Original, das am 13. Februar 1945 von amerikanischen Bombern zerstört wurde, sondern ein Nachbau.

Jedes Jahr im November/Dezember findet an der Brücke das **River Kwai Bridge Festival** statt, eine Licht-und-Ton-Show, die das Kriegsgeschehen von damals anschaulich verdeutlicht. Es fragt sich allerdings, ob eine solche Veranstaltung sehr geschmackvoll ist, und einige australische Kriegsveteranen haben schon ihren Unmut darüber geäußert. Den Veranstaltern (TAT, Thai Railways und eine Infanterie-Einheit) geht es aber angeblich um die Verbreitung einer „Anti-Kriegs-Botschaft". Im Zuge des Ereignisses wird in einem Schönheitswettbewerb auch eine „Miss Peace" erkoren – Schönheitswettbewerbe sind eine thailändische Passion, warum also nicht auch noch eine Miss Peace? Nebenbei gibt es Ausstellungen von Edelsteinen aus Kanchanaburi und Schmuck, einen „Mini"-Marathonlauf u.Ä. Zur Anreise

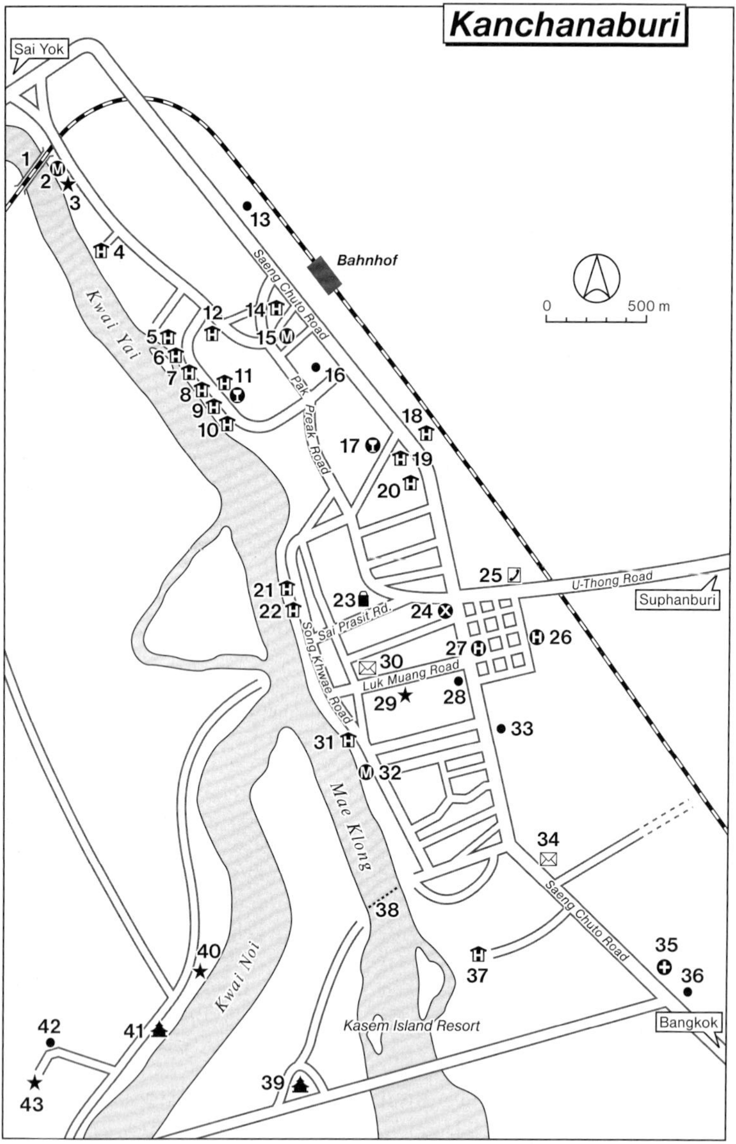
Kanchanaburi
Sai Yok
Bahnhof
0 500 m
Saeng Chuto Road
Pak Preak Road
Kwai Yai
U-Thong Road
Suphanburi
Sai Prasit Rd.
Song Khwae Road
Luk Muang Road
Mae Klong
Kwai Noi
Saeng Chuto Road
Kasem Island Resort
Bangkok
1 2 3 4 5 6 7 8 9 10 11 12 13 14 15 16 17 18 19 20 21 22 23 24 25 26 27 28 29 30 31 32 33 34 35 36 37 38 39 40 41 42 43

- 1 River-Kwai-Brücke
- 2 Neues JEATH-Kriegsmuseum
- 3 Jap. Kriegerdenkmal
- 4 Bamboo Guest House
- 5 P.S. Guest House
- 6 Jolly Frog Backpackers G.H.
- 7 Rick's Lodge
- 8 Rainbow Lodge
- 9 V.N. Guest House
- 10 River Guest House
- 11 Irish Gecko Bar/ Backpacker Paradise
- 12 Apple's Guest House
- 13 Wangkarn Jeep- und Motorradverleih
- 14 Sri Muang Kan Hotel
- 15 Thailand-Burma Railway Centre
- 16 Kriegsfriedhof
- 17 Punnee Café & Bar
- 18 River Kwai Hotel
- 19 Prasopsuk Hotel
- 20 V.L. Guest House
- 21 Sam's Place
- 22 Supakhornchai Bungalows
- 23 Markt
- 24 Taxis nach Bangkok
- 25 Telefon
- 26 Busstation
- 27 AC-Busse nach BKK
- 28 Polizei
- 29 Lak-Muang-Schrein
- 30 Post
- 31 Nita Raft House
- 32 JEATH-Kriegsmuseum
- 33 TAT
- 34 Post
- 35 Krankenhaus
- 36 Rathaus
- 37 Ban Bor Bungalows
- 38 Flussfähre
- 39 Wat Tham Mongkhon
- 40 Chung-Kai-Kriegsfriedhof
- 41 Wat Tham Kao Poon
- 42 Landwirtschaftsschule
- 43 Steingarten

werden Sonderzüge eingesetzt, Informationen bei der TAT oder der Thai Railways.

In der Stadt gibt es ein gut informiertes **Tourist Office** (Tel. 034-511200), das in der am Bahnhof vorbeiführenden Hauptstraße, der Saeng Chuto Road, zu finden ist.

Zur Brücke: Von der parallel zur Saengchuto Road verlaufenden Pak Phraek Road fahren die üblichen Songthaews für 10 Baht in nördlicher Richtung zur Brücke. Samlors und Tuk-Tuks von Stadtmitte aus sollten nicht mehr als 40 Baht kosten.

Sehenswertes

JEATH War Museum

Dieses kleine Museum liegt am Mai Klong, am Wat Chaichumphon, Pak Phraek Road. „JEATH" ist aus den Anfangsbuchstaben der in Kanchanaburi beteiligten Kriegsnationen gebildet: Japan, England, Amerika und Australien, Thailand, Holland. Das Museum besteht aus Nachbauten der Bambushütten, in denen die Gefangenen der Alliierten untergebracht waren. Ausgestellt werden Fotos, Waffen und andere Erinnerungsstücke. Eintritt 30 Baht. Geöffnet 8.30-18.00 Uhr.

Das neue JEATH War Museum

Vor einigen Jahren hat ein **zweites JEATH Museum** nahe der Brücke eröffnet. Hier werden die gleichen Fotos und ähnliche Erinnerungsstücke ausgestellt. Allerdings ist das Konzept dabei irgendwie verloren gegangen

JEATH War Museum, War Cemeteries (Soldatenfriedhof)

und die Bilder haben oft rein gar nichts mit Kanchanaburi zu tun und einige sind falsch beschriftet (ein alter Nazi General wird als *Martin Luther* ausgegeben). Zudem stehen vor einer Außenwand überlebensgroße Gipsstatuen der Hauptbeteiligten des 2. Weltkrieges. Wo sonst auf der Welt hat man Gelegenheit vor einem übergroßen *Adolf Hitler* zu stehen?

Überhaupt nicht im Sinne der traurigen historischen Vergangenheit von Kanchanaburi ist dieses zweite JEATH Museum lediglich einen Besuch wert für alle, für die völlige Geschmacklosigkeit seinen Reiz hat. Eintritt 30 Baht. Geöffnet 8.30-18.00 Uhr.

War Cemeteries

In der Nähe des Bahnhofs (von dort in südwestlicher Richtung) befindet sich an der Pak Phraek Road der Kanchanaburi War Cemetery (Kriegsfriedhof) mit 6.982 Gräbern. Ein kleinerer Friedhof, der Chung Kai Allied War Cemetery, liegt auf der anderen Flussseite. Um ihn zu erreichen, kann man vom Bootspier an der Lak Muang Road für zwei Baht den Fluss überqueren, dann die auf der anderen Flussseite anschließenden Straße weitergehen (etwa 3 km).

Auf diesem Friedhof befinden sich 1740 Gräber. Er wurde bis vor kurzem von einem netten, älteren Herren namens *Khun Rung* instand gehalten, der sich dabei insbesondere um die Gräber seiner zwei amerikanischen Freunde kümmerte, die er zu Kriegszeiten kennen gelernt hatte. Die Geschichte von *Khun Rung* und seinen zwei

Freunden wurde von der thailändischen Rockgruppe *Caravan* aufgegriffen und zu einem Song mit dem Titel „Taa Rung" („Der alte Herr Rung") verarbeitet. Khun Rung ist mittlerweile pensioniert, und ein Nachfolger hat seinen Dienst angetreten; dennoch kann es sich der alte Herr nicht verkneifen, täglich vorbeizukommen, um nach dem Rechten zu sehen.

Thailand-Burma Railway Centre

Das Thailand-Burma Railway Centre liegt an der Westseite des Kanchanaburi War Cemetery. Dies ist das einzige, wirklich ernstzunehmende Museum in Kanchanaburi. Hier erfährt man alles über den **Bau der Eisenbahnstrecke,** die in den Jahren 1942-43 von den Japanern und ihren Gefangenen von Nongpladuk in Thailand nach Thanbuyuzayat in Burma verlegt wurde. Ein neun Meter langes Model der gesamten Strecke sowie ausführliche Fotodokumentationen machen einen Besuch durchaus lohnenswert.

Geöffnet täglich 9.00-17.00 Uhr. Eintritt 60 Baht. Kinder unter 12 Jahren zahlen 30 Baht.

Unterkunft

Die beliebtesten Unterkünfte befinden sich direkt am Fluss, meist auf **floßähnlichen Gebilden.** Leider wird es aufgrund der zahlreichen vorbeischippernden Disco-Floße hier oft unangenehm laut (vor allem an Wochenenden), und der Lärm hört erst spät in der Nacht auf. Jedermanns Sache ist diese Lage somit sicher nicht. Auch die Unterkünfte in der Innenstadt leiden zum Teil unter Lärmbelästigung, sei es durch starken Verkehr oder laute Musik von benachbarten Kneipen.

- Sehr populär ist das von einer Deutschen und ihrem Thai-Mann geleitete **Jolly Frog Backpacker's*** (Mae Nam Kwae Rd., Tel. 034-514579). Fahrrad-Verleih und Rafting-Touren; einfache, saubere Einzel- und Doppelzimmer.
- Das **P.S. Guest House***, etwas weiter südlich gelegen (Soi Rong Heeb, Tel. 034-513039), hat Fahrrad- und Motorradverleih.
- Die **Rick's Lodge**** (Soi Rong Heeb, Tel. 034-514831) bietet verhältnismäßig große Bungalows. Der Besitzer spricht recht gut Deutsch.
- Das **V.N. Guest House***-** (Soi Rong Heeb, Tel. 034-514082), ebenfalls mit Fahrrad- und Motorradverleih, hat Zimmer in verschiedenen Größen, einige auf Flößen.
- Das **River Guest House**** (Soi Rong Hip Oi 2, Tel. 034-511637) hat ordentliche Zimmer auf Flößen.
- Die **Rainbow Lodge****-*** (49/5 Soi Rong Hip, Tel. 034-518683) ist ganz neu und hat eine Reihe attraktiver Beton-Bungalows, die in allen Farben des Regenbogens bemalt sind. A.C., Internet und TV.

Die folgenden drei Unterkünfte befinden sich weiter südlich am Fluss an der Song Kwai Road und sind aufgrund nahe gelegener Restaurants mit Live-Musik abends nicht gerade ruhig – bei den Basstönen zittert oft das ganze Gebälk. Abends nachchecken (morgens ist's trügerisch ruhig)!

- Das **Nita Raft House***-** (271/1 Thanon Pak Phraek, Tel. 034-514521), hat, wie der Name schon andeutet, einfache Zimmer, die auf Flößen im Fluss liegen.
- Etwas weiter nördlich liegt **Sam's Place***-** (Tel. 034-513971) mit netten Bungalows; das angeschlossene Restaurant ist ebenfalls recht gut.
- Wiederum ein paar Meter weiter stehen die **Supakhornchai Bungalows**** (Tel. 034-51 2055), mit recht ordentlichen Zimmern.
- Zu empfehlen ist auch das ruhiger gelegene und alteingesessene **Apple's Guest House** **-*** (52 Soi Rongheabaow 3, Tel. 034-512017, www.applenoi-kanchanaburi.com), das auch ein sehr gutes Restaurant hat. Zwanzig einfache und saubere Zimmer sind um einen Garten arrangiert. Einige Zimmer haben A.C. Das Guest House organisiert

Kochkurse im Haus und Tagestouren in der Gegend um Kanchanaburi.

● Im Norden der Stadt liegt das sehr gute **Bamboo Guest House****-*** (Soi Vietnam, Tel. 034-624470) direkt am Fluss und von einem Garten umgeben, mit ruhigen, sauberen Zimmern sowie einer komfortablen „Suite".

● Das **Sri Muang Kan Hotel****-*** (313/1 Thanon Saengchuto, Tel. 034-511609) liegt ebenfalls im Norden der Stadt, allerdings nicht am Fluss. Einige Zimmer haben A.C. Man sei gewarnt: Hier kann auch stundenweise angemietet werden.

● Mitten in der Stadt, alles andere als idyllisch, findet sich das **V.L. Guest House***-** (18/11 Saeng Chuto Rd., Tel. 034-513546). Die Zimmer sind recht gut, ebenso das angeschlossene Restaurant, Kopfschmerzen macht nur die daran vorbeiführende, sehr verkehrsreiche Straße. Das anvisierte Zimmer zunächst auf den Geräuschpegel überprüfen!

● Dasselbe gilt für das daneben gelegene **M.K. Hotel***** (Tel. 034-6211143-4, Fax 034-513233); hier gibt es saubere, wenn auch recht kleine Zimmer (A.C., Bad, TV).

● Das **Prasopsuk Hotel****-*** (277 Thanon Saengchuto, 034-511777) hat ordentliche Zimmer, auch mit A.C., und ist von der Hauptstraße in einem ruhigen Hof zurückversetzt.

● Auf der anderen Straßenseite befindet sich das **River Kwai Hotel******-***** (248 Saeng Chuto Rd., Tel. 034-511565), das beste Haus in der Innenstadt, mit sauberen Zimmern (A.C., TV, Mini-Bar). Ein Swimmingpool ist vorhanden. Vor dem Gebäude befindet sich allerdings ein Open-Air-Biergarten, und wenn dort eine Band aufspielt, werden die Zimmer nach vorne hinaus enorm laut. Selbst hinten kommt noch reichlich Lärm an. Die Berieselung geht erst gegen 1 oder 2 Uhr nachts zu Ende.

Das River Kwai Hotel hat vor kurzem noch ein neben dem Haupthaus gelegenes Gebäude in Beschlag genommen; hier gibt es saubere Zimmer*** (Bad, A.C., TV). An der Rezeption des Hauptgebäudes nachfragen.

● Am Südende der Stadt, nahe dem Fluss, befindet sich etwas abgelegen das **Ban Bor Bungalows***-** (100/1 Saengchuto Rd., Tel. 034-511459), das, wie der Name sagt, einfache Bungalows vermietet.

● Das Top-Hotel ist das am Westrand der Stadt gelegene **Mittaphan Hotel******-LLL (201/244 Mu 2, Saeng Chuto Rd., Tel. 034-515906, Fax Bangkok 02-2890302). Die Lage ist ruhig, für Leute ohne eigenes Fahrzeug aber nicht sehr günstig. Zimmer mit A.C., TV, Kühlschrank.

Essen

● Abends versammelt sich ein unglaublich riesiger **Nachtmarkt** in der Saeng Chuto Road in Höhe des Busbahnhofes. Hier gibt es dann so ziemlich alles, von gerösteten Heuschrecken *(dagkatään tort)* über gebratene Sojaschnitten und heiße Sojamilch *(tau-hu tort* bzw. *naam tau-hu)* bis zum Schweinefleisch-Curry mit Ananas *(käng muu sapparot)*. Alles zu Niedrigstpreisen.

● Sehr beliebt bei Travellern ist das **Punnee Café & Bar** (*Punnee* ist die Thai-Version des englischen *Bunny*), das von einem Engländer und seiner Thai-Frau gemanagt wird. Es gibt westliche und einheimische Küche, dazu Hochprozentiges und mehr oder minder Hochgeistiges (in Form eines Regals voller second-hand Bücher), und das Personal ist freundlich und hilfsbereit. Das Café organisiert auch Tagestouren in die Umgebung.

● Das **Krathom Thai Restaurant** (52 Soi Rongheabaow 3) ist dem *Apple's Guest House* angeschlossen und für seine exzellente Thai Küche bekannt. Das Hotel/Restaurant bietet auch Kochkurse an.

Unterhaltung

● Zu empfehlen ist die **Irish Gecko Bar**, direkt hinter der Rainbow Lodge, die von der weitgereisten und sehr freundlichen *Jan* geführt wird. Billardtisch, kaltes Bier, gute Musik und irisches Dekor. *Jan* vermietet auch ein paar einfache, aber saubere Zimmer im **Backpacker Paradise**** nebenan.

Anreise

● Vom Southern Bus Terminal in Thonburi fahren alle 20 Minuten A.C.-Busse für 81 Baht. Die letzten Busse fahren um 19.30 Uhr zurück nach Bangkok.

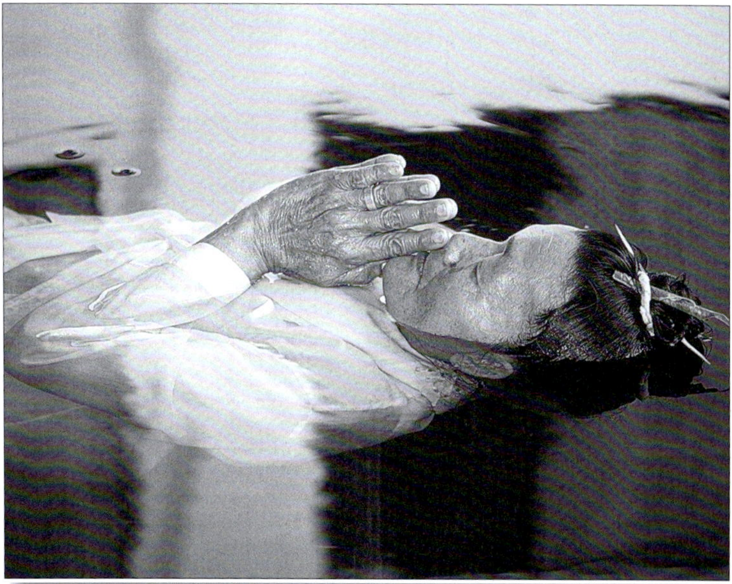

- An einem Haltepunkt an der Unakan Road im Stadtteil Sao Ching-Chaa, am Rommani-Nart-Park (siehe Karte Giant Swing) fahren **Sammeltaxis** für 80 Baht/Person bzw. 1000 Baht/Minibus nach Kanchanaburi.
- Ab der Thonburi Station in Bangkok fahren 2 **Züge,** um 7.35 und 13.45 Uhr. Samstags und sonntags fährt ein weiterer Zug um 6.30 Uhr von Hualamphong nach Kanchanaburi.

Weiterreise

- **Busse** ab dem Busbahnhof fahren u.a. nach Ratchaburi, Nakhon Pathom, Suphanburi, Sangkhlaburi, Bor Phloi, Erawan-Nationalpark, Sai Yok und Thong Pha Phum. Busse zurück nach Bangkok fahren von der Saeng Chuto Road ab (Preis siehe Anreise).
- Die **Sammeltaxis** nach Bangkok (Preise s. Anreise) fahren ab ihrem Haltepunkt an der Saeng Chuto Road, nahe der Kreuzung mit der U-Thong Road.

Umgebung von Kanchanaburi

Die „Schwimmende Nonne"

In **Wat Tham Mongkhon,** einem Tempel am Südwestrand von Kanchanaburi, lebt eine Nonne, die ihren Anhängern ein ganz besonderes Schauspiel bietet: Nach einer kurzen Meditation und Gebeten legt sie sich im Schneidersitz rücklings in ein Wasserbecken und treibt dann – ohne sich zu bewegen – mühelos auf der Wasseroberfläche. Die Nonne heißt *Anong,* ist aber besser bekannt als

Die Nonne „in Aktion"

Eingang zu Wat Tham Kao Poon

Mae Chi Loy Naam, „die auf dem Wasser treibende Nonne".

Sie hat die Technik von einer älteren Nonne von Wat Tham Mongkhon erlernt; letztere hatte diese als erste ausgeübt und war damit zu einer lokalen Berühmtheit geworden. Diese alte Dame ist mittlerweile verstorben, man hat ihr auf dem Tempelgelände aber ein Denkmal errichtet – eine Auszeichnung, die Nonnen nur sehr selten zuteil wird.

Ihre Nachfolgerin lässt sich für 200 Baht zu einer Demonstration der Schwimm-Meditation herbeirufen. Um den Wassertank herum sind wie in einem Amphitheater Sitzreihen angelegt, und viele Thais schauen dem Geschehen gebannt zu. Für die meisten ist das Schwimm-Kunststück ein Beweis für die tiefe Spiritualität von *Anong*; Zweifler werden das Ganze vielleicht eher auf eine ausgefeilte Atemtechnik zurückführen.

- Zur **Anfahrt** nehme man den Bus von Kanchanaburi nach Dan Makham Tia, der am Tempel vorbei fährt (18 Baht). Man kann auch in Kanchanaburi (ca. 5 km entfernt) ein Songthaew mieten; Preis für Hin- und Rückfahrt ca. 300 Baht. Der Eintritt zum Tempel ist frei, Spenden aber erbeten.

Wat Tham Kao Poon

Dieser Höhlentempel befindet sich etwa einen Kilometer südwestlich des Chung-Kai-Friedhofes in ländlich-idyllischer Umgebung. In den Höhlen, die von einem grimmig dreinblickenden *Yak* (Tempelwächter) bewacht werden, befinden sich zahllose Buddha-Figuren, die zum Teil psychedelisch ausgeleuchtet sind. Das ganze ist sehr imposant, doch hängt dem Tempel auch der Ruch des Grauens an: Im Dezember 1995 wurde hier die 23-jährige britische Touristin *Joanne Masheder* von einem amphetaminsüchtigen Mönch ermordet. Der Mönch hatte die Touristin zunächst „nur" zu berauben und vergewaltigen versucht; als sie sich jedoch widersetzte, erschlug er sie mit einem Felsbrocken und stieß sie in einen Höhlenschacht. Die Leiche wurde erst einen Monat nach der Tat entdeckt. Der Täter war erst acht Monate zuvor aus dem Gefängnis entlassen worden, wo er zweieinhalb Jahre wegen Vergewaltigung verbüßt hatte. Bei den polizeilichen Ermittlungen im Tempel kam heraus, dass einige weitere Mönche amphetaminsüchtig waren. Der Mord an *Joanne Masheder* schlug hohe Wellen in Thailand, und der Mönchsstand – ohnehin schon von etlichen Skandalen erschüttert – verlor in weiten Teilen der Bevölkerung noch mehr an Ansehen. Auf dem Tempelgelände ist von Anwohnern ein kleiner Schrein zum Andenken an *Joanne Masheder* errichtet worden.

● Zur **Anfahrt** miete man ein Songthaew für ca. 500 Baht für die Hin- und Rückfahrt samt ca. halbstündigem Aufenthalt. Die Höhle ist auch mit Booten zu erreichen, die am Pier in Kanchanaburi gechartert werden können; Kostenpunkt ab ca. 300 Baht. Motorrad-Taxis von der westlichen Flussseite 20 Baht pro Person.

Prasat Muang Singh Historical Park

Etwa 42 km westlich von Kanchanaburi wurden die Überreste einer Khmer-Siedlung aus dem 12./13. Jh. gefunden. Die Siedlung Muang Singh („Löwenstadt") war ein Außenposten des Khmer-Reiches von Angkor. Vor einiger Zeit wurde sie restauriert und 1987 vom Fine Arts Department zum „Historical Park" erklärt. Besuchenswert ist sie vielleicht nur für Leute mit ausgeprägtem historischem Interesse.

Auf dem 73,6 ha großen Gelände sind die Ruinen von Khmer-Schreinen und alten Stadtmauern verstreut. Den Mittelpunkt stellt der Prasat Muang Singh dar, der Hauptschrein, der nach Osten, in Richtung Angkor Wat, ausgerichtet ist. Der Schrein ist von Mauern umgeben, die an den Kardinalspunkten Tore aufweisen. Der Prasat Muang Singh stammt wahrscheinlich schon aus dem 12. Jh. Dass das Gebiet aber schon weit früher besiedelt war, beweist ein kleines Museum im Süden der Anlagen: Hier sind prähistorische menschliche Skelette ausgestellt, die in der Umgebung gefunden wurden.

Eintritt zu den Anlagen 40 Baht, geöffnet täglich 9.00-16.30 Uhr. An der Südseite der Anlagen stehen einige Bungalows zur Übernachtung zur Verfügung (500 Baht).

● Die **Anfahrt** erfolgt mit dem Zug von Kanchanaburi in Richtung Nam Tok. Aussteigen an der Station Tha Kilen nach ca. 1 Std. Von dort ist es noch ein 1 km langer, ausgeschilderter Fußweg. Züge ab Kanchanaburi fahren um 6.11 und 11.00 Uhr, wer den Morgenzug nimmt, kann den Park in einem Tagesausflug besuchen. Rückfahrt um 13.51 und 16.31 Uhr. Noch günstiger ist allerdings ein Mietfahrzeug.

Hell Fire Pass Memorial Museum

80 km nördlich von Kanchanaburi liegt das 1998 eröffnete Hell Fire Pass Memorial Museum, das Dokumente und Gegenstände aus der Kriegszeit ausstellt. 1943 gruben hier australische Kriegsgefangene eine 500 m lange und 26 m breite Kluft durch harten Fels, mit Dynamit, Schaufeln und Handbohrern. Der Hell Fire Pass kann auf einem 4 Kilometer langen Spaziergang besichtigt werden. Täglich von 9.00 bis 16.00 geöffnet. Eintritt ist frei.

● **Anfahrt:** Das Hell Fire Pass Memorial Museum ist leicht mit jedem **Bus,** der von Kanchanaburi nach Sangkhlaburi fährt, zu erreichen. Das Museum ist auf dem Highway 323 markant ausgeschildert. Die Fahrt dauert ca. 70 Minuten.

Ban Gao Neolithic Museum

Beim Bau der „Death Railway" stieß ein holländischer Kriegsgefangener namens *van Heekeren* auf die Überreste eines prähistorischen Friedhofes. Die Stelle wird heute *Ban Gao* genannt, „Altes Dorf". Nach dem Krieg nahm ein thailändisch-dänisches Archäologenteam die Arbeit an der Fundstelle auf und fand Hinweise darauf, dass dieses Gebiet schon vor mindestens 10.000 Jahren besiedelt gewesen sein musste.

In dem kleinen Museum nahe den Fundstellen sind 3.000-4.000 Jahre alte Töpferwaren, Alltagsutensilien und menschliche Skelette zu begutachten. Eintritt 30 Baht, geöffnet Mi-Fr 8.00-16.30 Uhr.

● Zur **Anfahrt** kommt praktisch nur ein Mietfahrzeug in Frage. Die Entfernung von Kanchanaburi beträgt ca. 35 km.

Erawan-Nationalpark

Hier stürzt der bekannte **Erawan-Wasserfall** in die Tiefe, benannt nach Erawan, dem dreiköpfigen Elefanten aus der hinduistischen Legendenwelt, und ein „Wasserbesitzer" dazu (Sanskrit *airawata*). Der Park wird von vielen Thais als eine Art Picknickplatz benutzt und an Wochenenden oder Feiertagen wirkt es gar ein wenig jahrmarktlich. Schade, denn der 550 m^2 Nationalpark zählt zu den schönsten des Landes. Vom Park führt ein sich windender Pfad nach 2 km zur siebten und höchsten Stufe des Wasserfalls; dabei passiert man mehrere Wasserbecken und Ströme, in denen man teilweise auch schwimmen oder baden kann. Badezeug mitbringen; ansonsten ist zum Laufen festes Schuhwerk anzuraten.

Der Eintritt zum Park beträgt wie derzeit bei allen Nationalparks für Ausländer 200 Baht (Thais 20 Baht).

● **Anfahrt:** Vom Busbahnhof in Kanchanaburi fahren etwa alle 45 Minuten **Busse** der Linie 8170 nach Erawan, die ersten gegen acht Uhr morgens (Fahrpreis 42 Baht, 1½ Std.). Die Busse enden am Markt von Erawan, und von da ist es eine Viertelstunde Fußweg. Die letzten Busse fahren gegen 16.00 Uhr zurück nach Kanchanaburi.

● **Unterkunft:** Bungalows**-**** verschiedener Preiskategorien. Für 20 Baht darf gecampt werden.

Sai Yok Falls

Alle 30 Minuten fährt Buslinie 8203 von Kanchanaburi in Richtung Thong Pha Phum bis zur Gabelung, wo die Straße links zum **Sai-Yok-Nationalpark** abzweigt. Die Fahrt dauert etwa 2 Stunden und kostet 25 Baht. Von hier ist es noch ein Fußmarsch von 3 Kilometern, gelegentlich bieten sich Motorrad-Taxis für 20 Baht zur Weiterfahrt.

Der Nationalpark ist dschungelartig bewachsen und beherbergt angeblich noch Tiger und wilde Elefanten. Die Hauptattraktion ist aber der Sai-Yok-Yai-Wasserfall („Großer Sai Yok"), der sich hier über weiße Kreidefelsen nach unten ergießt. Der Ort ist ein beliebtes Ausflugsziel für Thais, und an Wochenenden geht es recht turbulent zu.

● **Unterkunft:** In der Umgebung von Sai Yok bestehen einige (meist teure) Unterkunftsmöglichkeiten, so das River Kwai Village Hotel****-LLL, Kitti Raft***, River Kwai Cabin****, River Kwai Jungle House***-LLL, River Kwai Raft***, Rom Sak Raft****-*****, Sai Yok View Raft*** u.v.a.

Jungle Rafts – „Floß-Zimmer"

Eine der **malerischsten Unterkünfte der Region** befindet sich etwas flussabwärts von Sai Yok: Das Jungle Rafts**** besteht aus 85 Zimmern (Bad), die auf 24 **traditionellen Bambus-Floßen** errichtet sind. Strom gibt es nicht und absolute Ruhe ist garantiert. Die Floße liegen in einer hübschen Flussbiegung des River Kwae, umgeben von Hügeln und Wäldern. Kostenpunkt 850 Baht/Pers., inklusive drei Mahlzeiten. Package-Touren zum Jungle Rafts bietet die River Kwae Floatel Co. Ltd., Tel. Bangkok 02-2453 069, 02-2475373.

- Zur **Anfahrt** von Bangkok oder Kanchanaburi nehme man zunächst einen Bus bis Sai Yok. Dort ist in einen Bus zum Pier von Pak Saeng (*tha ruea pak seng*) umzusteigen (30 Baht, A.C. 70 Baht). Von dort geht es per Boot in ca. 45 Min. zu den Jungle Rafts (600-700 Baht). Eine direkte Straßenverbindung gibt es nicht.

Nam Tok

Der Name bedeutet einfach „Wasserfall". Hier ist der Endpunkt der Eisenbahnlinie Kanchanaburi – Nam Tok. Die Entfernung beträgt 77 km. (Bangkok – Nam Tok 210 km). Die Fahrt nach Kanchanaburi dauert 2 Stunden und kostet 16 Baht. Die Strecke ist malerisch und sollte nicht ausgelassen werden. Von Bangkoks Thonburi Station fahren täglich zwei Züge (7.35 und 13.45 Uhr, 41 Baht) bis zu diesem Endpunkt. Für den Rückweg muss dann aber eine Übernachtung in Kanchanaburi eingeplant werden, es sei denn, man nimmt denselben Zug zurück. Dieser hat nur einen 15-minütigen Stopp in Nam Tok.

Der Wasserfall, mit genauem Namen Nam Tok Sai Noi oder „Kleiner Yok Sai" (auch *Nam Tok Khao Phang*) ist nicht so beeindruckend wie der Sai Yok Yai. Von seiner besten Seite zeigt er sich in der wasserreichen Zeit von Juli bis September. Der Wasserfall ist stark besucht, und manchem mag es hier zu „touristisch" zugehen.

Tham-Than-Lot-Nationalpark

97 km nördlich von Kanchanaburi liegt dieser Nationalpark, auch *Chaloerm Rattanakosin National Park* genannt. Die Hauptattraktionen sind zwei sehr **imposante Höhlen,** Tham Than Lot Yai und Tham Than Lot Noi, daneben gibt es aber auch eine Reihe von eindrucksvollen Wasserfällen, so den Than Ngoen- und den Than Thong-Wasserfall.

- Die Parkverwaltung stellt **Bungalow-Unterkünfte*****-**** oder Camping-Gelegenheiten zur Verfügung (20 Baht). Informationen unter Tel. 02-5790529, 02-5794842.
- Zur **Anfahrt** nehme man in Kanchanaburi einen Bus über Bor Phloi bis Ban Nong Preu (ca. 30 Baht; Fahrzeit 2-3 Std.). Von dort muss man versuchen, mit einem der unregelmäßig fahrenden Songthaews zum Park zu kommen.

Floß-Trips (Rafting)

Einige Unternehmen bieten Trips auf Hausboot-ähnlichen Flößen an, die für einen 2-Tage-Trip etwa 2.000-3.000

Baht kosten. Auf einem Floß haben bis zu 20 Leute Platz, und somit wird's dann ziemlich preiswert. Die Mahlzeiten sind im Preis inbegriffen. Derlei Touren werden mittlerweile von zahlreichen Guest Houses angeboten.

Zum Teil werden die Rafting-Touren mit Ausflügen auf dem Rücken von **Elefanten** kombiniert. Das klingt zwar verlockend, doch finden die Ritte meist in einem deprimierend kahl geschlagenen Gebiet bei Sankhlaburi an der burmesischen Grenze statt. Von der angepriesenen satten Natur keine Spur!

Thong Pha Phum

Der an der Strecke Kanchanaburi – Sankhlaburi gelegene Ort ist umgeben von satter Natur und weist einen lebendigen und interessanten **Markt** auf. Auf der Fahrt ins verschlafene Sankhlaburi kann man sich hier noch einmal mit dem Nötigsten eindecken. Thong Pha Phum liegt nahe dem Damm des **Khao Laem-Stausees,** der ein wichtiger Stromlieferant für Bangkok ist. Der See wurde 1983 durch die Stauung des River Kwae Noi künstlich geschaffen. Für Thais ist der Damm ein beliebtes Ausflugsziel. Außer einer Herde Affen, die eine Felswand in der Nähe beklettert, gibt es allerdings nicht viel zu sehen. Dafür bieten sich in der weiteren Umgebung des Sees oft herrliche Ausblicke.

Bei der Anfahrt sieht man im Bereich von Sai Yok auf der rechten Straßenseite (aus Kanchanaburi kommend) **Wat Khao Kae,** den „Tempel am Krokodilsberg". Dieser beherbergt eine riesige, mit rotem Wickelgewand bekleidete **Statue** des hinduistischen Elefantengottes **Ganesh.** Eine Ganesh-Statue in dieser Größenordnung ist für Thailand wohl einmalig.

● **Unterkunft** findet sich in Thong Pha Phum im Somjainuek Hotel*-**** (Tel. 034-5990 67) am Markt, sowie in den etwas weiter außerhalb der Innenstadt gelegenen So Bunyong Bungalows*-** (Tel. 034-599441).

Am Ufer des Sees stehen zahlreiche weitere Unterkünfte zur Verfügung; diese sind an Wochenenden aber oft mit Thai-Urlaubern belegt: Wang Pai Chalets***-***** (Tel. 02-2353878), Weekend Garden Resort****-LLL (Tel. 02-4132480), Baan Suan Thaweechai Pha Phum***-LLL (Tel. 034-0599048), Sinsomboon Resort****-LLL (Tel. 034-599222) u.v.a.

● Zur **Anfahrt** nehme man vom Busbahnhof in Kanchanaburi Bus Nr. 8203 (90 Baht). Die Entfernung beträgt ca. 150 km, Fahrtzeit 2½ Std.

Von einer Straßenecke an der Westseite des Busbahnhofs fahren zudem Sammeltaxis nach Thong Pha Phum; 80 Baht pro Person oder 500 Baht, wenn man den Wagen für sich alleine will.

Sunnataram Forest Monastery

Etwa 180 km westlich von Kanchanaburi, an der Straße nach Sankhlaburi, liegt das Sunnataram Forest Monastery. Dieses **Meditationskloster** wurde von *Phra Acharn Yantra Amaro Bhikku* gegründet, bis vor kurzem einer der angesehensten Mönche Thailands. *Phra Yantra,* der mehrere Jahre als Einsiedlermönch in Höhlen und Wäldern verbracht hatte, wurde 1995 jedoch das Opfer eines Sex-Skandals (s. „Religion, Die Mönche"). Im Sunnataram Forest Monastery hatten sich bis dahin zahlreiche seiner Anhänger zur Meditation eingefunden, darunter auch viele Ausländer. Mittlerweile hat er sich in die USA abgesetzt, wo ihm Asyl gewährt wurde; er konnte bei den dortigen Behörden glaubhaft machen, dass er in Thailand keine faire Verhandlung zu erwarten hätte. Die Einsiedelei wird aber von einigen getreuen Anhängern weitergeführt, wenn auch auf spiritueller Sparflamme.

Ein Ableger der Einsiedelei befindet sich auf Ko Kaeo Sunnataram, einer Insel im Khao Laem-Stausee bei Sankhlaburi. Zu deren Besuch ist zuvor die Genehmigung des Sunnataram Forest Monastery einzuholen.

- Zur **Anfahrt** nehme man jeden beliebigen Bus von Kanchanaburi nach Sankhlaburi und bitte den Schaffner, am *Samnak Paa Sunnataram* (so heißt das Kloster auf Thai) herausgelassen zu werden.

Malaria-Gefahr!

Das **thailändisch-burmesische Grenzgebiet** wird von der resistentesten Malaria der Welt heimgesucht. Deshalb ist eine Prophylaxe anzuraten, besonders wenn man sich in Waldgebieten aufzuhalten gedenkt. Die beste Prophylaxe ist, die Mücken erst gar nicht stechen zu lassen. Anti-Moskitosprays oder -cremes sowie die Moskitospiralen (*yaa-gan-yung*) gehören somit zur Grundausstattung. Zusätzlich empfiehlt sich die medikamentöse Phrophylaxe mit dem Malariamittel **Lariam** oder dem Antibiotikum **Doxycyclin.** Nach Aussagen von Apothekern in Kanchanaburi bietet Doxycyclin in dieser Gegend den zuverlässigeren Schutz. Die meisten westlichen Ärzte dürften der Prophylaxe mit einem Antibiotikum – das auf Dauer die Wirksamkeit des Medikaments gefährdet – allerdings kaum zustimmen.

(Siehe auch Kapitel „Vor der Reise“, Abschnitt „Gesundheitsvorsorge“ und „Gesundheits-Informationen“ im Anhang).

Sankhlaburi
สังคลาบุรี

Sankhlaburi, 225 km nordwestlich von Kanchanaburi gelegen, ist ein verschlafener kleiner Ort nahe der Grenze zu Myanmar. Sein Zentrum besteht aus ein paar kleinen Straßen, die man fast mit verbundenen Augen überqueren könnte, Verkehr gibt es kaum.

Touristisch hat Sankhlaburi einiges zu bieten, manchem mag der Ort sogar besser liegen, als das touristisch gesättigte Kanchanaburi.

Sankhlaburi – oder kurz *Sankhla* genannt – befindet sich am Nordende des idyllischen **Khao-Laem-Stausees,** um den sich sanfte, bewaldete Hügel erheben. Am Ufer haben sich zahlreiche Unterkünfte angesiedelt, die in erster Linie von wohlhabenden Thais aufgesucht werden. Außer Wandern und Faulenzen gibt es in Sankhlaburi nicht viel zu tun, es ist aber ein herrlicher Ort zum Entspannen. Störend sind einzig die oft überlauten „Langschwanzboote“, die über den See rasen.

Die **Bevölkerung** Sankhlaburis ist ein interessantes Gemisch aus Burmesen, burmesischen Indern und Nepalesen, Mon, Karen und – fast in der Minderheit – Thais. Viele Einwohner sprechen nur gebrochen Thai, was zu dem unterschwelligen Gefühl beiträgt, dass man sich hier schon außerhalb des Landes befindet.

Der kulturelle Mischmasch macht sich auch in der etwas eklektischen **Tempelarchitektur** bemerkbar. Einige Kilometer außerhalb der Stadt befindet sich der filigran verzierte, hübsche Wat Wangka Wiwekaram (auch *Wat Mon*), der in indisch-burmesischem Stil errichtet ist. Das Zentrum des Wats ist der Chedi Luang Pho Utama, dessen Spitze mit sechs Kilo Gold bedeckt ist. Nahebei findet sich Wat Si Vichai, der einen südindisch-inspirierten *gopuram* (Tempelturm) aufweist. Zur Fahrt zu beiden Tempeln lassen sich in Sankhlaburi Songthaews anmieten.

Unterkunft/Essen

- Ein gutes Preis-/Leistungsverhältnis bietet das **P.Guest House**** (Tel. 034-595061, 034-595140), das wie fast alle Unterkünfte am Ort gleich am Stausee liegt. Über einen idyllischen Garten, der zum See hin abfällt, verteilen sich etliche Bungalows (mit und ohne eigenem Bad). Zwei-Personen-Zelte werden ebenfalls zur Verfügung gestellt. Nebenbei gibt es sehr gutes Essen im Haus, es werden Elefanten- und Rafting-Trips organisiert, und sogar Traveller-Schecks werden gewechselt (allerdings zu niedrigem Kurs; ansonsten Wechselmöglichkeit in der Siam Commercial Bank).
- Das saubere **Burmese Inn***-*** (Tel. 034-595246) wird von einem Österreicher und seiner Thai-Frau geleitet und hat Bungalows mit und ohne Bad/A.C. Auch hier werden Elefanten- und Rafting-Trips angeboten sowie Touren zum Nationalpark Thung Yai Naresuan. Restaurant vorhanden.
- Die folgenden Resorts werden zumeist von Thais aufgesucht und sind an Wochenenden oft ausgebucht: **Sam Prasob Resort*****-****, Tel. 034-595050 (beste Aussicht auf den See, aber etwas laut, da Bootspier nahebei); **Sankhla Garden Home*****-****, Tel. 034-595007, **Song Ka Lia Resort*****-****, Tel. 034-595023-4, **Ponnathee Resort*****, Tel. 034-595134, 595279), **Forget Me Not Resort**LLL, Tel. 034-595013, 034-595015 und **Poy Luang Resort*****, Tel. 034-595207. Alle verfügen über ein Restaurant.
- Gleich in der Innenstadt von Sankhlaburi und als einzige Unterkunft nicht direkt am See liegt das **Sri Daeng Hotel****-**** (Tel. 034-595026, 034-595088) mit halbwegs akzeptablen Zimmern. Restaurant vorhanden.

Anreise

- Direkte Verbindungen ab Bangkok gibt es nicht, alle Wege führen über Kanchanaburi. Ab dem Busbahnhof in Kanchanaburi fahren **A.C.-Busse** zu 144 Baht, ebenso privat betriebene **Kleinbusse** (*rot tho*). Fahrtzeit 3½-4 Std.
- Im Straßenblock an der Westseite des Busbahnhofes in Kanchanburi befindet sich ein Taxistand für **Taxis** nach Thong Pha Phum, 74 km vor Sankhlaburi gelegen. Bis Thong Pha Phum kostet die Fahrt 600 Baht fürs ganze Taxi oder 100 Baht/Person. Wer die Taxis bis Sankhlaburi anheuert, zahlt um die 1500 Baht. Ab Thong Pha Phum finden sich auch Kleinbusse oder Songthaews für die Weiterfahrt nach Sankhlaburi.

Umgebung von Sankhlaburi

Three Pagodas Pass

An der Grenze zu Myanmar, 15 km nordwestlich von Sankhlaburi, bietet der Three Pagodas Pass einen **Durchlass durch die Berge nach Myanmar.** In vergangenen Jahrhunderten drangen hier die Burmesen ein, um den Erzfeind Thailand das Fürchten zu lehren, so z.B. bei der Zerstörung Ayutthayas im Jahre 1767. Die von den Japanern im 2. Weltkrieg gelegte Death Railway führte an dieser Stelle nach Burma hinein; die Gleise wurden später jedoch entfernt.

Der Pass wird durch drei kleine, unscheinbare Chedis markiert, den Phra Chedi Sam Ong (wörtl. etwa „hochverehrte drei Chedis"). Thai-Urlauber lassen sich gerne davor fotografieren. Gleich hinter den Chedis befindet sich ein Immigrationsschalter. Um Thailand zu verlassen, müssen Westler in Sankhlaburi zur Polizei und sich dort registrieren lassen. Mit der Quittung kann man dann die Thai Seite der Grenze überqueren. Im burmesischen Immigrationshäuschen 100 Meter weiter zahlen westliche Reisende 5 US$. Der Passierschein ist nur für den Tag der Ausstellung und bis 18 Uhr gültig. Ausländer dürfen nur bis zum 2 km hinter der Grenze gelegenen Ort **Phayathonzu** („Drei Tempel") vordringen, danach geht nichts mehr, weder für Thais noch für andere Nationalitäten. Eine etwaige Visumsverlängerung, bzw. eine neue 30 Tage Aufenthaltserlaubnis für Thailand wird an diesem Grenzübergang nicht ausgestellt.

Gleich hinter dem Ort lauern in Bunkern **burmesische Soldaten** auf eventuelle Grenzverletzer. Selbst die Tempel von Phayathonzu (Burmesisch für „Drei Tempel") werden von MG-bewaffneten Soldaten bewacht, manche davon kaum älter als 16 Jahre.

Ein großes Schild an der Grenze weist darauf hin, dass **Videokameras nach Myanmar nicht eingeführt** werden dürfen.

Die Thais decken sich auf dem Markt von Phayathonzu mit preiswerten **burmesischen Waren** ein. Es gibt Holzschnitzereien, hölzerne Gefäße, holzgerahmte Wanduhren, hölzerne Musikinstrumente (z.B. Gitarren), Möbel, Stoffe, Edelsteine, Jade, Schmuck, burmesische Zigaretten und Spirituosen. Einige der Waren werden aber auch auf der thailändischen Seite der Grenze angeboten. Thais müssen die Waren an einem Zollposten ca. 1 km in Richtung Sankhlaburi verzollen (bzw. ein Schmiergeld entrichten!), Ausländer werden jedoch durchgewunken.

Der Renner schlechthin sind allerdings **Orchideen,** die auf beiden Seiten der Grenze sackweise verkauft werden. Wilde Orchideen sind in Thailand geschützt. Auf der anderen Seite der Grenze; im völlig gesetzlosen Myanmar, sammeln Kinder und Erwachsene die Orchideen in großen Plastiksäcken. Oft wird der Ast, an dem die Pflanze haftet, gleich mit abgesägt. In Hütten entlang des Grenzzauns werden die Orchideen schnell gesäubert und von Unkraut befreit und dann direkt über den Zaun gereicht, wo junge Frauen mit gelb bemalten Gesichtern (eine burmesische Tradition, die sowohl dem Sonnenschutz als auch als Make-up dient) schwere Orchideen-Nachschlagwerke wälzen, um die Vielfalt der Arten, die verkauft werden, für die Kunden zu identifizieren.

- **Unterkunft:** Three Pagodas Resort**-**** (Tel. 034-595316-7 und Bangkok 02-4124159).
- **Essen:** Gleich an den drei Chedis befinden sich einige kleine Restaurants – nichts Außergewöhnliches, aber peiswert und ganz ordentlich. Manche Speisen haben einen burmesischen Einschlag.
- **Anreise:** Von Sankhlaburi fahren ca. alle 45 Min. Songthaews zu 50 Baht/Person. Gecharterte Songthaews kosten 500 Baht für die Hin- und Rückfahrt.

Elefanten-Treks und Rafting

Beides wird vom P.Guest House und vom Burmese Inn in Sankhlaburi und auch von den meisten anderen Unterkünften im Ort angeboten.

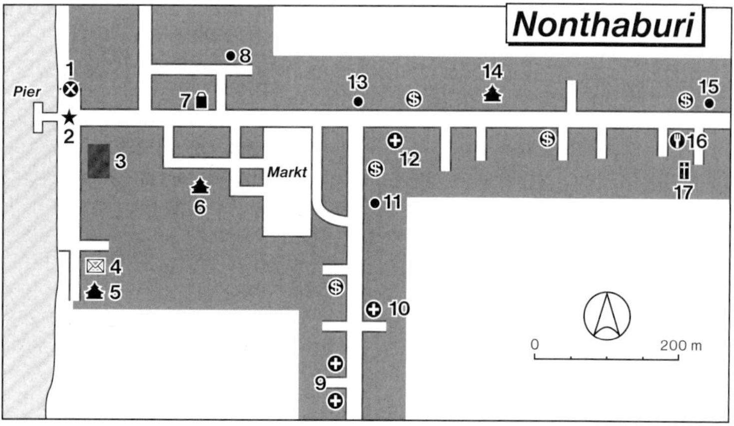

Nonthaburi

นนทบุรี

Dieser Ort liegt am Nordwestrand von Bangkok, etwa 20 km vom Stadtkern entfernt. Auf Landkarten ist Nonthaburi – kurz auch *Non'buri* genannt – noch als separate Stadt eingezeichnet, in der Praxis ist sie aber zu einem Vorort von Bangkok geworden. Bezeichnenderweise benötigt man für Telefongespräche von Bangkok nach Nonthaburi keine Vorwahlnummer. Bangkok hat den Ort in seinem ungeheuren Wachstum geschluckt.

Nonthaburi ist am besten mit dem Expressboot von Bangkok aus zu erreichen und ist dessen nördliche Endstation. Auf dem Weg dorthin passiert man zahlreiche idyllisch gelegene Wats und eine große moderne Moschee (auf der rechten Seite von Bangkok aus). Außerdem liegt die Singha-Brauerei an der Strecke (ebenfalls rechts), die Produktionsstätte des gleichnamigen Bieres und der Ursprungsort manch üblen Traveller-Katers.

Nonthaburi selber wirkt recht kleinstädtisch, und da gibt es sogar noch die Fahrrad-Samlors, die schon lange aus Bangkok verbannt sind.

Auf der anderen Flussseite von Nonthaburi liegen einige Wats, herrlich von Palmen und dichter Vegetation umgeben. Dazwischen befinden sich die typischen thailändischen Holzhäuser, die auf Pfählen gebaut sind. Um auf diese Flussseite zu gelangen nehme man die Fähre, die von der Endstelle des Expressbootes den Fluss überquert. Die Überfahrt kostet 1 Baht, bezahlt wird auf der anderen Seite.

Geht man von diesem Ufer weiter geradeaus, und biegt dann in die erste kleine Straße rechts, kommt man zu dem ruhig gelegenen **Wat Salaktai.** Schilder in Thai bitten den Besucher, hier keinen Lärm zu machen. Geht

⊗	1	Samlors
★	2	Glockenturm
•	3	Stadtverwaltung
✉	4	Post
▲	5	chin. Tempel
▲	6	Wat Bangkwang
■	7	Bäckerei
•	8	Bangkwang Gefängnis
⊕	9	Kliniken
⊕	10	Zahnklinik
•	11	Kino
⊕	12	Klinik
•	13	Kino/CD-Shop
▲	14	Wat Chinakhorn
•	15	Kino
⊕	16	Thai Restaurant
ⅱ	17	Nonthaburi Baptist Church
$		Bank

man von diesem Wat weiter in nördliche Richtung über einen schmalen mit Steinplatten ausgelegten Weg, kommt man nach ca. 1 km zu **Wat Chaloerm.** Der in der Mitte des Tempelkomplexes stehende Chedi stammt aus der Ayutthaya-Periode, und an dessen Nordseite befinden sich wunderschöne neue Holzbauten, in denen die Mönche wohnen. Zwischen den Häusern ist ein kleiner Park mit Teichen und steinernen Tierfiguren angelegt. An der Südseite des Chedi liegt ebenfalls ein kleiner Park, und darin befinden sich bizarre Figuren aus Stein bzw. Holz. Gelegentlich sitzt ein meditierender Mönch zwischen den Figuren, und im ersten Augenblick könnte man ihn selber für ein steinernes Kunstwerk halten. Die Figuren stellen Fantasiewesen dar, irgendwo zwischen Mythologie und Science-Fiction.

Auf dem **Markt** in Nonthaburi, vom Pier die Hauptstraße entlang auf der rechten Seite, gibt es einfach alles, was kreucht und fleucht. In Plastik-Containern tummeln sich Tausende von Fröschen, Schildkröten, Fischen, Krabben und Shrimps. Dazu ist eine unvorstellbare Auswahl getrockneter Chilis im Angebot. Die kleinen Gassen des Marktes, die jeden Tag voller Käufer sind, scheinen Lichtjahre weit weg von der großen Metropole.

In einer Soi gegenüber vom Markt liegt das berüchtigte **Bangkwang Gefängnis** (www.correct.go.th/brief.htm), in dem auch eine ganze Reihe Westler sitzen. Eine längere Haftstrafe hier ist sicher die Hölle. Es ist möglich, Gefangene zu besuchen, man sollte allerdings bei der zuständigen Botschaft vorsprechen, um die Namen der Insassen herauszufinden, bevor man nach Bang Kwang fährt. Bei Besuchen sollte man anständig angezogen sein und etwaige Mitbringsel in einer durchsichtigen Plastiktüte, mit dem Namen des Insassen beschriftet, verstauen. Viele Gefangene freuen sich über Besuch.

Unterkunft

Von den zahlreichen Hotels in Nonthaburi empfiehlt sich vorrangig das **Nonthaburi Palace******, gelegen an der Straße in Richtung Pak Kret, nur wenige Bootsminuten nördlich von Nonthaburi (3/10 Moo 1, Nonthaburi 1 Rd., Tel. 02-9690160, Fax 02-9690171-3). Um hinzugelangen, fahre man mit einem Boot in Richtung Pak Kret und steige aus am Pier Tha Ruea Kwan; mit dem Bus in Richtung Pak Kret oder Taxi kommt man aber auch hin. Die Zimmer sind komfortabel und haben A.C. und TV.

Anreise

- Am besten mit einem der **Expressboote,** die zumeist in Nonthaburi ihren Endpunkt haben (gelegentlich auch im weiter nördlich gelegenen Pak Kret). Von den Anlegestellen des Expressbootes in Bangkok (auf allen besseren Stadtplänen eingezeichnet) fahren alle Expressboote rechts herunter nach Nonthaburi. Von den Anlegestellen auf der Thonburi-Seite also logischerweise links hinunter. Die Fahrt von Wat Mahathat kostet 8 Baht, Dauer etwa 40 Min.

- Außerdem fahren folgende **Busse** von Bangkok nach Nonthaburi: Ab Banglamphoo Nr. 30; ab Wat Po Nr. 32, ab Rajdamnoen Nr. 33; ab Victory Monument Nr. 63 und 97; ab Sanam Luang Nr. 65 und 203.
- Nur am Sonntag fahren **Ausflugsboote** der Chao Phraya Express Boat Co. nach Wat Pailom, Abfahrt 8.00 Uhr am Maharat-Pier *(Tha Maharat)*. Information in Bangkok unter Tel. 02-225330. Kosten für die Hin- und Rückfahrt ca. 300 Baht.

Rückfahrt nach Bangkok

- Die **Expressboote** fahren nur bis 18.00 Uhr, also auf die Zeit achten.
- Hier die Zeiten für die letzten **Busse** zurück nach Bangkok: Linie 30 (22.00 Uhr), Linie 32 (22.00 Uhr), Linie 33 (21.30 Uhr), Linie 63 (fährt die ganze Nacht durch), Linie 97 (fährt die ganze Nacht durch) und Linie 203 (fährt die ganze Nacht durch).

Ko Kret

เกาะเกรด

Ko Kret (ca. 6.000 Einwohner) ist eine kleine **Insel im Chao-Phraya-Fluss,** die vor etwa 200 Jahren entstand, als Einwanderer vom Volksstamm der Mon eine weit ausholende Schlaufe des Flusses durch einen Kanal verbanden – das Gebiet innerhalb der Schlaufe wurde so zur Insel. Bis heute hat sich die Insel eine erfrischende Rustikalität erhalten; sie stellt ein wunderbares Ausflugsziel von Bangkok aus dar.

Auf der Insel – gelegen im Bereich des Ortes Pak Kret – befinden sich **sieben Dörfer,** die durch eine schmale, autofreie Straße untereinander verbunden sind. Dazu gibt es einige Tempel, Palmenhaine und viel ländliche Idylle.

Der interessanteste und größte Tempel ist der über 200 Jahre alte **Wat Paramai Yikawat,** gleich am Hauptpier von Ko Kret gelegen. Man beachte einen der weißen Chedis, der das thailändische Pendant zum Schiefen Turm von Pisa zu sein scheint: Durch den daran vorbei fließenden Fluss ist das Fundament unterspült worden, und nun kippt er bedenklich zur Seite.

Ko Kret ist traditionell ein Zentrum der **Töpferei,** ein Handwerk, das die alten Mon hier eingeführt haben. Die gute Tonerde von Ko Kret war wie geschaffen dafür. In einem kleinen, in einem alten Holzhaus untergebrachten **Museum** (ca. 150 m westlich von Wat Paramai Yikawat) werden sehenswerte alte Tongefäße ausgestellt. Leider sind sie nicht beschildert und mit Altersangaben versehen, einige Stücke sollen aber über hundert Jahre alt sein.

Im Eingangsraum des Hauses gibt es auch einige Tonwaren zu kaufen, vornehmlich Wasserkrüge in verschiedenen Größen. Der Eintritt zum Museum ist frei; geöffnet ist es etwas unregelmäßig, tägl. etwa 8.00-15.00 oder 17.00 Uhr. Das Museum ist nur auf Thai ausgeschildert, und wer es nicht findet, frage im Dorf nach Paa Prung, „Tante Prung". Das ist die nette ältere Verwalterin des Hauses, die hier jeder kennt.

Nahe dem Museum befinden sich einige **Tonbrennereien,** wo man den

Töpfern bei der Arbeit zusehen kann. Mittlerweile gehen die Vorräte an Tonerde auf Ko Kret zu Ende, und Nachschub muss vom flussaufwärts gelegenen Ort Sam Kok herangeschafft werden. Durch die Tonbuddelei ist es außerdem zu starker Bodenerosion gekommen.

Unterkunft

- Am besten im **Nonthaburi Palace****** (siehe Nonthaburi), das nur 10 Bootsminuten von Pak Kret entfernt ist. Der Straßenweg dauert erheblich länger.
- Notfalls lässt sich noch das **Sweet Inn Hotel***** erwägen, in erster Linie ein Stundenhotel, 3 km nördlich von Pak Kret an der Straße nach Pathum Thani gelegen (38/129 Tiwanont Rd., Tel. 02-5841943, 02-5831265). Neben Motel-ähnlichen „short-time"-Zimmern mit A.C. gibt es noch A.C.-Zimmer in einem neueren, regulären Hotelgebäude.

Anreise

- Ab Bangkok fahren **Expressboote** in ca. 50-60 Min. nach Pak Kret; von dort gehe man einige hundert Meter in südlicher Richtung zum Pier am Wat Sanam Nuea; von dort setzen Fähren nach Ko Kret über (2 Baht).
- Falls man kein direktes Expressboot nach Pak Kret erwischt, fahre man zunächst bis Nonthaburi, wo man in ein Boot nach Pak Kret umsteigt. Da die Boote oft lange auf sich warten lassen, könnte man von Nonthaburi auch gleich ein Taxi zum Pier von Wat Sanam Nuea nehmen (ca. 100-120 Baht). Von dort geht's weiter wie oben.
- Direkte **Taxis** ab der Innenstadt von Bangkok kosten je nach Verkehrslage und Ausgangsort ca. 250-300 Baht. Die Fahrt dauert länger als die mit den Expressbooten und ist auch längst nicht so interessant.
- **Chao Praya Express Boat Co.** bieten einen Tagesausflug nach Ko Kret an. Ein Boot fährt täglich um 9.00 vom Sathorn Pier (Taksin Brücke), um 9.30 Uhr am Maharaj Pier (Wat Mahatat) ab. Diese Tour führt, begleitet von einem englisch sprechenden Führer, auf Ko Kret zum Wat Paramai Yikawat und zum Museum. Auf dem Rückweg hält das Boot am Ban Kanom Thai (House of Sweets) und am Sangsirtham Floating Market. Rückkehr am Maharaj Pier ist um 15.00, am Sathorn Pier um 15.30 Uhr. Kostenpunkt Erwachsene 300 Baht, Kinder 250 Baht (Tel. 02-6236001).

Bang Bua Thong

Bei der Visite von Ko Kret lässt sich auch gleich Bang Bua Thong mitbesuchen, das so genannte „Dorf der Süßigkeiten". In dem Dorf, westlich des Chao Phraya am Klong Bua Thong gelegen, werden in zahlreichen Häusern in Heimarbeit traditionelle **thailändische Süßspeisen** hergestellt. Am geschäftigsten geht es gegen 9 oder 10 Uhr morgens zu, und die Zubereitung lässt sich oft sogar vom Boot aus beobachten. Die Süßigkeiten werden zum Großmarkt Pak Klong Talaat in Bangkok verfrachtet, von wo aus sie über ganz Bangkok verteilt werden.

Anreise

Von Ko Kret lassen sich Boote nach Bang Bua Thong anheuern. Man winke einfach ein vorbeifahrendes Boot heran. Falls man eines der Linienboote erwischt, die regulär nach Bang Bua Thong fahren, kostet das 10 Baht/Pers. Die eigene Boots-Charter kostet ca. 300 Baht für Hin- und Rückfahrt.

Pathum Thani

ปทุมธานี

Ein nettes kleines Provinzstädtchen, gerade 40 km nördlich von Bangkok am weiten Chao Phraya gelegen. In

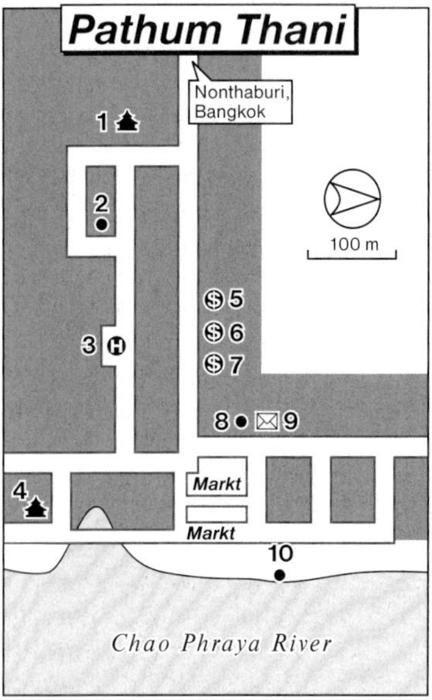

- 1 Chinesischer Tempel
- 2 Kino
- 3 Bus Station
- 4 Wat Sopharam
- 5 Thai Farmers Bank
- 6 Bangkok Bank
- 7 Siam Commercial Bank
- 8 Polizei
- 9 Post
- 10 Boote zum Wat Pailom

der Umgebung gibt es viel Grün zu sehen – Reisfelder, Kokoshaine und Bananenstauden –, und die Nähe Bangkoks wird eigentlich nur durch die tief fliegenden Düsenjets in Erinnerung gerufen, die den nahen Don Muang Airport ansteuern.

Die Hälfte des Ortes scheint durch den weit auslaufenden Markt eingenommen zu werden, der wie überall ein absolutes Rundum-Angebot aufzuweisen hat. Besonders malerisch sind die Marktstände entlang der kleinen Uferstraße am Chao Phraya, nahe den Bootspiers.

Die Hauptattraktion Pathum Thanis ist jedoch der wenige Kilometer nördlich gelegene **Vogelschutzpark Wat Pailom.** Hier nisten von Dezember bis Juni Abertausende von Störchen *(open-billed storks)*, die ein permanentes lautes Geschnalze verbreiten. Das waldartige Gelände wird von einigen gut begehbaren Wegen durchkreuzt, und in allen Baumkronen hocken Dutzende von Vögeln. Vorsicht vor dem regelmäßig fallenden Kot! An der Südseite des Gebietes befinden sich die Brutplätze der Vögel. Schilder bitten um ein besonders ruhiges Verhalten.

Das nicht sehr große Gebiet kann in einer Stunde bequem durchwandert werden. Inmitten des Waldes befinden sich auch zwei Tempel, **Wat Amphu Wararam** und **Wat Pailom.** Zu letzterem gehört eine überlebensgroße Buddha-Statue, die mysteriös-versunken in der Vegetation zu meditieren scheint.

Am Bootspier von Pathum Thani lassen sich Boote für die Fahrt zum Schutzgebiet chartern. Die zur Verfügung stehenden Boote sind *rüa song torn,* eine kürzere Variante der „Langschwanzboote" *(rüa haang yao).* Der Preis ist Verhandlungssache, ca. 200-300 Baht für die Hin- und Rückfahrt, je nachdem wie viele Leute mitfahren.

Fahrtdauer ca. 15 Minuten. Auf halber Strecke passiert man links den hübsch gelegenen „Hühnertempel", **Wat Gai Thia,** benannt nach einer winzigen thailändischen Hühnerrasse, *gai thia.* Auf der Fahrt zum Vogelschutzgebiet kann man den Fahrer bitten, am Wat zu stoppen.

Unterkunft/Essen

- Leider gibt es im Ort keine empfehlenswerten Hotels.
- Der schon erwähnte **Markt** bietet jede Menge preiswerte Essensstände. Ein Stand verkauft die beliebten „Bootsnudeln" *(kuitiau rüa),* eine Art Nudelsuppe mit Rindfleischbrocken darin, die Portion zu 6 Baht. Der Stand ist auch tatsächlich in einem kleinen Boot untergebracht (an Land allerdings).

Anreise

- Der schnellste Weg von Bangkok nach Pathum Thani führt mit dem **Skytrain** bis zur Endstation Mor Chit. Von hier geht es mit dem **Bus Nr. 510** weiter; ca. 1 Std. Fahrzeit.
- Ansonsten könnte man auch mit dem **Expressboot** bis Nonthaburi fahren (siehe Ortsbeschreibung „Nonthaburi"), und von dort mit Bus Nr. 31 weiter nach Pathum Thani.

Weiterreise

- Vom kleinen Busbahnhof in Pathum Thani fahren nur **Busse** in die nähere Umgebung.
- Wer nach **Ayutthaya** will, muss zunächst mit einem der orangenen Busse nach Ban Phäng fahren und dort in einen Bus nach Ayutthaya umsteigen. Für andere Verbindungen empfiehlt sich die Rückkehr nach Bangkok. Abfahrtzeiten für die letzten Busse zurück: Linie 33: 21.30 Uhr. Der letzte Bus Nr. 510 von Rangsit/Pathum Thani zurück zur Mor Chit Skytrain Station geht ebenfalls um 21.30 Uhr. Der Skytrain fährt bis Mitternacht.

Ayutthaya

อยุธยา

Von 1350 bis 1767 war Ayutthaya die Hauptstadt Siams und allen Berichten zufolge die beeindruckendste Stadt Asiens. Europäische Besucher waren überwältigt vom Glanz der Stadt und behaupteten, nie etwas Ebenbürtiges gesehen zu haben. 33 Könige verschiedener Dynastien hatten in Ayutthaya geherrscht, bis es 1767 von den Burmesen fast dem Erdboden gleich gemacht wurde (siehe „Geschichte").

Das heutige Ayutthaya hat ungefähr 60.000 Einwohner und ist eine unauffällige Provinzstadt (71 Bahn- oder74 Straßenkilometer nördlich von Bangkok gelegen), auf deren Gebiet sich noch zahlreiche Relikte der ruhmreichen Vergangenheit befinden. Der Ort liegt am Zusammenfluss der Flüsse Chao Phraya, Lopburi und Pa Sak und ist – ähnlich einer Insel – gänzlich von Wasser umgeben. Die Lage zwischen den Flüssen war ursprünglich von strategischer Bedeutung, heute schafft sie im Abendlicht malerische Stimmungsbilder.

Seit 1991 ist das Gebiet der früheren Hauptstadt **UNESCO Weltkulturerbe.** Leider ist die Gegend um einige Ruinen so bebaut, dass manch alter Tempel im Vorgarten eines Hotels oder mitten in einem Jahrmarkt zu stehen scheint. Dennoch kann man in Ayutthaya einen guten Eindruck vom Glanz und Ruhm der Vergangenheit bekommen.

Da Ayutthaya nahe an Bangkok liegt, steht die Stadt auf dem Pro-

gramm **unzähliger Touristen,** die per Bus oder Schiff für einen halben Tag über die alten Steine herfallen, bevor sie am späten Nachmittag wieder verschwinden. Schatten gibt es so gut wie keinen, daher ist ein Besuch am frühen Morgen zu empfehlen. Ein längerer Aufenthalt lohnt sich und Ayutthaya weist eine kleine Auswahl guter Unterkünfte in allen Preisklassen auf. Zudem ist der **Hua Ror Nachtmarkt** einer der schönsten Thailands.

Am Bahnhof warten schon die Tuk-Tuk-Fahrer, die die Besucher zu den Ruinen des alten Ayutthaya kutschieren wollen. Die Rundfahrten sind bei etwa 100-150 Baht pro Stunde nicht billig, die Entfernungen innerhalb der Stadt aber zu groß, um an einem Tag alles ablaufen zu können.

Leider erweisen sich viele Tuk-Tuk-Fahrer als rüde und wollen nur möglichst schnell viel Geld abziehen – gut aussuchen, mit wem man fährt! Besser noch ist, sich in den Guest Houses ein Fahrrad auszuleihen (30-40 Baht pro Tag). Songthaews (Stadt) kosten 3 Baht/Pers.

Wer zu Fuß geht, braucht vom Busbahnhof bis zum Phraram Park (immer genau nach Westen) knapp eine halbe Stunde. Vom Bahnhof aus kommend muss erst für 3 Baht der Fluss gegenüber überquert werden. Die Fähre fährt schräg nach rechts zum Markt. Von dort aus ebenfalls Richtung Westen laufen.

Schließlich ist es auch noch möglich Ayutthaya richtig königlich zu erleben **– auf dem Rücken eines Elefanten.** Domestizierte Elefanten sind im heutigen Thailand so gut wie arbeitslos und man könnte argumentieren, dass die vielen Touristen, die sich von den Tieren herumtragen lassen, zu deren Überleben beitragen. Elefantenritte kosten 500 Baht pro Person.

- **Eintritt:** Alle historischen Gelände und das Museum kosten für Ausländer jeweils 20 bis 30 Baht, für Thais nur 10 Baht.

Information

Die **TAT** unterhält ein Büro in der Si Sanphet Road, Tel. 035-246076; geöffnet wie die meisten der Büros täglich 8.00-16.30 Uhr. Gleich daneben befindet sich die **Tourist Police.**

Sehenswertes

Wat Yai Chai Mongkon wurde von König *U-Thong* im Jahre 1357 erbaut und sollte der Meditation dienen. Als König *Naresuan* im Jahre 1592 die Burmesen besiegt hatte, ließ der die große Pagode des Tempels bauen, um mit einer von Burmesen errichteten großen Pagode gleichzuziehen.

Wat Phanan Choeng wurde im Jahre 1324 errichtet, noch bevor Ayutthaya Hauptstadt geworden war. Der zum Tempel gehörende 19-m-Buddha wird von vielen Thais verehrt.

In **Chao Sam Phraya National Museum** befinden sich alte bronzene Buddha-Figuren sowie Reliquien des Buddha. Mo und Di geschlossen.

Wat Phra Mahathat im **Phraram Park** wurde von König *Ramesuan*

Tempel in Ayutthaya

- 1 Wat Kok Phaya
- 2 Phu Khao Thong
- 3 Wat Prachedtaram
- 4 Wat Chai Wattanaram
- 5 Wat Raya Pli
- 6 Wat Krasatraram
- 7 Wat Thammaram
- 8 Wang Lang
- 9 Phom Tai Kop
- 10 Wat Phrom Niwat
- 11 Wat Sala Pun
- 12 Wat Tin Tha
- 13 Wat Lokaya Sutha
- 14 Viharn Phra Mongkon Bophit
- 15 Elefantencamp
- 16 Khum Khun Paen
- 17 Wat Phra Ram

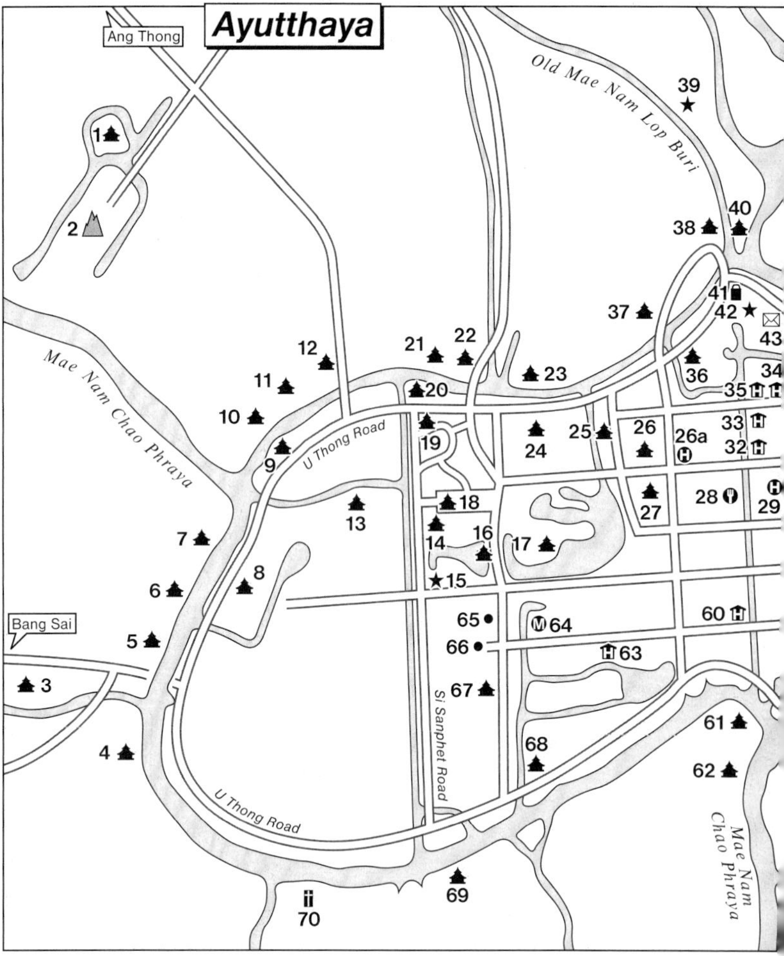

18 Wat Phra Si Sanphet
19 Wang Luang (Königl. Palast)
20 Phom Tai Sanom
21 Wat Hasadawat
22 Wat Na Phra Men

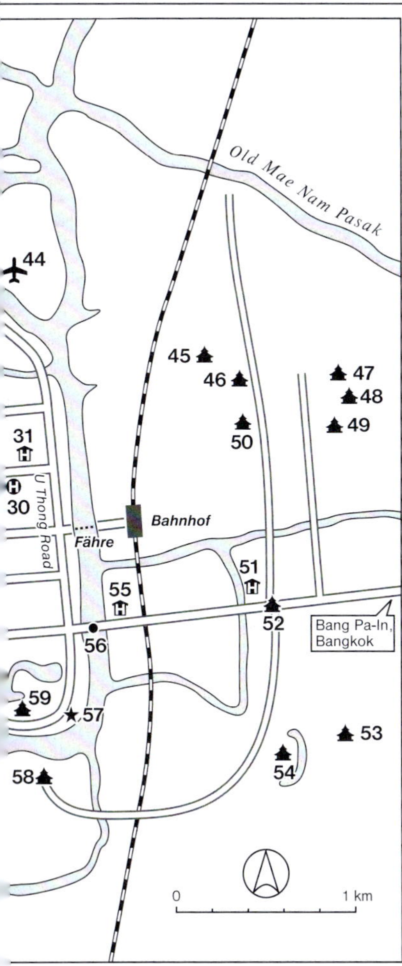

23 Wat Khudi Thong
24 Wat Thammikarat
25 Wat Yana Sen
26 Wat Ratchaburana
26a Busbahnhof nach Bangkok
27 Wat Mahathat
28 Veg. Restaurant
29 Busse nach Bang Pa-In
30 Busse nach Bangkok
31 Ayothaya Hotel
32 UP Inn
33 Ayutthaya Guest House
34 Tony's Place
35 Chantana House
36 Phom Pratu Kao Pluak
37 Wat Rong Khong
38 Wat Mae Nang Pleum
39 Elefantenkraal
40 Phom Mahachai
41 Hua Ror Nachtmarkt
42 Chan Kasem Palast/Wang Na
43 Post
44 Landeplatz
45 Wat Pradu Sohgtham
46 Wat Khudi Dao
47 Wat Maheyong
48 Wat Rang
49 Wat Chang
50 Wat Somana Kotharam
51 U-Thong Inn
52 Wat Sam Pleum
53 Wat Chedi Sam Ong
54 Wat Yai Chai Mongkon
55 Kung Sri River Hotel
56 Pridi-Damrong-Brücke
57 Phet-Festung
58 Wat Phanan Choeng
59 Wat Suwan Dararam
60 Wiang Fa Hotel
61 Wat Nang Kui
62 Wat Mai Bang Kacha
63 Suan Luang Hotel
64 Chao Sam Phraya National Museum
65 Tourist Police
66 Tourist Office
67 Phom Pratu Chakrai Noi
68 Wat Boroma Phuttharam
69 Wat Buddhaisawan
70 St.-Joseph's-Kathedrale

1384 erbaut. Als der Tempel 1956 restauriert wurde, fand man eine Vielzahl unschätzbar wertvoller Gegenstände, Reliquien Buddhas und goldene Buddha-Figuren. Im Phraram Park befinden sich außerdem ein kleiner See in hübscher Umgebung sowie ein Restaurant.

Wat Ratchaburana wurde von *Boromraja 2.*, Ayutthayas siebtem König, erbaut, und zwar an derselben Stelle, an der zuvor der Leichnam seines Bruders verbrannt worden war. Bei der Restaurierung 1958 wurden goldene Buddha-Figuren und königliche Insignien entdeckt.

Der **Elefanten-Kraal** an der Nordseite der Stadt ist ein von Teakholz-Stämmen umgebenes Gelände, in das gefangene wilde Elefanten getrieben wurden. Die letzte Elefantenjagd fand 1903 statt, diente aber lediglich dem Amusement der Gäste König *Chulalongkorns.*

Viharn Phra Mongkon Bophit beherbergt eine riesige bronzene Buddha-Statue, eine von Thailands größten Bronzefiguren. Die Statue stammt aus dem 15. Jahrhundert und wird von vielen Thais verehrt.

Wat Phra Si Sanphet war der wichtigste Tempel auf dem Gelände des königlichen Palastes. Im Jahre 1500 wurde eine 16 m hohe, stehende Buddhafigur gegossen und mit 170 Kilo Gold überzogen. Als die Burmesen 1767 Ayutthaya plünderten, versuchten sie das Gold mit Feuer abzuschmelzen und setzten dabei den ganzen Tempel in Brand.

Der **Chan Kasem Palace** wurde von König *Thammaraja* erbaut, dem 17. König Ayutthayas. Von den Burmesen wurde auch dieser Palast zerstört, später wieder von König *Mongkut* rekonstruiert, da er den Palast als Wohnsitz bei seinen Aufenthalten in Ayutthaya nutzen wollte.

Auch einen Besuch wert ist das **Ayutthaya Historical Study Centre** an der Rotchana Rd., in dem einige Multimedia-Projekte die Geschichte der Stadt veranschaulichen. Geöffnet Mo-Fr 9.00-16.30 Uhr, Sa/So bis 17.00 Uhr. Eintritt 100 Baht.

Unterkunft

Eine kleine Ansammlung von preiswerten Guest Houses befindet sich etwas nördlich des Busbahnhofes, an einer Gasse, die von der Naresuan Road abzweigt (Soi Tho Ko So oder Thaw Kaw Saw).

- Ein alter Favorit hier ist das **Ayutthaya Guest House****, am Ende einer Gasse gelegen, die von der Naresuan Rd. abzweigt; Tel. 035-232658. Einfache, ordentliche Zimmer in einem schönen Holzhaus.
- Gegenüber liegt das **Chantana House****-*** (Tel. 035-323200), das neue, saubere Zimmer mit und ohne A.C und Heißwasser bietet.
- Ebenfalls gegenüber findet sich in einem alten Holzgebäude **Tony's Place****-**** (Tel. 035-252578), das Zimmer mit als und ohne A.C anbietet. Es gibt ein Restaurant, Billardtisch und Internet-Service.
- Gleich neben dem Ayutthaya Guest House liegt das einfache **BJ1 Guest House*** (Tel. 035-251526), das allerdings inzwischen einen ziemlich heruntergekommenen Eindruck macht.
- In einer Gasse neben dem Ayutthaya Guest House liegt das **UP Inn****-*** (Tel. 035-251213). Saubere Zimmer mit Bad, manche auch mit A.C., freundliches Management und ein kleines Restaurant.
- Etwas nördlich der Busstation, in Soi 2 der Tetsaban Road (nahe Naresuan Rd.), liegt das **Ayothaya Hotel******-LLL (ehemals Si Smai

Hotel; Tel. 035-232855, Fax 035-251018). Zimmer mit Bad, A.C. und TV, dazu ein Swimmingpool und Frühstück inklusive.

In anderen Teilen der Stadt:

- Das **Suan Luang Hotel***** oder Royal Garden Hotel befindet sich nahe dem Museum und ist ein moderner Bau mit komfortablen Zimmern mit Bad, A.C., Kühlschrank und TV. Eine gute Wahl für Leute, die für relative wenig Geld in einem Hotel statt einem Guest House wohnen wollen. Tel./Fax 035-245537.
- Das **U-Thong Inn******-***** liegt etwa 1 km östlich des Bahnhofes an der Rotchana Road, am Ostrand der Stadt. Das Haus besteht aus einem älteren und einem modernen Flügel, und die Zimmer in letzterem gehören zum Besten, was Ayutthaya zu bieten hat. Zimmer mit Bad, A.C., Kühlschrank und TV, dazu gibt's einen Swimmingpool. Tel. 035-242236, Fax 035-242235.
- Ähnlich gelagert ist das **Ayuthaya Grand Hotel******-***** (035-335483-91) an der Rotchana Road. Zimmer mit Bad, A.C., TV und Kühlschrank, dazu Swimmingpool und Frühstück inklusive.
- Das **Wiang Fa Hotel***** (1/8 Rochana Rd., Tel. 035- 241353) hat große Zimmer, auch mit A.C. Dem Hotel ist ein schöner Garten angeschlossen.
- Das **Krung Sri River Hotel******-LLL (27/2 Moo 11 Rojchana Rd., Tel. 035-244333) liegt direkt am Fluss in der Nähe des Bahnhofs und bietet allen erdenklichen Komfort (Sauna, Karaoke, Fitnesszentrum, Kegeln, Billard und einen Swimmingpool).

Essen

Das beste und preiswerteste Essen gibt's am **Chao-Phrom-Markt** an der Bushaltestelle und am **Hua-Ror-Markt** etwas nördlich des Chandra-Kasem-Palastes. Letzterer ist schon wegen seiner besonderen Atmosphäre unbedingt zu empfehlen. Außer Essen werden hier auch Kleider, Schmuck, Musik etc. angeboten. An der Pridi-Damrong-Brücke (auf dem Weg vom Bahnhof zur Stadt) befinden sich zwei **„floating restaurants"**, Restaurants, die also ins Wasser hinein gebaut wurden. Eines davon, das **Ruean Phae Restaurant** (3671 U-Thong Rd.), wurde von Lesern aufgrund seines unfreundlichen Personals und überhöhter Preise bemängelt. An der Klong Makhamriang Road befindet sich ein kleines aber gutes **vegetarisches Restaurant.**

Unterhaltung

- Ganz in der Nähe von Ayutthaya, aber weit genug von der Stadt weg, um lokale Sensibilitäten nicht zu verschrecken, befindet sich ein 2 km langer Entertainment Strip mit den üblichen Massage-Salons, Karaoke Bars etc. Hier ist auch die phänomenale **AY Disco** zu finden. Ausgekleidet mit HR Giger Designs (der Schweizer Künstler, der den Alien im gleichnamigen Hollywoodfilm entworfen hat, sollte klagen), ist die Musik im AY so laut, dass die Gläser von den Tischen rutschen. Reggae, Hip-Hop, Heavy Metal, Thai Pop – hier geht alles. Man frage in der Stadt nach dem Weg zum Talat Grand oder nehme ein Taxi. Eintritt zwischen 200-500 Baht, je nachdem wie die Türsteher drauf sind.
- Neben dem Ayutthaya Guest House haben **eine Reihe kleiner Bars und Internet-Cafés** bis spät in die Nacht geöffnet.

Anreise

- Nach Ayutthaya fahren täglich 12 **Züge,** der erste um 5.45 Uhr, der letzte um 23.40 Uhr; jeder Zug in Richtung Norden hält hier, einige stoppen auch in Bang Pa-In (s.u.). Die Fahrt nach Ayutthaya dauert etwa 1½ Stunden und kostet 15 Baht in der 3. Klasse, 35 Baht in der 2. Klasse. Die Wagen der dritten Klasse sind für die kurze Strecke jedoch bequem genug. Bis Bang Pa-In sind die Preise in der 2. Kl. 28 bzw. 54 Baht in der 1. Klasse.
- Vom Northern Bus Terminal fahren alle 10 Minuten **Busse** nach Ayutthaya für 41/52/61 Baht. A.C.- Busse bieten auch die Reisebüros bei Tagestouren an, doch dann kostet's um die 300 Baht, alles inklusive. Busse nach Bang Pa-In fahren alle 20 Minuten und kosten 39 Baht. Zwischen Ayutthaya und Bang Pa-In verkehren auch regelmäßig Songthaews (10 Baht).
- Nachdem das Prachtschiff des *Oriental Hotels,* die *Oriental Queen* 2002 unter mysteriösen Umständen im Chao Praya gesunken ist,

bieten nun *World Travel* (02-2344875) eine **Ayutthaya-Bootstour** an. Los geht es täglich um 7.15 Uhr vom Oriental Hotel per Bus nach Ayutthaya. Erst dort wird das Boot *Grand Pearl* bestiegen, das dann langsam nach Bangkok hinunterdriftet. Der Spaß kostet 1700 Baht, inkl. Lunch.

Bang Pa-In
บางปะอิน

Etwa 13 Bahnkilometer südlich von Ayutthaya liegt das besuchenswerte Bang Pa-In mit dem königlichen **Sommerpalast,** der den Königen von Ayutthaya zu Mußeaufenthalten diente. Als Bangkok Hauptstadt wurde, blieb der Palast 80 Jahre lang unbewohnt und wurde erst von König *Mongkut* wieder bezogen. Sein Sohn, König *Chulalongkorn,* ließ ihn ausbauen, und heute präsentiert er sich noch in der zur damaligen Zeit entstandenen Mischung aus europäischem Jugendstil und thailändischer Klassik. So flankieren denkbar „kitschige" Figuren typisch thailändische filigrane Palastanlagen.

Der Palastkomplex ist von einem 400 x 40 m großen Teich umgeben, der seinerseits in einer Schlaufe des Chao Phraya gelegen ist. Das Innere der Palastgebäude ist für die Öffentlichkeit nur am Chulalongkorn Day (23. Okt.) zugänglich, der an den Todestag des verehrten Monarchen erinnert.

Ein **Gebäude im chinesischen Stil** aus dem Jahr 1889 ist ganzjährig für Besucher geöffnet. Hier befinden sich interessante Lacquerwaren und Möbel aus China. Um schneller auf dem Gelände rumzukommen können elektrische Buggys angemietet werden. Der Palastkomplex ist täglich von 8.30-17.00 Uhr geöffnet, Eintritt 100 Baht; Tel. 035-261044.

Anreise

- Ab der Rotchana Road in Ayutthaya, nahe der Brücke über den Fluss, fahren **Songthaews** für 10 Baht. Diese halten im kleinen Busbahnhof von Bang Pa-In, von wo Tuk-Tuks für 30 Baht zum Palast weiterfahren.
- Direkte **Busse** ab Bangkoks Northern Bus Terminal zu 39 Baht. Fahrzeit 1 Std. 50 Min.
- **Züge** ab Ayutthaya kosten 3, 6 oder 12 Baht, fahren aber bei weitem nicht so häufig wie die Songthaews. Vor dem Bahnhof von Bang Pa-In stehen ebenfalls Samlors (20 Baht).

Lopburi
ลพบุรี

Diese historisch bedeutsame Stadt liegt 153 km nördlich von Bangkok, an dem Fluss, der ihr den Namen gab, dem Lopburi. Ursprünglich hieß der Ort Luovo und war schon zur Dvaravati- und Khmer-Epoche ein wichtiges Zentrum. Seinen Höhepunkt feierte Lopburi in der Regierungszeit *König Narais* (1656-1688), der sie zur „zweiten Stadt" hinter Ayutthaya machte, ihr aber praktisch den Rang einer Hauptstadt zukommen ließ.

Narai baute hier seinen Palast, und nicht weit davon entfernt, im **Wichayen's House,** wohnte der Grieche *Constantine Phaulkon,* seines Zeichens erster Minister des Königs und

der einzige Ausländer, der je einen solch hohen Posten in Thailand bekleiden durfte.

Im Jahre 1638 führte *Phra Phetracha* eine Revolte an, ermordete die Erbfolger des Königs und krönte sich selbst zum neuen König. *Narai* war gerade im Begriff, eines natürlichen Todes zu sterben. *Phaulkon* wurde des Hochverrats bezichtigt - wahrscheinlich ein abgekartetes Spiel - und schließlich hingerichtet.

Nach seiner Thronbesteigung residierte *Phetracha* in Ayutthaya, und Lopburis große Zeit sollte damit zu Ende gehen. Heute ist der Ort Provinzhauptstadt (50.000 Einw.) und nicht über die Maßen ansehnlich. Die Überreste der glanzvollen Epoche sind aber noch zu besichtigen.

Außerhalb der Stadt befindet sich der Tempel Wat Prabhat Namphu, der als AIDS-Hospiz fungiert. Die dort lebenden Mönche pflegen aufopferungsvoll 100 AIDS-Patienten.

Sehenswertes

Phra Prang Sam Yot befindet sich im Zentrum der Altstadt und besteht aus drei Prangs, die durch einen Gang miteinander verbunden sind. Ursprünglich als Hindu-Schrein errichtet, wurde das Bauwerk später als buddhistischer Tempel benutzt. Die Prangs stammen aus dem 13. Jh. An der Ostseite steht ein Viharn aus König *Narais* Zeit.

San Phra Kan liegt unweit des Prang Sam Yot, auf der anderen Seite der Eisenbahnlinie. Der Schrein ist *Kala,* dem Hindu-Gott der Zeit gewidmet und wird von einer Affenherde bewacht, die ihren Tribut in Form von Essensgaben fordert.

San Phra Kan und Prang Sam Yot sind Schauplatz des wohl überflüssigsten Festes Thailands: Jedes Jahr im November spendiert das Hotel Lopburi Inn den Affen ein chinesisches Festbankett. Die Affen tafeln dabei - recht rabaukenhaft, wie man sich denken kann - an hochherrschaftlich gedeckten Tischen. Nach Beendigung des ausgiebigen Mahls wird noch Spielzeug an die Tiere verteilt. Das Ganze ist nichts als ein Reklamegag des Hotels. Es gibt in Lopburi sicher Leute, denen mit dem Essen besser gedient wäre.

Prang Khaek, auf einem Platz in der Mitte der Altstadt gelegen, ist ein Hindu-Heiligtum aus der Khmer-Epoche mit einem hohen mittleren Turm und zwei flankierenden kleineren Prangs. Prang Khaek („Prang der Hindus") wurde wahrscheinlich im 10. Jh. errichtet.

Wat Phra Si Ratana Mahathat kostet 30 Baht Eintritt und liegt im Süden der Stadt. Der Tempelkomplex erstreckt sich über drei Hektar und ist unbekannten Geburts-Datums, die Bauzeit erstreckte sich wahrscheinlich

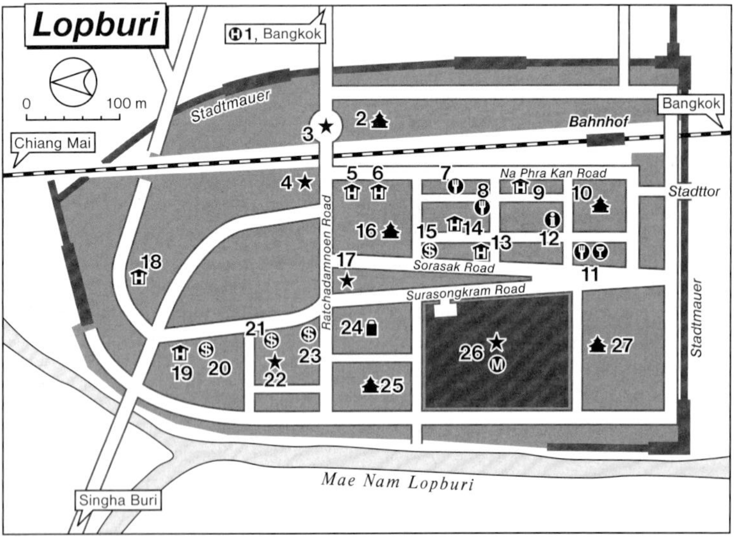

1 Busstation
2 Wat Nakhonkosa
★ 3 San Phra Kan (Kala-Schrein)
★ 4 Phra Prang Sam Yot
5 Lopburi City Hotel
6 Indra Hotel
7 Julathip Restaurant
8 White House Garden Rest.
9 Supornpong Hotel
10 Wat Phra Si Ratana Mahathat
11 Ban Chan Chao Sahaipanta Bar & Sahai Chan Rest.
12 TAT Büro
13 Asia Lopburi Hotel
14 Nett Hotel
15 Thai Military Bank
16 Wat Indra
★ 17 Prang Khaek
18 Rama Plaza Hotel
19 Teipei Hotel
20 Bangkok Bank
21 Thai Farmers Bank
★ 22 Wichayen's House (Constantin Phaulkon)
23 Krung Thai Bank
24 Markt
25 Wat Sao Thong Tong
★ 26 Phra Narai Rajaniwet (Palast & Museum)
27 Wat Kawit

über mehrere Epochen. Die Ruinen werden von einem hohen Prang überragt, der aus dem 12. Jahrhundert stammt und im 14. Jahrhundert umgebaut wurde. Ein Viharn, das zur Zeit Narais gebaut wurde, zeigt persische als auch westliche Einflüsse. Das gesamte Gebäude ist mit Chedis und Prangs übersät und sicherlich die interessanteste historische Stätte Lopburis.

Phra Narai Rajaniwet ist der ehemalige Palast des Königs *Narai* und Mi-So 9.00-12.00 und 13.00-16.00 Uhr geöffnet. Eintritt 30 Baht. Der Palast wurde zum Teil von französischen Architekten entworfen, was die augenscheinliche Stilmixtur erklärt. Auf dem Gelände befinden sich die alten Elefantenställe des Königs, ein Wassertank sowie die Gebäude der königlichen Konkubinen.

Information

- **TAT** (Tourism Authority of Thailand) unterhält an der Thanon Rop Wat Pharthat ein bescheidenes Büro in einem wunderschönen Holzhaus (Tel. 036-422768).

Unterkunft

Der neue Teil Lopburis ist kein Augenschmaus, und es ist besser, man nächtigt im alten Stadtteil, in dem sich auch die Sehenswürdigkeiten befinden.

- Einfache, aber wohnliche und frisch renovierte Zimmer mit Bad im **Nett Hotel****-*** (17/1-2 Rajdamnoen Rd., Tel. 036-411738), die teureren haben zusätzlich A.C.
- Das **Asia Lopburi Hotel****-*** (Ecke Sorasak Rd./Phra Yam Jamkat, Tel. 036-411892) überblickt den Königspalast und hat sehr ordentliche Zimmer mit Bad, teilweise auch mit A.C. Angeschlossen sind zwei chinesische Restaurants.
- Einfach, aber gut das **Indra Hotel**** (3-4 Na Phra Kan Rd., Tel. 036-411261), mit geräumigen Zimmern, teilweise mit A.C.
- Preisgünstig ist auch das einfache **Supornpong Hotel*** (30-32 Na Phra Kan Rd., Tel. 036-412178). Zimmer mit Bad.
- Daneben liegt das **Lopburi City Hotel**** (Tel. 036-411245) mit recht preisgünstigen, aber etwas klein geratenen Zimmern mit Bad und A.C.
- Recht ordentliche Zimmer mit Bad bietet das **Teipei Hotel****-*** (24/6-7 Surasongkram Rd., Tel. 036-411524); die teureren haben A.C. und TV.
- Das **Rama Plaza Hotel****-*** am Nordende des Ortes (Surasongkram Rd., Tel. 036-411663) ist eines der beliebtesten Hotels am Ort, sauber und mit gutem Service. Die teureren Zimmer haben A.C. und TV.

Essen

- Nördlich des Palastes, zwischen der Rajdamnoen Road und der Surasonkhram Road, befindet sich ein **Tag-** und ein **Nachtmarkt** mit gutem und preiswertem Essen. Ansonsten die chinesischen Restaurants in der Nähe des Julathip Hotels.
- Gute thailändische Küche serviert das **White House Garden Restaurant** nahe Nett Hotel und Asia Lopburi Hotel.
- Das **Sahai Chan Restaurant** bietet gutes Thai Essen und auch ein paar internationale Gerichte, Kaffee und Eis. Abends spielen Preng-Phua-Chiwit-Musiker (Thai Protest Musik Genre) akustische Lieder aus den revolutionären 1970er Jahren.

Unterhaltung

- Lobı'ri ist nach Sonnenuntergang ziemlich ruhiggestellt, aber ein Besuch der **Ban Chan Chao Sahaipanta Bar** (direkt gegenüber vom *Sahai Chan Restaurant;* beide Etablissements haben den gleichen Besitzer) ist zu empfehlen. Hier spielen regelmäßig mit die besten Preng-Phua-Chiwit-Musiker (Song For Life) Thailands. Dieses Musikgenre wuchs in den 1970er Jahren aus der Studentenbewegung, befasst sich mit politischen Themen und ist musikalisch an *Bob Dylan* orientiert. Es gibt deutsches Bier. Jeden Abend Show von 18.00 bis 1.00 Uhr. In Bangkok ist diese Musikrichtung am besten in der *Raintree Bar* (siehe Pattunam) zu hören.

Anreise

- Alle 15 Minuten verlassen **Busse** den Northern Bus Terminal in Bangkok in Richtung Lopburi. Die Fahrt dauert etwa drei Stunden und kostet 90/117 Baht.
- Von Ayutthaya fahren etwa alle zehn Minuten **Busse** nach Lopburi.
- **Züge** ab der Hualamphong Station in Bangkok fahren um 6.00, 7.00, 8.30, 9.30, 14.30, 18.00, 19.00, 19.25, 20.10 und 21.30 Uhr. Fahrpreis in der 3. Kl. 28 Baht, in der 2. Kl. 64 Baht, dazu kommen die üblichen Zuschläge für Rapid Trains (40 Baht) und Express Trains (60 Baht).

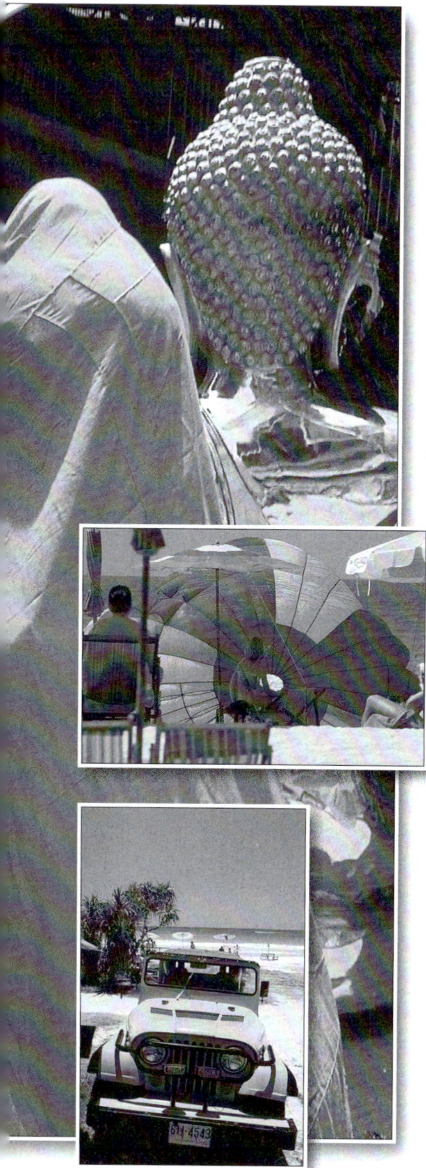

Die Ostküste

Buddha-Fabrikation
(Foto: David Henley)

Parasailing-Schirm

Miet-Jeep auf Phuket

Überblick

Die Ostküste weist alle Gegensätze auf, die sich Reisende nur wünschen mögen: Da gibt es verschlafene Küstenorte, in denen sich kaum westliche Touristen blicken lassen, aber auch das berüchtigte **Pattaya** mit seinen unzähligen käuflichen Frauen, Transsexuellen und Transvestiten, einer lebhaften kriminellen Unterwelt und einem ganz unverkennbaren Hauch von Dekadenz - ein Paradies für Playboys und solche, die sich dafür halten, und die es zu Hause aufgrund höherer Preise nicht sein können.

Auf **Ko Samet** mit seinen malerischen Stränden geht es dagegen relativ ruhig zu, und viele Traveller suchen dort die Idylle, die es auf Ko Samui vor einem Jahrzehnt noch gab.

Weiter östlich liegt **Ko Chang,** die zweitgrößte Insel Thailands, die Phuket oder Ko Samui in der touristischen Entwicklung ein oder zwei Jahrzehnte hinterher hinkt. Sie ist somit bisher eine gute Alternative zu den überlaufeneren Inseln - *bisher,* denn die gegenwärtige Regierung hat die Entwicklung der Insel stark vorangetrieben, und man braucht kein Hellseher zu sein, um zu erahnen, wie es dort in zehn oder zwanzig Jahren aussehen wird.

Allem Tourismus zum Trotz ist die Haupteinnahme der Küstenbewohner immer noch der Fischfang. Im Landesinneren werden zudem Durians, Rambutans, Longans und Zuckerrohr angebaut. Auf dem Weg zur kambodschanischen Grenze passiert man zahlreiche Plantagen, und in der Umgebung von **Chantaburi** werden zudem Edelsteine geschürft, darunter wertvolle blaue Saphire. Ein Abstecher in dieses Gebiet lohnt also durchaus.

Vorsicht: Die Gebiete entlang der kambodschanischen Grenze (auch Ko Chang) sind **malariagefährdet,** und eine Prophylaxe ist ratsam.

Bang Saen

บางแสน

Dies ist ein kleiner Badeort, der hauptsächlich von Thais besucht wird und das vor allem an Wochenenden oder Feiertagen. Dann wird der Strand

Fischerboote in Ko Phangan
(Foto: Aroon Thaewchatturat)

förmlich von Bangkok-Flüchtlingen überrannt, und auf einer Länge von 2 km entlang des Strandes reiht sich Essensstand an Souvenirstand etc. Der Strand ist leider sehr verschmutzt, was die Thais jedoch nicht vom Baden abhält. Das Wasser ist etwas sauberer als der Strand. Für ausländische Touristen ist Bang Saen als Badeort von geringem Interesse.

Besuchenswert ist das größte **Aquarium** Südost-Asiens, das sich auf dem Gelände der Burapha University befindet. Geöffnet täglich außer Mo 8.30-16.00 Uhr, an Feiertagen 8.30-17.00 Uhr. Eintritt 20 Baht. Das Center ist wahrscheinlich der Hauptgrund für einen Besuch in Bang Saen.

Gleich daneben liegt das **Natural Science Museum.**

Der Eintritt in **Ocean World,** einer Art Freizeitpark, kostet 100 Baht (Kinder 50 Baht). Da gibt es Swimmingpools, Wasserrutschen etc. Geöffnet

Mo-Sa 10.00-17.00 Uhr, So und an Feiertagen 8.30-18.00 Uhr. Tel. 038-380968.

Unterkunft

Entlang des Strandes offerieren zahlreiche Bungalows, Guest Houses oder Privatleute Zimmer. An Wochenenden oder Feiertagen kann es trotzdem überfüllt sein, oder die Preise schießen in die Höhe. Die folgenden Unterkünfte sind die komfortabelsten im Ort.

- Das **Bang Saen Beach Resort*****-*****, 55-150 Bang Saen Beach Road, Tel. 038-381628-9, hat Bungalows in unterschiedlichen Preisklassen. Buchungen können von Bangkok aus gemacht werden, Tel. 02-2463777.
- **Bang Saen Villa*****-*****, 190 Mu 13, Tel. 038-382088.
- **Seaside Palace*****-*****, 97/3 Mu 7, Tel. 038-376117, 376738.
- **Picnic Guest House*****-****, 85/1-17 Sukhumvit, Tel. 038-382013-14.
- **Sansabai Bungalow****-***, 153 Bang Saen Beach Road, Tel. 038-381063.

Anreise

- **Busse** ab Bangkoks Eastern Bus Terminal zu 36 Baht, A.C. 68 Baht. Zahlreiche Busse ab Pattaya.

Si Ratcha

ศรีราชา

104 km südöstlich von Bangkok gelegen, ist Si Ratcha ein ruhiger kleiner Küstenort, bei vielen Thais als Wochenendausflugsziel beliebt. Die Thais nutzen ihren Aufenthalt in dem Ort zum Einkauf von Meeresprodukten oder Ananas, die hier beide von hoher Qualität sind. In den letzten Jahren wurde Si Ratcha mehrere Male zur saubersten Stadt Thailands erklärt, eine Auszeichnung, die der Bürgermeister noch des Öfteren zu erheischen gedenkt. Alles ist nett und ordentlich, und der kleine Park entlang der Küste ist extrem gut gepflegt. Der Strand von Si Ratcha ist allerdings nichts besonderes, er lädt bestenfalls zum Picknick ein, nicht aber zum Baden. Der Ort ist dennoch einen kurzen Aufenthalt wert, vor allem für Leute, die auf nur wenige andere westliche Touristen zu treffen hoffen.

Essen

In der Jermjonpol Road befinden sich zahlreiche Restaurants mit **Seafood,** die aber nicht unbedingt billig sind. Die Speisekarten geben keine Preise an, und so sollte man in jedem Fall abklären, was die einzelnen Gerichte kosten. Am Glockenturm in der gleichen Straße liegt ein **Markt** mit vielen Essensständen, die bis abends 22.00 Uhr geöffnet haben.

Unterkunft

- Das **Sam Chai*****-**** (der Name ist nur in Thai angeschrieben), 3 Jermjonpol Road, Tel. 038-311134, 038-311800, hat ordentliche Räume mit Bad. Das Hotel ist auf einer Art Plankenkonstruktion ins Meer gebaut. Achtung, manchmal wird der Straßenname auch „Choemchonphon" buchstabiert, und das sieht verwirrend anders aus.
- Gleich daneben liegt das **Siri Wattana*****, 35 Jermjonpol Road, Tel. 038-311037. Einige Zimmer (Bad) haben Meeresblick.
- Ein paar Schritte weiter nördlich, ebenfalls in der Jermjonpol/Choemchonphon Road liegt das **Si Wichai****-***, Tel. 038-311212. Zimmer mit Bad.
- Am südlichsten Pier, der von der Jermjonpol Road ins Meer hinausragt, stehen die **Grand Bungalows*****-****, Tel. 038-312 537, 038-311079. Die Preise sind angesichts des Zustands der Bungalows recht hoch.
- Im Norden der Stadt befinden sich die modernen, allen Ansprüchen gerecht werden-

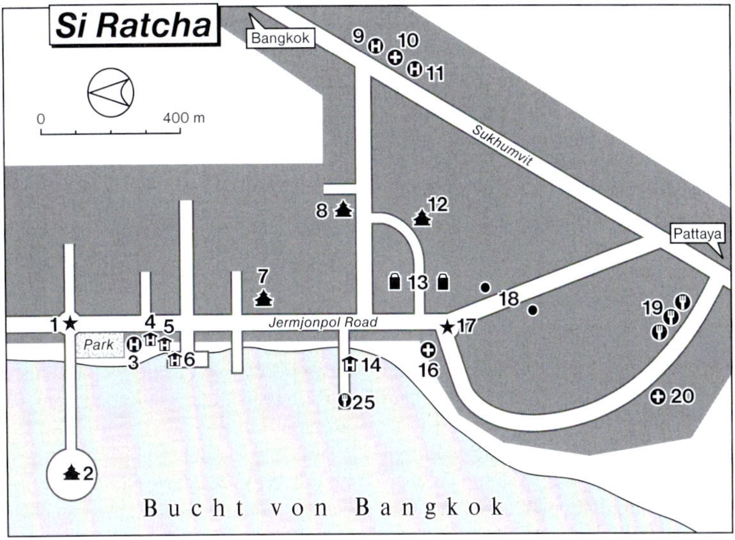

- ★ 1 Glockenturm
- 2 Wat Loy Si Ratcha
- 3 Busse nach BKK
- 4 Hotel Sri Wichai
- 5 Sri Wattana Hotel
- 6 Sam Chai Hotel
- 7 Chinesischer Tempel
- 8 Wat Srimaharatcha
- 9 Bushaltestelle
- 10 Klinik
- 11 AC-Busse nach BKK
- 12 Chinesischer Tempel
- 13 Markt
- 14 Grand Bungalows
- 15 Sea-Side Restaurant
- 16 Zahnklinik
- ★ 17 Glockenturm
- • 18 Kinos
- 19 Seafood Restaurants
- 20 Krankenhaus

den **Laemthong Residence Hotel******-***** (Tel./Fax 038-322886) und **City Hotel*******-LLL (Tel. 038-322700, Fax 038-3227 39). Dies sind sicher die besten Unterkünfte für Leute, die Komfort suchen. Das City Hotel hat Swimmingpool und Fitness-Center.

Anreise

•**Busse** von Bangkoks Eastern Bus Terminal fahren etwa alle 25 Min., Fahrpreis 45 Baht, Fahrzeit 1 Std. 45 Min. **A.C.-Busse** kosten 76 Baht, Abfahrt etwa jede Stunde. Hinzu kommen die A.C.-Busse nach Pattaya, die an der Sukhumvit Road in Si Ratcha stoppen.

•Um 6.55 fährt ein Zug ab der Hualamphong Station in Bangkok nach Si Ratcha, Ankunft 10.11 Uhr. Preis 27 Baht.

Weiterreise

•Alle **Busse Richtung Süden oder Osten** fahren ab der Sukhumvit Road von ausgeschilderten Haltestellen ab. Eine davon liegt wenige

Meter westlich des A.C.-Busbahnhofs nach Bangkok. Die Busse können auch entlang der Sukhumvit Road gestoppt werden. Fahrt nach Pattaya kostet 15, nach Rayong 30 Baht.

- Die **A.C.-Busse zurück** fahren ab dem A.C.-Busbahnhof in der Sukhumvit Road, Normalbusse ab dem Busstop in der Jermjonpol Road, etwas nördlich des Sam Chai oder des Siri Wattana Hotels. Ansonsten können die aus Pattaya oder Rayong kommenden Busse an der Sukhumvit Road gestoppt werden.

Inseln vor Si Ratcha

An der Südseite des Ortes liegt ca. 500 m vor der Küste die kleine **Insel Loy Si Ratcha.** Die Insel ist durch eine aufgeschüttete Straße mit dem Festland verbunden und von der Innenstadt aus in ein paar Minuten Fußweg zu erreichen. In der Mitte der Insel erhebt sich ein Fels, auf den im Jahre 1979 ein kleiner Tempel, **Wat Ko Loy Si Ratcha,** gebaut wurde. Von oben hat man eine gute Aussicht auf das Meer. Leider schließt der Wat um 18.00 Uhr, so dass man die herrlichen Sonnenuntergänge nur von den unten um den Felsen angebrachten Sitzbänken aus beobachten kann. Auf der Insel befindet sich zudem ein kleiner chinesischer Schrein, und wie überall in Thailand gibt es hier auch ein paar Essensstände.

12 km vor der Küste liegt **Ko Si Chang** (5.000 Einwohner) Um die Insel führt nur eine schmale Ringstraße, die von Fahrrädern und Samlors befahren wird. Zu besichtigen ist ein Ferienpalast von *König Rama 5.* sowie zwei Tempel. Der König hielt das Klima auf Ko Si Chang für besonders gesund und empfahl kränkelnden Mitgliedern des Königshauses den Aufenthalt auf der Insel – obwohl es dort verbrieftermaßen zu Malaria-Epidemien kam. 1889 ließ er eine königliche Residenz bauen. Diese bestand aus drei Gebäuden, die nach drei seiner Konkubinen benannt waren: *Wattana, Pongsiri* und *Apirom.* Der König besuchte seinen Palast zum letzten Male im Jahre 1893, als territoriale Dispute mit Frankreich entflammten und französische Kriegschiffe vor der Insel aufkreuzten. Bald darauf wurde die französische Flagge auf der Insel gehisst und sie wurde das Hauptquartier von Admiral *Humann.*

Einer der beiden Tempel auf Ko Si Chang, **Wat Atsadang Nimitr,** hat Bot und Pagode in europäischem Stil. Neben einem chinesischen Pavillon befindet sich die **Chakraphong-Höhle,** von der aus eine Art Schacht in die Höhe führt, und von dort hat man eine gute Aussicht über die Insel. Auf Ko Si Chang leben leider ungewöhnlich viele streunende Hunde (selbst für thailändische Verhältnisse), und die Ortsverwaltung versuchte 2006 dem Problem Herr zu werden.

Von dem Bootspier in Si Ratcha fahren etwa alle Stunde Boote für 20 Baht nach Ko Si Chang. Das letzte Boot fährt schon gegen 15.00 Uhr wieder zurück nach Si Ratcha.

- **Unterkunft:** In mehreren Guest Houses und Resorts, in der Preislage***-*****. Etwa Si Chang Vie Resort (Tel. 038-216610), Si Chang Palace Resort (Tel. 038-216276-82), Benz Bungalow (Tel. 038-216091), Thiu Pai Park Resort (Tel. 038-216084) und Sri Phitsanu (Tel. 038-216509).

Pattaya
พัทยา

Hier ist sie also, Thailands verrufenste Stadt. Pattaya (55.000 Einw.) hat in den letzten drei Jahrzehnten eine Karriere durchlebt, die Tourismus-Planern ein warnendes Beispiel sein sollte.

Pattaya war bis in die 1960er Jahre ein winziges Fischerdorf mit einem wunderschönen Strand, das aber dann von amerikanischen GIs entdeckt wurde, die im nahen Sattahip stationiert waren. Den Soldaten folgten die Prostituierten. Als die Kunde von den zahllosen käuflichen Mädchen die Runde machte, strömten auch bald die Sextouristen aus Europa herbei. Pattaya wurde bald zum Symbol für das **„Sexparadies"** Thailand.

Mit dem Tourismus-Boom wurde die Landschaft so sehr mit Betonklötzen verbaut, dass der Ort Ende der 1980er an sich selbst zu ersticken drohte. Aufgrund des durch Hotelabwässer verunreinigten Meerwassers und der rasant steigenden Kriminalität ging die Zahl der Besucher dramatisch zurück.

Gangsterbanden aus Deutschland, Pakistan, England und jede Menge einheimische Ganoven machten Pattaya zu ihrem Aktionszentrum. Die Polizei stand (und steht zum großen Teil noch) in dem Ruf, an den finsteren Aktivitäten mitzuverdienen.

Mit dem **Rückgang der Touristenzahlen** sah sich die Stadtverwaltung zu einschneidenden Maßnahmen gezwungen. Es wurde in Angriff genommen, Pattaya von seinem Schmutz zu säubern sowie sich ein „besseres Image" zuzulegen.

Pattaya wird derzeit als „Familien-Reiseziel" vermarktet, jedoch mit nur mäßigem Erfolg. Viele ehemalige Pattaya-Urlauber fliegen heute lieber nach Phuket, und auch ein Teil des Nachtlebens ist mit dorthin „ausgewandert".

Heute ist Pattaya – am früheren Standard gemessen – vielleicht etwas ruhiger geworden, dennoch finden Nicht-Sextouristen hier wahrscheinlich nichts, was sie woanders nicht besser bekommen könnten. Viele der Besucher kommen aus den ehemaligen Ostblockländern, China oder Südostasien. Dazu gibt es immer noch einen harten Kern von Sextouristen, die hier preiswerter davonkommen als in Bangkok oder Phuket, darunter auch zahlreiche Pädophile. Obwohl 1993 strikte Gesetze gegen Sex mit Kindern verabschiedet wurden, werden zahlreiche Jungen und Mädchen, oft nur zehn Jahre alt, von ihren Eltern oder Zuhältern feilgeboten. An Nachfrage scheint kein Mangel zu herrschen. Dazu gibt es Hunderte von *gathoeys*, Transvestiten oder Transsexuelle. Unter Kennern ist Pattaya für seine Transvestiten-Kabaretts bekannt, doch die sind sicher nicht jedermanns Sache.

Was den Strand betrifft, so ist der **Jomtien Beach,** 3 km südlich von Pattaya, wohl der beste. Das Wasser ist relativ sauber, und die Atmosphäre einigermaßen entspannt. Auch nicht schlecht ist der **Naklua Beach** an der Nordseite der Stadt.

Für **Taucher oder Schnorchler** bieten sich einige kleine, der Stadt vorgelagerte Inseln an, die beliebteste ist **Ko Larn.**

Sehenswertes

Für Liebhaber des Bizarren steht ein Museum zur Verfügung, **Ripley's Believe It Or Not!** Das Museum (im Royal Garden Resort, Eintritt 150 Baht, Kinder 100 Baht) ist nach einem gewissen *Robert Ripley* benannt, der die Welt nach Kuriosa und sonstigen Merkwürdigkeiten absuchte. Die meisten Ausstellungsstücke sind Nachbildungen (ein Fakir auf Nagelbett, eine Giraffenhalsfrau aus Nordthailand, die Büste eines Mannes mit einer doppelten Iris in den Augen etc.), ein echter Schrumpfkopf ist auch dabei. Weiterhin sind 250 Fotos von diversen Absonderlichkeiten zu sehen.

Mini Siam ist eine Miniaturstadt, in der wichtige Sehenswürdigkeiten Thailands im Kleinformat dargestellt sind. Es befindet sich bei Km 143 an der Sukhumvit Road, etwa 10 Minuten Fahrtzeit von Pattaya entfernt.

Vom **Thamnak Hill** („Palast-Hügel") am Südende der Bucht ergibt sich ein guter Ausblick auf Stadt und Umgebung.

Unterkunft

Aufgrund der gesunkenen Touristenzahlen am Ort sind die Unterkünfte in den letzten Jahren weitaus preiswerter geworden. Für viele Besucher sind die niedrigen Wohnpreise der einzige Vorzug, den Pattaya vor (dem relativ teuren) Phuket hat. Die Auswahl ist riesig und für 300-500 Baht gibt es schon sehr ordentliche Zimmer.

- **Riviera Resort Pattaya*****-***** (Soi Wat Pha Samphan, Naklua Rd., Tel. 038-225230, Fax 038-22576); gute A.C.-Zimmer zu niedrigem Preis, dazu ruhige Lage in Naklua, im Nordteil der Stadt. Swimmingpool vorhanden.
- **Welkom Inn*****-**** in Naklua (Soi 3, Pattaya Beach Rd., Tel. 038-422589, Fax 038-361147, www.welkominnthailand.com) hat ebenfalls gute A.C.-Zimmer mit TV, dazu Swimmingpool.
- **BJ Guest House***** (Pattaya Beach Rd., Tel. 038-421147, Fax 038-421148, bjpty@loxinfo.co.th); nahe dem Strand in Naklua, Zimmer mit A.C. und TV, dazu Restaurant mit deutschen und thailändischen Speisen. Sehr gutes Preis-Leistungsverhältnis.
- **Honey Lodge****-*** (597/8 Moo 10, Pattaya 2 Rd., Tel. 038-421697, Fax 038-710185); A.C.-Zimmer und Swimmingpool. Preiswert und gut.
- **Viking****-*** (Soi Viking, South Pattaya, Tel. 038-423164, Fax 038-425964); sehr preiswerte Zimmer ohne A.C. und etwas teurere mit A.C., dazu ruhige Lage.
- **Malibu Guest House***** (Soi 13, Pattaya 2 Rd., Tel. 038-428667); gute Zimmer mit A.C.
- **Sunshine Hotel***** (Soi 8, Pattaya Beach Rd., Tel. 038-429247, Fax 038-421302); saubere Zimmer mit A.C. und TV, dazu Swimmingpool.
- **Ma Maison***** (Soi 13, Pattaya 2 Rd., Tel. 038-429318, Fax 038-426060); wohnliche A.C.-Bungalows, dazu sehr gutes französisches Restaurant und Swimmingpool. Für den Preis sehr gut.
- **Apex Hotel***** (216/2 Pattaya 2 Rd., Tel. 038-429233, Fax 038-421184, www.apexhotelpattaya.com); preisgünstig und gut, Zimmer mit A.C. und TV.
- **Lek Hotel***** (Soi 13, Pattaya 2 Rd., Tel. 038-425551-2, Fax 038-426629); ordentliche A.C.-Zimmer zu vernünftigem Preis.
- **Regent Marina Hotel******-***** (North Pattaya Rd., Tel. 038-428015, Fax 038-423296); komfortable Zimmer mit A.C., TV.
- **Natural Beach Hotel****** (Soi 11, Pattaya 2 Rd., Tel. 038-710121, Fax 038-429650); na-

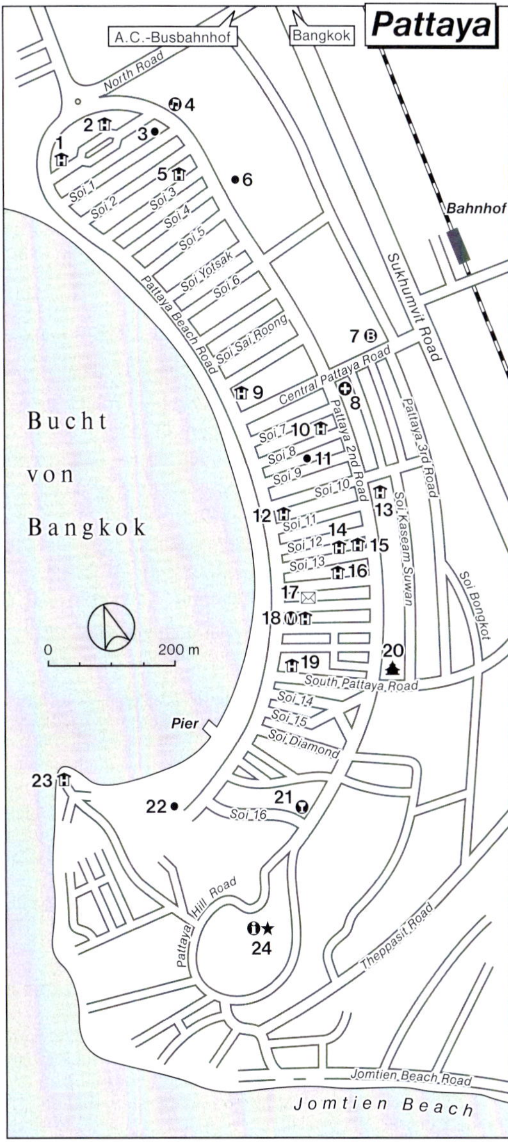

- 🏨 1 BJ G.H.
- 🏨 2 Regent Marina Hotel
- • 3 Tiffany's Show
- 4 Pattaya Palladium
- 🏨 5 Welkom Inn
- • 6 Alcazar Show
- Ⓑ 7 Busse in den Nordosten
- ✚ 8 Pattaya Memorial Hospital
- 🏨 9 Hard Rock Hotel
- 🏨 10 Sunshine Hotel
- • 11 Immigration
- 🏨 12 Natural Beach Hotel
- 🏨 13 Apex Hotel
- 🏨 14 Ma Maison
- 🏨 15 Lek Hotel
- 🏨 16 Malibu G.H.
- ✉ 17 Post
- 🏨 18 Royal Garden Plaza & Resort/
- Ⓜ Ripley's Believe It Or Not!
- 🏨 19 Honey Lodge
- 20 Wat Chai Monkhon
- 21 Marine Disco
- • 22 Simon Cabaret
- 🏨 23 Royal Cliff Beach Resort
- ℹ 24 TAT,
- ★ Thamnak Hill (Palast-Hügel)

he dem Strand in Zentral-Pattaya, mit sauberen und modernen Zimmern mit A.C., TV.

• **Hard Rock Hotel** LLL (429 Moo 9, Pattaya Beach Rd., Tel. 038-428755, Fax 038-421673, www.hardrockhotel.net/pattaya); nach Bali das zweite Hotel der Hard-Rock-Kette in Asien; die Zimmer haben allesamt Rock-Thematik, und wer kräftig bezahlt darf beispielsweise unter einem Portrait von Elvis schlafen. Preise in der Hauptsaison ab 4.000 Baht, wobei die zum Strand hinaus liegenden Zimmer teurer sind als die rückwärtigen. Swimmingpool. Abends Live-Musik im Hard Rock Café.

• **Royal Garden Resort & Spa** LLL (218/2-4 Moo 8, Pattaya Beach Rd., Tel. 038-412120, Fax 038-429926); schöne Anlage mit Lotusteichen und Pavillons; hier findet sich auch „Ripley's Believe It Or Not!" (s. o.). Zimmer ab über 4.000 Baht.

• **Royal Cliff Beach Resort** LLL (Cliff Rd. oder Thanon Cliff, Tel. 038-250421 bis 30, Fax 038-250522, www.royalcliff.com); superteures Luxushotel mit allen Schikanen, eine Institution in Pattaya. Die offiziellen Preise beginnen bei über 5.000 Baht.

Am Jomtien Beach

• **DD House** *** (Tel. 038-232995); für den Preis sehr gute Zimmer mit A.C. und TV.

• **JB G.H** **-*** (Tel. 038-231581); sehr preiswerte und gute Zimmer ohne A.C., etwas teurere mit A.C.

• **RS G.H.** **-*** (Tel. 038-231867); kleine aber extrem preiswerte Zimmer ohne A.C., am Südende des Strandes gelegen.

• **Marine Beach Hotel** ****-***** (Tel. 038-231129-30, Fax 038-231131); komfortable A.C.-Zimmer, Swimmingpool.

• **Summer Beach Inn** *** (Tel. 038-231777, Fax 038-231778); moderne Zimmer mit A.C. und TV.

• **Jomtien Bayview Resort** ***-**** (Tel. 038-251889, Fax 038-251334); A.C.-Zimmer mit TV.

• **Silver Sand Villa** ****-***** (Tel. 038-232494-7, Fax 038-232491); gute Lage und sehr komfortable A.C.-Zimmer, Swimmingpool.

• **Jomtien Hotel** **-**** (Tel. 038-251606-7, Fax 038-251097); Zimmer in verschiedenen Preislagen und unterschiedlicher Qualität. Die teureren mit A.C. und TV sind in Ordnung. Swimmingpool.

• **Villa Navin** ***-LLL (350 Moo 12, Tel. 038-231066-7, Fax 038-231318); preiswerte, gute A.C.-Zimmer u. geräumige Luxusbungalows.

• **Sugar Hut** LLL (391/18 South Pattaya Rd., Tel. 038-251686, Fax 038-251689, www.sugar-hut.com); landschaftlich großartige Anlage, mit Bungalows im Thai-Stil und viel Grün. Swimmingpool und Fitness-Center. Vielleicht die beste Adresse am Ort, falls man es sich leisten möchte: Die Preise beginnen bei knapp unter 3.000 Baht.

Essen

Hier gibt's alles, aber außer an Straßenständen zumeist relativ teuer. Restaurants liegen an jeder Ecke, und es ist schwer, nicht von Hamburger- oder Bratwurstschildern erschlagen zu werden. Ansonsten wird in allen Zungen der Welt gekocht: Chinesisch, Koreanisch, Japanisch, Arabisch, Indisch, Pakistani, Skandinavisch, Deutsch, Englisch, Französisch und – fast hätte man es vergessen – Thai.

• Das vielleicht beste Thai-Restaurant ist das **Thai Market** im Royal Cliff Beach Resort (18.30-22.30 Uhr). Zu dem ausgezeichneten Essen (viel gutes Seafood) wird traditionelle Thai-Musik präsentiert (live).

• Ebenfalls sehr gutes Seafood und Thai-Speisen gibt's im **Thai House** (171/1 Pattaya (North) Road, 16.00-24.00 Uhr). Dazu wiederum traditionelle Thai-Musik.

• Das **Bavaria** im Arcade Shop bietet u.a. deftige deutsche Würste und Grillhuhn; laut Kennern eines der besten deutschen Restaurants am Ort (16.00-22.00 Uhr).

• Gutes schweizerisches Essen im **Swiss Food** (175/29 Soi Diamond, 18.00-23.00 Uhr).

• Das **Ciau** (139 Moo 10, Soi Sengsamran) bietet ausgezeichnetes italienisches Essen, dazu Thai-Speisen (18.30-23.00 Uhr).

• Das elegante **Bruno's Restaurant** (364/77 Sri Nakhorn Centre, North Pattaya) ist eines der besten Restaurants für französische Küche, dazu gibt's auch Thai-Gerichte.

- **Ali Baba** (1/13-14 Central Pattaya Rd.) ist eines der besten indischen Restaurants in Pattaya, das eine ca. 300 Mitglieder umfassende Sikh-Gemeinde hat (die meisten Sikhs betreiben Schneidereien oder Textilgeschäfte). Gute indische Curries und Tanduri-Gerichte (*tanduri* = im Tonofen gebacken).
- Gehobene chinesische Küche (kantonesisch) kredenzt das **Marco Polo** im Montien Hotel (Pattaya 2nd Rd.); geöffnet 11.00-14.00 und 18.00-22.00 Uhr.

Unterhaltung

Abends erwacht Pattaya erst so richtig zum Leben, das Nachtleben des Ortes ist legendär, zu allermeist aber auch mit dem Gunstgewerbe verknüpft. In den meisten Discos und Bars finden sich „freelancers" auf Freiersuche ein. Daneben gibt es noch weit bizarreres, z. B. Bars, in denen Nazi-Symbole aushängen und in denen schon mal der rechte Arm stramm hochgereckt wird, oder solche, in denen sich britische Fußball-Rowdys ein derb-fröhliches Stelldichein geben.

- Ein alter Favorit ist die große **Marine Disco** in der South Pattaya Road oder Thanon Pattaya Tai, dies ist aber auch einer der größten „Kontakthöfe".
- Das **Pattaya Palladium** in der Pattaya 2 Road hat ein weit besseres Flair, dies ist ein Unterhaltungskomplex mit Disco, Karaoke, Billardtischen, einer Bar, einem Kino und einem Massagesalon.
- In derselben Straße, nahe dem Garden Resort, findet sich **Delaney's Pattaya,** ein irischer Pub mit Guinness und irischer Live-Musik.
- Exzellente Live-Rock-Music von zumeist philippinischen Bands gibt's abends im **Hard Rock Café** im Hard Rock Hotel an der Beach Road. Wie im Hard Rock in Bangkok, so sind auch hier viele „freelancers" bei der Arbeit.
- Transvestitenshows: **Alcazar,** Pattaya 2 Rd., und **Tiffany's,** Pattaya 2 Rd. Eintritt 400-600 Baht.

Freizeitaktivitäten

- **Wasserski** kostet 600-800 Baht/Std.
- **Parasailing,** d.h. man wird an einem Fallschirm hängend von einem Boot gezogen, 300 Baht pro Tour.
- **Segelboote** werden für 500 Baht die Stunde vermietet.
- **Windsurfen** kann man für 150-200 Baht pro Stunde.
- **Taucher** zahlen mindestens 1.000 Baht für einen Tauch-Exkurs.

Wichtige Adressen

- **Tourist Office (TAT)** 282/1 Beach Road (Chaihat Road), South Pattaya, Tel. 038-428750.
- **Polizei,** in der Beach Road, etwa zwischen Soi 7 und 8.
- Die **Tourist Police** ist dem TAT-Büro angeschlossen. Tel. 038-429371.
- **Post,** im 183/18-20 Chaiyasit Shopping Center, Soi 8, Tel. 038-429340.
- **Immigration,** Chonburi District Immigration Office, Soi 8, Tel. 038-429409.

Stadtverkehr

- **Songthaews** innerhalb von Pattaya kosten 5 Baht pro Person, bis Jomtien (handeln!) ca. 20 Baht, aber den Touristen wird oft ein Vielfaches abgeknöpft. Pattayas „Baht-Bus"-Fahrer sind landesweit berüchtigt. Nicht selten artet ihre Geldgier in Nötigungen, körperliche Attacken und blanken Raub aus. Wenn möglich, sollte man dieses Verkehrsmittel meiden und die freundlichen Herren allein durch die Gegend fahren lassen. Ansonsten drückt man ihnen nach der Fahrt einfach wortlos 5 Baht in die Hand! Wer nach dem Preis fragt, gibt sich als Neuling zu erkennen und macht sich selbst zum Opferlamm.
- Als Alternative bieten sich **Leihfahrzeuge** an. **Mopeds/Motorräder** kosten je nach

Größe 100-500 Baht/Tag. Anbieter finden sich vor allem entlang der Pattaya Beach Road und der Pattaya 2 Road. **Jeeps** kosten etwa 600-900 Baht pro Tag. Die Preise sind so eine Art Tourismus-Barometer: Je niedriger der Preis, desto schlechter ist es um die Touristenzahlen im Ort bestellt! **Autos** kosten ab ca. 1.000 Baht; je nach Größe und Modell bestehen unterschiedliche Preise. Avis findet man im Royal Cliff Beach Resort (Tel. 038-422421) und im Dusit Resort (Tel. 038-429901), Hertz im Royal Garden Resort (Tel. 038-428122).

Anreise

- Vom Eastern Bus Terminal in Bangkok fahren ca. alle 30 Minuten **A.C.-Busse** 2. Kl. zu 88 Baht nach Pattaya (149 km); A.C.-Busse 1. Kl. kosten 113 Baht. Einige weitere A.C.-Busse fahren ab dem Northern Bus Terminal in Bangkok. Fahrzeit normalerweise jeweils 2-2½ Std.; bei Fahrten früh morgens oder nachmittags (Berufsverkehr) können es auch 4 Stunden werden! Die schlimmsten Staus ergeben sich montags, freitags und am ersten Tag nach Feiertagen.
- Zahlreiche Reisebüros und Hotels in Bangkok offerieren Fahrten in **Luxusbussen,** Abfahrt mehrmals täglich. Die Preise liegen bei ca.120-150 Baht.
- Direkte Busverbindungen bestehen auch ab Khon Kaen, Khorat, Nong Khai und Ubon Ratchathani.
- Ab der Hualamphong Station in Bangkok fährt ein **Zug** (nur 3. Kl.) um 6.55 Uhr nach Pattaya, Kostenpunkt 31 Baht. Die Fahrt dauert allerdings 3. Std. 50 Min., und dies kommt vielleicht nur für Leute in Frage, die direkt in Bahnhofsnähe wohnen.
- **Bangkok Airways** fliegt einmal täglich von Ko Samui nach U-Tapao bei Pattaya. Kostenpunkt 2.750 Baht. Flugzeit 1 Std.
- **Taxis** ab dem Don Muang Airport, ebenso wie vom Domestic Airport, fahren derzeit noch für 1.200 Baht nach Pattaya. Zu buchen an den Schaltern mit der Aufschrift „Public Taxi". Die normalen Stadttaxis in Bangkok fahren für etwa 1.200-1.500 Baht nach Pattaya. Bangkoks neuer Flughafen liegt relativ nahe an Pattaya (ca. 100 km), und es ist zu erwarten, dass von dort eine Buslinie den Betrieb aufnehmen wird. Dazu wird es sicher einen Limousinen-Service geben, Taxis sowieso. Genaues ist zu diesem Zeitpunkt noch nicht bekannt.

Rayong

ระยอง

Hier wird die berühmte *naam plaa* oder Fischsauce hergestellt, ohne die keine Thai-Hausfrau auskommen kann. Außerdem werden in der Umgebung schmackhafte Durians geerntet. Den meisten Touristen wird aber für immer rätselhaft bleiben, wie das Attribut schmackhaft mit der Durian in einem Atemzug genannt werden kann.

In der Stadt selber ist ein **liegender Buddha** von Interesse, der sich nicht wie sonst auf die rechte Seite lehnt, sondern auf die linke. Der Buddha befindet sich im **Wat Papradu** und ist 12 m lang und 3,60 m hoch.

2 km südlich des Stadtkerns, am Ende der Taksin Maharaj Road, steht eine 10 m hohe **Pagode,** die auf einer winzigen Insel im Rayong-Fluss errichtet wurde. Das Alter der Pagode ist unbekannt. Der Thai-Name des Bauwerks ist **Phra Chedi Klaang Naam,** was soviel bedeutet wie „Der Chedi mitten im Wasser". Jedes Jahr im November wird an der Pagode ein großes Volksfest mit Bootsrennen und Theatervorführungen begangen.

5 km von Rayong entfernt befindet sich der Strand **Hat Sai Thong,** „Der Strand mit dem goldenen Sand". Er ist wunderschön, leider stehen als Unter-

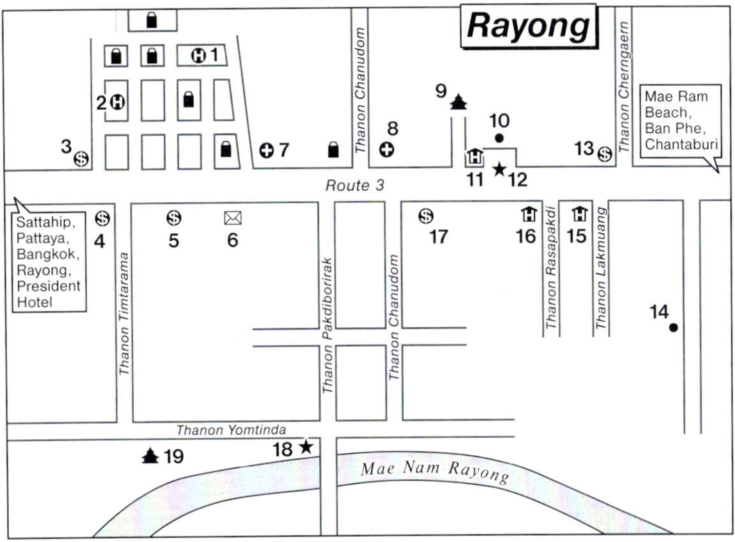

- 1 Busbahnhof
- 2 AC-Busse
- 3 Bangkok Metrop. Bank
- 4 Siam Comm. Bank
- 5 Bank
- 6 Post
- 7 Krankenhaus
- 8 Krankenhaus
- 9 Wat Papradu
- 10 Kino
- 11 Asia Hotel
- 12 Glockenturm
- 13 Bangkok Bank
- 14 Polizei
- 15 Rayong Hotel
- 16 Rayong Othani Hotel
- 17 Thai Farmers Bank
- 18 riesiger alter Baum mit Geisterhäuschen
- 19 Wat
- Märkte

kunft nur die sehr teuren Sai Thong Beach Bungalows zur Verfügung.

Dem Strand vorgelagert ist die Insel **Ko Saket,** zu der Boote vom Strand Hat Sai Thong (südl. Route 3 oder Sukhumvit Road) in 15-20 Min. fahren.

Information

- Die **TAT** betreibt ein Informationsbüro in der 153/4 Sukhumvit Road, Tel. 038-655420, tatry@infonews.co.th. Wie in allen Büros der TAT werden kostenlos Broschüren und Karten ausgegeben.

Unterkunft

- Ordentliche Zimmer im **Rayong Othani Hotel****-*** (69 Sukhumvit Rd., Tel. 038-611112), die teureren mit A.C.
- Anspruchsloser ist das auf der anderen Straßenseite gelegene **Asia Hotel**** (Tel. 038-611022); die Zimmer am oberen Ende der Preisskala haben A.C. und sind für den Preis gar nicht schlecht.

- Einfache Zimmer mit Bad im **Rayong Hotel** ** (65/3 Sukhumvit Rd., Tel. 038-611073).
- Das **Rayong President Hotel*****-***** (Tel. 038-611397) ist wohl die beste Wahl am Ort; komfortable Zimmer mit Bad, A.C. und TV.

Anreise

- Ab dem Eastern Bus Terminal in Bangkok fahren ca. jede halbe bis volle Stunde **A.C.-Busse** 2. Kl. (106 Baht), bzw. 1. Kl. (137 Baht). Die Strecke ist je nach Fahrtroute 182 oder 206 km lang; Fahrzeit ca. 4 Std.

Weiterreise

Busse nach Chantaburi fahren für 45 Baht, Fahrzeit ca. 2½ Std. Nach Ban Phe (Fähre nach Ko Samet) fahren Songthaews für 25 Baht.

Ko Samet

เกาะเสม็ด

Ko Samet ist ein Teil der Inselgruppe Khao Laem Ya Samet, die **Naturschutzgebiet** ist. Aus diesem Grunde wird den Besuchern eine Eintrittsgebühr von 200 Baht abverlangt. Kinder unter 14 Jahren zahlen 100 Baht. Thais zahlen nur 20 Baht.

Ko Samet, nur 13 qkm groß, war einst ein Geheimtipp, eine ruhige, zudem nahe an Bangkok gelegene Alternative zu den touristisch überlaufenen Phuket und Ko Samui. Obwohl Ko Samet unter Naturschutz gestellt worden war, brach aber auch hier ein ungeahnter Bau-Boom aus und die an sich sehr schönen Strände wurden zugebaut und mit Unrat bedeckt. Um der Situation Herr zu werden, wurden die Bungalows zeitweise schon mal geschlossen, doch nach Protesten der zum Teil einflussreichen Ressort-Besitzer war bald wieder alles beim alten. Offiziell dürfen heute keine weiteren Anlagen errichtet werden, doch auch dieses Verbot scheint häufig unterlaufen zu werden. Geld und „Einfluss" (sprich die Macht der mafiaartigen Verbindungen an der Ostküste) sprechen lauter als Gesetze.

Um zunächst weiter beim Negativen zu bleibe: Ko Samet ist sehr trocken, und **Wasser** wird zum Teil mit Tankwagen auf die Insel befördert. So mancher Besucher hat dann in dem Wasser schon mal Kleinsttiere entdeckt, vom Trinken des Wassers ist somit auf jeden Fall abzuraten. Der Strom stammt aus Generatoren, und die Unterkünfte haben ihre festen Zeiten, wann die Geräte an- oder abgestellt werden; zumeist fließt der Strom von 17 oder 18 bis 6 Uhr. Nur die Top-Unterkünfte werden 24 Std. mit Elektrizität bedient.

Ein ernstes Problem war bis vor einigen Jahre die **Malaria.** Heute werden nur noch relativ wenige Fälle verzeichnet, dennoch ist eine Malaria-Prophylaxe anzuraten. In jedem Fall sollte man sich zusätzlich mit Anti-Moskito-Cremes, -Spiralen und Moskitonetzen vor Mückenstichen schützen.

Zu den wichtigsten **Feiertagen** und an **Wochenenden** wird Ko Samet von thailändischen Touristen überrannt, deren vornehmlichstes Ziel es zu sein scheint, so viel Lärm wie möglich zu machen. Stereoanlagen werden am Strand aufgestellt und dazu wird alkoholselig gesungen oder herum geschrieen. Am wildesten geht es zum

Songkran-Fest zu (13. April), aber auch an den anderen Feiertagen kann das sehr nerven. Zudem erhöhen an solchen Tagen viele Unterkünfte spontan ihren Preis. Meiden!

Auf der positiven Seite hat Ko Samet einige wirklich schöne, teilweise großartige **Strände.** Der beste ist der 1 km lange **Diamond Beach** oder Hat Sai Kaeo („Kristallsand-Strand") im Nordosten der Insel, der aber auch die meisten Besucher verzeichnet. Hier geht es sehr touristisch zu. Die meisten Strände schließen sich südlich an den Diamond Beach an, wobei es – mit Ausnahme des Wong Duean Beaches – zunehmend untouristischer wird. Der Strand in der **Ao Phrao** oder „Kokosnussbucht" im Nordwesten der Insel ist der einzige Strand an der Westseite.

Unterkunft

Diamond Beach (Hat Sai Kaeo)

Der Strand, im Nordosten der Insel gelegen, ist der meist besuchte und wird auch von zahlreichen Einheimischen aufgesucht, besonders an Wochenenden oder zu Feiertagen, mit all den oben erwähnten Problemen. Die Unterkünfte in den diversen Preiskategorien unterscheiden sich nicht sonderlich.

- **Diamond Beach Resort*****-**** (Tel. 038-562514); Hütten und Bungalows mit eig. Bad, die teureren auch mit A.C.
- **Coconut House*****-**** (Tel. 038-6516 61); Bungalows mit A.C. und TV.
- **White Sand Resort******-***** (Tel. 038-653154); Bungalows in verschiedenen Preisstufen, nur die allerbilligsten haben kein A.C. Strom gibt es aber nur von 17-9 Uhr.
- **Laem Yai Hut House****** (Tel./Fax 038-644077); recht ordentliche Holzbungalows mit eig. Bad, aber kein A.C.
- **Sai Kaew Villa******-***** (Tel. 081-87480 87, Fax 02-8611017); gute Lage und ordentliche Bungalows, darunter große „Familien-Bungalows"; die teureren haben A.C. In der Nebensaison gibt es oft 50 % Rabatt und dann lohnt es hier sicher.

Ao Hin Kok

Südwestlich an den Diamond Beach anschließend gelegen und nicht weniger schön, dafür weit ruhiger und preiswerter.

- **Naga Bungalows****-*** (Tel. 081-21863 72); einfache, etwas erhöht auf einer Anhöhe gelegene Bungalows; kein eigenes Bad, für den Preis aber sehr gut. Internet-Anschluss vorhanden.
- **Tok's Little Hut****-***; etwas bessere Bungalows, mit eig. Bad.
- **Jep's Inn****-*** (Tel. 081-8533121); gute Bungalows mit Bad, dazu ein Open-Air-Restaurant.

Ao Phai Beach

Diese „Bambus-Bucht", weiter südwestlich von Ao Hin Khok, bietet ebenfalls einen sehr schönen und dazu breiten Strand.

- **Ao Phai Huts******-***** (Tel. 081-2136392, 038-44075-6); gut geführte Anlage mit Bungalows in vielen verschiedenen Preisstufen, die teureren mit A.C. Das Haus bietet auch Touren an.
- **Silver Sand Bungalows** (Tel. 081-2185195); ordentliche Bungalows mit eig. Bad und zum Teil A.C.
- **Samed Villa*******-LLL (Tel. 038-644094, Fax 038-644093, www.samedvilla.com); professionell geführte Anlage mit unterschiedlich komfortablen Bungalows mit Bad und A.C., darunter einige große „Familien-Bungalows". Empfehlenswert.

Tabtim Beach (Ao Phudsa)

Eine kleine Bucht, relativ ruhig südlich an Ao Phai anschließend.

- **Ao Phudsa Bungalows*****-***** (Tel. 081-6631371); Bungalows mit eig. Bad, nicht allzu toll für den Preis.

●**Tub-Tim Bungalows*****-***** (Tel. 081-2186425); Bungalows mit eig. Bad, nur die ganz teuren mit A.C.

Ao Nuan

Eine weitere Bucht, südlich vom Tabtim Beach, klein und abgeschieden.

●**Ao Nuan Bungalows*****; idyllische Lage, einfache Bungalows ohne eig. Bad.

Ao Wong Duean

Eine sehr ahnsehnliche, aber auch sehr kommerziell ausgerichtete Bucht, mit Water-Scootern und sonstigem touristischen Trubel. Dazu sind die Unterkünfte relativ teuer.

●**Wong Duean Resort*******-LLL (Tel. 038-651777, Fax 038-651819); sehr komfortable Bungalows mit Bad und A.C.
●**Malibu Garden Resort*******-LLL (Tel. 038-4272277-8, www.malibu-samet.com); gute Bungalows, z.T. mit A.C.

Ao Thian (Candlelight Beach)

Malerische und ruhige Bucht, südlich an Ao Wong Duean anschließend, mit ansehnlichem, von Felsvorsprüngen durchsetztem Strand.

●**Candlelight Beach Resort*****-**** (Tel. 081-2186934); Bungalows mit Bad.
●**Lung Dum Bungalows****-*** (Tel. 081-4858430); primitive Hütten ohne eig. Bad, dazu einige bessere mit Bad und ein schlichtes, aber sehr preiswertes Baumhaus.

Ao Wai

Weiter südlich von Ao Thian gelegen, sehr ruhig und empfehlenswert. Leider gibt es nur eine einzige Unterkunft.

●**Samet Ville Resort*******-LLL (Tel. 038-495394 oder in Ban Phe 038-651681-2, Fax 038-651681, www.sametvilleresort.com); wunderbar abgeschieden und gute Bungalows mit Bad und teilweise A.C. Der Weg über die Küste hierhin ist beschwerlich, das Unternehmen verfügt aber über einen eigenen Bootsservice ab Ban Phe. Telefonische Vorbuchung ist ratsam.

Ao Kiu Na Nok

Etwa 1 km südlich von Ao Wai gelegen und von dort über einen etwas beschwerlichen Fußweg über den felsigen Strand zu erreichen. Der Weg lohnt, denn der Strand ist großartig.

●**Ao Kiu Coral Beach Bungalows****-*** (Tel. 038-652561); Holz- und Betonhütten, dazu Zeltverleih zu 100 Baht, was bei den wenig komfortablen Hütten keine schlechte Alternative erscheint.

Ao Phrao (Paradise Beach)

Die „Kokosnussbucht" an der Nordwestseite bietet einen malerischen und ruhigen Strand. Ab Ban Phe fahren Fähren direkt hierhin.

●**Dome Bungalow*******-LLL (Tel. 038-6513 77); nette Bungalows umgeben von einer Gartenanlage, die teureren mit A.C.
●**Ao Phrao Resort*******-LLL (Tel. 02-21196 54); von einem tropischen Garten umgebene Luxusanlage; geboten werden Schnorchel- und Kanu-Trips, Surfen, Radtouren. Das Unternehmen betreibt einen eigenen Fährdienst ab Ban Phe; Abfahrt um 8.00, 11.00, 13.30 und 16.00 Uhr.

Na Dan

Nahe dem Pier von Na Dan im Norden der Insel finden sich ein Strand, dieser ist jedoch nur von mäßigem Interesse. Es stehen mehrere Bungalow-Anlagen zur Verfügung, diese scheinen jedoch nicht sonderlich wohnenswert.

●**Samet Hut******* (Tel. 081-8183051); etwas besser als die anderen Unterkünfte, Bungalows mit Bad und teilweise A.C.

Anreise

●Zahlreiche Reisebüros in der Khao San Road in Bangkok als auch in Pattaya offerieren kombinierte Bus- und Bootsfahrten nach

Ko Samet. Preis ab Bangkok 200 oder 300 Baht retour. Per Minibus wird man von der Khao San Road zum Eastern Bus Terminal gefahren, wo ein A.C.-Bus bereit steht. Dies ist die bequemste Anreisemethode – zumal man sich auch nicht um die zahlreichen Schlepper der Bootsunternehmen am Pier in Ban Phe kümmern muss – dafür aber minimal teurer als auf eigene Faust zu reisen.

- Alternativ könnte man vom Eastern Bus Terminal in Bangkok zur Hafenstadt Ban Phe fahren; Kostenpunkt 108 Baht; Fahrzeit ca. 4 Std. Falls man keinen Bus nach Ban Phe bekommt, steige man in einen Bus nach Rayong (101 Baht; 3½ Std.), von wo man per Songthaew oder Bus weiter nach Ban Phe gelangt (15 Baht). Ab Chantaburi fahren ebenfalls Busse nach Ban Phe.
- Die meisten Boote nach Ko Samet, die von verschiedenen, in Konkurrenz stehenden Unternehmen betrieben werden, fahren ab dem Saphan Nuan Thip-Pier. Regelmäßige Abfahrten zwischen 8 und 17 Uhr. Die Boote fahren ab, wenn sich „genügend" Passagiere eingefunden haben, d.h. in der Regel um die 20, manchmal auch weniger. In den Monaten außerhalb der Hochsaison (Nov.-März) werden die Abfahrten reduziert, es fahren jedoch auch dann täglich mindestens 3 oder 4 Boote.

Um zu den Stränden Hat Sai Kaeo, Ao Hin Khok, Ao Phai und Ao Phudsa und zu gelangen, nehme man ein Boot bis Na Dan; Preis 80 Baht retour. Die Tickets gibt es an einem Ticketschalter am Pier von Saphan Nuan Thip. Von Na Dan sind die obigen Strände in 15-20 Min. zu Fuß zu erreichen; alternativ bieten sich die über die Insel kursierenden Pick-Up-Trucks an. Weitere Boote ab Saphan Nuan Thip fahren direkt nach Ao Phrao (80 Baht), Ao Wai (80 Baht) und Ao Wong Duean (50 Baht).

Pauschal gebuchte Touristen werden zumeist ab dem Saphan Sri Ban Phe-Pier nach Ko Samet befördert, aber in diesem Falle braucht man sich eh um nichts zu kümmern.

Wer aus irgendeinem Grund in Ban Phe hängen bleiben sollte, findet nahe dem Pier einige brauchbare **Unterkunftsmöglichkeiten:** Queen Hotel**-***, Hotel Diamond Phe***-**** und T.N. Place**-***.

Strände zwischen Ban Phe und Laem Mae Phim

Diese Strände, die sich insgesamt über eine Länge von fast 30 km erstrecken, werden so gut wie ausschließlich von Thais besucht, und das hauptsächlich an Wochenenden und Feiertagen. Insgesamt stehen etwa 2 Dutzend Bungalow-Kolonien als Unterkünfte zur Verfügung, doch die sind nicht gerade billig: Die Preise liegen zwischen 500 und 3.000 Baht.

In Ban Phe lassen sich Songthaews zur Fahrt an den gewünschten Strand anmieten, Preise Verhandlungssache.

Unterkunft

Im Folgenden eine Auswahl einiger preiswerter Bungalows am Strand **Mae Ram:**

- **Bungalow Thap Thong*****-**** (Tel. 02-3142245).
- **Premwadee Resort*****-**** (Tel. 02-4230 349, 02-4249477).

An **Hat Ban Phe,** dem Strand von Ban Phe:

- **Ko Kaew Garden*****-**** (Tel. 038-6724 23).
- **Camp Son Villa*****-**** (Tel. 038-6483 18).
- **Ban Phe Villa***** (Tel. 038-648583).

Bei **Laem Mae Phim,** dem „Kap an der Mündung des Phim-Flusses":

- **Phat Lodge******-***** (Tel. 038-631800-1).
- **Phimnipha Villa*****-***** (Tel. 038-6574 53).

Insel-Unterkunft:

- **Raya Island Resort******-***** (Tel. 02-7404 727), auf Ko Man Klang gelegen, einer kleinen Insel vor Laem Mae Phim, 28 km östlich von

Ban Phe; das Unternehmen bietet auch günstige Package-Angebote.

Anreise

- Ab Bangkoks Eastern Bus Teminal fahren ca. jede Stunde **A.C.-Busse** zu 110 Baht nach Mae Phim.
- Ab Ban Phe fahren an Wochenenden und Feiertagen **Sammeltaxis** und **Songthaews** zu den Stränden. Ansonsten muss man eines chartern; Kostenpunkt je nach Entfernung ca. 100-400 Baht. Da man am Zielort wahrscheinlich kein Fahrzeug zurück bekommt, sollte man sich zu vereinbarter Zeit wieder abholen lassen.

Nationalpark Khao Chamao – Khao Wong

อุทยานเขาชะเมาเขาวง

Dieser 84 km² große Nationalpark befindet sich in den Provinzen Rayong und Chantaburi. Der Name stammt von den zwei wichtigsten Bergen des Gebietes, von denen der **Khao Chamao** mit **1.028 m** der höchste ist. Der Berg ist besteigbar, dafür ist aber eine Übernachtung notwendig.

Nur 2 km vom Parkhauptquartier entfernt befindet sich der **Khao-Chamao-Wasserfall,** der viele einheimische Besucher anzieht. In den Becken am Fuße des Wasserfalls lebt eine spezielle Karpfenart, deren Verzehr zu leichten Zuständen von Benommenheit führt. Daher auch der Name: *Chamao* bedeutet „berauscht werden".

Weitere Sehenswürdigkeiten des Parks sind die **Khao-Wong-Höhlen,** insgesamt etwa 80 an der Zahl. Die Fauna besteht unter anderem aus 22 Säugetiergattungen, darunter Fledermäuse und Gibbons sowie 53 verschiedenen Vogelarten.

Unterkunft

- 23 für 2-4 Personen zu 600-1.200 Baht, Zeltunterkünfte zu 100 Baht pro Person/Übernachtung sowie Dorms zu 3.000 Baht (Platz für 30 Personen).

Anreise

- Der Park ist am besten von Rayong oder Chantaburi zu erreichen; die Entfernung beträgt jeweils ca. 70 km. Am geeignetsten wäre ein **Mietfahrzeug.**
- Ansonsten nimmt man einen **Bus** auf der Strecke Rayong – Chantaburi (Highway 3) und lässt sich an der Abzweigung der Straße 3377 absetzen. Von dort sollte man versuchen, ein **Songthaew** in Richtung Ban Nam Sai zu ergattern (17 km von der Abzweigung). In Ban Nam Sai zweigt eine weitere Straße rechts zum Park ab (1 km).

Chantaburi

จันทบุรี

Chantaburi ist eine wohlhabende und auffallend saubere Stadt mit 40.000 Einwohnern. Der Wohlstand ist zum großen Teil den in der Nähe geschürften **Edelsteinen** zu verdanken, die auch in der Stadt geschliffen werden. Zudem ist die Umgebung äußerst fruchtbar, und Durians, Rambutans, Longans und Custard Apples wachsen hier in Hülle und Fülle.

Viele der Einwohner Chantaburis – diese nennen ihre Stadt kurz *Chan* (sprich: *Tschan)* – sind die Nachkommen vietnamesischer Christen, die ihre Heimat aufgrund religiöser Verfolgung verlassen haben.

In der Tha Sing Road entlang des Flusses sind noch viele alte Holzhäuser der vietnamesischen Einwanderer zu bewundern. Hier ist der **alte Stadtkern,** der stark im Kontrast zum neuen und relativ gesichtslosen Geschäftszentrum steht.

Auf der anderen Flussseite, über eine Brücke erreichbar, befindet sich eine nach französischem Vorbild erbaute **Kathedrale** aus dem Jahre 1880.

31 km südlich von Chantaburi liegt **Laem Singh,** das „Löwenkap", so genannt, weil es wie ein zum Meer blickender liegender Löwe geformt ist. Hier befinden sich die Überreste von zwei unter Rama 3. erbauten Forts, **Pak Naam** und **Ka Chai.**

1 km vom Pier der Fischerboote in Laem Singh liegt **Khuk Khi Gai,** das „Hühner-Scheiß-Gefängnis". Dieses Gefängnis stammt aus dem Jahre 1893 und wurde so getauft, weil auf seinem Dach Hühnerhäuser gebaut waren, von denen aus der Mist durch Risse und Schlitze auf die Gefangenen fiel. Im Khuk Khi Gai hielten die Franzosen unliebsame Thais in Gefangenschaft.

Nahe dem Gefängnis steht **Tuk Daeng,** das „Rote Haus", ebenfalls im Jahre 1893 erbaut. Dieses diente als Hauptquartier des Pikart Prajjamitr Forts. Später wurde es aber zum Wohnquartier für Offiziere gemacht. Zum Laem Singh, Khuk Khi Gai und Tuk Daeng fahren Minibusse vom Markt in der Innenstadt aus.

Ebenfalls vom Markt fahren Minibusse zum Naam Tok Pliu, dem **Pliu-Wasserfall.** Dort wurde von Rama 5. im Jahre 1876 eine Stupa erbaut sowie eine pyramidenartige Konstruktion, in der die sterblichen Überreste von Königin *Sanatha* aufbewahrt werden. Die Königin hatte zwei Jahre vor ihrem Tod den Wasserfall besucht.

Unterkunft

- Einen guten Gegenwert bietet das preiswerte **Kasem Sarn 1 Hotel****-*** (98/1 Benchama-Rachutit Rd., Tel. 039-312340); große und saubere Zimmer mit Bad, teilweise auch A.C.
- Das **Kasem Sarn 2 Hotel****-*** (23 Sri Rongmuang Rd., Tel. 039-311173) ist nicht so gut wie sein Namensvetter; Zimmer mit Bad, die teureren mit A.C.
- Einfache, aber akzeptable Zimmer im preiswerten **Muang Chan Hotel****-*** (257-259 Si Chan Rd., Tel. 039-312909); teilweise mit A.C.
- Direkt am Fluss, an der Thanon Rim Nam („Uferstraße"), liegt das mäßige **Chantha Hotel****-*** (Tel. 039-312310); dieses beeindruckt nur durch seine niedrigen Preise und die Tatsache, dass einige Zimmer Flussblick haben. Die billigsten Zimmer haben kein eigenes Bad.
- Südöstlich der Stadtmitte finden sich das moderne **KP Inn****** (Trirat Rd., Tel. 039-311756) und das von Geschäftsreisenden bevorzugte **KP Grand Hotel*******-LLL (Trirat Rd., Tel. 039-323201-2); Zimmer jeweils mit A.C., TV und den sonstigen üblichen Annehmlichkeiten.
- Das **Chantaburi River Guest House***** (3/5-8 Srichant Rd., Tel. 039-328211, Fax 039-328533) hat Zimmer mit A.C. und ist für den Preis ausgezeichnet. Hinzu kommt die nette Lage am Fluss, etwas südlich der Brücke am Westufer. Sehr empfehlenswert.
- Das etwas außerhalb der Stadt gelegene **Chantaburi Riverside Hotel & Restaurant** ****-***** (63 Mo 9, Chantananimit Rd., Tel. 039-324062, 02-5125726) umfasst eine

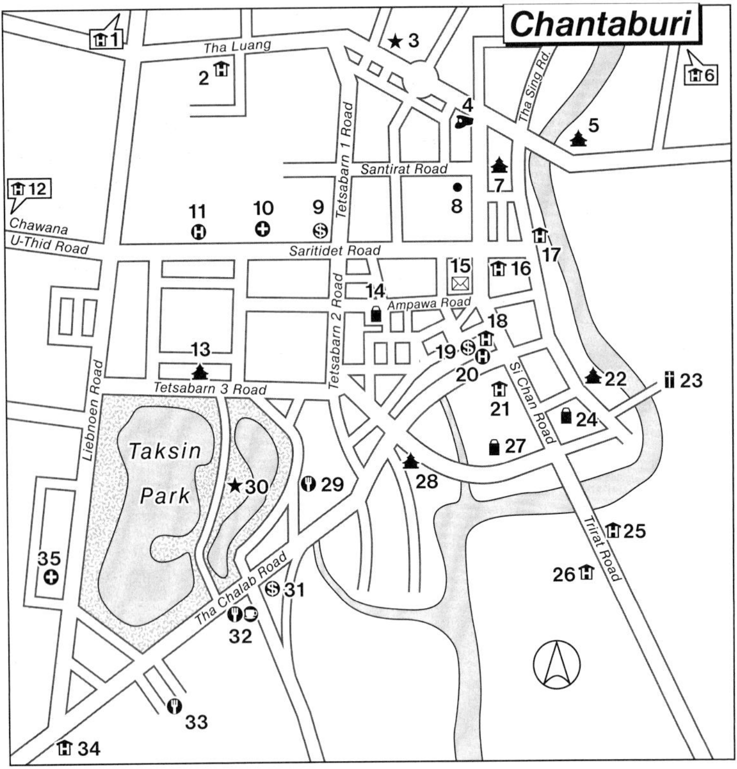

- 1 Travel Lodge
- 2 Kiat Krachon Hotel
- 3 Lak Muang
- 4 Polizei
- 5 Wat
- 6 Chantaburi Riverside Hotel
- 7 Wat
- 8 Buddh. Association
- 9 Bank
- 10 Krankenhaus
- 11 Bus-Station
- 12 Caribou Highland Hotel
- 13 Wat
- 14 Markt
- 15 Post
- 16 Kasem Sarn 1
- 17 River Guest House
- 18 Kasem Sarn 2
- 19 Thai Farmers Bank
- 20 AC-Busse nach Bangkok
- 21 Muang Chan Hotel
- 22 Markt
- 23 Chinesischer Tempel
- 24 Kathedrale
- 25 KP Inn Hotel
- 26 KP Grand Hotel
- 27 Family Department Store
- 28 Chinesischer Tempel
- 29 Restaurant
- 30 Taksin-Statue
- 31 Bank
- 32 Versailles Restaurant & Coffee Shop
- 33 Restaurant
- 34 Eastern Hotel
- 35 Krankenhaus

Art Hotel und mehrere Cottages. Diese verteilen sich über ein größeres Areal mit Swimmingpool; dazu gibt es einen Coffee-Shop und Nacht-Club.

- Am Westende der Stadt befindet sich das **Caribou Highland Hotel*******-LLL (14 Chawana U-Thid Rd., Tel. 039-311246), das beste Haus am Platze. Die Zimmer beinhalten A.C., TV, Kühlschrank und sonstigen Komfort, dazu gibt es noch teurere. Komfortabel ausgestattete Suiten. Oft gibt es Preisnachlass. Frühstück ist im Preis inbegriffen.

Essen

- Die beste Essensmöglichkeit ist der in der Innenstadt gelegene **Markt,** der sich über mehrere Straßenblocks erstreckt (siehe Karte). Hier gibt es Hunderte von Essensständen, viele sind bis spät in die Nacht geöffnet.
- Das gute, aber teure **Versailles Restaurant,** mit daneben liegendem **Coffee Shop,** befindet sich in der Tha-Chalab Road, eine Minute Fußweg vom Mangswirat entfernt.
- Das **Family Department Store** beinhaltet u.a. ein preiswertes Food-Center.

Anreise

Die Strecke Bangkok – Chantaburi ist 285 bzw. 309 km lang, je nachdem, welche Route genommen wird.

- Ab dem Eastern Bus Terminal fahren **A.C.-Busse** 2. Kl. zu 140 Baht, A.C.-Busse 1. Kl. zu 180 Baht. Busse etwa jede Stunde, Fahrzeit etwa 4½ Std.
- **Busse ab Rayong** kosten 60 Baht, Fahrzeit etwa 2½ Std.

Weiterreise

- **Busse nach Trat** kosten 30 Baht, Fahrzeit ca. 1½ Std., dazu fahren Sammeltaxis zu 100 Baht/Person.
- Am Busbahnhof in Chantaburi steht eine weitere Variante von Thailands unerschöpflichen Nahverkehrsmitteln: Eine Art **Songthaew,** das aussieht wie ein kleiner Lastwagen mit Sitzbänken. Diese Songthaews sind zum Teil ungeheuer unbequem zu besteigen, nichts für Rheumatiker oder Ungelenkige. Fahrten innerhalb der Stadt kosten 10 Baht, egal wie viele Leute mitfahren.

Trat

ตราด

Trat liegt 387 Buskilometer östlich von Bangkok und ist die letzte halbwegs große Stadt vor der Grenze zu Kambodscha. Die Busstrecke von Chantaburi nach Trat ist äußerst malerisch, zu beiden Seiten der Straße ergrünt dichte Vegetation, Palmen, Durian- und Rambutan-Bäume.

Trat ist auch der Ausgangspunkt für Abstecher zu dem schmalen Küstenstreifen entlang der kambodschanischen Grenze. Hier gibt es allerdings keine Unterkünfte, aber das wird sich bei dem unglaublichen Tourismus-Boom, den Thailand erlebt, möglicherweise bald ändern. Noch verschlägt es kaum Touristen in diese Gegend.

Schon auf dem Weg von Chantaburi nach Trat fällt die massive Militärpräsenz auf. Über die Grenze entlang des schmalen Küstenstreifens hinweg gibt es gelegentlich noch kleine Schießereien, und die dorthin führende Straße ist dann unter Umständen gesperrt.

In Trat gibt es zwei Wats, **Wat Khang Chai Mongkhon** und **Wat Yothanimit.** Letzterer verfügt über einen verblüffend schlichten, leider verschlossenen Bot unbekannten Datums, der aussieht wie ein europäisches Bauernhaus aus dem letzten Jahrhundert.

Um den **Lak Muang,** den Schrein, an dem den Stadtgeistern gehuldigt wird, ist ein chinesischer Tempel gebaut. Die phallischen Opfersäulen des Schreines sind mit schweren Blumengirlanden behangen. Vor dem Tempeleingang steht eine Elefantenfigur, die eine Lotusblume im Rüssel hält, und das ganze wirkt wie ein kultureller Mischmasch aus Indien, China und Thailand. Vor dem Tempel werden auf einer improvisierten Bühne oft Likay-Vorstellungen gegeben.

Unterkunft

In erster Linie bieten sich einige einfache, aber auch sehr preiswerte Guest Houses an.

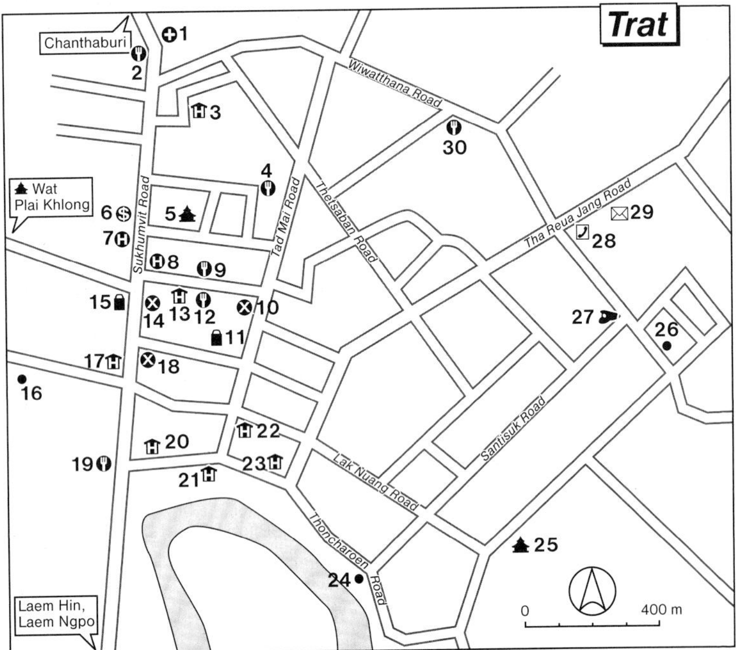

- 1 Krankenhaus
- 2 Saeng Fah Rest.
- 3 Thai Roong Roj Hotel
- 4 Vegetarian Rest.
- 5 Lak Muang und chinesischer Tempel
- 6 Bangkok Bank
- 7 Busse nach Chantaburi
- 8 AC Busse nach Bangkok
- 9 Night Market
- 10 Sammeltaxis n. Khlong Yai
- 11 Shopping Center, Municipal Market
- 12 Jiraporn Rest.
- 13 Meuang Trat Hotel
- 14 Sammeltaxis
- 15 Department Store
- 16 City Pillar
- 17 Trat Inn Hotel
- 18 Sammeltaxis nach Laem Ngop
- 19 Kaan Kluay Rest.
- 20 Pop G.H.
- 21 Windy G.H.
- 22 NP Guest House
- 23 Foremost G.H.
- 24 Boote nach Ko Kut, Ko Mak
- 25 Wat Phailom
- 26 Rathaus
- 27 Polizeistation
- 28 Telefoncenter
- 29 Post
- 30 Nam Chok Rest.

Die Hotels der Stadt sind mit wenigen Ausnahmen (s.u.) nicht besonders gut in Schuss.

• Das **NP Guest House***-** (1-3 Soi Luang-Aet, Tel. 039-512270) bietet Betten im Dorm zu 70 Baht, dazu einfache und preiswerte, aber ordentliche Zimmer ohne eigenes Bad. Für 300 Baht/Tag werden Motorräder ausgeliehen, und Durchreisende können sich für 20 Baht duschen.

• **Friendly G.H.***-** (106 Lak Muang Rd., Tel. 039-534052), sehr einfache Zimmer ohne eig. Bad, aber Niedrigstpreise (ab 60 Baht).

• **Foremost G.H.***-** (49 Thoncharoen Rd., Tel. 039-511923), nahe der Busstation, sehr einfach und preiswert.

• Das relativ moderne **Mueang Trat Hotel*****-**** (auch Trat Hotel; 4 Sukhumvit Rd., Tel. 039-511091-9) hat Zimmer mit Bad und – in der höheren Preisklasse – mit A.C. Saubere Zimmer und günstige zentrale Lage.

• Die Zimmer des **Trat Inn***-** (1-5 Sukhumvit Rd., Tel. 039-511028) sind nicht gerade eine Augenweide, für den absoluten Niedrigpreis (es beginnt bei 120 Baht) aber nicht allzu schlecht. Angeschlossen ist ein Internet-Laden.

• Zehn Kilometer südöstlich der Stadt steht das **Ban Phu Resort*******-LLL (auch Banpu Resort; Laem Sok, Tel./Fax 039-512400, 039-542335-6), dessen Bungalows um einen Krabben-Teich herum angelegt sind (*Ban Phu* = „Krabbendorf"). Alle Bungalows haben A.C., TV und Kühlschrank, die teureren dazu noch ein Videogerät. Das Unternehmen organisiert auch die Überfahrt nach Ko Chang per Speedboot. Anbei findet sich das **Suan Phu** („Krabben-Garten"), ein bei örtlichen Kennern sehr beliebtes Seafood-Restaurant.

Essen

• Einige passable Restaurants befinden sich in der Sukhumvit Road, westlich des Busstops. Die beste Essensmöglichkeit ist ansonsten der **Nachtmarkt** (ab 18.00 Uhr gegenüber dem Trat Hotel). Hier gibt's jede Menge preiswerte Essensstände, u.a. mit Seafood und chinesischen Speisen und sogar Eiscreme, gebratenen Tofu-Schnitten *(tau-hu tort)* oder heißer Sojamilch *(naam tau-hu)*.

• Morgens wird auf dem Platz ein **Markt** abgehalten, auf dem Gemüse, Obst, Fisch und Fleisch angeboten werden.

• Im **Trat Department Store,** einem für eine provinzielle Stadt wie Trat beeindruckenden Einkaufspalast, bieten zahlreiche Essensstände, Gerichte ab ca. 30 Baht an.

Anreise

• Vom **Eastern Bus Terminal** in Bangkok fahren 6 **Busse** täglich, Kostenpunkt 113 Baht, Fahrtdauer etwa 6 Std. Dazu fahren noch 8 A.C.-Busse für 169 Baht, Fahrzeit 5½ Std.

• **Busse ab Chantaburi** kosten 26 Baht, Abfahrt etwa alle Stunde. A.C.-Busse ab Chantaburi sind eine unsichere Sache, da die Busse aus Bangkok kommen, und nicht abzusehen ist, ob noch Platz ist. Fahrpreis 50 Baht.

• Die **Rückfahrt** von Trat nach Bangkok oder Chantaburi ist kein Problem, die A.C.-Busse sind immer recht leer. Direkt vor Abfahrt (8-mal tägl.) kann man noch Tickets bekommen.

Ansonsten fahren auch Mini-Busse ab dem Pier in Laem Ngop zur Khao San Road in Bangkok; diese werden von den am Pier ansässigen Tourunternehmen organisiert.

Zur Rückfahrt nach Chantaburi bieten sich Sammeltaxis an (60 Baht); Abfahrt gegenüber dem Trat Department Store.

• Seit 2003 gibt es eine **Flugverbindung** mit der Bangkok Airways, die in Trat ihren eigenen Flughafen gebaut hat. Flüge ab Bangkok kosten 1.750 Baht. 3 Flüge täglich, Flugzeit 50 Min.

Weiterreise

• Nach **Laem Ngop** fahren Sammeltaxis zu 20 Baht pro Person oder 150 Baht für das gesamte Taxi. Weiterhin fahren Sammeltaxis nach Klong Yai (35 Baht/Pers.), von wo man mit Songthaews weiter nach Hat Lek gelangen kann (30 Baht). Von Trat fahren auch einige Songthaews direkt nach Hat Lek (ca. 60 Baht). Siehe auch das Kapitel „Weiterreise in die Nachbarländer".

• Entlang der Sukhumvit Road befinden sich einige Tour-Operator, die **Ausflüge nach Ko Chang** anbieten. Darunter sind auch Angeltrips, aber diese Reisemöglichkeiten sind natürlich teuer.

- Von Laem Ngop fahren auch **Boote zu den Inseln Ko Kradat und Ko Rad** (2 Std. Fahrt), die Abfahrten sind aber nicht regelmäßig. Auskunft bekommt man telefonisch über Bangkok 02-3311921.
- Weitere Boote fahren **nach Ko Kut,** Fahrzeit 45 Min.

Inseln vor Trat

Trat ist auch der Ausgangspunkt für Fahrten auf die **Insel Ko Chang,** zu der von dem Hafenstädtchen **Laem Ngop** (16 km südwestlich von Trat) Boote fahren. Die Insel hat sich mittlerweile zum offenen „Geheimtipp" entwickelt, mit immer mehr Unterkunftsmöglichkeiten. Ko Chang ist Teil des **Ko Chang Isles National Park,** dem auch die Inseln Ko Kut, Ko Kradat und Ko Rad angehören.

Auf **Ko Kut** befindet sich der **Than-Sanuk-Wasserfall** *(Naam Tok Than Sanuk)* oder „Der Wasserfall, der viel Spaß macht". Der Name wurde von König Rama 6. im Jahre 1911 geprägt.

Ko Kradat und **Ko Rad** sind kleine attraktive Inseln, die zum Schwimmen einladen.

Die Inselgruppe um Ko Chang ist häufig der Zielort vietnamesischer „Boat People", Flüchtlinge, die ihr Land unter Lebensgefahr verlassen. Die Chance, vor der Ankunft auf einer der Inseln zu verdursten oder von Piraten umgebracht zu werden, ist erschreckend groß. Etwas nördlich von Mai Rut am Küstenstreifen nahe der kambodschanischen Grenze befindet sich ein **Flüchtlingslager.**

Laem Ngop
แหลมงอบ

Laem Ngop ist eine winzige Hafenstadt, in der aber zunehmend der Hauch des großen Tourismus zu spüren ist, auch wenn es nur als Transitpunkt auf dem Weg nach Ko Chang angefahren wird. So gibt es mittlerweile eine kleine, aber gut mit Informationsmaterial ausgerüstete Zweigstelle der TAT sowie ein Guest House.

In der Umgebung von Laem Ngop finden sich zwei **Strände** mit schwarzem Sand, die ursprünglich für den Tourismus erschlossen werden sollten. Der Plan wurde jedoch verworfen, um die daran gelegenen Mangrovenwälder nicht zu gefährden.

Fähren von Laem Ngop

In der Hauptsaison und an langen Wochenenden legen die Fähren bis zu jede Stunde ab, beginnend um 7 oder 7.30, bis etwa 18.00/19.00 Uhr. Sonst:

Ao Bang Bao: 13.00, 15.00 Uhr (3 Std., 70 Baht)
Ao Salak Kok: 13.00 Uhr (1 Std., 35 Baht)
Ao Salak Phet: 13.00, 15.00 Uhr (4 Std., 50 Baht)
Ao Sapparot: 9.00, 12.00 13.00, 16.00 Uhr (45 Min., 40 Baht)
Hat Kai Bae: 11.00, 15.00 Uhr (2½ Std., 70 Baht)
Hat Sai Khao: 11.00, 15.00 Uhr (1½ Std., 70 Baht)
Klong Phrao: 11.00, 15.00 Uhr (2 Std., 70 Baht)
Than Mayom: 13.00 Uhr (45 Min., 35 Baht)

Unterkunft

Da die meisten Boote hier mittags nach Ko Chang abfahren, bzw. mittags auch von Ko Chang eintreffen, ist eine Übernachtung wohl nicht nötig. Dennoch stehen einige Unterkünfte nahe dem Pier zur Verfügung:

- **Chat Gaew Guest House*** (Tel. 039-597088)
- **PI Guest House**** (kein Telefon)
- **Paradise Inn**-***** (Tel. 039-597031)
- **Siri Anek Guest House**-***** (Tel. 039-538246)
- **Laem Ngop Inn***-******* (Tel. 039-597044)
- **Rim Thale Resort******* (Tel. 039-597084-5)

Anreise

Mit Songthaews ab Trat (20 Baht) oder man miete sich selber ein Songthaew (ca. 200 Baht). Siehe auch „Trat, Weiterreise".

Weiterreise nach Ko Chang

Vom Hauptpier in Laem Ngop legen verschiedene Fähren in Richtung Ko Chang ab. Von den Anlegestellen auf Ko Chang kann nur die bei Klong Son in der **Ao Sapparot** („Ananas-Bucht") das ganze Jahr hindurch benutzt werden, und die meisten Passagiere steigen hier aus. Viele der Fähren umfahren Ko Chang und legen dann Stopps an verschiedenen Stellen der Insel ein. In der Regenzeit wird zumeist nur das Pier in der Ao Sapparot angesteuert.

Etwa 4 km nordwestlich des Hauptpiers befindet sich eine weitere Anlegestelle, genannt **Ko Chang Centrepoint,** die vom Rooks Ko Chang Resort betrieben wird. Von hier fahren um 7.00 Uhr morgens Boote zum Preis von 80 Baht nach Ao Sapparot; von dort geht's per Songthaew zu einem der nahen Strände, was im Preis schon eingeschlossen ist.

Ko Chang

เกาะช้าง

Mit einer Fläche von 492 km^2 ist Ko Chang, die „Elefanten-Insel", die zweitgrößte Insel des Landes (nach Phuket). Obwohl sie mittlerweile zwar kein Geheimtipp mehr ist, gehört sie trotzdem noch zu den sehr wenig entwickelten Touristenzielen Thailands. Die etwas abgeschiedene Lage ganz am Ostrand des Landes hat bestimmt etwas damit zu tun.

Ko Chang ist die Hauptinsel des **Ko-Chang-Meeresnationalparks,** zu dem über 40 Inseln gehören. Etwa 70 % der Inselfläche besteht aus fast unberührtem **Regenwald,** der teilweise von schroffen Felsen durchsetzt ist. Es finden sich einige sehenswerte **Wasserfälle,** so die Thom Mayom Falls an der Ostküste (zu erreichen von Tha Than Thayom) und die Klong Phu Falls an der Westküste (erreichbar von Klong Phrao).

Das tropisch-wilde Terrain eignet sich ausgezeichnet für Hiking-Touren, und mit der richtigen Ausrüstung kann man die Insel tagelang durchqueren. Die höchste Erhebung ist der **Khao Jom Prasad (744 m),** landläufig auch *Khao Yai* genannt, „Hoher Berg".

Ko Chang beherbergt eine artenreiche **Fauna,** darunter Makaken, Rotwild, Schlangen (auch giftige), Warane und zahlreiche Vogelarten. 62 Vogelspezies sind auf der Insel heimisch, dazu kommen noch 12 Zugvogelarten. Den „Ko-Chang-Frosch" *(Rana kohchang)* gibt es ausschließlich hier.

Die thailändische Regierung hat Überlegungen angestellt, die Insel zu einem Reservat für die zahlreichen **Arbeitselefanten** zu machen, die „arbeitslos" geworden sind und deren Besitzer sie zu Betteltouren durch Bangkok schicken. Sowohl der Name der Insel als auch ihre üppige Natur böten sich bestens dafür an. Auf den Elefanten ließen sich auch Dschungel-Treks veranstalten.

Ist dieser Plan durchaus zu befürworten, so sind andere Entwicklungen auf der Insel sehr bedenklich. Im Jahre 2002 erklärte Premierminister *Thaksin,* Ko Chang solle zu einem **Tourismuszentrum** „im Stile Phukets" ausgebaut werden und vornehmlich wohlhabende Touristen anlocken. Offensichtlich hatte der Premier keine Ahnung, welche Fehler in der touristischen Entwicklung von Phuket gemacht wurden und der Seitenhieb auf weniger betuchte Touristen war wohl auch fehl am Platze. Aber vielleicht lässt sich dies alles leicht erklären: Fundierten Gerüchten zufolge hat die Familie *Thaksins* sowie zahlreiche andere geldschwere Geschäftsleute schon vor Jahren Land auf der Insel gekauft – zu einem Spottpreis –, dessen Wert nach der Erklärung *Thaksins* natürlich um ein vielfaches an Wert gewann. Die Bevölkerung von Ko Chang fühlt sich von den Investoren vom Festland an den Rand gedrängt und es macht sich deutlicher Unmut breit.

Aufgrund der zahlreichen **Baustellen** auf der Insel – es werden kräftig Luxusunterkünfte gebaut – macht Ko Chang stellenweise einen sehr unaufgeräumten Eindruck. Reisende, die die Insel noch vor ein paar Jahren besuchten und dort eine Alternative zu Phuket oder Ko Samui fanden, dürften von der Entwicklung wenig begeistert sein. Die Strände sind größenteils immer noch sehr schön, was sich dahinter und am Rande abspielt, weit weniger. Ko Changs Tage als „alternatives" Reiseziel dürften gezählt sein.

Die besten **Strände** der Insel befinden sich an der Westseite, allen voran der Hat Sai Khao, der „Strand mit weißem Sand". Hier befinden sich auch die meisten Unterkünfte.

In den größeren Orten gibt es **Banken** und Wechselstuben und mittlerweile gibt es auch in jedem Dorf ATM-Automaten.

Die **medizinische Versorgung** ist mäßig gut, es findet sich ein rudimentär ausgerüstetes Krankenhaus in Ban Dan Mai.

Das einzige **Postamt** der Insel befindet sich in Ban Klong Son.

Information

- Das **Hauptquartier des Meeresnationalparks** ist auf vier verschiedene Büros verteilt. Diese befinden sich in Klong Son, Tha Klong Phlu, Salak Phet und Tham Mayom. In allen Büros bekommt man ziemlich das gleiche Informationsmaterial; in Tham Mayom unterrichten zusätzlich Schautafeln über Flora und Fauna der Region.

  An den Hauptquartieren wird auch die für Nationalparks übliche **Eintrittsgebühr von 200 Baht** kassiert. Thais zahlen 20 Baht.

Unterkunft

Klong Son Beach

Dieser Strand befindet sich am Nordzipfel der Insel, nahe Bang Klong Son.

- **Manee G.H.****
- **Manop Bungalows***-**
- **Klong Son Bungalows***-**
- **Premvadee Resort*****-*****, Tel. 039-597 032 eine Vielzahl verschiedener Unterkünfte, von der Einfachsthütte bis zum Familienhaus mit A.C. Recht ordentlich.
- **Aiyapura Resort & Spa**LLL (Tel. 02-3994084-5, Fax 02-7445585, www.aiyapura.com), ein Ergebnis des vor kurzem begonnenen Investitions-Booms auf der Insel, eine absolute Luxusunterkunft, mit offiziellen Preisen ab ca. 6.000 Baht. Gut gemacht, eine tolle Unterkunft, aber vielleicht nicht das, was sich die meisten Besucher vom einst so verschlafenen Ko Chang erhoffen.

Hat Sai Khao (White Sand Beach)

Südlich anschließend an den Klong Son Beach, das Zentrum des touristischen Geschehens, aber auch der beste Strand.

- **White Sand Beach Resort******-*****, Tel. 081-2187526, rustikale, relativ komfortable Strandbungalows.
- **Rock Sand Bungalow****-***, Tel. 084-87837623, relativ große, rustikale Bungalows, gut für den Preis.
- **Arunee Resort****-***, Tel. 039-551075, sehr einfache aber ordentliche Zimmer in einem Holzhaus. Mit das preiswerteste an diesem Strand.
- **Cookie's Hotel & Bungalows******-LLL, Tel. 039-551105-7, einfache Hütten und moderne Zimmer mit A.C. und TV in einem Hotelgebäude, dazu ein Strandrestaurant. Sehr beliebt.
- **Sabai Beach Bungalow*****-****, Tel. 081-9493256, gute Bungalows in verschiedenen Komfortstufen, die teureren befinden sich direkt am Strand.
- **Koh Chang Lagoon Resort*******-LLL, Tel. 02-530432, Fax 02-5300433, www.kohchanglagoon.com, komfortable Bungalows und sehr moderne, saubere Hotelzimmer mit A.C.
- **Moonlight Resort****-***, Tel. 039-597198, einfache bis ordentliche Bungalows, die teureren mit eig. Bad.
- **Sunsai Bungalow****-****, Tel. 081-21915 42, ordentliche Bungalows, die teureren mit eig. Bad.
- **Plaloma Cliff Resort******-*****, Tel. 081-8631305, 039-551119, Fax 039-551118, www.plalomacliff.com, von Deutschen gemanagte, schön auf einem Fels gelegene Anlage mit soliden Bungalows. Gutes Restaurant.

Klong Phrao Beach

Dieser Strand schließt sich südlich an den Hat Sai Khao an.

- **Chai Chet Bungalows*****-****, Tel. 039-551701-2, Fax 039-551701, einfache, preiswerte Holzhütten, ohne eig. Bad, dazu teurere Betonhütten mit eig. Bad und TV, letztere eine sehr gute Wahl.
- **Coconut Beach Resort******-LLL, Tel. 081-7817078, komfortable Bungalows in einer Art Reihengebäude sowie größere einzeln stehende Bungalows in architektonisch etwas übertriebener Anlage.
- **Klong Prao Resort*****-LLL, Tel. 039-5382 36, Fax 039-597106, www.klongpraoresort.com, nette Bungalows mit Bad, dazu ein solides zweistöckiges Haus, das eine ganze Großfamilie beherbergen kann (4.000 Baht).
- **Rooks Ko Chang Resort*******-LLL, Tel. 039-529000, Luxusanlage am Südende des Strandes. Das Haus betreibt ein eigenes Fährunternehmen ab Laem Ngop; die Boote fahren ab dem Centrepoint-Pier für 200 Baht/Pers.
- **KP Bungalows****-LLL, Tel. 081-7820180, unterschiedlich komfortable Hütten, die teureren mit eig. Bad, dazu große Familienbungalows. Ein gutes Spektrum. Empfehlenswert.
- **Aana Resort**LLL, Tel. 039-551539, Fax 039-551540, toller Resort in etwas abgeschiedener Lage, Bungalows mit A.C., TV, Balkon und Jacuzzi. Ab ca. 4.000 Baht in der Off-Season, ansonsten ab ca. 7.000 Baht. Gut investiertes Geld, wenn man es hat!

Klong Makok Beach

- **Magic Resort****-LLL, Tel. 039-551064, in einer kleinen Bucht südlich von Klong Phrao gelegen, mit Hütten und Bungalows in allen

Achtung, Malaria! Einige ausländische Reisende sind an einer Malaria gestorben, die sie sich auf Ko Chang zugezogen hatten. Neben der sekundären Prophylaxe (Moskito-Creme, Moskito-Spiralen etc.) ist auch eine Tabletten-Prophylaxe anzuraten. (Siehe Kapitel „Vor der Reise, Gesundheitsvorsorge“ und „Gesundheits-Informationen“ im Anhang.)

Preislagen. Das Unternehmen betreibt einen eigenen Fährservice von Laem Ngop.

Kai Bae Beach

- **Kai Bae Hut Hotel******-LLL, gelegen am gleichnamigen Strand, der von obigen nur durch einen Klong getrennt ist; ordentliche, Frisch renovierte Bungalows, z. T. mit A.C.
- **Sea View Resort******-LLL, Tel. 039-529022, großzügige Anlage, mit Hütten und Bungalows, darunter auch riesigen Familien-Bungalows.
- **Siam Bay Resort*****-LLL, Zimmer in Bungalows und in einem Hotelgebäude, alle Preisklassen; nette und sehr ruhige Lage.

Thanam Beach

Dieser Strand, oft „Lonely Beach“ genannt, schließt sich südlich an den Kai Bae Beach an. Der Beiname „einsam“ zieht logischerweise zahlreiche Besucher an, und so wird man ihn sicherlich bald streichen müssen.

- **Treehouse Lodge***-**, Tel. 081-8478215, einfache Hütten, aber an diesem Ort stimmt noch die obige Bezeichnung; nichts für Leute mit Komfortansprüchen. Ideal zum „Abhängen“.

Bang Bao Beach

Der Bang Bao Beach, an der Südküste der Insel gelegen, ist verhältnismäßig ruhig und abgeschieden, vor einigen Jahren noch ließen sich nur ganz wenige Reisende hier blicken. In einigen Jahren wird es wohl auch hier mit der Ruhe vorüber sein.

- **Bang Bao Blue Wave***-**, Tel. 081-4390349, einfache Hütten, z. T. mit eig. Bad, und Strom aus dem Generator, dazu relaxtes Ambiente.
- **Bang Bao Resort***-**, Tel. 039-597032, sehr primitiv aber preiswert, ohne eig. Bad.
- **Salakphet Seafood & Resort******-LLL, Tel./Fax 039-553099, auf Stelzen ins Wasser gebaute Bungalows mit A.C., mit Fischerambiente in unmittelbarer Nachtbarschaft.
- **Tantawan Resort*****, einfache, preiswerte Hütten; Anfahrt per Boot ab Ao Salak Phet.

Than Mayom Beach

An der Ostküste nahe dem Parkhauptquartier gelegen, strandmäßig sicher nicht die schönste Seite der Insel, aber ruhig und in Nähe des Than-Mayon-Wasserfalls. Der Wasserfall kann über einen gut ausgezeichneten Pfad in ca. 50 min erreicht werden. Von oben ergibt sich eine gute Aussicht, und Gedenksteine von König Rama 6. und Rama 7. belegen, dass sich auch die Monarchen hier sehr wohl fühlten.

- **Than Mayon Bungalows*****-LLL, ordentliche Bungalows und ein Haus mit Platz für zwei bis drei thailändische Großfamilien.
- **Ko Chang Cabana*****-LLL, Bungalows und Zimmer, z. T. mit A.C.

Transport auf der Insel

- Am Pier von Ao Sapparot stehen bei Ankunft eines Bootes **Songthaews** und **Motorrad-Taxis** bereit.

Die Songthaews kosten30 Baht/Pers. zu den Stränden der Westküste, die Motorradfahrer nehmen je nach Entfernung 30-70 Baht/Pers.

Dieselben Transportmittel finden sich auch an den anderen Ankunftspiers.

Rückreise nach Laem Ngop

Preise wie bei der Hinfahrt, siehe „Weiterreise, Laem Ngop“.

- **Ao Bang Bao:** 7.00, 13.00 Uhr;
- **Ao Salak Kok:** 6.30, 7.00 Uhr;
- **Ao Sapparot:** 9.00, 12.00, 16.00 Uhr;

- **Hat Kai Bae:** 6.00, 13.00 Uhr;
- **Hat Sai Khao:** 7.00/8.00, 14.00 Uhr;
- **Hat Salak Phet:** 6.00, 12.00 Uhr;
- **Klong Phrao:** 6.30, 13.30 Uhr;
- **Than Mayom:** 7.00 Uhr.

Nachbarinseln von Ko Chang

Die Nachbarinseln von Ko Chang bieten einige schöne Strände und sind weitaus ruhiger als Ko Chang – und natürlich auch um ein Vielfaches kleiner. Sie sind so etwas wie die „Robinson-Alternative" zu Ko Chang. Die Unterkünfte sind begrenzt und die größeren vermieten ihre Zimmer nur an Tourgruppen. Bei den Resorts ist vor der Anreise ein Telefonanruf zu empfehlen. In der Regenzeit (Mai-Sept.) sind die meisten Unterkünfte geschlossen.

Ko Mak

Anreise per Boot ab Laem Ngop zu 210 Baht, Abfahrt tägl. um 15 Uhr; Mo, Do und Sa fährt ein zusätzliches Boot um 10 Uhr. Diese Boote fahren von Ko Mak weiter nach Ko Kut. Kein Verkehr in der Regenzeit.

Die meisten Unterkünfte vermieten nur im Package-Deal.

- **Ko Mak Coco Cape Resort*****-LLL, Tel. 081-8102679, Fax 02-7112059, überteuerte Anlage, die billigsten Bungalows zu 500 Baht haben kein eigenes Bad.
- **Ko Mak Villa******-LLL, Tel. 081-9256591, solide, moderne Bungalows mit Bad, in malerischer Umgebung. Empfehlenswert.
- **TK Huts*****, Tel. 087-1348435, einfach und relativ preiswert.
- **Lazy Days****-***, Tel. 089-997819, primitive Bambushütten, aber preiswert und relaxtes Ambiente.
- **Ao Khao Resort*****-****, Tel. 039-501000-1, Fax 039-501022, Bungalows mit Bad, für den Preis nur mäßig.

Ko Kut

Anreise per Boot ab Ko Mak zu 170 Baht, oder mit den Booten, die Mo, Do und Sa von Laem Ngop nach Ko Mak und dann weiter nach Ko Kut fahren (s.o.). Kein Verkehr in der Regenzeit.

Die Insel bietet an ihrer Westküste sehr schöne Strände, sie ist jedoch fast ausschließlich in der Hand von Tourgruppen. Individualreisende sollten zuvor dringend bei den Unterkünften anrufen, ob eine Unterbringung möglich ist.

- **Kut Island Resort** LLL (Tel. 02-3743004)
- **Ko Kut Ao Phrao Resort**LLL (Tel. 039-525211-3)
- **Peter Pan Resort** LLL (Tel. 02-9661800)
- **Ko Kut Cabana** LLL (Tel. 039-522955)
- **Ko Kut Sai Khao Resort** LLL (Tel. 039-511429)

Ko Kradat

Besuch nur bei Buchung über das **Ko Kradat Resort****** möglich. Tel. 039-511145, Anschluss 32. Für die Anreise sorgt das Unternehmen.

Ko Kham

Anreise per Boot ab Laem Ngop, außer in der Regenzeit. Abfahrt 15 Uhr, Preis 190 Baht. Ab Ko Mak fahren Boote um 10, 13 und 14 Uhr.

- **Ko Kham Resort******-*****, die einzige Unterkunft auf der Insel, was auch den unverhältnismäßig hohen Preis erklärt, einfache, rustikale Bungalows und Hütten.

Ko Wai

Anreise per Boot ab Laem Ngop; Abfahrt 15 Uhr, Preis 140 Baht.

- **Good Feeling Bungalows****, Tel. 081-8503410, dem Bootspier am nächsten gelegen, schlichte Bungalows ohne Ventilator, aber preiswert.
- **Ko Wai Paradise Bungalows****-***, Tel. 081-7622548, Fax 039-507131, für den Preis ordentliche Bungalows und Hütten, wenige Meter vom Strand entfernt.
- **Ao Yai Ma Bungalows****-***, Tel. 081-8413011, sehr abgeschiedene Lage im Osten der Insel, einfach und rustikal. Kein Ventilator.
- **Ko Wai Pakarang (Coral) Resort****-****, Tel. 084-1138945, die beste Unterkunft auf der Insel, solide Holz- und Betonbungalows mit Bad.

Zentral-thailand

Tempelanlage in Sukhothai
(Fotos: David Henley)

Likay-Aufführung

Überblick

Zentralthailand ist in jeder Beziehung das Herzstück des Landes: Hier wurde mit der alten **Hauptstadt Sukhothai** die Thai-Nation begründet, und hier wird auch *das* Nahrungsmittel in Hülle und Fülle produziert, von dem das ganze Land so sehr abhängt – der **Reis.**

Zentralthailand wird im Norden, Osten und Westen von Bergen flankiert, und im Süden durch den **Golf von Siam** begrenzt. Hindurch fließt der majestätische Chao Phraya, bevor er sich südlich von Bangkok in den Golf ergießt.

Nakhon Sawan

นครสวรรค์

Nakhon Sawan („Die Himmelsstadt") liegt 240 km nördlich von Bangkok, am Zusammenfluss des Ping, Wang, Yom und Nan. Diese Flüsse vereinigen sich hier zum Chao Phraya.

Die Stadt ist das Geschäftszentrum des mittleren Thailands und recht gesichtslos – man könnte sie auch „Nakhon Nowhere" nennen. Den Thais dient die Stadt als Lieferant für *sua,* eine Fischdelikatesse, die im umliegenden Marschgebiet geangelt wird. Westliche Reisende machen unter Umständen auf dem Weg nach Sukhothai hier Halt.

Besuchenswert ist bestenfalls **Wat Chom Khiri Nak Phrot,** der auf einem Hügel etwas außerhalb der Stadt gelegen ist. Dieser Tempel beherbergt – wie so viele – die Fußabdrücke Buddhas sowie einen kleinen Pavillon namens **Sala Thevada Sang,** der von Engeln erbaut worden sein soll. Außerdem ergibt sich von den Hügeln eine großartige Aussicht auf die Umgebung.

Zum chinesischen Neujahrsfest, das auf den 4. Tag des 1. zunehmenden Mondes eines Jahres fällt (Ende Jan. oder Anf. Feb.), wird eine **Drachen- und Löwenprozession** abgehalten. Thai-Chinesen strömen aus der ganzen Umgebung hierhin und erfreuen sich an einem Riesenspektakel mit großen Drachen aus Pappmaschee und anderen furchterregenden Tieren. In der langen Prozession marschieren auch Musikkapellen mit, und auf diesen folgen „Hunderte von Jungfrauen" – das behauptet jedenfalls eine offizielle Informationsbroschüre.

Südwestlich der Stadt wurde im Jahre 2000 ein „Schwimmender Markt" eingerichtet, der **Wat Bangpramung Floating Market.** Dieser sollte ein „weniger verkommerzialisiertes" Gegenstück zum Markt in Damnoen Saduak darstellen. Zu kaufen gibt es Obst und Handwerksartikel. Der Bangpramung Floating Market *(talaat naam bang pramung)* befindet sich bei Wat Bangpramung, von Nakhon Sawan aus in Richtung Krok Phra.

Unterkunft

- Recht ordentlich ist das **Irawan (auch Airawan) Hotel****-***, (Tel. 056-221889), direkt am Fluss gelegen.

- Sauber und gut ist das **Anodard Hotel*****-******, (Tel. 056-221844), alle Zimmer haben Bad und A.C.
- **Him Palace Hotel*****-*******, (Tel. 056-222221), Luxushotel mit komfortablen Zimmern (A.C., TV, Kühlschrank).

Essen

Keine umwerfende Auswahl, nur die ganz normalen kleinen **Thai-Restaurants.** Das Restaurant im Irawan Hotel ist ziemlich gut und kredenzt einen hervorragenden *khao mu daeng,* Reis mit Schweinefleisch und würziger roter Sauce. Das Ganze wird durch dicke Scheiben Ingwer abgerundet.

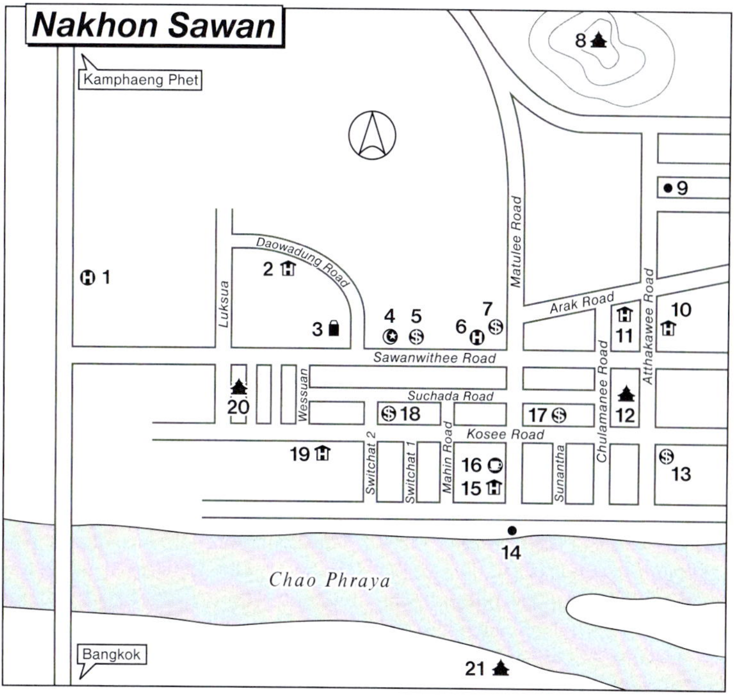

1 Busstation	7 Thai Military Bank	14 Fähre
2 Him Palace Hotel	8 Wat Chom Khiri Nak Phrot	15 Irawan Hotel
3 Fairyland Department-Store	9 Disco	16 Leng Hong Coffee Shop
4 Moschee	10 Thai Visanu Hotel	17 Thai Farmers Bank
5 Bangkok Bank	11 Arak Hotel	18 Siam Commercial Bank
6 AC-Busse nach Bangkok	12 Wat	19 Anodard Hotel
	13 Krung Thai Bank	20 Wat
		21 Chinesischer Tempel

Anreise

- **Busse** ab Bangkok (Northern Bus Terminal) fahren etwa alle 1-2 Std., Kostenpunkt 96 Baht. A.C.-Busse fahren etwa jede Stunde. A.C. 2. Kl. zu 143 Baht, A.C. 1 Kl. 173 Baht.
- **Züge** ab Bangkoks Hualamphong Station fahren 10-mal täglich und kosten in der 1./2./3. Klasse (ohne Zuschläge) 48/110/218 Baht.

Weiterreise

- Um zur **Busstation** zu kommen, halte man an der Kosee Road ein Songthaew an und sage *„suun"*, was soviel wie „Zentrum" bedeutet. Die Fahrt kostet 5 Baht.
- **Busse** fahren u.a. nach Khamphaeng Phet und Phitsanulok.

Sehenswertes in der Umgebung

Etwa 10 km östlich der Stadt erstreckt sich das ca. 120 km² große **Marschgebiet Bueng Boraphet,** das 1930 durch die Stauung des Ping- und des Nan-Flusses entstand. Das Gewässer (*bueng* = „Tümpel", *boraphet* ist eine Heilpflanze mit bitterer Wurzel) war einst für seine zahlreichen Krokodile bekannt; diese endeten jedoch allesamt als Handtaschen oder andere Lederartikel.

Heute ist das Gebiet der größte künstlich angelegte **Fischgrund** Thailands, mit Tigerfischen, Katzenfischen u.v.a. Nebenbei beherbergt es zahllose **Wasservögel** sowie eine „Insel" aus dicht zusammenwachsenden **Lotusblumen.** Von Oktober bis März lassen sich in dem Gebiet zahlreiche Zugvögel aus Sibirien, China und Japan nieder. Boote können zu Rundfahrten angemietet werden.

Phitsanulok

พิษณุโลก

Phitsanulok (90.000 Einw.) liegt 5 km südlich der ehemaligen **Khmer-Stadt Song Kwae,** die so benannt wurde, da sie genau zwischen den Flüssen Nan und Kwae Noi angesiedelt war. Auf dem Gelände des alten Song Kwae befindet sich heute der Wat Chula Mani.

Phitsanulok (der Name ist „thaiisiertes" Sanskrit und bedeutet „Ort des Vishnu") ist das größte Geschäfts-Zentrum zwischen Bangkok und Chiang Mai. Sehr ansehnlich ist der Ort bei Tage nicht, dafür wird es nachts umso lebendiger. Entlang des Flusses finden sich zahllose Straßenstände zu einem lebendigen Nachtmarkt zusammen, und eine auffallend große Armee von Straßenprostituierten flaniert dann auf den Bürgersteigen entlang.

Der Tempel **Wat Phra Si Ratana** überstand vor über 30 Jahren einen Großbrand, der die Mehrheit der hölzernen Häuser Phitsanuloks einäscherte. Die Einwohner der Stadt nennen diesen Wat schlicht Wat Yai oder „Der große Wat", und er ist der wichtigste Tempel am Ort. Erbaut wurde er im Jahre 1357, und er beherbergt den goldenen Buddha Phra Buddha Chinnarat, der als die schönste Buddha-Figur Thailands gilt. Das Gold auf der Statue stammt zum Teil aus dem persönlichen Besitz König *Eka Thossarots,* der es zu feinen Goldplättchen schlagen ließ und mit eigener Hand anbrachte.

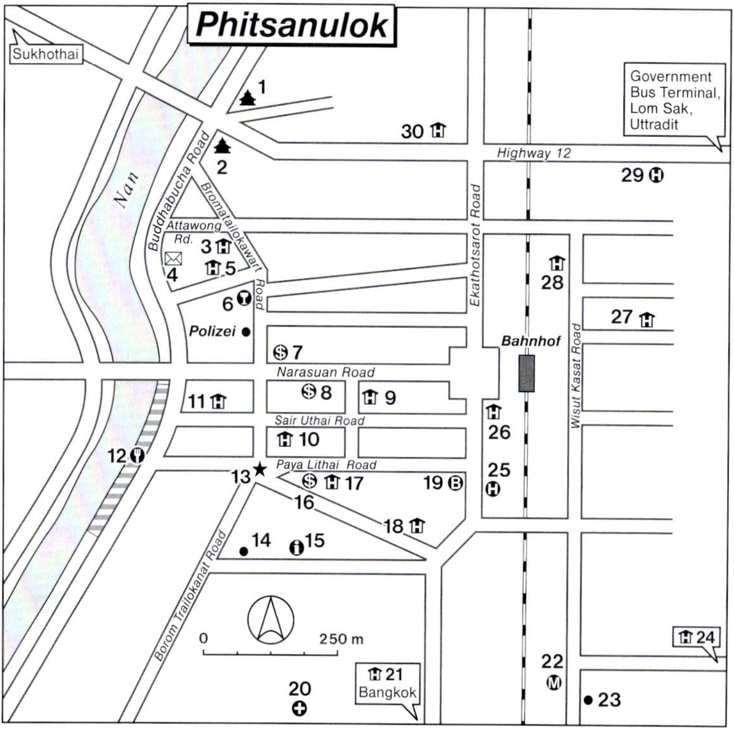

1 Wat Phra Sri Ratana Mahatat
2 Wat Rajaburana
3 Pailyn Hotel
4 Post
5 Siam Hotel
6 Jungle Pub
7 Krung Thai Bank
8 Bangkok Bank
9 Amarin Nakhon Hotel
10 Sombut Hotel
11 Sukkit Hotel
12 Nachtmarkt
13 Uhrturm
14 Thai Airways
15 TAT
16 Thai Farmers Bank
17 Lithai G.H.
18 Thep Nakhon Hotel
19 City Bus Station, A.C.-Busse nach Bangkok
20 Krankenhaus
21 Indira + La Paloma Hotel
22 Museum
23 Buddha Factory
24 Phitsanulok Youth Hostel
25 AC-Busse
26 Phitsanuloke Hotel
27 Rajapruk Hotel
28 Chung Phueak Hotel
29 Bus-Station
30 Topland Hotel

Ebenfalls bemerkenswert sind die mit Perlmutt verzierten Türen des Viharn. Diese wurden im Jahre 1756 von König *Boromkot* in Auftrag gegeben, der so der Buddha-Figur seine Ehrerbietung darbrachte. Hinter dem Viharn steht ein 36 m hoher Prang, in dessen Inneren mehrere Reliquien Buddhas aufbewahrt werden.

Südlich dieses Wats liegt **Wat Ratcha Burana,** mit einem teilweise zerstörten Chedi aus der Zeit Ayutthayas. Die Wandgemälde im Bot zeigen Szenen aus dem Hindu-Epos Ramayana.

Nordöstlich der Stadt befindet sich **Wat Aranyik,** mit einem steinernem Chedi aus dem 15. Jahrhundert, und noch etwas weiter außerhalb der Stadt liegt **Wat Chedi Yot Thong,** eine ehemalige und mittlerweile fast völlig zerstörte Waldeinsiedelei.

Sehr interessantes Flussleben zeigt sich am Mae Nam Nan, wo hunderte von **Hausbooten** eine Art Stadt auf dem Wasser geschaffen haben. Auf dem Fluss gibt es auch Restaurants und Mekhong-Kneipen.

Das **Tourist Office** befindet sich in 209/7-8 Boromtrailokanat Road, Tel. 055-252742-3, 8.00-16.30 Uhr.

Stadtverkehr

Es gibt die üblichen Samlors, Songthaews und Stadtbusse. Buslinie Nr. 5 fährt für 10 Baht nach Wat Chula Mani, an die Stelle, wo die eingangs erwähnte Khmer-Stadt Song Kwae lag. Bus Nr. 4 fährt zum Flughafen.

Unterkunft

Insgesamt stehen mehr als zwei Dutzend Hotels zur Verfügung, darunter auch Nobelhotels von bis zu 12.000 Baht. Diese werden zum Teil durch Tourgruppen belegt, die das nahe gelegene Sukhothai besuchen, wo es keine Unterkünfte dieser Qualität gibt.

- **Lithai G.H.****-*** (Phaya Lithai Rd., Tel. 055-219626-7, Fax 055-219627); sehr saubere und gute Zimmer in verschiedenen Ausstattungen und zentrale Lage. Die preiswertesten Zimmer ohne eig. Bad, die anderen mit Bad/A.C. Bei einigen Zimmerpreisen ist wahlweise ein thailändisches oder westliches Frühstück inklusive.
- **Bon Bon Guest House****-*** (Phayalithai Rd., Tel. 055-5219058) ist für den Preis ausgezeichnet, Zimmer mit Bad und TV.
- Das **Phitsanulok Youth Hostel***-*** (38 Sanam Bin Rd., Tel. 055-242060, phitsanulok @tyha.org) ist in einem gemütlichen Haus aus den 50er Jahren des letzten Jahrhunderts untergebracht und von viel Grün umgeben. Zum Sitzen bietet sich eine wunderschöne Terrasse an. Preiswerte Zimmer ohne Bad (150 Baht), dazu Doppel-, Dreier- und Vierer-Zimmer mit Bad.
- **Phitsanuloke Hotel****-*** (Ekathotsarot Rd., Tel. 055-247555, 055-247999); recht preiswerte Zimmer mit A.C., aber möglicherweise etwas laut.
- **Rajapruk Hotel*****-**** (99/9 Phra Ong Dam Rd., Tel. 055-258477, Fax 055-251395); gute Zimmer mit A.C. und TV in der höheren Preislage, die anderen sind etwas abgewohnt.
- **Sukkit Hotel*** (Sair Uthai Rd., Tel. 055-258876); wohnen zum Spottpreis, und das gar nicht mal so schlecht; für den Preis recht gute Zimmer mit Bad, in relativ ruhiger Lage.
- **Pailyn Hotel****** (38 Borom Trailokanat Rd., Tel. 055-242424); eines der besseren Hotels der Stadt, die Preise schließen Frühstück mit ein.
- **Indra Hotel****-*** (103/8 Sitama Traidipok Rd., Tel. 055-217934); ordentliche Zimmer mit A.C. und TV, für den Preis recht gut.
- **La Paloma Hotel****** (103/8 Sitama Traidipok Rd., Tel. 055-217930, Fax 055-217935); nahe dem Indra Hotel, gelegen gut ausgestattetes Top-Hotel, für den Preis ab 1.000 Baht inkl. Frühstück eine gute Wahl.

•**Topland Hotel & Convention Centre** ****-LLL (Singharat Rd.,/Ekatothsarot Rd., Tel. 055-247800, Fax 055-247815); wohl die „Top"-Adresse am Ort, Luxushotel mit Swimmigpool, Fitness-Center usw., und bei Internet-Preisen ab ca. 1.000 Baht ausgezeichneter Gegenwert.

Essen

In den besseren Hotels befinden sich Restaurants und Coffee Shops. Die beste Essensmöglichkeit ist aber der **Nachtmarkt** entlang des Flusses. Einige der Essensstände haben auch Kellnerinnen, was ansonsten nicht die Regel ist. Der Essensmarkt allein macht den Besuch Phitsanuloks zu einem Erlebnis.

•Neben dem Indra Hotel befindet sich ein kleines **vegetarisches Restaurant** mit Gerichten zum Niedrigstpreis.
•Am Fluss befinden sich einige „schwimmende Restaurants", die sich auf Seafood spezialisiert haben. Besonders empfehlenswert sind das **Song Khwae** etwas flussabwärts vom Postamt sowie das **Phae Fa Thai** auf der Westseite des Flusses.

Anreise

•**Busse** ab Bangkok (Northern Bus Terminal) kosten 143 Baht, Fahrzeit 4½-5 Std., A.C.- Busse ab Bangkok je nach Klasse 200/257 Baht.
•**Züge** kosten in der 3./2./1. Klasse 69/159/ 324 Baht plus Zuschläge. Abfahrtszeiten der Züge siehe unter „Sukhothai, Anreise".
•**Flüge** mit der Thai Airways ab Bangkok (2 bis 3-mal tgl.) 1.930 Baht, Business Class 2.930 Baht, Flugzeit 45 Min. Das Büro der Gesellschaft befindet sich in der 26-28 Borom Trailokanat Rd., Tel. 055-258020. Zwischen Tak und Phitsanulok besteht ein kostenloser Zubringerservice (Bus) der Thai Airways.

Weiterreise

•**Busse** in Richtung Norden und Nordosten fahren ab dem staatlichen Busbahnhof im Nordosten der Stadt. Es fahren Busse u.a. in die folgenden Orte (Preise Normal-/A.C.-Busse): Chiang Mai (über Den Chai) 132/184 Baht; Chiang Mai (über Tak) 140/196 Baht; Chiang Rai 153/214 Baht, V.I.P. 290 Baht; Kamphaeng Phet 43/58 Baht; Khon Kaen 130/173 Baht, 1. Kl. A.C. 208 Baht; Nan 112/148 Baht, Sukhothai 24/33 Baht; Udon Thani 125/105 Baht.

Nationalpark Phu Hin Rong Kla

อุทยานภูหินร่องกล้า

Einer der lohnenswertesten Ausflüge von Phitsanulok aus führt in den Nationalpark Phu Hin Rong Kla, ca. 125 km von Phitsanulok entfernt.

Die landschaftlich reizvolle Region war von **1967-82** das **Hauptquartier der Kommunistischen Partei,** der Communist Party of Thailand (CPT) und beherbergte auch deren militärischen Flügel, die People's Liberation Army of Thailand (PLAT). In ihrer „Glanzzeit", Ende der siebziger Jahre, hatte die CPT hier 4.000 Kämpfer um sich geschart, viele davon waren ehemalige Studenten, die am Aufstand von 1976 teilgenommen und sich den Kommunisten zugewandt hatten. Viele der Rebellen hatten in der südchinesischen Provinz Yünnan eine militärische Ausbildung erhalten. Es erübrigt sich zu erwähnen, dass das Gebiet für normale Thais **nicht zugänglich** war.

1982 gewährte die thailändische Regierung eine **Amnestie** für alle diejenigen Studenten, die sich nach 1976 den Kommunisten angeschlossen hatten. Die CPT ergab sich. 1984 wurde das Gebiet **zum Nationalpark erklärt.**

Der 307 km² große Park besteht aus bergiger, urwüchsiger Waldlandschaft, das Parkhauptquartier befindet sich in luftiger, kühler Höhe von ca. 1.000 m. Über das Gebiet verstreut finden sich noch **Reste der Rebellen-Anlagen,** so die des Hauptquartiers, eines Luftschutzbunkers und Aussichtspunkte. Am Felsen Phaa Chu Thong („Flaggen-Aufzieh-Felsen"), zu dem ein Pfad führt, zogen die Rebellen nach militärischen Siegen ihre Fahne auf.

Am Parkhauptquartier befindet sich ein kleines **Museum,** in dem Objekte aus den Rebellenzeiten augestellt sind, so z.B. Waffen und medizinische Instrumente.

Der Park eignet sich ansonsten bestens für **Wanderungen,** von vielen Stellen ergeben sich wunderbare Ausblicke, und es locken einige hübsche **Wasserfälle.**

Der Eintritt kostet 20 Baht.

Unterkunft

Das Forestry Department (Tel. 055-233537, 02-5614292) offeriert geräumige **Bungalows****-LLL, deren Preis sich nach der Aufnahmekapazität richtet. Die größten haben Platz für 14 Personen. Für 10 Baht kann man sein selbst mitgebrachtes **Zelt** aufschlagen; für 40 Baht findet sich Unterkunft in einem Zelt der Parkverwaltung, eigenes Bettzeug ist aber mitzubringen.

Anreise

Von Phitsanulok fahren für 50 Baht **Busse** nach Nakhon Thai, wo in ein **Songthaew** zum Park umgestiegen werden muss (30 Baht); es fahren am Tag nur drei Songthaews.

Sukhothai

สุโขทัย

Sukhothai (30.000 Einwohner) liegt 440 km nördlich von Bangkok oder 350 km südlich von Chiang Mai, an dem kleinen Fluss Mae Nam Yom.

Der Ort unterteilt sich in zwei verschiedene Teile, so wie sie unterschiedlicher nicht sein könnten: Der neue Stadtteil, **New Sukhothai,** ist ein Provinznest, das man sich in weniger als einer Stunde erwandert hat, der lebendigste Aspekt des Ortes ist der kleine Nachtmarkt am Busbahnhof.

Der historische Teil dagegen, **Old Sukhothai,** zwölf Kilometer westlich der Neustadt, ist eine der imposantesten Ruinenstädte überhaupt. Wer nur eine der alten Hauptstädte besuchen will, d.h. entweder Ayutthaya oder Sukhothai, sollte auf jeden Fall Sukhothai wählen.

Sukhothai wurde im Jahre 1238 gegründet und war 120 Jahre lang die Hauptstadt der ersten Thai-Nation. Sukhothais König *Ramkanghaeng* (1275-1317) wird allgemein als Vater der Nation bezeichnet, doch unter seinen Nachfolgern zerfiel das Reich zunehmend, und wurde im 14. Jahrhundert schließlich von Ayutthaya einverleibt.

Alle Sehenswürdigkeiten befinden sich in **Old Sukhothai,** und derer gibt es so viele, dass man Tage auf dem Gelände verbringen könnte. Der **Sukhothai Historical Park** bedeckt eine Fläche von 72 km², und darauf verteilen sich Hunderte Monumente.

Das Herzstück des Parks ist die eigentliche alte Stadt Sukhothai, die von einer **Stadtmauer** von 1,6 mal 2 km Länge umgeben war. An den Toren in der Stadtmauer hatte sich früher jeweils eine Glocke befunden, die von Leuten geläutet werden sollte, die ein dringendes Anliegen hatten. Beim Klang der Glocke kam der König persönlich, um sich den Fall schildern zu lassen.

Fahrräder dürften das ideale Fortbewegungsmittel auf dem Gelände sein, und gegenüber dem Ramkamhaeng Museum, genau da, wo die Busse aus Alt-Sukhothai halten, werden Fahrräder für 20 Baht pro Tag vermietet.

Zwischen New Sukhothai und dem alten Teil verkehren regelmäßig **Songthaews** für 10 Baht, Fahrzeit etwa 20 Minuten. Sie fahren von der Haltestelle an der Straße nach Tak ab, 1-2 km westlich des Flusses.

Innerhalb des historischen Geländes fährt eine von der Parkverwaltung betriebene **Tram-Bahn** zu 20 Baht pro Person. Zum gleichen Preis werden Fahrten mit dem Ochsenkarren angeboten.

• **Geöffnet:** Das historische Park ist tgl. von 6-18 Uhr geöffnet, Eintritt: Das Gelände ist in fünft Sektionen unterteilt, die Nord-, Ost-, Süd-, West- und Zentral-Sektion. Zu letzterer kostet der Eintritt 40 Baht, zu allen anderen Sektionen jeweils 30 Baht. Für 150 Baht gibt es am Parkeingang **Sammeltickets,** mit denen alle Bereiche besucht werden können, außerdem das Ramkhamhaeng National Museum sowie die Ruinen von Chaliang und Si Satchanalai und das dortige Sawanworanayok Museum.

Sehenswertes

Im **Ramkamhaeng National Museum** gibt es neben einer Sammlung von Skulpturen der Sukhothai-Periode einen meisterlich ausgeführten „Schreitenden Buddha" (dazu Informationsbroschüre auf Englisch).

• **Geöffnet:** Mi-So 9.00-16.00 Uhr. Das Museum befindet sich direkt links, wenn man mit dem Bus aus Neu-Sukhothai kommt. Eintritt: 30 Baht, falls man nicht ein Sammelticket zu 150 Baht besitzt (s.o.).

Der gewaltige Komplex von **Königspalast und Wat Mahathat** erstreckt sich über 160.000 m² und ist von einem Graben umgeben. Neben einem Sukhothai-typischen Chedi in Lotusform stehen lange Säulenreihen, an deren Ende der Buddha thront. Die Bauwerke sind nach Osten ausgerichtet und geben im Morgenlicht ein unglaublich magisches Bild ab.

Wat Si Sawai liegt südwestlich des Wat Mahathat und umfasst drei Prangs im Khmer-Stil, die ursprünglich dem Hindu-Gott Shiva geweiht waren. Die Bauten wurden wahrscheinlich schon im zwölften Jahrhundert errichtet, also noch vor der Gründung Sukhothais.

Wat Trapang Ngoen wurde auf eine kleine Insel in der Mitte eines Teiches gebaut. Zu sehen sind noch die Überreste eines Viharn und eines Chedi.

Wat Sra Si ist ein anderer auf einer kleinen Insel stehender Tempel. Der Chedi ist im singhalesischen Stil erbaut, und in den Überresten eines Viharn thront eine Buddha-Statue.

Wat Phra Pai Luang befindet sich einen halben Kilometer nördlich des nördlichen Stadttores und war zunächst ein Hindu-Schrein, bevor es in ein buddhistisches Kloster umgewandelt wurde. An einem Mondop ist Buddha in vier Positionen zu sehen: sitzend, liegend, stehend und gehend. Vor drei Prangs wurden ein Viharn und ein Chedi errichtet. Nach Wat Mahathat ist dies der zweitwichtigste Tempelkomplex.

Wat Si Chum liegt 1½ km nordwestlich der Nordwestecke der Stadtmauern und zeigt einen Buddha, dessen Breite (von Knie zu Knie gemessen) zwölf Meter beträgt. Der Buddha sitzt auf einem Mondop von 32 Metern Seitenlänge und 15 Metern Höhe. Durch den Mondop führt ein Gang, in dessen Decke Fresken eingearbeitet wurden.

Wat Sapan Hin, 2 km westlich der Stadtmauern auf einem Hügel gelegen, besitzt einen 12,5 m hohen stehenden Buddha, und von dem Wat aus hat man einen guten Überblick über das Gelände.

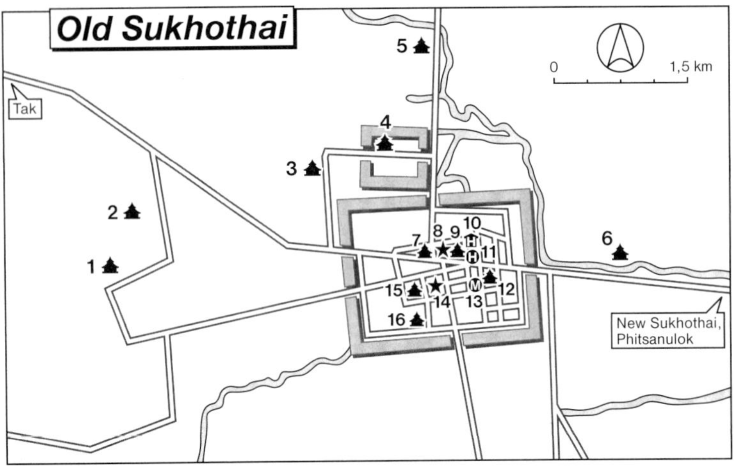

- 1 Wat Saphan Hin
- 2 Wat Chang Rob
- 3 Wat Sri Chum
- 4 Wat Phra Pai Luang
- 5 Wat Sang Khawat
- 6 Wat Chang Lom
- 7 Wat Sra Sri
- ★ 8 Ramkamhaeng Monument
- 9 Wat Mai
- 10 B&B Guest House
- 11 Busse nach New Sukhothai, Fahrradverleih
- 12 Wat Trapong Thong
- 13 Ramkamhaeng Museum
- ★ 14 Königspalast, Wat Mahathat
- 15 Wat Trapang Ngoen
- 16 Wat Srisawai

Vorsicht! Die hügeligen Gebiete westlich der Stadtmauer sollten auf keinen Fall allein erkundet werden, da es dort häufig zu **Überfällen auf Touristen** gekommen ist! Nach Angaben der Behörden hat sich das Problem weitgehend gelegt, trotzdem sollte man sich gut überlegen, ob man tatsächlich als Testperson fungieren will. Sicherheitshalber nur in größeren Gruppen auftreten!

Information

Ein **TAT-Büro** findet sich in der Pravetnakon (Pravet Nakhorn) Rd., neben dem River View Hotel. Geöffnet Mo-Fr 9-17 Uhr.

Unterkunft

Zur Auswahl stehen einige preiswerte Guest Houses sowie Hotels der Mittelklasse. Die Unterkünfte befinden sich zumeist in New Sukhothai, einige liegen außerhalb in Richtung Old Sukhothai.

Guest Houses

In New Sukhothai findet sich eine große Auswahl an preiswerten Guest Houses. Unterkünfte kommen und gehen relativ schnell, allgemein werden es jedoch eher mehr als weniger. Einige wenige Unterkünfte finden sich nahe dem Eingang zu den Ruinen in Old Sukhothai.

- Das **No. 4 Guest House***-** (Soi Klong Mae Ramphan, Tel. 055-610165) befindet sich nordwestlich der Innenstadt, in ruhiger Lage am Klong Mae Ramphan. Preiswerte, einfache Bambus-Bungalows mit Bad, für den Niedrigpreis recht gut.
- **Ninety-Nine Guest House***-** (Soi Panitsan, Tel. 055-611315) bietet einfache Zimmer ohne eig. Bad in einem netten Holzhaus, dazu preiswerte Betten im Dorm (80 Baht).
- Wohnliche Bungalows im **JJ Guest House** ** (Soi Klong Mae Ramphan, E-Mail: jjguesthouse@hotmailcom), für den Preis ab 200 Baht sehr gut. Das angeschlossene Restaurant ist ebenfalls sehr empfehlenswert.
- Moderne, saubere Zimmer mit Bad im **Garden House***-** (11/1 Pravetnakon Rd., Tel 055-611395, toonosman@yahoo.com), dazu gibt es einige Bungalows. Superpreiswert und ein beliebter Travellertreff.
- Das daneben liegende **TR Guest House** *-*** (27/5 Pravetnakon Rd., Tel. 055-611663, trguesthouse@thaimail.com) hat sehr ordentliche Zimmer mit Bad, die teureren mit A.C.
- Sehr preiswerte Zimmer ohne eig. Bad im **Somprasong Guest House***-** (32 Pravetnakon Rd., Tel. 055-611709), dazu einige A.C.-Räume.
- Sehr gute und preiswerte Zimmer ohne eig. Bad im daneben gelegenen **Ban Thai***-** (Tel. 055-610163, guesthouse_banthai@yahoo.com), die teureren haben A.C., dazu gibt's einige Bungalows.
- **Cocoon Guest House****-*** (Singhawat Rd., Tel. 055-612081, Fax 055-622157) ist eines der besser ausgestatteten Guest Houses, mit geschmackvoll eingerichteten Zimmer mit Bad. Die teureren Zimmer haben Bad mit Warmwasser.
- Eine gute Wahl ist das **Lotus Village*****-**** (170 Rajthanee Rd., Tel. 055-621484, www.lotus-village.com), das von einem großen Garten umgeben ist. Es gibt sehr preiswerte Zimmer ohne eig. Bad, die in einem Haus untergebracht sind, dazu Bungalows mit Bad und heißer Dusche. Die teuersten Zimmer haben A.C. und sind sehr komfortabel eingerichtet. Eine der besten Unterkünfte am Ort.
- **Vitoon Guest House****-*** (Tel. 055-697045), liegt nahe dem Eingang zu den Ruinen in Old Sukhothai. Alle Zimmer haben Bad, die teureren zudem TV und A.C. Fahrrad-Verleih.
- Ebenfalls nahe dem Zugang zu den Ruinen liegt das **Orchid Hibiscus Guest House** **** (Route 1272, Tel. 055-633284, orchid_hibiscus_guest-house@hotmail.com). Dies ist eine der besten Unterkünfte am Ort, mit geschmackvoll eingerichteten Zimmern mit Bad und A.C., Swimmingpool vorhanden.

Hotels

- Das **Sawaddipong Hotel****-*** 56/2-5 Singhawat Rd., Tel. 055-611567) ist eines der besseren Hotels am Ort; wohnliche Zimmer mit Bad, die teureren haben auch A.C.
- Ein alter Favorit ist das **River View Hotel*****-**** (Nikhon Kasem Rd., Tel. 055-611656), das den Fluss überblickt. Die preiswerteren Zimmer haben Bad/A.C., die teureren zudem TV.
- Das **Northern Palace Hotel***** (Wang Nuea, Tel. 055-611193, Fax 612038) hat akzeptable Zimmer mit A.C., TV und Kühlschrank.
- Das **Pailyn Sukhothai*******-LLL befindet sich ca. 7 km westlich von New Sukhothai, an der Straße, die den neuen und alten Stadtteil miteinander verbindet (Tel. 055-633336, Fax 055-613317). Das Hotel wird hauptsächlich von Tourgruppen angesteuert. Für Individualreisende ohne eigenem Fahrzeug könnte die Lage von Nachteil sein. Angeschlossen sind einige Restaurants, eine Disco und eine Health Club. Bei Preisen ab 1.200 Baht sehr gut.
- Noch etwas weiter westlich, nahe Old Sukhothai, liegt das **Thai Village Hotel*****-**** (Tel. 055-612275, Fax 055-612583). Dieses besteht aus mehreren komfortablen Bungalows mit A.C., TV und Kühlschrank.

Essen

Die billigste Speisemöglichkeit ist der recht lebendige, kleine **Nachtmarkt** an der Bushaltestelle. Das **Sukhothai Hotel** und das **Chinnawat Hotel** bieten sowohl westlich orientierte als auch Thai-Gerichte, das Chinnawat hat an der Südwestseite seines Straßenblocks zudem eine Bäckerei.

- Das **Dream Café** ist vollgestopft mit thailändischen Antiquitäten, und in diesem kunstvollen Ambiente schmecken auch die dargebotenen thailändischen und chinesischen Gerichte noch besser. Das Essen ist durchweg gut. Erhältlich sind auch diverse traditionelle Kräuterschnäpse und Eiscreme.

Anreise

- **Normalbusse ab Bangkok** fahren etwa jede Stunde zu 143 Baht, A.C. 2 Kl. 237 Baht, A.C.1 Kl. 302 Baht.
- **Züge** fahren nur ins nahe Phitsanulok, von wo aus man mit Bussen weiter nach Sukhothai gelangt (24/38 Baht, Fahrzeit ca. 1 Std). Abfahrt der Züge in der Hualamphong Station in Bangkok um 5.50, 7.00, 8.30, 10.50, 14.30, 19.20, 19.35, 19.50, 20.10 und 22.00. Fahrzeit je nach Zug ca. 4-7¼ Std. Sehr günstig ist der 8.30-Zug (Express), Ankunft 13.09 Uhr, da man zu der Ankunftszeit noch in aller Ruhe nach Sukhothai weiterfahren und eine Unterkunft suchen kann. Fahrpreis je nach Klasse 69/159/324 Baht.
- **Züge ab Chiang Mai** nach Phitsanulok um 6.45, 8.30, 15.40, 16.30, 21.00 und 21.50 Uhr. Fahrzeit je nach Zug ca. 4-7 Std. Am schnellsten ist der Zug um 20.30 Uhr, Ankunft 2.38 Uhr. Fahrpreis je nach Klasse 51/122/269 Baht.
- **Flüge** mit Bangkok Airways, die einen eigenen Flughafen bei Sukhothai betreibt (26 km von Sukhothai, 12 km von Si Satchanalai), kosten 1.750 Baht. Es gibt 1-2 Flüge täglich, Flugzeit 1 Std. 10 Min. Flüge ab Chiang Mai (1-2 x tgl.) zu 900 Baht.

Weiterreise

- Busse ab Sukhothai fahren von **verschiedenen Busstationen** ab. **Busse von Privatgesellschaften** nach Bangkok, Chiang Mai, Kampahemg Phet, Khon Kaen, Lampang, Mae Sot, Nan, Phitsanulok, Sawankhalok, Si Satchanalai, Tak u.a. fahren ab dem neuen Busterminal 1 km nordwestlich der Innenstadt an Highway 101. Abfahrt nach Bangkok tagsüber etwa jede Stunde, Preis 142 Baht (Normalbus), 199 (2. Kl. A.C.), 256 Baht (1. Kl. A.C.). Ebenfalls etwa stündliche Abfahrten nach Chiang Mai (die kürzere Strecke über Tak) zu 122 Baht im Normalbus, 171 Baht mit A.C.
- **Staatliche Busse** nach Sawankhalok (20 Baht; Fahrzeit ¾ Std.) und Si Satchanalai (35 Baht; Fahrzeit 1 Std.) fahren ab einem **Haltepunkt am Markt** in New Sukhothai, einige Schritte nordwestlich des Sukhothai Hotels.

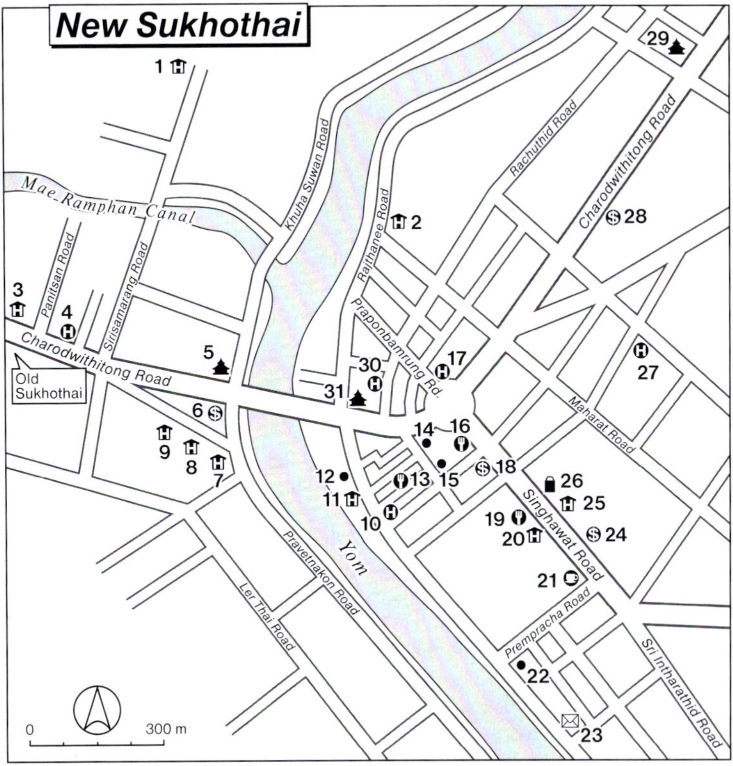

- 1 No. 4 Guest House
- 2 Lotus Village
- 3 Ninety-Nine G.H.
- 4 Busse nach Old Sukhothai
- 5 Wat Khuha Sawan
- 6 Bank
- 7 Somprasong G. H. und Ban Thai
- 8 TR G.H.
- 9 Garden House
- 10 Busstation
- 11 River View Hotel
- 12 TAT
- 13 Nachtmarkt
- 14 Win Tours
- 15 Kino
- 16 Restaurants
- 17 Busse nach Sawankhalok + Si Satchanalai
- 18 Bank
- 19 Indhira Restaurant
- 20 Cocoon Hotel
- 21 Dream Café
- 22 Bücherei
- 23 Post
- 24 Bank
- 25 Northern Palace Hotel
- 26 Leaf Bakery
- 27 Busse nach Tak
- 28 Bank
- 29 Wat Thaichumpol
- 30 Busse nach Si Satchanalai
- 31 Wat Rajthanee

Staatliche Busse nach Tak (150 Baht) ab einem Haltepunkt an der Ban Muang Rd.

- **Songthaews nach Old Sukhothai** fahren ab einem Haltepunkt an der Charodwithithong Road. Preis 10 Baht, Fahrzeit ca. 20 Min.
- Zu Fahrten innerhalb der Innenstadt bieten sich **Samlors** an. Eine Fahrt von 1-1½ km sollte ca. 20-30 Baht kosten, 2-3 km ca. 40-50 Baht.

Si Satchanalai-Chaliang Historical Park

ศรีสัชนาลัย

Si Satchanalai, 56 km nördlich von Sukhothai gelegen, war eine Art kleineres Pendant zu der gewaltigen ersten Hauptstadt des Reiches und wurde stets von einem Sohn des Königs von Sukhothai regiert. Die übriggebliebenen **Ruinen** Si Satchanalais (13.-15. Jh.) liegen auf einem Hügel, umgeben von idyllischer, malerischer Landschaft. **Chaliang,** ca. 1 km südöstlich von Si Satchanalai, wurde schon im 11. Jh. gegründet, auch wenn zwei Tempel des Geländes aus einer späteren Epoche stammen (14. Jh.). Der historische Park um die beiden Orte ist zu einer World Heritage Site erklärt worden und viele Reisende ziehen ihn aufgrund seines ruhigeren Ambientes dem touristischeren Sukhothai vor.

Wat Chang Lom, stammt aus dem späten 13. Jahrhundert und besitzt einen auffallend gewölbten Chedi, der auf einem quadratischen Sockel ruht. In den Sockel sind Elefanten- und Buddha-Figuren eingearbeitet.

Weiter südlich stehen die Ruinen von **Wat Chedi Chet Thaew.** Das „Wat mit sieben Reihen Chedis" enthält genau diese, und die Chedis sollen die Asche der Herrscher von Si Satchanalai in sich bergen.

Gut anderthalb Kilometer weiter östlich, in Chaliang am Ufer des Yom-Flusses, stehen die Ruinen von **Wat Phra Si Ratana Mahathat.** Das Wat stammt aus dem späten 13. Jh., wurde aber zur Zeit Ayutthayas umgebaut. Es besteht aus einem großen Chedi, zwei sitzenden Buddha-Figuren und einem auffälligen Prang, an dem sich Khmer-Einflüsse zeigen. Auffallend auch die Figur eines „gehenden Buddhas".

Knapp einen halben Kilometer westlich finden sich die Überreste von **Wat Chao Chan,** dessen Hauptmerkmal ein Prang im Khmer-Stil ist. Dieser wurde vermutlich zur Regierungszeit von König Jayavarman 7. (1181-1217) erbaut. Der Prang ist restauriert und relativ gut erhalten.

Während der Sukhothai- und Ayutthaya-Epoche war die Gegend um Sukhothai und Si Satchanalai die Fabrikationsstätte weithin gefragter Töpferwaren. Diese wurden bis nach China exportiert und waren dort als Sangkalok-Waren bekannt (Sangkalok war eine Verballhornung des Stadtnamens Sawankhalok). Allein im Bereich von Si Satchanalai befanden sich entlang des Mae-Yom-Flusses über 200 Töpfereien, in denen die Waren fertig gestellt wurden. Einige davon wurden ausgegraben und können nun besichtigt werden. Diese unterstehen dem **Si Satchanalai Centre for Study & Pre-**

servation of Sangkalok Kilns. Bisher sind an zwei Stellen Besichtigungen möglich, eine 2 km nordwestlich von Si Satchanalai, die andere in Chaliang. Weitere alte Brennereien sollen später der Öffentlichkeit zugänglich gemacht werden. Bruchstücke von Töpferwaren, die nicht für den Export geeignet oder anderweitig misslungen waren, werden noch heute in der Umgebung von Si Satchanalai gefunden. Einige Geschäfte in Si Satchanalai und Sukhothai verkaufen derartige Objekte, und auch so mancher Privatbürger versucht ein paar Stücke an Touristen los zu schlagen. Darunter sollen gelegentlich wertlose Fälschungen sein.

In Sawankhalok, bei Wat Swankhalam, befindet sich das **Sawanworanayok Museum,** in dem zahlreiche Keramikgegenstände aus der Sukhothai-Periode ausgestellt sind. Die Objekte wurden in der Umgebung gefunden und dem Tempel gestiftet. Eintritt 100 Baht, Kinder bis zu 16 Jahren 50 Baht; geöffnet tgl. 8-17 Uhr.

- **Eintritt Si Satchanalai/Chaliang:** 40 Baht. Für mitgebrachte Fahrräder zusätzlich 10 Baht, für Motorräder 30 Baht, für Autos 50 Baht. Geöffnet tägl. 8-16 Uhr.
- Für 50-100 Baht pro Person kann das Gelände auf dem Rücken eines Elefanten erkundet werden. Am Eingang zu Wat Phra Si Ratana Mahathat können Fahrräder für 20 Baht/Tag ausgeliehen werden, und dies ist sicher die beste Methode, die Ruinen zu erkunden.

Unterkunft

- **Wang Yom Resort*****-**** (Thanon Kaeng Luang, Tel. 055-631380) befindet sich gerade einen halben Kilometer südlich der Ruinen von Si Satchanalai. Unterkunft findet sich akzeptablen Bungalows mit Bad, die von malerischer Gartenlandschaft umgeben sind.

Si Satchanalai-Chaliang

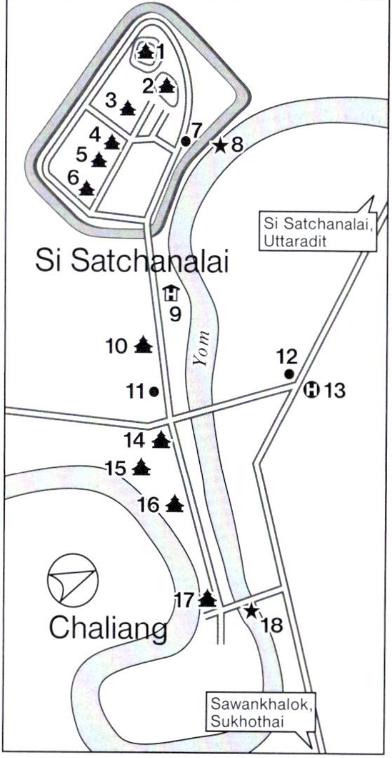

- 1 Wat Khao Suwan Khiri
- 2 Wat Khao Phanom Phloeng
- 3 Wat Chang Lom
- 4 Wat Chedi Chet Thaeo
- 5 Wat Suan Kaeo Utthayanyai
- 6 Wat Nang Phraya
- 7 Eingang zum Park
- 8 Stromschnellen
- 9 Wang Yom Resort
- 10 Wat Khok Singhkharam
- 11 Si Satchanalai Centre for Study + Preservation of Sangkalok Kilns
- 12 Fahrrad-Verleih
- 13 Bushaltestelle
- 14 Wat Chao Chan
- 15 Wat Chom Cheun
- 16 Wat Noi Jampi
- 17 Wat Phra Si Ratana Mahathat
- 18 Hängebrücke

● Preiswertere Unterkünfte bieten sich im kleinen Ort Sawankhalok an, ca. 10 km südlich von Si Satchanalai, so im **Saengsin Hotel** **-*** (Tel. 055-6411818, Fax 055-641828) oder **Muang Inn Hotel****-*** (Tel. 055-641622). In beiden sind die teureren Zimmer mit A.C. versehen.

Anreise

● **Ab Bangkok** (Northern Bus Terminal) fahren Busse für 115 Baht nach Sawankhalok, A.C.-Busse fahren für 210 Baht. Busse weiter nach Si Sachanalai kosten 8 Baht und fahren etwa alle 45 Minuten ab. Das alte Si Satchanalai liegt ca. 11 km vor der neuen Stadt. Bei Kilometerstein 55 aussteigen. Einige wenige A.C.-Busse fahren von Bangkok direkt nach Si Satchanalai für 307 Baht.

● Busse **ab New Sukhothai** nach Suwankhalok kosten 34 Baht, mit A.C. 50 Baht.

Kamphaeng Phet

กำแพงเพชร

Gegründet im Jahre 1347, war Kamphaeng Phet eine Garnisonsstadt der Könige von Sukhothai und Ayutthaya. Die Ruinen von zahlreichen Bauwerken sind noch zu besichtigen.

Die heutige Stadt (30.000 Einwohner) unterteilt sich in zwei gänzlich verschiedenartige Hälften: Der nördliche Teil ist der historische, der südliche der neu erbaute Teil der Stadt. Das alte Stadtviertel erinnert ein wenig an Alt-Sukhothai, und obwohl nicht so spektakulär wie dieses, ist er dennoch einen längeren Besuch wert.

Der Eintritt in den **Kamphaeng Phet Historical Park** kostet 40 Baht; geöffnet tgl. 6-18 Uhr; das Miführen eines Fahrrads kostet 10 Baht zusätzlich, Motorrad 20 Baht, Auto 50 Baht.

Im **Wat Phra Kaeo** wurde einmal der Emerald Buddha aufbewahrt, der heute im gleichnamigen Tempel in Bangkok zu bewundern ist. Die Tempelgebäude sind aus Sandstein erbaut, und das hervorstechende Merkmal ist eine Pagode im Sri Lanka-Stil. Eintritt 20 Baht (für Thais nur 5 Baht).

Das **Khamphaeng Phet National Museum** wurde 1970 eröffnet und

Die Fledermäuse von Salok Bat

Wer mit eigenem Fahrzeug reist, könnte bei der Fahrt von Nakhon Sawan über Highway 1 in Richtung Kamphaeng Phet einen Halt im kleinen Ort Salok Bat einlegen. Südlich der Ortschaft befindet sich der **„Affen-Tempel"** von Khao Noh. Die Affen aber sind nur eine Nebenattraktion des Ortes.

Aus der ansonsten flachen Landschaft bei Salok Bat ragen **zwei schmale Felsen** heraus, zwischen denen man zum Affen-Tempel gelangt. Nach dessen Besuch sollte man sich zu Sonnenuntergang wieder an den Felsen einfinden: dann schwärmen **Millionen von Fledermäusen** aus hoch in den Felsen gelegenen Höhlen, diszipliniert geordnet in zwei parallel verlaufenden Flugformationen. Sie fliegen gen Westen, der untergehenden Sonne entgegen, und das Spektakel scheint schier nicht enden zu wollen. Es dauert gut zwanzig Minuten bis alle Fledermäuse ausgeflogen sind. Wenn die Schwärme dann in der Ferne aus den Augen verschwinden, wirken sie wie ein am Himmel kreisender Tornado – ein fast unheimliches Schauspiel.

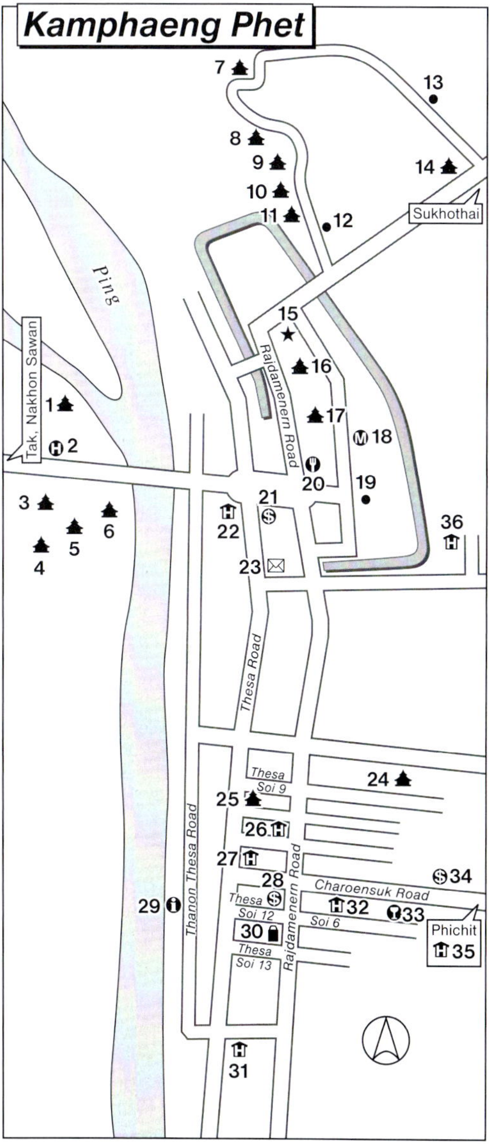

- 1 Wat Pra Boromathat
- 2 Bus-Station
- 3 Wat Nong Philap
- 4 Wat Nong Langka
- 5 Wat Nong Kale
- 6 Wat Chedi Kuang Thung
- 7 Wat Chang Rob
- 8 Wat Singh
- 9 Wat Pra Si Aryabot
- 10 Wat Pra Non
- 11 Wat Pra Meut
- 12 Eingang zum Historical Park
- 13 Eingang zum Historical Park
- 14 Wat Awat Yai
- 15 Schrein
- 16 Wat Pra Keo
- 17 Wat Pra That
- 18 Museum
- 19 Stadthalle
- 20 Nachtmarkt
- 21 Krung Thai Bank
- 22 Nittayaprapa Hotel
- 23 Post
- 24 Wat Khu Yang
- 25 Wat
- 26 Rajdamnern Hotel
- 27 Chakungrao Hotel
- 28 Bangkok Bank
- 29 Tourist Information
- 30 Markt
- 31 Nawarat Hotel
- 32 Korchokchai Hotel
- 33 Eagle Pub
- 34 Thai Farmers Bank
- 35 Phet Hotel
- 36 Teak Tree G.H.

enthält Fundstücke aus ganz Thailand sowie solche, die bei Ausgrabungen in Khamphaeng Phet selber gefunden wurden. Eintritt 40 Baht, geöffnet Mi-So (außer an Feiertagen) 9-16 Uhr.

Etwas südlich dieses Museums steht das **Kampaeng Phet Chaloerm Prakiat Museum.** Es besteht aus einigen traditionellen Holzgebäuden, in denen Objekte zu unterschiedlichen Themenbereichen – z.B. Ethnologie, Architektur, Frühgeschichte etc. – ausgestellt sind. Eintritt kostenlos, geöffnet tgl. 9-16 Uhr.

Wat Chang Rob enthält die Überreste eines Tempels mit einer großen Pagode, die von 68 Elefantenstatuen umgeben ist. Die Elefanten scheinen die Pagode auf ihren Rücken zu tragen. Der Wat ist im Stile Sukhothais und Ayutthayas errichtet.

In **Wat Phra Si Aryabot** stehen die Überreste des Fundamentes eines großen Viharns sowie ein aufrecht stehender Buddha. Vor dem Wat befindet sich ein Teich.

Information

- Das privat betriebene **Tourist Information Centre** an der Thanon Thesa, etwas südwestlich des Chakungrao Hotels, hält einige Informationen bezüglich Unterkünften und Essensmöglichkeiten parat; dazu wird ein Stadtplan ausgehändigt.

Unterkunft

- Das **Teak Tree Guest House**** (1 Chakungrao Rd., Tel. 081-6756471) hat nur drei einfache Zimmer ohne eig. Bad. Dies ist die einzige Unterkunft am Ort für Backpacker oder Low-Budget-Reisende.
- Das **Korchokchai Hotel****-*** (Charoensuk Rd., Tel. 055-711247) ist eines der besseren Hotels am Ort, Zimmer mit Bad und in den höheren Preislagen A.C.
- Noch etwas besser ist das **Phet Hotel** ***-**** (Bamrungad Rd., Tel. 055-712810-5, Fax 055-712816, pehthtl@cscoms.com). Komfortable Zimmer mit A.C. und TV.
- Die beste Wahl dürfte das **Nawarat Hotel** ***-**** sein (Thanon Thesa, Tel. 055-711211). Gute Zimmer mit A.C. und TV, angeschlossen ist ein Coffee Shop.

Essen

- Um das Chakungrao Hotel befinden sich einige höherklassige Restaurants mit entsprechenden Preisen. Im alten Stadtteil operieren in der Nähe des Rathauses eine Reihe **Essensstände.** Die Mahlzeiten sind gut, an einigen Ständen ist das Essen allerdings z.T. so scharf, dass es sich später seinen Weg durch den Darmtrakt zu brennen scheint!

Anreise

Busse ab Bangkok (Northern Bus Terminal) kosten 125 Baht, Abfahrt 6.40, 8.55, 10.25, 10.55, 12.30 und 13.15 Uhr. A.C.-Busse kosten 165 Baht, Abfahrt 12.00 und 22.30 Uhr.

Weiterreise

- Zum Wat Phra Kaeo oder den anderen Sehenswürdigkeiten halte man einen **Samlor** an, der kostet innerhalb der Stadt 6 Baht.
- Der **Busbahnhof** ist etwa 3 km vom neuen Stadtteil entfernt bzw. 1 km vom alten. Busse fahren von hier u.a. nach Sukhothai (46 B), Phitsanulok (43 B) und Tak (28 B).

Tak

ตาก

In dieser Stadt (50.000 Einwohner) wurde im Jahre 1734 König *Taksin* geboren, der nach Ayutthayas Zerstörung durch die Burmesen die neue

Hauptstadt Thonburi erbauen ließ. Am Nordrand des Städtchens befindet sich ein **Pavillon,** der hier zur Ehrung des ruhmreichsten Sohnes der Stadt errichtet wurde. Viele Bewohner halten hier kurz inne und beten zu Taksin, der ihnen zu Glück verhelfen möge.

Auf der anderen Straßenseite vom Pavillon steht der burmesisch anmutende **Wat Bot Mani Sibun Rueng.** Tak ist ein angenehmer kleiner Ort, gelegen am Maenam Ping. Abends gibt es am Ufer des Flusses wunderschöne Sonnenuntergänge zu bewundern.

Information

- Die thailändische Touristenbehörde betreibt ein Büro in der 193 Thanon Taksin, wo die übliche Vielfalt an Broschüren und Listen ausgelegt ist. Tel. 055-514341. Tgl. 8.30-16.30 Uhr.

Unterkunft

- Das **Wiang Tak Hotel******-***** (25/3 Thanon Mahadthai Bumrung, Tel. 055-511950) ist das größte Hotel am Ort; komfortable, moderne Zimmer mit A.C., TV und Kühlschrank.
- Das **Wiang Tak 2 Hotel****** nahe am Fluss (Thanon Chumphon, Tel. 055-551207) beinhaltet auch einen Coffee-Shop, eine Bar und Swimmingpool; komfortable Zimmer mit A.C., TV und Kühlschrank.

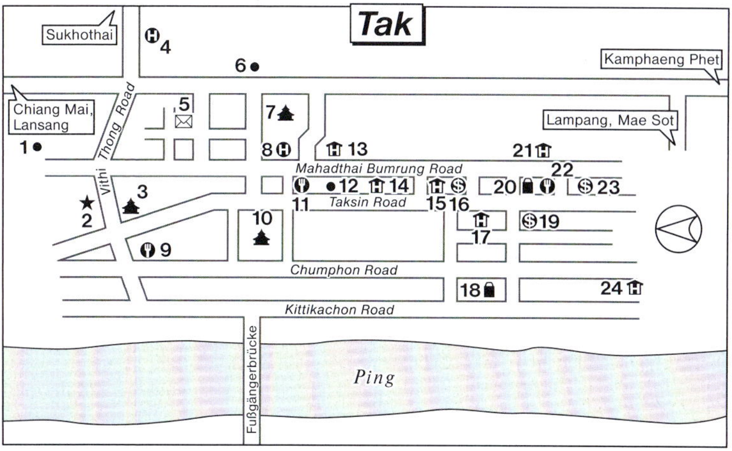

1 TAT	8 AC-Busse nach Bangkok	16 Bangkok Bank
2 Taksin Pavillon	9 Veg. Restaurant	17 Panich Hotel
3 Wat Botmani Sibunruang	10 Wat	18 Markt
4 Bus-Station	11 Nachtmarkt	19 Krung Thai Bank
5 Post	12 Thai Airways	20 Markt
6 Disco	13 Wiang Tak Hotel	21 Mae Ping Hotel
7 Wat	14 Tak Hotel	22 Nachtmarkt
	15 Sanguan Thai Hotel	23 Thai Farmers Bank
		24 Wiang Tak 2 Hotel

• Sehr preiswerte, aber auch heruntergekommene Zimmer mit eig. Bad im **Mae Ping Hotel***-** (Taksin Rd., Tel. 055-511807).
• **Racha Villa Hotel****-*** (Thanon Phahoylyothin, Tel. 055-512360) hat einfache aber erträgliche Zimmer mit Bad. Vielleicht die beste Budget-Option am Ort.

Essen

Gute **Essensstände** stehen abends gegenüber dem Maeping Hotel. Ein kleines **vegetarisches Restaurant** befindet sich an der Taksin Road, unweit von Wat Botmani Sibunruang.

Anreise

• Ab dem **Northern Bus Terminal in Bangkok** fahren täglich nur 3 **Normalbusse** zu 139 Baht; Fahrzeit ca. 10 Std. Weiterhin fahren 4 A.C.-Busse der ersten Klasse (250 Baht; 6 Std.).
• **Busse ab Sukhothai** kosten 40 Baht, mit A.C. 58 Baht. Ab Mae Sot fahren A.C.-Busse zu 60 Baht, dazu umgebaute Lieferwagen *(rot thuu)* zu 50 Baht. Letztere neigen allerdings, wie auf den meisten Strecken in Thailand, zur Raserei und sind nicht unbedingt zu empfehlen.
• Seit Andaman Air, die von Bangkok nach Tak flog, ihren Dienst eingestellt hat, wird der Flughafen des Ortes nicht mehr genutzt.

Weiterreise

• Die **Busstation** befindet sich ca. 1 km nördlich der Stadt. Tuk-Tuks ab der Stadtmitte dorthin kosten 20 Baht.

Umgebung von Tak

Tak ist Ausgangspunkt für einige Ausflüge: Der hübsche kleine Ort **Ban Tak** liegt 23 km nördlich, beiderseits des Ping-Flusses. Hier gibt es noch zahlreiche traditionelle Holzhäuser, die auf Pfählen an die Flussufer gebaut wurden.

Der **Bhumipol-Damm** ist ein beliebtes Ausflugsziel für Thais. Zahlreiche Stände bieten Essen als auch Souvenirs an, und Ruderboote können gemietet werden. Der Damm wurde 1961-64 errichtet und versorgt hauptsächlich Bangkok mit Strom.

Mạe Sot
แม่สอด

Mae Sot liegt nur 4 km von der **burmesischen Grenze** entfernt, und somit eröffnet sich hier ein weites Feld für Schmuggler. Die Edelsteingeschäfte entlang der Prasat Withisang Road bieten Steine an, die aus Burma stammen. Die Karen-Rebellen auf der burmesischen Seite der Grenze, die seit Jahren gegen die Regierung in Rangoon kämpfen, decken sich dafür in Thailand mit Lebensmitteln ein. Am florierenden **Schmuggelgeschäft** beteiligen sich sowohl Inder als auch viele emsige Chinesen, die immer zur Stelle sind, Reibach zu machen.

Die internationale Bruderschaft von Schmugglern, Händlern und Glücksrittern spiegelt sich auch im Straßenbild von Mae Sot wieder. Da sind die Burmesen in ihren bis zu den Knöcheln reichenden *Longiys,* Inder in ihren traditionellen Hemden, den *Kurtas,* und andere Grenzgänger mit bunten *Shan*-Umhängetaschen. Auf der thailändischen Seite des Moei-Flusses gibt es allerlei Waren aus Myanmar, wie Burma offiziell heißt, zu kaufen, eben Edelsteine, aber auch handwerkliche Artikel.

Politische Ereignisse in Myanmar wirken sich, wie nicht anders zu erwarten, auf den Handel und das Leben in Mae Sot aus. 1997 wurde die den Moei-Fluss überspannende, 420 m lange **Thai-Burmese Friendship Bridge** fertiggestellt, die den Grenzverkehr zwischen Myanmar und Thailand erleichtern sollte. Passierbar ist die Brücke aber bis heute nicht und wird es auch erst dann werden – so gaben die Generäle der burmesischen Junta überraschenderweise bekannt – wenn auch die geplante Straße von Myawaddy nach Rangoon (Yangon) fertig ist. Bis dahin soll der burmesische Grenzposten geschlossen bleiben. Die Politik der burmesischen Generäle ist sehr undurchschaubar, und vielleicht sieht an der Grenze schon wieder alles anders aus. Ob Ausländer die Grenze in Zukunft überqueren dürfen, ist ungewiss.

Die **burmesische Grenze** ist natürlich die Attraktion des Ortes, zu der Songthaews von einem Haltepunkt westlich des Marktes in der Prasat Withisang Road fahren.

In der Stadt selbst steht der neue **Wat Chumpon Khiri,** dessen Pagode mit goldenen Ziegeln bedeckt ist. Letztere ist im burmesischen Stil erbaut.

Wat Mani ist eine Kräutersauna angeschlossen, die allerdings nur Männern zur Verfügung steht. Preis 20 Baht, geöffnet tgl. 6-19 Uhr. Verkauft werden Kräuterheilmittel, die von den Mönchen zubereitet werden.

Tourist Police

Am Westrand der Innenstadt befindet sich eine Abteilung der Tourist Police, Tel. 055-5335523.

Unterkunft

Guest Houses:

- Das schlichte **No. 4 Guest House***-** (736 Thanon Intharakhiri, Tel. 055-544976, no4guesthouse@yahoo.com) ist für seinen Niedrigpreis sehr gut. Zimmer in einem alten Holzhaus, ohne eig, Bad.
- **Green House Guest House***-** (406/8 Thanon Intharakhiri, Tel. 055-533207) hat diverse einfache Zimmer, sehr gut für Leute mit kleinem Budget.
- **Ban Thai Guest House****-*** (740 Thanon Intharakhiri, Tel. 055-531590), beliebte Unterkunft, gut ausgestattete Zimmer (Bad) in ruhiger Gartenlage. Empfehlenswert.

Hotels:

- **Suwannawit Hotel***-** (Soi Wat Luang, Tel. 055-531163), einfach aber durchaus akzeptabel, alle Zimmer mit eigenem Bad.
- **Siam Hotel****-*** (Thanon Prasat Withi, Tel. 055-531376), eine Stufe teurer und besser, ordentliche Zimmer mit Bad, in der höheren Preisklasse mit A.C. und TV.
- **D.K. Mae Sot Square Hotel****-*** (Thanon Intharakhiri, Tel. 055-542648-9), modernes kleines Hotel, mit ordentlichen Zimmern mit Bad, teilweise mit A.C. Dem Haus ist eine Filiale von *D.K. Books* angeschlossen.
- **Porn Thep Hotel****-**** (Soi Si Wiang, Tel. 055-532590), relativ gediegenes Hotel, Zimmer mit Bad und in den höheren Preislagen bekommt man auch Heißwasser, A.C. und TV.
- **Central Mae Sod Hills Hotel******-***** (100 Thanon Asia, Tel. 055-532601-8, 02-5411234, cmhadm@cscoms.com), Top-Herberge des Stadt, etwas außerhalb gelegen, mit Swimmingpool, Tennisplatz, Disco Restaurant und Cocktail-Bar. Komfortable Zimmer mit A.C., TV und sonstigem Komfort.

Essen

- Mae Sot hat einem beachtlichen Bevölkerungsanteil an Burmesen sowie Burmesen in-

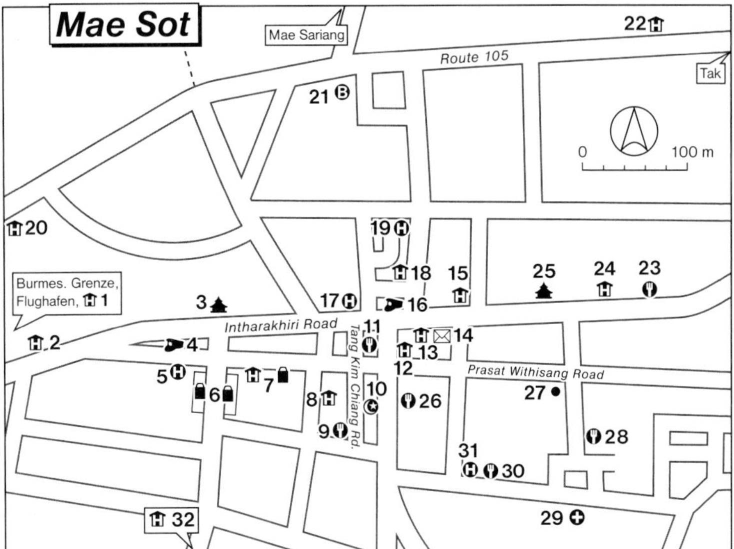

- 1 Ban Thai Guest House
- 2 No. 4 Guest House
- 3 Wat Chumphon Khiri
- 4 Tourist Police
- 5 Songthaews zum Moei River
- 6 Markt
- 7 Siam Hotel, Edelsteingeschäfte
- 8 Porn Thep Hotel
- 9 Kwangtung Rest.
- 10 Moschee
- 11 Pim Hut Rest.
- 12 Suwannavit Hotel
- 13 Mae Moei Hotel
- 14 Post
- 15 D. K. Mae Sot Square Hotel
- 16 Polizei
- 17 AC-Busse nach Bangkok
- 18 Green House G.H.
- 19 Songthaews nach Mae Sarit und Mae Sariang, Busse nach Bangkok
- 20 SP House
- 21 Busbahnhof
- 22 Central Mae Sot Hills Hotel
- 23 Laap Pet Nong Khai
- 24 Mae Sot G. H.
- 25 Wat Mani
- 26 Indian-Burmese Rest.
- 27 Schule
- 28 Krabong Jor Rest.
- 29 Krankenhaus
- 30 Veg. Restaurant
- 31 Songthaews nach Waley und Umphang
- 32 Western Frontier G. H.

discher und nepalesischer Herkunft, Moslems ebenso wie Hindus und ein paar Sikhs, und so findet sich genügend Kundschaft im **Indian-Burmese Restaurant** gegenüber der Moschee. Es gibt Rotis und Curries zum Niedrigpreis.

●**Pim Hut Restaurant** in der Tam King Chiang Road hat internationale Küche, westlich, Thai und chinesisch. Für die mäßigen Preise sehr gut.

●Gleich daneben liegt **Khrua Canadian,** mit Sandwiches und vegetarischen Gerichten.

●Rechts neben dem Busstopp für die Songthaews nach Umphang findet sich ein einfaches **vegetarisches Restaurant.** Das Essen ist oft schon am frühen Nachmittag ausverkauft und dann wird kein neues mehr gemacht.

●Im Vorhof des **Siam Hotels** haben sich einige Essensstände angesiedelt.

Anreise

●Ab Bangkoks Northern Bus Terminal fahren keine Normalbusse, aber A.C.-Busse 2. Kl. zu

284 Baht., A.C. 1. Kl. zu 365 Baht. V.I.P.-Busse kosten, je nach Gesellschaft, ca. 400-500 Baht. Etwa 4-5 Abfahrten pro Tag.

- Es gibt derzeit keine Flugverbindung nach Mae Sot.

Weiterreise

- **Busse** nach Tak kosten 60 Baht, umgebaute Lieferwagen *(rot thuu)* 50 Baht. Die Strecke ist zum großen Teil sehr bergig, was einerseits wunderschöne Aussichten bedeutet, andererseits fühlen sich die Fahrer oft zu Kamikaze-Fahrten angestachelt. Beim Passieren eines bestimmten Schreines auf einem Hügel legen alle Fahrgäste die Hände zum *wai* zusammen, und angesichts der Fahrweise wird im Geiste auch so mancher westliche Reisende diese Geste vollführen. Fahrzeit 1 ½ Std.
- Das Unternehmen Chai Wattana betreibt mehrere **Buslinien in Richtung Norden,** so nach Chiang Mai (A.C. ca. 300 Baht, Chiang Rai (A.C. ca. 430 Baht) sowie nach Lampang und Mae Sai. Die Busse fahren von einem Haltepunkt gegenüber der Polizeistation in der Innenstadt ab.

Über die Route 1085 von Mae Sariang nach Mae Sot

Noch bis in die Mitte der 80er Jahre wäre es ein mittelschweres Wagnis gewesen, das Tanen-Gebirge an der Grenze zu Myanmar zu bereisen. Kommunistische Rebellen trieben ihr Unwesen, und, wie so viele andere abgelegene Regionen Thailands zu jener Zeit, war auch diese für Normalbesucher „off-limits". Doch dann kam die Straße.

Um den dubiosen Aktivitäten ein Ende zu bereiten und auch um an die in der Region vorhandenen Naturschätze zu gelangen, schickte Thailand die Bulldozer und Dampfwalzen vor. Oft unter dem Beschuss der Rebellen wurde bis Ende der 80er Jahre eine Straßenverbindung zwischen Tak und Mae Sot fertiggestellt, die Route 1085. Diese stellt heute eine der interessantesten Tourstrecken des Landes dar.

Es fahren zwar **Busse** zwischen Mae Sariang und Mae Sot, ein eigenes Fahrzeug wäre aber sicher günstiger, da man nach Belieben Stopps einlegen kann. Die Fahrt dauert insgesamt ca. 7 Std.

Die Route führt von Mae Sariang zunächst 30 km am Yuam-Fluss entlang. Man passiert satte Niederungen und Bauerndörfer. Bei **Sop Moei** steigt die Straße dann plötzlich steil an, und im **Tanen-Gebirge** führt sie durch zum Teil atemberaubend schöne Landschaften. Die höheren Regionen des Gebirges sind in Wiederaufforstungs-Programmen mit Teak-Bäumen bepflanzt worden, und man sieht außerdem zahlreiche **Dörfer der Shan und Karen.**

Vor **Nai Thong** ändert sich die Szenerie schlagartig, die Straße führt hinab ins Tal des Moei-Flusses. Hier leben Tausende von Karen-Flüchtlingen aus Myanmar, gut bewacht von finster dreinblickenden Thai-Soldaten. Auf der anderen Seite der Grenze kämpfen ihre Karen-Brüder für Kawthoolei, einen unabhängigen Karen-Staat.

Trotz der Spannungen im Grenzgebiet findet bei **Tha Song Yang** an der Route 1085 ein reger Warenverkehr über den Grenzfluss Moei statt. Der Fluss ist an dieser Stelle kaum 30 m breit. Vollbeladene **„Langschwanz-Boote"** pendeln zwischen Thailand und Myanmar hin und her, immer unter den wachsamen Augen der Grenzposten, die ohne Zweifel mitverdienen.

Unterkünfte finden sich an den Endpunkten der Route, in Mae Sariang und Mae Sot (siehe Ortsbeschreibungen). An der Strecke selbst gibt es keine Unterkunft, nur ein paar Kilometer abseits davon, in **Mae Salit** (Sarid) bei Tha Song Yang liegt das einfache Mae Salit Guest House*.

Umphang

อุ้มผาง

Dank der einstigen Aktivitäten von Drogenhändlern und kommunistischen Guerillas gehört die Gegend um Umphang, 164 km südlich von Mae Sot, zu den unberührtesten Thailands. Genau wie im weiter nördlich gelegenen Tanen-Gebirge war auch dieses Gebiet bis vor etwa zehn Jahren für Außenstehende tabu. Dann wurde auch hierher eine Straße gebaut, die **Route 1090** (fertiggestellt 1987), und diese eröffnet nun Einblicke in eines der **allerletzten intakten Dschungelgebiete** des Landes, vielleicht das ursprünglichste Stück Dschungel überhaupt.

Umphang ist ein idealer Ausgangspunkt für Rafting auf dem **Mae-Klong-Fluss** oder für Trekking-Touren durch das sich westlich des Ortes erstreckende **Naturschutzgebiet** (Umphang Wildlife Sanctuary). Der Ort selbst ist ein etwas größer geratenes Dorf, das vor allem von Karen bewohnt wird. In guter alter Tradition halten sie sich noch **Arbeitselefanten,** die – neben Ochsen – auch bei der Feldarbeit eingesetzt werden.

Dschungel-Treks und Rafting

Treks durch den Dschungel bei Umphang und Rafting-Touren (oft auch in Kombination mit Elefantenritten) werden u.a. von den folgenden Unternehmen angeboten:

- **Ban Huay Nam Yen** (Guest House), Umphang; Tel./Fax Bangkok 02-3777059;
- **BL Tour,** Umphang, Tel. 055-561021;
- **Mae Sot Conservation Tour,** c/o B & B Guest House, Mae Sot, Tel. 055-532818;
- **Thai Adventures,** c/o Chez Swan Restaurant & Guest House, Pai, Tel. 053-69111.
- **Tu Ka Sa Cottage** (siehe Unterkunft)
- **Umphang Hill Resort** (siehe Unterkunft)
- **Wild Planet,** Tel. Bangkok 02-2582249, Fax 02-2538043, planet@mozart.inet.co.th.

Die wohl interessanteste Tour führt zum **Thilosu,** einem tief im Dschungel gelegenen Wasserfall. *Thilo-su* bedeutet in der Karen-Sprache „schwarzer Wasserfall". Der Thilosu bietet einen höchst imposanten, urgewaltigen Anblick, und manche Naturfreunde halten ihn für den **beeindruckendsten Wasserfall Südostasiens.** Der Thilosu fällt über mehr als 90 Stufen, die sich über eine Strecke von ca. 400 m ausdehnen. Trotz seiner Mächtigkeit liegt er so verborgen im Dschungel, dass er erst **1988 von einem Hubschrauber aus entdeckt** wurde. In seiner Umgebung finden sich noch weitere sehr sehenswerte Wasserfälle, so zum Beispiel der **Thilojo.**

Um zum Thilosu zu gelangen, wird man zunächst per Lkw oder Jeep über eine Dschungelstraße zum Fluss Mae

Klong gefahren (ca 1 Std.). Dort geht es per Raft über relativ ruhiges Wasser weiter bis zur Pa Lueat, der „Blut-Klippe". Von hier aus erreicht man den Thilosu in einem halbstündigen Trek. In der Regenzeit ist die Dschungelstraße unpassierbar, man könnte dann aber die gesamte Strecke zum Wasserfall trekken. Voraussetzung dafür ist allerdings eine sehr gute Kondition.

An Wochenenden und Feiertagen wird der Thilosu von vielen einheimischen Touristen besucht (angeblich bis zu 5.000), die teilweise viel feuchtfröhlichen Radau machen. Mittlerweile ist der Wasserfall so stark besucht, dass für die nahe Zukunft mit schweren Umweltschäden zu rechnen ist. Thai-Touristen sind bekannt dafür sich mehr am Picknick als an der Natur zu erfreuen, und häufig werden Berge von nicht abbaubarem Müll hinterlassen. Es wird nun diskutiert, die Zahl der Besucher auf 700 pro Tag zu begrenzen.

Unterkunft

Umphang ist ein beliebtes Ausflugsziel von Thais, und somit sind die Unterkünfte teurer als in anderen Orten dieser Größenordnung. An Wochenenden oder Feiertagen kann es recht voll werden.

- Gemütliche Bungalows im traditionellen Thai-Stil bietet das **Ban Huay Nam Yen*****, das „Haus des kühlen Wassers", das sich ca. 2 km nördlich von Umphang befindet. Die Bungalows haben eine Terrasse, von der man einen Bach überblickt. Vorhanden ist auch ein Großraum mit Platz für bis zu 10 Personen.
- Das **Umphang House****-*** (Tel. 055-561073), das dem örtlichen Dorfvorsteher oder kamnan gehört, hat Zimmer (Bad) und Bungalows (Bad).
- **Garden Huts****-**** (Tel. 055-561083) hat eine Vielzahl verschiedener Hütten und Bungalows für bis zu 4 Personen, z. T. mit eig. Bad, z. T. ohne. Empfehlenswert.
- **Umphang Country Huts*****-*** (Tel. 056-551063) befindet sich etwa 2 km nördlich von Umphang, in schöner Hügellandschaft und hat akzeptable Zimmer mit Bad. Die Zimmer sind unterschiedlich groß und man sehe sich zuvor einige an. Einige haben eine eigene Veranda.
- **Umphang Hill Resort*****-***** (Tel. 055-561063, Fax 055-561065, umphanghill@thaimail.com) nimmt zumeist größere einheimische Reisegruppen auf. Die Bungalows sind entsprechend groß und zum Teil mit mehreren Badezimmern ausgestattet. In der Off-Season werden gelegentlich die Betten in den Bungalows einzeln veräußert, zu ca. 100 Baht. Das Unternehmen organisiert Trekking- und Rafting-Touren.
- Außerhalb von Umphang befindet sich das **Tu Ka Sa Cottage*****-**** (Kin Ta Ku, Tel. 055-561295), mit soliden, gut konstruierten Bungalows, die von einer malerischen Anlage umgeben sind. Wahrscheinlich das beste Haus am Ort. Organisiert werden Trekking- und Rafting-Touren, die ebenfalls zu den besten am Ort gehören sollen.

Anreise

- Ab Mae Sot fahren **Songthaews** für 150 Baht/Pers.; erste Abfahrt zumeist um 7 Uhr, die letzte gegen 15 Uhr, Fahrzeit 5-6 Stunden. Wer mit einem Mietfahrzeug anreist, kann zwischendurch Besichtigungen einlegen; so z.B. an den kleinen Tharak Falls (26 km von Mae Sot) und den Pha Charoen Falls (41 km). Beide befinden sich etwas abseits der Straße.
- Bangkok ist insgesamt 660 Straßenkilometer entfernt. Per **Bus** fahre man zunächst nach Mae Sot, dann weiter wie oben.

Der Norden

Wiang Kum Kam, Chiang Mai
(FOTO: DAVID HENLEY)

Shan-Novizen
(FOTO: DAVID HENLEY)

Traditioneller nordthailändischer Tanz

Überblick

Thailands Norden war bis Anfang dieses Jahrhunderts fast vom Rest Siams abgeschnitten – nur Elefantenpfade führten von Bangkok nach Chiang Mai, und die Reisenden mussten wochenlang die Dschungel durchqueren, bis sie endlich ihr Ziel erreichten. Der Elefant war das einzige zur Verfügung stehende „Verkehrsmittel". Das hat sich mittlerweile geändert. Nur noch wenige Gebiete sind abseits von Bahnlinie oder Autostraße verblieben.

Der Norden bietet dem Reisenden satt-bewachsene Berge und Hügel, darunter den **Doi Inthanon,** den mit **2.565 m** höchsten Berg des Landes. Dazwischen liegen Täler mit sorgfältig angelegten, fruchtbaren Feldern. Im Februar erblühen die Bergwiesen mit Millionen goldgelber Buatong-Blumen, und in manch versteckter Plantage leuchtet das Rot der Schlafmohn-Blüte. Aus den Schlafmohn-Fruchtkapseln wird das Opium gewonnen, das den Norden zum berüchtigten Rauschmittelproduzenten gemacht hat.

Die **Opiumproduktion** ist inzwischen jedoch drastisch zurückgegangen. Vor 15 Jahren noch dienten 3.000 *rai* (1 *rai* = 1.600 m^2) Landfläche der Opiumproduktion, heute sind es weniger als 150 rai. Die Opiumausbeute fiel von vormals 200 auf 20 Tonnen pro Jahr. Die Regierung greift stärker als zuvor gegen den Opiumanbau durch, und die Farmer (v.a. Angehörige der Bergstämme) werden zum Anbau von „Ersatzprodukten" ermuntert.

Bei einer Regierungsinitiative im Jahr 2003 sind mehr als 2000 vermeintliche Drogenhändler von der Polizei erschossen worden. Seit diesem „Krieg" gegen die Drogen ist das Opium aus Nordthailand so gut wie verschwunden.

Die meisten in Thailand erhältlichen Drogen (meist billige Amphetamine) werden aus Myanmar nach Nordthailand eingeschmuggelt.

Die Bewohner des Nordens sind ein buntes Völkergemisch aus den verschiedensten **Bergstämmen** und den **Nord-Thais** oder *kon mueang,* die traditionell in den fruchtbaren Tiefebenen Nordthailands siedeln. In vielerlei Hinsicht halten sich die Nord-Thais für die „wahren" Thais, die die Thai-Kultur noch am besten über die Zeit gerettet haben. Dem Touristen wird die Sanftheit und Höflichkeit der Nord-Thais auffallen – nirgendwo in Thailand ist der Umgangston freundlicher. Da, wo der Tourismus stark vertreten ist, kann die Höflichkeit aber auch schon mal abbröckeln, so wie andernorts auch.

Die Sanftheit der Nord-Thais drückt sich auch in der melodiösen und auffallend langsam und sachte gesprochenen **Sprache des Nordens** aus, der *kham mueang* oder *phaasaa nuea.* Im Gegensatz zum Standard-Thai hat das Nord-Thai nicht 5, sondern 6 Tonlagen. Die Sprache hat sogar ihre eigene Schrift, die heutzutage aber kaum noch in Erscheinung tritt.

Chiang Mai
เชียงใหม่

Chiang Mai liegt 713 Straßenkilometer oder 50 Flugminuten nördlich von Bangkok und ist **Thailands drittgrößte Stadt.** Nach offiziellen Angaben hat sie 237.000 Einwohner, doch da sind die vielen, unregistrierten Zuzügler nicht mitgerechnet; die Zahl 350.000 kommt der Wahrheit wohl näher. Als Wirtschafts- und Kommunikationszentrum des Nordens bietet es alle Annehmlichkeiten einer Großstadt und eine malerische Umgebung.

Nicht umsonst haben viele Westler diesen Ort zu ihrer zweiten Heimat erkoren. Die Thais nennen Chiang Mai „Die Rose des Nordens", und deren Einwohner gelten als ausgesprochen freundliche Zeitgenossen. Kein Wunder, wo hier das Leben noch relativ ruhig vor sich geht, noch reichlich Natur zu Spaziergängen einlädt, und die Luft noch (einigermaßen) gut ist.

König *Mengrai* hatte die Stadt 1296 am Fuße des Doi Suthep erbaut und sie „Neue Stadt" (= *Chiang Mai*) genannt. Später wurde sie ein Teil des Königreiches Lanna, das die Burmesen 1556 einnahmen. 1775 wurde Chiang Mai von König *Taksin* zurückerobert.

Heute ist Chiang Mai eine moderne Stadt, die weit über ihre ursprünglichen Stadtmauern hinausgewachsen ist. Außerhalb (besonders östlich) des alten Stadtkerns ist der neue, geschäftige Stadtteil entstanden. Hier liegen die meisten Geschäfte, die Restaurants, die teuren Hotels und Bars. Chiang Mai ist wohl die Stadt Thailands, in der es sich am besten leben lässt.

Hoffentlich bleibt das auch so. Derzeit wird jedes freie Stück Land mit einem Betonklotz verbaut. Condominiums, Apartmentblocks und Großhotels schießen aus dem Boden. Chiang Mai hat sich im letzten Jahrzehnt schon mehr verändert als irgendeine andere Stadt in Thailand. Verkehr und Lärm haben sich vervielfacht. Das ist wohl der Preis des „Fortschritts".

Glücklicherweise ist der alte, innerhalb der Stadtmauern gelegene Ortskern mittlerweile vor dem Bau von Hochhäusern geschützt und teilweise verkehrsfrei. Außerdem wurden die Befestigungsanlagen restauriert, und die dazugehörigen Gräben wurden gereinigt.

Von Touristen erhält Chiang Mai gemischte Urteile: Manche finden nichts besonderes an der Stadt, andere sind von ihr begeistert. Auf jeden Fall aber bietet die Umgebung von Chiang Mai wunderschöne Naturszenerien, und man könnte gut zwei Wochen in der Stadt verbringen und täglich einen interessanten Ausflug von dort unternehmen. Anders als in Bangkok befindet man sich nach einer halben Stunde Fahrzeit im Grünen; 50 km entfernt liegen noch Dschungelgebiete.

Orientierung

Chiang Mai ist relativ klein und übersichtlich. Der **alte Stadtkern** ist ein Quadrat von 2 mal 2 km Seitenlänge, das von einem Stadtgraben umgeben ist. Teile der Stadtmauern sind noch

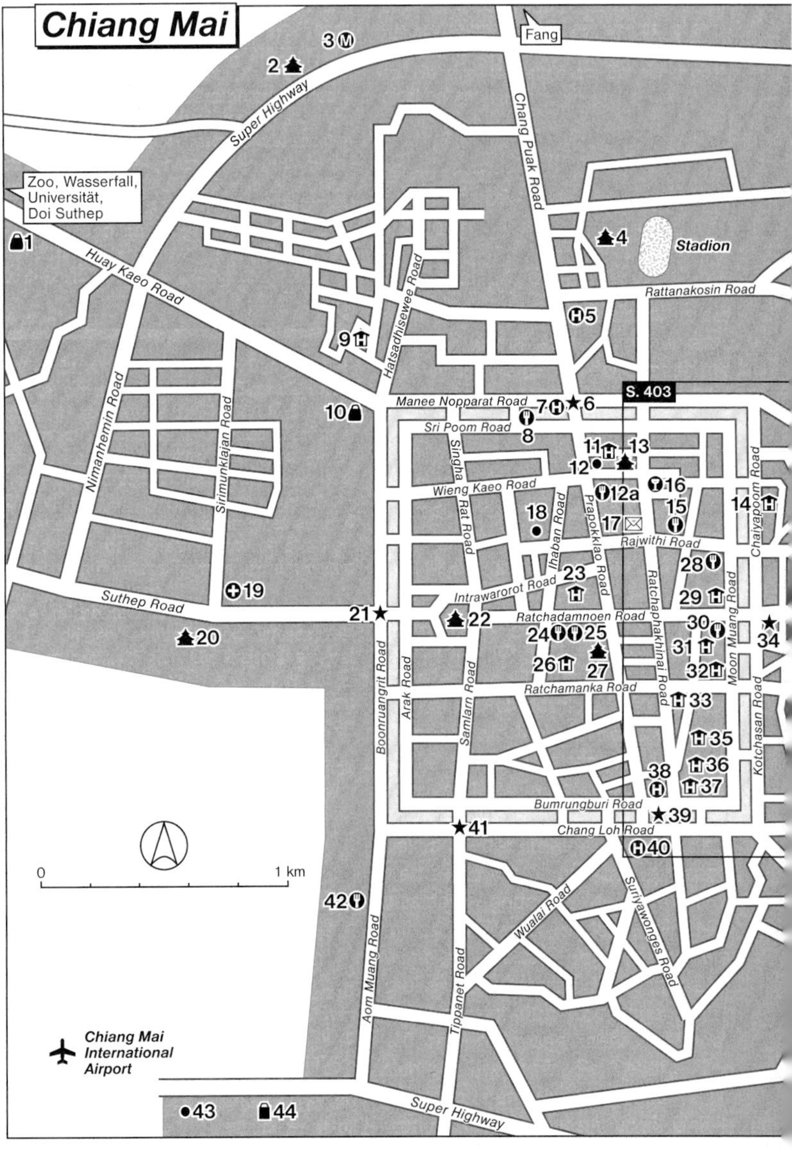
Chiang Mai
Fang
Super Highway
Zoo, Wasserfall, Universität, Doi Suthep
Huay Kaeo Road
Chang Puak Road
Stadion
Rattanakosin Road
Hatsadhisewee Road
Nimanhemin Road
Sirimunklajan Road
S. 403
Manee Nopparat Road
Sri Poom Road
Singha Rat Road
Wieng Kaeo Road
Ihaban Road
Prapokklao Road
Rajwithi Road
Chaiyapoom Road
Intrawarorot Road
Ratchaphakhinai Road
Moon Muang Road
Suthep Road
Ratchadamnoen Road
Boonruangrit Road
Arak Road
Samlarn Road
Ratchamanka Road
Kotchasan Road
Bumrungburi Road
Chang Loh Road
0
1 km
Wualai Road
Suriyawonges Road
Aom Muang Road
Tippanet Road
Chiang Mai International Airport
Super Highway

- 1 Markt
- 2 Wat Chet Yod
- 3 National Museum
- 4 Wat Kuu Tao
- 5 Bus-Station
- ★ 6 Chang Phueak Gate
- 7 Songthaews nach Doi Suthep
- 8 Khan-Asa Restaurant
- 9 YMCA Int. Hotel
- 10 Kad Suan Kaew Shopping Center
- 11 Vista Hotel
- 12 Thai Airways
- 12a Banrai Steak House
- 13 Wat Chiang Man
- 14 Eagle House
- 15 Crusty Loaf Rest.
- 16 Babylon Bar
- 17 Post
- 18 Gefängnis
- 19 Suan Dork Hospital
- 20 Wat Suan Dork
- ★ 21 Suan Dork Gate
- 22 Wat Phra Singh
- 23 Tamarind Village
- 24 The Writer's Club
- 25 Pizzeria La Villa
- 26 Chiang Mai Garden Guest House
- 27 Wat Chedi Luang
- 28 Kafé
- 29 Montri Hotel
- 30 Vegetarisches Restaurant La Lanterna Di Genova , Black Canyon Coffee
- 31 Gap's House
- 32 Top North Plaza
- 33 Anodard Hotel
- ★ 34 Thapae Gate
- 35 Golden Fern Guest House
- 36 Pha-Thai Guest House
- 37 Banana Guest House
- 38 Busse nach Hot, Chom Thong, Doi Inthanon, Hang Dong
- ★ 39 Chiang Mai Gate
- 40 Busse zu den Mae-Klang-Wasserfällen
- ★ 41 Suan Prung Gate
- 42 Veg. Restaurant
- 43 Immigration
- 44 Robinson Department Store
- 45 Suriwong Books
- 46 Vihara Liangsuan Restaurant
- 47 Ban Kaew G.H.
- 48 Whole Earth Rest.
- 49 Piccola Roma
- 50 Royal India Rest.
- 51 Chedi
- 52 Chiang Mai Souvenir Guest House
- 53 Art Café
- 54 Nachtmarkt
- 55 Royal Lanna
- 56 Viangping Car Rent
- 57 Diamond Riverside Hotel
- River View Lodge
- 58 Galare G. H.
- 59 TAT
- 60 Busse nach Lamphun, Pa Sang, Chiang Rai
- 61 Just Khao Soy
- 62 Raan Khao Soy Islam (Restaurant) & Islamabad Restaurant
- 63 Galare Food & Shopping Centre
- 64 Riverside Bar & Rest.
- 65 Hauptpost
- 66 Sikh-Tempel
- 67 Songthaews nach Samoeng
- 68 US-Konsulat
- 69 Je t'aime Guest H.
- 70 Khao Soi Lam Duang Restaurant
- 71 Arcade Bus Station
- 72 Je T'aime Guest H.
- 73 Huan Soontree Restaurant
- 74 Indisches Konsulat

erhalten. Innerhalb dieses Quadrats finden sich viele alte Tempel, zahlreiche Guest Houses, einige Hotels und Restaurants. Der alte Stadtkern ist heute der ruhigste Bereich im zentralen Stadtgebiet und eine gute Wohngegend für Touristen.

Besonders viele Unterkünfte finden sich in den Gassen, die von der Moon Muang Road ausgehen (Ostseite des Quadrats). Um das Tha Pae Gate an der Moon Muang Road herum haben sich besonders viele Restaurants und Bars angesiedelt. Selbstfahrer werden anfänglich einige Schwierigkeiten mit dem komplizierten Einbahnstraßen-System entlang des Stadtgrabens haben. Die Einbahnstraßen zwingen oft zu längeren Umwegen.

Östlich des alten Stadtkerns, zwischen der Moon Muang Road und dem Ping-Fluss, liegt das heutige **kommerzielle Zentrum Chiang Mais,** mit vielen Geschäften, Hotels, Guest Houses, Restaurants und Bars. In diesem Bereich befindet sich auch der bekannte Night Bazar mit seinen zahllosen Straßenständen und Geschäften. Entlang der Ostseite des Flusses haben sich einige zumeist gehobene Restaurants angesiedelt, dazu einige Guest Houses. Die wichtigste Busstation, die Arcade Bus Station sowie der Bahnhof und der Flughafen sind jeweils ca. 3 km von der Innenstadt entfernt.

Sehenswertes

Wie in Bangkok gibt's in erster Linie **Tempel** zu sehen, und Chiang Mai hat über 300!

Tempel

Wat Chiang Man an der Rajaphakinai Road im Nordosten der Altstadt stammt aus dem Jahre 1297 und ist damit der älteste Tempel der Stadt. König *Mengrai* residierte hier, als Chiang Mai noch im Bau befindlich war. Der Tempel hat zwei Chedis, wovon der rechte zwei geheiligte Buddhafiguren beherbergt. Die eine, genannt *Phra Sae Tang Kamani* oder „Kristall-Buddha" stammte aus dem Lopburi des 7. Jhs. und gehörte einst Königin *Chama Devi,* der Herrscherin von Haripunjai (das heutige Lamphun). Als König *Mengrai* die Stadt 1281 eingenommen hatte, holte er die Figur nach Chiang Mai. Die zweite Figur, *Phra Sila* oder der „Stein-Buddha" ist etwa 1.000 Jahre alt und aus Indien.

Wat Phra Singh liegt an der Singharat Road, Ecke Rajdamnoen Road, im westlichen Zentrum der Altstadt. Der Tempel wurde 1345 von König *Pha Yu* gebaut, der in einem Chedi die Asche seines Vaters einmauern ließ. Ein Gebäude links hinter dem Haupttempel ist reich mit Wandmalereien verziert und beherbergt die geheiligte Bronzefigur Phra Singh Buddha. Diese war im Jahre 1400 von Saen Muang Ma, dem neunten König von Chiang Mai aus Chiang Rai geholt worden.

Wat Chedi Luang an der Phra Pokklao Road, fast direkt in der Mitte der Altstadt, war im Jahre 1401 mit einem 86 m hohen Chedi erbaut worden. 1454 wurde der Chedi bei einem Erdbeben teilweise zerstört und es blieb nur eine 60 m hohe Ruine davon übrig. Jahrhundertelang wurde sie in diesem Zustand belassen, bis sie 1992 einer eingehenden Restaurierung unterzogen wurde, die sie wieder in ihren Originalzustand versetzen sollte. Ohne die unglaublichen Mengen Gold allerdings, die diesen Chedi früher bedeckt haben sollen: 1512, zur Zeit von König *Muang Kaeo,* sollen es 1.985.400 Baht gewesen sein! (Baht ist in diesem Fall eine Gewichtseinheit für Gold; 1 Baht = 15 g). Heute kostet 1 Baht Gold 6.000-6.500 Baht, man kann sich ausrechnen, was der Gold-Chedi wert war.

Wat Chet Yot, am Superhighway, nordöstlich der alten Stadtmauern und etwas unterhalb des National Museums gelegen, hat seinen Namen von seinen sieben Türmen *(chet),* die den Türmen eines Tempels in Pagan, Burma, nachempfunden sind. Der burmesische Tempel war seinerseits eine Nachbildung des Mahabodhi-Tempels in Bodh Gaya, Indien, der Stadt, in der Buddha seine Erleuchtung erlebte. Wat Chedi Yot wurde 1456 von König *Tilokraj,* dem elften Herrscher von Chiang Mai, erbaut. Im Chedi wird seine Asche verwahrt.

Wat Suan Dork steht an der Suthep Road, etwa 500 m westlich des Stadtgrabens. Erbaut wurde er 1371 von König *Ku Na,* dem 8. König von Chiang Mai. Dieser lud einen verehrten Mönch, *Phra Maha Sumana Thera* aus Lamphun, hierhin, um die ceylonesische Version des Buddhismus zu erläutern. Der große Chedi des Tempels beherbergt angebliche Relikte des Buddha, und in der bot wird der Phra Chao Kao Tu aufbewahrt, eine Bud-

Wat Suan Dork

Alte Buddhas in Wat Umong

Wat Phrathat Doi Kham

dhafigur im Chiang-Saen-Stil, hergestellt im Jahr 1504.

Wat Umong, an der Cherng Doy Road, etwa 5 km westlich von Wat Suan Dork, wurde 1296 von König *Mengrai* erbaut. Von den ursprünglichen Gebäuden ist aber außer einem Chedi nichts mehr erhalten. Unter dem ehemaligen Tempel befinden sich Katakomben, in denen die Mönche meditierten. Wat Umong ist idyllisch gelegen, hinter dem Tempel ist sogar ein kleiner Zoo angelegt. Der Tempel nimmt auch Westler zwecks Studiums der Meditation auf.

Wat Rampoeng befindet sich südwestlich der Stadt, etwas weiter außerhalb von Wat Umong. Vom Stadtzentrum aus ist er am besten zu über die Suthep Road zu erreichen: An Wat Umong vorbei gehe man den Hügel bergab, und biege am Hügel rechts ab. Nach 3 km erreicht man den Tempel.

Wat Rampoeng ist ein Meditations-Tempel, der viele Thais, Inder, Chinesen, Japaner und Europäer anzulocken scheint. Die Meditierenden sind alle in Weiß gekleidet. Auf dem Tempelgelände befindet sich ein von Bäumen umgebener Chedi aus dem 16. Jh., der an eine chinesische Pagode erinnert.

Wat Prathat Doi Kham liegt noch ca. 4 km weiter südwestlich auf einem Hügel, ist also etwa 8 km von Chiang-Mai-Zentrum entfernt. Dieser relativ neue Tempel weist eine ca. 20 m hohe sitzende Buddha-Figur auf, die schon von weitem sichtbar ist. Ein gutes Fotomotiv! In der Nähe befindet sich ein goldener Chedi, um ihn herum einige Tempelgebäude und Statuen. Vom Hügel aus hat man eine gute Aussicht auf Chiang Mai und die malerische Umgebung. Wat Prathat Doi Kham ist über eine steile und anstrengende Treppe zu Fuß zu erreichen, wer aber ein eigenes Fahrzeug hat, kann über eine unasphaltierte Straße gleich bis zum großen Buddha hinauffahren.

Etwa 2 km südlich befindet sich **Wat Doi Kaeo.** Auf dem Gelände dieses Tempels wurde einem Hinweisschild in Thai zufolge eine „sehr alte“ Buddha-Statue gefunden – wie alt genau, sagt das Schild leider nicht.

Wat Kuu Tao, nördlich der Altstadt nahe dem alten Sportstadium gelegen, ist ein Überbleibsel aus der Zeit der burmesischer Herrschaft über Chiang Mai. Unter der ungewöhnlichen, wie fünf umgestülpte Almosenschalen geformten Stupa soll die Asche des burmesischen Prinzen *Tharawadi Min* vergraben sein. Der Prinz war der Sohn von König *Bayinnaug,* der 1578-1607 Chiang Mai regierte. Die Architektur der Stupa ist wohl ziemlich einzigartig, sie soll aber Einflüsse aus der chinesischen Provinz Yünnan aufweisen.

Vom White Elephant Gate (auf Thai *Pratu Chang Pueak*) an der Manee Noparat Road fahren Songthaews (30, zurück 20 Baht) zum 16 km westlich liegenden **Wat Doi Suthep,** einem Tempel, der vor allem wegen seiner aus 306 Stufen bestehenden Treppe und den angearbeiteten Drachenköpfen und Schlangenleibern ein beliebtes Foto-Objekt ist. Jeder Ausländer, der sich dem White Elephant Gate nähert, wird schon von den Fahrern angesprochen, die Songthaews zu finden ist also kein Problem. Wat Doi Suthep liegt 1.180 m hoch, und an einem klaren Tag hat man eine gute Aussicht über Chiang Mai.

Die beste Besuchszeit ist nach 12.00 Uhr, wenn die Tourgruppen verschwunden sind, und es unten in Chiang Mai oft zu heiß wird.

Etwa 4 km südlich der Innenstadt, nahe dem Ping-Fluss, befinden sich die erst in den 80er Jahren ausgegrabenen Ruinen der alten Stadt **Wiang Kumkam.** König *Mengrai* hatte diese nach seinem Sieg über die Stadt Haripunjai (Lamphun) gegründet, noch bevor er Chiang Mai bauen ließ. Sechs Jahre soll der König in Wiang Kumkam verbracht haben, 1296 dann zog er weiter nordwärts und gründete auf der anderen Seite des Flusses Chiang Mai, die „Neue Stadt". Die Ruinen (einige Chedis mit Nebengebäuden) liegen zum Teil einige 100 Meter auseinander in ruhiger, dörflicher Umgebung.

Zum ehemaligen Stadtgebiet gehört auch **Wat Chedi Liam,** angeblich der 1. von König *Mengrai* errichtete Tempel. Wat Chedi Liam sollte einem von ihm verehrten Mönch, *Phra Kassapa Thera,* und 9 seiner Schüler als Unterkunft dienen. Während der burmesischen Herrschaft wurde der Tempel teilweise im burmesischen Stil umgearbeitet. 1908 ließ ein Burmese mit britischer Staatsangehörigkeit, *Phya Pakar,* den Tempel restaurieren. König *Chulalongkorn* verlieh ihm dafür einen Ehrentitel. Der eigenwillige Chedi von Wat Chedi Liam hat 5 „Stockwerke" mit zahlreichen Nischen. Daneben steht ein Viharn neueren Datums.

Eine Insel gegen die Lepra

Denkt man an Lepra, so fällt einem vielleicht als erstes Indien ein, das über eine halbe Million Leprakranke aufweist. Weltweit gibt es 1,2 Millionen Lepra-Patienten, verteilt auf 60 Länder. Auch Thailand wird von der Krankheit nicht verschont. In seinem Buch „Temples and Elephants" (1884) berichtete *Carl Bock* von einem Lepra-Dorf zwischen Chiang Mai und Hot: „... ein lebender Friedhof, bevölkert von fünf- oder sechshundert elendigen, verseuchten und verkrüppelten Kreaturen, deren Äußeres widerwärtig und schmerzlich anzusehen war, in ihren Augen der glasige Blick des herannahenden Todes ...".

Aber auch heute noch gibt es Leprakranke in Thailand, die meisten haben gegen die gleiche Diskriminierung anzukämpfen wie ihre Leidensgenossen anderswo. Auf einer **Insel im Ping-Fluss,** ca. 7 km südlich der Innenstadt und 2,7 km südlich von Wat Chedi Liam, wurde 1908 von dem amerikanischen Missionar *Dr. James W. McKean* ein Lepra-Rehabilitationszentrum gegründet. Das **McKean Rehabilitation Institute** kann einige hundert Patienten aufnehmen und finanziert sich aus dem Verkauf von Handwerksartikeln und Spenden. Nach ihrer Heilung werden die Patienten, die in vielen Fällen von ihren Familien verstoßen wurden, wieder in ein normales Leben integriert.

Adresse: Ko Klang Road (Abfahrt vom Superhighway im Ortsteil Ban Rong Wua, von dort 3,3 km in südl. Richtung); Tel. 053-124263. Geöffnet Mo-Sa 8.00-17.00 Uhr.

Sonstige Sehenswürdigkeiten

Im **Chiang Mai National Museum** werden in erster Linie Buddha-Figuren verschiedener Epochen ausgestellt, im oberen Stockwerk Kostüme und Uten-

Zum „Schutzgeist" befördert – Menschenopfer für die Stadttore

Blutige Bräuche zum Wohl der Allgemeinheit

Beim Betrachten der romantischen alten Stadttore von Chiang Mai kommt wohl niemandem der Gedanke, dass sie unter blutigen Menschenopfern entstanden sein könnten. Doch das sind sie wahrscheinlich. Bis in die zweite Hälfte des 19. Jh. war es nicht unüblich, an der Stelle eines zu errichtenden Stadttores Menschenopfer durchzuführen, auf dass die Geister der Verstorbenen das Tor beschützen und die Stadt uneinnehmbar machen mögen.

Anna Leonowens berichtete in ihrem Buch „The English Governess at the Siamese Court" (1870) von einem solchen Opfer, das 1865 zum Bau von zwei Toren in Bangkok vollzogen wurde. Zur Ergreifung der Opfer schwärmte ein Dutzend als Zivilisten verkleidete Offiziere aus. Dann rief einer von ihnen einen beliebigen, häufig vorkommenden Namen, und jeder, der darauf reagierte, wurde ergriffen und hinweggeschleppt. Pro Stadttor galt es, drei Opfer ausfindig zu machen. Diese gehörten in allen Fällen zu den untersten Gesellschaftsschichten, deren Mitglieder ohnehin nicht viel zu melden hatten. Ein Adliger oder wohlhabender Geschäftsmann wäre wohl geflissentlich übersehen worden.

Nach der Ergreifung wurden die Opfer an einem von Astrologen bestimmten, „glückverheißenden" Tag in prächtige Kleider gehüllt, und ihnen wurde ein Festschmaus geboten. Der König oder Stadtfürst verneigte sich ehrfurchtsvoll vor ihnen und bat sie, als zukünftige Schutzgeister die Stadt vor allem Unheil zu bewahren. Dann wurden die hilflosen Opfer, denen klar war, dass ihnen weder Flehen noch eine Lösegeldzahlung das drohende Schicksal ersparen würde, zum Ort des neuen Stadttores gebracht. Dort wurden sie hingerichtet und von nun an als *theparak* oder „Schutzgeister" verehrt.

Genützt hat das Blutvergießen natürlich nichts. Man denke nur an Ayutthaya, das 1767 von den Burmesen überrannt wurde und zweifellos auch unter dem Schutz von Geistern stand. Nach dem Einfall der Erzfeinde frohlockten die unfreiwilligen Schutzgeister wohl vor Schadenfreude.

Chiang Mai war im Jahre 1296 von König *Mengrai* gegründet und mit einer Stadtmauer und einem parallel dazu verlaufenden Graben versehen worden. 1558 aber wurde auch Chiang Mai von den Burmesen eingenommen. 217 Jahre verblieb die Stadt unter fremder Herrschaft, bis sie endlich wieder zurückerobert wurde. Die alte, von König *Mengrai* errichtete Stadtmauer war inzwischen mehrere Male verfallen und ebenso häufig renoviert worden. Die heute sichtbaren Mauern wurden erst kurz nach der Vertreibung der Burmesen angelegt (Ende des 18. Jh.) und vor einigen Jahren restauriert. Am Chiang Mai Gate, das an der Südostseite des Stadtgrabens liegt, findet sich noch heute ein kleiner Schrein, der den Stadtgeistern gewidmet ist.

Die anderen Tore sind Suan Prung Gate (Südwestseite), Suan Dork Gate (Westseite), Chang Phueak Gate oder „White Elephant Gate" (Nordseite) und Tha Pae Gate (Ostseite). Vom ehemaligen Chang Mai Gate an der Rajwithi Rd. Ecke Moon Muang Rd. ist heute nichts mehr übrig.

Das Tor der durchstoßenen Bäuche

Mit den Stadttoren verbinden sich oft noch andere blutrünstige Geschichten. Das Suan Prung Gate z.B. verdankt seine Entstehung einer Laune von Königin *Rajthewi*, der Gemahlin von König *Saen Muang Ma* (reg. 1387-1411). Die Königin mochte nicht innerhalb der Stadtwälle wohnen, folglich wurde ihr ein Palast außerhalb der Mauern, an der Südwestseite der Stadt, errichtet. Der so entstandene Palast hieß Wang („Palast") Suan Ra. (Heute steht an der Stelle das Suang Prung Psychiatric Hospital.) Um ihr aber den Besuch ihres Lieblingstempels in der Stadt zu erleichtern, wurde flugs ein spezielles Tor angelegt, das Pratu („Tor") Suan Ra. Dieses wurde bald aber auch anderweitig genutzt: Vor dem Tor ließ der König Rebellen oder sonstige unliebsame Elemente hinrichten. Dazu wurde ihnen ein Speer in den Bauch gestoßen. Der Volksmund prägte nun einen neuen Namen für das Tor: Pratu Suan Prung. *Suan* ist im Thai doppeldeutig und bedeutet sowohl „Garten" als auch „durchstoßen"; *prung* ist Nord-Thai für „Bauch". Das Tor war also das „Tor der durchstoßenen Bäuche". Heute noch besteht in der Stadt der Brauch, dass Totenprozessionen auf dem Weg zum Kremationsort dieses Tor passieren.

Bluttaten der jüngsten Vergangenheit: das Kopfjägervolk der Wa

Gehören die Stadttor-Opfer schon länger der Vergangenheit an, hat es jedoch vor einem Vierteljahrhundert noch Kopfjäger vor den Grenzen von Thailand gegeben – nicht allerdings in Thailand selbst. Das im chinesisch-burmesischen Grenzgebiet beheimatete Volk der Wa ging jahrhundertelang auf Kopfjagd, wobei das abgeschnittene Haupt seinem Besitzer magische Kräfte und seinem Dorf Reichtum und Schutz vor bösen Geistern verleihen sollte. Am gefragtesten waren die Köpfe von Sikhs, die mit ihrem langen Bart und dem Turban einen besonders beeindruckenden Anblick boten. Mancher Wa setzte hohe Preise auf Sikh-Köpfe aus. 1939 musste ein Sikh-Arzt von britischen Soldaten aus dem Wa-Gebiet in Burma hinauseskortiert werden, da einige Wa 300 Rupien für seinen Kopf geboten hatten; sie glaubten, dass er ihrem Dorf „dauerhaften Wohlstand" bescheren würde.

Nachdem sich die Wa in den Jahren 1972-74 der Communist Party of Burma (CPB) angeschlossen hatten, um mit ihr gegen das Regime in Rangoon zu kämpfen, ließen sie aufgrund kommunistischer Order von der Kopfjagd ab. Die erjagten Köpfe, die bis dahin in ihren Dörfern wie Ikonen auf Bambusschreinen ausgestellt worden waren, mussten sie unter Strafandrohung verstecken. 1989 aber vertrieben die Wa die Kommunisten aus ihrem Gebiet; diese flohen nach China, und die CPB wurde zur Wa National Army transformiert, die nun für die Unabhängigkeit des Volkes kämpfte. Und heute werden an der Grenze nach Yünnan die alten Köpfe schon wieder zur Schau gestellt – alte Sitten sterben eben so schnell nicht aus ... Einige Wa leben heute im thailändisch-burmesischen Grenzgebiet, wo sie nicht selten im Dienst von Drogenkartellen stehen und vor allem das berüchtigte Yaba (in Südostasien weitverbreitetes Meta-Amphetamin) in industriellen Mengen herstellen.

silien der Bergstämme. Mi-So 9.00-16.00 Uhr, Eintritt 30 Baht.

Das **Tribal Research Center** liegt an der Mae Rim Road, gut einen Kilometer nördlich der Kreuzung mit dem Superhighway und direkt an der Südseite des Suan Lanna Ror Gau („Lanna-Park zu Ehren Rama 9."). Gezeigt werden Utensilien der Bergstämme und ein Dokumentarfilm über die Bergvölker auf Deutsch. Geöffnet Mo-Fr 9.00-16.00 Uhr.

Der **Botanische Garten** befindet sich ca. 500 m westlich der Universität. Das Schild sagt „Arboretum", was so etwas wie Baumschule bedeutet. Geöffnet täglich 8.30-16.30 Uhr.

Noch etwas weiter westlich liegt der **Zoo** (geöffnet tägl. von 8.00-21.00 Uhr, Eintritt 100 Baht). Auf dem Gelände ist ein Areal von 2.400 m² für Camping eingerichtet worden, mit Toiletten, Duschgelegenheiten etc. Zelte und Camping-Utensilien werden gegen eine geringe Gebühr von der Zoo-Verwaltung gestellt. Weitere Auskünfte unter Tel. 053-358116.

Etwa 5 km hinter Doi Suthep liegt **Phu Phing Rajaniwat** oder **Phra Tamnak Phu Ping,** ein Winterpalast der königlichen Familie. Dieser kann nicht besichtigt werden, wohl aber die darum angelegte Parkanlage (nur an Wochenenden und Feiertagen, 8.30-16.00 Uhr). Songthaews ab Doi Suthep hierhin kosten 10 Baht.

Etwa weitere sieben Kilometer aufwärts von Doi Suthep findet sich ein Hmong-Dorf, das von Touristen überlaufen ist und demzufolge hauptsächlich dem Souvenirverkauf gewidmet ist. Wer allerdings keine Gelegenheit hat, abgelegenere Dörfer der Bergbewohner zu besuchen, hat hier eine gute Gelegenheit, ein wenig in die Welt der Bergbewohner hineinzublinzeln.

Weiter westlich erstreckt sich der 261 m² große **Doi Pui National Park,** der von zahlreichen Wanderpfaden durchzogen wird. Einer davon führt auf den 1.685 m hohen Doi Pui, dessen Gipfel thailändischen Besuchern häufig zu Picknicks dient. Der Park beherbergt über 300 Vogelspezies. Am Parkhauptquartier lassen sich Bungalows***-LLL anmieten, Dorm-Unterbringung ist ebenfalls möglich. Von Doi Suthep fahren Songthaews für 50 Baht in die Nähe des Parkhauptquartiers.

Eine etwas sinistere Sehenswürdigkeit stellt der **Foreign Cemetery** dar, gelegen ca. 2 km südöstlich des Tha Pae Gates, etwas abseits der Straße von Chiang Mai nach Lamphun (etwa einen halben Kilometer südlich der Abzweigung der Thanon Rat-Uthit). Auf diesem „Ausländer-Friedhof" finden sich einige hundert Jahre alte Gräber ehemaliger europäischer und amerikanischer Bewohner Chiang Mais. Darunter waren Missionare, Geschäftsleute und wohl auch Abenteurer. Die Grabsteine werden bewacht von einer Statue von Königin Victoria, die aus Kalkutta importiert wurde. Nach Erlangung der Unabhängigkeit im Jahre 1947 verschenkte Indien die Statue.

Nicht zu empfehlen aber dennoch zu erwähnen ist die **Chiang Mai Night Safari,** eine Art Zoo ca. 10 km nördlich der Stadt im Doi-Suthep-Pui-Nationalpark. Mindestens tausend Tiere werden auf 131 Hektar unter Bedingungen gehalten, die nicht internationalem Standard entsprechen. Da viele der Tierarten nicht in Asien heimisch sind, sondern aus Afrika importiert wurden, sind zunächst einige Tiere gestorben und der Betrieb machte wochenlang negative Schlagzeilen in der thailändischen Presse. Durch drei kleinen Freilichtkäfige wird man per Tram gefahren. Sichtungen der Tiere sind garantiert, das Gelände ist zu klein um sich darin zu verstecken.

• **Geöffnet** täglich tagsüber sowie von 18.00 bis 24.00 Uhr. **Eintritt** für erwachsene Ausländer 500 Baht, Kinder 300 Baht, Thais zahlen die Hälfte. Ticket-Tel. 053-999050.

Unterkunft

Guest Houses

Chiang Mai hat etwa 150 Guest Houses, und ein Zimmer zu finden, dürfte kein Problem sein. Wer allerdings zu später Stunde ankommt und in einem bestimmten Guest House zu wohnen gedenkt, sollte möglichst telefonisch vorbuchen.

In manchen Guest Houses wird offensichtlich versucht, Trekking-Touren an den Mann zu bringen, und bei Nichtinteresse breitet sich dann plötzlich unverhohlene Feindseligkeit aus.

Bei der Wahl eines Guest Houses in einer relativ großen und teilweise lauten Stadt wie Chiang Mai spielt die Lage eine wichtige Rolle. Die Unterkünfte innerhalb des alten Stadtkerns sind in der Regel ruhig, allerdings ist man hier u.U. etwas weit vom modernen Stadtkern und der „Action" entfernt. Eine Ausnahme bilden in letzterer Beziehung die Unterkünfte, die sich in Nähe des Tha Pae Gates befinden.

Die Gegend zwischen dem Tha Pae Gate, dem Fluss und dem Night Bazar ist sehr urban, mit viel Verkehr und der einen oder anderen Straße, die man oft minutenlang nicht überqueren kann. Auch hier gibt es in einigen kleinen Gassen gute Unterkünfte, aber längst nicht so viele wie innerhalb des alten Stadtgrabens.

Im quirligen Stadtkern um den Night Bazar herum finden sich vor allem bessere Hotels, in denen man gegen den Lärm eher abgeschirmt ist als in einem Guest House, in Flussnähe gibt es aber auch einige sehr angenehme Guest Houses. Diese Gegend ist das moderne kommerzielle Herz Chiang Mais.

Im alten Stadtkern innerhalb des Stadtgrabens

• **Chiang Mai Garden Guest House***-*** (82-86 Ratchamanka Rd., Tel. 053-278881) hat saubere Zimmer mit Bad und einen guten Service. Einige Zimmer haben A.C. Die freundliche Besitzerin spricht unter anderem auch Deutsch und ist redlich bemüht, es ihren Gästen so angenehm wie möglich zu machen.

• An der Südseite des Stadtgrabens, nahe dem Chiang Mai Gate, liegt das **Banana Guest House*** (4/9 Ratchaphakhinai Rd., Tel. 053-206285, onanong32@hotmail.com) Es hat einfache Zimmer mit Bad, dazu einen Schlafsaal (70 Baht/Bett). Freundlicher Service. Bei Telefonanruf wird man innerhalb Chiang Mais abgeholt.

• Das nahe gelegene **Pha-Thai Guest House** ** (48/1 Ratchaphakhinai Rd., Tel. 053-278 013) hat saubere Zimmer mit Bad, ist etwas komfortabler als obiges und auch etwas teurer. Bei Preisen ab 200 Baht jedoch sehr gut. Das Haus befindet sich zurückversetzt in einer Gasse abseits der Ratchphikhinai Rd., siehe Ausschilderung an der Abzweigung dort.

●Sehr saubere Zimmer mit Bad im **Golden Fern Guest House****-***, in einer ruhigen Gasse etwa 200 m nördlich des Chiang Mai Gates gelegen (Soi 8, Pokklao Rd., Tel. 053-27 8665, thegoldenfernchiangmai@hotmail.com). Die teureren Zimmer haben A.C.

●**Safe House Court**** (178 Ratchphakhinai Rd., Tel. 053-419855) ist ein modernes Haus mit Apartmentcharakter. Saubere Zimmer mit Bad und A.C. Verbilligte Monatstarife.

●Wer in der Innenstadt von Chiang Mai einen Swimmingpool benötigt, ist gut mit dem beliebten **Top North Guest House****-*** beraten (15 Soi 2, Moon Muang Rd., Tel. 053-278900, Fax 053-278485). Saubere Zimmer mit Bad und in den höheren Preislagen mit A.C. Etwas teurer als die anderen Guest Houses, aber es ist sein Geld wert. Fahrrad- und Motorradverleih.

●Sehr gut ist das **Smile Guest House****-*** (Soi 5, Ratchamankha Rd., Tel. 053-208661, Fax 053-208663, smile208@loxinfo.co.th), ein altes Thai-Haus, das von neueren Gebäuden umgeben ist. Alle Zimmer mit Bad, die teureren mit A.C. Motorrad- und Fahrrad-Verleih.

●**Rose Guest House*** (87 Ratchamankha Rd., Tel. 053-278324), einfach aber gemütlich und beliebt. Zimmer ohne eig. Bad zu supergünstigem Preis ab 60 Baht.

●**Eagle House 2***-*** (Soi 2, 26 Rajwithi Rd., Tel. 053-210620, Fax 053-216368) gehört einem Thai und seiner irischen Frau, die perfekt Deutsch spricht. Das moderne Haus liegt günstig zentral etwas nördlich des Tha Pae Gates. Die Zimmer haben Bad, einige A.C., und für 70 Baht gibt es Betten in einem Dorm. Bei Telefonanruf wird man in Chiang Mai abgeholt.

●Ausgezeichnet für seine Preisklasse sind die hübschen Holzbungalows von **Gap's House** ***-**** (Soi 4, Ratchamankha, Tel. 053-278140, gap_house@hotmail.com). Die Bungalows (Bad und A.C.) sind von einer netten Gartenanlage umgeben. Ein weiterer Vorteil ist die sehr zentrale, dennoch ruhige Lage wenige Schritte vom Tha Pae Gate entfernt. Klage gibt es gelegentlich über das Personal, das allzu heftig für die Trekking-Touren des Hauses wirbt. Abends (19-21 Uhr) werden vegetarische Buffets angeboten (80 Baht), und das Haus organisiert auch Kochkurse und vermietet Motorräder und Jeeps.

●Das **Chiang Mai White House****-*** (12 Soi 5, Ratchadamnoen, Tel. 053-357130) hat saubere Zimmer mit Bad, die teureren haben zudem A.C. und TV.

●In derselben Gasse befindet sich das **Rendezvous Guest House****-*** (3/1 Soi 5 Ratchadamnoen Rd., Tel. 053-213763), ordentlich Zimmer mit Bad und in den höheren Preislagen mit A.C. und TV.

●In der ruhigen Soi 9 der Moon Muang Rd. finden sich einige kleine Guest Houses, darunter das von einem Deutschen geleitete **Supreme G.H.** (Tel. 053-218545), weiterhin **Toon Kong G.H.**** (Tel. 053-418174), **SK G.H.***-** (Tel. 053-210690) und **Libra G.H.** *-** (Tel. 053-418053).

●Ebenfalls in der Soi 9 der Moon Muang Rd. finden sich das gemütliche **Lamchang House*** (Tel. 053-210586) sowie **Winner's Home***-** (Tel. 053-217496).

●**Blue Diamond G.H.***-** (Tel. 053-217120); sehr gut für den absoluten Niedrigpreis. Ein gutes vegetarisches Restaurant ist angeschlossen.

Im neuen Stadtteil zwischen Tha Pae Gate und dem Fluss

●**Eagle House 1*** (18 Chang Moi Kao Rd., Tel. 053-235387, Fax 053-216368) gehört denselben Leuten wie das Eagle House 2, ist offensichtlich älter und vielleicht nicht ganz perfekt in Schuss. Die sehr zentrale Lage und der Niedrigpreis (Zimmer ohne eig. Bad) haben jedoch etwas für sich.

●**Daret's House***-** (4/5 Chaiyapoom Rd., Tel. 053-235440) befindet sich wenige Schritte nördlich der Einmündung der Tha Pae Rd. in die Chaiyapoom Rd. Ein Traveller-Treff der ersten Stunde, vor allem das zur Straße hin gelegene Restaurant, die Zimmer sind aber nicht mehr so gut in Schuss und teilweise etwas laut. Zentraler geht's allerdings kaum. Sehr preiswerte Zimmer mit Bad.

●Sehr ordentlich eingerichtete Zimmer und ruhigere Lage im nahe gelegenen **Happy House** **-*** (11/1 Chang Moi Kao Rd., Tel. 053-252619). Die teureren Zimmer haben A.C.

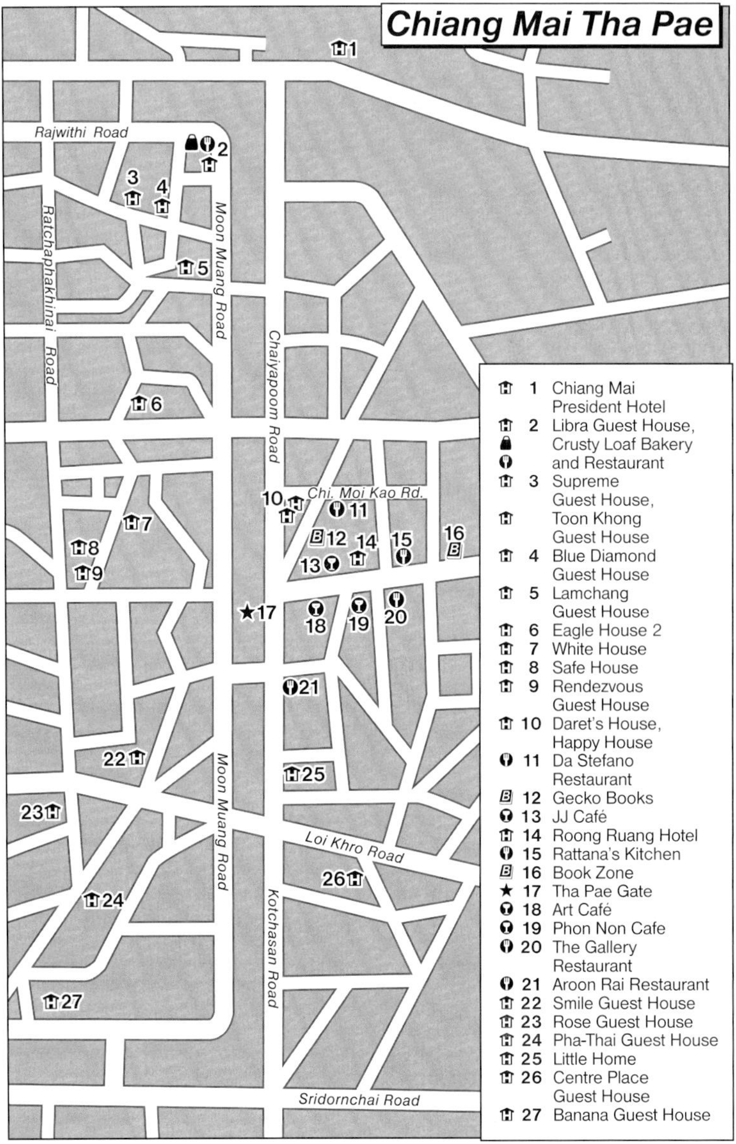
Chiang Mai Tha Pae
Rajwithi Road
Ratchaphakhinai Road
Moon Muang Road
Chaiyapoom Road
Chi. Moi Kao Rd.
Loi Khro Road
Kotchasan Road
Sridornchai Road
1 Chiang Mai President Hotel
2 Libra Guest House, Crusty Loaf Bakery and Restaurant
3 Supreme Guest House, Toon Khong Guest House
4 Blue Diamond Guest House
5 Lamchang Guest House
6 Eagle House 2
7 White House
8 Safe House
9 Rendezvous Guest House
10 Daret's House, Happy House
11 Da Stefano Restaurant
12 Gecko Books
13 JJ Café
14 Roong Ruang Hotel
15 Rattana's Kitchen
16 Book Zone
17 Tha Pae Gate
18 Art Café
19 Phon Non Cafe
20 The Gallery Restaurant
21 Aroon Rai Restaurant
22 Smile Guest House
23 Rose Guest House
24 Pha-Thai Guest House
25 Little Home
26 Centre Place Guest House
27 Banana Guest House

- Gute Zimmer mit Bad und teilweise A.C. im **Little Home Guest House**** (1/1 Soi 3, Kotchasan Rd., Tel. 053-273662, littleh@lox info.co.th), das schon eher wie ein kleines, modernes Hotel daherkommt. Sehr empfehlenswert für den Preis. Das Haus befindet sich in einer Gasse etwa 200 m südlich des Tha Pae Gates.
- **Center Place Guest House***-*** (Soi 1, Loi Kroh Rd., Tel. 053-271169, Fax 053-208950, centerplace99@hotmail.com) hat ordentliche Zimmer mit Bad und teilweise A.C. in ruhiger Lage.

Nahe Night Bazar und dem Fluss

- Ein alter Favorit ist das direkt am Fluss gelegene **Galare Guest House****-*** (7 Charoen Prathet Rd., Tel. 053-273885, Fax 053-279088). Saubere Zimmer mit Bad, sehr gemütlich, und da etwas zurückversetzt von der Straße auch sehr ruhig.
- Das **Chiang Mai Souvenir Guest House** *-*** (116 Charoenrat Rd., Tel. 053-818786) liegt ein paar Minuten Fußweg östlich vom Night Bazar, relativ ruhig für die zentrale Lage. Sehr preiswerte Zimmer mit Bad (ab 130 Baht), dazu teurere mit A.C.
- Das **Night Bazaar Guest House****-*** befindet sich mitten im Galare Food & Shopping Centre, und zentraler geht's eigentlich nicht mehr (89/2 Chang Klan Rd., Tel. 053-818096). Mit etwas Lärm ist aber zu rechnen. Saubere Zimmer mit Bad und A.C.
- Sehr zu empfehlen, auch für Familien, ist das **Baan Kaew Guest House***** (142/4 Charoesprathet Road, Tel. 053271606). Das Guest House befindet sich in einer gepflegten Gartenanlage und ist vom Stadtlärm bestens abgeschirmt. Große, saubere Zimmer, teilweise mit A.C., freundliches Personal und ein einfaches Restaurant verlocken manchen Gast ein paar Tage länger als geplant zu bleiben.

Etwas weiter außerhalb

- Im Nordosten der Innenstadt, am Ostufer des Flusses, liegt das lange bestehende **Je t'Aime Guest House***-** (247-9 Charoenrat Rd., Tel. 053-241912), mit unterschiedlich ausgestatteten Zimmern in diversen Gebäuden, die von einer Gartenanlage umgeben sind. Man befindet sich hier gut 2 km vom Stadtkern und dem Night Bazar entfernt, die Lage am Fluss ist aber ausgezeichnet.
- Über dem Nordwesteck des Stadtgrabens liegt das **YMCA International Hotel***** (11 Mengrairasmi Rd., Tel. 053-221819, Fax 053-215523), das eine Vielzahl verschiedener Zimmer bietet. Die Entfernung in die Innenstadt beträgt gut 3 km, in der Gegend gibt es aber genug zu tun, es gibt ein riesiges Shopping-Center (Had Suan Kaew), zahllose Restaurants und Pubs und Bars.
- **Uniserve***-*** ist ein Hostel der Chiang Mai University (Huay Kaew Rd., Tel. 053-224672, Fax 053-216244), mit Betten im Dorm zu 100 Baht und teureren Privaträumen mit eig. Bad und A.C. Die Universität befindet sich am Westrand der Stadt und die Entfernung in die zentraleren Bereiche beträgt gut 5 km; andererseits machen die vielen Studenten in der Gegend das Viertel sehr lebendig, es gibt viele gute Restaurants entlang der Huay Kaew Road, die von Studenten frequentiert werden.

Hotels

Da Chiang Mai in den letzten Jahren um zahlreiche Mittel- und Oberklassehotels bereichert wurde, sind die Zimmerpreise in dieser Kategorie erheblich gesunken. Oft wird der offizielle Preis gleich um 40 % herabgesetzt, und man bekommt ausgezeichnete Zimmer für wenig Geld. Besonders bezüglich der Ausstattung sind die Hotels oft den Guest Houses vorzuziehen – A.C., TV, Kühlschrank und Telefon gehören zur Standard-Einrichtung; dazu gibt es oft einen Swimmingpool. Als Sonder-Service bieten viele Hotels einen kostenlosen Transfer vom/zum Flughafen. Wer sich aus der folgenden Liste ein Hotel herausgesucht hat und mit dem Flugzeug in Chiang Mai ankommt, sollte sich am

Flughafen umsehen, ob dort ein Bus des betreffenden Hotels steht. Oft ist es der Fall, und man erhält eine kostenlose Anfahrt zum Hotel.

Die folgenden Zimmerpreise sind die offiziell annoncierten; bei den höherklassigen Hotels - ab ca. 600 Baht - werden die Preise aber mit ziemlicher Sicherheit gleich reduziert. Ausnahmen bestehen zu Festen wie Songkran und Loy Krathong, wenn viele Thai-Touristen anreisen, dann können die Preise sogar noch steigen.

●Sehr freundlich ist das **Roong Ruang Hotel****-**** (398 Tha Pae Road, Tel. 053-236746), das saubere, unpersönliche Zimmer, um einen Innenhof arrangiert, bietet. Der neuere Flügel, direkt an der Straße, bietet makellose Zimmer mit A.C. Nur das Fenster sollte man nicht aufmachen.

●**Anodard Hotel***** (57 Ratchamanka Rd., Tel. 053-270755): relativ zentral gelegen und für den Preis recht gut; Swimmingpool, Coffee Shop etc.

●**Montri Hotel*****-**** (2-6 Ratchadamnoen Rd., Tel. 053-211070): ein beliebtes Restaurant mit westlichen Gerichten befindet sich im Erdgeschoss, die Zimmer, die zur Straße hin liegen, sind jedoch unerträglich laut; man sollte nur die nach hinten gelegenen Zimmer in Betracht ziehen.

●Das **Chiang Mai Pacific Mansion***** befindet sich etwas nördlich des Nordwestecks des Stadtgrabens in noch recht zentraler Lage (gegenüber Wat Santitham, 16 Hadsadhisewee Rd., Tel. 053-404515, Fax 053-216662). Es bietet außerordentlich saubere, große und gemütliche Zimmer mit Bad, A.C., Satelliten-TV, Kühlschrank und Telefon; dazu gibt's einen kleinen Swimmingpool. Die Tagesrate beträgt 600-800 Baht inkl. Frühstück, ein ausgezeichneter Gegenwert! Monatsmiete 6.500-10.000 Baht. Dazu kommen die Strom- und Wasserkosten sowie eine Pfandhinterlegung.

●**Chiang Mai President Hotel*****-**** (226 Wichayanon Rd., Tel. 053-251025, Fax 053-251032): Sehr ruhig nahe dem Nordosteck des Stadtgrabens gelegen; die Zimmer (Bad, A.C., TV, Mini-Bar) könnten eine Renovierung gebrauchen, besonders wäre eine hellere Beleuchtung zu wünschen. Für die derzeit stark herabgesetzten Preise sind die Zimmer jedoch noch sehr gut. Swimmingpool vorhanden.

●**Vista Hotel******, 252/19-23 Phra Pokklao Rd., Tel. 053-210663-4, Fax 053-214563. Sehr zentral neben Thai Airways gelegen und aufgrund der von der Straße zurückversetzten Lage sehr ruhig; dazu sind die Zimmer (Bad, A.C., TV) ausgesprochen gemütlich eingerichtet und haben einen kleinen Balkon. Das Gebäude wurde von Chiang Mais König *Kaew Nawarat* 1897 errichtet.

●**Diamond Riverside Hotel*****, 33/10 Charoen Prathet Rd., Tel. 053-270080-5, Fax 053-271482. Die Einheimischen kennen dieses Hotel zumeist unter seinem Thai-Namen *Roongrääm Petch Ngarm*, „Hotel zum schönen Diamanten“. Es steht direkt am Ufer des Ping-Flusses, und von den oberen Stockwerken (Ostseite) hat man eine gute Aussicht darauf. Unangenehm laut ist diese Seite allerdings an Samstagen, wenn am Swimmingpool eine Band aufspielt. Die Zimmer selbst (Bad, A.C., TV, Mini-Bar, Tel.) sind komfortabel, wenn auch eine Renovierung bald notwendig sein dürfte. Dennoch für den Preis von 900 Baht sehr gut.

●Ganz ausgezeichnet ist das **Grandview Hotel******-LLL (ehemals *Holiday Inn;* 24, Chiang Mai–Lampang Rd., Tel. 053-220100, Fax 053-221602). Es befindet sich am Superhighway etwa 200 m nördlich von der Kreuzung mit der Huay Kaew Road. Superkomfortable Zimmer mit A.C., Kühlschrank und TV, und gelegentlich gibt es Ermäßigungen, so dass die Preise um 800 Baht beginnen. Nachfragen! Im Preis ist ein Frühstücksbüffet enthalten. Vorhanden sind Business-Center, Swimmingpool und Lobby-Bar. Für Leute ohne eigenes Fahrzeug könnte allerdings die etwas abgeschiedene Lage, ca. 3 km von der Innenstadt, ungünstig sein.

●Das Top-Hotel innerhalb des alten Stadtgrabens ist das **Tamarind Village** LLL (50/1 Ratchadamnoen Rd., Tel. 053-418898, Fax 053-418900, www.tamarindvillage.com), ein

Besondere Feste in Chiang Mai

Die Yee-Peng-Khom-Zeremonie

Yee Peng ist ein nordthailändischer Begriff für den Vollmondtag im 12. Monat des buddhistischen Kalenders, der Tag des *Loy Krathong* (siehe „Feste und Feiertage“). Die Zeremonie findet traditionellerweise aber einen Tag vor Loy Krathong statt; in den letzten Jahren ist sie wieder etwas aufgelebt, nachdem sie auf dem besten Wege war, in Vergessenheit zu geraten.

Zum Fest werden Laternen aus *saa,* dem Papier aus dem Holz des Maulbeerbaumes, gefertigt und dann in einer bunten Parade einhergetragen. Die Laternen werden, gemäß der Tradition des Nordens, in vier Arten unterschieden: In die *khom teu* oder „tragbaren Laternen“, die *khom khwaen,* die „hängenden Laternen“, die vor Buddha-Bildnisse gehängt werden sowie die *khom pat* oder „Fächerlaternen“. Letztere sind komplizierte Gebilde aus zwei konzentrischen Zylindern, die sich um eine gemeinsame Achse drehen. Eine Lampe im inneren Zylinder wirft Schattenbilder auf den äußeren Zylinder, während die von der Lampe ausgehende Wärme einen über den Zylindern befindlichen Saa-Fächer in Bewegung versetzt. Chiang Mais Laternen-Parade beginnt am späten Nachmittag am Tha Pae Gate und führt die Tha Pae Road entlang in Richtung Night Bazar. Gesamtdauer etwa 3 Std.

Die Pu-Sae- und Ya-Sae-Zeremonien

Jedes Jahr Ende Mai oder Anfang Juni, zu Beginn der Regenzeit, werden in der Umgebung von Chiang Mai zwei wenig bekannte, archaische Rituale vollführt. Diese sind die Pu-Sae- und die Ya-Sae-Zeremonien, die noch aus vorbuddhistischer Zeit stammen. Sie entspringen der Tradition der Lawa, die als die frühesten Bewohner Chiang Mais gelten.

Dem Glauben nach sind *Pu-Sae* und *Ya-Sae* die Schutzgeister Chiang Mais, denen somit häufig Schreine und Geisterhäuser gewidmet werden. Ein sehr bekannter Pu-Sae-Schrein steht in Baan Tindoi, Tambon Suthep, am Fuße eines Hügels, der zum Besitz der Universität von Chiang Mai gehört. Das entsprechende Ya-Sae-Pendant befindet sich am Fuße des Doi Kam in Tambon Baan Hia, ca. 5 km südlich des Flughafens.

Zu Beginn der Regenzeit opferten die Könige Chiang Mais den Schutzgeistern früher Büffel und andere Leckerbissen. Zwar hat Chiang Mai keine Könige mehr, die Tradition wird aber bis heute fortgeführt, so z.B. in Tambon Baan Hia („Dorf der Warane").

Im Mittelpunkt der dortigen Ya-Sae-Zeremonie steht ein ausgewähltes Medium, derzeit eine ältere Frau. Während vor ihren Augen ein Büffel geschlachtet und ausgeweidet wird, sitzt sie zunächst teilnahmslos da und trinkt Unmengen von *lao khao* („weißer Schnaps") und raucht Kette. Plötzlich ergreift Ya-Sae von ihr Besitz, wozu gleich ein lautes Getrommel mit Gongs und Schellen angestimmt wird. Dann beginnt die Frau zu tanzen. Im Laufe des Tanzes verliert sie zunehmend die Kontrolle über sich. Und bald verschlingt sie auf wenig appetitliche Weise rohes Büffelfleisch, läuft wirr umher, und gelegentlich klettert sie sogar einen Baum hinauf. Beim Alter der Dame kein leichtes Spiel!

Das Fest ist ein Freudentag für Fotografen, Ethnologen oder allgemein kulturell Interessierte. Die genauen Daten sind bei der TAT zu erfragen.

Schweineopfer für die Stadtgeister von Chiang Mai

gemütliches, relativ kleines „Boutique"-Hotel, das auf dem Areal einer ehemaligen Tamarinden-Plantage angelegt ist. Preise ab 5.000 Baht.

● **River View Lodge******-*****, 25 Charoen Prathet Rd., Tel. 053-271109-10, Fax 053-279019. Ebenfalls gleich am Fluss, in sehr ruhiger Lage in einer kleinen Seitengasse der Charoen Prathet Road. Sehr komfortable Zimmer (Bad, A.C., TV, Mini-Bar), teilweise mit Balkon.

● **Downtown Inn******, 172/1-11 Loi Kroh Rd., Tel. 053-270662, Fax 053-272406. Eine Minute Fußweg vom Nachtmarkt, aber dennoch sehr ruhig. Die Zimmer (Bad, A.C., TV, Mini-Bar) sind sauber und gemütlich, wenn auch nicht allzu groß. Für die Qualität und die absolut zentrale Lage sind die Preise aber in Ordnung. Frühstück ist inbegriffen; eventuell kann man den Zimmerpreis um 100 Baht herunterhandeln, falls man das Frühstück nicht in Anspruch nehmen will.

● **Green Palace Hotel*****, 70 Sirimungkalacharn Rd., Tel. 053-894718-25, Fax 053-894721. In einer Gasse abseits der Huay Kaew Road, westlich des Nordwestecks des Stadtgrabens gelegen. Ordentliche Zimmer (Bad, A.C., TV), sehr günstig.

● Das 375 Zimmer beherbergende, hochklassige **Empress Hotel*******-LLL befindet sich südlich des Stadtzentrums, gut einen Kilometer südlich des Night Bazar (199 Chang Klan Rd., Tel. 053-270240, 2053-700968, Fax 053-272467). Vorhanden sind Swimmingpool, Disco, Fitness-Club und Restaurant. In der Nebensaison ist das Frühstück inklusive und die Zimmerpreise sind deutlich günstiger.

● Das moderne **Royal Lanna Hotel***** überblickt das Viertel um den Night Market und bietet sehr ordentliche Zimmer zu vernünftigen Preisen; die zentrale Lage hat sicher auch etwas für sich (119 Loi Kroh Rd., Tel. 053-818773, Fax 053-818776). Zimmer mit A.C., TV, Kühlschrank, Telefon etc.; Monatsmiete möglich. Swimmingpool vorhanden.

Weitere Unterkünfte

● Die neuste Luxusherberge Chiang Mais, das **Chedi**LLL (Tel. 053-253333, Fax 053-253352, chedichiangmai@ghmhotels.com), liegt nahe der Innenstadt an der recht lauten Charoenprathet Road und sieht von außen wie ein Gefängnis aus. Die 84 Zimmer und Suiten sind allerdings sehr stimmungsvoll in einem simplen, modernen Thai Stil gehalten, dazu Swimmingpool, Fitness-Center, Spa, Sauna und kostenloser Abholdienst vom Flughafen. Die Suiten sind doppelt so groß wie die Zimmer. Gäste, die in einer Suite wohnen, haben auch die exklusive Gelegenheit in der Chedi Club Lounge zu frühstücken, den Nachmittagstee einzunehmen und den Abend dann noch mit Cocktails einzufeiern – alles im Zimmerpreis inklusive.

- **Westin Chiangmai**[LLL] (324/11 Chiang Mai-Lamphun Rd., Tel. 053-275300, Fax 053-275 299), Chiang Mais erstes Fünf-Sterne-Hotel mit Swimmingpool, mehreren Restaurants, Autovermietung etc. Gelegen etwa 2 km südlich der Innenstadt nahe dem Fluss.
- **Regent Resort Chiang Mai**[LLL] (Mae Rim-Samoeng Old Road, Mae Rim, Chiang Mai 50180, Tel. 053-298181-8, Fax 053-298189) war bis vor kurzem die luxuriöseste und teuerste Unterkunft Chiang Mais – und ganz Nordthailands – befindet sich in **Mae Rim,** 20 km nördlich von Chiang Mai Zentrum. Die Kleinstadt Mae Rim ist heute quasi schon ein Vorort des ständig wachsenden Chiang Mai.

Das Regent Resort besteht aus 67 luxuriösen, im traditionellen Lanna-Stil errichteten Holzbungalows, die sich über eine weitläufige Parklandschaft verteilen. Swimmingpool, Jacuzzi und Tennisplatz sind vorhanden; ein Golfplatz liegt fünf Minuten Fahrtzeit entfernt, Mountain-Bikes werden kostenlos zur Verfügung gestellt. Auf einem dem Hotelgelände angeschlossenen kleinen Acker wird mit einem Büffel die traditionelle thailändische Pflügmethode demonstriert. Es gibt gleich mehrere Bars und erstklassige Restaurants mit Thai- oder westlicher Küche. Das Restaurant Mae Sala Rim zum Beispiel bietet gehobene Thai-Cuisine; eine der Spezialitäten ist der *yam hua plii,* ein Salat aus Bananenblüten.

Die Gegend um das Resort, vor allem in Richtung Westen, ist malerisch bis spektakulär. An der Vorderseite des Geländes stehen einige mehrstöckige, mit turmähnlichen Gebilden besetzte Gebäude; diese „Condominiums", ebenfalls im typischen Lanna-Stil errichtet, sind als Ganzes oder etagenweise verkauft worden. Stolzer Preis für ein ganzes Gebäude: 25 Millionen Baht.

Die Miet-Bungalows kosten je nach Größe und Aussicht (teilweise hat man Blick auf Doi Suthep oder andere Berge der Region) 23.000 Baht/Tag; dazu gibt es noch Super-Deluxe-Unterkünfte von 33.000–58.500 Baht. Da macht es dann auch nichts mehr, wenn für die Fahrt ab Flughafen Chiang Mai noch mal 1.500 Baht angerechnet werden, Rückfahrt inbegriffen.

Wer auf eigene Faust anreist (eventuell nur für eine gute Mahlzeit), fahre von Chiang Mai über die Straße Nr. 107 (Richtung Fang) nach Mae Rim, wo dann links an der Abzweigung zur Straße nach Samoeng ein Schild auf das Resort hinweist. Von der Abzweigung sind es noch etwa 2 km dorthin.

- Ein weiteres neues Luxus-Hotel in der Gegend Chiang Mais ist das **Mandarin Oriental Dharadhevi Chiang Mai**[LLL] (Chiang Mai-Sankampaeng Road, Tel. 053-888888, Fax 053-888889), in dem die billigsten Zimmer 12.000 Baht kosten. Die in einem klassischen postkolonialen Stil gehaltenen 127 Villen und Suiten sind allesamt riesig (mindestens 75 m^2, meist aber doppelt so groß), teilweise mit Jacuzzis oder Whirlpools ausgestattet und liegen in einer weitläufigen Gartenanlage. Zu jedem Zimmer gehören ein Butler-Service, Internet-Ports, CD- und DVD-Player, ein Safe und täglich frisches Obst. Ein voll ausgestattetes Spa, ein Swimmingpool, Restaurants und ein Shopping Plaza sind dem Resort angeschlossen. Eine Welt ganz für sich ab 385 US$ die Nacht

Häuser

Chiang Mai hat eine gute Auswahl an **mietbaren Häusern,** die u.U. ebenfalls ab nur 1 Monat angemietet werden können. Besonders im alten Stadtteil innerhalb des Stadtgrabens gibt es zahlreiche solcher Häuser. Die Preise beginnen bei 4.000 Baht für schlichte kleine Holzhäuser und enden irgendwo bei 10.000 Baht. Die Preise richten sich selbstverständlich nach Alter und Größe des Hauses sowie nach den vorhandenen Extras (warmes Wasser, Möbel, Garten, etc.).

An der Tapae Road (auch woanders) vermitteln gelegentlich Geschäfte oder Trekking-Agents mietbare Häuser. Unter Umständen muss bei denen ordentlich gehandelt werden. Ansonsten einfach mit dem Fahrrad durch die Altstadt radeln und ein paar Leute nach Häusern fragen: *„Thii nii mii baan chao, mai?"* Gibt's hier irgendwo ein Haus zu mieten? Meist findet man schneller ein Haus, als man denkt.

Essen

Chiang Mai ist nach Bangkok Thailands größtes Schlemmerparadies. Es gibt hervorragendes nordthailändisches und auch westliches Essen, letzteres zu Preisen weit unter Bangkok-Level. Im Gegensatz zum verkehrsgeplagten Bangkok lassen sich in Chiang Mai auch alle Restaurants in ein paar Minuten Fahrzeit erreichen. Wem nichts besseres in Chiang Mai einfällt, der kann auf Restaurant-Entdeckungstour gehen.

- Hervorragendes westliches Frühstück sowie italienische und mexikanische Gerichte bietet das blitzsaubere, moderne **Art Café,** das zudem strategisch günstig an der Ecke Kotchasan Rd./Tha Pae Rd. gegenüber dem Tha Pae Gate liegt. Das Restaurant besteht aus zwei Sektionen, der mehr zum Tha Pae Gate heraus gelegene ist auf Pizzas spezialisiert. In dem anderen Bereich gibt es italienische, mexikanische und thailändische Gerichte, sehr gute Salate, zahlreiche vegetarische Gerichte, Fruchtsäfte, Kuchen u.v.m. Die Speisekarte ist äußerst umfangreich. Sehr empfehlenswert!
- Ein ähnliches Programm, vielleicht nicht ganz so gut (Geschmackssache!) gibt's im **J.J. Café** (auf dem großen Schild über der Tür steht *All Day Breakfast*), das nur einige Schritte weiter östlich auf der gegenüberliegenden Seite der Tha Pae Road liegt. Die Speisekarte ist sehr umfangreich, es gibt Pizza, Müsli, vegetarische Speisen, Kuchen, Salate u.v.m. Das J.J. betreibt eine Zweigstelle im *Night Bazar* an der Chang Klan Road.
- Direkt gegenüber liegt das **Phon Non Café,** das sich in einem traditionellen Lanna-Haus befindet und außer nordthailändischen Speisen auch die üblichen Traveller-Favoriten serviert: Hamburger, Pommes, Pizza, Sandwiches etc.
- Etwa 400 m weiter östlich des *J.J. Café* an der Tha Pae Rd., neben Wat Chetawan, liegt **Ratana's Kitchen,** das vom britischen Fotografen *Ron Emmons* und seiner thailändischen Frau geleitet wird. Serviert werden sehr gute thailändische Gerichte aus verschiedenen Regionen des Landes. Eine Spezialität ist der *khao soy,* ein nordthailändisches Nudelgericht. Insgesamt gutes Essen zu moderaten Preisen.
- In der **Crusty Loaf Bakery and Restaurant** (24 Rajwithi Rd.) gibt es alle erdenklichen Brot- und Sandwich-Arten, dazu Pizza, Spaghetti, vegetarische Gerichte, Müsli, Joghurt, Gemüsesäfte etc. Angeschlossen ist der **Irish Pub** (dessen Schild besser zu sehen ist als das des Crusty Loaf), der wie alle derartigen Institutionen auf Guinness spezialisiert ist.
- Ordentliches italienisches Essen bietet das relativ neue **La Lanterna Di Genova** (31 Ratchadamnoen Road), sehr zentral gelegen, nicht weit vom Tha Pae Gate entfernt.
- Wem das nicht exotisch genug ist, wird sich aber ganz sicher in dem blitzesauberen **Black Canyon Coffee House** an der Ecke Moon Muang Road und Ratchadamnoen Road wohl fühlen.
- Auch recht gut für Pizzen ist die **Pizzeria La Villa** (145 Ratchadamnoen Road), obwohl der Standard in der letzten Zeit etwas wechselhaft war.
- Keine Pizza serviert das italienische **Piccola Roma** (3/2-3 Charoen Prathet Rd.) – ein kleines Schild an der Tür besagt unmissverständlich „No Pizza". Dafür gibt es jedwede sonstige italienische Speise, und insgesamt ist dies wohl das beste italienische Restaurant am Ort. *Angelo,* der Besitzer, lässt sein frisches Seafood aus Vietnam einfliegen.
- Nicht weit entfernt (117/2 Charoenmuang Rd.) befindet sich das neue **Just Khao Soy,** das gute nordthailändische Gericht in modernem Ambiente serviert.

●Außergewöhnlich gute Thai- und chinesische Speisen gibt es im **Ruan Come Garden** (Kotchasan Road, nahe Ecke Loi Kroh Road); die begleitende Live-Musik ist aber weniger nach jedermanns Geschmack.
●Das **Banrai Steak House** in der Prapokklao Road, ein paar Schritte östlich der Thai Airways, ist seit langem ein Favorit der Fleischfreunde, und das **Lek House,** 22 Chaiyapoom Road, hat ausgezeichnete Frühstücke mit braunem Brot etc.
●An der Chaiyapoom Road, an der Südseite des Tha Pae Gates, findet sich das **Aroon Rai,** eines der ältesten Restaurants am Ort für exzellente nordthailändische Küche. Das Ambiente ist einfach, die Preise sind erträglich.
●Ebenfalls ausgezeichnete nordthailändische Speisen – vielleicht noch besser als im Aroon Rai – bietet das **Tha Nam Restaurant**, auch **The River Front** genannt (43/3 Moo 2, Chang Klan Rd.), dazu noch in gemütlichem, rustikalem Ambiente. Abends gibt es Live-Musik.
●Im alten Stadtteil, an der Intraworot Road nahe der Kreuzung mit der Singharat Road, befindet sich ein weiteres hervorragendes Restaurant für nordthailändische Speisen, das **Sri Pen.** Dessen Spezialitäten sind u.a. das *naam prik ong* (eine Art würzige Bolognese-Soße), *kaeng hanle* (ein Schweinefleisch-Curry mit Ingwer; leider nur an Wochenenden erhältlich) und *naam tok muu* (scharf gewürztes Schweinefleisch).
●Ausgezeichnete nordthailändische Speisen gibt's ebenso im **Antique House** (71 Charoen Prathet Road). Das Restaurant ist mit alten Lanna-Möbeln und -Handwerksartikeln ausgestattet und bietet ein sehr gemütliches Ambiente.
●Außerhalb der Stadt, idyllisch am Fuße des Doi Suthep gelegen, findet sich das **Kaeng Ron Ban Suan** (149/3 Moo 2, Soi Chom Doi, off Canal Rd.), ein weiteres sehr gutes nordthailändisches Restaurant. Besonders beliebt sind die *sai wua,* nordthailändische Würstchen, und das *pak kud,* ein Gemüse, das nur wild wächst.
●Das **Brasserie Restaurant and Bar** (37 Charoenrat Rd.) bietet guten Rhythm'n'Blues von Live-Bands, und abends gegen 22 Uhr ist der Laden meist gerammelt voll. Eine Essensspezialität ist der *pla mük yatsai krathiam phrik thai* – gebratener Tintenfisch gefüllt mit Knoblauch und Chili.
●**The Gallery Bar and Restaurant** (25-29 Charoen Rat Rd.) hat rundum gutes Essen. Zudem ist es in einem hundert Jahre alten, ruhig gelegenen Teak-Haus untergebracht, in dessen Eingangshalle sich eine kleine Kunstgalerie befindet.
●Direkt im Herzen der Innenstadt, an der Südseite der Ratchadamnoen Rd., befindet sich der **Writer's Club,** in dem sich in der Tat von Zeit zu Zeit die in Chiang Mai ansässigen Reiseschriftsteller und Journalisten (und das sind überraschenderweise eine ganze Menge) versammeln. Das Restaurant bietet solide Thai-Kost, Wein und Bier und natürlich so etwas wie ein intellektuelles Ambiente, zumindest freitags, wenn auch wirklich Schreiberlinge im Hause sind.
●Schräg gegenüber vom *Writer's Club* an der Ratchadamnoen Rd. serviert das **Khao Tom Nung Baht** (zu Deutsch: „die Ein-Baht-Reissuppe") sehr gute und preiswerte thailändische Küche. Das Restaurant ist nicht auf Englisch ausgeschildert, aber kaum zu verpassen, da einige Tische praktisch auf der Straße stehen. Eine Speisekarte auf Englisch gibt es.
●Das **Kafé** (127-129 Moon Muang Road) bietet zwar nur sehr durchschnittliches Essen (westlich und Thai), dafür hat es ein gemütliches Ambiente, und die Bierpreise sind niedrig. Das Bier wird, sonst kaum üblich, auch in Krügen ausgeschenkt.
●Das **Khan-Asa Restaurant** an der Si Phoom Road, in der Nähe des Chang Phueak Tors bietet ein breites Spektrum nordthailändischer und thailändischer Küche. Eine Rockband heizt allabendlich ein, dennoch hat der Betrieb eher die Atmosphäre einer Cocktail-Bar. Das Essen ist auf alle Fälle sehr gut und ab 21.00 Uhr ist auch unter der Woche kein Tisch mehr zu kriegen.
●Malerisch zwischen zwei alten Holzhäusern und umgeben von kleinen Bäumen liegt das **Ta-Krite** (17-19 Samlarn Rd.). Das Essen ist rundum gut, besonders empfehlenswert *yam makhüa yao,* ein warmer Salat aus gegrillten Auberginen.
●Das **Babylon,** gegenüber dem Eingang zur Chiang Mai University (100/63 Huay Kaew

Rd.), ist relativ unauffällig und erinnert vielleicht an ein kleines italienisches Dorf-Café. Das Essen ist aber sehr gut, ganz besonders die *Spaghetti with Blue Cheese*, die *Ravioli with Spinach and Cottage Cheese* und die Pizza Calzone. Trotz der Lage weit außerhalb des Stadtkerns finden sich hier immer zahlreiche Kunden ein, was ja für sich spricht.

● Wenn es gehobene französische Küche sein soll, gibt es wahrscheinlich nichts besseres als das **Coq d'Or** (68 Koh Klang Rd.). Gegründet wurde es von *W.A.R. Wood,* einem britischen Ex-Konsul in Chiang Mai und Autor des unterhaltsamen Buches „A Consul in Paradise".

● **Jerusalem Falafel** ist ein ausgezeichnetes israelisches Restaurant, mit sehr guten zuckerlosen Kuchen, Kräutertees, Falafel, Humus, Pita-Brot, Salaten und Käse. Es liegt in der 33/2 Moon Muang Road (Westseite), auf der Höhe Tha Pae Gate und etwas südlich der Einmündung Ratchadamnoen Road. Gehobenere Preislage.

● **Da Stefano** (Ecke Chang Moi Kao Rd./ Tha Pae Rd.) ist ein neueres italienisches Restaurant und sehr gut dazu. Eine ausgiebige Weinliste rundet das Bild angenehm ab.

● Eine Filiale der beliebten S & P-Kette, die für ihre gleichbleibend schmackhaften Speisen bekannt ist, befindet sich in der Manee Noppharat Road (300/9-10). Das **S & P Restaurant** bietet Thai-Gerichte und Kuchen und ist so blitzblank gewienert, dass man sich in einem 5-Sterne-Hotel zu befinden glaubt. Die Gerichte sind eine Investition, die sich lohnt, ab ca. 70 Baht. Eine weitere Filiale, an den Rim Ping Supermarkt angeschlossen, befindet sich direkt neben dem Novotel an der Chang Puak Rd.

● Sehr beliebt bei Touristen ist der **Galare Food Court** im Night Bazar an der Chang Klan Road. Dieser besteht aus einer großen Open-Air-Sitzgelegenheit, umgeben von vielen Essensständen, an denen man sich seine Mahlzeiten selber abholt. Bezahlt wird mit Coupons, die an einem Stand erhältlich sind. Einer der Essensstände ist eine Zweigstelle des o.g. Naina, mit gutem Tandoori Chicken, Fisch- und Gemüsegerichten. Andere Stände bieten thailändische, chinesische und westliche Gerichte. An Bier und anderen Getränken besteht ebenfalls kein Mangel. Auf einer kleinen Bühne werden an den meisten Abenden traditionelle nordthailändische Tänze aufgeführt.

● Preiswerter lässt es sich allerdings im **Anusarn Market** speisen (ebenfalls open-air), gelegen an der ersten Straße, die südöstlich des Night Bazars von der Chang Klan Road abzweigt. Anders als im Galare Food Court, besteht die Kundschaft hier in erster Linie aus Thais. Die Gerichte kosten ab ca. 10 Baht. Geboten wird die übliche Rundum-Palette, darunter eine große Auswahl von Seafood.

● Ein hervorragendes, aber preiswertes thailändisch-islamisches Restaurant ist das **Raan Khao Soy Islam** in Soi 1, Charoen Prathet Road. Das Lokal ist extrem schlicht und nur in Thai ausgeschildert, der Weg dorthin lohnt aber. Der Verkaufsrenner ist das Khao Soy (15 Baht), eine Spezialität Nordthailands – Nudeln in einer scharfen Soße mit Huhn, wozu sich der Gast selber diverse Gemüse und andere Zutaten untermischt. Ebenfalls sehr gefragt ist das *Khao Mok Gai,* ein würziges Reisgericht mit Huhn. Weiterhin gibt es Satay, Samosas (gefüllte Teigtaschen) und Spring Rolls.

● Ebenfalls in Soi 1 befindet sich das einfache **Islamabad Restaurant,** das preiswerte Gerichte aus Pakistan serviert.

● Eine Vielfalt ausgezeichneter Tee-Sorten aus China, Indien, Sri Lanka, Taiwan, Thailand, Vietnam und Japan, dazu Früchte-Tees, Kräuter-Tees etc. sowie ein große Auswahl wunderschöner Töpferwaren bietet das **Tea House Siam Celadon** in der 158 Tha Pae Rd., etwas westlich der Nordostecke des Stadtgrabens.

● Deutsche Küche: **Bierstube** (33/6 Moon Muang Rd., nahe Tha Pae Gate), **Haus München** (115/3 Loi Kroh Rd., gegenüber dem Melia Suriwongse, nahe Night Bazar), **German Hofbräuhaus** (115/1-2 Loi Kroh Rd.), **Stefans Steak House** (123/1 Loi Kroh Road). Die drei letztgenannten Restaurants liegen alle direkt nebeneinander nahe der Ecke Chang Klan Rd./Loi Kroh Rd.

● Schweizerisch/Deutsch: **Swiss Restaurant Formula One,** 149/23 Chang Klan Road, Anusarn Market, **Beer House,** 225 Moon Road, am Nordosteck des Stadtgrabens.

● **Khantok-Dinner,** d.h. nordthailändische Mahlzeiten, die von einer traditionellen Tanzvorführung untermalt wird, präsentieren die folgenden Restaurants: Das **Sipsong Panna,** 66/2 Mu 10 Suthep Road, Tel. 053-810695, das Khum Kaew Palace, 252 Phra Pokklao Road, das **Kantoke Palace,** 174/4 Chang Klan Rd., Tel. 053-272757, und das **Old Chiang Mai Cultural Centre,** 185/3 Wualai Rd., Tel. 053-275097. Letzteres ist das älteste Khantok-Restaurant und vielleicht auch das authentischste. Die Tanzdarbietungen sind sehr gut, dazu gibt es weitere kulturelle Veranstaltungen. Das Restaurant besteht aus einigen wunderschönen alten Häusern im Lanna-Stil.

● Die wohl besten Büffets der Stadt bietet das **Westin Chiangmai Hotel** in seinem Restaurant im Erdgeschoss. Für 450 Baht wird mittags eine Riesenauswahl an Speisen geboten, darunter italienische, andere westliche, thailändische und thailändisch-vegetarische. Dazu gibt es unlimitierten Kaffee oder Tee. Es lohnt!

● Sehr zu empfehlen ist ein Besuch in dem sehr guten **Huan Soontree Restaurant** (46 Wang Sin Kham Rd.) in dem jeden Abend (außer sonntags) die bekannte nordthailändische Sängerin *Soontree Wechanon* (siehe Exkurs „Die Sängerin Soontree Wechanon") auftritt und traditionelle Folksongs der Region vorträgt. Dazu sehr gute thailändische Gerichte in rustikal-schicker Atmosphäre zu durchaus erschwinglichen Preisen. Gäste sitzen auf mehreren Stockwerken, entweder an Tischen oder auf dem Boden, die um die Bühne herum arrangiert sind. Das Restaurant befindet sich etwas außerhalb der Stadt an der westlichen Seite des Mae Ping.

Vegetarisch

Chiang Mai hat über 40 vegetarische Restaurants, die meisten davon sind klein und unauffällig, in Thai ausgeschildert und nicht leicht auffindbar.

● Lange Jahre schon existiert das **AUM Vegetarian Restaurant** in der 65 Moon Muang Rd., genau auf der Höhe des Tha Pae Gates und einige Schritte südlich der Einmündung Ratchadamnoen. Dieses ist das am zentralsten gelegene vegetarische Restaurant. Angeboten werden thailändische und chinesische Gerichte, die jedoch für Westlermägen modifiziert erscheinen. Dennoch recht gut. Im Obergeschoss kann man es sich auf den Boden sitzend und mit Kissen bequem machen. Geöffnet tgl. 8-21 Uhr.

● Das **Whole Earth Restaurant** ist ein Ableger des gleichnamigen Restaurants in Bangkok, aber nicht ganz so gut. Dafür ist das Lokal herrlich gelegen. Beim Essen in traditioneller Sitzweise auf dem Boden blickt man auf einen stillen kleinen Teich. Neben vegetarischen stehen auch Fleischgerichte auf dem Programm. Das Whole Earth befindet sich in der 88 Sridornchai Road.

● Chiang Mais größtes vegetarisches Restaurant ist das **Vegetarian Food Centre** (oder *Sala Mangsawirat*) an der Straße zum Flughafen. Es gibt eine Riesenauswahl an preiswerten Speisen (ab 10 Baht), in gartenlokal-ähnlicher Atmosphäre. Geöffnet Di-Sa 6.00-14.00 Uhr; an buddhistischen Feiertagen häufig geschlossen, gelegentlich für mehrere Tage.

● Das **Vihara Liangsuan Restaurant** (unter Thais als *Om Bhun* bekannt) befindet sich in einer schmalen Seitengasse der Changklan Road, ein paar Schritte nördlich des Empress Hotel (199/23 Changklan Rd.). Geboten werden Gerichte, die *jae* sind, d.h. vegetarische Speisen ohne Knoblauch und Zwiebeln. Das Restaurant wird von sehr freundlichen Yünnan-Chinesen geleitet. Geöffnet tägl. 7.00-19.00 Uhr, außer am ersten Sonntag des Monats.

● Vegetarische Gerichte werden auch in einigen indischen/pakistanischen Restaurants geboten, so im sehr guten und preiswerten **Naina Indian Food** im Galare Food Court (ausgezeichnete Huhn- und Gemüse-Gerichte) und im **Al-Farooq** (341 Charoen Prathet Rd.)

● Mit zahlreichen vegetarischen, aber auch Fleischgerichten, wartet das **Royal India Restaurant** auf, gelegen an der Charoen Prathet Rd., ca. 100 m südlich des Diamond Riverside Hotels. Das Restaurant wird von Verwandten des bekannten Royal India in Bangkok betrieben, reicht aber nicht an dessen Qualität heran. Für Freunde indischer Küche oder Vegetarier aber eine der besten Optio-

Die Folksängerin Soontree Wechanon

Eine der **kulturellen Hauptattraktionen Chiang Mais** ist die Sängerin *Soontree Wechanon,* die etwas außerhalb der Stadt das Huan Soontree Restaurant betreibt und dort jeden Abend ihre Lieder vorträgt. In Thailand ist *Soontree* bereits seit den 1970er Jahren jedem ein Begriff.

Soontree singt in nordthailändischem Dialekt und beruft sich musikalisch auf die *Preng Phua Chivit,* die so genannten **„Lieder fürs Leben"**, ein Musik Genre, das aus der Studentenbewegung der 1970er Jahre entstand.

Die junge Soontree begann in einem kleinen Studio für 2 Baht pro Stück Kassetten zu überspielen. „Das war ein Traumjob. Ich hörte den ganzen Tag Musik, nicht nur Musik aus Thailand, sondern auch klassische Musik aus dem Westen, und Pop und Jazz. Instinktiv habe ich immer mitgesungen."

Der Besitzer des kleinen Studios in Chiang Mai nahm auch erste Aufnahmen des kurz darauf bekannten Sängers **Charan Manoped** auf, der Soontree eines Tages fragte, ob sie nicht eines seiner Lieder singen wolle. Die Aufnahmen waren ein Erfolg und Konzerte und **Spendenkampagnen, um verarmten Kindern in Nordthailand zu helfen,** folgten. 1978 nahmen Soontree und Charan ein erstes Album auf, das ein riesiger Erfolg in Thailand wurde.

Das Geld, das sie mit der Platte verdienten, spendeten die beiden an ein Hilfsprojekt der königlichen Familie. Weitere Platten der beiden folgten, bis Soontree ihr erstes Kind bekam. „In den 1970er Jahren war das Musikerdasein in Thailand alles andere als ein respektabler Beruf. Ich hatte eine Familie und Verantwortung und entschied mich auszusteigen."

Soontree zog mit ihrer Familie nach Australien und später nach Malaysia, wo ihre Tochter *Lanna Cummins,* heute ebenfalls eine populäre Sängerin in Thailand, auf die Welt kam. „Ich habe die Musik nie vergessen und ab und zu bin ich zurück nach Thailand und habe ein Konzert gespielt. Ich habe das vermisst. Ende der 1980er Jahre hatte ich genug und wir sind zurück nach Thailand gekommen."

Aber die große und von vielen erwartete Wiedervereinigung mit Charan Manoped blieb aus. „Wir haben ein paar Konzerte zusammengespielt. 1990 sind wir im Fernsehen aufgetreten was meine Popularität wieder ungeheuer entflammt hat. Aber Charans Freundin war sehr eifersüchtig und so haben wir uns dann irgendwie verloren. Er ist vor fünf Jahren gestorben."

Soontree hatte nun auch andere Probleme. „Meine Ehe fiel in Stücke, nachdem wir nach Bangkok zurückkamen. Bangkok ist keine gute Stadt für Männer und ich wollte raus. Damals hatte gerade *Nga Surachai,* ein Sänger und Aktivist der Studentenbewegung der 1970er Jahre eine Kneipe in Chiang Mai aufgemacht und fragte mich ob ich nicht bei ihm auftreten wolle. Bald hatte ich jeden Abend ein volles Haus."

Soontree sah sich nun nach Möglichkeiten um, um die Weiterbildung ihrer Kinder zu finanzieren und entschied sich ein **Restaurant und Club** aufzumachen. Seit 1993 tritt sie dort allabendlich auf.

Ihre **politischen Aktivitäten** brachten die Sängerin immer wieder in Schwierigkeiten. Während ziviler Unruhen 1992 bei denen das thailändische Militär hunderte von unbewaffneten Demonstranten erschoss, protestierte Soontree in Chiang Mai gegen die Regierung. 2006 nahm sie als starke Kritikerin des Premierministers *Thaksin Shinawatra* an riesigen Demonstrationen in Bangkok teil. Ein paar Tage später warf jemand eine Handgranate in ihr Restaurant, die glücklicherweise nicht explodierte.

„Thailands Künstler trauen sich nicht gegen die korrupte Regierung Thaksin zu protestieren. Das ganze Land wird von der Angst regiert. Thaksin ist wie ich aus Chiang Mai. Deswegen habe ich besonderen Grund gegen ihn zu protestieren. Ich habe keine Angst. Wenn wir alle in Angst leben, geht das Land zu Grunde."

nen in der Stadt, dazu relativ preiswert. Für 99 Baht gibt es vegetarische Thalis, d.h. eine Platte mit mehreren Gemüse-Curries, Chapatis, Reis und anderen Beilagen; für 160 Baht gibt es die Version mit Fleisch.

- Im **Sikh-Tempel** an der Charoenrat Road (auf Thai Wat Khaek = „Tempel der Inder") werden sonntags morgens *langar* abgehalten, die traditionellen Gemeinschaftsessen der Sikhs. Jedermann ist willkommen zum nordindischen vegetarischen Essen (kostenlos). Ähnliches gibt es Freitagabends im Tempel der Namdhari-Sikhs in der Chang Moi Road.

Stadtverkehr

Chiang Mai besitzt – obwohl zweitgrößte Stadt des Landes – erstaunlicherweise keinerlei öffentliche Verkehrsmittel, ebenso keine Taxis. Zu verdanken ist dies der einflussreichen Tuk-Tuk und Songthaew-Mafia, die Mittel und Wege findet, Pläne zu einem neuen Bussystem oder die Genehmigung von Taxis zu unterbinden. Ein ehemals bestehendes Bussystem mit insgesamt nur vier Linien wurde 1997 wegen Unrentabilität eingestellt.

Es gibt Pläne, ein Streckennetz für einen Elektro-Zug zu bauen, ähnlich dem Skytrain in Bangkok. Das Netz soll 27,4 km lang sein und anders und – anders als in Bangkok – zu 68 % unterirdisch verlaufen. Das Projekt, für das 41 Mrd. Baht veranschlagt sind, sollte ursprünglich 2005 fertig gestellt sein, derzeit ist aber noch nicht einmal mit dem Bau begonnen, und niemand weiß, wann es denn einmal losgehen soll.

- Die privat betriebenen roten **Songthaews,** die die Stadt für 15-20 Baht/Pers. durchkreuzen, sind zumeist die beste Option – einfach eines anhalten und sein Fahrziel angeben. Falls der Fahrer irgendwie in die gewünschte Richtung fährt, wird er dies signalisieren. Längere Fahrten, bei denen kaum andere Passagiere mitfahren, können auch 50 Baht oder mehr kosten. Leider versuchen die Fahrer oft, bei Ausländern überhöhte Preise herauszuschinden, und vielen wird das Songthaew-Fahren somit vergällt. Das Beste ist, gar nicht nach dem Preis zu fragen (das ließe den Reisenden wie einen Neuling erscheinen), sondern nach vollendeter Fahrt dem Fahrer einfach 10 Baht in die Hand zu drücken. Fahrten zum Flughafen kosten weit mehr als das übliche, da sich kaum weitere Passagiere zu der Fahrt einfinden werden. Von der Innenstadt sollten es ca. 150 Baht sein.
- Gehandelt werden muss bei den **Tuk-Tuks,** dessen Fahrer bei Westlern ebenfalls gerne aufschlagen. Eine Strecke von 2 km sollte ca. 50 Baht kosten, jeder weitere Kilometer zusätzliche 20 Baht. Die Tuk-Tuk-Fahrer von Chiang Mai sind insgesamt umgänglicher als die in Bangkok.
- Viele Guest Houses bieten **Motorräder** zur Miete an, aufgrund des Überangebots halten sich die Preise in Grenzen (100-250 Baht pro Tag, 150 Baht ist die Regel).) 250 cc Dirt Bikes kosten um die 500 Baht pro Tag. **Fahrräder** gibt's für ca. 50 Baht pro Tag.

Mietwagen

Folgende Firmen vermieten Leihwagen, meist *Toyota Solunas,* ab ca. 1.000 Baht Tagesmiete. (Siehe „Praktische Reisetipps A-Z, Verkehrsmittel, Mietfahrzeuge".)

- **Avis,** Royal Princess Hotel, 122 Changkran Road, Tel. 053-281033-6 Ext. AVIS; Flugplatzbüro Tel. 053-201574
- **Bee Car Rent,** 52 Chayaphoom Rd., Tel. 053-874455
- **Budget Car Rent,** 189/17-19 Wualai Rd., Tel. 053-202871-2, Fax 053-202873
- **Hertz,** Central Duangtawan Hotel, 132 Loykroh Road, Tel. 053-905000; Flugplatzbüro Tel. 053-202606-7
- **North Wheels,** 127/2 Moon Muang Rd., Tel. 053-874478, Fax 053-874378

Wat Chedi Luang
(FOTO: AROON THAEWCHATTURAT)

- **Viangping Group,** Soi 6 12 Charoenphratet Rd., Tel. 053-818929, Fax 053-820909
- Dazu gibt es zahlreiche weitere Unternehmen, die zumeist den kleinen *Suzuki Caribian* anbieten. Die Tagesmiete beträgt ca. 700-900 Baht, bei längerer Anmiete und in der Off-Season sind aber auch 650 Baht möglich. Der Suzuki Caribian ist sehr sparsam im Verbrauch.

Einkaufen

Chiang Mai, bis vor kurzem ohne nennenswerte **Department Stores,** hat da in den letzten Jahren erheblichen Zuwachs erhalten. Die Kaufhäuser können sich allerdings nicht mit denen von Bangkok messen. Die größten sind das Robinson an der Straße zum Flughafen und der gigantische Shopping-Komplex Kad Suan Kaew (99/4 Huay Kaew Rd.), der wohl noch größer ist als das Mah Boonkrong in Bangkok. Er beinhaltet auch eine Filiale des Central Department Store. Angeschlossen ist das 1995 in Betrieb genommene Kad Theatre (1.550 Sitzplätze), in dem internationale Musicals (Cats, Grease, South Pacific, Phantom of the Opera u.ä.) aufgeführt werden bzw. wurden. Für weniger kommerzielle Aufführungen steht das kleinere Kad Playhouse (500 Sitzplätze) zur Verfügung. Öffnungszeiten der meisten Kaufhäuser: 10.00-21.00 Uhr.

Die Einkaufsmöglichkeit in Chiang Mai ist der **Night Bazar** an der Chang Klang Road. Dieser Nachtmarkt besteht eigentlich aus zwei voluminösen

Gebäuden, dem Chiang Mai Plaza und dem Wiang Ping Bazar. Um diese herum verkaufen zudem zahlreiche Straßenhändler ihre Waren, und so wird die ganze Gegend zu einem einzigen pulsierenden Verkaufsgewimmel. Jeden Abend durchstöbern Tausende von Touristen die Läden, Händler vom Volk der Meo bieten ihre Waren an, und Tour-Operatoren werben für ihre Trekking-Touren. Die Gegend um den Night Bazar bietet das lebhafteste Nightlife im Ort.

Doch was gibt es zu kaufen? Jede Menge preiswerte Kleidung, teilweise sehr modisch. Designer-Kopien sind für einen Bruchteil des Originalpreises erhältlich. Dazu kommen andere Textilien wie Baumwolldecken, Bettbezüge, Hilltribe-Kleidung, Hemden und Hosen von der Stange etc. Kunsthandwerkliches wird ebenso angeboten wie Opiumpfeifen oder -gewichte. Die Meos verkaufen traditionellen Silberschmuck oder Stickereien.

An jeder Ecke werden irgendwelche Kopien feilgeboten, so imitierte Gucci- oder Dunhill-Brieftaschen, angebliche Benetton-Hemden, die gerade noch die erste heiße Wäsche überstehen und lederne Aktenkoffer mit Designer-Label. Auch DVDs von den neuesten Hollywoodfilmen werden an jeder Ecke angeboten. Da die thailändischen Behörden seit einiger Zeit aber verstärkt gegen Piratenprodukte vorgehen, werden die Imitate in Zukunft wahrscheinlich rarer.

Das ganze Treiben um den Nachtmarkt ist sehr touristisch, dementsprechend werden auch zunächst die Preise veranschlagt. Bei Textilien und kostspieligeren Waren sollte man immer gut ein Drittel herunterhandeln. Manchmal sogar noch mehr! Die Händler sind durch Kurzzeit-Touristen an Bilderbuchpreise gewöhnt, und so fällt der erste Preisvorschlag meistens viel zu hoch aus.

Geöffnet ist der Night Bazar täglich 18.00-24.00 Uhr, danach stehen davor zahlreiche Tuk-Tuks bereit, die die Kaufwütigen ins Hotel kutschieren.

An der Witchayanon Road findet man den **Warorot Market,** gerade 5 Minuten Fußweg vom Nachtmarkt entfernt. In diesem überdachten Markt findet man wiederum Textilien (preiswert) und Obst.

Der **Somphet Market** am Nordende der Moon Muang Road bietet ebenfalls jede Menge Obst sowie Gemüse, Fisch, Fleisch etc., aber zu etwas höheren Preisen.

D.K. Books (79/1 Kotchasan Road) hat ein reichhaltiges Programm an Büchern über Thailand, Stadtpläne, Karten (auch regionale Detailkarten), ausländische Magazine (Newsweek, Time, Asiaweek, Economist, etc.) und die Tageszeitungen Bangkok Post und The Nation. (Die Tageszeitungen landen in Chiang Mai mit dem ersten Flug aus Bangkok und sind etwa ab 10.00 Uhr in den Geschäften.) Um das Tha Pae Gate verkaufen ebenfalls einige Läden Zeitungen. Die Filiale von D.K. Books gegenüber dem Suriwongse Hotel hat das gleiche Angebot wie die obige. Eine besonders große Auswahl an Büchern hat das **Suriwongse Book Centre** in der Sridornchai Road, das auch eine Filiale am Flugplatz betreibt. Es gibt u.a. auch den „Spiegel". Ein gutes Sortiment an Second-Hand-Books führen *Shaman Books* in der Nähe des Tha Pae Gate. In der gleichen Gegend befinden sich gleich drei Second-Hand-Buchläden, die alle dem gleichen Besitzer gehören – *Gecko Books, Gecko Books Junior* und *Tha Pae Gate Books.* Besonders letzterer Laden ist zu empfehlen. Eine so genannte Book Zone befindet sich an der Tha Pae Gate Rd., nicht weit von Ratana's Kitchen entfernt.

Besondere Einkaufs-Tipps

- **Aroon Colourware** (17 Chiang Mai – San Kamphaeng Rd., San Kamphaeng). Das Hauptgeschäft befindet sich in der Ortschaft San Kamphaeng, es gibt aber auch eine Filiale im Kellergeschoss des Night Bazar. Angeboten wird ein reiches Sortiment an **Produkten aus Mango-Holz** sowie dem Holz des Monkeypot-Baumes.
- **Hilltribe Products Promotion Centre** (21/17 Suthep Rd.). Dieses Unternehmen steht unter der Schirmherrschaft des thailändischen Königs und wurde ins Leben gerufen, um den Bergvölkern eine alternative Einkommensquelle zum Opiumanbau zu schaffen. Angeboten werden zahlreiche **Handwerksartikel der Bergvölker.**
- **Jolie Femme** (8/3 Samkamphaeng Rd.). Unter den zahlreichen Geschäften, die **Seide** und andere Stoffe anbieten, ist dieses eins der ältesten und zuverlässigsten.
- **Mengrai Kilns** (79/2 Arak Rd., Soi Samlarn 6). Moderner Ausstellungsraum mit wunderbaren **Keramikartikeln.**
- **Pafai Tor Mue** (Room C 103, 3rd Floor, Chiang Inn Plaza, Chang Klan Rd.). Wunderschöne handgewebte **Seidenstoffe** und **Baumwollwaren.** Anzüge oder Kleider werden innerhalb von 24 Std. maßgeschneidert.
- Der seit vielen Jahren in Chiang Mai ansässige Deutsche *Reinhard Heckel* stellt außergewöhnliche **Bambus-Saxophone** her. Diese haben einen wunderbar sanften, aber auch erstaunlich satten Klang. Die Saxophone (in Tonart F und G) haben ihren Erbauer zu einer lokalen Berühmtheit gemacht – die „Bangkok Post" widmete ihm 1997 einen längeren Artikel und ein paar Tage später reiste ein ARD-Team aus Singapur an.

  Die rein in Handarbeit erstellten Saxophone kosten 5.000 Baht, inklusive Tragetasche; der Versand nach Europa kostet ca. 1.000 Baht.

  Die Saxophone werden in zwei Filialen von *Lost Heavens* (s.u.) verkauft. Eine befindet sich im Night Bazar (Tel. 053-278185), die in der 234 Tha Pae Road (Tel. 053-251555-7); *Reinhard Heckel* ist unter Tel. 053-222505 zu erreichen.
- Ansonsten ist **Lost Heavens** ein ausgezeichneter Bezugsort für Handwerksartikel der Yao. Angeboten werden auch Teppiche aus dem Mittleren Osten, Schmuck, Silberwaren u.v.m. Die Besitzer, *Chris* und *Mike,* sind eine unerschöpfliche Informationsquelle in Sachen Bergvölker.
- **Ban Tawai.** Dieses Dorf, östlich von Hang Dong gelegen (ca. 15 km südlich von Chiang Mai) ist vollgestopft mit Läden für **Antiquitäten, Handwerksartikel** aller Art und **Kuriosa.** Die Artikel werden von hier aus in alle Ecken Thailands verschickt, dennoch sind die Preise nicht unbedingt niedriger als anderswo. Dafür ist die Auswahl riesig.

Unterhaltung

Das Nightlife in Chiang Mai zentriert sich um den Nachtmarkt und entlang der Moon Muang Road, beiderseits des Tapae Gate. An der Moon Muang Road scheint sich ein lebhafter Entertainment-Strip zu entwickeln.

Chiang Mais bessere Hotels verfügen meist über eine **Disco,** und so kommen die nervösen Tanzbeine auch auf ihre Kosten. Die Discos sind im Allgemeinen weit billiger als die in Bangkok, bei den Eintrittspreisen von etwa 200 Baht ist auch ein Drink inbegriffen.

Um den Night Bazar liegen vor allem **Nachtclubs mit Hostessen-Betrieb.** Links unten im Nachtmarkt (Kellergeschoss) befindet sich eine ganze Reihe von kleinen **Bierbars,** die alle direkt nebeneinander liegen und sich auch mehr oder weniger gleichen.

An der Kotchasan Rd. etwas südlich des Tha Pae Gates findet sich Chiang Mais einzige **Go-Go-Bar,** dazu gibt es einige kleine Bars in der Umgebung (Kotchasan Rd. und Loi Kroh Rd.), die vor allem für männliche Gäste konzipiert sind – man(n) kann zwar einfach nur etwas trinken, ein nicht unerheblicher Bestandteil der Bareinnahmen aber resultiert aus der „bar fine", dem Entgelt, dass der Kunde an die Bar zu entrichten hat, wenn er eine der weiblichen Angestellten von ihrem Dienst befreien und in seinen eigenen (temporären) Dienst stellen möchte. Im Vergleich zu Bangkok ist diese Szene in Chiang Mai jedoch sehr klein.

Überall in der Stadt verstreut finden sich **Karaoke-Bars,** in denen Hostessen mit ihren männlichen Gästen Lieder anstimmen und auch zu weiteren Diensten zur Verfügung stehen. Die Kundschaft in diesen Lokalen sind fast ausschließlich Thai, dazu kommen ein paar chinesische oder japanische Touristen. Vorsicht, auf den Speisekarten in diesen Bars sind oft keine Preise angegeben!

Bars und Nachtclubs

- Originell bis verwegen geht es im **Blue Moon Night Club** zu (5/3 Moon Muang Rd.). Neben einer Travestie-Show gibt es „Taxi-Dancing", d.h. man tanzt mit einer Auserwählten, die pro Song dafür bezahlt wird. Im ländlichen Thailand gibt es derartige Etablissements sehr häufig, sie nennen sich *thii ram-wong,* frei übersetzt „Schwoof-Buden".
- In derselben Straße befindet sich der **Pinte Blues** (33/6 Moon Muang Rd.), eine kleine gemütliche Bar im Western-Stil, mit der größten Blues-Plattensammlung Thailands. Gelegentlich kreuzen hier sogar als Cowboys verkleidete Gäste auf.
- Thailändische Folk-Musik, genannt *luuk-thung,* und westliche Country-Musik gibt es im **Western Art Pub and Restaurant** (21/3 Sriphum Road).
- Das **Riverside Bar and Restaurant** liegt am östlichen Flussufer (9-11 Charoen Rat Rd.) und ist seit Jahren so etwas wie ein Insider-Treff. Live-Bands spielen Rock und Blues, und dazu gibt es hervorragendes Thai- und westliches Essen. Das Lokal ist in zwei Sektionen unterteilt; in der linken (von der Straße aus gesehen) geht es relativ still zu, mit Folk-Bands oder Sängern, in der kleineren rechten Sektion spielen Rock-Bands. An Wochenenden ist es hier rappelvoll. Viele Besucher sind Studenten aus den Unis der Stadt. Auf einem Parkplatz gegenüber kann man für 50 Baht parken (das Geld wird mit der Getränkerechnung verrechnet).
- Einige Schritte weiter nördlich des Riverside liegt das **Good View,** das das erfolgreiche Konzept des Riverside zu kopieren versucht. Das Lokal ist ziemlich groß und es wird meist nicht ganz so eng wie beim Nachbarn. Es spielen recht gute Bands – weniger rockig als im Riverside, mehr poppig. Die Preise sind etwas höher als nebenan. Auch hier befindet sich gegenüber dem Lokal eine Parkmöglichkeit.
- Noch einige Schritte weiter nördlich an der Charoen Prathet Rd. liegt die **Brasserie,** wiederum mit ähnlichem Konzept. Es gibt recht gutes Essen, dazu Live-Musik und Sitzgelegenheit gleich am Fluss.
- **The Pub** liegt etwas außerhalb der Innenstadt (189 Huay Kaew Rd.), zehrt aber gut von dem Ruhm, in Newsweek als eine der besten Bars der Welt bezeichnet worden zu sein. Nun ist also heraus, dass Journalisten ihre Zeit damit verbringen, die besten Trinkstellen der Welt ausfindig zu machen!

● Einer der hottesten Nightlife-Orte von Chiang Mai ist derzeit das **Climax** (Osathaphan Rd.), das seinen Ruf seiner *khrua tech* verdankt – der „Techno-Küche". Wie Leute auf die Idee kommen können, um einen Küchentisch herumzutanzen, ist zwar mehr als rätselhaft, aber offensichtlich haben alle ihren Spaß dabei.

● Um das Novotel an der Chang Pueak Road bildet sich derzeit ein neues Unterhaltungs-Zentrum. Das größte Etablissement hier ist das **Simon Chiang Mai Cabaret,** in dem, ähnlich wie auch in Pattaya, Transvestiten und Transsexuelle (so genannte *Katoei*) auftreten. Shows täglich um 19.30 und 21.30 Uhr.

● Im Nordwesten der Stadt, aber noch innerhalb der Stadtmauer, nahe der Kreuzung Rajwhiti Road und Ratchapakhinai Road, findet sich Chiang Mais derzeit beste alternative Nightlife-Meile. Einheimische Rock und Reggae Bands spielen im **Babylon** und einigen anderen Open-Air-Bambusschuppen. Eintritt ist generell frei und der Preis fürs Bier ist bescheiden. Einige Restaurants und Internet-Cafés haben sich hier ebenfalls angesiedelt. Das Publikum besteht meist aus jungen Thais und Touristen. Hostessen gibt es hier nicht. Das Babylon ist unter Tuk-Tuk Fahrern auch als *Rasta Bar* bekannt. Den Namen musste das Etablissement nach einem Problem mit den örtlichen Behörden kurzfristig ändern. Die Bands setzen sich oftmals aus jungen Thais und etwas älteren, in Chiang Mai lebenden Ex-Pats zusammen. Ab 22.00 Uhr ist die Gegend sehr lebendig. Wie alle Bars, die kein besonderes Arrangement mit den örtlichen Behörden haben, machen die Läden hier um 1.00 Uhr dicht.

Discos

Viele der besseren Hotels verfügen über eine Disco, die Eintrittspreise liegen bei ca. 100-200 Baht, oft inklusive eines Drinks.

● Derlei Discos befinden sich im **Westin Riverside Plaza** (Stardust), **Empress Hotel** (Crystal Cave), **Chiang Inn** (The Wall Club) und **Porn Ping Hotel** (Space Bubble, allgemein fast nur bekannt unter dem Namen **Bubbles);** die weibliche Klientel in letzterem besteht zumeist aus „freelancers" auf Freiersuche.

● **Smooth** an der Chiang Mai/Lamphun Rd. ist eine der beliebteren Discos, die sich nicht in einem Hotel befindet. Die Besucher sind zumeist junge Thais.

● **The Forte** an der Orm Muang Rd. in Richtung Flughafen gibt sich als ein Anleger der bekannten gleichnamigen Disco in Bangkok, hat aber in Wirklichkeit nichts damit zu tun; es ist mehr oder weniger eine Hostessen-Bar mit Rotlichtcharakter.

Adressen und Telefonnummern

● Das **Tourist Office** (TAT) in der 105/1 Chiang Mai–Lamphun Road (Tel. 053-248604, 053-248605, 053-248607, Fax 053-252812, www.tatchiangmai.org, tatchiangmai@tat.org.th) ist eines der informativsten Thailands. Auf Nachfrage gibt es Listen der Hotels und Guest Houses, Fahrpläne und eine Zusammenstellung von Veranstaltern, die Trekking-Touren organisieren. Geöffnet täglich von 8.30-12.00 und 13.00-16.30 Uhr.

● Angeschlossen ist die **Tourist Police,** Tel. 1155, 053-278798.

● **Krankenhäuser:** Das McCormick Hospital (Kaew Nawarat Road, Tel. 053-241010, 053-262200) liegt etwa zwischen der Nakhon Ping-Brücke und der Arcade Bus Station. Bezahlt werden müssen nur die verschriebenen Medikamente, die Ärzte sind mit Erstellen der Diagnose aber nicht immer treffsicher. Ansonsten gibt es das Lanna Hospital am Superhighway (Tel. 053-357234), das Maharaja Hospital an der Suthep Road (Tel. 053-221122) und das moderne Chang Puak Hospital (Tel. 053-22022), das eher wie ein nobles Hotel wirkt.

● **Banken:** Viele Banken oder Wechselschalter befinden sich in der Tha Pae Road und der Changklan Road. Die Öffnungszeiten sind im Allgemeinen 8.30-18.00 Uhr, einige Schalter schließen aber erst um 20.00 Uhr.

● **Immigration:** Das Office befindet sich am Flughafen, Tel. 053-277510, 053-270661.Visumverlängerungen gehen zügig vonstatten.

● **Postämter:** Das Hauptpostamt (G.P.O.; auf Thai *prayseni-klaang*) befindet sich ca. 3 km östlich der Stadtmitte, einige Schritte westlich

Trekking in Nordthailand

Trekking ist mittlerweile Big Business in und um Chiang Mai. Vor einigen Jahren hatte es noch den Hauch von Abenteuer, die Traveller hatten das Gefühl in jungfräuliche Regionen der Weltkarte vorzustoßen. Seit Thailands Wirtschaftsboom in den 1990er Jahren kann man in die meisten Bergdörfer per Auto oder Motorrad fahren. Das Trekking-Business hat sich weiter etabliert und man kann heute keinen Rambutan-Stein mehr spucken, ohne dabei eine Trekking-Agency zu treffen. Trekken ist mittlerweile für jedermann ein fester Bestandteil des Urlaubsprogramms. Elefantenritte und Floßtouren gehören oftmals zum festen Programm. Doch die Touren zu den Bergdörfern werfen Probleme auf – organisatorische und ethische.

Ein paar ethische Einwände

Es scheint paradox und schizophren, über die letzten ursprünglichen Volkskulturen des Planeten herzufallen, wenn andererseits permanent der zersetzende Einfluss der „Zivilisation" auf diese bejammert wird. Einerseits soll die Kultur so intakt bleiben, wie sie ist, andererseits bricht man mit einer wilden Trekker-Truppe in die Bergdörfer ein und setzt womöglich noch der Akha-Frau den neusten Walkman auf. Die westliche Kultur wird den Bergbewohnern von Trekker-Kolonnen aufgedrückt – auch wenn das nicht die Absicht der Trekker ist.

Den weitaus meisten Besuchern ist ein ehrliches Interesse für die Kultur der besuchten Völker zuzutrauen. Doch nützt das was? Ist eine Kommunikation zwischen beiden Seiten überhaupt möglich? Ich glaube nicht! Auch wer ein paar Brocken Thai hervorbringen kann, wird sich nicht mit einem Bergbewohner so unterhalten können, dass er einen Einblick in seine Kultur erhält. Und die Kommunikation durch einen Trek-Führer, der sogar die Sprache des Stammes spricht, auch das kann nicht zu tieferen Erkenntnissen führen. Was übrigbleibt ist ein flüchtiger Blick in ein Dorf von „Exoten", ein Ausflug in einen menschlichen Zoo. Wem bringt das was? Den Bergbewohnern bringt es sicherlich Geld, aber der plötzliche (relative) Reichtum hat auch seine Schattenseiten. So gibt es z.B. ein Dorf (das aus Diskretionsgründen ungenannt bleiben soll), in dem niemand mehr einen Handschlag Arbeit verrichtet, da das Posieren vor den Kameras mehr einbringt.

Soweit die Einwände des Autors. In der Hoffnung, damit ein wenig Zurückhaltung geweckt zu haben, hier ein paar organisatorische Tipps zum Trekken – einem Trekken, das sich besser an den Anblicken der Bergwelt ergötzen sollte als an den so fremd erscheinenden Lebensweisen ihrer Bewohner.

Touren-Organisation

Die erste organisatorische Frage ist die **Wahl der Trekking-Agentur.** Empfehlungen auszusprechen fällt schwer, da sich auf diesem Gebiet alles zu schnell verändern kann. Einige Agenturen wechseln ihre Namen, andere ihre Operationsweise. Das Sicherste ist, in der Traveller-Szene Informationen einzuholen und sich ein paar Tage umzuschauen. Meistens spricht sich schnell herum, wie gut oder schlecht eine Trekking-Agentur gerade ist. Die TAT in Chiang Mai verfügt über Listen der offiziell registrierten Agenturen. Derzeit existieren über 50. Bei der TAT registrierte Trek-Führer haben eine Art Ausweis, den man sich zeigen lassen kann. Im Fall einer Beschwerde lässt sich auch so bei der TAT nachhaken.

Ein Tag Trekken kostet 700-1000 Baht bei Buchung einer 3-Tages Tour. Extras wie Ritte auf Elefanten und Floßfahren kosten noch einmal jeweils etwa 300 Baht.

Wichtig ist die **Zahl der Trek-Teilnehmer.** Mehr als 6 oder allerhöchstens 7 Personen sollte die Gruppe nicht umfassen, alles andere wirkt wie ein Überfall auf die armen Bergbewohner.

Für die grundsätzliche Kommunikation der beiden Seiten ist ein **Führer** von Nutzen, der die Sprache(n) der besuchten Bergvölker spricht. Viele Agenturen werben mittlerweile damit, dass ihre Trek-Führer selber aus einem der Hill-Tribes stammen. Zudem initiieren einige Trekkingagenturen und nichtstaatliche Organisationen so genannte Community Projects, die den Bergvölkern helfen sollen. Wer Interesse an Treks hat die von Angehörigen der Minderheiten geleitet werden, wende sich an die Mirror Foundation (Chiang Rai Post Office Box 180 57000 Chiang Rai, Tel. 053-737412, www.mirrorartgroup.org, www.hill tribe.org).

Die Gegenden um Chiang Mai, Chiang Rai oder Mae Hong Son werden tagtäglich von unzähligen Treks durchkreuzt, und so kann es durchaus vorkommen, dass plötzlich mehrere Trekker-Gruppen in einem Dorf aufeinandertreffen.

Ausrüstung

Was mitnehmen auf den Trek? Solide **Schuhe** sind ein Muss, dazu möglichst leichte Baumwollkleidung und in der kühleren Jahreszeit einen oder mehrere **Pullover.** Um Mae Hong Son kann es im Winter eisig kalt werden. Lange Hosen sind besser als kurze, denn mit denen reißt man sich manches mal die Beine auf.

Für das Baden im Wasserfall oder Bergfluss ist Badezeug mitzubringen. Taschenlampe, Sonnenhut, Sonnenöl, Sonnenbrille, Anti-Moskito-Creme, Toilettenpapier und Wasserflasche sind essentiell.

Sehr wichtig bei Treks, die mehrere Tage dauern, ist ein **Medizin-Set.** Dabei muss nicht unbedingt jede Person einen eigenen Set mit sich führen, mehrere Leute, die ohnehin zusammen reisen, können sich auch einen teilen. Vorhanden sein sollten: Heftpflaster, Mullbinden, Schere, Desinfektionsmittel, Wasserentkeimungstabletten, Aspirin und ein Durchfallmittel, das im Notfall schnellstens die Därme verstopft, und ein Breitband-Antibiotikum (z.B. Bactrim, 4 Baht pro Tablette). Und besonders wichtig: eine gute Kondition! Trekken bedeutet 4-5 Stunden anstrengenden Marschierens täglich.

Allzu viel **Geld** sollte nicht mitgenommen werden, 1.000-2.000 Baht bei einer Dreitagestour reichen allemal. Die Wertsachen müssen also im Hotel gelassen werden. Dabei sollte man sich auf alle Fälle eine detaillierte Quittung ausstellen lassen, auf der die Nummern der Traveller-Schecks registriert sind, die Nummern und Destinationen der Flugtickets und die Passnummer. Keinesfalls aber Kreditkarten im Hotel lassen! Damit sind einige unangenehme Dinge in Chiang Mai passiert: Mancher Trekker hat feststellen müssen, dass jemand auf Shopping-Trip ging, während er in den Bergen schwitzte.

Für die Bergbewohner können **Geschenke** mitgenommen werden, diese sollten aber praktischer Art sein, wie z.B. Kugelschreiber, Taschenlampe, Medizin oder ähnliches. Das Verteilen von Zigaretten, Mekhong-Flaschen oder gar Geld ist ziemlich idiotisch und alles andere als hilfreich. Die Bergbewohner revanchieren sich oft durch das Reichen der Opiumpfeife. Es ist aber ebenso dumm anzunehmen, dass der Opiumrausch zur Vervollständigung einer „echten" Trekking-Tour gehört. Ein Besuch in den Alpen wird ja auch nicht erst durch eine Enzianschnaps-Vergiftung komplett.

Vor **Alleingängen** in den Bergen **sei ausdrücklich gewarnt.** Es treiben sich vereinzelt Banditen herum und es ist zu einigen Morden an Trekkern gekommen. 2003 wurde ein Japaner in der Nähe von Mae Taeng beraubt und an einem Baum aufgehängt – ein eindringliches Beispiel, was passieren könnte, wenn auch in ganz seltenen Fällen. Möglicherweise ist es derzeit in den Bergen etwas gefährlicher als in den Jahren zuvor, denn aufgrund der rigorosen Anti-Drogen-Kampagne der Regierung haben viele Dealer ihr Einkommen verloren und müssen auf andere Art über die Runden kommen.

Man sollte jedoch zu keinem voreiligen Schluss über dieses Gebiet kommen: Bergbanditen haben keinen festen Arbeitsplatz, passieren könnte es theoretisch überall. Also: Trekken nur in größeren Gruppen und möglichst unter ortskundiger Führung!

des Bahnhofs, an der Charoen Muang Road. Hier lassen sich Ferngespräche durchführen sowie Briefe, Faxe und Telegramme abschicken. Geöffnet 8.00-18.00 Uhr. Samstags und sonntags 9.00-12.00 Uhr. Größere Zweigstellen finden sich innerhalb des alten Stadtkerns, der für die meisten Reisenden wohl zentraler liegt als das Hauptpostamt. Ein Postamt liegt an der Phra Pokklao Road schräg gegenüber Thai Airways, ein anderes an der Samlan Road; an beiden können Auslandsgespräche geführt werden. Geöffnet jeweils 8.00-16.00 Uhr. Von kleineren Postämtern aus sind oft keine Auslandsgespräche möglich.

● **Telecommunications Centre:** Am Superhighway, ca. 500 m südlich der Kreuzung mit der Charoen Muang Road, befindet sich ein 24 Std. geöffnetes Telekom-Center (auf Thai *thorakom*). Hier können Telefongespräche geführt sowie Faxe und Telexe abgeschickt werden. Leider ist die abgeschiedene Lage (am östlichen Stadtrand) etwas ungünstig.

● **Kurier-Dienst:** DHL Worldwide Express, 164/93 Chiang Mai Rd., Tel. 053-820352, 081-9525490.

● **Sport:** Der 1996 aus Anlass der South-East Asian Games und des 700jährigen Geburtstages der Stadt angelegte Sportkomplex Sanaam Kila Chet-Roi Phi („Sportanlage der 700 Jahre") umfasst u.a. Tennisplätze und einen Swimmingpool; diese können von der Öffentlichkeit genutzt werden. Der Pool (Turniergröße) ist wahrscheinlich der beste in ganz Südostasien; geöffnet Di-So 8.00-20.00 Uhr, Eintritt 40 Baht. Der Sportkomplex befindet sich im Nordwesten der Stadt am Nordende der Chonpratan Road.

Zum Joggen oder Ausruhen eignet sich der Park Suan Lanna Ror Gau an der Chotana Road, etwas nördlich der Kreuzung mit dem Superhighway. Leider dürfen die Wege im Park von Autos befahren werden.

● **Thai-Boxen:** In der Boxschule *Lanna Muay Thai* wird Thais und Ausländern die Kunst des Thai-Boxens beigebracht (64/1 Soi Chiang Kian, off Huay Kaew Rd., Tel./Fax 053-892102, www.lannamuaythai.com). Der Thai-Name der Schule lautet *Kiatbusaba*. Viele ihrer Schüler haben es zu Preisen gebracht, darunter auch der Transvestit *Nong Tuum* („Kleiner Bruder Tuum", auch genannt *Parinya Kiatbusaba*, nach dem Namen der Schule).

Nong Tuum pflegte mit voller Schminke in den Ring zu gehen, allzu zart besaitet war er jedoch nicht - viele seiner Gegner, darunter einige der bekanntesten Boxer des Landes, haute er kurzum k. o. Zu nationaler Berühmtheit gelangte er, als er einen seiner Gegner ausknockte und ihm dann zum Ausgleich einen saftigen Kuss auf die Wange drückte. Das Publikum grölte vor Vergnügen. Im Jahre 2000, im Alter von 19 Jahren, ließ sich *Nong Tuum* mit seinem Ersparten zu einer Frau umoperieren. Mit der Boxkarriere war es nun natürlich vorbei, denn als Frau durfte er nicht mehr gegen Männer boxen. *Nong Tuum* wurde danach Sängerin in einer Bar, spielt hier und da kleine Rollen in Kinofilmen. Ein Film über *Nong Tuum*, „Beautiful Boxer", erschien 2003, und war auch international recht erfolgreich. Die DVD ist überall in Thailand zu finden.

Die Boxkurse kosten 250 Baht/Tag oder 7.000 Baht/Monat. Für 3.000 Baht/Monat kann man sich an der Schule unterbringen lassen.

● **Motorrad-Touren:** Der in Chiang Mai ansässige Australier *David Unkovich* ist Kartograph und hat mehrere Motorrad-Führer über Nordthailand verfasst. Er kennt jeden Winkel der Region und seine Motorrad-Touren führen garantiert zu ungewöhnlichen Zielen. Anfragen unter Tel. 053-219211, Fax 053-219211, www.gt-rider.com, David Unkovich, P.O. Box 97, Mae Ping Post Office, Chiang Mai 50301.

● **Cyber-Cafés:** All Seasons, 19/3 Kotchasan Road (neben Tha Pae Gate), Assign Internet 2, Chiang Mai Pavilion (Night Bazar), 1. St., 145 Chang Klan. Rd., Tel. 053-818911-2. Internet@Chiangmai, 10 Kotchasan Road (neben Tha Pae Gate).

● **Meditation:** The Yoga Centre 90/1 Ratchamanka Road, Tel. 061-927375, www.yogachiangmai.com, 13.00-20.00 Uhr.

● **Thai-Kochkurse:** Ban Thai Home Cooking Course, Soi 5, 11 Ratchadamnoen Rd., Tel. 053-357339.

Chiang Mai Thai Cookery School, 1-3 Moon Muang Rd. (am Tha Pae Gate), Tel. 053-206388, Fax 053-206387.

A Lot Of Thai Home Cooking Class, 165 Soi 9 Lamphun Road, Tel. 053-800724, www.alotofthai.com ist zu empfehlen. Ein Tageskurs kostet 800 Baht. Diese Kochschule veröffentlicht auch eine sehr gute Karte Chiang Mais mit preiswerten Restaurants.

●Zahlreiche Reisende nutzen ihren Aufenthalt in Chiang Mai, um traditionelle Massage zu erlernen. Das relaxte Ambiente der Stadt macht sie für Langzeitaufenthalte sehr geeignet. Die Ur-Mutter aller **Massageschulen** in Chiang Mai ist das Lek Chaiya, das von einer älteren Dame betrieben wird, die ihrem Handwerk schon seit 5 Jahrzehnten nachgeht (25 Ratchadamnoen Rd., Tel. 053-278325, tanavid@loxinfo.co.th). Die Lehrer der Schule lehren in kleinen, überschaubaren Gruppen.

Ebenso gut beleumundet ist das **Old Medicine Hospital** (Soi Siwaka Komarat, Wualai Rd., Tel. 053-275085, gegenüber Old Chiang Mai Cultural Centre).

Wer Massage im nordthailändischen Stil erlernen will, sollte sich an das **Institute of Thai Massage** (ITM) wenden (17 Morakot Rd., Tel. 053-218632). Kurse ab 3.000 Baht.

●**Chinesische Heilkunde:** Die englischsprachige Mungkala Dispensary (21 Ratchamanka Rd., Tel. 053-278494, Fax 053-208432, mungkala@chiangmai.ksc.co.th) bietet Diagnose nach althergebrachter Pulsanalyse, und daraufhin werden chinesische Kräutermixturen verabreicht.

●**Boots-Touren** auf dem Mae-Ping-Fluss starten u.a. am Wat Srikhong, 300 m nördlich der Nakhorn Ping Brücke. Zwei-Stunden-Touren mit Scorpion-Tailed River Cruise kosten 400 Baht pro Person, 150 Baht bei Gruppen ab 10 Pers. (max. 15 Pers.) Regelmäßige Abfahrten ab 8 Uhr.

●**Flüge** mit Micro-Light-Flugzeugen werden vom Chiang Mai Sky Adventure angeboten (Doi Saket, ca. 10,5 km von Chiang Mai, Tel. 053-868460); ab 1.700 Baht. In 7- bis 10-tägigen Kursen kann man das Solo-Fliegen erlernen. Tägl. 6-14 und 15-18 Uhr.

●Es ist auch möglich an einer **Ballonfahrt** (ebenfalls in Doi Saket, Tel. 053-292224) teilzunehmen, bei 10.000 Baht pro Person für eine Stunde Fahrt allerdings nicht ganz billig.

●**Piloten-Training** und Rundflüge bietet der Chiang Mai Flying Club, dessen Flugzeuge im nahen Lamphun starten. Das Unternehmen betreibt ein Büro in Chiang Mai (26/7 Moo 3, Chiang Mai Lamphun Road, Tel. 053-285218, in Lamphun Tel. 053-584321). Die Grundausbildung zum Piloten dauert sechs Monate und kostet ca. 50.000 Baht. Rundflüge kosten ca. 4.000 Baht/Person für die erste Stunde, in der zweiten wird's etwas billiger.

Fluggesellschaften

●**Air Asia:** Tel. 053-904800, www.airasia.com

●**Bangkok Airways:** 2. Stock, Chiang Mai Airport, Tel. 053-281519

●**China Airlines:** 2. Stock, Chiang Mai Airport, Tel. 053-201268

●**Nok Air:** 1. Stock, Chiang Mai Airport, Tel. 053-922183, www.nokair.co.th

●**Orient Thai:** Tel. 053-904606, www.fly12go.com

●**Thai Airways:** International: 60 Moo 3 Airport Rd., Tel. 053-270222-34; Inlandsflüge: 240 Phra Pokklao Rd., Tel. 053-920920

●**Tiger Air:** Tel. 02-3518888, www.tigerairways.com

●**Air Mandalay:** Doi Ping Mansion, 148 Charoen Prathet Rd., Tel. 053-818049

●**Lao Airlines:** 2/107 Ratchapluek Rd., Tel. 053-223401

●**LTU:** Downtown Inn, Loi Kroh Rd., Tel. 053-218715

●**Silk Air:** Imperial Mae Ping Hotel, 153 Sridornchai Rd., Tel. 053-904985

Konsulate

●**Deutschland:** 199/163 Moo 3, Baan Nai Fan 2, Tel./Fax 053-838735, dekonsul@loxinfo.co.th

●**Indien:** 344 Charoenrat Rd., Tel. 053-243066, Fax 053-247879

Visa für Indien lassen sich in diesem relativ wenig besuchten Konsulat viel leichter einholen als in Bangkok, wo täglich etwa 200 Anträge zu bearbeiten sind. Der Reisepass braucht nicht im Konsulat zurückgelassen zu werden, man kann also getrost in der Gegend umherreisen, während der Antrag bearbeitet wird. Die Bearbeitungsdauer beträgt, wie in allen indischen Auslandsvertretungen, etwa vier Arbeitstage.

●**Österreich:** 15 Moo 1, Huai Kaew Rd. Tel. 053-213473, Fax 053-400232

Kulturzentren

- **Alliance Francaise –** 138 Charoen Prathet Rd., Tel. 053-275277; freitags um 20.00 Uhr französische Filme mit englischen Untertiteln. Eintritt für Mitglieder kostenlos, für Studenten 10 Baht, ansonsten 20 Baht. Französisch-Kurse.
- **British Council –** 198 Bamrungrat Rd., Tel. 053-242103
- **USIS/AUA –** 24 Ratchadamnoen Rd., Tel. 053-278407, 053-211377); jeden zweiten und vierten Samstag im Monat amerikanische Filme (14.00 und 19.00 Uhr), Eintritt frei. Englisch- und Thai-Unterricht; letzterer wahlweise in 30- oder 60-Stunden-Kursen. Kostenpunkt: 270-420 Baht die Stunde, je nach Klassengröße.

Wichtige Telefonnummern

- **Polizei**: 199, 191
- **Tourist Police:** 053-248130, 1155
- **Feuerwehr:** 199, 053-222852
- **Immigration:** 053-277510
- **Krankenwagen:** 199

Anreise

Mit dem Bus

- **A.C.-Busse erster Klasse** fahren ab dem Northern Bus Terminal in Bangkok zu 515 Baht, etwa alle 30 Minuten. **V.I.P-Busse** kosten 605 Baht, Abfahrt 9.00, 20.00, 20.10, 20.30 und 21.00 Uhr. Fahrzeit 10 Std.

Günstigere Preise erhält man, wenn man bei einem **Reisebüro** direkt bucht, so z.B. in der Khao San Road oder Soi Ngam Duphli. Dann kostet der A.C.-Bus nur 300 Baht. Inbegriffen ist ein Abhol-Service (Minibus) vom Hotel zum Northern Bus Terminal. Die Fahrt dauert gut 10 Stunden, und an Bord gibt es kostenlose Snacks und Cold Drinks. Mindestens ein längerer Stopp wird an einer Raststätte eingelegt, wo es eine freie Mahlzeit gibt.

In der Khao San Road gibt es oft sogar auch Superbillig-Tickets für 200 Baht für Fahrten in **Minibussen.** Dabei wird oft mit einer freien Übernachtung in einem Guest House in Chiang Mai geworben. Derlei Angebote sind bisweilen purer Betrug, denn das angebliche kostenlose Zimmer ist plötzlich entweder „voll", oder man bekommt am nächsten Morgen eine Rechnung über den Stromverbrauch und eine „Service Charge" präsentiert. Vorsicht vor Angeboten, die zu verlockend klingen!

Mit dem Zug

- **Zugtickets** ab Hualamphong Station (751 km) kosten je nach Klasse und Zug in der 3. Kl. 181 Baht, in der 2. Kl. 341 Baht, bzw. 511 mit A.C., als Sleeper ohne A.C. 531 bzw. 511 Baht (Schlafkoje oben bzw. unten) mit A.C. 551/721 Baht (Schlafkoje oben/unten), und im Sleeper der 1. Kl. 1.253 Baht. Abfahrt der Züge (in Klammern die Ankunftszeit) um 5.50 (19.55), 8.30 (20.20), 14.30 (5.00), 18.00 (6.30), 19.20 (7.20), 19.35 (9.20) und 22.00 (12.25 Uhr). Bettzeug gibt es bei Buchung von Schlafkojen kostenlos, das Essen im Zug ist extra zu bezahlen. In der Touristen-Saison (Nov.-Feb.) sollten die Plätze so zeitig wie möglich gebucht werden, Engpässe könnten entstehen.

●Bei der **Ankunft am Bahnhof Chiang Mai** stehen zahlreiche Schlepper zur Stelle, die Ankömmlinge in die diversen Unterkünfte verfrachten. Dabei soll sich sogar eine Art Mafia gebildet haben, die nur die Schlepper bestimmter Guest Houses duldet, andere unter Gewaltandrohung vertreibt. Unter diesen Umständen sollte man sich überlegen, ob man die Schlepper nicht besser ganz links liegen lässt. Am Bahnhof stehen zahlreiche Songthaews zur Fahrt in die Innenstadt bereit. Die Fahrten kosten innerhalb Chiang Mais 20 Baht/Person, auch wenn die Fahrer bei den Touristen viel mehr fordern.

Mit dem Flugzeug

Chiang Mais Flughafen ist nach Suvarnabhumi in Bangkok und dem Flughafen von Phuket der drittverkehrsreichste Flughafen des Landes. Im Flughafen finden sich einige Restaurants, Shopping-Gelegenheiten, Bankautomaten und eine Touristeninformation. Die Business Lounge der Thai Airways, für Leute mit Business-Class-Tickets oder Mitglieder einiger Vielfliegerprogramme, befindet sich nach der Gepäckkontrolle am hinteren Ende der Abflughalle.

●**Thai Airways** fliegt 11- bis 14-mal täglich von Bangkok nach Chiang Mai. Preis 1.590 Baht, Business Class 3.710 Baht. Weiterhin fliegt die Airline nach Mae Hong Son (765 Baht) und Phuket (4.640/6.186 Baht)

●**Nok Air,** die Billigfluglinie der Thai Airways hat drei Flüge täglich ab Bangkok für 1.200 Baht. Call-Center Tel. 1318. Diese Fluglinie fliegt 2-mal die Woche nach Udon Thani.

●**Bangkok Airways** fliegt ab Bangkok für 2.220 Baht. Flüge Sukhothai–Chiang Mai kosten 925 Baht. Flüge Chiang Mai – Ko Samui kosten 4.600 Baht.

●**Air Asia** (www.airasia.com), *die* Billigfluglinie, bietet drei Flüge täglich ab 1.000 Baht. Man buche über das Internet. Dazu auch ein täglicher Flug nach Kuala Lumpur ab 3.200 Baht.

●**Orient Thai,** eine weitere Billigfluglinie, fliegt ebenfalls 4-mal täglich von Bangkok nach Chiang Mai. Tickets ab 1.700 Baht. Call-Center Tel. 1126 oder www.fly12go.com.

●Bei der **Ankunft im Flughafen** passiert man links einen Schalter der Thai Airways, an dem man eine Fahrt mit dem Minibus in die Stadt buchen kann (50 Baht/Pers.). Airport-Taxis, ebenfalls an einem Schalter zu buchen, kosten 120 Baht, die bequemeren Thai-Airways-Limousinen 150 Baht. Oft versuchen die Fahrer, den Passagieren ein Hotel aufzuschwatzen, bei dem sie eine Kommission einstreichen – ignorieren!

Weiterreise

Mit dem Bus

●Busse zu Zielen außerhalb der Provinz Chiang Mai fahren ab der **Arcade Bus Station** (Tel. 053-242664) im Nordosten der Stadt ab. Die folgenden Preise in Baht gelten für Normal-/A.C.-Busse, eventuell zweiter bis erster Klasse/dazu eventuell V.I.P.-Busse: Bangkok 374/481/561/745, Chiang Rai 94/169/225, Khon Kaen 260-364/405/468/524, Khorat 430/437/510, Lampang 36/85, Lamphun 15/-, Mae Hong Son (über Pai) 145/216, Mae Hong Son (längere Strecke über Mae Sariang) 285, Mae Sariang 78/140, Mae Sot 134/241, Nan 137/239/308/380, Pai 60/80 Baht, Phayao 77/108/139, Phrae 79/111, Phitsanulok 120/216, Sukhothai 177, Udon Thani 270/378/486/567.

●Busse nach **Lamphun** fahren auch von einer Haltestelle an der Nawarat-Brücke ab. Siehe „Anreise“ Lamphun.

●Busse ab der **Chang Phueak Bus Station** nördlich des Stadtgrabens (Chotana Rd., Tel. 053-211586) fahren zu Zielen innerhalb der Provinz Chiang Mai. Preise in Baht: Chiang Dao 40/-, Fang 80/120, Mae Taeng 20/-, Thaton 90/-.

Mit dem Zug

●Per **Bahn** geht es nur noch zurück in Richtung Bangkok, über Lamphun, Lampang, Den Chai, Uttaradit, Phitsanulok, Nakhon Sawan, Lopburi und Ayutthaya. Einige der Züge halten jedoch nicht in allen diesen Orte. Abfahrt der Züge in Chiang Mai (in Klammern die Ankunftszeit in Bangkok) um 6.45 (20.30), 8.30 (20.20), 15.40 (5.55), 16.30 (6.15), 17.50 (6.25), 21.00 (9.00)und 21.50 (11.40) Uhr.

Mit dem Flugzeug

- Für **Flüge** ab Chiang Mai gelten ebenfalls dieselben Preise wie bei der Anreise. Das Büro der Thai Airways befindet sich in der 240 Phra Pokklao Road, Tel. 053-920920. Flughafen Tel. 053-277900. Das Stadt-Office ist von 8.00-17.00 Uhr geöffnet, danach können noch Buchungen oder Terminänderungen am Schalter der Thai Airways im Flughafen vorgenommen werden.
- Es gibt auch einige **internationale Verbindungen ab Chiang Mai,** so nach Kunming (mit Thai Airways) und Jinghong (Bangkok Airways) in China, Rangoon (oder Yangon, wie es jetzt offiziell heißt) und Mandalay (Air Mandalay), Vientiane (Lao Aviation), Kuala Lumpur (Malaysian Airlines, Air Asia) und Singapur (Silk Air, Tiger Air). Thai Airways fliegt auch 7-mal die Woche nach Frankfurt, 3-mal die Woche nach Narita (Japan) und 3-mal die Woche nach Chittagong in Bangladesch.
- Um zum Flughafen zu gelangen, kann man sich von einem **Airport-Taxi** im Hotel abholen lassen. Tel. 053-270222, den *operator* nach der *extension* (auf Thai *thor*) 2134 fragen. Preis 120 Baht. **Songthaews** ab der Innenstadt zum Flughafen kosten ca. 100 Baht. Viele der besseren Hotels haben einen kostenlosen Transferservice zum/vom Flughafen.

Bor Sang

บ่อสร้าง

9 km südöstlich von Chiang Mai liegt das bekannte **„Dorf der Schirme“,** in dem in traditioneller Handarbeit bunte, dekorative Schirme hergestellt werden. Diese sind jedoch eher fürs Auge gedacht als zum täglichen Gebrauch. Ein lohnender Ausflug insbesondere für Fotografen, da es mächtig bunt zugeht.

Anreise

- **Busse** nach Bor Sang fahren alle 15 Minuten von der Charoen Muang Road/Ecke Bamrungraj Road, östlich der Nawarat-Brücke ab. Kostenpunkt 15 Baht, Fahrzeit 15 Min.

San Kamphaeng

สันกำแพง

4 km südöstlich von Bor Sang liegt San Kamphaeng, wo Baumwoll- und Seidenstoffe gewebt werden. Der Webeprozess kann in den Betrieben beobachtet werden, und die Waren werden entlang der Hauptstraße verkauft – zu touristischen Preisen allerdings.

Anreise

- Die **Busse** von Chiang Mai nach Bor Sang fahren weiter in dieses Dorf. Mehrkosten drei Baht, Mehrzeit: zehn Minuten.

Tambon Thep Sadet

ตำบลเทพเสด็จ

Der Tambon („Unterbezirk“) Thep Sadet, ca. 50 km nordöstlich von Chiang Mai gelegen, bietet **großartige Naturszenerien,** die man so nahe an Chiang Mai kaum für möglich hält. Es finden sich hier sattbewaldete Berge und Täler, dazu dichter Dschungel und malerische kleine Flüsse. An Fauna gibt es Wildschweine, Schlangen und vor allem viele Vögel. Erstaunlicherweise hat der Tourismus bisher noch keinen Einzug gehalten, er soll in den nächsten Jahren jedoch zunehmend gefördert werden.

Tambon Thep Sadet gehört zu den ärmsten Landstrichen in der Provinz

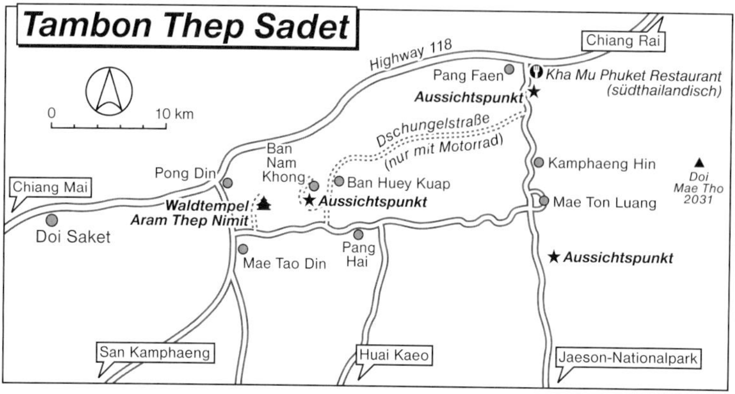

Chiang Mai, das Haupteinkommen stammt vom Anbau von *miang*, einer Pflanze, die zu einem leicht stimulierenden Tee verarbeitet wird. Die Blätter werden auch gekaut (oft zusammen mit Salz, um den herb-sauren Geschmack zu neutralisieren), was ebenfalls eine leicht belebende Wirkung hat. An zweiter Stelle steht der Anbau von Kaffee.

Die Region ist ausgezeichnet für eine **Tagestour von Chiang Mai** geeignet, man könnte aber auch länger dort verweilen (nachts ist es sehr kalt – Jacke und Pullover mitbringen!). Mit etwas Abenteuerlust lassen sich sehr lohnenswerte Touren unternehmen; dazu biege man am besten von den Hauptstraßen in die kleinen Seitenwege ab. Besonders schöne Szenerien ergeben sich in der Umgebung der Dörfer Ban Huey Kuap, Mae Ton Luang und Kamphaeng Hin.

Von **Kamphaeng Hin** führt ein 6 km langer Weg zum **Phu Lanka oder Doi Mae Tho,** dem mit 2.031 m fünfthöchsten Berg Thailands. Der Berg befindet sich im Grenzgebiet der Provinzen Chiang Rai, Chiang Mai und Lampang, und vom Gipfel erhält man einen überwältigenden Fernblick über die Region. Die letzten 4 km der Strecke müssen zu Fuß zurückgelegt werden. Der Aufstieg ist sehr anstrengend und nur Leuten mit guter Kondition zu empfehlen. Etwas unterhalb des Gipfels findet sich eine Stelle, die sich zum Zelten eignet; auf dem Gipfel selber ist es zu windig. Es waren einmal Pläne im Gespräch, auf dem Gipfel ein Resort anzulegen, samt einer Seilbahn, die dahinführen sollte. Wann oder ob etwas daraus etwas werden wird, ist jedoch sehr fraglich.

Nach **Ban Huey Kuap** gelangt man über einen Dschungelweg (nur mit Jeep oder Motorrad befahrbar), der 2,3 km westlich von Pang Hai von der Hauptstraße in nördlicher Richtung abbiegt; ab der Abzweigung sind es

5 km bis Ban Huey Kuap. Ringsum findet sich wahrer Bilderbuch-Dschungel, das Dorf Ban Huey Kuap besteht allerdings nur aus einem halben Dutzend verlassen wirkender Häuser. Westlich davon liegt Ban Nam Khong; auf dem Weg dorthin passiert man einen Aussichtspunkt, der einen wunderbaren Rundblick über mehrere Bergzüge bietet.

Information

Da selbst das beste Kartenmaterial über die Gegend nicht viel hergibt, könnte ein Besuch in der Tambon-Verwaltung nützlich sein. Sie befindet sich in **Pang Hai** (49 km von Chiang Mai), direkt links neben dem Utthayan Thep Sadet Resort (s.u.).

Die Angestellten können zwar nicht viel Englisch, bemühen sich aber redlich, behilflich zu sein. Vorhanden sind ein paar Skizzen und Karten, anhand derer man sich die Fahrwege erklären lassen kann.

Unterkunft

- In Pang Hai steht das aus Holz gebaute **Pang Hai Mountain Resort*****-**** (Ausschilderung nur in Thai), rustikal-gemütliche Zimmer mit Bad. Hinter der Anlage plätschert ein romantischer kleiner Bach, und noch weiter dahinter befindet sich ein Hügel, der ebenfalls noch zum Resort gehört und den man besteigen kann. Nachts sieht man von dort die Lichter von Chiang Mai. Im Haus befindet sich ein leider stark überteuertes Restaurant und es empfiehlt sich, Nahrungsmittel aus Chiang Mai mitzubringen. Am Ort selber gibt es nur noch einen kleinen Teeladen, der auch ein paar Snacks verkauft (schräg gegenüber dem Resort an der Straße). Per eigenem Fahrzeug ist Tambon Thep Sadet aber auch gut in einem Tagesausflug besuchbar. Das Resort befindet sich aus Chiang Mai kommend an der rechten Straßenseite, ca. 200 m westlich von dem kleinen Wat im Ort.

Anreise

- Am besten mit dem **Mietfahrzeug.** Von Chiang Mai fahre man zunächst über Highway 118 in Richtung Chiang Rai bis Pong Din (33 km). Es bietet sich ein Besuch des am Wege befindlichen Wat Doi Saket an (18 km von Chiang Mai), er steht auf einem Hügel (daher schon von weitem sichtbar) und weist einen hohen weißen Chedi (burmesischer Stil) und eine überdimensionale Buddha-Figur auf.

  Bei Pong Din biege man rechts (südlich) in die Straße 1317 ein. Nach 5,5 km erreicht man nahe dem Dorf Mae Tao Din eine Kreuzung. Hier biege man links ab (östlich), und nach 10,5 km erreicht man das oben beschriebene Resort in Pang Hai (Ausschilderung z.Zt. nur in Thai).

  Wer nur einen Tagesausflug ab Chiang Mai plant, sollte die folgende Strecke fahren: Chiang Mai - Pong Din - Mae Tao Din - Pang Hai - Mae Ton Luang - Kamphaeng Hin - Pang Faen und von dort über Highway 118 zurück nach Chiang Mai. Gesamtstrecke 125 km, Fahrzeit mit Stopps ca. 6 Std.
- Mit **öffentlichen Verkehrsmitteln** ist die Anfahrt sehr umständlich. Von Chiang Mai müsste man zunächst per Songthaew oder Tuk-Tuk nach Doi Saket fahren (von einem Haltepunkt an der Kaew Nawarat Rd., etwas östlich der Nawarat-Brücke). Von dort könnte man per Motorrad-Taxi weiterkommen (ca. 300 Baht bis Pang Hai); außerdem fahren einige wenige Schul-Songthaews, die neben Schülern auch normale Passagiere mitnehmen (meist nachmittags; 40 Baht bis Pang Hai).

Weitere Ausflugsmöglichkeiten

2 km östlich des o.g. Resorts gibt es eine Abzweigung von der Straße in südlicher Richtung; biegt man hier ein, durchfährt man bald eine wunderschöne, bergige Dschungellandschaft. Die Straße endet im Bereich der Ortschaft **Huai Kaeo,** von der aus man

weiter in Richtung Mae Takhrai Forestry Park fahren könnte.

Die Hauptstraße von Mae Tao Din nach Pang Hai führt weiter östlich zum **Jaeson National Park,** einem weiteren dichten, einsamen Waldgebiet (Strecke teilweise sehr schlecht).

Lamphun

ลำปาง

Der Ort befindet sich 26 km südlich von Chiang Mai und ist eine erholsame Kleinstadt (25.000 Einwohner) mit aufregender Geschichte. Die Stadt, ursprünglich *Haripunjai* genannt, wurde 660 von dem legendären Einsiedler *Suthep* aus dem Volk der Lawa begründet. Er lud *Chama Devi,* eine Mon-Prinzessin aus Lopburi ein, ihre erste Königin zu werden. Bis zum Ende des 13. Jh. wurde der Ort nun von einer Reihe von Mon-Herrschern regiert, die ihn zum mächtigsten und fortschrittlichsten in ganz Nordthailand machten.

1275 entsandte König Mengrai seinen Spionagemeister *Ai Fa* nach Haripunjai, um eine Methode ausfindig zu machen, die Stadt zu erobern. *Ai Fa* entpuppte sich als genialer Agent: Innerhalb von sechs Jahren wurde er Stadtschreiber, dann Verteidigungsminister und schließlich gar Vizekönig. Er erhöhte die Steuern, kürzte die Verteidigungsausgaben und verschleuderte Gelder in sinnlosen Projekten. Als die Stadt bankrott und die Bevölkerung bereit zur Revolte war, hatte *Ai Fa's* Mission ihr Ziel erreicht – 1281 griff König *Mengrai* die verteidigungsunfähige Stadt an und nahm sie im Handstreich.

Die Hauptattraktion ist **Wat Phra That Haripunjai,** ein weitläufiger Tempelkomplex, dessen Bau 1044 begonnen wurde. Der Mittelpunkt des Wats ist ein goldener Chedi, um den gangähnliche Absperrgitter angelegt sind. Frauen müssen sich damit abfinden, dass es ihnen nicht gestattet ist, das Absperrgitter zu passieren. Der Wat wird kaum von Touristen besucht, es ist hier friedlich und entspannend.

Lamphuns andere Attraktion ist **Wat Ku Kut** an der Westseite der Stadt. Der Tempel stammt aus dem 8. Jh. und besitzt einen pyramidenförmigen Chedi im späten Dvaravati-Stil und einen achteckigen Chedi aus dem 10. Jh.

Wie Chiang Mai ist Lamphun von einem Stadtgraben umgeben, dessen Ausmaße zwar weit bescheidener sind, der dem Ort aber einen idyllischen Reiz verleiht.

Nicht weit von Wat Haripunjai befindet sich ein kleines **Museum,** das Funde aus der Region ausstellt. Geöffnet Mi-So 9.00-12.00 und 13.00-16.00 Uhr, 30 Baht.

Etwa 2 km östlich von Wat Haripunjai steht der ruhige **Wat Phra Yeun** zu dem von Wat Haripunjai aus eine ländlich anmutende Straße führt. Wat Phrayun weist einen auf einem klobigen, hohen Sockel gesetzten Chedi aus dem Jahre 1900 auf. Dieser ersetzte einen Mondop, den 1369 König *Ku Na* gebaut hatte. Die Tempelanlage ist vielleicht nicht gerade ein Architekturwunder, die idyllische Umgebung macht den Besuch dennoch lohnend.

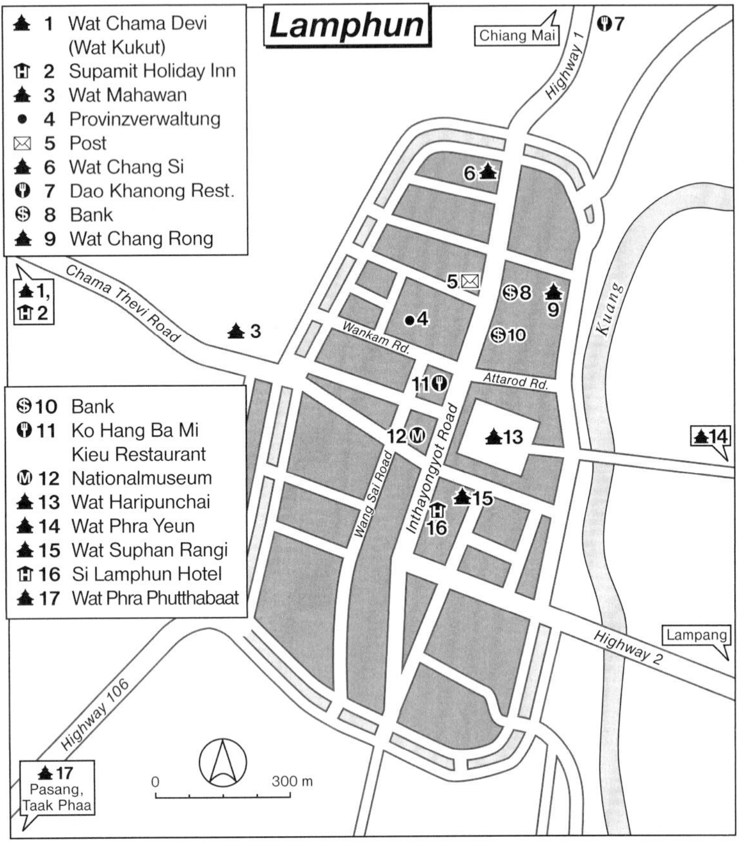

Unterkunft

●Das direkt in der Innenstadt gelegene **Si Lamphun Hotel***-** (Tel. 053-511176) hat abgetakelte Zimmer mit Bad und wird nur geringsten Ansprüchen gerecht

●Gegenüber von Wat Chama Devi befindet sich das weit bessere **Supamit Holiday Inn** **-*** (Chama Devi Rd., Tel. 053-534865), ein modernes Haus mit sauberen Zimmern mit Bad, in den höheren Preislagen auch mit A.C. Dies ist im Grunde die einzig zu erwägende Wohnoption in der Stadt. Angeschlossen ist ein recht gutes Restaurant.

Essen

●Bei den Einheimischen sehr beliebt ist das **Dao Khanong** an der Charoenrat Road, ca. 1 km nördlich der Innenstadt. Es gibt leckere nordthailändische Gerichte.

- Das **Ko Hang Ba Mi Kieu** an der Inthayongyot Rd. ist leider nicht auf Englisch ausgeschildert, serviert aber gute Nudelgerichte.

Anreise

Alle 15 Minuten fahren von der Nawarat-Brücke in Chiang Mai (Südostseite) **Busse** nach Lamphun für 15 Baht. Die Fahrt führt durch eine herrliche Allee mit hohen Yang-Bäumen (aus der Familie *Dipterocarpus*), denen aus Respekt zum Teil orange Tücher umgebunden sind, und dauert ca. 40 Min. Vor einigen Jahren sollten die Bäume abgeholzt werden, um die schmale Straße zu verbreitern, dagegen regte sich jedoch heftiger Protest. Von der Arcade Bus Station fahren etwa alle 30 Minuten Busse über eine neue Strecke. Sie ist nicht so schön und die Busse stellen den Verkehr am Nachmittag ein.

Es gibt auch einen direkten **Bus ab Bangkoks** Northern Bus Terminal, Kostenpunkt 518 Baht (A.C.).

- **Busse ab Lampang** kosten 28 Baht.

Ban Tha Kam
บ้านท่าค้ำ

Ban Tha Kam, ca. 10 km westlich von Lamphun und 32 km südlich von Chiang Mai, ist ein auf den ersten Blick unscheinbares, typisches nordthailändisches Dorf, blickt aber auf eine sehr lange Geschichte zurück: Von ca. 650 bis 1292 war Ban Tha Kam eine florierende Stadt – die damals Phan Na Tha Kan oder Wieng Tha Kan hieß – die aufgrund der burmesischen Invasionen aber aufgegeben wurde. Im 18. Jh. besiedelte König *Kawila* die Stadt neu, wozu er Mitglieder der Thai Lue aus der Stadt Yong (im heutigen Shan-Staat in Myanmar) anwarb. König *Mengrai* von Chiang Mai (13. Jh.) soll im Ort einem Ableger des heiligen Baumes in Anuradhapura (Sri Lanka) gepflanzt haben.

Ausgrabungen in Ban Tha Kam haben zwei Chedis aus der Haripunjai-Periode und einige stark beschädigte Buddha-Figuren in Dvaravati-Stil zu Tage gebracht; diese wurden so gut wie möglich restauriert. Übrig sind auch noch Ruinen der alten Stadtwälle und des Stadtgrabens.

Unterkunft

Eine ungewöhnliche Unterkunftsmöglichkeit bietet sich etwas südlich des Ortes San Pa Thong, ca. 3 km von Ban Tha Kam entfernt. Das **Kao Mai Lanna Resort**LLL (Tel. 053-834470 bis 5, Fax 053-834480 www.kaomailanna.com) ist eine sehr gemütliche, mit viel Teakholz ausgestattete und im traditionellen Nord-Stil gehaltene Unterkunft; die 36 Zimmer des Hauses sind in achtzehn umgebauten Scheunen untergebracht, in denen einst der in der Umgebung angebaute Tabak getrocknet wurde. In der Umgebung von Chiang Mai gab es einst fünfzig große Tabak-Anbauer. Aufgrund billiger Importe aus Südchina ist die Tabak-Industrie in Nordthailand jedoch fast gänzlich zum Erliegen gekommen. Dem Resort ist ein sehr gutes Restaurant angeschlossen, Spezialität nordthailändische Küche.

Anreise

Das Kao Mai Lanna Resort ist am leichtesten von Chiang Mai aus zu erreichen. Es liegt an der Straße Chiang Mai – Hot (Route 108), ca. 29 km südlich von Chiang Mai. Vom Chiang Mai Gate nehme man einen der gelben Busse in Richtung Chom Thong; Kostenpunkt bis zum Resort 15 Baht. Von hier kann man gut bis Ban Tha Kam laufen, oder man versuche, in San Pa Thong ein Songthaew zu ergattern, das über Route 1015 in Richtung Lamphun und Ban Tha Kam fährt.

Ab Lamphun fahre man per Songthaew die Route 1015 in westliche Richtung; bis Ban Tha Kam sind es ca. 10 km.

Sehenswertes an der Route 1096

Die exzellent ausgebaute Route 1096 ab **Mae Rim** (nördlich von Chiang Mai) führt durch das malerische **Mae Sa Valley** und stellt eine der besten Ausflugsmöglichkeiten von Chiang Mai aus dar. An den folgenden Highlights kommt man vorbei:

Km 1,5: Links nach **Sainamphung Orchid and Butterfly Farm** einbiegen. 1 km weiter die Straße entlang findet sich das **Mae Rim Lagoon Hotel******-LLL (Tel. 053-297288), gelegen an einem kleinen See. Es hat 30 Zimmer und ein sehr gutes Restaurant; Bootstouren können organisiert werden. Etwas weiter in Fahrtrichtung wird ein Luxushotel stehen.

Km 3: Mae Sa Snake Farm, angeblich Thailands größte Schlangenfarm, mit Giftabnahme-Shows etc.

Unmittelbar angrenzend findet sich das **Regent Resort Chiang Mai,** eine der besten und teuersten Unterkünfte der Gegend. Die stilvoll eingerichteten Holzbungalows sind von einer weiträumigen, gepflegten Anlage umgeben (siehe Unterkunft, Chiang Mai).

Km 4: Wer nach den Schlangen das völlige Abenteuer braucht, kann einen **Bungee-Jump** (weitere Informationen unter 053-298442) absolvieren. Tgl. 9.00-18.00 Uhr. Gleich nebenan ist das **Monkey Centre,** wo Affen für Entgelt Fahrrad fahren und Unsinn treiben. Affen-Shows tgl. 11.00-16.15 Uhr.

Km 4,5: Mae Sa House, ein geräumiges Teak-Haus, in dem Ausstellungsstücke und Kuriositäten zu sehen sind; die ältesten sind ca. 5000 Jahre alt. Das Haus ist von einem Orchideengarten umgeben.

Km 4,8: Mae Sa Valley Orchid and Butterfly Farm. Es gibt zahlreiche Orchideenarten zu sehen, und Zuchtmethoden werden demonstriert; die Schmetterlingsfarm ist weniger beeindruckend.

Km 6: Rechtseinbiegen, wo man nach 7 km den kleinen, von Dschungel umgebenen **Tark Mork Waterfall** erreicht. Picknick-Möglichkeiten vorhanden.

Km 7: Mae Sa Waterfall (Parken 30 Baht). Ein sehr beliebtes Ausflugsziel für Einwohner von Chiang Mai oder Bangkok. Der sehr schöne Wasserfall stürzt sich über 10 Stufen in die Tiefe. Ein 3 km langer Spaziergang führt vom Parkplatz aus durch eine dichtbewachsene Schlucht; am Wege finden sich einige idyllische Picknick-Plätze.

Km 8: Tan Tong Restaurant & Gardens. Sehr gutes Thai-Essen zu vernünftigen Preisen, umgeben von einem herrlichen tropischen Garten. Zur Übernachtung stehen ruhig gelegene Bungalows zur Verfügung.

Km 9,5: Rin Garden Resort. Angenehme, von Parklandschaft umgebene Bungalows, am Ufer eines Flusses. Preiswertes Restaurant.

Km 10: Mae Sa Elephant Camp. Tgl. 9.40-10.30 Uhr und 13.30 Elefanten-Shows. Eintritt 40 Baht. Elefantenritte zu jeder Tageszeit, 600 Baht ½ Stunde.

Km 13: Mae Sa Valley Resort****-LLL (053-290051). Attraktive und komfortable Bungalows, umgeben von einem weit auslaufenden Garten mit tropischen Bäumen und Blumen. 44 Zimmer, dazu ein sehr gutes Restaurant. Elefantenreiten.

Km 16: Pongyang Resort****-LLL (Tel. 053-879151). Nach dem Regent Resort ist dies wohl die beste Unterkunft im ganzen Tal. Komfortable Bungalows, gelegen in einem schmalen Tal voll satter Vegetation. Dazu ein ausgezeichnetes Restaurant mit zentral- und nordthailändischer Küche; aber mit westlichem Frühstück.

Km 17: Pongyang Village. Ein kleines Dorf samt Tempel. Die Straße zur rechten führt nach 6 km hinauf nach Nong Hoi, einem malerischen Hmong-Dorf mit einer gut besuchten Schule; die Kinder tragen traditionelle Hmong-Kleidung; Besucher sind willkommen.

Km 18: Rechts einbiegen zum **Erawan Resort*****-LLL (Tel. 053- 879082-3), dem ältesten Resort des Tales. Elf Zimmer und ein mäßiges Restaurant, umgeben von einem großen Park, der sich um einen See erstreckt.

Km 20: Links einbiegen zum **Kangsadal Resort**LLL (Tel. 053-879612) (1 km), mit seinen Chalets und Blockhütten, die an einen steilen Hügel gebaut sind. Insgesamt 12 Zimmer ab 2.800 Baht und gutes Restaurant.

Km 25: Von hier an ergeben sich auf einer Strecke von 5 km großartige Ausblicke in Richtung Mae Hong Son.

Km 32: Kreuzung mit der Hang Dong-Samoeng Road (Route 1269) und Ende des Mae Sa Valley. Rechts nach **Samoeng** einbiegen (5 km), wo ein paar einfache Restaurants und Unterkünfte zur Verfügung stehen.

Links herum geht es über Hang Dong (Route 1269) zurück nach Chiang Mai (45 km). Auch diese Strecke hat reichlich Naturschönheiten zu bieten. Eine Seitenstraße der Route 1269 führt zu dem in einem bezaubernden kleinen Tal gelegenen **Baan Pang Yang Resort.** Die Abzweigung liegt an der rechten Straßenseite (von Chiang Mai aus kommend, Entfernung ca. 30 km, kleiner Schilderwald in Thai; von dort noch knapp 2 km). Das Resort besteht größtenteils aus stilvollen, kleinen Häusern, die sich wohlhabende Thais als Wochenend-Wohnung erworben haben – zu Preisen um die 10 Millionen Baht. Es gibt aber auch ein Gebäude, in dem Zimmer tageweise vermietet werden (***). Die Zimmer haben Bad, sind sehr geräumig und unter Verwendung von viel Holz eingerichtet worden. Die Natur ringsum ist schlichtweg atemberaubend. Eine der allerschönsten Wohnmöglichkeiten in Nordthailand!

Da es in der Umgebung nur ein paar sehr einfache Esshütten gibt, sollte man sich Nahrungsmittel selber mitbringen; Kochgelegenheit und Kühlschrank sind vorhanden. Auf Wunsch ordert das Unternehmen eine Angestellte ab, die dann aus dem Mitgebrachten eine Mahlzeit zubereitet (gegen ein kleines Trinkgeld). Die direkte Entfernung von Chiang Mai über die Route 1269 beträgt ca. 30 km.

Pa-Sang
ป่าซาง

Pa-Sang liegt 12 km südwestlich von Lamphun. In diesem Dorf wurden bis in die jüngste Vergangenheit hochgeschätzte Baumwollstoffe gewebt. Die Stoffe und Kleidungsstücke können zwar noch entlang der Hauptstraße durch Pa-Sang, nahe dem kleinen Markt, gekauft werden, hergestellt werden sie aber in umliegenden Dörfern wie Baan Nong Nguak. Dieses Dorf liegt etwa 10 km südwestlich von Pa-Sang (8 km die Hauptstraße entlang, dann weitere 2 km der ausgeschilderten Abzweigung folgen).

Anreise

Vom Südende der Thanon Intha Yongyod in Lamphun fahren **Songthaews** für 8 Baht nach Pa-Sang, zurück dann am besten von dem kleinen Markt an der Hauptstraße. Von der Arcade-Busstation in Chiang Mai fahren alle 18 Min. **Busse** zu 15 Baht nach Pa-Sang; Zusteige-Möglichkeit auch an der Nawarat-Brücke. Fahrzeit ca. 50 Min.

Wat Phra Phutthabaat Taak Phaa

Dieser interessante Tempel befindet sich 18 km von Lamphun und 7 km von Pa-Sang entfernt. Er ist zu einem Teil zu ebener Erde gebaut, zum anderen hoch auf einem Hügel. Unten ist in einem Schrein ein Fußabdruck des Buddhas oder *phuttabaat* zu sehen.

Vorbei an zahlreichen wie Bungalows aussehenden Mönchsunterkünften gelangt man zu den Stufen, die den

Hügel hinaufführen – insgesamt sind es 467 Stufen, mehr als in Doi Suthep. Der Ausblick von oben ist die Mühe aber wert, vor einem breitet sich ein Tal aus, und in der Ferne sieht man die Berge in Richtung Doi Inthanon.

Ein Schrein hier ist dem hochverehrten Mönch *Luang Por Phromma* geweiht, der vor einigen Jahren starb. Zu den Totenriten kamen 60.000 Menschen. Später wurde der Ort zum Drehort für eine Szene in „Rambo 3", in der *Sylvester Stallone* auf einem neueren Schrein sein Glück als Dachdecker versucht – um kurz darauf nach Afghanistan abberufen zu werden.

Anreise

Zur Anfahrt nehme man ein **Songthaew** ab Pa-Sang, von wo die Songthaews am Highway Nr. 106 nach 6 km in die Straße in Richtung Ban Nong Nguak abzweigen. Ab der Abzweigung ist es noch ein Kilometer bis zum Tempel. Songthaew-Kosten ca. 20 Baht. Ab dem Parkplatz am Tempel fahren Songthaews über eine Straße zum Gipfel.

Mae Sa Valley

แม่สา

Das gesamte Mae-Sa-Tal, ca. 30 km nördlich von Chiang Mai, liegt an einer 80 km langen Ringstraße (Route 1096/1269), die um die **Nationalparks** von Doi Suthep und Doi Pui herumführt. An der gut ausgebauten Strecke findet sich eine Reihe von Sehenswürdigkeiten, die per Mietfahrzeug leicht in einem Tagesausflug besucht werden können. Nach Durchkreuzung des Tales führt die Straße den Doi Pui hinauf, von wo sich ausgezeichnete Ausblicke auf das Bergmassiv zwischen Mae Sa und Mae Hong Son ergeben.

Am Ende des Tales kann man entweder auf demselben Wege zurück nach Chiang Mai fahren, oder aber über **Samoeng** zurückkehren, ein wunderschön gelegenes Dorf mit Unterkünften und kleinen Restaurants. (Anreise nach Samoeng siehe dort.)

Hinter Samoeng führt die Straße südlich des Doi Pui National Park durch die Dörfer Mae Kanin und Mae Ha. Bei km 41 trifft die Straße auf den Highway 108 bei Hang Dong; von dort sind es noch ca. 20 km bis Chiang Mai.

Das Mae Sa Valley bietet neben wunderbarer Natur auch eine Reihe touristischer Einrichtungen. An Wochenenden werden viele jedoch von einheimischen Besuchern überlaufen, und mit der Ruhe ist es oft vorbei. Wer die gesamte Strecke abfahren möchte, sollte dafür in etwa 3 Std. einkalkulieren.

Anreise

Zur Anfahrt eignet sich am besten ein **Mietfahrzeug;** öffentliche Verkehrsmittel fahren bis Mae Rim (20 km ab Chiang Mai), von dort könnte man versuchen, per Lastwagen oder dem gelegentlichen Songthaew weiterzukommen. In den Reisebüros lassen sich **Tagestouren** durch das Tal buchen, Kostenpunkt ca. 800 Baht/Person. Für ca. 300 Baht/Person kann man auch einen Songthaew für eine halbtägige Tour durch das Tal mieten.

Unterkunft

Im Tal gibt es zahlreiche gute, nett angelegte Resort-Unterkünfte.

Samoeng

สะเมิง

Der winzige Ort Samoeng (etwa 1.000 Einwohner) ist einer der am schönsten gelegenen Orte Nordthailands, und es drängen sich Vergleiche mit dem weitaus bekannteren (aber auch größeren) Mae Hong Son auf. So ist es auch mehr als verwunderlich, dass Samoeng touristisch bisher kaum „entdeckt" ist. Derzeit ist der Ort noch ein echter Geheimtipp. Wer eine **großartige Landschaft** sucht und viel Ruhe, ist hier an der richtigen Stelle.

Samoeng befindet sich ca. 50 km westlich von Chiang Mai und ist von dort aus sehr gut über die Straßen Nr. 1096 (über Mae Rim) oder 1269 (über Hang Dong) zu erreichen. Der Ort liegt in einem fruchtbaren, von dicht bewachsenen Hügeln umgebenen Tal und besteht fast ausschließlich aus **malerischen alten Holzhäusern.** Der Beton-Boom, der weite Teile Thailands erfasst hat, hat hier glücklicherweise noch nicht Einzug gehalten.

Die Vegetation um Samoeng ist satt und vielfältig und erinnert eher an Südthailand als an den Norden. Neben Bananen, sonstigem Obst, Blumen und allerlei Gemüse wachsen hier auch sehr schmackhafte Erdbeeren, angeblich die besten Nordthailands.

Die atemberaubende Berglandschaft lädt zu ausgedehnten **Wanderungen** ein. Wer es ganz besonders abenteuerlich haben möchte, kann von Samoeng aus per Songthaew in südliche

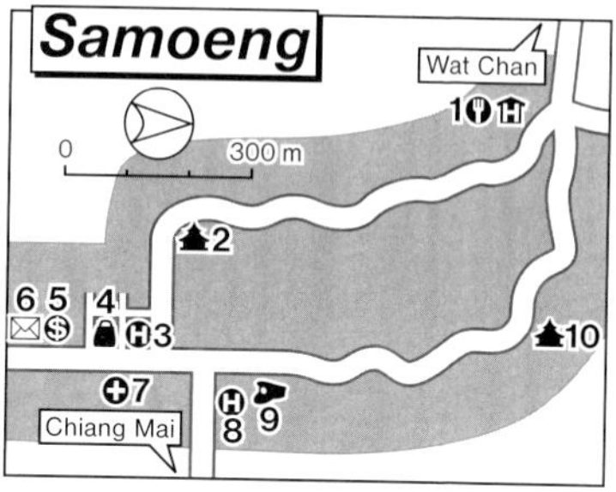

1 Samoeng Resort + Restaurant
2 Wat Tha Sala
3 Songthaews n. Bo Kaeo, Wat Chan
4 Markt
5 Bangkok Bank
6 Post
7 Krankenhaus
8 Songthaews nach Chiang Mai
9 Polizei
10 Wat Samoeng

Richtung nach **Mae Hia** fahren (16 km), einem kleinen Karen-Dorf (nur ca. zwei Songthaews pro Tag). Die Fahrt führt durch dichten Dschungel, und man könnte eigentlich irgendwo entlang der Strecke aussteigen und loswandern. Alternativ zu den Songthaews bietet sich für die Fahrt nach Mae Hia ein Miet-Jeep an (zu mieten in Chiang Mai). Die Dschungel-Straße endet ca. 1½ km südlich von Mae Hia, etwa 2 km vor dem Karen-Dorf Mae Lan Kham. Wer dorthin will, muss laufen.

Einen Besuch wert ist auch die ca. 3 km westlich des Samoeng Resort gelegene, von wilder Landschaft umgebene **Mae-Sap-Höhle,** an der sich ein kleines Tempelgebäude befindet. Sie befindet sich nur ein paar Meter abseits der Straße nach Tha Yao.

Unterkunft

Es lassen sich ab 1000 Baht/Monat oft ganze Häuser anmieten; man frage diesbezüglich vor Ort nach.

- Das **Samoeng Resort*****-LLL besteht aus einer ausgedehnten und gepflegten Gartenanlage mit Bungalows und Häusern in verschiedenen Größen; für 100 Baht gibt es ein 2-Pers.-Zelt zu mieten. Buchungen unter Tel. 053-487072-4, Fax 053-487075.

Essen

Das beste Essen bietet das rustikal aufgemachte **Restaurant des Samoeng Resort.** Ansonsten gibt es einige sehr preiswerte, unausgeschilderte Restaurants nahe dem Markt. Hier werden noch Curries ab 5 Baht angeboten, eine Seltenheit heutzutage in Thailand. Auf dem kleinen Markt des Ortes gibt es Curries, Obst und Süßigkeiten.

Anreise

Per Songthaew ab dem Nakorn Ping-Markt in Chiang Mai zu 30 Baht, dazu fahren einige Songthaews ab dem Chang Phueak Gate. Ansonsten per Mietfahrzeug.

Weiterreise

Mit öffentlichen Verkehrsmitteln wäre eventuell die Weiterfahrt zur Ortschaft **Wat Chan** (97 km) zu erwägen. Dorthin fahren Songthaews zu 110 Baht, Abfahrt ca. 10.30 und 12.30 Uhr; die Songthaews kommen vom Chang Phueak Gate in Chiang Mai und legen in Samoeng einen Halt ein. Von Wat Chan fahren Songthaews weiter nach **Pai** (ca. 60 km). Zwar könnte man auf bequemerem Wege nach Pai gelangen (über Chiang Mai), doch die obige Strecke ist sehr sehenswert. Da die Routen nur von wenigen Songthaews befahren werden und es mit den Verbindungen eventuell nicht immer klappt, wäre ein eigenes Fahrzeug auf jeden Fall vorzuziehen.

Mit eigenem Fahrzeug könnte man auch über eine noch andere Route nach Pai gelangen: Von Samoeng fahre man zunächst 15 km in westliche Richtung bis zum Dorf **Mae Khan.** Bei Mae Khan schert die Straße rechts aus und mutiert sogleich zu einer staubigen Holperpiste. Über diese erreicht man nach 80 km **Pa Pae** am Highway 1095. Hier biege man links ein und fahre weiter bis Pai (67 km). Fahrzeit Samoeng – Pai (162 km) ca. 5 Std.

Die Strecke zwischen Mae Khan und Pa Pae ist zum Teil sehr malerisch, vor allem die zweite Hälfte zwischen der Ortschaft Yang Moen und Pa Pae. Hier passiert man hohe, sattbewachsene Berge sowie das eine oder andere hübsch gelegene Bergdorf. Ein Großteil der Bevölkerung in der Gegend sind Karen. Entlang der Straße ergeben sich zahlreiche unausgeschilderte Abzweigungen, und man tut gut daran, an jeder nach dem Weg nach Pa Pae zu fragen.

Mae Wang

แม่วาง

Etwa 40 km südwestlich von Chiang Mai, an Straße Nr. 1013, befindet sich der hübsche kleine Ort Mae Wang, gelegen am schmalen Wang-Fluss. Abseits der Straße finden sich einige Häuser, die sich wohlhabende Bewohner von Chiang Mai als Wochenend-Refugium haben errichten lassen.

Fünf Kilometer weiter westlich findet sich ein **Elefanten-Camp,** an dem Elefanten zu Ritten durch die hügelige und bewaldete Umgebung gemietet werden können. Ein Ausflug von 1 Std. kostet 300 Baht, was preiswerter ist als im bekannteren Elephant Camp von Mae Sa bei Chiang Mai.

Weiterhin wird **Rafting auf Bambus-Flossen** über den Wang-Fluss angeboten (250 Baht/Std).

Anreise

Vom Chiang Mai Gate in Chiang Mai nehme man ein Songthaew nach Ban Kat an der Straße Nr. 1013. Von dort fahren Pick-Up-Trucks oder Songthaews die restlichen paar Kilometer zum Elephant Camp und dann weiter in westlicher Richtung die Straße 1013 entlang. Günstiger ist jedoch die Anreise per Mietfahrzeug.

Wer mit einem gemieteten **Jeep** anreist, könnte auf den Elefantenritt einen abenteuerlichen **Ausflug** folgen lassen: Man fahre die Straße Nr. 1013 bis zu ihrem westlichen Ende in Huai Thong entlang und biege dort rechts in Richtung Mae Hae und Bo Kaeo ein. Dabei passiert man großartige Berglandschaften, die von Karen und Hmong bewohnt werden. In der Gegend um Mae Hae und Bo Kaeo wird die Straße zu einem staubigen Holperpfad und ein Jeep ist das einzig brauchbare Verkehrsmittel. Bei Huai Mana biege man wieder rechts ab und fahre weiter bis Samoeng und dann bis Chiang Mai.

Von Chiang Mai aus ist die **gesamte Rundstrecke** 180 km lang, und man benötigt ca. 8 Std. dafür (den Elefanten-Ausritt nicht mitgerechnet). Eine detaillierte Straßenkarte ist unerlässlich; besonders gute Dienste leistet die **Nordthailand-Karte** von Berndtson & Berndtson (7,90 €). Die Karte ist auch in besseren Buchhandlungen in Chiang Mai erhältlich (ca. 200 Baht).

Doi-Inthanon-Nationalpark

อุทยานดอยอินทนน

Der Doi Inthanon ist mit **2.565 m** der **höchste Berg Thailands,** und über die erstaunlich gute Straße Nr. 1009 kann man bis zum Gipfel hinauffahren. Die Straße steigt sehr allmählich an, so

Foto: Aroon Thaewchatturat

dass man die außergewöhnliche Höhe eigentlich gar nicht bemerkt. Bis zum Gipfel sind es ab Chiang Mai 113 Straßenkilometer. Die Straße Nr. 1009 endet abrupt vor einer Radarstation der thailändischen Armee, mit der diese bis nach Myanmar und Laos „hineinsehen" kann.

Der Doi Inthanon ist trotz seiner Höhe nicht so spektakulär wie der zweithöchste Berg des Landes, der Khao Kha Khaeng (2.400 m), oder der dritthöchste, der Doi Chiang Dao (2.285 m). Dafür ist sein Gipfel im Gegensatz zu den beiden anderen besonders leicht zu erreichen. Der Name des Berges stammt vom letzten König von Chiang Mai, *Phra Inthawachirayanon,* dessen sterbliche Überreste in einem kleinen weißen Chedi nahe dem Gipfel aufbewahrt sind.

Um den Berg herum ist ein 482 km² großes Waldgebiet zum Nationalpark erklärt worden. Darin befinden sich mehrere sehenswerte **Wasserfälle,** allen voran die Mae Klang Falls und Mae Ya Falls sowie die Vachiratan und Siriphum Falls. Die Mae Ya Falls (250 m) gelten als die höchsten Thailands. An den Verkaufsständen vor den Mae Klang Falls lassen sich Führer anheuern, die einen auf Wunsch zur Borichinda Cave (Tham Borichinda), führen, einer Kalksteinhöhle, Laufzeit ca. 1 Std.

Der Park ist ansonsten vornehmlich für Ornithologen von Interesse, es leben hier fast **400 verschiedene Vogelarten,** mehr als in jedem anderen Waldgebiet Thailands. Ansonsten aber ist die Fauna durch unkontrollierte Jagd und Besiedelung stark reduziert (auf dem Gelände finden sich einige Hilltribe-Dörfer). Von den Tigern, Leoparden, Elefanten und Bären, die sich hier einst befanden, sind keine verblieben. In den oberen, permanent nebelverhangenen Bereichen des Berges findet sich eine interessante Flora, darunter zahlreiche Orchideen-Arten, Farne und Moose.

Nahe dem Gipfel, bei Km 41, stehen zwei auffällige, große **Chedis,** die von gepflegten Gärten umgeben sind. Diese sind der Phra Mahathat Chedi Namethanidon, der 1987 von der thailändischen Luftwaffe errichtet wurde, um dem 60. Geburtstag des Königs zu gedenken sowie der Phra Mahathat Chedi Nabhabolbhumisiri, den die Luftwaffe 1992 zum Anlass des 60. Geburtstags der Königin erbauen ließ.

Eintritt

Am Eingang zum Doi-Inthanon-Nationalpark ist ein Kassenhaus zu passieren (66 km von Chiang Mai und 47 km vom Gipfel des Berges entfernt). Der Eintritt beträgt pro Person 200 Baht; wer mit einem Auto anfährt, zahlt für den Wagen noch mal 30 Baht extra. Wenn mehrere Personen im Wagen sitzen, scheint die Kassiererin gelegentlich mathematisch überfordert, und die verlangte Summe stimmt hinten und vorne nicht.

Unterkunft

Nahe dem Hauptquartier stehen **Bungalows** zur Übernachtung bereit, je nach Größe zu 1.000-6.000 Baht. Ein Restaurant ist angeschlossen. Buchungen bei der Parkverwaltung in Chom Thong (Tel. 053-2685 50). Für 200 Baht gibt es Zelte zu mieten.

Anreise

Zur Anfahrt nehme man einen **Bus** vom Chiang Mai Gate im Süden des Stadtgrabens in Richtung Chom Thong (23 Baht); von dort fahren Songthaews bis zu den Mae Klang Falls (15 Baht), und von dort wiederum fahren Songthaews zum Doi Inthanon (80-100 Baht). Ein eigenes Verkehrsmittel ist aber allemal besser.

Eine andere Route ergibt sich für Leute, die aus Richtung Mae Sariang anreisen. Diese führt über Mae Chaem zum Park, die Straße ist aber längst nicht so gut wie die 1009.

Doi-Khuntan-Nationalpark

อุทยานดอยขุนตาล

Der Doi-Khuntan-Nationalpark befindet sich ca. 50 km südöstlich von Chiang Mai, auf halbem Wege nach Lampang, und umfasst eine Fläche von 225 km². Das Terrain ist bergig und beherbergt Schwarzbären, Wildschweine, Wildbüffel, Affen, zahllose Eichhörnchen und möglicherweise sogar noch ein paar Tiger.

Erkundet wurde das Gebiet zum ersten Male Anfang dieses Jahrhunderts, als deutsche Ingenieure im Zuge der Streckenlegung der Bahnlinie Bangkok - Chiang Mai dort Thailands längsten Tunnel (1,3 km) in die Berge sprengten. Die damals entstandene Bahnstation von Khuntan ist mit einer Höhe von 570 m die höchste des Landes. Über diese Bahnstation, mitten im Park gelegen, ist das Gebiet bestens zugänglich.

Etwa 15 Minuten Fußweg vom Bahnhof befindet sich das **Hauptquartier** des Parks; der Weg dorthin ist auch das Anfangsstück des Hauptpfades durch den Park, der nach 8 km auf den Gipfel des Yot See (1.373 m) führt. Die Strecke ist recht anstrengend und nimmt hin und zurück ca. fünf Stunden in Anspruch, wobei sich allerdings herrliche Szenarien bieten.

Unterkunft

Es gibt **6 Bungalows,** die jeweils 6-9 Personen Platz bieten (1.800-2.700 Baht). Pro zusätzlicher Person werden 100 Baht berechnet. Zelte werden für 200 Baht (pro Person) zur Verfügung gestellt. An Wochenenden kommt es gelegentlich zu Engpässen und Vorbuchungen sind anzuraten: Tel. 02-5790529, 02-5794842 oder Chiang Mai 053-818348 oder direkt im Park 053-519216-7

Anreise

- **Züge** ab Chiang Mai fahren 5-mal am Tag; Fahrzeit ca. 1 Std. 20 Min. Züge ab Lampang fahren ebenfalls 5-mal am Tag.
- Per **Mietfahrzeug oder Taxi** ist der Park über Highway Nr. 11, die Chiang Mai–Lampang-Straße, zu erreichen. Bei Kilometer 48 vom Highway abzweigen, von dort sind es noch 18 km.

Khun-Chae-Nationalpark

อุทยานแห่งชาติขุนแจ

Im Jahre 1995 wurde ein 270 km² großes Waldgebiet am Westrand der Provinz Chiang Rai zum Nationalpark erklärt. Der Khun-Chae-Nationalpark befindet sich allerdings näher an Chiang Mai als an Chiang Rai und ist am besten von dort aus zu besuchen. Das Hauptquartier Parks liegt direkt an der Route 118, ca. 56 km nordöstlich von Chiang Mai und 130 km südwestlich von Chiang Rai.

Der Nationalpark bietet eines der **schönsten und dichtesten Dschungelgebiete Nordthailands;** es besteht aus Dipterocarpus-Eichen, Pinien, Bambus, Bananenstauden und Farnen. Die dichtesten Wälder finden im zentralen und westlichen Bereich des Parks. Die höher gelegenen Regionen weisen einen etwas schüttereren Bewuchs auf, da die Mitglieder von Bergvölkern diese wiederholt der Brandrodung ausgesetzt haben. Die Bergbewohner leben dort als Jäger oder von der Viehzucht. Die in dem Gebiet angesiedelten *khon mueang,* d.h. Nord-Thais, die sich nicht zu den Bergstämmen zählen, bestreiten ihren Unterhalt weitgehend durch das Sammeln von *miang* (siehe auch oben, Tambon Thep Sadet).

An **Fauna** weist der Park Wildschweine, Rotwild, Schwarzbären, Loris, Gibbons, Leopardenkatzen und besonders zahlreiche Vogelarten auf. Es finden sich zwei größere Wasserfälle, den **Mae-Tau-Wasserfall** und der **Khun-Chae-Wasserfall.** Der Mae-Tau-Wasserfall fällt in sieben Kaskaden herab, eine davon aus 40 m Höhe; der Khun-Chae-Wasserfall hat sechs Stufen, und nahe am Fuße des Wasserfalls befindet sich ein parkähnliches Gelände, das zum Picknick einlädt.

Den Khun-Chae-Wasserfall liegt ca. 8 km westlich des wichtigsten Parkzugangs, gelegen bei Mae Khachan. An der Strecke von Zugang bis zum Wasserfall ist der Park noch nicht allzu dicht bewachsen, es befinden sich hier mehrere Dörfer. Westlich des Wasserfalls aber breitet sich wahrer Bilderbuchdschungel aus. Die unasphaltierte Dschungelstraße ist bis zu dem winzigen Dorf Ban Kong Sai (9 km westl. des Khun-Chae-Wasserfalls) per Jeep und Motorrad recht gut befahrbar. An dem Dorf zweigt dann ein Weg in Richtung Norden zur Route 1150 ab, von wo man weiter nach Phrao gelangen könnte; von der Westseite des Dorfes führt der Weg zunächst weiter in Richtung Westen, dann wird die Strecke teilweise sehr schlecht und führt dann weiter in Richtung Süden zur Route 118. An allen Strecken bieten sich großartige Dschungel-Szenerien. Die Wege bieten sich natürlich auch zum Trekken an. Die Parkverwaltung rät in dieser Beziehung die Mitnahme eines Erste-Hilfe-Sets an, da man im Notfall in dem Dickicht nur schwer Hilfe herbeiholen kann. Außerdem wird aufgrund der Jagdaktivitäten der Bergvölker zur Vorsicht gemahnt, denn abseits der Pfade könnte man in die Schusslinie geraten. Die Parkverwaltung kann auf Wunsch einen Führer vermitteln, womit man sicherlich nicht schlecht beraten ist.

Der höchste Berg im Park ist der **Phu Lanka** oder **Doi Mae Tho** (2.031 m). Dieser kann sowohl von Tambon Thep Sadet aus bestiegen werden (s.o., Tambon Thep Sadet), als auch vom Dorf Mae Tho, das sich ca. 10 km vom Parkhauptquartier befindet. Der zweithöchste Berg ist der **Doi Mot** oder „Ameisen-Berg" (ca. 1.700 m), der ebenfalls bestiegen werden kann.

• **Information:** Im Parkhauptquartier ist eine kostenlose Broschüre erhältlich, die auch eine Überblickskarte des Parks beinhaltet.

Unterkunft/Essen

Mit eigenem Fahrzeug kann der Park gut in einem Tagesausflug von Chiang Mai aus besucht werden. Falls man mehrere der Dschungelpfade befahren will, sollte man allerdings früh aufbrechen Ansonsten stehen im Park, bzw. etwas außerhalb davon, einige Unterkünfte zur Verfügung:

- Die Parkverwaltung bietet nur zwei Zimmer zu 1.000 Baht. Eine Kochgelegenheit ist vorhanden und Zelte können angemietet werden. Die Häuser befinden sich gleich hinter dem Verwaltungsgebäude an der Route 118. Aufgrund der begrenzten Möglichkeiten ist eine schriftliche Voranmeldung anzuraten. Adresse: Headquarters, Khun Chae National Park, Mae Chae Dee Mai, Wiang Pa Pao District, Chiang Rai 57260,Tel. 053-609262
- Etwas südwestlich von Pong Nam Ron an der Route 118 (es findet sich hier eine Heißwasserquelle mit vielen Souvenir-Ständen davor), zweigt eine Straße in südliche Richtung ab; diese führt nach 9 km zum Lahu-Dorf Muang Noi. Hier steht die **Trekkers' Lodge***-** die einen preiswerten Schlafsaal und Bungalows mit Bad bietet. Von der Lodge bietet sich eine gute Aussicht auf ein kleines Tal. Die Lodge befindet sich etwas außerhalb des Südostrands des Nationalparks. Etwa einen halben Kilometer von der Lodge entfernt liegt die Lahu-Siedlung Ban Huei Nam Rim, in der ein Deutscher, der mit einer Frau vom Ort verheiratet ist, einige Wochen im Jahr Massage- und Meditationsunterricht erteilt. Durch den Zustrom von Massage-Schülern und -Schülerinnen haben sich hier noch einige weitere Eheverbindungen zwischen Westlern und Einheimischen ergeben.
- Direkt gegenüber dem Zugang zu der Heißwasserquelle in Pong Nam Ron (Route 118), und offiziell etwas außerhalb des Südostrandes des Parks, findet sich das **Wieng Doi Cottage****, mit netten Bungalows (Bad, heißes Wasser) und einem gemütlichen Restaurant. Das Haus bietet sich Selbstfahrern auch gut für einen Stopp auf der Strecke Chiang Mai – Chiang Rai an.
- Falls alles obige belegt sein sollte, könnte man noch im Ort Mae Khachan unterkommen. Mae Khachan streckt sich entlang der Route 118. Direkt an der Straße finden sich die anspruchslosen **Thaiyaghon Hotel** und **Ruen Thai Hotel.**

Anreise

- Alle **Busse** auf der Strecke Chiang Mai – Chiang Rai über Route 118 (bzw. umgekehrt) passieren den Park. Man sollte den Schaffner darum bitten, am Parkhauptquartier *(suun utthayan)* herausgelassen zu werden (56 km ab Chiang Mai), bzw. in Mae Khachan (25 km östlich des Hauptquartiers), wo sich die Straße zu den Wasserfällen abzweigt.
- Von der Chang Phueak Bus Station in Chiang Mai fahren **Songthaews** (gelb) nach Wiang Pa Pao, die ebenfalls das Parkhauptquartier, als auch Mae Khachan passieren. Kostenpunkt bis zum Parkhauptquartier ca. 80 Baht.
- Bei der **Anreise mit eigenem Fahrzeug** fahre man am über Route 118 in Richtung Mae Khachan und Chiang Mai. Etwa 1 km südlich von Mae Khachan zweigt eine unasphaltierte Straße in Richtung Westen ab. An der Abzweigung findet sich nur ein Schild auf Thai, das auf einen Tempel hinweist. Ein paar hundert Meter in die Straße hinein passiert man den Tempel; in dessen Garten stehen mehrere Buddha- und Mönchsfiguren aus Gips. Die Straße führt weiter zum Khun-Chae-Wasserfall, von wo aus man wie oben beschrieben weiter ins Innere des Parks vordringen kann.

In der Regenzeit sind die Straßen im Park nur mit Wagen mit Allradantrieb passierbar.

Lampang
ลำปาง

Lampang, gelegen am Schnittpunkt der Highways Bangkok – Chiang Mai und Bangkok – Chiang Rai, ist eine faszinierende Stadt mit interessanten Tempeln, vielen traditionellen Häusern und einem alten Markt, um den sich ein wundervolles Gemisch unterschiedlicher Baustile präsentiert. Zudem verfügt Lampang als einzige Stadt Thailands über **buntbemalte Pferdekutschen,** deren Lenker gelegentlich sogar stilecht mit Cowboy- Hüten und Stiefeln erscheinen.

Wat Phra Kaew Don Tao ist der wichtigste Tempel der Stadt, mit einem auffallenden, 50 m hohen goldenen Chedi auf einem rechteckigen Sockel. Neben dem Chedi steht ein Mondop im burmesischen Stil, der einen bronzenen Buddha beherbergt und vom Stil her gar nicht zu dem Chedi zu passen scheint. Die innere Decke des Mondop ist mit zahlreichen Figuren reichhaltig verziert, darunter mit einigen merkwürdigen Amor-ähnlichen Gestalten. Im 15. Jh. hatte der Emerald Buddha, der heute Wat Phra Kaeo in Bangkok ziert, 32 Jahre lang im Tempel gestanden.

Auf dem Tempelgelände befindet sich auch ein kleines **Museum,** das Holzschnitzarbeiten ausstellt, und gleich neben dem Gelände schließt sich nahtlos **Wat Suchada** an, ein Tempel mit zwei Viharns im Lanna-Stil und einem großen Chedi.

Wat Pong Sanak Tai liegt in einem ruhigen Winkel der Stadt und ist ein wunderbares Exemplar eines typischen Lanna-Tempels: Den Mittelpunkt bildet ein auf einer Anhöhe errichteter Mondop, der einen Bodhi-Baum mit vier darum plazierten Buddhafiguren umfasst. Neben dem Mondop stehen ein Kupfer-beschlagener Chedi und ein Viharn mit einem liegenden Buddha darin. Um die Anhöhe gruppieren sich einige neuere Tempelbauten.

Wat Chedi Sao, der „Tempel mit den zwanzig Chedis" liegt inmitten eines Reisfeldes am rechten Ufer des Wang-Flusses, aus dem sich die zwanzig weißen Chedis attraktiv und weithin sichtbar herausheben. Die Chedis werden oben von glockenförmigen, burmesischen Turmspitzen abgeschlossen.

Wat Sri Chum wies bis vor kurzem eine exquisit ausgeführte hölzerne Viharn auf, die trotz ihres relativen Alters von über 200 Jahren als das schönste Tempelgebäude Thailands im burmesischen Stil galt. Was der Zahn der Zeit nicht hatte zerstören können, erledigte am 16.1.1992 ein Feuer, und von der Viharn blieben nur verkohlte Reste. Neben der Ruine sind Fotos ausgestellt, die sie zu ihren Prachtzeiten zeigen. Übriggeblieben sind ein Chedi und eine Bot, die aus derselben Zeit stammen wie die Viharn. Wat Sri Chum wurde 1839 von burmesischen Kaufleuten erbaut und wird seither traditionell von burmesischen Äbten geleitet.

Wat Pha Kham ist ein schöner, ruhig gelegener Tempel, der wegen seines burmesischen Chedis und einiger Buddhafiguren einen Besuch lohnt.

Während in den meisten Thai-Innenstädten heute glatte Betonbauweise vorherrscht, hat sich in der **Thanon Talaat Gau** (Old Market Rd.), der „Straße am Altmarkt", noch viel traditionelle Architektur gehalten. Hier gibt es alte Holzhäuser in typisch chinesischer oder nordthailändischer Bauweise, an denen sich gelegentlich ein westlicher Einfluss feststellen lässt. Eine der charmantesten Städte Thailands!

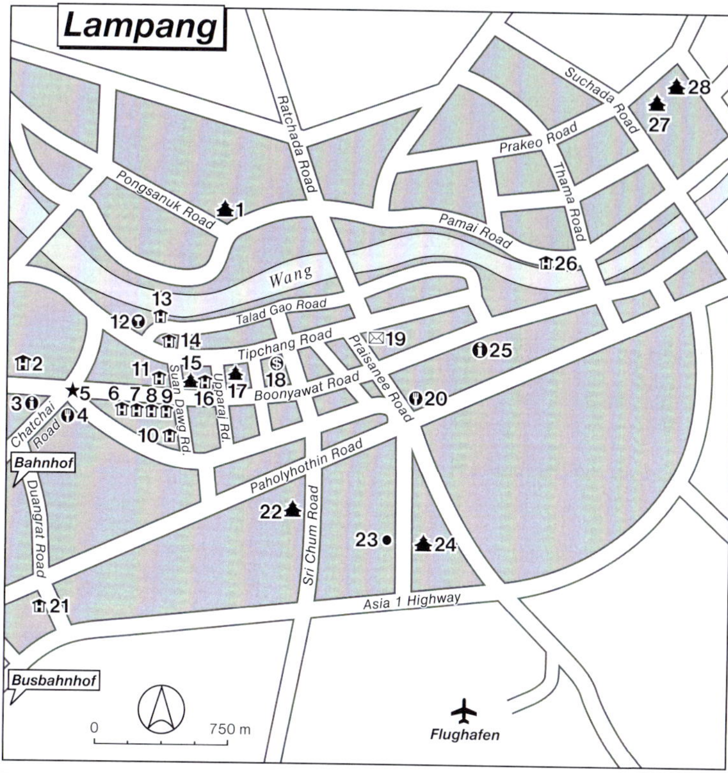

- 1 Wat Pong Sanak Tai
- 2 Thip Chang Lampang Hotel
- 3 Tourismus-Information
- 4 Vegetarisches Restaurant
- 5 Uhrtum
- 6 Mituna Hotel
- 7 Asia Lampang Hotel
- 8 Khelang Nakorn Hotel
- 9 Sri Sangar Hotel
- 10 Lampang Hotel
- 11 Kim Hotel
- 12 The Riverside Bar & Restaurant
- 13 Riverside Guest House
- 14 Tip Inn
- 15 Wat Suan Dawg
- 16 Lom Thong Hotel
- 17 Chinesischer Tempel
- 18 Bank
- 19 Post
- 20 Vegetarisches Restaurant
- 21 Wiangthong Hotel
- 22 Wat Sri Chum
- 23 Thai Airways Office
- 24 Wat Pha Kham
- 25 Tourist Office
- 26 TT&T Backpackers Guesthouse
- 27 Wat Suchada
- 28 Wat Phra Kaew Don Tao

Der **Wang Nuea** oder „Nordpalast"-Bezirk der Stadt erstreckt sich nördlich des Flusses und ist der Wohnort vieler wohlhabender Lokalgrößen. Auch hier gibt es viele traditionelle Holzhäuser, einige davon in allerbestem Zustand, andere sehen aus, als seien sie seit Jahren unbewohnt. In manchem Spaziergänger mag hier der Wunsch entstehen, in einem der gut erhaltenen Häuser zu wohnen.

Information

● Die Stadtverwaltung führt ein bescheidenes **Informationsbüro** (250 Chatchai Road, Tel. 054-219211), in dem kaum Englisch gesprochen wird. Dafür werden eine Karte von Lampang und einige Broschüren ausgehändigt.

Unterkunft

Die meisten Unterkünfte befinden sich um Boonyawat, Upparaj und Suan Dawg Roads.

● **Lampang Hotel**** (52 Suan Dawg Rd., Tel. 054-227311), Zimmer mit Bad.

● **Lom See Thong Hotel****-*** (142 Boonyawat Rd., Tel. 054-322032), alle Räume A.C.

● **9 Mituna Hotel****-*** (285 Boonyawat Rd., Tel. 054-217438), Zimmer mit Bad.

● **Kim Hotel**** (168 Boonyawat Rd., Tel. 054-217588), A.C.-Räume.

● **Khelang Nakorn Hotel***** (18 Suan Dawg Rd., Tel. 054-226137), A.C.-Räume.

● **Asia Lampang Hotel***** (229 Boonyawat Rd., Tel. 054-227844), A.C.-Räume.

● **Tripchang Lampang Hotel*****-***** (54/22 Thakrownoi Rd., Tel. 054-226501-6), Lampangs Luxusherberge, aber etwas weit weg von den Sehenswürdigkeiten.

● Ebenfalls in einem alten Holzhaus ist das **TT & T Backpackers' Guest House***-** (Tel. 054-225361) untergebracht, das sich gleich am Fluss befindet (Pamai Rd.); einfache Zimmer mit Gemeinschaftsbad.

● Sehr idyllisch im Talaat Gau (s.o.), zwischen zahlreichen traditionellen Holzhäusern, befindet sich das **Tip Inn Guest House** *-** (143 Talad Gao Rd., Tel. 054-221821) – eine sehr günstige Lage. Es gibt einfache Zimmer ohne eigenes Bad und etwas teurere mit Bad.

● Eine der bestausgestatteten Unterkünfte mit moderaten Preisen ist das **Riverside Inn** **-*** (286 Talaat Gau Rd., Tel. 054-227005), ebenfalls am alten Markt und nahe dem Fluss gelegen. Die preiswertesten Zimmer (150 Baht) haben kein eig. Bad, Zimmer mit Bad kosten 250 Baht, und solche mit A.C. 600 Baht. Einige der Zimmer haben Balkon mit Blick über den Fluss. Sehr empfehlenswert.

● Das moderne **Wiangthong Hotel*****-LLL an der Duangrat Road (Tel. 054-225801) ist ein typisches Mittelklassehotel und bietet große saubere Zimmer mit A.C. und TV.

● Einige Kilometer außerhalb der Innenstadt, an der Straße nach Ngao und Chiang Rai, liegt das **J.B.Park Hotel*****-LLL (Lampang-Ngao Rd., Tel. 054-221666, 054-334795, Fax 054-334795). Dieses umfasst eine parkähnliche Anlage mit Bungalows.

● Eine außerordentlich schöne Anlage ist die **Lampang River Lodge******-LLL, gelegen ca. 10 km südlich der Kreuzung von Highway 1 und Highway 11, in Richtung Tak. Zur Anreise empfiehlt sich ein eigenes Fahrzeug. Das dicht bewachsene Gelände liegt direkt am Wang-Fluss und darauf befinden sich Holzbungalows im nordthailändischen Stil, dazu ein Teich mit zahlreichen Schwänen. Diese werden gehalten, da Schwanenkot angeblich Schlangen fernhält!. Die teureren Bungalows stehen direkt am Fluss und haben die bessere Aussicht. Buchungen unter Tel. 054-336640 oder (Bangkok) 02-2559150, 02-2559160, Fax 02-2560248 oder Tel. (Chiang Mai) 053-215072, 053-216780, Fax 053-215072.

Essen

Lampang hat ein Überangebot an etwas **atmosphärearmen A.C.-Restaurants,** die sich meist durch mittelmäßige Kost auszeichnen, dafür aber einen **ausgezeichneten Nachtmarkt,** auf dem es eine große Vielfalt an Essbarem gibt (Ratchada Rd., wenige Meter nördlich des Flusses).

● Ein guter Ort zur Entspannung ist das **Riverside Bar & Restaurant,** das – wie der Name impliziert – den Fluss überblickt (am Westende der Talaat Gau Road, auch Talad Gao geschrieben). Dem Restaurant ist auch eine Pizzeria angeschlossen, und einige Meter entfernt auch noch ein kleines Guest House ** direkt am Fluss; dieses hat recht gute Zimmer mit Ventilator, dazu einen Garten.

- Ausgezeichnete thailändische und chinesische Küche kredenzt das Restaurant des **Asia Lampang Hotels.**
- In der Stadt gibt es zwei einfache, aber gute **vegetarische Restaurants,** geöffnet tägl. 6.00-17.00 Uhr. Sie befinden sich an der Chatchai Road etwas südlich des Uhrturms und an der Haa-Yaek Pratu-Chai („Fünfer-Kreuzung am Siegestor"); letzteres ist die ortsübliche Bezeichnung für die Kreuzung Praisanee Rd./Paholyothin Rd.

Anreise

- **Züge ab Bangkok** (Hualamphong Station) fahren 7-mal am Tag. Preis 3./2./1. Kl. 256/394 ohne A.C., 504 mit A.C./1.272 Baht.
- **Züge ab Chiang Mai** 8-mal täglich. Preis 25/48 Baht in der 3./2. Kl. Erste-Klasse-Abteile gibt's nur im Zug um 17.50, bei der kurzen Strecke lohnen die aber eh nicht.
- **Busse** fahren ab Chiang Mai fahren ab der Arcade Bus Station (36/85 Baht), ebenso ab dem Haltepunkt an der Nawarat Bridge; Fahrzeit 1½ Std. Busse ab Lamphun 30 Baht. Ab dem Northern Bus Terminal in Bangkok fahren A.C.- und V.I.P.-Busse nach Lampang (446/690 Baht); Fahrzeit ca. 8-9 Std. Die Normalbusse fahren etwa jede Stunde.
- **Flüge** mit der P.B Air ab Bangkok (1 bis 2-mal tgl.) kosten 2.600 Baht. Das Büro der Fluglinie befindet sich im Lampang Airport, Tel. 054-226238.

Weiterreise

- An der Boonyawat Road nahe dem Uhrturm finden sich Büros von Tourunternehmen, bei denen sich Bus-Tickets nach Chiang Mai oder Bangkok buchen lassen. Songthaews bis zum am Südwestrand der Stadt gelegenen Busbahnhof kosten 15 Baht.
- Des Weiteren fahren direkte Busse nach Chiang Rai, Tak, Phayao, Phitsanulok, Sukhothai u.a.

Umgebung von Lampang

Wat Phra That Lampang Luang

18 km südwestlich von Lampang gelegen, ist dieser Tempel für viele Historiker wie auch Buddhisten der wichtigste Nordthailands. Er wurde im 10. Jh., also in der Haripunjai-Periode gebaut und später als Bollwerk gegen die einfallenden Burmesen genutzt. Zu diesem Zwecke wurden starke Befestigungsanlagen errichtet, von denen viele bis heute überdauert haben. Seine spirituelle Bedeutung erhält der Tempel aber vom Phra Kaeo Don Thao, einer **Buddhafigur aus Jade,** der magische Eigenschaften zugesprochen werden. In früheren Zeiten hatte die Figur im gleichnamigen Tempel in Lampang gestanden. Einer Überlieferung nach soll er aus demselben Jade-Block gehauen worden sein wie der berühmte Emerald Buddha im Wat Phra Kaeo in Bangkok.

Der Tempelkomplex, dessen heute noch bestehende Bauwerke überwiegend erst im 15. und 16. Jh. hinzugebaut wurden, umfasst unter anderem einen 40 m hohen Chedi sowie vier Viharns. Die Giebel von Viharn Phra Buddha und Viharn Luang, letzterer der „Haupt-Viharn", sind mit wundervollen Holzschnitzereien verziert.

- **Anfahrt:** Ab der Praisenee Road in Lampang fahren Songthaews nach Kokha (auch *Ko Kha*), gut 10 km südwestlich; von dort fahren Motorrad-Taxis oder Songthaews für 20 Baht zum Tempel.

Elephant Conservation Center

1992 wurde das Elephant Training Center, das bis dato in Ban Pang La,

54 km nordöstlich von Lampang bestanden hatte, an neuer und leichter erreichbarer Stelle von Prinzessin *Sirindhorn* wiedereröffnet. Es befindet sich etwas vor Km 28 an der Lampang Chiang Mai Straße (Highway Nr. 11). Das Center umfasst 383 rai (1 rai = 1.600 m²) waldbedeckten Geländes, auf dem junge Elefanten für ihre Arbeitseinsätze bei der Waldarbeit ausgebildet werden.

Die Ausbildung dauert etwa 5 Jahre, in denen jeweils von Juni bis Februar für den Ernst des Lebens geübt wird. Die heißen Monate März bis Mai dienen der Ruhepause, und auch an buddhistischen Feiertagen gibt es für die Elefanten „schulfrei".

Zum Zwecke der Ausbildung werden die Elefanten in der Regel im Alter von 3 Jahren von ihren Müttern getrennt und absolvieren vom 3. bis zum 5. Lebensjahr das „Grundstudium". Zwischen 6 und 10 wird die zweite Trainingsphase absolviert, wonach – etwa mit 11 – die ersten leichten Arbeiten im Wald zu verrichten sind (bis zum 15. Lebensjahr). Zwischen 16 und 38 erarbeiten sie sich ihre Routine, die dann zwischen 39 und 50 in einer Art traumwandlerischen Sicherheit gipfelt. Spätestens ab diesem Stadium sind viele Tiere so gewieft, dass sie exakt zum Zeitpunkt des normalen Arbeitsschlusses die Stämme fallen lassen, vom Arbeitsplatz „davonschlendern", um sich ein ausgiebiges Bad im Fluss zu gönnen.

Ab dem 51. Jahr beginnt die Phase einer allmählichen Reduzierung der Arbeitslast, die schließlich mit 61 im Ruhestand endet. Ihren Lebensabend verbringen die Elefanten in Freizeit, wohlgefüttert von den Mitarbeitern.

- Öffentliche **Trainings-Darbietungen** tgl. um 10 und 11 Uhr, Sa, So sowie an Feiertagen zusätzlich um 13.00; Eintritt 80 Baht. Anfragen unter Tel. 054-228108.
- Zur **Anfahrt** kann jeder beliebige Bus auf der Strecke Lampang – Chiang Mai dienen; den Schaffner bitten, an der *roong-rian chaang*, der „Elefanten-Schule", zu halten (etwa bei km 37). Zwischen dem Highway und dem Center pendeln kostenlose Zubringerbusse (2 km).

Kiu-Lom-Stausee

Etwa 35 km nördlich von Lampang, etwas westlich der Straße in Richtung Chiang Rai, erstreckt sich der malerische, von Wald umgebene und relativ kleine Kiu-Lom-Stausee. Ausländische Touristen verirren sich so gut wie nie hierher, dafür reisen an Wochenenden Thais aus der Umgebung an. Wochentags ist es hier außerordentlich ruhig und „untouristisch".

- **Anreise:** Von Lampang aus fahren Minibusse oder Songthaews, ein eigenes Fahrzeug wäre allerdings günstiger. Von der Abzweigung an der Straße nach Chiang Rai sind es noch ca. 14 km bis zum Staudamm.
- **Unterkunft:** Das Wang-Kaew Rafting & Resort***-**** (Tel. 054-223733, Tel./Fax 054-225912, www.wangkaewresort.com) liegt direkt am Ufer des Stausees und sehr ruhig dazu. Man gelangt nicht per Straße dorthin, sondern per Boot; an einem kleinen Pier nahe dem Damm finden sich oft Angestellte, die den Transport organisieren. Die Bungalows haben teilweise Platz für bis zu 8 Personen. Rafting-Trips können organisiert werden.

Khai Pratu Pha

1998 wurden prähistorische Gemälde entdeckt, die an eine senkrechte Felswand im Bereich der Ortschaft Mae Mo angebracht sind. Das Alter der Gemälde wird auf 3.000 Jahre geschätzt, und sie stellen Menschen, die Hände von Menschen, und Tiere wie Hunde, Rinder, Affen, Pferde Vögel, Fledermäuse und Mäuse dar. Insgesamt sind 1.568 Zeichnungen zu sehen, unterteilt in sieben Gruppen. Einige der Zeichnungen sind in Augenhöhe angebracht, andere in einer Höhe von 14 m. Ausgrabungen in der Nähe brachten die Gräber von zwei Erwachsenen und zwei Kindern zutage. In den Gräbern fanden sich Steinäxte und Armreifen sowie Bruchstücke von Töpfer- und Korbwaren, deren Alter auf 2.900-3.000 Jahre datiert wurde. Die Grabanlagen deuten darauf hin, dass sich an der Stelle eine Siedlung befunden hatte.

Die späte Entdeckung der Felszeichnungen wird darauf zurückgeführt, dass die Umgebung als militärisches Übungsgelände diente und relativ abgeschirmt war, als auch darauf, dass sich auf der anderen Seite des Felsens ein Schrein befindet, der einem Krieger des 18. Jhs. geweiht ist, der hier im Kampf gegen die Burmesen gefallen war. Die Aura von Tod schreckte die meisten Thais ab. Der Krieger hieß *Po Pratu Pha* und starb wacker kämpfend, mit dem Rücken an den Fels gelehnt. Die Felswand wurde in der jüngeren Vergangenheit von der Armee zu Abseilübungen genutzt, und möglicherweise bemerkten die Soldaten dabei die Gemälde, ohne jedoch zu ahnen, um was es sich handelte. Schließlich wurde ein Offizier auf die Bilder aufmerksam und bald darauf rückten die Archäologen an.

- **Anreise:** Khai Pratu Pha befindet sich im Bereich der Bezirkshauptstadt Mae Mo, 48 km von Lampang entfernt am Highway Lampang-Chiang Rai. Man nehme jeden beliebigen Bus auf der Strecke. Von der Straße ist der Fels nur ca. 80 m entfernt.

Hot

ฮอด

Hot oder Hod (etwa wie im engl. *haughty* gesprochen) ist eine Kleinstadt an Highway 108, etwa auf halber Strecke zwischen Chiang Mai und Mae Sariang gelegen. Auf dem Weg zwischen den beiden Orten lässt sich hier gut ein Halt einlegen. In der Stadt selber gibt es zwar nichts zu sehen, die Umgebung bietet sich aber für lohnenswerte Ausflüge an.

Hot hatte sich ursprünglich 15 km weiter südlich befunden; aufgrund häufiger Überschwemmungen, hervorgerufen durch die Stauung des Ping-Flusses (s.u.), wurde die Stadt jedoch verlegt.

Unterkunft/Essen

- Im **Hot Resort****** (Tel. 053-461070), das sich etwas zurückversetzt von der Chiang Mai–Mae Sariang Road befindet (ca. 5 km westlich von Hot). Das Haus liegt direkt am Mae-Chaem-Fluss und ist von wunderschöner Landschaft umgeben.

Anreise

- Ab der Chang Phueak Bus Station in Chiang Mai (92 km) fahren Busse zu 50 Baht. Wer in o.g. Resort abzusteigen gedenkt, sollte aber besser einen Bus nach Mae Sariang nehmen und dann 5 km westlich von Hot direkt vor dem Resort anhalten lassen. Aus Mae Sariang kommend, erreicht man das Resort logischerweise schon vor der Stadt Hot.

Umgebung von Hot

Rundreise Hot – Mae Chaem – Chom Thong – Hot

Der folgende Ausflug ist am besten per Mietfahrzeug zu absolvieren. Zu beachten ist, dass die Kilometerangaben auf den Straßenschildern nicht immer ganz exakt sind.

Von Hot fahre man zunächst über Highway 108 in westlicher Richtung bis zum **Ob Luang** (17 km von Hot). Dies ist eine enge Felsschlucht, durch die sich der Mae-Chaem-Fluss zwängen muss. Das Naturschauspiel zieht zahlreiche einheimische Besucher an. Das Gebiet um die Schlucht ist zum Nationalpark erklärt.

7 km westlich von Ob Luang biege man von der Hauptstraße rechts in die Straße Nr. 1088 in Richtung des Ortes Mae Chaem ein. Nach 11 km erreicht man zunächst das am Mae-Chaem-Fluss gelegene Dorf **Om Khut,** das der Endpunkt von Rafting-Touren ist.

Durch herrliche Berglandschaft erreicht man nach 37 weiteren Kilometern **Mae Chaem** im Tal des gleichnamigen Flusses gelegen. Entlang des Tales ergeben sich sehr malerische Szenerien, und Mae Chaem ist bisher noch ein touristischer Geheimtipp. Aufgrund der bis in die jüngere Vergangenheit nur mangelhaften Straßenverbindungen ist dem Ort eine allzu rapide Entwicklung erspart geblieben, und er hat sich stattdessen noch viel von seinem alten Charme bewahrt.

Sehr sehenswert ist der burmesisch-inspirierte **Wat Jiang,** der eine alte, aus Holz gebaute *bot* aufweist, dazu einige weitere ästhetisch gestaltete Tempelgebäude neueren Datums.

Wat Pa Daet, 3 km südlich des Ortes, besitzt eine *viharn* mit einigen interessanten Wandgemälden aus dem 19. Jh. Das bekannteste davon zeigt zwei nordthailändische Frauen mit außerordentlich langen Haaren – im restlichen Thailand war zu jener Zeit der Kurzhaarschnitt in Mode.

Mae Chaem ist in Nordthailand für seine kleinen **Webereien** bekannt, die *sin tin jok* fertigen, Stoffe mit kunstvollen Ornamenten; aus diesen werden die von nordthailändischen Frauen getragenen knöchellangen Röhrenröcke gefertigt. Insgesamt gibt es achtzehn verschiedene traditionelle Ornamente, und mit diesen Ornamenten werden die Ränder der Röcke verziert. Einem alten Brauch gemäß sollte jede der Frauen von Mae Chaem in ihrem Leben zumindest einen derartigen Stoff weben, da sie nach ihrem Tod darin kremiert werden wird.

In unmittelbarer Umgebung von Mae Chaem finden sich 5 Dörfer, in denen etwa 200 Frauen mit der kommerziellen Fertigung von *sin tin jok* beschäftigt sind. Eines der Dörfer, **Ban Thong Fai,** liegt nur 1 km südlich von Mae Chaem. Eine Weberei befindet sich auf dem Gelände von Wat Pa Daet.

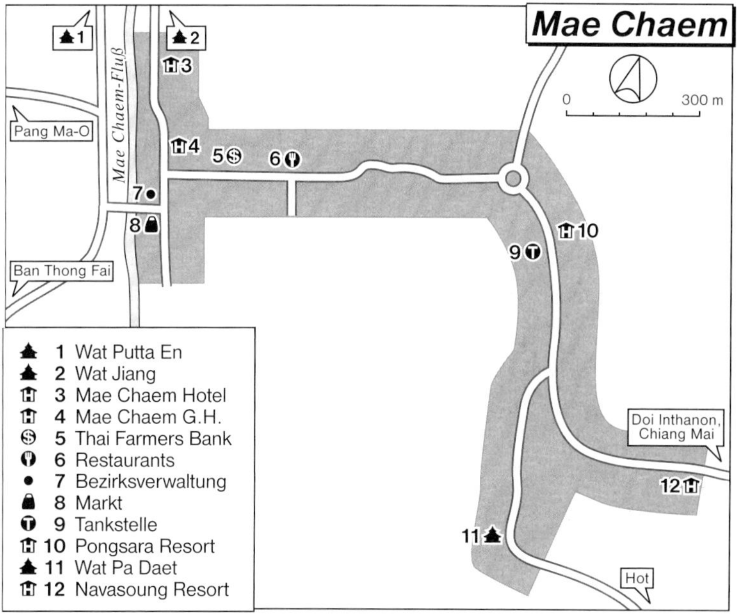

Am ersten oder zweiten Wochenende im Februar wird das **Tin Jok Festival** gefeiert, das ist ein Fest, in dem sich alles um die hier produzierten Stoffe dreht.

Zur **Essensversorgung** gibt es einen Markt und mehrere kleine Restaurants. Gegenüber Soi 7 an der Hauptstraße befindet sich ein Restaurant, das neben den üblichen Speisen auf Anfrage auch vegetarische kredenzt (siehe entsprechende englische Ausschilderung).

● **Unterkünfte zwischen Hot und dem Ob Luang National Park:** 14 km westlich von Hot bietet sich das wunderschön am Mae-Chaem-Fluss gelegene **Hot Resort****** an (Tel. 053-460070), mit gemütlichen Holzbungalows mit Bad. Direkt am Ob Luang N.P. liegt das **Khao Krairaj Resort******-***** (Tel. 081-2243818), mit rustikalen Zimmern und in herrlicher Landschaft gelegen. Auch größere Hütten[LLL] mit zwei Schlafzimmern können gemietet werden. In Hot selber steht das **Pang Thong Hotel***** zur Verfügung (053-826605), einen besonderen Grund hier zu übernachten gibt es jedoch nicht.

● **Unterkünfte in Mae Chaem:** Die mit Abstand beste ist das von einem finnisch-thailändischen Ehepaar betriebene **Navasoung Resort***** (Navasoung spricht sich „Nawa-Suang"). Das von einer gepflegten Gartenanlage umgebene Haus befindet sich etwa 3 km außerhalb des Ortes, an der Straße in Richtung Doi Inthanon; siehe die mehrfach im Ort aufgestellten Hinweisschilder. Das Resort bietet gemütliche Bungalows mit Bad. Tel. 053-828477, 081-2876694.

Das **Mae Chaem Hotel**** (Tel. 053-828025) ist daher vielleicht die zweite Wahl; einige der Zimmer haben Bad mit heißem Wasser, andere – etwas preiswerter – nur kaltes.

Das ein paar Meter weiter südlich gelegene **Mae Chaem Guest House**** ist an eine Karaoke-Bar angeschlossen, und es liegt der Verdacht nahe, dass das Haus nicht nur normalen Übernachtungszwecken dient. (In vielen kleineren Orten gehen die Ehefrauen auf die Barrikaden, wenn eine Karaoke-Bar eröffnet wird!)

Das **Pongsara Resort****-*** (Tel. 053-485011) hat solide neue A.C. Bungalows in einer etwas verwest aussehenden Gartenanlage direkt an der Hauptstraße. Zwei Karaoke-Bars liegen verdächtig nahe und der Betrieb scheint hauptsächlich auf Thai Tourgruppen ausgerichtet.

● **Mit öffentlichen Verkehrsmitteln nach Mae Chaem:** Wer kein eigenes Fahrzeug besitzt, kann Mae Chaem per Songthaew von Hot (67 km) oder Chom Thong (61 km) aus erreichen. (Ab der Chang Phueak Bus Station in Chiang Mai fahren Busse nach Hot und auch Chom Thong.) Bei der Anreise per Bus ab Mae Sariang müsste man sich an der Kreuzung der Straßen 108 und 1088 (22 km westlich von Hot) absetzen lassen und dort auf ein Songthaew aus Hot in Richtung Mae Chaem warten.

● **Von Mae Chaem nach Mae Hong Son:** Mit eigenem Wagen oder Motorrad könnte man von Mae Chaem über den Nationalpark Nam Tok Mae Surin und Khun Yuam nach Mae Hong Son weiterfahren. Die Strecke ist insgesamt 170 km lang (Fahrzeit ca. 4 Std.), durchgehend geteert und aufgrund der oft wilden Bergwelt sehr sehenswert. Voraussetzung ist eine gute Straßenkarte.

In Mae Chaem zweigt eine Straße nach Osten in Richtung Doi Inthanon und Chom Thong ab. Sie führt teilweise durch sehr dichten Wald und weist einige starke Steigungen auf. Oft ergeben sich wunderbare Ausblicke. 26 km östlich von Mae Chaem passiert man eine **Abzweigung zum Doi Inthanon,** der von hier 10 km entfernt ist.

38 Straßenkilometer weiter östlich erreicht man den am Highway 108 gelegenen Ort **Chom Thong,** von dem man gleich weiter nach Chiang Mai fahren könnte, das 60 km entfernt ist.

Im Ort befindet sich ein weithin verehrter, alter Tempel, **Wat Prathat Si Chom Thong.** Der im burmesischen Stil angelegte Chedi nahe dem Eingang stammt aus dem Jahre 1451. Die Viharn wurde 1516 von König *Muang Kaeo* errichtet (reg. 1495-1525), einem unermüdlichen Mäzen sakraler Bauwerke. In dem Gebäude sind einige hölzerne Buddha-Statuen und ein prächtiger Altar zu sehen.

Im Jahr 1499 soll sich ein „Wunder" am Tempel zugetragen haben: Eines Nachts war der Tempel in ein helles, überirdisches Licht gehüllt, was vom ganzen Dorf beobachtet wurde. Als ihn darauf ein höherer Mönch inspizierte, fand er in einer angebrochenen Buddha-Statue einen eigenartig geformten, in Tuch gewickelten Knochen, der, so befand der Mönch, vom Buddha höchstpersönlich stammte. Der Knochen soll sich – in einer goldenen Urne aufbewahrt – noch immer im Tempel befinden.

● **Unterkünfte in Chom Thong:** Es stehen zwei zur Verfügung, das **Tong Charoen Guest House**** (Tel. 053-03413091, leider nicht auf Englisch ausgeschildert, in der Stadtmitte) und das **Inthanon Highland Resort******-LLL (297 Moo 19, Tambon Ban Luang, Tel. 081-5100500); letzteres hat neun Bungalows in unterschiedlichen Größen.

Ein sehr gutes **Restaurant** (kein Name) befindet sich in einem traditionellen offenen Haus am südlichen Ortsrand (Richtung Hot) von Chom Tong.

● **Unterkunft in Richtung Chiang Mai:** Wer nach Chiang Mai zurückfährt könnte gut im **Kao Mai Lanna Resort**LLL (Tel. 053-834470-5, Fax 053-834480, www.kaomailanna.com) unterkommen; dieses befindet sich ca. 34 km nördlich an Route 108, vor dem Ort San Pa Thong. Das urgemütliche Resort besteht aus achtzehn ehemaligen Scheunen, die einst Teil eines Tabakunternehmens waren und zum Tabaktrocknen genutzt wurden. Siehe auch Ortsbeschreibung Ban Tha Kam.

Von Chom Thong zurück zum Ausgangsort Hot sind es 32 km (bzw. 37 km bis zum Hot Garden Hill Resort). Die gesamte Rundreise ab Hot ist 160 km lang bzw. 180 km, falls man den Doi Inthanon besucht. Die Rundstrecke ist auch in einem Tagesausflug ab Chiang Mai zu schaffen (250 km).

Doi Tao

Südlich von Hot wurden die Flüsse Ping, Chaem und Lai durch die Errichtung eines Staudammes zu einem langgestreckten Binnensee gestaut, dem **Mae-Tub-Stausee.** Im Bereich der Ortschaft Doi Tao (45 km von Hot) zweigt eine Straße in westlicher Richtung von der Hauptstraße ab und führt nach 3 km zu dem idyllischen, von Bergen umrahmten See. Am Zugang steht eine überdimensionale Zement-Schildkröte; *doi tao* bedeutet „Schildkrötenberg“. Der Stausee von Doi Tao erinnert in vielfacher Hinsicht an den Khao-Laem-Stausee bei Sankhlaburi. Im Gegensatz zu letzterem aber sind in Doi Tao westliche Touristen noch eine Seltenheit.

Am Ufer des Sees befindet sich eine Reihe von **Flößen,** die zur **Übernachtung** angemietet werden können. Die Zimmer**-*** haben zumeist eigenes Bad. Gegen einen Aufpreis von ca. 300 Baht (eventuell handeln!) werden die Flöße hinaus auf den See geschleppt, und dann lässt es sich dort fernab des Ufers übernachten. Bei den Flößen am Ufer kann es aufgrund von Musikberieselung gelegentlich etwas laut werden. Das Ruean-Phae („Floß“) Than Thong*-** (mit Gemeinschaftsbad) befindet sich permanent auf See, etwa 200 m vom Ufer entfernt; ein Restaurant ist angeschlossen. Um zu diesem Floß zu gelangen, nehme man eines des Pendelboote, die am Ufer auf Passagiere warten (10 Baht/Pers.). Die Besitzerin vom Than Thong betreibt auch die rechts am Ufer des Sees gelegenen Flöße.

Während der Regenzeit steigt der Pegel des Sees stark an, weite Teile der Umgebung werden überflutet, und der Betrieb auf den Flößen wird eingestellt. Eine Unterkunft befindet sich im Ort Doi Tao selbst (hochwassersicher), es gibt jedoch keinen vernünftigen Grund, dort länger zu verweilen.

● **An- und Weiterreise:** Wer kein eigenes Fahrzeug hat, nehme ein Songthaew von Hot zur Stadt Doi Tao, bzw. einen direkten Bus ab Chiang Mai Gate in Chiang Mai (135 km; 50 Baht); von Doi Tao fahren Songthaews die restlichen 3 km zum Stausee. Die letzten Busse von Doi Tao nach Chiang Mai fahren um 16.00 Uhr ab dem Gebäude der Distriktverwaltung (*thi-wagaan-amphö*).

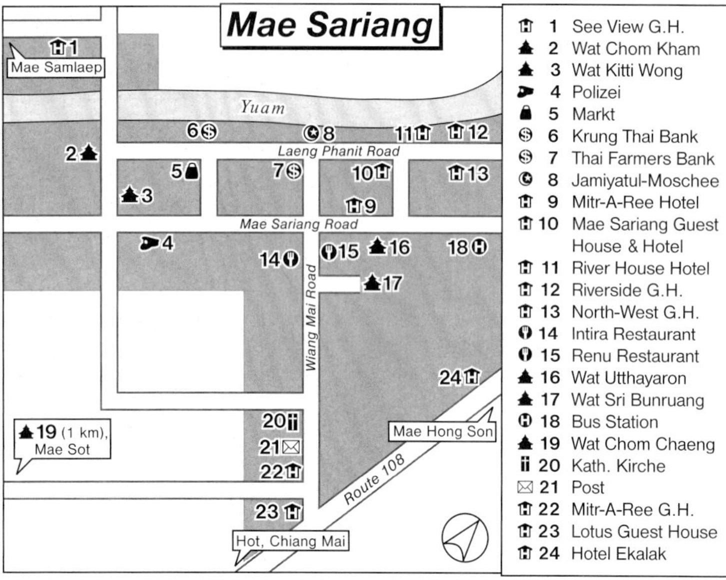

Mạe Sariang
แม่สะเรียง

Mae Sariang ist ein kleines Marktstädtchen, das wie eine Mini-Version von Mae Hong Son erscheint. Der Ort ist ruhig und friedlich, es gibt zahlreiche traditionelle Holzhäuser, Wats in burmesischer Bauweise, und der Yuam-Fluss an der Nordseite der Stadt bietet recht attraktive Szenerien. Mae Sariang ist außerdem ein guter Ausgangspunkt für Wanderungen in die Umgebung. Noch ist Mae Sariang vom großen Touristenstrom verschont, doch das könnte sich schon bald ändern.

Wat Chom Chaeng ist ein nahe dem Fluss gelegener Tempel im burmesischen Stil, **Wat Kittiwong** ist in typischer Thai-Bauweise errichtet. **Wat Utthayaron** ist der interessanteste Tempel und weist zwei große alte Chedis in burmesischem Stil auf. Gleich daneben findet man **Wat Sri Bunruang** mit typisch burmesischem Bot.

Am Busbahnhof stehen Motorradtaxis, die einen überall im Ort hinbringen. Mae Sariang ist aber so klein, dass die Wege auch zu Fuß zu schaffen sind.

Unterkunft

Alle Guest Houses organisieren nebenbei auch Boots- oder Trekking-Touren, unter anderem zu den nahe gelegenen Dörfern der Karen.

●Das **Riverside Guest House***-*** (Laeng Phanit Rd., Tel. 053-681188) liegt direkt am Fluss und hat einfache Zimmer. Die den Fluss überblickenden Zimmer haben Bad und sind gut doppelt so teuer wie die zur Straße hinaus gelegenen. Ein recht gutes, preiswertes Restaurant ist angeschlossen.

●Das an der anderen Straßenseite befindliche **North-West Guest House**** (Laeng Phanit Rd., Tel. 053-681956, Fax 053-681353) ist ein gemütliches altes Holzhaus mit sehr preiswerten, einfache Zimmern ohne eig. Bad.

●**River House Hotel*****-**** (Laeng Phanit Rd., Tel. 053-621201, riverhouse@hotmail.com) ist die beste Unterkunft in diesem Bereich. Zimmer mit Bad; die zum Fluss hinaus gelegenen Zimmer haben zudem A.C. und sind teurer als die Zimmer an der Straße. Mit Restaurant.

●Das **Mitr-A-Ree Hotel****-*** (Tel. 053-681110) befindet sich direkt im Stadtzentrum an der Mae Sariang Road in einem alten Holzhaus. Die besseren Zimmer (mit warmem Wasser) befinden sich allerdings in einem neuen Anbau des Hotels.

●Das **Mitr-A-Ree Guest House*****-**** (Wiang Mai Rd., Tel. 053-681109) hat eine Vielfalt verschiedener Zimmer. Dazu gibt es Räume in einem Reihenbungalow aus Beton** (Bad, A.C., TV) sowie schönere Holzbungalows**** (Bad, A.C., TV). Alles in allem ist dies die beste Unterkunftsmöglichkeit am Ort, obwohl die Bungalows vielleicht etwas überteuert scheinen.

●Das empfehlenswerte **See View Guest House****-*** (Tel. 053-681556) liegt an der nördlichen Seite des Mae Yuam und bietet große Zimmer und kleinere Bungalows, teilweise mit A.C.

●An der Wiang Mai Road, nahe der Einmündung der Straße nach Mae Hong Son und etwas südlich des Mitr-A-Ree G. H., findet sich das **Lotus Guest House***-*** (Tel. 053-681156). Diesem sind eine Karaoke-Bar und ein Massage-Salon angeschlossen. Zimmer (Bad) teilweise mit TV.

Shan-Vogeltänzer
(Foto: David Henley)

●Etwas außerhalb der Stadt, ca. 1 km in Richtung Mae Hong Son, stehen noch die Bungalows des **Hotel Ekalak***-*** (Tel. 053-681426) sowie das **Serawan Inn*** (Tel. 053-681053) schräg gegenüber. Es gibt keinen besonderen Grund, hier zu übernachten.

Essen

Das **Intira Restaurant** serviert gehobene chinesische Kost, das **Renu Restaurant** gegenüber serviert unter anderem Wildschwein.

Entlang der Wiang Mai Road finden sich einige Restaurants mit englischsprachigen Speisekarten. Die Ausschilderung ist ebenfalls in Englisch.

Anreise

●**Busse** ab Chiang Mai kosten 78 Baht, Abfahrt 8.00, 13.30, 15.00 und 20.00 Uhr, A.C. 1. Kl. 6.30, 11.00 und 21.00 Uhr, Preis 140 Baht. Busse ab Mae Hong Son 105 Baht, A.C. 160 Baht.

● Die Busse ab Chiang Mai starten ab der **Arcade Bus Station** und fahren über Hot nach Mae Sariang und weiter nach Mae Hong Son. Die Fahrzeit bis Mae Sariang beträgt 4-5 Stunden. Nach etwa 60 km von Chiang Mai passiert man den Ort **Chom Thong,** der einen sehr attraktiven Tempel vorzuweisen hat. Der Chedi ist golden und ähnelt dem von Wat Haripunjai in Lamphun.

Khun Yuam

ขุนยวม

Ein kleiner Ort, 95 km nördlich von Mae Sariang und 70 km südlich von Mae Hong Son, und vielleicht etwas für Leute, die sich gerne in abgelegenen Ecken herumtreiben. Bei der langen Fahrt von Chiang Mai nach Mae Hong Son über die Süd-Route lässt sich hier ein Halt einlegen.

Die Umgebung von Khun Yuam ist bergig, satt bewachsen und sehr gut für Wanderungen geeignet. Ein besonders lohnendes Ziel ist der Mae-Surin-Wasserfall (37 km; s.u., Nationalpark Nam Tok Mae Surin). Dazu finden sich in den höheren Hügelregionen einige Dörfer der Bergvölker. Bis Anfang der achtziger Jahre waren die umliegenden Berge das Territorium der Communist Party of Thailand, die damals versuchte, sich mit der Burmese Communist Party von der anderen Seite der Grenze zusammenzuschließen. Von den rebellischen Zeiten ist heute nichts mehr geblieben. Khun Yuam macht einen sehr geordneten, sogar relativ wohlhabenden Eindruck. In den kühlen Monaten Dezember und Januar finden sich hier viele Thais auf Urlaub ein.

Im 2. Weltkrieg war die Gegend auf der burmesischen Seite gegenüber Khun Yuam der Schauplatz blutiger Schlachten zwischen den Japanern und den Alliierten. Nachdem sich das 15. Regiment der Japaner unter Verlust von 20.000 Mann aus Burma zurückgezogen hatte, sammelten sich die Überlebenden in Khun Yuam, und die Tempel des Ortes wurden zu Feldlazaretten umfunktioniert. Über den Ort verteilt finden sich zahlreiche japanische Gräber.

An die turbulenten Zeiten erinnert heute das **Weltkriegs-Museum** *(pipitapan songkhram lok),* das nach Willen der örtlichen Behörden zahlreiche japanische Touristen anlocken soll. Bisher sind aber kaum welche anzutreffen. Das Museum befindet sich an der Westseite der durch den Ort führenden Straße, nahe dem Baan Farang Guest House. Auf seinem Vorgelände sind ein paar rostende Militärfahrzeuge zu sehen; im Inneren sind zahlreiche Fotos aus der Kriegszeit ausgestellt, dazu Waffen, Werkzeuge, Uniformen und andere Utensilien der japanischen Soldaten. Historisch Interessierte werden den Besuch sicher nicht bereuen. Hinter dem Gebäude befinden sich einige Gräber japanischer Soldaten.

Das Museum ist montags bis samstags geöffnet, zu scheinbar nicht ganz fixen Zeiten; manchmal ist in dem Gebäude keine einzige offizielle Person anzutreffen. Eintritt frei.

Unterkunft

Die meisten Unterkünfte liegen entlang der Hauptstraße; bei der Fahrt von Mae Hong Son nach Mae Sariang passiert man sie automatisch.

- Einem Franzosen gehört das **Baan Farang Guest House****-*** (29/5 Ratburana Rd., Tel. 053-622086, banfarang@hotmail.com). Sehr saubere Zimmer (Bad), dazu gibt es Betten in einem sehr gemütlichen Dorm (50 Baht), in guter alter Holzbauweise errichtet. Ein Restaurant ist angeschlossen, weiterhin gibt es Motorräder auszuleihen.
- Das **Mitrkhunyoum Hotel***-*** in der Ortsmitte (115 Ratburana Rd., Tel. 053-691057) hat ordentliche, in einem traditionellen Holzhaus untergebrachte Zimmer.
- Das **Khrua Pik Mai***** am Südende der Stadt ist in erster Linie ein Restaurant, dem aber auch fünf ordentliche Bungalows mit Bad angeschlossen sind. Dazu gibt es ein Dorm zu 60 Baht/Pers.; Aufnahmekapazität bis zu 50 Personen. Tel. 053-691061.
- Etwas überteuerte Zimmer mit Bad im **Bua Thong Guest House***** (Tel. 053-622037)
- Etwa 3 km abseits der Hauptstraße liegt das von viel Grün umgebene **Khun Yuam Resort****-*** (Tel. 053-691016); zwei an der Abzweigung von der Hauptstraße ausgeschilderte Landstraßen führen dorthin. Die Landschaft um die Anlage herum ist wunderschön und absolut ruhig, ein wahres Idyll. Es gibt Bungalows (Bad) in verschiedenen Größen. Ein Restaurant ist vorhanden.

Essen

- Das **Kaset Phua Chiwit Food & Drink** (der Name bedeutet etwa „Landwirtschaft fürs Leben") serviert eine kleine Auswahl guter nordthailändischer Speisen.

Anreise

Mit jedem beliebigen **Bus** auf der Strecke Chiang Mai – Mae Sariang – Mae Hong Son. Ansonsten per Bus nach Mae Sariang (siehe Anreise dort), und von dort weiter per Bus nach Khun Yuam (50 Baht). Busse ab Mae Hong Song kosten 50 Baht, A.C. 135 Baht.

Weiterreise

Es geht in erster Linie nach Mae Hong Son, oder in die andere Richtung, nach Mae Sariang und Chiang Mai. Nach Mae Sot (230 km) ist eine neue Straße eröffnet, die Route 1085. Zwischen Mae Sariang und Mae Sot verkehren **Songthaews** für 200 Baht; Fahrzeit ca. 6 Std. Die Reise kann auch in Mae Sarit unterbrochen werden (110 km von Mae Sariang), wo einige einfache Unterkünfte zur Verfügung stehen.

Nationalpark Nam Tok Mae Surin

อุทยานน้ำตกแม่สุรินทร์

Etwa 20 km nordöstlich von Khun Yuam erstreckt sich der 397 km² große Nam-Tok-Mae-Surin-Nationalpark (nicht zu verwechseln mit dem Mae-Surin-Nationalpark bei Mae Hong Son). Dieser beherbergt einen der höchsten Wasserfälle Thailands: Der **Mae-Surin-Wasserfall** stürzt in einer einzigen Kaskade 80 m in die Tiefe, inmitten einer üppig bewachsenen Bergwelt. Der Wasserfall ist nur in einem dreistündigen Fußmarsch (hin und zurück) vom Endpunkt der Straße aus zu erreichen; vom Parkplatz am Straßenende bietet sich aber auch ein sehr guter Fernblick darauf.

In einem zweistündigen Trek vom Wasserfall erreicht man **Nong Sieo,** ein Hochplateau, das mit Pinien bewachsen ist. Der zweitgrößte Wasserfall im Park ist der **Tham Khon-Wasserfall,** der zunächst 40 m tief fällt und sich dann in mehrere kleinere Kaskaden aufteilt.

Die Tierwelt des Parks ist vielfältig: diverse Hirscharten, Bären, Wildschweine, Affen, Fledermäuse und zahlreiche Vogelarten sind hier beheimatet. Möglicherweise finden sich noch viele weitere Spezies, bisher gibt es noch keine Studien.

Touren werden gelegentlich vom Baan Farang Guest House in Khun Yuam veranstaltet.

Unterkunft

- Die Parkverwaltung bietet zwei **Bungalows**** für 4 Personen sowie einen Bungalow*** für 8 Personen. Dazu gibt es einen Campingplatz, die Ausrüstung ist aber selber mitzubringen. Bezahlung auf Spendenbasis.

Anreise

- Per **Songthaew** von Khun Yuam nach Na Ngiu (12 km), dort in ein Songthaew nach Hua Mae Surin umsteigen, das in unmittelbarer Nähe des Mae-Surin-Wasserfalls liegt (ca. 20 km). Da die Songthaews oft sehr lange auf sich warten lassen, ist ein eigenes Fahrzeug (Jeep, Motorrad) vorzuziehen.
- Per **eigenem Fahrzeug** fahre man über Route 1263 von Khun Yuam in östliche Richtung. Bei Na Ngiu (13 km) biegt man links ab; von der Abzweigung sind es noch 24 km bis zum Endpunkt der Straße den Park-Bungalows; die letzten 16 km sind bisher unasphaltiert. Entlang der Strecke passiert man einen atemberaubenden Aussichtspunkt, der Ausblick über mehrere Bergzüge erlaubt.

Pai

ปาย

Das winzige Pai (3.000 Einwohner) liegt in einem verschlafenen Tal, auf halbem Weg zwischen Chiang Mai und Mae Hong Son. Um den winzigen Ort erheben sich sanfte Hügel oder Berge. Die weltfremde, relaxte Atmosphäre im Ort zieht zahlreiche Traveller an, die meistens viel länger bleiben als ursprünglich geplant. Es ist ein perfekter Ort zum „Abhängen".

2005 kam es in Pai während der Regenzeit zu **schweren Überflutungen** und viele Guest Houses wurden von den Wassermassen weggespült. Inzwischen hat sich die Gemeinde allerdings erholt und neue Restaurants und Hotel scheinen jeden Tag aus dem Boden zu schießen. Mit dem „Abhängen" soll es in den nächsten Jahren allerdings zu Ende gehen. Seitdem die Landpreise in die Höhe geschossen sind, scheint die Polizei verstärkt Jagd auf Rucksacktouristen, Freaks und Doperaucher zu machen. Man wünscht sich reichere Touristen, so heißt es, und in der Tat haben 2006 auch schon die ersten Luxusresorts geöffnet.

Der neue Flugplatz, etwa 3 km außerhalb der Stadt, soll 2007 in Betrieb gehen, was ohne Zweifel weiter zur Popularität und touristischen Entwicklung der Gegend beitragen wird. Dennoch ist das Tal wunderschön und außerhalb des Stadtzentrums geht das Leben nach wie vor seinem ländlichen Rhythmus nach.

In der Umgebung Pais befinden sich einige **Dörfer der Bergvölker,** die von der Stadt leicht erreichbar sind. Lahu und Lisu die ihre Waren in Pai verkaufen, gehören zum Stadtbild.

2 km östlich des Ortes liegt **Wat Mae Yen.** Auf dem Weg dorthin über-

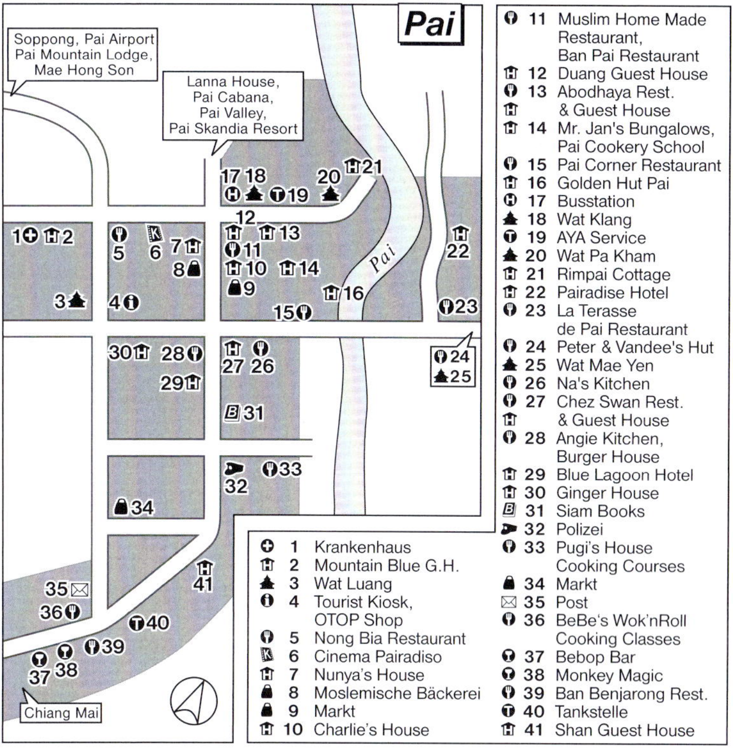

quert man eine Brücke, passiert ein Shan- Dorf, und dann gilt es die 350 Stufen vor dem Tempel zu erklimmen. Vom Wat aus hat man einen unvergesslichen Ausblick auf das Tal.

Die Straße östlich des Kim Guest House führt zu mehreren **Berg-Dörfern.** Nach etwa 3 km erreicht man eine Siedlung von Kuomintang-Chinesen (siehe Mae Salong), die erst vor 10 Jahren über Myanmar hierhin gekommen sind. Die Chinesen sind zum Christentum bekehrt worden, was angeblich auf den falschen Versprechungen von Missionaren beruht: Diese hatten den Chinesen gesagt, dass sie als Christen in Singapur oder Taiwan Aufnahme finden würden. Darauf warten sie noch immer, aber ihr Glaube ist ungebrochen.

2 km weiter befindet sich das Shan-Dorf Ban Morpang und nochmals 2 km weiter die **Morpaeng-Wasserfälle.** Entfernung ab der Stadt insge-

samt ca. 8 km. Manche Leute trekken die gesamte Strecke hierhin; man kann sich aber einen Großteil ersparen, indem man einen Bus in Richtung Mae Hong Son nimmt und nach 5 km aussteigt (die Stelle am Highway ist ausgeschildert); von dort sind es noch gut 3 km Fußweg.

Etwa 8 km südöstlich von Pai liegen, in malerischer Umgebung, die bekannten **Pai Hot Springs,** Heißwasserquellen, in denen gebadet werden kann (50 Baht). Das heiße Wasser wird in kleine Badehäuser geleitet.

Information

• Die Stadt betreibt einen kleinen **Informationskiosk** am Rathaus, der allerdings nicht immer offen scheint und bis auf ein paar Broschüren der teureren Resorts auch nicht viel Information bietet.

• Die **Tourist Police** befindet sich ein wenig außerhalb der Stadt in Richtung Chiang Mai. Tel. 053-611812 oder 1155.

Unterkunft

• **Duang Guest House***-*** (Tel. 053-699 101) hat eine Reihe von einfachen Zimmern ohne eig. Bad (das Gemeinschaftsbad hat heißes Wasser), dazu Zimmer mit eig. Bad sowie ein besonders komfortables Zimmer, das auch am teuersten ist.

• Einfache Holz-Bungalows mit und ohne Bad im **Mountain Blue Guest House***-** (Tel. 053-699282), ein Veteran unter den Guest Houses, seit 20 Jahren geöffnet.

• **Nunya's House***-** (Tel. 053-699395) hat Zimmer in einem netten Holzhaus, die preiswerteren davon ohne eig. Bad.

• Noch besser ist das nahe gelegene **Charlie's House***-** (Tel. 053-699039), dessen Zimmer sich um einen Innenhof scharen. Die preiswerteren Zimmer ohne eig. Bad.

• Sehr zentral liegt das relativ neue **Blue Lagoon Hotel*****, das saubere, moderne Zimmer um einen modernen Innenhof mit Swimmingpool bietet, dazu ein Restaurant, eine große Bar mit großer TV-Leinwand und abendlicher Live Musik.

• **Mr. Jan's Bungalows***-** (Tel. 053-6995 54) sind Bambushütten ohne/mit eig. Bad. Die Hauptattraktion sind die angebotenen Massagen (ausnahmsweise nicht thailändisch, sondern burmesisch/Shan) zu 150 Baht, dazu gibt es eine Kräuter-Sauna (50 Baht).

• **Golden Hut Pai****-*** (Tel. 053-699949) hat strohgedeckte, auf Stelzen stehende Hütten mit/ohne eig. Bad; schöner Flussblick.

• Eine der komfortabelsten Unterkünfte am Ort ist das **Rim Pai Cottage****-*** (Tel. 053-699133), mit recht wohnlichen Hütten und einem größeren Bungalow; in den Preisen ist Frühstück enthalten.

• Südwestlich des Pai Flusses haben sich in den letzten Jahren eine Reihe einfacher, aber solider Bungalowbetriebe angesiedelt. Zu empfehlen ist in dieser Gegend das **Ma Yen House**** (Tel. 053-699321), das einfache saubere Zimmer mit einem schönen Blick übers Tal bietet. Ähnlich ist das Eden Guest House (Tel. 053-699112) nebenan.

• Etwas weiter nördlich (und ca. 1 km außerhalb von Pai) liegt das nette **Paradise** ***-***** (Tel. 089-8387521) auf einem Hügel mit Blick über Pai. Zehn neue, solide Bungalows stehen in einer (vorerst) etwas kargen Anlage um einen kleinen Teich herum.

• **Pai Valley***** bietet sechs wohnliche Zimmer (Bad), die in einem größeren Haus untergebracht sind; letzteres ist von einem Garten umgeben, auf dem Papayas, Mangos und Lychees angebaut werden. Das Haus befindet sich ca. 2 km in Richtung Mae Hong Son.

• Etwas weiter in Richtung Mae Hong Son (ca. 4 km von Pai) steht das **Pai Skandia Resort***** (Tel. 053-699199) mit sehr ordentlichen Bungalows (Bad).

• Komfortable und geräumige Hütten, die im Winter per Feuer geheizt werden können, bietet die **Pai Mountain Lodge*****-**** (Tel. 053-699068), etwa 7 km nordwestlich von Pai nahe dem Mor Paeng-Wasserfall. In der Off-Season fallen die Preise auf die Hälfte oder noch weniger. Buchungen in der 89 Chaisongkhram Road nahe dem Northern

Green Restaurant, worauf auch für den Transport gesorgt wird.

- Etwa 6 km in Richtung Chiang Mai, in Ban Rong Yaeng, liegt **Michel Bungalow****-*** (Tel. 086-1186999, michel@thailine.com), das einen Swimmingpool und Internet-Service bietet. Bungalows mit Bad, dazu Zimmer mit Bad in einer Art Reihenhaus. Die Lage ist nicht sonderlich günstig für Leute ohne eigenes Fahrzeug. Bei Aufenthalten von mehr als einer Nacht werden die Zimmerpreise reduziert.
- Das **Ban Krating**LLL (Tel. 053-698255) ist Pais derzeit luxuriöseste Bungalowanlage. Das Resort befindet sich 2½ km außerhalb Pais in der Nähe des Flughafens und bietet 32 große, makellose A.C.-Bungalows, ein Restaurant und einen Swimmingpool in einer weitläufigen Gartenanlage mit Blick über die Reisfelder des Tals. Ab 3.000 Baht pro Nacht.
- Ebenfalls in Richtung Flughafen liegt das **Belle Villa Resort**LLL (Tel. 053-698226, www.bellevillaresort.com), das 24 luxuriöse Bungalows mit A.C. und einen Swimmingpool hat.
- Ebenfalls in dieser Gegend befindet sich das interessante **Sipsongpanna Bungalows** ***-**** (Tel. 053-698259), das von Kunststudenten aus Bangkok geleitet wird und sieben schöne Bungalows bietet.

Essen

Alle Guest Houses haben Restaurants, die westliches Frühstück und das berüchtigte „Traveller Food" servieren. Dazu scheint in Pai derzeit jede Woche ein neues Restaurant oder Café aufzumachen und die Auswahl an Gerichten aus aller Welt wird immer größer.

- Wer schon lange nicht französisch gegessen hat, findet gute französische Küche bei **Chez Swan,** das passenderweise von einem Franzosen gegründet wurde, der den Betrieb allerdings inzwischen verkauft hat. Käsefreunde können sich hier an diversen Käsesorten laben. Dem Restaurant ist auch ein Guest House** (Tel. 053-699274) angeschlossen.
- Der frühere Besitzer von Chez Swan leitet nun das **La Terasse de Pai Restaurant,** das sich 200 Meter außerhalb der Stadt in westlicher Richtung befindet und hauptsächlich französische und italienische Gerichte serviert.
- Das **Abodhaya Restaurant & Guest House** serviert recht gute westliche und thailändische Gerichte, dazu Backwaren. Freundlicher Service. Zimmer im G.H.** mit Bad.
- Das **Pai Corner Restaurant** an der Rajdamrong Road serviert seit 1993 gute thailändische und deutsche Küche. Das Frühstück (mit Schwarzbrot) ist auch zu empfehlen.
- Das vielleicht beste Restaurant für lokale Küche, und folglich bei den Einheimischen sehr beliebt, ist das **Nong Bia.** Es gibt jede Menge Thai- als auch chinesischer Gerichte.
- **Na's Kitchen** serviert auch recht gute thailändische Gerichte, die allerdings auf den westlichen Geschmack abgestimmt sind. Das Warten aufs Essen kann hier ein bisschen lange dauern, aber das Restaurant ist ein populärer Treffpunkt und somit abends meist voll. Der *Massaman Curry* ist empfehlenswert.
- Das **Muslim Home Made Restaurant** ist rein vegetarisch und hat auch vegane Gerichte auf der Speisekarte. Das Restaurant produziert auch gute Backwaren.
- Das **Ban Pai** nebenan befindet sich in einem alten Shan Haus und bietet typisches Traveller-Essen. Preiswert, aber wohl eher ein guter Treffpunkt als ein Küchenwunder.
- Einen McDonald's gibt es in Pai noch nicht, aber nicht weit vom Blue Lagoon Hotel liegt das **Burger House,** das recht teure Hamburger, Sandwiches und amerikanisches Frühstück serviert. Yeeha.
- Das sehr freundliche **Ginger House,** nahe Angie's Kitchen, serviert vegetarische Speisen.
- Ewas südlich der Stadt (in der Nähe des Bebop Clubs) befindet sich das **Ban Benjarong Restaurant,** das gehobene thailändische Küche serviert.

Kochkurse

Wie auch in Chiang Mai werden in Pai eine Reihe von Kochkursen angeboten, die in der Regel ein bis fünf Tage dauern. Preise liegen bei 700-800 Baht pro Tag.

- **Pugi's House Cooking Courses,** Tel. 053-699476, die Besitzerin spricht deutsch.
- **Bebe's Wok'n Roll Cooking Classes,** Tel. 086-1149921
- **Peter and Vandee's Cooking Classes,** 2 km außerhalb Pais in Richtung Ban Mae Yen
- **Pai Cookery School,** Tel. 081-7063799

Unterhaltung

- *Der* Treffpunkt am Ort ist das **Bebop Café** in der Rangsiyanon Road. Das Publikum ist eine Mischung aus westlichen Travellern und thailändischen Rastas, die nicht selten dem weiblichen Teil der erstgenannten nachstellen. Abends, etwa ab 21.30 Uhr, spielen Rock- oder Blues-Bands, oft sind es Bands aus Chiang Mai. Geöffnet 18-1 Uhr.
- Kurz vor dem Bebop befindet sich die **Monkey Magic Bar,** ein sehr viel kleinerer und ruhigerer Laden, in dem der Besitzer seine Malerei ausstellt.
- Das **Café Del Doi** liegt ca. 7 km südlich von Pai in Richtung Chiang Mai und veranstaltet regelmäßig Partys. Ein Restaurant und einige Bungalows***-**** sind angeschlossen (Tel. 053-693230).
- Das **Cinema Paradiso,** in der Nähe des Krankenhauses, vermietet private Kinoräume und hat eine große Auswahl an Filmen, die hier in intimer Atmosphäre, ohne störende Rüpel, zu genießen sind.

An-/Weiterreise

- **Busse ab Chiang Mai** (Arcade Bus Station) kosten 60 Baht, A.C. 84 Baht. Fahrzeit ca. 4 Std. Abfahrten 8.30, 11.00, 12.00, 14.00 und 16.00 Uhr.
- **Fahrräder** (30-50 Baht/Tag) und **Motorräder** (100 Baht/Tag), auch Enduros (500 Baht/Tag), vermieten unter anderem AYA Service (Tel. 053-699940) und Good View Motorbike & Bicycle (Tel. 089-9991715).
- **Busse ab Mae Hong Son** zu 60 Baht. A.C. 85 Baht. Fahrzeit gut 4 Std. Die Strecke ist äußerst bergig und kurvenreich.

Wildwasser-Trips auf dem Pai-Fluss

Eine ganze Reihe Unternehmen organisieren zweitägige abenteuerliche Wildwasser-Fahrten von Pai über den Pai-Fluss nach Mae Hong Son. Sie beginnen am Kong-Fluss, einem Nebenfluss des Pai, und über etliche Stromschnellen und entlang urwüchsiger Naturszenerien erreicht man das 42 km entfernte Mae Hong Son. Am Ufer sind **viele Tiere zu beobachten,** z.B. Gibbons, zahlreiche Raub- und Wasservögel und – mit viel Glück – gelegentlich auch Bären. Eine weitere Route, ca. 60 km lang, entlang des Pai-Flusses wird ebenfalls angeboten. Preise liegen um 1.800 Baht pro Person. Generell ist die **Wildwasser-Saison** von Juli bis Januar.

- **Thai Adventure Rafting,** Tel. 053-699111, www.activethailand.com
- **Pai In The Sky Rafting,** Tel. 053-699090
- **Pai Adventure Rafting,** Tel. 053-699385

Dschungel-Trips

... werden von einigen Elephant Camps offeriert, die sich nahe der **Heißwasserquellen** (Hot Springs), südöstlich von Pai, befinden. Die Trips dauern 1-3 Std., schließen einen Besuch der Heißwasserquellen ein und kosten pro Person 250-500 Baht; Mindestteilnehmerzahl zwei.

- **Thom's Elephant Camp,** Tel. 053-699286
- **Joy's Elephant Camp,** Tel. 053-693273
- **Twin's Elephant Camp,** Tel. 053-699002
- **Karen Elephant Camp,** Tel. 087-1762182
- **Noi's Elephant Camp,** Tel. 053-693272

Enduro-Trips

... werden vom **Pai Enduro Team** (Kontakt: Nunya Guest House, Tel. 053-699395) angeboten. Auch Trainingskurse sind hier möglich

Nationalpark Huai Naṃ Dang

อุทยานแห่งชาติ
ห้วยน้ำดัง

Das Gebiet nördlich und östlich von Pai ist Teil des Huai Nam Dang National Parks (nicht Pai selber), dessen bergigster Teil sich östlich von Pai erstreckt. Huai Nam Dang bedeutet „Strom des lauten Wassers".

34 km östlich von Pai zweigt von der Route 1095 eine gut ausgebaute Straße in nördliche Richtung ab; die Straße führt nach 6 km zum Hauptquartier des Parks. Anbei steht ein sehr bescheidener, 1993 erbauter „Palast" der älteren Schwester der Königs, Prinzessin *Kalyani Vatthana*. Direkt am Parkhauptquartier befindet sich auch ein **Aussichtspunkt,** von dem aus man an klaren Tagen in nordöstliche Richtung **bis zum Doi Chiang Dao** sehen kann. Der Berg, der dritthöchste Thailands (2.240 m), ist fast dreißig Kilometer entfernt. Die besten Ausblicke ergeben sich zu Sonnenaufgang. Von der Stelle aus könnte man auch über einen Dschungelpfad bis zur Gegend um den Doi Chiang Dao trekken.

Etwa 4 km vom Parkhauptquartier entfernt liegt das über eine unasphaltierte Straße erreichbare, größere **Lisu-Dorf Ban Huei Nam Dang.** Das Dorf besteht aus über einhundert Häusern, und viele dort ansässige Familien leben von der Herstellung von Lisu-Kleidung.

Unterkunft

- Die **Parkverwaltung** betreibt Bungalows ***-****, die jedoch vorgebucht werden müssen: Tel. 053-263910.

Anreise

Von Chiang Mai ist der Aussichtspunkt 120 km entfernt und kann per eigenem Fahrzeug gut in einem Tagesausflug besucht werden; oder auf der Fahrt von Chiang Mai nach Pai/Mae Hong Song könnte man einen Abstecher dorthin einlegen. Wer den Sonnenaufgang erleben möchte, sollte sich schon um 4.00 Uhr morgens (mit eigenem Fahrzeug) von Chiang Mai auf den Weg machen. Als Alternative könnte man von Pai aus anfahren (40 km).

Soppong

Der winzige Ort Soppong liegt in einem Bergpass an der Route 1095 zwischen Pai und Mae Hong Son. Wem Pai zu „touristisch" sein sollte, findet hier eine kleinere und ruhigere Alternative.

Soppong ist ein kleines Handelszentrum der Shan, Karen, Lisu und Lahu, welches durch den Ausbau der Straße an Bedeutung gewann.

In der weiteren Umgebung des Ortes finden sich etwa zweihundert Höhlen. Etwa 8 km von Soppong entfernt erstreckt sich die **Tham** („Höhle") **Lot,** eine der größten Höhlen Thailands. Diese „Röhren-Höhle" (so die Übersetzung) wird von einem Fluss durchzogen. Am Höhlenzugang lassen sich Boote und Laternenträger zur Erkundung anheuern (150 Baht).

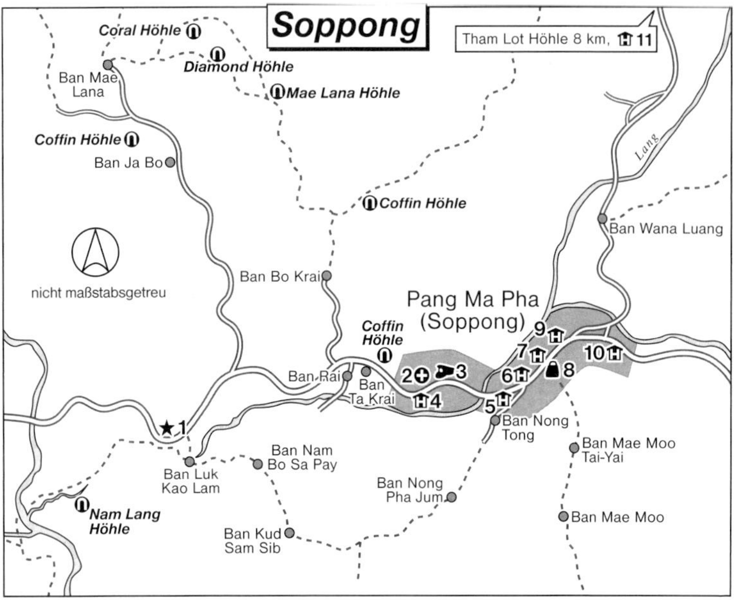

- ★ 1 Aussichtspunkt
- 2 Hospital
- 3 Polizei
- 4 Hillside Cottage
- 5 Jungle Guest House
- 6 Soppong River Inn
- 7 Lemon Hill G.H
- 8 Markt
- 9 Little Eden
- 10 Northern Hill Guest House
- 11 Cave Lodge

Jeden Abend um 18.00 versammeln sich ca. **300.000 Schwalben** über dem hinteren Höhleneingang bevor sie sich in die Dunkelheit und zu ihren Nistplätzen stürzen. Gleichzeitig verlassen **einige Tausend Fledermäuse** die Höhle. Das ist an einem klaren Abend ein atemberaubendes Spektakel.

Ab der Bushaltestelle in Soppong fahren Motorrad-Taxis für 50 Baht zur Höhle; für ca. 200 Baht lassen sich auch Pick-Up-Trucks für die Fahrt anheuern.

Die **Tham Nam Lang,** ca. 30 km entfernt, soll mit einer Länge von 9 km eine der größten Höhlen der Welt sein. Mindestens 30 Höhlen wurden in früheren Zeiten als Bestattungshöhlen benutzt, und in ihnen wurden bis zu 2000 Jahre alte Särge entdeckt. Die lokale Bevölkerung nennt diese Höhlen, „Geisterhöhlen" *(tham phii)*. Die Särge sind übergroß (bis zu 6 m) lang und hängen von in den Höhlen aufgestellten Gerüsten. Einige der Höhlen werden derzeit von Forschern untersucht und sind nicht zugänglich, die Führer in Soppong können jedoch solche zeigen, die noch offen stehen. Ein einmaliges Erlebnis sind sie auf jeden Fall.

Unterkunft/Essen

Die meisten Unterkünfte in Soppong befinden sich am Westrand des Ortes.

- **Jungle Guest House****-*** (Tel. 053-6170 99) am Westrand des Ortes gehört einem thailändisch-deutschem Ehepaar und hat wohnliche Bungalows mit Bad und heißem Wasser; ein gemütliches Restaurant ist angeschlossen.
- Das **Little Eden*****-**** (Tel. 053-617054, Fax 053-617053, www.littleeden-guesthouse.com) ist ebenfalls unter deutscher Leitung. Eine Reihe neuer sehr wohnlicher Bungalows steht in einem schattigen Garten an einem kleinen Swimmingpool. Ein „Honeymoon House", eine Art Urlaubsvilla im europäischen Stil, ist für 1.200 Baht zu mieten. Restaurant und Internet angeschlossen.
- **Lemon Hill G.H.****-*** (Tel. 053-617039) hat ordentliche Zimmer mit Bad, z.T. mit eig. Bad und Blick über den Fluss.
- Sehr geschmackvoll eingerichtete Zimmer mit Bad im **Soppong River Inn*****-**** (Tel. 053-617107, www.soppong.com). Ein kleines schönes Cottage (mit DVD-Spieler und Sammlung) direkt am Fluss ist ebenfalls anzumieten. Kostenpunkt 1.200 Baht die Nacht oder 7.200 Baht die Woche.
- Ein paar hundert Meter weiter in Richtung Pai, befindet sich das **Northern Hill Guest House*****-***** (Tel. 053-617136, www.northernhillgh.com). Schöne große Zimmer mit Bad/Heißwasser, freundliches Management, Restaurant und Fahrradverleih. Es ist auch möglich auf dem Gelände des Guest Houses zu campen.
- Am anderen Ende von Soppong liegt das neue **Hillside Cottage****** (Tel. 053-617101, nidnies@hotmail.com), das sieben solide Bungalows mit kleinen Veranden vermietet.
- Die **Cave Lodge***-** (Tel. 053-617203) hat recht einfache Hütten ohne eig. Bad, dazu Schlafsaal-Unterbringung für 50 Baht. *John,* der australische Besitzer, lebt seit 28 Jahren in der Gegend und war einer der ersten Höhlenforscher, der die Gegend systematisch erkundete. Gäste bekommen eine sehr detaillierte Karte der umliegenden Bergdörfer in die Hand gedrückt.

Trekking-Touren

- **Little Eden, Jungle Guest House Cave Lodge** organisieren Trekking-Touren in die Umgebung.

Anreise

- **Busse** ab Mae Hong Son 40 Baht, ab Pai 35 Baht. In beiden Richtungen gibt es täglich mehrere Busse.

Mae Hong Son

แม่ฮ่องสอน

Dies ist ein ehemals verschlafener, mittlerweile aber aufgeweckter kleiner Ort westlich von Chiang Mai mit ca. 10.000 Einwohnern in einem Talkessel. Fährt man via Pai ist die Strecke 270 km lang, via Mae Sariang sind es 368 km ab Chiang Mai. Wahrscheinlich entstand die Stadt 1832, als der Prinz von Chiang Mai den Auftrag gegeben hatte, in der Gegend von Pai Elefanten für ihn einzufangen. Aus dem Lager der Elefantenfänger wurde schließlich eine kleine Stadt, der 1874 die Stadtrechte verliehen wurden.

In diesem Jahrhundert wurde der Ort häufig „das Sibirien Thailands" genannt, da unliebsame Beamte dorthin strafversetzt wurden. In der Abgeschiedenheit des Tales sollten sie sich besinnen. Heute fährt man gerne freiwillig nach Mae Hong Son, denn der Ort strahlt eine fast überirdische Ru-

Das Schönheitsgeheimnis der Padaung-Frauen

Sie gehören wohl zu den meistfotografierten Frauen Thailands – die Padaung-Frauen mit ihren so merkwürdig langen Hälsen, die ihnen auch den Namen **„Langhals-Frauen"** eingetragen haben.

Bei den Frauen der Padaung ist das Tragen von dicken **Metall-Halsreifen** ein ästhetisches und soziales Muss. Die ersten Ringe werden den Mädchen schon im **Alter von 5 Jahren** umgelegt; der genaue Termin dazu wird von einen Dorf-Schamanen bestimmt, der als Orakel Hühnerbeine „befragt", die er auf den Boden wirft. In den folgenden Jahren kommen weitere Ringe dazu. Bei einer Frau wiegt der Schmuck meist um die fünf Kilo, bei besonders wohlhabenden Frauen könnnen es aber auch acht sein. Die Ringe repräsentieren Schönheit, Status und Reichtum. Sie werden täglich gereinigt, eine Aufgabe, die viel Zeit in Anspruch nimmt.

Wie Röntgen-Aufnahmen beweisen, wird durch das Gewicht der Hals genau genommen nicht verlängert, sondern das Knochengerüst darunter wird niedergedrückt, so dass der Hals länger erscheint. Die **Muskeln,** die normalerweise den Hals stützen, verlieren ihre Funktion und **verkümmern.** Probleme ergeben sich zudem beim Trinken, da die Frauen nicht, wie üblich, den Kopf in den Nacken legen können. Folglich können sie nur nach vorne gebeugt durch Strohhalme trinken. Nachts schlafen die Frauen getrennt von ihren Männern, da sie ein spezielles Kopfkissen benötigen.

Trotz aller Nachteile werden die Ringe unter normalen Umständen niemals abgenommen und sogar bis ins Grab getragen. In früheren Zeiten wurden Frauen, die sich des Ehebruchs schuldig gemacht hatten, durch Abnahme ihrer Ringe bestraft – eine tiefe Demütigung. Oft hatte dies sogar fatale Folgen, da die Halsmuskeln den Hals nicht mehr tragen konnten; die Folge war **Tod durch Erstickung.** Durch den Einfluss christlicher Missionare legten Anfang des 20. Jh. einige Frauen ihre Halsringe ab; der Hals musste danach durch eine Halskrause gestützt werden.

In den letzten Jahren erlebte das Halsring-Tragen eine Art Revival. Einerseits liegt das an einer kulturellen Rückbesinnung der Padaung, es hat aber auch handfeste finanzielle Gründe. Das leicht verdiente Geld aus dem Tourismus dürfte für viele sehr verlockend sein.

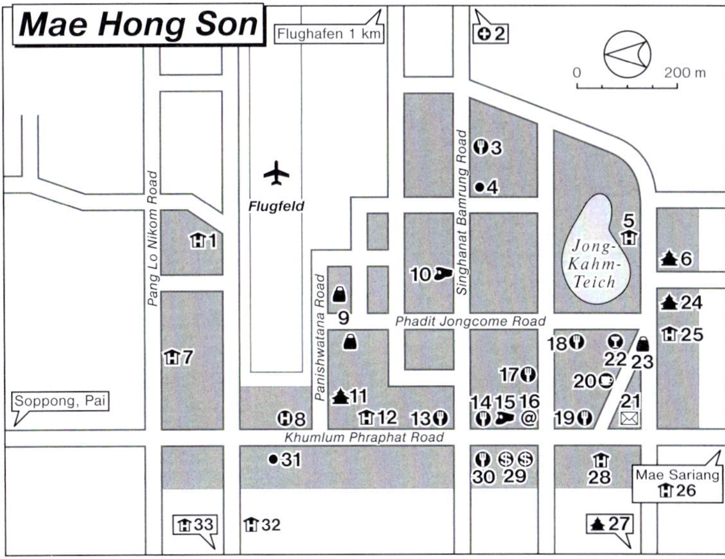

1 Mae Hong Son Hotel
2 Krankenhaus
3 Veg. Restaurant
4 Thai Airways
5 Rim Nong G.H.
6 Wat Jong Kham
7 Wichitporn House
8 Busbahnhof
9 Markt
10 Tourist Police
11 Wat Hua Wiang
12 Panorama Hotel
13 Restaurant
14 Khai Muk Rest.
15 Polizei
16 OTOP Shop/ Internet
17 Khai Muk Rest.
18 Krua Thip Restaurant
19 Ji Ji Restaurant
20 Sunflower Café
21 Post
22 Lake Side Bar
23 Nachtmarkt
24 Wat Jong Klang
25 Piya Guest House
26 Mae Hong Son Mountain Inn, Rooks Holiday Hotel, Tara Mae Hong Son, Fern Resort
27 Wat Doi Kong Mu
28 Baiyoke Chalet
29 Banken
30 La Tasca Restaurant
31 Immigration
32 Jean's Guest House
33 Mae Hong Son G.H.

he aus und kann Ausgangspunkt für viele Wanderungen in die Umgebung sein.

Mae Hong Son liegt 16 km von der **burmesischen Grenze** entfernt, die hier jedoch keinen offiziellen Übergang hat. So mancher Einwohner erzählt aber, dass er schon mal „drüben" war, denn zahlreiche Schmugglerpfade verbinden den Ort mit Myanmar.

Die Hälfte der Einwohner der Provinz Mae Hong Son sind Shan (Thai

Wat Jong Kham
(Foto: Chaweewan Cuchuay)

Yai), der größte Teil der anderen Hälfte sind Karen, Hmong, Lisu und Lahu.

Die **Tempel** des Ortes zeigen deutlich den Einfluss Burmas. An einem Teich liegen Wat Jong Kham und Wat Jong Klang, beide in burmesischem Stil erbaut. Wat Jong Kham ist etwa 200 Jahre alt, und Wat Jong Klang beherbergt 30 hölzerne Buddha-Figuren aus Burma. Diese sind in der Regel eingeschlossen, und man sollte einen Mönch bitten, einen Blick darauf werfen zu können.

Kurioser ist **Wat Hua Wiang,** ebenfalls burmesisch im Stil, der an der Westseite des Marktes liegt. Die verfallene Konstruktion beherbergt einen bronzenen Buddha aus Burma.

Der wichtigste Wat des Ortes ist aber **Wat Doi Kong Mu,** der sich auf einem Berg befindet (425 m. ü. M., aber nur 130 Meter Aufstiegshöhe ab Mae Hong Son). Er wurde 1874 erbaut, und von dort hat man eine herrliche Aussicht auf das Tal. Von oben sieht das Rollfeld des Flughafens aus wie ein Pflasterstreifen, den jemand in das Tal geklebt hat, die einfliegenden Flugzeuge wie Moskitos, die darauf landen wollen. Abends ist der Wat durch Lichterketten beleuchtet wie ein Weihnachtsbaum, was vom Tal aus betrachtet einen wunderschönen, malerischen Anblick bietet.

Vom Fuße des Doi Kong Mu, rechts neben einem anderen Wat, führt ein mäßig beschwerlicher Fußweg hinauf. Der Weg ist in 15-20 Minuten gut zu schaffen. Bequemer, aber langweiliger ist der Weg über die zum Wat führende Autostraße.

Ausflüge in die Umgebung

Mae Hong Son kann der Ausgangspunkt von einigen **Trekking- und Rafting-Touren** sein. Einige Unternehmen in der Innenstadt bieten derlei Touren an. Von Alleingängen in der Bergen der Umgebung sei aber gewarnt; gelegentlich treiben sich dort Banditen herum; nicht wenige davon kommen aus dem nahen Myanmar.

Die für viele Touristen spektakulärste Attraktion sind die **„Langhals-Frauen"** aus dem Volke der Padaung in Myanmar, von denen sich einige in drei Dörfern in Nord-Thailand angesiedelt haben (siehe auch Exkurs „Das Schönheitsgeheimnis der Padaung-Frauen"). Die Padaung stammen ursprünglich aus der Gegend um Mong Pai in Myanmar und sind den dortigen chaotischen politischen und ökonomischen Verhältnissen entflohen. In der Vergangenheit wurden einige Padaung von einem thailändischen Unternehmer regelrecht in Sklaventum gehalten, weil er mit ihnen reichlich Touristen-Dollars kassieren konnte. Aufgrund negativer Schlagzeilen, auch im Westen, schloss die Regierung das betreffende Unternehmen. Das Bestaunen der fremdartigen Wesen geht andernorts jedoch weiter.

Das vielleicht meistbesuchte Padaung-Dorf ist **Ban Nai Soi,** 23 km nordwestlich von Mae Hong Son, und ca. nur 7 bis 8 km von der Grenze zu Myanmar entfernt. (Die anderen sind Ban Huay Sua Thao und Ban Nam Pieng Din.) Nicht-Thais haben an einem Kassenhaus 250 Baht Eintritt zu zahlen; geöffnet tägl. 6-18 Uhr. In dem Dorf befinden sich fünf Dutzend Frauen und Mädchen, die sich die Hälse durch das Umlegen von Ringen verlängert haben, bzw. noch verlängern. Den Frauen scheint ihr Exoten-Image nichts auszumachen, im Gegenteil: Gegen etwas Geld posieren sie allzu gerne für Fotos. Ihr befremdliches Aussehen hat ihnen einen bescheidenen Wohlstand eingebracht, und so posieren die Padaung-Frauen sehr geduldig für die zahlreichen fotografierenden Touristen; viele der Mädchen sind gar fotogen geschminkt. An kleinen Ständen werden Postkarten und Souvenirs verkauft.

Es mag debattierbar sein, ob es „ethisch" ist, ein Volk zu bestaunen, dessen weibliche Mitglieder aufgrund seiner Gebräuche etwas anders aussieht als der Rest der weiblichen Menschheit. Die Padaung selber scheinen sich aber mit ihrer Rolle und den daraus resultierenden Einnahmen sehr gut abgefunden zu haben. Die

Wat Doi Kong Mu in Mae Hong Son
(Foto: David henley)

zahlreichen sehr jungen Mädchen, die heutzutage wieder mit dem Ringanlegen beginnen, zeugen davon, dass man sich weder von dem alten Usus noch von den damit verbundenen Einnahmen trennen möchte.

Im Jahre 2000 kam es ob der Einnahmen zum Streit. Die Bewohner von Ban Nai Soy blockierten zeitweise die Zufahrtstraße zu ihrem Dorf, um so Touristen fern zu halten – die Dorfbewohner fühlten sich bei der Aufteilung des Geldes (ca. 1 Mio. Baht/Monat) durch den Dorfvorsteher übervorteilt und traten auf diese Art in den Streik.

Das Fest der „Hätschelkinder“

Mae Hong Son ist der Austragungsort eines der buntesten und lebhaftesten Feste Thailands, in dem Jungen im Alter von 6-14 Jahren für die Zeit der Sommerferien zu Mönchen geweiht werden. Passionierte Fotografen tun gut daran, reichlich Filmmaterial mitzubringen, denn am Ort sind Filme relativ teuer.

Das Fest entspringt der Tradition der Shan oder Thai Yai und dauert drei Tage und beginnt mit den Schulferien Ende März oder Anfang April. Die Überlieferung will es, dass jeder Shan-Junge einmal eine Zeit als Mönch verbringt – und dazu bieten sich heutzutage die Schulferien am besten an.

Bevor aber der Ernst der Mönchszeit beginnt, werden die Jungen – in diesem Fall auch *luuk gäo* oder „Hätschelkinder“ genannt – gefeiert wie kleine Könige. Zu Beginn der Feierlichkeiten werden den Jungen zunächst einmal die Köpfe geschoren, so wie es sich für angehende Mönche gehört. Dann aber werden sie in farbenprächtige Kostüme gehüllt, sie werden mädchenhaft geschminkt, und ihre kahlen Köpfe werden mit Blumengestecken und Stirnbändern geschmückt. Danach werden die Jungen in langen Prozessionen von erwachsenen (männlichen) Freunden und Anwerwandten auf deren Schultern durch die Stadt getragen; dabei wird jeder wichtige Tempel aufgesucht sowie jedes Haus, aus dem ein Junge zum Mönch geweiht werden soll. In den Häusern bekommen die Jungen von den Bewohnern kleine Umschläge mit etwas Geld zugesteckt.

Der Tradition gemäß dürfen die Jungen für die Dauer des Festes nicht den Boden mit ihren Füßen berühren, außer im Tempel. Folglich werden sie überall hin getragen – für drei Tage sind sie eben verwöhnte „Hätschelkinder“. Das Tragen soll wohl auch die „elevierte“ Stellung der Jungen symbolisieren, die nun als angehende Mönche dem Himmel näher sind als der Erde. Während der Prozessionen tanzen die Träger der Jungen übermütig zu Trommelmusik, was bei der enormen Hitze zu dieser Jahreszeit seinen Tribut fordert: Oft sind sowohl Träger als auch Getragene von den Feierlichkeiten erschöpft. Die Träger müssen alle paar Minuten abgelöst werden.

Am zweiten Tag des Festes gehen die Prozessionen weiter. Es schließen sich nun auch zahlreiche traditionell gekleidete Bewohner von Mae Hong Son an, die den Jungen Geschenke mitbringen. Mehrere kleine traditionelle Orchester begleiten die Prozession.

Am dritten Tag versammelt man sich gegen 8 Uhr auf dem Gelände von Wat Hua Wiang. Viele Familien posieren stolz mit ihrem „Hätschelkind" fürs Fotoalbum. Nach ein wenig letzter Ausgelassenheit setzt man sich nun im Tempel nieder, und es wird ernst. Die *luuk gäo* (wörtl. „Kinder aus Glas") hocken sich in Reih und Glied vor einigen älteren Mönchen hin und geloben in althergebrachtem Ritual Treue zu Buddha, Treue zur buddhistischen Lehre, und Treue zur buddhistischen Mönchsgemeinschaft. Danach werden ihnen feierlich ihre Mönchsroben überreicht, und aus den zuvor so ausgelassenen gefeierten Schuljungs sind nun ernsthafte kleine Novizen geworden. Es beginnt ihre kurze Mönchsperiode. Mit dem Schulbeginn im Mai ist alles vorüber, dann wird die orangefarbene Mönchsrobe wieder gegen die vertraute Schuluniform eingetauscht.

Etwas zeitversetzt zum Fest in Mae Hong Son finden kleinere Shan-Mönchsweihen in Khum Yuam statt (meist ein paar Tage früher als in M.H.S.) sowie in Pha Bong, einige Kilometer südlich von Mae Hong Son (ein oder zwei Tage später als in M.H.S). Ähnliche Feierlichkeiten gibt es zur etwa gleichen Zeit noch in Chiang Mai, z.B. an Wat Phra Non Nong Phueng in Saraphi, an der Straße nach Lamphun. Hier werden die Jungen statt auf Menschenschultern von Ponies getragen. Manche Ponies sind sturzbetrunken, da die Festteilnehmer sie mit billigem Reisschnaps bei Laune zu halten versuchen. So manch volltrunkenes Pony bricht unter der Last seines „Hätschelkindes" zusammen, und dann muss schnell ein halbwegs nüchterner Ersatz herangezerrt werden.

Verkehrsmittel

- Entlang der Khumlum Phrapat Road, um dem Supermarkt Lucky Mart herum, können bei einige Unternehmen **Jeeps** der üblichen Marke Suzuki Caribian gemietet werden. Die Preise sind jedoch relativ hoch (ca. 1.200 Baht/Tag), und es ist günstiger, per Mietwagen aus Chiang Mai anzureisen.
- Am Markt an der Panichwatana Road stehen zahlreiche **Tuk-Tuks** und **Motorrad-Taxis** bereit. Eine Fahrt per Motorrad sollte in der Innenstadt 10-20 Baht kosten.

Unterkunft

- Direkt am Teich mit Blick auf zwei Wats liegt das **Piya Guest House****-*** (Tel. 053-611260). Dessen Zimmer sind für den Preis sehr gut und sauber.
- Das **Rimnong Guest House***-*** (Tel. 053-611052), an einer anderen Ecke des Teiches gelegen, hat einfache Zimmer (Gemeinschaftsbad), dazu Betten im Dorm für 120 Baht und ein Restaurant.
- Ein recht gutes Mittelklasse-Hotel ist das **Baiyoke Chalet Hotel******-***** in der Innenstadt (Khunlum Phrapat Rd., Tel. 053-611468, bayoke1864@yahoo.com). Die Zimmer haben Bad, A.C., TV mit Satellitenkanälen und Kühlschrank und sind sehr sauber. Preis inklusive Frühstück; ohne Frühstück 20 % billiger.
- Ganz akzeptabel, aber nichts besonderes ist das **Panorama Hotel***** (51 Khumlum Phrapat Rd., Tel. 053-611757), Zimmer mit Bad, teilweise mit A.C. und TV.
- Ruhig am Fuße des Doi Kong Mu liegt das **Penporn House**** (Tel. 053-611577), mit großen, sauberen Zimmern (Bad).
- Zimmer ohne eig. Bad sowie Bungalows mit Bad gibt es im **Mae Hong Son Guest House***-*** (Tel. 053-612510).
- **Jean's Guest House***-*** (Tel. 053-611662) hat recht ordentliche Zimmer unterschiedlicher Kategorien.
- Das **Mae Hong Son Hotel**** (Tel. 053-612023) befindet sich gleich neben der Rollbahn des Flughafens, was aber bei den wenigen Starts und Landungen (derzeit maximal acht am Tag) nicht sonderlich störend sein dürfte, und hat sehr große Zimmer mit Bad

und Heißwasser. Leider hat dieses Hotel kein Restaurant.

● Am Rand der Innenstadt befindet sich das **Rooks Holiday Hotel**[LLL] (114/5-7 Khumlun Phrapat Rd., Tel. 053-612324-9, 053-611390, Fax 053-611524) mit komfortablen Zimmern (Bad, A.C., TV, Kühlschrank etc.). Auf dem Gelände befindet sich auch das angeschlossene **Rooks Resort*****, mit Bungalows (Bad) um einen künstlichen See herum arrangiert. Oft gibt es Reduktionen von ca. 20 %.

● Gleich daneben liegt das **Mae Hong Son Mountain Inn*****-LLL (112 Khumlum Phrapart Rd., Tel. 053-611802, Fax 053-6122 84, info@mhsmountaininn.com), das seine Entstehung dem Film „Air America" mit *Mel Gibson* zu verdanken hat: Da große Teile des Filmes in Mae Hong Son gedreht wurden, zu jenem Zeitpunkt aber noch kein adäquates Hotel für die Film-Crew zur Verfügung stand, stampfte ein Entrepreneur aus Chiang Mai dieses Hotel aus dem Boden – Bauzeit 45 Tage. Die Zimmer (Bad, A.C.) sind sauber und komfortabel, mit erheblichen Reduktionen in der Off-Season.

● Ausgesprochen angenehm und wohnlich sind die Zimmer (Bad) im ruhig gelegenen **Wichitporn House*****, die teureren mit A.C.

● Die Top-Herberge am Ort ist das **Tara Mae Hong Son**[LLL], am Südrand der Innenstadt, dessen sehr hohe Preise man gelegentlich auf ***** herunterhandeln kann. Die 104 Zimmer sind anspruchsvoll eingerichtet (A.C., TV, Kühlschrank, Tel.), es gibt Swimmingpool, Sauna und zwei Restaurants. Tel. 053-611021-25, Fax 053-611252, www.imperialhotels.com.

● An der Straße nach Nai Soi und dem „Langhals"-Dorf, im Bereich von Ban Tung Kong Mu (ca. 5 km von Mae Hong Son), stehen die ausgezeichneten **Mae Nam Cottages***** (Tel. 053-611945). Die sauberen Bungalows (Bad) verteilen sich über eine gepflegte, ruhige Anlage, die den Pai-Fluss überblickt. Die in den Bungalows oben gelegenen Zimmer sind etwas teurer als die unteren. Ein eigenes Fahrzeug dürfte aufgrund der etwas abgeschiedenen Lage notwendig sein.

● 9 km südlich von Mae Hong Song an der Straße nach Khun Yuam befindet sich das empfehlenswerte **Fern Resort******-LLL (Tel. 053-686110, Fax 053-686 111, www.fernresort.info), das teilweise mit Regierungsgeldern finanziert wurde und umweltfreundlich sein soll. Fernseher und Telefone gibt es keine. Die meisten der Angestellten sind Karen aus den umliegenden Dörfern. Das Resort ist von Reisfeldern umgeben und bietet einen Swimmingpool. Auf dem Resortgelände finden sich 28 saubere Bungalows unterschiedlicher Größen und Standards, alle mit A.C. und Balkons oder Veranden. Gäste werden kostenlos in Mae Hong Son abgeholt.

● **Privatunterbringung** in einfachen Häusern in Dörfern der Umgebung ist möglich. Dieses „Homestay"-Projekt wurde von einer thailändischen NGO (Non-governmental Organisation) ins Leben gerufen, der TVS-REST (Thai Volunteer Service – Responsible Ecological Tours). Die Unterbringung kostet ca. 100 Baht pro Person und Tag, dazu kommen noch einmal etwa 50 Baht fürs Essen. Anfragen unter Tel. Bangkok 02-6902796, Fax 02-6910437-9, tvarest@asiaaccess.net.th.

Essen

Mae Hong Son ist in dieser Beziehung nicht allzu aufregend, aber das Angebot hat sich in den letzten Jahren etwas verbessert. Ein kleiner **Nachtmarkt** findet allabendlich südlich des Jong Kham Teiches statt.

● Sehr gut ist das **Kai Muk Restaurant,** das in einem Holzgebäude untergebracht ist. Es gibt typische nordthailändische Küche.

● Das unscheinbare **Ji Ji Restaurant** nahe dem Baiyoke Hotel hat nur eine Speisekarte in Thai. Das Essen ist aber rundum gut und für die Qualität sehr preiswert.

● Das **Sunflower Café,** nahe der Post, serviert thailändisches, chinesisches und westliches Essen in ruhiger Atmosphäre. Freundlicher Service und gutes Frühstück mit frischem Brot und hausgebackenem Kuchen.

● Das **Krua Thip Restaurant,** direkt am Jong-Kham Teich, bietet gute Thaigerichte, kann aber auf Grund großer Gruppen sehr laut sein.

● Gleich daneben ist die **Lakeside Bar & Restaurant,** das eine ähnlich umfangreiche Speisekarte mit einheimischen Gerichten anbietet. Dazu spielt allabendlich eine Band schnulzige Schlager aus Thailand und dem Westen.

- Sehr preiswerte nordthailändische Speisen, Snacks und Getränke bieten sich im **Morgenmarkt.** Darunter sind Hühner-Satays *(gai yaang)*, diverse nordthailändische Curries, gebratener Tofu *(tau-hu tort)* u.a. Neben niedrigen Preisen lockt das Lokalkolorit.
- Das **Thai Vegetarian Food Restaurant,** neben der Tourist Police auf Singhanat Bamrung Road serviert vegetarische und nicht vegetarische Speisen aus Nordthailand.
- Das **Swiss Chalet & Beer Garden** kredenzt recht ordentliche schweizerische und westliche Gerichte.
- **La Tasca,** neben dem Bayoke Chalet, ist ein akzeptables italienisches Restaurant, das hausgemachte Pizzas und Nudelgerichte serviert.

Einkaufen

- In der Gasse zwischen der Post und dem Sunflower Café siedelt sich abends ein kleiner **Nachtmarkt** an, auf dem auch Kleider und Stoffe der Bergvölker verkauft werden.
- Im Stadtzentrum, an der Khunium Praphat Road befindet sich das **OTOP Centre,** eine lokale Kooperative, die Souvenirs und Obst verkauft. Ein Internet-Service ist angeschlossen.

Anreise

- **Thai Airways** fliegt täglich 3-mal von Chiang Mai nach Mae Hong Son, Kostenpunkt 1.170 Baht, bzw. 1.615 Baht in der Business Class; es ist jedoch fraglich, ob sich die Business Class auf dieser kurzen Flugstrecke von 35 Min. lohnt – bestenfalls für Meilensammler beim Vielfliegerprogramm der Thai Airways. Die Aussicht bei dem Flug ist ausgezeichnet, da Tiefflug. Flüge ab Bangkok mit P.B. Air kosten 3.135 Baht. In den heißen Monaten März und April hängen oft dichte Rauchwolken über Mae Hong Son, die durch Waldbrände in der Umgebung verursacht werden; viele Flüge sind dann verspätet oder fallen gänzlich aus. Falls die Flüge von Mae Hong Son ausfallen müssen, stellt Thai Airways Busse für die Fahrt nach Chiang Mai zur Verfügung. Die Fahrt dauert eine kleine Ewigkeit und dürfte nur diejenigen interessieren, die wirklich zurück müssen.
- Von Chiang Mai führen **zwei Busstrecken** nach Mae Hong Son: Die nördliche und kürzere verläuft über Pai (245 km); diese Route hat aber so viele Serpentinenkurven, dass sie landesweit bekannt – und von Selbstfahrern gefürchtet – ist. Angeblich sind es genau 1.263 Kurven. Busse ab Chiang Mai benötigen 8-9 Std., 120 Baht. Mini-Busse (A.C.) kosten 250 Baht. Autos benötigen ca. 6 Std., Motorräder 5 Std. Die Fahrt ist enorm reizvoll, über weite Strecken erinnert die Landschaft an die Hügelregionen Nepals. Vor einigen Jahren hat es allerdings einen Raubüberfall auf Touristen gegeben, und Selbstfahrer sollten hier nicht während der Dunkelheit fahren. Auch am Tage ist ein Risiko nicht auszuschließen, da die Strecke sehr einsam ist.

Die längere, aber einfacher zu fahrende Süd-Route führt über Mae Sariang, Gesamtlänge 360 km. Busse ab Chiang Mai kosten 167 Baht, A.C. 301 Baht, Fahrzeit ca. 8-9 Std.

Weiterreise

- **Busse** nach Pai kosten 60 Baht und fahren 3-mal täglich: Busse nach Chiang Mai fahren mindestens 12-mal täglich, Kosten: siehe Anreise. Busse nach Mae Sariang kosten 90 Baht.
- **Vom und zum Flughafen** (Tel. 053-611367) fahren Motorrad-Taxis, die Einheimischen zahlen zehn Baht pro Person, Touristen kommen selten unter 30 Baht davon. Vom Office der Thai Airways (71 Singhanat Bamrung Road, Tel. 053-612220) fahren Minibusse mit dem Personal vom Flughafen, im Büro mal anfragen, ob man mitfahren kann.

Umgebung von Mae Hong Son

Heißwasserquellen Pha Bong und Naam Hu Hai Chai

Etwa 12 km südlich von Mae Hong Son entspringen diese beiden Heißwasserquellen. Nahebei befindet sich der **Pha-Bong-Damm,** der den Lauf des Mae-Ra-Rut-Flusses unterbricht. An der Pha Bong-Quelle, auch *Bor Nu-*

em Lun genannt, sind Becken angelegt, in denen sich die Besucher ein Heißwasserbad gönnen können.

• Zur **Anfahrt** bietet sich jeder beliebige Bus an, der von Mae Hong Son über den Highway Nr. 108 nach Khun Yuam oder weiter nach Mae Sariang fährt (oder natürlich auch umgekehrt). Der Zugang zur Pha Bong-Quelle befindet sich gleich am Highway, im Bereich der Ortschaft Pha Bong. Als Haltewunsch gebe man *bor-naam-ron pha bong* an, die „heiße Quelle von Pha Bong".

Tham Pla (Fish Cave)

An der Straße nach Pai, ca. 17 km nördlich von Mae Hong Son, lauert ein Schwarm hungriger Fische auf Fütterung: Die Tham Pla oder „Fisch-Höhle" beherbergt einen kleinen, durch einen unterirdischen Bach gespeisten **Teich,** in dem sich zahllose, zum Teil sehr große Fische tummeln. Diese erwarten, von den Besuchern gefüttert zu werden, und so verkaufen einige Kinder das nötige Futter dazu. In ihrer unbändigen Fresslust stürzen sich die Tiere auf alles, was halbwegs verdaulich aussieht – ein Fisch wurde beobachtet, der krampfhaft versuchte, eine ins Wasser gefallene Sonnenbrille zu verschlingen, hart bedrängt von seinen nicht minder gefräßigen Rivalen!

Einen Blick wert ist auch die ruhige und kühle Umgebung der Fisch-Höhle. Dort fließt der Bach aus der Höhle herab und mündet in einem größeren Bach, und es gibt einige altertümlich anmutende **Wasserräder** zu sehen. Besonders interessant ist ein **„Bambus-Orchester":** Bambusrohre von unterschiedlicher Stärke füllen sich mit Wasser – solange, bis sie vom Gewicht überkippen und sich entleeren. Bei der Rückbewegung federn sie soweit aus, dass sie an einen Felsen schlagen. Dabei entstehen wunderbare Klänge.

• Zur **Anfahrt** nehme man einen beliebigen Bus in Richtung Pai und bitte den Schaffner, an der *tham plaa* (langes a!) zu halten; folgt man den Hinweisschildern, passiert man eine etwas brüchig wirkende, kleine Brücke und erreicht nach insgesamt ungefähr 5 Minuten die Höhle.

Wasserfälle Mae Aw und Pha Sua

Kurz vor dem Parkplatz der Fisch-Höhle, ab einer scharfen Linkskurve am Fuße eines steilansteigenden Hügels (nahe km 17), führt eine Straße nach ca. 2 km in das Dorf Ban Mok Jam Pae. Hinter dem Dorf wird die Straße schlechter und führt nach weiteren 8½ km zum Pha-Sua-Wasserfall oder *Naam Tok Phaa Sua*. Vom dortigen Parkplatz gelangt man über einen Holperweg zu dem Wasserfall, der selbst nach der Regenzeit noch viel Wasser führt.

Vom Wasserfall führt der Weg weiter in die dschungelbedeckte Hügellandschaft. An einigen erhöhten Stellen ergeben sich spektakuläre Ausblicke. Nach Erreichen des höchsten Gipfels steigt man ab und gelangt in ein Karen-Dorf und danach nach **Mae Aw.** Als Erkennungshilfe dient der große, künstlich angelegte See an der rechten Wegseite; mit den daraus hervorragenden abgestorbenen Bäumen wirkt er leicht gruselig.

Mae Aw wird von ehemaligen chinesischen Kuomintang-Soldaten und deren Familien bewohnt (siehe dazu auch Mae Salong) und befindet sich fast direkt an der burmesischen Grenze. Das Gebiet auf der burmesischen Seite gehörte bis vor kurzem zum Territorium des Opium-Königs *Khun Sa* und seiner Shan-Armee. Die thailändische Armee unterhält an der Ostseite des Sees einen Wachposten, und nach Aussagen der gesprächigen Soldaten gibt es auch gelegentliche Schusswechsel über die Grenze hinweg. Ein altes KMT-Gefängnis – eigentlich nur ein tiefes Loch im Boden mit einer Falltür drauf – ist an einem Hang oberhalb des Dorfes zu finden. Für ein paar Baht führen Kinder die im Markt herumhängen Besucher dorthin. Der thailändische König unterhält in dieser brenzlichen Umgebung einen Sommerpalast, den Pang Tong Summer Palace. Der Besuch des Geländes ist möglich, Eintritt in den Palast allerdings nicht.

● **Übernachtung:** Wer in Mae Aw schlafen will, hat nicht viel Auswahl. Das **Sawat Ban Din Guest House*** wird von einer sehr netten chinesischen Familie geleitet und hat einfache Bungalows ohne Bad sowie einige Lehmhütten im chinesischen Stil direkt am See.

● **Anfahrt:** Die Straße nach Mae Aw ist durchgehend geteert und sollte auch während der Regenzeit befahrbar sein. Ab der Singhanat Bamrung Road in Mae Hong Son fahren eventuell Songthaews für um die 60 Baht nach Mae Aw (Abfahrt gegen 8.00 Uhr), Angabe ohne Gewähr.

Ban Mae La Na

Ziemlich genau auf halbem Wege zwischen Mae Hong Son und Pai zweigt eine Straße zum Dorf Ban Mae La Na ab (55 km von Mae Hong Son und 55 km von Pai). An der Abzweigung sieht man Schilder zur Mae La Cave (10 km), Papuek Cave (15 km) und Pangkam Cave (15 km). Ban Mae La Na befindet sich 6 km von der Abzweigung entfernt.

Das Dorf bietet einen attraktiven Tempel im burmesischen Stil und ausgezeichnete Wandermöglichkeiten durch eine der schönsten Gebiete Nordthailands, unter anderem zu den oben genannten **Höhlen.** Ein erholsamer Aufenthalt in unverdorbener Idylle ist garantiert.

● **Übernachtung: Mae La Na Guest House***, mit sehr preiswerten Zimmern ohne eigenes Bad und Betten im Dorm zu 40 Baht; in der Regenzeit geschlossen. Das Mae La Na ist derzeit geschlossen, soll aber 2007 wieder öffnen. In Ban Nam Khong steht die **Wilderness Lodge*** mit äußerst preiswerten Hütten ohne eigenes Bad. Am besten ist das **Thai Adventure Base Camp*** (Tel./Fax 053-699111 oder in Chiang Mai 053-277178, info@activethailand.com), das auch Rafting und Elefanten-Trips anbietet.

● Zur **Anreise** bieten sich die Busse auf der Strecke Mae Hong Son-Pai an; Fahrtkosten ab Pai oder Mae Hong Son ca. 40 Baht.

Mae Taeng

แม่แตง

Mae Taeng, 40 km nördlich von Chiang Mai am Highway 107 gelegen, ist eine unauffällige Distrikthauptstadt, in deren Umgebung sich aber überwältigende Berglandschaften befinden. Es gibt mehrere Wohnmöglichkeiten in der näheren Umgebung; mit eigenem Fahrzeug kann man die Region aber auch bei einem Tagesausflug von Chiang Mai aus erkunden.

Unterkunft

- Das **Traveller's Inn****-*** (Tel. 053-4712 39) in Mae Taeng hat annehmbare Zimmer auch mit A.C. für Leute, die aus irgendeinem Grund in Mae Taeng hängengeblieben sind. Das Gebäude macht einen etwas verwahrlosten Eindruck, man hat fast das Gefühl hier spukt es. Eine Karaoke-Bar und ein Internet-Service sind angeschlossen
- Etwas ganz besonderes ist die **Lisu Lodge,** ein im traditionellen Bergdorf-Stil angelegtes Haus, das sich im Dorf Ton Lung befindet, ca. 19 km (Straße) von Mae Taeng entfernt (Anfahrt ab Mae Taeng oder Chiang Mai per Bus oder Songthaew nach Mae Malai; dort in ein Songthaew nach Ton Lung umsteigen). Die unausgeschilderte, abseits der Hauptstraße gelegene Lodge liegt inmitten eines Lisu-Dorfes, umgeben von malerischer Natur.

  Es werden Trekking-Touren und Elefantenritte veranstaltet. Zu buchen ist die Lisu Lodge nur über East-West Siam in Chiang Mai (im Downtown Inn, Loi Kroh Rd., Tel. 053-281789, 053-224688). Bei den Übernachtungspreisen (***) sind die o.g. Touren, wie auch Mahlzeiten, inbegriffen. Unangemeldete Gäste werden i.d.R. nicht aufgenommen.
- Das **Riverine Point Resort****** befindet sich ca. 6 km östlich von Mae Taeng nahe dem Mae-Ngat-Staudamm. Von der Straße, die von Mae Taeng zum Staudamm führt (siehe Ausschilderung), zweigt eine kleine Straße in südlicher Richtung ab, daran befindet sich das Resort. Die Anlage ist architektonisch sehr gelungen, und es ergeben sich schöne Ausblicke auf die im Hintergrund gelegenen Hügel und einen kleinen Fluss. Die Bungalows haben Bad, A.C., TV und Kühlschrank und sind für den Preis sehr gut.

  Leider ist die weitere Umgebung des Resort ein wenig kahl und öde. Essen ist zu sehr vernünftigen Preisen erhältlich. Bei der etwas abgeschiedenen Lage ist ein eigenes Fahrzeug empfehlenswert. Adresse: 278/Moo 10 Nongon, Intakhin, Mae Tang, Tel. 053-479184-6, Fax 053-479185; Buchungen in Bangkok, Tel. 02-3004463-5, Fax 02-3004517.
- Etwas südwestlich von Mae Malai befindet sich das in hübscher Landschaft gelegene **Lakewood Hills** (17 Moo 7, Tambon Kea Lek), ein gemütliches Landhaus, in dem den Gästen Meditationskurse angeboten werden. Im Haus ist Platz für 12 Personen, in Zelten können aber bis zu 200 untergebracht werden. Anfragen im Stadtbüro in Chiang Mai, 152 Charoenrat Rd., Tel. 053-243755.

Anreise

- Von der Chang Phueak (White Elephant) Bus Station in Chiang Mai fahren Busse zu 40 Baht nach Mae Taeng (42 km) oder Mae Malai (39 km). Weiterhin passieren alle Busse Richtung Chiang Dao, Fang oder Chiang Rai den Ort. Mae Malai kann als Umsteigepunkt für die Weiterfahrt nach Pai oder Mae Hong Son dienen. Es ist zudem ein lebhafterer Ort als die Distrikthauptstadt Mae Taeng.

Umgebung von Mae Taeng

Durch die Berge westlich von Mae Taeng

Die folgende Fahrt ist praktisch nur mit eigenem Fahrzeug möglich, am besten einem Jeep oder geländegängigen Motorrad. Mit dabei sein sollte auch eine detaillierte Straßenkarte. Die auch an anderer Stelle empfohlene Nordthailand-Karte von *Berndtson & Berndtson* ist wohl die erste Wahl.

Von **Mae Malai** fahre man zunächst über Highway 1095 (Richtung Pai und Mae Hong Son) 13 km in westlicher Richtung, bis zum kleinen Ort **Sop Poeng.** Rechts von der Stadtverwaltung (*thi-wagaan-amphö*) von Sop Poeng zweigt eine unasphaltierte, staubige Straße in nördlicher Richtung ab, in diese biege man ein.

Schon nach wenigen Kilometern eröffnen sich entlang der Strecke betörende Naturanblicke; man durchfährt eine **sattgrüne, wilde Berglandschaft,** oft sogar dichten Dschungel. Menschliche Ansiedlungen gibt es nur wenige. Etwa 10 km nach Sop Poeng erreicht man an der linken Straßenseite eine Abzweigung zum Hmong-Dorf **Mong Ngo** (7 km), das von dichtem Urwald umgeben ist.

Weiter auf der „Hauptstraße" Richtung Norden erreicht man ca. 9 km nördlich von besagter Abzweigung den Ort **Sop Kai.** Die Strecke dorthin ist schlichtweg großartig, sie windet sich durch eine **rau-schöne, unberührte Dschungellandschaft,** eine der schönsten Nordthailands. Sop Kai ist ein winziger Ort, gelegen in einem kleinen Tal inmitten des Dschungels.

Etwa 3 km weiter nördlich passiert man über eine Brücke den Taeng-Fluss, dem man dann in östlicher Richtung folgt. Die Straße verläuft parallel zum Fluss. Auch hier ist die Landschaft – besonders die sich hoch aufrichtende Wald-„Wand" an der Südseite des Flusses – schlichtweg überwältigend.

Einige Kilometer weiter östlich erreicht man das Hauptquartier von Mae Taeng Tour (Tel. 053-229080), das von hier aus **Rafting-Touren** veranstaltet. Die Touren dauern ca. 1½ Stunden und führen einige Kilometer den Mae-Taeng-Fluss hinab, in Richtung der gleichnamigen Ortschaft.

Folgt man der Straße weiter in östlicher Richtung (flussabwärts), so passiert man im Bereich des Dorfes Mae Ta Man ein weiteres Rafting-Unternehmen; dessen Touren (1 Std.) bieten aber nicht so gute Naturausblicke wie die des obigen Unternehmens.

24 km östlich von Sop Kai mündet die Straße im Bereich der Ortschaft **Pang Khwang** in den Highway 107 (Highway Chiang Mai – Fang). 3 km südlich von Pang Khwang liegt Mae Taeng, weitere 3 km südlich Mae Malai. Von Chiang Mai ist die gesamte Rundstrecke ca. 140 km lang und in ca. 6-7 Std. zu schaffen. Die zum Teil sehr schlechten Straßen und die Serpentinen zwingen zu langsamem Fahren, was bei den herrlichen Ausblicken aber eher von Vorteil ist. Soll das Dorf Mong Ngo mitbesucht werden, benötigt man ca. 2 Stunden zusätzlich.

Rundreise von Pa Pae

Das Gebiet südwestlich von Pa Pae (32 km westlich von Mae Taeng), etwa zwischen Pa Pae und dem **Doi Mon Angket** (1.805 m) gelegen, bietet sich für eine großartige, teilweise sogar abenteuerliche Rundreise an. Voraussetzung ist ein eigenes Fahrzeug, Motorrad oder Jeep. Die Rundreise kann in einem Tagesausflug von Chiang Mai aus bewältigt werden, man könnte aber auch in Mae Taeng übernachten, oder – noch näher gelegen – in der Par Teng Cabin in Pa Pae (s.o.).

Etwa 4 km westlich von Pa Pae zweigt eine kleine Straße in südlicher Richtung von der Route 1095 ab. Die Straße führt vorbei an dem einen oder anderen Karen- und Lisu-Dorf, nach ein paar Kilometern dann zu einer Dreier-Kreuzung. Dort steht ein wahrer Schilderwald, die Schilder sind aber nur auf Thai. Links herunter geht es zu dem wunderschön gelegenen Hmong-Dorf **Khun Sa Nai** (8 km) das von mächtigen Bergzügen umgeben ist. Die Bewohner des Ortes leben zu-

Der Haar-Weltrekord von Mong Ngo

Das abgelegene Bergdorf Mong Ngo im Distrikt Mae Taeng machte vor einiger Zeit ungewöhnliche Schlagzeilen. Einem seiner Bewohner, dem alten *Nai Hu* aus dem Volke der Hmong (*nai* = „Herr"), wurde 1997 ein Platz im „Guinness-Buch der Rekorde" zugedacht. Der Grund: der 1929 geborene Na Hui hatte zu diesem Zeitpunkt **die längsten Haare der Welt.** Sein Haar war damals **5,15 m lang** und schon seit Ewigkeiten zu einer Art dickem Seil verfilzt. Nai Hu rollte das Haar auf seinem Kopf zu einer Art „Vogelnest" zusammen, zurrte es gekonnt fest und stülpte dann eine alte Wollmütze darüber.

Und als wäre *ein* Rekord nicht genug gewesen in diesem winzigen Dorf, brüstete sich sein älterer Bruder, der 1917 geborene *Nai Yi* damit, die zweitlängsten Haare der Welt zu besitzen. Die Haarpracht von Nai Yi war über 4 m lang.

Angefangen hatte der ungewöhnliche Haarwuchs-Wettbewerb damit, dass die Brüder vor 50 Jahren merkwürdigerweise immer dann krank wurden, wenn sie gerade ihre Haare geschnitten hatten. Irgendetwas stimmt da nicht, dachten sie, möglicherweise sind gar **böse Geister** im Spiel, die einen nach dem Haarschnitt piesacken? Die Geister-Theorie schien den Brüdern durchaus plausibel. Um größeres Unheil zu vermeiden, ließen sie von nun an keine Schere mehr an ihre Häupter. Und siehe da, die Brüder blieben von nun an gesund. Dass ihr Frisör-Boykott sie aber einmal zu Berühmtheiten machen würde, daran hatten sie sicher nie gedacht.

Obwohl Nai Hu offiziell erst 1997 zum Haarweltmeister wurde, war er es inoffiziell schon seit längerem. Vor einigen Jahren flog er auf Einladung des japanischen Fernsehens nach Tokio, und noch lange schwärmte er von den hohen Häusern „mit zehn oder mehr Stockwerken". Auch die großzügige Tagesgage von 10.000 Baht hat ihn nachhaltig beeindruckt. 1997 berichtete der Nachrichtensender CNN über Nai Hu, und bald reisten sogar Touristen an (hauptsächlich Thais). Für das Fotografieren kassierte der geschäftstüchtige Hmong 100 Baht.

Nai Hu sprach nur seine Hmong-Sprache, den chinesischen Haw-Dialekt und stark akzentuiertes Thai. Wer sich dennoch mit ihm verständigen konnte, erfuhr viel darüber, wie früher das Leben in einem Bergdorf aussah. Vor fünfzig Jahren zum Beispiel, als Nai Hu noch ein junger Bursche war, besaß er ein paar Kühe, und wenn diese von den damals noch zahlreichen Tigern angegriffen wurden, erlegte er die Raubkatzen mit einer einschüssigen alten Flinte. Wegen der vielen wilden Tiere lebten die Bewohner von Mong Ngo damals in Baumhäusern, und aus der Höhe hatte Nai Hu ein gutes Schussfeld auf die wildernden Tiger. Einmal wurde er sogar selbst **von einem Tiger angegriffen.** Bis zu seinem Lebensende trug er auf seiner Wange die Narben, die die Krallen hinterließen. Am Ende des mörderischen Zweikampfes obsiegte Nai Hus altes Schießeisen.

Tiger gibt es in Mong Ngo schon lange nicht mehr, und auch sonst hat sich einiges geändert. Das Dorf ist heute Rezipient in einem **Förderungsprogramm des thailändischen Königs,** der sich sehr für die ethnischen Minderheiten seines Landes einsetzt. Den Hmong werden hier Behausungen zur Verfügung gestellt, und es wird der Anbau von Gemüse gefördert, was den Bergbewohnern zu einem steten Einkommen ver-

helfen und sie somit auch vom Opiumanbau abhalten soll. Als Nebeneffekt wird die zerstörerische Brandrodung unterbunden, die die Hmong traditionell betrieben.

Die königliche Familie setzt sich schon seit Mitte der 1960er Jahre für die Belange der Bergvölker ein – eine bemerkenswerte Tatsache, bedenkt man, dass zu jener Zeit die Regierung die Bergvölker noch als Sympathisanten der thailändischen und laotischen Kommunisten betrachtete und oft sogar militärisch gegen sie vorging. Einige Hmong- und Yao-Dörfer wurden gar mit Napalm zerstört. Als der König vor einigen Jahren Mong Ngo besuchte, traf er auch Nai Hu und erkundigte sich gleich, woher denn die Narben auf seiner Backe stammten. Auf das **Treffen mit dem König** war Nai Hu ebenso stolz wie auf seine Haare.

In den Jahren 2001 und 2002 verstarben die Brüder in kurzem Abstand. Die Dorfbewohner munkelten, dass die beiden mit den vielen Touristen, die sie anlockten, wohl die Geister erzürnt hatten. So haben die Geister am Ende doch wieder gesiegt.

meist vom Gemüseanbau. Die Fahrt nach Khun Sa Nai („Inneres Khun Sa") lohnt sicherlich wegen der fantastischen Ausblicke, allerdings führt von dort kein Weg weiter. Man muss also wieder zurück zu obiger Kreuzung.

Rechts herunter (von Pa Pae kommend) geht es dort – über eine zunächst exzellent ausgebaute Straße – in Richtung **Khun Sa Nork** („Äußeres Khun Sa"). Im Bereich dieses Dorfes passiert man einen der schönsten **Aussichtspunkte** Nordthailands. Direkt von der Straße aus hat man einen überwältigenden Blick über mehrere hohe Bergzüge.

Die Straße mutiert nun bald zu einem unasphaltierten Holperpfad. Mit einem Jeep oder Motorrad dürfte es aber keine Probleme geben, zumindest in der trockenen Jahreszeit. Man passiert bald mehrere von christlichen (katholischen) Karen bewohnte Dörfer. Die „Haupt"-Straße ist oft nicht als solche zu erkennen, und es zweigen zahlreiche ähnlich aussehende Seitenwege davon ab; man sollte demnach an jeder Abzweigung nach dem Weg nach Mae Wae oder Pang Khum fragen. **Mae Wae** ist ein wichtiger Kreuzpunkt, an dem man links (nördlich) in Richtung Pang Khum und Pa Pae abbiegt. (Rechts herunter geht es nach Samoeng; die Strecke ist beschrieben im Kapitel „Samoeng, Weiterreise", aber in umgekehrter Richtung.) Von Mae Wae führt die unasphaltierte, sich windende Straße ohne nennenswerte Abzweigungen zurück zum Ausgangspunkt Pa Pae; man passiert dichte Wälder und mehrere Bergzüge.

Die gesamte Rundstrecke ist ca. 60 km lang, den Abstecher nach Khun Sa Nai nicht eingeschlossen. Aufgrund der zum Teil sehr schlechten Straßen, und mit angemessenen Foto-Stopps, sollte man für die Tour ca. 5 Std. einplanen, bzw. noch etwas mehr, falls Khun Sa Nai mitbesucht wird. Geht man das Ganze von Chiang Mai aus an, so ist die Rundstrecke ca. 170 km lang, von Pai aus 195 km.

Da die handelsüblichen Landkarten für die Rundfahrt nicht detailliert genug ist, könnte man versuchen, eine **Militärkarte** von Pa Pae und Mae Taeng zu bekommen. Militärkarten, mit den Ortsbezeichnungen in Thai und Englisch, sind bei D.K. Books oder in anderen Buchhandlungen in Chiang Mai erhältlich.

Phra Phutthabaat Si Roi

Etwa 40 km südwestlich von Mae Taeng befindet sich ein weithin verehrter kleiner Tempel, der **„Fußabdrücke des Buddha"** *(phra phutthabaat)* aufweist. Diese sollen – wie einige ähnliche Abdrücke im Lande – von Buddha bei einer seiner astralen Reisen für die Gläubigen zurückgelassen worden sein. Das besondere in diesem Fall ist, dass hier, übereinander in einem Felsgestein, vier verschieden große „Fußabdrücke" zu sehen sind. In einem großen Abdruck von ca. 2 m Länge finden sich drei kleinere, die jeweils unterschiedliche Größen aufweisen. Die Attraktion zieht zahlreiche einheimische Besucher an.

Westliche Skeptiker können sich mit einer **wunderschönen Anfahrtsstre-**

cke trösten: Von Mae Taeng fahre man zunächst nach Mae Malai (3 km), von dort weiter in Richtung Pai (Highway 1095). Zehn Kilometer westlich von Mae Malai oder ca. 3 km östlich von Sop Poeng zweigt eine kleine Straße in südlicher Richtung ab. In diese biege man ein und fahre über San Pa Yang (7 km) noch 2 km weiter in südlicher Richtung, bis eine staubige Landstraße in westlicher Richtung zum Phra Phutthabaat Si Roi abzweigt (Ausschilderung nur in Thai). Von der Abzweigung dorthin sind es 18 km. Die letzte Strecke ist äußerst malerisch, sie führt durch ein dicht bewaldetes, fast unbewohntes Berggebiet. Die Straße führt vom Phra Phutthabaat noch 3 km weiter in westlicher Richtung und endet dann. Die Entfernung ab Chiang Mai beträgt ca. 60 km.

Mae-Ngat-Stausee und Sri-Lanna-Nationalpark

Etwa 6 km östlich von Mae Taeng befindet sich der große Mae-Ngat-Stausee, von dem aus man eine großartige Aussicht auf die weitere Umgebung hat: Eine steile Treppe führt die Mauer des Stausees empor, und oben wird man durch eine unglaubliche Fernsicht belohnt. Fotoapparat mitbringen!

Fährt man den Staudamm entlang in nördlicher Richtung, erreicht man einen **Ankerplatz für Flöße,** die für Fahrten über den See angemietet werden können. An dieser Stelle liegt auch der Eingang zum nur relativ wenig besuchten Sri-Lanna-Nationalpark. Der Park (1.408 km²) besteht aus dichtem hübschen Wald, und besonders entlang des Seeufers eröffnen sich sehr malerische Szenerien.

Durch den Nationalpark führt eine holprige, unasphaltierte Straße, die per PKW, Jeep oder Motorrad befahrbar ist; an einigen Stellen wird die Passage möglicherweise durch über die Ufer getretene kleine Flüsse erschwert. In der Regenzeit dürfte die Straße nur sehr schwer zu befahren sein. Die schönsten Stellen lassen sich am besten per Floß erreichen.

Elephant Training Centre Taeng-Dao

Das Elefanten-Trainings-Camp liegt etwas näher an Mae Taeng (15 km) als an Chiang Dao (17 km). Auf dem Gelände neben Highway 107 (siehe Ausschilderung an der östlichen Straßenseite) kann man Elefanten bei der Arbeit oder beim Training beobachten. Vorstellungen tägl. 9.00 u. 10.00 Uhr; Eintritt 80 Baht (Erw.), Kinder 40 Baht. Vom Elephant Centre aus werden auch Rafting-Touren angeboten.

- **Anfahrt:** Alle Busse auf der Strecke Chiang Mai – Fang oder Chiang Mai – Chiang Dao passieren das Elephant Centre. Die Entfernung ab Chiang Mai beträgt ca. 60 km; die Anfahrt von dort lohnt aber wohl nur, wenn man auch gleich die Höhle von Chiang Dao und eventuell den Sri-Lanna-Nationalpark besucht. Busse ab der Chang Phueak Bus Station zum Elephant Centre kosten 25 Baht.

Chiang Dao
เชียงดาว

72 km nördlich von Chiang Mai liegt an der Straße nach Fang der Doi Chi-

ang Dao, **Thailands dritthöchster Berg** (2.240 m), und vielleicht der interessanteste. Er erhebt sich schroff und massiv über dem Ort Chiang Dao, der Gipfel ist meist unsichtbar, verhüllt vom dichten Nebel. Auf dem Berg finden sich noch einige **Dörfer der Bergvölker,** so der Lisu, Lahu und Karen; viele von ihnen wurden in den letzten Jahren jedoch von behördlicher Seite vertrieben.

Der Doi Chiang Dao ist Teil eines **Nationalparks,** und es wird scharf beobachtet, wer sich hier herumtreibt. Mit Genehmigung der Park Ranger kann man auf dem Berg campen oder sogar den Gipfel in fünf bis sieben Stunden besteigen. Dies ist allerdings nur vom 1. November bis zum 1. März möglich. Man braucht einen Führer, der von Malee's Nature Lovers' Bungalows (siehe Unterkunft) organisiert werden kann. Vorzulegen sind dazu die Pässe, und möglicherweise muss ein Besuchsgrund angegeben werden – Tier- oder Vogelbeobachtung wäre einer.

Am Fuß des Bergmassivs, etwa 5 km außerhalb des Ortes Chiang Dao, liegt die **Chiang-Dao-Höhle** (*Tham Chiang Dao*). Ihr Eingang wird von zwei Yaks (Tempelwächtern) flankiert. An einem Kassenschalter sind 5 Baht als „Spende für die Stromversorgung" zu entrichten. In der ersten Höhle gleich hinter dem Schalter befinden sich mehrere **Buddha-Figuren.** Daran schließen sich vier weitere, zum größten Teil unausgeleuchtete Höhlen an (trotz der „Stromspende" am Eingang!). Der Eintritt zu jeder dieser Höhlen kostet 20 Baht pro Besuchergruppe. Es werden keine Tickets dafür ausgegeben, der Preis ist aber auf einem thaisprachigen Schild in der Höhle angegeben, so dass es sich wohl um einen „offiziellen" Preis handelt.

Zur Höhlenwanderung bietet sich ein mit einer starken Leuchte ausgerüsteter Führer an (bzw. eine Führerin). Diese(r) erwartet nach getaner Arbeit noch ein Trinkgeld. 50 Baht sollten genug sein, auch wenn bei ausländischen Besuchern die Erwartungen oft in kosmische Sphären schießen.

In den Höhlen sind einige sehr enge Durchlässe zu passieren, und Leute mit Übergröße bekommen da sicher Probleme. Beim Hindurchzwängen wird man nicht unbedingt sauberer; am besten trägt man keine gute Kleidung. Feste Schuhe sind aber anzuraten.

Zum **Gipfel** des westlich der Höhle gelegenen Doi Chiang Dao führen zwei verschiedene Routen, Aufstiegszeit ca. 5 Std. Eine der Routen ist theoretisch per Jeep befahrbar; die Piste ist aber extrem schlecht, so dass davon eher abzuraten ist. Die Straße soll in naher Zukunft ausgebessert werden. Die günstigste Besuchszeit für den Doi Chang Dao ist die kühle und klare Jahreszeit von November bis Februar. In der Regenzeit sind die oberen Bereiche des Berges meist nebelverhangen.

Der **Ort Chiang Dao** hat außer ein paar alten Holzhäusern und unansehnlichen Neubauten nichts zu bieten. Interessanterweise wurde er Mitte des 19. Jh. gegründet, um hierher Hexen und Zaubermeister zu verbannen.

Die Provinz Chiang Dao ist Thailands wichtigstes **Teeanbaugebiet.** Die *Raming Tea Co.*, gegründet während des 2. Weltkriegs, betreibt eine 3.000 *rai* große Teeplantage (1 *rai* = 1.600 m²) und produziert jährlich 50 t grünen und schwarzen Tees. Thailands Gesamtkonsum liegt bei 2.000 t.

Unterkunft

Es gibt einige Guest Houses und Hotels, empfehlenswerter sind aber die Unterkünfte außerhalb:

- Etwa 1 km von der Chiang-Dao-Höhle stehen **Malee's Nature Lovers' Bungalows** **-*** (Tel. 081-9618387), direkt am Fuß des dramatischen Doi Chiang Dao. Die Umgebung ist idyllisch und entspannend und ein Besuch des nahe gelegenen Waldtempels Wat Tham Phra Prong ist vor allem zum Sonnenuntergang die Anstrengung wert – zum obersten Chedi sind es viele hundert Stufen. Die Bungalows sind unterschiedlich groß, sauber und haben ein eigenes Bad. Die sehr freundliche Besitzerin *Malee* organisiert Trekking Touren und Ausflüge in die Umgebung. Auch das Essen ist sehr gut. Sehr zu empfehlen.
- Gleich nebenan befindet sich das **Chiang Dao Nest***** (Tel. 053-456242), das ebenfalls schöne Bungalows in einer weitläufigen Gartenanlage bietet. Das Restaurant serviert nur thailändische Gerichte.
- Ungefähr 500 m vor dem Malee's Nature Lovers' Bungalows liegt das **Chiang Dao Nest 2*****, das von der gleichen Familie wie das andere Nest betrieben wird. Auch dieses Restaurant bietet thailändische Gerichte.
- Das aus Holz gebaute **Pieng Dao Hotel*** im Ort hat schlichte, aber sehr preiswerte Zimmer.
- 30 km Richtung Fang findet sich das luxuriöse **Chiang Dao Hills Resort******-****** mit attraktiven Bungalows (Bad) und exzellentem Restaurant. Ein guter Ausgangspunkt, um die Region zu erkunden. Buchungen unter Tel. Chiang Mai 053-232434.

Anreise

Ab der Chang Pueak Bus Station in **Chiang Mai** fahren alle 30 Min. Busse nach Chiang Dao. Vom Ort sind es noch 5 km bis zur Chiang-Dao-Höhle. Falls man keinen direkten Bus bis dorthin bekommt, nimmt man ab Chiang Dao ein Songthaew.

Weiterfahrt

Mit eigenem Fahrzeug ließe sich die Weiterfahrt ins 43 km östlich gelegene **Phrao** erwägen (s.u.) und von dort eventuell weiter nach Chiang Rai (siehe Phrao, Weiterreise).

Die Strecke nach Phrao ist zum Teil sehr reizvoll mit abschnittsweise schroffen Felsen, die sich beiderseits der Straße auftürmen. Ringsherum breitet sich satte Vegetation aus.

Fang
ฝาง

Noch vor wenigen Jahren war die Gegend um Fang ein **Schmugglerparadies,** in dem Opium und Waffen verschoben wurden, ohne dass die Thai-Behörden etwas hätten ausrichten können. Die wilden Zeiten von Fang sind heute jedoch vorbei. Der Ort ist nur von mäßigem touristischen Interesse. Da sind bestenfalls die überall anzutreffenden Wats, so Wat Chedi Ngarm mit einem alten quadratischen Chedi.

Einige Holzhäuser des Ortes sind recht hübsch anzuschauen, und es macht Spaß, einfach nur durch die kleinen Seitenstraßen zu schlendern. Die Unterkünfte in Fang sind leider nicht gerade spektakulär.

Zehn Kilometer westlich von Fang findet man in **Ban Muang Chom** bekannte Heißwasser-Quellen.

Unterkunft

- Das **New Viang Kaew Hotel***-** (Tel. 053-451046) ist eigentlich eine Bungalow-Kolonie, die Zimmer, alle mit Bad, haben teilweise warmes Wasser. Das Hotel macht allerdings einen etwas verlassenen Eindruck.
- Das **Ueng Kum Hotel****-*** (Tel. 053-451268) ist in etwas besserem Zustand und bietet einige Zimmer mit A.C. und TV.
- Das **D.J. Hotel***-** (Tel. 053-451281) hat Zimmer mit Bad und warmem Wasser.
- Ordentliche Zimmer mit Bad und warmem Wasser gibt's im **Chok Thani Hotel****-*** (Tel. 053-451252, 053-451353-4, Fax 053-451355). Angeschlossen sind Restaurant und Coffee Shop.

Essen

Das Chok Thani Hotel hat ein recht gutes Restaurant, etwas höhere Preisklasse. Entlang der Hauptstraße winken ein paar verlockende Bäckereien. Eine davon, die J.J. Bakery, kredenzt auch Thai-Mahlzeiten.

An- und Weiterreise

- **Busse ab Chiang Mai** (Chang Pueak Bus Station) fahren zwischen 5 und 18 Uhr jede Stunde, einige auch weiter bis Thaton. Die Strecke Chiang Mai–Fang kostet 80 Baht. Die Straße krümmt und windet sich durch die Berge, und man kann nur auf einen nüchternen und besonnenen Fahrer hoffen (Fahrzeit ca. 3 Std.). Auf dem Weg liegen die Chiang Dao-Höhlen (s.o.).
- **Busse nach Thaton** fahren für 20 Baht, Songthaews ebenfalls für 20 Baht.
- **Busse nach Mae Sai** fahren zu 57 Baht.

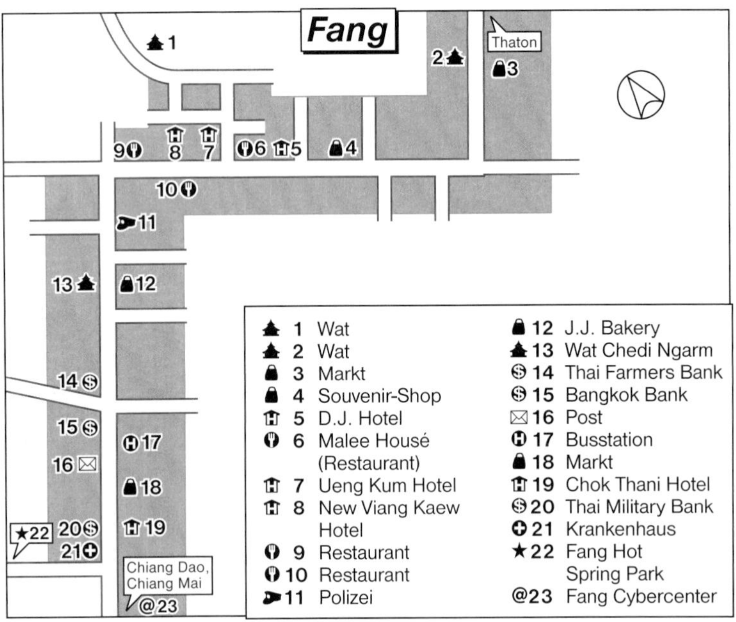

Ausflug zum Doi Angkhang

Fang ist ein guter Ausgangspunkt für eine Fahrt zum Doi Angkhang (1.300 m). Dazu benötigt man allerdings ein **eigenes Fahrzeug** - Auto oder zuverlässiges Motorrad. In der Regenzeit kann die Strecke unbefahrbar werden.

Das Klima auf dem Doi Angkhang ist meist sehr kühl, oft sogar kalt - im Januar kann es auf dem Gipfel zu Temperaturen knapp **unter dem Gefrierpunkt** kommen. Das kühle Klima und die herrliche Bergwelt haben der Region den Namen „Little Switzerland" eingetragen.

Die Straße zum Doi Angkhang zweigt von der Straße Chiang Dao – Fang kurz vor dem Dorf **Chai Prakan** (12 km südl. von Fang) ab. Zunächst durchzieht die Straße das fruchtbare Fang Valley, dann steigt sie steil an in das Bergmassiv an der thailändisch-burmesischen Grenze.

Am Ende der steilen Fahrt erreicht man einen Polizei-Grenzposten, hier teilt sich die Strecke: Eine Straße führt südwärts zum Bergdorf Tam Ngop, die andere hinunter in das Tal, nach dem der Doi Ankhang benannt ist. Vor einem liegen nun (nur ein paar Kilometer entfernt) die **Berge Myanmars.**

Das **Dorf** Angkhang wird von Yunnan-Chinesen und verschiedenen Bergvölkern bewohnt, vor allem Lahu und Akha. Über dem Ort sieht man die Royal Angkhang Station, eine Versuchsstation, in der Obst- und Gemüsesorten aufgezogen werden, die naturgemäß in kühlem Klima wachsen – Erdbeeren, Pfirsiche, Birnen u.a. Diese sollen den Bergbewohnern, die traditionell vom Opiumanbau lebten, zu einer neuen Einkommensquelle verhelfen. Bis vor einigen Jahren wagten sich hierhin nur Guerillas und Drogenhändler. Heute werden auch legale Waren verschachert, darunter die burmesischen Cheerot-Zigarren, die - wie alle anderen burmesischen Waren - per Maulesel herbeigetragen werden.

Unterkunft

Auf dem Gelände der Royal Agriculture Station befindet sich das komfortable **Angkhang Nature Resort*****-LLL (Tel. 053-450110, Fax 053-450120, angkhang@amari.com). Das gemütliche Resort ist in traditioneller Holzbauweise errichtet, und die Zimmer sind mit thailändischen Handwerksartikeln und Stoffen ausgestattet. Ein Restaurant mit einheimischer und westlicher Küche ist angeschlossen.

Thaton
บ้านท่าตอน

Thaton liegt idyllisch am Mae-Kok-Fluss und ist von Hügeln umgeben. Die beste Aussicht über diese malerische Landschaft erhält man von **Wat Thaton** aus, an dem ein großer weißer sitzender Buddha die Szenerie zu überblicken scheint. Der Bot am Fuße des Buddhas ist aus Holz und äußerst hübsch. Am Rande des Hügels ist ein Ausguck errichtet worden, von dem man atemberaubende Ausblicke erhält. In den letzten Jahren ist viel Geld von Chinesen aus Bangkok und Tha-

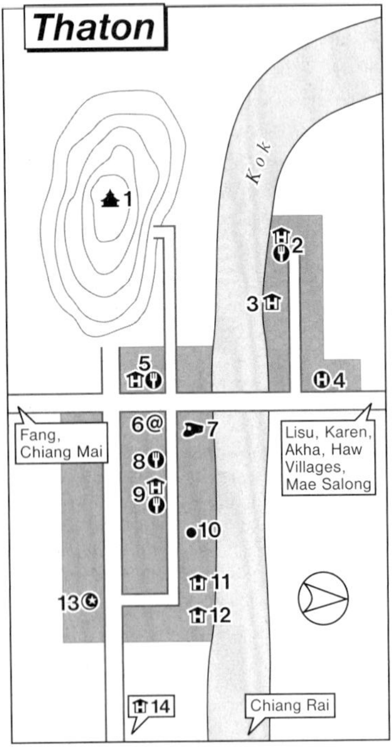

- 1 Wat Thaton
- 2 Baan Suan Riverside Resort und Restaurant
- 3 Garden Home
- 4 Songthaews zu den Bergdörfen and Mae Salong
- 5 Thaton Chalet and Restaurant
- @ 6 Internet
- 7 Polizei
- 8 Parasit Restaurant
- 9 Krisada Hotel and Restaurant
- • 10 Boots-Tickets n. Chiang Rai
- 11 Apple Guest House
- 12 Chankasem Guest House
- 13 Moschee
- 14 Maekok River Village Resort

ton in den Tempel geflossen, was zu diversen Zubauten führte. Darunter sind einige Buddha-Statuen und eine Terrasse, von der sich hervorragende Blicke auf den Fluss bieten.

Zwei Wege führen zum Wat Thaton. Beide zweigen von der Hauptstraße ab, der eine gleich hinter der Brücke auf der südlichen Flussseite.

In der Umgebung befinden sich viele **Berg-Dörfer.** Diese werden von Lisu, Karen, Haw und Akha bevölkert. Am Songthaew-Haltepunkt können Gefährte dorthin angemietet werden. Eine Fahrt zum Karen-Dorf Ban Muang Ngan z.B. kostet 20 Baht/Person.

Am aufregendsten dürfte aber ein **Boot-Trip auf dem Mae Kok** nach Chiang Rai sein. Eine Fahrt dorthin kann am Boat Office gebucht werden, das kostet 300 Baht. Die Fahrt dauert etwa dreieinhalb bis fünf Stunden, je nach Anzahl der Stopps. Gelegentlich wird angelegt, um ziemlich aufdringlichen Bergbewohnern die Gelegenheit zum Warenverkauf zu geben.

Störend kann auch der enorme Motorenlärm sein, gegen dem man sich am besten die Ohren verstöpselt. Eine Kopfbedeckung ist ebenfalls zu empfehlen, zusätzlich vielleicht noch ein Sitzkissen wegen der harten Sitzbänke; für etwa 50 Baht kann man sie sogar an der Abfahrtsstelle in Thaton kaufen. Wenn man sich auf diese Weise ausgestattet hat, kommt man endlich dazu, diese Tour dann auch voll zu genießen.

Die Bootsstrecke nach Chiang Rai ist eine wahre Bilderbuchstrecke – wenn man einmal von den vielen anderen Booten, ebenfalls mit Touristen bestückt, absieht. Es hat aber auch sein Gutes, wenn es nicht ganz so einsam ist: Auf der Strecke ist es in den vergangenen Jahren recht häufig zu Überfällen und sogar Morden gekommen. Je belebter der Fluss aber ist, desto geringer wird die Chance eines derartigen Zwischenfalles.

Die Guest Houses in Thaton organisieren auch längere **Floß-Trips** nach Chiang Rai (3.000 Baht, 3 Tage, ohne Verpflegung). Die Flöße sind spartanisch eingerichtet und haben Platz für bis zu 6 Personen.

Unterkunft

- Das **Chankasem Guest House**** (Tel. 053-459313) hat Zimmer mit Bad, solche mit heißem Wasser sind teurer. Mäßig!
- Das moderne **Apple G.H.****-*** (Tel. 053-373144, Fax 053-373145) gegenüber dem Pier hat saubere Zimmer mit Bad und TV. Ein Restaurant ist angeschlossen.
- Das **Maekok River Village Resort*******-LLL (Tel. 053-459355, Fax 053-459329, www.maekok-river-village-resort.com) wird von zwei früheren Englischlehrern geleitet, hat Swimmingpool und bietet Massage-Kurse sowie Rafting-, Trekking- und Höhlen-Trips. Komfortable, z.T. sehr große Zimmer mit allen Schikanen, dazu Familienhäuser. Leicht überteuert.
- Komfortable Stein- und Holzbungalows mit Bad im **Garden Home****-**** (Tel. 053-373015), direkt am Fluss gelegen. Drum herum breitet sich eine schöne Anlage aus. Zimmer z. T. mit A.C. und TV. Ein gutes Restaurant ist angeschlossen. Empfehlenswert.
- Gleich neben dem Garden Home befindet sich das große **Baan Suan Riverside Resort******-***** (Tel. 053-373074, Fax 053-373215, baansuanriverside@hotmail.com). Einige der sauberen und recht großen Bungalows stehen direkt am Fluss und haben A.C. Das Restaurant dieser sehr schönen Bungalowanlage hat kürzlich den *Clean Food Good Taste*-Preis des Gesundheitsministeriums erhalten. An Wochenenden kann es wegen thailändischer Tourgruppen recht laut zugehen.
- Das **Thaton Chalet******-***** (Tel. 053-373155, Fax 053-373158, www.thatonchalet.com) ist das einzige Hotel in Thaton, direkt an der Brücke über den Mae Kok gelegen. Alle Zimmer haben Heißwasser, A.C. und TV. Das Chalet Restaurant serviert thailändische und Gerichte aus dem Westen.
- 15 km östlich von Thaton, an der Straße 1089 befindet sich in dem Karen Dorf Muang Ngam das von einer Karen-Familie geleitete, originelle **Reinato Bamboo House** ** (Tel. 087-1856172, reinatoshouse@hotmail.com). Das an einem kleinen Fluss gelegene Familienhaus ist von einigen einfachen Bambushütten umgeben. Eine Übernachtung mit zwei Mahlzeiten kostet 200 Baht und der sehr freundliche Besitzer organisiert 1-4 Tagestrecks in die umliegenden Dörfer, die von Karen, Akha, Lahu und Lisu und Kayan

Thaton
(Foto: David Henley)

(Longnecks) bewohnt werden. Um zu dem Haus zu gelangen, nehme man ein Songthaew von Thaton Richtung Mae Chan. Das Guest House ist gut ausgeschildert. Am Ortseingang biege man rechts ab, dann noch ca. 1 km durchs Dorf.

Anreise

- **Busse** ab Chiang Mai kosten 90 Baht, Abfahrt vom Busbahnhof Chang Pueak *(sattha-ni rot-mee chaang püak)* Da nur wenige Busse direkt bis Thaton fahren, muss man u. U. erst einen Bus nach Fang nehmen, von wo Songthaews und Busse weiter nach Thaton fahren (23 km; jeweils 20 Baht).
- **Boote** ab Chiang Rai legen um 12.30 Uhr ab, Kostenpunkt 300 Baht. Fahrzeit 5-6 Std. (stromaufwärts!). Wer sein eigenes Boot mieten will, hat 1.900 Baht zu zahlen (maximal 6 Passagiere)

Weiterreise

- **Songthaews** fahren für 36 Baht nach Mae Sai, für 70 Baht nach Mae Salong.

Umgebung von Thaton

Ungefähr 25 km östlich von Thaton an der Straße 1089 liegt das **Akha-Dorf Lorcha.** Dieses Dorf wird als Kooperative, mit Hilfe der nichtstaatlichen Organisation PDA, unter deren Management das Hilltribe Museum in Chiang Rai steht, geführt. Um den Bewohnern des Dorfes einen fairen Verdienst zu garantieren, kostet der Besuch des Dorfes 80 Baht Eintritt. Das ist nicht jedermanns Sache und viele Touristen halten derlei Dörfer für menschliche Zoos. Die Tatsache, dass viele Dörfer der Bergstämme, die an regulären Trekkingrouten liegen, kaum von dem Touristentrubel profitieren, verliert sich allzu oft in der Suche nach vermeintlicher Authentizität seitens der Trekker.

Die Akha im Dorf Lorcha sind genauso authentisch wie andere Akha anderswo in Nordthailand. Das Dorf ist vor den Eingriffen christlicher Missionare relativ geschützt und die Bewohner sind stolz auf ihre Kultur. Einige Akha im Dorf sprechen etwas Englisch und man kann an **Führungen** teilnehmen, bei denen viele Aspekte ihrer Kultur erläutert werden, die ein Trekker durch Zufall kaum entdecken wird – das Dorf hat beispielsweise eine Schmiede, in der regelmäßig gearbeitet wird. Schmieden sind aus anderen „traditionelleren" Dörfern inzwischen meist verschwunden.

Geöffnet von 8.00 bis 16.00 Uhr, Getränke und Akha-Souvenirs sind am Ortseingang und einigen Ständen im Dorf erhältlich.

Chiang Rai

เชียงราย

Chiang Rai (45.000 Einwohner) wurde 1262 von König Mengrai begründet und war die Hauptstadt des Königreiches Lanna. Später wurde es von den Burmesen eingenommen und erst im Jahre 1786 zu einem Teil Thailands.

Die Stadt liegt 194 Buskilometer nördlich von Chiang Mai und ist die Hauptstadt der Provinz Chiang Rai, der nördlichsten Thailands. Diese hat sich in den letzten Jahren den unrühmlichen Ruf zugezogen hat, die **AIDS-Hochburg des Landes** zu sein. In vielen Dörfern hat die Seuche die Zahl von Jugendlichen und Personen mittleren Alters drastisch reduziert.

Die Stadt Chiang Rai wirkt heute etwa so wie Chiang Mai vor zehn oder fünfzehn Jahren, alles ist noch ein bisschen provinziell. Der ganz große Tourismus-Boom, der hier von den Behörden erwartet wurde, ist bisher ausgeblieben. Das ist auch nicht übermäßig überraschend, denn die Stadt selber hat - abgesehen von einigen malerischen Szenerien entlang des Mae-Kok-Flusses - nicht allzu viel zu bieten.

Da wäre ein bedeutender Tempel zu erwähnen, **Wat Phra Kaeo,** in dem sich einst der Emerald Buddha befunden hat, der heute im gleichnamigen Wat in Bangkok steht. Weitere sehenswerte Tempel - so man nicht schon genug von ihnen hat - sind **Wat Phra Sing** und **Wat Yedyot.** Ansonsten dient Chiang Rai in erster Linie als Ausgangspunkt für Touren in die umliegende Provinz.

Keine Sehenswürdigkeit im herkömmlichen Sinne, aber doch einen Besuch wert, ist das **Hilltribe Education Centre,** das sich der Unterstützung und Ausbildung der Bergvölker verschrieben hat (Eintritt: 50 Baht). In einem angeschlossenen kleinen Hilltribe Museum (620/1 Thanalai Rd., Tel. 053-740088) wird über deren Kultur, die Geschichte des Opiums und über den Besuch bei Bergvölkern informiert, ebenso wie in 25minütigen Dia-Vorträgen, die auf Wunsch auf Deutsch, Englisch, Französisch, Japanisch oder Thai gehalten werden können. Außerdem gibt es in einem Laden von den Bergbewohnern hergestellte Handwerksartikel und eine Reihe Bücher zu kaufen. Zudem organisiert das Center Trekking-Trips, von denen die Minderheiten eher finanziell profitieren, als Treks die von kommerziellen Agenturen angeboten werden. Weiterhin angeschlossen sind eine Snack-Bar und ein kleines Reisebüro. Alle Erlöse des Centers, das der gemeinnützigen Population and Community Development Association (PDA) angehört, der größten gemeinnützigen Gesellschaft Thailands, kommen der Förderung der Bergvölker zugute.

Information

- Die **TAT** betreibt ein Büro in der Singhaklai Road, nördlich von Wat Phra Sing, Tel. 053-717433, 053-744674. Hier gibt es Listen mit Unterkünften, einen Stadtplan und weitere Informationsbroschüren.

Unterkunft

Chiang Rai besitzt zahlreiche preiswerte Guest Houses und genügend Hotels der Oberklasse, gute Hotels der Mittelklasse sind aber rar. Die Oberklasse-Hotels bieten zudem nicht dasselbe gute Preis-/Leistungsverhältnis wie die in Chiang Mai.

Guest Houses

- Sehr beliebt ist das **Ben Guest House****-*** (351/10 Ratyotha Rd., Soi 4, Tel. 053-716775), dessen Besitzer drei Jahre in Frankfurt studiert hat und demzufolge Deutsch spricht; auf Anruf hin wird man notfalls auch vom Busbahnhof abgeholt. Es gibt eine Reihe verschiedener Unterbringungsmöglichkeiten, kleine Hütten, Zimmer mit Bad in einem Teak-Haus, dazu komfortable Zimmer mit A.C. Motorrad- und Jeep-Verleih.
- Ordentliche Zimmer auch im **Lek House** *-** (95 Thanalai Rd., Tel. 053-713337), dazu gibt es kleine Bungalows mit Bad.

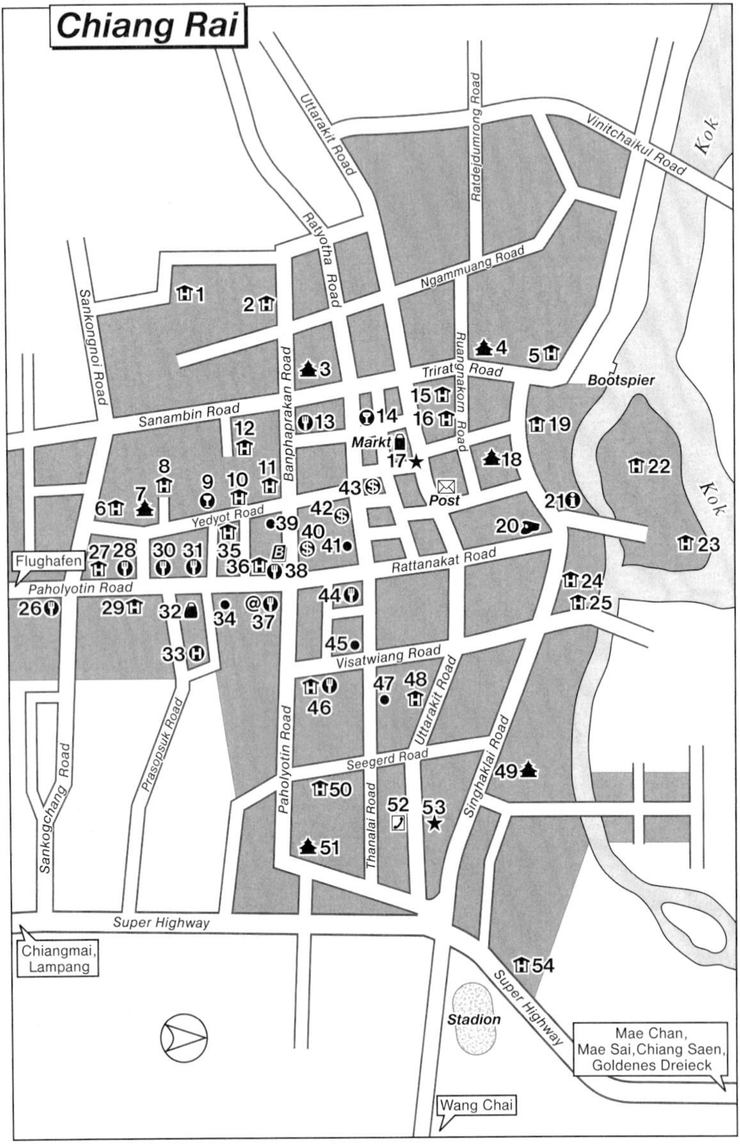
Chiang Rai
Uttarakit Road
Ratdejdumrong Road
Vinitchaikul Road
Kok
Ratyotha Road
Ngammuang Road
Sankongnoi Road
Banphaprakan Road
Trirat Road
Ruangnakorn Road
Bootspier
Sanambin Road
Markt
Post
Yedyot Road
Flughafen
Rattanakat Road
Paholyotin Road
Visatwiang Road
Uttarakit Road
Singhaklai Road
Prasopsuk Road
Sankogchang Road
Seegerd Road
Paholyotin Road
Thanalai Road
Super Highway
Chiangmai, Lampang
Stadion
Super Highway
Mae Chan, Mae Sai, Chiang Saen, Goldenes Dreieck
Wang Chai

	1	Ben Guest House
	2	Lek House (Guest House)
	3	Wat Ming Muang
	4	Wat Phra Kaeo
	5	Chat Guest House
	6	Tourist Inn
	7	Wat Yedyot
	8	Boonbundan Guest House
	9	Siam Corner Rest., Cat Bar, R&B Bar, Crazy Joe's, Coconut Bar
	10	Thip House
	11	Suknirand Hotel
	12	Krung Thong Hotel
	13	Hor Nalika Restaurant
	14	Cheers Bar/Restaurant
	15	Ruang Nakhorn Hotel
	16	Kijnakorn Guest House Hotel
★	17	Uhrturm
	18	Wat Phra Sing
	19	Mae Kok Villa (Guest House)
	20	Polizei
	21	TAT
	22	Dusit Island Resort
	23	Akha River House
	24	Mae Hong Son Guest House
	25	Lotus Guest House
	26	Vegetarisches Restaurant
	27	Hill Tribe Art House
	28	Bo's Place
	29	Wiang Inn
	30	Da Vinci Restaurant
	31	Aye's Restaurant
	32	Nachtmarkt
	33	Busstation
•	34	Thai Airways
	35	Wang Come Hotel
	36	Siam Hotel
@	37	Connect Café, Nova Restaurant
	38	Garé Garon Bookshop, Old Dutch Restaurant, Teepee Bar
•	39	Thrapkaset Plaza
	40	Thai Farmers Bank
•	41	Gericht
	42	Bangkok Bank
	43	Krung Thai Bank
	44	Bangkok Grill
•	45	Gefängnis
	46	The Golden Triangle Inn, Vegetarisches Restaurant
•	47	Hilltribe Education Centre
	48	Chiang Rai Inn
	49	Wat Sibun Ruang
	50	Chiang Rai Guest House
	51	Wat Sriket
	52	Telefon-Amt
★	53	König-Mengrai-Denkmal
	54	The White House (Guest House)

●Das **Boonbundan Guest House****-*** (1005/13 Yedyot Rd., Tel. 053-717040-1, Fax 053-712914) befindet sich nur ca. 3 Min. Fußweg von der Busstation entfernt; saubere und freundliche Zimmer (Bad). Angeschlossen ist ein Restaurant. Fahrrad-Verleih. Das Haus organisiert auch Trekking- oder Besichtigungstouren, unter anderem auf dem Rücken von Elefanten.

●Das **Chat Guest House***-*** (3/2 Soi Sangkeaw, Tel. 053-711481, chathouse32@hotmail.com) ist ein alter Favorit. Schöne, kleine Bungalows (Bad, Heißwasser) in einer Gartenanlage ganz in der Nähe von Wat Phra Kaeo. Hier können Motorräder angemietet werden. Das Guest House bietet auch ein Restaurant und einen Internet-Service.

●Ordentliche Zimmer auch im **White House** **-**** (789 Paholyothin Rd., Tel. 053-744051). Es gibt große Zimmer für bis zu fünf Bewohner. Im Haus können auch Motorräder oder Autos ausgeliehen werden, außerdem werden von hier Floß- oder Trekking-Touren organisiert.

●Das **Kijnakorn Guest House Hotel****-*** (24 Ruangnakhorn Rd., Tel. 053-744150), in der Nähe des Nachtmarktes bietet kleine saubere Zimmer mit Bad und TV und kleinem Balkon. Einige Zimmer haben A.C. Sehr ruhig. Auch für Leute die planen länger zu bleiben sehr geeignet. Leider hat das Hotel kein Restaurant, allerdings findet man auf der Ruang Nakhorn Rd. einige kleine Essenstände.

●Gleich nebenan befindet sich das **Ruang Nakhorn Hotel***** (25 Ruangnakhorn Rd., Tel. 053-745003), das ebenfalls saubere Zimmer bietet. Ein rund um die Uhr geöffneter Coffee-Shop ist ans Foyer angeschlossen.

●Die **Mae Kok Villa**** steht in malerischer Umgebung gleich am Fluss (445 Singhklai Rd., Tel. 053-711766). Komfortable Zimmer und Bungalows mit Bad.

●Sehr günstig und zentral gelegen ist das **Thip House**** (Yedyot Rd., Tel. 053-716672) schräg gegenüber dem Wiang Come Hotel, in der Nähe zahlreicher Restaurants und Bars. Es gibt sechs einfache, aber saubere, in einem Reihenbungalow untergebrachte Zimmer (Bad).

●Das **Mae Hong Son Guest House**** (126 Singhaklai Rd., Tel. 053-715367) in einem Soi abseits der Singhaklai Road hat sehr preiswerte Zimmer mit und ohne eig. Bad. Angeschlossen ist ein gemütliches Garten-Café; es werden Kochkurse angeboten und Trekking-Touren organisiert. Motorrad-Verleih.

●Das nahe gelegene **Lotus Guest House*** (247 Soi Santirat, Singhaklai Rd., Tel. 053-716662) hat preiswerte und gute Zimmer in kleinen Reihenhäusern, einige davon mit eigener Dusche.

●Besonders zu empfehlen ist auch das **Akha River House***-*** (Tel. 053-745140, 089-997 5505, www.akha.info), das in einem Garten auf einer Insel im Mae Kok liegt. Der Besitzer *Apae*, ist Akha und ist schon seit Jahren als Trekking-Führer in der Chiang Rai Gegend tätig. Das Akha River House bietet neue Bambus-Bungalows mit Bad, teilweise direkt am Fluss und ein Restaurant, das sowohl Akha als auch thailändische Speisen bietet. Das Guest House holt Gäste auch gerne auf Verabredung am Busbahnhof ab.

●*Apae* betreibt auch das **Akha Hill House****-****, das sich 23 km nördlich von Chiang Rai in einem Akha-Dorf auf 1500 m Höhe befindet und wunderschöne Blicke über anliegende Teeplantagen bietet. Auch hier gibt es Bungalows und Zimmer, teilweise mit Bad und Heißwasser. Ein Teil des Geldes, das hier eingenommen wird, fließt in ein Akha Hilltribe Education Project. Gäste werden kostenlos von Chiang Rai zum Akha Hill House gefahren. In der Gegend um das Guest House befinden sich ein Wasserfall, Lahu und Akha-Dörfer sowie heiße Quellen.

●Direkt gegenüber dem Wat Jedyot befindet sich das **Hill Tribe Art House****, das kleine, etwas dunkle Zimmer bietet. Dieses Guest House hat allerdings ein sehr gutes Schwesterunternehmen mit gleichem Namen in dem Lahu-Dorf Ban Jalae, 16 km nördlich von Chiang Rai. Mr. *Tep* (Tel. 086-9100162, tepthai@hotmail.com), der in beiden Etablissements arbeitet, bietet täglich kostenlosen Transfer nach Ban Jalae.

●Das **Hill Tribe Art House in Ban Jalae** bietet solide, einfache Bungalows mit Moskitonetzen, direkt an einem kleinen Fluss gelegen. Das Lahu-Dorf Ban Jalae betreibt ein kleines interessantes Dorfmuseum und auch der Dorftempel ist sehr sehenswert. Hier leben ein paar zugezogene Akha-Familien. Um das Dorf gibt es sehr gute Wandermöglichkeiten und der Sonnenaufgang von einem der Bergrücken über Ban Jalae ist spektakulär.

Hotels

●Die Top-Hotels in der Innenstadt sind das **Wiang Inn Hotel*****-LLL (893 Phaholyothin Rd., Tel. 053-711533, Fax 053-711877, wianginn@ksc.th.com) und das **Wiangcome Hotel*****-LLL (869 Pemawibhata Rd., Tel. 053-711800, 053-713841-8, Fax 053-712973, wangcome@loxinfo.co.th). In beiden Hotels, die sich gegenseitig Konkurrenz machen, beginnen die Zimmerpreise bei 1.400 Baht, die Suiten kosten bis zu 6.000 Baht. Alle Zimmer jeweils mit Bad, A.C., TV, Tel. und Mini-Bar; Swimmingpools vorhanden.

●Etwa in der gleichen Klasse befindet sich das **Chiang Rai Inn****** (661 Uttarakit Rd., Tel./Fax 053-711483, 053-7177003). Komfortable Zimmer mit Bad, A.C., Tel. und Mini-Bar.

●Eine wundervolle Anlage ist **The Golden Triangle Inn*****-**** (590 Phaholythin Rd., Tel. 053-711339, 053-716996, Fax 053-713963, gotour@loxinfo.co.th) mit traditionellen, sehr komfortablen Holzbungalows und viel Grün drumherum.

●Etwa 3 km außerhalb der Stadt, nahe dem Mae Kok-Fluss befindet sich das in einer äußerst gepflegten und weitläufigen Gartenanlage eingebettete **Rimkok Resort Hotel*****-LLL (6 Mu 4, Tel. 053-716445-60, Fax 053-715859, RKCRAI@rimkokresort.com). Die Anlage ist großartig, hat aber auch einen stolzen Preis.

●Nahebei liegt das **Dusit Island Resort*****-LLL (129 Kraisorasit Rd., Tel. 053-715777-9, Fax 053-715801, chiangrai@dusit.com) mit Luxuszimmern.

●Südlich der Stadt befindet sich das **Little Duck Hotel****-LLL (Tel. 053-715620-38, Fax 053-715639 oder Bangkok Tel. 02-6915941-6, chitpong@loxinfo.co.th), das vor allem eine wohlhabende Thai-Klientel anzieht. Komfortable Zimmer mit A.C., TV, Kühlschrank, Telefon etc. Angeschlossen sind ein Restaurant und Swimmingpool.

Einige **preiswerte Hotels** sind in der Innenstadt zu finden.

●Das **Tourist Inn****-*** (1004/4-6 Jedyot Rd., Tel. 053-714682, Fax 053-752094, touristinn1@hotmail.com) bietet recht einfache Zimmer mit Bad und teilweise mit A.C. Im Haus befindet sich eine Bäckerei und Trekkingtouren in die Umgebung können von hier organisiert werden.

●**Chiang Rai Hotel****-***, (Suksathit Rd., Tel. 053-711266)

●**Krung Thong Hotel****-***, (235/1 Sanambin Rd., Tel. 053-711033)

●**Siam Hotel****, (531/6-8 Banphaprakan Road, Tel. 053-711077)

●**Suknirand Hotel*****, (424/1 Banphaprakarn Road, Tel. 053-711055)

Essen

Eine große Zahl von Restaurants befindet sich sowohl in der **Trairat** als auch in der **Paholyothin Road.**

●Eins der beliebtesten Restaurants für Thai-Gerichte ist das **Hor (Haw) Nalika** („Uhrturm") an der Banphapakarn Road, obwohl der Standard in den letzten Jahren nachgelassen hat. Besser ist möglicherweise das ein paar Meter weiter östlich gelegene **Phetburi Restaurant.**

●Das **Cabbages and Condoms** (Thanalai Rd.) ist ein Ableger des bekannten Restaurants in Bangkok, das dem Hilltribe Education Centre angeschlossen ist. Das Restaurant hat sich neben guter Küche der Verbreitung des Gebrauchs von Kondomen verschrieben. Der Profit aus dieser Zweigstelle wird zur AIDS-Aufklärung verwendet. Geboten wird gehobene nordthailändische Küche.

●Es gibt einige **vegetarische Restaurants** am Ort: Sehr gut ist das an der Paholyothin Road, Ecke San Kok Chang Road. Geöffnet täglich von 6.00-15.00 Uhr. Gerichte ab 7 Baht. Derselben Familie gehört ein vegetarisches Restaurant nahe der Stadtverwaltung *(tetsabaan)*. Ein weiteres befindet sich an der Singhaklai Road, gegenüber Wat Phra Sing. Geöffnet Mo-Sa 7.00 bis 17.00 Uhr.

●Wer nach europäischer Küche lechzt, findet Abhilfe in **Bo's Place** in der Phaholyothin Road, etwas südlich des Wiang Inn Hotels. Ein Deli, das Käse, Fleischwaren und Brot verkauft, ist dem Restaurant angeschlossen.

●Preiswerte italienische Gerichte kredenzt das **Da Vinci,** nicht weit vom Nachtmarkt auf der Phaholyothin Road. Die Pizzas sind authentisch und eine Weinkarte gibt es auch.

●Nebenan befindet sich das große **Aye's Restaurant,** das vor allem auf europäische Tourgruppen eingestellt zu sein scheint. Ja, es gibt auch Bratwurst. Die abendliche Live-Musik ist allerdings Thai.

●Etwas weiter die Phaholyothin Road entlang befindet sich das **Old Dutch Restaurant,** das ebenfalls deutsche und natürlich holländische Speisen in europäisch-rustikalem Ambiente serviert.

●Direkt gegenüber ist schließlich das einzige libanesische Restaurants Chiang Rais zu finden. Das **Nova Restaurant** bietet beliebte und preiswerte Gerichte wie Falafel und Kebabs.

●Ein paar Schritte weiter nördlich serviert der **Bangkok Grill** im Fast Food Stil Salate und Steaks. Preiswert.

●Das **Siam Corner** auf der Jedyot Rd. hat ein gutes all-round-Menu thailändischer und westlicher Gerichte. Die Steaks sind nicht schlecht. Preiswert.

Unterhaltung

●Die Hauptattraktion am frühen Abend in Chiang Mai ist der **Nachtmarkt,** der sich nahe der Busstation, östlich der Phaholyothin Rd. ausbreitet. Die Bergvölker der Region verkaufen hier ihre Waren, traditionelle Tanzveranstaltungen finden allabendlich statt und ein riesiger Essensmarkt und Open-Air-Restaurant bieten großartige Gerichte der Region.

●**Entlang der Jetyot Road** befinden sich eine Reihe kleiner Bars, teilweise von jungen Damen besetzt, wo Live-Musik oder Pool geboten wird. Sogar zwei Go-Go-Bars haben hier inzwischen geöffnet.

●Folgt man der Phaholyothin Road etwa 2 km nach Süden an die Stadtgrenze, so findet man auf der linken Seite einen **Nightlife-Bezirk,** der Discos, Massageläden, Poolhallen und Bars mit Namen wie *Sperm Bar* und *The Womb* bietet.

Ausflug nach Ban Hin Taek

Das Dorf Ban Hin Taek war lange Zeit unerreichbar. Nominell gehörte es zwar zu Thailand, kein thailändischer Beamter aber hätte sich jemals dorthin gewagt.

Nördlich von Mae Salong in einem Landzipfel gelegen, der wie ein Finger in **Myanmar** einzudringen scheint, war es Anfang der achtziger Jahre das **Hauptquartier des Drogenbarons Khun Sa** und seiner Shan United Army. Diese hatte hier ein mehrere Quadratkilometer großes Militärlager errichtet, über dem stolz ihre Flagge wehte. 1996 jedoch ergab sich der weltweit wegen Drogenschmuggels auf den Fahndungslisten stehende *Khun Sa* den burmesischen Behörden, handelte Frieden mit ihnen aus und sicherte sich einen geruhsamen Lebensabend. Seine ehemaligen Soldaten, die jahrelang mit ihm für einen unabhängigen Shan-Staat gekämpft hatten, ließ er verbittert zurück. Dem Drogenschmuggel ist aber beileibe nicht der Garaus gemacht. Heute werden hier Millionen von Amphetamin-Tabletten über die poröse Grenze geschmuggelt, die in Labors direkt hinter der Grenze hergestellt werden.

Ban Hin Taek, das „Dorf der zerbrochenen Steine", ist erst seit Mitte der 1990er Jahre zugänglich. Offiziell heißt es heute *Ban Thoert Thai*, „Dorf zur Ehre Thailands", für die Einheimischen gilt jedoch noch immer der ursprüngliche Name. Es ist ein ungewöhnliches Ausflugsziel, **eine der abgelegensten Siedlungen Thailands.** Ein eigenes Fahrzeug ist absolut vonnöten, in der Regenzeit unbedingt eins mit Vierradantrieb.

Die Straße nach Ban Hin Taek, Route 1234, beginnt bei Ban Basang, ca. 2 km nördlich von Mae Chan. Etwa 13 km vor Mae Salong gelangt man zu einer Kreuzung genannt *Sam Yaek* („Dreierkreuzung"), um die herum sich ein Akha-Dorf angesiedelt hat. Hier wird jeder Wagen von thailändischen Soldaten angehalten. Einige Stände verkaufen Hilltribe-Souvenirs, andere „Padaung Whisky", burmesische *Cheerots,* eine Art Zigarren, oder *Lungyi,* die burmesischen Sarongs. An der Kreuzung geht es – von Mae Chan kommend – links weiter nach Mae Salong, rechts in Richtung Ban Hin Taek. Nach 13 km, über zahlreiche Windungen und Kurven, vorbei an von Brandrodung zerstörter Landschaft, erreicht man Ban Hin Taek. Das Dorf erstreckt sich etwa 3 km entlang der Straße und wirkt für diese Gegend relativ wohlhabend. Die Bevölkerung ist ein bunter Ethno-Mix aus Shan, moslemischen Haw-Chinesen, Nord-Thais, dazu Bergvölkern wie den Akha und Lawa. Die Häuser erinnern an die in der chinesischen Provinz. Ban Hin Taek grenzt an drei Seiten an Myanmar, und bei all den Einflüssen fühlt man sich hier wie in einem kleinen **kulturellen Schmelztiegel** – ein Mini-Babylon im Niemandsland!

Ein kleines **Museum** zu Ehren von *Khun Sha* hat oberhalb des Dorfes geöffnet. Das Museum, eigentlich eine Sammlung von Gebäuden die einst als das Hauptquartier des Generals fungierten, befindet sich ca. 10 min

- Die **Teepee Bar** auf der Phaholyothin Road ist seit Jahren Treffpunkt für alternative Elemente der Stadt. Laute Rockmusik, kaltes Bier und dunkle, aber gemütliche Atmosphäre.

Einkaufen

- **Bücher:** Der *Garé Garon Bookshop* (869/18 Paholyothin Road) verkauft eine gute Auswahl neuer und gebrauchter Titel sowie Getränke. Gegenüber, und praktisch neben dem Büro der Thai Airways befindet sich das *Connect Café* (868/10 Paholyothin Road, connectcafe@gmail.com), wo neben einer kleinen Auswahl Reiseführer eine High-Speed-Internet-Verbindung und guter Kaffee und Kuchen angeboten werden.

Fußmarsch vom Markt entfernt. Die Atmosphäre ist schon etwas merkwürdig und in einigen der Räume werden Fotos aus dem Leben Khun Shas und seinen Kämpfern ausgestellt. Ein junger Shan, der in einem Haus nahe dem Museum lebt, hat den Schlüssel. Eintritt: 30 Baht.

Erstaunlicherweise gibt es in dieser so abgelegenen Region noch **Unterkünfte:** Das **Gred Petch Guest House**** (Tel. 053-730197) besteht aus ein paar kleinen, in einer netten Gartenanlage gelegenen Bungalows; das **Kyusei Hotel** ist ein motelähnlicher Betonbau und weniger ansprechend.

Es gibt von hier eine Straße nach **Doi Tung,** dem „Flaggenberg". Dieser Ort befindet sich ca. drei haarsträubende Fahrstunden weiter östlich; die Strecke führt in Haarnadelkurven endlos auf und ab. Bei Doi Tung befindet sich eine Sommer-Residenz der Mutter von *König Bhumipol,* die 1995 verstarb. Die Residenz, die **Doi Tung Royal Villa,** zeichnet sich durch einen wunderschönen Blumengarten aus, der vor allem thailändische Tagesausflügler anzieht. Eintritt 150 Baht. Geöffnet tgl. 8-17 Uhr; geschlossen Juli-September. Angeschlossen ist eine ausgesprochen gute Kantine mit nordthailändischer Küche. Direkte Busse nach Huay Khrai bei Doi Tung fahren ab Chiang Rai für 15 Baht; weitere direkte Busse ab Mae Sai.

In der Umgebung von Doi Tung bieten sich großartige Ausblicke auf die Ebene von Mae Sai. Von hier kann man weiter in Richtung Westen zur Route 110 fahren und dann nach Mae Sai oder Chiang Rai.

Anreise

- **Busse ab Chiang Mai** fahren entweder die neuere und kürzere Strecke über Route 118 oder die ältere über Route 1 (über Phayao). Der Streckenunterschied ist erheblich: 194 bzw. 337 Kilometer; Fahrzeit 3 bzw. 6 Std. Die Busse über die kürzere Strecke fahren ab der Arcade Bus Station in Chiang Mai; Normalbus 94 Baht; A.C. 132, bzw. 169 Baht (A.C. 1. Kl.). Die Busse (nur Normalbusse) über die alte Strecke fahren ab der Nawarat-Brücke (92 Baht).
- **Busse ab Bangkok** fahren ab dem Northern Bus Terminal und kosten 475/581 Baht, V.I.P. 900 Baht. Fahrzeit 12 Std.
- Direkte Busverbindungen bestehen weiterhin ab Chiang Saen, Khon Kaen, Mae Sai, Mae Sot, Nakhon Ratchasima (Khorat), Nan, Phayao, Phitsanulok, Phrae und Tak.
- **Flüge mit der Thai Airways ab Bangkok** kosten 3.245 Baht, bzw. Business Class 4.245 Baht. Täglich gehen 4-5 Flüge, Flugzeit 1 Std. 15 Min.
- **Flüge mit Air Asia ab Bangkok** (3-mal täglich) kosten ab 500 Baht, allerdings muss über das Internet gebucht werden (www.airasia.com).
- **Flüge mit Orient Thai ab Bangkok** (1-mal täglich) kosten ab 1.900 Baht. Call Center 1126 oder www.fly12go.com.

Weiterreise

- Fahrten mit dem **Samlor** innerhalb von Chiang Rai kosten für ganz kurze Strecken (max. 2 km) mit Glück 20 Baht, längere Strecken 30-40 Baht. Zum Flugplatz hat man zwischen 100-150 Baht zu zahlen.
- **Busse** ab Chiang Rai fahren u.a. nach Chiang Khong (54/67 Baht), Fang (57 Baht), Khorat (473/608/710 Baht), Lampang (41/63/95 Baht), Mae Sai (30 Baht), Mae Sot (236/425 Baht), Nan (153 Baht), Phayao (35/50/65 Baht), Phitsanulok (249/320/374 Baht), Phrae (148/191/213 Baht), Tak (194/349 Baht).
- **Mietwagen** bieten die folgenden Unternehmen an: North Wheels (591 Paholyotin Rd., Tel. 053-740585), Avis (im Flughafen und Dusit Island Resort, Tel. 053-715777) und Budget Rent-A-Car (Golden Triangle Inn, 590 Phaholyothin Rd., Tel. 053-740442-3). Dazu gibt es einige kleinere, aber auch preiswertere Unternehmen um das Wiang Come Hotel herum.
- Vom Pier am Mae Kok im Norden der Stadt fahren **Boote** stromauf nach Thaton, die zwischendurch auch in anderen kleineren Orten halten. Fahrtkosten bis Thaton 300 Baht,

Fahrzeit 4½-5½ Std. Abfahrt täglich um 10.30 Uhr. Bei Chiang Rai Boat Tour (Tel. 053-750009) können Boote gechartert werden; Preis bis Thaton 2.000 Baht.

- Büro der **Thai Airways:** 870 Paholyothin, Tel. 053-711179, 71205, Airport Tel. 053-798202.

Umgebung von Chiang Rai

Wer wirklich von den Touristenpfaden abkommen will, sollte einen Ausflug in das **Wawi-Tal,** südlich von Chiang Rai, erwägen. Ein eigenes Motorrad oder Auto sind für diese Reise unbedingt erforderlich. Zunächst folge man der Straße 118 Richtung Mae Suai. Ungefähr 40 km südlich von Chiang Rai, kurz vor Mae Suai, biege man rechts ab. Wawi ist ausgeschildert. Die Straße verläuft zunächst entlang eines Stausees. Sowohl am See als auch in den Hügeln oberhalb der Straße befinden sich eine Reihe Dörfer die von Bergvölkern bewohnt werden – den Karen, Lisu, Lahu und Akha. Manche der hochgelegenen Dörfer sind nur per Fahrzeug mit Allradantrieb zu erreichen. Nach ungefähr 15 km erreicht man das Karen-Dorf **Ban Thung Phrao.** Hier findet sich die einzige gute Schlafmöglichkeit im Tal. Das Karen Nature Lodge**-*** (Tel. 086-1867301, karenlodge@gmx.net) hat sehr schöne Bungalows in einer gepflegten Gartenanlage und ein gutes Restaurant in dem allerlei Werkzeuge und Utensilien der Bergvölker ausgestellt sind.

Wer weiter das Tal erkunden will, findet über die nächsten Kilometer hinweg eine Reihe von Lahu und Lisu-Dörfern. Während viele Dörfer, die direkt an der Straße liegen, inzwischen den Missionaren verfallen sind, halten abgelegenere Gemeinden weiterhin an alten Traditionen und dem Animismus fest. Teile der Strecke sind noch dicht bewaldet, ansonsten hat der Hochlandreis den Dschungel ersetzt. Knapp 40 km hinter Ban Thung Phrao erreicht man die Stadt Wawi die fast ausschließlich von chinesischen Haw bewohnt wird. Wawi ist recht wohlhabend und auf den Hügeln um die Stadt wird Tee angebaut.

Seit 2005 ist es möglich die Straße noch ca. 20 km in Richtung Myanmar-Grenze weiter zu verfolgen – schließlich trifft man auf die 1089. Biegt man nun rechts ab, so ist man nach weiteren 50 km in Mae Chan, 17 km nördlich von Chiang Rai.

Mae Chan

แม่จัน

Eine kleine, uninteressante Stadt, die den Bewohnern der Bergdörfer als Marktflecken dient. Wichtig könnte sie nur als Umsteigeplatz für die Fahrt nach Mae Salong werden. Zum Essen gibt es nur die ganz normalen kleinen Garküchen und ein Café.

Unterkunft

- Wer das Pech hat, hier über Nacht hängen zu bleiben, kann etwas außerhalb der Stadt im **Baan Mai Horm Guest House****-*** (Tel. 053-771981, m_khemawong@hotmail.com) übernachten, das saubere Zimmer mit Bad und A.C. bietet.
- Einige Kilometer außerhalb befindet sich das attraktiver gelegene **Laan Thong Lodge***-**, (Tel. 053-772049-50, Fax 053-

771093), mit vielen Hilltribe-Dörfern anbei. Es hat Bungalows mit Bad und ein außergewöhnlich gutes Restaurant.

Essen

- In Mae Chan selbst ist es ums Essen schlecht bestellt. Die einzige erkennbare Möglichkeit ist das **Food & Drink Café.**

Anreise

- **Busse** ab Chiang Rai kosten 14 Baht. Ab Bangkoks Northern Bus Terminal fahren direkte Busse nach Mae Chan, nur gibt es keinen ersichtlichen Grund, gerade diesen Ort direkt anzusteuern.

Weiterreise

- **Songthaews** fahren 3 km Richtung Norden nach Ban Pha Sang (18 Baht). Von dort gehen Songthaews die Straße 1130 in westliche Richtung nach Mae Salong (50 Baht). Die Straße führt in zahlreichen Serpentinen steil bergauf. Die Rückfahrt von Mae Salong nach Ban Pha Sang kostet nur 40 Baht. Abfahrt jeweils bei mindestens 6 Passagieren. Die Songthaews stellen ihren Dienst gegen 17 Uhr ein, danach kann man sich mit Glück noch eins chartern; ca. 600-800 Baht bis Mae Salong.

Mae Salong

แม่สลอง

Mae Salong ist wohl einer der merkwürdigsten Orte Thailands. Die Bewohner sind ehemalige Kuomintang-Soldaten Chang Kai Cheks und deren Nachkommen. Nach dem Sieg Mao Tse Tungs im Jahre 1949 flohen sie aus China nach Burma und siedelten im Jahre 1961 nach Thailand über. Hier waren sie willkommen, da die thailändische Regierung in ihnen eine wirkungsvolle Grenzschutztruppe sah. Die ehemaligen Soldaten begannen aber bald, Opium anzubauen und zu schmuggeln, und bis heute sind diese illegalen Aktivitäten die Haupteinnahmequelle des Ortes. Bei oben genannten Machenschaften kommt es nicht selten zu gewaltsamen Auseinandersetzungen. Und dabei hatten die Thais die Siedlung der Chinesen hoffnungsvoll *Shanti Khiri* getauft, was „Berg des Friedens" bedeutet.

In Mae Salong hat man das Gefühl, in China gelandet zu sein. Die hölzernen Häuser sind im **chinesischen Stil** erbaut, die Einwohner sprechen Man-

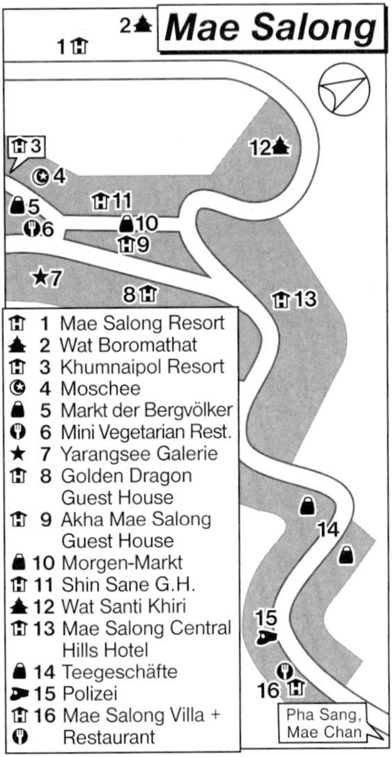

darin (Thais haben im Ort Kommunikationsschwierigkeiten), und die kleinen Krämerläden führen allerlei geschmuggelte chinesische Waren. Von diesen ist der *senji* eine Kostprobe wert, ein chinesischer Whisky, der bei dem eventuell kühlen Höhenklima das Blut erwärmt und in volle Zirkulation bringt. Am Boden der Senji-Flaschen schwimmen ein paar unergründliche Wurzeln, und die geben dem Getränk die richtige Effizienz. Außerdem gibt es chinesische Medizin oder chinesischen Tee zu kaufen, und aus dem nur 7 km entfernten Myanmar kommen Zigaretten oder die dicken, zigarrenähnlichen *cheroot,* die in Thailand *buri poermaa* genannt werden, „burmesische Zigaretten". Mae Salong ist ein **Schmugglerparadies.**

Zudem wird überall Tee und Kaffee angeboten – beide Pflanzen werden um Mae Salong auf steil abfallenden Bergterrassen angebaut.

Doch auch touristisch hat es seine Reize. Von dem Hügel hinter dem Mae Salong Guest House hat man einen herrlichen Ausblick auf den Ort. Wer früh genug aufsteht, kann den kleinen **Markt** beobachten, der sich um 5 Uhr vor dem Mae Salong Guest House bildet. Akha-Frauen in ihrer traditionellen Tracht kommen mit ihren Kindern und verkaufen Gemüse. Einige der Frauen lassen sich für 10 Baht pro Foto ablichten, ein Beweis, dass das kommerzielle Zeitalter auch vor ein paar Hügeln nicht halt macht. Andere Akha-Frauen wiederum lassen sich auch für Geld nicht fotografieren.

Eine Sehenswürdigkeit herkömmlicherer Art ist der auf einem Hügel gelegene, den Ort überblickende **Wat Boromathat.** Dieser erst wenige Jahre alte Tempel ist über eine 3 km lange Straße zu erreichen, die nahe dem Khumnaipol Resort von der Hauptstraße abzweigt.

In letzter Zeit scheint Mae Salong besonders taiwanesische Touristen anzuziehen. Diese huldigen dem **Grab von General Duan Shi-Wen,** des letzten Befehlshabers des 93. Regiments der Kuomintang-Armee. Das Grab befindet sich nahe dem Khumnaipol Resort, von wo ein ausgeschilderter Weg dorthin führt. Bewacht wird es von einem alten Soldaten, der so um die 90 sein muss. Das Resort übrigens gehört der Familie von General *Shi-Wen*.

Abgesehen vom Grab erfreuen sich die Taiwanesen hier an den diversen chinesischen Gesundheitsmittelchen, die der Ort bietet. Eine Spezialität: **Tigerpenisse!** Ein Extrakt daraus soll dem eigenen, untigerhaften Glied auf die Sprünge helfen. (Die Kunden wissen leider nicht, dass über 90 % der in Thailand angebotenen „Tiger-Penisse" Imitationen sind, hergestellt aus Rindersehnen.) Die Taiwanesen haben nebenbei einen Boom an Karaoke-Bars ausgelöst, Sangeskünstler finden also ein weites Betätigungsfeld.

Die Gegend um Mae Salong ist bestens für **Wanderungen** geeignet, vor allzu mutigen Alleingängen abseits der Hauptwege sei aber gewarnt. Das gilt besonders für Märsche in Richtung burmesischer Grenze, wo es schon zu **Überfällen** gekommen ist. Die thailändische Polizei hat hier oben nicht viel zu melden, es gilt das Gesetz der Gesetzlosen.

Einen Besuch wert ist möglicherweise das Haus des **Malers Sa-Ngiam Yarangsee,** in dem zahlreiche seiner Werke, meist große Landschaften der Gegend in Öl, ausgestellt sind. Das Haus befindet sich etwas oberhalb des Golden Dragon Guest House.

Einen Kilometer westlich von Mae Salong, in Richtung Thaton, ist das **Chinese Martyr Memorial Museum** zu finden. Das monumentale Bauwerk ist von der Hauptstraße kaum zu übersehen. Drei lange, im Pagodenstil bedachte Gebäude erstrecken sich über einen kargen Hügel. Ein großes vergoldetes Denkmal, in dessen Zentrum sich eine riesige Faust um eine Opiumknospe schließt, steht vor dem Museum. Im Gebäude links vor der Gedenkhalle erzählt eine Foto-Ausstellung die Geschichte der chinesischen Flüchtlinge im zweiten Weltkrieg. Sie waren aus Taiwan nach Südostasien eingeflogen worden, um *Maos* Truppen von Burma aus zu bekämpfen. In der rechten Halle widmen sich eine Ausstellung der Rehabilitation dieser Soldaten und ihrer Familien durch die königliche Familie Thailands und das thailändische Militär. Leider ist nur eine einzige Schrifttafel auf Englisch. Eintritt: 30 Baht.

Unterkunft

Die gehobenen Resorts werden an Wochenenden von vielen Thais aufgesucht, besonders in den kühlen Monaten November bis Januar. In diesem Falle könnten die Unterkünfte voll ausgebucht sein. Das gleiche gilt an Feiertagen. Zu anderen Zeiten lassen sich die Preise um bis zu 30 % herunterhandeln.

In allen Unterkünften ist es morgens um 6 Uhr um die Schlafensruhe geschehen, denn dann werden über öffentliche Lautsprecher ohrenbetäubend laute Radionachrichten verbreitet. Die Tortur dauert etwa eine Stunde. Für diejenigen, die den Morgenmarkt miterleben wollen, kommt das Wecken aber gerade richtig.

- Das **Shin Sane Guest House***-** (Tel. 053-765026) ist die älteste Unterkunft am Ort, simpel aber urig. Zimmer ohne eig. Baht kosten 50 Baht/Pers., dazu gibt es Zimmer mit eig. Bad für 200 Baht. Das Guest House bietet für Gäste eine gute Trekking-Karte der Umgebung.

• **Golden Dragon Inn***** (Tel. 053-765009) hat ordentliche Bungalows mit Bad, dazu Zimmer in einem Hotelgebäude.

• Das **Akha Mae Salong Guest House***-** (Tel. 053-765103) hat Zimmer mit und ohne eigenes Bad. Außerhalb der Räume gibt es Duschen mit heißem Wasser. Schlafsaal vorhanden. In einem dazugehörigen kleinen Laden werden chinesische Waren verkauft. Die Betreiber des Guest Houses sind Akha und sehr freundlich.

• Gleich in der Ortsmitte befindet sich das **Mae Salong Central Hills Hotel***** (Tel. 053-765113, 053-765146). Dieses hat kleine, aber sehr saubere Zimmer mit Kabel-TV. Ein Geschäft, das Tee und Kaffee aus der Gegend verkauft, ist angeschlossen.

• Etwa 600 m hinter dem Mae Salong Guest House, abseits des Ortszentrums, liegt die großflächige Anlage des **Mae Salong Resort****** (Tel. 053-765014-8, Fax 053-7651 35). Dieses hat saubere Bungalows mit TV (vor allem chinesische Kanäle, aber auch mit Musiksender MTV), an touristenarmen Tagen lassen sich die Preise herunterhandeln. Aufgrund seiner etwas abgeschiedenen Lage ist dies wohl die ruhigste Unterkunft am Ort.

• Das **Khumnaipol Resort****** (Tel. 053-765000-4, Fax 053-7650004) liegt etwas außerhalb des Ortes, an der Hauptstraße in Richtung Thaton. Die Bungalows sind sehr ordentlich und sauber. Einige haben dem nordthailändischen Stil entsprechend Betten auf dem Boden. TV ist vorhanden, aber nur mit thailändischen Sendern. Weiterhin gibt es kleine Häuser*****, diese eignen sich allerdings vornehmlich für thailändische Großfamilien. Vor dem Resort befindet sich an der Hauptstraße ein kleiner Markt, auf dem die Bergvölker der Gegend ihre Waren verkaufen.

• Am Ostende des Ortes liegt die sehr wohnliche **Mae Salong Villa****-***** (Tel. 053-765114-9, Fax 053-765039), von der sich eine sehr gute Aussicht auf das nördlich von Mae Salong gelegene Tal ergibt. Die teuersten Zimmer haben TV. Weiterhin stehen kleine, aber ordentlich eingerichtete Bungalows zur Verfügung. Um sie herum wachsen Kirschbäume und Teesträucher. Angeschlossen ist ein gutes Restaurant und Coffee Shop.

Essen

• **Mae Salong Villa** hat ein teures chinesisches Restaurant, das in dieser Gegend fast fehl am Platze wirkt.

• Das **Mini-Restaurant,** schräg gegenüber dem Haus des Malers *Sa-Ngiam Yarangsee,* bietet unter anderem eine Auswahl guter vegetarischer Gerichte.

• Entlang der Hauptstraße gibt's viele Geschäfte mit einer Art **Essenstisch,** meistens mit chinesischen Nudeln. Einige haben auch richtige Speisekarten.

• Es gibt auch noch einen chinesischen Tempel, in dem einige chinesische Vegetarier wohnen. Diese geben zwar normalerweise kein Essen aus, dennoch könnte man versuchen, an den Mahlzeiten teilzuhaben (gegen Bezahlung, versteht sich). Allerdings verstehen die drei Bewohner fast nur Chinesisch, kaum Thai und schon gar kein Englisch. Der Tempel, Wat Tien Sin, liegt direkt hinter dem Thon Chai Restaurant in Mae Salong, einige Hundert Meter östlich der Mae Salong Villa in Richtung Sam Yaek Akha.

Anreise

• Der Ausgangspunkt für Fahrten nach Mae Salong ist zumeist Ban Pha Sang (Ban Basang), das ca. 2 km nördlich von Mae Chan liegt. Von hier fahren **Songthaews** für 60 Baht nach Mae Salong. Nach Ban Pha Sang gelangt man per **Bus** ab Chiang Rai (18 Baht) und Mae Sai. Die Fahrt von Ban Pha Sang nach Mae Salong dauert ca. 1 Std. und ist landschaftlich eine der reizvollsten in Nordthailand.

Weiterreise

• Die **Songthaews** nach Ban Pha Sang fahren für 60 Baht (bergab – Spritersparnis!); nach Fang (über Thaton) kostet die Fahrt 70 Baht. Abfahrt jeweils am kleinen Markt von Mae Salong.

Chiang Saen
เชียงแสน

Der Ort liegt am thailändisch-laotischen **Grenzfluss Mekhong,** 59 km nordöstlich von Chiang Rai und 11 km südlich des „Goldenen Dreiecks", also der Stelle, wo **Thailand, Laos und Myanmar** aufeinandertreffen.

Chiang Saen besteht fast nur aus zwei Straßen, wovon die eine auf den Mekhong zuläuft, die andere im rechten Winkel dazu am Fluss entlang führt. Auf der anderen Flussseite liegt Laos, und der Reisende erhält das Gefühl, das Ende der Welt erreicht zu haben. Dieses „Grenzgefühl" zieht mittlerweile viele Traveller an, und so hat sich die Zahl der Guest Houses in letzter Zeit vermehrt.

Auch abgesehen von der Grenze ist Chiang Saen ein äußerst attraktives Städtchen, das zu langen Spaziergängen einlädt oder zur Besichtigung einiger **Ruinen.** Vom 10. bis 12. Jh. war Chiang Saen die Hauptstadt eines Königreiches und wurde von einer **8 km langen Mauer** umgeben, deren Reste noch heute zu sehen sind.

Ein kleines **Museum** am Anfang der Stadt stellt Buddha-Figuren und ande-

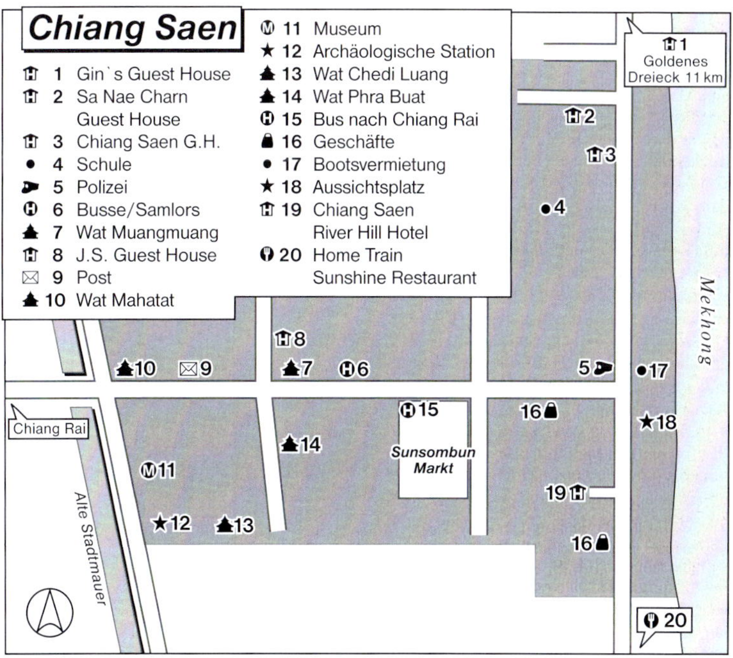

re Kunstgegenstände im Chiang Saen-Stil aus. Das Museum ist Mi-So 8.30-16.30 Uhr geöffnet, Eintritt 30 Baht.

Unterkunft

Am Busbahnhof zeigt sich, dass hier schon der Tourismus Einzug gehalten hat (wenn auch in bescheidenem Maße), denn eine Vielzahl von Anzeigetafeln weist auf die diversen Unterkünfte hin.

- Das **Chiang Saen Guest House***-** hat kleine Zimmer ohne eigenes Bad; auf dem Hof des Grundstückes Bungalows mit Bad.
- Das **Sa Nae Charn Guesthouse****-*** (Tel. 053-651138) hat ordentliche Zimmer mit und ohne A.C. und TV, und liegt unweit der Uferstraße.
- **J.S. Guest House****, (Moo 2, Wiang Rd., Tel. 053-777060) hat Zimmer mit Bad.
- Eine große Auswahl an unterschiedlichen Zimmern hat das **Gin's Guest House****-*** (Tel. 053-650847), ca. 1½ km in Richtung Sop Ruak gelegen. Zimmer im Hauptgebäude mit und ohne Bad. Dorm vorhanden. Hinter dem Haus sehr schlichte Bambushütten*-** und einige komfortablere (Bad). Außerdem Fahrrad-Verleih, bis zu einer Stunde sogar kostenlos.
- Das **Chiang Saen River Hill Hotel** ****-***** ist ein sehr angenehmes und komfortables Hotel (Zimmer mit TV, Kühlschrank, Telefon) in einer baumbepflanzten kleinen Gasse südlich des Marktes. Ein Nachteil ist, dass es keinen Flussblick bietet. Das Hotel befindet sich in 714 Moo 3, Tambon Viang, Tel. (053) 650826-7, Fax 053-650830.
- Ca. 2 km südlich von Chiang Saen befindet sich direkt am Mekhong das **Home Train Sunshine Restaurant*****-**** (Tel. 053-650605), das von einer ehemaligen Diethelm-Reiseleiterin, die gut Deutsch spricht, geleitet wird. Sicher bietet dieses kleine Resort die einzige Möglichkeit in Thailand in einem Eisenbahnwagen zu schlafen, denn ein Wagon dient als Gästezimmer. Zudem stehen am Fluss einige solide Bungalows mit Bad und A.C.

Anreise

- **Busse** ab Chiang Rai kosten 29 Baht; Fahrzeit ¾-1½ Std. je nach Zahl der Stops und Verkehrsaufkommen. Busse ab Chiang Mai zu 111 Baht, A.C. 212 Baht; Fahrzeit 5 bzw. 3 Std. ca. Ab Chiang Mai sollten nur Busse über die neue Route *(sai mai)* genommen werden, über die alte dauert die Fahrt fast doppelt so lange.

Weiterreise

- Am Pier nahe dem Aussichtspunkt können **Boote** zur Fahrt zum Goldenen Dreieck *(Sop Ruak)* gechartert werden; die einfache Fahrt kostet gut 300 Baht, retour 500 Baht. Dies ist eine wunderschöne und interessante Bootstour, die Bootsleute steuern möglichst nahe dem laotischen Ufer entlang, wo man Glücksritter beim Goldschürfen beobachten kann. Die Fahrt dauert ca. 20 Min.
- **Songthaews** nach Sop Ruak kosten 20 Baht; Abfahrt ca. alle 20 Min.
- Die letzten **Busse** zurück nach Chiang Rai fahren gegen 16 Uhr; 29 Baht. Weitere Busse fahren nach Mae Sai und Mae Chan.
- Mittags kann man mit einem **Songthaew** für 60 Baht nach Chiang Khong gelangen. Die meist gute Strecke mit herrlichen Ausblicken auf den Mekhong weist allerdings einige staubige Abschnitte auf.
- **Grenzübergang nach Laos:** Es verkehren Fähren zwischen Chiang Saen und Thon Phuen in Laos, von diesen können jedoch nur Thais und Laoten Gebrauch machen. Für **Westler** ist der Übergang derzeit **nicht möglich.**

Sop Ruak (Goldenes Dreieck)

สบรกษ์

Dies ist das **Dreiländereck,** die Stelle, an der Thailand, Laos und Myanmar aufeinander treffen. Die weitere Umgebung gehörte einst zu den größten

Opium-Anbaugebieten der Welt (neben Pakistan und Afghanistan), doch heute ist der Opium-Anbau zumindest auf der thailändischen Seite der Grenze drastisch reduziert. Opium wächst ohnehin nur auf einer Höhe von über 1.000 m, eine Tatsache, die in Sop Ruak nicht gegeben ist. Der Ort ist somit nur rein symbolisch das „Zentrum" des Opiumgeschäftes, bestenfalls werden/wurden hier einige große Deals geschlossen. Angebaut wurde hier nie etwas.

Der verwegene Ruf des Ortes kommt aber den zahllosen Souvenirhändlern gelegen, die hier ihre Waren an die Touristen losschlagen; alle paar Minuten trifft ein Tourbus ein. Den meisten Besuchern geht es wohl um das Gefühl einmal da gewesen zu sein, denn allzu viel zu sehen gibt es nicht. Das Beste ist noch der Ausblick über den Mekhong nach Laos, besonders früh morgens, wenn die Sonne ihr warmes Licht über das Wasser zaubert. Da halte man dann die Kamera parat. Kaum einer der Tour-Teilnehmer, der sich nicht unter dem Schild mit der Aufschrift „Golden Triangle" ablichten ließe.

So nahe sich die drei Länder hier auch kommen, die **Grenze** darf an dieser Stelle **nicht überschritten** werden. Für 400 Baht kann man jedoch eine große Runde mit dem Boot in den Grenzgewässern fahren und das Gefühl auskosten, nach Myanmar und Laos vorzudringen.

Eine durchaus interessante Sehenswürdigkeit ist das **House of Opium,** ein kleines Museum, das sich dem verpönten Schlafmohnprodukt verschrieben hat. Ausgestellt sind Objekte, die beim Anbau, bei der Herstellung oder beim Konsum von Opium eine Rolle spielen – darunter auch Opiumpfeifen und Opiumgewichte. Die Objekte sind jedoch zumeist nur auf Thai beschildert. Das Museum befindet sich am Südostende von Sop Ruak. Geöff-

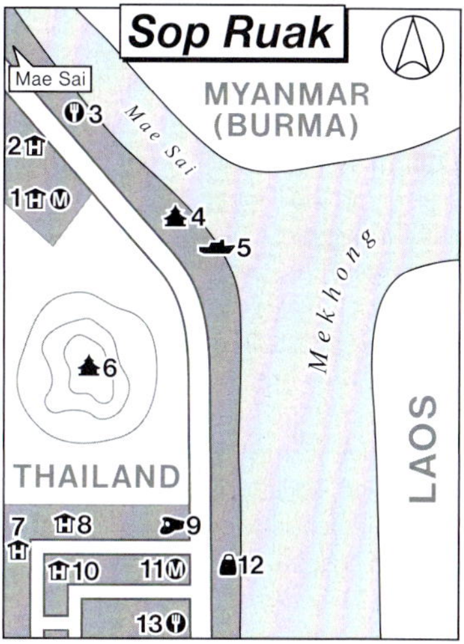

1 Hall of Opium/
Greater Mekong Lodge
2 Antara Resort Golden Triangle
3 Sriwan Restaurant
4 Tempel
5 Boote nach Chiang Saen
6 Wat Pradhat Pukhao
7 Pu-One Guest House
8 Khamsuk Resort
9 Polizei
10 Lanna Home
11 House of Opium Museum
12 Souvenir Shops
13 Sugar Sugar Restaurant

net täglich von 7.00-21.00 Uhr, Eintritt 50 Baht.

Ende 2005 hat in Sop Ruak ein Konkurrenzmuseum geöffnet, das **Hall of Opium.** Sehr viel größer und ambitionierter als das House of Opium erstreckt sich diese permanente Ausstellung über mehr als 5.600 Quadratmeter. Die Geschichte des Opiums wird lebhaft dargestellt, unter anderem mit Fotos, Filmen und Opium-Brimborium, aber das Projekt steckt weltanschaulich leider fest in einem absolut konservativen Anti-Drogen-Modus, der einem wirklichen Museum kaum angemessen scheint.

Dem Museum ist eine **Luxusherberge** angeschlossen – die Greater Mekhong Lodge**** (Tel. 053-784450, Fax 053-784453, gml@doitung.org) bietet moderne Zimmer und Bungalows mit A.C., Kühlschrank und TV und scheint vorwiegend auf thailändische Geschäftskonferenzen ausgerichtet zu sein.

Unterkunft

Hier hat es in der Vergangenheit andauernd Bewegung gegeben, Guest Houses kamen und gingen bzw. mussten gehen, dann kamen die großen Resorts. Mittlerweile haben die großen Investoren fast alles plattgewalzt, die Guest Houses haben den hässlichen Resorts weichen müssen. Das Flair ist dahin, und vielleicht unternimmt man besser nur einen Tagesausflug hierher als zu übernachten. Chiang Saen wäre der nächstbeste Ort zum Übernachten.

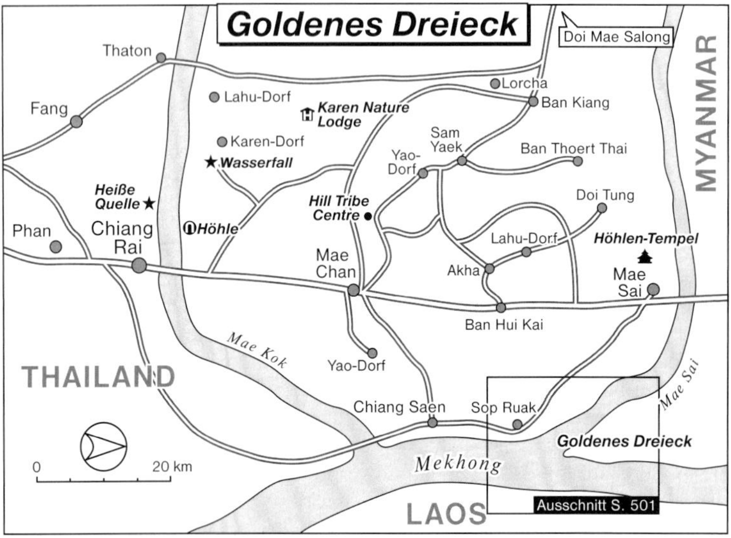

●Oberhalb des House of Opium, steil an einem Berghang klebend, befinden sich eine Reihe preiswerter Guest Houses und kleiner Resorts. Das **Pu-One Guest House****-*** (Tel. 053-784168) bietet schlichte, aber saubere Zimmer, teilweise mit A.C.
●Gegenüber vermietet das **Lanna Home***** (Tel. 053-784031) eine Reihe Steinbungalows mit unglaublich grell-blauen Dächern. Alle Bungalows haben A.C.
●Ebenfalls blaue Dächer hat der **Khamsuk Resort****** (Tel. 053-784170). Das Resort bietet einfache, aber sauber blau gekachelte Zimmer mit Bad und A.C.
●**Das Imperial Golden Triangle Resort & Hotel*******-LLL (Tel. 053-784001-5, Fax 053-784006 north-rsvn@imperialhotels.com) ist eine Luxusunterkunft mit gutem Ausblick auf den Fluss.
●Das **Antara Resort Golden Triangle**LLL (Tel. 053-784084, Fax 053-784096, infogt@anantara.com), eine architektonisch gelungene Anlage mit allem Luxus, befindet sich direkt gegenüber dem Hall of Opium.

Essen

●Empfehlenswert ist das **Sugar Sugar Restaurant** am Südende von Sop Ruak. Das Sugar Sugar serviert gute Steaks in gediegener Atmosphäre und ist trotzdem relativ preiswert.

Anreise

●**Ab Chiang Saen** fahren Songthaews und Busse zu 20 Baht.
●In Chiang Saen lassen sich auch **Fahrräder** für die Fahrt nach Sop Ruak anmieten (11 km), und dies ist vielleicht die empfehlenswerteste Anreisemethode.
●**Ab Mae Sai** fahren Songthaews für 50 Baht.

Weiterreise

●Weiter geht es nicht mehr, nur noch zurück. Die regulären **Songthaews** nach Mai Sai fahren nur morgens und auch dann nur in größeren Abständen. 40 Baht pro Person. Gecharterte Songthaews kosten ca. 400 Baht, Handeln ist empfehlenswert.
●**Gecharterte Boote** nach Chiang Saen kosten ab 500 Baht (600 Baht Retour).

Chiang Khong

เชียงกอง

Chiang Khong ist eine lebendige kleine Marktstadt, in der sich unter anderem die Mitglieder der Bergstämme mit Waren eindecken. Dem Besucher eröffnen sich wunderbare Ausblicke auf den Mekhong und den auf der anderen Seite gelegenen laotischen Ort Ban Houei Sai, die Hauptstadt der Provinz Bokeo.

In Anbetracht der Tatsache, dass seit kurzem eine neue Straßenverbindung von Chiang Saen besteht und Laos sich zunehmend öffnet, hat Chiang Khong in den letzen Jahren erheblich an Bedeutung gewonnen. Westliche Reisende können von hier aus **über Ban Houei Sai nach Laos** ausreisen, und von dort könnte man (über sehr schlechte Straßen) bis nach Südchina weiterfahren, da es im Norden Laos inzwischen einen offenen Grenzübergang gibt. (Bezüglich der Einreise nach Laos über Ban Houei Sai siehe das Kapitel „Praktische Reisetipps, Weiterreise in die Nachbarländer".)

Aber auch abgesehen davon, dass Chiang Kong das Gateway zu Indochina ist, hat sich hier in letzter Zeit einiges an Infrastruktur entwickelt und an der Flussstraße drängen sich derzeit eine Reihe von sehr guten Guest Houses, Restaurants und Geschäften.

Unterkunft

●Das direkt am Fluss gelegene **Tam-mi-la Guest House****-*** (113 Soi 1 Ban Wat Kaeo, Tel./Fax 053-791234) hat attraktive

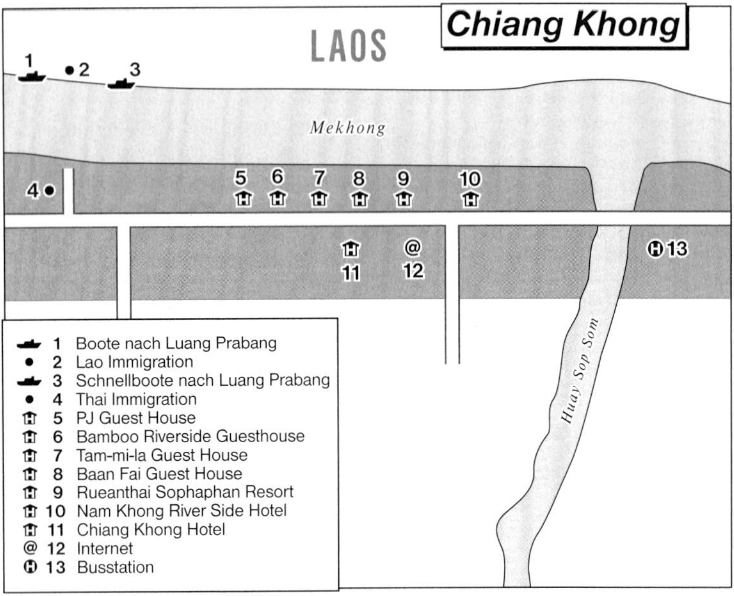

Bungalows (Bad) und ist ein guter Ort zum Verweilen mit wunderschönen Blicken auf den Mekhong.

- Direkt daneben findet sich das **Baan Fai Guest House*** (Tel. 053-791394), das einfache Zimmer in einem traditionellen Holzhaus bietet. Das Guest House hat außerdem ein Geschäft, das die Kleider der Bergstämme der Gegend verkauft und verleiht Motor- und Fahrräder.
- Gleich daneben liegt das **Rueanthai Sophaphan Resort**-***** (053-791023), Zimmer mit Bad und Blick auf den Fluss.
- **Das Chiang Khong Hotel**** (Tel. 053-791242), hat einfache aber ordentliche Zimmer (Bad).
- Das **Bamboo Riverside Guesthouse**** (Tel. 053-791621) hat einfache und sehr saubere Zimmer und Bungalows mit und ohne Bad in einer schönen Gartenanlage sowie ein Restaurant, das sehr gute mexikanische Gerichte serviert. Abends läuft Jazz und mancher Reisende bleibt eine Nacht länger, um sich in perfekter Urlaubsatmosphäre auszuruhen.
- Das **PJ Guest House**** (Tel. 053-655439) wird von einer sehr freundlichen und hilfsbereiten Frau geleitet und bietet einfache aber saubere Zimmer.
- Das **Nam Khong River Side Hotel*****-**** (Tel. 053-791801, Fax 053-791802) ist wohl das Beste am Ort, hat aber längst nicht die naturfreundliche Atmosphäre der kleineren Guest Houses. Frühstück ist im Zimmerpreis inbegriffen. Manche der Zimmer haben A.C.

Anreise/Weiterreise

- Chiang Khong ist per direktem **Bus** von Chiang Saen, Chiang Rai und sogar Bangkok aus erreichbar.
- Gecharterte **Boote** ab Chiang Saen sollten ca. 2.000 Baht (2.500 Retour) kosten.
- Mittags fahren **Songthaews** ab Chiang Saen (50 Baht).

Mae Sai

แม่สาย

Dies ist der **nördlichste Ort Thailands,** der an seiner Nordseite direkt an Myanmar grenzt. Die Grenze wird vom **Mae-Sai-Fluss** gebildet, der an dieser Stelle recht schmal ist und von einer Brücke überspannt wird. Auf der anderen Seite befindet sich der burmesische Ort Tachilek.

Westler können die Grenze seit einiger Zeit passieren (siehe dazu „Praktische Reisetipps, Weiterreise in die Nachbarländer").

In dem kleinen **Tachilek** gibt es nichts Aufregendes zu erleben, thailändische Grenzgänger decken sich hier mit exotischem „Jungle Food" wie auch diversen Aphrodisiaka ein, darunter Tigerpenisse. Der Markt unter der Brücke bietet eine riesige Auswahl an raubkopierten CDs und DVDs. Nicht nur die letzten Hollywoodstreifen gibt es hier zu kaufen, auch *Kurosawa, Hitchcock, Kubrik* und jede Menge Art-House-Filme werden hier angeboten. Zunehmend interessant wird der Ort aber als **Durchgangsstation in Richtung Südchina.** Für teures Geld können Reiseagenturen in Mae Sai gegenwärtig schon Reisen in kleinen Gruppen **nach Yunnan** arrangieren.

In Mae Sai, rechts und links vor der Brücke, befinden sich zahlreiche **Geschäfte,** die **Waren aus dem Nachbarland** anbieten, so Jade, Edelsteine und Lackarbeiten, dazu Kleidung, Obst, Zigaretten u.v.m. Der Verkauf

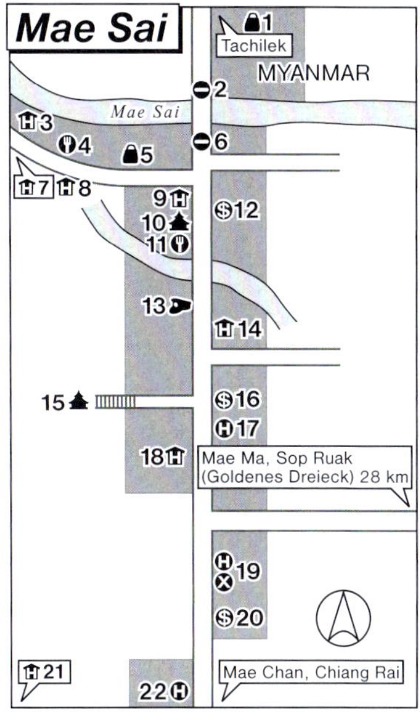

- 1 Tachilek Markt
- 2 Burmesische Grenzstation
- 3 VIP Guest House
- 4 Uncle Johnny Restaurant
- 5 Markt
- 6 Thailändische Grenzstation
- 7 Mae Sai G.H., Northern G.H., Riverside G.H. King Cobra G.H.
- 8 S-House Hotel
- 9 Top North Hotel
- 10 Chinesischer Tempel
- 11 Rabiengkaew Restaurant
- 12 Krung Thai Bank
- 13 Polizei
- 14 Tai Tong Hotel
- 15 Wat Doi Wao
- 16 Thai Farmers Bank
- 17 Busse nach Sop Ruak
- 18 Piyaporn Place Hotel
- 19 A.C.-Busse, Sammeltaxi n. Sop Ruak
- 20 Bangkok Bank
- 21 Chad House
- 22 Busstation

Mae Sai
Am nördlichsten Punkt Thailands
Burmesen und Touristen
(Fotos: David Henley)

geht zum Teil nicht ohne Show-Einlage ab: Da posieren etliche Verkäuferinnen in den Kostümen der Bergstämme vor den Läden, und das wirkt sehr fotogen und „exotisch"; die Damen sind allerdings ganz normale Thais, die sich für ihre Arbeit passend verkleidet haben. Neben den normalen burmesischen Grenzgängern gibt es auch einige burmesische Bettler im Ort, die sich den Touristen an die Fersen heften.

Einen weiten Blick über Mae Sai, Tachilek und die Berge der Umgebung genießt man von Wat Doi Wao, der unweit der Hauptstraße über eine lange Treppe erreichbar ist.

Unterkunft

- Das **Mae Sai Guest House****-*** (Tel. 053-732021) ist wohl die malerischste Unterkunft und liegt knapp zehn Minuten Fußweg links von der Brücke direkt am Fluss am Ende des Weges (688 Wiangpangkam). Das andere Flussufer und somit Myanmar liegt gerade 30 m entfernt. Die Bungalows (Bad) sind ausgesprochen sauber und wohnlich.
- Direkt daneben, ebenfalls gleich am Fluss liegt das **Mae Sai Riverside Guest House**** (Tel. 053-732554); die recht ordentlichen Zimmer (Bad) haben Balkon und bieten ebenfalls Aussicht auf den Fluss.
- Etwas weiter in Richtung Mae-Sai-Brücke befindet sich das **Northern Guest House***-*** (Tel. 053-731537); hier gibt es eine Reihe verschiedener, recht guter Unterkunftsmöglichkeiten: Bungalows ohne eigenes Bad, mit eigenem Bad, dazu stehen diverse Zimmer mit Bad, bzw. mit Bad und A.C. zur Verfügung.
- Nebenan ist auch das **VIP Guest House**** (Tel. 085-0347661) zu finden, das sehr einfache aber saubere Zimmer ohne Bad (Matratze auf dem Fußboden), kostenlose Getränke und Massagen anbietet.
- Das **S-House Hotel**** (Tel. 053-733811, s_house43234@yahoo.com) liegt gegenüber

und scheint außer Zimmern mit A.C. und Blick über den Markt auch noch weibliche Freundschaftsdienste anzubieten.

- Die preiswerteste Unterkunft ist das freundliche **Chad House***-** (Tel. 053-732054), im Süden des Ortes gelegen. Einzel (Gemeinschaftsbad), Bungalows mit eigenem Bad, Dorm. Die Familie, die das Haus leitet, ist sehr hilfsbereit und händigt jedem Gast auch gleich eine Landkarte aus. Motorrad-Verleih für 150 Baht/Tag.
- Das **Top North Hotel***** (521/7-8 Paholyothin Road, Tel. 053-731955) liegt direkt an der Hauptstraße und hat Zimmer mit Bad. Im Hotel gibt's auch einen Coffee Shop und Internet-Service.
- Das **King Cobra Guest House****-*** hat hotelähnliche Zimmer mit Bad, dazu einige einfache Zimmer ohne eig. Bad. Angeboten werden Trekking- und Motorrad-Touren in die Umgebung von Mae Sai und nach Kengtung und Mong La in Myanmar. Tel. 053-733 055, kkmaesai@chmai.loxinfo.co.th.
- Komfortable Zimmer (Bad, A.C.) im chinesischen **Tai Tong Hotel*****-**** (Tel. 053-731975, Fax 053-640988). Frühstück inklusive.
- Das neue **Piyaporn Place Hotel******-***** (Tel. 053-734511, Fax 053-734515, www.piyapornplacehotel.com) ist sehr schick und ultramodern, zumindest für Mae Sai. Das Foyer hat durchaus etwas futuristisches, die Zimmer sind guten Standards und der Blick auf die Hauptstraße ist zwar nicht umwerfend, aber in den Zimmern auf den oberen Stockwerken hat man den Eindruck in einem Luxushotel abgestiegen zu sein. Ob das zur Grenzstadt-Atmosphäre Mae Sais passt, ist eine andere Sache.

Essen

- Das **Uncle Johnny Restaurant** (Tel. 089-7555284), inmitten des neuen Marktes rechts von der Brücke, serviert thailändische Küche und organisiert Touren nach Myanmar und durch Nordthailand.

Anreise

- **Busse** ab Chiang Saen kosten 20 Baht; Busse ab Chiang Rai 50/65 Baht. Die letzten Busse zurück nach Chiang Rai fahren meist gegen 17.00 Uhr.
- **Busse** ab Chiang Mai zu 118/330 Baht.
- Von den **Bussen ab Bangkoks** Northern Bus Terminal sind bei der langen Strecke am ehesten die komfortablen V.I.P.-Busse zu empfehlen; Preis je nach Busart 621/965 Baht; Fahrzeit ca. 13 Std. A.C.-Busse kosten 483 Baht.

Weiterreise

- Fahrten in **Songthaews** innerhalb des Ortes kosten 8 Baht; **Motorrad-Taxis** 20-30 Baht, **Tuk-Tuks** 30 Baht.
- **Busse** fahren u.a. nach Doi Tung, Fang, Mae Chan, Mae Salong, Sop Ruak (Goldenes Dreieck) und Thaton. Die Busstation befindet sich ca. 5 km südlich von Mae Sai; Anfahrt dorthin mit dem Songthaew (8 Baht).

Phayao
พะเยา

Phayao ist die Hauptstadt der gleichnamigen Provinz und liegt an einem **Binnensee** von 6 x 4 km Länge, dem Khwan Phayao. Am späten Nachmittag, wenn die Sonne über den Bergen zu sinken beginnt, entstehen stimmungsvolle Szenerien. Die **Fischer** in ihren kleinen Booten erscheinen dann als Silhouetten vor der glühenden Sonne und den Bergen. Fototermin!

Phayao kann gut als Zwischenstation auf dem Weg von Lampang nach Chiang Rai dienen (bzw. umgekehrt).

Wat Luang Ratcha Santhan in der Nähe des Marktes hat zwei Chedis, die aus dem 12. Jahrhundert stammen sollen. Anfang 1989 wurde der Tempelkomplex gründlich renoviert.

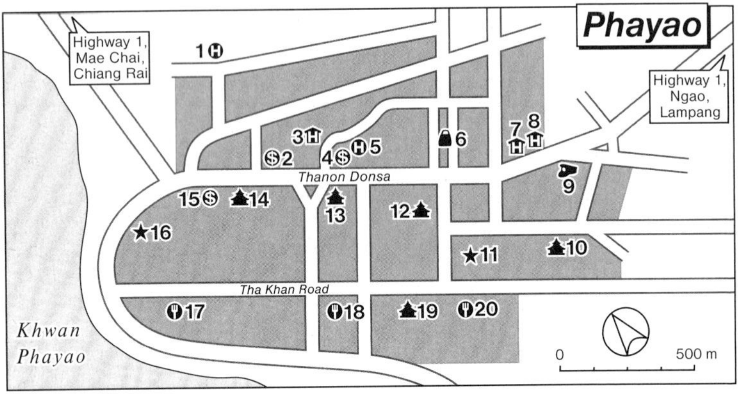

1 Busstation
2 Krung Thai Bank
3 Chalermsak Hotel
4 Bangkok Bank
5 Songthaews
6 Markt
7 Tharn Thong Hotel
8 Wattana Hotel
9 Polizei
10 Wat Ratcha Khreu
11 Lak Muang
12 Wat Si Umong Kham
13 Wat Luang Ratcha Santhan
14 Wat
15 Thai Farmers Bank
16 Statue und Schrein
17 Baicha Restaurant
18 25 Tha Khwan Restaurant
19 Wat Si Khom Kham
20 Pow Restaurant

Wat Ratcha Khreu weist einen großen weißen Chedi im Stil des Nordens auf und einen attraktiven Bot.

Wat Si Khom Kham beherbergt einen 17 m hohen und 14 m breiten sitzenden Buddha, der über 400 Jahre alt sein soll. Jedes Jahr im Mai findet hier ein großer Jahrmarkt statt. Hinter den Haupttempel steht noch ein neueres Tempelgebäude, das auf einer Art Plattform in den Binnensee hineingebaut ist. Zu Sonnenuntergang ergeben sich hier malerische Ausblicke.

Unterkunft

- Das **Chalermsak Hotel*** (Tel. 054-431063), Zimmer mit Bad.
- **Tharn Thong Hotel**** (Tel. 054-431302), Zimmer mit Bad, die teureren mit A.C.
- **Wattana Hotel*-**** (Tel. 054-431205), Zimmer teilw. mit A.C.

Essen

Entlang dem Ufer des Kwan Phayao befinden sich mehrere Restaurants, die unter anderem *Som Tam* anbieten, einen **feurig-scharfen Papaya-Salat.** Der Som Tam von Phayao soll der beste Nordthailands sein, und Thais, die von außerhalb kommen, schlagen sich hier den Bauch damit voll. Die Portion kostet normalerweise 20 Baht. Wer gerne frischen **Süßwasserfisch** isst, wird in den Restaurants entlang der Seestraße auch gut bedient.

- Das vielleicht beste Restaurant der Stadt ist das auf Englisch ausgeschilderte **Baicha** (Teeblatt), das in der Tha Khan Road nahe dem See liegt. Das Baicha hat eine englische Speisekarte, eine Rarität in Phayao.
- Etwas weiter westlich (weiter vom See entfernt) an der gleichen Straße befindet sich das **25 Tha Khwan Restaurant,** das sehr gute und feurige Nudelgerichte mit Schweinefleisch serviert.
- Ebenfalls an der Tha Khan Road, südlich des Lak Muang, befindet sich das **Pow Restaurant,** das Pizza und Eis verkauft und vor allem unter den Jugendlichen Phayaos beliebtzu sein scheint.

Anreise

A.C.-Busse ab Bangkok fahren nur um 7.00 und 20.00 Uhr und kosten 400/515 Baht. **Ab Chiang Mai** 77/108/139 Baht.

Weiterreise

Busse fahren u.a. nach Chiang Rai (35/50/65 B), Lampang (40 B), Chiang Mai (77 B). A.C. Busse (400-515 Baht) nach Bangkok starten um 7.00 und 19.00 Uhr, die VIP-Busse (800 Baht) um 20.00 Uhr.

Phrae

แพร่

Phrae ist eine ruhige Provinzstadt (25.000 Einw.), die für die dort hergestellten **Rattan-Möbel** bekannt ist, wie auch für seine *suea mor horm* – ein grob gewebtes blaues Hemd, das das **traditionelle Hemd der Farmer** oder allgemein der Leute vom Lande ist. Als Zeichen der Solidarität mit den unteren Klassen wird es auch von einigen Intellektuellen getragen, so zum Beispiel von *Chamlong Srimuang,* dem asketischen Gründer der Palang Dhamma Party (PDP).

Phrae bietet ansonsten eine ungewöhnliche **Tempel-Architektur.** Die Tempel vereinigen in sich nordthailändische, burmesische und laotische Elemente. Die **sehenswertesten Tempel** im burmesischen Stil sind Wat Chom Sawan und Wat Saoa Bor Kaew, beide mit hübschen burmesischen Chedis ausgestattet. Laotische Einflüsse spiegeln sich in Wat Phra Non wider.

Unterkunft

- **Thep Wiman Hotel***-** (Charoenmuang Rd., Tel. 054-511033); einfaches Hotel mit Zimmern mit Bad, für Leute mit knapper Kasse aber nicht schlecht.
- **Hod Fa Hotel***-** (Tel. 054-511140), ähnlich wie obiges, jedoch nicht ganz so gut.
- **Sawaddikan Hotel***-** (76-78 Yantarakitkosol Rd., 054-511032); einfach, aber extrem, preiswert.
- **Thung Si Phaibun Hotel****-*** (84 Yantarakitkosol Rd., Tel. 054-511011), ein paar Häuser weiter, recht akzeptable Zimmer mit Bad und in der höheren Preislage A.C.
- **Nakhon Phrae Hotel****-*** (29 Ratchadamnoen Rd., Tel. 054-511122, Fax 054-521937); ordentliche Zimmer, die sich über einen alten und neuen Flügel – auf beiden Straßenseiten – verteilen. Selbst einige der preiswerteren Zimmer haben TV, in der höheren Preislage gibt's dazu A.C. und Kühlschrank.
- **Pharadorn Hotel**** (Yantarakitkosol Rd., Tel. 054-511177); mäßige Zimmer (obwohl das Hotel mit einem großen Schild, auf dem „Absolutely Clean" steht, wirbt) mit Bad, die teureren auch mit A.C.
- **Nakhon Phrae Tower******-***** (Mueang Hit Rd., Tel. 054-521321, Fax 054-5221937); sehr komfortable Zimmer mit A.C., TV, Kühlschrank etc.; die hohen Preise werden häufig automatisch reduziert.
- **Maeyom Palace Hotel******-***** (Yantarakitsol Rd., Tel. 054-521028-38, Fax 054-522904); ähnlich wie obiges, ebenso zu häufig reduzierten Preisen. Swimmingpool angeschlossen.

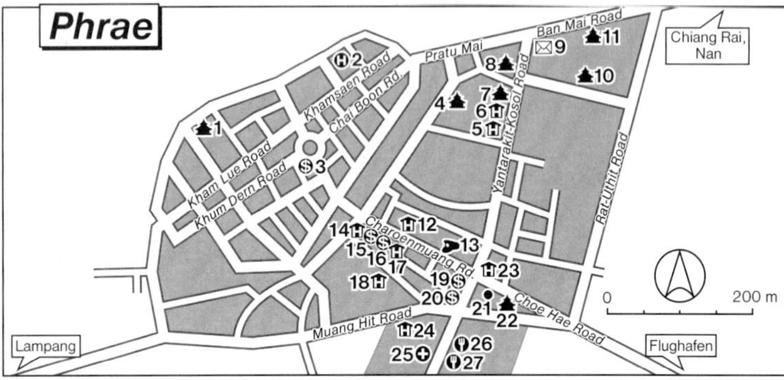

- 1 Wat Phra Non
- 2 Busstation
- 3 Thai Military Bank
- 4 Wat Saoa Bor Kaew
- 5 Pharadon Hotel
- 6 Maeyom Palace
- 7 Wat Hua Khuang
- 8 Wat Luang
- 9 Post
- 10 Wat Phra Bath
- 11 Wat Chom Sawan
- 12 Thep Wiman Hotel
- 13 Polizei
- 14 Thung Si Phaibun Hotel
- 15 Krung Thai Bank
- 16 Bangkok Bank
- 17 Sawaddikan Hotel
- 18 Hod Fa Hotel
- 19 Thai Farmers Bank
- 20 Siam Commercial Bank
- 21 Thai Airways
- 22 Wat Don Tonrong
- 23 Nakhorn Phrae Hotel
- 24 Nakhon Phrae Tower Hotel
- 25 Phrae Christian Hospital
- 26 Ton Tan Restaurant
- 27 Met Ta Restaurant

Essen

- Das unter den Einheimischen bekannteste Restaurant ist das **Raan Ahaan Chatchai,** das schon Auszeichnungen für seine Kochkünste gewonnen hat. Es befindet sich ca. 3 km außerhalb der Innenstadt, an der Straße nach Den Chai, und ist nur in Thai ausgeschildert. Das Restaurant gibt äußerlich nicht viel her, das Essen ist aber sehr gut. Es gibt thailändische Gerichte und Seafood, teilweise recht scharf. Ein volles Essen für zwei Personen dürfte um die 300 Baht kosten.
- Das **Lueat Muu,** genau gegenüber dem Phrae Nakhon Hotel an der Rajdamnern Road, heißt übersetzt „Schweineblut", eine Anspielung auf ein thailändisches Gericht dieses Namens. Das Restaurant bietet recht gute thailändische Küche, mit Portionen ab ca. 20 Baht.
- Gegenüber vom Phrae Christian Hospital an der Rajdamnoen Road befinden sich zwei gute Restaurants. Beide sind allerdings nur in Thai ausgeschildert. Das **Ton Tan** serviert eine große Auswahl thailändischer Gerichte und bietet eine Speisekarte auf Englisch. Hier sitzen schon am frühen Nachmittag die Lokalmatadoren mit großen Flaschen Johnny Walker. Sehr preiswert.
- Direkt nebenan ist das eher Café-ähnliche **Met Ta Restaurant,** das gute, schnelle und einfache thailändische Standards wie *Khao Moo Daeng* (Schweinefleisch mit einer sehr süßen Soße auf Reis) bietet. Sehr preiswert.

Anreise

- **A.C.-Busse** ab Bangkoks Northern Bus Terminal fahren nur um 9.00 und 22.00 Uhr; 409 Baht. Busse ab Chiang Mais Arcade Bus

Station fahren zu 137 Baht, A.C. 239-308 Baht. Fahrzeit ca. 4 Std.

- **Züge** fahren nur bis Den Chai, wo in einen Bus oder Songthaew nach Phrae umgestiegen werden muss (24 km; 60 Baht).

Weiterreise

- Songthaews innerhalb der Stadt kosten 10-20 Baht pro Person, je nach Distanz.
- **Samlors** innerhalb der Stadt kosten 30 Baht, **Motorrad-Taxis,** die am Busbahnhof bereit stehen, ähnliche Preise.
- Ab Phrae fahren **Busse** u.a. nach Chiang Mai, Chiang Rai, Chiang Saen, Nan, Lampang, Phitsanulok, Sukhothai und Uttaradit.
- Songthaews oder Busse **zum Bahnhof in Den Chai** können entlang der Yantarakitkosol Road angehalten werden.

Umgebung von Phrae

Der wichtigste Tempel der Gegend und Schauplatz eines mehrtägigen Tempelfestes (im März) ist **Wat Phra That Cho Hae,** der auf einem Hügel 9 km südwestlich der Stadt steht. Hinauf führen Treppen, die rechts von Löwen, links von Nagas oder Schlangenwesen flankiert werden. Beide repräsentieren den burmesischen Stil. Am oberen Ende der Treppe steht rechts eine verehrte Buddha-Statue, die Phra Chao Tan Chai genannt wird.

Um zum Tempel zu gelangen, nehme man ein Songathaew von Phrae über die Straße H 1022 in Richtung Padang. Vom Dorf Padang ist es noch ein Fußweg von 1 km.

Etwa 10 km östlich der Stadt befindet sich die Phae Muang Phii, die **„Geisterstadt im Wald".** Dieses ist ein kleines Areal von bizarren Sandformationen, die durch Auswaschung des Bodens durch Regen entstanden sind. Für die Thais erinnern die Formationen an Häuser oder andere Gebilde von Geistern, eben eine Geisterstadt. Ausländische Besucher sind oft jedoch nur mäßig beeindruckt.

36 km von Phrae entfernt, an der Straße in Richtung Nan und Chiang Rai, befindet sich aber die **Pha-Nang-Khoi-Höhle.** Um diese rankt sich eine **Legende:** Vor etwa 400 Jahren wurde beim Sinken eines Bootes die junge, schöne Tochter eines Ortsvorstehers vom Bootsmann vor dem Ertrinken gerettet. Das Mädchen verliebte sich in den Mann und heiratete ihn gegen den Willen ihres Vaters. Der Vater war so erzürnt über die Verbindung, dass er beschloss, seinen Schwiegersohn zu töten. Das Paar floh in die Höhle, wurde dort aber vom Vater aufgespürt. Dieser schoss mit Pfeil und Bogen auf seinen Schwiegersohn. Der Pfeil traf jedoch die eigene Tochter, die zu der Zeit gerade schwanger war. Während die Verletzte niedersank, floh ihr Ehemann aus der Höhle, verfolgt vom mordlüsternen Vater. Das Mädchen rief ihrem fliehenden Mann noch nach, dass sie in der Höhle auf ihn warten würde, wie lange es auch dauern würde. Von diesem Versprechen stammt der Name der Höhle, der übersetzt etwa „Höhle des wartenden, edlen Mädchens" bedeutet.

An der Höhle befindet sich eine Tafel, die die Legende erzählt, es wird jedoch leider nicht erwähnt, ob das Mädchen an seiner Wunde starb und was mit ihrem Mann geschah.

Neun Kilometer weiter die Straße entlang in östliche Richtung befindet sich der **Huay-Long-Wasserfall.** Sowohl der Wasserfall als auch o.g. Höhle können von Phrae aus per Bus oder Songthaew erreicht werden.

Fährt man von Uttaradit in Richtung Phrae, befindet sich 8 km vor der Stadt das **Hua Dharm Handicraft Village.** Hier werden Korbwaren und Möbel hergestellt. Die frisch lackierten Waren werden entlang der Hauptstraße zum Trocknen aufgestellt.

Die Umgebung ist für die dort wachsenden **Heilkräuter** bekannt.

Nan

น่าน

Nan (25.000 Einw.) wurde im Jahre 1368 gegründet und liegt an einem Fluss, der der Stadt seinen Namen gegeben hat. Am Abend kann man beobachten, wie Ochsenkarren zum Ufer des Nan rollen und wie deren Lenker sie dort mit Wasserpflanzen beladen.

Jedes Jahr Ende Oktober oder Anfang November findet das **Boat Racing Weekend** statt, das das Ausklingen der buddhistischen Fastenperiode markiert. Die Tradition dieses Rennens geht über 200 Jahre zurück.

Als Sehenswürdigkeiten hat Nan in allererster Linie Tempel zu bieten, und davon gibt es gleich auffallend viele. Abgesehen davon kann der Ort als Ausgangspunkt zu interessanten Ausflügen in die Umgebung dienen.

Ein guter Ausgangspunkt für einen Stadtrundgang ist das **National Museum,** das in einem ehemaligen Palast untergebracht ist. Der Palast, errichtet 1903 vom Herrscher von Nan, *Phra Chao Suriyaphong,* wurde 1973 zum Museum umfunktioniert und ist seit einer Renovierung eines der besten Provinzmuseen des Landes. Im Erdgeschoss sind Ausstellungsstücke der diversen ethnischen Gruppen der Provinz Nan zu sehen, im Obergeschoss solche zur Geschichte von Nan. Dazu gibt es einige Buddha-Bildnisse im relativ seltenen Lanna-Stil. (Geöffnet Mi-So 9.00-16.00 Uhr; Eintritt 30 Baht.)

Wat Phumin hat eine breite Naga-Terrasse, deren Drachen den Tempel zu stützen scheinen. Im Inneren des Tempels blicken vier Buddha-Statuen in die vier verschiedenen Himmelsrichtungen. Außerdem sind Wandmalereien und durch Holzschnitzereien verzierte Türen zu bewundern.

Wat Phratat Chang Khan besitzt einen interessanten Chedi, der von Elefanten getragen zu werden scheint. **Wat Hua Wieng Tai** an der Sumon Devaraj Road wird von einer mit Nagas verzierten Mauer umgeben, und das Dach seines bots ist geschickt in Terassen angelegt.

Wat Suan Tan hat einen 40 m hohen weißen Prang und beherbergt eine Buddha-Figur aus der Sukhothai-Periode.

Zwei Kilometer südöstlich der Stadt steht **Wat Phra That Chae Haeng,** ein attraktiver Tempel mit einem auffallend schönen Chedi. Links neben dem Tempelkomplex befindet sich ein Zoo, Eintritt frei. Um zum Wat zu gelangen, passiere man die Hauptbrücke, dann die Straße rechts 2 km weitergehen.

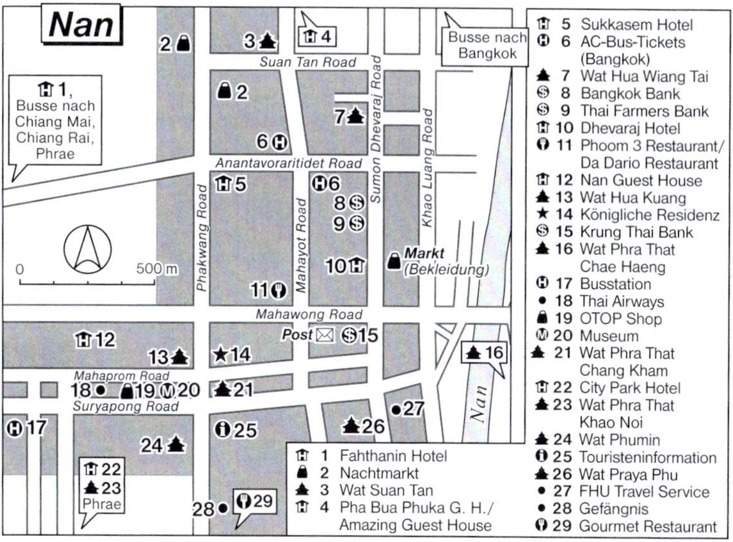

Der Tempel liegt auf einem Hügel. Es fahren auch Songthaews zum Wat, Kostenpunkt 10 Baht.

Zwei Kilometer südwestlich der Stadt liegt **Wat Phra That Khao Noi.** Vom Hügel, auf dem der Wat steht, hat man einen guten Ausblick auf die Umgebung. Auch zu diesem Wat fahren Songthaews für 2 Baht.

Trekking-, Kajak-, Fahrrad- oder Jeep-Touren in die Umgebung organisiert der Fhu Travel Service (Sumon Devaraj Road, Tel. 054-710636, www.fhu travel.com).

Einige interessante Touren in die Umgebung von Nan werden von in Bangkok basierten Unternehmen angeboten, so von *Outside High Attitude* (Tel. 02-9422057-8, 02-9421931; Rafting auf Gummiflößen), *New Frontier Adventure* (Tel. 02-7179950; Rafting, Elefanten-Trips, Besuch bei Bergstämmen) und *Nan Touring Dot Com* (Tel. 089-5532432, 081-7659817; Rafting, Hiking, Fahrrad-Touren).

Information

- Ein bescheidenes **Informationsbüro für Touristen** befindet sich an der Phakwang Road (Tel. 054-710216), direkt gegenüber dem Wat Phumin. Die zwei Polizisten, die hier arbeiten, sprechen zwar nicht viel Englisch, sind aber ungeheuer hilfsbereit und haben auch eine Karte der Stadt und ein paar Hoteltipps zur Hand.
- Eine weitere Informationshütte nebenan hat ein paar **Broschüren zu den Nationalparks** der Gegend, aber hier wird leider kein Englisch gesprochen.

Unterkunft

- Das **Pa Bua Phukha Guest House*** (94/5 Soi 1, Sumonthewarat Rd., Tel. 054-791156)

hat große, in einem Holzhaus untergebrachte Zimmer, Gemeinschaftsbad.

● Ähnlich ist das **Nan Guest House***-** (57/16 Mahaphrom Rd., Tel. 054-771849) nahe dem Thai Airways-Büro. Zimmer mit und ohne eigenes Bad.

● Das **Sawadee Guest House***-** (4/5 Aruyawong Road, Tel. 086-9239716) hat einfache Zimmer mit Bad. Das Guest House organisiert auch Treks zu umliegenden Dörfern der in der Gegend ansässigen Bergvölker.

● Eine preiswertere und gute Alternative ist das direkt in der Innenstadt gelegene **Dhevaraj Hotel*****-**** (466 Sumon Dhevaraj Rd., Tel. 054-710803, 054-710805, 054-710094-6, Fax 054-771365). Die preiswerteren Zimmer haben nur Ventilator, die teureren auch A.C. Der im Erdgeschoss befindliche Coffee-Shop ist allerdings überteuert und nichts für Raucher – im gesamten Bereich gilt „non-smoking".

● Das **Amazing Guest House***-** (23/7 Raj-Amnuay Rd. oder Thanon Rat-Amnuay, Tel. 054-710893) hat saubere Zimmer in ruhiger Lage, aber für manche Leute vielleicht etwas zu weit weg vom Stadtkern. Zimmer ohne eigenes Bad.

● Die vielleicht beste Unterkunft in der Innenstadt ist das relativ neue **Fahthanin Hotel** ***-**** (303 Anantavorrarittidaj Road, Tel. 054-757321), das große und saubere, wenn auch charakterlose Zimmer, teilweise mit schönem Blick auf die umliegenden Berge, bietet. Alle Zimmer haben A.C., TV (nur Thai-Fernsehen) und Kühlschrank und im Haus ist auch eine Karaoke-Bar untergebracht.

Direkt neben dem Hotel befindet sich die **Conner Bar,** in der abends junge Männer in einem leicht kitschigen Ambiente Bier und Whisky trinken.

● Recht gut ist das **City Park Hotel******, gelegen etwa 2 km südlich der Innenstadt, an der Straße in Richtung Phrae (99 Moo 4, Yantarakitkosol Rd., Tel. 054-751343-52, Fax 054-773135). Das Hotel ist von einer weitläufigen Gartenanlage umgeben und besitzt einen ungewöhnlich großen Swimmingpool. Die Zimmer (TV, Kühlschrank, A.C.) sind blitzesauber, äußerst komfortabel und bieten für ihren Preis einen ausgezeichneten Gegenwert. Wer hier absteigt, bleibt eventuell länger im Ort als ursprünglich geplant. An Wochenenden ist eine Voranmeldung anzuraten.

Essen

Einige preiswerte, kleine Restaurants befinden sich um den Busbahnhof herum. Auch der **Nachtmarkt,** der sich entlang der Phakwang Road westlich der Busstation befindet, ist einen Besuch wert. Etwa zwanzig kleine Stände bieten lokale Spezialitäten und sonstige thailändische Gerichte und ab 18.00 Uhr scheint sich hier fast die ganze Stadt mit dem Abendessen einzudecken.

● Besonders zu empfehlen ist das **Gourmet Restaurant,** das sich direkt am Fluss, ein paar

Wandmalerei in Wat Phumin in Nan
(Foto: David Henley)

hundert Meter südlich des Stadtgefängnisses befindet. Das Restaurant liegt in einer sehr schönen Gartenanlage und serviert exzellente thailändische Küche. *Gai Pad Med Ma Muang,* Hühnchen in einer Soße mit Chashewnüssen und getrockneten Chilis, ist hier besonders gut. Preiswert. Das Restaurant ist leider nicht auf Englisch ausgeschildert und auch die Speisekarte ist auf Thai. Der Besitzer spricht allerdings gut Englisch und ist ungeheuer hilfsbereit.

- Das **Phoom 3 Restaurant** an der der Mahawong Road serviert gute und preiswerte thailändische und chinesische Gerichte.
- Im 2. Stock desselben Gebäudes befindet sich das einzige Restaurant der Stadt, das hauptsächlich westliche Gerichte serviert, das renommierte **Da Dario.** Der italienische Besitzer ist vor einigen Jahren verstorben und seine Frau führt den Betrieb nun weiter. In dem gemütlichen Restaurant gibt es sehr gute Pizzas, leckere Ravioli, Lasagne, Minestrone und andere italienische Gerichte sowie gute Thai-Speisen. Auch die Steaks und Salate sind nicht schlecht. Der Service ist aufmerksam und zuvorkommend. Ein volles Essen für zwei Personen dürfte ab ca. 400-500 Baht kosten. Geöffnet Mo-Sa 10.00-14.00 Uhr und 17.00-22.00 Uhr.

Einkaufen

- Einen Besuch wert ist der **OTOP-Shop** an der Suryapong Road, nicht weit vom Museum. Hier gibt es allerlei kitschigen Schmuck, aber auch eine Reihe sehr schöner Textilien und Kleidungsstücke, die typisch für die Region sind. Dazu lokaler Alkohol, Honig, Seifen, Öle und Shampoos aus Naturprodukten, Postkarten, Chopstick-Sets etc. Die OTOP-Shops bilden eine Art Kooperative, die in ganz Thailand jeweils regionale Produkte verkaufen und die Preise sind durchaus angemessen. Feilschen kann man in diesen Geschäften nicht.

Wat Phratat Chang Khan
(Foto: Aroon Thaewchatturat)

Anreise

- **Busse** ab Chiang Mais Arcade Bus Station kosten 137 Baht, A.C. 239-308 Baht; Fahrzeit ca. 6½ Std. Von Chiang Rai fährt nur ein einziger Bus, Abfahrt 9.30 Uhr, 153 Baht. Zahlreiche Busse ab Phrae, 52/75 Baht. A.C.-Busse ab Bangkok zu 497 Baht, V.I.P. 770 Baht. Fahrzeit je nach Bus ca. 11-13 Std.
- Die Anreise per **Zug** ist, genau wie im Falle Phrae, nur bis Den Chai möglich; von dort fahren Busse für ca. 80 Baht nach Nan; Fahrzeit ca. 3 Std.
- **Flüge** mit der P.B. Air ab Bangkok (1 x tgl.) zu 3.100 Baht. Flugzeit ca. eine Stunde. Die Hotels in der Stadt vermitteln alle Tickets.

Weiterreise

- **Tuk-Tuks** innerhalb der Stadt kosten 20-30 Baht, je nach Strecke, **Songthaews** 10 Baht pro Person.

• **Busse** nach Chiang Mai, Chiang Rai und Phrae fahren ab der Busstation an der Ananta Worattidet Road; staatliche Busse nach Uttaradit, Phitsanulok, Sukhothai und Bangkok (A.C. und Super-V.I.P.) fahren ab der Busstation an der Khao Luang Road. Die privat betriebenen V.I.P-Busse nach Bangkok fahren von den Büros der entsprechenden Unternehmen am Ostende der Ananta Worattidet Road ab. Kostenpunkt ab 497 Baht, Fahrzeit aufreibende 11-13 Std.

Tour in die laotischen Grenzregionen

Die Stadt Nan selbst kann einen wohl kaum länger als einen oder zwei Tage in ihren Bann ziehen, ihre Umgebung ist aber äußerst malerisch, und es bieten sich lohnenswerte Ausflüge an. Touristisch gesehen ist die umliegende Provinz Nan eine der unberührtesten Gegenden Nordthailands.

Besonders sehenswert sind ihre **bergigen Regionen.** Bis in die achtziger Jahre waren die Berggebiete, an Laos grenzend, ein **Tummelplatz kommunistischer Rebellen,** die vom Nachbarland aus gesteuert wurden, um Nordthailand für den Sozialismus zu erobern. Die Berge waren für die Außenwelt praktisch unzugänglich, und selbst thailändische Beamte blieben ihnen lieber fern, als hier den patriotischen Heldentod zu sterben.

Diese brisanten Zeiten sind heute vergessen. Dennoch scheint sich die Provinz Nan eine Art Eigentümlichkeit bewahren zu wollen, und um die traditionelle Thai-Kultur von „negativen" Außeneinflüssen abzuschirmen, ist beispielsweise die Eröffnung von Discos und Karaoke-Bars an besonders strikte Vorschriften gebunden. Ein großes Schild in der Innenstadt von Nan verkündet „We Love Thai Culture".

Die folgende Tour in die nördlichen Ausläufer der Provinz kann theoretisch per Bus und Songthaew absolviert werden, ein **eigenes Fahrzeug** ist aber auf jeden Fall vorzuziehen. Da es in einigen der unten beschriebenen Orte keine Unterkünfte gibt, müsste man noch am selben Tag zurück nach Nan fahren, und mit öffentlichen Verkehrsmitteln kann das sehr schwierig werden. Abgesehen davon sind die Busse und Songthaews oft so überfüllt, dass viele Passagiere nur auf den Trittbrettern Platz finden.

Jeeps lassen sich am günstigsten in Chiang Mai anmieten (5-6 Fahrstunden entfernt), oder aber beim oben erwähnten Fhu Travel Service in Nan, wo auch Motorräder zur Verfügung stehen. Eine detaillierte Straßenkarte von Nordthailand sollte ebenfalls zur Hand sein. Zu beachten ist, dass die Kilometerangaben auf den Straßenschildern in dieser Gegend nicht immer stimmen.

Von Nan aus nehme man zunächst die Straße Nr. 1080 in Richtung Norden. Schon kurz hinter Nan durchquert man eine sattgrüne Hügellandschaft. Nach 18 km sieht man an der rechten Straßenseite die weitläufige Anlage des **Nan Valley Resort****** (Tel. 054-773019), das gerne von kurzurlaubenden Thais aufgesucht wird. Busse oder Songthaews von Nan hierher kosten 10 Baht.

Weiter nördlich breiten sich vermehrt **Reisfelder** zwischen den Hügeln aus. An einigen kleinen Klongs

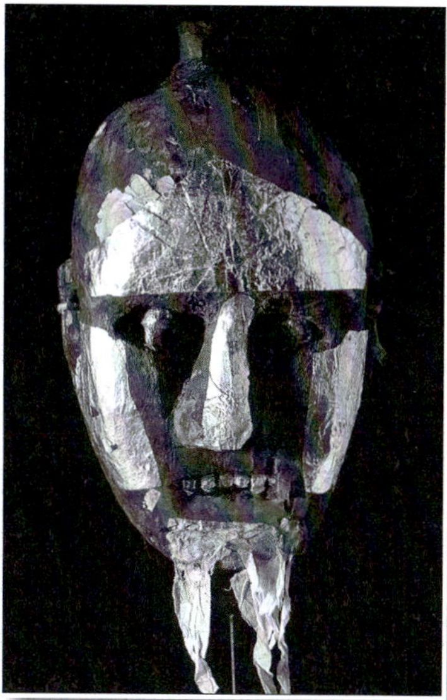

sieht man Dorfbewohner, die sich in Muße ihr Mittagessen erfischen.

63 km nördlich von Nan erreicht man die verschlafene Distrikthauptstadt **Pua**. Hier zweigt eine größere Straße in östlicher Richtung ab. Sie führt über den Doi-Bhukha-Nationalpark zum Ort Ban Bor Kluea nahe der laotischen Grenze.

An der Südseite dieser Straße – noch im Bereich von Pua – zweigt eine kleinere Landstraße ab, die in südlicher Richtung zu einer sehr idyllisch gelegenen Unterkunft führt, dem **Papua Bhuka Hotel*****-LLL (141 Pua-Namyua Rd., Moo 4, Xilalang, Pua, Tel./Fax 054-791156). Entfernung von Pua insgesamt ca. 6 km. Das Hotel erinnert entfernt an ein Schweizer Landhaus und hat sehr gemütliche und saubere Zimmer (A.C., TV, Kühlschrank). Von den Fenstern überblickt man eine malerische Hügellandschaft. Leider ist das Restaurant im Haus schamlos überteuert, ein Tee z.B. kostet 75 Baht! Ein eigenes Fahrzeug macht vom Hotel-Restaurant unabhängig.

Zu beachten ist, dass es in dieser Gegend von November bis Februar **sehr kalt** sein kann, mit Tiefsttemperaturen von ca. 8 °C. Warme Kleidung ist unerlässlich.

Yao-Schamanen-Masken
(Fotos: David Henley)

Im Bereich von Pua gibt es einige kleine Geschäfte, die eine **spezielle Stoffart** anbieten, die in der Gegend hier hergestellt wird. Diese nennt sich etwas langatmig *phaa-thor-müü-lai-naam-lay*, zu deutsch „handgefertigte Stoffe mit Mustern im Stil des fließenden Wassers". Sie weisen sich kräuselnde oder wellige Muster auf, die vage an strömendes Wasser erinnern. Aus den bunten Stoffen lassen sich originelle Hemden, Westen oder Jacken schneidern. Je nach Qualität und Größe kostet ein Stück 200-1.500 Baht. Für 300-400 Baht bekommt man schon recht gute Qualität.

Fährt man die Straße von Pua nun nach Osten, in Richtung des Ortes Ban Bor Kluea, passiert man bald eine **atemberaubende Berglandschaft.** Man sieht Berge, Berge und nochmals Berge, und nur selten eine menschliche Ansiedlung dazwischen. Die wenigen Bewohner der Region gehören diversen Bergvölkern an, so den Htin aus der Familie der Mon-Khmer oder den ursprünglich aus China stammenden Khamu und Thai Lü (auch Lua oder Lawa).

25 km östlich von Pua erreicht man das Hauptquartier des **Doi Bhuka Nationalparks** (*bhuka* spricht man etwa wie „phuka"). Dieser Park ist nach dem darin befindlichen, 1.980 m hohen Doi Bhuka benannt, dem „Berg der Bhuka-Blume". Die hellrote Bhuka-Blume, auf Thai *chompu bhuka,* gedeiht ausschließlich in dieser Gegend.

Ihre Blüte hat sie im Februar. Die einsame Berglandschaft des Parks sowie die allgegenwärtige dichte Vegetation dürfte Naturfreunde in Hochstimmung versetzen.

Bei allen Wanderungen sollte man sich allerdings an klar erkennbare Pfade halten und nicht ins Dickicht abwandern: Die Gegend war eines der Zentren der kommunistischen Guerilla-Aktivitäten, und angeblich liegt noch **scharfe Munition** in den Wäldern herum. Der höchste Gipfel der Region liegt bei 2.177 m, nur etwa 400 m unter Thailands höchstem Berg, dem Doi Inthanon.

Nahe dem Hauptquartier des Parks befinden sich jede Menge **Bungalows** **-***** für jeweils zwei bis sieben Gäste, in denen übernachtet werden kann. Ein Restaurant ist ebenfalls vorhanden. Außerdem gilt hier noch mehr als in Pua, dass es in den Wintermonaten empfindlich kalt werden kann; die Tiefsttemperaturen liegen bei ca. 5 °C. Buchungen der Bungalows unter Tel. 054-710815, 054-701000, 081-2240789.

Als preiswertere Wohnalternative im Park bietet sich in **Bamboo Hut*** an, gelegen in Ban Toei. Es gibt einfache Zimmer ohne eigenes Bad und Trekking-Touren werden organisiert.

Hmong-Frau mit Kind
(Foto: David Henley)

Hmong Vater mit Kind in der Provinz Nan
(Foto: Aroon Thaewchatturat)

Vom Nationalpark sind es 22 km in östlicher Richtung bis nach **Ban Bor Kluea,** einem winzigen Ort, der für seine Salzquellen bekannt ist (*baan bor klüa* = „Salzquellen-Dorf"). Unterirdisch verlaufenden Salzwasserquellen wird hier durch Erhitzen das Wasser entzogen, und zurück bleibt Salz. Die hiesige Salzherstellung ist ein Projekt, das von Kronprinzessin *Sirindhorn* unterstützt wird. Unterkünfte gibt es im Ort nicht. Wenige Kilometer von Ban Bor Kluea entfernt befindet sich das Dorf **Ban Sapan,** in dem Korbmöbel (*khüang waai*) hergestellt werden.

Von Ban Bor Kluea führt eine Straße nach 79 km in nördlicher Richtung – immer parallel zur laotischen Grenze – zum Ort **Ban Huey Kon.** Die un-

berührte Hügellandschaft und der dichte Wald bieten überwältigende Ausblicke, allerdings ist die Straße über weite Strecken sehr schlecht und der Weg somit mühsam. Außer in der Regenzeit kann man ihn aber durchaus angehen. Kurz vor dem Ende der Straße blickt man von einer Anhöhe auf Ban Huey Kon.

Um aber auf bequemerem Wege dorthin zu gelangen, kann man vom Doi-Bhuka-Nationalpark zurück nach Pua fahren, um dort die **Straße Nr. 1080** in Richtung Norden zu nehmen. Über diese Straße sind es von Pua 75 km bis Ban Huey Kon. Diese Strecke ist somit etwa genauso lang wie die über Ban Bor Kluea, dafür aber erheblich besser. Die Straße 1080 soll im Laufe der kommenden Jahre in ihren nördlichen Bereichen noch auf Highway-Standard ausgebaut werden, ein Projekt, das vom thailändischen König initiiert wurde.

Ban Huey Kon ist einer der abgeschiedensten Orte der Provinz Nan – ja sogar ganz Nordthailands. (Kon spricht man lang, etwa wie *kohn*). Interessanterweise befindet sich hier

Das berühmte Dreiländereck am Mekhong
(Foto: David Henley)

aber ein **Grenzübergang nach Laos,** an dem ein reger Handelsverkehr pulsiert. Bisher ist der Übergang nur für Thais und Laoten passierbar, aber das könnte sich in den nächsten Jahren ändern. Die Region soll zu einem florierenden „Tor nach Indochina" ausgebaut werden, und im Zuge dessen wird Laos den Übergang möglicherweise auch für westliche Touristen öffnen. Die Betonung liegt auf „möglicherweise", denn Laos' Tourismus-Politik ist alles andere als immer leicht durchschaubar.

Sehenswert ist auf jeden Fall der lebendige **Markt,** der jeden Samstagmorgen auf der thailändischen Seite abgehalten wird. Laoten bringen Naturprodukte ihres Landes nach Thailand (darunter essbare Käfer, Wespen und andere Leckerbissen!) und decken sich dafür mit den in ihrer Heimat so begehrten thailändischen Konsumgütern ein. Ein Kilo Maden bringt dann vielleicht genug Geld, um damit einen kessen Lippenstift zu erstehen! Um das Geschehen voll mitzuerleben, trifft man am besten schon gegen 8 Uhr ein.

Bei der Anfahrt muss man (aus Richtung Pua/Nan kommend) kurz vor Ban Huey Kon zunächst einen Checkposten der thailändischen Armee passieren. Dahinter biegt links eine hervorragend ausgebaute Straße ab; diese führt nach 6 km zu Grenzübergang und Markt. Diejenige Straße dagegen, die vom Checkposten weiter geradeaus verläuft, führt nach ca. 2 km zur eigentlichen Ortschaft Ban Huey Kon (das Straßenschild besagt nicht ganz richtig 1 km). Folgt man der Straße weiter, so erreicht man nach 79 km Ban Bor Kluea.

Ban Huey Kon besteht aus vielleicht einhundert schlichten Holzhäusern. Die Eingangstore zu deren Grundstücken sind allesamt in den thailändischen Nationalfarben bemalt – scheinbar, um ganz klarzustellen, auf welcher Seite der Grenze man sich befindet. Bei der fast unheimlichen Abgeschiedenheit des Ortes kann man sich gut ausmalen, wie wild es hier zu Zeiten der kommunistischen Unterwanderung zugegangen sein muss. Auch in Ban Huey Kon sind keine Unterkünfte vorhanden, und zu essen lässt sich bestenfalls ein Snack auftreiben.

Fährt man über die schlechte Straße von Ban Bor Kluea an, so erreicht man zuerst Ban Huey Kon und dann ungefähr 2 km weiter den Checkposten der thailändischen Armee; direkt davor biegt man nach rechts zur laotischen Grenze ab.

Von Ban Huey Kon sind es gut 140 km zurück in die Provinzhauptstadt Nan, die nach diesem Ausflug in die einsamen Grenzregionen schon fast wie eine quicklebendige Großstadt wirkt.

Der Nordosten

Thai-Besucher des Prasat Khao Phanom Rung

Reisbauern, Nakhon Phanom

Kinder am Sirindhorn-Stausee, Provinz Ubon
(Fotos: David Henley)

Überblick

Issaan nennen die Thais den Nordosten ihres Landes, der das Symbol für so vieles geworden ist: Dürre, Armut, Landflucht, aber auch frühe Zivilisation, Sanftmut und Einfachheit. Der Issaan ist die **ärmste Region des Landes,** das Gebiet ist durch ziellose Rodung teilweise verödet, und die Bevölkerung flieht in die Sicherheit der Städte, vor allem nach Bangkok. Fast jeder Taxi-Fahrer in Bangkok, fast jeder Obstverkäufer stammt aus dem Nordosten. Die Einwohner der Hauptstadt sehen ihre Vettern aus dem Issaan gerne als simple Landmenschen, die nicht so recht in das elegante Stadtleben passen wollen. Und dabei sind die *kon issaan,* die Einwohner des Nordostens, äußerst freundliche und angenehme Zeitgenossen.

Zahlreiche Bewohner des Issaan verdingen sich heute im Ausland, so in Singapur, Taiwan, Japan und Israel. Viele davon leben illegal in den Ländern und arbeiten zu Niedrigstlöhnen.

Der Issaan ist **touristisch noch kaum erschlossen,** und der Massen-Tourismus wird hier sicher nie einziehen. Für Leute, die abseits der ausgetretenen Pfade zu wandern gewillt sind, bietet der Issaan jedoch einiges: Es locken z.B. einige faszinierende, zum Teil tausend Jahre alte hinduistisch-inspirierte Tempelanlagen; der Issaan war – wie das benachbarte Kambodscha auch – über weite Epochen vom Hinduismus geprägt; der Name Issaan stammt von Sanskrit *Ishana,* was „Nordosten" bedeutet, gleichzeitig aber auch ein anderer Name für Shiva ist, dem hinduistischen Gott der Zerstörung und Erneuerung. Dazu bietet die Weite der Region zahlreiche ruhige Orte, an denen sich gut ein paar Tage entspannen lässt. Besonders dazu geeignet sind die kleinen Städtchen am Ufer des Mekhong, des mächtigen Grenzflusses zwischen Thailand, Laos und Kambodscha.

Die Geschichte und Kultur des Issaan ist unauflöslich mit Laos verbunden, und so werden seine Bewohner oft auch als *kon lao* (Laoten) bezeichnet. Die Sprache des Nordostens ist eng mit dem Laotischen verwandt.

Neben diesen Bewohnern beherbergt das Land auch **Khmer,** die aus dem benachbarten Kambodscha herübergekommen sind und sich bis heute in ihrer eigenen Sprache, dem Khmer, verständigen. Die meisten leben in und um Si Saket, Buriram und Surin.

Noch aus den Vor-Khmer-Zeiten stammen die **Suay,** ein stolzes und unabhängiges Volk, das mit meisterhafter Hand Elefanten einfing und zähmte. Die Elefanten wurden in Cowboy-Manier mit Lassos gefangen. Die Nachfahren der Suay leben noch heute im Issaan, vor allem in den Provinzen Surin und Si Saket.

Der thailändischen Regierung ist es bisher nur bedingt gelungen, die wirtschaftliche Lage des Nordostens zu verbessern. In den achtziger Jahren wurde ein **Wiederaufforstungs-Programm** ins Leben gerufen, das *Issaan Khiau* („Grüner Issaan"), dem auch ein

Stadttor in Nakhon Ratchasima
(FOTO: DAVID HENLEY)

gewisser Erfolg beschieden war; weite Strecken des Issaan wirken heute grüner als vor zehn Jahren. Auch die Städte wirken deutlich wohlhabender, aber das ist wohl dem allgemeinen Wohlstandsanstieg in Thailand zu verdanken, der auch in den Issaan durchsickert.

Insgesamt aber hinkt das Gebiet den anderen Regionen Thailands stark hinterher. Nicht umsonst nennen die Thais die Region zwischen Khorat und Ubon Ratchathani *tung gula rong-hai,* „Ebene der Tränen".

Was dem Issaan vor allem fehlt, sind Industrieunternehmen, die der ärmeren Landbevölkerung bessere Verdienstmöglichkeiten geben könnten. Premierminister *Chavalit Yongchaiyudh,* selbst ein Kind der Region, verkündete 1997, der Issaan biete großartige Möglichkeiten „zur Büffelaufzucht". Nachdem die Benzinpreise 2006 stark anzogen, stiegen in der Region fast 1.000 Bauern vom Traktor auf Wasserbüffel um.

Nach wie vor vergrößert sich die materielle und die kulturelle Kluft zwischen Hauptstadt und nordöstlicher Provinz und die Wählerschaft Issaans dient meist als politischer Spielball für die Politiker in der Hauptstadt.

Nakhon Ratchasima (Khorat)

นครราชสีมา

Khorat, 256 km nordöstlich von Bangkok gelegen, wird als das „Tor zum Nordosten" bezeichnet, da der Ort meistens den Ausgangspunkt für eine Reise durch dieses Gebiet darstellt. Der Name Khorat ist übrigens nichts als die Verkürzung des eigentlichen Namens *Nakhon Ratchasima*.

Der ärmliche Nordosten erlebte einen kurzen Aufschwung als die in Vietnam kämpfenden Amerikaner ihre Militärbasen dort hatten. Auch in Khorat war die amerikanische Luftwaffe stationiert, und die relativ vielen Bars und modernen Restaurants sind ein Relikt aus jener Zeit. Nach Ende des Vietnam-Krieges verfiel der Ort wieder in einen provinziellen Halbschlaf.

Khorat ist die **größte Stadt des Nordostens** und ein kommerzielles Zentrum mit ca. 450.000 Einwohnern und damit die **zweitgrößte Stadt Thailands.** Für Reisende ist die Stadt

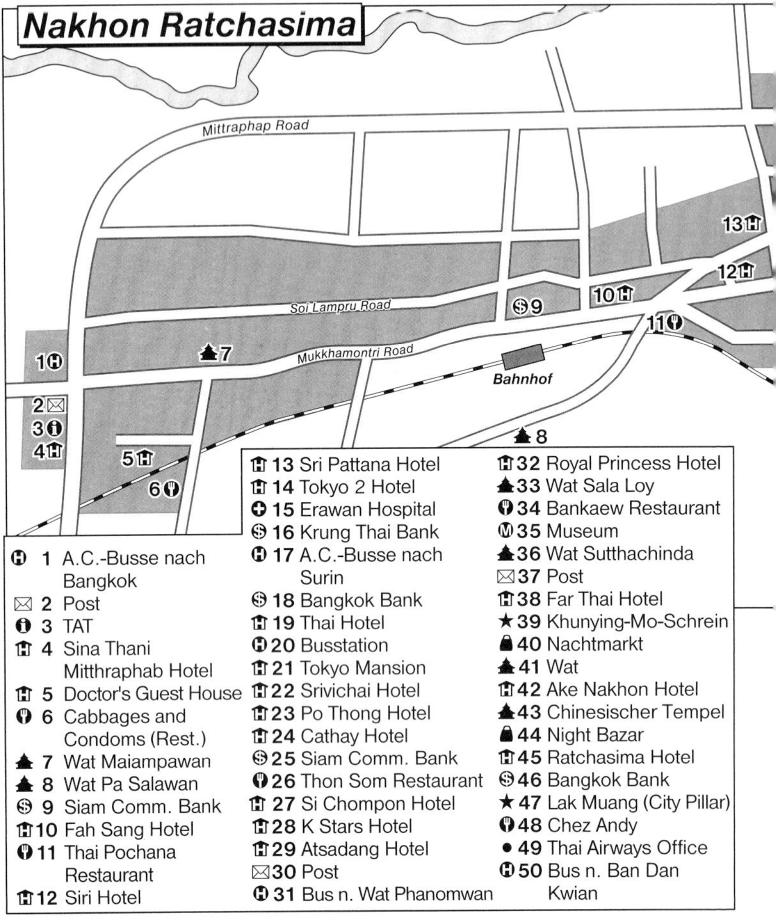

nicht sonderlich interessant, sie dient aber häufig als Durchgangsstation.

Wat Sala Loy ist ein relativ neuer Tempel, dessen bot die Form einer chinesischen Dschunke hat. Der Wat befindet sich 400 m östlich der Nordost-Ecke des Stadtgrabens.

An der Ecke Rajdamnoen Road/ Chom Surang Road, hinter Wat Sutthachinda, steht das **Mahawirawong Museum,** das Khmer-Kunstgegenstände ausstellt. Geöffnet 9-12 u. 13-16 Uhr.

Wat Pa Salawan ist ein ehemaliger Waldtempel, der mittlerweile gänzlich

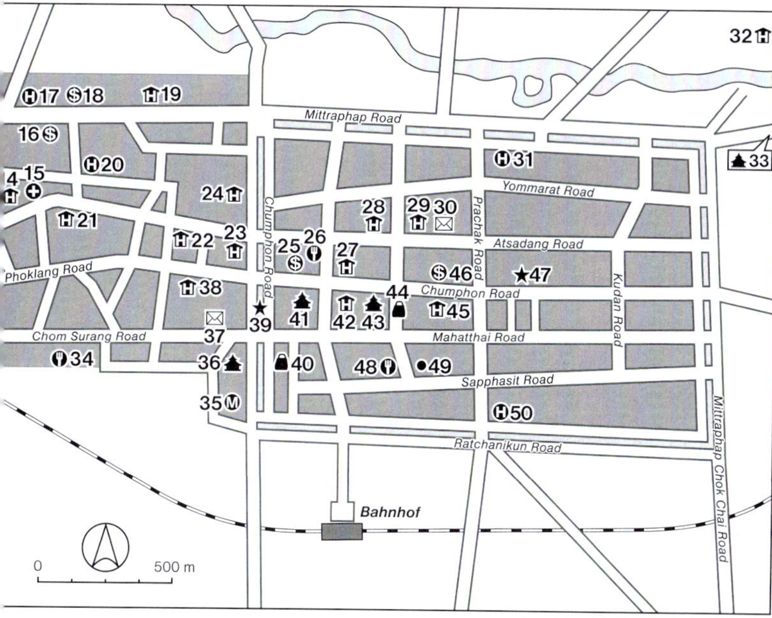

von den neueren Bauten Khorats umlagert ist. Die zahlreichen Bäume auf dem Tempelgelände erinnern noch an die vergangenen Zeiten. Im Tempel werden Reliquien aufbewahrt, die von drei hoch verehrten Mönchen Khorats stammen, *Acharn* („Lehrmeister") *Man, Acharn Dim* und *Acharn Sao*.

1993 erlangte Khorat traurige Berühmtheit, als das **Royal Plaza,** das beste Hotel am Ort, einstürzte und zahlreiche Gäste unter sich begrub. Das Gebäude war zuvor illegal um einige Etagen aufgestockt worden, und zur Zeit des Unglücks waren zusätzliche Erweiterungsarbeiten im Gange. Zurück blieben 137 Tote und 170 Verletzte. Die Verantwortlichen wurden zu langen Gefängnisstrafen verurteilt.

Information

Das **Büro der TAT** befindet sich am Westrand der Stadt in der 2102-2104 Mittraphap Rd., Tel. 044-213666, Fax 044-213667, tatsima@tat.or.th. (Samlor-Fahrt von der Innenstadt hierhin ca. 40 Baht).

Unterkunft

● Das **Siri Hotel****-***, 688-690 Phoklang Road, Tel. 044-242831, liegt etwa 2 km westlich des Stadtgrabens, eine Samlor-Fahrt von dort oder vom Busbahnhof kostet 5 Baht. Das Hotel ist sehr groß und hat ordentliche Zimmer mit Bad. Unten rechts daneben befindet sich der Vietnamveteranen-Club (VFW = *Veterans of Foreign Wars*), in dem ein amerikanisches Frühstück serviert wird.

●Das **Fah Sang****, 112-114 Mukhamontri Road, Tel. 044-242143, liegt günstig nahe dem Bahnhof und vermietet Zimmer mit Bad, die teureren A.C.

●Das **Poh Thong****-***, 658 Rajdamnoen Rd. (Tel. 044-251962) liegt sehr zentral, dafür kann's etwas laut werden. Zimmer mit Bad.

●Das **Ake Nakhon Hotel**** (120 Chumphon Road, Tel. 044-255198) liegt innerhalb des alten Stadtkerns und hat Zimmer mit Bad, A.C.-Räume etwas teurer.

●Die gemütlichste Unterkunft ist wahrscheinlich das in einem Privathaus untergebrachte **Doctor's Guest House***-** (78 Sueb Siri Rd., Tel. 044-255846); äußerst ruhig gelegen, mit nur vier Zimmern (zwei mit A.C.). Heiße Duschen kosten jeweils 5 Baht. Die Besitzerin spricht recht gut Englisch und tut alles, damit sich ihre Gäste wie zu Hause fühlen. Das Guest House liegt etwas außerhalb der Innenstadt und ist nicht leicht zu finden. Es befindet sich (der offiziellen Adresse zum Trotz) in Soi 4, die von der Sueb Siri Road abzweigt; nach ca. 150 m auf der linken Seite.

●Nahe dem Thao Suranari-Denkmal steht das **Cathay Hotel**** (130 Ratchadamnoen, Tel. 044-252067), mit ordentlichen Zimmern (Bad).

●Ein sehr gutes Mittelklasse-Hotel ist das **Sri Pattana Hotel*****-**** in der 346 Suranari Road, Tel. 044-251652; Swimmingpool vorhanden; Bad, A.C., TV.

●**K Stars Hotel*****-***** (191 Atsadang Rd., Tel. 044-257057) ist ein modernes Hotel mit sauberen Zimmern mit A.C. und TV, und die Zimmer in der unteren Preislage sind selbst für Budget-Reisende erschwinglich (ab 450 Baht). Angeschlossen sind Restaurant, Coffee Shop und Massage-Salon.

●Das moderne **Sima Thani Mitthraphap** *****-LLL (Tel. 044-213100, Fax 044-213122) ist Khorats Top-Hotel und befindet sich außerhalb des Stadtzentrums. Saubere und große Zimmer (Bad, A.C., TV). In der Empfangshalle stehen einige interessante Statuen im Khmer-Stil.

●Ein weiteres Luxushotel ist das **Royal Princess*****-LLL** (1137 Suranari Rd., Tel. 044-256629-35, Fax 044-256601), das über ein ausgezeichnetes chinesisches Restaurant verfügt, das Empress Chinese Restaurant; darin gibt es auch sehr gute Issaan-Gerichte. Zimmer mit allem Komfort. Swimmingpool und Fitnesszentrum vorhanden.

●Das **Tokyo 2 Hotel**** (256-8 Suranari Rd., Tel. 044-242788) hat Zimmer mit Bad und ist für seinen niedrigen Preis gar nicht schlecht; dazu ist die Lage recht günstig.

●**Das Tokyo Mansion****-*** (329-333 Suranari, Tel. 044-244548) schräg gegenüber, hat ruhige Zimmer mit und ohne A.C.

●**Srivichai Hotel****-*** (9-11 Baorang Rd., Tel. 044-2422194).

●**Ratchasima Hotel**** (294-6 Chumphon Rd., Tel. 044-242837).

●**Atsadang Hotel**** (315 Atsadang Rd., Tel. 044-242514).

●**Far Thai Hotel****-*** (35-39 Phoklang Rd., Tel. 044-267390). Restaurant angeschlossen.

●**Thai Hotel***** (646-650 Mittraphap Rd., Tel. 044-270723)

Essen

Khorat ist ein sehr guter Ort, um sich am typischen Issaan-Essen zu versuchen. Die Stadt hat gleich **zwei Nachtmärkte,** auf denen es allerlei lokale und nationale Gerichte gibt. Einer der Märkte ist ein paar Minuten westlich des Hauptbahnhofs, der zweite Nachtmarkt, der Talat Manat, liegt im Stadtzentrum zwischen der Chompon Road und der Mahatthai Road. Zahlreiche gute Restaurants befinden sich entlang der Ratchadamnoen im Stadtzentrum.

●Besonders zu empfehlen ist das **Thai Pochana** (142 Jomsuratgyat Rd., auch Chom Surang Rd.), zahlreiche lokale Spezialitäten.

●Nahe dem Doctor's Guest House findet sich ein Ableger des bekannten **Cabbages & Condoms** in Bangkok, in dem man sich mit sehr gutem Thai-Essen, aber auch mit Kondomen versorgen kann.

●Das **Bankaew** (105/17-19 Chomsurangyart Road) ist ein gehobenes Restaurant mit exzellentem Seafood, aber auch anderen sehr guten Gerichten. Thai und Chinesisch.

Khunying Mo, die Heldin von Khorat

Im Jahre **1827** wurde Khorat von **laotischen Truppen** angegriffen, die von *Chao Anuwong* angeführt wurden. Dieser war Herrscher von Vientiane und ein Vasall des thailändischen Königs Rama 3. (1824-51). *Chao Anuwong* hatte sich von seinem siamesischen Verbündeten nicht gebührend geachtet gefühlt und befand sich außerdem in dem Irrglauben, die Briten würden bald Siam angreifen. Der ehrgeizige Anuwong wollte ihnen zuvorkommen.

Mit List und Tücke nahmen seine Truppen Khorat ein und marschierten alsbald weiter in Richtung Saraburi, wo ihr Vormarsch von den Thais gestoppt wurde. In Khorat hatten die Laoten die örtliche Bevölkerung gefangen genommen und damit begonnen, sie nach Laos abzutransportieren. Die gefangenen Männer wurden unter strikter Aufsicht gehalten, die Frauen dagegen konnten sich relativ frei bewegen, mussten aber Küchendienste leisten und den Soldaten die Nächte verschönern. Eine der Frauen war **Mo,** die **Gattin des stellvertretenden Gouverneurs** von Khorat.

Die listige *Mo* verleitete die laotischen Soldaten zu einem Trinkgelage, während dessen sie sich davonmachte und die männlichen Thais befreite. Letztere metzelten die volltrunkenen Laoten schließlich nieder. Zweitausend kamen ums Leben. Im Gegenzug nahmen die Thais bald die laotische Hauptstadt Vientiane ein, und der glücklose *Chao Anuwong* floh nach Vietnam.

Aus Dank für ihre Tapferkeit wurde *Mo* in den **Adelsstand einer Khunying** erhoben und hieß von nun an *Khunying Mo*. Bis heute wird sie von den Thais sehr verehrt, ganz besonders natürlich in Khorat. Viele Frauen sehen in ihr ein Paradebeispiel für weibliche Emanzipiertheit und Stärke.

Als vor einigen Jahren Historiker die These aufstellten, die ganze Geschichte um die streitbare Dame könne ein Ammenmärchen sein, die Person habe womöglich nicht einmal existiert, reagierte Khorats Bevölkerung erzürnt. Das Volk braucht Helden, bzw. Heldinnen, auch in Thailand!

Am **Chumphon Gate** ist *Khunying Mo* ein Denkmal errichtet worden, das **Thao Suranari Monument,** an dem viele Thais der listigen Dame ihre Dankbarkeit erweisen. An vielen Abenden werden dort Volkslieder des Issaan präsentiert, und im März/April feiert man ein zehntägiges Fest, die Thao Suranari Fair. Dazu gibt es Umzüge und Ausstellungen.

Thao-Suranari-Schrein
(FOTO: DAVID HENLEY)

- Ebenfalls nicht ganz billig ist das **Thon Som Restaurant** (125-129 Watcharasarit Road), das thailändische, chinesische und ein paar europäische Gerichte serviert.
- Das Restaurant **Chez Andy** (5-7 Manat Rd.) kredenzt gute französische und europäische Küche.
- Sehr gute Küche aus Issaan bietet das **1618 Dadad Steak Chim Ka Jaew** in der Seubsiri Road, westlich des Hauptbahnhofs. An dieser Straße befinden sich auch noch einige weitere sehr gute lokale Restaurants und Essensstände.
- Das einzige vegetarische Restaurant am Ort, **Sala Mangsawirat,** befindet sich weit außerhalb des Stadtkerns an der Suranari Road, ein Stück vor dem Teachers' College. Es ist nicht leicht zu finden, der Weg lohnt aber. Sehr gutes Essen ab 10 Baht.

Anreise

- **Busse** ab Bangkok kosten 87 Baht normal und 154/198 Baht A.C. Erstere fahren alle 15 Minuten, die A.C.-Busse alle 15-20 Minuten. Die Fahrzeit beträgt etwa vier Stunden. Alle Busse fahren vom Northern Bus Terminal ab.
- **Züge** ab Hualamphong Station in Bangkok fahren um (in Klammern Ankunftszeit) 6.05 (10.30), 6.50 (12.12),9.40 (14.55), 11.05 (16.06), 18.45 (0.20), 21.00 (2.19), 21.50 (2.55), 22.45 (4.51) und 23.20 Uhr (5.42). Fahrpreis in der 3. Kl. 130 Baht, mit A.C. 180 Baht; 2 Kl. 195 Baht, mit A.C. 225 Baht; 2 Kl. Sleeper mit A.C. Schlafkoje oben/unten 445/515 Baht; 1 Kl. 830 Baht.

Weiter-/Rückreise

- **Busse** fahren nach Chiang Mai (A.C. 437 Baht, V.I.P. 510 Baht), Loei (A.C. 221 Baht), Nong Khai (Normal 212 Baht, A.C. 214 Baht), Phitsanulok (A.C. 247 Baht, V.I.P 290 Baht), Udon Thani (Normal 184 Baht, A.C. 250 Baht), Ubon Ratchathani (Normal 205 Baht, A.C. 340 Baht), dazu zu vielen weiteren Zielen im Nordosten sowie einigen an der Ostküste.
- **Züge** zurück in Richtung Bangkok fahren um (in Klammern Ankunftszeit) 8.31 (14.55), 10.27 (15.05), 12.15 (17.45), 13.18 (19.30), 20.46 (1.20), 22.31 (4.00), 22.53 (4.35), 23.27 (5.20), und 2.14 Uhr (9.35).

Umgebung von Nakhon Ratchasima

Baan Prasaat

Diese Ortschaft, ca. 44 km nördlich von Khorat, ist der Fundort von prähistorischen Tongefäßen, Waffen, Glasperlen, Schmuckstücken und Skeletten, die von Siedlern aus dem Nord-Issaan hinterlassen wurden, die etwa vor 1.500-2.000 Jahren in dieses Gebiet gezogen waren (Bronze-/Eisenzeit). Die Ausgrabungsstellen sind heute überdeckt, es ist jedoch ein kleines Museum eröffnet worden, das über die verschiedenen Ausgrabungsstellen informiert.

- Zur **Anfahrt** nimmt man einen Bus von Khorat nach Khon Kaen, und bittet den Schaffner, bei Baan Prasaat oder Non Sung zu halten (ca. 43 km von Khorat); von dort sind es noch 1½ km in Richtung Norden zu den Ausgrabungsstellen (von Khorat kommend links abbiegen). Gleich nach der Abzweigung gelangt man zum Museum.

Dan Kwien

Etwa 15 km südöstlich von Khorat liegt das Dorf Dan Kwien, in dem Keramikwaren hergestellt werden. Beiderseits der Straße in Richtung Chok Chai befinden sich zahlreiche Geschäfte, die die Waren verkaufen. Die Artikel haben alle erdenklichen Formen und Farben, Fußbodenkacheln sind ebenso dabei wie Schmuck. Der Lehm, aus dem die Artikel gefertigt werden, stammt aus dem Mun-Fluss und weist einen hohen Eisengehalt auf. Das erklärt auch den etwas metallischen Schimmer der Gegenstände.

●**Anfahrt:** Songthaews fahren für 30 Baht ab dem südlichen und dem östlichen Stadttor von Khorat nach Dan Kwien.

Pak Thong Chai

Am Highway 304, etwa 32 km südlich von Khorat, liegt das Dorf Pak Thong Chai, das die berühmtesten Seidenstoffe des Landes produziert. Insgesamt befinden sich hier etwa **70 Seidenfabriken.** Die Preise sind aber etwa die gleichen wie in Bangkok oder anderswo.

Khorat hat auch einen **Zoo** (Tel. 044-357355), der sich 19 km südlich vom Stadtzentrum an der Straße nach Pak Thong Chai befindet. Am besten man kommt im eigenen Fahrzeug, da es möglich ist in diesen Safarizoo direkt hineinzufahren. Neben zahlreichen asiatischen Tierarten gibt es hier auch ein paar Giraffen und Zebras zu sehen. Eintritt 30 Baht, Autos ebenfalls 30 Baht.

●**Anfahrt:** Ab dem Busbahnhof (Terminal 1) in Khorat fahren alle halbe Stunde Busse nach Pak Thong Chai, Kostenpunkt 20 Baht, Fahrzeit 45 Minuten.

Muang Korakhopura

Etwa 30 km südwestlich von Khorat an Highway 2 in Richtung Bangkok befindet sich das Dorf Sung Noen, das die Ruinen der alten Stadt Muang Korakhopur beherbergt. Diese wurden 1959 vom Fine Arts Department ausgegraben und sind – wenn auch nicht sehr zahlreich – in recht gutem Zustand. Der Name der Stadt stammt von Sanskrit *Gorakhapura* („Stadt zum Schutze der Kühe") und ist in ähnlicher Form auch in Indien zu finden; dies ist ein eindeutiger Hinweis auf indischen/ hinduistischen Einfluss, der ohnehin im Issaan sehr ausgeprägt war. Auch die im Ort gefundenen Ruinen weisen eindeutig hinduistische Merkmale auf.

Der **Tempel Prasat Hin Muang Khaek** stammt ca. aus dem Jahre 940 und ähnelt stark Prasat Thom, der 150 km entfernt in Kambodscha gelegen ist. Prasat Hin Muang Khaek („Steintempel in der Stadt der Inder") war einst um einen auf einem Sockel stehenden Prang zentriert, heute sind jedoch nur einige Reste übrig. Bemerkenswert sind die Türrahmen und Reliefs am Hauptgebäude. Während der Ausgrabungen wurde man fünf besonders schöner Reliefs fündig, und diese sind heute im Phimai National Museum zu sehen. Eines davon zeigt Hindu-Gott Vishnu in einer Art energischem Laufschritt, ein anderes zeigt den alten Wettergott Indra, der auf den drei Köpfen des Elefanten Airavata steht und im Begriff ist, einen seiner furchterregenden Donnerkeile zu schleudern (siehe auch Erawan-Schrein, Bangkok).

Prasat Non Ku, einige hundert Meter entfernt, ist ein quadratischer Tempel, der auf einer Sandstein-Terrasse errichtet wurde, dazu mit Anbauten zu allen Seiten. Zusammen mit obigem Tempel, soll Prasat Non Ku zur Blütezeit der Stadt (10. Jh.) das religiöse Zentrum von Muang Korakhopura gebildet haben.

Prasat Hin Muang Kao, 3 km westlich von Prasat Muang Khaek, hat einen Prang, in dem ein „Fußabdruck des Buddha" eingeschlossen ist; dieser stammt mit Sicherheit aus einer späteren Epoche. Die umgebenden Mauern, von denen nur Reste übrig sind, umfassen einen Gopuram, einen hinduistischen Tempelturm (wörtl. „Kuh-Stadt"). Prasat Hin Muang Kao soll einst eine Art Klinik gewesen sein, errichtet auf Anordnung von König Jayavarman 7. (ca. 1177-1230).

Muang Sema, 10 km nordwestlich von Sung Noen gelegen, ist eine weitere alte Stadt, die sogar noch älter als Korakhopura sein soll (ca. 9 Jh.). Es finden sich noch Überreste eines Stadtgrabens und von Befestigungsanlagen. Muang Sema wird mit dem Volk der Mon in Verbindung gebracht und seine Bevölkerung soll buddhistisch gewesen sein. Bei Ausgrabungen wurde eine Abbildung des buddhistischen „Rad des Dharma" gefunden, die dann in Wat Thamachak Semaran untergebracht wurde. In Ban Hin Tang, südlich der alten Befestigungsanlagen, sind einige *sema* (Grenzsteine an buddh. Tempeln) aus Sandstein zu sehen.

Die außergewöhnlichste Sehenswürdigkeit im Bereich von Muang Sema ist aber wohl ein kolossaler **liegender Buddha** aus gelblich-rosafarbenem Sandstein. Dieser findet sich in Wat Thamachak Semaran, zusammen mit einigen *sema*. Der Buddha, genannt Phra Non Hin Sai („Schlafender Sandstein-Buddha"), ist 13,30 m lang und 2,80 m hoch. Vermutlich wurde er im 8. Jh. gefertigt. Die Figur ist bemerkenswert gut erhalten und wird heute von einem Überbau vor dem Einfluss der Elemente geschützt. Vor der Figur ist eine kleinere Kopie aufgestellt, an die die Gläubigen Goldblättchen aufkleben. Am Original ist dies nicht erlaubt.

● **Anfahrt:** Am besten per eigenem Fahrzeug. Um nach Sung Noen zu gelangen (30 km), fährt man von Khorat in Richtung Bangkok (Highway 2); dann nach ca. 25 km rechts in die Straße in Richtung Sung Noen und Ban Hin Tang abbiegen. Man passiert das Dorf Sung Noen, fährt weiter über eine Eisenbahnlinie und dann noch 2 km in nordöstliche Richtung zu den Ruinen von Korakhopura.

Prasat Phanomwan

Dieser Khmer-Tempel stammt aus dem 11. Jh. und war bis in die neunziger Jahre des letzten Jahrhunderts noch ziemlich quicklebendig – die Anlage war in recht gutem Zustand, und nebenan stand ein neuzeitlicher Wat, in dem auch Mönche lebten. Der alte Tempel, aus gelbem und rosafarbenem Sandstein, ist mittlerweile aber dramatisch in sich zusammengefallen, und derzeit sind Restaurierungsarbeiten im Gange. Diese werden viel Zeit in Anspruch nehmen, wenn jedoch vollendet, wird dieser Tempel eine der attraktivsten Khmer-Anlagen im Issaan darstellen.

● **Anfahrt:** Prasat Phanomwan befindet sich gut 30 km nordöstlich von Khorat. Etwa auf halber Strecke von Khorat nach Phimai zweigt eine Straße in südlicher Richtung vom Highway 2 ab; diese führt nach ca. 7 km nach Prasat Phanomwan.

Phimai

พิมาย

Phimai ist ein winziges Örtchen mit einigen Tausend Einwohnern, das ursprünglich in einem Rechteck von 1.030 mal 560 m Seitenlänge angelegt worden war, von einer **Stadtmauer** begrenzt. Die heutige Stadt ist aber mittlerweile darüber hinausgewachsen. Der Ort – 58 km nordöstlich von Khorat – ist eine der größten Attraktionen des Nordostens und einen längeren Besuch wert.

Phimai beherbergt eine **Khmer-Tempelanlage** aus dem zwölften Jahrhundert. Möglicherweise diente diese Anlage als Vorlage für das berühmte Angkor Wat, schließlich war Phimai zu jener Zeit durch eine Straße mit Angkor, der Hauptstadt des Khmer-Reiches verbunden. Ganz einig sind sich die Historiker nicht, was es mit Phimai auf sich hatte; sicher ist, dass der Ort von erheblicher Bedeutung gewesen sein muss. Das zentrale Bauwerk der Anlage ist ein Prang (Prasat Hin Phimai), dessen pyramidenartiges Oberteil von Garudas (Göttervögel) gestützt zu werden scheint und mit Figuren verziert ist, die symbolische Wächter darstellen. Im November findet das **Phimai Festival** statt, zu dem eine „Son-et-Lumière"-Show präsentiert wird, dazu finden Fackelprozessionen, Tanzdarbietungen, Bootsrennen und Ausstellungen statt.

• Der **Eintritt** zu der Tempelanlage beträgt 40 Baht, **geöffnet** täglich von 6.00-18.00 Uhr.

An der Nordseite der Stadt befindet sich das relative neue **Phimai National Museum,** das einst ein Open-Air-Museum war. Ausgestellt werden eindrucksvolle Reliefs und Figuren aus Phimai, Phanom Rung, Phanomwan, Korakhopura und andere Fundstellen im Issaan. Das außergewöhnlichste Objekt ist eine Skulptur von *König Jayavarma 7.*, die in Phimai gefunden wurde.

• **Eintritt** in das Museum 30 Baht, **geöffnet** täglich 9.00-16.00 Uhr.

Eine Sehenswürdigkeit besonderer Art findet sich außerhalb des Ortes: **Thailands größter Banyan-Baum,** unter dem sich zahlreiche Handleser versammeln, die ihrerseits von einer Reihe von Essensständen umlagert werden. An einem kleinen Schrein wird den Geistern gehuldigt, die diesen heiligen Baum bewohnen (und das dürften bei dessen Mächtigkeit eine ganze Menge sein!). Zu diesem Banyan-Baum gelangt man vom o.g. Museum: Von dort aus überquert man die Flussbrücke und geht ca. 200 m weiter geradeaus bis zur ersten größeren Straßenkreuzung. Dort biegt man rechts ab, und ca. 1 km weiter ragt schon weithin sichtbar der Baum in den blauen Himmel.

Unterkunft

• An der Südseite der Stadt, ein paar Schritte von der Busstation entfernt, steht das **Phimai Hotel****-*** (Tel. 044-471306); Zimmer mit und ohne Bad, die teureren Räume mit Klimaanlage.

• Das **Old Phimai Guest House****-*** (Tel. 044-471918) hat angenehme Zimmer (Bad), dazu eine Dorm-Unterbringung (100 Baht).

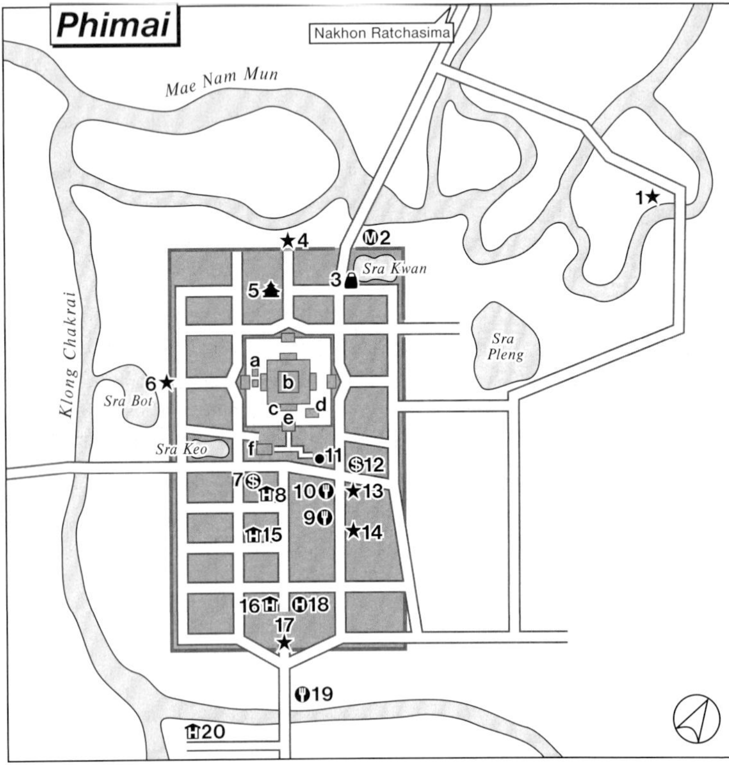

★ 1 Banyan-Baum (Sai Ngam)
2 Museum
3 Museum Shop
★ 4 Geistertor (Pratu Pi)
5 Wat Doem
★ 6 Steintor
7 Thai Military Bank
8 Old Phimai Guest House
9 Interfood Restaurant
10 Ra Ka 2500 Restaurant
• 11 Kartenverkauf
12 Bangkok Bank
★ 13 Uhrturm und Nachtmarkt
★ 14 Meru Boromthat
15 Boonsri Guest House
16 Phimai Hotel
★ 17 Siegestor (Pratu Chai)
18 Bushaltestelle
19 Bai Teiy Restaurant
20 Phimai Inn

Khmer-Tempelanlage

a Bücherei
b Zentrales Heiligtum
c kreuzförmige Halle
d "Display of Lintels"
e Naga Balustrade & südlicher Pavillon
f Palast

●Das **Boonsri Guest House****-*** (Tel. 044-471159), ganz in der Nähe der Tempelanlage, hat große, saubere Zimmer, die sich über einem Restaurant befinden.

●Das **Phimai Inn****-*** (33/1 By-Pass Road, Highway 206, Tel./Fax 044-471175) liegt ca. 2 km außerhalb der Ortschaft. Der Weg lohnt aber, es hat die komfortabelsten Zimmer (Bad) in Phimai und einen großen Swimmingpool.

Prasat Hin Phimai
(FOTO: DAVID HENLEY)

Essen

Phimai hat einen recht großen **Nachtmarkt,** der sich neben dem Uhrturm befindet.

●Das sehr gute **Bai Teiy Restaurant** ist aus der Innenstadt ca. 1 km südwestlich in Richtung dem Phimai Inn gezogen. Sehr empfehlenswert.

●Gegenüber dem Uhrturm befindet sich das **Ra Ka 2500 Restaurant,** das ab 18.00 Uhr gute thailändische Küche bietet

●Ein paar Schritte weiter in Richtung Meru Boromthat liegt das einfache aber gute **Interfood,** das zwar kein Schild auf Englisch hat, aber immerhin hat der freundliche Besitzer die Speisekarte übersetzt.

Anreise

●Vom Busbahnhof in Khorat fahren alle 30 Minuten **Busse** ab 26 Baht in Richtung Phimai. Die Fahrzeit beträgt 1½ Std.

Khao-Yai-Nationalpark

อุทยานแหงชาติเขาใหญ

Der Khao Yai Nationalpark, eröffnet 1962, bedeckt eine Fläche von 2.168 km² und ist eines der letzten großen **tropischen Regenwaldgebiete** Thailands und für viele Besucher auch das faszinierendste. Vor einigen Jahren wurde er zur ASEAN Natural Heritage Site erklärt, frei übersetzt also zu einem der wichtigsten Naturvermächtnisse, das die ASEAN-Staaten (Association of South-East Asian Nations) besitzen.

Das Terrain ist **dicht bewaldet und bergig;** die höchsten Erhebungen sind der Khao Laem („Landzungen-Berg"; 1.238 m) und der Khao Khiau („Grüner Berg"; 1.350 m), ansonsten liegt das Gebiet auf einer Höhe von ca. 800 m. Khao Yai heißt „große Berge".

Mit etwas Glück kann man wilde Büffel, verschiedene Hirscharten, Bären, Wildschweine und eventuell sogar noch einen **Tiger** sehen. Dazu leben einige Herden wilder Elefanten im Park, die gelegentlich auch über die Grenzen des Gebietes herausstreunen. Die gegenwärtige Population der **Elefanten** beträgt etwa 200, die wahrscheinlich größte Konzentration von Elefanten in Thailand.

Der Park eignet sich vorzüglich für **Wanderungen,** er ist von 500 km Pfaden durchzogen.

Die **Unterkünfte,** die sich zuvor im Park selbst befunden hatten, mussten 1992 schließen. Der Grund war die zunehmende ökologische Belastung des Gebietes – die überall verstreuten Müllberge und herumrasenden Motorradfahrer waren nicht unbedingt eines Nationalparks würdig. Neben den Unterkünften wurde auch der im Park befindliche Golfplatz geschlossen (was sollte der ohnehin dort?).

Inzwischen ist es wieder möglich so genannte **Lodges** anzumieten, allerdings nur über das Royal Forestry Department in Bangkok (Tel. 02-56142 92). Das Zelten ist auch ohne Erlaubnis aus Bangkok an **zwei Zeltplätzen** im Park möglich. Beide haben Duschen und Toiletten. Zelte können angemietet werden (250 Baht), auch mit Matratzen. Am Wochenende ist es gut möglich, dass alles restlos ausgebucht ist und die Zeltplätze laut und chaotisch sind. Unter der Woche jedoch sieht man morgens oft Gibbons und anderes Getier vom Zelt aus.

Es lohnt sich eigentlich nicht Essen und Wasser mitzubringen. In der Nähe des Park-Hauptquartiers haben sich eine ganze Reihe kleiner **Restaurants und Stände** angesiedelt. Hier findet sich auch eine kleine Ausstellung, komplett mit ausgestopften Tigern und es ist möglich, Blutegel-abstoßende Socken zu leihen. Lohnt sich während der Regenzeit, in der viele Pfade allerdings unbegehbar sind.

Die **Parkeintrittsgebühr** von 200 Baht ist am Parkeingang zu entrichten.

Unterkunft und Touren

- Eine gute Wohnmöglichkeit bietet die **Khao Yai Garden Lodge****-**** (135 Thanon Thanarat, Kilometer 7, 30130 Pak Chong, Tel. 044-

365167, 081-8769450, Fax 044-365179, www.cockatoo.com/khaoyai.htm). Die Bungalowanlage mit Swimmingpool ist von einem 20.000 m² großen tropischen Garten umgeben, samt Wasserfall, Fluss, Teich und über 200 Orchideenarten! Diese sowie die auf dem Gelände anzutreffenden Insekten, vor allem Käfer und Schmetterlinge, locken mittlerweile Botaniker und Zoologen aus dem Westen an.

Die Garden Lodge, gegründet vom Deutschen *Klaus Derwanz,* veranstaltet Touren durch den Park (sowie zu anderen Sehenswürdigkeiten in der Umgebung); Kostenpunkt 950 Baht, inklusive einer Übernachtung und Frühstück. Derzeit werden der Anlage noch einige preiswerte Bungalows hinzugefügt.

Die Khao Yai Garden Lodge (der volle offizielle Name lautet Khao Yai Garden Resort & Wildlife Tours) betreibt ein **Büro am Bahnhof von Pak Chong,** wo der kostenlose Transport zum Resort organisiert wird. Busse dorthin kosten ansonsten 10 Baht, Taxis ca. 100 Baht. Die Leute im Ort kennen das Khao Yai Garden Resort unter dem Namen Hong Ahaan („Garten-Restaurant") Ying Yong, also den Taxifahrern diesen Namen angeben. Am Bahnhof steht wahrscheinlich auch eine Armee von Schleppern bereit, um Leute zum Garden Resort zu bringen, diese aber wie immer ignorieren.

- Das **Green Leaf G.H.**** befindet sich ca. 8 km in Richtung Khao Yai (Tel. 044-365073). Es hat einfache Zimmer mit Bad und bietet Touren (darunter auch Nachttouren für 1.150 Baht, Parkeintritt inbegriffen) durch den Park an.
- Das **Wildlife Safari****-***, nur zwei Kilometer von Pak Chong entfernt (Tel. 089-6288224) bietet Trips in den Park die sich mehr auf Tier und Pflanzensichtungen konzentrieren, als auf lange Wanderungen. Der englische Besitzer erforscht seit vielen Jahren die Gewohntheiten der Gibbons im Park. Preise wie bei Green Leaf.

Anreise

- Ab dem Northern Bus Terminal in Bangkok fahren **A.C.-Busse** (zwischen 5 und 22 Uhr alle 15 Min., Fahrzeit ca. 2½ Std.) bis Pak Chong. Kostenpunkt 108-139 Baht. Von hier fahren Songthaews für 50 Baht weiter zum Parkeingang. Zu manchen Jahreszeiten fahren einige direkte Busse von Bangkok zum Park. Busse ab Khorat (Richtung Bangkok) kosten bis Pak Chong 39 Baht.
- **Züge** ab Bangkok fahren nach Pak Chong um (in Klammern Ankunftszeit) 5.45 (9.01), 6.40 (10.49), 11.05 (14.22), 15.20 (19.36), 18.45 (22.45), 20.00 (23.17), 21.00 (1.08), 21.50 (1.54), 22.40 (3.10) und 23.10 Uhr (4.05). Zur Anreise eignen sich am ehesten die ersten beiden Züge, da ansonsten womöglich keine Weiterfahrmöglichkeit zum Park besteht.

Weiterreise

- Ab Pak Chong fahren **Züge** zu den folgenden Zeiten in Richtung Khorat, Buriram, Surin und Ubon Ratchathani: 1.15, 2.00, 3.16, 4.15, 9.08, 10.55, 19.43 und 22.51 Uhr.

Khon Kaen

ขอนแก่น

Der Ort liegt 444 km nordöstlich von Bangkok und 189 km nördlich von Khorat und hat nicht viel zu bieten, es sei denn man kommt Anfang Dezember, wenn die jährliche **Seiden-Messe** stattfindet. In der Umgegend von Khon Kaen wird die kostbare Mutmee-Seide gewebt, die zu dieser Gelegenheit sowohl ausgestellt als auch verkauft wird. Dazu kommen Musik und Tanz, ohne die kein Volksfest vonstatten gehen kann.

Das **Museum** am Nordrand der Stadt (Lang Sunratchakan Rd.), noch etwas weiter als das TAT-Büro, ist sehenswert: Es werden einige Kunstgegenstände aus der Dvaravati- und der Lopburi-Periode ausgestellt (geöffnet täglich 9.00-12.00 und 13.00-16.00 Uhr, Eintritt 30 Baht).

Das **Khon Kaen City Museum** (Hong Moon Mung) befindet sich südlich der Stadt am Nordende des Bung Kaen Nakhon Sees. Dargestellt wird die Kultur Issaans in zahlreichen Dioramen und lebensgroßen Modellen. Geöffnet von 12.00-17.00 Uhr. Montags geschlossen. Eintritt 90 Baht.

Information

- Die **TAT** findet sich in der 15/5 Prachasamosorn Road, Tel. 043-2444897. Angeschlossen ist die Tourist Police, Tel. 1155 oder 043-236937.

Visa für Laos und Vietnam

- Visa für Laos erteilt das **Lao Consulate** (171 Prachasamosorn Road, Tel. 043-242856), das sich etwas außerhalb der Stadt, östlich des Bung-Khaen-Nakhon-Sees befindet. Visa (4 Wochen) kosten 1.200 Baht für Deutsche sowie 1.400 Baht für Schweizer und Österreicher. 2 Wochen Visa lassen sich inzwischen an allen Touristen zugänglichen thailändisch-laotischen Grenzposten direkt beantragen, diese kosten 30 US$, können allerdings nicht verlängert werden.
- Das **Vietnamese Consulate** (65/6 Chatapadung Road, Tel. 043-242190) befindet sich nahe der Sri Chan Rd.

Unterkunft

- Das **Suksawat Hotel**** (2/2 Klang Muang Rd., Tel. 043-236472) ist in einem beschaulichen alten Holzhaus untergebracht und hat eine freundliche Atmosphäre. Zimmer mit Bad.
- Das **Sansamrun Hotel**** (59 Klang Muang Rd., Tel. 043-239611), eines der ältesten Hotels der Stadt, ist ebenfalls in einem Holzhaus untergebracht und der Besitzer ist eine gute Informationsquelle. Große einfache Zimmer.
- Das **Roma Hotel****-**** (50/2 Klang Muang Road, Tel. 043-334444) liegt nur eine Minute Fußweg von der Busstation entfernt und hat große, aber teilweise sehr laute Zimmer mit Bad, die schon bessere Zeiten gesehen haben. Für den Preis aber nicht schlecht.
- Saubere und recht komfortable Zimmer im **Khon Kaen Hotel****** (43/2 Pimphasut Rd., Tel. 043-237711), das nahtlos in das preiswertere Roma Hotel überzugehen scheint; mit A.C., TV und Kühlschrank.
- Das gut ausgestattete **Kosa Hotel******-LLL (250-252 Si Chan Rd., Tel. 043-320320, Fax 043-333999) zieht vor allem thailändische Geschäftsleute an und beinhaltet dementsprechend eine Massage-Salon, Coffee-Shop, Swimmingpool und Karaoke-Bar etc. und liegt im Herzen der Barszene Khon Kaens. Die Zimmer sind sehr komfortabel, mit A.C., TV, Kühlschrank etc., dazu gibt es einige sehr teure Suiten. Im Jahr 2000 erhielt das Hotel eine Auszeichnung (*Thailand Tourism Award*) als bestes Hotel des Nordostens. Dem Hotel ist ein kleiner, gemütlicher Biergarten angeschlossen. Das Essen ist nicht schlecht und eine Band bietet allabendlich thailändische Pop- und Rock-Musik.
- **Sawasdee Hotel****-*** (177/9 Na Muang Rd., Tel. 043-221600), Bad, A.C., TV.
- Das **Muang Inn*****-**** (41/1-6 Na Muang Rd., Tel. 043-245870), hat recht gute Zimmer mit Bad, A.C., TV.
- **Charoen Thani Princess******-LLL, 260 Sri Chan Rd., Tel. 043-220400-45
- Das **Rot Sukhon Hotel****** (1/11 Klang Muang Rd., Tel. 043-236899, Fax 043-238579) ist sehr freundlich, macht aber einen etwas muffigen Eindruck.
- **Hotel Sofitel Raja Orchid**LLL (9/9 Prachasamran Rd., Tel. 043-322155) ist das Feinste, was Khon Kaen an Unterkunft zu bieten hat und die Disco im Hause soll die Größte im Nordosten Thailands sein.

Essen

Kaum ein **Nachtmarkt** Thailands hat so viel Auswahl an lokalen Speisen wie der Khon Kaens an der Klang Muang Road und ein Besuch ist ein tolles Erlebnis, denn hier werden Touristen selten gesehen und sind herzlich willkommen. Es gibt Spezialitäten aus Isaan, so z. B. den *Somtam*, einen scharfen Salat aus unreifer Papaya, Zitronensaft, fermentierten Krabben – und natürlich Chili.

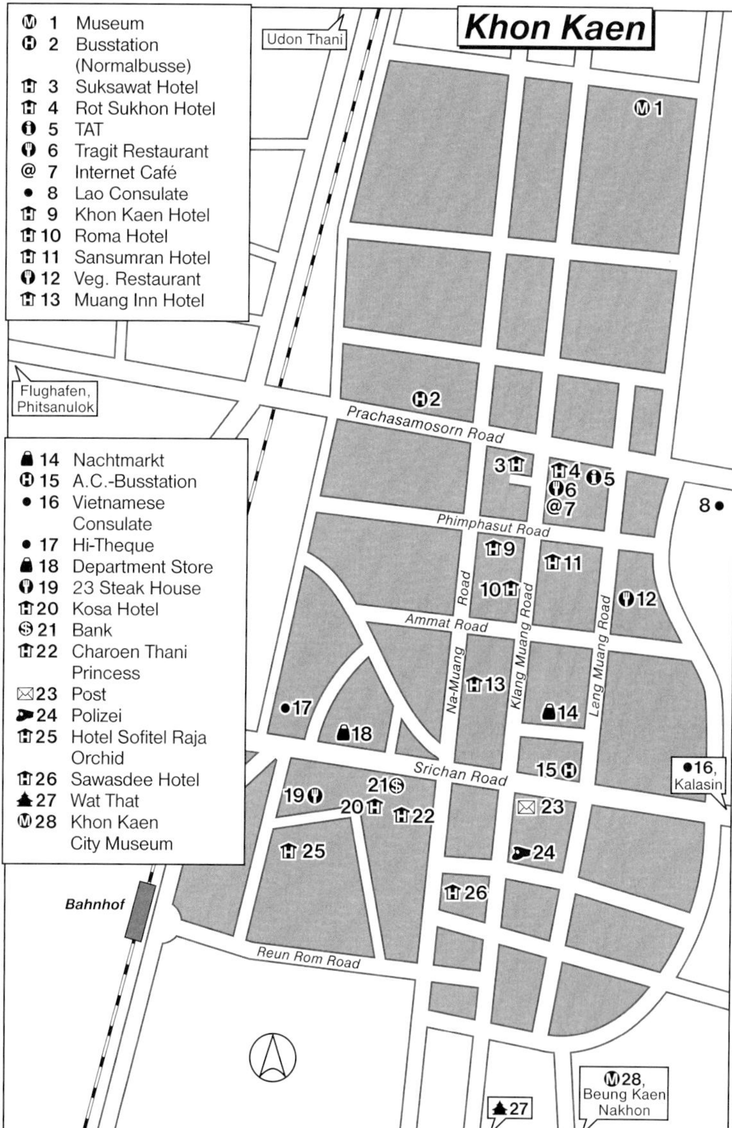
Khon Kaen
1 Museum
2 Busstation (Normalbusse)
3 Suksawat Hotel
4 Rot Sukhon Hotel
5 TAT
6 Tragit Restaurant
7 Internet Café
8 Lao Consulate
9 Khon Kaen Hotel
10 Roma Hotel
11 Sansumran Hotel
12 Veg. Restaurant
13 Muang Inn Hotel
14 Nachtmarkt
15 A.C.-Busstation
16 Vietnamese Consulate
17 Hi-Theque
18 Department Store
19 23 Steak House
20 Kosa Hotel
21 Bank
22 Charoen Thani Princess
23 Post
24 Polizei
25 Hotel Sofitel Raja Orchid
26 Sawasdee Hotel
27 Wat That
28 Khon Kaen City Museum
Udon Thani
Flughafen, Phitsanulok
Prachasamosorn Road
Phimphasut Road
Ammat Road
Na-Muang Road
Klang Muang Road
Lang Muang Road
Srichan Road
Reun Rom Road
Bahnhof
16, Kalasin
28, Beung Kaen Nakhon

Foto: Aroon Thaewchatturat

Das Echsen-Dreieck Khon Kaen – Reptilien und ihre Vorfahren in Issaan

Wer Interesse an Reptilien hat, kommt in Issaan auf seine Kosten. In der Umgebung von Khon Kaen befinden sich gleich drei sehr interessante Orte, die den Kaltblütern huldigen.

1976 wurden in Issaan, bei Ausgrabungen in einer Uraniummine **im Nationalpark Pu Wiang** Fußabdrücke und **Fossilien von Dinosauriern** gefunden. Das erste Fossil eines 15 Meter großen Pflanzenfressers wurde *Phuwianggosoraus Sirindhornae* getauft, nach Prinzessin *Sirindhorn,* die seitdem die Ausgrabungen fördert. Was bislang gefunden wurde, kann heute im Park besichtigt werden. Vier Kilometer vor dem Parkeingang wurde 2003 ein **Museum** eröffnet, das die Funde sehr gut dokumentiert. Hier gibt es lebensgroße Modelle der Dinosaurier, die in Issaan einmal gelebt haben.

Geöffnet täglich 9.00-16.00 Uhr. Mittwochs geschlossen. Eintritt frei. Das Museum und der Park liegen ca. 60 km westlich von Khon Kaen. Man nehme Highway 12, Richtung Chum Phae. Nach 48 km biege man rechts ab auf Straße 2038, die bis zum Museum und Park führt. Das Krankenhaus in Phu Wiang hat einige große Dinosauriermodelle auf seinem Gelände stehen, was in der Kleinstadt einen recht surrealen Eindruck macht.

Sehr viel zeitgemäßere und lebendige Reptilien finden sich in dem kleinen Dorf **Ban Kok Sa-Nga.** Seit 1951 werden hier **Kobras** gefangen und vorgeführt. Die täglichen Shows im Dorftempel sind sicher nicht jedermanns Sache – kleine Jungs und alte Schlangenveteranen provozieren die Schlangen zu Angriffen, die auch böse ausgehen können – 1999 wurde einer der erfahrensten Schlangendompteure gebissen und starb an der Vergiftung. Eintritt 10 Baht, eine Spende für die Show wird zusätzlich erwartet. Die Schlangen werden von den Dorfbewohnern im Wald gefangen. Einige Haushalte haben große Holzkisten voller Schlangen in ihren Gärten stehen. Das Dorf befindet sich 49 km nördlich von Khon Kaen.

Deutlich müßiger geht es im **Ban Tao,** dem **Dorf der Schildkröten zu.** In diesem Dorf leben diverse Schildkröten Seite an Seite mit den Dorfbewohnern. In einem kleinen Turtle Village können die Reptilien leicht beobachtet und gefüttert werden (Eintritt 10 Baht). Interessanter ist allerdings ein morgendlicher oder abendlicher Spaziergang durchs Dorf, denn die Schildkröten sind zu den kühleren Tageszeiten von Haus zu Haus unterwegs, auf der Suche nach Gurken und Papaya. Die Dorfbewohner glauben, dass jedermann, der eine Schildkröte verletzt oder gar stiehlt, von großem Unglück und schwerer Krankheit bestraft werden wird. Ban Tao befindet sich im Distrikt Mancha Khiri 50 km südwestlich von Khon Kaen und ist leicht von Chayaphoom aus zu erreichen. Im Dorf gibt es auch so genannte Home Stays – Touristen haben die Möglichkeit hier bei einer Familie zu übernachten, um so am Leben der Schildkröten in einer typischen Dorfgemeinde teilnehmen zu können. Kostenpunkt 400 Baht pro Nacht/Abendessen/Frühstück. Man kontaktiere Mr. *Phrasong Sudwiset,* Tel. 043-289673.

- Freunde nordthailändischer Küche kommen im **Tragit Restaurant,** das sich in einem kleinen Holzhaus an der Klang Muang Road befindet, auf ihre Kosten.
- Direkt gegenüber des Roma Hotels an der Klang Muang Road befindet sich ein **namenloses kleines Restaurant,** das frischen Kaffee und einfache Reisgerichte anbietet.
- An der Straße die vom Kosa Hotel aus an einer Reihe Bars vorbeiführt, befindet sich das kleine **23 Steakhouse.** Die Steaks, Schnitzel und sogar das Cordon Bleu sind nicht schlecht.
- Das **Loong Yuen** im 2. Stock des Hotel Sofitel Raja Orchid ist ein vorzügliches, nicht ganz billiges chinesisches Restaurant. Ein volles Essen für 2 Pers. kann gut 1.000 Baht kosten.
- Das vegetarische Restaurant **Sala Mangsawirat** befindet sich an der Chee Tha Khon Road, abseits der Klang Muang Road. Geöffnet täglich 8.00-17.00 Uhr.

Anreise

- Von Bangkoks Northern Bus Terminal fahren **A.C.-Busse** für 256 und 329 Baht, Weitere Busse ab Khorat, Ubon, Udon u.v.a.
- **Züge** ab Bangkok fahren um (in Klammern Ankunftszeit) 8.20 (15.57), 20.00 (3.20) und 20.45 Uhr (5.19). Preis ab Bangkok 3. Kl. 187 Baht, 2. Kl. 331 Baht, mit A.C. 399 Baht, 2. Kl. Sleeper mit A.C. Schlafkoje oben/unten 629/699 Baht, 1. Kl. 1.068 Baht.
- Die **Thai Airways** fliegt tgl. 3-mal von Bangkok nach Khon Kaen; Preis 2.200 Baht. Flugzeit 55 Min.

Weiterreise

- Normalbusse fahren ab der **Busstation an der Prachasomorn Road,** A.C.-Busse ab dem **Busbahnhof an der Srichan Road.** Normalbusse ab Khon Kaen fahren u.a. nach Khorat (140 Baht), Nakhon Phanom (205 Baht), Nong Khai (130 Baht), Udon Thani (92 Baht), Roi-Et (86 Baht). A.C.-Busse nach Bangkok kosten 246/315 Baht, nach Chiang Mai 468 Baht.
- **Thai Airways Büro:** Im Hotel Sofitel Raja, Tel. 044-227701-5, im Flughafen Tel. 044-236523. Die Airline betreibt einen Zubringerdienst vom Büro zum Flughafen.

Umgebung von Khon Kaen

Phra That Kham Kaen

Die 19 m hohe Pagode ist die wichtigste Sehenswürdigkeit der Provinz Khon Kaen, ca. 30 km nördlich der Stadt Khon Kaen gelegen. Sie befindet sich auf dem Gelände von Wat Chotiyaphum und wurde der Legende nach auf dem Stumpf eines Tamarinden-Baumes errichtet, der – nachdem er schon geraume Zeit abgestorben war – eines Tages neue Sprosse hervorbrachte. Jedes Jahr zu Vollmond im Mai/Juni wird hier dem Ereignis mit einem Fest gehuldigt. Die Wichtigkeit der Pagode wird durch die Tatsache unterstrichen, dass sie heute als Wappensymbol der Provinz gilt und dementsprechend häufig auf offiziellen Publikationen zu sehen ist. Aufgrund architektonischer Ähnlichkeiten wird angenommen, dass die Pagode zur gleichen Zeit gebaut wurde wie die von That Si Song Rak in Dan Sai in der Provinz Loei.

- Zur **Anreise** bieten sich die Busse an, die von Khon Kaen in Richtung Udon Thani fahren; man bitte den Schaffner bei *phra thaat kham khään* (so etwa spricht sie sich aus) zu halten.

Ubon-Ratana-Stausee

Thailands größter Stausee (Fläche: 420 km²), 50 km von Khon Kaen entfernt, wird von einer großen, weißen Buddhafigur überblickt und stellt ein erholsames Ausflugsziel dar. Einige größere Ausflugsschiffe stehen für Fahrten über den See bereit, und wer sportlich genug ist, kann die nach offiziellen (und scheinbar stark übertriebenen) Angaben 1049 Stufen zum Buddha emporsteigen, von wo sich eine gute Aussicht bietet. Ein Leser hat nur 438 Stufen gezählt, womit das Unterfangen gleich weit weniger abschreckend wirkt.

● **Anfahrt:** Von Khon Kaen mit Bus Nr. 1474, der etwa alle halbe Stunde abfährt.

Chonabot

Die Mutmee-Seide wird vor allem in Chonabot, 56 km südlich von Khon Kaen, produziert. Wer dorthin will, sollte zuerst nach Ban Phai, 44 km südlich von Khon Kaen, fahren, dann per Songthaew 12 km in westlicher Richtung bis Chonabot.

Prasat Puey Noi

Dieses ist der größte **Khmer-Tempelkomplex** in der Provinz Khon Kaen, gelegen ca. 80 km südlich der Stadt. Zwar kann der Komplex keinem Vergleich mit Phimai oder Phanom Rung standhalten, für Leute mit eigenem Fahrzeug lohnt der Weg aber dennoch. Die Anlage besteht aus drei Ziegel-Chedis und einem Laterit-Palast aus dem 12. Jahrhundert.

● Die **Anfahrt** ist etwas kompliziert. Man fahre von Khon Khaen über Highway 2 in südlicher Richtung nach Ban Phai; dort links in Richtung Stadt abbiegen und über Route 23 in Richtung Borabeu weiterfahren. Nach 11 km rechts in Highway 2301 abbiegen, bis man die Abzweigung zu Highway 2297 erreicht. Über diesen gelangt man nach 12 km zu der Anlage (rechte Straßenseite).

Kalasin

Es gibt nichts, was einem den Ort Kalasin sympathisch machen könnte, nicht umsonst wird der Ort oft das **„Schwarze Herz des Issaan"** genannt. Öde, langweilig und recht arm ist dieses Herz. Zahlreiche Einwohner haben ihr Heil in der Flucht nach Bangkok oder gar ins Ausland gesucht. Wer hier abends durchkommt und übernachten muss, findet aber einige Möglichkeiten dazu.

● **Unterkunft:** Supak Hotel**-*** (81/7 Saneha Rd., Tel. 043-811315), Pailin Hotel** (332-333 Mu 5 Kalasin Sakat Sakhnam Road, Tel. 043-837700), Rimpao Hotel***-***** (71/2 Gudyangsamakkee Rd., Tel. 043-813631-9). Letzteres liegt außerhalb der Stadt an der Straße nach Mahasarakham.

Roi-Et
ร้อยเอ็ด

Eine kleine, aber sehr angenehme Stadt, in deren Zentrum sich ein **künstlich angelegter See** befindet, der Beung Phlan Chai. Roi-Et war um 1200 eine wichtige Stadt des Khmer-Reiches um Angkor Wat, mit einer fast ausschließlich aus Khmer bestehenden Bevölkerung. 1540 wurde es Teil des Königreiches Lao Lan Sang, das von Luang Phabang aus regiert wurde.

Thailands höchster stehender Buddha reckt sich am Wat Burapha in den Himmel, die etwas überschlank und unproportioniert ausgefallene Statue ist 59 m hoch, steht aber zusätzlich noch auf einem achteinhalb Meter hohen Sockel. Der Buddha kann im Inneren bis zu einem Drittel seiner Höhe bestiegen werden, der Zugang ist aber oft verschlossen.

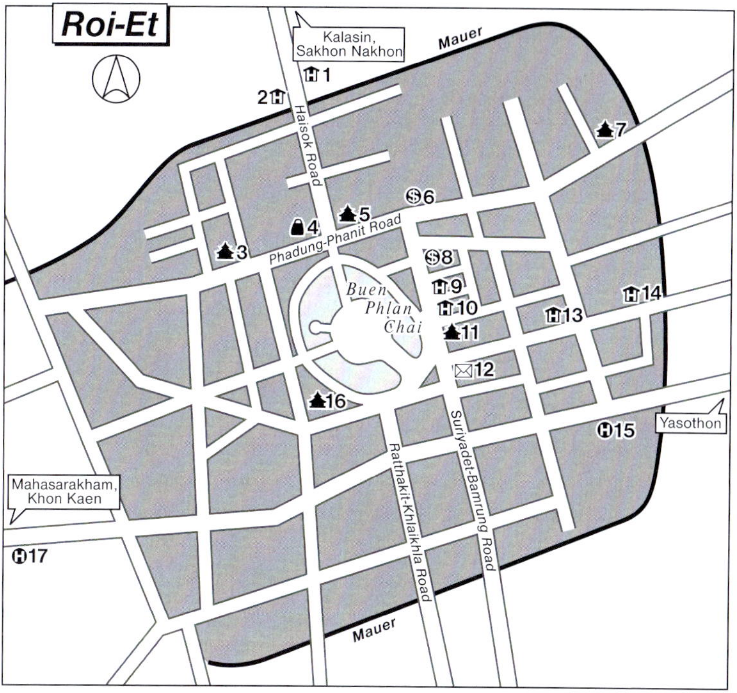

1	Si Chumphon Petcharat Hotel
2	Mai Thai Hotel
3	Wat Nuea
4	Markt
5	Chinesischer Tempel
6	Bank
7	Wat Burapha
8	Bank
9	Ban Chong Hotel
10	Sai Thip Hotel
11	Wat
12	Post
13	Phrae Thong Hotel
14	Roi Et City Hotel
15	AC-Busstation
16	Wat
17	Busstation

Wat Nuea an der Phadung-Phanit Road ist angeblich 1.200 Jahre alt und weist einen ungewöhnlich geformten, vierkantigen statt runden Chedi auf.

Buen Phlan Chai, der See im Stadtzentrum, ist ein guter Ort zur Entspannung, es gibt Boote zu mieten und einen Sportpark, in dem man sich stählen kann. Das ganze wird von einem großen, auf einer Insel im See stehenden Buddha überwacht.

Taxi-Vielfahrern in Bangkok fällt ansonsten auf, dass scheinbar die Hälfte der Fahrer aus Roi-Et stammt. Die relative Armut der Gegend und die Tatsache, dass es nach dem Einbringen der Ernte nichts zu tun gibt, treibt viele männliche Bewohner saisonweise zur Arbeit nach Bangkok - und eine der angenehmeren Arbeiten dort ist das Steuern eines vollklimatisierten Taxis.7

Unterkunft

- Das **Ban Chong Hotel**** (99-101 Suriyadet-Bamrung Rd., Tel. 043-511235) liegt günstig im Zentrum; einfache aber saubere Zimmer.
- Nahe dem See steht das **Saithip Hotel**** zur Verfügung (133 Suriyadet-Bamrung Rd., Tel. 043-511742), Zimmer mit Bad, A.C.-Räume teurer.
- Luxuriöser ist das **Si Chumphon Petcharat Hotel****-*** (66-104 Haisok Rd., Tel. 043-511937), Zimmer mit Bad.
- Das **Phrae Thong Hotel**** (75 Suryadet-Bamrung Rd., Tel. 043-511127) hat Zimmer mit Bad.
- Die besten Hotels am Ort sind das **Mai Thai Hotel*****-**** (99 Haisok Rd., Tel. 043-511136) und das **Roi Et City Hotel*****-LLL (78 Ploenchit Road, Tel. 043-520387) beide haben komfortable Zimmer mit A.C. und TV.

Essen

Es gibt eine Menge kleiner Issaan-Restaurants, aber nichts sonderlich Auffälliges. Unter dem Speiseangebot findet sich das *Nuea naam-tok,* gegrilltes Rindfleisch mit Zitronensaft und Minzblättern. Um den See herum warten einige nette Gartenrestaurants oder *suan ahaan* („Speisegarten") auf Kunden.

- Der **Rean Kaew Coffee Shop** im Roi-Et City Hotel serviert thailändische Gerichte.

Anreise

- **A.C.-Busse** ab Bangkoks Northern Bus Terminal kosten 293/376 Baht.
- **Flüge** ab Bangkok mit der P.B. Air kosten 1.720 Baht; 1 Flug täglich, Flugzeit 1 Std. Das Fluggerät sind kleine Fokker F28. Die Privatgesellschaft ist noch im Aufbau begriffen und die Flugpläne können sich rasch ändern; Anfragen in Bangkok Tel. 02-26102250-5, oder siehe www.pbair.com.

Weiterreise

- Es fahren u.a. **Busse** nach Mahasarakham, Kalasin, Khon Kaen, Surin, Ubon, Udon und Yasothon.
- Lokaler Kontakt **P.B.Air** Tel. 043-518572. 1 Flug tgl. nach Bangkok.

Umgebung von Roi-Et

Phanom Phrai

Das Dorf Phanom Phrai in der Provinz Roi-Et ist einer der besten Orte, das **Bun-Bang-Fai-Fest** mitzuerleben: Während dieses Festes, das in vielen Orten im Issaan gefeiert wird, werden vor Beginn der Regenzeit furchterregende Raketen in den Himmel geschossen, die aus den Wolken den erwarteten Regen hervorlocken sollen. Das Schauspiel wird von reichlichem Gezeche und auch gelegentlichen Explosionsunfällen begleitet.

Der bekannteste Austragungsort der lautstarken Feierlichkeiten ist das nahe gelegene Yasothon, in Phanom Phrai ist es aber noch urwüchsiger und weniger touristisch. Das Fest findet zu Vollmond Ende Mai oder Anfang Juni statt; in Phanom Phrai wird eine feucht-fröhliche Prozession abgehalten, die schließlich zum Wat Klang führt, wo die Raketen abgefeuert werden.

Ähnliche Feierlichkeiten finden auch in Suwannaphum statt, 46 km südöstlich von Roi-Et.

• Zur **Übernachtung** bieten sich einige Hotels im nur ca. 20 km entfernten Yasothon an, so z.B. **Yot Nakhon Hotel****-*** (143 Uthai Ramrit Rd., Tel. 045-711481), **Warothon Hotel***** (600-6-2 Chaeng Samit Rd., Tel. 045-711341, **J.P. Emerald******-***** 36 Prapa Rd., Tel. 045-724848, Fax 045-724855) oder **R.P. Mansion Park******-***** 275 Praphasamphan Rd., Tel. 045-712235-6).

• **Anfahrt** nach Phanom Phrai per Bus von Yasothon oder Roi-Et.

Udon Thani

อุดรธานี

Sorry, in der Stadt (100.000 Einwohner) selbst gibt's nichts von überragendem Interesse. Sie dient aber als Umsteigepunkt für die Fahrt nach **Ban Chiang** (siehe „Weiterreise"). Udon Thani boomte über Nacht, als die amerikanischen G.I.s ihre Dollars in den Bars verjubelten. Diese Zeiten sind vorbei, und nun ist der Ort zwar ein Handelszentrum von Bedeutung, aber touristisch kaum von Belang. Dennoch befinden sich in Udon Thani noch immer eine ganze Reihe von R & R (Rest & Recreation) Bars, welche das Rotlichtambiente des Vietnamkriegs mehr als 30 Jahre nach dem Abzug der Amerikaner weiterhin am Leben halten. Ob das die Stadt attraktiver macht, ist fraglich.

Zu den wenigen Sehenswürdigkeiten gehört **Wat Sunthorn Pradit,** ein chinesischer Tempel mit einigen interessanten Gebäuden. Der Tempel zeichnet sich weiterhin durch die weltbewegende Tatsache aus, dass die dort lebenden Mönche statt der üblichen Mönchsroben in orangene Hosen gekleidet sind. Am Nordweststrand der Stadt befindet sich der **Nong Phra Jak,** ein ansehnlicher Park, der von einem See umgeben ist, und eine recht pittoreske Idylle in dem sonst so öden Udon darstellt. Im Park verstreut stehen Bronzeskulpturen, die Szenen aus dem Alltagsleben im Isaan zeigen. Um den See herum windet sich ein Weg, der von Udon Thanis wachsender Jogger-Gemeinde in Beschlag genommen wird.

Information

Das Büro der **TAT** befindet sich in 16/5 Mukhamontri Rd., Tel. 042-325406, Fax 042-325408, tatudon@tat.or.th, und ist täglich 8.30-16.30 Uhr geöffnet.

Unterkunft

• Das **Sri Sawat Hotel**** (123/1-3 Phrachak Rd., Tel. 042-243586) hat recht ordentliche und günstige Zimmer (Bad).

• Das so patriotisch getaufte **Thailand Hotel***** (4/1-6 Surakan Rd., Tel. 042-341670) ist ebenfalls nicht übel, die Zimmer (Bad) sind recht günstig.

• Das **Queen Hotel**** (6-8 Udon Dusadi Rd., Tel. 042-221451) hat Zimmer mit Bad.

• Das **Pracha Phakdi Hotel**** (156/8 Prachak Rd., Tel. 042-221804), Zimmer mit Bad, teilweise A.C.

• Einfache, aber akzeptable Zimmer im **Chaiyaporn Hotel**** (209-11 Makhaeng Rd., Tel. 042-221913).

• Das **Udorn Hotel*****-**** (81-89 Markhang Rd., Tel. 042-246528) hat A.C.-Räume, ebenfalls mit TV in den höheren Preislagen.

• Eine gute Mitteklasse-Unterkunft ist das **Charoen Sri Palace Hotel*****-**** (60 Phosi Rd., Tel. 042-242611), A.C. und TV in den teureren Zimmern.

• Ordentliche Zimmer, die teureren davon mit A.C., hat das nahe der Busstation gelegene **Paradise Hotel****-**** (44/29 Pho Si Rd., Tel. 042-221506), das der Adressenangabe zum Trotz etwas abseits der Phosi Road liegt.

• Das **Charoen Hotel******-LLL (549 Pho Si Rd., Tel. 042-248155) hat einen Swimmingpool, die Yellow Bird Disco, eine Bar (Werbung: „Für den Mann mit hohem Geschmack") und Zimmer mit allem Luxus.

• Das **Charoensri Grand Royal Hotel** *****-LLL (277/1 Pho Si Rd., Tel. 042-343555) ist das Top-Hotel am Ort, ein Luxushotelturm mit guter Aussicht von den oberen Stockwerken.

• Ganz neu ist das **Udon Cabana***** (30/7 Phon Pisai Road, Tel. 089-4039403), das einfache, aber makellose Zimmer mit A.C. und warmem Wasser bietet, dazu kostenloser Internetanschluss in allen Zimmern.

• Ebenfalls neu ist das **Jan Condotel** ***-***** (102/17 Soi Sansuk, Srisuk Road, Tel. 042-329223, Fax 042-329259, jan_condo2005@hotmail.com), das einen ähnlichen Standard wie das *Udon Cabana* bietet, aber auch größere Suiten für Familien hat. Zimmer können auch monatlich angemietet werden.

• 3 km in Richtung Flughafen liegt das **Udon Airport Hotel*****-***** (14 Moo 1, Udon - Nong Lamphu Rd., Tel. 042-346223), mit gepflegten Zimmern mit A.C. und TV. In den Preisen ist das Frühstück enthalten, dazu kostenloser Zubringerdienst vom/zum Flughafen.

Essen

• Das wahrscheinlich beste Restaurant am Ort ist das **Mayfair** im Charoen Hotel (s.o.), das 1995 vom Magazin „Market Leader" eine Auszeichnung für seine Küche erhalten hat. Geboten wird eine umfangreiche Speisekarte mit chinesischen und thailändischen Gerichten, dazu gutes westliches Frühstück. Frühstücks- und Lunch-Buffets kosten 165 Baht.

• Ein sehr gutes Restaurant ist das **Good Everything** an der Po Ni Yom Road, gegenüber dem Nong Prachak Park. Gute Nudelgerichte, Steaks, Salate, Kuchen und gesunde Drinks werden hier in modernem Ambiente geboten. Einige thailändische Gerichte gibt es ebenfalls.

• Auch nicht schlecht ist das italienische **Enrico Pizza** an der Suphakitchanya Road.

• Gleich **zwei vegetarische Restaurants** befinden sich and der Kreuzung Pho Si Road und Tham Chedi Road.

• Ein wenig weiter die Tham Chedi Road entlang, nördlich des Nong Prachak Parks, liegt das **Taco Place,** das mexikanische, amerikanische und thailändische Küche bietet. Geöffnet 11.00-20.00 Uhr.

• Etwas außerhalb der Stadt an dem kleinen Nong-Lek-See, östlich des Stadtzentrums befindet sich das empfehlenswerte **Beung Samran Garden Restaurant,** das thailändische Küche serviert, vor allem Fisch. Geöffnet 11.00-11.00 Uhr

Anreise

• **A.C.-Busse** von Bangkok kosten 321 Baht, bzw. 412 Baht (A.C.). V.I.P.-Busse fahren für 473 Baht. Die Strecke ist 561 km lang, die Fahrzeit beträgt ca. 9 Stunden.

• **Züge** ab Bangkok fahren um (in Klammern Ankunftszeit) 8.20 (17.45), 20.00 (5.40) und 20.45 Uhr (7.24). Preis 3. Kl. 205 Baht, 2. Kl. 329 Baht, mit A.C. 479 Baht, 2. Kl. Sleeper mit A.C. Schlafkoje oben/unten 689/759 Baht, 1. Kl. 1.177 Baht.

• Die **Thai Airways** fliegt täglich 3-mal von Bangkok nach Udon Thani für 2.490 Baht. Unter der Woche gibt es 10 % Ermäßigung. Flugzeit 1 Std. 5 Min.

Nok Air, Billigflieger der Thai Airways, fliegen ebenfalls 3-mal täglich nach Udon Thani. Tickets zwischen 1.350 und 2.150 Baht. Call Center: 1318

Air Asia fliegt 2-mal täglich von Bangkok nach Udon Thani, ab 1.445 Baht, am besten unter www.airasia.com zu buchen.

Weiterreise

• **Busse** fahren u.a. weiter nach Ban Chiang, Khorat, Khon Kaen, Nakhon Phanom, Sakhon Nakhon und Chiang Mai. Letztere benötigen 12 Std. Normalbusse kosten 270 Baht, A.C.-Busse 378-567 Baht.

• Tgl. 3 **Züge** fahren weiter nach Nong Khai Anfahrt (in Klammern Ankunftszeit) 6.02 (7.00), 7.24 (8.10), 16.35 (17.25). Züge nach Bangkok um 7.26 (16.30), 18.35 (4.05), 20.03 (6.15).

• Nok Air fliegen 2-mal die Woche von Udon Thani **nach Loei,** Flugtickets kosten zwischen 400 und 750 Baht. Call Center: 1318

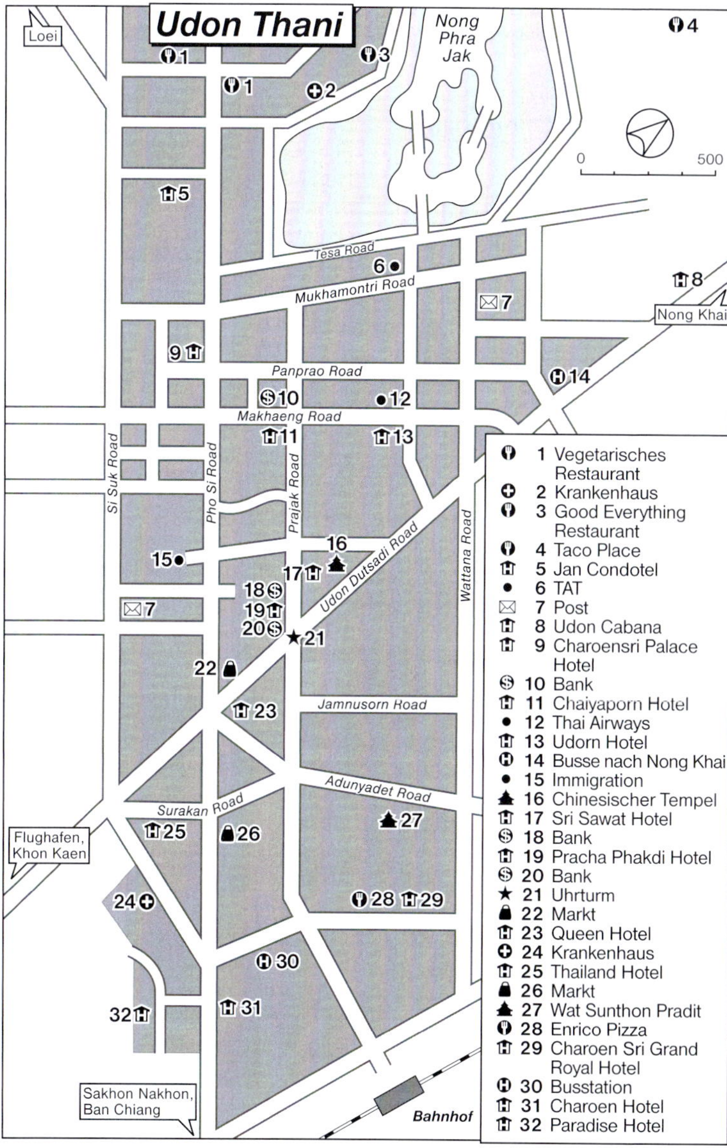
Udon Thani
Loei
Nong Phra Jak
0 500
Tesa Road
Mukhamontri Road
Panprao Road
Makhaeng Road
Si Suk Road
Pho Si Road
Prajak Road
Udon Dutsadi Road
Wattana Road
Jamnusorn Road
Adunyadet Road
Surakan Road
Nong Khai
Flughafen, Khon Kaen
Sakhon Nakhon, Ban Chiang
Bahnhof
1 Vegetarisches Restaurant
2 Krankenhaus
3 Good Everything Restaurant
4 Taco Place
5 Jan Condotel
6 TAT
7 Post
8 Udon Cabana
9 Charoensri Palace Hotel
10 Bank
11 Chaiyaporn Hotel
12 Thai Airways
13 Udorn Hotel
14 Busse nach Nong Khai
15 Immigration
16 Chinesischer Tempel
17 Sri Sawat Hotel
18 Bank
19 Pracha Phakdi Hotel
20 Bank
21 Uhrturm
22 Markt
23 Queen Hotel
24 Krankenhaus
25 Thailand Hotel
26 Markt
27 Wat Sunthon Pradit
28 Enrico Pizza
29 Charoen Sri Grand Royal Hotel
30 Busstation
31 Charoen Hotel
32 Paradise Hotel

• **Thai-Airways-Büro:** 60 Markhang Road, Tel. 042-243222, 042-246697. **Airport:** Tel. 042-246567.

Umgebung von Udon Thani

Ban Chiang

Hier befindet sich die **Fundstätte** von Bronzeschmuck, Waffen und Töpferwaren, deren Alter auf 5.000 Jahre, teilweise **7.000 Jahre** datiert wird. Die Funde hatten unter Archäologen und Historikern großen Wirbel ausgelöst, da diese Bronzen älter waren als die zuvor bekannten aus China und Mesopotamien, und so ein neues Bild von der Zivilisation des Menschen geschaffen wurde. Mittlerweile wird angenommen, dass der Nordosten Thailands eine der „Wiegen der Zivilisation" war. 1992 wurde Ban Chiang von der UNESCO als **Weltkulturerbe** anerkannt.

Einige Funde sind an den Stellen belassen worden, wo man sie entdeckt hat, und ein kleines, sehr interessantes **Museum** zeigt weitere Gegenstände. Die Funde werden durch viele Schautafeln erläutert. Öffnungszeiten: Täglich 8.30-17.00 Uhr. Eintritt: 30 Baht.

• **Anfahrt:** Ban Chiang befindet sich 6 km nördlich des Highway Nr. 22 (Udon Thani – Sakhon Nakhon). Nur wenige Busse fahren bis Ban Chiang selber, die meisten halten an der Straße, die dorthin führt (12 Baht); dort stehen dann Tuk-Tuks, die für 40 Baht pro Person weiter zum Museum fahren.

Nong Khai

หนองคาย

Nong Khai liegt am Nordende des von den USA gesponserten Friendship Highway, 614 km nordöstlich von Bangkok. Das Städtchen strahlt eine charmante Atmosphäre aus, **französische und laotische Einflüsse** in der Architektur sind überall anzutreffen, besonders aber in der Rimkhong Road oder der Meechai Road. Die französische Tradition spiegelt sich auch in den Cafés des Ortes wieder, in denen man herrliche Kreationen aus Backwerk schlemmen kann. Viele ältere Einwohner Nong Khais sprechen noch heute fließend Französisch.

Die **laotische Hauptstadt Vientiane** ist nur 24 km entfernt und zieht vermehrt westliche Reisende an. Die Visabestimmungen sind kurzfristigen Änderungen unterworfen, man informiere sich diesbezüglich am besten schon in Bangkok. Seit 1994 ist eine Brücke über den Mekhong fertiggestellt, die **Friendship Bridge.** Dies ist ein Projekt Thailands, Laos' und Australiens, und mit der Inbetriebnahme der Brücke rückt Laos wohl oder übel erheblich enger an das Bruderland Thailand heran.

Visa für Laos werden von mehreren Reisebüros und Guest Houses am Ort organisiert. Von den Guest Houses scheinen The Meeting Place und Chez Pierrot sehr effizient zu sein. 2-Wochen-Visa lassen sich inzwischen an allen Touristen zugänglichen thailändisch-laotischen Grenzposten direkt

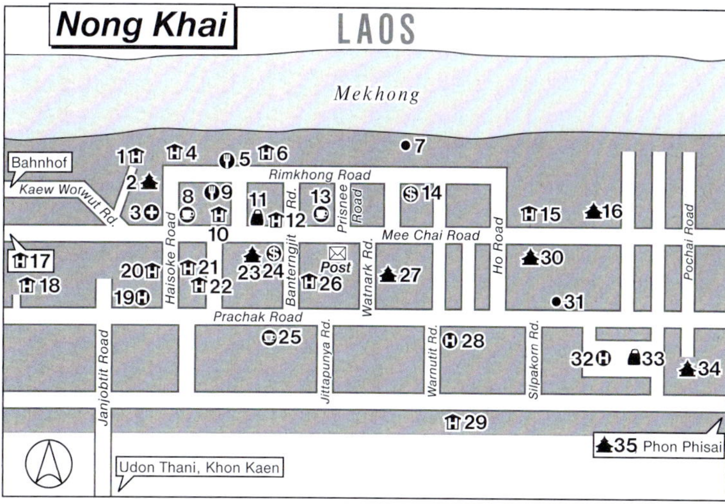

1 Mut Mee Guest House
2 Wat Haisok
3 Krankenhaus
4 Rimkhong Guest House
5 Daeng Nam Nuang Terrace
6 Mekhong Guest House
7 Tha-Sadet-Pier (Zoll/Immigration)
8 Bon Cafe
9 Nobbis Restaurant
10 Pool Sub Hotel
11 Danish Baker
12 Banthoengjit Hotel
13 Cake & Coffee Shop
14 Bangkok Bank
15 Sawasdee Guest House
16 Wat
17 Royal Mekong
18 Chez Kai
19 AC-Bus Tickets nach Bangkok
20 Phantawee Bungalows
21 Phantawee Hotel
22 International Meeting Place (Guest House)
23 Wat Srichomchuan
24 Krung Thai Bank
25 Coffee Shop
26 Pongvichit Hotel
27 Wat Srisaket
28 AC-Bus Tickets nach Bangkok
29 Nong Khai Grand Hotel
30 Wat Srikunmuang
31 Thai Airways
32 Busstation
33 Pochai Markt
34 Wat Pochai
35 Wat Khaek

beantragen (inkl. Nong Khai), diese kosten 30 US$, können allerdings nicht verlängert werden.

• Weitere Informationen enthält das **Reisehandbuch Laos,** das ebenfalls im Reise Know-How Verlag erschienen ist. (Siehe auch Kapitel „Weiterreise in die Nachbarländer".)

Sehenswertes

Wat Pochai

Hier steht eine verehrte, pur-goldene Buddha-Statue namens Luang Pho Phra Sai. Sie ist etwa 1½ m hoch und 1 m breit. Der Legende nach wurde

(Foto: David Henley)

Der Mekhong –

die Lebensader Indochinas

Mit einer Länge von über 4.500 km ist der Mekhong einer der **längsten Ströme der Welt** und der wichtigste in Indochina. Seine Quelle hat er in einem abgelegenen Gebiet in der **chinesischen Provinz Chinghai** – so abgelegen, dass die exakte Stelle erst 1994 gefunden wurde. Von dort aus schlängelt er sich durch sechs Länder, bis er sich südlich von **Saigon** in einem riesigen Delta ins Südchinesische Meer ergießt.

Dabei führt er pro Jahr fünf Milliarden Kubikmeter Wasser ins Meer ab, nachdem er Tausende von Feldern bewässert und Millionen von Menschen Nahrung gegeben hat. Für den Issaan, den Nordosten Thailands, ist der Mekhong eine auch in der größten Dürre nie versagende Lebensader, und die Gebiete entlang des Flusses sind überdurchschnittlich fruchtbar und wohlhabend.

Über 1.500 km verläuft der Mekhong auf thailändischem Territorium. Zunächst erscheint er bei Sop Ruak im **„Goldenen Dreieck"**, wo Thailand, Myanmar und Laos sich berühren, fließt dann nach Chiang Khom, dem Ort, der bekannt ist für seine gigantischen, vom Aussterben bedrohten Mekhong-Welse *(plaa bük)*, um sich zunächst wieder nach Laos zurückzuziehen; danach erscheint er in Chiang Khan im Nordosten Thailands, bildet in einem großen Bogen die thai-laotische Grenze und verschwindet schließlich bei Khong Jiam endgültig in Laos. Dort führt ihn sein Weg alsbald zu den gewaltigen Wasserfällen von Khong Phapheng, was soviel bedeutet wie „Getöse des Mekhong".

Als die **Franzosen** nach Indochina kamen, hofften sie, den Mekhong als **Wasserstraße nach China** benutzen zu können, was blühenden Handel versprach. In den wenig bevölkerten, aber fruchtbaren Ländern Südostasiens gab es zahllose Naturalien einzuholen, und in den stark bevölkerten Städten Südchinas glaubten sie, einen guten Absatzmarkt dafür zu finden. Die Hoffnungen wurden jedoch zerschlagen, als im Jahre 1867 eine Expedition von *Francis Garnier* die Khong-Papheng-Wasserfälle entdeckte – eine unüberwindbare Barriere. Dem Mythos des großen Mekhong hat dies aber keinen Abbruch getan.Riesige Dammprojekte in China könnten allerdings in den nächsten Jahren einen störenden Einfluss auf den Wasserspiegel des Mekhong haben und die mit dem Mekhong verbundene Ökologie und Landwirtschaft in Thailand, Laos, Kambodscha und Vietnam sieht ungewissen Zeiten entgegen.

Für Besucher des Issaan gehören die Orte entlang des Stromes zu den **lohnendsten Reisezielen in der Region.** Gut möglich ist eine Reise entlang des Ufers mit folgenden Stationen: Chiang Khan – Pak Chom – Sang Khom – Si Chiang Mai – Nong Khai – Beung Kan – Nakhon Phanom – That Phanom – Mukdahan – Khemmarat. Von dort könnte man über Ubon Thani zurück nach Bangkok fahren.

die Figur in Lan Chang gegossen und stand zunächst in Vientiane. Als General *Chakri,* der spätere König Rama 1, die Figur per Boot von Vientiane herüberholen wollte, sank das Boot, und der Buddha verschwand zunächst im Mekhong. Wie durch ein Wunder stieg der Buddha bald darauf zur Wasseroberfläche auf, wurde herausgefischt, und ihm zu Ehren wurde Wat Pochai errichtet.

Alle wichtigen Feste des Ortes finden auf dem Gelände des Tempels statt, darunter auch Soeng Bung Fai, das **„Raketenfestival"**, bei dem zum Teil unglaublich wirkungsvolle Feuerwerksraketen in den thai-laotischen Grenzhimmel gefeuert werden. Das Fest findet am Vollmondtag im April statt.

Wat Khaek

4 km östlich von Nong Khai liegt dieser bizarre Schrein, auf dessen Gelände Dutzende von furchterregenden, grotesken und **albtraumhaften Figuren** verstreut sind. Ein Nachtmahr aus Stein und Holz. Da stehen sogar Straßenhunde, die mit Essbesteck herumfuchteln oder Maschinengewehre im Anschlag halten. Dieses soll zweifellos auf die „animalische" Natur von solchen Erdenbürgern hinweisen, die sich dem Fressrausch hingegeben haben (oder der Sinnenlust im Allgemeinen) oder aggressiv sind wie die Köter im Rudel.

Die meisten Figuren von Wat Khaek entziehen sich jeder Beschreibung, und das Beste ist, man schaut sie sich selber an. Ein vergnügsamer bis verwirrender Nachmittag ist garantiert. Wat Khaek entspringt der Fantasie eines gewissen *Luang Pu,* der aus Vietnam stammte und über Laos schließlich in Thailand landete. Er war Priester, Mönch und Schamane zugleich und in der Umgebung hoch verehrt. Er starb 1996 und sein mumfizierter Leichnam ist im obersten Stock des Hauptgebäudes aufbewahrt.

Wat Prathat

Dieser Tempel ist einer der bedeutsamsten des Nordostens und soll vor 2.000 Jahren von indischen Mönchen errichtet worden sein. Die ursprüngliche Stupa wurde im 16. Jh. mit einem laotischen Chedi überbaut. Auf dem Gelände befinden sich weitere Chedis und mehr oder weniger gut erhaltene Buddhas. In einem kleinen **Museum** werden Handwerksobjekte und ausgestopfte Tiere ausgestellt.

Wat Hin Maak Peng

Einer der bekanntesten Meditations-Wats des Landes. Die Mönche dieses in einem Bambuswald gelegenen Tempels unterziehen sich einer strikten Disziplin und leben zurückgezogen.

Phrathat Klang Naam

Diese Sehenswürdigkeit zeigt sich zumeist nur in der trockenen Jahreszeit unmittelbar vor dem Monsun: Der Prathat Klang Naam ist der Chedi eines Tempels, der auf einer **Sandbank mitten im Mekhong** stand. 1847 versank der Tempel im Fluss, der Chedi ragt bei niedrigem Wasserstand jedoch hervor. Die lokale Bevölkerung bringt dann Flaggen daran an, die sowohl Schiffen zur Warnung, als auch als religiöses

Symbol dienen. Bei hohem Wasserstand liegt der Chedi ca. 30 m unter der Wasseroberfläche, tief genug, um die Schifffahrt nicht zu behindern.

Northeast Handicraft Center

Ein Selbsthilfeprojekt, das im Jahre 1982 von den „Schwestern des Guten Hirten" gegründet wurde, um der örtlichen Bevölkerung ein Zusatzeinkommen zu schaffen. Die Hauptzielgruppe sind junge Mädchen, die aufgrund fehlender Arbeitsmöglichkeiten dem horizontalen Gewerbe anheimfallen könnten. Hergestellt werden hochwertige Textilien und Stoffe, und mittlerweile ernährt das Center über 200 Familien durch die Arbeit. Die Waren werden verkauft im Village Weaver Handicraft Shop, 768 Prachak Road.

Naga Fireball Festival

Jedes Jahr im Oktober ist ein merkwürdiges Phänomen am Mekhong in der Gegend von Nong Khai zu beobachten. Rosafarbene bis tiefrote, etwa fußballgroße **Feuerkugeln** steigen aus dem Fluss auf, bis in eine Höhe von 20-30 m. Die lokale Bevölkerung sieht in den Kugeln eine Manifestation von Naga, dem (hinduistischen) Schlangengott, der im Fluss lebt.

Das thailändische Wissenschaftsministerium gab im Oktober 2003 bekannt, dass die Feuerbälle durch hochentzündliches **Phosphingas** hervorgerufen werden. Die Feuerbälle erscheinen, wenn sich eine ausreichende Menge Gas am Grund des Flusses angestaut hat, was in der Regel im Oktober der Fall ist. Der Zeitpunkt überschneidet sich in etwa mit dem Ende der buddhistischen Fastenperiode *(phansa)*, was zur Mystifizierung des Ereignisses beigetragen hat.

Ob man nun mehr der wissenschaftlichen oder eher der mystischen Erklärung Glauben schenkt – um das Geschehen findet ein 7-tägiges Fest statt, mit kulturellen Ereignissen und viel Frohsinn sowie jeder Menge Speis' und Trank. Zu dem Fest kommen bis zu 400.000 Besucher und langfristige Hotelvorbuchungen sind anzuraten. Viele Besucher finden eine Privatunterkunft bei Einwohnern von Nong Khai.

Unterkunft

- Das **Mut Mee Guest House***-*** (111/4 Kaew Worawut Rd., Fax 042-460717, mut mee@nk.ksc.co.th) ist perfekt gelegen, mit Ausblick auf den Mekhong; ein Restaurant und Fahrradverleih ist vorhanden. Zimmer mit und ohne eigenes Bad und A.C. Dorm für 80 Baht. An der Straße, die zum Mut Mee Guest House führt, befindet sich ein Buchladen und ein Internet-Café.
- Das **Sawasdee Guest House***-*** (402 Meechai Rd., Tel. 042-412501) wird von einer sehr netten Familie geleitet und hat sehr saubere, bequeme Zimmer mit und ohne eigenes Bad, z.T. TV. Sehr gutes Essen.
- Das **Meeting Place****-*** (Soi Cheunjitt 1, Tel. 042-413348) ist die einzige Bar in Nong Khai und ein beliebter Treffpunkt der Ex-Pats, die sich in der Stadt niedergelassen haben.
- Das **Mekhong Guest House*****-**** (Tel. 042-421223) hat Aussicht auf den Fluss, und im Haus werden Bootstouren nach Si Chiang Mai und nach Laos organisiert. Die Zimmer im Guest House haben alle A.C.
- Um die Ecke liegt das ruhige, etwas heruntergekommene, aber freundliche **Bantaengit Hotel****-*** (Tel. 042-411101), das womöglich auch als Stundenhotel fungiert.

Wat Khaek
(FOTO: DAVID HENLEY)

- An der Hauptstraße liegt das **Poolsub Hotel**** (Tel. 042-411031), das einfache Zimmer mit und ohne A.C. bietet.
- **Chez Kai*** (1160 Soi Samson, Tel. 042-460968) gehört, wie sich leicht erahnen lässt, einem Franzosen; einfache Zimmer. Eine Bar ist angeschlossen und wird meist von ansässigen Franzosen besucht.
- Das **Rimkhong Guest House***-** (Rimkhong Rd., Tel. 042-460625) ist günstig gelegen, mit Blick über den Mekhong.
- **Phantawee Bungalows & Hotel****-***, (Hai Sok Road, Tel. 042-411568), hat saubere, aber sehr kleine Zimmer mit A.C. Die Bungalows sind größer und teurer. Ein Restaurant, das 24 Stunden geöffnet ist und Bier ausschenkt, ist angeschlossen. Nach 1.00 Uhr ist das Phantawee die einzige Bar in der Stadt.
- **Pongvichit Hotel****-*** (Banteung Road, Tel. 042-411583), Zimmer mit Bad.
- **Nong Khai Grand Hotel******-LLL (589 Nong Khai-Ponephisai Rd., Tel. 042-420033); südlich der Stadt an der Strecke nach Wat Khaek gelegen, mit allem Luxus, dazu eine Disco.
- **Royal Mekhong*******-LLL (22 Hat Jommani Rd., Tel. 042-56577); ein Luxushotel am Mekhong-Ufer bei der Ortschaft Ban Jommani und nahe der Friendship Bridge.

Essen

Um die Kreuzung Prajak Road/Baterngjit Road befinden sich einige chinesische und Thai-Restaurants, sehr preiswert.

- Das vielleicht beste Restaurant am Ort ist das **Daeng Nam Nuang** direkt am Fluss, das exzellente vietnamesische Gerichte zu sehr zivilen Preisen serviert. Um die Mittagszeit ist dieses Restaurant proppevoll.

Die Vietnamesen im Issaan

Die thailändischen Vietnamesen sind wohl die „unsichtbarste" und unbekannteste ethnische Minderheit des Landes. Eine größere Zahl ethnischer Vietnamesen lebt in Bangkok und Chantaburi, weit mehr jedoch in kleinen Siedlungen entlang des Mekhong im Nordosten Thailands. Hier verdienen sie sich als Bauern oder kleine Geschäftsleute ihren Lebensunterhalt. Anders als die Chinesen und Inder, die oft als dynamische oder gar aggressive Geschäftsleute hervortreten, halten die Vietnamesen sich sehr „bedeckt". Viele Thais wissen nicht einmal, dass unter ihnen eine vietnamesische Minderheit lebt.

Die ersten Vietnamesen kamen Anfang des 20. Jh. nach Thailand, die meisten um der **französischen Kolonialherrschaft** in ihrer Heimat zu entfliehen. Eine größere Einwanderungswelle erfolgte **1952,** als **Ho Chi Minh** die kommunistische Fahne über Vietnam wehen ließ. Die meisten Vietnamesen, die sich in Thailand niederließen, stammten aus dem Norden des Landes und waren gläubige Katholiken. Es bildeten sich zahlreiche vietnamesische Siedlungen entlang des Mekhong, zwischen den Orten Chiang Khan und Khemmarat.

Von ihren Thai-Nachbarn wurden die Vietnamesen stets mit Misstrauen beäugt, und so bemühten sie sich um einen unauffälligen, stillen Lebenswandel. Obwohl viele der Vietnamesen schon in der 5. Generation in Thailand ansässig waren, begannen die thailändischen Behörden erst in den letzten Jahren mit der Einbürgerung. Bis dahin lebten sie quasi als Staatenlose.

Vietnamesische Siedlungen zeichnen sich oft durch die Präsenz einer **katholischen Kirche** aus; in einigen Siedlungen finden sich zusätzlich buddhistische Tempel. In **Ban Chiang Yeun** („Dorf der Vietnamesen"), 20 km nördlich von Nakhon Phanom, bauten die Vietnamesen einen riesigen Glockenturm an ihre Kirche, der zudem noch von einem gewaltigen Kruzifix überragt wird – er sollte deutlich von der anderen, der kommunistischen Seite des Mekhong, sichtbar sein.

Heute ist Ban Chiang Yuen ein wohlhabendes Dorf von **Reisbauern,** in dem auch die typischen konischen Basthüte der vietnamesischen Bauern geflochten werden. Diese werden auch von den thailändischen Landbewohnern gerne getragen.

Gelegentlich bedanken sich die Vietnamesen für ihre Aufnahme in Thailand durch Bauwerke. Der Uhrturm in Nakhon Phanom z.B. wurde von einem gewissen *Viet Kieu* gebaut, der Glockenturm von Wat Phra That Choeng Chum in Nakhon Sakhon war das Geschenk eines anderen dankbaren Vietnamesen.

Der Zustrom der Vietnamesen hat auch seine Spuren in den Kochtöpfen hinterlassen. Überall in der Mekhong-Region trifft man **vietnamesische Speisen** – ob im schlichten Nachtmarkt von Mukdahan, im noblen Raan Ahaan Indojin („Indochinesisches Restaurant") in Ubon Ratchathani oder bei den Frühlingsrollen-Herstellern von Si Chiang Mai.

- Gegenüber liegt das **Nobbis Restaurant,** das unter anderem gutbürgerliche deutsche Küche serviert und zudem Lebensmittelprodukte aus Deutschland verkauft.
- Das **Danish Baker** serviert europäisches Frühstück, skandinavische Kost und Internet-Service und ist unter den Ex-Pats der Stadt sehr beliebt.
- Ein wenig weiter an der Mee Chai Road befindet sich das **Bon Café,** das frischen Kaffee bietet.

An- und Weiterreise

- **A.C.-Busse** 2. Kl. ab Bangkok kosten 350 Baht, 1. Kl. ab Bangkok kosten 450 Baht.
- **Busse** fahren u.a. weiter nach Si Chiang Mai, Sang Khom, Loei, Udon und Khon Kaen.
- Eine gute Alternative sind die **Züge** ab Bangkok Abfahrt 6.00, 18.30, 18.40, 20.45 Ankunft respektive 18.25, 4.15, 7.20 und 8.30 Uhr.
- Der nächste Flughafen ist Udon Thani. Die **Thai Airways** betreibt ein Büro in Nong Khai (an Route 212), von dem aus Zubringerbusse zum Flughafen fahren (150 Baht/Pers.).

Umgebung von Nong Khai

Si Chiang Mai

Das westlich von Nong Khai gelegene Si Chiang Mai bietet vom Mekhong aus freien Ausblick auf das gegenüberliegende **Vientiane.** Ansonsten gibt es nicht viel Erwähnenswertes, mit Ausnahme der Tatsache vielleicht, dass Si Chiang Mai so etwas ist wie die **„Frühlingsrollen-Hauptstadt"** Thailands: Etwa 4 km östlich der Stadt liegen beiderseits der Straße Abertausende von Teighüllen für Frühlingsrollen zum Trocknen aus! Diese Teighüllen *(khanom popia)* aus Reismehl werden von dort ansässigen Vietnamesen und Laoten hergestellt. Die Leute sind außerordentlich freundlich und lassen sich bei der Arbeit gern über die Schulter sehen.

Si Chiang Mai ist das Zentrum der kleinen, aber sehr aktiven **vietnamesischen Minderheit** Thailands (insgesamt 40.000 Mitglieder). Die meisten sind **Katholiken** und entflohen in den 50er Jahren der Unterdrückung durch das kommunistische Regime.

Unterkunft/Essen

- Das **Tim Guest House***-** (Tel. 042-451072) liegt direkt an der Uferstraße und hat einfache Zimmer und etwas Information zur Umgebung. Direkt nebenan liegt ein gutes, freundliches **Restaurant,** das vor alle Gerichte aus Issaan kredenzt.
- Etwas weiter die Uferstraße hinunter liegt das **Sithisuwan Hotel*** (Tel. 042-451127), mit einfachen Zimmern mit und ohne A.C.

An-/Weiterreise

- Busse von/nach Nong Khai kosten 30 Baht, Pak Chom 55 Baht, Loei 75 Baht.

Sang Khom

Ein winziger Ort, an der Straße Nong Khai – Chiang Khan gelegen. Entlang dieser Strecke breitet sich eine der fruchtbarsten Gegenden Thailands aus. Von Februar bis März sieht man an den Straßen riesige Berge frisch geernteter **Tomaten,** und im Oktober und November werden unzählige **Bananen** auf Bambusgerüsten getrocknet.

Unterkunft/Essen

- Das **Poo Pae Restaurant and Guest House***** (Tel. 042-441088) ist mitten im Dorf an der Flussstraße in einem schönen Holzhaus untergebracht und bietet saubere Zimmer mit A.C. Ein dazugehöriges **Resort*****, 1 km südlich des Dorfes bietet Bungalows mit A.C.

Chaiyaphum
ชัยภูมิ

Eine Provinzstadt, die kaum von westlichen Reisenden besucht wird, wer sich dennoch hierhin aufmacht, findet typisch thailändisches Kleinstadtleben und die eine oder andere Sehenswürdigkeit.

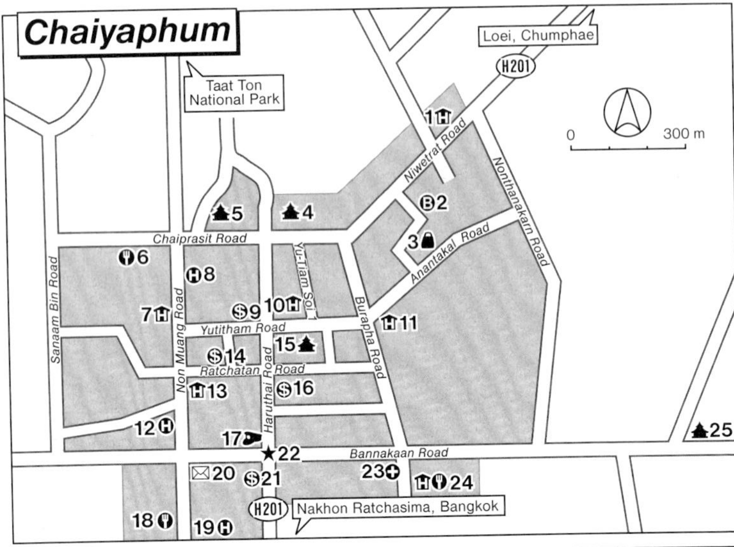

- 1 Lert Nimit Hotel
- 2 Busbahnhof
- 3 Nachtmarkt
- 4 Wat Chaiprasit
- 5 Ming Dao (Chinesischer Tempel)
- 6 Tawan Daeng Restaurant
- 7 Sirichai Hotel
- 8 AC-Busse nach Bangkok
- 9 Krung Thai Bank
- 10 Charoen Hotel
- 11 Chaiyaphum Inn Hotel
- 12 Busse n. Ban Kwao
- 13 Rattana Siri Hotel
- 14 Bangkok Bank
- 15 Wat Rangsila
- 16 Thai Farmer's Bank
- 17 Polizei
- 18 Pak Grill
- 19 AC Bus Station
- 20 Post
- 21 Siam Commercial Bank
- 22 Chao Pho Phraya Lae Statue
- 23 Krankenhaus
- 24 Siam River Resort + Restaurant
- 25 Prang Ku

Etwa 2 km von der Innenstadt entfernt liegt **Prang Ku,** eines der ältesten religiösen Bauwerke Chaiyaphums, das eine verehrte Buddhafigur aus der Dvaravati-Periode beherbergt. Der Tempel war ursprünglich eine Khmer-Anlage, gebaut zur Zeit von *Jayavaram 7.* im 12. Jh. Er diente als Zwischenstation auf der Strecke Angkor Wat, Phanom Rung, Phimai und Prasat Singh in der Provinz Kanchanaburi, die durch eine Art Pilger- und Handelsroute miteinander verbunden waren. Die Anlage ist abends beleuchtet, was einen sehenswerten Effekt erzielt.

Im Stadtzentrum hält eine **Statue von Chao Pho Phraya Lae** Wache, die einen Edelmann vom Hofe König *Chao Anuvongs* von Vientiane darstellt. Im Jahre 1819 hatte *Chao Pho Phraya Lae* die Amtgeschäfte für *König Anuvong* in Chaiyaphum aufgenommen, 1822 aber brach er mit dem laotischen Herrscher und schwor seine

Treue dem thailändischen König, Rama 3. Später wurde *Chao Pho Phraya Lae* von laotischen Truppen gefangen genommen und enthauptet. Heute gilt er als der Schutzpatron der Stadt und jedes Jahr im Januar wird ihm zu Ehren ein einwöchiges Fest abgehalten.

18 km von der Stadt entfernt, am Chaiyaphum-Kaset Somboom Highway, befinden sich die **Taat Tohn-Wasserfälle,** mit umliegenden Nationalpark. Bungalow-Unterkunft***-**** (5-12 Personen) ist vorhanden; man kann auch ein eigenes Zelt aufstellen. Minibusse ab Chaiyaphoom fahren für 20 Baht zum Park.

Ebenfalls in der Provinz Chayaphoom liegt der bekannte **Pha Hin Ngam Nationalpark.** Von Mai bis August blühen in diesem Park tausende lila- und rosa-farbene Krachio-Blumen. Ganzjährig können die seltsamen Felsformationen bestaunt werden, die auf Wanderungen entdeckt werden können. Der Park (Tel. 081-3071673) ist ca. 130 km von Khorat entlang Highway 205 entfernt und hat einen Camping-Platz. Am besten man reist im eigenen Fahrzeug an.

Dreizehn Kilometer westlich der Stadt liegt die Ortschaft **Ban Khwao,** die für ihre Seidenwebereien bekannt ist. Die hier erzeugten Seidenstoffe sind von höchster Qualität und entlang der Hauptstraße durch den ansonsten eher unansehnlichen Ort können sie in zwei oder drei Geschäften gekauft werden. Mit eigenem Fahrzeug fahre man Highway 225 bis zur Polizeistation des Bezirks *(amphoe)* Ban Khwao und biege dort links ein. Yin's Guest House in Chaiyaphoom organisiert Touren nach Ban Khwao, bei denen der gesamte Herstellungsprozess beobachtet werden kann – von der rackernden Seidenraupe bis zum ratternden Webstuhl.

Unterkunft

- Das **Charoen Hotel****-***, 196 Soi 1, Yuthitham Road, hat teilweise A.C., Tel. 044-811194-5.
- Das **Lert Nimit Hotel****-****, 447 Niwetrat Road, ist angeblich das beste Haus am Platze, die teureren Zimmer haben A.C., Tel. 044-811522-3.
- **Sirichai Hotel****-****, 565 Nonmuang Road, Tel. 044-811461. Ein Restaurant und Café sind angeschlossen.
- Das **Rattana Siri Hotel****-*** (677 Nonmuang Rd., Tel. 044-821258-60) ist freundlich und für den Preis o.k., aber die Zimmer sind schon etwas abgewohnt; alle Zimmer mit Bad, die teureren auch mit A.C.
- Das moderne **Chaiyaphum Inn****-*** (349/25-39 Anantakal Rd., Tel 044-830276) hat ordentliche Zimmer mit A.C. und TV.
- Das **Siam River Resort******-LLL (Tel. 044-811999, Fax 044-821520) ist ganz neu und hat ordentliche und saubere Zimmer und ist wohl auf durchreisende thailändische Vertreter zugeschnitten. Ein Restaurant, das thailändische Gerichte serviert, ist angeschlossen. Alle Zimmer haben A.C. und TV und kleine Villen für 4 Personen sind ab 3.000 Baht zu mieten.

Essen

Entlang der Thanon Ratchatan und der Thanon Yuthitham befinden sich **zahlreiche Essensstände.** Die Stände schließen abends schon ca. 21.00/22.00 Uhr, früh für thailändische Verhältnisse. Um diese Zeit scheint sich eh die ganze Stadt zur Ruhe zu betten.

- An der Non Muang Road am südlichen Stadtrand liegt das **Fern Restaurant Pak Grill,** ein Gartenlokal mit guten Beef-Barbecues; dazu gibt es Bier von Fass. Mittlere Preislage.

- Das **Tawan Daeng** ist Restaurant, Nachtclub und Polittreffpunkt zugleich. Die Wände dieses wie ein Wild-West-Saloon ausgestatteten, sehr empfehlenswerten Etablissements, sind mit Bildern thailändischer Revoluzzer und linker Intellektueller bedeckt. Eine Band spielt allabendlich die neusten Thai Rock Hits und das Essen – thailändische Gerichte und ein paar deutsche Speisen – ist sehr gut und recht preiswert. Gute Atmosphäre hat es vor allem am Wochenende.
- Das **Sirichai Hotel** hat ein gehobeneres Restaurant (mit Auftritt von Thai-Sängerinnen).

Anreise

A.C.-Busse ab Bangkok (Northern Bus Terminal) Abfahrt alle 1-2 Std. (332 km) kosten 196 und 294 Baht, V.I.P.-Busse fahren für 390 Baht (Fahrzeit 6 Std).

Weiterreise

In folgende Orte fahren **Busse:** nach Nakhon Ratchasima, nach Chumpae, nach Phu Kradung, nach Loei, nach Chiang Khan und nach Khon Kaen.

Loei

เลย

Loei (33.000 Einwohner) ist die Hauptstadt der gleichnamigen Provinz und umgeben von sattgrünen, sanften Hügeln. Die Szenerie erinnert eher an den Norden als an den Nordosten. Loei weist außer dem kleinen chinesischen Tempel an der Sertsri Road, **Sanjao Por Kud Pong** (nahe einem Teich und Sportpark), keine besonderen Sehenswürdigkeiten auf.

Jedes Jahr Anfang Februar feiert der Ort die **Cotton Blossom Fair,** ein Umzug zahlreicher mit Baumwollblüten bedeckter Wagen. Wie bei allen Festen wird auch hier eine Schönheitskönigin gekürt, die sich in diesem Falle „Miss Cotton Blossom Fair“ nennen darf.

Loei ist Ausgangspunkt für **Bergwanderungen** in faszinierender Landschaft oder zur Fahrt nach Phu Kradung. In der Umgebung werden Weintrauben angebaut, die zu einem von Thailands **Weinen** verarbeitet werden, dem Chateau de Loei.

Information

- Ein kleines **Büro der TAT** befindet sich in einem sehr imposanten alten Gebäude des Gemeinderats (Charoenrat Road, Tel. 042-811812) und händigt die üblichen Broschüren aus.

Unterkunft

- **Thai Udom Hotel****-*** (Tel. 042-811763), Zimmer mit Bad.
- **Royal Inn Hotel****-***, 22/16 Chumsai Rd., Tel. 042-812563; relativ neu und recht komfortabel, Zimmer mit Bad und TV, teilweise A.C.
- Das **King Hotel****-**** (Tel. 042-811783, Fax 042-811235) hat Zimmer (Bad) in diversen Preisstufen, mit A.C. und TV in den teureren Zimmern. Für 240 Baht gibt es einfache Zimmer mit Bad.
- Ganz neu ist das **Loei Orchid***** (1/41 Sakunchiangkhan Road, Tel. 042-861888), das saubere, etwas unpersönliche Zimmer mit A.C. bietet.
- Das **Phu Luang Hotel*****-***** (Tel. 042-811532) hat Zimmer mit Bad, teilweise A.C.
- Das vielleicht beste Hotel am Ort ist das **Loei Palace Hotel*******-LLL (Loei-Naduang Road, Tel. 042-815668, loeipalace@amari.com). Restaurant, Swimmingpool, Karaoke und Massage-Service angeschlossen.

Essen

Im **Markt** an der Charoen Rat Road findet man abends zahlreiche Essensstände. Als **Spezialität** werden gegrillte Würste nach Issaan-Art oder *gai*

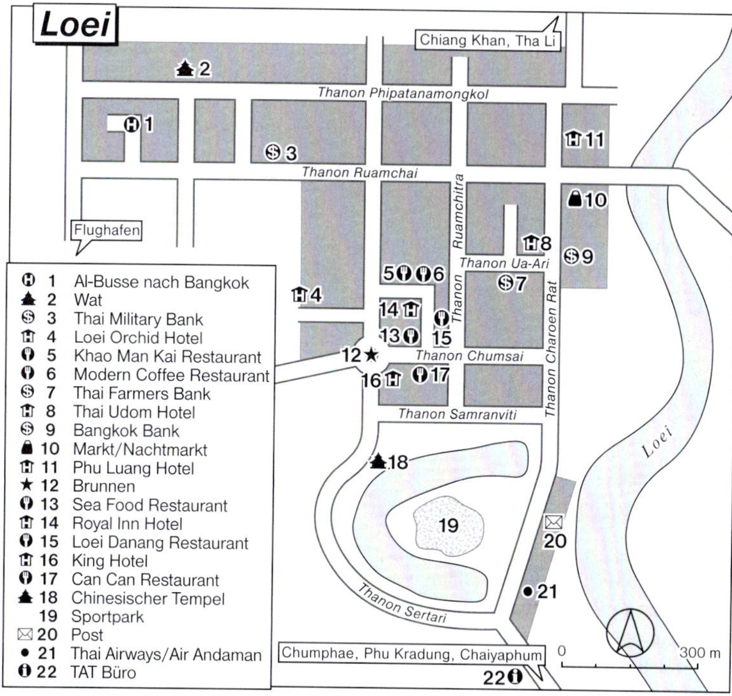

yaang, geröstetes Hühnerfleisch, serviert. Ansonsten existieren noch ein paar kleine, aber angenehme Restaurants entlang der Thanon Ua-Ari. Die Restaurants in Loei machen einen ausgesprochen sauberen Eindruck, also guten Appetit!

- Das **Can Can Restaurant,** das sich im King Hotel befindet, serviert thailändische und europäische Gerichte.
- Das **Loei Danang,** nahe dem Royal Inn Hotel, bietet gute vietnamesische Küche.
- Ein **preiswertes Thai-Restaurant,** das auch vegetarische Gerichte anbietet, befindet sich etwas nördlich des Royal Inn Hotel und ist leider nicht auf Englisch ausgeschildert. Ein Schild vor dem Restaurant auf dem *Modern Coffee* steht (den gibt es hier auch und er ist sehr gut) könnte bei der Suche hilfreich sein.
- Gleich daneben liegt das **Kao Man Gai,** ein Restaurant, das sich auf Hühnchen, gekocht, gebraten und gegrillt, spezialisiert hat. Ebenfalls preiswert.

Anreise

- **A.C.-Busse ab Bangkok** fahren ungefähr alle halbe Stunde, Kostenpunkt 439 Baht, V.I.P. 651 Baht. Die Fahrzeit beträgt etwa 9 Std. (560 km).
- Weiterhin **Busse** u.a. ab Chaiyaphum, Khon Kaen, Khorat, Nong Khai, Phitsanulok, Udon Thani.

- **Nok Air** fliegt 2-mal die Woche von Bangkok nach Loei, Kostenpunkt 1.350-2.150 Baht. Die gleiche Fluglinie fliegt auch von Udon Thani nach Loei, ebenfalls nur 2-mal die Woche, Kostenpunkt 400-750 Baht. Callcenter: 1318.

Weiterreise

- **Busse** fahren unter anderem nach Chiang Khan (35 Baht) und Tha Li (36 Baht). Zur Weiterfahrt nach Phu Kradung siehe unter „Phu Kradung, Anreise“. Die Busse fahren ab der Busstation im Südwesten der Stadt an Highway 201, etwas südlich der Kreuzung mit der Thanon Nok Gaew. A.C.-Busse nach Bangkok ab der Station nahe der Thanon Ruamchai.
- **Nok Air** betreibt mit **Thai Airways** zusammen ein Büro in der Charoenrat Rd. nahe dem Fluss. Nok Air 1318.

Umgebung von Loei

Phu Ruea

In Phu Ruea, 60 km westlich von Loei, werden Weintrauben angebaut, und das hier befindliche Weingut ist das älteste Thailands. Der in Phu Ruea produzierte Rotwein (Syrah oder Shiraz) und Weißwein (Chenin Blanc) wird unter dem Markennamen Chateau de Loei vermarktet und ist in vielen Supermärkten im Lande erhältlich (ca. 400-500 Baht). Über den Geschmack der Produkte lässt sich streiten, der Weißwein ist aber wohl besser als der Rotwein. Da es in Thailand für ca. 500 Baht recht gute ausländische Weine gibt, dürfte der Absatz relativ schleppend sein.

Das Weingut, gegründet von *Dr. Chaiyudh Karnasutra* und gemanagt vom französischen Weinmeister *Michel Rappes*, kann nach Anmeldung besucht werden. Anfragen im nahen **Ruangyen Resort*****-LLL (Tel. 042-809511, Fax 042-891423), gelegen abseits der Straße 203 bei Dan Sai. Im Resort gibt es recht ordentliche Zimmer mit Bad, Ventilator und Kühlschrank. Swimmingpool vorhanden.

Inzwischen machen einige andere Weingüter diesem Pionierunternehmen Konkurrenz. Eines davon, bei Phichit gelegen, gehört dem ehemaligen Innenminister und passionierten Weintrinker *Sanan Kachornprasart,* der im Jahre 2000 aufgrund eines Finanzskandals zurücktreten musste.

Dan Sai

Ca. 82 km westlich von Loei und ca. 60 km nördlich von Lomsak findet zwischen Mitte Juni und Anfang August eines der buntesten und merkwürdigsten Thai-Feste statt. Das **Phitakhon Fest** dauert drei trinkfreudige Tage lang, mit einer Prozession von als Geister maskierten Männern: Diese begleiten unter viel Klamauk eine Buddha-Statue und „veräppeln“ dabei gleichzeitig ihre (auch nicht unbedingt nüchternen) Mitbürger. Viele der „Geister“ tragen zudem überdimensional große Phallussymbole mit sich, mit denen im angetrunkenen Zustand auch auf weibliche Zuschauer Jagd gemacht wird. Die oft ebenfalls überdimensional proportionierten, grotesken Masken sind aus Kokosnussholz hergestellt und grell bemalt. Die Prozession ist eines der fotogensten Feste des Nordostens. Zudem finden buddhistische Riten statt und abends spielen sehr gute Mor Lam Bands traditionelle Musik der Region, wozu kräftig getanzt wird. Es ist unmöglich während des Festes in Dan Sai eine Unterkunft zu finden, die sind schon wochenlang vorher ausgebucht. Am besten man pendelt von Loei.

- **Anfahrt:** Dan Sai liegt etwas abseits des Highway Nr. 203; Busse nach Dan Sai ab Loei zu 30 Baht; Fahrzeit ca. 1 Stunde.

Nationalparks in der Gegend von Loei

Phu-Ruea-Nationalpark

Der nordwestlich von Phu Ruea gelegene, 121 km² große Phu Ruea National Park ist ein bergiges Waldgebiet mit zahlreichen Wildblumen, verschiedenen Orchideenarten und Rhododendron-Sträuchern. Der Park ist das Habitat von verschiedenen Hirscharten, Wildschweinen und anderen Säugetieren, in erster Linie aber von zahlreichen Vogelarten. Der höchste Gipfel des Gebiets, der **Phu Ruea oder „Boots-Berg"**, ist 1.365 m hoch und kann bestiegen werden. Vom Gipfel ergibt sich eine gute Aussicht auf den Mekhong und das jenseits gelegene Laos. Die zum Gipfel führende Straße endet etwa 1 km vor dem Gipfel an einem Aussichtspunkt; von dort geht es nur zu Fuß weiter. Ab dem Parkhauptquartier dauert der Aufstieg ca. 2½ Std.

Der Nationalpark ist eines der kühlsten Gebiete Thailands und verzeichnet regelmäßig rekordverdächtige Niedrigtemperaturen. In manchen Winternächten fällt das Thermometer auf bis zu -4 °C.

Fahrzeuge zur Erkundung des Gebiets können eventuell in Baan Phu Puea angemietet werden.

Unterkunft

- Es stehen fünf **Bungalows** der Parkverwaltung für jeweils 4-6 Personen***** zur Verfügung; ein Camping-Platz mit Duschmöglichkeit ist ebenfalls vorhanden.
- Am Zugang zum Park stehen zudem einige **Resorts** zur Verfügung, z.B. der Rai Waranya Resort***-***** (Tel. 042-899020).

Anreise

Zur Anfahrt bietet sich der **Bus** auf der Strecke Loei–Lomsak an; bis Phu Rua kostet es 40 Baht. Die Busse auf der Strecke Phitsanulok–Loei passieren ebenfalls den Park.

Phu-Kradung-Nationalpark

Der Park ist ein perfektes Terrain für ausgedehnte Wanderungen. Das Gebiet steigt bis zu einer Höhe von 1.500 m an, was aber bedeutet, dass es in der kühlen Jahreszeit extrem kalt werden kann. Die Berge um Loei sind ohnehin die kälteste Region Thailands, mit Temperaturen, die im Dezember und Januar bis unter den Gefrierpunkt fallen können.

Phu Kradung bietet ein weitgefächertes Spektrum an Vegetation und Wildlife. Es gibt noch ein paar wilde Elefanten, Bären, Pfauen und Sambar-Hirsche. In der Regenzeit vom 1.5. bis 30.9. ist der Park geschlossen.

Der Höhepunkt für viele Besucher ist der Aufstieg zum **Gipfel des Phu Kradung.** Der Trek ist ca. 3 km lang und dauert in der Regel 3 Std.; ganz fitte Naturen haben es auch schon in 2 Std. geschafft. Die Strecke ist äußerst malerisch, und an einigen schwierigen Teilabschnitten sind Leitern oder Stufen angebracht – trotzdem ist eine solide Leibesübung garantiert. Nicht vergessen, dass der Rückweg noch mal so lange dauert und möglichst früh am Morgen aufbrechen. Das gilt besonders in der heißen Jahreszeit. Unterhalb des Gipfels befindet sich ein Visitor's Centre, das die Eintrittsgebühr von 200 Baht abkassiert und Karten des Gebietes aushändigt. Geöffnet 7-15 Uhr.

Unterkunft

Von Ban Si Than ist es noch ein Fußweg von 3 Stunden zu den Unterkünften. **Zelte** können für 40 Baht pro Person gemietet werden. Ansonsten stehen recht teure Bungalows***-LLL für 6 bis 12 Personen zur Verfügung, mit Preisen ab 900 Baht.

Anreise

- **Busse** ab Loei fahren alle halbe Stunde zur Ortschaft Phu Kradung, Kostenpunkt 45 Baht, Fahrzeit ca. 1½ Std. (77 km). Von dort fahren Songthaews für 15 Baht die restlichen 7 km zum Visitor's Centre. Busse auf der Strecke Khon Kaen–Loei passieren Phu Kradung.

Nam-Nao-Nationalpark

Der 966 km² große Park, gelegen in den Provinzen Petchabun und Chaiyaphum, gilt als einer der schönsten Thailands. Das Gebiet war zwar schon 1972 zum Nationalpark erklärt worden, doch hatten sich darin kommunistische Guerillas festgesetzt, und Besuche des Parks galten als zu riskant. Anfang der 80er Jahre wurden die Aufständischen niedergeschlagen, und heute besteht keinerlei Gefahr mehr.

Rund 60 % des Gebietes sind mit Wald bedeckt, der sich über eine sanft hügelige Landschaft ausbreitet. Ein Großteil des Waldes besteht aus Pinien, die so etwas wie ein Symbol des Parks sind. Die Pinien geben besonders bei Nebel ein magisches Bild ab. Daneben finden sich dichte Bambushaine, und am Boden breitet sich ein satter Teppich aus Gräsern aus.

Es gibt einige **Wasserfälle,** so den Hiu Sai, den Sai Thong und den Tat Phra Ba. Zu den Tieren, die hier leben sollen, gehören Elefanten, Schwarzbären, Tiger, Leoparden Schakale, Wildschweine, Loris, einige Hirsch- sowie über 200 Vogelarten.

Die **Yai-Nam-Nao-Höhle** wird von Hunderttausenden von Fledermäusen bevölkert.

Der Park wird von einer Vielzahl von Wegen durchzogen, und Wanderer kommen voll auf ihre Kosten. Von Kilometerstein 69 an Highway 12 führt ein 7 km langer Weg auf den **Phu Phajit,** einem oben abgeflachten Berg, von dem sich ein hervorragender Ausblick ergibt. Der Aufstieg ist sehr steil und dauert mindestens 6 Stunden. Bei Mitnahme einer Campingausrüstung lässt sich auf dem Gipfel übernachten. Ein weiterer guter Aussichtspunkt ist der 1.134 m hohe **Phalom Phakong,** der ebenfalls in ca. 6 Stunden bestiegen werden kann.

Unterkunft

Die Parkverwaltung unterhält 10 **Bungalows,** die zwischen 8 und 30 Personen aufnehmen können. Preise 400-1.200 Baht. Gegen eine Gebühr kann Campingausrüstung gestellt werden.

Anreise

Der Park wird von Highway 12 durchkreuzt, der unter anderem Khon Kaen mit Lomsak, Phitsanulok, Sukhothai und Tak verbindet. Alle **Busse** von Tak/Sukhothai/Phitsanulok/Komsak nach Khon Kaen oder in umgekehrter Richtung führen zum Park. Aussteigen am Kilometerstein 50, wo ein Schild den Weg zum Park weist. Von dort sind es noch 2 km.

Chiang Khan
เชียงคาน

Diese winzige Stadt am Mekhong bietet wunderschöne Aussichten über den Fluss hinweg nach Laos und ist fast unglaublich ruhig. Eine wahre Erholung nach Thailands größeren Orten, ganz zu schweigen von der Lärmhauptstadt der Welt, Bangkok.

Fast alle Gebäude Chiang Khans sind aus Holz, ein untrügliches Anzeichen, dass der „Fortschritt" hier noch nicht Fuß gefasst hat. Kaum jemand hier spricht Englisch, und so zeigt sich nun, wer seinen Sprachführer gut studiert hat. Chiang Khan ist der perfekte Ort, um für einige Tage rein gar nichts zu tun.

Zu besichtigen gibt es ohnehin nur **Wat Srikhunmuang,** ein Tempel im Baustil des Nordens, der einige Wandgemälde aufweist sowie **Wat Mahathat,** der nicht sonderlich interessant, dafür aber sehr alt ist (von 1654).

Ansonsten lädt die herrliche Gegend zu ausgedehnten **Spaziergängen** ein, oder man kann sich von den Bootsleuten ein Boot für eine **Mekhongfahrt** mieten. Fahrten nach Pak Chom (ca. 5 Std.) kosten mit 4 Personen zusammen 800 Baht; die Bootsleute lassen sich aber auch für alle anderen erdenklichen Touren anheuern.

Vier Kilometer westlich von Chiang Khan liegt der Ort **Kaeng Khut Khu,** an dem sich einige Stromschnellen befinden. Boote können gemietet werden. An den Wochenenden kommen viele Einheimische und laben sich am scharfen Papaya-Salat *som tam* und an einer Art Rösthuhn, genannt *gai yang.* Ein netter Platz für ein paar angenehme Stunden.

Unterkunft

- Dem **Rimkhong G.H.***-** ist ein Pub angeschlossen (Rimkhong Rd., Tel. 042-8211 25) und bietet ordentliche, einfache Zimmer und Bungalows ohne eigenes Bad. Die zum Fluss hinaus gelegenen Zimmer sind etwas teurer.
- Das **Chiang Khan G.H.***-** (Rimkhong Rd., Tel. 042-821119) wird von einem netten Menschen namens *Ong* geleitet, der viel Information über die Gegend parat hat. Die Zimmer (ohne eig. Bad) sind nicht spektakulär, aber o.k.
- **Tonkhong G.H.***** (Rimkhong Rd., Tel. 042-821547), Zimmer z. T. mit eig. Bad. Angeschlossen ist ein vegetarisches Restaurant.
- Nicht schlecht ist das freundliche **Sam's Guest House****-*** (Tel. 042-821041), das sich allerdings in einem modernen Steingebäude befindet. Zimmer mit und ohne A.C.
- Am nördlichen Ende des Dorfes liegt das **Sukhsombun Hotel***** (Tel. 042-2821064), das sehr saubere, moderne Zimmer mit und ohne A.C. bietet, die teilweise allerdings etwas klein sind. Die besten Zimmer haben einen Blick über den Fluss. Das angeschlossene Restaurant serviert gute thailändische Küche.

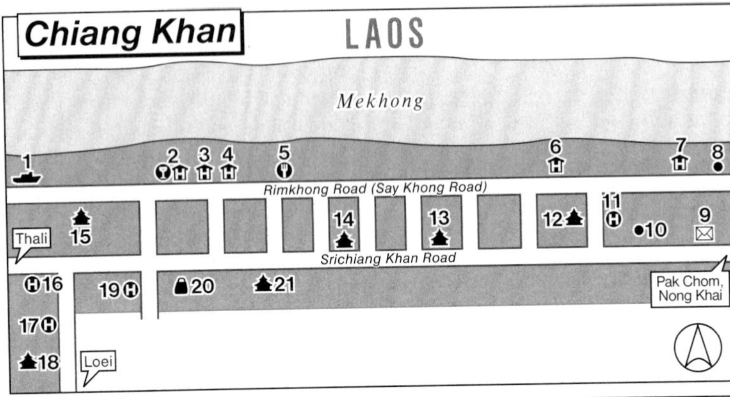

- 1 Boat Hire
- 2 Rimkhong G.H. + Pub
- 3 Sukhsombun Hotel
- 4 Tonkhong Guest House
- 5 Rest. Riverside
- 6 Chiang Khan Guest House
- 7 Sam's Guest House
- 8 Zoll/Immigration
- 9 Post
- 10 Schule
- 11 Busse nach Nong Khai
- 12 Wat Takok
- 13 Wat Mahathat
- 14 Wat
- 15 Wat Srikhunmuang
- 16 Songthaews nach Tha Li
- 17 Songthaews nach Loei
- 18 Chinesischer Tempel
- 19 A.C.-Busse nach Bangkok
- 20 Markt
- 21 Wat

Essen

● Akzeptables, preiswertes Thai-Essen im **Rimkhong G.H. & Pub.**

● Ebenfalls preiswerte, recht gute Thai-Küche im **Riverside Restaurant** (auch: Rabiang) links neben dem Thonkhong G.H.

Anreise

● Von Loei fahren **Songthaews** vom Busbahnhof für 35 Baht, ebenso von Pak Chong, Abfahrt vom Busbahnhof am Ostrand des Ortes.

Weiterreise

● Um **nach Nong Khai** zu gelangen, sollte man früh aus den Federn kommen, um noch einen Morgenbus zu erwischen. Andernfalls muss man zuerst nach Pak Chom und dann umsteigen. Die gesamte Fahrt kostet 65 Baht und dauert 5 Stunden. Die Straße nach Nong Khai folgt fast die ganze Strecke über dem Lauf des Mekhong, und dieses ist einer der schönsten Trips, den man sich in Thailand gönnen kann! Wer ohne Stopp nach Nong Khai will, sollte vor 14.00 Uhr in Pak Chom eintreffen, um noch Anschluss zu erhalten.

● Vom Westende Chiang Khans fahren Songthaews **nach Tha Li,** gelegen in herrlich bergiger Landschaft. Laos ist nur 8 km von Tha Li entfernt, und so ist es nicht verwunderlich, wenn zahlreiche laotische (geschmuggelte) Waren den Weg nach Thailand finden. Tha Li kann auch von Loei aus erreicht werden.

● Ansonsten gibt es **Busse** nach Sang Khom (28 Baht), Si Chiang Mai (45 Baht) und Loei (35 Baht).

Umgebung von Chiang Khan

Pak Chom

... ist eine kleine attraktive Stadt am Mekhong, an der Strecke von Chiang Khan nach Nong Khai. Hier kann die Fahrt zwischen den beiden Orten unterbrochen werden.

- **Unterkunft:** In Pak Chom gibt es derzeit nur zwei Unterkunftsmöglichkeiten. Das Pak Chom Guest House* (Soi 1, Rimkhong-Chiang Mai Rd., Tel. 042-881021) hat nur eine Handvoll einfacher Bungalows und bietet eine gute Aussicht auf den Mekhong, wirkt aber etwas verlassen. Moderne Bungalows mit und ohne A.C. bietet das Pak Chom Resort**-*** (Tel. 042-881033).
- **Weiterfahrt:** Von Pak Chom fahren Busse nach Loei, Chiang Khan und Nong Khai.

Sakhon Nakhon

สกลนคร

Die Gegend um Sakhon Nakhon ist reich an **kleinen Seen und Weihern,** eine Ausnahme im sonst so chronisch durstigen Issaan. Sakhon Nakhon selber liegt am Thale Sap Nong Han, dem **größten Binnensee von Thailand.** In diesem See liegen einige reizvolle kleine Inseln, die mit gemieteten Booten angefahren werden können.

Jedes Jahr im Oktober wird das **„Wax Castle Festival"** abgehalten, zu dem Schlösser aus Wachs geformt und vorgeführt werden.

In den letzten Jahren geriet der Ort in die Schlagzeilen, als bekannt wurde, dass dort zahlreiche **Hunde und Katzen geschlachtet** wurden – sowohl zum Verzehr, als auch, im Falle der Katzen, um die Felle zu verkaufen. Das Zentrum dieser Aktivitäten liegt allerdings in **Tha Lae,** einem etwa 40 km nordwestlich von Sakhon Nakhon gelegenen Ort; hier befindet sich ein **Markt für Hundefleisch.** Allerdings muss betont werden, dass nur die allerwenigsten Thais jemals Hunde- oder Katzenfleisch verzehren. Viele sehen es als „Sünde" an.

Tha Phra That Choeng Chum ist der wichtigste Tempel der Stadt. Sein Hauptmerkmal ist der 24 m hohe weiße Prang aus dem 10. Jh. Der zum Wat gehörige bot schimmert bei Sonnenlicht in faszinierenden Farben, und die Fenster und Türen sind mit beeindruckenden Schnitzereien versehen. Ein besuchenswerter Tempel, auch wenn das Gelände derzeit einen etwas verwahrlosten Eindruck hinterlässt.

Wat Phra That Narai Chengweng besteht aus einem Tempel mit einer Pagode im Khmer-Stil, gelegen im Dorfe Ban That, ca. 5 km von Sakhon Nakhon entfernt. Die Pagode ist 12 m hoch und aus Laterit.

Wat Pa Suthawat steht gegenüber dem Rathaus, und hier werden die Gebrauchsgegenstände eines in der Umgebung verehrten verstorbenen Mönches, *Phra Achaarn Man Bhuritatto,* aufbewahrt.

In **Wat Pa Udom Somphon** lebte ein weiterer verehrter Mönch, *Phra Achaarn Fan Achaaro.* Im Tempel befindet sich eine lebensgroße Figur des Mönches, vor der die Gläubigen beten. Der Wat liegt ca. 3 km außerhalb der Stadt.

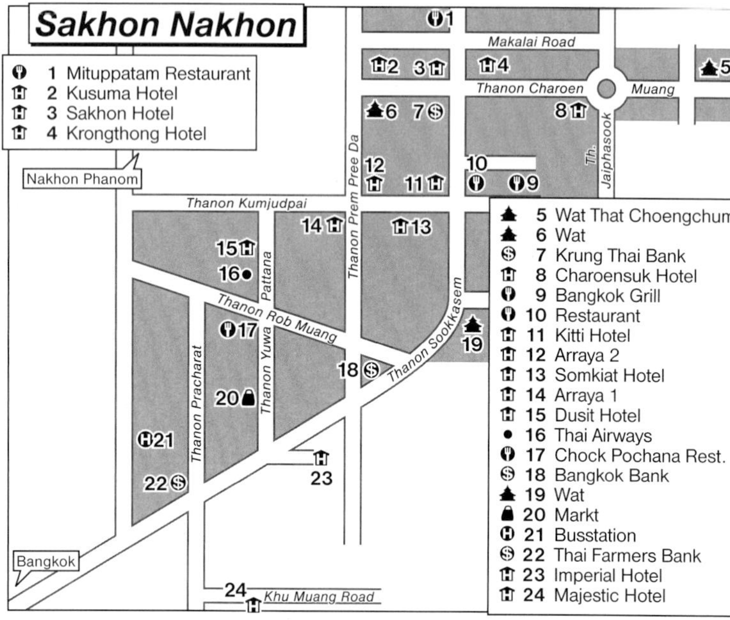

Unterkunft

Die beste Wohngegend ist in der Nähe der Thanon Kumjudpai und der Thanon Charoen Muang. Zum einen ist es hier recht ruhig, zum anderen liegen Wat Choeng Chum und der Busbahnhof in direkter Nähe.

- **Kitti Hotel****, 1812 Sukkasem Rd., Tel. 042-711225
- **Somkiat Hotel****-***, 1384/1 Kumjudpai Rd., Tel. 042-711044
- **Charoensuk Hotel****, 635 Charoen Muang Rd., Tel. 042-7126916
- **Araya Hotel****, 1432 Prem Pree Da Rd., Tel. 042-711097; das Araya Hotel besteht aus zwei Gebäuden auf gegenüberliegenden Straßenseiten.
- **Krongthong Hotel****, 645/2 Charoen Muang Rd., Tel. 042-711235
- **Sakhon Hotel****-***, 581/1 Charoen Muang Rd., Tel. 042-711113
- **Kusuma Hotel****, 433 Charoen Muang Rd., Tel. 042-7111112
- **Dusit Hotel****-***, 1784 Yuwa Pattana Rd., Tel. 042-711198-9; hat nichts mit der hochklassigen Hotelkette Dusit zu tun, ist aber als Mittelklassehotel nicht schlecht.
- **Imperial Hotel*****-****, 1892 Sukkasem Rd., Tel. 042-711119; das zweitbeste Hotel am Ort, mit einem alten und einem neuen Flügel.
- Das Top-Hotel am Ort ist das **Majestic Hotel*****-LLL oder **MJ** (Khu Muang Rd., Tel. 042-733771, Fax 042-733616), ein Zugang mit sauberen, komfortablen Zimmern mit A.C. und TV. Angeschlossen sind ein Restaurant, Pub, Massage-Salon und Billard-Halle.

Essen

- Gegenüber dem Kitti Hotel an der Thanon Sookkasem serviert ein **unscheinbares Res-**

taurant *khai ka-ta,* Spiegelei mit Schweinefleisch samt einem Schinkenbrötchen. So ähnlich findet man das Gericht auf der anderen Seite der Grenze, in Vientiane, allerdings mit französischem Weißbrot dazu. Das Restaurant hier kredenzt zusätzlich einen recht ordentlichen Kaffee.

- Zwischen diesem Restaurant und dem Kitti Hotel, also ebenfalls an der Thanon Kumjudpai, liegt ein weiteres **kleines Restaurant.** Auch hier gibt's hervorragende Issaan-Kost, was besonders für Som Tam gilt. Thailand-Neulinge sollten ihn aber unbedingt *„mai pet"* ordern, „nicht so scharf".
- Das **Mituppatam Restaurant** an der Sookasem Road serviert gute Steaks, nach französischer Art. Sehr populär unter Thais.
- **Bangkok Grill** an der Rob Muang Rd. bietet Steaks, Seafood, Suppen u. Salate in Fast-Food-Restaurant-Atmosphäre. Preiswert.
- Auf der gegenüberliegenden Straßenseite befindet sich das **Chock Pochana Restaurant,** das preiswerte regionale Speisen serviert.
- Wer eher das Exotische und Außergewöhnliche liebt, kann sich im **Markt** an Schlangen und Fledermäusen laben. Wohl bekomm's!

Anreise

- **Busse** nach Sakhon Nakhon fahren u.a. ab Ubon Ratchathani (140/210 Baht), Nakhon Phanom (85 Baht), That Phanom (75 Baht), Udon Thani (120 Baht). Direkte A.C.-Busse ab Bangkok kosten 360 und 463 Baht, V.I.P.-Busse 540 Baht; Fahrzeit ca. 9 Std. (633 km).
- Eine **Flugverbindung** ab Bangkok besteht mit der P.B. Air. 1-2 Flüge tgl., Kostenpunkt 2.035 Baht. Flugzeit 1 Std. 5 Min.

Nakhon Phanom

นครปฐม

Nakhon Phanom ist eine friedliche kleine Stadt am Mekhong, die herrliche Ausblicke auf Laos bietet. Auf der laotischen Seite erhebt sich ein paar Kilometer landeinwärts ein seltsam geformter Berg.

In den letzten Jahren hat sich die Stadt zunehmend herausgeputzt, und entlang des Flusses wurden Blumenbeete angelegt und Sitzbänke aufgestellt. Der Blick über den Fluss und die Berge in Laos ist spektakulär. Ein rechtes Idyll.

Die Stadt hat ansonsten deutlich sichtbare **vietnamesische und chinesische Einflüsse** und, wie oft im Nordosten, beschämend freundliche Bewohner. Insgesamt ist dies wohl die angenehmste Stadt des Nordostens.

Wat Srithep ist ein kunterbunter Tempel mit ziemlich modernen Wandgemälden im Hauptgebäude. Sie zeigen das Leben des Buddhas in seinem chronologischen Ablauf. An der Westseite der Außenwand dieses Gebäudes sind einige dreidimensionale Gemälde angebracht. Das Hauptgebäude selbst ist meistens verschlossen, doch bittet man die jungen Mönche, wird einem dieses geöffnet.

Besonders lohnt sich auch ein Ausflug zu einem Haus, das der vietnamesische Präsident **Ho Chi Minh** in den späten 1920er baute und in dem er die Revolution in Vietnam vorbereitete. Das Haus ist sehr schön restauriert und die Wände sind mit Fotos aus dem Leben von Onkel Ho bedeckt. Das Holzhaus wird von dem 83-jährigen *Ngyuen Tiao* betreut, der sich gerne daran erinnert, wie Onkel Ho mit ihm im Garten gespielt hat. Das Haus befindet sich ca. 5 km außerhalb von Nakhon Phanom an der Straße nach Sakhon Nakhon.

Um die Ecke ist das **Thailand-Vietnam Friendship Village,** in dessen

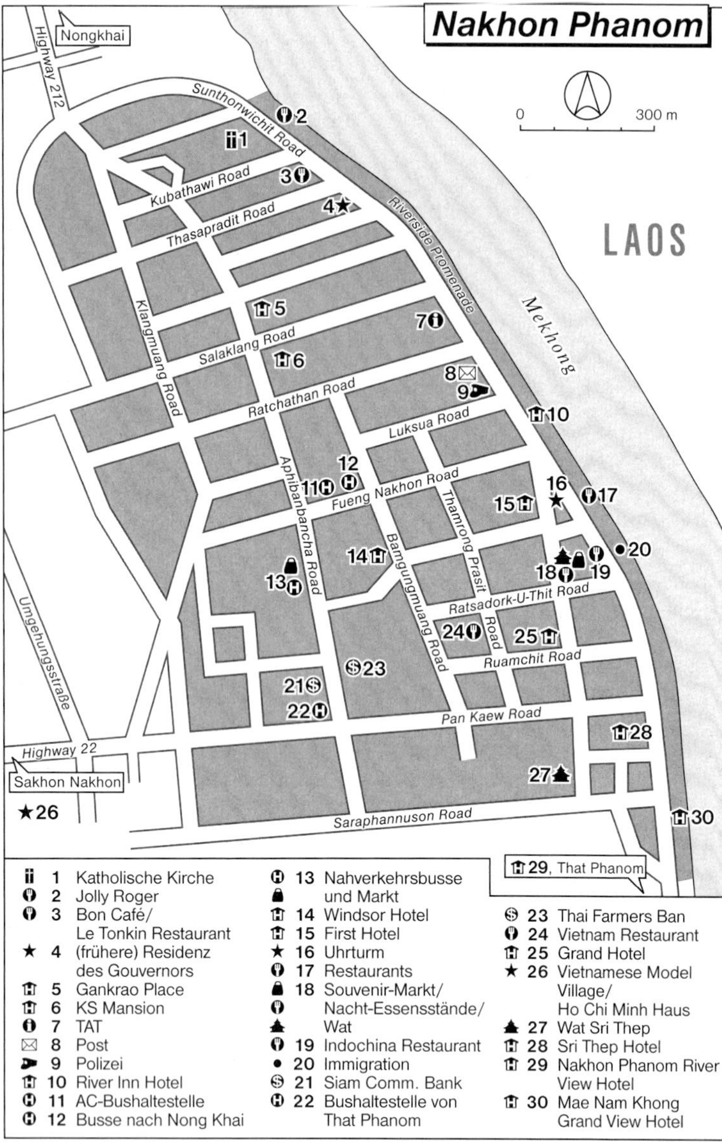

1	Katholische Kirche	
2	Jolly Roger	
3	Bon Café/ Le Tonkin Restaurant	
4	(frühere) Residenz des Gouvernors	
5	Gankrao Place	
6	KS Mansion	
7	TAT	
8	Post	
9	Polizei	
10	River Inn Hotel	
11	AC-Bushaltestelle	
12	Busse nach Nong Khai	
13	Nahverkehrsbusse und Markt	
14	Windsor Hotel	
15	First Hotel	
16	Uhrturm	
17	Restaurants	
18	Souvenir-Markt/ Nacht-Essensstände/ Wat	
19	Indochina Restaurant	
20	Immigration	
21	Siam Comm. Bank	
22	Bushaltestelle von That Phanom	
23	Thai Farmers Ban	
24	Vietnam Restaurant	
25	Grand Hotel	
26	Vietnamese Model Village/ Ho Chi Minh Haus	
27	Wat Sri Thep	
28	Sri Thep Hotel	
29	Nakhon Phanom River View Hotel	
30	Mae Nam Khong Grand View Hotel	

Hauptgebäude ebenfalls eine Ausstellung über *Ho Chi Minh* zu finden ist. Dazu gibt es eine offizielle Einführung in die nicht immer einfache Beziehung Thailands zu Vietnam. Eintritt jeweils frei. Spenden sind erwünscht.

Nakhon Phanom und Umgebung lassen sich sehr gut mit dem **Fahrrad** erforschen – die Straßen sind gut, es gibt kaum Verkehr und entlang des Mekhong ergeben sich wunderbare Ausblicke.

Es ist auch möglich von Nakhon Phanom **nach Laos** überzusetzen. 2-Wochen-Visa lassen sich inzwischen an allen Touristen zugänglichen thailändisch-laotischen Grenzposten direkt beantragen (inkl. Thakhek auf der gegenüberliegenden Mekhong-Seite), diese kosten 30 US$, können allerdings nicht verlängert werden.

Information

- Das **Büro der TAT,** mit sehr hilfreichem Personal, findet sich in der Sunthornvichit Road, Tel. 042-513490-1, Fax 042-513492, tatphnom @tat.or.th.

Unterkunft

- Das **First Hotel****-*** (16 Sithep Road, Tel. 042-511253) ist o.k., aber etwas abgewohnt, Zimmer mit Bad.
- Das **Grand Hotel****-*** (210 Sithep Road, Tel. 042-511526), Zimmer mit Bad, z.T. A.C.
- **Gankrao Place****-*** (Tel. 042-515607) an der Ecke Aphibanbancha Road und Adunyathan Road ist neu, makellos und freundlich. Moderne Zimmer mit A.C, Kühlschrank und TV ab 400 Baht.
- Dem gleichen Besitzer gehört auch das sehr ähnliche **KS Mansion***** (Tel. 042-516100) an der Ecke Aphibanbancha Road und Salaklang Road.
- Das **River Inn Hotel****-*** (Tel. 042-511305) hat etwas schäbige Zimmer (Bad). Das Hotel ist ausblicktechnisch günstig gelegen (direkt am Fluss) und verfügt über ein Restaurant und Café. Und ganz wichtig in der kühlen Jahreszeit: warmes Wasser!
- Das **Sri Thep Hotel*****-**** (197 Sithep Road, Tel. 042-512395) hat recht wohnliche Zimmer (Bad) und eine besonders komfortable V.I.P. Suite (A.C., TV).
- Das **Windsor Hotel***** (Tel. 042-511946) hat Zimmer mit Bad.
- Das zweitbeste Hotel am Ort ist das relativ neue **Mae Nam Khong Grand View Hotel*****-***** (Tel. 042-513564, Fax 042-511037), mit komfortablen Zimmern mit Bad, A.C., TV, Mini-Bar etc.
- Die beste Wahl am Ort ist das **Nakhon Phanom River View Hotel******-LLL (Tel. 042-522333, Fax 042-522777); komfortable Zimmer mit A.C., TV und Kühlschrank.

Essen

In den Straßen Thanon Fueng Nakhon und Thanon Bamrungmuang liegen zahlreiche chinesische Restaurants, dazwischen befinden sich einige Restaurants mit Issaan-Speisen.

- Nahe dem Uhrturm in der Thanon Sunthornvichtit kredenzen eine Reihe Restaurants exotische Gerichte, darunter solche mit dem *pla buek*, dem bis zu über 200 kg schweren **Riesenwels** aus dem Mekhong, dem angeblich größten Süßwasserfisch der Welt. Die Preise sind nicht gerade niedrig, im Großhandel kostet ein Kilo 350 Baht. Der Riesenfisch ist jedoch vom Aussterben bedroht und in einigen Provinzen Thailands ist das Fischen dieses Fisches inzwischen untersagt. Man sollte wohl auf den Leckerbissen verzichten.
- Das **New Suanmai Restaurant,** ebenfalls nahe dem Uhrturm, serviert eine Auswahl von recht guten Thai- und chinesischen Gerichten.
- Das **Vietnam Restaurant** auf der Thamrong Prasit Road, serviert, wie der Name schon sagt, sehr gute vietnamesische Küche. Man lasse sich von der Fast Food Atmosphäre nicht abschrecken: die Frühlingsrollen und das *nam nuang,* eine Art Ravioli, die man selbst zusammenlegt, sind exzellent.

- Das **Indochina Restaurant** ist direkt am Mekhong und von der Terrasse hat man einen guten Ausblick über den Fluss. Sehr populär unter thailändischen Besuchern der Stadt.
- Gegenüber der katholischen Kirche befindet sich das **Jolly Roger.** Tagsüber werden hier Crêpes und *Somtam* (der berühmte und feurige Papayasalat, eine Spezialität aus Issaan) verkauft. Nachts betreibt ein Engländer eine Rock and Roll Bar, die Hamburger und Pommes serviert.
- Direkt am Fluss, nicht weit von dem Büro der TAT liegt das **Le Tonkin,** ein recht gutes französisches Restaurant.
- Gleich daneben ist das in einem schönen Holzhaus untergebrachte **Bon Café.**

Anreise

- **Busse** ab Nong Khai fahren zu 105 Baht, A.C. 165 Baht. Busse ab Udon Thani zu 240 Baht. Weitere Busse ab Khorat, Mukdahan u.a. Direkte Busse auch ab Bangkoks Northern & Northeastern Bus Terminal zu 412 und 529 Baht. V.I.P.-Bus 617 Baht.
- **P.B. Air** fliegt 1-mal tgl. aus Bangkok ein, Preis 2.195 Baht, Flugzeit 1 Std. 10 Min. Kontakt P.B. Air Tel. 042-587207.

Weiterreise

- Wer **nach Laos** weiterreist, kann **per Fähre** (50 Baht) von Nakhon Phanom nach Tha Kaek übersetzen, von wo man mit dem Bus in die laotische Hauptstadt Vientiane weiterreisen kann. Vorher muss ein Ausreisestempel vom Immigration Office (Tel. 042-511235) in Nakhon Phanom eingeholt werden.

Umgebung von Nakhon Phanom

Tha Uthen, ca. 30 km nördlich von Nakhon Phanom, ist eine angenehme, ruhige Siedlung am Mekhong. Es fahren regelmäßig Busse von Nakhon Phanom über Tha Uthen weiter in nördliche Richtung nach **Beung Kan,** ebenfalls am Mekhong gelegen. Vor Beung Kan passiert man eine weitere Mekhong-Siedlung, **Ban Phaeng.** Hier lässt sich in einen Bus nach Nong Khai umsteigen. Entlang des Flusses ergeben sich oft malerische Szenerien, und überall sieht man Fischer, die ihrem Tagewerk nachgehen.

Unterkunft

In Tha Uthen im **Udomsuk Hotel****, 19 Sri Muang Rd. und in Ban Phaeng im einfachen **Ban Phaeng Patana Hotel****-***, 155/1 Ratbamrung Rd., Tel. 042-591026.

That Phanom

พระธาตุพนม

... ist ein kleiner Ort am Mekhong, der für den **Wat Phra That Phanom** berühmt ist, das älteste und wichtigste Heiligtum des Nordostens. Archäologische Untersuchungen datieren das Alter des Chedi auf etwa 1.500 Jahre, womit er der Älteste im Lande wäre. Der Legende nach brachte ein indischer buddhistischer Mönch namens Phra Maha Kassapa eine Rippe des Buddhas mit und ließ sie unter dem Chedi einmauern. 1939 ordnete die thailändische Regierung Änderungen an der Oberseite des sehr vom laotischen Stil geprägten Chedis an, um ihn mehr „thai" aussehen zu lassen. Nach schweren Regenfällen im Jahre 1975 stürzte der Chedi jedoch ein. Sogleich wurde mit Restaurierungsarbeiten begonnen, und 1977 war das Monument wiederhergestellt. Der Chedi, eindrucksvolle 57 m hoch, ist mit Mar-

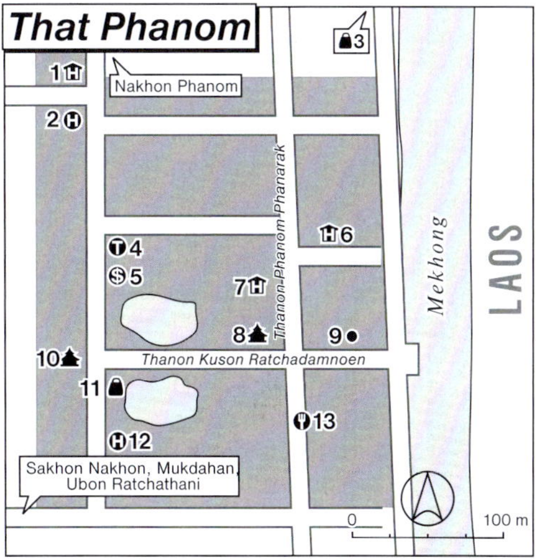

1 Lim-Charoen Hotel
2 Busse nach Nakhon Phanom
3 Lao-Markt
4 Tankstelle
5 Bank
6 Niyana Guest House
7 Chai Wan Hotel
8 Laotischer Tempel
9 Zoll/Immigration
10 Wat Phra That Phanom
11 Nachtmarkt
12 Busse nach Ubon, Mukdahan
13 Pad Thai Reataurant

mor verkleidet und wird von Buddha-Statuen umgeben. Auf dem Weg zum Tempel passiert man einen Torbogen im laotischen Stil.

Jedes Jahr, ab dem 3. Vollmondabend des Jahres, findet am Wat die **Phra That Phanom Fair** statt, zu der Tausende von Gläubigen strömen. Der Wat zieht aber auch zu jeder anderen Zeit scharenweise Thai-Touristen an. Diese laben sich dann ausgiebigst an einer im Ort gebrauten Spirituose namens *Elephant Wine* (wahrscheinlich, weil sie selbst Jumbos von den Beinen haut).

Ansonsten bietet That Phanom noch einige interessante Beispiele französischer Architektur. Der **Markt,** der montags und freitags abgehalten wird, ist Umschlagplatz für zahlreiche Waren aus Laos und Vietnam, darunter Kräutermedizin oder Handwerksartikel, und gelegentlich sind auch echte Antiquitäten dabei.

Unterkunft

- Das **Niyana Guest House****-*** (Tel. 042-540880) in einer Gasse die zum Fluss führt, hat einfache Zimmer. Die freundliche Besitzerin, *Khun Niyana,* ist Malerin und spricht gut Englisch. Sie ist eine sehr gute Informationsquelle (Gäste erhalten eine handgezeichnete Karte der Stadt) und Frühstück und Abendessen werden auf Anfrage angeboten. Empfehlenswert.
- Die **Saeng Thong Rim Kong Bungalows***** (Tel. 042-541397) liegen direkt am Fluss und wirken sauber aber etwas beengt.
- Nicht schlecht ist das nette **Chai Wan Hotel***-** (38 Mu 14 Phnom Panarak Road, Tel. 042-541391), Zimmer mit Gemeinschaftsbad.

Essen

In dieser Beziehung gibt es nichts Besonderes, nur die üblichen Restaurants und Stände mit thailändischer und chinesischer Kost.

Wat Phra That Renu Nakhon

Fensterstein, Wat Maruka Nakhon
(FOTOS: DAVID HENLEY)

Wegen der zahlreichen Vietnamesen haben viele Speisen einen vietnamesischen Einschlag. Allenfalls sei noch das freundliche **Pad Thai Restaurant** empfohlen, das gute thailändische Standards aus einer etwas düsteren Kochecke hervorzaubert

An-/Weiterreise

- **A.C.-Busse** ab Northern Bus Terminal fahren für 412/504 Baht. Außerdem Sakhon Nakhon (A.C. 35/75 Baht), Mukdahan (15 Baht, A.C. 26 Baht), Ubon Ratchathani (150 Baht), Udon Thani (A.C. 135 Baht).

Umgebung von That Phanom

Renu Nakhon liegt 15 km von That Phanom entfernt und ist weithin bekannt für seine Baumwoll- und Seidenstoffe. Diese werden auf dem Markt von Renu Nakhon angeboten, neben Kleidungsstücken, Decken etc.

Der Ort ist auch ein wichtiges Ausflugsziel für Thais, denn hier steht ein weiterer verehrter Tempel, **Wat Phra That Renu Nakhon.** Dieser Wat ähnelt dem in That Phanom, ist aber etwas kleiner. Songthaews fahren von That Phanom nach Renu Nakhon (18 Baht).

Auf dem Wege dorthin lohnt auch ein Blick auf den relativ unbekannten **Wat Maruka Nakhon,** der sich zwischen Renu Nakhon und That Phanom an Highway 212 befindet. Der von einem hübschen Garten umgebene Tempel wird von einem großen *that* oder Turm überragt. Der Garten selbst ist von den Mönchen zu einer Art Museum für buddhistische Ikonen umgewandelt worden; darin finden sich Figuren von Buddha und einigen *Rishis* (Weisen), dazu ein *dharmachakra* (Rad des religiösen Gesetzes).

Mukdahan

มุกดาหาร

Eine verschlafene Stadt am Mekhong, der hier eindrucksvoll breit ist. Um sechs Uhr morgens wird über die öffentlichen Lautsprecher lautstarke Musik präsentiert, wohl um der Schläfrigkeit ein abruptes Ende zu bereiten. Ansonsten ist es ruhig und beschaulich. Der Ort hat wie viele Städte Nordostthailands trotz fehlender Sehenswürdigkeiten ein anziehendes Charisma. Der majestätische Mekhong und der Ausblick auf das verschlafene Laos tragen sicherlich ihren Teil dazu bei.

Auf der anderen Flussseite liegt der laotische Ort **Sawannakhet,** wörtlich „Goldener Ort". Vom Pier in Mukdahan (Tha Mukdahan) fahren Boote über den Mekhong nach Sawannakhet. Westler können die Grenze passieren, in Mukdahan gibt es jedoch kein laotisches Konsulat, so dass das Visum anderswo eingeholt werden muss.

Etwa 1 km südlich der Innenstadt befindet sich der 60 m hohe **Mukdahan Tower,** von dem sich ein guter Blick in das Nachbarland ergibt (Eintritt/Lift 20 Baht).

Ungefähr einen Kilometer nördlich der Stadt war Mitte 2006 die dritte **Brücke über den Mekhong** zwischen Thailand und Laos in Bau. Die Eröffnung ist für 2007 geplant und wird sowohl Mukdahan wie auch Sawannakhet wohl eine gewisse moderne Dynamik verleihen, die dem Charisma der beiden Städte hoffentlich nichts abtun wird.

Unterkunft

- **Das Hua Nam Hotel**** (20 Samut Sakdarak Rd., Tel. 042-611137) ist nicht besonders, dafür aber preiswert. Fungiert wohl auch als Stundenhotel.
- Das **Ban Tom Kasem Hotel***-** (25/2 Samut Sakdarak Rd., Tel. 042-611235) schräg gegenüber, ist eine bessere Wahl. Dieses alte chinesische Gebäude hat für den Preis attraktive Zimmer mit Holzböden und traditionellem Ambiente. Die A.C.-Zimmer sind allerdings recht dunkel, die Fensterläden lassen sich nicht öffnen.
- Zu empfehlen ist das neue **Submukda Grand Hotel***** (72 Samut Sakdarak Road, Tel. 042-633444, Fax 042-612666) in der Stadtmitte. Große, makellose Zimmer, teilweise mit Balkon (auf die Hauptstraße) und A.C. ab 400 Baht.
- **Saensuk Bungalows****-***, 2 Phitak Santirat Rd.
- **Hongkong Hotel****, 161/1-2 Phitak Santirat Rd., Tel. 042-611143
- **Mukdahan Hotel****-***, 8/8 Samut Sakdarak Rd., Tel. 042-611619
- **Mukdahan Grand Hotel*******, 78 Songnangsathit Rd., Tel. 042-612020-5
- **Ploy Palace Hotel*******-LLL, 40 Phitak Phanomkhat Rd., Tel. 042-612020-5; beide Luxushotels wirken im schläfrigen Mukdahan etwas deplaziert, aber das mag sich mit dem Bau der Brücke über den Mekhong ändern.

Essen

Es gibt zahlreiche kleine chinesische Restaurants in der Stadt, wie auch einen preiswerten **Nachtmarkt** in der Song Nang Sathit Road, bei dem viele Speisen einen deutlich vietnamesischen Einfluss haben.

- Das **Sukawadi Restaurant** an der Samran Chai Khong Road südlich des Piers serviert frischen Fisch aus dem Mekhong. Die Spezialität des Hauses ist *Gaeng Som Pae Sa,* eine saure, scharfe Fischsuppe.
- Das **Mumsabai Restaurant,** in einer Seitengasse der Song Nang Sathit Road, nicht

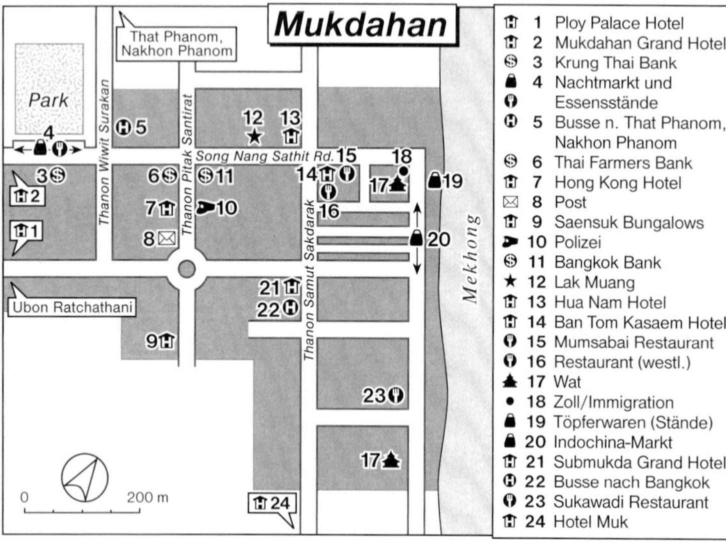

weit vom Pier entfernt, serviert französischen Kaffee, Steaks und thailändische Gerichte. Nicht schlecht.

An-/Weiterreise

- Zahlreiche **Busse** ab Nakhon Phanom (55 Baht) und That Phanom (15 Baht, A.C. 26 Baht). Ab Bangkoks Northern & North-eastern Bus Terminal fahren A.C.Busse von 354 bis 490 Baht. Fahrzeit 10-11 Std.
- Wer ein gültiges Visum für Laos besitzt, kann von Mukhdahan **per Fähre nach Laos** übersetzen. Zuvor ist ein Ausreisestempel beim Immigration Office (Tel. 042-611074) in Mukdahan einzuholen. Hier sollten auch die Öffnungszeiten der laotischen Grenzbehörden gecheckt werden. Reisende haben berichtet, dass die laotischen Grenzposten hier oftmals Zuschläge für Überstunden verlangen. Das ist an dem Grenzübergang in Nong Khai nicht der Fall.

Ubon Ratchathani

อุบลราชธานี

679 km östlich von Bangkok gelegen ist Ubon die Hauptstadt der größten Provinz des Nordostens. Viel gibt es nicht zu sehen, und die Stadt selbst liegt zudem ein wenig abseits der Verkehrsadern. So befindet sich der Bahnhof 5 km südlich, die Busstation 5 km nördlich.

Mit der Öffnung des benachbarten Laos könnte Ubon dennoch bald an Bedeutung gewinnen. Südöstlich der Stadt befindet sich der **Grenzübergang Chong Mek,** an dem man ohne Visum einhundert Meter weit in laotisches Gebiet vordringen darf. Es gibt hier zwei Duty-Free-Shops, und Alkohol und Zigaretten sind erheblich billiger als in Thailand. Mit einem laotischen Visum, das für Pakse gültig ist, (die nächste größere laotische Stadt, drei Busstunden entfernt), kann man auch weiter fahren.

Eine der wenigen Sehenswürdigkeiten ist **Wat Sumatanaram** am Fluss Mun. Der Tempel wurde 1853 mit Geldern gebaut, die König Rama 4. persönlich dafür zur Verfügung stellte. Dieser Wat ist der erste Tempel im Nordosten, der der strengen Thammayut-Sekte des Buddhismus zugehörig ist. König Rama 4. hat diese Sekte selbst ins Leben gerufen, um den Buddhismus auf seine Ursprünge zurückzuführen. Im Tempel befindet sich eine Figur des verehrten Mönches *Phra Sapphanya Chao*.

Auf dem Gelände des Wat wurde ein kleines **Freilichtmuseum** angelegt, das 19 alte Fresken und Reliefs im Khmer-Stil ausstellt. Eines dieser Reliefs ist über 1.400 Jahre alt und somit das älteste Relief Thailands. Eine weitere Attraktion ist eine verzierte Steinsäule aus der Periode von Angkor Wat. Die Ausstellungsstücke in diesem Museum sind so außergewöhnlich, dass das National Museum in Bangkok seit Jahren versucht, dem Abt des Wats die Stücke abspenstig zu machen. Bisher aber ohne Erfolg.

Das **Nationalmuseum** Ubon Ratchathanis befindet sich im früheren, sehr schön restaurierten Rathaus, das 1918 erbaut wurde. Das Museum hat eine kleine Sammlung von Skulpturen, Tongefäßen, Musikinstrumenten und Textilien, die die Geschichte der Provinz illustrieren. Einige Steinstatuen der Davaravati-Kultur und des Angkor-Reiches, die in der Region gefunden wurden, sind sehr beeindruckend. Geöffnet Mi-So, Eintritt 30 Baht.

Jedes Jahr zu Khao Phansa, dem Beginn der buddhistischen Fastenperiode (etwa Juli) findet das **Candle Festival** statt. Die Einwohner erstellen unter viel Mühe und ebenso großem finanziellen Einsatz riesige Kerzen aus Bienenwachs, die in Prozessionen durch die Stadt gefahren werden. Die Kerzen sind etwa 2 m hoch und haben einen Durchmesser von 25 cm. Bei der Prozession wetteifern 50 Tempel, die von Geschäftsleuten gesponsert werden, die schönsten Prozessionswagen zu bauen. Die Umzüge dauern bis zu 6 Stunden.

Etwas westlich der Innenstadt befindet sich **Wat Thung Si Mueang,** mit einer sehenswerten *hor trai* oder Bibliothek, die auf Stelzen inmitten eines Teiches steht. In der Bot finden sich einige sehr schöne Wandmalereien. Der Tempel wurde zur Regierungszeit von König Rama 3. erbaut.

Information

Das **Büro der TAT** befindet sich in der 264/1 Khuan Thani Rd., Tel. 045-243370. Angeschlossen ist die Tourist Police. Tel. 1155.

Unterkunft

Es existieren über 20 Hotels in Ubon, nicht wenige von ihnen haben einen regen Bordellbetrieb.

- Angenehm, wenn auch ohne jeglichen Charakter, ist das **Tokyo Hotel**** (178 Uppa-rad Road, Tel. 045-241739), saubere Zimmer mit Bad, TV und A.C. Ein 24-Stunden-Coffee-Shop ist im Haus.

- 1 Pathumrat Hotel
- 2 Busse nach Mukdahan, Nakhon Phanom
- 3 Hong Fah Restaurant
- 4 Nevada Grand Hotel
- 5 Regent Palace Hotel
- 6 Racha Hotel
- 7 Indochine Restaurant
- 8 Sincere Restaurant
- 9 Polizei
- 10 Wat Payai
- 11 Krankenhaus
- 12 Laithong Hotel
- 13 Busse nach Phibun Mangsahan, Khong Chiam
- 14 Markt
- 15 Vegetarisches Restaurant
- 16 Tohsang Hotel
- 17 Bodin Hotel
- 18 Montana Hotel
- 19 Tokyo Hotel
- 20 Dee Amnuai Choke Khao Tom Restaurant
- 21 Wat Suthatsanaram
- 22 A.C.-Busse nach Chiang Mai, Phitsanulok
- 23 Park
- 24 Tourist Police
- 25 Lak Muang
- 26 Museum
- 27 TAT
- 28 Wat Thung Si Meuang
- 29 Krung Thong Hotel
- 30 Post
- 31 Ubon Hotel
- 32 Jiaw Kii Rest.
- 33 Ratchathani Hotel
- 34 Sri Kamol Hotel
- 35 Wat Sumatanaram
- 36 Krung Thai Bank
- 37 Bangkok Bank
- 38 Thai Farmers Bank
- 39 River Moon GH.
- 40 Wat Luang
- 41 Wat Klang

●Das **Ubon Hotel****-*** (2 Upponkit Rd., Tel. 045-214045-7) ist ein ziemlich unattraktiver Betonklotz. aber die Zimmer, alle mit A.C., sind nicht schlecht und es liegt zentral.
●**Bodin Hotel****-*** (14 Phalochai Rd., Tel. 045-250500); kein besonders gutes Hotel, aber nahe an Ubons Night-Spots gelegen; die teureren Zimmer haben A.C.
●**Laithong Hotel****** (50 Phichit Rangsan Rd., Tel. 045-264271), komfortable Zimmer mit A.C., TV etc.; Frühstück inklusive.
●**Sri Kamol Hotel***** (22/2 Ubonsak Rd., Tel. 045-241136), ebenfalls gute Zimmer und Frühstück im Preis inbegriffen.
●**Tohsang Hotel****** (251 Phalochai Rd., Tel. 045-241925, 045-245531-6); ebenfalls mit Frühstück im Preis.
●**Montana Hotel***** (179/1-4 Uparat Rd., Tel. 045-261748); ordentliche Zimmer mit A.C.
●Eines der besten Hotels am Ort ist das **Pathumrat Hotel******-***** (337 Chayangkun Rd., Tel. 045-241501, Fax 045-242313), mit Coffee Shop, Billardtischen und Restaurant. Zimmer mit Bad, A.C., TV.
●Ähnlichen Standard bietet das neuere **Regent Palace Hotel*****-LLL (265-271 Chayangkun Rd., Tel. 045-262920, Fax 045-255489), Zimmer mit Bad, A.C., TV.
●Das **Nevada Grand Hotel****** (434 Chayangkun Rd., Tel. 045-280999, Fax 045-283424) ist Ubons neustes Luxushotel und befindet sich neben der Nevada Entertainment Mall, die u.a. ein Kino-Center mit acht Leinwänden beherbergt. Zimmer mit allem Komfort, Frühstück im Preis inbegriffen. „Wenn Sie den Rock 'n' Roll über alles lieben, dann werden Sie sich hier wohlfühlen", so eine Broschüre der TAT. Abends wird man in der Zodiac Lounge von einem grandiosen Elvis-Imitator unterhalten.
●Ein gutes Mittelklasse-Hotel, sauber und angenehm, ist das **Krung Thong Hotel****-*** (152 Sinarong Rd., Tel. 045-254200); Zimmer mit Bad, mit zusätzlicher A.C. teurer.
●Das ordentliche **Ratchathani Hotel***** (297 Khuan Thani Rd., Tel. 045-244388) befindet sich nahe dem Büro der TAT; Zimmer mit Bad, die teureren mit A.C.
●Nördlich der Innenstadt befindet sich das **Racha Hotel****-*** (149/21 Chayangkun Rd., Tel. 045-254155), Zimmer mit Bad, die teureren mit A.C.
●Das unter Travellern populäre **River Moon G.H.***-** (43 Si Saket Rd., Tel. 045-286093) liegt südlich der Stadt auf der anderen Flussseite und nahe dem Bahnhof in Warin Chamrab. Das Guest House setzt sich aus einigen kleinen Holzhäusern zusammen (Zimmer ohne Bad), bietet ein Restaurant, Internet-Service und reichlich Information zur Umgebung Ubons.

Essen

●Das **Hong Fah Restaurant** gegenüber dem Patumrat Hotel hat chinesisches Essen, nicht ganz billig (ca. 50-100 Baht pro Mahlzeit).
●Gleich drei exzellente Restaurants liegen an der Subpasit Road: Das **Indochine** serviert großartiges vietnamesisches Essen, gelegentlich von einem Pianisten begleitet.

Candle-Statue
(Foto: David Henley)

- Das kleine **Sincere** (nur fünf Tische) bietet etwas teurere, aber sehr gute französische und andere westliche Speisen.
- Schräg gegenüber vom Indochine ist das **Dee Amnuai Choke Khao Tom** – ein sehr preiswertes Open-Air-Restaurant, das jeden Abend proppevoll ist. Riesige Auswahl an Gerichten. Die *Tom Yam* Suppe wird empfohlen.
- An der Thanon Subpasit befindet sich ein kleines vegetarisches Restaurant, **Raan Ahaan Mangasawirat.** Es ist in einem Holzhaus untergebracht; draußen weisen gelbe Schilder (in Thai) darauf hin. Exzellente Speisen ab 6 Baht pro Portion.
- Das **Jiaw Kii Restaurant** an der Khuan Thani Road ist ein sehr guter Ort zum Frühstücken. Es werden sowohl westliche als auch thailändische Frühstücke geboten; letztere bestehen aus verschiedenen Variationen des *khao tom,* einer Art Reisgrütze mit Fleischeinlage. Guter Kaffee.

Anreise

- **A.C.-Busse ab Bangkok** kosten 310-391 Baht, Abfahrt nur morgens um 8.30 und 9.30 Uhr. V.I.P.-Busse zu 491-570 Baht, Abfahrt 20.00 Uhr.
- **Züge ab Bangkok** fahren um (in Klammern Ankunftszeit) 5.45 (14.10), 6.40 (18.20), 16.12 (ab Don Muang; Ank. 4.05), 18.45 (6.05), 21.00 (7.50), 23.32 (ab Don Muang; Ank. 10.25) und 23.40 Uhr (11.45). Fahrpreis in der 3. Kl. 205 Baht, in der 2. Kl. 331 Baht und in der 1. Kl. 1.180 Baht.
- **Thai Airways** fliegt 3-mal tgl. aus Bangkok ein; Preis 2.600 Baht.

Die Billigfluglinie **Air Asia** (www.airasia.com) fliegt 2-mal täglich für ca. 1.500 Baht nach Ubon.

Weiterreise

- Zur **Bushaltestelle** 5 km nördlich der Stadt fährt Bus Nr. 2. Samlors dorthin 40 Baht.
- **Busse** fahren u.a. nach Buriram (65/120 Baht), Chayaphum (220/350, alle Busse A.C.), Chiang Mai (590/685 Baht, alle Busse A.C.), Khon Kaen (250 Baht), Khorat (205/340 Baht), Mukdahan (72/135 Baht), Roi-Et (110 Baht), Sakhon Nakhon (140/210 Baht), Si Saket (35/45 Baht), Surin (50/90 Baht), That Phanom (150 Baht), und Udon Thani (122/219 Baht). In der Innenstadt von Ubon verkehren zahlreiche Busse zu 5 Baht.
- 4-mal täglich fährt ein **Bus** von Ubon Ratchathani direkt nach Pakse in **Laos.** Die Fahrt kostet 200 Baht. Passagiere benötigen ein Visum für Laos.
- **Züge** zurück nach Bangkok fahren um (in Klammern Ankunftszeit) 6.25 (19.00), 7.05 (18.50), 8.15 (15.11), 12.55 (19.00), 14.50 (23.10), 15.00 (03.00), 16.45 (nur bis Don Muang, 3.07), 17.55 (4.50) und 19.15 Uhr (6.25 Uhr).
- Das Büro der **Thai Airways** befindet sich in 364 Chayangkun Rd., Tel. 045-313340-3.

Umgebung von Ubon Ratchathani

In der weiteren Umgebung von Ubon gibt es einiges zu sehen, am besten aber, man reist mit einem eigenen Fahrzeug. Mit öffentlichen Verkehrsmitteln ist es sehr zeitraubend.

Von Ubon führt der sechsspurige Highway 217 nach **Phibun Mangsahan** (45 km) – eine der besten Straßen Thailands. Man erhält einige hübsche Ausblicke auf den Mun-Fluss.

Zur Weiterfahrt durchquere man Phibun Mangsahan und fahre über eine große Brücke zum Highway 2222. In der Nähe der Brücke sieht man Stromschnellen, die Kaeng Sapheu.

Der Highway führt nach **Khong Chiam,** wo Mun und Mekhong sich zum **„zweifarbige Fluss"** vereinen; die Flüsse weisen tatsächlich leicht unterschiedliche Farben auf – für die

Tierklinik in Ubon Ratchathani
(Foto: Aroon Thaewchatturat)

Thais der Umgebung eine Attraktion. Vornehmlich aus diesem Grund wird die Gegend um Khong Chiam derzeit zu einer Art Urlaubsregion ausgebaut.

Bei der Weiterfahrt passiert man den Eingang zum **Pha-Taem-Nationalpark** und den Pha Taem, einen großen Felsen, der den Mekhong überblickt (ca. 20 km von Khong Chiam entfernt). Er ist bekannt für seine **Felsmalereien,** die 3.000 Jahre alt sein sollen. Elefanten, Schildkröten, die riesigen Mekhong-Welse, Töpfe, Hände und Fischfallen sind dargestellt. Um zu den Malereien zu gelangen, folgt man den Hinweisen auf dem Gipfel des Felsens; ein Pfad führt nach 500 m dorthin. Vom Gipfel blickt man über den Mekhong bis nach Laos.

Zurück in Phibun Mangsahan kann man über Highway 217 zum riesigen, 1971 fertiggestellten **Sirindhorn-Stausee** gelangen. In dessen Wasser liegen große Fischreusen aus, und zahlreiche Fischer paddeln mit ihren Booten umher. Abends ergeben sich hier malerische Bilder, zum Beispiel, wenn Bauernjungen vorbeimarschieren und ihre Büffel nach Hause treiben. Der Bau des Stausees war nicht unumstritten, und noch heute ringen die damals vertriebenen Farmer bzw. ihre Nachkommen um eine Entschädigung.

Folgt man dem Highway bis zum Ende, erreicht man den Grenzposten Chong Mek, 76 km von Ubon entfernt.

Unterkunft/Essen in Khong Chiam

- **Ban Rim Khong Resort****** (Tel. 045-351101), direkt am Fluss gelegen, mit von Garten umgebenen Bungalows (Bad). Weiter den Fluss entlang betreibt der Besitzer des Resorts ein „Floating Restaurant" oder Schwimmendes Restaurant, das Peuehaan.
- **Araya Resort*****-**** (Tel. 045-351181), etwas vom Fluss zurückversetzt, mit einem Garten und Wasserfall; Bungalows mit A.C., TV, Kühlschrank. Auch das Araya besitzt ein schwimmendes Restaurant, das unter anderem Flussschildkröten und Wildschwein zum Verzehr anbietet.
- Erhöht am Ufer nahe der beiden Schwimmenden Restaurants befindet sich das **Two-Coloured River Restaurant,** von dem man das Zusammenfließen der beiden Flüsse überblickt. Nebenan lassen sich **Boote** mieten. 20-minütige Fahrten zur laotischen Seite kosten 100 Baht für 2 Personen, 120 Baht für bis zu fünf Personen.
- **Apple Guest House****-*** (Kaewpradit Rd., Tel. 045-351160) mit preiswerten einfachen Zimmern und etwas teureren A.C.-Räumen.
- **Khong Chiam Hotel****-*** (Tel. 045-3519074); die teueren Zimmer haben A.C.
- Ein sehr gutes Restaurant ist das auf dem Mun-Fluss „schwimmende" **Phae Rak Mae Mun,** wörtlich das „Floß, das den Mun-Fluss liebt". Es gibt eine große Auswahl an schmackhaftem Seafood.

Unterkunft in Phibun Mangsahan

- **Sanarmchai Guest House****-***, (Wanarm-Phibun Rd., Tel. 045-441289)

Anreise

- Ab der Busstation in der Phichit Rangsan Road in Ubon fahren **Busse** für 35 Baht nach Phibun Mangsahan und für 58 Baht nach Khong Chiam.

Khemmarat

เขมราฐ

Dieser kleine Ort, gelegen an einem idyllischen Abschnitt des Mekhong, hat keine auffallenden Merkmale außer seiner sehr entspannten, beschaulichen Atmosphäre – aber das ist ja auch schon was. Khemmarat ist quasi eine Ein-Straßen-Stadt, viel kleiner als das weiter nördlich am Fluss gelegene Mukdahan, und es hat auch kein Pendant auf der anderen Seite des Mekhong, so wie es Mukdahan vorweisen kann. Es existiert aber ein Zoll- und Grenzposten, was darauf hindeutet, das Grenzverkehr vonstatten geht. Khemmarat ist kein Ort, der für sich alleine besucht werden will, wer aber am Mekhong entlangreist, kann hier gut einen Halt einlegen – in der sicheren Gewissheit, außer Laoten keine anderen Ausländer anzutreffen. Viele der Häuser sind noch aus Holz und bieten ein Straßenbild, das sonst in Thailand kaum noch zu sehen ist.

Unterkunft/Essen

Khemmarat hat derzeit kein empfehlenswertes Hotel. Eine Reihe Restaurants sind allerdings entlang des Mekhongs zu finden.

Prasat Hin Wat Sa Kamphaeng Yai in Si Saket
(Foto: David Henley)

Si Saket

ศรีสะเกษ

Si Saket ist die schläfrige Hauptstadt der gleichnamigen Provinz und hat ca. 25.000 Einwohner. Touristen hat der Ort selber nur wenig zu bieten, er ist jedoch wichtig als Transitpunkt auf dem Weg zum **Khao Phra Viharn** in Kambodscha, der ohne Visumsformalitäten von Thailand aus zu besuchen ist.

Etwa 10 km westlich von Si Saket, am Highway 226, steht **Prasat Hin Wat Sa Kamphaeng Noi,** ein Khmer-Tempel aus dem 12.Jh., von dem aber nur noch Ruinen übrig sind. Das trifft auch zu auf den größeren **Prasat Hin Wat Sa Kamphaeng Yai,** 26 km westlich von Si Saket am Highway 226. Die Ruinen liegen auf dem Gelände eines neueren Thai-Tempels. Der ursprüngliche Tempel wurde im 10. Jh. angelegt und vor einiger Zeit vom Fine Arts Department so gut wie möglich restauriert.

Unterkunft

- **Santisuk Hotel****-*** (Soi Wat Phra To, Tel. 045-612718)
- **Thai Serm Thai Hotel****-*** (Si Saket Rd., Tel. 045-613478)
- **Si Saket Hotel****-*** (384-5 Si Saket Rd., Tel. 045-611846)
- **Phrom Phiman Hotel*****-**** (849/1 Lak Muang, Tel. 045-612677), das größte und zweitbeste Hotel am Ort.
- **Kessiri Hotel******-***** (1102-5 Kukhun Rd., Tel. 045-614006-7); das beste Haus am Ort.

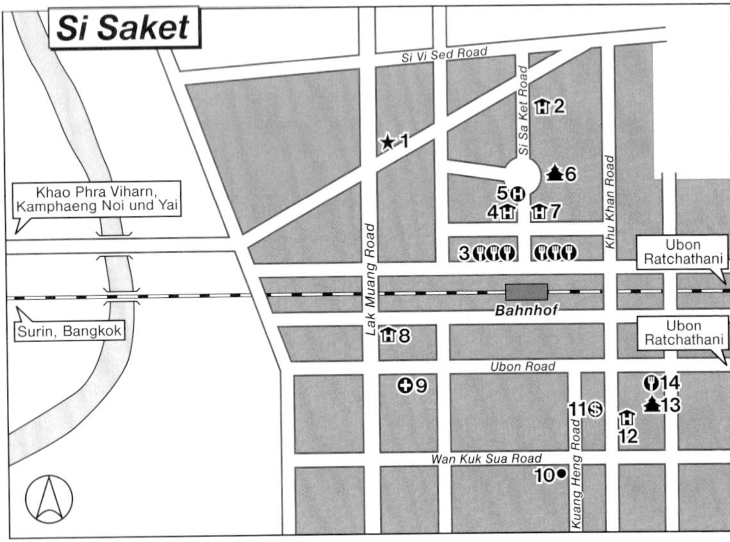

Essen

- Nördlich des Bahnhofs finden sich zahlreiche **einfache Restaurants** mit typischer Issaan-Küche. Etwa 200 m östlich des Bahnhofs formiert sich abends ein Nachtmarkt mit einer guten Auswahl an **Essensständen.**
- Das einzige Lokal mit westlicher Küche in der Stadt ist das **Mr. Hagen Restaurant.** Geboten werden Pizzas, Wurstwaren, selbstgebackenes Brot u.a.
- Ums Eck vom Thai Serm Thai Hotel liegt das *Chu Sin Thaan,* ein preiswertes **vegetarisches Restaurant.**

Anreise

- Ab Bangkoks Northern Bus Terminal fahren einige direkte **Busse** nach Si Saket (551 km). A.C.-Busse kosten 314-403 Baht; Fahrzeit ca. 8½ Std.
- **Züge** ab Bangkok fahren um (in Klammern Ankunftszeit) 5.45 (13.22), 6.40 (16.43), 15.45 (3.00), 18.45 (4.45), 21.00 (6.40), 23.10 (10.45). Züge ab Ubon um 6.35 (7.36), 6.55 (8.09), 13.05 (14.38), 14.45 (15.27), 17.00 (18.00), 18.10 (19.12) und 19.15 Uhr (20.15).

Ausflug zum Khao Phra Viharn in Kambodscha

Si Saket ist der Ausgangspunkt für Ausflüge zum Khao Phra Viharn (auf kambodschanisch: Preah Vehir), einem faszinierenden **Tempelkomplex,** der – 600 m hoch am Rand des Dongrak-Bergzuges gelegen – die kambodschanische Landschaft überblickt.

Das Gebiet um den Tempel wurde lange sowohl von Thailand als auch von Kambodscha beansprucht, bis 1963 der Weltgerichtshof den Streit beendete und es Kambodscha zu-

★ 1 Lak Muang
2 Thai Serm Thai Hotel
3 Issaan Restaurants
4 Santisuk Hotel
5 AC Bus nach BKK
6 Tempel
7 Si Saket Hotel
8 Phrom Phiman Hotel
9 Krankenhaus
• 10 Suen Heng Plaza
11 Bangkok Bank
12 Kessiri Hotel
13 Chinesischer Tempel
14 Mr. Hagen Restaurant

sprach – eine fragwürdige Entscheidung, denn der Komplex ist von der kambodschanischen Seite aus praktisch unerreichbar. Von dort kommend stellt sich einem ein senkrecht stehender Fels in den Weg. Von Thailand dagegen ist die Anreise sehr einfach. Der Tempelkomplex ist allerdings eindeutig der **Khmer-Kultur** zuzuordnen, und dieser Aspekt dürfte die Entscheidung des Gerichtshofes beeinflusst haben. Die Thais ärgert es jedoch bis heute.

Da der Khao Phra Viharn sich unmittelbar an der thailändischen Grenze befindet, war schon in den Jahren 1991-93 die Besichtigung von Thailand aus möglich. Doch dann wurden wieder einmal die Roten Khmer in der Gegend aktiv, und das Gebiet wurde gesperrt. *Pol Pot,* der Führer der Roten Khmer, starb hier 1998 im Wald, ein paar hundert Meter von der Grenze entfernt, nachdem ihm seine letzten Kameraden einen Schauprozess auf dem Dorfplatz im nahe gelegenen Anlong Veng gemacht hatten. Nach dem Tod des Khmer-Rouge-Führers schlossen sich seine Anhänger dem kambodschanischen Militär an und es wurde friedlich in der Gegend. Die in der Nähe des Tempelkomplexes gelegten Minen wurden geräumt, und seit 1998 sind wieder Touristen zugelassen. Die weitaus meisten Besucher sind Thais, und diese lassen die wenigen westlichen Besucher nur allzu gerne für ihre Kameras posieren.

Khao Phra Viharn ist ein ganz außergewöhnlicher Ort, wahrscheinlich der eindrucksvollste Khmer-Komplex nach dem weltberühmten Angkor Wat. Obwohl eine Restaurierung dringend vonnöten wäre, ist der Anblick überwältigend, und der Besucher fragt sich, wie die Bauleute wohl all die massiven Steinblöcke den Fels hinauf geschleppt haben mögen. Der Bau dauerte fast zwei Jahrhunderte; begonnen wurde er unter König *Rajendavarman 2.* Mitte des 10. Jahrhunderts, beendet unter König *Suryavarman 2.* Anfang des 12. Jahrhunderts.

Der Tempel ist in fünf verschiedene Sektionen unterteilt, er zieht sich dabei über eine Länge von etwa 900 m bis zum überwältigenden **Hauptheiligtum** hin, das hoch auf den Felsen gebaut ist. Hier findet sich auch ein großer, umgefallener *prasat* oder Turm im Khmer-Stil, möglicherweise das Opfer eines Erdbebens. Riesige Blöcke behauenen Steins liegen verlassen herum und warten auf ihre Restaurierung. Überall stehen Schilder, die davor warnen, von den vorgegebenen Pfaden abzuweichen – es liegt hier wohl noch so manche scharfe Mine versteckt.

Für den Besuch dieses einzigartigen Tempelkomplexes benötigt man **kein Visum!**

Nicht-Thais müssen gleich drei Mal zahlen, um zum Tempel zu gelangen. Zunächst ist eine Gebühr von 200 Baht fällig, da das Gebiet um den Tempel, das in Thailand liegt, zum Nationalpark erklärt wurde. Bei einem Thai Immigration Office sind 5 Baht zu zahlen. Den Pass behält man allerdings und Visumserneuerungen sind hier nicht möglich. Schließlich kostet es noch einmal 200 Baht um das Tempelgelände zu betreten, so dass Kambodscha auch auf seine Kosten kommt. Da man für den Besuch des Tempelkomplexes einen halben Tag einplanen sollte, muss man schon morgens dorthin aufbrechen, und eine Übernachtung am Ort ist anzuraten. Geöffnet bis 17.00 Uhr

Kambodscha kann von hier aus über den Tempel hinaus nicht bereist werden, auch nicht mit gültigem Visum.

Unterkunft/Essen

- Eine günstige Übernachtungsmöglichkeit bietet sich im **Kantharak Palace Hotel****-*** an der Hauptstraße in Kantharalak (131 Sinpadit Rd., Tel. 045-635157, 661084-5). Die Zimmer sind recht komfortabel und haben Bad und A.C. Am Ort gibt es einige einfache Reis- und Nudelrestaurants.

Anreise

- Von Si Saket per Bus zunächst nach Kantharalak (40 Baht); von Kantharalak fahren Songthaews weiter zum Tempel. Wegen der zahlreichen thailändischen Besucher fahren die Songthaews sehr regelmäßig.

Surin
สุรินทร์

Die Stadt (42.000 Einwohner) hat nichts zu bieten außer dem **„Elephant Round-Up“**, das jedes Jahr Mitte oder Ende November stattfindet. Bis zu 200 Elefanten demonstrieren ihre Geschicklichkeit in diversen Wettbewerben, nehmen an einer mittelalterlichen Kriegsparade teil oder werden in einer Jagd-Show „eingefangen“. Die meisten der Elefanten sind in der Umgebung von Surin als **Arbeitselefanten** im Einsatz.

Das Tourist Office und private Reisebüros in Bangkok organisieren Touren zum Round-Up.

Unterkunft

Zur Zeit des „Round-Up“ sind alle Hotels ausgebucht, die Zimmer sollten also lange vorgebucht werden. Außerdem werden die Preise für Übernachtungen dann eventuell angehoben.

- Das **Amarin Hotel**** (Tesaban Road, Tel. 044-511407) hat Zimmer mit Bad.
- **Krung Si Nai**** (185 Krung Si Nai Road, Tel. 044-511037).
- Das **New Hotel****-**** (22 Tanasarn Road Tel. 044-511341) hat Zimmer mit Bad.
- Das **Nid Diew Hotel****-**** (279-283 Thanasan Rd., Tel. 044-512099) hat ordentliche Zimmer mit A.C.

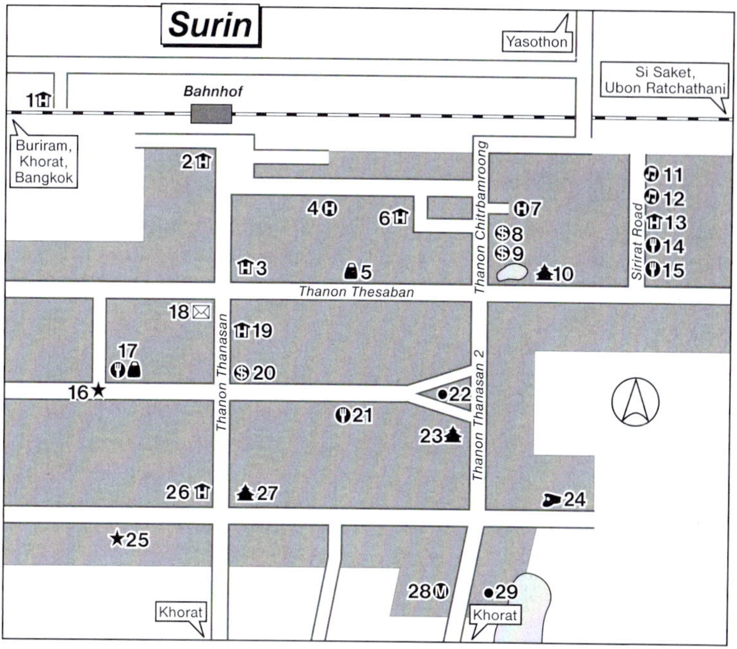

- 1 Pierom & Aree House
- 2 New Hotel
- 3 Amarin Hotel
- 4 AC-Busse nach Bangkok/Khorat
- 5 Petchkasem Department Store
- 6 Petchkasem Hotel
- 7 Busstation
- 8 Siam Commercial Bank
- 9 Bangkok Bank of Commerce
- 10 Wat
- 11 Seed Disco
- 12 Speed 3
- 13 Thong Tarin Hotel
- 14 Inter Suki Restaurant Apache Restaurant
- 15 Inter Seafood
- 16 Glockenturm
- 17 Essensstände (abends)/Markt
- 18 Post
- 19 Nid Diew Hotel
- 20 Thai Farmers Bank
- 21 Coraa Restaurant
- 22 Stadion
- 23 Wat
- 24 Polizei
- 25 Lak Muang
- 26 Memorial Hotel
- 27 Wat Burapa Ram
- 28 Nationalmuseum
- 29 Sportpark

● Eine gute Mittelklasse-Möglichkeit ist das **Memorial Hotel***** (646 Lak Muang Rd., Tel. 044-511288), saubere Zimmern mit A.C./TV.

● Eines der besten Hotels am Ort ist das **Petchkasem Hotel****-***** (104 Jitbumrang Rd., Tel. 044-511274, 044-511576), mit Coffee Shop, Restaurant und sehr angenehmen Zimmern (alle A.C.) unterschiedlichster Preisklassen. Wenige Meter von der Jitbumrang Road zurückversetzt, die sich – in typisch thailändischer Transkriptions-Uneinigkeit – aber auch gelegentlich Chitrbamroong Road schreibt.

● Surins Top-Herberge ist das **Thong Tarin Hotel*****-****** (60 Sirirat Road, Tel. 044-514281-8). Es verfügt neben dem üblichen Luxus über den Long Beach Massage Parlour, einen Massage-Salon, der einen sehr berüchtig-

Die Elefantenjagd

Die wohl mutigsten Elefantenfänger waren die **Suay,** ein freiheitsliebendes Volk, dem heute noch etwa 100.000 Menschen angehören. Die Suay leben im **Grenzgebiet zu Kambodscha** und in den traditionellen Elefantenfänger-Dörfern in der Umgebung von **Surin.**

Sie fingen Elefanten mit Hilfe einer Art Lasso, ein paar gezähmten Treiberelefanten und **geheimen magischen Riten.** Diese Riten wurden äußerst ernst genommen und waren für den Erfolg des Unternehmens von größter Bedeutung. Auch die daheimgebliebenen Familienmitglieder hatten sich zur Zeit der Jagd strengen Regeln zu unterwerfen. So durften sich die Frauen der Fänger nicht die Haare schneiden oder kämmen und nicht den Körper ölen. Alle Familienmitglieder hatten sich schlicht zu kleiden. Wurde das Haus gefegt, so durfte der Schmutz nicht aus der Tür herausgekehrt werden, sondern wurde in das Haus hineingefegt. Die Missachtung dieser Regeln hätte den Zorn der Götter auf die Fänger herabbeschworen.

Bei ihren Fangzügen warfen die Suay ihre **Lassos** über die Köpfe der Elefanten, und die abgerichteten Treiberelefanten drängten ihre wilden Vettern in die gewünschte Richtung. Bei einem erfolgreichen Jagdzug wurden oft mehrere Dutzend Elefanten eingefangen. Dabei überquerte man nicht selten die Grenze zu Kambodscha – Elefanten und ihre Verfolger kennen keine staatlichen Demarkationslinien.

Die letzte Jagd, die nach Kambodscha führte, fand im Jahre 1958 statt, als man 60 Elefanten mit nach Hause führen konnte. Auf der Rückreise nach Thailand wurde der Trupp jedoch von kambodschanischen Soldaten angegriffen, und einige Suay, wie auch ihre Elefanten, fanden den Tod.

Mit der rapiden **Abnahme der Wälder** verringerte sich auch die Elefantenpopulation. Die Suay fanden immer weniger wilde Elefanten und mussten sich so auf die **Züchtung** der Tiere verlegen. Mehr als zwei oder drei Geburten pro Jahr konnten aber nur selten verzeichnet werden.

Heute führen die Suay ihre Elefanten bei jährlichen **„Elephant-Round-Ups“** in Surin vor. Der Hauch von Abenteuer aber, der ihr Leben in den vergangenen Zeiten geprägt hatte, ist davongeweht: Man ist heute mehr **Dompteur** als Fänger.

Und heute träumen die alten Suay davon, noch einmal in Kambodscha auf die Treibjagd gehen zu können. In den Wäldern nahe der thailändischen Grenze sind seit 30 Jahren keine Elefanten mehr gefangen worden. Dort drüben, so meinen sie, müssten noch viele Elefanten zu fangen sein.

ten Stammkunden gehabt haben soll: den für seine Grausamkeit bekannten *Ta Mok,* genannt der Schlächter. Dieser hat angeblich bei jedem seiner klammheimlichen Besuche ein Trinkgeld von 500 Baht springen lassen. 1999 wurde er von den kambodschanischen Behörden verhaftet. Seitdem sitzt der Schlächter in Phnom Penh im Gefängnis und wartet auf den Khmer-Rouge-UN-Gerichtsprozess, der 2006 beginnen soll. Die zahlreichen geheimen Verknüpfungen der Roten Khmer mit thailändischen Politikern und Militärs werden dabei aber kaum ans Tageslicht gekommen.

- Ein wenig außerhalb des Stadtkerns ist das sehr freundliche, preiswerte und ganz besondere **Pirom & Aree House***-** (65 Thungpho Road, Tel. 044-513234) zu finden. Das Guest House wird von einem sehr netten Thai-Ehepaar geleitet. *Aree* spricht französisch und ihr Mann *Pirom* will Gästen die Kultur Isaans näher bringen. Er weiß gut über die Khmer-Tempel in der Gegend Bescheid und spricht fließend Englisch. Der frühere Sozialarbeiter bietet sehr gute Tagestouren (in seinem Land Rover) in die Umgebung an. Das Guest House hat sechs einfache Doppelzimmer und drei Einzelzimmer, ohne Bad. Sehr sauber und das Essen ist ebenfalls sehr gut. Empfehlenswert.

Essen/Unterhaltung

Die üblichen Essenstände, die sich nahe dem Glockenturm und auch vor dem Bahnhof einfinden, servieren **Issaan-Hausmannskost** ab ca. 10 Baht. In der Thanasan Road befinden sich viele kleine chinesische und Issaan-Restaurants. Vorsicht, die Küche des Issaan ist wegen ihrer Feurigkeit gefürchtet!

Ansonsten witzeln die Thais gerne über die weithin bekannte Trinkfreudigkeit der Bewohner von Surin. Die thailändische, formelle Vokabel für „Schnaps" heißt nicht umsonst *sura!* Das Auffinden einschlägiger Lokale dürfte zechfrohen Reisenden keine Schwierigkeiten bereiten.

- Das **Yingdi Restaurant** neben dem New Hotel bietet gute thailändische Küche.
- Das **Coraa Restaurant** (21/1 Soi Tetsaban 2) serviert gute Thai- und chinesische Küche. Der hintere Teil ist air-conditioned, der vordere zur Straße hin offen. Preiswert.
- Die Sirirat Road ist das Nightlife Zentrum Surins. Hier finden sich eine Reihe **Discos** in denen Live Bands und DJs aktuelle thailändische und internationale Pop und Rock Hits spielen, so das **Speed** oder das größere **Speed 3.** Einige Restaurants finden sich ebenfalls an dieser Straße. Das **Apache Restaurant** serviert gute koreanische Barbecues. Ein paar Schritte weiter liegt das **Inter Seafood.**

Anreise

- Surin ist 451 km von Bangkok entfernt, und **Busfahrten** von dort kosten, A.C. 248 Baht, V.I.P. 495 Baht. Die A.C.-Busse fahren 4-mal täglich. Busse ab Khorat kosten 102 Baht, A.C. 205 Baht.
- **Züge ab Bangkok** fahren um (in Klammern Ankunftszeit) 5.45 (12.14), 6.40 (15.04), 10.05 (17.06), 15.20 (0.30), 18.55 (2.56), 20.30 (4.07), 21.50 (4.23) und 22.25 (6.22) und 23.40 Uhr (8.25). Preis 3. Kl. 183 Baht, 2. Kl. 279 Baht, mit A.C. 389 Baht, 1. Kl. 1.046 Baht.

In der Umgebung von Surin

Prasat Sikhoraphum

Dieser Tempel, 32 km nordöstlich von Surin an Highway 226 gelegen, stammt aus dem 12. Jh. und ist außerordentlich gut restauriert. Er besteht aus fünf Ziegelstein-Prangs, die auf einer Plattform stehen und von Lotusteichen umgeben sind. Der zentrale Prang weist interessante Reliefs oder Ornamente auf, die himmlische weibliche Wesen, Apsaras, oder andere Figuren aus der Hindu-Mytholgie darstellen. Besonders im Morgenlicht gibt der Tempel ein wunderbares Bild ab. Dies ist einer der besuchenswertesten Khmer-Tempel im Issaan.

- **Anfahrt:** Die Anlage liegt an der Strecke Surin – Si Saket, die von zahlreichen Bussen befahren wird. Aussteigen an Sikhoraphum Junction (bei km 34), von dort ist es noch ein halber Kilometer zu Fuß. Sikhoraphum besitzt zudem einen Bahnhof, und täglich halten hier 9 Züge, die die Strecke Bangkok – Surin – Si Saket – Ubon Ratchathani befahren. Sikhoraphum liegt zwischen Surin und Si Saket; Fahrzeit ab Surin ca. ½ Std., ab Si Saket 1-1¼ Std.

Prasat Ban Phluang

Der kleine Prasat Ban Phluang ist ein Tempel aus der zweiten Hälfte des 11. Jhs. und war einst ein wichtiger Haltepunkt auf der Strecke zwischen Phimai und Angkor Wat. Eines der Reliefs zeigt Gott Indra, der auf dem Elefanten Airavata (Erawan) reitet; der Elefant hat in diesem Falle nur einen Kopf, nicht drei, wie häufig anzutreffen. Die den Tempel umgeben Gräben und Teiche wurden in den siebziger Jahren des letzten Jahrhunderts restauriert und zu einem hübschen Garten transformiert. Die Anlage ist täglich 7.30-18.00 Uhr geöffnet; Eintritt 30 Baht.

- **Anfahrt:** Am besten mit eigenem Fahrzeug. Von Highway 214 vom südlichen Stadtrand von Surin fahre man in Richung Prasat (südlich); 4 km hinter Prasat, zwischen km 34 und 35, links abbiegen. Schilder weisen den Weg.

Ban Tha Klang

Eine besondere Beziehung zu **Elefanten** hat auch das Dorf Ban Ta Klang, in dem noch 80 der Dickhäuter leben (ca. 50 km von Surin). Zu Beginn der buddhistischen Fastenperiode (Khao Phansa) werden hier junge Männer, die sich zu Mönchen weihen lassen wollen, auf geschmückten und bemalten Elefanten einhergetragen – ein kunterbuntes Schauspiel. Ansonsten finden hier samstags Elefanten-Shows statt, 100 Baht pro Person; Informationen beim Dorfvorsteher unter Tel. 081-9991910, 081-9675015, oder bei Distriktsamt unter Tel. 044-5910 58. Für größere Besuchergruppen sind nach Voranmeldung Elefanten-Shows auch an anderen Tagen möglich, gegen Entgelt, versteht sich.

- **Anfahrt:** Am besten mit eigenem Fahrzeug. Man fahre 28 km entlang Route 214 in Richtung Norden bis Ban Nong Tad, dann links abbiegen und 22 km weiterfahren.

Buriram
บุรีรัมย์

Viele der Einwohner von Buriram sind Khmer, aber sonst hat die Stadt nichts Besonderes. Buriram bietet sich bestenfalls als Zwischenstopp auf dem Weg von Bangkok nach Ubon Ratchathani oder umgekehrt an.

Wer hier übernachtet, kann einen kurzen Blick in den chinesischen Tempel werfen, der kunterbunt in die Augen sticht. Außerhalb der Stadt liegt **Wat Issaan,** ein ruhig gelegener Tempel mit alten hölzernen Mönchsunterkünften. Die Außenwände der um das Tempelgelände gebauten Mauer weisen ein paar Gemälde auf.

An der Straße, die abgehend von Highway 226 nach Buriram führt, steht eine imposante **Statue von König Rama 1.,** dem Begründer der Chakri-Dynastie. Der König ist in volle Kriegsmon-

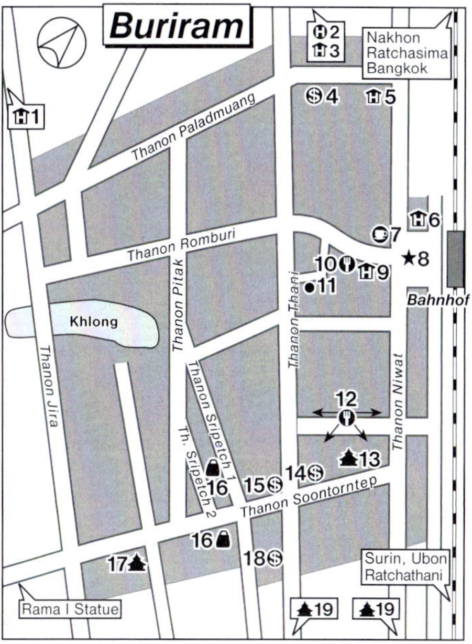

- 1 Wong Thong Hotel
- 2 Busstation
- 3 Siam Hotel
- 4 Siam Commercial Bank
- 5 Grand Hotel
- 6 Chai Charoen Hotel
- 7 Coffee-Shop
- 8 Uhrturm
- 9 Thai Hotel
- 10 Ploy Restaurant
- 11 Entertainment Complex
- 12 Essensstände
- 13 Chinesischer Tempel
- 14 Bangkok Bank
- 15 Thai Farmers Bank
- 16 Markt
- 17 Wat Klang
- 18 Krung Thai Bank
- 19 Wat Issaan

tur gekleidet, sitzt auf einem Elefanten, und wirkt, als wolle er tatsächlich mit aller Macht in den Krieg ziehen.

Unterkunft

- Gleich neben dem Bahnhof liegt das **Chai Charoen Hotel***-** (114-116 Niwat Road, Tel. 044-611559), Zimmer mit Bad für 2 Personen, ziemlich gut.
- Das **Thai Hotel****-**** (38/1 Romburi Road, Tel. 044-611112) hat Zimmer mit Bad, teurere mit A.C. Im Hotel befindet sich auch ein Coffee-Shop.
- Das **Grand Hotel****-*** (137 Niwat Rd., Tel. 044-611089) ist ein großes, altes traditionelles Thai-Haus, mit schlicht eingerichteten aber bequemen Zimmern mit Bad und teilweise A.C.
- Sehr gute Zimmer mit A.C. und TV bietet das moderne **Siam Hotel***** (29/12 Injannarong Rd., Tel. 044-625519). Guter Gegenwert, nur leider etwas außerhalb des Stadtzentrums.
- Das vielleicht beste Hotel vor Ort ist das **Wong Thong Hotel*****-***** (512/1 Jira Road, Tel. 044-620860, Fax 044-620859), das recht große Zimmer mit A.C. bietet. Ein Restaurant, eine Karaoke Bar, ein Massage-Salon und ein Coffee Shop sind angeschlossen.

Essen

Restaurants nennenswerter Qualität gibt es nicht in Buriram, dafür aber exzellente **Straßenstände.** Der Nordosten ist möglicherweise die beste Provinz für Gourmet-Kost von der Straße. Eine Vielzahl von Essensständen befindet sich in der Straße am chinesischen Tempel.

- Das **Ploy Restaurant,** an der Romburi Road, etwas südlich des Thai Hotels, serviert gute thailändische und chinesische Gerichte sowie westliches Frühstück.

An- und Weiterreise

- **A.C.-Busse ab Bangkok** fahren zu 227 Baht. Des Weiteren Busse ab Khon Kaen (109 Baht), Surin (29 Baht), Khorat (90 Baht) u.a.
- Abfahrt der **Züge** ab Bangkok wie Surin (s.o.), die Fahrzeit ist jedoch je nach Zug ½-1 Std. kürzer.
- Eine **Flugverbindung** besteht mit PB Air. Flüge ab Bangkok 3-mal die Woche, Kostenpunkt 1.650 Baht. Flugzeit 1 Std. 10. Tel. 044-680132-3
- **Songthaews** und **Tuk-Tuks** innerhalb der Stadt kosten ca. 15-30 Baht.

In der Umgebung von Buriram

Prang Ku Suan Taeng

Im Distrikt (amphoe) Phuttaisong, 75 km nordwestlich von Buriram, wartet ein weiteres wichtiges Khmer-Heiligtum auf. Der Mitte des 12. Jhs. erbaute Tempelkomplex besteht aus drei nach Osten ausgerichteten Prangs, die auf einer Plattform angelegt sind; der mittlere Prang ist am besten erhalten. Nahebei findet sich ein größerer Teich oder Wasserbecken. Die Anlage ist die nördlichst gelegene der Khmer-Tempelanlagen in Thailand.

- **Anfahrt:** Am besten mit eigenem Fahrzeug. Von Buriram fährt man über Highway 2074 in nördliche Richtung nach Phuttaisong (62 km), dann über Highway 202 in Richtung Westen nach Non Bua Long (20 km); dann an einer Schule links abbiegen, und nach ca. 1 Kilometer erreicht man die Anlage.

Bei der Anfahrt über Highway 2 (Khorat – Khon Kaen) bei Takhro rechts zum Highway

207 abbiegen, dann 51 km weiter in Richtung Non Bua Long und an der Schule rechts einbiegen.

Anusawari Rao Su

In den siebziger Jahren des letzten Jahrhunderts war der Dongrak-Bergzug, über den heute der Highway 348 führt (zwischen Aranyaprathet und Nang Rong) die Basis der Communist People's Liberation Army of Thailand (PLAT). Die Rebellen kämpften verbissen gegen den Bau der Straße, der ihren Unterschlupf der Außenwelt zugänglich machen würde. Die thailändische Armee musste die Straßenbauer gegen Übergriffe schützen. Ein Denkmal, das an der Heldentod tapferer Bürger, Polizisten und Soldaten erinnert, die im Kampf gegen die Kommunisten ihr Leben ließen, steht heute an Kilometer 107 im Distrikt Non Din Daeng. Das Monument wurde vom thailändischen König **Anusaweri Rao Su** getauft, etwa das „Denkmal unseres Sieges".

Prasat Khao Phanom Rung

ปราสาทเขาพนมรุ้ง

Dieser faszinierende **Tempelkomplex,** der in verschiedenen Phasen zwischen dem 10. und 13. Jahrhundert errichtet wurde, rückte im Jahre 1988 ins Zentrum der Aufmerksamkeit. Der Grund war ein **Relief,** das einen liegenden **Vishnu** darstellte. Das Relief des Hindu-Gottes war in einem Museum in Chicago aufgetaucht – illegal. Das Kunstwerk war aus dem Tempelkomplex gestohlen worden und auf verschlungenen Wegen in die USA gelangt. Kunstwilderei ist keine Seltenheit in Thailand. Kurz darauf rückten die Amerikaner den Vishnu aber schon wieder heraus. Seitdem ist das Relief wieder im Tempelkomplex installiert.

Zahlreiche Dichter haben die Architektur des Prasat Khao Phanom Rung in ihren Werken verewigt. Sie verglichen seine Schönheit mit der des Himmels.

Vor über einem Jahrtausend war der Tempel das spirituelle Zentrum der gesamten Region. König *Narendraditya* von Angkor kam hierher, um sich der Meditation zu widmen und sich zu läutern.

Der Tempel, der wohl das beeindruckendste Bauwerk der Khmer-Architektur auf thailändischem Boden darstellt, ist den Gottheiten des Hinduismus gewidmet. Diese sind auf zahlreichen kunstvollen Reliefs verewigt, andere stellen Szenen aus der **Shiva-Mythologie** dar. Im Hauptheiligtum, das im 12. Jahrhundert im Stile des Angkor Wat errichtet wurde, soll auch ein *Shiva Lingam* verborgen sein, das phallische Symbol Shivas. Einige Reliefs zeigen Szenen aus dem Leben König *Narendradityas.*

Der Tempelkomplex liegt auf einer Anhöhe von 190 m und ist von Galerien umgeben, die reich verzierte Tore aufweisen. Ein von Säulen gesäumter

Reisbauer in Issaan
(FOTO: AROON THAEWCHATTURAT)

Weg führt zum Tempel hinauf. Geöffnet 6.00-18.00 Uhr, Eintritt 40 Baht.

Prasat Mueang Tam

Im Zusammenhang mit dem Besuch in Phanom Rung ist ein Abstecher zur Tempelanlage Prasat Mueang Tam zu empfehlen. Diese steht 8 km weiter in Richtung des Dorfes Ban Kruat und der kambodschanischen Grenze, südlich von Phanom Rung. Der Weg zum Tempel ist gut ausgeschildert.

Bis Mitte der achtziger Jahre des letzten Jahrhunderts war Prasat Mueang Tam undefinierbare Masse aus Stein und Reliefs, überwachsen von dichter Vegetation und stand zudem noch prekär schräg, drohte gar teilweise einzustürzen. Heute befindet sich nur noch ein Teilstück in diesem Zustand, der Großteil der Anlage ist von der *Archaeological Commission of Thailand* sehr professionell restauriert worden.

Prasat Mueang Tam wurde im 10. Jh. auf Anordnung von *König Jayavarman 5.* gebaut. Der Komplex ist von hohen Laterit-Mauern umgeben und beinhaltet einige sehr hübsche, mit Stufen versehene Lotus-Teiche. Der hell-getönte Sandstein der Tempelwände und Reliefs bildet einen optisch angenehmen Kontrast zu dunkleren und gröber gearbeiteten Umgebungsmauern. Insgesamt strahlt die Anlage Ruhe und Frieden aus – zumal sie auch kaum von Touristen besucht wird. Eintritt 40 Baht.

Prasat Khao Phanom Rung –
ein Khmer-Bauwerk in Thailand
(FOTO: DAVID HENLEY)

Unterkunft

Zwei Wohnmöglichkeiten finden sich in Nang Rong:

- **Honey Inn****-*** (8/1 Soi Si Kun, Tel. 044-624057) ist das Privathaus einer Englischlehrerin, in dem einige Zimmer vermietet werden. Das Haus ist etwa 400 m von der Busstation in Nang Rong entfernt. Motorradverleih.
- Abgetakelte Zimmer im **Nang Rong Hotel** *-*** (243 Pradit Pana Road, Tel. 044-631014), einige haben dafür A.C.
- An der Hauptstraße hinter Nang Rong, kurz vor der Abbiegung zum Prasat Khao Phanom Rung finden sich einige kleine Resorts. Zu empfehlen ist das **San Sor Resort***** (Tel. 044-631631), das kleine Steinbungalows in einer gepflegten Anlage bietet. Ein Restaurant, das thailändische und europäische Gerichte serviert, ist angeschlossen.

Anreise

Der Tempelkomplex ist am günstigsten von Khorat und Surin aus zu erreichen.

- **Von Khorat:** Man nehme einen Bus in Richtung Surin (über Highway 24) und steige bei Ban Ta-Ko aus, gelegen am Highway 24 zwischen Nang Rong und Prakhon Chai. Hier warte man auf ein Songthaew, das die restlichen 10 km nach Prasat Khao Phanom Rung fährt. Ansonsten stehen in Ban Ta-Ko Motorrad-Taxis bereit; Kostenpunkt bis zu den Anlagen ca. 200 Baht.
- **Von Surin:** Mit jedem beliebigen Bus, der in Richtung Nang Rong oder über Highway 24 nach Khorat fährt. Dann wie oben beschrieben in Ban Ta-Ko aussteigen und mit Songthaew oder Motorrad-Taxi weiter.

Aranyaprathet
อรัญประเทศ

Aranyaprathet, wörtlich „Land des Waldes", wäre für Touristen eine ziemlich uninteressante Stadt, gäbe es dort keinen Grenzübergang nach Kambodscha. Seit etwa zwei Jahrzehnten floriert der Ort durch den regen Grenzhandel. Außerhalb von Aranyaprathet befindet sich ein großes thailändisches Armeelager, das für die Sicherheit in dieser oft nervösen Region sorgen soll. Wer auf dem Weg nach Kambodscha hier hängen bleiben sollte, findet eine Reihe adäquater Hotels und Restaurants – sowie ein wenig schmuddeliges Nachtleben, in Form einiger kleiner Billig-Bordelle und einer einzigen Go-Go-Bar. Dazu gibt es etwas gehobeneres Nachtleben an der Straße nach Ta Phraya nahe dem Aran Park Hotel; dieses lockt zumeist thailändische Geschäftsleute an.

Aufgrund der auf der anderen Seite der Grenze befindlichen Spielcasinos (derzeit gibt es gut ein Dutzend) herrscht in der Stadt ein reger Durchgangsverkehr.

Touren nach Kambodscha

Touren in das Nachbarland offeriert **Sara Tours** an der Ra-Uthit Road; am Westende der Straße besagt das Schild in anderer Transkribierung „Ruduthid Road".

Unterkunft

- **Aran Garden 1**** (59/1-7 Rat-Uthit Rd., Tel. 037-231105); halbwegs in Ordnung; Zimmer mit Bad.
- **Aran Garden 2****-*** (110 Rat-Uthit Rd., Tel. 037-231105); besser als obiges, mit ordentliche Zimmern (Bad), teilweise mit A.C.
- **Aran Park Hotel****** (154 Moo 6, Thanavithee Rd., Tel. 037-232588-9); etwas außerhalb der Stadt an Highway 348 gelegen; das Top-Hotel am Ort, mit Pool- und Snooker-Halle und Coffee-Shop.
- **Inter Hotel*****-**** (Soi Ban Aran, abseits Rat-Uthit Rd., Tel. 037-231291); saubere, bequeme Zimmer mit Bad, A.C., Satelliten-TV, dazu ein Restaurant und eine Karaoke-Bar.
- **Thupthongkum Hotel***** (364 Moo 2, Thanavithee Rd., Tel. 037-231679); etwas außerhalb der Stadt, ca. 200 m vor dem Aran Park Hotel; ordentliche Zimmer mit Bad, A.C. und TV.

Essen

- Das klimatisierte **Little Home** an der Chaophrayabodin Road, nicht weit vom Uhrturm entfernt, kredenzt diverse Thai-Gerichte als auch Pizzen im Thai-Stil. Geöffnet 7.30-21.30 Uhr.
- Am Ostende der Rat-Uthit Road/Ruduthid Rd. finden sich zwei akzeptable Restaurants. **Manit Restaurant** bietet thailändische und chinesische Gerichte, das klimatisierte **Party Time** bringt Steaks und Pizzas auf den Tisch.
- An der Chitsuwan Road im Stadtzentrum köcheln abends einige **Straßenstände.** Einer davon, am nördlicheren Ende, hat auch eine englische Speisekarte, die wird aber nur auf Anfrage vorgezeigt.

Anreise

- **Busse** fahren ab Bangkoks Northern & Northeastern Bus Terminal. A.C.-Busse kosten 140 bzw. 207 Baht.
- **Züge** ab Bangkoks Hualamphong Station fahren nur um 5.55 Uhr (Ankunft 11.20 Uhr) und 13.05 Uhr (Ankunft 18.05 Uhr). Die Züge haben nur eine sehr unbequeme 3. Klasse, Kostenpunkt 48 Baht.
- So mancher Langzeitreisende kommt per **Taxi** aus Bangkok (270 km), nur um kurz die Grenze zu überqueren und mit einem neuen 30-Tage-Stempel wieder nach Thailand einzureisen. Hin- und Rückfahrt kosten ca. 4.000 Baht.

Eine preiswertere Alternative sind die **Jack Golf Tours,** die täglich um 7.00 Uhr von Sukhumvit Road, Ecke Soi 12 entweder nach Aranyaprathet oder an einen der neueren thailändisch-kambodschanischen Grenzposten in der Nähe von Chantaburi fahren und fast alle Grenzformalitäten übernehmen. Dazu wird Lunch in einem der Casinos geboten. Nachmittags ist man dann wieder in Bangkok. Kostenpunkt 2.000 Baht, inklusive Visum für Kambodscha.

Weiterreise nach Kambodscha

Der Grenzübergang befindet sich 5 km östlich von Aranyaprathet, an einem Markt namens Talaat Rong Kluea, auf dem zahlreiche kambodschanische Grenzgänger ihre Waren losschlagen, bzw. einkaufen. Die zum Kauf angebotenen kambodschanischen Waren sind zumeist Edelsteine, Textilien, Korbwaren, Haushaltsgegenstände und *kramaa,* traditionelle Khmer-Schals. Der ausufernde Markt beherbergt auch einige Essenstände und kleine Restaurants.

Die Grenze zwischen Aranyaprathet und dem kambodschanischen Poipet wurde 1998 nach einer Unterbrechung von einem Vierteljahrhundert wieder neu eröffnet. Kambodschanische Visa sind an der Grenze für 20 US$ erhältlich. Um zur Grenze zu gelangen, nimmt man ein Songthaew für

Prasat Khao Phanom Rung
(Foto: David Henley)

10 Baht, oder fährt per Zug für den gleichen Preis. Die Grenze überquert man zu Fuß; geöffnet täglich von 7.00-17.00 Uhr. Auf der anderen Seite stehen zunächst einige Casinos, in denen thailändische Besucher ihr Hab und Gut aufs Spiel setzen. In Thailand ist das Glücksspiel verboten und daher sind in den letzten Jahren immer wieder neue Geldspielhallen in Myanmar (Burma) und Kambodscha an den Grenzposten zu Thailand aus dem Boden geschossen. Hinter den Casinos beginnt Poipet, der nächstgelegene kambodschanische Ort. Poipet ist hauptsächlich für Prostitution und Armut bekannt. In der Regenzeit sieht die Stadt aus wie ein Flüchtlingslager und eine Übernachtung empfiehlt sich hier absolut nicht. Allerdings fahren Minibusse, Busse und Taxis nach Phnom Penh. Dazu gibt es Busse und Taxen nach Siem Reap und Angkor Wat. Wer mit dem Taxi weiterfährt, sollte unbedingt den Preis vor der Reise aushandeln und erst nach Ankunft am Ziel zahlen.

In der Umgebung von Aranyaprathet

Aranyaprathet wird den Reisenden wohl kaum in ihren Bann schlagen, in der Umgebung liegen jedoch zwei spektakuläre Khmer-Heiligtümer, die erst seit ein paar Jahren für Besucher offen stehen.

Prasat Khao Noi

Prasat Khao Noi, der „Tempel auf dem kleinen Berg", ist einer der ältesten Khmer-Tempel in Thailand; er stammt vermutlich aus dem 7. Jh. Der Komplex umfasst drei nach Osten ausgerichtete, restaurierte Prangs, dazu fand man hier einige sehr schöne Reliefs; letztere sind heute allerdings im Museum von Prachinburi zu sehen, und an ihrer Stellen finden sich nun exakte Kopien. Diese sind mittlerweile von der Witterung genügend mitgenommen, um fast echt zu wirken.

Experten siedeln der Stil von Prasat Khao Noi zwischen der Sambor Prei Kuk-Periode (600-650) und der frühen Prei Kmeng-Periode (635-700) an. Damit wäre die Anlage um einiges älter als Angkor Wat (ab 9. Jh.). Der zentrale Prang von Prasat Khao Noi, so wie er sich heute präsentiert, stammt wahrscheinlich aus dem 11. Jh., er ist jedoch die Rekonstruktion eines anderen, zuvor an der Stelle befindlichen Prangs.

- **Anfahrt:** Mit eigenem Fahrzeug. Die Anlage befindet sich 12 km südöstlich von Aranyaprathet auf einem steilen Hügel nach der kambodschanischen Grenze. Von Aranyaprathet fährt man über Wat Lang Aran (südliche Richtung) zu Highway 3067. Dieser führt, unterbrochen von einigen Kontrollposten der Armee, nach 12 km zum Wat Noi Si Chompu (rechte Straßenseite; Westen). Hinter dem Tempel führt eine lange Treppe den Hügel hinauf und spaltet sich schließlich in zwei Trampelpfade; der rechte führt nach Prasat Khao Noi.

Prasat Sdok Kok Thom

Noch imposanter als obiger Tempelkomplex ist Prasat Sdok Kok Thom, aber auch noch schwerer zu finden. Die Anlage liegt umgeben von dichtem Dschungel, jenseits des letzten Armee-Kontrollpostens und scheinbar fernab der Welt. Die Atmosphäre selber hat schon etwas für sich. Besucht man den Ort an einem feucht-heißen Monsun-Tag, sieht man eventuell Gewitterstürme über die kambodschanische Ebene hinwegfegen, und die Steine selber scheinen unter der Schwüle zu leiden und zu schwitzen. Hier kommen fast schon Visionen von „Apocalypse Now" auf.

Prasat Sdok Kok Thom stammt aus der Baphuon-Periode während der Regierungszeit von *König Udayadityavarman 2.* (11. Jh.). Ende des letzten Jahrhunderts diente die Anlage eine Zeit lang den rechts-gerichteten Rebellen der *Khmer People's National Liberation Front* (KPNLF) als Unterschlupf; erst 1990 wurden sie von der thailändischen Armee vertrieben. Zu einem Besuch von *Prinzessin Sirindhorn* wurden dann die in der Umgebung geleg- ten Minen beseitigt.

Heute wartet die Anlage noch auf ihre Restaurierung; diese soll aber in Vorbereitung sein. Am Osteingang steht ein recht gut erhaltener Gopuram oder Tempelturm, die Mauern aber, die den Haupt-Prang umgeben, stehen ziemlich windschief. Ansonsten sind die Mauern recht intakt. Der Haupt-Prang selber ist auf merkwürdige Art und Weise zusammengefallen.

Eine Stele, die am Tempelkomplex gefunden wurde, ist heute im National Museum in Bangkok zu sehen. Sie stammt aus dem Jahr 1052 und ist ein außerordentlich wichtiges Dokument früher kambodschanischer Geschichte. Die Stele erzählt die Geschichte der Shivakaivalya-Priester, die ab Anfang des 9. Jhs. König Jayavarman 2. dienten, dem Gründer des Khmer-Reiches. *Shivakaivalya* bedeutet etwa „vollkommen mit Shiva vereint". *Kaivalya* oder *kaivalin* („jemand, der völlige Vereinigung mit dem Höchsten erlangt hat") sind Begriffe, der oft mit hinduistischen Trance-Kulten in Zusammenhang gebracht werden.

Weiterhin wird auf der Stele über *König Jayavarma 2.* berichtet, wie er aus Java kam, König von Indrapura wurde („Stadt des Indra"; östl. von Phnom Penh), und später seine Hauptstadt nach Hariharalaya verlegte, ans Nordufer des Tonle Sap. *Hariharalaya* ist Sanskrit und bedeutet „Wohnsitz von Vishnu und Shiva". Prasat Sdok Kok Thom ist äußerst schwer zu finden, wer jedoch an früher kambodschanischer Geschichte oder Kultur interessiert ist, wird die Mühe sicher nicht bereuen.

● **Anfahrt:** Nur mit eigenem Fahrzeug. Von Aranyaprathet fährt man über die Straße nach Ta Phaya in nördliche Richtung; an Kilometer 24 links abbiegen. Hier findet sich ein kleines Geschäft, an dem man noch etwas Trinkbares einkaufen kann; am Tempel selber gibt es nichts. Man fährt nun die schmale Straße 11,5 km weiter, biegt dann an einer einsamen Telefonzelle rechts ab. Von hier sind es 4,5 km über eine unasphaltierte Straße, vorbei an einigen Armeeposten. Am letzten Posten kassieren die Soldaten den Reisepass ein und winken einen dann weiter in Richtung Kambodscha durch. Nach weiteren 2,5 km durch dichten Dschungel und auf schlechter Straße erscheint das erste Hinweisschild zu Prasat Sdok Kok Thom – und dann ist man auch schon am Tempel. Das Schild – freundlichst vom *Fine Arts Department* aufgestellt – nützt hier leider gar nichts mehr, denn auf der gesamten vorhergehenden Strecke hat man sich völlig alleine durchzuwursteln. Einige Schilder an den wichtigsten Abzweigungen wären hilfreich.

Der Süden

Yak (Tempelwächter), Satun

Patong Beach auf Phuket

Schattenspieler

Haifischflossen-Restaurant in Hat Yai
(FOTO: CHAWEEWAN CHUCHUAY)

Überblick

Wogende Reisfelder, dichte Kokos-Haine und endlose Strände. Und Strände. Und Strände. Thailands Süden muss von den Designern der Tourismus-Broschüren erfunden worden sein. Er ist wirklich paradiesisch!

Das heiße Klima und die platschnassen Monsune machen das Land unendlich fruchtbar und lassen üppige tropische Vegetation aus dem Boden schießen. Reisende sollten sich unbedingt die „Fahrpläne" des Monsuns im Süden merken – oder besser der Monsune, denn es gibt zwei: Von Mai bis September wird die Westküste begossen (Südwest-Monsun), November bis Februar ist die Ostküste dran (Nordost-Monsun). Dann kann es auf Ko Samui schon einmal recht stürmisch werden, oder Songkhla stöhnt unter dem Endlos-Grau des Regenhimmels.

In dem feucht-heißen Klima des Südens gedeihen Reis, Gummibäume, Rambutans, Mangostinen, Durians, Orangen und Milliarden von Kokosnüssen. Allein auf Ko Samui stehen über 3 Millionen Kokospalmen. Neben diesen landwirtschaftlichen Produkten verhelfen die Fischerei und der Mineralabbau (Eisenerz, Mangan, Eisen, Antimon u.a.) dem Süden zu einem komfortablen Wohlstand. Dieser Wohlstand und die bis in den Anfang dieses Jahrhunderts reichende geographische Isolation des Südens machen seine Bewohner zu stolzen und freiheitsliebenden Menschen.

Die Bevölkerung des Südens ist ein bunter Mischmasch der unterschiedlichsten Landsmannschaften: Da sind die Chinesen, die sich in der Nähe der Erzminen angesiedelt haben und Städte wie Ranong und Hat Yai gründeten. Oder die Moslems, die im Grenzgebiet zu Malaysia leben und in Malay kommunizieren oder Yawi, einer Mischsprache mit malaysischen und arabischen Elementen. Und nicht zu vergessen die Süd-Thais, die sich in ihrer eigenen Version des Thais unterhalten, der *phaasaa pak tai*. Das Süd-Thai wird in Maschinengewehrschnelle herausgeschossen und kulminiert am Satzende in einem hochgezogenen Ton.

Im tiefen Süden kämpften bis in die jüngste Vergangenheit diverse **Guerilla-Gruppen,** deren Mitgliederzahl Anfang der neunziger Jahre noch über 1.000 betrug. Ihre Zielsetzung war, je nach Gruppierung entweder Kommunismus oder aber die Loslösung einiger Grenzprovinzen, um einen eigenen moslemischen Staat zu gründen. In den siebziger Jahren hatte es besonders in den Provinzen Surat Thani, Nakhon Si Thammarat und Phattalung oft kriegsähnliche Auseinandersetzungen zwischen kommunistischen Untergrundkämpfern und Polizei und Armee gegeben. Dabei kam es seitens der Staatsorgane häufig zu Übergriffen, in denen Personen fast beliebig zu Kommunisten erklärt und dann eigenmächtig „liquidiert" wurden. So manch politisch unbeschriebenes Blatt wurde durch den Polizeiterror erst in die Arme der Kommunisten getrieben.

Die heftigsten Kämpfe fanden in der Gegend um Wieng Sa, Provinz Nakhon Si Thammarat, statt. Von 1989 bis 1992 ergaben sich etliche Hundert kommunistische Kämpfer den Behörden, die mittlerweile Amnestie-Programme für reumütige Guerillas erstellt hatten.

In der global angespannten Post-9/11-Atmosphäre ist auch ein alter Konflikt zwischen den Religionen wieder aufgeflammt. **Auseinandersetzungen zwischen moslemischen Rebellen und dem Thai Militär** sind zu einem Konflikt gewachsen, der seit 2003 mehr als 1.200 Menschenleben in den Provinzen Yala, Pattani und Narathiwat gefordert hat. Inzwischen sind tödliche Attentate und Brandstiftung an der Tagesordnung, die Behörden greifen gelegentlich brutal durch und **Touristen wird von einem Besuch der betroffenen Gegenden abgeraten.** Glücklicherweise beschränkt sich dieser Kleinkrieg auf nur drei Provinzen. Andere moslemische Gegenden in Thailand sind völlig sicher.

Administrativ gesehen, beginnt Südthailand erst mit der Provinz Chumphon. Die Gebiete nördlich von Chumphon, die Provinzen Petchaburi und Prachuap Khiri Khan, gehören offiziell noch zu Zentral-Thailand, und hier wird auch noch Hoch-Thai gesprochen, genau wie in Bangkok. Für viele Reisende aber beginnt Südthailand nicht erst in Chumphon, sondern schon in Hua Hin, dem ersten wichtigen Strandort südlich von Bangkok, der allerdings administrativ zur Provinz Prachuap Khiri Khan gehört.

Hua Hin
หัวหิน

Hua Hin war Thailands erster Badeort, und als solcher verdankt er seinen Ruhm einem gewissen Prinzen Nares, einem Sohn von König Chulalongkorn. Prinz Nares war vom Strand in Hua Hin angetan, er ließ sich einen Ferienpalast am Ort bauen, und in der Folgezeit verbrachten immer wieder Mitglieder der Königsfamilie ein paar Tage in dem Badeort.

Durch den Bau der Eisenbahnlinie bis Malaysia wurde der Ort schließlich verkehrsgünstig erschlossen, und die Thai High Society wollte es ihrem Königshaus gleichtun und strömte nach Hua Hin. Prinz *Purachatra* war der Generaldirektor der staatlichen Eisenbahnlinie, und er ließ ein mondänes Hotel im viktorianischen Stil erbauen, das berühmte **Railway Hotel** von Hua Hin. Das Hotel (gegr. 1923) ist seit ein paar Jahren komplett renoviert und nennt sich nun Hotel Sofitel Central.

Ein Sohn des Prinzen Nares ließ sich später einen **Sommerpalast** am Strand bauen und nannte ihn *Klai Klang Won* – „fern von allen Sorgen". Der Palast steht noch immer, und zwar zwei Kilometer nördlich des Hafens. Seit 1998 ist der Palast auch der Öffentlichkeit zugänglich. Er ist täglich von 9.00-18.00 Uhr geöffnet, Eintritt 20 Baht. Besucher werden gebeten, „anständige" Kleidung zu tragen (d.h. keine kurze Hosen, freizügige Blusen etc.).

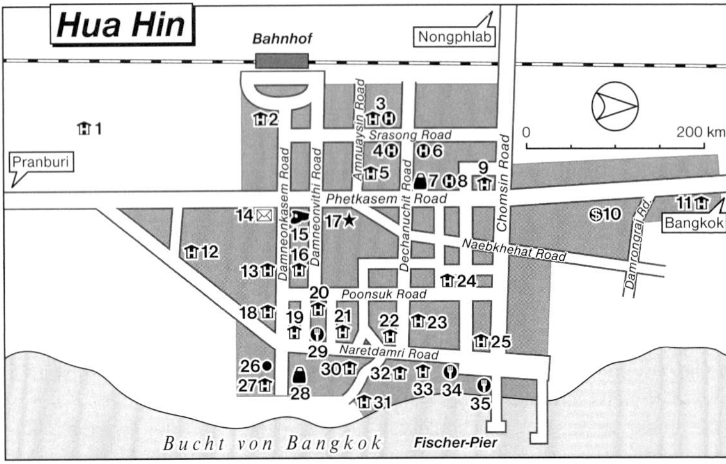

1 Grand Hotel	11 Thanachai Hotel	24 Phananchai Hotel
2 Golf Inn	12 Pala-U	25 Pattana G.H.
3 Sri Phetkasem G.H., AC-Busstation	13 Jed Pee Nong Hotel	26 Motorrad-Verleih
4 Mini-Busse nach Khao Krilas u. Khao Takiab	14 Post	27 Hotel Sofitel Central
5 Subhamitra Hotel	15 Polizei	28 Markt
6 AC-Busstation	16 City Beach Resort	29 Maharaja
7 Nachtmarkt	17 Uhrturm	30 Melia Hua Hin Hotel
8 Mini-Busse nach Nongphlab	18 PP Villa G.H.	31 Bird Guest House
9 Damrong Hotel	19 Sirin Hotel	32 Mot Guest House
10 Bangkok Bank	20 Ban Boosarin Hotel	33 Thanachote G.H. & Restaurant
	21 Fresh Inn	34 Brasserie de Paris
	22 Memory G.H.	35 Saeng Thai
	23 All Nations G.H.	

Wenn Mitglieder der königlichen Familie in Hua Hin erscheinen, so steht ihnen ein **eigener kleiner Bahnhof** zur Verfügung, ein malerisches Häuschen im thai-viktorianischen Stil, das nur ein paar Schritte neben dem eigentlichen Bahnhof liegt.

Hua Hin hat 35.000 Einwohner und ist noch immer eine recht provinziell wirkende Stadt, auch wenn an jeder Ecke Apartmentblocks aus dem Boden geschossen sind. Diese zielen zum großen Teil auf wohlhabende Bangkok-Bewohner oder investitionsfreudige *Falang* ab. Tatsächlich haben sich hier relativ viele Westler angesiedelt: Die Stadt ist möglicherweise das richtige für Leute, die sowohl einen Strand als auch Bangkoknähe brauchen und nichts mit dem dekadenten Pattaya anfangen können. Der Strand ist allerdings nicht allzu großartig, wer Phuket- oder Ko-Samui-ähnliche Szenerien erwartet, liegt daneben. Besser, man besucht Hua Hin vor diesen Orten und nicht etwa danach; ansonsten ist man wahrscheinlich enttäuscht. Außerdem wird Hua Hin derzeit von vielen gutbürgerlichen deutschen Tourgruppen überlaufen, und Traveller fühlen sich möglicherweise deplaziert.

Ein Höhepunkt für viele Besucher ist oft der **Nachtmarkt,** der jeden Abend in der Dechanuchit Road zu brutzeln und brodeln beginnt. Wenn es dunkel wird, verwandelt sich die Straße in ein Open-Air-Schlemmerparadies mit viel Atmosphäre. Ein absolutes Muss!

Ansonsten bieten sich abends noch einige Open-Air-Bars entlang der Naretdamri Road an, wo so etwas wie ein Kneipenviertel entstanden ist. Die Kneipen sind in bester Spießbürgermanier nach Nationalitäten getrennt (es gibt deutsche, schweizerische etc.) und sicher nicht jedermanns Sache.

Acht Kilometer südlich der Stadt beginnt die Bucht Ao Takiap, benannt nach dem nahe gelegenen Khao Takiap, dem „Essstäbchen-Berg". Die Bucht erstreckt sich über eine Länge von 5 km und darin liegen die hübschen Strände **Hat Khao Takiap, Suan Son** und **Khao Tao.** Die Entwicklung schreitet auch hier voran, es sind in der Gegend etliche Kondominiums im Bau. Trotzdem bietet die Bucht sich als ruhigere Alternative zu Hua Hin an.

Unterkunft

Zuvor eine **Warnung:** Die Samlor-Fahrer verlangen eine unverschämte Kommission von 150 Baht von den Vermietern, wenn sie Passagiere zu den Unterkünften kutschieren. Das Geld wird logischerweise auf den Zimmerpreis aufgeschlagen. Am besten also zu Fuß von Bahnhof oder Busstation laufen; die meisten Unterkünfte sind ohnehin nur ein paar hundert Meter davon entfernt.

Viele Unterkünfte, besonders die Mittel- und Oberklasse-Hotels, heben an Wochenenden und Feiertagen die Preise an.

Guest Houses

Zahleiche Guest Houses haben sich in den letzten Jahren an der Naretdamri und ihren Seitengassen angesiedelt, und die große Konkurrenz hält die Preise in Grenzen. Zum Strand ist es meist ein Fußmarsch von 5-10 Min.

- Das **All Nations****-*** (10/1 Dechanunchit Rd., Tel. 032-512742) bietet schon seit Jahren einfache, kleine und saubere Zimmer, auch mit A.C.
- Besonders gute Zimmer hat das **Bird Guest House****-*** (31/2 Naretdamri Rd., Tel. 032-511000) nahe dem Meer gelegen.
- Ganz in der Nähe bietet das **Mot (Mod) G.H.****-*** (Tel. 032-512296), Zimmer mit Bad, zum Teil mit A.C. und für den Preis recht gut.
- Im nahen **Thanachote Guest House****-**** (Tel. 032-511393) gibt es Zimmer mit Bad und teurere mit A.C., TV und Kühlschrank.
- Das **Pattana (Thai-Dutch) Guest House** *** (Tel. 032-513393, huahinpattana@hotmail.com) in einer Gasse, die etwas weiter nördlich von der Naretdamri Road abzweigt, hat ordentliche Zimmer (Bad).
- **Memory G.H.****-*** (Tel. 032-511816) hat saubere Zimmer mit Bad, in der höheren Preislage auch mit A.C.
- Sehr ordentlich ist das **Fresh Inn******* (132 Naretdamri Road, Tel. 032-511389), eher ein modernes Hotel als ein Guest House, mit dezenten Zimmern mit Bad, TV und A.C. Frühstück im Zimmerpreis inklusive.
- Sehr sauber und gepflegt ist das von einem Deutschen und seiner thailändischen Frau

geführte **House Pala-u***** (178/5 Naretdamri Rd., P.O Box 32, Hua Hin 77110, Tel. 032-512687). Die Zimmer haben Bad, Balkon und A.C. Die Besitzer zahlen den Samlor-Fahrern keine Kommission, und so könnte es sein, dass diese von dem Haus abraten. Wer anruft oder vorher bucht, wird auf Wunsch vom Bahnhof oder Bus abgeholt.

● In einer Gasse zwischen der Naretdamri und Poonsuk Road finden sich **Phuen Guest House**** (Tel. 032-512344), **Relax Guest House****, **Joy Guest House**** (Tel. 032-512967), **Sukvilay Guest House****-*** (Tel. 032-513523) und **Ban Pak Hua Hin**** (Tel. 032-511653).

Preiswerte Hotels

Die Hotels in Hua Hin sind oft überteuert, ein Resultat des Booms des Mittel- und Oberklasse-Tourismus am Ort. Die Hotels nahe der Phetkasem Road und der Eisenbahnlinie können zudem sehr laut sein; die Phetkasem Road ist der Highway, der Bangkok mit Malaysia verbindet und der unglücklicherweise mitten durch den Ort führt. Einige der preiswerteren Hotels finden sich westlich der Phetkasem Road, an der dem Strand abgewandten Seite der Stadt:

● **Subhamitra Hotel****-**** (19 Amnuaysin Rd., Tel. 032-511208, 032-511487); saubere Zimmer.

● **Sri Phetkasem Hotel****-*** (7/6-8 Sra Song Rd., Tel. 032-511394); neben der Abfahrts- und Ankunftsstelle der A.C.-Busse von/nach Bangkok.

● **Thanachai Hotel****-*** (11 Damrongraj Rd., Tel. 032-511755).

● **Damrong Hotel****-*** (46 Phetkasem Rd., Tel. 032-511574); nahe dem Chatchai Market.

Weitere Hotels

● Das **Jed Pee Nong Hotel*****-**** („Hotel der sieben Geschwister", 13/7 Damnoen Kasem Road, Tel. 032-512381) hat saubere Zimmer mit Bad.

● In einer Gasse gleich nebenan findet sich das **Patchara House***** (Soi Kasem Samphan, Tel. 032-511757); Zimmer mit Bad.

● Ordentliche Zimmer mit A.C. in den benachbarten **Puangpen Villa Hotel****** und **PP Villa Guest House*****-**** (Ecke Damnoen Kasem Rd./Soi Kasem Samphan, Tel. 032-511216), die sich einen Swimmingpool und einen Garten teilen.

● Etwas nördlich der Innenstadt (73/5-7 Phananchai Road, Tel. 032-511707) liegt das **Phananchai Hotel*****; die relativ große Entfernung zum zentralen Geschehen wird durch die ordentlichen Zimmer mit A.C. und TV wettgemacht.

● Das **Golf Inn****** nahe dem Bahnhof (Tel. 032-512473) beherbergt an Wochenenden viele thailändische Golfer; gute Zimmer mit Bad, TV und A.C.

● Saubere und komfortable Zimmer mit A.C., TV, Kühlschrank etc. hat das **City Beach Resort******* (16 Damnoen Kasem Rd., Tel. 032-512870-5).

● Nahebei an derselben Straße liegt das **Sirin Hotel******-***** (Tel. 032-511150), ebenfalls mit wohnlichen Zimmern (A.C., TV, Kühlschrank), an Wochenenden teurer.

● Etwas von der Damnoen Kasem Road in nördliche Richtung zurückversetzt liegt das saubere **Ban Boosarin Hotel****** (Tel. 032-512076); sehr gute Zimmer mit A.C., TV, Kühlschrank und Telefon.

● Das **Hotel Sofitel Central Hua Hin**LLL (Tel. 032-512021-40, Fax 02-2330974-80), das ehemalige Railway Hotel ist ein stilvoller Bau im Kolonialstil, und wer es sich leisten kann, wird den Aufenthalt hier nicht bereuen. Die Zimmer im kolonialen Flügel kosten 4.800 Baht, im neueren Flügel wird's noch teurer. Schlüsselszenen des bekannten Hollywood-Films „The Killing Fields" wurden hier gedreht, in der das Hotel die französische Botschaft in Phnom Penh „spielte".

● Auf der anderen Straßenseite des Sofitel stehen einige doppelstöckige, geräumige und komfortable Bungalows, die einst obigem Unternehmen dazugebaut wurden und nennen sich **Central Village**LLL (Tel. 032-512021, Fax 032-511014).

● Das bombastische **Melia Hua Hin**LLL (Naretdamri Rd., Tel. 032-512879, Fax 032-511135) hat jeden Fünf-Sterne-Luxus.

● Etwas südwestlich der Innenstadt befindet sich das ebenso monumentale **Hua Hin Grand Hotel & Plaza*******-LLL (222/2 Phetkasem Rd., Tel. 032-511391, Fax 032-511765),

mit großen und sauberen, aber etwas nüchtern eingerichteten Zimmern (A.C., TV, Kühlschrank etc.). Ein Buffet-Frühstück ist inklusive.
●Das **J.W. Mariott**LLL (Tel. 032-511881, Fax 032-512422, www.mariotthotels.com/hhqmc) ist eine tolle Luxusoption. Das Haus hat seinen eigenen Strand vor der Tür und ist - wie das Mariott in Phuket - in eine wundervoll, bis ins Detail durchdachte Anlage eingebettet. Dazu gibt es zwei Tennisplätze, Swimmingpools, mehrere Restaurants u.a. weitere Annehmlichkeiten. In der Hauptsaison kosten die Zimmer ab 5.800 Baht, in der Nebensaison (April bis September) 4.200 Baht, bei Buchung über Reisebüros noch weniger. Wer es sich leisten kann, sollte nicht zögern.
●Das **Chiva-Som International**LLL (74/4 Phetkasem Rd., Tel. 032-536536, 02-38144 60, Fax 032-511154; www.chivasom.com) ist ein Luxushotel samt Jungbrunnen - die Gäste können sich hier mit Gesundheitskost, Aerobics, Unterwasser-Massagen, Schlammbädern, Hydrotherapie und vielen anderen westlichen oder östlichen Regenerations-Techniken wieder fit machen lassen. Inklusive Unterkunft in superluxuriösen Zimmern oder Bungalows kostet der ganze Spaß 500 US$/Tag (Einzelzimmer) oder 650 US$ (Doppelzimmer). Zu allen Zimmern ist 24 Std. lang ein privater Butler abkommandiert. Im Jahr 2000 wurde das Chiva-Som vom Magazin *Conde Naste Traveller* zum „Besten Gesundheits-Resort der Welt" gekürt. Das Haus bot schon einer Vielzahl von illustren Gästen Obdach, von Mitgliedern der britischen Königsfamilie über *Howard Carpendale* bis hin zu *David Beckham,* um nur einige zu nennen.

Essen

Hua Hin ist unter den Thais für sein **Seafood** berühmt, ebenso für Gemüse wie **Spargel** und die besonders köstlichen und preiswerten **Ananas,** die in der Nähe geerntet werden. Außerdem hat Hua Hin wohl die größte Dichte von Pizzerien in Thailand - es findet sich alle paar Meter eine.

●Das **Saeng Thai** am Fischer-Pier am Ostende der Chomsin Road ist das bekannteste Seafood-Restaurant am Ort, viele Thais schwören darauf. Die Preise sind nicht niedrig, ab ca. 500 Baht für 2 Personen.
●Das italienische **La Villa,** ein paar Meter nördlich des Ban Boosarin Hotels gelegen, kredenzt ausgezeichnete Pizzen, Lasagne und Spaghetti.
●**Bob's German Bakery** (120/2 Naretdamri Road) offeriert diverse Brotsorten, darunter gutes Vollkornbrot, und Kuchen.
●Das **Maharaja** (25 Naretdamri Road) macht ganz passables indisches Essen; zumindest kommen hier Vegetarier auf ihre Kosten, denn wie in allen indischen Restaurants gibt es zahlreiche fleischlose Gerichte.
●Direkt nebenan bietet das **Amadeus** deutsche Kosten und österreichische Spezialitäten.
●Die **Brasserie de Paris** an der Nordseite der Naretdamri Rd., unweit des Pattana Guest Houses und mit Blick aufs Meer, wartet mit gehobener französischer Küche auf, kredenzt von einem französischen Chefkoch.
●Das **Sasi Garden Theatre** (83/159 Nhongkae, Tel. 032-512488) bietet allabendlich eine traditionelle Musik- und Tanz-Show von 19.00 bis 21.00 Uhr. Das Essen mit Vorführung kostet 750 Baht (Kinder 600 Baht). Da das Sasi Theater einige Kilometer südlich von Hua Hin liegt, bietet der Veranstalter bei Vorbuchung einen kostenlosen Abholdienst von Hua Hin an.

Golf

In der Gegend um Hua Hin liegen einige gute Golfplätze. Hier eine Auswahl:

●**Royal Hua Hin Golf Course,** Hua Hin, Tel. 032-512475
●**Majestic Creek Country Club and Beach Resort,** 164 Moo 4 Tubtai, Hua Hin, Tel. 032-520162
●**Hua Hin Seoul Country Club,** 174 Moo 1, Petchakasem Road, Paknam Pran, Pran Buri, Tel. 032-572441

Stranderosion zwischen Petchaburi und Pranburi

Erosion hat den Stränden zwischen Petchaburi und Pranburi auf einer Länge von 115 km stark zugesetzt. Am stärksten zeigen sich die Auswirkungen am Pier von Petchaburi, wo der Strand 200 Meter an Breite eingebüßt hat. Aber auch in den Badeorten Cha-Am und Hua Hin ist der Strand in den letzten Jahrzehnten schmaler geworden.

Die Ursache sind einerseits die starken Stürme des Nordost-Monsuns sowie die Errichtung von Piers, Schutzwällen oder anderen Bauwerken an der Küste; diese lenken die natürlichen Wasserströme um, die somit oft konzentriert auf einen bestimmten Strandabschnitt einwirken und ihn hinwegspülen. Stranderosion ist zu gewissem Maße naturgegeben, die menschgemachten Konstruktionen an der Küste beschleunigen den Prozess aber erheblich.

Neben dem Verlust von Stränden droht auch ein finanzielles Debakel: An den Stränden von Cha-Am und Hua Hin kostet 1 *rai* Land (1.600 m²) bis zu 10 Mio. Baht und schon so manche Million ist einfach so hinweggespült worden. Und geschmälerte Strände könnten in Zukunft natürlich auch verringerte Touristenzahlen bedeuten.

Adressen

- Ein kleines Büro der Hua Hin **Tourist Information** liegt in der 3 Poonsuk Road.
- An der Damnoen Kasem Road/Ecke Phetkasem Road liegt das **Postamt** (Tel. 032-5113 50).
- Auf der anderen Straßenseite der Damnoen Kasem Road ist das **Polizeirevier** (Tel. 032-511027).
- Wiederum gegenüber, aber an der Phetkasem Road, ist das **Red Cross Institute** (Tel. 032-511024).
- Ein weiteres **Krankenhaus** ist das Hua Hin Hospital, Phetkasem Road (Tel. 032-520401).
- Ein **Tourist Information Service Center** befindet sich im Erdgeschoss des Gebäudes der Stadtverwaltung an der Ecke Phetkasem Rd./Damnoen Kasem Rd. (Tel. 032-511047, 032-532433). Hier wird Informationsmaterial zu Hotels und Sehenswürdigkeiten in und um Hua Hin großzügig ausgehändigt. Geöffnet tgl. von 8.30-16.30 Uhr.

Anreise

- **Busse** ab Bangkok Southern Bus Terminal zu 150 Baht. Abfahrt alle halbe Stunde oder weniger, Fahrzeit ca. 3½ Std. Weiterhin Busverbindungen u.a. ab Cha-Am, Chumphon, Krabi, Phuket, Prachuap Khiri Khan, Surat Thani.
- **Züge** ab Bangkoks Huamlamphong Station fahren 12-mal am Tag ab 8.05 Uhr. Fahrzeit ca. 3 Stunden. Preis in der 3. Kl. 154 Baht, in der 2. Kl. 212 Baht, mit A.C. 282 Baht, in der 2. Kl. Sleeper mit A.C. obere/untere Schlafkoje 492/562 Baht, in der 1. Kl. 882 Baht.
- **Bangkok Airways** fliegt 1x tgl. aus Bangkok ein, Kostenpunkt 1.550 Baht. Flugzeit 40 Min. Dieser Flug ist seit Dezember 2005 vorübergehend eingestellt. Die private Flugfirma SGA (Tel. 032-531073) fliegt 3- oder 4-mal täglich von Bangkok nach Hua Hin und zurück und bietet einen Platz in einer 12-Sitzer Cessna-Maschine für 3.200 Baht (5.300 Baht Retour). Flugzeit 45 Minuten. Dazu kommen 50 Baht Flughafensteuer.
- Ein **Taxi vom Flughafen in Bangkok** nach Hua Hin kostet ca. 9.000 Baht.

Weiterreise

- Die meisten **Busse** fahren ab der Busstation an der Liap Thiang Rot-Fai Road im Nordosten der Stadtmitte. A.C.-Busse nach Bangkok fahren ab einem Haltepunkt an der Sasong Road. Busse nach Petchaburi (30 Baht) und Cha-Am (32 Baht) fahren ab einem Haltepunkt an der Kreuzung Phetkasem Rd./ Chomsin Rd. Busse und Songthaews nach Ao Takiap (10 Baht bzw. 12 Baht) fahren von der Ecke Dechanuchit Rd./Sasong Rd.

- **Züge** zurück nach Bangkok fahren ebenfalls 12-mal am Tag allerdings meist nachts. Die besten Verbindungen sind um 14.10, 16.01 und 0.13 Uhr.
- Das Büro der **Bangkok Airways** befindet sich im Hua Hin Airport, 6 km nördlich der Stadt, Tel. 032-522305. Taxis oder Songthaews dorthin für 120 Baht.
- **Taxis zum Flughafen** Hua Hin kosten um die 150 Baht.
- **Selbstfahrer** finden an der Damnoen Kasem Road einige Unternehmen, die Fahrräder (150 Baht/Tag) und Motorräder (ab 200 Baht/Tag) ausleihen; dazu gibt es eines mit Jeeps der Marke Caribien (ab 800 Baht/Tag, handeln!). Ansonsten bietet sich Avis an, mit Büros im Sofitel Hotel (Tel. 032-512021) und dem Hua Hin Hilton (Tel. 032-512888).

Umgebung von Hua Hin

Nationalpark Khao Sam Roi Yot

Der Name *Khao Sam Roi Yot* bedeutet übersetzt „die Berge der 300 Gipfel" und ist ein relativ zugängliches Gebiet von 130 km² Fläche zwischen Hua Hin und Prachuap Khiri Khan. **Bizarre Kalksteinformationen** stellen die „300 Gipfel" dar. Das Gelände ist der Lebensraum für die asiatische Bergziege, Wildschweine, Affen, Leoparden, Civet-Katzen, Otter, Gürteltiere und etwa 300 Arten von Zugvogel- oder am Orte ansässigen Vogelarten, dazu zahlreiche Wasservögel. Vor der Küste werden oft Delfine gesichtet, und Delfin-Beobachtungs-Trips können organisiert werden (s.u. Dolphin Bay Resort).

Im Bereich des Parks, der nicht gebirgig ist, haben sich sage und schreibe 160 **Garnelen-Farmen** angesiedelt – und das, obwohl diese in einem Nationalpark natürlich nichts zu suchen haben. Die Farmen haben die Ökologie des Parks weitgehend zerstört. Es ist kein Geheimnis, dass sich Leute mit Geld in Thailand das Gesetz nach Belieben gefügig machen können. 1999 wurde ein Verbot erlassen, nach dem alle Garnelen-Farmen, die nicht unmittelbar am Meer liegen, zu schließen haben. Die Besitzer der Farmen protestierten dagegen, doch die Regierung ließ verlauten, hart bleiben zu wollen. Was weiter werden wird, bleibt abzuwarten.

Abgesehen davon bietet der Park eine faszinierende Felslandschaft. Diese wird von einigen Höhlen durchzogen, so der **Tham Phraya Nakhon,** die gerne von König *Chulalongkorn* aufgesucht wurde. Ihm zu Ehren wurde im Jahre 1890 in der Höhle eine *sala,* ein hölzerner Pavillon angelegt. Die Höhle befindet sich ca. 15 km vom Parkhauptquartier und kann zu Fuß vom Strand Hat Laem Sala erreicht werden. Der Weg ist sehr steil und felsig und dauert ½ Std. Hat Laem Sala ist per Boot ab dem kleinen Fischerort Bang Phu zu erreichen; Kostenpunkt 400 Baht retour. Nach Bang Phu fahren Songthaews vom Markt in Pranburi (300 Baht).

Am Strand von Sala Laem befinden sich ein Visitor Centre sowie einige Bungalow-Anlagen und Restaurants. Ein weiterer Strand, der Hat Sam Phraya, liegt 5 km weiter südlich, das Parkhauptquartier 6 km weiter südlich nahe dem Dorf Khao Daeng.

Eine weitere Höhle ist **Tham Kaew,** die „Diamantenhöhle", ca. 2 km von der Abzweigung nach Bang Phu entfernt. Diese besteht aus mehreren, durch schmale Durchlässe verbundene Kammern, angefüllt mit Stalaktiten. Einige davon sind mit Kristallformationen bedeckt und haben einen diamantartigen Glanz; daher der Name der Höhle. Der Boden ist sehr schlüpfrig und festes Schuhwerk sowie Kleidung, die ruhig schmutzig werden darf, ist anzuraten. Lampen können ausgeliehen werden.

Die Kalksteinhöhle **Tham Sai** ist eine 20-minütige Wanderung von dem Dorf Khun Thanot entfernt. Sie besteht aus einer einzigen großen Kammer und ist angefüllt mit Stalagmiten und Stalaktiten. Lampen können ausgeliehen werden. Viele Reiseunternehmen in Hua Hin bieten Tagesausflüge in den Park, die auch zu den Höhlen führen (ca. 1.000 Baht/Pers.).

Der **Eintritt** in den Park kostet für Nicht-Thais 200 Baht.

Information

In der **Touristeninformation** in Cha-Am gibt es Karten zum Park.

Unterkunft

- Die **Unterkünfte der Parkverwaltung** finden sich in Hat Laem Sala und nahe dem Parkhauptquartier. Zur Verfügung stehen Bungalows****-*****, die Platz für 5-9 Personen bieten. Die kleinsten Bungalows kosten 1.200 Baht. Zweimannzelte sind für 120 Baht erhältlich, und für 20 Baht/Pers. kann man nahe dem Hauptquartier sein eigenes Zelt aufstellen (Tel. 032-619078, Fax 032-619078, reserve@dnp.go.th).
- Am Strand Hat Phu Noi, etwas außerhalb des Parks, steht das **Dolphin Bay Resort** ****-LLLL (227 Moo 4, Phu Noi, Tel. 032-59333-4, Fax 032-559361), mit Bungalows mit Bad, A.C. und TV. In den Preisen ist das Frühstück eingeschlossen. Ein Swimmingpool ist vorhanden sowie ein Restaurant mit thailändischer, chinesischer, westlicher und vegetarischer Küche. Angeboten werden unterschiedliche Touren in den Park, Schnorchelausflüge und Dolphin-Watching sowie Kajaktouren und Windsurfing. Bei Buchung wird man kostenlos in Pranburi (ca. 20 km) abgeholt.
- Nahebei, etwas zurückversetzt vom Strand, liegt das **Long Beach Inn***** (223/4 Moo 4, Sam Roi Yot National Park, Tel. 032-559068, 081-3716974, www.longbeach-thailand.com). Das Haus, geleitet von einem Holländer und seiner Thai-Frau, hat Swimmingpool und Internetanschluss. Die ordentlichen Zimmer sind mit A.C., Kühlschrank und TV ausgestattet und ausschließlich für Nichtraucher gedacht. Frühstück ist im Preis (1.500 Baht) inbegriffen. Bei Buchung wird man kostenlos in Pranburi abgeholt. Der Besitzer spricht Deutsch.

Anreise

- Am günstigsten mit eigenem Fahrzeug. Ansonsten nehme man ab Hua Hin einen **Bus oder Zug nach Pranburi** (ca 20 km). Von dort geht's per Songthaew weiter nach Bang Phu (40 km/80 Baht oder 300 Baht für die ganze Songthaew). In Pranburi lassen sich auch Songthaews oder Motorrad-Taxis für die Fahrt zum Park anheuern. Songthaews zum Park kosten ca. 700 Baht.

Prachuap Khiri Khan
ประจวบคีรีขันธ์

Prachuap Khiri Khan ist ein kleiner, ruhiger Küstenort, gelegen an einer von Felsklippen umgebenen attraktiven Bucht. Die Bucht selber wimmelt von Fischerbooten, der Strand und das

Wasser sind leider unangenehm verschmutzt. Die einzige Sehenswürdigkeit ist der Ausblick vom Khao Chongkrajok, dem „Spiegelberg", auf dem sich ein kleiner Tempel befindet. An der Südseite (die Seite zur Stadt hin) führt eine 415 Stufen zählende Treppe den Berg hinauf. Man achte auf die aggressiven Affen, die sich um den Berg tummeln.

7 km südlich von Prachuap, in der Nähe von Klong Wan, befindet sich das **Waghor Aquarium.** Besuchern werden diverse maritime Ökosysteme nähergebracht. Durch das größte Aquarium, in dem auch ein paar Haie herumschwimmen, führt ein Tunnel. Täglich von 9.00-16.00 Uhr geöffnet. Eintritt frei.

Information

Die Stadtverwaltung (Tel. 032-611491) betreibt ein kleines, aber hilfreiches **Informationsbüro** in der Innenstadt an der Thanon Sarachip (im Straßenblock zwischen Thanon Kong Kiat und Thanon Thetsaban Bamrung). Man informiert über die Attraktionen der Provinz Prachuap Khiri Khan.

Unterkunft

- Das **Yutichai Hotel***-** (Tel. 032-611055) ist in einem alten Haus untergebracht. Einfache, aber saubere Zimmer mit TV und Bad.
- Das **Inthira Hotel***-** (Tel. 032-611418) hat Zimmer mit Bad, z.T. TV. Nur zu empfehlen, wenn alles andere voll ist.

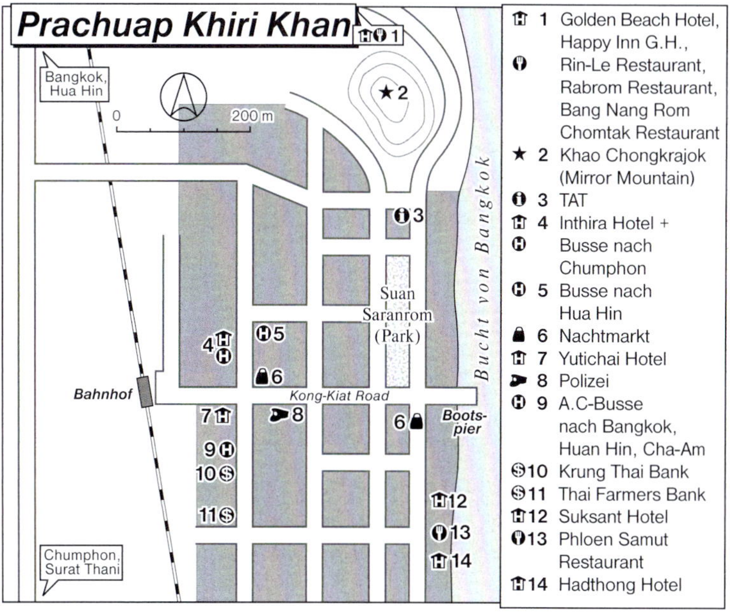

Traditionelles Haus
bei Prachuap Khiri Khan

- Das **Suksant Hotel***** (Tel. 032-611145) hat einfache Zimmer in einem großen, etwas verwahrlosten Betongebäude. Mit Blick aufs Meer.
- Das **Had Thong Hotel****** (Tel. 032-6010 50, Fax 032-601057; www.hadthong.com), an der Bucht gelegen, ist die beste Unterkunft in der Stadt, es gibt Zimmer mit Aussicht auf den Spiegelberg und solche mit Aussicht aufs Meer.
- Das **Golden Beach Hotel*****-**** (Tel. 032-601626, goldenbeachhostel@hotmail.com), an der Uferstraße nördlich des Khao Chonkrajok, bietet kleine aber saubere Zimmer mit Bad und A.C., die teureren mit Blick auf die Bucht.
- Gleich nebenan ist das **Happy Inn Guesthouse***** (Tel. 032-602082). Kleine ordentliche Betonbungalows.
- In der Ao Noi-Bucht, ca. 6 km nördlich der Stadt, liegt das **Ao Noi Resort*****-**** (Tel. 032-601350). Auf dem parkähnlichen Gelände befinden sich Bungalows mit und ohne A.C. Dummerweise haben nur die Bungalows ohne A.C. Meerblick. Motorradtaxis ab der Innenstadt hierhin kosten ca. 50 Baht.
- **Ban Rim Thale******-***** (Tel. 032-6617 34) am Strand von Klong Wan, 8 km südlich von Prachuap, hat saubere Bungalows mit Bad und TV. Ohne eig. Fahrzeug könnte es hier jedoch ein wenig problematisch werden. Anfahrt per Motorradtaxi ca. 60 Baht.
- Gleich nebenan ist das **Tana Cabana******-***** (Tel. 032-661915, tanawan20@yahoo.com), das kleinere und größere neue Bungalows mit A.C. und TV bietet.

Essen

- Prachuap ist bekannt für seine Meeresfrüchte, und ein sehr gutes Seafood-Restaurant, das **Phloen Samut,** befindet sich etwas südlich des Piers an der Uferstraße (Chai Thale Rd.).
- An der Uferstraße nördlich des Khao Chongkrajok sind die Restaurants **Rin Le** und

Rabrom zu finden, die auch jede Menge Meeresfrüchte auf der Speisekarte haben. Abends werden Tische direkt am Strand aufgestellt.

- Ebenfalls an dieser Straße liegt das **Bang Nang Rom Chomtak Restaurant,** das vietnamesische Gerichte bietet. Das Schild ist leider nicht auf Englisch, aber vor dem Restaurant liegt ein kleines rotes Fischerboot. Jeweils leicht gehobene Preislage, ein volles Essen für 2 Pers. kostet ca. 250-500 Baht.
- Ansonsten bieten sich zahlreiche **Essensstände** an, so an der Kong Kiat Rd. oder nahe dem Pier.

Anreise

- **Busse** ab Bangkok Southern Bus Terminal fahren tagsüber fast jede Std.; A.C.-Busse der 2. Kl. zu 166 Baht, der 1. Kl. zu 212 Baht.
- **Züge** ab Bangkoks Hualamphong Station fahren 7-mal am Tag ab 8.05 Uhr, Fahrzeit ca. 4 Stunden.

Weiterreise

- **Busse** ab den verschiedenen Haltepunkten in Prachuap (siehe Karte) fahren unter anderem nach Cha-Am (80 Baht), Chumphon (130 Baht), Hua Hin (60 Baht) und Petchaburi (90 Baht). Busse nach Hat Yai, Krabi, Phattalung, Phuket, Trang und zu anderen Orten im Süden passieren den Highway, der an Prachuap vorbeiführt. Die Busse können dort bestiegen werden. Motorradtaxis von Prachuap-Mitte zum Highway (2 km) kosten ca. 30 Baht.
- **Züge** zurück nach Bangkok fahren 7-mal am Tag.

Ban Krud
บ้านกรูด

Die Bucht bei der kleinen Ortschaft Ban Krud (auch Ban Krut geschrieben), gelegen in der Provinz Prachuap Khiri Khan, ist vielleicht ***der* Strand-Tipp** Thailands. Die Bucht direkt südlich des Ortskerns von Ban Krud ist ca. 20 km lang und wird über die meiste Strecke von einem strahlend weißen, und häufig auch sehr breiten Strand gesäumt. Nur im südlichen Bereich ist das Hinterland nicht so ansehnlich. Nördlich von Ban Krud zieht sich ein weiterer ausgezeichneter Strand in die Länge, und insgesamt ist dies die wohl eine der schönsten Strandregionen Thailands.

Bisher finden sich nur einige wenige einheimische Besucher ein, Ausländer sind noch eine Rarität. Der Strand, mit dichten Palmenhainen im Hinterland, ist jedoch zu schön, um lange vernachlässigt zu werden, und hier wird sich bestimmt noch einiges tun. Bisher hat jeder Besucher aber noch einige hundert Meter Strand für sich allein. Die **Bademöglichkeiten** sind sehr gut, und nach Aussagen eines passionierten Tauchers ist das Wasser hier besonders „weich", was auf den aus Meeresboden sprudelnden Mineralwasserquellen beruhen soll.

An ihrem Nordende wird die Bucht von einem erhöhten Felsen eingefasst, auf dem sich ein Tempel befindet, **Wat Thang Sai.** Sein Hauptmerkmal ist ein großer goldener Buddha, der bei der Anfahrt aus Richtung Süden schon von weitem sichtbar ist. Die 13,82 m hohe Statue wurde im Jahre 1992 zum 60. Geburtstag von Königin *Sirikit* eingeweiht. Der Buddha heißt offiziell *Phra Buddha Kitti Sirichai,* was eine Art erlauchter Titel und zugleich Wortspielerei mit dem Namen der Königin ist. Vom Tempel aus ergibt sich ein grandioser Ausblick auf die gesamte Bucht.

In den Jahren 1998 bis 2000 wurde nahe dem Buddha eine großartige Tempelanlage hinzugebaut, eine der imposantesten Thailands. Der **Tempel Phra Mahachedi Prabhat** sollte den 72. Geburtstag von *König Bhumipol* am 5.12.1999 markieren. Deshalb wurde der Entwurf für das Bauwerk vom königlichen Hofarchitekten vorgelegt. Der 72. Geburtstag gilt als besonders wichtig (6 mal 12 „Lebenszyklen"). Der Tempel ist in neun Stufen angelegt und wird von einem zentralen, quadratischen Chedi überragt, in dem Relikte des Buddha aufbewahrt sind.

Nördlich des Tempels erstreckt sich der sehr hübsche Strand **Hat Sai Gaew (Kaew),** der ebenfalls noch zum Ortsbereich Ban Krud gehört.

Am Südende der Bucht von Ban Krud findet sich das recht unansehnliche Dorf **Bor Thong Lang** (eine einzige Unterkunft), in dessen Nähe sich eine weitere kleine Bucht erstreckt. Diese bietet einen sehr schönen weißen Badestrand, der an Wochenenden und Feiertagen von vielen Thais aufgesucht wird.

Unterkunft

- Sehr zu empfehlen ist das **Siam Garden Beach Resort*****-**** (Tel. 032-619154, siamgarden@hotmail.com), dessen Besitzer,

Die Bucht vor Bor Thong Lang, bei Ban Krud

Khun Sittichart, sich viel Mühe gibt, dass sich seine Gäste bei ihm wohlfühlen. Alle Zimmer haben Bad und AC, dazu gibt es einige teurere mit zusätzlichem Kühlschrank. Das Resort befindet sich im mittleren Bereich der langen Bucht und ist relativ weit von den anderen Unterkünften entfernt. In einer Leserzuschrift wurde allerdings Unmut über den nahe der Unterkunft angehäuften Müll geäußert. Nach Telefonanruf wird man kostenlos vom Bahnhof oder Bushaltestelle in Ban Krut abgeholt. Vom Bahnhof/Busstation in Bang Saphan kostet dieser Service 300 Baht.

- Superkomfortable Bungalows und Häuser mit bis zu 4 Zimmern und Balkon, bietet das **Suan Bankrut Beach Resort*******-LLL (Tel. 032-695217, BKK 02-9604830-1, Fax 02-960 4832, int_booking@suanbankrut.com). Alle Zimmer haben A.C., TV und Kühlschrank. Die Preise beginnen offiziell bei 1.700 Baht; diese Bungalows sind durchaus ihren hohen Preis wert. Die Häuser mit 4 Zimmern kosten ca. 8.000 Baht und können bis zu 8 Personen aufnehmen. Bei längeren Aufenthalten gibt es oft Ermäßigungen.
- Etwas weiter südlich bietet sich die gepflegte Anlage des **Bayview Beach Resort******-LLL an (Tel. 032-695566-7). Die Preise der Bungalows (Bad, AC, TV, Kühlschrank) erhöhen sich drastisch an Wochenenden oder Feiertagen. Ein Swimmingpool ist vorhanden.
- Das **Banito Beach Resort*******-LLL (Tel. 032-695282-3, Fax 02-5761053, banitobeach@thai-tour.com) bietet zweistöckige bunte Häuser, bestehend aus Wohnzimmer, zwei Schlafzimmern, zwei Badezimmern, einer voll eingerichteten Küche und Balkon, dazu Bungalows mit A.C., TV und Kühlschrank. Bungalows kosten ab ca. 1.600 Baht, Häuser (2-8 Pers.) 1.800-6.500 Baht. Bei Nichtauslastung kann eventuell um den Preis gehandelt werden. Vor dem Resort breitet sich ein besonders schöner, sehr weißer Strandabschnitt aus, und einen Swimmingpool gibt's auch. Die Anlage ist sehr gepflegt und die unterschiedlichen Farbtöne der Häuser verleihen dem Resort ein sehr freundliches Ambiente.
- Das **Bann Krut International Youth Hostel,** von Thais *Nana Chart* genannt***-LLL nördlich von Wat Thang Sai ist noch relativ neu (Tel. 032-619103, bann-kruit@tyha.org). Für eine „Jugendherberge" ist dies eine wahre Luxusunterkunft. Das Haus ist von einem netten Garten mit Swimmingpool und Jacuzzi umgeben. Es gibt einfache Bungalows mit Open-Air-Bad, dazu teurere mit Bad innen, A.C., TV und Kühlschrank. Für 250 Baht gibt es ein Bett in sauberen 4-5-Zimmer-Schlafsälen. Eine Strandvilla kann ab 2.600 Baht angemietet werden (4 Personen). In den Preisen ist das Frühstück inbegriffen, das Bettzeug muss jedoch für einen kleinen Aufpreis geliehen werden.
- Mit das beste Resort in Ban Krut ist wohl das neue **Rachavadee Bankrut Resort** *****-LLL (Tel. 032-695155, Fax 032-695177). Ein hoch-modernes Restaurant, große solide Bungalows, ein schöner und sehr gepflegter Strandabschnitt und vernünftige Preise machen dieses Resort zu einer sehr attraktiven Wohnmöglichkeit. Einige Bungalows haben private Swimmingpools oder Jacuzzis. Das Wasser des Resorts wird per Solarzelle erwärmt.
- Auch nicht schlecht ist das traditionellere **Baan Klang Aow Beach Resort**LLL (Tel. 032-695086, klangaow@samart.co.th), das zwei Swimmingpools, Fahrrad- und Kajakverleih bietet.
- Etwas teurer ist das **Tharnwara Beach Resort**LLL (Tel./Fax 02-7425883, sumontha@tharnwarabeachresort.com). Ebenfalls mit Pool und gepflegten Zimmern, Bungalows und Villen, alle mit A.C., TV, Kühlschrank etc.

Anreise

- Ein **Zug** fährt um 7.30 Uhr (nur 3. Kl.) **ab der Thonburi Station** in Bangkok (Bangkok Noi Stn.); dieser Zug fährt weiter in Richtung Bang Saphan und Lang Suan. **Züge ab der Hualamphong Station** fahren um 7.45, 12 und 15 Uhr. Da die Fahrzeit ca. 7 Std. beträgt, empfiehlt sich ein Morgenzug. Aussteigen in Ban Krud oder, falls man am Hat Sai Kaew zu wohnen gedenkt, in Thap Sakae; von dort geht es jeweils per Motorrad-Taxi weiter bis zur gewünschten Unterkunft.

Die thailändische Eisenbahn bietet jeden ersten Samstag im Monat einen **zweitägigen Ausflug** von Bangkok nach Ban Krud. Kosten inklusive Unterkunft, Mahlzeiten und Besichtigungen: 1.900 Baht pro Person. Anfragen und Buchungen unter Tel. 1690.

- Einige **Busse** fahren von Prachuap Khiri Khan nach Thap Sakae, wo wiederum auf Motorrad-Taxis umzusteigen ist (50-60 Baht). Ab Bangkoks Southern Bus Terminal fahren zwischen 7.30 und 24.00 Uhr ein Dutzend Busse in Richtung Bang Saphan. Bei Ban Krut (174/223 Baht) aussteigen und von dort per Motorradtaxi weiter zum Strand.
- Am günstigsten ist die Anfahrt per **Leihfahrzeug,** zumal es auch um die örtlichen Verkehrsmittel sehr spärlich bestellt ist. Der nächste Ort, um Jeeps auszuleihen, ist Hua Hin, ca. 150 km entfernt. Motorräder gibt's ebenfalls in Hua Hin, dazu eventuell in Bang Saphan.

Tauchen

- Ban Krud ist der Bangkok am nächsten gelegene Ort am Südzipfel Thailands, in dem bunte Korallenriffe zu entdecken sind. Tauchkurse werden veranstaltet vom **Absolut Wreck Dive Shop,** das von einem Dänen und einer Engländerin betrieben werden. Zwei-Tages-Kurse kosten 3.560 Baht, Unterkunft und PADI-Zertifikat inklusive. Die Kurse führen zu den Inseln Ko Lamra und Ko Thalu. In der Umgebung der Inseln finden sich auch zahlreiche Schiffswracks (in 12-40 m Tiefe), zu denen Tauchtouren organisiert werden. Das Unternehmen befindet sich im Baan Klang Ao Beach Resort. Tel. 032-695167 oder www.absolutwreck.com.

Bang Saphan

บางสะพาน

Die palmengesäumte Bucht von Bang Saphan, südlich der Bucht von Ban Krud, ist ein beliebtes Ausflugsziel für Thais. Es finden sich hier zahlreiche schöne Strandabschnitte, und erstaunlicherweise sieht man kaum jemals westliche Touristen – ein kleiner Geheimtipp. Im Süden geht der Strand nahtlos in den Hat Bo Kaew über.

Unterkunft

Die Auswahl ist groß, vor allem in der gehobenen Mittelklasse. An normalen Wochentagen dürfte es keine Unterbringungsprobleme geben.

- Eine der besten Unterkünfte ist das **Suan Luang Resort*****-**** (Tel. 032-691663), mit großen Bungalows (Bad, z.T. A.C.). Motorrad-Verleih und Tauch-, Wind-Surfing- und Segelmöglichkeiten, allerdings nicht in unmittelbarer Strandnähe. Abholservice möglich. Das Restaurant bietet französische und thailändische Küche.
- **Das Bang Saphan Resort*****-**** (Tel. 032-691152-3) bietet große Zimmer in einem riesigen, etwas unansehnlichen Betonbau. An sich nicht schlecht, aber eben etwas unpersönlich. Ein Spa ist angeschlossen.
- Komfortable Bungalows mit TV, A.C. und Kühlschrank hat das **Suan Anan Resort***** (Tel. 032-699118) am Hat Bo Kaew. In der Nähe finden sich zahlreiche weitere Unterkünfte.
- Direkt am Strand befindet sich das **Coral Hotel*******-LLL (Tel. 032-691667, Fax 032-691668, info@coral-hotel.com), ein imposantes Gebäude, dem eine Reihe ordentlicher Holzbungalows angeschlossen sind. Ein großer Swimmingpool befindet sich in einer gepflegten Gartenanlage. Das Restaurant bietet 140 verschiedene Gerichte – da sollte für jeden was dabei sein.
- Hinter dem Coral Hotel, aber über eine andere kleine Straße zu erreichen, liegt das **Paddy Hut****-*** (Tel. 086-1711907), das kleine, einfache, aber nicht schlechte Holzbungalows hat und somit eine preiswerte Alternative zu den Resorts in Bang Saphan bietet. Ein Restaurant gibt es nicht, aber am Strand befinden sich eine ganze Reihe recht guter Seafood Restaurants.
- Das **Western Hotel*****-**** (Tel. 032-691015, Fax 032-691401, www.western-hotel.com) ist eine alte, etwas abgewohnte Hotelanlage, die aber eigentlich eine nostalgische Atmosphäre bietet – das Western erinnert an ein Hotel aus den 1960er oder 1970er Jahren. Das riesige Foyer hat einen knallroten Teppich. Die Zimmer sind etwas

muffig. Ein Tennisplatz, ganz selten in Hotels in Thailand, ist angeschlossen.

- Am nördlichen Ende der Bucht von Bang Saphan, nahe der Ortschaft Bang Saphan Yai, finden sich die komfortablen **Vanveena Resort** (Tel. 032-691125) und **Nipa Beach Bungalows** (Tel. 032-691583). Die Lage ist aufgrund der Stadtnähe nicht ungünstig (z.B. finden sich nahebei zahlreiche Banken und Geschäfte), der Strand ist in diesen Bereich aber nicht zum Schwimmen geeignet.

Anreise

- Per **Zug** (nur 3. Kl.) von der Thonburi Station (Bangkok Noi Stn.) in Bangkok in Richtung Lang Suan (oder umgekehrt); Abfahrt 7.20 Uhr. Einige Züge fahren auch ab der Hualamphong Station. Aussteigen in Bang Saphan am Nordende der Bucht und von dort per Motorrad-Taxi weiter zum Strand. Bang Saphan heißt offiziell Bang Saphan Yai („Großes Bang Saphan"), damit man es von der Ortschaft Bang Saphan Noi („Kleines Bang Saphan"), am Südende der Bucht, unterscheiden kann.
- **Busse** nach Bang Saphan Yai fahren ab Chumphon und Thap Sakae; Thap Sakae wiederum ist per Bus von der Provinzhauptstadt Prachuap Khiri Khan zu erreichen. Ab Bangkoks Southern Bus Terminal fahren zwischen 7.30 und 24.00 Uhr ein Dutzend Busse in Richtung Bang Saphan, Kostenpunkt 235 Baht.
- An einigen Stellen in Bang Saphan gibt es **Mopeds** auszuleihen (250 Baht/Tag).

Ko Thalu

เกาะทะลุ

Diese Insel, gelegen im südlichen Bereich der Bucht von Bang Saphan, wurde erst vor kurzem für den Tourismus

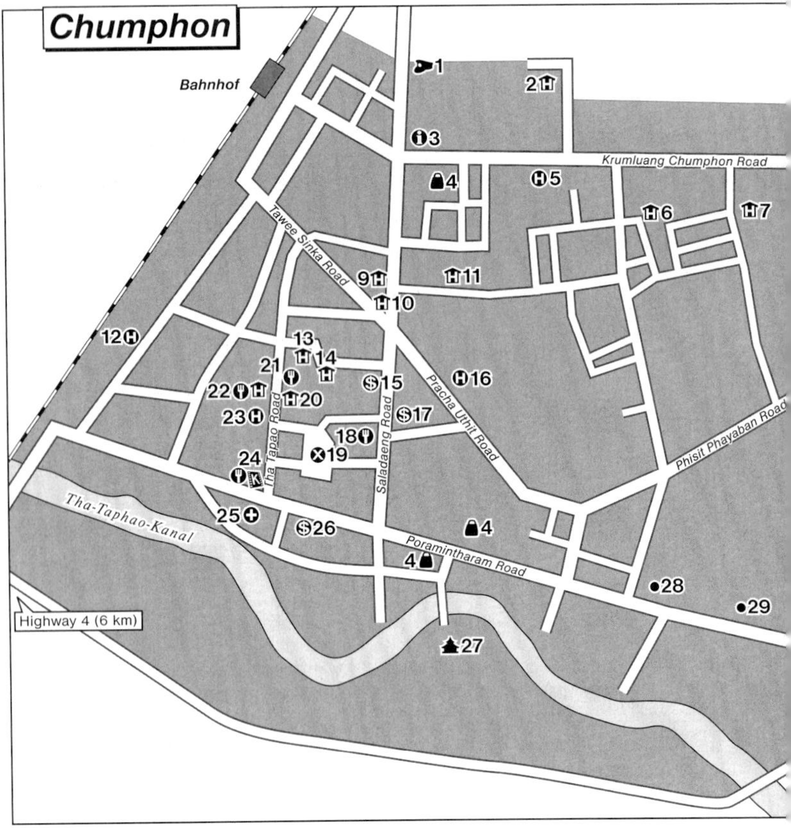

entdeckt. Ko Thalu bietet einige schöne **Strände,** und die sie umgebenen **Korallenriffs** dürften für Schnorchler und Taucher interessant sein.

Fahrten zu der Insel, Unterkunft und Schnorchel-Trips werden organisiert vom Hat Son Beach Resort***-**** (Tel. 081-8569975), das sich auf dem gleichnamigen Strand etwas südlich von Bang Saphan befindet. Der Strand hier ist nicht sonderlich attraktiv. Boottrips zur Insel kosten 350 Baht pro Person. Gegenüber dieser Bungalowanlage können Boote auch von Suchat Boats (Tel. 081-7594997) angemietet werden.

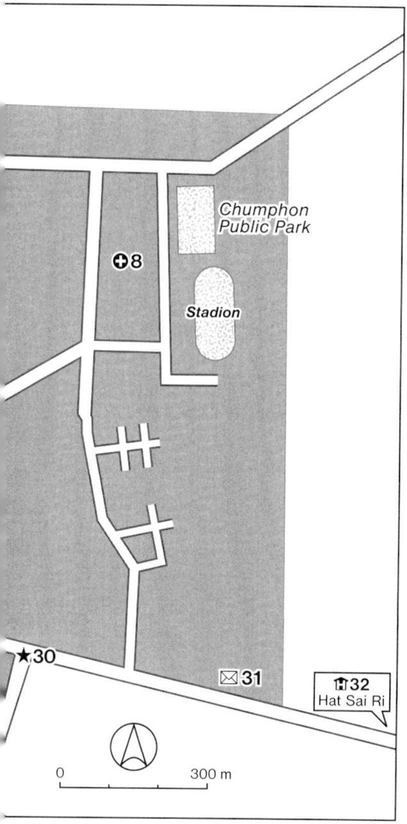

- 1 Polizei
- 2 New Chumphon G.H.
- 3 One Stop Tourist Center
- 4 Markt
- 5 Kleinbusse nach Surat Thani
- 6 Jansom Chumphon Hotel
- 7 Sooksamer Guest House
- 8 Chumphon Provincial Hospital
- 9 Sri Chumphon Hotel
- 10 Suriwong Chumpon Hotel
- 11 Paradon Inn Hotel
- 12 Busse nach Surat Thani, Ko Samui
- 13 Suda G.H.
- 14 New Rest House
- 15 Bangkok Bank
- 16 Busse nach Phuket, Hat Yai, Ranong
- 17 Thai Farmers Bank
- 18 Nachtmarkt
- 19 Taxis
- 20 Infinity G.H.
- 21 CSL (Chumpon & Southern Leisure), H & P Restaurant
- 22 Farang-Bar G.H. + Restaurant
- 23 Busbahnhof
- 24 Kino
- 25 Krankenhaus
- 26 Union Bank
- 27 Wat Suphan Nimitr
- 28 Distriktverwaltung
- 29 Schule
- 30 Uhrturm
- 31 Post
- 32 Mix Hotel

Chumphon

ชุมพร

Chumphon liegt 463 km südlich von Bangkok und wird als das „Tor zum Süden“ bezeichnet. Der Ort selbst ist touristisch kaum von Interesse, dafür kann er als Sprungbrett zur Insel **Ko Tao** dienen und verzeichnet so einen mehr oder weniger regen Durchgangs-Tourismus. Die Umgebung von Chumphon ist auffallend fruchtbar, im Süden und Westen befinden sich Obstplantagen, Reisfelder und Wälder.

Elf Kilometer östlich, an der Mündung des Tha-Thapao-Flusses, findet man den wichtigen Fischereihafen **Paknam Chumphon.** Die interessantesten Aspekte Chumphons aber sind

Krathom – Kauen für Kraft und Ausdauer

Viele thailändische Landarbeiter oder andere körperlich schwer Arbeitende greifen gerne zu *Krathom*, dem **berauschenden Blatt** eines in weiten Teilen des Landes wachsenden Baumes. Krathom *(mitragyna speciosa)* verleiht Energie und Ausdauer und lässt den Kauer zudem auch starke Hitze besser ertragen. Nicht zuletzt aber macht es auch *mau*, wie die Thais sagen, „berauscht" oder „high". Letzteres alleine ist vielen Krathom-Konsumenten schon Grund genug, um zu dem unscheinbaren Grünzeug zu greifen. Offiziell ist der Besitz und Genuss von Krathom verboten, das tut seiner Popularität jedoch keinen Abbruch. Besonders beliebt scheinen die Blätter in der Provinz Chumphon zu sein, wo sie oft in der Öffentlichkeit konsumiert werden.

In der Thanon Suk Samoe in Chumphon findet sich ein unauffälliger, namenloser **Coffee-Shop,** dessen Besitzer mit den Getränken gratis Krathom verteilt. Die Blätter kosten ihn nichts, denn sie stammen von einem Baum in seinem eigenen Hinterhof. Als Werbung für seinen Tee-Shop sind sie jedoch unschlagbar, sie locken zahlreiche (fast ausnahmslos männliche) Kunden an. Darunter sind Motorradtaxi-Fahrer, Arbeiter, Geschäftsinhaber und – vom Autor selbst beobachtet – gelegentlich sogar Polizisten, die mit ihren finsteren Gesichtern und dicken Sonnenbrillen allerdings eher wie Mafiosi wirken, die gerade Schutzgelder eintreiben.

Sie alle kauen das stimulierende und berauschende, illegale Krathom. Nach dem Kauen wird die Stimmung in den Runden zumeist sehr angeregt und heiter, so gut wie nie aber aggressiv. Nach Aussagen des Teeladen-Besitzers macht Krathom „berauscht, aber auch friedlich und geduldig". Zufälligerweise bedeutet der Straßenname, an dem sich sein Laden befindet, übersetzt „Straße des ewigen Glücks"!

Der Krathom- und Teeladen (dessen genaue Lokalität hier nicht angegeben werden soll) ist täglich nur von 3 Uhr morgens bis 12 Uhr mittags geöffnet und zieht auch Nachtschwärmer an, die sich dort den Kater oder die Übernächtigung wegkauen.

seine in der weiteren Umgebung gelegenen Strände.

Information

●Das **Chumphon Tourist Services Center** (Tel. 077-504883) in der Provinzverwaltung an der Kreuzung Sala Daeng Road und Krumluang Chumphon Road bietet einige schriftliche Informationen. Bei mündlichen Informationen hapert's am mangelhaften Englisch. Geöffnet täglich von 8.30-20.00 Uhr.

Unterkunft

Guest Houses

●Das kleine **Suda G.H.**** (8 Soi Bangkok, Tel. 077-504366) hat nur fünf Zimmer, dafür aber mit Bad und A.C. Die Besitzerin, *Khun Suda,* ist sehr hilfsbereit und vermietet Motorräder und Autos, verkauft Bootstickets nach Ko Tao und vermittelt Visatrips nach Ranong/Victoria Point (Myanmar).

●Direkt nebenan liegt das winzige **New Rest House**** (Tel. 089-111749), das nur zwei saubere, kleine Zimmer in einem Hinterhof hat.

●**Farang Bar***-** (Tha Thapao Rd., Tel. 081-5977381) hat nur schlicht-ausgestattete Zimmer, dafür gibt es – wer hätte es gedacht – eine Bar, einen Billardtisch, Internet und ein Restaurant im Haus.

●Sehr beliebt bei Travellern ist das **New Chumphon Guest House**** (Tel. 077-502900) in einer kleinen Gasse abseits der Krong Luam Chumphon Road. Es gibt einfache Zimmer (Gemeinschaftsbad). Dazu kann man Trekking-Touren in die bergige Umge-

Mönche auf Spaziergang bei Chumphon

bung buchen, Tickets nach Ko Tao kaufen und Autos oder Motorräder leihen.

- **Infinity G.H.**** (68/2 Thapao Road, Tel. 077-501937) hat nur 6 einfache, aber saubere Zimmer (Gemeinschaftsbad), die für ihren Niedrigstpreis einen guten Gegenwert darstellen. Das sehr hilfreiche Management bietet zudem zahlreiche Information zu Ko Tao und anderen Attraktionen in der Gegend, und Travellern, die in Chumphon nur einen kurzen Halt einlegen, wird eine Dusche gestattet. Reisebüro, Motorrad- und Autoverleih und Internet. Eine kleine aber gute Auswahl an neuen Büchern ist hier auch zu kaufen.
- Nahe dem Nordende der Suk Samoe Road (Thanon Suk Samoe) befindet sich das **Sooksamer** (Suk Samoe) **Guest House**** (Tel. 077-502430). Es bietet einfache, aber gemütliche und saubere Zimmer, und dazu hat der freundliche Besitzer noch zahlreiche Informationen über die Umgebung parat.

Hotels

Die folgenden Hotels sind alle sehr sauber und bieten allgemein einen guten Standard. Oft lässt sich der Preis herunterhandeln. Nach „Reduktionen" fragen!

- **Jansom Chumphon Hotel******-LLL (188/65-66 Sala Daeng Rd., Tel. 077-502502, Fax 077-502503); A.C., TV, Kühlschrank.
- **Paradon Inn Hotel*****-***** (180/12 Sala Daeng Rd., Tel. 077-511500, 077-511598, Fax 077-501112); Air Condition, TV, die teureren Zimmer auch mit Kühlschrank.
- **Sri Chumphon Hotel*****-**** (127/22-24 Sala Daeng Rd., Tel. 077-570536-8, Fax 077-504616); hat schon bessere Zeiten gesehen, aber die Zimmer mit A.C. sind sehr komfortabel. Freundlicher Service. Neben der Rezeption können Gäste Fernseher mit Videospielen anmieten (40 Baht/Stunde), um eventuell aufgestaute Aggressionen nach einem harten

Tag im Bus oder am Strand abarbeiten zu können.

● Das **Suriwong Chumpon Hotel****-*** (125/30 Sala Daeng Rd., Tel. 077-511203) nebenan bietet saubere Zimmer mit A.C. und TV, die allerdings auch stündlich angemietet werden können.

● **Mix Hotel*****, an der Straße zum Sai Ri Beach, ca. 1 km außerhalb der Innenstadt (Tel./Fax 077-502931-3); Zimmer mit A.C., TV.

● Das **Chumphon Grand Palace Hotel***** befindet sich 3½ km westlich der Innenstadt, an der Straße, die zum Highway 4 führt (Tel. 077-574800-12, Fax 077-57667-8). Es hat sehr saubere und für seinen Standard preiswerte Zimmer (Bad, AC, TV, Kühlschrank). Ihre Innenarchitektur ist allerdings sehr irritierend: Die Zimmer sind in dunkelgrün gehalten, werden von grellem Neonlicht beleuchtet und wirken so trotz ihrer Sauberkeit ungemütlich. Angeschlossen ist ein (abends) sehr lautes Restaurant und eine noch lautere Disco (in separatem Gebäude an der rechten Rückseite des Hotels). Die zur Disco hinaus gelegenen Zimmer bekommen einigen Lärm ab.

Essen

Chumphon hat erstaunlich wenig Interessantes in dieser Beziehung zu bieten. Am aufregendsten ist noch der **Nachtmarkt,** der sich abends entlang der Kromluang Chumphon Road bildet (nahe dem New Chumphon Guest House).

● Das **H & P Restaurant,** in der Thapatao Road, macht ganz gute Thai-Curries und Seafood und hat ein sauberes, modernes Ambiente.

● Daneben ist das **CSL** (Chumpon & Southern Leisure), das eine kleine Speisekarte mit westlichen Gerichten sowie Internet und Kaffee bietet.

● Die **Farang Bar** hat eine recht gute Speisekarte. Es gibt auf Touristen abgestimmte thailändische Gerichte sowie Hamburger und Spaghetti.

● Ein reguläres vegetarisches Restaurant gibt es nicht, das chinesische **Pattanakarn Tang-Sun-Ki** ist jedoch darauf spezialisiert, Mahlzeiten auf Bestellung zuzubereiten, darunter auch vegetarische. Das nur auf Thai ausgeschilderte Restaurant befindet sich in einem orangefarbenen Gebäude an der Ecke Tha Thapao Rd./Poramintharam Rd., etwas südlich des Busbahnhofs.

Anreise

● **Busse ab Bangkoks Southern Bus Terminal** benötigen je nach Bustyp ca. 7-7½ Std. A.C.-Busse 2. Kl. kosten 211 Baht, A.C. 1. Kl. 380 und V.I.P.-Busse 550 Baht.

● **Züge ab Bangkok** fahren 11-mal am Tag, Fahrzeit ca. 6 Stunden. Fahrtkosten in der 3. Kl. 192 Baht, mit A.C. 302 Baht, in der 2. Kl. 300 Baht, mit A.C. 370 Baht, 2. Kl. Sleeper mit A.C. Schlafkoje oben/unten 600/670 Baht und in der 1. Kl. 1.094 Baht.

● Der **Flughafen** befindet sich weit außerhalb der Stadt nahe dem Ort Pathiu (40 km), aber zurzeit gehen keine Flüge nach Chumpon.

Weiterreise

● **Busse** fahren u.a. nach Bang Saphan Yai (70 Baht), Krabi (210 Baht), Prachuap Khiri Khan (120 Baht), Phuket (250 Baht) und Surat Thani (180 Baht). Kleinbusse (schneller als die regulären Busse, aber auch viel gefährliche Raserei!) nach Ranong fahren ab der Thapao Road etwas nördlich von Farang Bar oder gegenüber Infinity Travel Service; Preis 100 Baht. Kleinbusse nach Surat Thani ab der Krom Luang Chumphon Rad zu 150 Baht.

● **Züge weiter in Richtung Süden** fahren um 0.32 (bis Yala), 1.12 (bis Trang), 1.52 (bis Nakhon Si Thammarat), 3.05 (bis Kantang bei Trang), 4.00 (bis Nakhon Si Thammarat), 5.55 (bis Yala), ein weiterer Zug um 5.55 (bis Surat Thani), 14.17 (bis Surat Thani), 21.17 (bis Sungai Golok) und 22.32 Uhr (bis Butterworth).

● Das **Büro der Air Andaman** befindet sich im Chumphon Airport, Tel. 077-591267, Fax 077-591266.

● **Motorräder** können bei vielen Guest Houses oder Reisebüros ausgeliehen werden, so z.B. bei Infinity Travel und im Suda Guest House. Kostenpunkt 200-250 Baht/Tag.

- Songthaews und Motorradtaxis kosten 20 Baht für Fahrten **innerhalb der Stadt.**
- **Zu den Piers** fahren sehr regelmäßige Songthaews zu 10 Baht. Motorradtaxis kassieren um die 100 Baht für die Fahrt. Bei Buchung über eines der Guest Houses oder ein Reisebüro kann man von deren Zubringerdienst Gebrauch machen (kostenfrei zu den näheren Piers, 50 Baht zu solchen, die weiter entfernt sind).
- Die **Boote nach Ko Tao** unterscheiden sich stark preislich und auch was die Fahrzeit betrifft. Am preiswertesten, aber auch am langsamsten und am wenigsten sicher, ist das Nachtboot, das um Mitternacht ablegt (250 Baht/Fahrzeit 6 Std.). Um 7 Uhr fahren mehrere Speedboote (450-550 Baht, Fahrzeit 2½-3 Std.), eine Fähre fährt um 7.30 und 13.30 Uhr und um 7.00 und 13.00 Uhr legt ein Schnellboot ab (Lomprayah Catamaran; 550 Baht; 1½ Std.), das um 10.00 und 14.30 Uhr nach Chumphon zurückkehrt. Eine Autofähre, die um 23.00 Uhr ablegt, gibt es auch. Passagiere zahlen 300 Baht, ein Auto kostet 1.500 Baht. Das Auto muss nach Chumphon zurückkehren, eine Autofähre nach Ko Phangan gibt es bisher noch nicht.
- **Unterkunft nahe dem Pier** von Tha Yang findet sich im Tha Yang Seaport Hotel***, am Hafen von Pak Nam im Siriphet Hotel*-**.

Die Strände in der Umgebung von Chumphon

Thung Tako

Südlich von Chumphon erstreckt sich die Ao Sawi, eine weit ausholende Bucht, benannt nach dem daran liegenden Ort Ban Sawi. Die gesamte Bucht wird von einem Strand gesäumt, der über weite Teilstrecken jedoch nicht sehr ansehnlich ist. (Eine löbliche

Chinesischer Tempel bei Chumphon

Ausnahme bildet der Hat Thung Makham Noi, der sich in einer separaten kleinen Bucht am Rande von Ao Sawi befindet; s.u.) Der beste Abschnitt von Ao Sawi liegt im südlichen Bereich, nahe der kleinen Hafenstadt Thung Tako. Der hier anzutreffende Strand ist dennoch nicht sonderlich aufregend, die weitere Umgebung aber hat viel rustikalen Charme zu bieten, mit kleinen Dörfern, vielen Kokospalmen etc. Unterkunft findet sich im *Sawee Garden Inn***-*** (Tel. 077-531220) und den *Chumphon Sunny Beach Bungalows* ***-**** (Tel. 077-579148). Wer genug Geld hat, sollte sich vielleicht ein paar Tage im sehr exklusiven *Tusita Haven Resort & Spa*LLL (Tel. 077-579073, Fax 077-579050, www.tusitaresort.com) niederlassen. Wunderschöne Bungalows und Villen mit leicht indischem Ambiente sind um einen kleinen Pool gruppiert. Die Bungalows haben allen erdenklichen Luxus – Flatscreen-TV, CD-Spieler, Mini-Bar, Safe, A.C. und Telefon. Manche der Bungalows haben sogar einen eigenen Jacuzzi. Die zwei größten Villen haben jeweils ein Freilichtbadezimmer, so dass man beim Sonnenuntergang in der Wanne liegen kann. Das Tusita Haven ist ca. 10 Minuten vom Strand entfernt. Ein Clubhaus am Strand soll im Herbst 2006 öffnen. Da wird man dann mit einem Golfbuggy hingefahren. Sehr

Hat Thung Makham Noi

ruhige Anlage – es fehlt an nichts. Nebenan befindet sich ein Seafood Restaurant, aber das Tusita bietet selbstverständlich auch internationale und Thai Küche.

● Zur **Anfahrt** nehme man einen Bus in Richtung Lang Suan oder Surat Thani und lasse an der Abzweigung nach Thung Tako anhalten. Von dort geht es per Motorrad-Taxi weiter (10 km; ca. 100-150 Baht).

Hat Sai Ri

19 km südöstlich von Chumphon erstreckt sich der recht attraktive Hat Sai Ri oder Sai Ree Beach; dessen bester Strandabschnitt wird von der komfortablen *Sai Ree Lodge*****-***** eingenommen (Tel./Fax 077-558012). Einige Bungalows stehen etwas erhöht auf einem Felsen, und von dort bietet sich eine besonders gute Aussicht auf den Strand.

Dazu gibt es noch einige preiswertere Unterkünfte, diese befinden sich jedoch an Strandabschnitten, die von einheimischen Tagesausflüglern aufgesucht werden, und dort findet sich leider sehr viel Unrat am Strand. Eine der Unterkünfte ist das nur in Thai ausgeschilderte *Raan Ahaan Nong Mai****-**** (Tel. 077-558002), wörtlich „Restaurant des neuen Stils", das über einige Bungalows verfügt. Auch nicht schlecht ist das wie ein Boot gebaute *Hadsai Resort*****-***** (Tel. 077-558 028, www.hadsairesort.com), das solide hölzerne Bungalows und neue saubere Zimmer bietet. Leider ist eine Karaoke-Bar angeschlossen, die an Wochenenden auch gerne genutzt wird – man sei gewarnt.

Dem Strand vorgelagert sind einige Inseln, um die herum sich **Tauchgründe** bieten, die zu den besten Thailands gezählt werden, mit endlosen Korallenbänken und exotischer, kunterbunter Fischwelt.

● Zwecks **Anfahrt** nehme man ein Songthaew ab dem Markt in Chumphon (25-35 Baht; wer einen großen Rucksack hat, zahlt doppelt). Bei der Fahrt passiert man zunächst das kleine Städtchen, das sich um den Hafen Paknam Chumphon angesiedelt hat, und dann den wenig sehenswerten Pradonpap Beach. Auch hier gibt es einige Unterkünfte.

Hat Thung Makham Noi

6 km südöstlich von Sai Ri gelegen, bietet der Strand von Thung Makham Noi weitaus bessere Szenerien als obiger. Er ist unvergleichlich schöner, und vor allem auch sauberer. Außer den kleinen Bungalows des *M.T. Resort*** (Mother House, mit Bad, Tel. 081-7260110) gibt es hier keinerlei Bauten. Allerdings ist der Pier neben dem M.T. Resort zweimal täglich der Ableger für den Katamaran nach Ko Tao. Dem Pier ist ein Parkplatz angeschlossen auf dem reges Treiben herrscht. Mit der ungestörten Strandidylle ist es hier also leider vorbei.

● Zur **Anreise** ab Chumphon kann man ein Songthaew bis Paknam Chumphon nehmen, wo in ein weiteres Songthaew umgestiegen werden muss.

Hat Thung Wua Laen

12 km nordwestlich von Chumphon befindet sich der sehr schöne Thung Wua Laen Beach oder Hat Thung Wua Laen, der „Strand der herumtrottenden Kühe". Er liegt in einer weiten,

von Felsklippen eingeschlossenen Bucht und hat feinen, weißen Sand. Ihm vorgelagert ist Ko Jarakae, die „Krokodilsinsel", deren Form tatsächlich an ein im Wasser lauerndes Krokodil erinnert.

Den schönsten Strandabschnitt, am Südende der Bucht, hat sich das *Chumphon Cabana Resort*****-***** (Tel. 077-560245, Fax 077-560247, www.cabana.co.th) reserviert. Auf der gepflegten Anlage stehen Bungalows unterschiedlichen Komforts. Das Resort organisiert auch Tauchexkurse oder Bootsfahrten zu den Inseln in der Umgebung. Anfängerkurse kosten 3.500 Baht. Für die jüngeren Gäste, oder solche die es geblieben sind, gibt es eine tägliche Affenshow.

Im nördlichen Teil der Bucht stehen weitere Unterkünfte, nur wird hier der Grünstreifen unmittelbar hinter dem Strand durch allerlei Abfälle verunziert – den haben Thai-Ausflügler hinterlassen, trotz der alle paar Meter aufgestellten Mülleimer. Der Strand ist abgesehen davon aber immer noch sehr schön und an Wochentagen auch sehr ruhig. Unterkünfte hier u.a.: *View Sea Food and Resort****-**** (Tel. 077-560214), *Clean Wave Resort*****-***** (Tel. 077-560151), *Tawan Resort* ***-**** (Tel. 077-560011), *Seabeach Resort****-**** (Tel. 081-9799447, sea beach_mon@hotmail.com). Besonders letztere Unterkunft bietet ein gutes Preis-Leistungsverhältnis.

Vier Kilometer südlich von Hat Thung Wua Laen befindet sich die **Chumphon Shooting Range** (Tel. 077-503111). Wer im Urlaub mal kurz mit einer 38-Special 20 Runden abdrücken will, hat 500 Baht zu zahlen. Ohrstöpsel kostenfrei. Täglich geöffnet von 10.00-18.00 Uhr. Ein Restaurant ist angeschlossen.

- Zur **Anfahrt** ab Chumphon gibt es einige Busse ab dem Busbahnhof (ca. 4-mal tgl.). Dazu fahren noch Songthaews zu 20 Baht.

Pathiu & Ao Khai Nao

Pathiu, ca. 40 km nördlich von Chumphon, ist eine angenehme kleine Provinzstadt, deren Hauptmerkmal ein auf einem Hügel stehender, von weitem sichtbarer goldener Buddha ist. Der Buddha ist Teil der Tempelanlage von **Wat Khao Chedi,** und von dort bietet sich ein guter Ausblick auf die Umgebung des Ortes. Am nördlichen Ortsrand befindet sich der 1999 fertiggestellte Flugplatz von Chumphon, der allerdings derzeit geschlossen ist.

Etwa zehn Kilometer weiter nordöstlich erstreckt sich die hübsche Ao Khai Nao, die „Bucht der faulen Eier". Die Bucht ist absolut ruhig und gut zum Schwimmen geeignet. Die einzige Unterkunftsmöglichkeit sind vier Bungalows (Bad). Die Bungalows sind zugänglich über die Zufahrt zum *Chumphon Coral Beach* (Tel. 081-6773320), einer Anlage, auf der Eigentumswohnungen oder/und Mietbungalows entstehen sollen. Die Bungalows befinden sich direkt neben der Anlage, und für 40 Baht können die Bungalow-Bewohner deren Swimmingpool benutzen. (Der Strand ist allerdings nur 30 Sekunden weit weg.) Eine Zwei-Zimmer Villa kann ebenfalls angemietet werden. Kostenpunkt 1.200 Baht.

Zwei Kilometer weiter südlich liegt das *Porn Amarin Resort**** (081-9688321), mit schönen Bungalows direkt am Strand.

●**Anfahrt:** Von Chumphon per Zug oder Bus nach Pathiu, von dort weiter per Motorrad-Taxi (ca. 80 Baht). Songthaews nach Pathiu fahren ab einem Haltepunkt nahe der Thai Farmers Bank in Chumphon (10 Baht).

Hat Tham Thong und Ban Boert

Hat Tham Thong ist ein wunderschöner, kilometerlanger, weißer und absolut ruhiger Strand ganz im Norden der Provinz Chumphon. Der isolierten Lage ist es wohl zuzuschreiben, dass sich hier touristisch noch rein gar nichts getan hat, denn der Strand ist weit besser als mancher Touristen-Beach. Zu einigen Jahreszeiten wird allerdings einiger Unrat am Strand angeschwemmt.

Außer ein paar Fischern, die sich am Bootspier am Südende des Strandes herumtreiben, sieht man zumeist keine Menschenseele am Strand. Das Nordende von Hat Tham Thong befindet sich offiziell schon in der Provinz Prachuap Khiri Khan, ein Hinweisschild in Thai markiert die Provinz-Grenze.

Südlich von Hat Tham Thong befindet sich die wunderschöne kleine „Sandbucht", Ao Sai, die nur über einen Feldweg zu erreichen ist.

Unterkünfte gibt es in Hat Tham Thong selbst nicht, dafür an dem weiter nördlich angrenzenden, in einer kleinen Bucht gelegenen Strand von Ban Boert. Hier haben sich in den letzten Jahren einige Resorts angesiedelt, die allerdings meist auf wohlhabende Thais ausgerichtet sind. Darunter das *Ban Lim Talae Resort**** (Tel. 032-661734), das neue Zimmer und Bungalows mit A.C. bietet. Ganz neu ist das *Boonchu Bangburd Resort*****-****** (Tel. 032-619112, www.bangburd.com), das unter anderem kleine Villen (für 4 Personen) anbietet. Angeschlossen sind die *BJ Bungalows* und ein Massage-Salon. Ganz im Norden von Ban Boert liegt das *Baan Chaytong Beach Resort*****-****** (Tel. 089-9189690) an einem sehr schönen Strandabschnitt. Dieses Mittelklasse-Hotel ist wie ein Kreuzfahrtschiff gebaut und hat Zimmer mit A.C. und TV. Dazu gibt es einige Restaurants.

●Zur **Anfahrt** nehme man einen Zug ab der Thonburi Station in Bangkok (Bangkok Noi Stn.), der Hualamphong Station oder ab Chumphon bis Huai Sak. Von Huai Sak geht's per Motorrad-Taxi weiter (ca. 50 Baht bis Ban Boert). Ein Mietfahrzeug ist aber auf jeden Fall vorzuziehen.

Kraburi

กระบุรี

Eine kleine Ortschaft im sattbewachsenen **burmesischen Grenzgebiet,** gelegen an Highway Nr. 4, der unter anderem Chumphon und Ranong verbindet. Chumphon ist 63 km entfernt, Ranong 59 km. Die Grenze wird hier vom Kra-Fluss (auch Pak-Chan-Fluss) gebildet, der in den Indischen Ozean mündet.

Etwa 7 km südlich von Kraburi gelangt man über einen kurzen Zufahrtsweg, der vom Highway abzweigt, zur **Höhle Tham Phra Kayang.** Diese in einem Kalksteinfelsen gelegene Höhle beherbergt abertausende von Fledermäusen, was bei der Annäherung an den Eingang auch gleich offensichtlich wird – der Geruch von Guano ist unverkennbar. In der Höhle finden sich außerdem prähistorische Wandmalereien, die darauf hindeuten, dass diese Gegend schon vor tausenden von Jahren bewohnt gewesen sein muss.

Die Höhle gilt weiterhin als Fundort von *lek-lai*, einem „magischen" Metall, das unverwundbar machen soll. Thailändische Männer lassen sich oft kleine Kugeln von lek-lai unter die Haut transplantieren, was sie gegen Messerstiche und Pistolenkugeln immun machen soll. Anstelle der ersehnten Unverwundbarkeit sind aber meist nur Hautentzündungen die Folge.

Der Fels, in dem sich die Höhle befindet, kann über mehrere, sich durch ihn hindurchziehende „Etagen" bestiegen werden, und von oben ergibt sich eine weite Aussicht auf die Umgebung. Die Höhle ist täglich von 8.00-16.00 Uhr ausgeleuchtet.

8 km in Richtung Chumphon findet sich der **Isthmus von Kra,** die Stelle, an der die malaiische Halbinsel am schmalsten ist. Thailändische Touristen lassen sich hier gern vor der entsprechenden Hinweistafel ablichten. An dieser Stelle hat man eine schöne Aussicht über den Kraburi-Fluss und das weiter im Hintergrund gelegene Myanmar.

Unterkunft

- Einen Kilometer von der Ortsmitte aus in Richtung Ranong steht an der linken Straßenseite eine namenlose Bungalow-Anlage**; das Schild daran besagt lediglich **Bungalow.** Die Anlage besteht aus drei kleinen, aber recht ordentlichen Bungalows mit Bad.
- Eine weitere **namenlose Bungalow-Anlage**** – sie hat nicht einmal ein Schild – befindet sich in einer ca. ½ km südlich der Ortsmitte vom Highway abzweigenden Seitenstraße (Abzweigung in westlicher Richtung). Die Bungalows sind recht gut und sauber.

Essen

Einige sehr preiswerte kleine **Restaurants und Essensstände** finden sich um den kleinen Markt von Kraburi. Abends gegen 6 oder 7 Uhr gesellt sich der eine oder andere mobile Stand dazu, an dem *Roti* verkauft werden, die indisch-inspirierten Teigfladen.

Anreise

- Ab Bangkok mit jedem beliebigen **Bus** in Richtung Ranong; Abfahrt vom Southern Bus Terminal. A.C.-Busse 300, V.I.P. 500 Baht. Zahlreiche weitere Busverbindungen ab Chumphon und Ranong.

Ranong

ระยอง

Ranong wurde etwa vor 200 Jahren von **Hokkien-Chinesen** gegründet, und der chinesische Einfluss ist noch heute sichtbar. Ein Großteil der Bevölkerung ist chinesisch, und viele Geschäftsschilder sind chinesisch beschriftet. Die Chinesen haben sich aufgrund der nahen **Erzminen** im Orte angesiedelt.

- 1 Sophon's Hideaway Restaurant
- 2 Bushaltestelle
- 3 Post
- 4 Rattanasin Hotel
- 5 Busse nach Surat Thani/Luang Suan
- 6 Krung Thai Bank
- 7 Moschee
- 8 Spa Inn
- 9 Jansom Thara Hotel
- 10 Heiße Quellen
- 11 Ranong Inn, Ranong Garden Hotel, Eiffel Inn
- 12 Bangkok Bank
- 13 Sin Ranong Hotel
- 14 Kino
- 15 Sin Thawi Hotel
- 16 Tag-/Nachtmarkt
- 17 Asia Hotel
- 18 Coffee Shop
- 19 Bücherei/Café
- 20 Thai Farmers Bank
- 21 AC-Bus nach Bangkok
- 22 Siam Comm. Bank
- 23 Wat
- 24 Royal Princess Hotel

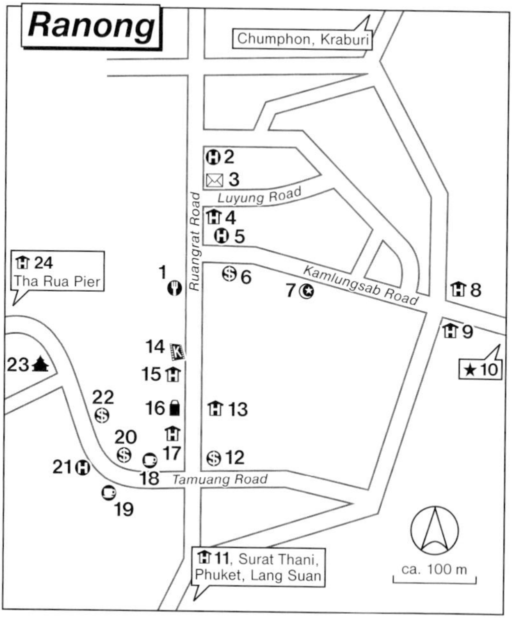

Diese Minen sind der Grund für den relativen Wohlstand der Stadt, und nicht zu vergessen der Fischfang. In die Gewässer um Ranong verirren sich auch häufig Fischer aus dem nur wenige Kilometer entfernten Myanmar, und ebenso oft fischen Thais in burmesischen Wassern. Diese Übertritte gipfeln meist in einem langwierigen diplomatischen Gerangel; für die Fischer bedeutet es aber zuerst einmal einen längeren Gefängnisaufenthalt bis zur Klärung der Angelegenheit.

Aufgrund der Nähe zu Myanmar leben von dort eingewanderte ethnische Minderheiten in der Stadt. Es gibt Moslems burmesischer Herkunft und einige hinduistische Inder. Letztere waren durch die britische Kolonialmacht nach Burma umgesiedelt worden und zogen später nach Ranong. Heute wohnen sie etwas außerhalb der Stadt, in Bang Rin und Ban Ngao.

Auf der in burmesischen Gewässern gelegenen **Thatay Kyun Island** ist im Andaman Club ein **Spielcasino** errichtet worden, finanziert in erster Linie von thailändischen Geschäftsleuten. Die lokale Bevölkerung nennt die Insel auch Ko Taukey, nach dem chinesischen Wort *taukey* für „reicher Mann". Auf dieser „Insel der reichen Männer" mag sich aber so mancher in die Armut stürzen (siehe auch „Weiterreise nach Myanmar").

Für den Nichtspieler ist Ranong nicht sonderlich interessant, es kann aber gut als Zwischenstation auf dem langen Weg von Bangkok nach Phuket oder Khao Lak dienen. In der Regenzeit von Mai bis September ist die Stadt, die zu den regenreichsten Thailands gehört, tunlichst zu meiden. Der Name Ranong bedeutet „Ort des vielen Wassers".

Songthaews innerhalb von Ranong kosten 10 Baht.

Unter Thais bekannt sind die **Heißwasserquellen** (Wat Thapotharam) von Ranong, die 2 km östlich der Stadt aus der Erde sprudeln. Die Quellen befinden sich etwa am Treffpunkt der Ruangrat Road mit der Kamlungsab Road, 1 km östlich des Jansom Thara Hotels. Das Wasser hat bei Erdaustritt eine Temperatur von 72 °C, und per Pipeline wird es ins Jansom Thara Hotel geleitet, wo es – auf 42 °C abgekühlt – für Thermalbäder verwendet wird. Diese sind der Grund für die Beliebtheit des Hotels. Nichtbewohner können gegen eine Gebühr von 50 Baht in den Thermalbädern entspannen.

12 km westlich der Stadt findet sich nur ein wenig ansehnlicher Strand, der Jansom Thara Beach, so genannt nach dem sich dort befindenden Jansom Thara Resort. Die meisten Einheimischen nennen den Strand noch bei seinem ursprünglichen Namen, *hat cha damri.* Gecharterte Songthaews ab dem Markt in Ranong kosten ca. 100 Baht.

Etwa 15 km nördlich von Ranong, am Highway in Richtung Kraburi und Chumphon, stürzt sich der hübsche **Bunyabaan-Wasserfall** *(naam-tokbunyabaan)* in die Tiefe. Eine Raststätte lädt zum Verweilen ein.

Unterkunft

Die meisten Hotels von Ranong sind ziemlich heruntergekommen und beherbergen oft Dutzende von Gunstgewerblerinnen. Ranong ist voll von Prostituierten aus Myanmar, die in Thailand besser verdienen können als daheim. Hier die besten Hotels:

● Das **Jansom Thara Hotel******-LLL (Tel. 077-811511, 077-821611, Fax 077-821821) war einmal Ranongs Vorzeigehotel, wurde aber in den letzten Jahren ziemlich abgewohnt. Mittlerweile sind die Zimmer renoviert, aber

Moschee bei Ranong

leider nur sehr oberflächlich, und man entdeckt Schwachstellen wie alte, wackelige Tische, laute Klimaanlagen etc. Derzeit werden die Zimmer zu Sonderpreisen ab 1.200 Baht veräußert, dafür sind sie o.k. Der volle Preis ab 1.900 Baht ist aber überzogen. Ein sehr mageres Frühstück ist im Preis inbegriffen. Hinter dem Haus befinden sich ein Dschungelgelände und ein kleiner Fluss. Das Haus bietet Cottages und Zimmer (A.C.), Luxus-Zimmer mit eigenem Jacuzzi und Suiten (ebenfalls mit Jacuzzi). Swimmingpool vorhanden.

- Etwa 100 m weiter nördlich liegt das **Spa Inn***** (Tel. 077-811715, 077-823384), mit sehr günstigen, ordentlichen Zimmern (Bad, A.C., TV, zum Teil Kühlschrank). Wie fast alle Hotels in Ranong wird aber auch dieses als Stundenhotel genutzt.
- Weiter südlich an der Straße in Richtung Phuket finden sich das **Ranong Inn Hotel****-*** (Tel. 077-821523), Zimmer teilweise mit A.C. und TV sowie das bessere **Ranong Garden Hotel*****-**** (Tel. 077-832174-81). Beide Hotels wirken eher wie Motels, und der Verdacht liegt nahe, dass auch hier ein Durchgangsverkehr ganz spezieller Art stattfindet.

Imbissstand bei Ranong

- Noch weiter südlich liegt das **Eiffel Inn*****-**** (Tel. 077-823271), das nicht zu übersehen ist: Vor dem Haus steht eine größere Nachbildung des Eiffelturmes. Es hat ganz ordentliche Zimmer mit Bad, TV und A.C., dazu Bungalows. Bei Discount-Preisen ab 600 Baht nicht schlecht.
- Das **Royal Princess Hotel*******-LLL ist ein in der Innenstadt gelegener hoher Neubau und weithin sichtbar (Tambon Kao Nives, Tel. 077-835240-44, Fax 077-835383). Die Zimmer sind sehr ordentlich, wenn auch nicht sehr groß und haben A.C., TV und Kühlschrank. Für Geschäftsleute ist dies wohl die beste Wahl am Ort. Vorhanden sind Jacuzzi mit Mineralwasser, Swimmingpool sowie Fitness- und Massage-Raum.

• In der Innenstadt, vor allem entlang der Ruangrat Road, finden sich einige weitere Hotels; diese sind aber oft nicht besonders gut in Schuss und/oder dienen als Stundenhotels. Dafür sind sie sehr preiswert: **Asia Hotel**** (39/9 Ruangrat Rd., Tel. 077-811113); **Sin Thawi Hotel**** (81/1 Ruangrat Rd., Tel. 077-811213); **Sin Ranong Hotel**** (Ruangrat Rd., gegenüber dem Markt, Tel. 077-811454); **Rattanasin Hotel****, **Suriyan-an Hotel**** u.a.

• Etwa 2 km östlich der Innenstadt, in Richtung heiße Quellen an der Kamlungsab Road, liegt das **Springs G.H.***-*** (Tel. 077-834369), die einzige Unterkunft am Ort, die auf westliche Traveller-Klientel abzielt. Im Haus befindet sich eine Bar und Billard-Möglichkeit. Einfache Zimmer, in der höheren Preislage aber mit A.C. Für 80 Baht gibt es ein Bett im kleinen Schlafsaal.

Essen

• **Sophon's Hideaway** an der Ruangrat Road ist ein wunderbar gemütlich eingerichtetes Restaurant und bietet zudem sehr gute thailändische wie auch westliche Küche, dazu Cocktails und andere Alkoholika. Weiterhin gibt's Satelliten-TV und Billardtische, und insgesamt ist dies wohl die beste Möglichkeit am Ort, sich den Magen vollzuschlagen.

• An der Ruangrot liegen noch einige weitere Restaurants, vor allem mit Thai-Speisen. Das **Taxi Restaurant** macht Pizzas, die jedoch mehr auf Thai-Geschmack ausgerichtet sind, d.h. der Teig ist sehr dick und der Geschmack etwas süßlich.

• **Entlang der Ruangrat Road** befinden sich zudem einige preiswerte chinesische Restaurants. Die Essensstände im Markt servieren zu jeder Tageszeit preiswerte Speisen, die meisten davon haben einen unverkennbaren chinesischen Einschlag. Es gibt *chok* (Reis-Porridge mit Ei) und *plaa thong krapong* (chinesische Teigkrapfen) zum Frühstück und andere China-Spezialitäten. Vorsicht vor dem Kaffee, der so süß ist, dass die Zahnplomben zu singen beginnen!

Anreise

• Ab Bangkok fahren tagsüber etwa ein halbes Dutzend A.C.-Busse der 1. oder 2. Kl. zu 350/250 Baht. V.I.P-Busse zu 600 Baht. Fahrzeit bei letzteren ca. 6-7 Std. Des Weiteren zahlreiche Busse ab Phuket (über Khao Lak, Bang Sak, Takua Pa), Chumphon und Surat Thani. Selbstfahrer seien darauf aufmerksam gemacht, dass es auf der (landschaftlich wunderschönen) Strecke von Chumphon nach Ranong so gut wie keine Tankstelle gibt, dafür nur ein paar dörfliche Zapfstellen, bei denen erhöhte Preise verlangt werden. Was der großartigen Szenerie jedoch keinen Abbruch tut!

• Ranongs **Flughafen** wurde in der Vergangenheit von Thai Airways, Bangkok Airways oder Phuket Air angeflogen, seitdem die letztgenannte den Betrieb einstellte, gibt es keine Flugverbindung nach Ranong. Das dürfte sich vielleicht bald wieder ändern.

• Der Busbahnhof befindet sich an Highway 4 (Phetkasem Rd.), ca. 1½ km südöstlich der Innenstadt, nahe dem Jansom Hotel. **Busse** u.a. nach Chumphon, Phang-Nga, Phuket und Surat Thani. Busse nach Hat Yai fahren ab einem Haltepunkt an der Chonreua Road im Norden der Stadt.

• Privat betriebene **Kleinbusse** fahren für 100 Baht nach Chumphon (ab einem Haltepunkt am Nordende der Ruangrat Rd.) und für 150 Baht nach Surat Thani (Abfahrt gegenüber den Hat Yai-Bussen). Wie immer sind diese Fahrzeuge weit schneller als die Busse, der Fahrstil ist aber oft sehr rücksichtslos.

• Ab einem Haltepunkt gegenüber dem Rattanasin Hotel fahren **Sammeltaxis** nach Surat Thani (150 Baht/Pers.).

Weiterreise nach Myanmar

• Ab dem Hafen von Saphan Pla, ca. 5 km südwestlich der Innenstadt fahren **Boote nach Kawthaung** in Myanmar, der südlichst gelegenen Stadt Myanmars. Zur britischen Kolonialzeit hieß der Ort Victoria's Point. Westler können in Kawthaung einreisen, dürfen aber nicht über Land weiter in die nördlich gelegenen Gebiete Myanmars fahren; möglich ist allerdings die Weiterfahrt per Schiff oder Flugzeug. **Flüge mit der Yangon Airways** nach Yangon (Rangoon) kosten 145 US$. Die Verbindung ist allerdings etwas unregelmäßig. Außer burmesischem Kleinstadtleben gibt es in Kawthaung nicht viel zu sehen, die Stadt rühmt sich bestenfalls die besten Kickboxer des Landes hervorzubringen. Die Anreise nach Ranong allein um Kawthaung zu besuchen lohnt kaum, wer aber ohnehin in Ranong ist, macht keinen Fehler, den Ort aufzusuchen.

- Viele Traveller reisen hier einfach aus Thailand aus, um bei der Rückreise einen neuen 30-Tage-Stempel zu ergattern. Solche **„Visa Runs"** werden gar von Reiseunternehmen in Phuket professionell arrangiert.
- **Songthaews** ab Ranong (Linie 2) fahren für 10 Baht **nach Saphan Pla.**
- Zwischen 8 und 18 Uhr fahren zahlreiche **Boote von Saphan Pla** nach Kawthaung, Preis je nach Boot 60-100 Baht. Für ca. 600-800 Baht lässt sich ein eigenes Boot chartern, mit Platz für ein halbes Dutzend Leute. Nachdem das Boot abgelegt hat, wird ein Stopp am thailändischen Grenzposten eingelegt. Kurz vor der Ankunft in Kawthaung erfolgt dann ein Stopp bei der Immigrationsbehörde von Myanmar. Tagesbesucher haben eine Einreisegebühr von 5 US$ oder 300 Baht zu zahlen. Reisende mit einem Visum für Myanmar bekommen einen 28-Tage-Stempel in den Pass gedrückt; allerdings müssen laut Gesetz „Foreign Exchange Certificates" im Werte von 300 US$ gekauft werden – eine Maßnahme Myanmars, um den Schwarzhandel mit ausländischen Devisen zu unterbinden.
- In Kawthaung gibt es zwei **Unterkünfte,** in denen Ausländer übernachten dürfen, das sehr saubere und komfortable **Honey Bear Inn****** (A.C., TV) und das regierungseigene, nicht besonders gut in Schuss gehaltene **Kawthaung Motel******. Der Preis beinhaltet Frühstück.
- Wer im Casino spielen oder auch nur einen „Visa Run" absolvieren will, um neu einzureisen und wieder einen thailändischen 30-Tage-Stempel zu bekommen, kann in einem Tagestrip den **Andaman Club** aufsuchen. Der 205 Zimmer große Andaman Club betreibt ein eigenes Pier, samt eigenem Immigrationsschalter, 7 km nordwestlich der Stadt. Von hier fahren Mo-Do zwischen 7 und 12 Uhr beinahe stündl. Boote; Sa, So & feiertags von 7-24 Uhr stündl. Boote. Preis 250 Baht, Fahrzeit 15 Min. Für 100 Baht kann man sich vom Andaman Club in Ranong abholen lassen. Tel. 077-830461. Die Unterkunft in der luxuriösen Herberge, mit Blick aufs Meer, kostet ab 1.600 Baht; es werden auch mehrtägige Package-Touren angeboten. Das Resort weist einen Swimmingpool auf, ein Duty-Free-Shop, mehrere Restaurants, eine Karaoke-Lounge, Sauna, Fitness-Center u.v.m. Buchungen unter Tel. 077-831227 oder 02-2856404-7, Fax 02-6798236, www.andamanclub.com. Songthaews ab Ranong kosten 20 Baht zum Pier.

Fleischige Snacks bei einer moslemischen Feier

Die Inseln vor Ranong

Ko Chang erfreut sich zunehmender Beliebtheit bei Travellern. Diese Insel –

Der Süden

nicht zu verwechseln mit der gleichnamigen Insel vor der Küste von Trat – ist im Inneren mit Wäldern bedeckt und an ihrer Ostseite wird sie von Mangrovenwäldern gesäumt. An ihrer Ostseite bietet sie einen halbwegs attraktiven Strand. Über die Insel führen nur ein paar Trampelpfade, Autos und Elektrizität gibt es nicht. Unterkunft im *Cashew Resort***-*** (Tel. 077-824741), *Ko Chang Contex**-** (Tel. 077-8331 37), *Sunset Bungalows*** (Tel. 077-820 171), *Eden Bungalows* (Tel. 077-8201 72), *Chang Thong Bungalows**, (Tel. 077-833820), *Ko Chang Resort***-*** (E-Mail: sound_of_sea@lycos.com). Anfahrt per „Langschwanzboot" ab dem Pier von Saphan Plaa in Ranong (dorthin mit Songthaews ab Ranong, 7 Baht); Fahrtkosten je nach Anzahl der Passagiere 100 Baht.

Ko Phayam, weiter südlich gelegen, bietet einige weitere Strände mit Unterkunftsmöglichkeiten. Im Binnenland gibt es einige dicht bewachsene Hügel. Die Bevölkerung lebt zum großen Teil vom Cashew-Nuss-Anbau und der Garnelenzucht. Unterkunft in *Ao Yai Bungalows*** (Tel. 077-821753, gilles_patcha ra@hotmail.com), *JPR Bungalows**-**, *Mountain Resort**** (Tel. 077-820079), *Vijit Bungalows**-** (Tel. 077-834082), *Phayam Resort**-** 077-812297).

Ab dem Pier in Saphan Pla fahren täglich zwei Boote (8 und 15 Uhr) zu 100 Baht; Fahrzeit 1½ Std. Gecharterte Boote kosten ca. 2.000 Baht.

Hier wird das Essen aufs Zimmer gebracht

Khuraburi und Ko Phra Thong

คุระ บุรี
เกาะพระทอง

Khuraburi, 120 km südlich von Ranong und 45 km nördlich von Takua Pa gelegen, ist eine unauffällige Kleinstadt und touristisch nur als Sprungbrett nach Ko Phra Thong von Bedeutung.

Ko Phra Thong, die „Insel des goldenen Buddhas", befindet sich vor der Küste von Khuraburi und ist nach einer goldenen Buddha-Figur benannt, die auf der Insel gestanden hatte. Nach Erzählungen der Einheimischen wurde sie im Zweiten Weltkrieg von den Japanern geraubt. Die Erinnerung an die Japaner ist auch noch im Namen der benachbarten Ko Yipun („Japaner-Insel") wach. Ko Yipun ist der Name, den die örtliche Bevölkerung zumeist benutzt, auf Landkarten erscheint die Insel unter ihrem offiziellen Namen Ko Ra.

Ko Phra Thong weist an ihrer Westseite einen 15 km langen, zum Teil sehr schönen, weißen Strand auf und verzeichnet folglich einen ständigen, wenn auch nur mäßig starken Zustrom von Travellern. Die begrenzten Unterkunftsmöglichkeiten und die spärlichen Bootsverbindungen werden größere Touristenanstürme vorerst verhindern.

Einige Besucher kamen in der Vergangenheit nicht wegen der Strände, sondern wegen der Schildkröten: Auf

der Insel legen in den Monaten Dezember mehrere Arten der vom Aussterben bedrohten **Meeresschildkröten** ihre Eier ab. Darunter sind vor allem die Oliver Ridley-Schildkröten *(Lepidochelys olivacea)* und die Leatherback-Schildkröten *(Dermochelys coriacea)*; dazu kommen noch vereinzelte Grüne Meeresschildkröten *(Chelonia mydas)*. Chelon, eine italienische NGO *(non-governmental organisation)*, kämpft hier für den Erhalt der Meeresschildkröten. Dazu sind auch freiwillige Helfer willkommen; diese müssen allerdings selbst für Transport, Unterbringung und Verpflegung sorgen. Anfragen im Golden Buddha Resort, s.u., sofern es schon wieder eröffnet hat.

Unterkunft/Essen

- Das **Golden Buddha Beach Resort******-LLL (P.O. Box 4, Khuraburi, 85120 Phang-Nga, Tel. 081-8922208, 081-8947195, www.goldenbuddhabeach.com) war eine komfortable und beliebte Unterkunft, die unter anderem auch Kanu-Trips und Yoga-Kurse anbot. Bei dem Tsunami, der Ende des Jahres 2004 wütete, wurde es jedoch zerstört und ist bisher nicht wieder aufgebaut. Der Neuaufbau ist jedoch geplant.
- Falls man aus irgendeinem Grunde in Khuraburi übernachten muss, so stehen drei im Grunde nur wenig einladende, aber preiswerte Hotels zur Verfügung. Diese sind in erster Linie Stundenhotels: **Hotel Extra** (Soi Sukha Phibaan 2), **Hotel Nang-Nuan** (Soi Sukha Phibaan 4) und **Hotel Saeng-Phet** (Soi Sukha Phibaan 8). Alle drei Hotels befinden sich in kleinen Seitengassen, die in westliche Richtung von der Hauptstraße abzweigen. In der Innenstadt findet man Motorrad-Taxis, die einen dorthin bringen.

● Eine weit bessere Übernachtungsmöglichkeit bietet sich im **Kuraburi Green View Resort*****-LLL**, das sich 12 km südlich der Stadt an der Straße in Richtung Takua Pa und Phuket befindet (129 Moo 5, Bang Wan, Khuraburi, Tel. 081-2296866-7, Fax 077-4185 28). Dieses bietet komfortable Bungalows (Bad, AC, Mini-Bar, Kabel-TV), die an einen kleinen Hang gebaut sind. Umgeben werden sie von einer weitläufigen, gepflegten Anlage samt Swimmingpool. Leider bekommt man in den Bungalows aber etwas Verkehrslärm ab. Das Unternehmen bietet Elefanten-Trekking und Bootsausflüge an; unter den Bootsausflügen sind auch Camping-Trips nach Ko Phra Thong oder zu benachbarten Inseln. Ein Restaurant ist vorhanden, ansonsten gibt es weit und breit keine Essensmöglichkeit.

Anreise

● Khuraburi liegt an der Straße Ranong – Takua Pa/Phuket, und bei **Busfahrten** zwischen den Orten lasse man sich in Khuraburi bzw. nahe dem Bootspier Phae Chumphon (s.u.) absetzen. Von Khuraburi gelangt man mit Motorrad-Taxis oder Songthaews zum Pier.

● Nach Ko Phra Thong fahren **unregelmäßige Linienboote** ab dem **Pier Phae Chumphon,** 7 km nördlich von Khuraburi gelegen. Gecharterte Boote kosten ca. 2.500 Baht.

● **Preiswertere Boote** lassen sich am **Pier von Thung La-Ong** chartern, das 41 km von Khuraburi entfernt ist. Zunächst fahre man von Khuraburi 21 km in südliche Richtung, bis sich im Bereich der Ortschaft Ban Bang Khang eine Abzweigung auftut, an der einige Schilder auf das Bootspier hinweisen. Ab der Abzweigung fahren Motorrad-Taxis für 100 Baht/Pers. zum Pier (20 km). Am Pier frage man nach *Khun Wee*. Dieser fährt für ca. 800 Baht nach Ko Phra Thong bzw. für ca. 1.500 Baht einen Tages-Return-Trip.

● Eine weitere Möglichkeit zur Boots-Charter gibt es am **Pier von Nam Khem,** ca. 6 km südlich von Takua Pa oder ca. 1 km nördlich des Diamond Beach Resorts gelegen. Vom Busbahnhof in Takua Pa fahren Songthaews nach Nam Khem. Das Pier ist günstig für Leute, die aus Khao Lak oder Bang Sak anreisen; aufgrund der größeren Entfernung nach Ko Phra Thong ist aber mit hohen Preisen zu rechnen.

Chaiya

ไชยา

Eine kleine, unaufregende Stadt auf dem Weg nach Surat Thani. Vor 1200 Jahren war hier das Zentrum des Srivijaya-Reiches, aber davon ist nicht viel geblieben. Das Srijivaya-Reich erstreckte sich von Java bis zum Isthmus von Kra und wurde vom Reich der Khmer abgelöst. Einige Fakten um das Srivijaya-Reich sind bis heute umstritten, einiger Theorien gemäß hatte es wechselnde Hauptstädte oder Zentren.

In der Stadt gib es heute nur **Wat Phra Boromathat** (auch Wat Phra Mahathat genannt) zu sehen. Dieser große Wat ist ein gutes Beispiel für die Architektur der Srivijaya-Epoche.

Auf dem Tempelgelände befindet sich das **Chaiya National Museum,** das Gegenstände aus dem 5. und 6. Jahrhundert ausstellt. In dieser Epoche soll Chaiya ein Handelszentrum zwischen China, Indien und dem Mittleren Osten gewesen sein. Geöffnet Mi-Sa 9.00-16.00 Uhr, Eintritt 30 Baht.

Etwa 7 km von Chaiya entfernt liegt **Suan Mokh,** der „Garten der Erlösung" (auch Wat Mokha Pai Aram genannt oder Wat Tham Naam Lai, der „Tempel des fließenden Wassers" – also nicht verwirren lassen!) Dieser Wat ist einer der bekanntesten Meditations-Wats des Landes und wurde vor über 50 Jahren von dem angesehenen Mönch *Phra Acharn Buddhadasa* gegründet, der 1993 verstarb.

Wat Suan Mokh besteht aus mehreren Gebäuden, die von friedlicher

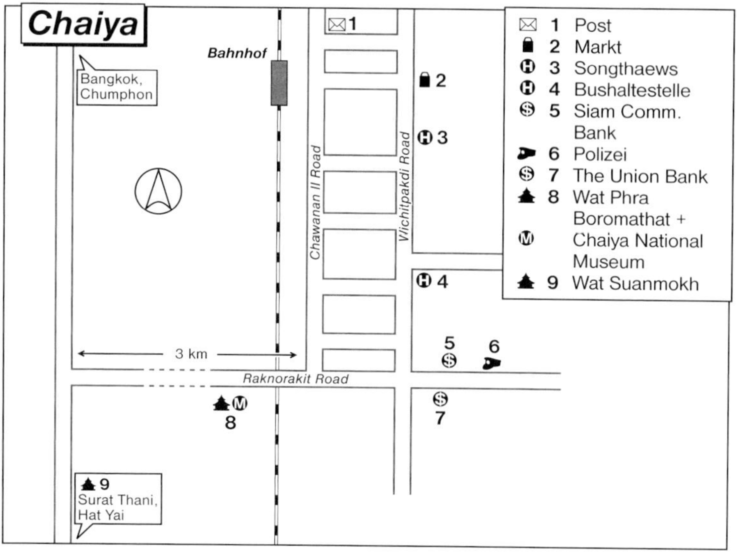

Park- und Waldlandschaft umgeben sind. Die Gebäude selber sind nicht unbedingt schön anzusehen (gelinde gesagt). Aber vielleicht war es die Absicht des hellwachen Achaan Buddhadasa, nicht durch bestechende Architektur zu glänzen, sondern die Bewohner zum Essentiellen zu führen – nämlich zur Meditation.

Zwei Gebäude weisen die Form von Booten auf – Symbole für die Fahrt über manches wilde Wasser bis hin zum endgültigen Nirvana, der Erlösung. Das Hauptgebäude ist an seiner Basis mit vielen Reliefs geschmückt, die z.T. Szenen aus Buddhas Leben darstellen. Die Innenwände des Gebäudes sind von ehemaligen Bewohnern mit Gemälden bedeckt worden, die ebenfalls das Erreichen des Nirvana zum Thema haben – wenn auch teilweise aus anderem Blickwinkel. Da versucht z.B. eine *Miss Hook,* eine aufreizende Dame in Minimalbekleidung, die Meditationswilligen vom angestrebten Pfad der Keuschheit abzubringen. An ihrem Kleid hängen zahlreiche Haken *(hook),* mit denen sie ihre Opfer zu ködern gedenkt. Diese und andere Bilder dienen zur Ermahnung, sich nicht durch *maya* (der Welt der Sinne) vom Ziel der Erlösung abbringen zu lassen. (Aus Gründen der Gerechtigkeit sollte dem Gemälde mit der verführerischen Dame auch das Bild eines charmanten Playboys hinzugefügt werden!)

Jeden Monatsanfang wird ein 12-tägiger **Meditationskurs** in Wat Suan Mokh abgehalten, der bestens von *fa-*

rang besucht wird. Die Teilnahme kostet 1.500 Baht/Tag inkl. Verpflegung und Unterkunft (Tel. 077-431596, www.suanmokkh.org).

Unterkunft

- Nur im **Udomlap Hotel****-*** (Tel. 077-431123); die billigsten Zimmer haben kein eigenes Bad, die teuersten zu 500 Baht, haben Bad und A.C.

Anreise

Wat Suan Mokh liegt direkt an der Straße, die von Surat Thani über Chaiya weiter nördlich führt, 4 km vor der Abzweigung nach Chaiya. Wer also aus Surat Thani kommt, sollte den Busschaffner bitten, direkt am Wat rausgelassen zu werden. Wer aus Richtung Norden kommt, durchfährt zuerst Chaiya und passiert dann den Wat. Von Chaiya aus fahren auch Motorradtaxis für ca. 50 Baht dorthin. Angeblich fahren auch Songthaews, die lassen sich aber kaum blicken.

- Vom Talaat Kasem 2-Busbahnhof in Surat Thani fahren **Songthaews** für 50 Baht nach Suan Mokh (Songthaews Richtung Chaiya). Fahrzeit ca. 1 Std.
- **Motorrad-Taxis** ab Surat fahren zu 80-100 Baht bis Suan Mokh oder Chaiya.
- Möglich ist auch die Anreise per **Zug** aus Richtung Bangkok oder Surat Thani, nicht alle Züge halten jedoch in Chaiya. Von Surat kommend ergibt sich zudem das Problem, dass der Bahnhof weit außerhalb der Stadt in Phun Phin liegt (14 km; von Surat fahren Busse dorthin zu 12 Baht, Songthaews zu 15 Baht). Ein Songthaew nach Chaiya ist somit allemal besser. Wer dennoch den Zug vorzieht kann sich im Bahnhof von Chaiya mit den berühmten Chaiya-Salzeiern *(khai khem chaiya)* eindecken – eingelegte Enteneier, die von fliegenden Händlern lauthals angeboten werden. Die Eier gelten als regionale Delikatesse. Die Händler besteigen in Chaiya (und auch in Lang Suan) die Züge und bieten ihre Waren den Zugpassagieren feil. Das ganze dauert ein paar Minuten, bis der Zug abfährt und die Händler flugs abspringen. Die Eier werden auch an Ständen am Highway 4 im Bereich von Chaiya und Lang Suan angeboten. Thais, die die Gegend besuchen, bringen sie gerne ihren Verwandten und Freunden mit.

Surat Thani

สุราษฎร์ธานี

Surat Thani ist eine lebendige Handelsstadt mit 150.000 Einwohnern, die den Touristen allerdings nicht gerade mit großen Sehenswürdigkeiten verwöhnt. Für die meisten Besucher ist die Stadt ein Zwischenstopp zu den Inseln Ko Samui und Ko Phangan. Seit die Budget-Fluglinien Orient Thai und Air Asia von Bangkok nach Surat Thani fliegen, bietet der dortige Flughafen eine Alternative zum überteuerten Direktflug nach Ko Samui.

Der **Markt** am Tapi-Fluss ist recht interessant, und Freunde exotischer Früchte können sich an den Rambutans laben, die in der Umgebung der Stadt besonders gut gedeihen. Abends ist der Marktplatz am Flussufer eine Art Treffpunkt vieler Einwohner, und eine Blindenkapelle, die ihre fehlende Notentreffsicherheit durch ein Übermaß an Enthusiasmus wettmacht, unterhält die Passanten.

Acht Kilometer von der Stadt entfernt befindet sich der **Khao Thathep,** ein dichtbewaldeter Hügel, von dem man eine gute Aussicht auf Surat, wie sie von den Einheimischen kurz genannt wird, hat. Auf dem Gelände ist auch ein **Botanischer Garten** angelegt.

Wer Zeit hat, sollte das Office der TAT in der Talat Mai Road (Tel. 077-

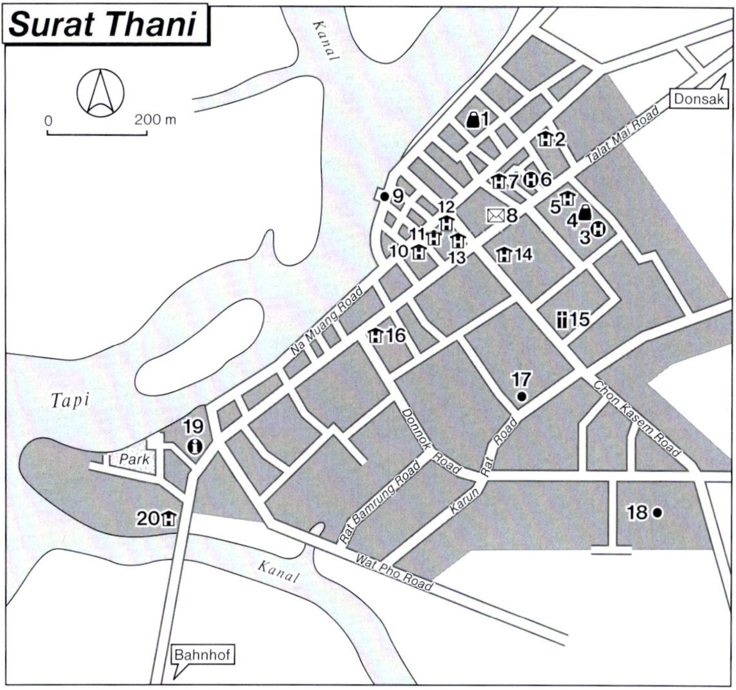

- 1 Nachtmarkt
- 2 Thai Rung Ruang Hotel
- 3 Busstation Talaat Kasem 2
- 4 Markt
- 5 Thai Thani Hotel
- 6 Busstation Talaat Kasem 1
- 7 Ratchathani Hotel
- 8 Hauptpost
- 9 Songserm Travel
- 10 Ban Don Hotel
- 11 Intown Hotel
- 12 Grand City Hotel
- 13 Tapi Hotel
- 14 Southern Star Hotel
- 15 Kirche
- 16 Siam Tara Hotel + Restaurant
- 17 Thai Airways
- 18 Stadthalle
- 19 TAT
- 20 Wang Tai Hotel

288817-9; tatsurat@tat.or.th) aufsuchen, obgleich es nicht ganz zentral liegt. Dieses **Tourist Office** ist eines der besten des Landes, das Personal ist sehr hilfsbereit und überlässt einem pfundweise Informationsmaterial. Das Büro ist täglich von 8.30-16.30 Uhr geöffnet. Angeschlossen ist der TAT auch wieder die Tourist Police (Tel. 077-200475).

Unterkunft

• **Thai Thani**** (442/367-369 Talaat Mai Road, Tel. 077-272977), wenige Schritte vom

Bus-Terminal entfernt, ordentliche Zimmer mit Bad.

- An der Nordwestseite des Marktes ist das **Rat Thani**** gelegen, mit Zimmern in der gleichen Preislage. Direkt am Markt fahren auch einige lokale Busse ab.
- Das **Siam Tara Hotel*****-**** befindet sich etwas südwestlich der Innenstadt (144/1 Don Nok Rd., Tel. 077-273740). Dies ist ein gutes Mittelklassehotel, mit Zimmern mit A.C. und TV ab 400 Baht.
- Recht ordentlich sind die beiden direkt nebeneinander gelegenen **Tapi Hotel***** (Chonkasem Rd., Tel. 077-272575) und **Grand City Hotel****-*** (Tel. 077-272960); in den teureren Zimmern mit A.C. und TV. Die Zimmer zur Straße hinaus sind jedoch zu meiden, da sehr laut.
- Das **Thai Rung Ruang Hotel****-*** (191-199 Mitkasem Rd., Tel. 077-286353) ist sauber und wohnlich.
- Preiswert und gut ist das **Ban Don Hotel**** (Na Mueang Rd., Tel. 077-272167). Saubere Zimmer mit Bad. Das vielleicht beste Hotel in seiner Klasse.
- Das nahe gelegene **Intown Hotel****-*** (Na Mueang Rd., Tel. 077-210145, Fax 077-210422) hat ordentliche, modern eingerichtete Zimmer mit Bad und TV, die etwas teueren auch A.C. Auch dieses Haus ist eine gute Wahl.
- Das Top-Hotel in der Innenstadt ist das **Southern Star Hotel******-LLL (261/16 Chon Kasem Road, Tel. 077-216414-24, Fax 077-216427). Genau genommen befindet sich das Haus etwas von der Chon Kasem Road zurückversetzt, an der Zufahrt steht ein großes, kaum zu übersehendes Schild. Die Zimmer (A.C., TV, Kühlschrank etc.) sind sauber und gepflegt, die zentrale Lage ist ein weiterer Vorteil. Die Zimmer sowie die Suiten werden oft weit unter ihrem offiziellen Preis angeboten. Im 16. Stock des Hotels befindet sich ein überteuertes Restaurant mit sehr gutem Ausblick auf Surat Thani.
- Das **Wang Tai Hotel******-LLL, gut anderthalb Kilometer südwestlich der Innenstadt gelegen, ist ein älteres, mittlerweile aber renoviertes Oberklasse-Hotel (1 Talaat Mai Rd., Tel. 077-283020-39, Fax 077-281007). Hier steigen oft besser bezahlte thailändische Staatsdiener ab. Zimmer mit A.C., TV, Kühlschrank, Tel., dazu gibt es einen Swimmingpool.
- Am nordöstlichen Stadtrand steht das relativ neue **Grand Saowaluk Hotel******-***** (99 Kanchanavithi Rd., Tel. 077-213700, Fax 077-213735). Die Zimmer haben den üblichen Standard in dieser Klasse. Die Preise beinhalten Frühstück; eventuell lassen sich Reduktionen herausschlagen, und dann lohnt das Wohnen hier. Vorhanden sind Coffee-Shop und Restaurant.

Essen

- Einer der angenehmsten Aspekte der Stadt ist der lebendige **Nachtmarkt,** der sich gegen 18.00 Uhr wenige Straßenblocks östlich des Bootspiers zu regen beginnt. Es gibt eine vielfältige Auswahl von preiswerten Speisen, von gerösteten Maiskolben bis hin zu Süßspeisen aller Art. Sehr lohnenswert!
- Wer es gerne etwas gediegener hat, ist im **Thara Coffee House** des Siam Thara Hotel gut aufgehoben. Hier wird gehobene westliche als auch einheimische Küche geboten.

Achtung, Betrüger! Bei den Transfers am Bahnhof von Phun Phin (Surat Thani) lauern bei Verspätung der regulären Busse gelegentlich Betrüger auf, die vorgeben, zum gebuchten Transport-Unternehmen zu gehören. Unter Verbreitung von Hektik und Aufregung wird man gedrängt, schnell in ihren Wagen zu steigen, um die Fähre noch rechtzeitig zu erreichen. Während der Fahrt wird dann an einer Tankstelle angehalten, da angeblich der Tank leer ist. Die absolut überhöhte Rechnung zahlt der Passagier (ca. 250 Baht für die 50 km); falls nicht, sieht er der Aussicht entgegen, mitten auf der Strecke hinausgeworfen zu werden! Falls der Bus beim Transfer nicht sofort bereitstehen sollte, ruhig abwarten und sich von der Gruppe seiner Mitreisenden (meistens sind ja noch viele andere da, die ebenfalls auf den Bus warten) nicht trennen lassen.

- Im Erdgeschoss des Thai Thani Hotel befindet sich ein sehr gutes **Sala Mangsawirat** oder Vegetarisches Restaurant (täglich. 6.30-14.00 Uhr), das preiswerte und leckere vegetarische Curries und Nudelgerichte serviert.
- Ein weiteres **vegetarisches Restaurant** liegt gleich neben der Lokalbusstation (rechts neben Punkt 17 auf der Karte). Es hat meist eine große Auswahl an Speisen, ist jedoch nur etwas unregelmäßig geöffnet.
- **Seafood:** Surat Thani ist für eine spezielle Muschelart, die *hoy nangrom* bekannt. In Paknam, 6 km nordöstlich der Stadt finden sich einige Seafood-Restaurants, die diese zu delikaten Gerichten verarbeiten. Die beliebtesten Restaurants sind das **Lamphu Jao Gau** („Lamphus altes Restaurant") und das demselben Besitzer gehörende **Lamphu Sorng** („Lamphu 2"). Neben Muscheln gibt es zahlreiche weitere Seafood-Gerichte, alle zubereitet unter Verwendung frischester Zutaten.

Anreise

- **Busse** ab Bangkok Southern Bus Terminal. A.C.-Busse 2. Kl. 379 Baht, A.C. 1 Kl. 488 Baht, und V.I.P.-Busse 755 Baht. Fahrzeit je nach Bus ca. 10-11 Std.
- **Züge** ab Bangkoks Hualamphong Station fahren 11-mal am Tag, Fahrzeit ca. 7-8 Stunden. Preis in der 3. Kl. 217 Baht, mit A.C. 297 Baht, in der 2. Kl. 438 Baht, mit A.C. 478 Baht, im Sleeper 2. Kl. mit A.C. und Schlafkoje oben/unten 678/748 Baht, und in der 1. Kl. 1.239 Baht. Surats Bahnstation liegt in Phun Phin, 14 km westlich der Stadt; von dort fahren Busse und Songthaews nach Surat (12 Baht; Abfahrt zwischen 6 und 20 Uhr alle 10-15 Min.). Wer aus irgendeinem Grund in Phun Phin übernachten muss, findet um den Bahnhof herum einige billige Hotels.
- **Flüge** mit Thai Airways ab Bangkok kosten 2.390 Baht, Business Class 3.190 Baht. Zwei Flüge täglich, Flugzeit 1 Std. 10 Min. Der Flughafen befindet sich weit außerhalb der Stadt (ca. 30 km nördlich). Private Kleinbusse der pendeln für 100 Baht/Pers. zwischen dem Flughafen und dem Stadtbüro der Airline hin und her. Der Flughafen von Surat Thani gilt aufgrund seiner schlechten Landebahn und mangelnder Ausrüstung des Towers als einer der gefährlichsten Thailands. Aus diesem Grunde traten die Piloten 2003 einige Tage in Streik und der Luftverkehr zwischen Bangkok und Surat lag lahm. Inzwischen ist der Flugverkehr in Surat Thani allerdings recht rege, denn die Budget-Fluglinien Orient Thai (das Büro liegt an der Sriwichai Road, Tel. 077-222780; ab 1.850 Baht) und Air Asia (www.airasia.com; ab 1.500 Baht) fliegen ebenfalls täglich von Bangkok nach Surat Thani.

Weiterreise

- Die meisten **Busse** zu weitergehenden Zielen fahren ab den **Busstationen Talaat Kasem 1 und Talaat Kasem 2** *(talaat kasem* = „Farmersmarkt"). Klimatisierte **Kleinbusse** *(rot thuu)* fahren ab Talaat Kasem 2, man beachte aber die vorangegangenen Warnungen bezüglich der Fahrweise dieser Gefährte. Busse fahren u.a. nach Hat Yai (126/176/227 Baht), Krabi (80/120/130 Baht), Nakhon Si Thammarat (55/60 Baht), Phang-Nga (60/140 Baht), Ranong (80/110 Baht) und Phuket (113/167/203 Baht). Kleinbusse ebenfalls u.a. nach Hat Yai (150 Baht), Krabi (130 Baht), Nakhon Si Thammarat (95 Baht), Phang-Nga (180 Baht), Ranong (130 Baht) und Phuket (180 Baht).

  Ca. 2 km westlich der Stadt, an der Straße zum Bahnhof Phun Phin liegt ein **weiterer Busbahnhof,** der aber nicht so viel angefahren wird. Von Surat Thani fahren Busse für 10 Baht dorthin.
- Das Büro der **Thai Airways** befindet sich in 3/27-28 Karunarat Rd., Tel. 077-273710.
- **Taxis** zum Pier in Don Sak (Fähre nach Ko Samui) kosten ca. 800 Baht. Aber wer sein Ticket in einem Reisebüro mit Seatran bucht wird kostenfrei nach Don Sak befördert. Einige Reiseunternehmen fahren mit Kleinbussen dorthin, zu 60 Baht/Pers.
- Es ist auch möglich von Surat Thani direkt nach Ko Tao zu fahren. Um 10.00 fährt die **Fähre** von Songserm Travel ab, Fahrzeit 4½ Stunden. Um 20.30 legt ein langsames Nachtboot ab, das erst um 5.30 Uhr in Ko Tao ankommt.
- **Weiterreise nach Ko Samui und Ko Phangan** siehe unter Anreise dort.

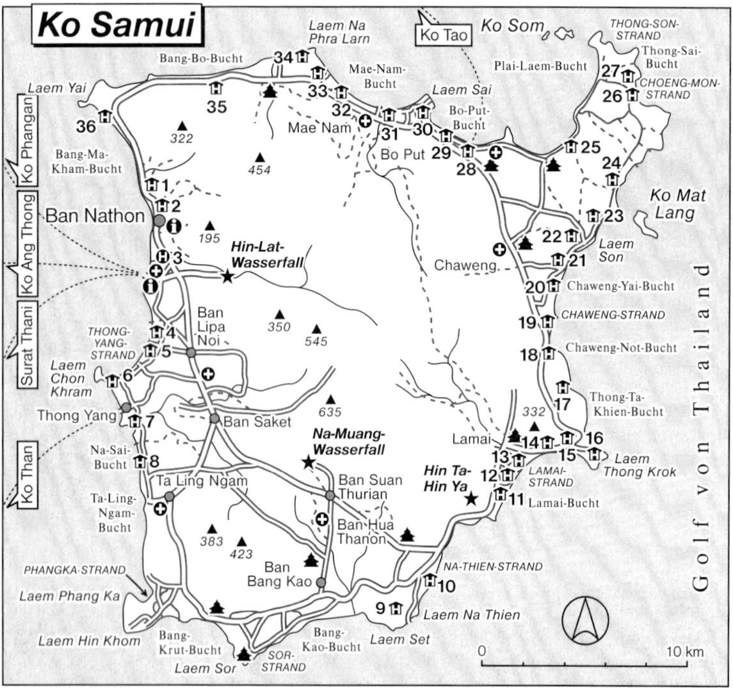

1 Chao Ko, Samui
2 Damrong Town Hotel, Seaside Palace Hotel, Jinta Hotel
3 Busstation
4 Lipa Lodge
5 Rajapruek Samui Resort
6 Sun Flower, In Foot Palace
7 Coco Cabana
8 Baan Taling Nga
9 Rocky
10 Samui Orchid Resort, Hilton Garden Resort, Cosy Resort
11 Sunrise, Palm, Nice Rosort, White Sand
12 Floral House, Paradise
13 Amadeus, Bill, Casanova's
14 Sand Sea Resort, Lamai Villa, Wish, Marine Park
15 Weekender, Rose Garden, Island Resort, Comfort
16 Bay View Villa, Royal Blue Lag28oo
17 Samui Yacht Club, The Little Mermaid, Samui Silver Beach, Golden Cliff
18 Bird's Eye, Tropicana Beach, Victorian Resort, Sunshine Resort, Imperial Samui
19 Fair House, First Bungalows
20 Chaweng G.H., Joy, Poppies, Chaweng Cove, Chaweng Cabana, Arabien, Chaweng Resort, Central Samui
21 Viking, Charlie's, Beachcomber, King's, Royal, Malibu
22 Montien House, Chaweng Villa, Chaweng Regent, The Island
23 Samui Cabana
24 Chaweng Blue Lagoon, Amari Palm Reef, Samui Villa Flora, Jim, Family, Moon, Marine, Venus, Matlan
25 Naea Lodge, Big Buddha, Family Village, Sunset, Ocean View, Number One, Kinnaree
26 Samui Fishing Park, Boathouse Samui, Chongmoen, P.S. Villa
27 Imperial Thong Sai
28 Oasis, Miami, Summer Night, Boon, Smile House, Ziggy Stardust
29 Chaihat, Calm Beach Resort, Peace, Palm Garden, World, Sandy Resort
30 Bo Phut G.H., Chalee, Sunny
31 Mae Nam Villa, Happy Inn, Friendly, Rainbow, Rose, New Lapaz, Sea Shore
32 Lolita, Santiburi Resort, Holiday Hut, Mae Nam Resort, Shady Shack, Golden Bea, Hut, Palm Point, Sunrise Village, Shangri-la, Anong Villa
33 Harry's, Naphalarn Villa, Phalarn Villa
34 Sun Beam, Axolotl Village, Blue River
35 Water Sports Club, Naiphorn, Jariya
36 Med Sai

Ko Samui

เกาะสมุย

Ko Samui ist mit 254 km² die drittgrößte Insel Thailands (50.000 Einwohner) und war noch bis vor ein paar Jahren so etwas wie das preiswertere und weniger zubetonierte Pendant zu Phuket. Entsprechend zog die Insel mehr Individualreisende an, in den letzten Jahren zeichnet sich jedoch auch hier deutlich ein Trend in Richtung Package- und Hochpreis-Tourismus ab. Die teureren Unterkünfte und Restaurants nehmen allmählich überhand, und die frühen siebziger Jahre, als nur ein paar Strohhütten auf der Insel standen, scheinen heute einer anderen Epoche anzugehören. Mittlerweile besuchen weit über eine Million Touristen die Insel pro Jahr, und oft scheint es, als gäbe es mehr Urlauber als Einheimische. Es gibt noch einige schlichte Hütten für 5 €, am oberen Ende der Skala lassen sich aber auch 1000 € für die Übernachtung ausgeben (siehe Santiburi Resort). Bei den teureren Unterkünften sind im Preis üblicherweise reichhaltige Frühstücks-Buffets inbegriffen.

Seit sich 2003 das Grundrechtgesetz geändert hat, **kaufen Ausländer die Insel auf** – mehr als 30 % sollen inzwischen an Westler, meist Engländer, verkauft sein. Meist profitieren nur ein paar reiche thailändische Familien von dem regen Geschäft. Das hat in den

letzten Jahren zwischen der einheimischen Bevölkerung und den Besuchern zu Spannungen geführt. **Gewalttaten und Diebstähle** werden immer häufiger – im Schnitt werden auf Ko Samui im Monat drei Menschen umgebracht und eine Reihe von jungen Urlauberinnen ist in den letzten Jahren vergewaltigt worden. Die Polizei hat anscheinend Anordnung, so viel wie möglich zu vertuschen. Die ausländischen Grundstückspekulanten sind ebenfalls bemüht, die dunkle Seite Ko Samuis so weit wie es geht zu verschweigen – schließlich ist der Tod von Touristen schlecht für das Business. Dennoch ist Samui generell noch immer recht sicher. **Alleinreisende Frauen** sollten allerdings in den Bars in Chaweng und Lamai keine Drinks von Fremden annehmen.

Ko Samui ist ringsum mit herrlichen **Stränden** gesegnet, und an den bekannteren wie Lamai oder Chaweng reiht sich mittlerweile eine Bungalow-Kolonie an die andere. Nur im Nordosten und Südwesten der Insel gibt es noch einige abgelegene Buchten, die immer noch die erwünschte Ruhe versprechen.

Das Binnenland ist fast ausnahmslos mit **Kokosplantagen** bedeckt (ein Militärlager gibt es allerdings auch), und diese verleihen Ko Samui ihr so unverwechselbares Tropenambiente. Derzeit soll es noch 2 Millionen Kokospalmen geben, aufgrund der zunehmenden Hotel- und anderer Bauten nimmt ihre Zahl jedoch beständig ab. Anders als auf Phuket, so hat Ko Samui keine größeren Städte, in denen man ins lokale Leben eintauchen könnte, aber das ist ein „Nachteil", den die meisten Besucher gerne in Kauf nehmen.

Ko Samui wird von einer mehr oder weniger gut ausgebauten **Ringstraße** umgeben, so dass es zwar leicht ist, zwischen den Stränden hin- und herzupendeln, aber das Verkehrsvolumen übersteigt längst die Kapazität der Insel. In der Hochsaison zieht sich durch Chaweng und Lamai ein langer Stau. Ein weiterer Nachteil der Straße ist der stark gestiegene Verkehrslärm, und bei der Auswahl der Unterkünfte sind solche vorzuziehen, die nicht direkt an der Straße liegen; sonst kann es leicht um die Nachtruhe geschehen sein. Außerdem scheint die Straße so manche Leute zum rasen zu veranlassen; **Unfälle** mit Touristen und ihren Leihmotorrädern – oft tödlich – sind relativ häufig. Nicht selten ist Alkohol mit im Spiel.

Im Inselinneren finden sich einige holprige Pfade, die mit Jeep oder Motorrad befahrbar sind. In den zentralen Bereichen von Lamai und Chaweng wurden die **Straßen** neu ausgebaut.

Derzeit besuchen pro Jahr mehr als **1 Million Touristen** die Insel, 135.000 reisen aus dem deutschsprachigen Raum an.

Sehenswertes

Ko Samui bietet keine herausragenden Sehenswürdigkeiten, einige kleinere gibt es dennoch. Zu diesen gehören der **Hin-Lad-Wasserfall** im Nordwesten nahe der „Hauptstadt" Ban Nathon sowie der **Na-Muang-Wasserfall**

im südlichen Zentralbereich der Insel; letzterer ist der eindrucksvollere von beiden, er fällt aus einer Höhe von 20 m herab; dafür ist er relativ schwierig zu erreichen, er liegt am Ende eines 2 km langen Dschungelpfades.

Wer weitere Naturwunder sucht, könnte über einige Pfade zu einer **Kokospalme mit acht Baumkronen** vordringen (ca. 1 km nordöstlich von Ban Nathon). Auf Thai frage man nach *thonmaphrao phaet-yot.* Angeblich ist die Palme dabei, weitere Kronen zu bilden.

Im Südosten der Insel befindet sich **Wat Khunaraam,** in dem ein mumifizierter Mönch in einem Glaskasten ausgestellt ist. Der Mönch, *Luang Po Daeng,* war in den siebziger Jahren gestorben, und seltsamerweise verweste sein Leichnam nicht. Heute stellt der Leichnam – mit dicker schwarzer Sonnenbrille auf den Augenhöhlen – eine groteske Touristenattraktion dar. Die Thais kommen für ein kurzes Gebet an dem vor dem Glaskasten aufgebauten Schrein.

Imposanter ist der **Big Buddha** oder *Phra Yai* im Norden der Bang Rak Bay, eine riesige goldene Buddhafigur, die auf einer kleinen Insel, Ko Faan, angelegt ist. Der Tempel ist über einen künstlich angelegten, aufgeschütteten Weg zu erreichen. Die Figur, 12 m hoch, gibt aus allen möglichen Himmelsrichtungen und zu allen Tageszei-

Küste von Ko Samui

Big Buddha
(Foto: Aroon Thaewchatturat)

ten ein gutes Fotomotiv ab. Um die Figur ist ein Tempel errichtet worden, Wat Phra Yai.

Über einige holprige Pfade durch die Kokosplantagen erreicht man mehrere auf Hügeln gelegene **Aussichtspunkte,** von denen man ausgezeichnete Ausblicke auf die Insel erhält. (Die höchste Erhebung auf Ko Samui ist 635 m.)

Weiterhin gibt es auf der Insel einige Unternehmen, die **kokospflückende Affen** präsentieren – alles reiner Touristenklamauk. Im **Monkey Theatre,** 400 m südlich vom Dorf Bo Phut, an der Hauptstraße nach Chaweng, hinter dem Bandon Hospital, treten Affen und Elefanten in „Shows" auf (tägl. 11.00, 14.00, 16.00 Uhr). Eintritt 150 Baht.

Genau wie auf Phuket nimmt auch auf Ko Samui die Zahl von Unternehmen zu, die **Elefanten-Treks** anbieten. Die Elefanten sind allesamt in den letzten Jahren aus dem Issaan „importiert" worden, auf Ko Samui heimisch sind sie nicht. Buchungen bei den diversen Unternehmen unter Tel. 077-424098 (Na Muang Trekking), Tel. 077-230827 (Chaweng Elephant Trekking), Tel. 077-425346 (Bang Rak Trekking) oder Tel. 077-425563 (Island Safari).

Die **Ko Samui Crocodile Farm and Reptile Zoo** (Tel. 089-2899613) bietet zweimal täglich Krokodilshows (14.00 und 16.30 Uhr). Fast alle in Thailand heimischen Schlangen sollen hier ebenfalls zu sehen sein. Die Crocodile Farm befindet sich zwischen dem Flugplatz und Chaweng Beach. Eintritt 250 Baht.

Die **Ko Samui Snake Farm** (077-423247) ist ganz im Süden der Insel, etwas landeinwärts von Phangka Bay. Hier finden „unterhaltsame und lustige" Tiershows statt – darunter Hahnenkämpfe (ein beliebter, wenn auch illegaler, Volkssport in Thailand) und Vorführungen mit Skorpionen. Und natürlich eine Schlangenshow, während der erstaunten Touristen das eine oder andere Reptil (auf Wunsch) um den Hals gehängt wird. Atemberaubend spannend. Eintritt 350 Baht.

Schließlich hat auf Ko Samui auch noch ein **Tiger-Zoo** (Tel. 077-424017) eröffnet. Ein **Aquarium** ist angeschlossen. Der Zoo befindet sich am Südende von Lamai. Tiger-Zoos sind in Thailand heftig umstritten, da diese Institutionen auf rein kommerzieller Basis ohne jegliche Zusammenarbeit mit seriösen zoologischen Institutionen agieren. Geöffnet 9.00-18.00 Uhr, **Tiger-Show** täglich 14.00 Uhr. Eintritt 450 Baht. Das Unternehmen ist an das *Samui Orchid Resort******-LLL angeschlossen, das eine etwas unfreundliche Atmosphäre ausstrahlt, die an ein öffentliches Strandbad erinnert. Gäste kommen kostenlos in die Tiger-Show. Aufgrund der Show ist das Gelände nachmittags nicht gerade ruhig.

Baan Hua Thanon im Südostbereich der Insel ist ein hauptsächlich von Moslems bewohntes, eher ärmliches Fischerdorf (direkt an der Ringstraße südlich der Lamai-Bucht), das sich um eine Moschee angesiedelt hat. Im Dorf lässt sich noch relativ viel Lokalkolorit einfangen. Die Bevölkerung führt ihr althergebrachtes Leben, das vom Tourismus noch so gut wie unberührt ist. Der Mittelpunkt des Ortes ist eine Moschee, und die vor der Küste ankernden bunten Fischerboote geben ein gutes Fotomotiv ab.

Einige hundert Meter südwestlich von Baan Hua Thanon steht **Wat Samret,** der einige alte und wertvolle Buddha-Figuren beherbergt. Aufgrund einiger Diebstähle ist der Tempel in der Regel verschlossen, und man bitte einen der Mönche, ihn zu öffnen.

Am Kap (*Laem*) Sor im Süden der Insel findet sich **Wat Laem Sor,** dessen Hauptmerkmal ein exzentrisch gestalteter Chedi ist. Der Chedi scheint einen burmesischen Einfluss aufzuweisen, eine Rarität in dieser Region von Thailand.

Ban Nathon

Ban Nathon, an der Westküste der Insel gelegen, ist die kleine „Hauptstadt" der Insel; offiziell ist sie die Distrikthauptstadt *(tua amphö)* von Ko Samui.

Der Ort besteht fast nur aus drei kleinen Parallelstraßen, aber hier finden sich zahlreiche, für Reisende wichtige Einrichtungen: die Tourist Police, das Informationsbüro der TAT, das Immigration Office (zur Visumverlängerung), Banken und Wechselschalter, Buch- und Zeitungsläden, ein Postamt u.a. Tagsüber wird Ban Nathon von Hunderten oder Tausenden von Touristen überrannt, die irgendetwas zu erledigen haben (oder auch nicht); abends nach 19.00 Uhr gehört der Ort aber wieder den Einheimischen. Etwas besonderes zu sehen gibt es nicht, abgesehen vielleicht von den **Büffelkämpfen,** die in einer bescheidenen Arena nördlich des Ortes unregelmäßig abgehalten werden. Man achte auf Poster, denn es gibt auf Ko Samui noch drei weitere Büffelkampfarenen und Kampftage rotieren von Arena zu Arena (Tel. 077-418680).

Information

Das Büro der **TAT** liegt im Norden des Ortes, gegenüber dem Damrong Hotel. Tel. 077-420504. Geöffnet tgl. 8.30-16.30 Uhr. Es wird reichlich Informationsmaterial ausgehändigt, darunter Karten, die von diversen Unternehmen gesponsert werden. *Khun*

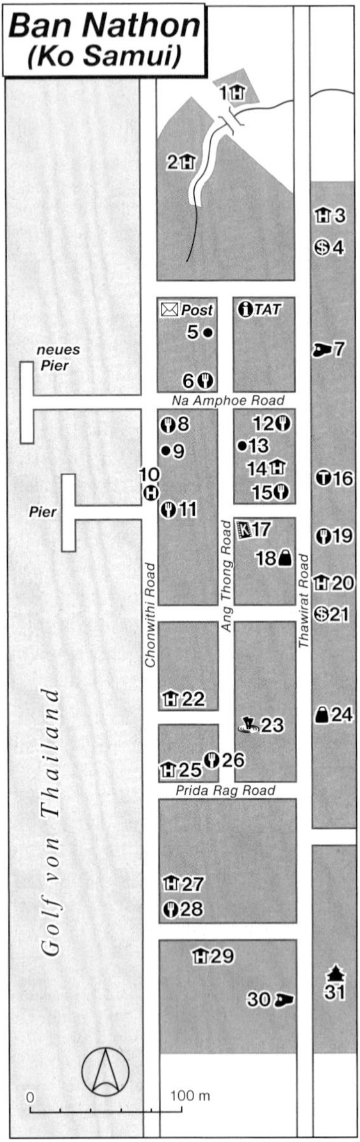

1 Chai Thong House
2 Chao Koh Bungalows
3 Damrong Town Hotel
4 Bangkok Bank
5 Immigration
6 Coffee Island
7 Polizei
8 Jelly Roll Restaurant
9 Songserm Travel
10 Songathews nach Chaweng, Lamai, Bo Phut
11 Rueng Thong Restaurant
12 Munthong Restaurant
13 Wäscherei
14 Seaview Guest House
15 Hot Bread
16 Tankstelle
17 Kino
18 Giant Supermarkt
19 Will Wait Restaurant
20 Nathon Residence
21 Bank
22 Seaside Palace Hotel
23 Tauchschule
24 Markt
25 Win Hotel
26 Vegetarische Restaurants
27 Jinta Hotel
28 Khrua Savoey Restaurant
29 Sea View Hotel
30 Tourist Police
31 Wat Chaeng

Nim, die das Büro seit vielen Jahren leitet, ist eine enthusiastische und professionelle Informationsquelle.

Adressen

- Das Büro der **Tourist Police** befindet sich ca. 300 m südlich des Ortszentrums an der Straße Richtung Ao Thong Yang. Tel. 077-421281 oder in Notfällen 1155.
- Das **Immigrationsbüro** für Visumsverlängerungen liegt ca. 2½ km südlich von Ban Nathon. Tel. 077-421069. Geöffnet Mo-Fr 8.30-12.00 und 13.00-16.30; an Feiertagen geschlossen.

- Ein modern eingerichtetes **Krankenhaus** findet sich ein wenig südliche von Bo Phut. Das *Thai International Hospital* hat einen 24-std. Notdienst, Tel. 077-414400. Das *Samui International Hospital* (Tel. 077-230781) in Chaweng ist ebenfalls zu empfehlen.
- Zwar finden sich an einigen Stränden **Wechselstuben,** diese geben aber oft schlechtere Kurse als die in Ban Nathon. Zahlreiche Bankschalter in Ban Nathon wechseln Geld, geöffnet tägl. 8.30-20 Uhr. Alle Banken sind mit **Bankautomaten** ausgestattet, die auch das Abheben mit einer Kreditkarte erlauben.
- **Kochkurse** werden zwar eher mit Chiang Mai assoziiert, auf Samui bietet sich aber auch die Gelegenheit das Thai-Kochen im sehr professionell geführten **Samui Institute of Thai Culinary Arts** (46/6 Moo 3, Chaweng Beach, Tel. 077-413172, 081-9707497, Tel./Fax 077-413434, www.sitca.net) zu erlernen. In einem Schnellkurs (tgl. 11.00-13.30 und 16.00-18.30 Uhr) lernt man eine Thai-Mahlzeit aus vier Gängen zu erstellen (1.600 Baht). Außerdem gibt es Unterricht im „Fruchtschnitzen", der thailändischen Kunst, aus Obst kleine dekorative Kunstwerke zu schnitzen, die einen jeden Essenstisch verschönern. Im Obergeschoss des Hauses ist ein großartiges Restaurant angeschlossen, *The Dining Room,* geöffnet tgl. 19-24 Uhr.

Unterkunft

Es gibt eigentlich keinen stichhaltigen Grund, in Ban Nathon zu übernachten. Nach Sonnenuntergang macht der Ort einen leicht desolaten Eindruck, und daran ändert auch das halbe Dutzend Karaoke-Bars samt bizarr gekleidetem weiblichem Personal nichts. Falls man aber abends spät auf der Insel ankommt und sich nicht am Strand auf Zimmersuche begeben will, lässt sich hier eine Übernachtung erwägen.

- Das **Coffee Island******* (Tel. 077-420153), links vom Seatran Pier hat saubere, moderne Zimmer mit A.C. Ein gutes Restaurant ist angeschlossen.
- **Damrong Town Hotel*****-****** (Tel. 077-420359); recht saubere, aber fantasielos eingerichtete Zimmer (Bad, A.C., TV), und die Karaoke-Bar im Untergeschoss lässt abends die Wände wackeln.
- **Win Hotel***** (Tel. 077-421500-1); ordentliche Zimmer mit Bad, A.C. und TV.
- **Seaside Palace Hotel***** (Tel. 077-421080), mäßige Zimmer.
- **Seaview Hotel****** (Tel. 077-421481); mäßige Zimmer, und abends wird die Frontseite von einer nahe gelegenen Bar beschallt.
- Das kleine **Seaview Guest House****-*** (Tel. 077-236313) an der Thawarit Road, ein paar Türen vom Hot Bread Restaurant entfernt, hat einfache Zimmer mit und ohne Bad und A.C. und bietet wohl die billigste Wohnmöglichkeit in Ban Nathon.
- Das **Jinta Hotel*****-**** (Tel. 077-236369, jinta@samart.co.th) hat ordentliche Zimmer mit Bad, A.C. und TV (BBC, Discovery), direkt an der Uferstraße.
- **Nathon Residence***** (Tel. 077-236058) ist eine relativ neue Unterkunft am Ort. Sehr gut mit modernen Zimmer mit Bad und A.C., weit besser als die anderen der zumeist mehr oder weniger abgewohnten Hotels.

Essen

- Nördlich des Piers an der Uferstraße liegt das gute **Rueng Thong Restaurant** mit zahlreichen westlichen und einheimischen Gerichten und auch Backwaren.
- Das **Hot Bread** an der Thawirat Road gehört dem gleichen Unternehmen und hat eine ähnliche Speisekarte. Hier gibt es gutes Schwarzbrot.
- Gut und preisgünstig ist das **Will Wait Restaurant** an der Thawarit Road, das sowohl gute Steaks als auch Thai Standards wie *kao moo daeng* (Reis mit Schweinefleisch, mit einer süßen Soße übergossen) anbietet.
- Ähnlich in Angebot und Preislage ist das etwas schmuddelige **Tang Restaurant** ein paar Schritte weiter südlich entlang der Thawarit Road.
- Das vielleicht beste Restaurant für Seafood am Ort ist das **Khrua Savoey** an der Südseite der Chonwithi Road. Es gibt vorzügliche Austern- und Muschelgerichte, wie auch andere sehr gute Seafood.
- Gleich am Pier, neben *Songserm Travel* ist das **Jelly Roll,** ein „hole in the wall" Restau-

rant, das westliche Standards (Burger und Pommes) und thailändische Gerichte serviert. Hier essen viele einheimische Thais.

● Das **Munthong Restaurant** an der Ecke Na Amphoe Road und Thawarit Road ist ein guter Ort um einen Kaffee zu trinken und dem Trubel der Hauptstadt Ko Samuis zuzusehen. Serviert werden thailändische Küche und westliche Speisen.

● In einer Seitengasse der Thawirat Phakdi, ca. 150 m weiter südöstlich befindet sich das kleine **Sala Mangsawirat** mit Curries ab ca. 20 Baht. Geöffnet tägl. 7-17 Uhr, oder so lange der Vorrat reicht.

Tauchen

Es stehen einige **Tauchschulen** zur Verfügung. Die Preise beginnen etwa bei 750 Baht/Tag (für Tauchen vom Strand aus). Viertages-Kurse mit Zertifikat kosten 7.500-10.000 Baht. Die Korallenriffe um Ko Samui, die in 5-25 Minuten Bootsfahrt zu erreichen sind, sind nicht sehr beeindruckend und nur für Anfänger von Interesse. Einige der Tauchexkursionen führen ins Ang Thong-Archipel (Tauchstellen Ko Yipon, Ko Wao Yai), nach Ko Phangan (Phangan Reefs, Hat Yao, Ko Ma, Sail Rock) oder nach Ko Tao (Chumphon Pinnacles, Green Rock, Red Rock, White Rock, Southwest Pinnacles u.a.).

Eine **Dekompressionskammer** für den Fall eines Tauchunfalls gibt es auf Ko Samui am nordöstlichen Ende des Big Buddha Beach, Tel. 077-427427, Notruf: 081-0848485.

Ein **Thailand PADI Tauchführer** erscheint alle zwei Monate und ist in Hotels und Reisebüros kostenfrei erhältlich. Die wichtigsten Tauchgebiete Thailands werden ausführlich beschrieben.

TAT publiziert eine **Karte der besten Tauchgebiete** und Anlegestellen bzw. Bojen um Ko Samui, Ko Phangan und Ko Tao, die kostenfrei im Tourist Office verteilt wird.

● **Abyss Dive Centre,** Mae Nam, Tel. 077-427720.

● **Andaman Dive Village,** Chaweng, Big Buddha Beach, Tel. 077-249699, www.thailanddivecentre.com.

● **Captain Caveman Dive Center,** Chaweng, Big Buddha Beach, Tel. 077-422215, 077-245936.

● **Dive Indeep,** Chaweng, Tel. 077-230155, 077-230156, indeep@samart.co.th.

● **Easy Divers,** Chaweng und Lamai, Tel. 077-231190, info@easydivers-thailand. com.

● **Mui Divers,** Lamai, Tel. 077-232160; unter deutschem Management.

● **Samui International Diving School,** Bo Bhut, Chaweng und Lamai, Tel. 077-422386, 077-231242, www.planet-scuba.net.

● **The Dive Shop,** Chaweng, Tel. 077-230232, diveshop@samart.co.th.

Lamai Beach

Ko Samuis beliebtester Strand, ca. 4 km lang und nicht unbedingt mit dem allerschönsten Sand gesegnet, der hier etwas grobkörnig und nicht gerade paradiesisch weiß ausfällt. Das Wasser ist jedoch recht gut zum Schwimmen geeignet, und die zahlreich vorhandenen Bars und Discos tun das Übrige, um den Lamai Beach zum meistbesuchten der Insel zu machen. Dementsprechend finden sich mittlerweile fast 100 Bungalow-Unterkünfte, die das gesamte Gelände in einen Hüttenwald verwandeln. Am Südende der Bucht finden sich zwei bizarre Felsformationen, die besonders anziehend auf einheimische und taiwanesische Touristen zu wirken scheinen: Zwei Felsformationen, die jeweils an das männliche bzw. weibliche Geschlechtsteil erinnern.

Diese Felsen, genannt Hin Yai und Hin Ta (Großmutter- und Großvater-Felsen) sind der Legende nach ein steingewordenes Liebespaar, das gemeinsam in den Tod ging.

Am nördlichen Ende von Lamai, etwas landeinwärts, befindet sich eine **Golf Driving Range.**

Der beliebteste Night-Spot in Lamai – und es gibt nicht wenige – scheint derzeit der Bauhaus Pub zu sein. Ab Mitternacht geht es erst richtig los. Im daneben gelegenen Sport Pub gibt es Satelliten-Fernsehen mit allen wichtigen Fußballspielen oder sonstigen Sportereignissen.

Unterkunft

Lamai hat nach Chaweng die zweitgrößte Ansammlung von Unterkünften auf Ko Samui. Die Preise sind etwas niedriger als in Chaweng, und so finden sich hier auch relativ viele Traveller mit niedrigerem Budget ein.

●**First Bungalow****-******* (Tel. 077-4223 27), verschiedene Bungalows, A.C., sehr schöner Strandabschnitt.
●**Central Bay Resort*****-***** (Tel. 077-42 2118), in Zentral-Lamai, sehr ordentliche Zimmer, A.C.
●**Bay View Villa Resort*****-LLL (Tel. 077-41 8429), nette Anlage im Norden des Strandes, mit Bungalows (teilweise A.C.) samt Terrasse.
●**Spa Resort******-***** (Tel. 077-230855, www.spasamui.com), auch Meditation, Yoga, Reiki, Massage, Kräutersauna und Darmspülungen *(colon cleansing)*. Die einfacheren Bungalows, manche mit Blick aufs Meer, sind sehr preiswert. 3 km weiter landeinwärts betreibt das Unternehmen eine Zweigstelle, mit Unterkünften bis zu 3.200 Baht (****-LLL).
●**New Hut Bungalow***-** (Tel. 077-230437, newhut@hotmail.com), wirkt wie ein Relikt aus den Anfangstagen des Tourismus auf der Insel, superprimitive Hütten zum absoluten Niedrigpreis – eine Seltenheit heute auf Ko Samui.
●**Lamai Inn 99*****-***** (Tel. 077-424427, lamaiinn@sawadee.com), eine Vielzahl verschiedener Bungalows, z.T. mit A.C., für jeden Geldbeutel ist etwas dabei.
●**Magic Resort*****-**** (Tel. 077-424229, magicresortlamai@hotmail.com), nichts tolles, aber die preiswertesten (anspruchslosen) Bungalows zu 400 Baht werden manchem Budget-Traveller genügen. Die teureren haben A.C.
●**Utopia Resort******-***** (Tel. 077-2331 13, Fax 077-233115 www.utopia-samui.com), ausgezeichnete Lage an einem Hang, dazu sehr schöne, von viel Grün umgebene Bungalows mit A.C., Kühlschrank und TV. Sehr empfehlenswert. Mit Restaurant. Die Preise schließen Frühstück ein.
●**Galaxy Resort*******-LLL (Tel. 077-424441, www.galaxysamui.com), ordentliche Bungalows, teilweise A.C., dazu Swimmingpool. Reduktionen bei Aufenthalten von 1 Woche oder mehr, dazu preiswertere Buchung über die Website des Hauses.
●**Sea Breeze****-**** (Tel. 077-424258, sea breeze@sawadee.com, sehr preiswerte Bungalows ab 200 Baht; die teuersten mit A.C.
●**Nice Resort 1*****-***** (Tel. 077-424432, Fax 077-424028, nicesrt@loxinfo.co.th), gute Zimmer mit A.C., ebenso im nahen Nice Resort 2 (Tel. 077-434431, Fax 077-418404).
●Weil der zentrale Abschnitt von Lamai so zugebaut ist, haben sich am Nordende des Strandes in den letzten Jahren einige relativ preiswerte und sehr ruhige Bungalowunternehmen angesiedelt. Das **Long Island** ****-LLL (Tel. 077-418456, Fax 077-424023, www.longislandresort.com) bietet sehr gemütliche Bungalows, meist mit A.C., einige direkt am Strand.
●Nicht weit entfernt ist das von einem Deutschen geleitete **Starbay Beach & Gardens**LLL (Tel. 077-424546, Fax 077-424547, www.starbay-beach.com), das bemerkenswert große Bungalows, fast schon Häuser, im nordthailändischen Stil, in einer dschungelartigen Gartenanlage bietet. Ein Swimmingpool ist auch vorhanden. Ab 2.700 Baht die Nacht. Langzeitmieter sind willkommen.
●**Weekender Villa*****-***** (Tel. 077-424116, Fax 077-424429, info@weekender-villa.com), ebenfalls im nördlichen Bereich von Lamai, einfache Bungalows, ruhiger Lage, teilweise A.C., mit Swimmingpool und Restaurant.
●Am nördlichsten Nordzipfel von Lamai ist das **Flower Paradise** (Tel. 089-2888362, www.samui.ch) zu finden, das von einem Deutschschweizer betrieben wird und sich seiner Röstis rühmt. Nette Anlage.
●**Tamarind Retreat**LLL (Tel. 077-424436, www.tamarindretreat.com), auf der Höhe

der Weekender Villa, aber ein paar hundert Meter landeinwärts gelegen, eine fantastische Unterkunft bestehend aus nur 8 Villen, die in unterschiedlichem architektonischen Stil errichtet sind. Preise ab ca. 100 US$. Yoga-, Tai-Chi-Kurse, Kräutersauna und Massage.

- **Swiss Chalet*****-**** (Tel. 077-424321, Fax 077-232205), südlich der Großvater-/Großmutterfelsen, einfache, weit auseinander stehende Bungalows mit Bad, gute Low-Budget-Unterkunft.
- **Rocky Resort******-LLL (Tel. 077-418367, Fax 077-418366, www.rockyresort.net), einen halben Kilometer südlich der berühmten Felsformation, in toller landschaftlicher Lage, mit Swimmingpool. Gepflegte Bungalows, teilweise mit A.C. Das **Rocky Restaurant** ist derzeit eines der beliebtesten der Insel. Gehobene Preise, stimmungsvolle Atmosphäre. Ideal für ein romantisches Abendessen.

Essen

- Auf Seafood spezialisiert ist das Open-Air-Restaurant **Jubilee Seafood** am Nordende von Lamai, nahe dem Samui Yacht Club; höhere Preislage.
- In Lamai gibt es eine Filiale des **Will Wait Restaurants** (Ban Nathon). Preiswerte westliche und thailändische Gerichte.
- Mit ausgezeichneten, dünnkrustigen Pizzen überrascht **Pizza Garden,** gelegen nahe dem Royal Blue Lagoon Hotel im Norden von Lamai. Dazu gibt's Lasagne, Ravioli, hausgemachte Eiscreme u.v.m.
- Das schweizerische **Pappa's Restaurant** macht sehr gute Pasta-Gerichte und Steaks.
- Das **Restaurant des Spa Resorts** hat eine großartige Auswahl vegetarischer Gerichte. Empfehlenswert.

Unterhaltung

Neben dem Bauhaus (s.o.) gibt es eine Reihe von Pubs mit Hostessen-Service.

- Das **Angkor** ist eine Holz- und Beton-Replika des gleichnamigen Tempels in Kambodscha und bietet Live-Musik, meist recht kompetente thailändische Cover-Bands.
- Das **Samui Gallery Café,** gegenüber dem Bauhaus ist eine große Chill-Out Lounge mit einer noch größeren Auswahl an Cocktails.

Chaweng Beach

Dieses ist der längste Strand der Insel, der sich in Chaweng Yai („Großer Chaweng") im Norden und Chaweng Noi („Kleiner Chaweng") im Süden unterteilt. Chaweng Yai wiederum ist durch ein Riff in zwei Hälften geteilt. In der Hauptsaison liegt hier Körper an Körper. Der Sand ist schneeweiß und das Wasser klar. Chaweng Noi ist ruhiger und ein sehr guter Ort zum Schnorcheln.

Nicht weniger populär ist Chaweng für sein **Nachtleben,** vom Strand zurückversetzt findet sich eine Ansammlung von Bars und Restaurants. Die dort gelegenen Discos *Reggae Pub* und *Green Mango* sind die beliebtesten und etabliertesten Nightspots, meist sind sie gerammelt voll.

Thai-Boxkämpfe finden in der Arena an der Nordseite der Thawirat Phakdi Road statt. Man achte auf Poster und Lautsprecherwagen, die die Strandstraßen abfahren und neue Boxtermine verkünden.

Wem das nicht aufregend genug ist, der kann in Chaweng einen **Bungee-Jump** wagen. Gespungen wird von einem 50 Meter hohen Turm, der über einen Pool ragt. Billabong Bungy Jump, Soi Reggae Pub, Tel. 079-005211.

Eine **Warnung** noch für Leute, die direkt in Ko Samui einfliegen und in Chaweng zu wohnen gedenken: Chaweng liegt nur 10 Minuten Fahrzeit vom Flughafen entfernt, die Taxis und Songthaews verlangen aber oft 250 Baht für die Strecke. 100 Baht wären angemessener. Zur Fahrt von Cha-

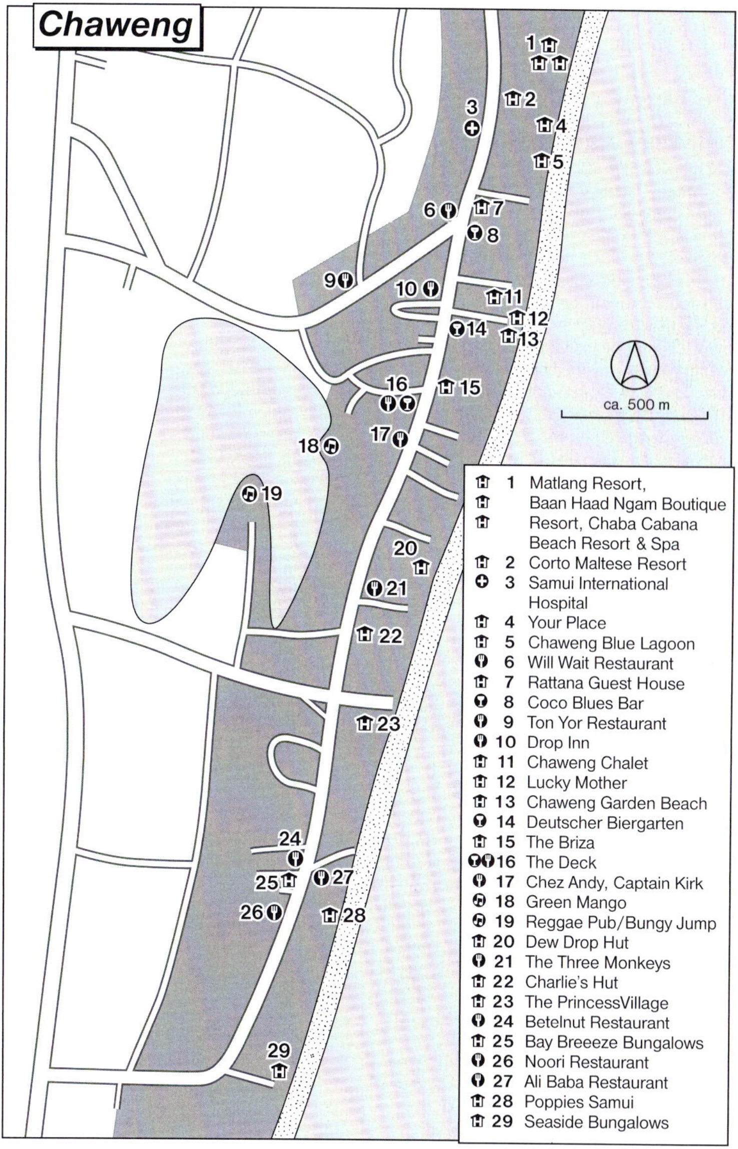
Chaweng
ca. 500 m
1 Matlang Resort, Baan Haad Ngam Boutique Resort, Chaba Cabana Beach Resort & Spa
2 Corto Maltese Resort
3 Samui International Hospital
4 Your Place
5 Chaweng Blue Lagoon
6 Will Wait Restaurant
7 Rattana Guest House
8 Coco Blues Bar
9 Ton Yor Restaurant
10 Drop Inn
11 Chaweng Chalet
12 Lucky Mother
13 Chaweng Garden Beach
14 Deutscher Biergarten
15 The Briza
16 The Deck
17 Chez Andy, Captain Kirk
18 Green Mango
19 Reggae Pub/Bungy Jump
20 Dew Drop Hut
21 The Three Monkeys
22 Charlie's Hut
23 The PrincessVillage
24 Betelnut Restaurant
25 Bay Breeeze Bungalows
26 Noori Restaurant
27 Ali Baba Restaurant
28 Poppies Samui
29 Seaside Bungalows

weng zum Flughafen bieten sich die Busse an, die jeweils ca. 1½ Std. vor Abflug von den JR Bungalows in Zentral-Chaweng abfahren.

Unterkunft in Chaweng Yai

Chaweng hat die dichteste Konzentration von Unterkünften, Restaurants, Bars, Internet-Cafés, Banken etc. auf der Insel. Die meisten Bungalow-Kolonien und Resorts sind in den oberen Preisklassen angesiedelt. Low-Budget-Unterkünfte sind selten geworden, dennoch gibt es ein paar. In den Monaten Dezember oder Januar kann es jedoch so voll sein, dass man zunächst einmal eine teurere Unterkunft nehmen muss, um überhaupt etwas zu bekommen; am nächsten Tag kann man sich dann auf die Suche nach etwas Preiswerterem machen. Auch superteure Resorts und Spas haben sich in den letzten Jahren in Chaweng angesiedelt.

● Das **Matlang Resort*****-LLL, im Norden von Chaweng hat einfache Bungalows, mit und ohne A.C. direkt am Strand, als auch einige kleine Villen (1.500-3.000 Baht) für Familien. Sehr preiswert für die Gegend. Ein Restaurant ist angeschlossen.

● Gleich daneben liegt das relativ neue **Baan Haad Ngam Boutique Resort**LLL (Tel. 077-231500 oder in Bangkok 02-7197692, Fax 077-231520, www.baanhaadngam.com), das sich in zwei moderne Bauten mmit 28 Zimmern und 12 Bungalows aufteilt. Alle Bungalows und Zimmer haben einen Jacuzzi, Wireless-Internet-Anschluss, DVD-Spieler, Safe und Mini-Bar. Ein Spa und Swimmingpool sind ebenfalls vorhanden. Eigentlich perfekt, aber die Nähe zur Hauptstraße, kann bei Preisen ab 6.000 Baht doch etwas störend sein. Dem Resort ist auch das gute **Olivio Restaurant,** das Gerichte aus Italien serviert, angeschlossen.

● Auch in der Gegend ist das mediterran wirkende **Chaba Cabana Beach Resort & Spa** LLL (Tel. 077-231350 oder in Bangkok 02-95429 80, Fax 077-230771, www.cabanet. com). Das Resort hat 80 sehr schöne Zimmer mit extrem großen Betten ab 7.000 Baht, einen Swimmingpool mit Strandblick, ein Spa und ein Restaurant. Alle Zimmer haben entweder einen Balkon oder eine Sonnenterrasse.

● **Your Place****-*** (Tel. 077-230039) im Norden von Chaweng ist relativ preiswert, die Bungalows (teilweise A.C.) dennoch recht gut. Kein schlechter Handel an diesem teuren Strand.

● Das **Corto Maltese Resort**LLL (Tel. 077-230 041, Fax 077-422535, www.cortosamui.com) ist für sein Restaurant mit gehobener französischer Küche bekannt. Aber auch die Bungalows (A.C., TV, Mini-Bar) sind sehr schnieke und wohnlich eingerichtet. Der Innenarchitekt hat gute Arbeit geleistet. Preise ab 2.500 Baht, in der Zeit um Weihnachten/Neujahr 3.500 Baht, sehr gute Anlage für Leute mit höherem Budget. Swimmingpool.

● Das **Chaweng Blue Lagoon Hotel**LLL (Tel. 077-422037-40, Fax 077-422401, www. bluelagoonhotel.com) ist ein Luxusresort, mit komfortablen Zimmern (A.C., TV, Mini-Bar), Swimmingpool und Sportmöglichkeiten. Preise ab. 3.000 Baht.

● **Rattana G.H.*****-**** (Tel. 077-422441) liegt ca. 300 m vom Strand zurückversetzt; die Zimmer sind o.k., nicht umwerfend gut, aber bei den Niedrigpreisen (ab 500 Baht) kann man nicht meckern. Teilweise mit A.C und Balkon.

● **Lucky Mother****-*** (Tel. 077-230931) ist eine Sparoption, einfache Bungalows ab 250 Baht; nicht besonders toll aber nahe dem Strand. Teilweise ohne eig. Bad.

● **Chaweng Chalet******* (Tel. 077-413732, 077-230777, Fax 077-413731, www.chaweng chalet.com) gut eingerichtete, rustikale Bungalows, Bad/A.C. ab 1.500 Baht. Gutes Restaurant mit internationaler Küche.

● **Chaweng Garden Beach*****-**** (Tel. 077-422265), ca. ½ km weiter südwestlich am Strand, hat gute Zimmer mit Bad und A.C.

● **Dew Drop Hut****-*** (Tel. 077-422238) in Zentral-Chaweng ist nicht umwerfend, die Bungalows, teils aus Holz, teil Beton, sind für den Niedrigpreis jedoch nicht schlecht.

● **Charlie's Hut****-*** (Tel. 077-422343) ist eine weitere Low-Budget-Option, mit akzeptablen Bungalows (für Preise ab 200 Baht).

● **Princess Village Chaweng**LLL (Tel. 077-4222 16, Fax 077-422382, www.samuidreamholiday. com) ist ein gänzlich anderes Kaliber, ein Topresort bestehend aus traditionellen Thai-

Pfahlhäusern, aber piekefein und hochluxuriös. Die Architektur der Häuser orientiert sich am Stil von Sukhothai und Ayutthaya. Die gepflegte Umgebung mit tropischem Garten und Teich rundet das noble Ambiente passend ab. Preise in der Nebensaison ab 3.100 Baht, Dez. und Jan. ab 5.300 Baht.

● Das neue **The Briza Beach Resort & Spa**LLL (Tel. 077-231997, Fax 077-230728, www.thebriza.com) ist ein sehr exklusives Boutique-Resort der ersten Klasse und befindet sich fast im Zentrum von Chaweng Beach. Dennoch kann man hier am Strand in Ruhe in großen (140-200 m²) Villen, teilweise mit privatem Swimmingpool, die Welt vergessen. Zu jeder Villa gehört ein Butler. Das Resort fördert übrigens die Ausbildung einheimischer Angestellter und viele Produkte, die im *The Briza* verwendet werden, sind von Gemeindeprojekten auf Ko Samui (OTOP) hergestellt. Ab 550 US$.

● **Poppies Samui**LLL (Tel. 077-422419, Fax 077-422420, www.poppiessamui.com) ist ein „Boutique-Resort", klein, fein und teuer. Die 24 gut ausgestatteten Bungalows scharen sich um einen traumhaft schönen Garten. Preise bei Buchung über die Website 133-169 US$, ansonsten noch mehr.

● Die nahe gelegenen **Seaside Bungalows** ****-***** (Tel. 077-422364, Fax 077-422364, benjaporn2022@hotmail.com) haben ordentliche Bungalows, teilweise mit A.C. Keine schlechte Wahl für den relativ niedrigen Preis ab 500 Baht.

● **Bay Breeeze Bungalows****-*** (Tel. 077-422198) liegen ca. 400 m vom Strand zurückversetzt, die Preise (ab 300 Baht) machen das aber vielleicht wett. Die teureren Bungalows haben A.C.

Am Chaweng Noi Beach

● **Fair House Beach Resort & Hotel**LLL (Tel. 077-422356, Fax 077-422373, www.fairhousesamui.com), Bungalows ab ca. 3.000 Baht in der Hauptsaison (etwa die Hälfte in der Nebensaison), dazu Swimmingpool, Restaurant und Bar, für den Preis gibt es aber besseres.

● **New Star Resort*******-LLL (Tel. 077-422407, Fax 077-422325, www.samuinewstar.com), gut eingerichtete A.C.-Bungalows, ab 1.900 Baht in der Hauptsaison.

● **Imperial Samui**LLL (Tel. 077-422020-36, Fax 077-422396, www.imperialhotels.com), Luxusresort mit mediterraner Architektur und Zimmer mit A.C., TV und Mini-Bar, dazu Swimmingpool. Für Preise ab ca. 6.000 Baht aber vielleicht doch ein wenig zu teuer. Günstigere Rate bei Buchung über die Website (ab ca. 80 US$). Das Neujahrsdinner des Hauses kostet stolze 80 US$ plus Service Charge und Steuer.

● **Bird's Eye View*****-**** (Tel. 077-422278) im Süden von Chaweng Noi, hat nur sieben einfache Bungalows.

Am Südende von Chaweng Noi erstreckt sich die so genannte **Coral Cove;** weiter südlich liegt die Bucht **Ao Thong Takian.** Es gibt einige Unterkünfte.

● **Coral Cove Chalet**LLL (Tel. 077-422260, Fax 077-422496, www.coralcovechalet.com), ein weiteres kleines „Boutique-Resort", mit Swimmingpool und Jacuzzi, überteuert.

● **Coral Cove Resort*****-***** (Tel. 077-422126, Fax 077-413097, coral@samart.co.th), der preiswertere Bruder obigen Resorts, klein, ein wenig beengt, aber nicht schlecht. Bungalows z.T. mit A.C.

● **Hi Coral Cove****-**** (Tel. 077-422495, Fax 077-413220, hicoral@samuinet.com), relativ schmucklose Bungalows, in der niedrigsten Preisklasse aber als Sparmaßnahme nicht übel.

● **Golden Cliff Resort*****-**** (Tel. 077-422409), gute Bungalows mit A.C. und TV.

● **Samui Yacht Club******-LLL (Tel. 077-422225, Fax 077-422400, www.samuiyachtclub.com), sehr gut ausgestattete, romantische Bungalows mit A.C. in gepflegter Gartenanlage. Eine sehr gute Wahl, vor allem in der Nebensaison, wenn die Preise bei 1.000 Baht beginnen. Bei Buchung wird man vom Flughafen abgeholt.

● **Thong Takian Villa*****-**** (Tel. 077-230978), unterschiedliche Bungalows, z.T. mit A.C., teils sehr gut, teils mäßig.

Essen

In Chaweng gibt es alles – von Fast-Food-Ketten bis zum 5-Sterne-Restaurant – es werden Gerichte aus aller Welt geboten. Die Preise sind meist gehoben, aber grundsätzlich lässt es sich hier besser essen als in manch anderen Touristenghettos. Die Auswahl an Restaurants ist einfach riesig.

- Ausgezeichnetes Seafood und gutes Ambiente auch im **Drop Inn.** Eine Bar ist angeschlossen.
- Eines der größten Restaurants in Chaweng ist **The Deck,** hier gibt es alles was junge Besucher erwarten – Burger und Pommes, thailändische Standardgerichte auf den westlichen Magen abgestimmt und laute Musik. Das Restaurant schließt um Mitternacht, die Bar dröhnt noch bis 2 Uhr weiter.
- Das **Captain Kirk** hat nichts mit dem Raumschiff Enterprise zu tun, wird von einem belgischen Chef geleitet und und bietet gutes Seafood auf thailändische und mediterrane Art in einem Dachgarten an der Chaweng Beach Road.
- An der Straße zum See befindet sich das **Ton Yor Restaurant,** das gute thailändische Gerichte serviert.
- Das **Will Wait Restaurant,** Mitte Chaweng, gegenüber der *Coco Blues Bar,* ist eine Zweigstelle des gleichnamigen Restaurants in Ban Nathon und eines der preiswertesten in Chaweng. Thailändische und europäische Küche. Eine weitere Filiale befindet sich etwas weiter südlich an der Chaweng Beach Road.
- Das kleine **Ali Baba** ist ein recht gutes indisches Restaurant, dessen Gerichte meist in Großportionen daherkommen.
- Das **Noori India Restaurant** an der Chaweng Beach Road ist eine Klasse besser und teurer.
- Der **Deutsche Biergarten** bietet genau das, was der Name verspricht genau im Zentrum von Chaweng. Dazu eine lange Speisekarte deutscher und thailändischer Gerichte, Fußball-Bundesliga und Formel 1.
- Sehr beliebt ist auch das **The Three Monkeys** am südlichen Ende von Chaweng, das feine thailändische und internationale Küche in britischer Pubatmosphäre bietet.
- Internationale Gourmet-Küche kredenzt das kleine **Betel Nut** in Soi Colibri; relativ teuer.
- Im großen **Samui Seafood Market** gegenüber der Siam Commecial Bank sucht man sich sein noch schwimmendes Seafood selber aus und lässt es dann fachgerecht zubereiten.
- Ebenfalls sehr gutes Seafood im **Eden Restaurant** am Südende von Chaweng.
- Die vielleicht besten Steaks macht das von einem Schweizer geleitete, am Strand gelegene **Chez Andy's Beer and Garden Grill** (Beach Rd.), dazu Kebabs, Würste etc. Schweizerische und deutsche Küche. Kinder essen für die Hälfte des Preises.

Unterhaltung

- **The Green Mango Club** im Zentrum von Chaweng hat Platz für über tausend Gäste und die sind oft auch da. Die DJs spielen Dance Music und Pop, und gelegentlich spielen Bands.
- Der seit Mitte der Achtziger geöffnete **Reggae Pub** ist eine Institution, bis 2 Uhr morgens geht die Post ab. Umgeben ist der Reggae Pub von zahlreichen Beer Bars, deren weibliche Angestellte auf alleintrinkende Männer warten.
- **The Coco Blues Company Ltd.** auf der Chaweng Road bietet gute Blues- und Rock-Bands und organisiert seit zwei Jahren das Ko Samui Blues Festival, bei dem 2005 unter anderem *Jerry Lee Lewis, UB 40, Ike Turner* und *Canned Heat* sowie bekannte Bands aus Thailand wie *LoSo* und *Modern Dog* auftraten. Dazu eine Speisekarte, die sich auf Cajun und Creole Gerichte aus Louisiana spezialisiert hat. Das Essen ist etwas teuer. 10.00-2.00 Uhr.

Choeng Mon Bay, Thong Sai Bay & Thong Son Bay

Der Nordostzipfel von Ko Samui ist eine der ruhigsten Ecken der Insel, einige der dort befindlichen kleinen Buchten sind gar einsam. Recht beschaulich geht es noch in den Buchten von Choeng Mon und Thong Sai zu, und die weiter westlich gelegene Thong Son Bay ist vom üblichen Touristentrubel fast gänzlich abgeschieden. Hier ist der Strand (sehr malerisch, aber nicht atemberaubend) nur über Trampelpfa-

de zu erreichen. Ringsherum reiht sich eine Kokospalme an die andere.

Ganz neu ist der **Fußball-Golfplatz** in Choeng Mon (Tel. 089-7717498). Fußball-Golf funktioniert wie Golf, aber man kickt einen Fußball von Loch zu Loch. Die 18 Löcher sind selbstverständlich größer, als auf einem herkömmlichen Golfplatz. Ko Samui hat übrigens den einzigen Fußball-Golfplatz in Asien. Nach dem Spiel (eine Runde soll ungefähr 70 Minuten dauern), gibt es ein Freibier.

Strand Choeng Mon
(Foto: Aroon Thaewchatturat)

Unterkunft in Choeng Mon

- **P.S. Villa*****-**** (Tel. 077-425160, Fax 077-425403), unterschiedliche Bungalows, teilweise mit A.C., in netter Gartenlandschaft. Für Preise ab 400 Baht recht gut.
- **Choeng Mon Bungalow*****-**** (Tel. 077-425372, Fax 077-425219), Bungalows ab 400 Baht, z.T. mit A.C.
- **Island View Bungalows*****-**** (Tel. 077-425031, Fax 077-425081, islview@samart.co.th), gute Bungalows zu vernünftigem Preis ab 400 Baht. Die teureren haben A.C.
- Das **O Soleil*****-**** (Tel. 077-425232) hat solide Steinbungalows, bei Bedarf mit einer Rampe für Rollstuhlfahrer, was in Thailand eine Seltenheit ist. Die Bungalows stehen recht weit voneinander entfernt: ein weiterer Pluspunkt.
- **The White House**LLL (Tel. 077-425233, Fax 077-245318, info@samuidreamholiday.com) hat noch keinen amerikanischen Präsidenten

Der Süden

gesehen, gut genug wäre es aber. Die 40 traditionellen Thai-Häuser des Resorts befinden sich in abgeschiedener Lage, die Zimmer sind geschmackvoll eingerichtet und die umgebende Vegetation besorgt den Rest. Eine sehr gute Wahl. Preise ab 105 US$.

●**Imperial Boat House Samui**LLL (Tel. 077-422020-36, Fax 077-422396, www.imperialhotels.com), tolle Bungalows, die zum Teil aus umgebauten Reisfrachtern entstanden sind. Sehr originell, sehr gut und sehr teuer. Preise in der Hauptbesuchzeit um Weihnachten/Neujahr ab 120 US$ plus Service Charge und Steuer, in der Nebensaison ab 66 US$. In letzterem Falle heißt es zugreifen, es lohnt.

●Am nordöstlichsten Zipfel Ko Samuis befindet sich das exklusive und sehr ruhige **Aryaburi Boutique Resort**LLL (Tel. 077-448196, Fax 077-425621, www.aryaburi.com). Große Bungalows in einer dicht bewaldeten Gartenanlage.

Unterkunft in Thong Sai

●**Tongsai Bay Resort**LLL (Tel. 077-425015, Fax 077-425462, www.tongsaibay.co.th); Luxusresort und eine tolle Wohnmöglichkeit für diejenigen, die ab ca. 400 € pro Tag ausgeben können. Mit Tennisplatz, zwei Swimmingpools, Kanu-, Boot- und Windsurfverleih. Immer noch die einzige Anlage in Thong Sai.

Essen

●Sehr gute Thai-Gerichte und Seafood im **Honey Restaurant,** am Strand gegenüber der Insel Fan Yai.

●**Otto's Beach Bar** in der Mitte des Strandes von Choeng Mon unterhält während des Essens mit Satelliten-TV, dazu gibt's einen Billard-Tisch.

Big Buddha Beach (Hat Bang Rak oder Hat Phra Yai)

Eine schöne, ca. 3 km lange Bucht, die von einem 12 m hohen „Big Buddha" überblickt wird und mit feinem Sandstrand ausgestattet ist. Je nach Gezeiten ändert sich die Strandfläche jedoch kolossal, von auslaufend weit bis zu nur meterschmal. Die Touristenfülle in Lamai und Chaweng hat diesen Strand in den letzten Jahren immer populärer gemacht, es ist noch weit ruhiger als in diesen beiden.

Unterkunft

●**Nara Garden Beach******* (Tel. 077-425364, Fax 077-425292, naragarden@sawadee.com), ordentliches Resort mit Zimmern mit A.C., TV und Mini-Bar.

●**Pongpetch Servotel*****-***** (Tel. 077-245100, Fax 077-425148, www.pongpetchhotel.com), gute Zimmer, in den höheren Preislagen mit A.C. und TV. Ab 650 Baht in der Hauptsaison. Für 2.400 Baht gibt es 80 m² große Apartments.

●**Shambala Beach Bungalows*****-**** (Tel./Fax 077-425330, www.samui-shambala.com), kleines Resort mit guten Bungalows zu vernünftigen Preisen. Ab 500 Baht in der Hauptsaison, ansonsten ab 300 Baht. Eine gute Wahl.

●**Como Resort*******-LLL (Tel. 077-425210, comoresort@yahoo.com), nur 11 Bungalows mit A.C., teilweise TV, die meisten direkt am Strand. Nette kleine Anlage.

Essen

●**Chez Ban Ban** im gemütlichen Ma Provençe Resort**-*** (Tel. 077-245135) kredenzt hochklassige französische und andere europäische Gerichte. Viele französische Stammgäste. Außerdem recht gute Bungalows, Billardtisch, Petanque-Bahn und Bar.

●Das **Kinnaree Resort***** (Tel. 077-245111), an der Hauptstraße hinter dem Big Buddha Beach hat ein gutes Restaurant, das unter anderem deutsche Gerichte serviert.

●Das **Easy Going** ist den sehr guten Bungalows von Secret Garden***-***** (Tel. 077-425419, secretgarden@kohsamui.com) angeschlossen; geboten werden indische, indonesische und andere asiatische Gerichte, dazu viel Vegetarisches.

Bo Phut Beach

Kaum minder populär als obiger ist der Strand von Bo Phut, der allerdings nicht gerade den feinsten Sand aufweist. Ab hier besteht eine direkte Bootsverbindung nach Ko Phangan.

Unterkunft

● **Peace Bungalow*******-LLL (Tel. 077-425357, Fax 077-425343, www.peaceresort.com), komfortable Bungalows mit A.C. und TV. Die nahe dem Strand gelegenen Bungalows sind etwas teurer. Nur geringe Preisunterschiede in Haupt- und Nebensaison. Swimmingpool.

● **Zazen Bungalows*******-LLL (Tel. 077-425085, Fax 077-425177, www.samuizazen.com), ein weiteres „Boutique-Resort", mit geschmackvollen Bungalows und architektonisch sehr schöner Anlage. Swimmingpool. In der Hauptsaison ab 3.000 Baht, bei Buchung über die Website ca. 25 % billiger.

● **Sandy Resort******-***** (Tel. 077-425353-4, Fax 077-425325), akzeptable Bungalows, teilweise mit A.C. Bei Preisen ab 900 Baht nicht schlecht.

● **World Resort******-***** (Tel. 077-425355), gute Bungalows mit A.C. in ansehnlicher Anlage.

● **Free House Beach Bungalows*****-**** (Tel. 077-427516, www.freehousesamui.com), einfache aber preiswerte Bungalows, für den Preis gut genug. In der Off-Season ab 600 Baht, ansonsten ab 800 Baht.

● Das recht lebhafte **Cactus Bungalows** **-**** (Tel. 077-245565, cactusbung@hotmail.com) nebenan hat ein ganz eigenes Flair. Alle Bungalows sind in rot gehalten und die Betten bestehen aus Steinplattformen auf denen komfortable Matratzen liegen. Ein Restaurant ist angeschlossen.

● **Ziggy Stardust Resort*****-***** (Tel. 077-425173, Fax 077-421477, ziggy@samuinet.com), gute Holzbungalows, teilweise A.C. in netter Anlage. Falls jemand ob des Namens Vermutungen anstellen sollte: *David Bowie* war noch nie hier (aber im Amanpuri Resort auf Phuket)!

● Das **Coconut Calm Beach Bungalow** ****-***** (Tel. 077-245965, Fax 077-430352, www.coconutpalmbeach.com) hat Bungalows verschiedener Bauarten. Manche der kleineren Hütten scheinen nach den Comics der Familie Feuerstein gebaut worden zu sein. Ein gutes Restaurant und eine Bar mit einer gewissen Partyatmosphäre an einem sehr schönen Strandabschnitt machen dieses Resort zu einer attraktivem Unterkunft.

● Direkt daneben ist das **Calm Beach Resort** **-*** (Tel. 077-425375, Fax 077-245160), das etwas ruhiger und preiswerter ist. Jeep- und Motorradverleih sowie ein Reisebüro im Haus.

● **Smile House Bungalows*****-**** (Tel. 077-425367, Fax 077-425239, smilehousesamui@hotmail.com), o.k., aber nichts allzu besonderes. Teilweise mit A.C.

● Einiges teurer und luxuriöser ist das **New Samui Palm Beach Resort**LLL (Tel. 077-425494, Fax 077-425358, www.samuipalmbeach.com) in Bo Phut. Der Baustil des Hauptgebäudes ist mediterran. 32 große Zimmer mit Parkettböden und 36 Bungalows liegen in einem ruhigen Garten. Die Royal Suite ab 600 US$. Ein gutes chinesisches Restaurant ist angeschlossen. Dazu zwei Swimmingpools, Garten-Schach und ein Fitness-Center.

● Im Osten von Bo Phut liegt das **Fisherman's Village,** ein langes Stück Strandstraße, das auf beiden Seiten mit mehr oder weniger traditionellen Holzhäusern und modernen, aber recht ansehnlichen Hotels, Shops und Restaurants bebaut ist, was diesen Strandabschnitt zu einem der schönsten Touristenzentren auf Ko Samui macht. Hier befindet sich das **Eden Bungalows*****-***** (Tel. 077-427645, Fax 077-427644, info@edenbungalows.com), gut ausgestattete Bungalows, z.T. mit A.C., in sehr schöner Anlage, allerdings durch eine Straße vom Strand getrennt. Swimmingpool. Bei Preisen ab 800 Baht sehr gut.

● Das winzige **Red House******* (Tel. 077-425686, www.design-visio.com), ebenfalls im Fisherman's Village und eine Kreation des deutschen Architekten *Ulrich Ziems,* hat einen schwer-roten chinesischen Retrostil mit einem feinen Schuhgeschäft im Erdgeschoss und nur vier Zimmer.

Essen

- Authentisches, gutes Thai-Essen im **My Friend,** am Ende von Bo Phut in Richtung Big Buddha gelegen.
- Das **Jonathan Restaurant** neben dem Pier hat ebenfalls gutes Thai-Essen.
- **Le Bateau** an der Abzweigung nach Big Buddha bietet ausgezeichnete französische Küche.
- Das **Starfish and Coffee Restaurant,** das sich neben dem *Red House* (s.o.) befindet, bietet nicht nur gutes Seafood mit Meeresblick, sondern auch eine modische Kleider-Boutique, die an das Restaurant angeschlossen ist.
- Ebenfalls im Fisherman's Village findet sich das gute französische Restaurant **La Sirène.**

Mae Nam Beach

Mit einer Länge von ca. 4 km ist dies einer der längsten Strände der Insel, dazu einer der schönsten und immer beliebter bei Leuten, denen Lamai und Chaweng zu überlaufen sind. Nebenbei ist er sehr gut zum Schwimmen geeignet. Selbst in der Regenzeit wird es nicht allzu stürmisch. Einige Meter landeinwärts vom zentralen Strandbereich befindet sich ein netter kleiner Tempel, Wat Pukhao Thong, zu dem eine mit Drachen verzierte Treppe führt.

Unterkunft

In Mae Nam gibt es noch eine Reihe preiswerter Unterkünfte, aber auch hier zeichnet sich eine Entwicklung in Richtung Hochpreistourismus ab. Die Tage der Billigunterkünfte sind vielleicht in ein paar Jahren vorbei.

- **Cleopatra Palace****-*** (Tel. 077-425486, orasa75@hotmail.com), im östlichen Teil der Bucht, kleine Anlage mit 15 Bungalows, einfach, nett und preiswert.
- **New Lapaz Bungalow****-**** (Tel. 077-425296, Fax 077-425402), etwas östlich von Cleopatra, für den Preis sehr gut, mit Swimmingpool und wohnlichen Bungalows ab 300 Baht, teilweise A.C.
- **Phalarn Inn 33***-*** (Tel. 077-247111) ganz im Westen der Bucht hat zum Teil sehr einfache und preiswerte Bungalows, nichts tolles, aber eben billig.
- **Sea Fan Bungalows**LLL (Tel. 077-425204, Fax 077-422412, www.seafansamuihotel.com), im westlichen Bereich, der Bucht, luxuriöse Bungalow-Anlage, mit 58 m² großen, rustikalen Bungalows (A.C., TV, Mini-Bar). Swimmingpool. In der Nebensaison ab 2.500 Baht.
- **Harry's Bungalow****** (Tel. 077-425447, harrys@samart.co.th), große Stein-Bungalows, alle mit einem kleinen Gästezimmer, aber ca. 300 m zurückversetzt vom Strand nahe dem Westteil der Bucht. Frühstück in einem neuen Restaurant ist im Preis inbegriffen.
- Gleich daneben ist das neue gigantische **Samui Buri Beach Resort & Spa**LLL (Tel. 077-447275, Fax 077-447281, www.samuiburi.com), das 28 Poolvillas in den vier historischen Hauptbaustilen Thailands bietet. Das Hauptgebäude mit über 50 Zimmern ist imposant und sieht fast wie ein buddhistischer Wat aus Zentralthailand aus. Alle Zimmer und Villen haben einen Jacuzzi, DVD-Spieler, Mini-Bar etc. Ein Spa und Swimmingpool, letzterer direkt am Strand, sind angeschlossen.
- **Palm Point Village*****-**** (Tel. 077-425095), ordentliche Bungalows, z.T. mit A.C.
- **Anong Villa****-*** (Tel. 077-247256), im westlicheren Bereich der Bucht, etwas östlich von Sea Fan Resort, Bungalows in diversen Preisklassen, recht gut, z.T. A.C. Günstig die einfachsten Zimmer zu 200 Baht.
- **Maenam Resort******-***** (Tel./Fax 077-425116, maenamrs@samart.co.th), sehr gute Bungalows mit A.C., für die Qualität nicht zu teuer. Dazu Familien-Suiten in Wohnungsgröße.
- **Shady Shack Bungalow****-**** (Tel. 077-425392) im zentralen Bereich der Bucht, etwas westlich des Santiburi Resort, hat Standard Bungalows mit und ohne A.C.
- Ganz in der Nähe ist das freundliche **New Sunrise Village****-**** (Tel. 077-247219), das preiswerte Bungalows mit und ohne A.C. bietet. Die ganz billigen Hütten sehen fast antik aus – als ob sie schon Jahrzehnte hier stehen.

•Auch in der Gegend ist das **Shangrilah Bungalows***** (Tel. 077-425189, Fax 077-247153), das eine Reihe neuer Holzbungalows hat, aber einen etwas verlassenen Eindruck macht.

•**Lolita Bungalows******-LLL (Tel. 077-4251 34), im zentralen Bereich der Bucht, etwas östlich des Santiburi Resort, ordentliche Holzbungalows, teilweise mit A.C.

•**Lucky Mother****-**** (Tel. 077-230931) ist eine weitere Sparoption, einfache Bungalows ab 200 Baht; nicht besonders toll aber nahe dem Strand. Teilweise ohne eigenes Bad.

•Im Osten von Mae Nam liegen die **Moonlight Bungalows*****-**** (Tel. 077-425247, moonhut@kohsamui.com) weitab von der Hauptstraße inmitten eines Bambuswaldes. Solide Bungalows mit und ohne A.C., direkt am Strand. Ein Restaurant ist angeschlossen. Motorrad- und Jeepverleih.

Mae Nam Beach

•**Paradise Beach Resort*******-LLL (Tel. 077-247227, Fax 077-425290), Luxusresort mit 2 Swimmingpools, italienischem Restaurant und Tauchunternehmen. Zimmer in Hotelgebäude und Bungalows im traditionellem Thai-Stil, mit A.C., TV, Mini-Bar und Safe. In der Off-Season ab 1.700 Baht.

•**Santiburi Dusit Resort** LLL (Tel. 077-425031, Fax 077-425040, www.santiburi.com), superteure Luxusanlage mit allen Schikanen. Die Preise beginnen bei ca. 380 US$, die teuersten Villen kosten ca. 1.700 US$.

Unterkunft in Ao Bang Po

Der in Richtung Norden am nächsten an Ban Nathon gelegene Strand, westlich von Mae Nam, ist zwar zum Schwimmen nicht sonderlich geeignet, aber die Sonnenuntergänge sind sehr schön.

•**Das Axolotl Village*****-**** (Tel./Fax 077-420017, www.axolotlvillage.com) ist ein esoterisches New-Age-Resort, mit Yogakursen, Meditation, und holistischer Massage, dazu ein Restaurant mit thailändischen, italienischen und vegetarischen Speisen.

- Das **Health Oasis Resort******-LLL (vormals *Healing Child Resort;* Tel. 077-420124, Fax 077-420125, www.healthoasisresort.com) ist ein weiteres New-Age-Resort, angeboten werden Yogakurse, Astrologie und vieles Esoterisches mehr. Gemäß eigener Aussage will das Resort Wohlbefinden schaffen auf „physischer, emotionaler, mentaler, spiritueller und finanzieller (!) Ebene". Das Haus bietet seinen Gästen auch die Möglichkeit zum profitablen „Investieren" an. Details auf der hauseigenen Website.
- Eine preiswertere Alternative an diesem Strand ist das **Moon Resort***** (077-247371), das kleine Bungalows ab 300 Baht und größere mit A.C. in einem schönen Garten vom Strand zurückversetzt bietet. Die größeren Hütten könnten mal wieder renoviert werden. Ein Restaurant und eine Bar mit Billardtisch sind angeschlossen.
- Gleich daneben liegt das **Marina Beach House*****-**** (Tel. 081-9952107, das von der sehr freundlichen *Khun Su* geleitet wird. Sehr große und neue Bungalows auf hohen Pfählen in einem idyllischen Kokospalmenwald, mit Kochecke und Bad. Die teureren Bungalows haben A.C. Dieses Resort hat kein Restaurant.
- Ein kleines Stück weiter südlich den Strand entlang befindet sich das neue **Koh Samui Resort**LLL (Tel. 077-247781, Fax 077-247783, www.kohsamuiresort.com), das einfache, aber schöne Bungalows mit A.C., TV, Mini-Bar, Safe und privater Terrasse bietet. Die Bungalows stehen in einem gepflegten Garten um einen Swimmingpool herum. Sehr ruhig. Ab 2.500 Baht.

Essen

- **Koseng Restaurant,** gelegen im Osten von Mae Nam, ist Spezialist für thailändische Gerichte und Seafood.
- Das **Restaurant im Health Oasis Resort** hat eine große Auswahl vegetarischer Gerichte.
- Teure Top-Restaurants sind das **Vimarnmek** und **Sala Thai** im Santiburi Resort; ersteres hat eine große Auswahl an europäischen Speisen.
- Richtig guten Kuchen, authentische Brote und hausgemachte belgische Schokolade gibt es in **Angela's Bakery & Café** an der Soi 2 in Mae Nam. Geöffnet 8.00-18.00 Uhr.
- Dem Roy Roy Resort*** (Tel. 077-332200) an der Hauptstraße in Mae Nam ist das schweizerische **Heisser Stein Restaurant** angeschlossen. Gut ausgeschildert.
- An der Hauptstraße kurz vor Mae Nam liegt das **Ban Mae Nam Bio-House Restaurant,** das gute thailändische Küche serviert und außerdem hauseigenen Naturjoghurt anbietet.

Thong Yang Bay (Coral Cove), Taling Ngam Bay & Phangka Bay

Das in der Bucht von Thong Yang (oder Coral Cove) gelegene Pier ist der Ruhe nicht gerade zuträglich, dafür ist der daran gelegene Strand sehr schön und das relativ untouristische Umfeld – mit zahllosen Kokospalmen im Hinterland – hat auch etwas für sich. Weiter südlich schließen sich dann die ebenfalls nur wenig besuchten Buchten Taling Ngam und Phangka an.

An der Hauptstraße die an Taling Ngam Bay vorbeiführt, findet sich die **deutsche Nowi Metzgerei.** Hier, mitten in einer Kokosnussplantage, gibt es deutsche Fleischprodukte – Salami, Schinken etc. – vom Feinsten, dazu auch gute Brote, Salatgurken etc. Das Geschäft beliefert zahlreiche Unternehmen auf der Insel, aber individuelle Besucher sind ebenfalls willkommen und einige Tische vor dem Geschäft eignen sich perfekt zu einem kleinen Picknick. Frischen Kaffee gibt es auch.

Unterkunft in d. Thong Yang Bay

●**In Foo Palace*****-***** (Tel. 077-423066), freundlich und ruhig, gute Bungalows, z.T. mit A.C.

●Das **Lipa Lodge**LLL (Tel. 077-423028, www.lipalodgeresort.com) ist das erste Boutique Hotel in der Gegend. Moderne Zimmer und Bungalows an einem schönen Strandabschnitt – nur der nahe gelegene Fährenpier ist etwas störend. Dennoch viel ruhiger als in den meisten anderen Ecken der Insel. Das Resort bemüht sich alle Produkte für das angeschlossene Restaurant lokal einzukaufen.

Unterkunft in Taling Ngam Bay

●**Wiesenthal Resort*****-****** (Tel./Fax 077-235165, wisnthal@samart.co.th), schweizerisches Management, über ein weites Gelände mit vielen Kokospalmen verteilte, große Holzbungalows, z.T. mit A.C. Recht gut für den Preis und dazu ruhige Lage. Motorrad- und Jeepverleih.

●**Le Royal Meridien Baan Taling Ngam**LLL (Tel. 077-429100, Fax 077-423220, www.meridien-samui.com), superteure Luxusanlage, die zweitteuerste nach dem Santiburi Resort, aber insgesamt nicht so schön gelegen wie letzteres. Unterschiedlich große Zimmer und Villen ab ca. 300 US$.

●**Vastervik Resort****-***** (Tel. 077-4231 04), neben dem Meridien, Bungalows ab 300 Baht, mit nettem Strandrestaurant.

●Das neue **Ruang Thong Garden Resort***** (Tel. 081-6130784) liegt etwas abgelegen, an einer kleinen Zubringerstraße zwischen Taling Ngam und Baan Sa Ket. Es bietet sechs solide Bungalows und ein gutes Restaurant in einer ruhigen Gartenanlage. Sehr preiswert. Wer hier wohnt braucht ein eigenes Transportmittel.

in Ao Phangka (Emerald Cove)

●**Emerald Cove Bungalow****-**** 077-4230 82), 10 einfache Bungalows in einer Kokosnussplantage direkt am Strand. Mit die einzig wirklich preiswerte Unterkunft in der Gegend.

Thong Krut Bay, Bang Kao Bay & Ko Kataen

Diese im Süden der Insel gelegenen Buchten sind nicht besonders gut zum Schwimmen geeignet, dafür ist es wiederum sehr ruhig, und Abertausende von Kokospalmen verleihen der Umgebung das richtige Tropenambiente. Die Unterkünfte sind nicht leicht zu finden, sie liegen oft an Pfaden, die von der Hauptstraße abzweigen. Von Thong Krut aus lassen sich Boote zu einigen vorgelagerten Inseln chartern, so Ko Kataen (Ko Taen), Ko Raap, Ko Mat Daeng und Ko Matsum. Auf Ko Taen, die nur von einigen Trampelpfaden durchzogen wird, finden sich einige Unterkünfte. Die Anreise zur Insel kann vom Laem Set Inn in Bang Kao organisiert werden. Einige neue Luxusunterkünfte öffnen hier derzeit und an fast jedem Baum ist ein Land-For-Sale-Schild angebracht. Preiswerte Unterkünfte dagegen scheinen zu schließen.

Unterkunft in Thong Krut

●**Coconut Villa****** (Tel. 077-453151, coconutvilla@sawadee.com), am Westende von Thong Krut, mit Swimmingpool. Dieses Resort wurde im August 2006 zum Umbau geschlossen und will Anfang 2007 wieder öffnen – mit gehobeneren Preisen.

●**Thong Krut Bungalow****-**** (Tel. 077-42 3117) hat 10 einfache Bungalows, einige mit A.C.

Unterkunft in Bang Kao

●**Laem Set Inn**LLL (Tel. 077-424393, Fax 077-424394. www.laemsetinn.com), tolle Lage an einem Hang, dazu sehr beliebt wegen seines guten Seafood-Restaurants, das zudem noch beste Ausblicke bietet. Die Bungalows (ab 75 US$) scheinen dennoch überteuert und der Service ist auch nicht so, wie er vielleicht sein sollte. Bungalows mit A.C. gibt's erst ab 120 US$. Swimmingpool und Fitness-Center, Motorrad- und Jeepverleih. In Zusammenarbeit mit *Samui International Divers* werden Tauchkurse angeboten.

- Das **Banburee Resort & Spa**[LLL] (Tel. 077-439600, Fax 077-429698, www.banburee resort.com) ist eine neue Luxusunterkunft in Bang Kao. Große, moderne Bungalows ab 6.000 Baht. Das Neujahrsdinner kostet 100 US$ pro Kopf!
- Interessanter, teurer und spektakulärer ist auf alle Fälle das **Kamalaya**[LLL] (Tel. 077-429800, Fax 077-429899, www.kamalaya.com). Dieses neue Resort ist ein so genanntes Wellness Sanctuary and Holistic Spa – hier kann man sich ordentlich entgiften lassen, sowohl physisch als auch psychisch. Ein großer Pavillon wird für Yoga genutzt, Experten aus dem alternativen Gesundheitsfeld halten Workshops und Vorlesungen, dazu Saunas, ein Shakti-Fitness Center, Swimmingpools, Massagen und ein Ayurvedisches Spa. Das Essen ist auf die Gäste individuell zugeschnitten (manche Gäste essen gar nichts und lassen sich den Darm reinigen). Die Anlage selbst ist ebenfalls beeindruckend – von der Restaurant-Terrasse herunter erstreckt sich eine fast dschungelartige Gartenanlage mit Wasserfällen und Felsformationen, in die große Bungalows und Villen dezent integriert wurden. Vier Tage Luxuskur vom Feinsten kosten ab 1000 US$.
- An der Hauptstraße die an Bang Kao vorbeiführt, liegt die **Magic Ambamic Rum Distillery,** die einzige Rumbrennerei Ko Samuis, in einer gepflegten Gartenanlage. Hier wird von einem französischen Paar aus einheimischen Produkten (Zuckerrohr, Ananas, Orangen, Kokosnuss) Rum gebrannt. Wer ganz nahe an diesem Geschehen dran sein will, kann hier auch in einigen geräumigen Bungalows**** (Tel. 077-419023) wohnen, einen Swimmingpool gibt es auch.

Unterkunft auf Ko Kataen

- **Ko Tan Resort****-***** (Tel. 077-423127), an der Ostseite, relativ komfortable Bungalows.

Meeres-Nationalpark Ang Thong

Jeden Tag fahren Schiffe von Ban Nathon ab 1.200 Baht (inkl. Essen) zum wunderschönen Ang Thong Marine National Park. Mit einem Speedboat kostet der Trip 1.600 Baht. Abfahrt 8.30 Uhr, Rückkehr gegen 17.00 Uhr. Der Meeresnationalpark liegt ca. 25 km westlich von Ko Samui und besteht aus 41 Inseln, die zum Teil strahlend weiße Strände und glasklares Badewasser aufweisen (allerdings nicht in der Regenzeit). Bei den Tagestouren ist normalerweise genügend Zeit zum Schwimmen mit eingeplant (Schnorchelausrüstung wird gegen eine geringe Gebühr von 50 Baht gestellt). Auch abgesehen von den Stränden eröffnen sich spektakuläre Anblicke, schroffe Kalksteinfelsen, zahlreiche Wasservögel und sogar ein fast kreisrunder Binnensee (Durchmesser 250 m), der von Kalksteinfelsen umschlossen ist. Dieser See, der Thale Nai, befindet sich auf Ko Mae Ko, die auch einen sehr schönen Badestrand aufweist. Auf der Hauptinsel des Archipels, Ko Wua Ta Lap („Insel der Kuh mit den schlafenden Augen"), kann man zu einem 400 m hoch gelegenen Aussichtspunkt aufsteigen. Dort scheint einem die gesamte Inselgruppe zu Füßen liegt. Ein toller Ausflug!

Unterkunft

- Falls man länger zu bleiben gedenkt, stehen auf Ko Wua Ta Lap die **National Park Bungalows****** zur Verfügung. Informationen bei Jose Monteino, Moo Ko Thong Marine Park, Ko Samui, Surat Thani, Tel. 077-286931. Es ist auch möglich hier zu zelten. Zelte können für 200 Baht die Nacht geliehen werden.

- Den Bungalows ist auch ein kleines **Museum** angeschlossen, in dem auf Schautafeln die Meeresfauna des Archipels erläutert wird.

Anreise nach Ko Samui

- Die Anreise ist leicht per **Bus** möglich, da die Busse per Autofähre nach Ko Samui befördert werden können. Staatliche Busse ab Bangkoks Southern Bus Terminal fahren zu 435/650/940 Baht (A.C. 2. Kl./A.C. 1. Kl./ V.I.P.), dazu kommt die Gebühr für die betreffende Fähre. Die Busse privater Gesellschaften fahren zu 550-1.200 Baht, was die Fähre einschließt. Zu warnen ist vor Unternehmen in der Khao San Road in Bangkok, die allzu preiswerte Bus-/Schiffskombinationen anbieten: Zunächst wird man mit einem engen Minibus zum Busbahnhof kutschiert, und oft stellt sich dort heraus, dass der angepriesene wundervolle A.C.-Bus ein lausiger Normalbus ist. Und dieser hält dann in jeder Kleinstadt entlang der Route. Fazit: Was zu billig erscheint, ist oft auch schlecht. Vorsicht zu waren gilt auf allen Bussen auf der Strecke vor Diebstählen; es kommt überdurchschnittlich häufig dazu. Das Problem scheint heute etwas geringer als vor einigen Jahren; damals wurden die Buspassagiere von Polizisten per Videokamera abgelichtet, um später bei etwaigen Klagen Fotos aller Passagiere zur Hand zu haben.
- Reisebüros in Bangkok offerieren **Zug-/ Bus-/Bootkombinationen** nach Ko Samui. Diese sind auch nicht billiger als wenn man's selber organisiert, erspart aber u. U. eine Menge Herumlauferei. Normalerweise erfolgt der Transfer vom Zug in Phun Phin bei Surat Thani auf einen Bus (zum Pier nach Ko Samui) und dann zum Schiff reibungslos. Es hat jedoch einige Fälle gegeben, in dem sich am Bahnhof angebliche Angestellte des betreffenden Reiseunternehmens meldeten und vorgaben, der gebuchte Bus sei nicht benutzbar (aus welchem Grund auch immer); dann versuchten sie die Passagiere in einen anderen Bus zu lotsen, in dem sie am Ende um weiteres Fahrgeld erpresst wurden. Augen offen halten und den kritischen Verstand bewahren!
- Wer auf sich ganz **auf eigene Faust** nach Ko Samui aufmacht, steht vor dem verwirrenden Problem, von welchem Pier aus man fahren soll. Es gibt vier Piers in der Provinz Surat Thani, von dem Boote nach Ko Samui ablegen: Ban Don, Don Sak, Tha Thong und Khanom. Die Abfahrfrequenzen und Abfahrzeiten ändern sich stetig je nach Jahreszeit und Bedarf. An Feiertagen oder während der thailändischen Ferien werden oft zusätzliche Boote eingesetzt. Im Grunde nimmt man das erste Boot, das man am Pier seiner Wahl vorfindet; zu Stoßzeiten muss man aber eventuell schon einmal ein Boot fahren lassen, weil es voll ist, und auf das nächste warten. Das gilt vor allem für die Autofähren. Vor diesen bilden sich oft lange Autoschlangen, und wenn die Fähre gerade voll ist, wenn das letzte Auto vor einem draufgefahren ist – Pech gehabt und auf die nächste Fähre warten! Das kann Stunden dauern. In der Regenzeit sind die Abfahrten stark reduziert, aber auch die Preise fallen dann häufig. Die Preise der Überfahrten unterliegen saisonalen Schwankungen. Man rechne mit 350-500 Baht für die Überfahrt, je nach Bootstyp und Jahreszeit.
- **Von Surat Thani** aus kann man mit *Panthip Travel* (077-272230) direkt per Bus und Fähre nach Ko Samui (180 Baht) und Ko Phangan (280 Baht) fahren und sich so den ganzen Organisationsärger sparen.
- Ein **Nachtboot** fährt ab dem Bandon-Pier in Surat Thani, Abfahrt 23 Uhr. Dieses benötigt lange 6 Std., erspart einem aber die Fahrt von

Vorsicht, unlautere Reisebüros!

Ko Samui ist seit längerem bekannt für unehrliche Reisebüros: Leute, die Bus- oder Zugtickets gebucht und vorbezahlt haben, bekommen entweder gar nichts dafür oder nicht das, was man ihnen versprochen hat. Käufe bei etablierten Unternehmen (wie z.B. Songserm) können das Risiko mindern.

Der Süden

Surat Thani zu einem der o.g. Piers. Preis für die Überfahrt 150 Baht. Auf diesem Boot ist es häufig zu Diebstählen gekommen. Auf Ko Samui legen die Boote in der Thong Yang Bay oder (häufiger) in Ban Nathon an.

● **Flüge** mit Bangkok Airways ab Bangkok – die weitaus einfachste Option – kosten teure 3.750 Baht. Je nach Jahreszeit bis zu 30 Flüge täglich, Flugzeit je nach Flug 1 Std. 10 Min bis 1 Std. 30 Min. Oft gibt es Sonderangebote, so kosteten Return-Tickets in der Off-Season 2003 nur 5.500 Baht. Ab Phuket fliegt die Airline 2-mal täglich zu 2.800 Baht. Weiterhin fliegt Bangkok Airways aus U-Tapao (2.280 Baht) ein, auf regionalen Strecken ändert sich die Situation jedoch häufig und die eine oder andere Route ist möglicherweise eingestellt. Der architektonisch sehr schöne Flughafen auf Ko Samui ist Privateigentum der Airline. Bisher fliegt keine andere Gesellschaft hier ein, 2003 gab es jedoch Verhandlungen mit Thai Airways, die auch den Flughafen gerne benutzen würde. Ob Bangkok Airways ihr Monopol brechen lassen wird, ist allerdings fraglich.

Wer mit Thai Airways bis Surat Thani fliegt (2.500 Baht, Business Class 3.190 Baht), kann von dort per A.C.-Bus weiter nach Ko Samui fahren.

Seit auch die **Billigfluglinien** Air Asia (www.airasia.com) und Orient Thai preiswerte Flüge **nach Surat Thani** anbieten (Tickets gibt es schon ab 1.500 Baht), kann man so einiges sparen, dafür dauert die gesamte Reise dann jedoch ca. 5 Std.

Eine **internationale Verbindung** besteht ab Singapur; 1 Flug täglich, Flugzeit 1 Std. 30 Min. Das Büro der Bangkok Airways in Singapur befindet sich in Nr. 041-04F, Passenger Terminal 1, Changi Airport, Singapore 819642, Tel. (+065) 65458481, Fax (+65) 65468982, bangkokairways@pacific.net.sg. Return-Flüge ab Singapur zu ca. 450 US$, zu kaufen in jedem Reisebüro. Ab Samui sind Return-Flüge nach Singapore ab 11.600 Baht zu haben.

2006 flog 2-mal die Woche Berjaya Airlines (Tel. 077-414302) aus Kuala Lumpur ein.

Eine weitere internationale Verbindung gibt es seit neuestem 3-mal in der Woche nach Hongkong, Return ab ca. 25.000 Baht.

Vom Flughafen auf Ko Samui fahren **Taxis** weiter zu den Stränden oder nach Ban Nathon. Die Preise sind an den Entfernungen gemessen etwas überzogen: nach Ban Nathon ca. 180 Baht pro Passagier, Chaweng ca. 200-250 Baht und Lamai ca. 400 Baht. Weiterhin fahren **Songthaews** (Ban Nathon 100 Baht, Chaweng 50 Baht, Lamai 100 Baht, Mae Nam 80 Baht) und **Kleinbusse.** Ko Samuis Songthaew-Fahrer sind nicht gerade als Vorbilder der Ehrlichkeit bekannt, und Versuche, die Passagiere übers Ohr zu hauen gehören zum normalen, gut einstudierten Tagesprogramm. Die Preise der Kleinbusse hängen von der Anzahl der Mitfahrenden ab; sie liegen etwas über denen der Songthaews.

Weiterreise von Ko Samui

● Von Ban Nathon fährt eine Reihe von **A.C.-Bussen** u.a. nach Bangkok (500 Baht), Hat Yai (350 Baht), Krabi (350 Baht) und Phuket (350 Baht). Einige Busse fahren nach Kuala Lumpur in Malaysia (900 Baht) und Singapur (1.100 Baht). Der Preis der Fähre ist jeweils inbegriffen.

● Ab Ko Samui bietet sich die Weiterfahrt per **Schiff** nach Ko Phangan an. Tagsüber gibt es fast jede Stunde eine Abfahrt; Preise je nach Boot und Jahreszeit 100-250 Baht. Fahrzeit je nach Bootstyp ½-1 Std. Eine Seatran-Autofähre legt jeden Abend um 18.00 Uhr vom Pier in Nathon ab (300 Baht pro Wagen). Für alle, die es eilig haben, fährt ein Schnellboot mit A.C. um 8.00 und 12.00 Uhr ab Mae Nam und erreicht Ko Phangan (Ton Sala) nur 20 Minuten später. Der Spaß kostet 280 Baht, die Fahrt von Ko Samui bis nach Ko Tao 580 Baht. Boote nach Ko Tao fahren ab der Bo Phut Bay.

● Beim **Abflug** von Ko Samui wird von Bangkok Airways eine **Flughafengebühr** von 300 Baht erhoben. Die Büros der Gesellschaft befinden sich in Chaweng (54/4 Moo 3, Tambon Bo Phut, Tel. 077-422234, 077-422512-9, Fax 077-422235) und im Flughafen (99/4 Tambon Bo Phut, Tel. 077-422234, Fax 077-425010). Die Tickets können aber ohne Aufpreis auch von allen Reiseagenturen ausgestellt werden.

Auf dem Boot nach Ko Samui

Verkehrsmittel auf Ko Samui

- Am Pier von Ban Nathon finden sich **Songthaews,** die für 50-80 Baht zu den diversen Stränden fahren. Die meisten Songthaews stellen gegen 18.00 oder 19.00 Uhr ihren Dienst ein. Solche, die auch nachts fahren, kassieren das Doppelte vom Tagespreis. Weitere Songthaews stehen bei der Ankunft eines Bootes am Pier in der Thong-Yang-Bucht bereit.
- Am Pier in Ban Nathon findet sich seit kurzem auch ein Haltepunkt für **Taxameter-Taxis,** die allesamt aus Bangkok importiert sind. Derzeit gibt es erst etwa ein Dutzend Taxis, sie werden sich aber wohl bald mehren.
- An den wichtigsten Stränden lassen sich **Jeeps** (ca. 800-1.000 Baht/Tag) oder **Motorräder** (ca. 150-250 Baht/Tag)ausleihen. Vorsicht: Gelegentlich werden Fahrzeuge „gestohlen", wobei die Polizei den Mieter selber des Diebstahls bezichtigt und ihn dann zur Zahlung eines hohen Schmiergeldes (in Höhe des Kaufpreises des Fahrzeugs) zwingt. Das Ganze scheint ein abgekartetes Spiel zwischen der Polizei und dem Vermieter, die sich das Geld teilen.

Ko Phangan
เกาะพงัน

Ohne Zweifel, Ko Phangan ist Thailands **Party-Insel.** Seit auf Ko Samui Sonnenbrand neben Sonnenbrand liegt, ziehen die Touristenströme auch auf diese kleinere Nachbarinsel, vor allem zur monatlichen **Vollmondparty.**

- 1 Phangan Rainbow, Green Peace Bungalows, Thong Yang Bungalows, Blue Lotus Resort, Harmony Beach Resort, Ban Kai Orchid Resort
- 2 Mac's Bay Resort, Dew Shore Bungalow, First Villa, My Phangan Resort, Morning Star Resort
- 3 Monte Vista Retreat
- 4 Wok Tum Bay Bungalow, Lipstick Cabana, Sea Scene Bungalow, Porn Sawan Bungalows, OK Bungalows, Golden Hill Resort, Tantra Yoga
- 5 Laem Son 1 und Bungalows, Jungle Huts, Phangan Cabana, Loy Fa Bungalows, Nice Sea Resort
- 6 Ibiza Bungalows, Silver Beach Bungalows, Long Bay Resort, Sandy Bay Bungalows, Overbay Resort, Rock Garden Resort
- 7 Salad Beach Resort, Reggae Village, Smile Beach
- 8 Ko Maa Dive Resort, Mae Haad Bay Resort, Island View Cabana, Wang Sai Resort
- 9 Phangan Utopia Resort
- 10 Fanta Bungalow, Rose Villa, Saithong Resort, Sea Side Resort & Restaurant, Chalokum Bay Resort, Mr. Toui, Sheesha Restaurant
- 11 Bottle Beach Bungalows 1, 2 und 3, Smile Bungalow
- 12 White Sand Bungalows, Nice Beach Bungalows, Star Hut, Panviman Resort, Thong Ta Pan Resort, Baan Panburi Resort, Dreamland Resort
- 13 Sanctuary & Wellness Centre

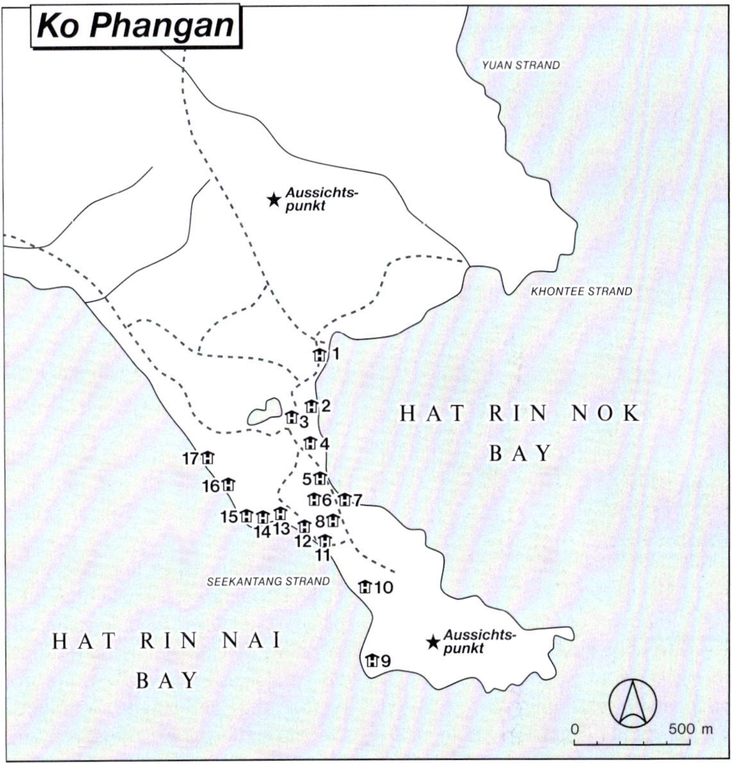

1	Serenity Hill Bungalows
2	Palita Lodge
3	Yogurt Home
4	Phangan Bay Shore Resort
5	Phangan Orchid Resort, Bumble-Bee Hut, Haad Rin Resort
6	Bongo Bungalow
7	Paradise Bungalows
8	Sea Garden Resort
9	Lighthouse Bungalows
10	Leela Beach Resort
11	Sun Cliff Resort
12	Rin Beach Resort
13	Family House
14	Drop In Club Resort, Black & White Bungalows
15	Neptune's Villa, Charung Bungalows
16	Sunset Bay Resort, Palm Beach Bungalows
17	Bird Bungalows, Vimarn Samut

Ko Phangan (8.000 Einwohner) ist eine idyllische Insel mit herrlichen, palmengesäumten Stränden, von denen viele noch sehr ruhig sind. Ob die Mehrzahl der Touristen heute noch nach Ko Phangan kommt, um einsame Tropenidylle und absolute Ruhe zu finden, ist jedoch fraglich, denn die Insel ist längst als international bekanntes Party- und Dance-Mekka erster Klasse etabliert. **Ibiza, Goa und Ko Phangan** bilden die Achse der weltweiten Dance-Kultur. Das mag nicht jedermanns Sache sein, aber Full Moon Partys auf Ko Phangan sind weltberühmte Ereignisse und ziehen jeden Monat Tausende von Travellern an. Schon zwei oder drei Tage zuvor füllt sich die Insel und zu dieser Zeit ist vor allem um Hat Rin kaum eine Unterkunft zu finden.

Der Hat Rin Beach im Süden der Insel hatte sich vor einigen Jahren zu einem **Drogenparadies** entwickelt; alles, was es zu rauchen oder schlucken gab, war dort erhältlich. Die wilden Zeiten sind längst nicht mehr so wild wie sie das in den frühen 1990ern waren. Thailand hat nun schon lange den Ruf eines Landes, das Drogen konsumierende Ausländer nicht toleriert. Strenge Gefängnisstrafen für Schmuggler und ungemein hohe Schmiergeldforderungen der Polizei von Konsumenten haben ein Übriges getan, um die Situation auf Ko Phangan zu entschärfen. Heute wird auf den Full Moon Partys von der Polizei streng kontrolliert und man wird am Haad Rin Beach kaum einen Joint riechen.

Die Drogenexzesse machten sich einige skrupellose Einheimische zunutze, die sich bei berauschten Touristen als Polizisten ausgaben und mit „Verhaftung" und langen Gefängnisstrafen drohten. Zur Unterstreichung ihrer Authentizität führten diese Zeitgenossen oft Walkie-Talkies mit sich. Nach einer satten Zahlung ließen die Schein-Polizisten dann ihre Opfer wieder frei. Dabei verloren einige alles, was sie besaßen und ihre Reise war damit zu Ende.

Heute ist Ko Phangan längst kein Hippieparadies aus Bambushütten mehr, aber dem exzessiven Kommerz

Jeden Monat bei Vollmond – Party am Strand
(Foto: Aroon Thaewchatturat)

Full Moon Party auf Ko Phangan

Die Full Moon Party auf Ko Phangan findet nun mehr seit gut 15 Jahren statt und hat sich zu **einem der größten Dance Festivals der Welt** entwickelt. Einmal im Monat trifft sich am Hat Rin Beach die Welt, trinkt Unmengen Alkohol und tanzt zu Techno, Trance, House, Hip-Hop und Drum and Bass oder was immer gerade aktuell ist. Zwischen 5.000 und (an Neujahr) 15.000 Traveller fallen in dieser Nacht in Phangan ein und selbst am Morgen drauf liegt noch manch Betrunkener mit Sonnenbrand und womöglich ohne Geldbeutel halb verschüttet am Strand.

Das ist sicher nicht jedermanns Sache, aber bis auf ein paar Wochen in der Hochsaison sind die Tanzhorden an den anderen Stränden der Insel kaum zu bemerken. Wer also nichts von gigantischen Tanzveranstaltungen hält, muss lediglich Hat Rin an den Vollmondabenden meiden.

Da die Full Moon Party so ein riesiger Erfolg ist, gibt es auf Ko Phangan noch eine Reihe anderer Partys und Tanzveranstaltungen. In Ban Tai findet zweimal im Monat das **Half Moon Festival** statt (eine Woche vor und nach der Full Moon Party). Einmal monatlich findet eine so genannte **Black Moon Party** am Sramanora Wasserfall in Ban Khai statt. Dazu weitere kleinere Partys an diversen Stränden und Wasserfällen – man achte auf Poster, die auf der gesamten Insel an Palmen festgenagelt werden.

Es folgen **ein paar Tipps,** die eine Vollmondnacht am Hat Rin Beach zu einem tollen Erlebnis machen sollen.

- **Unterkunft** ist am Hat Rin Beach in den paar Tagen vor und nach der Full Moon Party nicht zu bekommen. Wer erst am Partytag ankommt, versuche am besten gleich ein wenig außerhalb ein Bungalow anzumieten. Es ist auch möglich per Speed-Boat von Ko Samui anzufahren, um dann im Morgengrauen auf die Nachbarinsel zurückzukehren.
- Die Straße zwischen Hat Rin und Thong Sala ist an Partytagen stark befahren und **Unfälle** passieren regelmäßig und sind gelegentlich tödlich. Zudem checkt die Polizei alle Motorradfahrer kurz vor Hat Rin nach Drogen. Am besten man nehme ein Taxi ab Thong Sala.
- Das **Essen** am Strand ist, wie sonst auch bei Festivals, schlecht und ölig und wird nur völlig Betrunkene zufrieden stellen, aber bis 23.00 Uhr sind die meisten Restaurants in Hat Rin geöffnet.
- Die Full Moon Partys sind recht sichere Veranstaltungen. Achtgeben sollte man dennoch auf alle Fälle auf **Geldbeutel, Kameras** etc.
- Auch in billigen Guest Houses und Bungalows kann **Diebstahl** an Vollmondnächten ein Problem sein.
- **Auf keinen Fall** sollte man **Drogen** irgendeiner Art von Fremden annehmen oder offen konsumieren. Strafen für Drogendelikte sind in Thailand sehr streng. Zu wirklichen Verhaftungen und Gerichtsverfahren kommt es für die meisten Ausländer, die in Hat Rin mit illegalen Substanzen erwischt werden, allerdings selten. Polizisten in Zivilkleidung patrouillieren am Strand und zu zahlende Schmiergelder sind sehr, sehr hoch.
- Da der Strand schon am frühen Abend mit Glasscherben und brennenden Zigaretten übersät ist, sollte man **Schuhe tragen.**
- Jedes Jahr **ertrinken** eine Reihe Touristen bei der Full Moon Party – wer betrunken oder bedröhnt ins Wasser geht, riskiert sein Leben.
- So genannte **Buckets (Eimer),** eine harte Kombination aus Cola, Red Bull und billigem Thai Whiskey, die aus einem Plastikeimer per Strohhalm getrunken wird, wird überall am Hat Rin Beach unglaublich preiswert verkauft. Die Effizienz dieser Eimer ist nicht zu unterschätzen und manch junger Partybesucher liegt schon um Mitternacht bewusstlos im Sand.

und Pauschal-Tourismus Ko Samuis ist die Insel auch noch nicht zum Opfer gefallen. Ko Phangan bietet etwas für jedes Budget und jeden Geschmack – nur die Go-Go Bars, großen Hotels und Resorts Ko Samuis fehlen noch.

Sehenswertes

Ein Drittel von Ko Phangan ist von dicht bewachsener Berglandschaft bedeckt, und der höchste der Berge, **Khao Ra,** kann in Trekking-Touren bestiegen werden. Ein Führer ist notwendig (500 Baht pro Tag), und man wende sich an die Parkverwaltung (Phaeng Waterfall National Park, Moo 3 Baan Madua Wan, Ko Phangan, P.O.Box 1, Surat Thani 84280, Tel. 077-238275). Obwohl nur 620 m hoch, so bietet sich bei direkter Route jedoch ein sehr steiler und herausfordernder Aufstieg. Die langsamere Strecke belohnt dafür mit herrlichen Naturausblicken. Der Khao Ra befindet sich innerhalb des Than Sadet Waterfall National Parks, benannt nach dem hübschen Than-Sadet-Wasserfall. Der Name (*than sadet* = „königlicher Strom") wurde ihm von König *Chulalongkorn* bei einem Besuch verliehen. Dem König gefiel die Insel so gut, dass er sie 18-mal besuchte. Beim Aufstieg zum Khao Ra sieht man eventuell Wildschweine, Loris und zahlreiche Vogelarten.

Der **Phaeng-Wasserfall** befindet sich nahe dem Parkhauptquartier, zwischen Thong Sala und Ban Chalol Lam, und ist ebenfalls einen Blick wert.

Weitere Wasserfälle sind der **Than-Prapat-Wasserfall** (nahe der Ostküste; per Straße oder Boot zu erreichen) und der **Than-Prawet-Wasserfall** bei Ao Thong Nai Pan im Nordosten der Insel.

Wat Khao Tham ist ein kleiner Höhlentempel, idyllisch gelegen auf einem Hügel. Einst diente er einem amerikanischen Mönch als Wohnsitz, der zehn Jahre dort lebte. Mittlerweile ist er verstorben, und seine Asche ist auf einer Klippe begraben, die den Tempel überragt. Von Dezember bis März und im Juni und Juli gibt ein australisch-amerikanisches Ehepaar zehntägige Meditationskurse in dem Tempel (3.500 Baht); Anmeldung schriftlich (Wat Khao Tham, Ko Phangan, Province Surat Thani) oder persönlich. Meditationswillige, die jünger als 25 Jahre sind, werden erst nach einem Gespräch mit den Lehrern zu den Kursen zugelassen oder auch nicht. Kontaktadresse: „Retreat", Wat Khao Tham, P.O. Box 18, Ko Phangan, Surat Thani 84280.

Information

Auf Ko Phangan werden derzeit mindestens zwei monatliche und kostenlose kleinformatige **Magazine** veröffentlicht. Da alle in diesen Veröffentlichungen genannten Unterkünfte und Restaurants für dieses Privileg bezahlt haben, wird zwar kein repräsentatives Bild der Insel geboten, aber die Karten sind ganz brauchbar.

Inselverkehr

- Von Thong Sala fahren **Songthaews** zu den diversen Stränden: Hat Rin 50 Baht, Hat Chalok Lum 80 Baht, Hat Thong Ta Pan 80 Baht. In der Hochsaison oder während der Full Moon Partys gehen diese Preise hoch.
- **Motorrad-Taxis,** die nahe dem Pier in Thong Sala (s.u.) auf Passagiere warten, kosten etwa dasselbe oder ein wenig mehr.

Tauchunternehmen

Die Tauchgebiete um Ko Phangan sind nicht großartig, aber daher ist das Tauchen um die Insel auch eine ruhigere Angelegenheit als beispielsweise in Ko Tao. Tauch-Profis sind an der Westküste Thailands ohnehin besser bedient. Dennoch sind ein paar Tauchgänge während des Urlaubs auch auf Ko Phangan sicher empfehlenswert – recht schöne Korallen gibt es an der West- und Nordwestküste zu sehen.

- **Chaloklum Divers,** Chaloklum,Mae Haad, Tel. 077-374025, www.chaloklum-diving.com
- **Haad Yao Divers**, Hat Yao, Hat Chao Phao, Thongsala, Tel. 086-2793085, www.haadyao divers.com
- **Lotus Diving**, Hat Rin, Thong Sala, Hat Yao, Tel. 077-374142, www.lotusdiving.com
- **Phangan Divers,** Hat Rin, Tel. 077-375117, phangan_divers@yahoo.com; mit angeschlossener Phangan Divers Lodge***-****
- **Tropical Dive Club,** Thong Nai Pan Noi, Tel. 077-445081, www.tropicaldiveclub.com

Schnorchelunternehmen

Einige Unternehmen bieten Halbtages-Schnorcheltrips entlang der Westküste an. Ein Strandpicknick oder Abendessen ist normalerweise inbegriffen.

- **Reggae Magic Boat Trip,** Hat Rin, 081-0859137
- **Snoop Dogg Boat Trip,** Hat Rin, 077-375364

Windsurfing

- **Cookies Bungalows,** Ao Nai Wok, Tel. 077-377499

Thong Sala

Diese einzige Stadt auf der Insel, das kleine Thong Sala, ist der Ankerhafen für die eintreffenden Boote. In unmittelbarer Umgebung des Piers gibt es Zweigstellen einiger thailändischer Banken (samt Geldautomaten), ein Postamt und einige Internet-Büros (zumeist 2 Baht/Min.); ansonsten ist aber kaum Interessantes zu vermelden. Abends gehört der Ort fast ausschließlich den lokalen Einwohnern. Etwa 2½ km nördlich befindet sich ein mäßig ausgestattetes Krankenhaus mit 24-Std.-Dienst, das bei kleineren Problemen hilfreich sein kann. Bei ernsteren Krankheiten ist die Fahrt nach Ko Samui oder Surat Thani angesagt.

Unterkunft

Es gibt keinen zwingenden Grund hier zu übernachten, an den Stränden ist es logischerweise idyllischer. Falls man aber früh aufstehen muss, um ein Boot zu nehmen, nun denn ...

Junges Motorradteam auf Ko Phangan

●Das kleine, von einem Italiener geleitete **Buakao Inn***** (Tel. 077-377226, buakao@samart.co.th) ist vielleicht die beste Wahl in der unteren Mittelklasse, fünf sehr ordentliche Zimmer, mit A.C. Es befindet sich 200 m vom Pier, gegenüber der Krung Thai Bank. Angeschlossen ist ein sehr gutes Restaurant und eine Bar. Empfehlenswert.

●Das nahe gelegene **Asia Hotel*****-**** (Tel. 077-238607) ist sauber und ordentlich, die Zimmer (A.C.) allerdings etwas beengt.

●**Sea Mew G.H.****-**** (Tel. 081-4777076, 086-2385053, 086-2743655, seamew_kohphangan@hotmail.com) hat einfache, aber moderne Zimmer ab 200 Baht, dazu ein Restaurant, das unter anderem Pizza serviert. Motorrad- und Jeepverleih.

●**Phangan Chai Hotel*****-LLL (Tel./Fax 077-377068-9, phanganchai@thaimail.com), relativ großes Hotel, mit 59 Zimmern mit A.C., Kühlschrank und TV, das beste Haus am Ort. Ab 600 Baht.

●Am nicht sehr tollen Nai Wok Beach, einige hundert Meter weiter nördlich des Ortes, steht das recht nette **Phangan Villa***-*** (Tel. 077-377083) sowie **Sriphun Bungalows****-**** (Tel. 077-377140-1, Fax 077-377242), mit recht guten Bungalows.

●Das **Tranquil Bungalows****-**** (Tel. 077-377433) hat eine Reihe recht neuer Bungalows, einige mit A.C. Eine Bar und ein Restaurant, das europäische, thailändische und chinesische Küche bietet, ist angeschlossen.

●Gleich nebenan ist das opulente **Grand Sea Resort*******-LLL (Tel. 077-377776), das große Bungalows im Lanna-Stil und Zimmer bietet und vor allem russische Gäste zu beherbergen scheint. Die Anlage ist sehr schön, vor allem für alle, die ein wenig Kitsch mögen – ein Brunnen, der von aus Bronze gegossenen Rehen umgeben ist, mag wohl der visuelle Höhepunkt dieses Resorts sein.

●Das **Monte Vista Retreat Center**LLL (089-2129188, www.montevistathailand.com) liegt auf einem Hügel über dem Nai Wok Beach. Von der Terrasse hat man großartige Blicke in Richtung Ang Thong National Park. Dieses Resort bietet Drei-Tagesprogramme mit Yoga, Meditation, Ayurvedischen Massagen, Unterkunft und Essen ab 7.500 Baht für zwei Personen. Ideal nach einer langen Vollmondparty. Das Monte Vista hat nur 9 Bungalows – unbedingt vorbuchen.

Essen

●Burritos und Margaritas gibt es im **Ando Loco,** ein preiswertes Restaurant, das auf mexikanische Küche spezialisiert ist. Samstags werden auch Salsa-Stunden angeboten. Das Restaurant liegt etwas außerhalb von Thong Sala nah der Straße nach Ban Thai.

●Eine gute Wahl in Sachen Seafood ist das **Lobster Restaurant.**

●In Thong Sala gibt es gleich zwei ordentliche italienische Restaurants, das **Pizza Chiara** und das **Casa Italiana**. Das letztere hat die größere Auswahl an Gerichten.

●Dem Buakao Inn ist der **A's Coffee Shop** angeschlossen, wo es sehr gutes Frühstück und andere europäische Speisen gibt.

Strände auf Ko Phangan

Hat Rin Nok (Sunrise Beach)

Der Hauptstrand der Insel ist hervorragend zum Schwimmen geeignet und idyllisch von Kokospalmen umgeben. Allerdings ist dieser Strand inzwischen mit hunderten von Bungalowunternehmen, Bars, Restaurants und Discos zugepflastert – mit der Ruhe ist es hier vorbei. Aber für die Ruhe kommt ja auch niemand nach Hat Rin. Hat Rin ist ein Party-Strand und wem das nicht passt, der sollte sich anderswo eine Unterkunft suchen. Einmal im Monat findet hier die Full Moon Party statt, eine Nacht, in der vor 8.30 Uhr am nächsten Morgen, wenn die Polizei die zahlreichen Musikanlagen abstellt, keine Chance auf Schlaf besteht.

Unterkunft:

●**Serenity Hill Bungalow****-*** (Tel. 089-9371066), an der Nordseite der Bucht gelegen, simple Hütten, aber gute Lage und extrem preiswert.

●**Palita Lodge****-**** (Tel. 077-375172, palitas9@hotmail.com), ca. 200 m weiter südlich an der Nordseite der Bucht, gute Bungalows in unterschiedlichen Preisklassen, teilweise mit A.C.

●**Phangan Bay Shore Resort*****-***** (Tel. 077-375227, www.phanganbayshore.com), im zentralen Bereich der Bucht, aber etwas zurückversetzt vom Strand, ordentliche Bungalows und neuere Zimmer, teilweise mit A.C.

●**Paradise Bungalow*****-**** (Tel. 077-375244, www.paradisebungalow.com), im zentralen Bereich gleich am Strand, und der Ort, an dem die Full Moon Partys begannen. Einfache Holzbungalows ab 200 Baht, dazu moderne Zementbungalows mit A.C.

●**Haad Rin Resort****-*** (Tel. 077-375259), direkt am Strand im zentralen Bereich, ordentliche Bungalows.

●**Bongo Bungalow*****-**** Tel. 077-3752 67, bongomoo@yahoo.com), im zentralen Bereich aber vom Strand zurückversetzt, mit 13 sehr guten Bungalows mit A.C. Empfehlenswert.

●**Sea Garden Resorts****-**** (Tel. 077-375283), gute Bungalows und Zimmer, teils mit A.C., dazu ein sehr schöner Garten. Gelegen landeinwärts an der Straße parallel zum Strand.

●**Yogurt Home*****-**** (Tel. 077-375131), ebenfalls an der Straße, mit großen, guten Bungalows, teilweise A.C.

●**Phangan Orchid Resort*****-**** (Tel. 077-375156), direkt am Strand im zentralen Bereich, sehr gute Bungalows, zum Teil mit A.C. Empfehlenswert, besonders in der höheren Preislage.

●**Bumblee-Bee Hut*****-**** (Tel. 077-375187), große, wohnliche Bungalows, an der Straße gut 100 m landeinwärts vom Strand. Empfehlenswert.

Hat Rin Nai (Sunset Beach)

Dies ist Hat Rin Noks Nachbarstrand, an der anderen Seite des schmalen Landzipfels gelegen und wohl noch mehr mit Bungalows versehen. Der Strand ist schön, aber nicht spektakulär.

Full Moon Party – viel Lärm, hohe Preise und so mancher Diebstahl!

Nicht jedem werden die Full Moon Partys behagen, zu denen es 24 Std. lang aus den Lautsprechern dröhnt. Außerdem können die Unterkunftspreise stark ansteigen. Wer nichts mit den Partys zu tun haben will, sollte sich rechtzeitig von Hat Rin zu einem der anderen Strände aufmachen. Wer bleibt, sollte gut auf seine Wertsachen aufpassen, es kommt zu zahlreichen Diebstählen.

Unterkunft:

●**Lighthouse Bungalow****-**** (Tel. 077-375075), unterschiedliche Bungalows, relativ einsam am Südende des Strandes gelegen.

●**Cocohut Village*****-**** (Tel. 077-3753 68, www.cocohut.com), 31 ordentliche Bungalows am Südende der Bucht, zum Teil mit A.C., dazu ein Guest House, eine Art Reihenhaus aus Zement und Holz. Auch dieses Haus behauptet von sich, der Ursprungsort der Full Moon Partys zu sein.

●**Leela Beach Resort***-** (Tel. 077-375094, www.leelabeach.com), ca. 700 m südöstlich des Piers gelegen, für Anspruchslose auf Sparflamme, für den Preis aber nicht schlecht.

●**Sun Cliff Resort****-***** (Tel. 077-375134), ca. 300 m südlich des Piers etwas landeinwärts auf einem Hügel, mit einer Vielzahl von zumeist sehr guten Bungalows, ab 300 Baht. Ab 800 Baht gibt's A.C. Empfehlenswert.

●**Sunset Bay Resort****-*** (Tel. 081-34615 98), gute Bungalows, zum Teil in ansprechender Hügellage.

●**Rin Beach Resort***** (Tel. 077-375112, www.rinbeach.com), direkt an der Südseite des Piers, sehr ordentliche, relativ neue Bungalows, teils mit A.C. Speedboats können angemietet werden.

●**Family House****-*** (Tel. 077-375173), etwas nördlich des Piers gelegen, mit Bungalows in unterschiedlicher Qualität.

●**Palm Beach Bungalows****-**** (Tel. 077-375240, narongrit1972@hotmail.com) gute

Anlage, von freundlicher und zuverlässiger Familie geleitet, mit sehr unterschiedlichen Bungalows ab 180 Baht. Die teuersten (900 Baht) haben A.C.

- **Black & White Bungalows***-*** (Tel. 077-375187), einfache Bungalows ab 200 Baht, die größten zu 500 Baht sind ziemlich gut.
- Das **Drop In Club Resort*****-LLL (Tel. 077-375444) mitten in Hat Rin ist mit das Feinste, was die Gegend zu bieten hat. Große, saubere, im Thai-Stil um einen Swimmingpool angelegte A.C.-Bungalows mit TV und Mini-Bar. Internet-Service, Spa und Karaoke-Bar sind angeschlossen. Eine Executive Suite mit allem drum und dran ist ab 4.100 Baht zu haben.
- **Neptune's Villa****-**** (Tel. 077-375251), sehr stilvolle, moderne Bungalows in schöner Gartenlage, z.T. mit A.C. Empfehlenswert. Ein gutes Restaurant mit marokkanischer Küche ist angeschlossen.
- Ähnlich komfortabel ist das **Vimarn Samut** ****-***** (Tel. 077-375027), das große Zimmer mit A.C. bietet.
- **Charung Bungalows***-**** (Tel. 077-3751 68), ca. 200 m nördlich des Piers, mit verschiedenen Bungalows ab 150 Baht, ab 500 Baht mit A.C. Empfehlenswert.
- **Bird Bungalow***-*** (Tel. 077-375191, 077-375029), gut ½ km nordwestlich des Piers gelegen, die billigsten Hütten haben kein eigenes Bad, die teureren sind ziemlich o.k., mit Blick übers Meer.

Essen:

- Das **Same Same Restaurant** bietet internationale Küche für Rucksackreisende, Live Musik, Billardtische, Filmshows und Zimmer *** (Tel. 077-375200). Vor der Full Moon Party wird ein großes Party-Buffet serviert.
- Ähnlich ist das **B.T. Restaurant** nahe dem Pier. Pizza, Pasta und thailändische Küche.
- Das **Al Colosseo** ist angeblich Ko Phangans größtes Restaurant. Italienische und brasilianische Gerichte und Dance-Shows.
- Ähnlich gut das **Palita Restaurant,** das der Palita Lodge**-*** angeschlossen ist.
- Mexikanische Küche bietet das **Bamboozle,** dazu Salate und thailändische Gerichte.
- **Om Ganesh** bietet gutes indisches Essen, u. eine Auswahl an vegetarischen Gerichten.
- Weil es in Hat Rin alles gibt, was man sich an einem Urlaubsstrand so vorstellen kann, gibt es eben auch das **Emotion of Sushi,** das, wie der Name schon sagt, Sushi bietet, dazu Cocktails.

Unterhaltung:

- siehe auch Exkurs „Full Moon Party"
- **The Fridge** bietet Snacks, Cocktails, Bier und funky Techno. Der zweite Stock hat A.C.
- Das **Backyard** veranstaltet eine Recovery-Party nach der Full Moon Party, was die totalen Insomniaks freuen sollte.

Hat Yuan und Hat Thian

Diese beiden schönen Strände nördlich von Hat Rin Nok sind nur zu Fuß oder per Boot (50 Baht) zu erreichen sind. Trekker seien allerdings gewarnt – bis nach Hat Thian kann der Marsch 90 Minuten dauern. An beiden Stränden befinden sich Bungalowunternehmen.

- Am Hat Thian befindet sich eines der architektonisch und vom Unternehmergeist her eindrucksvollsten Resorts der Insel – das **Sanctuary & Wellness Centre***-LLL (Tel. 081-2713614). Die Bungalows und Villen sind an einen dicht bewaldeten Hang gebaut und einige Hütten sind so in große Felsen integriert, dass die Badezimmer wie romantische Dschungelhöhlen erscheinen. Es werden Yoga-Kurse angeboten und das Restaurant bietet unter anderem exzellente vegetarische Gerichte an.

Hat Ban Khai

Die Verlängerung des Hat Rin Nai im Bereich des Dorfes Ban Khai, mit mehreren, von Felsformationen unterbrochenen kleinen Buchten. Sehr viel ruhiger als Hat Rin, aber immer noch recht nahe am Geschehen.

- Das **Phangan Rainbow*****-**** (Tel. 077-238236) bietet einfache, aber saubere Bungalows mit und ohne A.C. Ein neues internationales Restaurant ist angeschlossen.

●Das freundliche **Green Peace Bungalows** *-** (Tel. 077-238436, greenpeacebungalows@hotmail.com) ist wohl eines der billigsten und ruhigsten Unternehmen an diesem Strand. Sehr einfache Holzbungalows, Restaurant.

●Nebenan ist das **Blue Lotus Resort****-*** (Tel. 077-238489, bluelotusresort@yahoo.com), ebenfalls recht einfach, aber die Holzbungalows sind in besserem Zustand. Ein mexikanisches Restaurant ist angeschlossen. Zudem Internet-Service.

●Das **Thong Yang Bungalows****-*** (Tel. 077-238192) hat ebenfalls einfache Bungalows und befindet sich genau unterhalb dem Stück Straße, wo jedes Jahr reihenweise lebensmüde und betrunkene Touristen verunglücken – d.h. nahe an Hat Rin, aber nicht so nahe, dass man nicht seine Ruhe hätte.

●Das **Harmony Beach Resort*****-***** (Tel. 086-8854646; ehemals *Phangan Island Resort*) wird von einem Engländer geleitet und bietet einfache und ruhige Bungalows mit und ohne A.C.

●Der **Ban Kai Orchid Resort*******-LLL (Tel. 077-375156, www.bankaiorchidresort.com) ist eine recht neue Anlage mit modernen Stein-Bungalows, Restaurant und einem Swimmingpool. Sicher nichts für Traveller, eher etwas für Urlauber mit Familie.

Hat Ban Tai

Dieser Strand, benannt nach dem „Süd-Dorf", Ban Tai, ist zwar nicht sonderlich attraktiv, dafür ist er Welten weg von Hat Rin und dem Party-Trubel und liegt nahe an der „Hauptstadt" Thong Sala.

●**Mac's Bay Resort****-***** (Tel. 077-238443), wohnliche Bungalows, z.T. mit A.C. Ab 300 Baht.

●**Dew Shore Bungalow******-***** (Tel. 077-238128), akzeptable Bungalows, aber nichts umwerfendes.

●**First Villa*****-LLL (Tel. 077-377235, www.firstvilla.com), schöne Anlage mit Swimmingpool und Jacuzzi. Bungalows in der höheren Preislage mit A.C., Kühlschrank und TV. Die preiswertesten Bungalows kosten 400 Baht.

●**My Phangan Resort*****-***** (Tel. 077-377302, Fax 077-377301) hat ab 600 Baht für den Preis nicht schlechte, moderne Bungalows mit und ohne A.C.

●Nebenan das **Morning Star Resort******-***** (Tel. 077-377756, morningstarkpn@yahoo.com) ist eine Preislage höher und liegt in einer recht sandigen, aber gepflegten palmengesäumten Anlage. Für Familien geeignet. Sehr ruhig. Internet-Service.

Hat Wok Tam

Ein von mehreren Felsvorsprüngen unterbrochener Strand, sehr ruhig.

●**Wok Tum Bay Bungalow****-*** (Tel. 077-377430), 17 adäquate Holz- und Zementbungalows.

●**Lipstick Cabana***-*** (Tel. 077-377294), einfache bis gute Bungalows nahe dem Dorf Ban Hin Kong.

●**Sea Scene Bungalow*****-**** (Tel. 077-377516), sehr schöne Bungalows in gepflegter Anlage.

●**Porn Sawan Bungalows***-** (Tel. 077-377599), Einfachbungalows, sehr preiswert.

●**OK Bungalows***** (Tel. 077-377141) haben neue, einfache Stein-Bungalows.

●Ähnlich ist das **Golden Hill Resort****-*** (Tel. 077-238608).

●Das **Tantra Yoga*****-***** (Tel. 086-2831635, www.agamayoga.com) verspricht den „Eintritt in das Paradies des spirituellen Abenteuers". Bungalows, teilweise mit A.C., Sauna, Internet und Swimmingpool. Geboten werden hier Asanas, Chakras, Meditation und holistisches, vegetarisches Essen.

Hat Chao Phao (Hat Si Thanu)

Ein sehr attraktiver Strand samt davor gelegenem Korallenriff.

●**Laem Son 1 und Bungalows***-*** (Tel. 077-349123), anspruchslose Bungalows aber sehr preiswert.

●**Jungle Huts****-**** (jungle_huts@hotmail.com), sehr einfache Hütten, in der höheren

Preislage etwas bessere Bungalows, auch mit A.C.

●**Phangan Cabana******-***** (Tel. 077-349184), Bungalows und Zimmer mit und ohne A.C. Auf der Speisekarte des Restaurants stehen unter anderem eine Reihe vegetarische Gerichte.

●**Loy Fa Bungalows****-*** (Tel. 077-3773 19), 16 ordentliche Holz- und Steinbungalows in netter Lage.

●Das **Nice Sea Resort****-*** (Tel. 077-3491 77) hat einfache Bungalows auf Pfählen, einen fantastischen Blick auf den Ang Thong National Park sowie zwei Billardtische.

Hat Yao

Dieser wörtlich „lange Strand" befindet sich in einer ruhigen Bucht, die allerdings in den letzten Jahren immer beliebter geworden ist. Kein Wunder, denn nur etwa 50 m vor der Küste befindet sich ein stark abfallendes Korallenriff, das ein sehr gutes Tauchrevier darstellt. Tauchkurse werden in den Hat Yao Bungalows angeboten. Im Vergleich zu Hat Rin immer noch sehr ruhig. Nördlich von Hat Yao ist die Straße nicht sehr gut und in der Regenzeit sicher nur mit Jeep oder Motorrad befahrbar.

●**Ibiza Bungalows***-*** (Tel. 081-9684727), in der niedrigsten Preisklasse (150 Baht) ein guter Spartipp, die teuersten Bungalows haben A.C.

●**Silver Beach Bungalows****-****, unterschiedliche Bungalows ab 200 Baht.

●**Sandy Bay Bungalows****-*** (Tel. 081-229 4744), Bungalows ab preiswerten 200 Baht.

●**Long Bay Resort*****-LLL (Tel. 077-377289), schöne Bungalows in gepflegter Anlage, in der höheren Preislage A.C. Swimmingpool.

●Das freundliche **Overbay Resort***** (Tel. 077-349163) im Zentrum von Hat Yao bietet einige schöne große Holzbungalows an einem steilen Hang über der Bucht. Idealer Ausblickspunkt für den Sonnenuntergang.

●Das **Rock Garden Resort***** (Tel. 077-349225) hat einfache Holzbungalows ab 350 Baht, will aber in der Wintersaison 2006/2007 das Unternehmen ausbauen. Hier wird Deutsch gesprochen.

Hat Salad

Hat Salad ist eine kleine, ruhige Bucht nördlich von Hat Yao. Auch hier gibt es Korallen zu sehen.

●Das **Salad Beach Resort*******-LLL (Tel. 077-349149, www.phangan-saladbeachresort.com) bietet Zimmer in einem schönen Gebäude mit mediterranem Ambiente sowie Bungalows in einer gepflegten Gartenanlage. Ideal für den ruhigen Familienurlaub. Mit Swimmingpool, Jacuzzi, Internet und Tauchschule sowie Motorrad- und Jeepvermietung.

●Etwas vom Strand zurückversetzt liegt das **Reggae Village****-**** (Tel. 077-374253). Bungalows ab 200 Baht, freundlicher, etwas platter Service. Außer den Reggae Bungalows gibt es einen Reggae Shop, ein Reggae Reisebüro und gar zwei Reggae Restaurants. Das italienische Reggae Restaurant serviert Reggae Pizzas. Alle Gebäude sind in Rot, Grün und Gold gehalten. In der Reggae Bar läuft abends Reggae. Da steht ja der Revolution wohl nichts mehr im Wege.

●Ganz neu ist das feine **Smile Beach******-***** (Tel. 089-8758656), das derzeit nur 8 Bungalows bietet, einige mit A.C. und Badewanne. Ein Internet-Café und Restaurant sind angeschlossen.

Ao Mae Haad

Im äußersten Nordwesten der Insel gelegen, mit etwas grobem Sand aus-

Strand in Mae Haad
(Foto: Aroon Thaewchatturat)

gestattet, aber sehr gut zum Schwimmen geeignet. Ihm vorgelagert ist die „Hunde-Insel", Ko Maa, an deren Westseite eine der besten Korallenbänke Ko Phangans liegt.

●**Ko Maa Dive Resort**** (Tel. 077-37068), nur 8 preiswerte Bungalows ist auf der kleinen Insel Ko Ma, die nur über eine Sandbank zu Fuß zu erreichen ist. Malerischer geht es kaum.

●**Mae Haad Bay Resort*****-**** (Tel. 077-374141), 25 Bungalows, ab 400 Baht, sehr freundlich und für den Preis ziemlich gut. Neue A.C.-Bungalows mit Parkettböden. Schnorchelausrüstung für Gäste.

●**Island View Cabana***-** (Tel. 077-374172), einfache Hütten ab 200 Baht.

●**Wang Sai Resort****-**** (Tel. 077-374238), akzeptable Bungalows ab 200 Baht. Die teureren Hütten stehen an einem kleinen Hang über der Bucht.

●**Phangan Utopia Resort******* (Tel. 077-374093, Fax 077-374159, www.phanganutopia.com), toll gelegene Anlage auf einer Klippe zwischen Mae Haad und Hat Chalok Lum. Gute Zimmer und Bungalows mit A.C. Das Resort hat einen Swimmingpool, von dem man einen irren Blick über die Bucht hat. Diese Bungalowanlage ist zwar weit vom Strand entfernt, aber die Lage ist trotzdem einmalig. Ein Spa ist für 2007 geplant.

Unterhaltung:

Zu empfehlen ist ein Besuch der **PIM Bar,** nahe dem Strand in Mae Haad. Gute Musik und Atmosphäre bis spät in die Nacht.

Hat Chalok Lum

In der wunderschönen Chalok Lum Bay gelegen, mit einigen vorgelagerten Korallenriffs und sehr ruhig. Leider ist der Strand nicht zum Schwimmen geeignet, da das Wasser durch den Fischereihafen ölverschmutzt ist.

Das Dorf selbst, eigentlich nur eine Straße, ist recht malerisch. Am nördlichen Dorfende hält eine Familie eine Gruppe großer **Inselechsen** *(monitor lizzards)*, die für teure 50 Baht in ihrem Betonkäfig fotografiert werden können.

- Am westlichen Anfang der Uferstraße befindet sich das **Sea Side Resort & Restaurant***** (Tel. 077-347104) mit neuen, geräumigen Bungalows. Schwimmen kann man hier nicht. Langzeitmieter sind willkommen.
- **Fanta Bungalow***-*** (Tel. 077-374132, fantaphangan@yahoo.com), diverse Bungalows, zumeist wohnlich und ihr Geld wert. Ab 150 Baht.
- **Rose Villa****-**** (Tel. 077-374013, rose villa2000@hotmail.com), ordentliche Bungalows, teilweise mit A.C. Bei Preisen ab 300 Baht nicht schlecht.
- **Saithong*****-***** (Tel. 077-374219, 077-374115, www.trythongresort.com), Zementbungalows ab 500 Baht, ab 1.000 Baht gibt's A.C. Motorradverleih.
- Das **Chaloklum Bay Resort*****-**** (Tel. 077-374147, Fax 077-374222, www.chalok lumbay.com) ist eine große moderne Bungalowanlage, direkt am Strand. Toller Sonnenuntergang.
- Direkt nebenan vermietet *Mr. Toui* (Tel. 081-1879880) einige sehr große, neue **Holzbungalows,** meist an Langzeitmieter. Ab 6000 Baht/Monat. Das französische Restaurant **Au Flambé** ist angeschlossen.

Essen:

- Das **Sheesha Restaurant** in der Ortsmitte, kredenzt feine Küche, darunter eine Käseplatte und natürlich Seafood. Ultramodernes Ambiente und Sheesha-Pfeifen.

Hat Khom

Der (wortwörtlich übersetzt) „bittere Strand" schließt in einer kleinen Bucht nördlich an Hat Chalok Lum an.

- **Coral Bay Bungalows****-*** (Tel. 077-37 4245), einfache Bungalows ohne eig. Bad sowie sehr gute Bungalows mit Bad. Angeschlossen ist ein vegetarisches Restaurant.
- **Hat Khom Bungalows***-*** (Tel. 077-374246), einfach, aber in der höheren Preisklasse nicht zu übel.

Hat Khuat

Dieser „Flaschenstrand" verdankt seinen Namen hoffentlich nicht den Relikten, die Touristen dort hinterlassen; oft auch *Bottle Beach* genannt. Ein schöner Strand, gelegen in einer idyllischen Bucht, die nur per Boot zu erreichen ist. Am besten wende man sich an Mr. *Mee* (Tel. 077-374137), der meist in der Nähe des Sea Side Resort in Chalok Lum zu finden ist und Passagiere für 50 Baht pro Nase mitnimmt (oder 300 Baht für das ganze Boot). Der sehr freundliche Mr. *Mee* lässt sich auch für Schnorchel- und Angeltrips anheuern.

- **Bottle Beach Bungalows 1, 2** und **3***-*** (Tel. 077-445154), über 100 einfache bis moderat gute Bungalows, alle in Hand derselben Familie.
- **Smile Bungalow****-*** (Tel. 077-445155), nette Anlage umgeben von satter Vegetation und akzeptablen Bungalows.

Hat Thong Ta Pan

Dieser hervorragend zum Baden geeignete Strand unterteilt sich von einer Landzunge getrennt, in den „Kleinen Thong Ta Pan" (Hat Thong Ta Pan Noi) und den „Großen Thong Ta Pan" (Hat Thong Ta Pan Yai). Die beiden Strände sind am besten per Boot zu erreichen. Selbst mit einem Motorrad ist die Fahrt nicht zu empfehlen, schon gar nicht in der Regenzeit.

● **White Sand Bungalows***** (Tel. 077-445123), im Osten der Bucht, adäquate Bungalows, für den Preis nicht schlecht.

● **Nice Beach Bungalows****-*** (Tel. 077-238547), ordentliche Bungalows ab 200 Baht.

● **Star Hut***** (Tel. 077-445006), einfache Hütten ohne eig. Bad, komfortablere mit Bad. Für den Preis vielleicht nicht gut genug.

● **Thong Ta Pan Resort****-*** (Tel. 077-445067, tontapan@yahoo.com), einfache Bungalows in ansprechender Hügellage.

● Relativ neu ist das **Dreamland Resort****-***** (Tel. 077-238539, www.dreamland resort.net). Moderne Holz und Stein-Bungalows, Restaurant und Internet.

● **Baan Panburi Resort****-LLL (Tel. 077-238599, www.baanpanburi.bigstep.com), einfache Bungalows ohne eig. Bad bis zu komfortablen Bungalows mit A.C., in der hohen Preislage jedoch überteuert.

● **Panviman Resort*******-LLL (Tel. 077-2385 44, www.panviman.com), tolle Anlage, gelegen auf einem Felsvorsprung, mit großartigem Ausblick, vielleicht die beste Wohnmöglichkeit auf der Insel. Mit Swimmingpool und Spa.

Anreise

● Von **Ko Samui** fährt in der Hauptsaison tagsüber fast jede Stunde ein Boot in Richtung Ko Phangan. In der Nebensaison werden die Abfahrten reduziert. Boote ab Ko Samui fahren ab Ban Nathon, dem Mae Nam Beach und Bo Phut Beach; die Fahrkosten und Fahrzeit richten sich nach dem Bootstyp. Kostenpunkt in der Regel 100-280 Baht, Fahrzeit 20 Minuten. Die Boote ab Bo Phut sind gelegentlich wenig komfortabel. Zu den Vollmondtagen erhöhen sich die Preise generell. Ab dem Mae Nam Beach fahren in den Monaten Januar bis September auch Boote direkt in die Thong Ta Pan Bay (mit Zwischenstopp in Hat Rin).

● Boote ab dem Bandon-Pier in **Surat Thani** fahren tagsüber etwa alle 2 Std., auch hier werden die Abfahrten in der Nebensaison reduziert. Die langsamen Nachtboote kosten 200 Baht, Abfahrt 22.00 Uhr, Fahrzeit 7 Std. Schnellere Boote kosten bis zu ca. 400 Baht, je nach Bootstyp und Gesellschaft. Ankunft der Boote ist zumeist am Pier von Thong Sala.

● **In Thong Sala** finden sich nach der Ankunft Songthaews, die zu den verschiedenen Stränden fahren. Fahrten nach Ban Khai kosten 30 Baht, nach Thong Ta Pan 80 Baht, ansonsten überall hin 50 Baht. Nach 18 Uhr erhöhen sich die Preise beinahe willkürlich und handeln ist angesagt. Auch in der Regensaison können die Preise aufgrund des schlechten Zustands der Straßen ansteigen.

Weiterreise

● Zwischen einigen Orten auf Ko Phangan bestehen in den Monaten Januar bis September **Bootsverbindungen;** so zwischen Hat Yao und Thong Sala (50 Baht) und Ao Chalok Lum und Hat Khuat (50 Baht).

● **Boote nach Ko Tao** fahren ab Thong Sala, Abfahrt morgens bis mittags. Je nach Jahreszeit gibt es etwa 4-6 Abfahrten täglich. Kostenpunkt 200-350 Baht, je nach Saison und Bootstyp.

Ko Tao

เกาะเต่า

Lange war sie ein Geheimtipp, eine Insel, die von Leuten angesteuert wurde, denen selbst Ko Phangan noch zu überlaufen war – Ko Tao, die „Schildkröten-Insel", 40 km nördlich von Ko Phangan gelegen. Ko Tao ist ca. 3 km breit und 7 km lang und beherbergt knapp eintausend Einwohner. In den dreißiger Jahren des letzten Jahrhunderts wurde ein Gefängnis auf der Insel gebaut, das in den Jahren 1933-44 seinen Zweck erfüllte. Nach einer königlichen Amnestie wurden die Häftlinge entlassen, das Gefängnis schloss, und Ko Tao wurde erst einmal von der Außenwelt vergessen. Einige der ehemaligen Strafgefangenen blieben auf

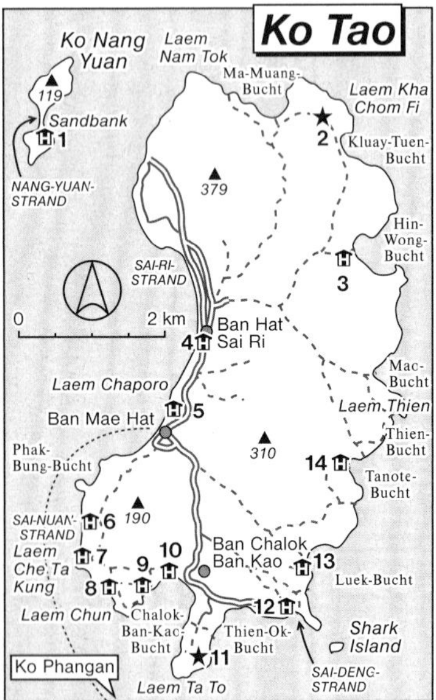

- 1 Nang Yuang Bungalows
- ★ 2 Leuchtturm
- 3 Hin Wong Bungalows, Laem Tian Bungalows
- 4 Sea Shell Dive Resort, Lotus Resort, Sai Ree Cottages, Ban's Diving Resort, AC 1 Resort, Thipwimarn Resort, Sunset Buri Resort, Koh Tao Coral Grand Resort
- 5 Nuang Nag Inn Queen Resort, Ban Tao Bungalows, Crystal Dive Resort, Beach Club Diving Resort, Blue Diamond Resort, View Cliff Bungalows, Royal Resort, Sensi Paradise Resort, Tommy's Dive Resort
- 6 Siam Cookie
- 7 Tao Thong Villa
- 8 Sunset Bungalows, Sai Thong Resort
- 9 Tharaporn Bungalows Viewpoint Bungalow
- 10 Laem Klong Bungalows Buddha View Dive Resort, Sunshine 1 Resort, Sunshine 2
- ★ 11 Aussichtspunkt
- 12 Coral View Resort
- 13 Ao Luek Bungalow
- 14 Black Tip Dive Resort, Tanote View Resort,Diamond Resort, Mountain Reef Resort

der Insel, was vielleicht auch den nicht immer ganz blütenreinen Ruf der Insel erklärt. Hinzu kamen Bewohner von Ko Phangan, Ko Samui und Chumphon, die nach Ko Tao übersiedelten und dort Kokosnusspalmen pflanzten. Eines der größten Ereignisse war damals wohl, wenn irgendwo ein paar Kokosnüsse gleichzeitig von der Palme fielen – dann kamen die Traveller, stetig mehr.

Aufgrund der großartigen Tauchgründe siedelten sich bald auch Tauchschulen an, und heute ist Ko Tao wahrscheinlich der beste Ort in Thailand, um das Tauchen zu erlernen. Allerdings öffnen Jahr für Jahr immer neue Tauchunternehmen auf der Insel – dadurch sind die umliegenden Tauchplätze übertaucht.

Der nördliche Teil der Insel ist relativ bergig und unzugänglich, an der West-, Süd- und Ostküste breiten sich dafür einige sehr schöne Strände aus, die mittlerweile von fast 100 Bungalow-Kolonien geziert werden. Der Strom kommt zwar noch aus dem Generator und wird in manchen Unterkünften früh abends abgeschaltet; dennoch zeichnet sich eine Entwicklung ab, die gnadenlos in Richtung Ko Samui oder zumindest Ko Phangan deutet. Mehr als 100.000 Besucher pro Jahr erwartet eine breitgefächerte Auswahl an Unterkünften – von einfachen Holzbungalows ab 150 Baht bis zu Luxusvillen, die über 100 US$ pro Nacht kosten. Zudem gibt es Spas, Motorrad-Verleihs, Billard-Salons, Internet-Cafés, gediegene Restaurants und Hamburger-Imbisse, jede Menge Bars und auch die Vollmond-Partys von Ko Phangan finden hier im kleineren Rahmen statt. Man kann sich sogar tätowieren lassen. Und die Zeiten, da man Berge von Bargeld auf die Insel schleppen musste, sind auch vorbei: Heute gibt es **Wechselstuben und Geldautomaten.**

In Mae Haad und am Sai Ri Beach gibt es einige Kliniken, in denen man bei kleineren Unfällen behandelt werden kann, und wo auch einfache Medikamente zu kaufen sind. Bei ernsteren Krankheiten oder Unfällen bietet sich eine Evakuierung per Speedboat oder Hubschrauber nach Chumphon oder Ko Samui an.

Seit 2004 verkehrt eine Autofähre von Chumphon nach Ko Tao.

Trotz aller Entwicklung ist es kein Wunder, dass viele Reisende länger als geplant auf Ko Tao hängen bleiben – die Insel ist noch immer relativ ruhig, und hat, verglichen mit Ko Samui und Ko Phangan, ein deutlich jüngeres und dynamischeres, vielleicht gar leicht alternatives Flair.

Tauchunternehmen

Derzeit gibt es ungefähr vierzig Tauchunternehmen auf der 21 km^2 kleinen Insel, ein halbes Dutzend gleich am Pier. Um Ko Tao herum werden 32 verschiedene Tauchreviere angesteuert, wovon die meisten in weniger als 30 oder 40 Minuten Fahrzeit zu erreichen sind. Aufgrund der hohen Dichte an Tauschschulen sowie der Tatsache, dass die meisten Besucher Low-Budget-Reisende sind, bekommt man hier die niedrigsten Preise für Tauchkurse in Thailand. Viertägige PADI-Kurse z.B. kosten bei kleineren Unternehmen ab 7.000 Baht, bei größeren 8.000-9.000 Baht. Die meisten Unternehmen werden von Westlern geleitet, und trotz der niedrigen Preise ist der Sicherheitsstandard in der Regel sehr hoch. Ein wenig Vorsicht ist dennoch angebracht: 1999 wurde ein deutscher Schwimmer allem Anschein nach von einem Hai angegriffen und getötet. Die örtlichen Behörden taten alles, den Zwischenfall herunterzuspielen, und der Fall schien so noch mysteriöser. Hai-Angriffe waren auf Ko Tao bis dahin nicht verzeichnet worden, und das Unglück sorgte zunächst einmal für viel Unruhe unter Insel-Besuchern und Bewohnern. In den letzten Jahren sind allerdings auf Ko Tao zigtausende Touristen zu Tauchern ausgebildet worden, ohne noch jemals von Haien belästigt zu werden. Im seichten Golf von Thailand sind derartige Unfälle höchst selten.

Von den zahlreichen Tauchstellen sind die **Chumphon Pinnacles** am beeindruckendsten. Diese Korallenriffe bestehen aus vier Gipfeln, dessen höchster 16 m unter der Wasseroberfläche liegt. Relativ regelmäßige Sichtungen von Walhaien, die größten, aber völlig harmlosen Haie, gibt es um Chumphon Pinnacles jedes Jahr.

- **Asia Divers,** Mae Haad und Sai Ri, Tel. 077-456055, asiadive@samart.co.th; deutsches Management.
- **Bans Dive Resort,** Sai Ri, Tel. 077-456466, bans@amazingkohtao.com, mit angeschlossenen Bungalows***.
- **Big Blue Diving Centre,** Mae Haad, Tel. 077-456415, www.bigbluediving.com.

●**Black Tip Dive Resort & Watersport Center,** Tanote Bay, Tel. 077-456488, mit angeschlossenen Bungalows***.

●**Buddha View,** Chalok Ban Kao, Tel. 077-456074, Bangkok 02-6293824, buddha@samart.co.th; mit Bungalows** sowie Kajak- und Mountain-Bike-Verleih.

●**Carabao,** Chalok Ban Kao, Tel. 077-4566 35; mit Bungalows*-**.

●**Crystal Dive & Watersports Resort,** Mae Haad, Tel. 077-456248, info@crystaldive.com; auch Wasserski und Bungalows**-***.

●**Ko Tao Divers,** Sai Ri, Tel. 086-0699244, info@kohtaodivers.com.

●**Nangyuan Island Dive Resort,** Tel. 077-456088-93, info@nangyuan.com, liegt auf einer kleinen Insel (Ko Nagyuan) nordwestlich von Ko Tao. Luxuriöse Bungalows***** sind angeschlossen.

●**Planet Scuba,** Mae Haad und Sai Ri, Tel. 077-456110, sids@planet-scuba.net.

●**Scuba Junction,** Sai Ri, Tel. 077-456164, info@scuba-junction.com; mit angeschlossenen Bungalows***.

●**Taa Toh Lagoon,** Chalok Ban Kao, Tel. 077-456503, info@taatohdivers.com.

Inselverkehr

Es gibt nur relativ wenige Straßen, aber die Insel ist ohnehin nicht sehr groß.

●Kürzere Fahrten mit **Pick-ups oder Motorradtaxis** kosten etwa 40-50 Baht/Pers., längere 60-80 Baht.

●**Motorräder** gibt es zu 200-250 Baht/Tag zu mieten, **Fahrräder** (Mountainbikes) um die 50-80 Baht/Tag, vor allem am Mae Haad. Die Motorräder zuvor auf etwaig vorhandene Schäden überprüfen!

●Eine interessante Reisemethode ist die über Wasser; dazu lassen sich **Langschwanzboote** anheuern. Pro Tag mindestens 1500 Baht. Unbedingt handeln!

Unterkünfte

Mae Bay (Ao Mae)

Eine seichte Bucht nahe der „Hauptstadt" Ban Mae Haad und von dort sogar gut zu Fuß zu erreichen.

●**Queen Resort****-*** (Tel. 077-456002), einfache Bungalows, z.T. ohne eig. Bad, aber mit gutem Ausblick aufs Meer.

●**Ban Tao Bungalows***** (Tel. 077-456201), einfache aber saubere Bungalows mit Balkon, gelegen an einem kleinen Hügel, ca. 150 m vom Strand entfernt. Ab 600 Baht.

●**Crystal Dive Resort*****-**** (Tel. 077-456 107, Fax 077-456105, www.crystaldive.com), saubere Bungalows und für Teilnehmer an den Tauchanfängerkursen nur 200 Baht. Die Kurse kosten 9.800 Baht und dauern 3-4 Tage. Ansonsten verbilligte Unterkunftstarife bei Teilnahme an anderen Tauchkursen, z.B. für Fortgeschrittene oder zum Rettungstaucher.

●**Beach Club Diving Resort******-***** (Tel. 077-456222, info@kohtaobeachclub.com), einfachere, aber gute Holzbungalows sowie Zementbungalows mit A.C. und Kühlschrank. Angeboten werden PADI-Kurse und Windsurfing. Internetmöglichkeit.

●**Blue Diamond Resort*****-**** (Tel. 077-456255, bluediamond_resort@yahoo.com), Holzbungalows ab 500 Baht, für den Preis gar nicht schlecht.

●**View Cliff Bungalows****** (Tel. 077-4563 53, viewcliff@hotmail.com), Holzbungalows und Hotelzimmer, z.T. mit A.C., ab 950 Baht.

●**Royal Resort******-LLL (Tel. 077-456156, Fax 077-456157, www.koh-tao-royal-resort.com), sehr schöne Cottages ab 950 Baht, eingebettet in satte Vegetation. Die teuersten kosten 3.500 Baht. Empfehlenswert.

●**Sensi Paradise Resort*****-LLL (Tel. 077-456244, Fax 077-456245, www.koh-tao-paradise.com), holländisches Management, gute Unterkünfte für fast jeden Geldbeutel, gemütliche Holzbungalows und Häuser bis zu 120 qm, in malerischer Umgebung. Letztere kosten 6.000 Baht, die preiswertesten Bungalows kosten 600 Baht. Sehr empfehlenswert.

●**Tommy's Dive Resort*****-LLL (Tel. 077-45 6039, tommy_resorts@hotmail.com), gelegen zwischen Ao Mae und Sai Ri Beach, supergute, komfortable Bungalows in Hügellage mit guter Aussicht; z.T. mit A.C. Die Saisonpreise (1.000-2.500 Baht) werden in der Nebensaison auf weniger als die Hälfte gesenkt. Empfehlenswert.

Sai Ri Beach (Hat Sai Ri)

●**Sea Shell Dive Resort***-****** (Tel. 077-456299, seashell_kohtao@hotmail.com), gute Holzbungalows, nette Lage, z.T. A.C. Wie der Name schon sagt, ist ein Tauchunternehmen angeschlossen.

●**Lotus Resort***-******* (Tel. 077-456297), ordentliche Holzbungalows, z.T. A.C.

●**Sai Ree Cottages**-***** (Tel. 077-456126), einfache aber ordentliche Bungalows, teilweise mit A.C., nicht schlecht für den Preis.

●**Ban's Diving Resort***-******* (Tel. 077-45 6064, www.amazingkohtao.com), sehr gute Bungalows u. Hotelzimmer; Swimmingpool.

●**AC 1 Resort**-****** (Tel. 077-456197), einfache bis gute Bungalows mit, teilweise A.C. ab 300 Baht, ebenso im **AC 2 Resort**-***** (Tel. 077-456195).

●**Thipwimarn Resort*****-LLL** (Tel. 077-456 409, www.thipwimarn-resort.com), nur 6 Bungalows, teilweise mit A.C., sehr schön und mit tollem Ausblick aufs Meer.

●**Sunset Buri Resort*****-LLL** (Tel. 077-45 6266, Fax 077-456101), vor ein paar Jahren noch die Top-Unterkunft auf der Insel, heute mittlerweile von anderen Resorts überholt; komfortable Bungalows mit und ohne A.C. Swimmingpool.

●**Koh Tao Coral Grand Resort**LLL (Tel. 077-456431, Fax 077-456430, www.kohtaocoral.com), sehr wohnliche Bungalows mit A.C. ab 2.100 Baht. Swimmingpool. Tauchkurse und längere Tauchtrips werden angeboten.

Hin Wong Bay (Ao Hin Wong)

●**Hin Wong Bungalows**-***** (Tel. 077-456006), nette Holzbungalows, keine schlechte Billigalternative; ab 250 Baht.

●**Laem Tian Bungalows*-***** (Tel. 077-4564 77), Auswahl diverser Bungalows, am unteren Ende extrem preiswert.

Tanote Bay (Ao Tanot)

●**Black Tip Dive Resort***-******* (Tel. 077-456488), sehr gute Bungalows

●**Tanote View Resort**** (Tel. 077-456542), gute Bungalows.

●**Diamond Resort***** (Tel. 077-456591), gute Bungalows mit und ohne A.C.

●**Mountain Reef Resort***** (Tel. 077-4566 97), ordentliche Bungalows ohne A.C.

Luek Bay (Ao Luek)

●**Ao Luek Bungalow***** (Tel. 077-456692), akzeptable Bungalows ohne A.C.

Sai Daeng Beach (Hat Sai Daeng)

●**Coral View Resort***-****** (Tel. 077-45 6058, Fax 077-456482, www.coralview.net), gute Bungalows ohne A.C. ab 400 Baht. Angeboten werden Tauchkurse und Angelausflüge.

Jun Juea Bay (Ao Jun Juea)

●**Sunset Bungalows*-**** (Tel. 077-456761), Einfachsthütten zum Hungerleiderpreis. Angeschlossen ist ein vegetarisches Restaurant und es werden Yogakurse angeboten

●**Sai Thong Resort*-******* (Tel. 077-4564 76, info@sai-thong.com), große Auswahl an Unterkünften, von der Primitivhütte bis zum komfortablen A.C.-Bungalow.

Chalok Ban Kao Bay (Ao Chalok Ban Kao)

●**Buddha View Dive Resort**-***** (Tel. 077-456074, www.buddhaview-diving.com), angeschlossen an eine Tauchschule und Teilnehmer an den Kursen erhalten pro Tag 150 Baht Rabatt auf die Zimmerpreise.

●**Sunshine 1 Resort** (Tel. 077-456155) und **Sunshine 2 Bungalows**-***** (Tel. 077-456154), Bungalows und Zimmer ab 250 Baht, nicht schlecht für den Preis.

●**Viewpoint Bungalow**-****** (Tel. 077-56 6444), gute Einfachbungalows ab 200 Baht, dazu teurere und sehr behagliche Bungalows, teilweise mit A.C. Eine gute Wahl.

Je Ta Kam Cape (Laem Je-Ta-Kam)

●**Tao Thong Villa*-***** (Tel. 077-456078), urige Bungalows, aber kein Hort des Luxus; ab nur 100 Baht.

Sai Nuan Beach (Hat Sai Nuan)

●**Siam Cookie**** (Tel. 077-456301), einfache Bungalows ohne eig. Bad.

Essen

Fast alle Bungalowunternehmen und Resorts haben die üblichen Backpacker-Speisekarten, aber in den letzten Jahren haben nach und nach auch immer mehr gute Restaurants auf der Insel geöffnet.

- **Chopsticks** (Tel. 086-9436058), gutes chinesisches Restaurant in Mae Haad. Liefert auf Anfrage auch Mahlzeiten zu Resorts auf der Insel.
- **Farango Pizzeria & Steakhouse** in Mae Haad (Tel. 077-456205) bietet seit 1996 mediterrane Speisen. Liefert auf Anfrage auch Mahlzeiten zu Resorts auf der Insel.
- Das **Greasy Spoon** in Mae Haad serviert von 7 bis 7 Kalorienbomben – englisches Frühstück, Fish & Chips etc.
- **La Matta** in Mae Haad serviert Pizzas und Nudelgerichte aus Italien von italienischen Köchen zubereitet. Oben drüber befindet sich eine Bar gleichen Namens mit Billard und TV.
- Im **Safari Grill & Steakhouse,** das zwar in der Nähe von Mae Haad ist, aber tief im Dschungel zu stecken scheint, wird vor allem gegrilltes Fleisch und Seafood serviert.
- Das **Noori Restaurant** befindet sich zwischen Mae Haad und Sai Ri, ist eine Filiale des gleichnamigen Unternehmens auf Ko Samui und hat eine breitgefächerte Speisekarte indischer Gerichte. Vor allem vegetarische Gerichte sind gut vertreten.
- Das **Morava Restaurant & Lounge** im Dorf Sai Ri serviert unter anderem Sushi und hat eine recht gute Weinkarte.
- **El Torro** im Dorf Sai Ri kredenzt mexikanische Gerichte und Pizzas, zeigt abends Filme und hat ein Internet-Café.
- Die **Koppee Bakery & Internet Café** in der Chalok Ban Kao Bay bietet frischen Kaffee, Kuchen, Crêpes, Kräutertee und gesunde Frucht-Shakes.
- Ein **Elvis Restaurant,** dem *Charm Churee Villa* in Jansom Bay angeschlossen, gibt es auch – internationale Küche, Cocktails und Shakes.

Unterhaltung

Ko Tao hat eine lebendige Bar-Szene und Partys finden fast jeden Abend irgendwo statt. Man achte auf Poster, die von Partyentrepreneuren an strategischen Orten an Kokospalmstämme genagelt werden. Viele Besucher sind erstaunt, dass inzwischen professionelle DJs in einigen Strandclubs arbeiten und man hört alles von Goa-Trance bis zu den neuesten Chill-Out Sounds. Natürlich gibt es auch noch die klassische Strandbar, wo *Bob Marley* noch der König ist. Einige Bars bieten auch Live-Musik, meist Rock Coverbands.

- In **The Whitening Bar & Restaurant** hört man Live Musik der dezenten Sorte und isst Fusion Food in minimalistischem Design, gehobene Preise, direkt am Strand in Mae Haad. Freitag ist Party-Nacht.
- Die **Dragon Bar** in Mae Haad scheint von einem Kung-Fu-Streifen der 1970er Jahre inspiriert zu sein. Hier läuft Jazz, Dub und Hip Hop. Einen Billardtisch und jede Menge Cocktails gibt es auch.
- Der **AC-Party Pub** hat eine lange Happy Hour, einen großen Dancefloor direkt am Strand in Sai Ri sowie Billardtische und Partys, Partys, Partys 3-mal die Woche.

Einkaufen

Ja, Shoppen kann man auf Ko Tao auch. So gibt es diverse Geschäfte, die die üblichen **Strandartikel** verkaufen – Sarongs, Hängematten, Sonnenschutz, Postkarten, Hawaiihemden etc. Ein paar Fachgeschäfte verkaufen **Tauchausrüstungen** und Zubehör. In Mae Haad gibt es einige **Buchläden,** die meist gebrauchte (englische) Titel führen. Schließlich gibt es noch diverse Stände und Geschäfte, die **Schmuck,** teilweise mit originellen Designs aus Muscheln, Keramik, Silber, Leder und Edelsteinen anbieten. Bei kleineren Läden und Ständen sollte man freundlich handeln.

Anreise

- **Boote ab Ko Samui und Ko Phangan** fahren je nach Jahreszeit und Wetter bis zu 6-mal täglich. Abfahrten in der Regel zwischen Morgen ab 9.30 Uhr und Frühnachmittag bis 16.30 Uhr. Die Bootstypen sind sehr unterschiedlich, folglich auch die Preise und Fahrzeiten. Kostenpunkt ab Ko Phangan ca. 300-580 Baht, Fahrzeit 1-2½ Std.; Kostenpunkt ab Ko Samui ca. 300-550 Baht, Fahrzeit 1½-2½ Std.
- Die **Boote ab Chumphon** fahren zu geregelteren Fahrplänen, als die ab Ko Samui und Ko Phangan; siehe Abfahrzeiten und Preise im Kapitel zu Chumphon, Abschnitt „Weiterreise".
- Nach der Ankunft auf Ko Tao bieten sich **Pickups oder Motorradtaxis** zur Weiterfahrt an. Der Preis zu den meisten Zielen ist 50-80 Baht.
- **Vorsicht!** Bei der kurzfristigen Buchung von kombinierten Boot-/Bahntickets nach Bangkok händigen die Reisebüros auf Ko Tao oft eine Art „Gutschein" aus, der am Bahnhof von Surat Thani oder Chumphon gegen ein Ticket eingetauscht werden soll. Diese Scheine erweisen sich oft als völlig wertlos. Bei Buchungen zwei oder drei Tage vor dem Reisetermin müssten die Reisebüros dazu in der Lage sein, die tatsächlichen Tickets zu besorgen. Falls nicht – lieber per Einzel-Bootsticket nach Surat Thani oder Chumphon fahren und dann selber ein Zugticket besorgen.

Ko Nang Yuan

Ko Tao im Nordwesten vorgelagert sind drei weitere kleine Eilande: Ko Nang Yuan, die „Inseln der vietnamesischen Prinzessin". Sie sind bei Ebbe durch Sandbänke miteinander verbunden, und die darum liegenden Gewässer bieten ausgezeichnete Tauch- und Schnorchelmöglichkeiten. Die Insel ist wunderschön, manchem mag sie aufgrund der vielen Ausflügler jedoch schon zu touristisch sein.

Unterkunft

- Das **Ko Nang Yuan Dive Resort******-LLL, die einzige Unterkunft auf der Insel, hat komfortable Zimmer, in den höheren Preislagen mit A.C., TV und Video. Eine PADI-Tauchschule ist angeschlossen. Das Unternehmen betreibt einen eigenen Speedboot-Service von Hat Mae Nam, Ko Samui und Chumphon, wo sich auch Buchungsbüros befinden. Tel./Fax 077-456088-093, www.nangyuan.com.

Anreise

Ab Ban Mae Haad besteht meist einmal täglich eine **Bootsverbindung** nach Ko Nang Yuan, Kostenpunkt 50 Baht, Abfahrt 11.30, 15.00, 17.00 Uhr. Gecharterte Boote dürfen ca. 400 Baht für die einfache Fahrt kosten.

Khao-Sok-Nationalpark

อุทยานแห่งเขาสก

Dieser 644 km² große Nationalpark befindet sich 109 km westlich von Surat Thani, am Highway Nr. 401, der u.a. Surat mit Phuket verbindet. Das hügelige, dicht bewaldete Gelände eignet sich hervorragend für **Wanderungen,** und die meisten Besucher bleiben länger als eigentlich geplant. Zu den Attraktionen gehören zahlreiche **Wasserfälle,** in erster Linie der 4 km vom Visitor Center gelegene elfstufige Nam Tok Sip-Et Chan („Wasserfall der 11 Etagen“) oder der Nam Tok Mae Yai („Großmutter-Wasserfall“), der auch per Jeep zu erreichen ist (3 km vom Zentrum). Die Vegetation besteht zum großen Teil aus typischen Regenwald-Bäumen der Gattungen *Hopea* und *Dipterocarpus,* und mit etwas Glück entdeckt man sogar die größte Blume der Welt, die ca. 1 m Durchmesser aufweisende **Rafflesia** (*Rafflesia arnoldii*).

Als Vertreter der Tierwelt finden sich Büffel, zahlreiche Hirscharten, Bergziegen, Affen, Bären, Wildhunde, Nashornvögel, Pfauen, Fasane und angeblich sogar auch wilde Elefanten, schwarze Panther und Tiger. Eher sieht man wohl eine der vielen Schlangenarten, die im Park heimisch sind, darunter auch Kobras und Königskobras. Bei allen Wanderungen gilt es, laut aufzutreten, um die Tiere möglichst rechtzeitig zu warnen und jedwede Gefahr von vornherein auszuschließen (Touristen ist bisher noch nichts passiert, ein ein-

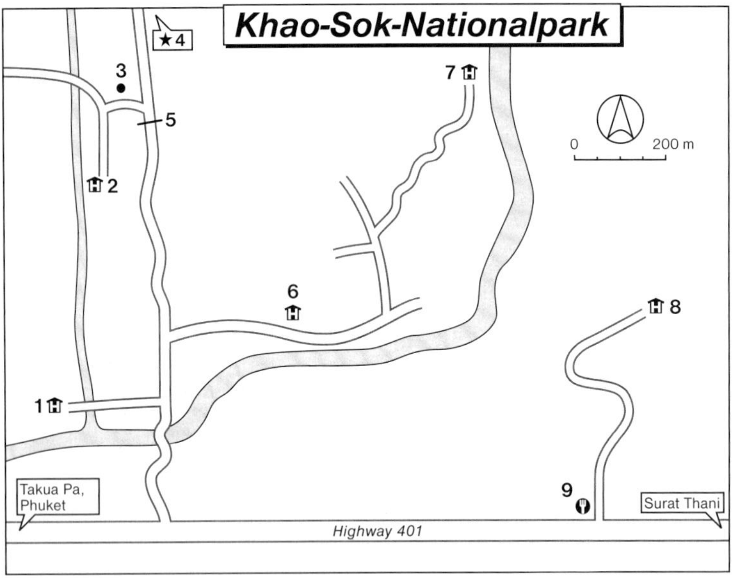

1 Khao Sok Resort
2 Tree Tops River Huts
3 Besucherzentrum
4 Wasserfall (11 Stufen)
5 Schlagbaum
6 Bamboo House
7 Art's Jungle House
8 Tree Tops Bungalows
9 Restaurant

heimisches Kind wurde jedoch vor einigen Jahren gebissen und starb!).

Der Park kann auch der Ausgangspunkt weiterführender Exkursionen sein, so zum **Ratchaprabha-Staudamm,** 83 km westlich von Surat Thani. Auf dem See, der von wild-schöner, urwüchsiger Natur umgeben ist, lassen sich Bootsfahrten unternehmen, und der benachbarte Dschungel ist ein ausgezeichnetes Wandergebiet. Mehrtägige Touren durch das Gebiet werden von Art's Jungle House unternommen (s. u.). Manche Touren durch den Park schließen eine Nacht-Safari ein, bei denen man oft gute Gelegenheit zur Tierbeobachtung hat. Sehr empfehlenswert sind auch Kanufahrten den Sok-Fluss hinab, die mit wunderbaren Dschungelausblicken belohnen. Dazu wird auch Elefanten-Trekking angeboten.

Unterkunft/Essen

- Die **Tree Tops River Huts**** werden von einem sehr netten und hilfsbereiten Ehepaar geleitet und bieten Bungalow- und Baumhaus-Unterkünfte (Bad). Diese befinden sich gleich neben einem kleinen, plätschernden Bach, und mit etwas Glück kann man Otter bei der Fischjagd beobachten. Eine Idylle!
- Das **Bamboo House***** bietet verschiedene Bungalows mit und ohne eigenem Bad. Auch hier fließt wenige Meter weiter ein kleiner Fluss vorbei, und die Besitzer des Bamboo House haben dort eine Art Floß angelegt, von dem aus man die Natur genießen kann. Auch hier ist ein Restaurant vorhanden, auf Wunsch werden vegetarische oder andere Sonderspeisen kredenzt.
- **Our Jungle House*****-**** (Tel. 02-8603936, Fax 02-8603937; www.losthorizonsasia.com) hat komfortable Bungalows (Bad) und Baumhäuser und ist eine der am schönsten gelegenen Anlagen am Park (keine Elektrizität). Für 400 Baht/Tag gibt es Vollverpflegung. Das Haus wird von dem Iren *Francis* geleitet, der auch eine Unterkunft in Kapong betreibt (siehe folgendes Kapitel).
- Von wunderbarer Natur umgeben liegt **Art's Riverview Lodge*****-****, und von der Lage ist dies vielleicht die beste Unterkunft. Dafür sind die Bungalows (Bad) sehr schlicht eingerichtet (keine Elektrizität).
- Das **Khao Sok Rainforest Resort****-*** (Tel./Fax 077-395009) ist ein Ableger des Dawn of Happiness in Krabi und bietet saubere, auf Pfählen errichtete Holz-Bungalows mit Bad, dazu preisgünstiges Essen. Es werden auch Wandertouren (z.T. mehrtägig) angeboten.
- Relativ einfache, aber auch extrem preiswerte Unterkunft bieten die **Khao Sok Jungle Huts***-**.
- Bungalow-Unterkünfte (***) bietet auch die **Parkverwaltung,** ebenso Zelte zu jeweils 50 Baht. Anfragen im Besucherzentrum.

Anreise

Alle **Busse** auf der Strecke Surat Thani – Phuket oder umgekehrt passieren den Park, dessen Zugang sich im Bereich der Ortschaft Ban Sok befindet. Normalbusse ab Surat kosten 50 Baht; Entfernung 109 km bzw. 170 km ab Phuket. Normalbusse aus Takua Pa (45 km) kosten 20 Baht.

Logischerweise kann auch an anderen Stellen entlang der Surat Thani-Phuket-Route zugestiegen werden, so z.B. in Khao Lak oder Bang Sak bei Takua Pa. In diesem Fall ist die Fahrpreiskalkulation der Schaffner vielleicht nicht immer ganz treffsicher, mit gelegentlich leicht variierenden Preisen ist zu rechnen.

- **Touren** von Ko Samui zum Khao Sok National Park organisiert Siam Safari Nature Tours. Tel. 077-415123-4, www.siamsafari.com.

Weiterreise

Am Highway am Park lassen sich **Busse** in die gewünschte Richtung stoppen, für Sitzplätze besteht aber keine Gewähr. Preise wie bei der Anreise.

Chao Le – Nomaden auf dem Meer

Die „Meereszigeuner" (*Chao Le* ist genaugenommen südthailändische Mundart für „Meeresleute") stammen verschiedenen Theorien zufolge aus der **Inselwelt Sumatras** oder von den **Andamanen;** sie unterteilen sich in drei Gruppen, die auch verschiedene Sprachen sprechen. Der auf Ko Siray lebende Zweig gehört zu den Urak Lawoi, die anderen sind die Moken und Moklen. Mit ihren rötlich-braunen Haaren wie auch von ihren Gesichtszügen her erinnern die Chao Le an die Aborigines in Australien.

Der Begriff *Chao Le* rührt von ihrem **nomadischen Lebensstil auf See** her, wird aber von ihnen selbst nicht gerne gehört. Sie nennen sich lieber *Thai Mai* („Neue Thais"), ein Begriff mit dem üblicherweise Volksgruppen bezeichnet werden, die erst in den letzten Jahren oder Jahrzehnten die thailändische Staatsbürgerschaft erhalten haben.

Die „Meeresleute" betätigten sich traditionell als **Fischer oder Perlentaucher,** und vor Ko Siray ankern meist zahlreiche Fischerboote. Vor einigen Jahren drohte die Verwaltung von Phuket das Dorf abzureißen, da es auf umstrittenem Grund und Boden stehen soll. Was in Zukunft daraus wird, bleibt abzuwarten. Bisher ist aber noch alles beim Alten.

Phuket

ภูเก็ต

Schon Ptolemäus hat die Insel erwähnt, die er *Junk Ceylon* nannte. Dieses war eine Verfälschung des malaiischen Ujang Silang. *Ujang* bedeutet Halbinsel und *Silang* war der Name eines Polynesier-Stammes, der die Gegend in grauer Vorzeit bewohnte. Aus Silang wurde später *Thalang,* wie die Insel noch im letzten Jahrhundert hieß. Der Name *Phuket* stammt von dem malaysischen Wort *bukit* („Hügel") ab.

Phuket ist mit 539 km² die größte Insel des Landes (aber heute durch eine Brücke mit dem Festland verbunden) und die reichste der 75 thailändischen Provinzen. Die Einwohnerzahl beträgt ca. 250.000 (davon 70.000 in Phuket Town). Der Wohlstand beruht in erster Linie auf dem dort angebauten Kautschuk und dem einst so wichtigen Zinn. Das durchschnittliche Monatseinkommen ist auf Phuket etwa doppelt so hoch wie das gesamt-thailändische Durchschnittseinkommen.

Unter dem Gouverneur *Phraya Ratsada* (1901-1913) wurde die Stadt Phuket erneuert, und man imitierte den **sino-portugiesischen Baustil,** den man aus Penang her kannte. Zu jener Zeit bestanden bessere Verkehrsmöglichkeiten nach Penang (wohin viele Schiffe fuhren) als nach Bangkok, zu dem kaum befahrbare Straßen führten. Der spezielle Baustil ist noch heute in der Thalang Road, Dibuk und Ranong Road und der Rommani Lane zu bewundern.

Im Jahre 1973 wurde beschlossen, die Insel zu einem Tourismus-Zentrum auszubauen, und mittlerweile besuchen jährlich **über 3 Mio. Touristen** die Insel. Phukets Reiz liegt in den vielen Stränden, die so gänzlich verschieden voneinander sind, und zudem Unterkünfte in allen Preislagen bieten. Phuket ist als Zielort vieler Pauschaltouristen, aber im Durchschnitt teurer als Ko Samui. Wer sich umsieht, kann dennoch relativ billig davonkommen. So lässt sich zum Beispiel in Phuket Town noch sehr **preiswert wohnen,** und von dort aus können alle Strände leicht in Tagesausflügen besucht werden. Wem die Strände von Kata oder Karon zu teuer sind, findet billigere Unterkünfte in Ao Chalong, Rawai, Nai Harn und Kamala. Auch der Patong Beach muss gar nicht so teuer sein, da es dort mittlerweile einen Zimmerüberschuss gibt, und die Preise derzeit stagnieren oder zum Teil sogar sinken.

Sehenswertes

Nationalpark Khao Phra Thaew

Das 2.333 ha große Areal des Khao Phra Thaew National Parks beherbergt fast die Hälfte des gesamten Waldbestandes von Phuket und gilt als ein perfektes Beispiel für den tropischen, noch intakten Regenwald. Das Gebiet, das 1980 zum Nationalpark erklärt wurde, bietet einer Palmenart namens *Kerriodoxa elegans* ein Refugium, die nirgends sonst auf der Welt zu finden ist. Die dichte Vegetation mit Bäumen von bis zu 50 m Höhe, wird von zahlreichen Tieren bevölkert, z.B. von Gibbons, Makaken, Languren. Außerdem gibt es Leoparden, Ozelots, Warane u.v.a. Viele Reisende erfreuen sich aber auch an einer erfrischenden Dusche im kühlen Wasser des **Bang-Pae-** und des **Ton-Sai-Wasserfalles.**

Nahe dem Bang-Pae-Wasserfall befindet sich das **Gibbon Rehabilitation Center** (geöffnet tägl. 10.00-16.00 Uhr, Eintritt frei; Spenden erbeten). Hier werden Gibbons, die von Thais als Haustiere gehalten wurden, allmählich wieder an die Freiheit gewöhnt und dann auf Inseln in der Phang-Nga Bay ausgesetzt. Das Projekt wurde von einem amerikanischen Zoologen gegründet und beschäftigt einige freiwillige Helfer. Die Mitarbeiter versuchen, Gibbon-Besitzer davon zu überzeugen, die Tiere abzugeben. Viele der Gibbons sind von ihren Besitzern misshandelt worden und als Folge regelrecht psychisch geschädigt.

- Die **Nationalparkverwaltung** findet man, wenn man die vor dem Haupteingang die nach rechts abgehende Straße durchfährt. Dort gibt es Pläne und Informationen zu selbst erkundbaren Wegen und Führungen.
- Als **Unterkunft** stehen die Bungalows des Ronklao Guest House zur Verfügung, die je nach Größe 8-20 Personen aufnehmen können. Die Bungalows befinden sich nahe dem Ton-Sai-Wasserfall. Einen regulären Mietpreis gibt es nicht, die Gäste können selber entscheiden, wieviel sie dem Park zukommen lassen möchten.
- Die **Anfahrt** zum Park ist nicht ganz einfach: Ab dem Markt in Phuket Town fahren nur sehr unregelmäßig Songthaews dorthin. Es gibt aber zwei andere Möglichkeiten: Man nehme ein beliebiges Songthaew in Richtung Sarasin-Brücke, Nai Yang, Flughafen, Kamala, Surin oder Bang Tao und bitte den Fahrer an

Am halbvergrabenen Buddha von Wat Phra Thong

So war's einst:
Besucherin klebt Goldblättchen daran

der Abzweigung zum Park (im Bereich der Ortschaft Thalang) zu halten (20 Baht). Von dort sind es noch ca. 3 km zu Fuß zum Hauptquartier des Parks und zum Ton-Sai-Wasserfall. Die Alternative: Man nehme ein Songthaew bis zum Heroine's Monument in Tha Ruea (20 Baht), also jedes beliebige Songthaew in Richtung Sarasin-Brücke, Nai Yang, Flughafen etc. (s.o.); am Kreisverkehr stehen Motorrad-Taxis, die einen für ca. 30 Baht/Person zum anderen Eingang des Parks, am Bang-Pae-Wasserfall fahren.

Ko Siray

Wie der Name sagt, ist dies eine Insel (*ko* = Insel), die aber durch eine Brücke mit Phuket verbunden ist.

Hier befindet sich ein Dorf der so genannten **„Meereszigeuner"**, das seit Jahren als Touristenattraktion gehandelt wird. Die Bewohner haben allerdings nichts von den neugierigen Touristen und geben sich verständlicherweise recht zugeknöpft. Die Atmosphäre im Dorf ist etwas finster.

- **Anfahrt** ab dem Markt in Phuket Town (10 Baht), es fahren jedoch nur wenige Songthaews, hauptsächlich morgens. Gecharterte Tuk-Tuks: ca. 80 Baht für die einfache Fahrt.

Wat Chalong

Dieser Tempel, nahe der Bucht von Chalong gelegen, ist zwei Mönchen geweiht, die im Jahre 1876 einen Aufstand chinesischer Minenarbeiter beenden halfen. Im Wat stehen heute die Figuren der beiden Mönche, *Luang Pho Chaem* und *Luang Pho Chaung*, die von den Gläubigen mit hauchdünnen Goldblättchen beklebt werden. Nach thailändischer Auffassung verspricht das Bekleben mit Goldblättchen von Buddha- oder anderen Heiligenstatuen Glück für die nächste Geburt. In den letzten Jahren hat sich das Geschehen um den Tempel stark verkommerzialisiert, und heute lassen die zahllosen Souvenir-Shops und die aus zahlreichen Lautsprechern dröhnende Musik eher an einen Jahrmarkt erinnern als einen sakralen Ort.

● **Anfahrt:** Songthaews ab Phuket Town kosten 15 Baht; falls keines anzutreffen ist, nehme man ein Songthaew in Richtung Chalong oder Rawai und steige am Kreisverkehr von Chalong aus (10 Baht). Von dort sind es nur wenige Minuten zu Fuß.

Thalang National Museum

Etwa 100 m östlich des Heroines' Monument in der Thepkassatri Road, das zwei Schwestern gewidmet ist, die 1785 ein angreifendes burmesisches Heer zurückgeschlagen hatten, befindet sich das erst 1989 eingerichtete Nationalmuseum von Thailand. Hier werden Funde aus der Gegend ausgestellt, aber auch Werkzeuge, die im Zinnabbau und in der Gummierzeugung Anwendung finden. Zinn und Gummi sind die traditionellen Träger des Wohlstands von Phuket.

● Das Museum ist Mi-So von 8.30-16.00 Uhr **geöffnet.**
● **Anfahrt:** Alle Songthaews, die in Richtung Norden fahren, passieren das Museum in der Ortschaft Tha Ruea (20 Baht).

Wat Phra Thong

Ende des 19. Jahrhunderts hatte ein Hirtenjunge seinen Büffel an ein vermeintliches Stück Eisen gebunden, das aus dem Boden ragte, um sich dann ein wenig auszuruhen. Am Abend trieb der Junge den Büffel heim wie an jedem Abend. In der Nacht jedoch wurde der Junge urplötzlich schwer krank und starb. Bald darauf hatte dessen Vater einen merkwürdigen Traum, der ihn veranlasste, den Ort aufzusuchen, an dem sein Sohn den Büffel an das Stück Eisen gebunden hatte. Als er das Eisen näher betrachtete und aus dem Boden ziehen wollte, entdeckte er eine Buddha-Figur. Das vermeintliche Eisen war nichts anderes als die Spitze der Figur gewesen! Mit Hilfe einiger Dorfbewohner versuchte der Vater nun, den Buddha aus der Erde zu graben, doch vergebens. Auch in Zukunft sollten alle Versuche, den Buddha freizulegen, scheitern.

So ragt auch heute nur die obere Hälfte der Figur aus dem Boden. Um diese wurde ein Tempel errichtet, und der Buddha, der zum Schutz vor plündernden burmesischen Soldaten mit einer Gipsschicht bedeckt wurde, wurde bis vor kurzem von Gläubigen mit Goldblättchen beklebt. Dies veränderte das Aussehen der Figur auf Dauer unvorteilhaft; der Buddha ist heute umzäunt, und man hat ihn von der vorherigen Goldblättchen-Schicht befreit. Die Goldblättchen werden nun an eine neu aufgestellte, kleinere Kopie der Figur angebracht (rechts neben der Original-Statue).

Wat Phra Thong befindet sich am Nordrand der Ortschaft Thalang, am Ende einer kleinen Seitenstraße, die in östliche Richtung von der Thepkassatri Road abzweigt. Man achte auf die Ausschilderung an der Thepkassatri Road.

● **Anfahrt** ab dem Markt in Phuket Town per Songthaew (20 Baht); alle Songthaews in

Begrüßungsfigur in Wat Phra Nang Sang

Richtung Norden passieren Thalang, von der Hauptstraße sind es noch zwei Minuten Fußweg zum Wat.

Wat Phra Nang Sang

Auch dieser Tempel steht in Thalang, einst die Hauptstadt der Insel. Gegründet wurde er im Jahre 1758 von einer Bürgermeisterfrau (variationsweise auch gelegentlich als „Prinzessin" bezeichnet), die von einer Pilgerreise nach Sri Lanka zurückgekehrt war, nachdem sie ihr Gatte – von einem Neider angestachelt – fälschlicherweise des Ehebruchs bezichtigt hatte. Ihr Mann hatte sie eigentlich auf der Stelle töten wollen, gab jedoch ihrem Flehen nach und wollte ihr noch eine Pilgerfahrt gewähren. Als die Frau von dieser zurückkehrte, war ihr Mann mittlerweile selbst von dem Neider getötet worden, und auch sie wurde dessen Opfer: Als der Mörder ihren Kopf abschlug, strömte weißes Blut aus ihrem Rumpf – ein Zeichen von höchster Unschuld. Posthum hat sie somit den Neider Lügen gestraft.

Das von ihr erbaute Tempelgebäude, eine schlichte *bot* bzw. Ordinationshalle (rechts auf dem Gelände), bekam 1990-91 eine weitere bot hinzugebaut (links neben dem alten Gebäude). Diese zeichnet sich durch kunterbunte, interessante Wandgemälde aus. Im Inneren zeigen sie Szenen aus der Geschichte Phukets – so

Das Vegetarian Festival

Phukets größtes Fest ist das neun Tage dauernde Vegetarian Festival, das im September/Oktober stattfindet und erst um die Jahrhundertwende entstand.

Kathu, nordwestlich von Phuket Town gelegen, war zu jener Zeit eine wohlhabende Stadt, die ihren Reichtum dem Abbau des Zinnerzes zu verdanken hatte. Zu ihrer Unterhaltung ließen die chinesischen Minenarbeiter eine Theater-Truppe aus China anreisen, die mehrere Monate auf Phuket verblieb. Plötzlich jedoch wurde die gesamte Truppe von einer mysteriösen Krankheit befallen und musste das Theater schließen. Nach langen Überlegungen, was die Krankheit ausgelöst haben mochte, kamen die Schauspieler auf den Gedanken, dass es wohl eine Strafe der Götter sein müsste, denn seit der Ankunft auf Phuket hatte man die religiösen Riten vernachlässigt. Also beschloss man, Buße zu tun. Neun Tage lang aß man kein Fleisch, um Geist und Körper zu reinigen und unterwarf sich religiösen Disziplinen. Und das Merkwürdige geschah: Nach den 9 Tagen waren alle Schauspieler so gesund wie eh und je.

Die örtliche Bevölkerung hatte die Geschehnisse aufmerksam beobachtet, und ein Jahr später erlegten sich viele Bewohner Phukets ebenfalls eine **9-tägige Fleischabstinenz** auf. Von Jahr zu Jahr wurde die Zahl der Teilnehmer größer, und bis heute wird das „Vegetarische Fest" gefeiert.

Alle Teilnehmer, die für die Dauer des Festes Vegetarier sind, kleiden sich ganz in weiß, und einige fallen in Trance und gehen über glühende Kohlen oder durchstechen ihre Haut mit Nadeln oder Schwertern. Diese magischen Darbietungen sollen die Macht der Götter demonstrieren. Seltsamerweise fließt niemals Blut, und die Wunden sind sofort verheilt.

Am letzten Tag des Festes werden Trance-Darbietungen wie die beschriebenen auch am **Mariammam-Tempel** (Wat Khaek) in der Silom Road, **Bangkok,** aufgeführt.

Wandgemälde in Wat Phra Nang Sang

die Belagerung durch die Burmesen. An seiner Rückseite dagegen finden sich Höllenbilder, in denen einige Teufel Sünder in Kübeln voll Alkohol schmoren lassen.

Die Zufahrtstore zum Tempel sind Zinnen nachempfunden, auf denen sich sogar imitierte Kanonen befinden; dies ist eine Anspielung auf die kriegerischen Auseinandersetzungen mit den Burmesen, während derer das Tempelgelände 1785 zeitweise in ein Militärlager umfunktioniert wurde. Die beiden Schwestern, denen das Heroines' Monument gewidmet ist, sammelten hier die Einwohner zum Widerstand gegen die burmesischen Eindringlinge.

- **Anfahrt:** mit jedem beliebigen Songthaew in Richtung Norden (20 Baht); der Tempel befindet sich direkt in der Ortsmitte von Thalang. Vornean steht eine überlebensgroße, von zwei Drachen flankierte Figur der chinesischen Göttin der Gnade, *Mae Kuan Yin*.

Lak Muang & Wat Raang (Wat Choerng Talay)

Zwischen den Ortschaften Thalang und Choerng Talay befindet sich inmitten einer Kautschukplantage der „Stadtpfeiler" oder *Lak Muang* von der Ortschaft Choerng Talay. Hier wird zu den Stadtgeistern gebetet. Gemäß den Erzählungen älterer Einwohner wurde unter dem Stadtpfeiler eine schwangere Frau lebendig begraben, die dann nach ihrem Tod als Schutzgeist (*theparak*) für den Ort fungieren sollte. Die Schilderungen sind durchaus glaubhaft, denn anderswo verfuhr man auf ähnliche Weise. Die Frau wurde dadurch auserkoren, indem sich eine Abordnung von Ortsbewohnern zu ihrem Haus begab und ihren Namen rief. Als sie darauf antwortete, wurde sie ergriffen, und ihr Schicksal war besiegelt.

Einige Meter weiter in die Gummiplantage hinein findet sich der kleine Wat Choerng Talay, besser bekannt unter seinem inoffiziellen Namen Wat Raang („Der aufgegebene Tempel"). An der Stelle hatte sich ursprünglich ein altes Tempelgebäude befunden, dieser war im Laufe der Zeit jedoch verfallen, und auf seinem Gelände wurde eine Gummiplantage angelegt. 1999 wurde schließlich ein neuer Tempel gebaut.

Der Wat beherbergt drei größere Gips-Buddhas aus dem 18. Jh. Die Figuren wurden leider, anstatt sie so zu belassen, wie sie waren, grell-weiß getüncht, was über ihr wahres Alter hinwegtäuscht und sie etwas kitschig aussehen lässt. In den Gips-Buddhas sollen einige kleinere Buddha-Figuren stecken, die auf diese Weise vor den Burmesen, die im 18. Jh. in Phuket einfielen, verborgen werden sollten. Der Tempel ist kein Muss auf dem Besuchsprogramm, seine abgeschiedene Lage zwischen zahllosen Gummibäumen und die ihn umgebene Ruhe (noch) ist aber schon etwas Besonderes.

● **Anreise:** Praktisch nur mit eigenem Fahrzeug. Der Tempel befindet sich etwas abseits der Straßenverbindung Thalang - Choerng Talay. Von der Straße zweigt ein Weg in östliche Richtung in die Gummiplantage ab. Das Thai-Schild an der Abzweigung besagt „Wat Raang".

Marine Biological Research Center

Am Kap Panwa *(läm panwa),* 7 km südlich von Phuket Town, ist das Marine Biological Research Center angesiedelt, das sich die Aufzucht der vom Aussterben bedrohten **Meeresschildkröten** zur Aufgabe gemacht hat. Das Fleisch der Schildkröten und deren Eier gelten bei vielen Phuketern als Delikatesse, was sich auf die Population nicht gerade günstig ausgewirkt hat. Die vom Research Center aufgezogenen Schildkröten werden zum Songkran-Fest (13. April), dem thailändischen Neujahr, am Nai Yang Beach und Mai Khao Beach ausgesetzt.

Dem Center ist ein **Aquarium** angeschlossen, in dem hauptsächlich die in den Gewässern um Phuket lebenden Fische vorgestellt werden. Hier bietet sich also eine lehrreiche Besichtigung vor dem eventuell geplanten Tauchausflug an! Die Besichtigungsräume sind abgedunkelt, so dass die erleuchteten Aquarien mit ihren bunt schillernden Bewohnern schön zur Geltung kommen. Ein neun Meter langer „Unterwassergang" unter 200 Tonnen Meerwasser ist eine neue Hauptattraktion.

Der Star unter den ausgestellten Fischen scheint ein **elektrischer Aal** zu sein, vor dessen Aquarium zahlreichen Besuchern das Gruseln in den Nacken kriecht. Gemäß einer Informationstafel (in Thai) ist der besagte Aal hochelektrisch und somit lebensgefährlich. (Er stammt allerdings aus den Flüssen Südamerikas.)

Das sehr informative Research Center ist täglich 8.30-16 Uhr geöffnet, Eintritt 50 Baht für Thai Erwachsene, 30 Baht für Thai Kinder. Ausländer müssen 100 Baht zahlen.

● **Anreise:** Songthaews ab Phuket Town kosten 25 Baht; die Aufschrift besagt „Aquarium". Fahranweisung in bestem Thai-Englisch: *äquäriyem.* Gecharterte Tuk-Tuks ab Phuket (Hin- und Rückfahrt, 1 Std. Aufenthalt) kosten ca. 300 Baht.

Phuket Town

Phuket Town oder *müang phuket* ist mit 70.000 Einwohnern die größte Stadt der Insel und deren administratives und kommerzielles Zentrum. Für den Reisenden ist es der Ausgangspunkt, um zu den berühmten Stränden der Insel zu gelangen, aber auch Phuket Town ist einen längeren Aufenthalt wert. Die Architektur der Stadt ist eine faszinierende und harmonische Mischung aus geschwungenen alten Wohnhäusern im sino-portugiesischen Stil und modernen Shopping-Centern aus Beton. Die Stadt lädt zu Einkaufsbummeln und auch zu Restaurant-Besuchen ein.

Aufgrund der Tatsache, dass die alten chinesischen Häuser im kommerziellen Stadtkern unter **Denkmalschutz** stehen, ist Phuket Town optisch eine der angenehmsten Städte im Land. In den letzten Jahren sind viele der Häuser ansprechend renoviert worden und beherbergen nun kleine Restaurants oder Geschäfte.

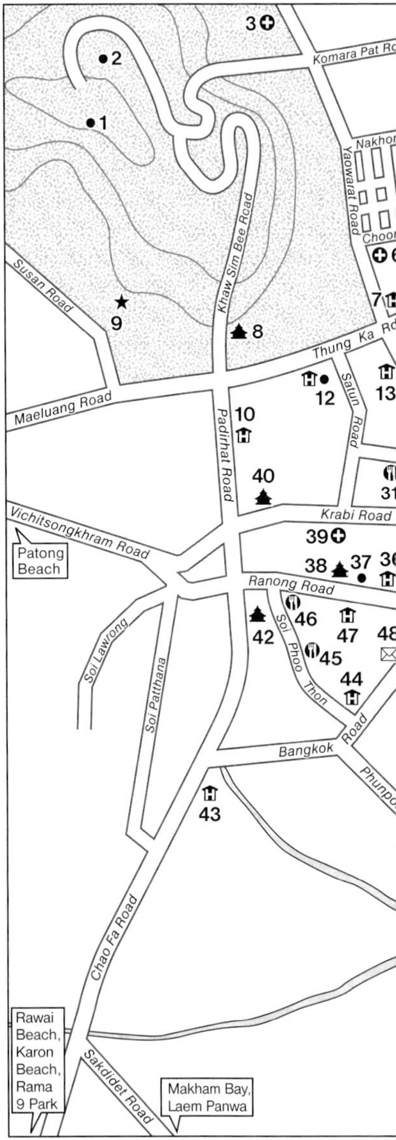

Butterfly Garden & Aquarium

Von der bekannten Schmetterlingsfarm auf Penang wurde diese relativ neue Attraktion inspiriert. In Freigehegen, untergebracht in einem schönen, traditionellen Holzbau, werden einige Hundert Schmetterlingsarten als auch Fische vorgestellt. Eintritt (für Ausländer) 150 Baht. Die Schmetterlingsfarm befindet sich nahe dem Nordende der Yaowarat Road.

- **Anfahrt** per Tuk-Tuk (ab der Innenstadt) 10 Baht/Person. Fahranweisung, falls die Fahrer die englische Bezeichnung nicht verstehen: *farm phii-süa*.

Khao Rang

Dies ist der interessantere der zwei Hügel der Stadt (der andere ist der Khao Toh Sae), von dem man einen guten Ausblick auf die Stadt und deren nähere Umgebung erhält. Der Hü-

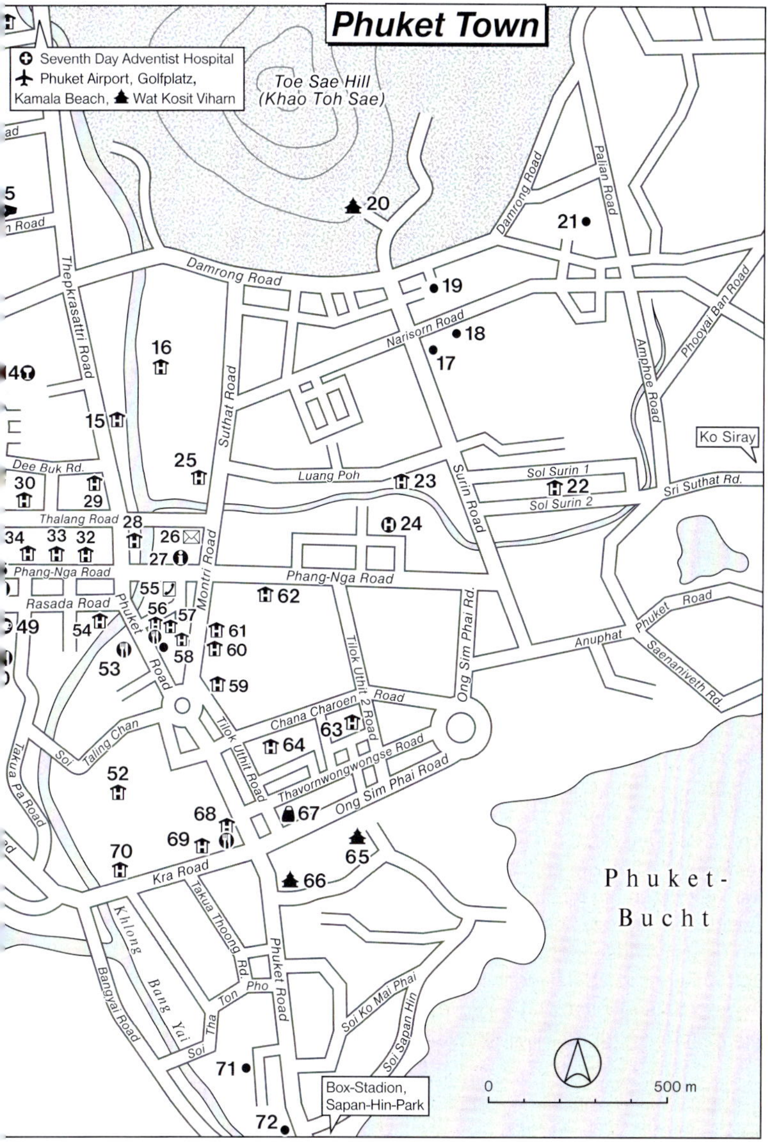
Phuket Town
Seventh Day Adventist Hospital
Phuket Airport, Golfplatz,
Kamala Beach, Wat Kosit Viharn
Toe Sae Hill
(Khao Toh Sae)
Damrong Road
Palian Road
Thepkrasattri Road
Narisorn Road
Amphoe Road
Phooyai Ban Road
Suthat Road
Surin Road
Ko Siray
Dee Buk Rd.
Luang Poh
Sol Surin 1
Sol Surin 2
Sri Suthat Rd.
Thalang Road
Phang-Nga Road
Rasada Road
Phuket Road
Montri Road
Ong Sim Phai Rd.
Anuphat
Phuket Road
Saenaniveth Rd.
Tilok Uthit 2 Road
Chana Charoen
Soi Taling Chan
Takua Pa Road
Tilok Uthit Road
Thavornwongwongse Road
Ong Sim Phai Road
Kra Road
Takua Thoong Rd.
Khlong Bang Yai
Bangyai Road
Soi Tha Ton Pho
Phuket Road
Soi Ko Mai Phai
Soi Sapan Hin
Box-Stadion,
Sapan-Hin-Park
Phuket-
Bucht
0
500 m
5
14
15
16
17
18
19
20
21
22
23
24
25
26
27
28
29
30
32
33
34
49
52
53
54
55
56
57
58
59
60
61
62
63
64
65
66
67
68
69
70
71
72

gel ist gut bewaldet, es gibt viel frische Luft (nicht umsonst hetzen hier zahlreiche Jogger hoch!), und zudem locken einige sehr gute Restaurants, so z.B. das beliebte Thungka Café. Besonders ansprechend ist die Atmosphäre in Vollmondnächten.

1992 wurde auf dem Hügel der Wat Khao Rang angelegt, ein Meditationstempel mit einer 9 m hohen Statue eines sitzenden Buddhas. Unter dem Buddha befindet sich ein größeres Gebäude mit Meditationsraum und einigen weiteren, kleinen Buddha-Figuren. In den letzten Jahren wurde der Tempel zunehmend ausgebaut, und Tuk-Tuk-Fahrer am Songthaew-Haltepunkt in Phuket locken Touristen mit den Rufen „Big Buddha" dorthin. Zu der Anlage führt eine Straße, die auf halber Höhe rechts von der Hauptstraße zum Khao Rang abzweigt. Möglich ist aber auch die Anfahrt von der Yaowarat Road aus.

Ein Mönch bindet heilige Schnüre an den großen Buddha von Khao Rang

- **Anfahrt:** Eine regelmäßige Verkehrsverbindung auf den Khao Rang besteht nicht; gecharterte Tuk-Tuks kosten ca. 50-60 Baht für die einfache Fahrt. Da man möglicherweise kein Tuk-Tuk für die Rückfahrt findet, besser gleich den Tuk-Tuk-Fahrer warten lassen: An- und Abfahrt plus eine Stunde Aufenthalt sollten ab ca. 150 Baht kosten. Die Entfernung ab dem Songthaew-Halteplatz in Phuket Town beträgt ca. 2 km, und man könnte auch laufen; der Aufstieg in der schwülen Hitze ist aber schweißtreibend.

Sanjao Kwanim Teng/Sanjao Jui Tui

Die zwei schönsten chinesischen Tempel (= *sanjao*) der Stadt stehen gleich dicht nebeneinander an der Kreuzung der Soi Phoo Thon mit der Ranong Road. Besonders attraktiv ist der Anblick frühmorgens, wenn die Sonne gerade auf die Vorderfronten der Gebäude scheint. Es gibt imposant geschwungene Dächer zu sehen, die Tore sind mit viel Zierwerk versehen, und im Inneren der Tempel befinden sich zahlreiche Figuren von Göttern und Geistern. Beide Tempel sind wichtige Austragungsorte des Vegetarischen Festes, der Sanjao Kwanim Teng ist zudem beliebter Anlaufpunkt für frisch verheiratete Paare, die hier um den Segen der Göttin *Mae Kuan Yin* bitten (vor allem morgens). Dabei lassen sie sich auch gern von Touristen ablichten.

- **Anfahrt** per Tuk-Tuk zu 10 Baht/Person.

Legende zu Phuket Town, S. 696

- 1 Rang Hill Park
- 2 Fitness Park
- 3 Wachira Hospital
- 4 Manora Hotel
- 5 Polizei
- 6 Kasamac Clinic (Orthopädie)
- 7 Phuket Merlin Hotel
- 8 Wat Khandi
- 9 Chinesischer Friedhof
- 10 Sub Siri Hotel
- 12 Phuket Island Pavilion Hotel und Tourist Police
- 13 Siri Hotel
- 14 Timber HUt
- 15 Thara Hotel
- 16 Suksabai Hotel
- 17 Gesundheitsbehörde
- 18 Stadtverwaltung
- 19 Rathaus/Steueramt
- 20 Wat Lang Saan
- 21 Community Centre
- 22 Kittikorn Hotel
- 23 Damrong Hotel
- 24 Busstation
- 25 Montri Hotel
- 26 Hauptpost (GPO)
- 27 Tourism Authority of Thailand
- 28 Siam Hotel
- 29 Phuket Town Inn
- 30 Thalang Guest House
- 31 Dibuk Restaurant
- 32 Sinthawee Hotel
- 33 Pengmin Hotel
- 34 On On Hotel
- 35 Salvatore's Rest.
- 36 Downtown Inn Hotel
- 37 Thai Intern. Airways
- 38 Wat Kachorn Rangsan
- 39 Krankenhaus
- 40 Wat Mae Yanang
- 41 Central Festival Shopping Center
- 42 Jui Tui Tempel (chin.)
- 43 Pure Mansion Hotel
- 44 Phuket Garden Hotel
- 45 Natural Restaurant
- 46 Vegetarisches Rest.
- 47 Wasana Guest House
- 48 Post
- 49 The Circle Café
- 50 Khana Mahal Restaurant
- 52 Silver Hotel
- 53 Boonma Restaurant und Nai Yao Seafood Restaurant
- 54 Thavorn Hotel
- 55 Amt für Ferngespräche
- 56 Imperial Hotel 1/ H.C.Andersen Steak House
- 57 Daeng Plaza Hotel
- 58 Pearl Hotel
- 59 Metropole Hotel
- 60 Crystal Hotel
- 61 Thanaporn Guest House
- 62 Royal Phuket City Hotel
- 63 Thavorn Grand Plaza Hotel
- 64 Rattana Mansion
- 65 Wat Thavorn Kunaram
- 66 Bang Niew Tempel (chin.)
- 67 Robinson Department Store und Ocean Department Store
- 68 Pacific Inn Hotel/ Galeria@346
- 69 Phuket Inn Hotel
- 70 999 Hotel
- 71 Zoll
- 72 Immigration Office

Rama-9.-Park

Phukets größter Park ist dem gegenwärtigen König geweiht und wurde zu dessen 60. Geburtstag (1987) angelegt. Das weitläufige Gelände an der Phatiphat Road zieht abends Tausende von Phuketern an, die hier joggen, faulenzen oder Tai-Chi-Übungen vollziehen. Ein gemütlicher Ort zum Ausspannen. Vor der Einrichtung des Parks hatte sich auf dem Gelände eine Wohnsiedlung befunden, die interessanterweise von einer Anzahl von thailändischen Hindus tamilischer Herkunft bevölkert war. Durch den Park wurde die Hindu-Gemeinde – die einzige Thailands, die seit mehreren Generationen im Lande ansässig ist – versprengt. Zwischen dem Park und Wat Nakharam (nahe der By-Pass Road) befinden sich heute noch weniger als ein halbes Dutzend von Hindus bewohnte Häuser.

In der Suthat Road steht heute noch ein kleiner Hindu-Tempel (Thandayuthapani Temple), gleich wenige Meter neben einem Sikh-Tempel (Sri Guru Singh Sabha).

- **Anfahrt** per Tuk-Tuk zu 10 Baht/Person.

Sapan Hin

Am Südende der Stadt, im Bereich von Sapan Hin („Steinbrücke") werden in einem Stadion am Wochenende (meist Fr 20.00 Uhr) **Thai-Boxkämpfe** ausgetragen, Kostenpunkt ab 80 Baht aufwärts, aber auch hier kommen Thais billiger davon. Auf dem nahe gelegenen Brachgelände werden bisweilen Volksfeste abgehalten, auf denen es von Gaukler-Shows, der rustikalen Theaterform des *likay* und anderen Präsentationen alles zu sehen gibt, was Volksfeste eben so ausmachen. Sapan Hin ist so etwas wie Phukets **Open-Air-Vergnügungszentrum,** mit viel Platz zum Spazieren gehen, Essensständen und gehobenen Seafood-Restaurants (siehe „Essen").

Unterkunft

- Das **On On Hotel****-*** (19 Phang-Nga Rd., Tel. 076-211154) ist ein gemütlicher, chinesischer Bau und das älteste Hotel von Phuket. Das On On ist zentral gelegen, und die Zimmer sind preiswert, wenn auch sehr hellhörig. Trotzdem ist es ein beliebter Traveller-Treff. Zimmer mit Bad.
- Einfache Zimmer mit Bad und Ventilator gibt's im kleinen **Thalang Guest House**** (37 Thalang Rd., Tel. 076-214225), eine Parallelstraße nördlich des On On Hotels. Die Thalang Road ist eine der Straßen in Phuket, die ihren typischen sino-chinesischen Architekturstil bewahrt haben.
- Das **Thavorn Hotel****-*** (54 Rasada Rd., Tel. 076-211333-5) liegt sehr zentral und hat in seinem rückwärtigem Gebäude recht große, aber mittlerweile auch renovierungsbedürftige Zimmer (Bad, die teureren auch A.C. und TV). Besonders die sehr preiswerten Zimmer ohne A.C. (Ventilator vorhanden) sind für den Preis aber gar nicht schlecht. Die Zimmer im separaten Vordergebäude sind komfortabler und teurer; die zur Straße hinaus gelegenen Räume sind aufgrund des Straßenlärms aber unbedingt zu meiden.
- Ein ungewöhnlich gutes Preis-Leistungsverhältnis bietet das achtstöckige, moderne **Silver Hotel***** am südlichen Rand der Innenstadt (62/3 Kra Rd., Tel. 076-220209-13, Fax 076-221294). Die Zimmer sind blitzesauber, sie haben Bad, A.C., Kabel-TV und Kühlschrank. Die an der Nordseite gelegenen Zimmer bekommen abends etwas Lärm von einer nahe gelegenen Bar ab, und so sollte man ein Zimmer an der Südseite wählen (Blick über den Klong an der Kra Rd.).

• Für den Preis gar nicht schlecht ist das daneben gelegene **Phuket Inn****-*** (64/1 Kra Rd., Tel. 076-2220992, Fax 076-215075); Zimmer mit A.C., Bad und teilweise TV.

• Etwas ältlich wirkt das **Merlin Hotel****** an der Yaowarat Rd., Ecke Thung-Ka Rd. (Tel. 076-212866). Die nach hinten hinaus gelegenen Zimmer gehören jedoch zu den ruhigsten in der Stadt, und man hat man einen malerischen Ausblick auf die satte Vegetation auf den beiden Hügeln in der Stadt. Zimmer mit A.C. und TV ab 980 Baht.

• Das **Wasana Guest House**** (Ranong Rd., Tel. 076-211754) liegt wenige Schritte vom Morgenmarkt entfernt und bietet recht gute kleine Zimmer (Bad).

• Das **Suksabai Hotel**** (Thepkassatri Rd., Tel. 076-212287) befindet sich trotz der Adressenangabe in einer Seitengasse der Thepkassatri Road, die nahe dem City Hotel von dort abzweigt. Das Hotel ist für seinen Preis ausgesprochen gut, dazu sehr ruhig gelegen. Dies ist eine beliebte Unterkunft für Reisende mit knappem Budget. Zimmer mit Bad.

• Eine besonders angenehme Unterkunft war das **Rongrawee Mansion***** (Soi 3, Yoawarat Rd., Tel. 076-223580-1), sehr ruhig und von viel Grün umgeben. Morgens wird man von Vögeln geweckt. Die geräumigen Zimmer (A.C., Radio, Balkon) sind auch auf Monatsbasis zu vermieten. In den letzten Jahren waren die Zimmer etwas heruntergekommen, aber 2006 waren Renovierungsarbeiten im Gange.

• Sehr komfortabel und für die gebotene Qualität nicht zu teuer ist das **Pearl Hotel******-LLL (Montri Rd., Tel. 076-212936), mit Swimmingpool, Nachtclub, Coffee-Shop und nebenan gelegener Bowling-Bahn. Die zentrale Lage ist ein weiteres Plus.

• Direkt gegenüber dem Pearl befindet sich das **Thanaporn Guest House***** (41/7 Montri Rd., Tel. 076-216504, 076-216819), mit einem sauberen Restaurant im Erdgeschoss und wohnlichen Zimmern (Bad).

• Einen guten Gegenwert bietet das saubere **Phuket Island Pavilion Hotel****** nahe der Zufahrt zum Khao Rang (133 Satun Rd., Tel. 076-210449, Fax 076-210458). Das hohe, moderne Gebäude ist schon von weitem aus zu sehen. Die Zimmer, am unteren Ende der Preiskategorie gelegen, sind sehr sauber und komfortabel und haben Bad, A.C., Satelliten-TV und Kühlschrank. Dazu gibt es noch sehr geräumige Suiten, die preislich am oberen Ende dieser Kategorie liegen. Ein Swimmingpool ist vorhanden.

• Sehr saubere Zimmer mit ordentlichem Bad im **Crystal Guest House****-*** (41/16 Montri Rd., Tel. 076-222774-5), für den Preis sehr empfehlenswert.

• **Hochklassige Hotels: City Hotel*******-LLL (9/1 Thepkassatri Rd., Tel. 076-216810-7), **Daeng Plaza Hotel*****-**** (57 Phuket Rd., Tel. 076-213951, 076-213966, das Hotel ist dringend renovierungsbedürftig), **Mercure Inn Pavillon******* (133 Satun Rd., Tel. 076-210444-9), **Metropole Hotel**LLL (1 Soi Surin, Montri Rd., Tel. 076-214022-9), **Royal Phuket City Hotel**LLL (154 Phang-Nga Rd., Tel. 076-

Alkoholhändler in Phuket Town

Der Süden

233333), **Pearl Hotel*****-LLL** (42 Montri Rd., Tel. 076-211044), **Phuket Garden Hotel******* (40/12 Bangkok Rd., Tel. 076-216900-8), **Thavorn Grand Plaza Hotel** LLL (40/5 Chanacharoen Rd., Tel. 076-222240-71).

Von den o.g. ist das **Metropole** derzeit am besten in Schuss und am empfehlenswertesten. Die zentrale Lage ist ebenfalls optimal. Ein Wermutstropfen: Von der vor dem Hotel gelegenen Disco geht erheblicher Lärm aus, der vor allem in den nach vorne gelegenen Zimmer zu hören ist. Also: ein Zimmer auf der Rückseite verlangen!

Essen

- Das Nonplusultra an chinesischer Küche bietet das **Lai An Restaurant** in der Rasada Road; hier gibt es Haifischflossen- und Vogelnestersuppe, aber auch hochklassiges Seafood und sogar französische und japanische Speisen. Die Preise sind etwas höher, mit 400-500 Baht/Pers. ist zu rechnen.
- Das **Kajok See Restaurant** an der 26 Takua Pa Road ist eines der besten Restaurants für feurige südthailändische Curries, mit gehobeneren Preisen. In den letzten Jahren sind die Preise etwas in die Höhe geschnellt, und die ursprüngliche Thai-Klientel machte ausländischen Touristen Platz. Im Hintergrund spielt Jazz-Musik.
- Nebenan liegt das indische Restaurant **Khana Sutra.** Das Essen ist sehr gut, auch wenn es Ewigkeiten dauert bis es kommt und der Besitzer in seinem klimatisierten Restaurant gesetzeswidrig Kette raucht. Zahlreiche vegetarische Gerichte.
- Am Kreisverkehr in der Rasada Road liegt das von einem Engländer geleitete **The Circle Café.** Aus dem Café lässt sich gut das Straßengeschehen beobachten. Serviert wird westliches Essen, westliches Frühstück, Sandwiches, Müsli, Fruchtsäfte u.Ä. Zum Lesen liegen Magazine und Bücher aus. Vom Tonband läuft Oldie-Musik der 60er und 70er Jahre, da werden wohl in so manchem Erinnerungen wach. Ein guter Ort, um eine Stunde oder zwei einfach zu „verschwenden“. Das Café schließt abends relativ früh, gegen 18 oder 19 Uhr, je nachdem wie es um die Gäste steht.
- Schräg gegenüber an der Rasada Road liegt **Salvatore's Restaurant,** ein ausgezeichnetes italienisches Restaurant mit gemütlichem Ambiente. Es gibt Lasagne, Fleisch- und Fischgerichte, Überbackenes u.v.m., aber keine Pizza. Leicht gehobene Preislage, ab ca. 700 Baht/2 Pers. Das Magazin *Thailand Tatler* kürte *Salvatore's* 2003 zum „besten italienischen Restaurant Thailands“, was aber vielleicht doch ein wenig zu hoch gegriffen scheint. Auch hier qualmt der Besitzer seinen Gästen leider ungehemmt etwas vor.
- Links neben Salvatore's liegt **Anna's Cafe,** das ausgezeichnete Thai-Küche kredenzt. Die Preise sind sehr niedrig, ab ca. 60 Baht pro Gericht.
- **Kopi de Phuket** an der Phuket Road, an der Ecke der Gasse, die zum Daeng Plaza Hotel führt, und neben dem Buchladen *The Book,* ist ein gemütliches kleines Restaurant mit ausgezeichnetem Thai-Essen. Das Seafood ist besonders beliebt. Es gibt ein paar vegetarische Gerichte mit Sojafleisch. Der Name stammt von dem traditionell stark-gebrauten Kaffee, *kopi* auf Süd-Thai, der hier ausgeschenkt wird. Sehr günstige Preise.
- Das **La Gaetana** Restaurant in der 352 Phuket Rd. bietet gehobene italienische Küche, und der italienische Chefkoch und Besitzer nimmt sich viel Zeit seinen Gästen bei der Wahl der Speisen zu helfen (die Speisekarte ist in der Tat etwas undurchsichtig!). Das kleine Restaurant ist oft voll, und Vorbuchungen sind ratsam. Tel. 076-2505 23. Gehobene Preislage, ab ca. 1.000 Baht/ 2 Pers.
- Westliche Speisen bietet das gute **Le Café** im Rasada Centre. Es gibt Steaks, Salate, frisch gemahlenen Kaffee und Kräutertees.
- Die **Kanda Bakery** in der Rasada Road ist ein beliebter Ort für Kuchen, Kaffee oder Pancakes; die Lage an der Rasada Road, mit Sitzgelegenheit draußen, ist gut, die Einrichtung ist einem westlichen Café nachempfunden. Die Preise scheinen etwas überteuert.
- Drei typische **moslemische Roti-Restaurants** liegen an der Kreuzung Thepkassatri Rd./Thalang Rd. Eines befindet sich direkt an der Thepkassatri Road (ein paar Meter nördlich der Einmündung Thalang Rd.) und dieses ist das älteste und populärste, aber auch das

Katamaran vor Phuket

am wenigsten hygienisch wirkende. In der Thalang Road, ca. 50 m westlich der Einmündung Thepkassatri Road befindet sich *Abdul's*, ein Roti-Restaurant, das von einem sehr netten thailändisch-tamilischen Moslem geleitet wird. Ein paar Schritte weiter westlich liegt ein weiterer Roti-Laden. Dies ist wohl der am saubersten wirkende und er ist als einziger auch abends geöffnet. Alle drei Läden kredenzen Rotis sowie Beef- und Hühner-Curries und Reis-Biriyani. Preiswert und viel Lokalambiente!

- Aufgrund der Tradition des Vegetarischen Restaurants auf Phuket gibt es relativ viele vegetarische Restaurants in Phuket Town; derzeit sind es sechs, alle nennen sich, wie üblich, **Sala Mangsawirat** oder **Raan-Ahaan Jae.** Außer in Phuket Town gibt es ein weiteres in Patong (siehe dort).

In Phuket Town liegen zwei sehr gute **vegetarische Restaurants** gleich nebeneinander an der Ranong Road, ca. 150 m westlich der Thai Airways; ein weiteres findet sich gleich ums Eck, gegenüber dem chinesischen Tempel Sanjao Jui Tui. Dieses ist Halb-Open-Air, serviert aber köstliche traditionelle Phuket-Gerichte, dazu gesunden braunen Reis.

Ein Restaurant liegt ca. 100 m südlich des Kreisverkehrs an der Rasada Road neben einem winzigen chinesischen Tempel. Hier gibt's vor allem chinesisches Essen mit Fleischimitaten aus Soja.

Ein weiteres gutes Restaurant befindet sich am Nordende der Satool (Satun) Road, nahe dem Phuket Island Pavillon Hotel (freundliche Besitzer, So geschl.).

Dazu findet sich noch ein Restaurant auf dem Gelände vor dem Adventist Mission Hospital.

Während des Vegetarischen Festivals stellen sich zahllose normale Restaurants auf rein fleischlose Kost um, und die gesamte Ranong

Road wird beiderseits von vegetarischen Straßenständen flankiert.

- Zwar nicht in Phuket Town, aber ca. 8 km außerhalb, in Ao Chalong, liegen zwei **Seafood-Restaurants,** auf die die Einheimischen schwören: das Kan Eang 1 (direkt am Pier von Ao Chalong) und Kan Eang 2 (ca. 100 m südlich des Piers in Ao Chalong). Es gibt hervorragende Meeresfrüchte zu vernünftigen Preisen. Ein komplettes Essen für zwei Personen dürfte ca. 300 Baht kosten.
- Wer nicht so weit fahren will, sollte das **Phuket Seafood** im Stadtteil Sapan Hin probieren. Gute Qualität zu Preisen etwa wie oben.
- Auf dem Hügel Khao Rang liegt das **Tunk-Ka Café,** ein *suan ahaan* oder „Gartenlokal", von dem sich eine gute Aussicht auf die Stadt bietet. Serviert wird zudem sehr gute thailändische Küche zu moderaten Preisen. Ca. 400 Baht/2 Pers.

Unterhaltung

- Sehr beliebt bei ausländischen Besucher sowie Einheimischen ist **Timber Hut** in der Yaowarat Road, ca. 200 m südlich des Merlin Hotels. In dem mit viel Holz eingerichteten Club spielen sehr gute Bands, die Musik ist zumeist Pop bis Rock, nicht zu wild. Vom Ambiente her wirkt es wie eine etwas rustikalere Version des Hard Rock Cafés in Bangkok. Geöffnet tgl. 18-1 Uhr, moderate Getränkepreise.
- Härtere Rock-Musik spielt die sehr gute Band im **Jammin'** an der Bangkok Road, das einem freundlichen Menschen namens *Phil* aus Barbados gehört. Es fetzt ordentlich ab, und der Laden ist nicht selten rappelvoll. Rechts nebenan gibt es ausreichend Parkmöglichkeit. Geöffnet tgl. 20.00-1.00 Uhr. Moderate Preise.
- Eine der beliebtesten Discos der Stadt ist die **Marine Disco** rechts neben dem Merlin Hotel an der Yaowarat Road. Ein guter Grund im Merlin zu wohnen.

Wichtige Adressen

- Das **Tourist Office** der TAT ist Mitte 2006 von seinem alten Platz an der Bangkok Road in ein großes eigenes Gebäude an der Phang-Nga Road umgezogen. Das Gebäude ist der Umgebung passend im chinesischen Stil erbaut und auffallend rosa gestrichen. Im Haus stehen Computer, die von Touristen kostenlos zum Surfen benutzt werden können. Geöffnet tägl. 8.30-16.00 Uhr, Tel. 076-212213, 076-211036, 076-217138, Fax 076-213582, tatphuket@tat.or.th.
- Das Büro der **Tourist Police** befindet sich nordwestlich der Stadt an der By-Pass Road (gegenüber James Jewellery), Tel. 1155.
- **Immigration:** Am Südende der Phuket Road, geöffnet Mo-Fr von 8.30-16.30 Uhr. Die Beamten sind leider oft sehr unkooperativ! Wenn möglich, das Visum in Bangkok oder Chiang Mai verlängern! Segler, die mit ihren Booten aus dem Ausland eintreffen, müssen zur Erledigung der Einreiseformalitäten im Büro vorsprechen. Oft verlangen die Beamten Alkohol oder andere Sachgeschenke als „Einreisegebühr"!

Ein relativ neues Immigration Office befindet sich am Patong Beach, neben dem La Salsa Restaurant.

Entfernungen ab Phuket Town

Ao Chalong	11 km
Ao Por	26 km
Bang Tao (Strand)	25 km
Bang Pae-Wasserfall	19 km
Heroines' Monument	12 km
Kamala	26 km
Karon	20 km
Kata	22 km
Kata Noi	24 km
Ko Siray	4 km
Laem Ka	17 km
Laem Promthep	19 km
Laem Singh	25 km
Mai Khao	34 km
Nai Harn	20 km
Nai Yang	30 km
Pan Sea Bay	24 km
Patong	15 km
Phuket International Airport	32 km
Wat Chalong	8 km
Wat Phra Nang Sang	19 km
Wat Phra Thong	20 km

- **Krankenhäuser:** Das wahrscheinlich am besten ausgestattete Krankenhaus ist das Siriroj Hospital (Phuket International Hospital), By-Pass Rd., Tel. 076-249400. Wer Verständigungsprobleme hat, kann sich an den schweizerischen PR-Manager des Krankenhauses wenden. Auch eine Zahnabteilung ist vorhanden. Weitere Krankenhäuser: Bangkok Phuket Hospital, 2/1 Hongyok Rd., Tel. 076-254412-9; Phuket Adventist Hospital (Mission Hospital), 4/1 Thepkassatri Rd., Tel. 076-237220-9; Wachira Hospital, Yaowarat Rd., Tel. 076-211114; 8.30-16 Uhr, Notdienst 24 Std.
- **Post:** An der Montri Road, ist die Hauptpost zu finden (Tel. 076-211020). Geöffnet 8.30-12.00 und 13.00-16.30 Uhr an Wochentagen, ansonsten 9.00-13.00 Uhr. Um die Ecke an der Phang-Nga Road ist das Amt für **Ferngespräche,** geöffnet 8-24 Uhr. Weiteres Postamt: Rasada Branch, Bangkok Rd.
- **Banken** gibt es zahlreiche in der Rasada Road, geöffnet Mo-Fr 8.00-15.00 Uhr. In der Innenstadt existieren noch zahlreiche **Wechselstuben,** die auch über diese Zeit hinaus geöffnet haben und das jeden Tag in der Woche (z.B. gegenüber dem On On Hotel).
- **Thai Airways:** 78 Ranong Rd. (Tel. 076-211195, 076-212499, 076-212946).
- **Airport:** Tel. 076-311194.

Mietfahrzeuge

- Entlang der Rasada Road finden sich **Motorradverleiher;** pro Tag 150-250 Baht.
- Ebenfalls dort und an einigen Stränden (bes. Patong) kann man **Jeeps mieten,** für 800-1.400 Baht täglich. Ein zuverlässiges Unternehmen ist Pure Car Rent in der Rasada Road in Phuket Town (gegenüber dem Thavorn Hotel). Perfekte Organisation und Fahrzeuge im allerbesten Zustand! Bei Voranmeldung kann man sich auch vom Flughafen oder Busbahnhof abholen lassen. Tel. 076-211002, purecar@phuketdir.com. Eine Leserin schrieb, dass ihr eine geleistete Anzahlung trotz vorhandener Quittung nicht angerechnet wurde.
- **Mietwagen** kosten um die 1.400 Baht pro Tag: Avis, Phuket Cabana Hotel, Patong Beach (Tel. 076-321138-40). Weitere Filialen von Avis befinden sich im Le Meridien, Karon Noi Beach, (Tel. 076-321480-5) und im Pearl Village Nai Yang Beach (Tel. 076-311376-89). Hertz: **Phuket Atipong Co.:** 58/23 Maeluan Rd., Tel. 076-212543.

Bootsverleih und -Touren

- **Amancruises Co.,** P.O.Box 292, Phuket Town, Tel. 076-271162.
- **Coral Seekers,** P.O.Box 450, Phuket Town, Tel. 081-6770601.
- **Fast Boats,** 22/1 Mu 2 Thepkassatri Rd., Phuket Town, Tel. 076-220999.
- Am Ao Chalong und Rawai Beach können große **Boote** gechartert werden (25-40 Personen!); eine Tour zu den Phi Phi Islands kostet 4.500 Baht pro Tag, zu den Similan Islands 5.000 Baht pro Tag.

Fluggesellschaften

- **Bangkok Airways,** 158/2-3 Yaowarat Rd., Tel. 076-212341;
- **China Airlines,** Phuket International Airport, Tel. 076-327100, 076-351222-3;
- **Dragonair,** 37/52 Montri Rd., Tel. 076-215734, 076-217300-1;
- **Korean Airlines,** Phuket International Airport, Tel. 076-327137;
- **LTU,** Phuket International Airport, Tel. 076-327432;
- **Malaysia Airlines,** 1/8-9 Tungka Rd., Tel. 076-216675;
- **Thai Airways,** 78 Ranong Rd., Tel. 076-211195, 076-212946,
- **Silk Air & Singapore Airlines,** 183/103 Phang-Nga Rd., Tel. 076-213891, 076-213895;
- **Air Lanka & Emirates Air & Eva Air,** c/o Phuket Centre Tour, 27 Rasada Rd., Tel. 076-212892;
- **American Airlines & Asiana Airlines & Canadian Airlines & Iberia Airlines & South African Airways,** c/o Pacific Leisure, 156/13 Phang-Nga Rd., Tel. 076-232511-9.

Transportmittel auf Phuket

- Wer am Bahnhof ankommt, wird gleich von den **Songthaew**-Fahrern empfangen. Diese versuchen einen überhöhten Preis herauszuschinden. Alle Fahrten innerhalb von Phuket Town kosten 10 Baht! Zu Zielen am Stadtrand können es auch 20-30 Baht sein.

• Zu Zielen innerhalb der Insel und zu den Stränden fahren ab dem Markt an der Ranong Road in Phuket Town große, busähnliche **Songthaews** und auch einige ganz normale **Busse** (letztere nach Kata, Karon und Patong).

Die derzeitigen Preise: Ao Chalong 15 Baht, Ao Por (Bootspier nach Ko Yao in Bang Rong) 25 Baht, Ao Por (Bootspier nach Nakha Noi Island) 30 Baht, Bang Tao 25 Baht, Flughafen 40 Baht (nur sehr wenige Songthaews), Heroine's Monument 20 Baht, Kamala Beach 25 Baht, Karon Beach 25 Baht, Kata Beach 25 Baht, Kathu 15 Baht, Ko Siray 15 Baht, Laem Singh 25 Baht, Nai Harn Beach 25 Baht, Nai Yang Beach 30 Baht, Patong Beach 20 Baht, Rawai Beach 25 Baht, Surin Beach 25 Baht, Thalang 15 Baht. Songthaews zu Phukets Super-Shopping-Center Central Festival kosten 15 Baht. Es sind dieselben Songthaews, die nach Patong fahren. Für die kurze Strecke (ca. 2½ km) ist der Preis überzogen.

Alle Songthaew haben ihren Ausgangspunkt am Busbahnhof an der Phang-Nga Road gegenüber dem Phuket Royal City Hotel. Von dort fahren sie zum Markt an der Ranong Road, und dort halten sie erst einmal eine halbe Stunde. Am Busbahnhof einzusteigen macht somit bestenfalls Sinn für Leute, die im Phuket Royal City wohnen.

Da oft keine direkten Verbindungen zwischen den Orten bestehen, muss häufig in Phuket Town umgestiegen werden. Ansonsten muss man auf die teuren Songthaews zurückgreifen, die an den Stränden ihre Dienste anbieten (bzw. aufdrängen).

• Innerhalb von Phuket gibt es derzeit zwei **Stadtbuslinien.** Eine führt von Saphan Hin im Süden der Stadt zum Macro Lotus-Supermarkt im Norden. Preis pro Fahrt 10 Baht. Die andere, Linie 8411, führt vom Busbahnhof an der Phang-Nga Road über die Thepkassatri Road zum Flughafen. Die gesamte Strecke bis zum Flughafen kostet 52 Baht; es werden jedoch sehr viele Stopps eingelegt, und für Reisende auf dem Weg zum Flughafen ist der Bus nicht sonderlich zu empfehlen – es sei denn, man hat viel Zeit und eine kleine Reisekasse! Abfahrt alle 1-1½ Std. Kurzstrecken innerhalb von Phuket Town kosten 6 Baht.

• Phuket Town ist einer der wenigen Orte in Thailand mit **Taxameter-Taxis.** Seit 2002 betreibt ein Privatunternehmer ein Taxiunternehmen, dem z. Zt. etwa 50 Taxis gehören. Die Songthaew-Mafia von Phuket leistete gegen die neue (und weit bequemere) Konkurrenz in einigen Fällen gewaltsamen Widerstand; einige Taxifahrer wurden handgreiflich angegangen.

Die Taxis sind dieselben Modelle wie die Taxis in Bangkok. Anders als in Bangkok aber müssen die Taxis telefonisch vorgebucht werden. Tel. 076-252158. Die Taxi-Zentrale befindet sich an der Surin Rd., Ecke Phang-Nga Rd., ca. 250 m östlich des Busbahnhofs. Der Anschlagpreis ist 35 Baht (bis zu 2 km), jeder weitere Kilometer kostet 5 Baht. Leider sind einfach nicht genug Taxis vorhanden, und Fahrten zum Flughafen sollten einen Tag im Voraus gebucht werden.

Strände an der Ostküste

Ao Chalong

Phukets schönste Strände befinden sich ausnahmslos an der Westseite der Insel. Von den an der Ostseite gelegenen ist der in der Bucht von Chalong befindliche Strand der beste. Er ist ganz nett, wenn auch nicht gerade spektakulär, die Schwimmmöglichkeiten sind okay. Im Allgemeinen ist es sehr ruhig, der belebteste Teil der Bucht ist der Hafen, vor dem zahllose Segeljachten ankern. In den umliegenden Restaurants und Bars hört man abends feinstes Seemannsgarn, präsentiert von einer internationalen Garde segelnder Weltenbummler.

Die Unterkünfte befinden sich fast ausschließlich im südlichen Teil der Bucht, also südlich des Kreisverkehrs von Ao („Bucht") Chalong. Dieser Abschnitt nennt sich Mittrapab Beach.

• **Phuket Fishing Lodge****** (Tel. 076-28100 36, Fax 076-2810007), direkt am Ufer, mit komfortablen Zimmern mit A.C. und TV.
• **Father Bungalow***** (Tel. 076-281282), an der Zufahrtsstraße zwischen Kreisverkehr und Ufer. Bungalows mit Bad und A.C.
• Das **Phuket Youth Hostel****-*** liegt abseits des Strands, nahe Wat Chalong und ca. 1½ km von Chalong entfernt (Chao Fah Rd., Tel. 076-281325, Fax 02-7111968, www.phukethostel.com). Einfache aber ordentliche Zimmer mit A.C., dazu gibt's Betten im Dorm zu 180 Baht.
• **Atlas Dive Resort*****-***** befindet sich am Südende von Chalong, in für den Ort recht malerischer Umgebung (14 Viset Rd., Tel. 076-381286, Fax 076-383805, www.atlas-dive-resort.de). Komfortable Bungalows mit Bad und A.C., in der höheren Preislage auch TV. Swimmingpool vorhanden. Es werden Tauchkurse und Tauchexkursionen angeboten, z.B. zu Schiffswracks oder Korallenriffs.
• Das **Phuket Island Resort**LLL an Laem (Landzunge) Ka ist die nobelste Unterkunft in dieser Gegend, relativ abgeschieden vom Touristenstrom auf Phuket (100 Viset Rd., Tel. 076-381010-7, Fax 076-381018). Zimmer mit allem Komfort, dazu Swimmingpool, Sportmöglichkeiten, Tauchangebote und mehr.

Ao Sapam

Die Bucht von Sapam ist nicht sonderlich malerisch und schon gar nicht zum Baden geeignet, es findet sich dort aber der neue **Jachthafen Boat Lagoon Marina,** an dem auch luxuriöse Zimmer und Häuser vermietet werden. Die Zimmer haben zum Teil Hafenblick, und das ist wohl genau das richtige für Seefahrts-Romantiker. Die Häuser – hübsche pastellfarbene Reihenhäuser – können auch monatlich gemietet werden (40-50.000 Baht, Tel. 076-238533-40, Fax 076-238541).

Die meisten Besucher kommen mit der eigenen Segeljacht an, wer aber selber keine besitzt, kann sich bei den am Ort befindlichen Unternehmen Sunsail und Thai Marine Leisure eine chartern. Vorhanden sind weiterhin Shopping Center, Swimmingpool, Jacuzzi, Restaurants sowie Sport- und Unterhaltungsmöglichkeiten.

Das Boat Lagoon Marina befindet sich ca. 1 km nördlich der Kreuzung der Straße 4022 mit der Thepkassatri Road im Bereich der Ortschaft Tha Ruea. An der Abzweigung zum Marina ist, ganz unübersehbar, ein ausgedientes Segelschiff aufgestellt.

Ao Por (Ao Po)

Im hohen Nordosten Phukets befindet sich die ruhige Bucht von Ao Por, die nur streckenweise akzeptable Strände aufweist, dafür aber ein dichtes Hinterland, das sich gut für Wanderungen eignet. Außerdem bieten sich von hier zahlreiche Bootsausflüge an, so nach Ko Nakha Yai, Ko Nakha Noi, Ko Khai.

- Wenig ansprechende Beton-Bungalows (Bad) im **Ao Po Seaview****, am südlichen Ende der Bucht oder 1,2 km südlich des Bootspiers.

Rawai

Der Rawai Beach war einer der ersten Strände, die auf Phuket touristisch ausgebaut wurden. Der Strand ist recht schmal und wird von an Fichten erinnernden Kasuarbäumen gesäumt. Dies ist heute einer der weniger besuchten Strände und etwas für Leute, die keinen Rummel wollen. Allerdings ist der Strand ziemlich verschlickt und nicht gut zum Schwimmen geeignet. An der Ostseite befindet sich ein Dorf der „Seezigeuner" oder Chao Le. Dessen Bewohner sind an Kamera schwingende Touristen gewöhnt und weit weniger scheu als die von Ko Siray.

- **Salaloy Bungalows*****-**** (Tel. 076-381297), hinter dem Salaloy Restaurant, akzeptable Bungalows mit A.C.
- **Porn Mae Bungalows**** (Tel. 076-381300), Zimmer mit Bad.
- **Rawai Garden Resort***** (Tel. 076-381292), ruhig und von viel Grün umgeben, Bungalows mit Bad.
- **Siam Phuket Resort*****-***** (Tel. 076-381346-7, Fax 076-381647), bestes Haus an diesem Strand, mit gepflegter Gartenanlage und komfortablen Zimmern mit A.C. und TV.

Im **Hinterland von Rawai und Nai Harn** haben sich wegen der relativen Ruhe zahlreiche Expats angesiedelt. Dies führte zu einer dichten Konzentration von westlichen Restaurants. Der absolute Hit: das italienische Restaurant **Mario e Meghi** am Ostende des Strandes. Das Ambiente ist simpel, das Essen jedoch hervorragend und sehr preiswert. Die Pizzen und Pasta-Gerichte sind einfach spitze.

Strände an der Südwestküste

Laem Promthep

Westlich vom Rawai Beach führt die Uferstraße nach ca. 3 km nach Laem Promthep, der Landzunge, die den südlichsten Zipfel Phukets bildet. Einen Badestrand gibt es hier nicht, dafür ver-

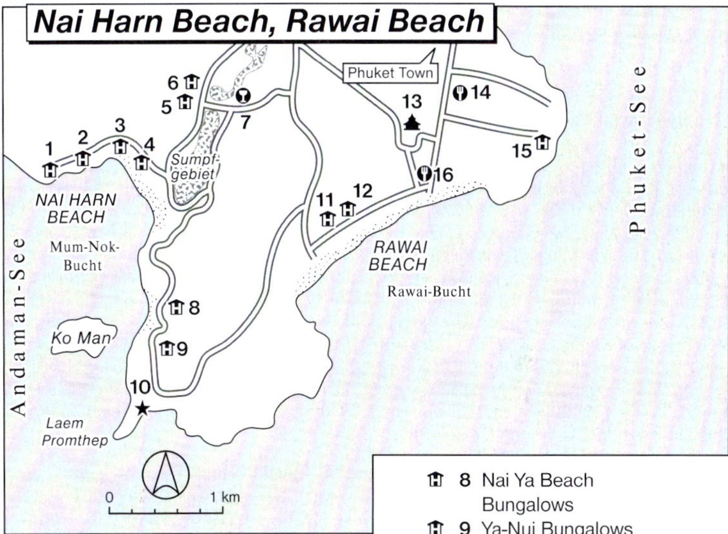

- 1 Baan Krating Resort
- 2 Ao Sane Bungalows
- 3 Le Royal Meridien Yacht Club
- 4 Sabana Resort
- 5 Nai Harn Beach Resort
- 6 L & L
- 7 Reggae Bar
- 8 Nai Ya Beach Bungalows
- 9 Ya-Nui Bungalows
- ★ 10 Aussichtspunkt
- 11 Siam Phuket Resort
- 12 Porn Mae Bungalows
- 13 Wat Sawang Arom
- 14 Royal Bavarian Beerhouse
- 15 Evason Phuket Resort and Spa
- 16 Mario e Meghi

sammeln sich hier jeden Spätnachmittag Hunderte von Touristen, um die legendären Sonnenuntergänge von Promthep zu erleben. Oft sind sie wirklich sehenswert, doch nicht immer.

Nai Harn

Dieses ist sicher einer der schönsten Strände von Phuket, eine noch relativ ruhige, von Felsen eingefasste Bucht, mit weißem Sand und klarem Wasser. Es herrscht allerdings eine tückische Strömung, und es gilt, nicht zu weit hinaus zu schwimmen. Im Monsun ist das Schwimmen hier gänzlich einzustellen.

An der Nordseite der Bucht ist der 145 Mio. Baht teure Komplex des Le Merdien Yacht Club in die Felsen gebaut, eine opulente Anlage, die sich trotz aller Mächtigkeit doch relativ bescheiden und architektonisch geschickt im Hintergrund hält. Es hätte schlimmer kommen können!

Aufgrund seiner Ruhe und einiger preiswerter Unterkünfte ist der Strand sehr beliebt bei Travellern. Beim Tsunami Ende 2004 kam es an diesem Strand zu relativ geringen Schäden.

● Eine der schönsten Wohnmöglichkeiten in dieser Gegend sind wohl die **Nai Ya Beach Bungalows*****-**** (Tel. 076-238179), die in parkähnlicher Umgebung an einen Hang gebaut sind. Die sehr ruhigen, wohnlichen Bungalows mit Bad sind in der Saison oft voll belegt, und Vorbuchungen könnten notwendig sein. Angeschlossen ist ein gutes Restaurant.

● Geht man durch die Garage des Yacht Club (s.u.) weiter den Strand entlang, so gelangt man nach ca. 500 m zu den **Ao Sane Bungalows***-** (Tel. 076-288306). Diese einfache Bungalow-Kolonie hat einen kleinen Privatstrand, ein Restaurant ist ebenfalls vorhanden.

● 500 m hinter den Ao Sane Bungalows – also ca. 1 km vom Hauptstrand in Nai Harn entfernt – erreicht man das **Baan Krating Resort**^{LLL} (Tel. 076-288264, 076-288341), eine sehr ruhig gelegene, von viel Grün umgebene, neu renovierte Bungalow-Anlage. Alle Bungalows mit Bad und A.C., die teureren haben zudem Mini-Bar und TV. Vor den Unterkünften breitet sich ein kleiner Privatstrand aus. Eine sehr ruhige Wohnmöglichkeit.

● Das **Sabana Resort**^{LLL} (14/53 Mu 1, T. Rawai, Nai Harn Beach, Tel. 076-289333, Fax 076-289322) liegt direkt am Strand und bietet Bungalows und kleine Villen, alle mit A.C., TV.

● Das **Nai Harn Beach Resort*****-**** befindet sich ca. 1 km vom Strand entfernt, rechts an der Straße von Rawai nach Nai Harn (14/29 Moo 1, Nai Harn Beach, Tel. 076-381810, Fax 076-214687). Die großzügigen Bungalows haben A.C.

● **L&L***** (Soi Naya, 27/31 Nai Harn, Tel. 086-2777056), ca. 2 km vom Strand entfernt, bieten einfache Bungalows und Pizzen. Thai-Deutsches Management.

● Eine der luxuriösesten Unterkünfte Phukets ist der an einem Hang gebaute **Le Royal Meridien Yacht Club**^{LLL} (vormals *Phuket Yacht Club*). Das von einem der bekanntesten Architekten Thailands entworfene Hotel fügt sich trotz aller Opulenz recht unauffällig in die Landschaft ein. Die Zimmer (alle A.C.) sind 75 m^2 groß und haben alle eine geräumige Terrasse, von der aus man die See überblickt. TV, eine Mini-Bar sowie ein mit Marmor ausgelegtes Bad gehören zur Grundausstattung. Dafür kostet der Spaß auch zwischen 180 und 2.000 US$. Das Hotel bietet drei Restaurants mit unterschiedlicher Küche und unterschiedlichem Flair. Das Quarter Deck ist ein Open-Air-Restaurant mit asiatischer Cuisine, das Regatta ist auf italienische Küche spezialisiert, und das Promenade bietet eine Vielzahl unterschiedlichster Speisen sowie Snacks und Drinks aus der Mittelmeerregion. Buchungen unter Le Meridien Phuket Yacht Club, 23/3 Viset Road, Tel. 076-6340480, 02-6532201, Fax 076-6340479, 02-6532208-9, PYCrsvn@meridien.co.th.

Nai Harn Noi

An Nai Harn in Richtung Laem Promthep schließt sich der kleine Schwesterstrand Nai Harn Noi an. Von der daran gelegenen, erhöhten Uferstraße hat man einen herrlichen Blick auf die Bucht von Nai Harn; der Strand ist sehr schön, mit klarem Wasser und recht ruhig.

● Die **Ya Nui Bayview Bungalows*****-**** (Tel. 076-238180) liegen etwas erhöht an der Uferstraße, sehr ruhig und malerisch. Ordentliche Zimmer mit Bad. Empfehlenswert.

● Etwas weiter nördlich in Richtung Nai Harn liegen die einfachen **New Sunset Bungalows****. Wenn man die Straße davor überquert, erreicht man einen sehr schönen kleinen Strand (abgesehen vom dem Unrat, den einige Besucher hinterlassen haben).

Nui Beach

An der Straße von Nai Harn nach Kata zweigt links ein ausgeschilderter kleiner Weg ab; dieser führt zum winzigen Nui Beach (ca. 2 km von der Abzweigung). Der Strand ist sehr ruhig und gut zum Baden geeignet. Ein Unternehmer hat das Stück Land vor dem Strand aufgekauft und lässt nur Leute durch, wenn sie seine teuren Liegestühle (250 Baht) mieten. Umgehen kann man das Problem durch die Anreise per Boot, z. B. ab dem nahen Karon.

Kata Noi

Nette kleine Bucht und Teil des Kata Beach (*noi* = klein, *yai* = groß). Im Vergleich zum „großen Bruder" ist dieser Teil noch halbwegs ruhig.

- Das **Kata Noi Bay Inn*****-***** (Tel. 076-333308, Fax 076-333545) hat Zimmer mit Bad, 20 Meter vom Strand entfernt, ein Pizza-Restaurant ist angeschlossen.
- Das **Kata Noi Club Bungalow*****-**** (3/25 Patak Rd., Tel. 076-330194, 076-2840 25, Fax 076-33194) ist mit Zimmerpreisen ab 450 Baht die preisgünstigste Unterkunft an diesem Strand. Ordentliche Zimmer mit Bad, die teureren haben A.C.
- Das **Kata Thani Amari Resort**LLL ist größtenteils mit Pauschalurlaubern belegt, die den Strand zum Windsurfen nutzen oder aber im hauseigenen Swimmingpool fachmännischen Tauchunterricht erhalten. Von der Terrasse lässt sich – Longdrink in der Hand – das Strandtreiben leger beobachten. Die mit allem Komfort ausgestatteten Zimmer haben ebenfalls zum großen Teil Strandblick. Anfragen oder Buchungen unter Tel. 076-330124, 076-284096-100, 02-2675213-4, Fax 076-330127, 02-2359529, www.katathani.com.

Kata Yai

Der Hauptstrand von Kata ist zwar einer der schönsten Phukets, das viele Drumherum, die Bars, Boutiquen und sonstigen so dringlich „notwendigen" touristischen Einrichtungen sind jedoch sicher nicht nach jedermanns Geschmack. Auf der anderen Seite ist es hier noch unvergleichlich ruhiger als in Patong. Gut zwei Drittel des Strandes von Kata Yai werden vom Club Méditerrané eingenommen, der Strand kann jedoch von jedermann besucht werden. Im Zentrum von Kata finden sich zahlreiche Restaurants, Bars, Geschäfte und Wechselstuben.

Es bieten sich hier relativ viele **Unterkünfte in der unteren und mittleren Preislage,** so dass dieser Strand gut für Leute mit begrenztem Budget geeignet ist.

- Das **Cool Breeze Bungalow*****-**** (Tel. 076-330484, Fax 076-330173), am Südende von Kata Yai gelegen, bietet mit seinen einfachsten Zimmern zu 300 Baht eine der preiswertesten Unterkunftsmöglichkeiten. Die teuersten Zimmer haben A.C. und TV.
- Das **Dome Bungalow******-***** (Tel. 076-330620, Fax 076-330269) befindet sich auf der Höhe des Club Méditerranée im binnenländischen Teil von Kata; ordentliche Bungalows mit A.C.
- **Kata On Sea Bungalows*****-**** (Tel. 076-330594), am Hügel oberhalb der Taina Rd., bietet einfache Bungalows ab 300 Baht.
- Ganz hervorragend ist das von der Straße etwas zurückversetzte **Serene Resort******-LLL (9/11 Patak Rd., Tel. 076-330150, Fax 076-330564, info@sereneresort. com). Die Zimmer (A.C.) sind bequem und bieten Ausblick auf die Bucht von Kata.
- Das **Bell Bungalow***-** (1/2 Patak Rd., Tel. 076-330858, 076-330111), sehr einfach, aber extrem preiswert, ein Spartipp. Fünf Minuten Fußweg vom Strand entfernt.
- Das **Friendship Bungalow*****-**** (6/5 Patak Rd., Tel. 076-330499, Fax 076-330166) ist mit Preisen ab 450 Baht keine schlechte Wahl. Ordentliche Zimmer mit Bad und in den höheren Preislagen auch mit A.C.
- Preisgünstig und sehr beliebt sind auch die **Little Mermaid Bungalows & Guest House**

-**, einige hundert Meter weiter östlich des Friendship, in Richtung der Straße nach Phuket Town gelegen (94/23-25 Taina Rd., Tel. 076-330730, Fax 076-330733, mermaid@phuket.ksc.co.th). Preiswerte Zimmer (mit Bad) ab 365 Baht, teurere mit A.C., TV.

● Das **Orchidacea******-***** (vormals *Pop Cottage*) befindet sich am Südende von Kata auf einem Hügel und überblickt die Straßenabzweigung, die von Kata/Kata Noi nach Nai Harn führt. Einige der Zimmer (A.C., TV) haben Blick aufs Meer. Adresse: 2/12 Moo 2, Patak Rd., Tel. 076-284083, 076-284146, 076-330181, Fax 076-330794, www.orchidacea resort.com.

● Am anderen, dem Nordende der Bucht, auf einem Felsvorsprung, steht das **Peach Hill Hotel & Resort******-LLL, eine gute Wahl (113/16-18 Patak Rd., Tel. 076-330520-1, Fax 076-330895, www.peach-hill.com) Die Lage ist ruhig; es gibt Zimmer und Bungalows in verschiedenen Preisstufen mit A.C. und Satelliten-TV. Ein Swimmingpool ist vorhanden.

● Nicht leicht erschwinglich ist bei Preisen ab 6.500 Baht (in der Nebensaison ab 3.500 Baht) das **Boathouse Inn**LLL (2/2 Patak Rd., Tel. 076-330015-7, 02-6538718-25, Fax 076-330561, 02-6538726, www.theboathouse phuket.com). Dieses relativ kleine „Boutique Hotel" (36 Zimmer) bietet den ultimativen Wohnkomfort, inklusive freien Blick auf das Meer. Auch wenn man sich das Wohnen hier nicht leisten kann, so sei ein Besuch im **Boathouse Wine & Grill Restaurant** des Hauses empfohlen. Das mehrfach preisgekrönte Restaurant ist bekannt für seine exquisiten thailändischen Speisen, darunter auch Seafood, und außerdem bietet es die umfangreichste Weinkarte Phukets, möglicherweise gar ganz Thailands: Es stehen 460 Weine aus aller Welt zur Auswahl. Samstags um 20.30 Uhr spielt eine Jazz-Band, und Mittwochabends gibt's Samba. Ein Essen für zwei Personen dürfte ohne Wein ab 2.000 Baht kosten. Geöffnet 7-22.30 Uhr; von 17.30-19.30 Uhr ist Happy Hour, dann gibt's Bier und Cocktails zum halben Preis.

● Auf der anderen Straßenseite schräg gegenüber dem Boathouse führt ein Weg einen kleinen Hügel hinauf zum **Flamingo Resort****** (5/19 Mu 2, Patak Rd., Tel. 076-330776, Fax 076-330814, info@flamingo-re sort.com). Von den Zimmern (A.C.) bietet sich ein schöner Ausblick auf's Meer. Angeschlossen ist zudem ein recht gutes Restaurant mit westlicher und thailändischer Küche, sehr guten Pizzen, Salaten u.v.m.

● Das **Fantasy Hill Bungalow****-***** (112/1 Patak Rd., Tel. 076-330106) befindet sich auf einem Hügel im Zentrum von Kata, umgeben von viel Grün. Die Lage könnte nicht besser sein, einige Bungalows sind relativ spartanisch ausgestattet. Dafür sind die Preise niedrig.

● Ähnlich günstig gelegen ist das **Kampong Kata****-*** (112/2 Moo 4, Patak Rd., Tel. 076-330103, Fax 076-330104), ebenfalls sehr einfach und extrem preiswert.

● Der **Club Méditerranée**LLL ist ein ganzes Dorf für sich, in dem man – ohne ihn jemals verlassen zu müssen – ein ausgefülltes Touristendasein führen kann, was aber auch nicht jedermanns Sache ist. Vorhanden sind Tennisplätze, Swimmingpool, Disco etc. und komfortabel ausgestattete Räume. Der ganze Spaß kostet 7.000 Baht pro Person/Tag, in der Nebensaison die Hälfte. Anfragen unter Club Méditerranée, 7/3 Moo 2, Patak Rd., Tel. 076-330456, 076-285235-45, 02-2530108, Fax 076-330461, www.clubmed.com.

Essen:

● **Swiss Restaurant & Bakery** im Bougainvilla House Resort, 117/1 Patak Rd., bereitet Schweizer Spezialitäten wie Fondues und Raclette, dazu gibt es Thai-Speisen und Backwaren.

● Ein ähnliches Programm hat **Helvetia Bakery & Restaurant** an der Taina Road.

● Das **Gung Café** neben dem Boathouse gehört letztgenanntem, was hohe Preise garantiert. Das Ambiente ist etwas legerer als im Boathouse, das Seafood aber fast ebenso gut. Eine Weinbar ist angeschlossen.

● **BlueFin Tavern** im Kata Centre wartet mit amerikanischen, mexikanischen und einheimischen Speisen auf, dazu gibt es jede Menge Cocktails. Moderate Preislage.

● **Omar Restaurant** im Kata Centre kocht recht gut indisch/pakistanisch, und einige vegetarische Gerichte stehen auf der Speisekarte. Leicht gehobene Preislage.

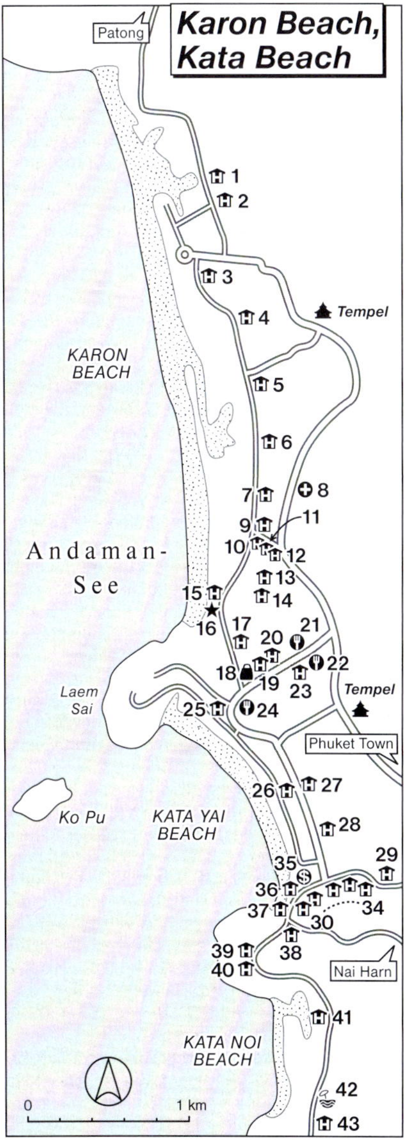

- 1 Lume & Yai Bungalows
- 2 Phuket Ocean Resort
- 3 Central Waterfront Suite
- 4 South Sea Resort
- 5 Karon Seaview Bungalows
- 6 Hilton Phuket Arcadia Beach Resort
- 7 Hilton Thavorn Palm Beach
- 8 Krankenhaus
- 9 Phuket Orchid Resort
- 10 J & J Inn
- 11 Robin House
- 12 Jor Guest House
- 13 Karon Silver Resort
- 14 Happy Inn Guest House
- 15 Marina Phuket
- ★ 16 Dino Park
- 17 Fantasy Hill Bungalow
- 18 Kata Center
- 19 Kampong Kata
- 20 Kata On Sea Bungalows
- 21 Helvetia Bakery and Restaurant
- 22 Pizzadelic
- 23 Lucky Guest House
- 24 Il Tagliere Da Massimio
- 25 Peach Hill Hotel
- 26 Club Mediterranée
- 27 Dome Bungalow
- 28 Sumitra Thai House
- 29 Bell Bungalow
- 30 Flamingo Resort
- 31 Cool Breeze Bungalow
- 32 Friendship Bungalow
- 33 Serene Resort
- 34 Little Mermaid Bungalows & Guest House
- 35 Sea Wind Hotel
- 36 Boathouse Inn
- Hotel + Restaurant
- 37 Kata Delight Villas
- 38 Orchidacea
- 39 Baan Kata Keeree
- 40 Momtri's Villa Royale
- 41 Kata Thani
- 42 Kata Noi Riviera
- 43 Kata Noi Club Bungalow

Karon

Die Beliebtheit dieses ca. 3 km langen Strandes beruht sicher auf seiner Weite und seinen Schwimmmöglichkeiten – das Hinterland sieht ein wenig kahl aus, ein tropischer Traumstrand ist dies nicht. Dafür ist er aber auch nie voll, bei der Länge des Strandes verlieren sich die Leute ohne sich gegenseitig auf dem Badetuch herumtreten zu müssen. Im Karon Center, dem gesellschaftlichen Mittelpunkt des Ortes, warten Rock-Clubs, Bars und Restaurants auf Besucher.

Ein Nachteil von Karon ist die lange, fast gerade verlaufende Uferstraße, die viele Leute, vor allem Motorradfahrer, zur Raserei veranlasst. Vorsicht beim Überqueren!

- Im Norden Karons finden sich einige sehr preisgünstige Unterkünfte, z.B. **Lume & Yai Bungalow*****-**** (7/3 Moo 1, Patak Rd., Tel. 076-396382, Fax 076-966096), mit kleinen Hütten sowie das nahebei gelegene **Ann House***-** (4/6 Moo 1, Patak Rd., Tel. 089-4875126), mit kleinen Zimmern ab unglaublichen 100 Baht.
- Recht gut sind die im Zentrum von Karon fast nebeneinander gelegenen, preiswerten Unterkünfte **Robin House****-*** (128/12 Soi Bangla, Tel. 076-396734) und **Jor Guest House***** (Tel. 076-396546), mit sehr einfachen Zimmern ab 300 Baht. Die beiden Häuser befinden sich am Nordende von Soi Bangla, der kleinen Verbindungsstraße zwischen der Strandstraße und der Straße nach Phuket (die Straße, an der auch das Karon Inn liegt).
- Demselben Besitzer wie das Jor Guest House gehört das etwas komfortablere, nur aus neun Zimmern (A.C.) bestehende **J&J Inn*****-**** (102/12 Moo 3, Karon, Tel. 076-396935, 076-286335).
- Nahebei findet sich das **Karon Silver Resort*****-**** (127/9 Moo 3, Soi Bangla, Tel. 076-396185, Fax 076-396187, karonsilver@hotmail.com). Die Lage ist ausgesprochen ruhig, die Zimmer (Bad) bei Preisen ab 450 Baht recht empfehlenswert. Die teureren Zimmer sind mit A.C. ausgestattet.
- Am südliche Ende von Soi Bangla liegt das nur aus neun Zimmern bestehende, einfache und preiswerte **Happy Inn Guest House***** (127 Moo 3, Soi Bangla, Tel. 076-396260).
- Sehr preiswert sind die an der Strandstraße gelegenen **Karon Seaview Bungalows** **-*** (36/9 Patak Rd., Tel. 076-396798-9, Fax 076-396799). Die Zimmer ab 250 Baht sind klein und für den Preis o.k., mehr aber nicht.
- Eine hervorragende Unterkunft ist das **South Sea Resort**LLL mit luxuriös ausgestatteten Zimmern (A.C., TV etc.), Restaurants und einem Swimmingpool. Preise ab 3.500 Baht. 204 Karon Rd., Tel. 076-396611-5, Fax 076-396618, info@southsearesorts.com
- Das **Marina Phuket**LLL befindet sich auf einer Anhöhe am Südende der Bucht von Karon, quasi im Grenzgebiet von Karon und Kata Yai. Von einigen der komfortablen Bungalows hat man einen wunderbaren Ausblick auf die Bucht, und die Anlage ist von einer malerischen Grünanlage umgeben. Zwei Swimmingpools sind vorhanden. Hinzu kommen zwei ausgezeichnete Restaurants (On The Rock und Sala Thai), das Seafood, sonstige thailändische und auch westliche Speisen serviert, und aufgrund all dieser Vorzüge ist das Marina Cottage eine der beliebtesten Unterkünfte auf Phuket. Kein Wunder, dass die Preise (derzeit 100-160 US$) in den letzten Jahren ständig gestiegen sind. Dennoch gibt es für Leute, die es sich leisten können, wohl nichts Besseres. Die Lage der Bungalows entscheidet über den Preis – die teuersten Bungalows (alle haben Bad, A.C., Kühlschrank, aber kein TV) stehen direkt auf der Klippe, und darunter breitet sich der gesamte Karon Beach aus. Sie haben einen Balkon, von dem sich der Ausblick bestens genießen lässt. 47 Karon Rd., Tel. 076-330625, 076-330517, 076-330493-7, Fax 076-330516, www.marinaphuket.com.
- Das **Phuket Orchid Resort**LLL (vormals *Karon Inn*) liegt auf halbem Weg zwischen Kata und Karon und hat mehr als 500 Zimmer um einen schönen Pool der von riesigen kitschi-

gen Khmer Gottkönigsstatuen überragt wird. 34 Luangpochuan Rd., Tel. 076-396519-23, 02-9394062, Fax 076-396526, 02-9394065, www.katagroup.com.

●Das **Thavorn Palm Beach Resort*******-LLL ist ein Schwesterhotel des *Thavorn Hotels* in Phuket Town, was schon Garant für Komfort und guten Service ist. Vorhanden sind Swimmingpool, Tennisplatz und Restaurants. Offiziell beginnen die Zimmerpreise bei 160 US$, bei Buchungen über Reisebüros kommt man jedoch zumeist weit billiger davon. 128/10 Moo 3, Tel. 076-396090-3, 076-3965552-4, 02-2475150-7, Fax 076-396555, 02-2471398, 02-2475159, www.thavornpalmbeach.com.

●Das **Hilton Phuket Arcadia Beach Resort and Spa**LLL ist ein gigantisches Luxushotel, dessen eigenwillige Rundbau-Architektur nicht jedermanns Sinn für Ästhetik befriedigt, in seinem Inneren jedoch jeden Komfort bietet. Vorhanden sind Swimmingpool, Tennisplatz, zahlreiche Restaurants, Shopping-Möglichkeiten etc; Zimmer mit A.C., TV, Mini-Bar etc. Offizielle Zimmerpreise ab ca. 6.300 Baht, bei Buchung über Reisebüros sind aber auch hier bessere Preise rauszuschlagen. 333 Karon Beach, Tel. 076-396433, 076-396038-44, Fax 076-396136, www.hilton.com.

Essen:

●Das **Buffalo Steak House** in der Plaza gegenüber dem Central Waterfront hat wohl die besten Steaks am Ort.

●Ausgezeichnete traditionelle „königliche" Thai-Küche im **Jao Nang** gegenüber dem Central Waterfront, zu gehobeneren Preisen.

●Teure, aber ausgezeichnete thailändische Küche im **Old Siam** des Thavorn Beach Hotels. Mi & Sa von 20-21 Uhr gibt's Buffets mit klassischem Tanz; sehr gut das Ganze, aber zu 700 Baht nicht gerade billig.

●Sehr gute italienische Küche in gehobener Preislage kredenzt **Al Dente** vor dem Central Waterfront Suite. Ca. 800 Baht/2 Pers.

●Einige gute und originelle Restaurants befinden sich östlich des Kreisverkehrs in Nord-Karon, westlich des Islandia Travelodge Resort. **Las Mageritas & Grill** zaubert ein Sammelsurium internationaler Gerichte, darunter mexikanische und kalifornische, mediterrane und thailändische.

Karon Beach

●Das nahe gelegen **Karon Café Inn & Restaurant** ist ein skandinavisches Steakhaus, es gibt aber auch gute Pizzen, Salate, Sandwiches, Frühstücke etc.

Patong

Phukets **Hauptstrand** ist eine Strandstadt mit zahllosen Hotels, Restaurants, Bars, Discos und Sonnenschirmen. Die Entwicklung, die der Ort in den letzten Jahren durchlebt hat, ist in der Tat erstaunlich, vom verschlafenen Fischerdorf zum touristischen Geheimtipp und schließlich zum etwas

überkandidelten Ferienghetto, wo sich die Sonnenhungrigen aalen, als gäbe es kein Ozonloch.

Patong ist aber auch so etwas wie das Pattaya von Phuket, mit geschätzten 2.000-3.000 Bar-Girls, einigen Hundert *gathoeys* und auch jeder Menge „sauberer" Unterhaltungsmöglichkeiten – also ein Ort für den vor Tatendrang platzenden Junggesellen genauso wie für die urlaubende Familie. Patong wird zunehmend von Pauschaltouristen aufgesucht, und Individualtouristen haben zunehmend Seltenheitswert – nicht zuletzt wegen der allgemein sehr hohen Unterkunfts- und Essenspreise.

Durch den Tsunami wurde Patong stark in Mitleidenschaft gezogen; nur dem Strand von Kamala erging es schlimmer. Über 300 Menschen starben. Die meisten Einrichtungen entlang der Strandstraße wurden beschädigt oder zerstört. Mittlerweile aber ist von Schäden nichts mehr zu sehen.

Der **Strand** ist ausgesprochen schön, mit weißem Sand und gelegen in einer weit ausholenden, sanften Bucht. Hier stören nur die lärmenden Water Scooter (die seit 1998 auf Phuket offiziell „verboten" sind!), während die Drachenflieger doch recht unterhaltsam und leise vorübergleiten – und sich östlich von Patong die Bungee-Springer in den imaginären Falltod stürzen.

Bungee-Springen kann man bei Tarzan's Bungy in Kathu, 5 km östlich von Patong. Der erste Sprung kostet 1.200 Baht (und wohl auch viel Nerven), dann wird's billiger: 800 und 600 Baht. Geöffnet täglich von 9.00-18.00 Uhr.

Unterkunft

Patongs Unterkünfte sind relativ teuer, das gilt besonders für solche, die in Strandnähe liegen. In Umgebung der Rat-Uthit Road, ca. 150-200 m vom Strand entfernt, wird's gleich etwas preiswerter. Je nach Saison können die Preise stark variieren; am teuersten ist die Zeit um Weihnachten und Neujahr, in der Regenzeit ist es am billigsten

- Einige der preiswertesten Unterkünfte im teuren Patong befinden sich im **Paradise Complex,** der zwar gut fünf Minuten Fußweg vom Strand entfernt ist, aber das muss man bei den Preisen in Kauf nehmen. Abgesehen davon ist die Gegend um den Paradise Complex Patongs Schwulenzentrum.

Es finden sich hier: **888 Inn****** (70/23 Soi 6, Paradise Complex, Tel./Fax 076-341306), Zimmer mit A.C.; **Home Away From Home*****-**** (141/16 Soi Paradise Complex, Tel./Fax 076-344838, 076-344474, homeawaypatong@yahoo.com). Sehr zu empfehlen ist das im Schatten des Paradise Complex gelegene **999 Peters Guest House*****-**** (143/8 Soi Paradise Complex, Tel. 076-340555, 086-1460132, peterpatong @yahoo.com).

- Das **Chanathip Guest House*****-**** befindet sich nahe der Kreuzung Sawatdirak Rd./Rat-Uthit Rd. und hat ordentliche und sehr preiswerte Zimmer mit und ohne A.C. 53/7 Rat-Uthit Rd., Tel. 076-294087, Fax 076-294088.
- Bei 600 Baht beginnt das **Shamrock Park Inn****** (31 Rat-Uthit Rd., Tel. 076-340991, Fax 076-344314), das allerdings keine A.C.-Zimmer hat. Dennoch lohnend.
- **P.S. Bungalow******-***** am Nordende der Rat-Uthit Road (21 Moo 1 Rat-Uthit Rd., Tel 076-342207-8, Fax 076-290034) hat Zimmer ab 600 Baht, die teureren mit A.C. Es liegt ein wenig ab vom Schuss, dafür sind die Preise niedrig.
- Nicht mit obigen zu verwechseln ist das **P.S. Hotel******-***** (157 Rat-Uthit Rd., Tel. 076-341096, 076-340184, Fax 076-341097, www.pshotel.com), gelegen an der Rat-Uthit Road nahe der Einmündung Soi Bangla, mitten im Zentrum des Nachtlebens. Gute Zimmer mit A.C., TV und Kühlschrank.

- 1 Phuket Orchid Resort
- 2 Malibu Island Club Hotel
- 3 Novotel Coralia
- 4 Da Maurizio
- 5 Ban Rim Pa
- 6 A.A. Villa
- 7 P.S Bungalows
- 8 Phuket Graceland Resort
- 9 Swiss Palm Beach
- 10 Shamrock Park Inn
- 11 Andaman Beach Suites
- 12 Club Andaman Beach Resort
- 13 Santana Diving
- 14 Chanathip Guest House
- 15 999 Peter's Guest House und Home Away from Home Guest House
- 16 Azurro Village
- 17 Royal Paradise Complex
- 18 Neptuna Hotel
- 19 K Hotel
- 20 Sala Bua Restaurant
- 21 Savoey Restaurant
- 22 Safari Beach Hotel
- 23 Ocean Department Store
- 24 Tai Pan
- 25 Expat Hotel Hotel und Bar
- 26 Bookazine
- 27 Baan Sukhothai
- 28 Sansabai Bungalow
- 29 Navrang Mahal Rest.
- 30 Patong Beach Hotel
- 31 Banana Disco
- 32 Patong Shopping Centre
- 33 Paradise Hotel
- 34 Horizon Beach Resort Hotel
- 35 2000 Mansion
- 36 Holiday Inn
- 37 Patong Merlin Hotel
- 38 Hyton Leelavadee
- 39 Duangjitt Resort
- 40 Coconut Village Resort

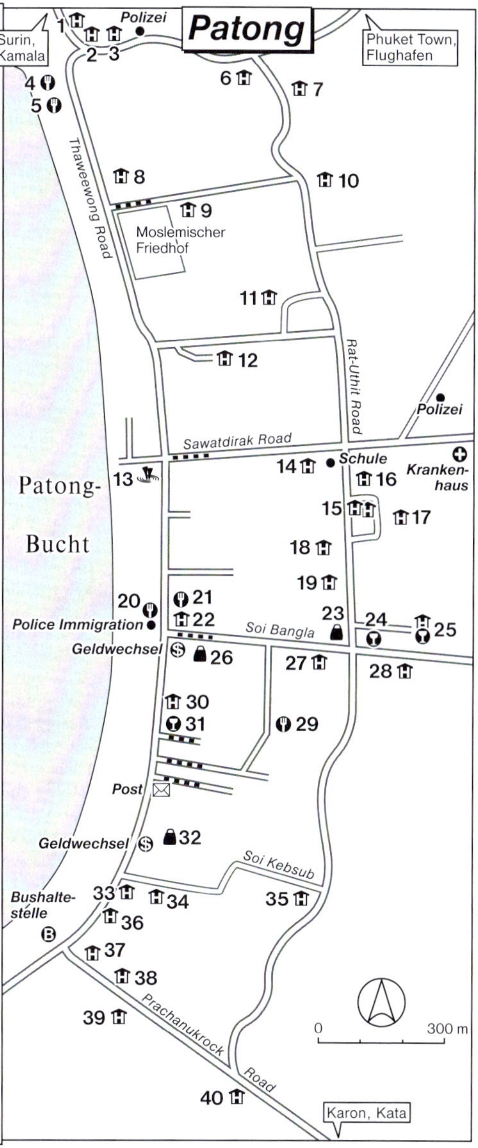

Raub aus dem Safe!

Dem Autor ist persönlich ein Fall bekannt, bei dem einem Gast in Patong auf Phuket Bargeld (Euro und Baht) entwendet wurden. Das wäre vielleicht nur halb so schlimm, hätte es sich um einen „ganz normalen" Diebstahl gehandelt. Statt das Geld einfach zu entwenden, tauschte der Dieb jedoch das echte Geld gegen **Falschgeld** aus (in beiden Währungen). Als der Hotelgast ahnungslos einen Stapel falscher Euro an einem Wechselschalter eintauschen wollte, wurde er von der Polizei verhaftet. Nach einer Horrornacht in einer Zelle in Patong – auf einem Plastikstuhl sitzend, Moskitos totschlagend und ohne Essen und Trinken – wurde mit der Polizei ein Schmiergeld von 50.000 Baht vereinbart, um sich damit frei zu kaufen. Damit war die Geschichte jedoch noch längst nicht zu Ende. Als der Hotelgast mit der Polizei zu seinem Hotel ging, um aus dem Safe die 50.000 Baht zu holen, bekam er noch mal Ärger – denn auch die Baht waren ja falsch und für die Polizisten sehr leicht als Fälschungen zu erkennen! Die Polizisten waren außer sich vor Wut und nur das Vermitteln einer thailändischen Bekannten konnte einen jahrelangen Aufenthalt im Gefängnis verhindern. Fazit: Auch **Safes** sind **nicht sicher.** Wer Wertsachen dort ablegt, sollte diese in ein **Couvert** stecken, mit **Klebestreifen versiegeln** und seine Unterschrift darübersetzen.

Im obigen Falle ist anzunehmen, dass ein Hotelangestellter einen Nachschlüssel zum Safe hatte. Leider ist nicht einmal auszuschließen, dass die Polizei davon weiß und mit dem Dieb/den Dieben zusammenarbeitet, um Schmiergelder zu kassieren. Bisher ist dem Autor nur dieser eine Fall in Patong bekannt geworden; dennoch ist nicht auszuschließen, dass derartiges auch woanders vorkommt.

● **Azurro Village****** an der Rat-Uthit Road, etwas nördlich der Einmündung Soi Bangla, hat saubere Zimmer mit A.C. und TV, für den Preis sehr gut. 107 Rat-Uthit Rd., Tel. 076-341811, Fax 076-341812.

● **Sansabai Bungalow***-**** befindet sich am Ende von Soi Sansabai, etwas östlich der Kreuzung Rat-Uthit Rd./Soi Bangla (Tel. 076-342948-9, Fax 076-344888, info@phuket-sansabai.com). Ordentliche Zimmer ab 600 Baht, mit erheblichen Ermäßigungen bei längeren Aufenthalten und in der Nebensaison. Allerdings ist die Gegend um das Hotel für absehbare Zeit eine gigantische Baustelle.

● Das **K-Hotel****-LLL (82/47 Rat-Uthit Rd., Tel. 076-340832-3, Fax 076-340124, info@k-hotel.com) steht unter österreichischem Management. Diesem ist der Tropische Biergarten angeschlossen, eines der besseren österreichisch/deutschen Restaurants am Ort. Die Zimmer (A.C.) im Hotel sind sauber und ordentlich, für den Preis sehr gut.

● Am Nordende der Rat-Uthit Road befindet sich das sehr saubere **A.A. Villa Hotel****** (Tel./Fax 076-340470), ein kleines Luxushotel mit sehr komfortablen Räumen (A.C.).

● Recht ordentlich ist das an derselben Straße, aber noch etwas weiter südlich gelegene **Neptuna Hotel******-***** (72/27 Rat-Uthit Rd., Tel. 076-340824-6, Fax 076-3406 27, www.phuket-neptuna.com). Die Bungalows (Bad) gruppieren sich um einen netten kleinen Garten, und dies ist sicher eine der angenehmsten Wohnmöglichkeiten im zentraleren Patong.

● Nur wenige Meter weiter in die Gasse hinein steht die gediegene Anlage des **Swiss Palm Beach**LLL (73/71 Rat-Uthit Rd., Tel. 076-342381-3, 076-342099, Fax 076-342098, 076-342394, rene@swisspalmbeach.com). Es ist ein „Aparthotel", eine Mischung aus Apartment und Hotel. In dem mondänen Komplex mit Swimmingpool stehen 36 Apartments (90 m^2) zur Verfügung, die jeweils ein Wohnzimmer, zwei Schlafzimmer (A.C.), Bad, Küche, Bar und Essecke umfassen. Empfehlenswert.

● Eine der großzügigsten Bungalow-Anlagen Patongs ist das **Duangjitt Resort**LLL (18 Prachanukrock Rd., Tel. 076-340778-9, 076-340303, 076-340310-1, Fax 076-340288, duangjit@sun.phuket.ksc.co.th), gelegen am recht ruhigen Südende des Ortes. Die Bungalows (A.C.) liegen über die weite, von der Straße zurückversetzte Anlage verstreut, mit Swimmingpool.

●Eines der architektonisch schönsten Unterkünfte ist das in Zentral-Patong gelegene **Baan Sukhothai**LLL (95 Patong, Tel. 076-340195-6, 076-341394-7, Fax 076-340197, rsvn@baan-sukhothai.com), das im typischen Stil Nordthailands erbaut wurde. Wohnliche Zimmer (A.C.), Swimmingpool vorhanden.

●Das Image einer Herberge für wild-wüste Rock'n'Roller gibt sich das im Schatten des Royal Paradise Complex gelegene **Expat Hotel******-***** (89/15 Bangla Rd., Tel. 076-342143, 076-344023, Fax 076-340300, expat @loxinfo.co.th). In der Hausbar wird zu harter Musik zünftig gezecht, und wer will, kann seinen Kater anschließend in einem kleinen Swimmingpool auskurieren. Zimmer mit Bad und A.C.

●Ebenfalls hautnah am Nachtleben, jedoch eine Stufe teurer ist das **Safari Beach Hotel** *****-LLL. Komfortable Zimmer (A.C., TV, Mini-Bar etc.), Swimmingpool vorhanden. Anfragen und Buchungen unter 83/12 Thaweewong Rd., Tel. 076-341171-4, Fax 076-340231.

●Das **2000 Mansion******-***** liegt in Soi Kebsub nahe Einmündung Rat-Uthit Road (211 Soi Kebsub, Tel. 076-294032, Fax 076-345027, manison2000@phuketdir.com). Gute Zimmer mit A.C., TV und Kühlschrank.

●Das **Horizon Beach Resort Hotel**LLL in Soi Kebsub ist ein gutes Hotel der unteren Oberklasse, dazu in relativ zentraler, aber ruhiger Lage. Komfortable Zimmer mit A.C., TV und Kühlschrank. Ein weiteres Plus ist das sehr gute Baluchi Restaurant (siehe „Essen"). Tel. 076-292526-30, Fax 076-292535, www.horizonbeach.com.

●Das **Patong Inn Hotel****** (128 Thaweewong Rd., Tel. 076-340587, Fax 076-340126) bietet komfortable Räume in direkter Nähe

Patong Beach
(FOTO: AROON THAEWCHATTURAT)

zum Nightlife-Zentrum. Swimmingpool, Zimmer mit A.C., TV, Mini-Bar etc.

● Der **Club Andaman Beach Resort**LLL ist eine wundervolle Anlage, bestehend aus 128 Bungalows in Thai-Bauweise, die von einem idyllischen Palmengarten umgeben sind. Hier ist die Erholung zu Hause! Bei Preisen ab ca. 5000 Baht jedoch nicht für jedermanns Portemonnaie. Anfragen oder Buchungen unter 77/1 Thaweewong Rd., Tel. 076-340530, 076-341960-4, Fax 076-340527, 02-6933245, rsvn@clubandaman.com.

● Das **Andaman Hill Hotel*******-LLL (vormals *Phairin Hill Hotel*) ist eine sehr schöne Anlage, gelegen auf einem Hügel ca. 1½ km südlich der Innenstadt von Patong (193 Na Nai Rd., Tel. 076-340743, Fax 076-344057, lancini @loxinfo.co.th). Ruhige Lage, dazu sehr komfortable Zimmer mit A.C., TV und Kühlschrank. Swimmingpool vorhanden. Bei Buchung über www.phuket-resort.com gibt es Preisnachlässe.

Am Kalim Beach:

Patong geht an seinem Nordende unmerklich in den Kalim Beach über, und wer hier wohnt, ist noch nah dran am Geschehen von Patong.

● Das sehr gute **Nerntong Resort******-***** befindet sich etwas abseits der Uferstraße in einem stillen Seitenweg (2 Soi Prabaramee, Tel. 076-340571-2, Fax 076-340999, pff@lox info.co.th). Die Bungalows (Bad, teilweise A.C.) werden von satter tropischer Vegetation umwuchert, es gibt einen Swimmingpool, einen Jacuzzi und eine Kräutersauna.

● Am selben Weg findet sich das empfehlenswerte **Malibu Island Club Hotel*******-LLL (6 Soi Prabaramee, Tel. 076-342321, 076-290036, Fax 076-344266, malibuphuket@lox info.co.th), ebenfalls mit einem Swimmingpool.

● Ganz in der Nähe liegt das **Orchid Kalim Bay Guest House Hotel & Spa******-LLL (318 Ban Kalim, Tel. 076-340496, Fax 076-342438, www.theorchidhotel.com).

● Die preiswerteste Unterkunft in Kalim ist das **Seven Sea House****** (3 Soi Prabaramee, Tel./Fax 076-342193, www.phuket sevenseahouse.com), mit Zimmern ab 500 Baht.

● An Luxusunterkünften bieten sich hier das **Novotel Coralia**LLL (282 Parabaramee Rd., Tel. 076-342777, Fax 076-411145) und das **Diamand Cliff Resort & Spa**LLL (284 Parabaramee Rd., Tel. 076-340501-6, 02-2464515, Fax 076-340507, 02-2460368, rsvndc@phu ket.kfc.co.th). Die internationale Presse quartierte sich in den Tagen nach dem Tsunami im Novotel ein. Gleich vor dem Novotel wurde im Januar der gesamte Schrott Patongs aufgefahren. Der Satellitenübertragung vieler Sender zeigte jeden Tag eine gigantische Trümmerlandschaft, während große Teile Patongs eigentlich vom Tsunami verschont blieben. Das Diamand Cliff Resort & Spa wird vor allem von Pauschaltouristen angesteuert.

Unterhaltung

● Proppevoll ist zumeist die **Banana Disco** an der Thaweewong Rd. (Tel. 076-3405412). Diese fungiert aber in nicht unerheblichem Maße als „Kontakthof", ein Großteil der weiblichen Gäste sind „freelancers", zumeist aus Thailands Nordostregion, auf Freiersuche. Die Musik ist Disco oder Techno. Geöffnet täglich 19.30-2 Uhr, Eintritt 200 Baht, dafür gibt es 1 Drink.

● Ähnliche Partnersuche findet im **Tai-Pan** statt, an der Rat-Uthit Road, schräg gegenüber der Einmündung Soi Bangla. Im Tai-Pan spielen ganz gute Bands oder es gibt Musikkonserven. Das Lokal bleibt oft bis 3 Uhr morgens auf, also über die offizielle Sperrstunde hinaus.

● **Molly Malone's,** nahebei in der Thaweewong Road, ein Irischer Pub, mit irischer Live-Musik und Guinness. Geöffnet tgl. 10-2 Uhr.

● Ein weiterer Irischer Pub ist **Scruffy Murphy's** an der Westseite von Soi Bangla. Abends gibt's ebenfalls Live-Musik. Geöffnet tgl. 11-2 Uhr.

● In und um Soi Bangla finden sich zahllose **Bier-Bars** (Bar Beer), die mit Hostessen be„mannt" sind, die zumeist auch zu Aktivitäten nach Barschluss angeheuert werden können. Mancher trinkt aber nur ein Bier (oder ein Dutzend mehr). Der Lärm, den die nahe aneinander gelegenen Bars veranstalten, ist oft ohrenbetäubend, und ohne Alkohol im Blut wird ihn nicht jedermann ertragen.

●**Rock Hard A-Go-Go** in Soi Bangla/Ecke Rat-Uthit Rd. ist eine typische Go-Go-Bar, es geht aber nicht ganz so wild zu wie in Patong, und nicht wenige der Gäste sind weiblichen Geschlechts (zumeist mit Ehemann oder Freund). Geöffnet tgl. 17-2 Uhr.

Die Bar hat eine recht interessante Website (www.rockhardphuket.com), auf der Nachrichten aus Phuket auf recht spaßige oder respektlose Weise präsentiert werden.

●**Simon Cabaret** ist ein Transvestitenkabarett und wer derartiges in Bangkok oder Pattaya verpasst haben sollte, erhält in Patong eine neue Chance (8 Sirirach Rd., im Süden von Patong Richtung Karon, Tel. 076-342011-15, www.phuket-simoncabaret.com). Transvestiten und Transsexuelle mimen in bizarrer Kleidung und grell geschminkt zu Musik aus der Konserve. Eintritt 550 Baht, Show-Time 19.30 und 21.30. Danach posieren die Darsteller(innen?) für ein paar Bahtscheine vor dem Auditorium für Fotos. Wer zu wenig zahlt, wird den unglaublichen schmollendgiftigen Zorn erleben können, den Thailands gathoeys so oft an den Tag legen.

●**Geheimtipp:** An der Uferstraße zwischen Patong und Karon, an der dem Meer zugewandten Seite, befindet sich auf einer kleinen Anhöhe die eine oder andere Bar, die gesetzeswidrig bis 8 Uhr morgens (!) geöffnet ist. Die offizielle Schließzeit in Thailand ist 1 bis 2 Uhr, und die wird fast überall strikt eingehalten. Die meisten der Gäste sind junge Thais, nicht wenige davon, die im Hotelgewerbe arbeiten, und die eventuell nach ihrer Nachtschicht noch etwas Spaß haben wollen. Zumeist wird Techno-Musik gespielt, und um Mitternacht geht es erst richtig los. Wer suchet, der findet!

Essen

Patong bietet zahllose sehr gute Thai- und Seafood-Restaurants, dazu jede Menge italienische und deutsche Speisestätten sowie einige französische, indische, koreanische und japanische. Die Auswahl ist magensprengend, man bräuchte ein Jahr, um sich durch alle Restaurants durchzuessen. Außerdem ist viel Kleingeld mitzubringen, denn die Preise sind durchweg sehr hoch. Wer preiswert essen will, kann sich an den überall anzutreffenden Straßenständen schadlos halten. Allerdings sind auch diese, verglichen mit dem Rest des Landes, noch relativ teuer.

●Hervorragende indische Gerichte bietet das **Baluchi** (Tel. 076-292526-30) im Erdgeschoss des *Horizon Beach Hotel* in 64/39 Soi Kebsab. Einige thailändische und westliche Speisen stehen ebenfalls auf dem Programm. Ca. 500-600 Baht/2 Pers.

●Wer Steaks liebt, kommt im **Buffalo Steak House** auf seine Kosten (Soi Patong Resort, südlich von Soi Bangla abzweigend). Das Fleisch stammt aus Neuseeland. Ca. 400-600 Baht/2 Pers.

●Wenn es thailändisches Seafood sein soll, so gibt es kaum Besseres als das **Savoey** an der Thaweewong Road (etwas nördlich der Einmündung von Soi Bangla). *Savoey* bedeutet übersetzt etwa „königlich speisen", und das ist hier beileibe nicht übertrieben. Alle Gerichte sind von höchster Qualität. Ein komplettes Essen für zwei Personen dürfte ca. 500-700 Baht kosten.

●Das **Sala Bua** (Tel. 076-340138) an der Thaweewong Road, etwa gegenüber des *Savoey* und wenige Meter südlich der Kreuzung Thaweewong Rd./Soi Bangla, bietet eigenwillige schmackhafte Kreationen, in denen westliche und östliche Einflüsse zu lukullischen Meisterwerken kombiniert werden. Der Chefkoch gewann 2001 einen internationalen Kochwettbewerb. Gehobene Preislage.

●In Soi Patong Resort, einer Gasse, die südlich von der Bangla Road abzweigt, befindet sich das **Navrang Mahal,** Phukets bestes indisches Restaurant. Es gibt ausgezeichnete Curry- oder Tanduri- („Steinofen") -Gerichte (auch vegetarisch). Ca. 400 Baht/2 Pers.

●**The Royal Kitchen** im 25. Stock des Royal Paradise Complex ist ein hervorragendes chinesisches Restaurant, das zudem noch mit großartigem Ausblick belohnt. Etwas gehobenere Preislage.

●**Le Croissant** im Bangla Square (Soi Bangla) bietet große Auswahl an frischen Backwaren.

●Falls es deutsche, schweizerische oder österreichische Hausmannskost sein soll, so helfen die folgenden Restaurants aus der Klemme: **Berliner Gasthaus (Mon Bijou),** 72/5 Rat-Uthit Rd.; **Bierkutsche** (Soi Bangla); **Grillhütte,** 83/54 Thaweewong Rd.; **Jäger-**

stube, Soi San Sabai; **Patong Biergarten,** im K-Hotel, 82/47 Rat-Uthit Rd.; **Number 6** (links neben K-Hotel); **Skihütte,** Patong Condotel, 9.Stock (schweizerisch); **Zum Schlawiener,** Soi Permpong 3 (österreichisch). Besonders preisgünstig und gut ist das **Little Restaurant** in der Gasse nördlich des Moslem-Friedhofs (nahe Eden Hotel). Abends oft proppevoll!

- Baan Rim Pa ist nichts für Sparsame, das Essen ist jedoch hochklassig, Thai sowohl als westlich, mit viel Meeresfrüchten. Von den Tischen an Meerseite ergeben sich hervorragende Ausblicke auf die Bucht, und dazu klimpert dezent ein Pianospieler. Reservierung ist ratsam. Tel. 076-344079. Ab ca. 2.000 Baht/2. Pers. Geöffnet tgl. 12-23 Uhr.
- Ein **vegetarisches Restaurant** befindet sich in der Thanon Phra Barami, der Straße, die am Nordende von Patong in Richtung Phuket Town führt. Das Restaurant liegt dort etwa 100 m westlich von Wat Phra Barami. Gerichte ab 15 Baht.

Strände an der nördlichen Westküste

Kamala

Ein ruhiger Strand nördlich von Patong, nicht der beste zum Schwimmen, aber mit sattgrünem Hinterland, das zu Wanderungen einlädt. Der Ort Kamala war bis vor einigen Jahren eine Oase der Ruhe; genau deshalb zogen viele „Expats" dorthin, und plötzlich wurden die einst so zahlreichen Reisfelder in Baustellen umfunktioniert. Kamala macht heute einen sehr chaotischen Eindruck, die Häuser bestechen vor allem durch ihre unglaublich schrillen Außenanstriche – von Kanarienvogelgelb über Babypink bis Veilchenlila ist alles dabei. Keine Augenweide! Ein Großteil der Bevölkerung sind Moslems.

1999 wurde im nördlichen Bereich von Kamala der **Vergnügungspark Phuket Fantasea** eröffnet, ein Ableger des *Safari World* in Bangkok. Der Bau hat über 3,3 Mrd. Baht gekostet, und noch über eine weitere Milliarde soll investiert werden. Geboten werden kulturelle Shows, die von Laser-Projektionen, Feuerwerken und sonstigen Spezialeffekten begleitet werden. Die Eintrittspreise sind gesalzen (Erwachsene 1.500 Baht inkl. Dinner; für Kinder 1.100 Baht), und ohnehin lässt sich darüber debattieren, ob Kamala mit der Errichtung eines so gigantomanischen Vergnügungsparks ein Dienst erwiesen wurde.

Was das Bild von Kamala jedoch mehr verändert hat, war der **Tsunami.** Fast alle Gebäude am Strand wurden zerschmettert oder stark beschädigt. In Mitleidenschaft gezogen wurden selbst Gebäude, die sich an der weitab von Strand verlaufenden Hauptstraße befanden. 2006 war Kamala noch weit davon entfernt, sich von den Schäden vollständig zu erholen.

Unterkunft

- Gleich rechts hinter dem Kamala Seafood befinden sich die kleinen **Bird Beach Bungalows*****-**** (Tel. 076-279669, 076-279674, Fax 076-279669).
- Auf der Rimhad Road im Zentrum Kamalas befindet sich das **Seaside Inn****** (Tel. 076-385152, Fax 076-279894), das große Bungalows mit TV, Kühlschrank und Miniküche ab 1.000 Baht anbietet.
- Das **Phuket Kamala Resort******* in unmittelbarer Strandnähe wurde vom Tsunami schwer beschädigt, ist aber wieder in Betrieb (74/8 Mu, 3, Tel. 076-2795804, Fax 076-279579, www.kamalabeach.com). Das Re-

sort bietet luxuriöse Zimmer (A.C.). Restaurant und Swimmingpool.

● Weiter nördlich, direkt am Strand, liegen **Maya's Bungalows***** (95/1 Mu 3, Tel. 076-385437). Dorthin führt ein Weg, der in westlicher Richtung von der Kamala-Surin-Straße abzweigt.

● Gleich daneben befinden sich die **Denis Bungalows*****-****** (Tel. 081-8934094) und das **Grace Resort******* (Tel. 076-385839, Fax 076-385476), das kleine, aber schöne Bungalows anbietet.

● Wunderbar von dschungelähnlicher Vegetation umgeben, aber relativ weit weg vom Strand liegt der **Nirvana Club*******-LLL – eine tolle Lage! (10/15 Moo 6, Tel. 087-279214-5, Fax 076-271218, nirvana@metroclub.ru). Neben riesigen Zimmern (A.C., Bad, TV, Kühlschrank etc.), die ein wenig fantasiereicher hätten eingerichtet werden können, gibt es einige preiswertere Bungalows. Im Haus befinden sich ein Restaurant sowie eine Kräutersauna und ein Massage-Raum.

● Eine sehr schöne Anlage ist das neue **Aquamarine Resort & Villa**LLL, das am Südende der Bucht an einen steilen Felshang gebaut wurde. Vom Pool hat man einen ausgezeichneten Blick auf den Strand. Großartige Lage, aber bei Preisen ab 3.500 Baht nicht für jeden Geldbeutel gedacht. Das dem Hotel angeschlossene Leelawadee Restaurant bietet Seafood und Thaigerichte. 17/38 Moo 6, Tel. 076-310600, Fax 076-310630, www.aquamarineresort.com.

Laem Sing

Eine wundervolle kleine Bucht zwischen Kamala und Surin, zu der ein von der Uferstraße abzweigender, abschüssiger Fußweg führt (die Abzweigung erkennt man an den dort geparkten Motorrädern und Autos). Der Strand ist sehr beliebt bei Tagesausflüglern, Unterkünfte gibt es nicht.

Surin

Der sehr attraktive Strand von Surin wird von einem ehemaligen **Neun-**

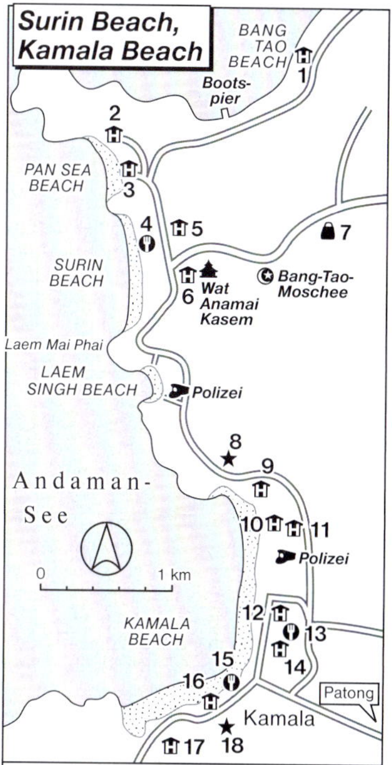

1 Blue Lagoon Bungalows
2 Amanpuri Resort
3 The Chedi (Resort)
4 Restaurants
5 Sweet Apartment
6 Twinpalms Phuket
7 The Palace of Arts
8 Phuket Fantasea
9 Grace Resort
10 Maya's Bungalows
11 Denis Bungalows
12 Phuket Kamala Resort
13 Kamala Seafood
13 Bird Beach Bungalows
13 Vegas Restaurant & Sports Bar
14 Seaside Inn
15 Rockfish Restaurant
16 Kamala Beach Estate
17 Aquamarine Resort & Villa
★ 18 Suriya Thani

Loch-Golfplatz und einigen kleinen Restaurants flankiert, aber ansonsten hat man hier immer noch seine Ruhe. Vorsicht aber, das Wasser unterliegt einer starken Strömung, im Monsun ist das Baden hier lebensgefährlich.

Unterkunft:

- Ca. 100 m hinter dem Strand stehen die **Surin Sweet Apartments******, die tageweise angemietet werden können (107/5-6 Mu 3, Choerng Thale, Tel. 076-270863-4, Fax 076-270865). Gute Wohnmöglichkeit mit Swimmingpool für Leute, die es gerne ruhig haben. Bei Monatsaufenthalten wird's erheblich billiger.
- Ca. 300 m Inland vom Strand, etwas abseits der Straße nach Bang Tao, steht die großartige **Pen Villa******-LLL (91 Sri Sunthorn Rd., Tel. 076-271100, 076-271101, Fax 076-324221, penvilla@samart.co.th). Dies war ursprünglich ein Privathaus, das sich ein Deutscher hierhin gebaut hatte, jetzt hat es eine thailändische Familie übernommen und zu einem Hotel umfunktioniert. Die Zimmer (A.C., TV) sind urgemütlich, mit viel duftendem Edelholz ausgestattet und dazu blitzsauber. Eine tolle Wohnmöglichkeit! Ein kleiner Swimmingpool mit Garten drum herum sowie eine riesengroße Familien-Suite sind vorhanden. Mahlzeiten sind im Haus erhältlich.
- Das **Twinpalms Phuket**LLL (105/46 Moo 3, Surin Beach Road, Phuket 83110, Tel. 076-316500, Fax 076-316599, www.twinpalms-phuket.com) ist ein 5-Sterne Boutique Hotel vom Feinsten. Mit Spa, Bibliothek, High Speed Internet, Pool (1600 m^2) und schwerer marmor- und bronzeträchtiger Ästhetik. Das Twinpalms beschreibt sich als Mitglied der „Millionaire's Row" Phukets.

Essen:

- Das **Hui Xain Restaurant** an der Straße gegenüber dem Strand serviert sehr gutes Thai-Essen zu moderaten Preisen.
- Sehr gute italienische Küche gibt es im **Restaurant Toto** neben dem Tang Thai G.H., dem interessanterweise auch ein Jacuzzi und eine Kräuter-Sauna angeschlossen ist. Das Restaurant ist geöffnet 18-23 Uhr.

Pan Sea Bay

Eine exklusive kleine Bucht zwischen Surin und Bang Tao, mit einem ansehnlichen Strand, eingefasst von Felsen. Wer hier zu wohnen gedenkt, sollte jedoch zunächst erst einmal den Kontostand überprüfen.

- **The Chedi**LLL bietet sehr komfortable, an einen Hang gebaute Bungalows, die die Bucht überblicken. A.C., TV, Mini-Bar etc. in allen Wohneinheiten. Swimmingpool und Restaurants vorhanden. Anfragen oder Buchungen unter *The Chedi,* 118 Mu 3, Tambon Choerng Talay, Thalang, Pan Sea Beach, Phuket 83110, Tel. 076-324017-20, Fax 076-324252,; www.phuket.com/chedi. Preise in der Hauptsaison ab 380 US$.
- **Das Amanpuri Resort**LLL ist eine der allerbesten Wohnmöglichkeiten auf Phuket und besteht aus 40 luxuriös eingerichteten Wohneinheiten (A.C., TV, Mini-Bar, etc.), die in typischer Thai-Holzbauweise errichtet sind. Swimmingpool und Restaurants sind vorhanden. Kostenpunkt allerdings 650-7.300 US$. Das können sich Leute wie *Mick Jagger, David Bowie* oder die *Scorpions* leisten, die alle schon mal da waren. Buchungen unter Tel. 076-324333, Fax 076-324100, 076-324200, www.amanpuri.com.

Bang Tao

Bang Tao ist ein freundliches Moslem-Dorf, dessen Zentrum von einer ansehnlichen Moschee eingenommen wird, der größten von Phuket. Der Strand liegt jedoch gut 2 km davon entfernt. Er hat recht weißen Sand, bietet gute Schwimmmöglichkeiten und genug Auslauf für notorische Wanderer. Die weitausholende Bucht ist ca. 3 km lang. Leider befinden sich hier fast ausnahmslos hochpreisige Unterkünfte, die sich auch immer noch zu vermehren scheinen.

●Die derzeit einzige einigermaßen preiswerte Unterkunft sind die **Blue Lagoon Bungalows******** (72/2 Mu 3, Tambon Choerng Thale, Tel. 076-324260, Fax 076-324168). Die Bungalows (eig. Bad) liegen an einem sehr ruhigen und schönen Strandabschnitt, umgeben von zahlreichen Kasuarina-Fichten. Es gibt einen Swimmingpool.

●Weiter nördlich der Blue Lagoon Bungalows befindet sich das noble **Rydges Beach Resort Phuket**LLL (322 Moo 2, Tel. 076-324021-2, 02-5352534, Fax 076-324243, 02-5352534, rydges_phuket@rydges.com), eine der angenehmsten der gehobenen Wohnmöglichkeiten auf Phuket. Die sehr schöne, aber nicht protzige Anlage ist um einen Swimmingpool arrangiert, drum herum Palmen, Kasuarinen und eine sehr entspannte Atmosphäre. Nicht umsonst ist das Hotel häufig ausgebucht. Für die Zimmer (A.C., TV, Video, Mini-Bar, Kühlschrank etc.) ist zwischen dem 20.12. und 20.2. jeweils noch ein Saison-Bonus von 1.500 Baht draufzulegen, zudem ist die Teilnahme an Fest-Diners zu Weihnachten, Silvester und dem Chinesischen Neujahr Pflicht. Diese müssen gesondert bezahlt werden.

●Die älteste der Luxusherbergen von Bang Tao ist das **Dusit Laguna**LLL (390 Sri Sunthorn Rd., Tel. 076-324324, 02-6363600, Fax 076-324174, 02-6363570, www.dusit.com). Das Haus verfügt über einen Privatstrand, einen Swimmingpool, Tennisplatz, mehrere Restaurants etc. Das Hotel ist fest in der Hand von Pauschaltouristen, sehr häufig aus Italien.

●Architektonisch sehr gelungen ist die Luxusanlage des **Sheraton Grande Laguna Beach Resort**LLL, die um eine künstlich angelegte Lagune herum platziert ist (16 Mu 4, Sri Sunthorn Rd., Tel. 076-324101-7, 02-2537383, Anschluss 408, Fax 076-324108, 02-2552371, www.lagunaphuket.com/hotels/sheraton. Preise ab 250 US$).

●Nahebei finden sich noch **The Allamanda Laguna Phuket**LLL (Tel. 076-324359, 02-2850746-7, Fax 076-324360, 02-2850748, allamanda@lagunaphuket.com) und das **Banyan Tree Phuket**LLL (Tel. 076-324460-8, 076-324374, 02-2850080, Anschluss -532, Fax 076-324375, 02-2850080, www.banyan tree.com). Letzterem ist ein Golfplatz angeschlossen (Laguna Phuket Golf Club), oder besser gesagt, es ist ein Golfclub, der auch Unterkunftsmöglichkeit bietet.

●Am Nordende der Bucht von Bang Tao schließt die kleine Layan-Bucht an. An dieser Stelle befindet sich das **Layan Beach & Spa Resort**LLL. Der nahe gelegene Strand ist nichts Besonderes, die Lage aber ist außerordentlich ruhig. Das Resort hat sehr gemütliche Zimmer (Satelliten-TV, A.C., Kühlschrank), angeschlossen sind Swimmingpool und Spa. Angeboten werden Yoga- und Meditationskurse, Thai-Kochkurse, Thai-Boxen und diverse Wassersportarten. Aufgrund der abgeschiedenen Lage ist ein Mietfahrzeug an zu raten. Zimmerpreise in der Hauptsaison ab 6.000 Baht, in den Monaten März bis Oktober ab 4.000 Baht. 62 Moo 6, Layan Village, Thalang, Tel. 076-313412-4, Fax 076-313415, www.layanphuket.com.

Essen:

●Einen besonderen Namen hat sich in den letzten Jahren das von einem Deutschen geleitete **Tatonka Restaurant** gemacht, gelegen an der Zufahrt zum Dusit Laguna Hotel, ca. 1 km davor. Gäste des Hotels werden kostenlos abgeholt. Tel. 076-324349. Geöffnet Do-Di, 19-24 Uhr. Das Restaurant serviert „Globetrotter Cuisine", eine exzentrische Mischung verschiedener Stile, die die diversen Orte auf der Welt reflektiert, an denen der Besitzer und Chefkoch gearbeitet hat. Das Spektrum geht von Thai, über Japanisch bis Mexikanisch und Hawaianisch. Der Weg hierhin lohnt. Gehobene Preislage, ca. 2.000 Baht/2 Pers.

Nai Thon

Ein absolut ruhiger Strand, gelegen in einer sehr abgeschiedenen Ecke Phukets. Der Gegensatz zum Trubel von Patong könnte nicht größer sein. Da nur sehr wenige Songthaews vom Markt in Phuket Town nach Nai Thon fahren (30 Baht), am besten ein Songthaew chartern (ca. 350-400 Baht für die einfache Fahrt).

● Das **Nai Thon Beach Resort******-LLL (Mu 4, Tambon Sako, Tel. 076-205379-80, Fax 076-205381, nai-thon-beach-resort@hotmail.com) besteht aus 14 Bungalows (Bad, teilweise A.C.), die direkt an der am Strand vorbeiführenden Straße gelegen sind, von viel Grün umgeben.

● Etwas weiter nördlich liegt das **Phuket Naithon Resort*******-LLL (Tel. 076-205233, 076-205030, 076-205214, Fax 076-205214, 076-213233, naithon@phuket.cir.com). Zimmer mit A.C. in verschiedenen Preisstufen.

● Die **Naithon Beach Villa*******-LLL wird von einem Deutschen, dem Besitzer der Grillhütte in Patong, und seiner thailändischen Frau geleitet (Tel. 076-205407, Fax 076-205326, www.naithon.com). Es gibt verschieden große, sehr geräumige und gut ausgestattete Apartments und Zimmer, z.T. mit eigener Kochgelegenheit. Das Badewasser wird durch Solarzellen aufgeheizt. In der Nebensaison sowie bei Langzeitaufenthalten sinken die Zimmerpreise (ab 2.100 Baht) auf beinahe die Hälfte.

● Das **Naithonburi Resort*******-LLL wurde 2005 an der Nordseite von Nai Thon eröffnet und ist eine architektonisch recht gelungene Anlage (Tel. 076-318700, Fax 076-318777, www.naithonburi.com). Komfortable Zimmer mit A.C., Satelliten-TV, Kühlschrank, dazu Swimmingpool. In der Off-Season werden oft Reduktionen gegeben, so dass die Zimmer um 2.000 Baht kosten.

● Ende 2004, gerade kurz vor dem Tsunami, wurde das **Trisara**LLL eröffnet, gelegen an der Straße zwischen Bang Tao und Nai Thon. Das Trisara ist einer von Phukets neuesten Luxuszugängen und schickt sich an, dem Amanpuri Konkurrenz zu machen. Und das kann es durchaus: Das Trisara hat fantastisch stilvoll eingerichtete Villen, dazu Badezimmer, die so groß sind wie ein normales Wohnzimmer – und beinahe ebenso wohnlich – und der besondere Clou sind die „Infinite View"-Swimmingpools vor jeder Villa. Die Pools sind so angelegt, dass man, wenn man davor sitzt, erst mal nur das Blau des Pools sieht, und dann dahinter gleich das Blau des Meeres und des Himmels; das Resort liegt etwas vom Strand erhöht, so dass man den Strand von der Villa aus nicht sieht, eben nur den Pool, das Meer und den Himmel – unendlicher Blaublick also. Die erhöhte Lage des Trisara ließ es auch beim Tsunami mit nur sehr geringen Schäden davon kommen. Zimmerpreise ab 745 US$, in der Off-Season ab 520 US$. 60/1 Moo 6, Srisoonthorn Rd., Choerng Thale, Tel. 076-310100, Fax 076-310300, www.trisara.com.

Nai Yang

Der Strand von Nai Yang ist Teil des Nai Yang Marine National Park, an dem von November bis Februar die vom Aussterben bedrohten **Meeresschildkröten** Eier ablegen (wie am benachbarten Strand von Mai Khao auch). Das Gelände ist mit zahllosen Kasuarina-Fichten übersät, die ihm ein recht tropen-untypisches Aussehen verleihen – Kokospalmen gibt es kaum. Der Strand ist aber sehr ansehnlich und bietet gute Schwimmmöglichkeiten. In den angrenzenden Hotels finden sich hauptsächlich Pauschaltouristen, in erster Linie Deutsche und Österreicher. Nahe der Parkverwaltung existiert ein Visitor Center, in dem die Besucher des Parks mit Informationsmaterial ausgestattet werden.

● Das **Pearl Village** bietet guten Komfort – vom Swimmingpool bis zum Tennisplatz. Preise ab 7.800 Baht, bei Buchung einer Pauschalreise wird's erheblich billiger. Tel. 076-327006, 076-327015, 02-5612919, Fax 076-327338-9, 02-2601027, www.phuket.com/pearlvillage

● Nördlich an das Pearl Village schließt sich das **Crown Nai Yang Suite Hotel**LLL an (Nai Yang Beach, Tel. 076-327420-9, Fax 076-327322-3, crown@phuket.com), eine Luxusanlage mit Swimmingpool, Tennisplatz etc.

● Der **Nationalpark** bietet auch einige Wohnmöglichkeiten. Bungalows kosten zwischen 300 und 1.200 Baht. Außerdem werden Zel-

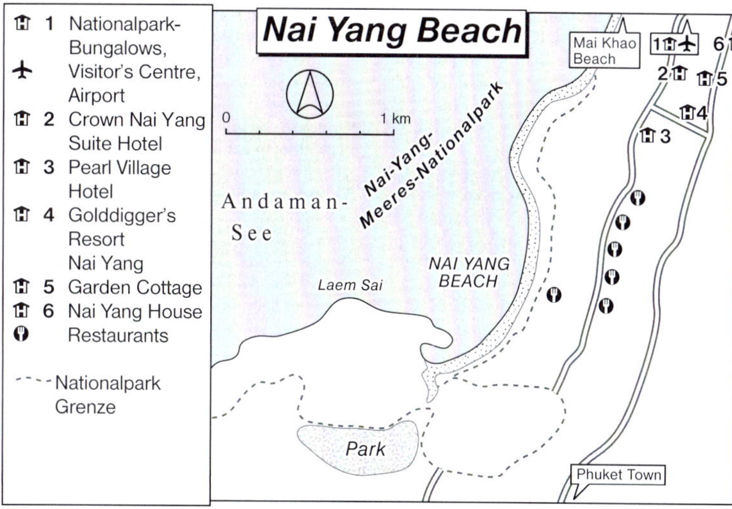

te für 100-200 Baht/Tag zur Verfügung gestellt. Mit dem eigenen Zelt kostet die Übernachtung nur 20 Baht. Anfragen unter Tel. 076-328226, 076-3327152, oder in Bangkok beim Royal Forest Department, Tel. 02-5612919, sirinath_np@yahoo.com.

- Eine schöne, gepflegte Bungalow-Anlage mit Swimmingpool ist das schweizerisch-australisch geführte **Golddigger's Resort Nai Yang****** (74/12 Surin Rd., Tel./Fax 076-328424), das sich allerdings etwas vom Strand zurückversetzt befindet. Zur Verfügung stehen saubere und wohnliche Bungalows (Bad, TV, Kühlschrank). Ein kleines Restaurant ist angeschlossen, so dass man sich den wenige Minuten beanspruchenden Weg zu den Strandrestaurants sparen kann. Motorräder und Jeeps werden vermietet.
- Das **Garden Cottage******* liegt ebenfalls vom Strand zurückversetzt (53/1 Moo 1, Tel. 076-327293, Fax 076-327292, gardencot@yahoo.com); die sehr sauberen und wohnlichen Bungalows (A.C.) sind von einer gepflegten kleinen Gartenanlage umgeben.
- Saubere, nette Zimmer die in einer Art Reihenbungalow untergebracht sind, bietet das **Nai Yang House*****-**** (6/1 Nai Yang – Saku Rd., Tel. 076-327488, Fax 076-205061, naiyanghouse@hotmail.com).

Mai Khao

Ein ca. 10 km langer Strand, den man schon beim Anflug aus dem Fenster erspäht – der Flughafen befindet sich gleich daneben, nur durch ein paar Kasuarinen getrennt. Der Strand ist sehr attraktiv und ein lohnendes Ziel für einen Tagesausflug; leider aber haben sich im Hinterland einige unattraktive Garnelen-Farmen angesiedelt.

Wie in Nai Yang finden sich hier **Meeresschildkröten** zur Eiablage ein, mittlerweile sind es jedoch nur noch ca. 100 pro Jahr, Tendenz sinkend. Zum thailändischen Neujahrsfest, dem Songkran (13. April), werden hier jeweils etwa 2.000 Jungtiere ausgesetzt, die im Marine Biological Research Center aufgezogen wurden.

• **The Phuket Campground,** etwas hinter dem Strand gelegen, vermietet Zelte zu 100 Baht/Pers. Bodenmatten, Kissen, Decken und eine Taschenlampe sind inbegriffen. Die Anlage ist bei der Länge des Strandes nicht leicht zu finden. Tel. 081-6764318, campground@phuketmall.com.

• Das Non-Plus-Ultra eines Hotels ist das **J.W. Marriott Resort and Spa**[LLL] in Mai Khao. Die Anlage ist ein architektonisches Meisterwerk, an jedes Detail ist gedacht. Abends kann man an einem malerisch beleuchteten, riesigen Lotusteich sitzen, und die Auffahrt zum Hotel wird dramatisch durch Fackeln auf den Begrenzungsmauern beleuchtet. Die Zimmer sind hervorragend eingerichtet, die Badezimmer sind riesengroß, und von der Badewanne aus lässt sich aufs Meer und den angrenzenden Palmengarten blicken. Zimmer mit A.C., Kühlschrank, Mini-Bar, TV und DVD-Player. Zwei Swimmingpools stehen zur Verfügung, eine Sauna, Fitness-Club, Tennisplatz, dazu 4 Restaurants, eine Delikatessen-Bar und mehrere Geschäfte. Vor der Anlage breitet sich ein kilometerlanger Strand aus, weit und breit ist bisher kein anderes Gebäude zu sehen. Dem Hotel selber gehören 600 m Strandfront. An der Nordseite des Hotels waren 2006 Bauaktivitäten zu beobachten, und es wird vielleicht nicht ganz so ruhig bleiben. In den Monaten Mai-September fallen die Preise für die Standardzimmer gelegentlich auf 3.500 Baht, maximal 5.000 Baht. In der Hauptsaison kosten die Zimmer ab 7.000 Baht, bei Buchung übers Internet wird's aber zumeist ein wenig billiger. 2002 stieg Bundespräsident *Johannes Rau* hier für eine Nacht ab, offensichtlich auch ein Mann mit erlesenem Geschmack Adresse: *J.W. Marriott,* 231 Moo 3, Mai Khao, Phuket 83110, Tel. 076-338000, Fax 076-348348, www.phuket.com/marriott. Ab Flughafen benötigt man ca. 15 Min. bis zum Hotel.

Anreise nach Phuket

• **A.C.-Busse ab Bangkok** kosten 676 Baht (1. Kl.). Noch bequemer sind auf der langen Strecke die V.I.P.-Busse (900 Baht).

• Des Weiteren fahren **Normal- und A.C.-Busse** unter anderem von Hat Yai (Fahrzeit je nach Bus 6-8 Std.), Surat Thani (6 Std.), Ranong (5 Std.) und Phang-Nga (2½ Std.) und Krabi (4 Std.).

• In den Reisebüros auf Ko Samui lassen sich **kombinierte Schiffs- und Busfahrten (A.C.)** nach Phuket buchen; Preise ab ca. 500 Baht.

• **Von Bangkok** aus fliegt die **Thai Airways** pro Tag je nach Saison bis zu 13-14 Mal ein. Preis 3.200 Baht; Business Class 4.200 Baht. Flugzeit 1 Std. 10 Min. In der Hauptsaison (Nov.-Febr.) sind bei Thai Airways oft alle Flüge in der Economy Class voll und eine rechtzeitige Buchung ist ratsam. Gelegentlich sind auch alle Plätze in der Business Class belegt.

• **Flüge** mit Thai Airways ab Chiang Mai zu (in Klammern Business Class) 4.935 (6.935) Baht. Ab Chiang Mai fliegt auch Orient Thai Airlines, zumeist zu Preisen um 3.000 Baht.

• **Flüge ab Ko Samui** mit Bangkok Airways zu 2.280 Baht. Zwei Flüge tgl., Flugzeit 50 Min.

• Zahlreiche Chartergesellschaften fliegen direkt aus Europa oder anderen Teilen der Welt nach Phuket. Des Weiteren Linienflüge u.a. ab Frankfurt (Thai Airways; tgl. 1 Flug), Hongkong (Thai Airways, Dragonair, Perth (Thai Airways), Singapur (Thai Airways, Silk Air), Sydney (Thai Airways), Taipei (China Airlines) und Tokyo (Thai Airways). Für Ende 2006 war eine Verbindung nach Sydney mit dem Billigflieger Jetstar geplant.

• Bei der **Ankunft am Flughafen** lassen sich an einem Schalter rechts des Ausgangs Limousinen zur Weiterfahrt buchen. Fahrten nach Phuket Town kosten 400 Baht, nach Patong 550 Baht, nach Karon 600 Baht usw. Siehe Preisausschilderung am Schalter. Die Fahrt wird am Schalter im Voraus bezahlt. Zudem gibt es Busse nach Phuket Town für 120 Baht/Pers., nach Patong 150 Baht/Pers. Siehe Preisausschilderung am Schalter.

Etwa 100 m vor dem Ausgang parken **Taxis** mit Taxameter. Diese dürfen bisher nicht näher am Flughafengebäude parken, da die Limo-Mafia sich gegen die Konkurrenz wehrt. Es scheint jedoch bald eine Einigung möglich, und die Taxis könnten bald wie die Limos einen Schalter im Flughafen bekommen. So war es zumindest geplant. Auf die Taxameteranzeige wird ein Flughafenzu-

Foto: Aroon Thaewchatturat

schlag von 100 Baht aufgeschlagen; somit sind die Fahrten nur unerheblich billiger als mit den Limousinen. Beispiel: Mit dem Taxi kostet es etwa 390-400 Baht nach Phuket Town, mit der Limo sind es 420 Baht.

Weiterreise von Phuket

- **Busse** fahren u.a. nach Hat Yai (je nach Bus ca. 180-300 Baht), Ko Samui (Bus-/Schiffskombination, ca. 300-500 Baht), Krabi (ca. 80-150 Baht), Nakhon Si Thammarat (150-250 Baht), Ranong (ca. 120-220 Baht) Surat Thani (ca. 120-220 Baht) und Trang (ca. 120-230 Baht).

  Achtung! Der Busbahnhof ist zu klein geworden und wird in naher Zukunft in den Norden der Stadt verlegt werden.
- Die Reisebüros in Phuket bieten zudem Fahrten mit A.C.-Bussen nach Penang (ab ca. 600 Baht) und Singapur (ab ca. 1.000 Baht). Sporadisch sind auch **Schiffsreisen** nach Pulau Langkawi, Penang und Singapur möglich, man informiere am besten sich vor Ort. Wer auf einer Segeljacht anheuern möchte, sollte Kontakte in der Ao Chalong knüpfen, wo zahlreiche Segler ankern. Oft bietet sich dort eine Möglichkeit, mitgenommen zu werden.
- Songthaews ab Phuket Town **zum Flughafen** kosten ca. 350-400 Baht. Um vom Limousinendienst im Flughafen Gebrauch zu machen, rufe Tel. 076-351347-9. Man wird überall auf der Insel abgeholt. Preise wie bei der Fahrt vom Flughafen. Eine etwas preiswertere Alternative sind die Taxameter-Taxis (s.o.). Eine Fahrt von Phuket Town zum Flughafen (35 km) kostet so nur ca. 250 Baht. Buchungen unter Tel. 076-252158. Die Taxis sind oft ausgebucht, also am Besten einen Tag vor dem Flug anrufen. Allerdings hat man irgendwie das Gefühl, dass die Zentrale kein Taxi zum Flughafen schicken will: Allzu oft bekommt man zu hören, dass kein Taxi frei ist.

Nachbarinseln von Phuket

Die Provinz Phuket, die flächenmäßig kleinste Thailands, umfasst außer Phuket noch **39 weitere Inseln,** von denen viele lohnenswerte Reiseziele darstellen. Dazu kommen noch einige andere Inseln, die zwar offiziell der Provinz Phang-Nga angehören, aber dennoch hauptsächlich von Phuket aus angefahren werden. Nicht wenige der Inseln entsprechen dem Klischeebild von wahren Robinson-Eilanden, mit palmengesäumten weißen Stränden und mehr Ruhe als vielleicht mancher verkraften kann.

Ko Nakha Yai

Diese Insel an der Nordostseite Phukets besitzt an seiner Ostseite einen der schönsten Strände der Umgebung, den Hat Thap Po, dazu ist sie palmenüberwachsen und absolut ruhig. Tagsüber finden sich einige Tagesausflügler am Strand ein, gegen 17.00 Uhr aber wird es fast unwirklich still. Auf der Insel befindet sich ein kleines, von Moslems bewohntes Dorf.

- **Unterkunft:** Am Nordende des oben erwähnten Strandes war 2006 eine Bungalow-Anlage im Bau. Voraussichtlich gehobene Preislage.
- **Anreise:** Mit einem Songthaew vom Markt in Phuket Town zum Pier in Ao Por (25 Baht); dort lassen sich Boote zur Überfahrt chartern. Fahrtkosten retour ca. 600 Baht, Fahrzeit ca. 20 Min. bis zum Hat Thap Po.

Ko Nakha Noi

Dies ist die kleine Schwesterinsel von Ko Nakha Yai, die für ihre **Perlenfarm** bekannt ist und dementsprechend auch oft Pearl Island genannt wird. Das Unternehmen präsentiert jeden Morgen eine „Perlen-Show", in der über das Entstehen einer Perle doziert wird. Gebucht werden können diese recht lebendig gehaltenen Vorträge bei allen Reisebüros in Phuket, Kostenpunkt überteuerte 600 Baht, Hin- und Rückfahrt sowie eine Mahlzeit inklusive.

Ko Khai

Die „Eierinseln" Ko Khai Nork („Äußere Eierinsel") und Ko Khai Nai („Innere Eierinsel") befinden sich relativ weit vor Phukets Ostküste. Sie sind unbewohnt, haben aber einige strahlend weiße, wunderschöne Strände, die teilweise von Felsen eingefasst sind. Die Strände eignen sich sehr gut für einen Badeausflug. Außerdem werden in Nähe der Inseln häufig größere Delphin-Schwärme gesichtet, in den letzten Jahren hat sich die Zahl der Tiere jedoch drastisch verringert.

- **Anreise:** Per gechartertem Boot ab jedem beliebigen Pier auf Phuket. Am preiswertesten ist es von Ao Chalong oder dem Pier Laem Hin in Ao Sapam. Um zu Laem Hin zu gelangen, nehme man ein beliebiges Songthaew von Phuket Town in Richtung Norden und steige an der Abzweigung von der Thepkassatri Road nach Laem Hin aus. Entfernung ab Phuket Town ca. 6 km. Dort führt ein Weg zwei Kilometer weiter zum Pier. Gelegentlich stehen an der Abzweigung Songthaews oder Motorrad-Taxis zur Verfügung. Die Bootsfahrt von Laem Hin nach Ko Khai kostet ca. 1.500 Baht. Etwas teurer ist die Fahrt ab den Piers in Bang Rong oder Ao Por; ca. 1.800-2.000Baht.

Ko Rang Yai

Die im Privatbesitz befindliche Ko Rang Yai ist 1998 im größeren Rahmen für den Tourismus eröffnet worden. Auf der sehr malerischen, relativ großen Insel steht eine Unterkunft zur Verfügung, und es werden zahlreiche Aktivitäten angeboten, z.B. Mini-Golf, Mountain-Bike-Touren, Kanu- und Bootsfahrten, Windsurfing, Trekking, Schnorcheln, Angeln etc. Angeschlossen ist eine Perlenfarm.

Anfragen und Buchungen bei *Richy Island Phuket Co.*, 31/11-12, 3rd Floor, Arawan Building, Thepkassatri Road, Phuket Town 83000, Tel. 076-238163, 076-238169, Fax 076-238565. Neben Ko Rang Yai befindet sich die kleinere Schwesterinsel Ko Rang Noi.

Ko Nakha Yai

Ko Maphrao Yai

Die „Große Kokosnussinsel" ist wie die meisten Inseln der Region fast ausschließlich von Moslems bewohnt. Nahe dem Bootspier befindet sich eine kleine Siedlung mit Moschee. Darum herum wuchert dichte Vegetation, und überall breiten sich Kokos- und Gummiplantagen aus. Eine fast unberührte Idylle! Der Dorf-Strom kommt aus einem Generator, sofern er überhaupt einmal funktioniert.

An der Nordostseite von Ko Maphrao, am Laem (Kap) Na Muang, erstreckt sich ein recht ansehnlicher weißer Strand.

An der Südseite der Insel, ca. 1½ km vom Bootspier entfernt, liegt der Hat Yao oder „Lange Strand". Ein holpriger Weg führt vom Dorf durch Gummiplantagen dorthin. Er ist absolut menschenleer und sehr malerisch und bei Ebbe auch relativ breit – bei Flut bleibt aber nur ein schmaler Streifen übrig. Nach Angaben des Dorfvorstehers *(phu-yai-baan)* ist der Strand durch Räuber aus Ko Yao, die den Sand in Nacht- und Nebelaktionen abgetragen und an Bauunternehmen verkauft haben, quasi verschwunden. Dennoch ist die Insel gut einen Tagesausflug wert. Auf der Insel kann man in „Homestays" übernachten, d.h. Bewohner nehmen Reisende bei sich zu Hause auf. Keine schlechte Gelegenheit etwas vom Inselleben abseits der Touristenströme zu erleben. Anfragen bei der TAT in Phuket Town.

● **Anreise:** Ab dem Pier in Laem Hin auf Phuket (siehe Anreise Ko Khai) fahren regelmäßig „Langschwanzboote" *(rüa hang yao)* für 10 Baht/Person. Vorsicht vor Überpreisen! Fahrzeit 10-15 Min.

Ko Siray

Diese schon im Zusammenhang mit den „Seezigeunern" erwähnte Insel ist die Phuket am nahegelegenste und von dort am einfachsten zu erreichen: Man fährt über eine aufgeschüttete Landbrücke und bemerkt eigentlich gar nicht, dass man auf eine andere Insel überwechselt (Songthaews ab Phuket 10 Baht; Abfahrt jedoch nur morgens). Die Insel ist recht nett, wenn auch nicht gerade überwältigend, mit viel Grün, aber leider einer etwas schlickigen, nicht sehr zum Schwimmen geeigneten Bucht. Von Interesse könnte noch Wat Siray sein, der einen 20 m langen liegenden Buddha aufweist (err. 1963). Die Pupillen in den Augen der Figur sind Saphire, die vom thailändischen König gestiftet wurden. Von dem Buddha, hoch auf einem Hügel gelegen, hat man einen guten Ausblick auf So Siray und Phuket.

● **Unterkunft:** Es steht eine Bungalow-Kolonie zur Verfügung, **Coconut Island & Bamboo Hut****-*** (Tel. 081-8258442). Einfache Bungalows mit Bad.

Ko Mai Thon

Wunderschöne Insel, die aber einem japanischen Hotelunternehmen in die Hände gefallen ist und somit nur japanischen Pauschaltouristen zur Verfügung steht. Die Insel, weit außerhalb in der Bucht von Chalong, ist für andere Besucher off-limits, und in der Bauphase drohten die Besitzer des Resorts sogar, auf jeden zu schießen, der sich der Insel näherte!

● **Unterkunft** nur im exklusiven Mai Thon Resort^{LLL}. Tel. 076-214954-7, Fax 076-214954

● **Anreise,** falls nicht von obigem Resort arrangiert, mit Charterbooten ab den Piers in Ao Chalong oder Rawai; Hin- und Rückfahrt kosten ca. 2.000 Baht.

Ko Lone

Noch relativ ruhig geht es auf Ko Lone zu, einer nicht minder attraktiven Insel, wenige Bootsminuten vom Pier in Chalong entfernt. Der einzige Störfaktor sind bisher die Parasailor, die sich vor dem Strand per Boot in die Höhe ziehen lassen. Die Insel ist dicht bewachsen, hat weiße Strände, felsiges Innenland und – nicht minder wichtig – eine sehr freundliche, vornehmlich moslemische Bevölkerung.

- Überteuerte **Unterkunft** im **Baan Mai Cottages & Restaurant**[LLL] (Tel. 076-223095, Fax 076-223096, booking@baanmai.com).
- **Anreise** per gechartertem Boot ab dem Pier in Ao Chalong, ca. 400 Baht für einen einstündigen Aufenthalt. Bei Buchung des Resorts wird man in Ao Chalong abgeholt.

Ko Bon

Eine wunderschöne, dem Strand von Rawai vorgelagerte Insel, mit einem herrlichen Badestrand. Die einzigen Gäste hier sind zumeist die Bewohner des Phuket Island Resort in Rawai, die vom Hotel hierher zum Baden befördert werden.

- Zur **Anreise** chartere man ein Boot am Pier von Rawai; ca. 400-500 Baht Hin- und Rückfahrt.

Ko Hae

Ko Hae oder Coral Island, gelegen vor der Küste von Rawai, besitzt einen pulverfeinen, weißen Strand und hervorragende Schnorchel- und Bademöglichkeiten, mit herrlich klarem Wasser. Leider ist der Insel aber der große Kommerz-Überfall nicht erspart geblieben, wie hätte es auch anders sein können. So düsen mittlerweile Water-Scooter über das Wasser, und

Ko Lone

die Strandverkäufer verlangen Preise wie in Miami Beach.

●Die einzige **Unterkunft** ist das **Coral Island Resort*******-LLL; Tel. 076-281060, Fax 076-382957. Bei Buchung wird man in Rawai abgeholt. Ansonsten kosten gecharterte Boote ab Rawai ca. 400 Baht einfach, 500-600 Baht retour.

Ko Kaeo Phitsadan Noi

Auch diese Insel ist per Charter-Boot ab Rawai zu erreichen, Kostenpunkt hin und zurück (keine Übernachtungsmöglichkeit) ca. 400 Baht. Sie ist von Kokosplantagen bedeckt und weist einen kleinen Tempel auf, der auch der Grund ist, warum hier keine Hotels gebaut werden dürfen (Restaurant allerdings vorhanden). Das Wasser ist absolut klar, und so bieten sich hier ausgedehnte Bade- und Schnorchelexkursionen an.

Ko Raya Yai

Ein Eiland wie aus dem Reiseprospekt, mit herrlich-weißen Stränden und einem palmenbedeckten Hinterland. Der Sand ist pulverfein, das Wasser blau, alles perfekt. Die Attraktivität der Insel zieht mittlerweile aber auch viele Touristen an.

In den Gewässern nahe Ko Raya Yai wurde 2006 in einer Tiefe von 15 m eine Art **Unterwasserpark** angelegt. Dieser besteht aus zwei Yak-Figuren (Schutzdämonen), zwei Elefantenfiguren, einer Riesenauster und einer Art Pavillon und Zierbögen. Diese sollen irgendwann von Korallen bewachsen sein und dann den Tauchern einen unvergesslichen Anblick bieten. Das Projekt hat 14 Mio. Baht gekostet.

Unterkunft:

●**Jungle Bungalow*****-****, auf einer Anhöhe seitlich des Hauptstrandes gelegen (Tel. 081-3960887, 076-288550), bietet einfache, aber adäquate Bungalows mit Bad.

●Die weiteren Unterkünfte an diesem Strand sind teurer, dennoch sollte man keinen übermäßigen Luxus erwarten: **Ban Raya******-***** (Tel. 076-224439, Fax 076-354682), **Raya Executive*****-**** (Tel. 076-341653, 081-2292779, Fax 076-3452380, malinda@phuket.ksc.co.th), **Raya Resort****** (Tel. 076-345522-3, 081-2292706, Fax 076-345523).

●Auf der anderen Seite der Insel steht das einfache **Raya Father Resort****** (Tel. 081-8934430, Fax 076-283110).

Anreise: Per gechartertem Longtail-Boot am besten ab Rawai, ab ca. 2.000 Baht einfach oder 3.000 Baht hin und zurück. Fahrtdauer je nach Seegang (im Monsun wird der Verkehr meist eingestellt) 1¼ bis 1½ Std. Die Bootslenker neigen oft zu Wucherpreisen, also unbedingt handeln! Ab Rawai fahren auch Speedboote, diese kosten jedoch 5.000 Baht. Fahrzeit 20 Min.

Ko Yao Noi

In der Provinz Phang-Nga gelegene sehr ruhige Insel, aber sehr gut ab Bang Rong auf Phuket (Songthaew ab dem Markt 25 Baht) mit kleinem Linienboot für 60 Baht zu erreichen (Einzelheiten im Kapitel Ko Yao Noi).

Similan Islands

Zu Phang-Nga gehören die Similan Islands, etwa 100 km nordwestlich von Phuket gelegen. Dieser aus neun Inseln bestehende Archipel – der Name stammt vom malaysischen *sembilan* für „neun" – wurde 1984 zum Meeresnationalpark erklärt und zieht seit Jahren Taucher aus aller Welt an. Die Unterwasser-Szenerie dürfte in Thailand kaum zu übertreffen sein, aber auch wer nur baden oder schnorcheln möchte, wird begeistert sein. Die Korallen der Similan Islands sind nach dem Tsunami noch weitgehend intakt.

● Die **Übernachtung** ist offiziell nur auf Ko Miang gestattet, auch Insel Nr. 4 genannt (jede der Inseln hat einen Namen und eine Nummer). Die einfachen Bungalows kosten ab 600 Baht, für 400 Baht gibt es Zeltunterkünfte (Zwei-Personen-Zelte).
● Jedes Reisebüro auf Phuket bietet ein- oder mehrtägige **Touren** zu den Similans an, die Transport, Unterkunft, Verpflegung und nach Wunsch auch Tauchkurse beinhalten; Kostenpunkt ab ca. 2.000 Baht/Tag, ohne Tauchkurs weniger. Fahrtdauer ca. 4 Std.
● Weitaus preiswerter fallen die **Touren ab der Küste von Phang-Nga,** vom Pier in Thap Lamu aus: Kostenpunkt ca. 1.800 Baht für Drei-Tages-Ausflüge. Zu buchen in dem von einem Deutschen geleiteten Khao Lak Bungalow oder in anderen Guest Houses in Khao Lak.
● Der **Eintritt** zum Meeresnationalpark kostet 200 Baht.
● Die Similan Islands sind nur von **Mitte November bis Mitte Mai** erreichbar.

Surin Islands

Gut 50 km nördlich der Similan Islands befinden sich die relativ wenig besuchten Surin Islands, die 1981 zum **Nationalpark** wurden. Der Archipel gruppiert sich um die zwei Hauptinseln, Ko Surin Nuea und Ko Surin Tai und bietet ausgezeichnete Tauch- und Schnorchelgründe. Auf der Nord-Insel ist das Hauptquartier des Nationalparks eingerichtet, mit dazugehörigen Bungalows von 400 bis 2.000 Baht;

Geheimer Reichtum: die Diamanten der Provinz Phang-Nga

Kaum bekannt ist die Tatsache, dass die Gegend zwischen Thai Muang und Takua Pa eine Fundstätte von Diamanten ist, der so genannten „Phang-Nga-Diamanten", die oft einen gelblichen oder braunen Farbton aufweisen. Die ersten Diamanten wurden 1955 in einer Zinnmine gefunden, und die Bewohner der Gegend behaupten, dass da, wo Zinn zu finden ist, auch Diamanten liegen. Ansonsten redet man nicht gerne über das Thema, denn in der Vergangenheit wurde so mancher Mitbürger, der einen großen Fund gemacht hatte, beraubt und schnurstracks in die ewigen Schürfgründe befördert; wer also eine Fundstelle kennt, teilt es natürlich niemandem mit.

In den siebziger Jahren kam es dennoch zu einem kleinen Diamanten-Boom, und das Dorf Ban Nam Khem („Dorf des salzigen Wassers") bei Takua Pa, in dessen Nähe sich eine Hauptfundstelle befand, wurde zum Umschlagplatz für die funkelnden Steine. Die meisten wurden in der Mündung des Phang-Nga-Flusses gefunden.

Bisher wurden die Diamanten noch nicht im großen kommerziellen Rahmen abgebaut, doch es gibt schon die ersten Pläne dafür. Thailand importiert jährlich Rohdiamanten im Wert von ca. 17 Mrd. Baht, die dann in den etwa zwanzig Edelstein-Schleifereien des Landes bearbeitet und am Ende reexportiert werden. Damit ist Thailand das fünftwichtigste Edelstein verarbeitende Land der Welt, hinter den USA, Israel, Belgien und Indien.

Diamanten werden auch im hügeligen Binnenland der Region gefunden, ebenso in der Umgebung der Provinzhauptstadt Phang-Nga sowie in der Bucht von Makham auf Phuket.

Zeltmöglichkeit auf der Süd-Insel zu 300 und 450 Baht.

Zahlreiche **Moken Seezigeuner** leben seit Hunderten von Jahren auf Ko Surin Tai. Die Moken haben aufgrund einer alten Legende die bevorstehende Katastrophe am 26 Dezember 2004 kurz bevor die Welle einschlug, erkannt und retteten sich und viele Touristen vor den Fluten. Die Korallen haben durch den Tsunami etwas gelitten und die Fischbestände haben in den letzten Jahren abgenommen - Haie werden auf den Surinriffen zum Beispiel kaum mehr gesichtet. Dies mag an den Hunderten von Booten liegen, die knapp außerhalb der Parks fischen. Zudem wurde Anfang 2005 bekannt, dass lokale Regierungsangestellte vom Festland ohne Erlaubnis im Park fischen. Dennoch ist das Tauchen auf Surin noch immer eindrucksvoll

- **Fahrten zu der Inselgruppe** werden von den meisten Reisebüros in Phuket angeboten, oder - preiswerter - von den Tauchunternehmen in Khao Lak (s.u.). Gelegentlich werden kombinierte Similan/Surin-Touren geboten.

Die kürzeste Entfernung zu den Inseln ergibt sich ab dem Pier Phae Chumphon, 7 km nördlich von Khuraburi, wo sich ein Büro der Parkverwaltung (Tel. 076-491378, Fax 076-491583, surin_islandnp@yahoo.com) befindet. Von hier fahren Boote für 1.200 Baht retour; Fahrzeit 4 Std. Buchungen der Boote wie auch der Bungalows im Büro des Nationalparks am Pier von Phae Chumphon. Speedboote (1.500 Baht retour) können privat angemietet werden und schaffen die Strecke in einer Stunde. Die Surin Inseln sind sehr nahe der Grenze zu Burma und nur von Mitte November bis Mitte Mai erreichbar.

● Der Nationalpark betreibt eine **Kantine** auf der Hauptinsel, die einzige Essmöglichkeit im Park. Der **Eintritt** zum Meeresnationalpark kostet 200 Baht.

Tauchgänge zu Richelieu Rock und den Riffen um Surin werden vom Nationalpark auch angeboten, sind aber bei 3.000 Baht für zwei Flaschen zu teuer. Leider wird der Park von den Thai-Behörden wie eine Geldgrube geführt und langfristige Planung in Sachen Umwelt und Koexistenz mit den See-Zigeunern ist leider völlige Utopie. Thai VIPs fischen in den Gewässern um den Park, während die Seezigeuner von lokalen Politikern und den Parkbehörden bestenfalls ignoriert werden. Dass die Moken ein integraler Teil der Ökologie der Inseln sind, wird von Thailand, trotz vieler Initiativen von NGOs (non-governmental organisations) und UNESCO, völlig ignoriert und eine der letzten nomadischen Kulturen Asiens steht am Rande des totalen Kulturverlustes.

Kanufahrten

Touren in Schlauchbooten und Kajaks zu ungewöhnlichen Zielen in den Gewässern um Phuket bietet das Unternehmen Sea Canoe Thailand. Adresse: 367/4 Yaowarat Rd., Phuket 83000, Tel. 076-212172, Fax 076-212252, www.seacanoe.net.

Bei den Paddeltouren werden vor allem so genannte *hong* oder „Zimmer" besucht, von kleinen Felsinseln eingeschlossene Meereslagunen, die mit größeren Booten nicht erreichbar sind. Die Anfahrt mit leisem Paddelboot erlaubt auch das Beobachten von zahlreichen Wasservögeln. Die meisten Touren führen von Phuket aus in die zerklüftete Inselwelt in der Bucht von Phang-Nga.

Eine Zweigstelle von Sea Canoe befindet sich am Strand von Ao Nang bei Krabi.

Strände nördlich von Phuket

Nachdem sich Phuket in den letzten Jahren zu Thailands meistbesuchtem Reiseziel nach Bangkok entwickelt hat, schwappte ein vermehrter Besucherstrom auf die nördlich davon gelegenen Strände über, auf der Suche nach der Abgeschiedenheit und Ruhe, die man auf Phuket vermisste. Die in der **Provinz Phang-Nga** gelegenen Strände sind eben erst ihrer Geheimtipp-Phase entwachsen, die touristische Entwicklung aber schreitet voran.

Verlässt man Phuket über die Sarasin-Brücke, erreicht man nach ca. 25 km den kleinen Ort **Thai Muang,** der seine Existenz hauptsächlich der zuvor in der Umgebung angelegten Zinnminen verdankt. Einige noch erhaltene alte chinesische Wohnhäuser deuten darauf hin, welche Bevölkerungsgruppe sich hier ursprünglich niedergelassen hatte. Bei vielen Thais ist Thai Muang als ein Ort bekannt, in dem bis in die jüngste Vergangenheit hochgefährliche Krokodile in den Tümpeln lauerten. Viele kennen die Geschichte eines jungen Mädchens aus Thai Muang, das sich vor gut 20 Jahren aus Liebeskummer den Krokodilen zum Fraß vorgeworfen haben soll. Die Geschichte wurde sogar verfilmt. Die Krokodile sind mittlerweile jedoch nur noch in der Erinnerung vorhanden.

Etwa 2 km westlich der Stadt erstreckt sich der **Thai Muang Beach;** vom Highway, der durch die Stadt führt, zweigt eine Straße dorthin ab. Der Strand hat sehr weißen Sand, ist absolut ruhig und ausgezeichnet zum Sonnenbaden geeignet - nicht allerdings zum Schwimmen. Das Wasser fällt unmittelbar nach dem Ufer tief ab (die Anwohner sagen, in einer Art *ang* oder „Becken"), und es gibt gefährliche Strudel. Schwimmen ist lebensgefährlich, und das eine oder andere unscheinbare Schild weist darauf hin. Der Strand ist jedoch so malerisch, dass er sich durchaus für einen Tagesausflug (oder mehr) von Phuket aus lohnt. Unterkunft findet sich in den *Thai Muang Beach Chalets******-LLL, die sich auf dem Gelände eines an den Strand angrenzenden Golf-Clubs befinden. Die Lage ist absolut ruhig, und mancher, der hier für einen Kurzaufenthalt einkehrte, blieb viel länger als geplant. Die Bungalows haben Bad, A.C. und Satelliten-TV; ein Swimmingpool ist vorhanden. Gäste können den Golfplatz (18 Löcher) zum halben Preis benutzen. Tel. 076-571533/4, Fax 076-5711224 oder Bangkok Tel. 02-6933247-8, Fax 02-6933249.

Ca. 20 km nördlich von Thai Muang zweigt von der Straße, Highway Nr. 4, links eine Seitenstraße ab, die nach 4½ km nach **Thap Lamu** führt. Vom Pier fahren Boote in 4-5 Stunden schneller und preiswerter als von Phuket **zu den Similan Islands.**

Weitere 5 km nördlich findet sich an der Westseite des Highway der Zugang zum **Khao Lak National Park,** ein dichtbewaldetes Areal mit einem attraktiven Strand. Von hier aus nordwärts erstrecken sich ca. **30 weitere Strandkilometer** mit einer Reihe von Bungalow-Kolonien.

Khao Lak Beach

Khao Lak und Bang Niang waren einst idyllische Strandstreifen, die in den neunziger Jahren des letzten Jahrhunderts zu einer touristischen, ruhigeren und von Bars und Disco freigehaltenen Alternative zu Phuket wurden - bis am 26.12.04 der **Tsunami** zuschlug. **Khao Lak und Bang Niang waren (mit Ko Phi Phi Don) die in Thailand am heftigsten betroffenen Gebiete** (siehe auch Exkurs „Zerstörung, Tod und Geisterplage - der Tsunami in Thailand"). Nach dem Tsunami sah es auf einer Strecke von 3 bis 4 Kilometern so aus, als wären die Strände bombardiert worden; es herrschte beinahe komplette Verwüstung. Über 4.000 Menschen kamen ums Leben, darunter sehr viele Deutsche.

Die Flutwellen in Khao Lak sollen etwa 12 m hoch gewesen sein, und das Wasser drang bis zu 1½ km ins Binnenland vor, über die Hauptstraße Richtung Ranong und Phuket hinweg. Die ungeheure Kraft der Wassermassen wurde deutlich durch ein etwa 10 m langes Patrouillenboot der thailändischen Marine deutlich: das stählerne Schiff wurde mehr als einen Kilometer ins Land geschleudert. Bei der ungeheuren Kraft der Flutwelle lässt es sich leicht erahnen, was mit den Menschen geschah, die ihr im Weg waren.

Das Patrouillenboot war abkommandiert, über den (bis zu der Zeit) einzigen Enkel des thailändischen Königs zu wachen, der am Morgen des Tsunami auf dem Meer Jet-Ski fuhr. Der Enkel, der zwanzig Jahre alte *Poom Jensen,* war mit seiner Mutter, Prinzessin *Ubolratana,* in Khao Lak im Urlaub und wohnte im Resort La Flora. Die Leiche des aus der Ehe der Prinzessin mit einem Amerikaner hervorgegangenen jungen Mannes wurde einige Tage nach dem Tsunami gefunden; seine Mutter befand sich zur Zeit der Katastrophe in sicherer Entfernung zum Meer und überlebte.

Anfang 2005 begannen die Aufräumarbeiten in Khao Lak; wann und ob jedoch das Gebiet wieder zu der Touristenattraktion werden wird, das es einmal war, ist fraglich. Die Infrastruktur wurde durch den Tsunami weitgehend zerstört, und derzeit sind Khao Lak und Bang Niang sicher keine attraktiven Reiseziele und für einen unbeschwerten Urlaub sicher nicht zu empfehlen.

Unterkunft

Derzeit ist nicht abzusehen, wie sich die Region touristisch weiterentwickeln wird. Generell sah es 2006 noch sehr trist in Khao Lak aus. Die Verwüstung war dem Ort noch anzumerken. Ob und wie die Resorts überleben können ist fraglich, und auch die Preiskalkulation der Unterkünfte ist nicht abzusehen, daher fehlen hier die Angaben zur Preisklasse. Die meisten Unterkünfte sind hochpreisig, und erstaunlicherweise ließen viele bei der letzten Recherche nicht mit sich um den Preis handeln. Zwecks letzten Standes siehe die Websites der betreffenden Unterkünfte. Insgesamt gibt es derzeit ca. 1.000 Hotelzimmer; vor dem Tsunami sind es über 8.000 gewesen. Im Sommer 2006 waren die folgenden Unterkünfte geöffnet:

- **Andaburi Resort,** Tel. 076-423255-62, Fax 076-423263-4, www.theandaburi.com.
- **Baan Krating Khao Lak,** Tel. 076-423088-91, Fax 076-423087, www.baankrating.com.
- **Khao Lak Bayfront Resort,** Tel. 076-420111-17, Fax 076-420118, www.khaolakbayfront.com.
- **Khao Lak Merlin Resort,** Tel. 076-428300, 076-443300, 076-595300, Fax 076-443200, www.merlinphuket.com.
- **Khao Lak Palm Beach Resort,** Tel. 076-420196-102, Fax 076-420095, www.khaolakpalmbeach.com.
- **Khao Lak Resort,** Tel. 076-420060-3, Fax 076-420636, www.khaolakresort.com.
- **Khao Lak Sunset Resort,** Tel. 076-4420075-77, Fax 076-420147, www.khaolaksunset.com.
- **Khao Lak Tony Lodge,** Tel. 076-420073, 076-420789, Fax 076-420789, tttlodge@yahoo.com.
- **Poseidon Bungalow,** Tel. 076-443258, Fax 076-443258, olof.carlsson@similantour.com.
- **Khao Lak Orchid Beach Resort,** Tel. 076-417170-1, Fax 076-417173, www.khaolakislandbeach.com.
- **Khao Lak Paradise Resort,** Tel. 076-429100-28, Fax 076-429129, www.khaolakparadise.com.
- **La Flora,** Tel. 076-423499-500, 076-428000-28, Fax 076-423499, www.khaolak-hotels.com/laflora.
- **The Sarojin,** Tel. 076-427900-4, Fax 076-427906, www.sarojin.com.
- **Beach Villa,** Tel. 076-429999, Fax 076-486199, www.mukdarabeach.com.

Tauchen

Khao Lak ist in Sachen Tauchen eine preiswerte Alternative zu Phuket; Sea Dragon war das erste Tauchunternehmen am Ort, inzwischen gibt es einige weitere. Seit dem Tsunami haben einige Unternehmen wieder geöffnet.

- Das deutsch-geleitete **Manta Point Dive Center** (Khuk Khak Beach, Tel. 076-42057, www.mantapoint.com) bietet PADI-Kurse und längere Tauch-Trips zu den Similan und Surin Islands an.
- **IQ Dive,** Tel. 076-420208, info@iq-dive.com; unter deutsch-skandinavischer Leitung, mit

hauptsächlich deutscher Pauschal-Klientel; längere Tauch-Trips auf mehreren Booten

- **Sea Dragon Diving Centre,** Tel. 076-420 420, info@seadragondivecenter.com; preiswert und oft gelobt; ein Drei-Tages-Exkurs (2 Nächte), mit 9 Tauchgängen kostet 10.800 Baht. Alle PADI-Kurse und preiswerte Probe-Tauchgänge werden angeboten.

Ausflug von Khao Lak

Etwa 7 km landeinwärts von Khao Lak befindet sich der **Chong Fah-Wasserfall.** Der Weg dorthin (mit Jeep oder Motorrad gut passierbar) führt durch wunderschöne, dichte Waldlandschaft. Am Wasserfall (Eintritt 200 Baht) ist eine Art Picknickplatz mit rustikalen Holztischen und -bänken eingerichtet.

Bang Sak Beach

An seinem Nordende geht der Khao Lak/Bang Niang Beach in den Khao Lak Beach über, der weit weniger besucht ist als erstgenannter. Der Strand ist von Palmen und Kasuarbäumen gesäumt, ist ein guter Platz für Muschelsammler und bietet herrliche Sonnenuntergänge. Bang Sak wurde ebenso wie Khao Lak sehr stark vom Tsunami betroffen. Aufgrund der geringeren Dichte von Unterkünften gab es hier jedoch nur „relativ" wenige Todesopfer.

Unterkunft

Die Unterkünfte in Bang Sak liegen relativ weit auseinander; man achte bei der Anreise auf die an der Westseite der Straße aufgestellten Hinweisschilder. Einige der Unterkünfte wurden im Tsunami teilweise zerstört und wieder aufgebaut.

- Nur wenige Wochen vor dem Tsunami war **Le Meridien Khao Lak**LLL (Tel. 076-427500, Fax 076-427504) eröffnet worden, das sich dem Namen zum Trotz in Bang Sak befindet, ca. 10 km nördlich von Khao Lak. Der Strandabschnitt heißt Kuk-Kak. Im Resort kamen etwa 30 Menschen ums Leben. Heute ist es wiedereröffnet. Die Anlage ist toll und sehr großzügig angelegt, man hat viel Platz und Auslauf, der davor gelegene Strand ist ebenfalls sehr schön, die Zimmer sind allerdings nicht so großartig, wie man bei den hohen Preisen ab. ca. 7.000 Baht annehmen sollte. Das *J.W.Marriott* in Mai Khao, Phuket, das diesem von der Lage und Preis her ähnelt, ist in dieser Beziehung fraglos besser.
- Nördlich an das Meridien anschließend liegt das sehr nette **Similana Resort*****-LLL (Tel. 081-2112564 oder Bangkok 02-37945 86, Fax Bangkok 02-7316844, similana@asiaaccess.net.th). Die wunderschönen, in traditioneller Holzbauweise errichteten Bungalows (Bad, A.C.) stehen auf Pfählen und sind von satter tropischer Vegetation umgeben – oder besser gesagt, sie wirken, als wären sie völlig natürlich in die Umgebung hineingewachsen. Absolute Ruhe und Idylle! Gleich hinter der Anlage befindet sich ein schöner Strand, ein Swimmingpool ist ebenfalls vorhanden. Zusätzlich gibt es eine Art Reihenbungalow („Duplex").
- Ganz in der Nähe befindet sich das neue **Bangsak Beach Resort**LLL (Tel. 076-593204, 02-9311066, Fax 076-446520, 02-5300495, bbr@bangsakbeachresort.com). 39 große A.C.-Bungalows in einer schönen bewaldeten Gartenanlage in Strandnähe, mit Swimmingpool, Massage, Autovermietung und zwei Restaurants.

Anreise

- Alle **Busse,** die die Route Phuket – Surat Thani oder Phuket – Ranong befahren, passieren Khao Lak, Bang Sak und Takua Pa. Die Strecke Phuket – Takua Pa kostet 60 Baht (ca. 2½ Std.), bis Khao Lak oder Bang Sak je nach Aussteigepunkt einige Baht weniger. Die Strecke Takua Pa – Bang Sak kostet 10 Baht.
- **Limousinen** von Thai Airways ab dem Flughafen von Phuket kosten bis Khao Lak ca. 1.000 Baht, bis Bang Sak, je nach Zielort, etwa 100-300 Baht mehr.

Weiterreise

Einfach einen **Bus** an der Straße anhalten; alle Busse in Richtung Süden fahren bis Phuket Town; die Busse in Richtung Norden fahren entweder bis Takua Pa, Ranong oder Surat Thani – je nach Bus und Ziel muss eventuell in Takua Pa umgestiegen werden (z.B. wenn der Bus nach Ranong fährt, man aber zum Khao Sok National Park will, also Richtung Surat Thani).

Phi Phi Islands

เกาะพีพี

Die Phi Phi Islands, die aus den Inseln **Phi Phi Don** und **Phi Phi Le** bestehen, haben eine enorme touristische Entwicklung durchgemacht. In den 1980er und 1990er Jahren waren sie so etwas wie der ultimative Geheimtipp, ein Paradies, das nur wenigen Eingeweihten bekannt war. Doch die herrlichen weißen Strände und das glasklare, türkisfarbene Wasser ließen sich nicht lange vor der Welt verbergen.

Die Abertausenden von Besuchern, die die Inseln besuchten, waren aber auch eine Art Heimsuchung, und unter der Last der Besucher drohte die Ökologie zugrunde zu gehen; Rufe wurden laut, die Inseln für einige Jahre für den Tourismus zu sperren, um der Natur eine Erholung zu ermöglichen.

Daraus wurde jedoch nichts – am 26.12.2004 brach der **Tsunami** mit verheerender Wirkung über die Inseln. Die meisten Unterkünfte auf Phi Phi Don wurden zerstört, über 700 Menschen kamen ums Leben. Inoffiziell liegt die Zahl bei ca. 2.000, denn zahlreiche Personen galten auch Monate nach der Katastrophe noch als „vermisst". Nach Khao Lak war Phi Phi Don das Gebiet mit den meisten Todesopfern in Thailand.

Der Tsunami hinterließ ein Feld der Zerstörung. Nur einige wenige der solider gebauten Unterkünfte konnten den Fluten wiederstehen. Leichen wurden im Schlamm gefunden, in Palmen hängend, und natürlich im Meer. Thailändische Arbeiter, die beim Wiederaufbau dabei waren, wurden nachts permanent von „Geistern" aufgeschreckt; Geistergeschichten machten die Runde und ließen vor allem den Thais die Nackenhaare zu Berge stehen.

Zurzeit ist der Wiederaufbau auf Phi Phi Don noch im vollen Gange; wie auch in Khao Lak fanden sich viele freiwillige Helfer ein, die ihr altes Paradies wieder aufleben sehen wollten und tatkräftig mit Hand anlegten. Wann und ob die touristische Infrastruktur wieder hergestellt sein wird wie einst, vermag zum jetzigen Zeitpunkt niemand zu sagen.

Die unbewohnte Insel Phi Phi Le bietet mit ihrer **Maya Bay** ein ehemals sehr beliebtes Ausflugsziel; die Bucht, mit ihrem seichten, glasklaren Wasser und weißen Sand, dazu flankiert von Felsen, ist immer noch ein Bild wie aus der Hochglanzbroschüre. Besucher finden sich jedoch nur zaghaft wieder ein. 1999 wurden in der Bucht Teile des Films „The Beach" mit *Leonardo DiCaprio* gedreht, und 2005 posierten die Teilnehmerinnen des Miss Universe Wettbewerbs in der Bucht, um so

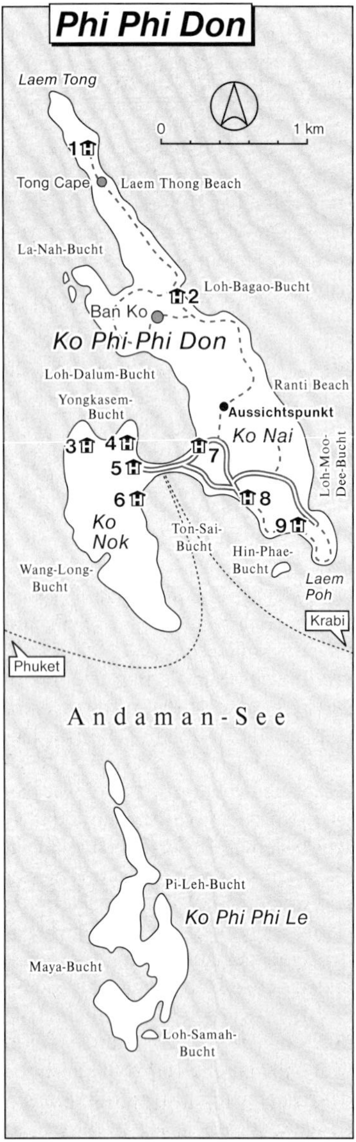

- 1 Phi Phi International
- 2 Phi Phi Island Village
- 3 P.P. Princess Resort
- 4 Phi Phi Viewpoint
- 5 Chong Koh Bungalows
- 6 Ton Sai Village, Pee Pee Island Cabana, Andaman Queen 86
- 7 Krabi Phi Phi Resort, Charlie Beach Resort
- 8 Phi Don Resort, Phi Phi Andaman, Laem Hin, Funny
- 9 Phi Phi Paradise Pearl, Long Beach, Viking Village

den Phi Phi Islands wieder ein wenig aus der Nach-Tsunami-Depression zu helfen.

Besuche auf Ko Phi Phi Don sind derzeit (August 2006) für den „normalen" Touristen noch nicht sonderlich attraktiv. Am besuchenswertesten ist der Laem Thong Beach im Norden, wo die Schäden relativ gering waren.

Unterkunft

Zurzeit sind die folgenden Unterkünfte auf Phi Phi Don in funktionstüchtigem Zustand. Da nicht abzusehen ist, wie sich die Lage auf der Insel entwickeln wird und die Unterkünfte ihre Preise gestalten, wird hier auf Preisangaben verzichtet.

Am Laem Hin Beach in der Ton Sai Bay:

- **Phi Phi Villa Resort,** Tel. 076-5623343
- **Andaman Beach Resort,** Tel. 081-2717739, 089-8734259, Fax 075-621427, www.andamanbeachresort.com
- **Bay View Resort,** Tel. 075-621223, 081-8927510, Fax 075-621223, ppbay@loxinfo.co.th

• **Chong Khao Bungalow,** Tel. 081-8941233

In der Loh Dalam Bay:
• **Chunut House,** Tel./Fax 081-3707848

In der Laem Thong Bay:

Dieser Strand, im hohen Nordosten der Insel, wurde vom Tsunami nur wenig in Mitleidenschaft gezogen. Er befindet sich an der der Flutwelle abgewandten Seite, und die meisten Unterkünfte waren schon kurz nach der Katastrophe wieder in Betrieb.

• **Holiday Inn Resort,** Tel. 075-621334, 075-620798, Fax 076-215090, reserv@phiphipalmbeach.com
• **Phi Phi Coral Resort,** Tel. 081-6767795, 081-3964926, Fax 075-623205, pipicoral@cscoms.com
• **Phi Phi Natural Resort,** Tel. 075-613010-1, Fax 075-613000, www.phiphinatural.com
• **Phi Phi Erawan Palms Resort & Spa,** Tel. 075-613010-1 extension 171, Fax 075-613000
• **Laem Tong Gypsy Village,** Tel. 081-2291674

Anreise

• Am günstigsten ist die Anfahrt **ab dem Hafen von Phuket.** Es fahren die Boote verschiedener Unternehmer, mit unterschiedlicher Fahrzeit und unterschiedlichem Preis. Die Fahrzeit beträgt zwischen 45 Min. und 1½ Std. Gemäß dem bei Drucklegung gültigen Fahrplan müssten die folgenden Boote fahren:

• **Andaman Wave Master,** 8.30 Uhr (Hinfahrt), 14.45 Uhr (Rückfahrt), 500 Baht (einfach)/850 Baht (retour)
• **Paradise Cruise,** 8.30 Uhr, 14.45 Uhr, 200/500 Baht
• **Phi Phi Cruise,** 8.30 oder 9.00 Uhr (Hinfahrt), 14.30 Uhr (Rückfahrt), 400/850 Baht
• **Phi Phi Family,** 8.30 Uhr, 14.30 Uhr, 350/850 Baht
• **Phi Phi Marine,** 8.30 Uhr, 14.30 Uhr, 300/400 Baht
• **Royal Fern,** 8.30 Uhr, 14.30 Uhr, 450/950 Baht
• **Seatran Travel,** 8.30 Uhr, 14.30 Uhr, – / 800 Baht

Es ist durchaus möglich, dass nicht alle Boote fahren, denn mit einen großen Touristenansturm ist in naher Zukunft nicht zu rechnen. Anfragen und Ticketkauf in jedem Reisebüro auf Phuket. Verwirrend ist die Tatsache, dass der Retourpreis der Tickets zumeist mehr als doppelt so hoch ist wie der Einfachpreis! Das kann vielleicht auf thailändische Logik zurückgeführt werden, demgemäß es einfacher ist gleich Hin- und Rückticket zu kaufen, und deshalb wird ein höherer Preis kassiert, oder aber man kann sich verwirrt den Kopf kratzen und das Phänomen in dem prall gefüllten Aktenordner „Unergründliches Thailand" abheften. Andere Länder, andere Verkaufsstrategien!

• Außerdem fahren **Boote ab der Ao Nang-Bucht** bei Krabi (Abfahrt 9 Uhr, Fahrzeit 1½ Std., 250 Baht) und dem **Hafen von Krabi** (Abfahrt 10.30 und 14.30 Uhr, Fahrzeit 1½ Std., 300 Baht). Aufgrund mangelnder Nachfrage werden möglicherweise auch hier einige Abfahrten gestrichen.

Phang-Nga

พังงา

Die Gegend um Phang-Nga, die kleine Hauptstadt des gleichnamigen Distriktes, ist eine der markantesten Thailands. Zu allen Seiten erheben sich schroffe, bizarre Kreidefelsen, die zum Teil dicht bewachsen sind. Sie sind das untrügliche Erkennungszeichen dieser Gegend.

Phang-Nga selbst ist eine entspannte und erholsame Stadt, in der nicht viel zu passieren scheint. Der lebendigste Ort ist der nicht gerade turbulente Markt in der Innenstadt.

Drei Kilometer westlich der Stadt befindet sich der **Somdet Phrasi Nakharin Park,** benannt nach der Mutter König *Bhumipols,* und der um einige sehenswerte Kalksteinhöhlen angelegt ist. Eine der Höhlen wird von der Statue eines *russi* oder „Weisen" bewacht, die von der örtlichen Bevölkerung besonders verehrt wird. Die Höhle wird nach der Figur auch **Russi-Höhle** genannt. Ab dem Markt in Phang-Nga fahren Songthaews für 5 Baht.

Vier Kilometer östlich von Phang-Nga weist ein Hinweisschild an der Straße zum **Sra Nang Manora Forest Park** (das Schild besagt in falscher Transkription Sar statt Sra), der von der Abzweigung noch weitere 4 km entfernt liegt. Dieser urwüchsige, dichte Wald beherbergt einen hübschen Wasserfall, der nahe dem Parkeingang in ein kleines Becken mündet. Hier darf gebadet werden! Zur Anfahrt hierhin empfiehlt sich ein Mietfahrzeug, ansonsten nimmt man ein Songthaew ab Phang-Nga (ca. 5 Baht) und geht die restlichen Kilometer ab der Abzweigung zu Fuß.

Etwa 13 km westlich der Stadt entfernt befindet sich die **Khuha-Sawan-Höhle,** die zahlreiche Buddhafiguren beherbergt. Diese Figuren zeigen stehende, sitzende als auch liegende Buddhas, und da auch diese Höhle ein Pilgerziel der Umgebung ist, hat sich hier eine ganze Reihe von Getränke- und Essständen niedergelassen. Ab dem Markt in Phang-Nga fahren Songthaews für 10 Baht bis zu einer Kreuzung in Nähe der Höhle, von wo es noch 1 km zu Fuß ist.

Unterkunft

- Links neben dem kleinen Markt liegt das freundliche **Rattanapong Hotel****-*** (111 Phetkasem Rd., Tel. 076-411247) mit ordentlichen Zimmern (Bad) in verschiedenen Kategorien. Im Erdgeschoss gibt es morgens auch einen Restaurantbetrieb mit einfachen, preiswerten Gerichten.
- **Muang Thong Hotel***-**** (128 Phetkasem Rd. Tel. 076-412132) bietet saubere Zimmer, z.T. sehr preiswert (ab 150 Baht), dazu teurere mit A.C.
- Sehr beliebt bei Budget-Reisenden ist das **Thawisuk Hotel*** (77-79 Phetkasem Rd., Tel. 076-412100), das preiswerteste von Phang-Nga. Die Zimmer (Bad) sind billig, ein allzu hoher Standard sollte aber dafür nicht erwartet werden.
- Das **Lak Muang 1****-*** (1/2 Phetkasem Rd., Tel. 076-412125) am Ostrand der Stadt hat einfache Zimmer (Bad).
- Besser ist das am Westrand gelegene, neuere **Lak Muang 2*****-**** (540 Phetkasem Rd., Tel. 076-411500). Die Zimmer sind sauber; A.C., teurere Zimmer mit TV und Kühlschrank.
- Kurz vor dem Bootspier von Phang-Nga stehen links die **Phang-Nga National Park Bungalows*****-**** (Tha Dan Rd., Tel. 076-412188). Diese bieten selbst einer thailändischen Großfamilie genügend Platz. Bad ist jeweils vorhanden, aber kein Ventilator.
- Wenige Meter weiter, etwas rechts des Piers, überblickt das komfortable **Phang-Nga Bay Resort******-***** (20 Tha Dan Rd., Tel. 076-411067-70) die schmale Wasserstraße, die hinaus in die Phang-Nga-Bucht führt. Die idyllische Lage hat aber ihren Preis. Standardzimmer, Deluxe-Räume sowie Suiten haben A.C. und TV.
- Das **Phang-Nga Valley Resort*****-***** (5/5 Phetkasem Rd., Tel. 076-412201, 076-411393) befindet sich ca. 4 km westlich der Innenstadt, etwas zurückversetzt von der Straße nach Phuket, und ca. 1 km westlich des Somdet Phrasi Nakharin Parks. An der Abzweigung von der Hauptstraße weist ein Schild den Weg. Das Resort ist die beste Unterkunft im näheren Stadtbereich. Es stehen 13 komfortable, unterschiedlich große Bun-

galows zur Verfügung (Bad, A.C.). Ein Restaurant ist vorhanden.

Essen

Hier gibt es nichts Besonderes zu vermelden, Phang-Nga ist der falsche Ort für verwöhnte Gourmets. Im Markt neben dem Rattanapong Hotel servieren einige Essensstände thailändische und chinesische Hausmannskost ab 20 Baht.

- Das **Duang Restaurant** neben der Bangkok Bank kredenzt ebenfalls recht gute Thai- und chinesische Küche.

Anreise

- **Busse** ab Phuket (2½ Std.) kosten 36-65 Baht, Busse ab Krabi (2 Std.) 46-82 Baht; Busse ab Surat Thani (3 Std.) für 60-150 Baht.
- **A.C.-Busse ab Bangkok** um 19.30 Uhr zu 441 Baht, V.I.P. 685 Baht, Fahrzeit 12 Std.

Weiterreise

- **Songthaews** vom Markt in Phang-Nga zum Bootspier Tha Dan kosten 10 Baht; Abfahrt direkt vorm Markt in der Phetkasem Road. Songthaews innerhalb der Stadt 5 Baht.
- Die **Busse** nach Phuket und Krabi fahren ab der Phetkasem Road in Höhe des Rattanapong Hotels ab.

Inseln vor Phang-Nga

Die Hauptattraktion von Phang-Nga ist sicherlich die **Bootsfahrt durch die vorgelagerte Inselwelt** mit zahllosen bizarren Felsen, die überall schroff aus dem Wasser ragen. Zu dieser Bootsfahrt nehme man zunächst ein Songthaew vom Markt in Phang-Nga zum Pier Tha Dan (10 Baht). Dort lassen sich Boote anmieten. Eine dreistündige Fahrt kostet ca. 300 Baht, die Bootsleute beginnen den Handel aber meist mit eklatant höheren Summen. Wer Schwierigkeiten bei der Bootsmiete bekommen sollte, kann die direkt am Pier gelegene Unterabteilung der TAT um Vermittlung bitten. Oder man wende sich an *Khun Hassim* (Tel. 076-412132), einen Bootslenker, der seine Dienste über das Muang Thong Hotel anbietet; eine vier- bis fünfstündige Fahrt kostet ab 200 Baht/Person, eine Ganztagestour kostet 500 Baht. Ebenfalls als zuverlässig gilt *Khun Sayan* (Tel. 076-430348), der über das Thawisuk Hotel zu buchen ist. Am Busbahnhof betreibt er auch eine kleine „Tourist Information", die aber wohl, wie alle derlei privat betriebenen Informationsstellen, kaum selbstlos agiert.

Die Bootsfahrten führen zunächst durch einen schmalen Kanal, den Klong Khao Thalu. Danach erreicht man **Ko Pannyi,** eine winzige, von Moslems bewohnte Insel. Hier kann man einen Stopp einlegen und durch einen Irrgarten von dicht aneinander gedrängten, auf Stelzen ins Wasser gebauten Holzhäusern schlendern. Die Insel ist aber mittlerweile voll auf Tourismus eingestellt und zahlreiche Textilgeschäfte lauern auf Kunden. Zu warnen ist vor den am Pier gelegenen Seafood-Restaurants, die mäßige Qualität zu Wucherpreisen bieten: 500 Baht für eine halbwegs sättigende Mahlzeit sind keine Seltenheit.

Die Fahrt führt weiter zum **Khao Khian,** dem „Malberg", einem mit prähistorischen Malereien versehenen Felsen. Die Malereien sind ca. 3.000-4.000 Jahre alt und zeigen Menschen und Tiere.

Zu guter Letzt besichtigt man **Khao Phingan,** besser bekannt unter dem

Namen „James Bond Island". Hier wurden Teile des James Bond-Films „The Man with the Golden Gun" gedreht, und seither sonnt sich die Insel in diesem Ruhm. Der Insel vorgelagert ist der wohl markanteste Fels Thailands, der „Nagelberg", **Khao Tapu.** Er sieht aus wie ein Nagel, den irgendwer mit überdimensionalem Hammer in den Meeresboden gerammt hat.

Khao Phingan und Khao Tapu werden tagtäglich von Hunderten von Touristen besucht, und Dutzende von Souvenir- und Getränkehändlern auf Khao Phingan sorgen für ein extrem kommerziell geprägtes Flair. Die Insel wurde durch Sandaufschüttung sogar vergrößert, um noch mehr Verkaufsständen und Touristen Platz bieten zu können! Wer auf der Suche nach Ruhe und Einsamkeit ist, ist hier fehl am Platze.

Bootstouren

Neben den o.g. individuellen Veranstaltern von Boots-Touren gibt es auch einige größere Unternehmen. Die Preise für eine Halbtages-Tour betragen üblicherweise 200 Baht/Pers., für einen ganzen Tag 450-500 Baht/Pers. Nachfragen, ob Mahlzeiten o.Ä. bei der gebuchten Tour inbegriffen sind.

- **Kean Tours,** Tel. 076-430619

Ko Yao Noi

เกาะยาวน้อย

Die Insel Ko Yao Noi in der Bucht von Phang-Nga ist eine der wenigen relativ „unentdeckten" Ecken in dieser Region. Ko Yao Noi, „Die kleine lange Insel", ist dicht mit Gummiplantagen bepflanzt, es finden sich noch Wälder und Palmenhaine, und die Insel bietet ausgezeichnete Wander- oder Radelmöglichkeiten. Außerdem gibt es einige sehr schöne Strände; besonders der Küstenstreifen von Ban Pa Sai im Südosten bis nach Ban Sai Thao, circa 5 km weiter nördlich, ist äußerst malerisch. Auf Ko Yao Noi ist noch die **absolute Ruhe** zu Hause, und wer von den überlaufenen Strandorten genug hat, findet hier die perfekte Alternative. Hier wird sich sich in Zukunft touristisch vielleicht noch einiges tun. Zu beachten ist, dass es noch **keine Bank** oder sonstige Geldwechselmöglichkeit auf der Insel gibt, man sollte also genügend Bargeld von Phuket oder Krabi aus mitbringen.

Ko Yao Noi hat 9.000 Einwohner, die weitaus meisten davon sind Moslems. Wie fast überall, wo noch nicht der große Tourismus Fuß gefasst hat, ist die Bevölkerung freundlich und hilfsbereit.

Der Tsunami verursachte einige Schäden auf der Insel. Beim Wiederaufbau halfen drei deutsche Handwerksgesellen mit, die in voller traditioneller Handwerkerkluft aufkreuzten – den meisten Leuten auf Ko Yao Noi werden sie ob ihrer seltsamen Montur, aber auch wegen ihrer Hilfsbereitschaft in Erinnerung bleiben.

Strände und Unterkünfte

Der wohl schönste Strand auf der Insel ist der **Hat Klong Jaak** oder „Long Beach", 7 km vom Hauptdorf der Insel entfernt. Hier stehen die etwas abgewohnten Bungalows (Bad) des **Long**

Beach Village**** (Tel. 081-6077912), vor denen sich allerdings der schönste Strand der Insel ausbreitet. Der Strand ist weiß, fast unwirklich ruhig, bei Flut aber leider nur sehr schmal. Vor dem Ufer ragen bizarre Felsinseln aus dem Meer. Im Long Beach Resort lässt sich möglicherweise auch ein Motorrad oder Wagen mieten. Aufgrund der großen Entfernungen auf der Insel ist ein Fahrzeug viel wert. Ansonsten gibt es nur Motorrad-Taxis.

Etwa 1 km weiter südlich von Hat Klong Jaak erstreckt sich der Strand Hat Pa Sai. Hier steht das **Sabai Corner*****, das von einer seit Jahren auf der Insel lebenden Italienerin und ihrem Thai-Mann geleitet wird. Es gibt acht Bungalows (Gemeinschaftsbad) und ein Restaurant. Tel. 081-8921827. Es werden Fahrräder ausgeliehen, und die Besitzer organisieren Touren zu einigen vorgelagerten Inseln, die zum Teil sehr schöne Strände haben.

Das **Ko Yao Island Resort**LLL, etwas nördlich des Sabai Corner gelegen (Tel. 076-597474-5, Fax 076-597477, www.koyao.com) hat fünfzehn 50-82 qm große Bungalows. Bei Internetbuchung über die Website kosten sie in der Off-Season von Mai-September ab 4.000 Baht, ansonsten ab 5.400 Baht. Die Lage des Resort ist äußerst malerisch, die Saison-Preise scheinen jedoch überzogen. Angeschlossen ist ein Restaurant, eine Bar und ein Business-Center mit Internetanschluss.

The Paradise Ko YaoLLL ist ein neuer Luxuszugang, ein superstilvoller „Designer-Resort“ mit 46 Villen mit jedem Komfort (A.C., Satelliten-TV, Kühl-

Die Insel Ko Yao Noi in der Bucht von Phang-Nga

schrank, Mini-Bar). Einige der Villen haben einen eigenen Swimmingpool. Vorhanden ist auch ein Jacuzzi und ein Restaurant mit Thai- und Mittelmeer-Cuisine. Preise in der Off-Season ab 4.500 Baht, in der Hauptsaison ab 9.800 Baht. Wunderbar, wie das Resort für sich wirbt: „Das Resort ist Teil einer weltweiten Bewegung die Menschen wieder mit der Natur zu verknüpfen, die einfache sinnliche Freude freien und frischen Lebens wiederaufleben zu lassen, und die Neugier des Menschen für seine Welt zu stimulieren." Fehlt nur noch die Stimulierung des Bankkontos. Buchungen unter Tel. 02-9136030, Fax 02-5876857, www.phuket.com/paradisekohyao.

Weitere Unterkünfte

Im Hauptdorf der Insel, Ban Yai, gut fünf Kilometer vom nächsten nennenswerten Strand entfernt, stehen drei Unterkünfte, das Ko Yao Cabana, Amina G.H. und Vilai G.H.

- Das **Ko Yao Cabana**** befindet sich direkt in der Dorfmitte, in Greifweite mehrerer kleiner Brutzelhütten. Bungalows und Zimmer mit Bad.
- Das nahe gelegene **Amina Guest House**** (Tel. 076-597278) ist von einer Art Garten umgeben und hat recht ordentliche Zimmer (Bad). Es werden auch Motorräder vermietet.
- Das **Vilai Guest House**** gehört demselben Besitzer wie das Amina G.H. und steht an der Straße in Richtung Hat Pa Sai. Einfache Zimmer mit Bad.
- Im Dorf An-Pau im Nordwesten der Insel, gut 5 km von Ban Yai entfernt, befindet sich **Nui's Bungalow****-***, das von einem sehr netten Thai, der fünfzehn Jahre in Deutschland gelebt hat, und seiner kanadischen Ehefrau geleitet wird. Zwar gibt es hier keinen aufregenden Strand (Schwimmen ist dennoch möglich), hinter der Anlage erstreckt sich aber dichter Wald, der zu Wanderungen einlädt. Außerdem wird *Nui's* Essen hoch gelobt, und viele Traveller, die hier einmal waren, kommen auch wieder. Es stehen preiswerte Zimmer und etwas teurere Bungalows zur Verfügung (Gemeinschaftsbad).
- Nahe Tha Khao, dem Pier (= *tha),* von wo die Boote nach Krabi ablegen (im Bereich der Ortschaft Ban Sai Thao), stehen die sehr guten **Tha Khao Bungalows*****-**** (Tel. 076-212172, 076-212252, 081-9564689). Die Bungalows (Bad) sind auf Stelzen gebaut und haben eine Art Terrasse, von der sich ein wunderbarer Ausblick auf das Meer und die daraus herausragenden Felsen ergibt. Allerdings ist der vorgelagerte Strand nicht zum Schwimmen geeignet. Neben den regulären Bungalows gibt es eine Art Doppel-Bungalow, das aus mehreren Zimmern besteht und bis zu sechs Personen Platz bietet.

Fahrradtouren

Einige Tourunternehmen in Phuket bieten **Fahrrad-Touren** auf Ko Yao Noi an, wobei auch für die Anreise ab Phuket gesorgt wird.

- **Tropical Trails,** Phuket, Tel. 076-282914, 076-248239.
- **Siam Safari,** Phuket, Tel. 076-280116.
- **Outtabounds,** Phuket, Tel. 076-270936.

Anreise

- Ab dem Pier von Laem Sak in Ao Luk (sprich Aao Lück) bei Krabi fahren um 11.30 **Boote** für 60 Baht nach Ko Yao Noi. Anfahrt nach Ao Luk per Bus ab Krabi oder Phang-Nga. Gecharterte Boote ab Laem Sak oder auch ab dem Pier in Phang-Nga kosten ca. 1.000 Baht für die einfache Fahrt. Mehrere Boote fahren zudem ab dem Pier in Bang Rong im Nordosten von Phuket (Fahrt nach Bang Rong mit Songthaew ab Phuket Town). Abfahrt meist um 10/11 Uhr und 12/13 Uhr. Kostenpunkt 60 Baht. Falls die Passagierboote schon abgefahren sind, kann man versuchen, auf einem Frachtschiff mitgenommen zu werden. Gecharterte Boote ab Bang Rong kosten ca. 1.500 Baht einfach bzw. 2.000 Baht für einen Tages-Return-Trip. Für ca. 1.100-1.200 Baht kann man sich gleich zum Hat Klong Jaak (Long Beach) übersetzen lassen. Fahrzeit im Charter-Boot bis Tha Manok ca. 45 Min., ansonsten je nach Bootstyp 1½-

2 Std. Weitere Boote fahren ab Phang-Nga (Tha Dan); Abfahrt täglich gegen 7 Uhr; Preis 100 Baht.

Bei allen größeren Booten kann man auch **Motorräder mitnehmen,** was bei den spärlichen Verkehrsmitteln auf Ko Yao Noi sicher keine schlechte Idee ist. Der Mitnahmepreis ist in der Regel genau so hoch wie der Fahrtpreis für eine Person.

- Vom Pier beim **Tha Len Beach** fährt einen **Fähre** nach Koh Yao Noi und Koh Yao Yai (13 Uhr, 50 Baht). Tha Len liegt zwischen Krabi und Ao Luk, ca. 30 km nordwestlich von Krabi. Ohne eigenes Fahrzeug hinzukommen ist nicht einfach, man muss versuchen, in Krabi ein Songthaew zu bekommen.
- Ko Yao Noi hat mehrere **Piers:** Die Boote aus Phuket legen üblicherweise am Tha Manok im Süden der Insel an, von wo es ein relativ kurzer Weg zum Hat Klong Jaak als auch nach Ban Yai ist. Die Boote aus Ao Luk kommen am Tha Khao im Nordosten der Insel an, in Sichtweite der Tha Khao Bungalows.

An allen Piers finden sich **Motorrad-Taxis** und **Tuk-Tuks** für die Weiterfahrt. Die Tuk-Tuks fahren zu einem „Festpreis", der auf einer Liste in den Fahrzeugen ausgehängt ist. Fahrten von Tha Manok zum Hat Klong Jaak kosten demnach 40 Baht, nach An-Pau 80 Baht. Die Motorrad-Taxis sollten etwas preiswerter sein, oft muss aber lange um den Preis gefeilscht werden.

Weiterreise

- Von Ko Yao Noi gelangt man leicht zur größeren **Nachbarinsel Ko Yao Yai** (s.u.). Von Tha Manok auf Ko Yao Noi zum Norden von Ko Yao Yai (Pier Chong Laat) ist es nur eine kurze Überfahrt, die Inseln liegen hier in Sichtweite. Es fahren täglich zahlreiche Boote zwischen den beiden Piers hin und her (Preis 10 Baht).

Zum Hauptpier von Ko Yao Yai, Tha Lo Jaak, an der Südwestseite der Insel gelegen, ist es eine längere Überfahrt. Außerdem fah-

Bungalow-Anlage auf Ko Yao Noi

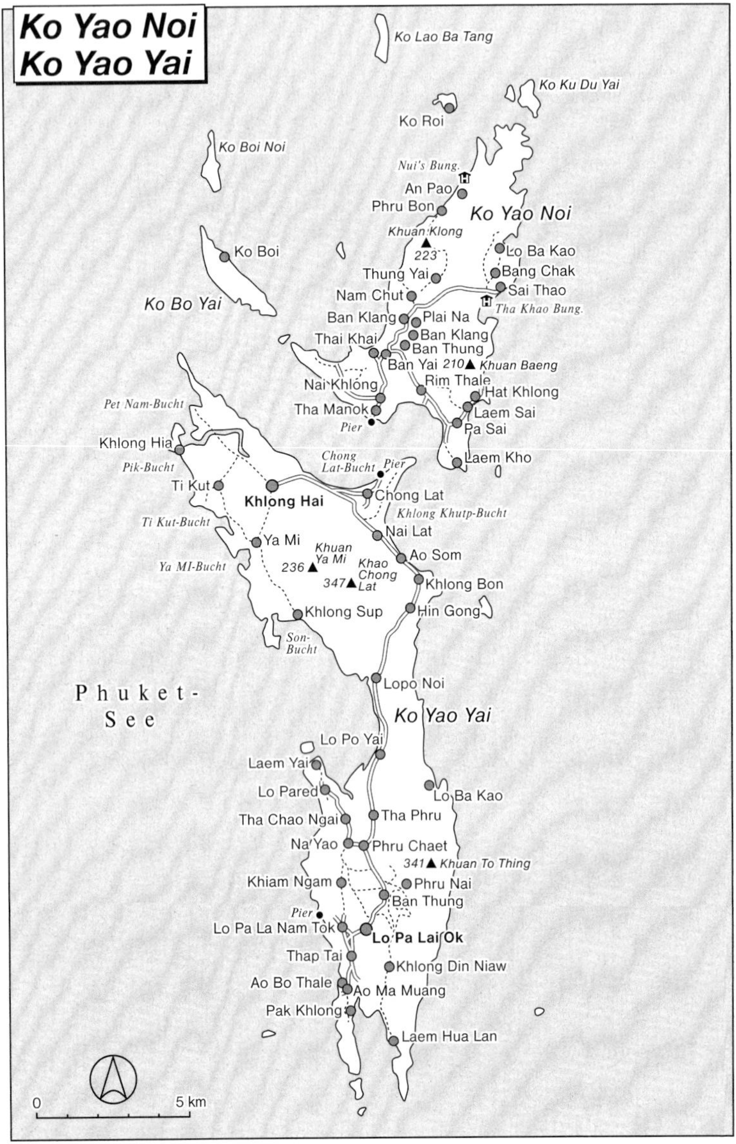
Ko Yao Noi
Ko Yao Yai
Ko Lao Ba Tang
Ko Ku Du Yai
Ko Roi
Ko Boi Noi
Nui's Bung.
An Pao
Phru Bon
Ko Yao Noi
Khuan Klong
223
Ko Boi
Lo Ba Kao
Bang Chak
Thung Yai
Sai Thao
Nam Chut
Tha Khao Bung.
Ko Bo Yai
Ban Klang
Plai Na
Ban Klang
Thai Khai
Ban Thung
Ban Yai
210
Khuan Baeng
Nai Khlong
Rim Thale
Hat Khlong
Pet Nam-Bucht
Tha Manok
Laem Sai
Pier
Pa Sai
Khlong Hia
Chong Lat-Bucht
Pier
Laem Kho
Pik-Bucht
Ti Kut
Khlong Hai
Chong Lat
Khlong Khutp-Bucht
Ti Kut-Bucht
Nai Lat
Ya Mi
Khuan Ya Mi
Ao Som
Ya MI-Bucht
236
Khao Chong Lat
347
Khlong Bon
Hin Gong
Khlong Sup
Son-Bucht
Lopo Noi
Phuket-See
Ko Yao Yai
Lo Po Yai
Laem Yai
Lo Pared
Lo Ba Kao
Tha Chao Ngai
Tha Phru
Na Yao
Phru Chaet
341
Khuan To Thing
Khiam Ngam
Phru Nai
Ban Thung
Pier
Lo Pa La Nam Tok
Lo Pa Lai Ok
Thap Tai
Khlong Din Niaw
Ao Bo Thale
Ao Ma Muang
Pak Khlong
Laem Hua Lan
0
5 km

ren hierhin keine Linienboote, sondern man muss sich ein Boot chartern; Preis ca. 1.000-1.200 Baht für die einfache Fahrt.

● Die normalen **Linienboote** von Ko Yao Noi zurück nach Bang Rong auf Phuket oder nach Laem Sak fahren alle morgens ab. Bei der Rückfahrt per Charterboot nach Bang Rong ist darauf zu achten, dass man möglichst bei Flut dort eintrifft. Bei Ebbe sinkt der Wasserpegel in der Nähe des Piers stark ab, und die Boote müssen einige hundert Meter davor im Schlick anhalten. Die restliche Strecke muss man dann durchwaten. Mit großem Gepäck ist das kein Vergnügen.

Ko Yao Yai
เกาะยาวใหญ่

Ist die obige Ko Yao Noi noch immer ein kleiner Geheimtipp, so liegt ihre größere Schwesterinsel noch im Vor-Geheimtipp-Stadium. Ko Yao Yai ist etwa dreimal so groß wie Ko Yao Noi, aber noch dünner besiedelt als letztere. In den neun Dörfern der Insel leben etwa 6.000 Menschen, hauptsächlich Moslems. Die Insel ist beinahe nahtlos mit Gummi- und Kokosplantagen und sonstiger Vegetation bedeckt, und bis vor kurzem führten nur einige staubige Landstraßen durch das urwüchsige Gelände. Erst 1999 wurde mit der großangelegten Asphaltierung der Straßen begonnen.

Ko Yao Yai bietet einige sehenswerte Strände, vor allen an ihrer Westseite. Der schönste Strand ist der absolut einsame **Ao Muang Beach** (*Hat Ao Muang*), ca. 3 km südlich des Piers in der Ao (Bucht) Lo Jaak, der aufgrund steinigen Untergrunds allerdings nicht so gut zum Schwimmen geeignet ist. Hinter den Palmen, die den Stand säumen, liegt ein gerodetes Gelände, das einen Hubschrauberlandeplatz darstellt. Der Landeplatz wurde von einem thai-chinesischen Geschäftsmann angelegt, dem das umliegende Gelände gehört, und der einst einen Golfplatz an der Stelle geplant hatte. Aus dem Golfplatz wurde nichts, es entstand nur ein Restaurant, der Geschäftsmann fliegt jedoch immer noch gelegentlich ein. Einige Dorfbewohner munkeln, dass hier touristische Aktivität rein deshalb vorgetäuscht wurde, um die Grundstückspreise in die Höhe zu treiben. Einen weiteren Hubschrauberlandeplatz hat sich der gutbetuchte Vielflieger bei Hua Hat Chong Laat (s.u.) anlegen lassen.

Am Südende der Insel liegt **Laem Hua-Laan,** das „Glatzen-Kap", so genannt wegen seiner mangelnden Vegetation. Angrenzend befindet sich die kleine **Ao Sai** mit einem recht schönen Strand sowie die **Ao Luuk Phlu,** in der sich zahlreiche Affen tummeln.

Etwa 7 km nördlich von Tha Lo Jaak erstreckt sich der **Lo Pared Beach** (*Hat Lo Pared);* dieser ist besser zum Schwimmen geeignet als der Ao Muang Beach, aber nicht ganz so malerisch. Nördlich schließt sich **Ao Lopo** an, die größte Bucht der Insel; an dessen Südseite liegt die winzige **Ko Nui,** eine Insel, auf der einige Fischerfamilien leben.

Einige Strände finden sich noch an der Nord- und Nordostseite der Insel. Die besten davon sind der **Hua Hat Chong Laat** im Norden (östlich des

Piers von Chong Laat und gegenüber Ko Yao Noi gelegen) und der Strand in der **Ao Son** im Nordosten. Ao Son ist eine weite Bucht, in dessen Umgebung einige buddhistische Thais und Thai-Chinesen wohnen. Weiter südlich, an der Ostseite der Insel, erstreckt sich eine weitere, jedoch nur wenig ansehnliche Bucht, **Ao Hin Gong.** Hier befindet sich ein Pier, der der günstigste Ankunftspunkt für gecharterte Boote aus Richtung Krabi wäre.

Neben zahlreichen Buchten und Stränden bietet Ko Yao Yai jedoch vor allem eine Aura völliger Weltabgeschiedenheit - der ideale Platz für Aussteiger und Entdecker! Genau, wie auf ihrer Schwesterinsel, so findet sich auch hier **keine Geldwechselmöglichkeit.**

Unterkunft/Essen

Die Unterkünfte auf der Insel sind generell etwas überteuert. Die Betreiber scheinen sich auf einen Preis von 400 Baht geeinigt zu haben, man sollte aber versuchen zu handeln.

- Etwa 250 m nördlich von Tha Lo Jaak, dem Pier, wo die Schiffe aus Phuket anlegen, steht das **Long Island Family Resort***** (Tel. 081-9792273). Die Lage ist sehr gut, die Bungalows mit Bad sind schlicht, aber annehmbar. Freundlicher und hilfreicher Besitzer.
- Etwa 1 km nördlich des Piers finden sich auf einer Anhöhe mit Meerblick die **Halawee Bungalows***** (Tel. 081-6073648). Diese (mit Bad) sind wohl die komfortabelsten auf der Insel, kosten zum Teil aber auch 600 Baht. Angeschlossen ist ein Restaurant.
- Im Nordosten der Insel, am Strand in Ao Som, stehen die einfachen **Tewson Bungalows***** (mit Bad); Tel. 081-9567046. Restaurant angeschlossen. Das nächstgelegene Pier ist Tha Chong Laat im Norden der Insel. Hierhin fahren direkte Boote ab Bang Rong auf Phuket (siehe „Anfahrt")
- Einige **einfache Restaurants** finden sich in der Umgebung von Tha Lo Jaak. Dazu agieren einige fliegende Händler mit Handkarren, die *roti,* indisch-malaysische Fladenbrote, bereiten.

Verkehrsmittel

- Bei der Ankunft der Boote an Tha Lo Jaak oder Tha Chong Laat stehen **Motorrad-Taxis** parat. Einige Fahrer sind auch bereit, ihre Motorräder an Touristen tageweise auszuleihen, falls sich das für sie rentiert. Nebenbei findet sich an Tha Lo Jaak der eine oder andere alte **Pick-Up-Truck** zur Weiterfahrt nach der Ankunft. Wer die Insel in einem Tagesausflug (siehe „Anreise /Rückreise") erkunden will, zahlt für einen Pick-Up-Truck ca. 500-600 Baht. Energisch handeln!
- Die ideale Lösung ist, **Motorräder oder Fahrräder von Phuket aus mitzubringen.** Siehe dazu unten, „Anreise/Rückreise".

Anreise/Rückreise

- Ab dem **Pier Tien Sin,** am Ostrand von Phuket Town und vor Ko Siray gelegen, fahren um 10 Uhr (außer Fr) und 14 Uhr reguläre Boote zum Tha („Pier") Lo Jaak auf Ko Yao Yai. Tha Lo Jaak befindet sich an der Südwestseite der Insel. Kostenpunkt 60 Baht, Fahrzeit je nach eingesetztem Bootstyp 1 bis 1½ Std. Die Boote fahren zurück nach Phuket um 8 und 15 Uhr (Fr ca. 14.30 Uhr; es fahren zwei Boote innerhalb weniger Minuten ab, das zweite ist das schnellere).

Nimmt man das Boot nach Ko Yao Yai um 10 Uhr, kann man die Insel gut in einem Tagesausflug besuchen; bis zur Rückfahrt um 15 Uhr bleiben einem 3½ Std. (Fr 3 Std.) Die Mitnahme eines Motorrads auf den Booten kostet 60 Baht.

- Ab dem **Pier von Laem Hin,** ca. 6 km nördlich von Phuket Town in der Ao Sapam gelegen, lassen sich „Langschwanzboote" anheuern. Die einfache Fahrt kostet ab 1.000 Baht, retour in einem Tagesausflug ca. 1.500 Baht. Fahrzeit ca. 1 Std. Von Laem Hin fahren auch reguläre Boote. Diese legen jedoch erst nachmittags ab (gegen 14 Uhr) und fahren am nächsten Morgen (ca. 8 Uhr) zurück nach Laem Hin. „Langschwanzboote" lassen

sich auch in Krabi anheuern; aufgrund der relativ großen Entfernung bis Tha Lo Jaak ist mit vielleicht 2000 Baht zu rechnen. Fahrten von Krabi bis zur näher gelegenen Ostküste von Ko Yao Yai müssten billiger sein.

- Ab dem **Pier von Bang Rong** im Nordosten von Phuket fahren Schiffe nach Tha Chong Laat im Norden von Kao Yao Yai. Abfahrt 12.30 und 17.00 Uhr; 60 Baht. Von Tha Chong Laat zurück nach Phuket geht's um 7.00 und 14.30 Uhr.

Krabi

กระบี่

Krabi (25.000 Einw.) ist eine angenehme kleine Provinzhauptstadt, 867 km von Bangkok entfernt, die in den letzten Jahren einen kontinuierlich wachsenden Strom von Touristen kommen sah. Der Ort ist der Transitpunkt für einige sehr attraktive Strände, die immer noch zu den schönsten des Landes zählen – auch wenn sie nicht mehr so einsam und ruhig sind wie zuvor. Insbesondere die Inbetriebnahme des Flughafens (1999) hat den Besucherstrom stark ansteigen lassen.

In Krabi selber gibt es nicht viel zu tun, wenn man einmal von Spaziergängen entlang des Krabi-Flusses zum idyl-

Am Ao Muang Beach auf Ko Yao Yai

lischen **Tara-Park,** am Südende des Ortes gelegen, absieht. Ansonsten bietet der **Morgenmarkt** interessante Szenerien, auffällig ist die Präsenz zahlreicher moslemischer Marktfrauen. Krabi hat einen hohen Bevölkerungsanteil von Moslems, eine Tatsache, die auch eine Anzahl moslemischer Restaurants hat entstehen lassen.

Etwa 8 km außerhalb der Stadt befindet sich das bekannte **Höhlenkloster Wat Tham Suea** oder der „Tigerhöhlentempel", der von einem Mönch namens *Achaarn Jamnien Silasettho* gegründet wurde. Der Wat, einer der wichtigsten Meditationstempel des Landes, erhielt seinen Namen von einer Felsformation, deren Form einer Tigerkralle ähnelt – so lautet zumindest die eine Version. Eine andere – und gern erzählte – Version spricht von einem Tiger, der hier mit *Achaarn Jamnien* zusammen in einer Höhle gelebt haben soll. Den Tiger gibt es heute nicht mehr, aber der *Achaarn* (Lehrmeister) ist noch wohlauf. Im Tempel leben heute etwa 250 Mönche und Nonnen.

Von Krabi aus fahren Songthaews für 10 Baht nach Wat Tham Suea. Falls gerade keines in die Richtung fahren sollte, nehme man eines der vielen Songthaews, die zur Krabi Junction fahren (auf Thai Talaat Gau – „Alter Markt"), Kostenpunkt 5 Baht, und dort ein Motorrad-Taxi für die Weiterfahrt (ca. 10 Baht). An der Zufahrtsstraße zum Tempel befindet sich eine recht ordentliche Unterkunft, Tiger House** (Tel. 075-631635); die teureren Zimmer haben A.C.

Die bestpublizierte Sehenswürdigkeit Krabis ist der **Muschelfriedhof Susaan Hoy.** Hier, 17 km südlich der Stadt, haben sich Muschelfossilien, die auf ein Alter von 75 Mio. Jahren datiert werden, zu riesigen Platten formiert. Nach offiziellen Angaben gibt es auf der Welt nur noch zwei vergleichbare „Muschelfriedhöfe", und zwar in Japan und den USA. Dennoch ist das ganze optisch nicht gerade sensationell, und manchen Besucher erinnern die Muschelformationen eher an weggeworfene Betonplatten. Von Krabi fahren Songthaews für 25 Baht zum Susaan Hoy.

Interessanter als der Muschel-Friedhof sind wahrscheinlich **Touren auf dem Krabi-Fluss,** die vom Chan Phen Restaurant & Guest House organisiert werden. Bei den halbtägigen Touren werden die Mangrovenwälder entlang des Flusses besucht, in der eine Vielzahl von Wasservögeln und andere Tiere zu Hause sind. Derartige Touren können auch mit den Bootsfahrern am Pier von Krabi vereinbart werden; Kostenpunkt je nach Teilnehmerzahl ca. 200 Baht/Pers. Handeln!

Information

- In der Utarakij Road unterhält die **TAT** ein kleines Büro. Es gibt jede Menge Informationsmaterial, allerdings wirkt das Personal etwas hilflos. Angeschlossen ist die **Tourist Police.** Das Büro befindet sich zwei oder dreihundert Meter nördlich der Innenstadt, an der Flussseite der Straße, Tel. 075-612740.
- In der Stadt blenden zahlreiche **Tourunternehmen** mit dem Schild „Tourist Information", die hier gegebenen Informationen sind jedoch nicht ganz selbstlos.

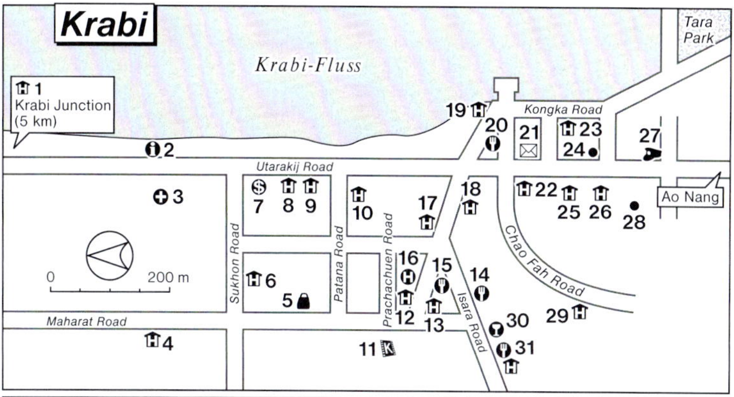

- 1 Krabi Maritime Hotel
- 2 TAT Büro
- 3 Krankenhaus
- 4 Greenery Hotel
- 5 Vogue Shopping Center
- 6 City Hotel
- 7 Bank
- 8 Vieng Thong Hotel
- 9 Chan Phen G.H. & Restaurant
- 10 New Hotel
- 11 Kino
- 12 Phi Phi Tour & Guest House
- 13 Seaside Guest House
- 14 Hassana Muslim
- 15 May & Mark Restaurant
- 16 Busstation
- 17 Krabi Guest House
- 18 Thai Hotel
- 19 Thammachart Guest House
- 20 Pizzeria Firenze
- 21 Post
- 22 Grand Tower Hotel
- 23 Phi Phi Family G.H.
- 24 Immigration
- 25 Chan Chan Lay
- 26 Cha Guest House
- 27 Polizei
- 28 Stadthaus
- 29 Chao Fah Valley Bungalows
- 30 Good Day Night Club und Popeye's Bar
- 31 Café Europa Restaurant und Hotel

Unterkunft

- Sehr nette und saubere Bungalows (Bad) hat das **Chao Fah Valley**** (Tel. 075-612499).
- Das **Grand Tower Hotel****-*** (Tel. 075-621146, grandtoweronline@hotmail.com) an der Ecke Uttarakij Rd./ Chao Fah Rd. hat akzeptable Zimmer mit und ohne eigenes Bad. Einige Gäste beschwerten sich allerdings über mangelnde Sauberkeit in den Zimmern.
- Wenige Meter weiter die Uttarakij Road entlang findet sich das einfache, aber sehr preiswerte **Cha Guest House***-*** (Tel. 075-621125). Die preiswerteren Zimmer haben Gemeinschaftsbad. Besonders gelobt werden die hausgemachten Joghurt-Shakes.
- Das **Chan Chan Lay****-*** (55 Thanon Utarakit, Tel. 075-620952) ist ein relativ neues und sehr sauberes Guest House mit Restaurant und Internet Café, ideal für Rucksackreisende.
- Einfache, aber für den Preis recht gute Zimmer im **Seaside Guest House***-** am Südende der Maharat Road; die etwas teureren Zimmer haben eigenes Bad (Tel. 075-635307).
- Schräg gegenüber befindet sich das **New Hotel**** (9-11 Patana Rd., Tel. 075-611541), das akzeptable Zimmer mit Bad bietet.
- Mindestens eine Klasse besser ist jedoch das **City Hotel****-**** (15/2-3 Sukhon Rd., Tel.

075-611961), mit nicht sehr großen, aber sehr sauberen Zimmern (Bad) und teureren A.C.-Räumen (TV). Guter und freundlicher Service.

●Dem gleichen Besitzer gehört das ca. 500 m nördlich der Innenstadt gelegene und ruhige **Riverside Hotel**** (287/ 11 Uttarakij Rd., Tel. 075-612128); ordentliche und saubere Zimmer (Bad).

●Zimmer unterschiedlicher Qualität hat das **Vieng Thong Hotel****-*** (155 Uttarakij Road; Tel. 075-620020, vienthong2001@hotmail.com). Zimmer mit Bad, teurere mit A.C. Die A.C.-Räume haben zudem TV, die teureren dazu noch einen Kühlschrank. Letztere sind allgemein auch in gutem Zustand, bei den anderen Zimmern zeigen sich schwere Alterserscheinungen. Die Fenster einiger Zimmer blicken direkt vor eine Hauswand und lassen somit wenig Licht herein. Vor dem Einchecken einen Blick in das Zimmer werfen!

●Das **Thai Hotel*****-**** (7 Issara Rd., Tel. 075-611474) hat Zimmer in verschiedenen Kategorien, und auch diese zeigen Verschleißerscheinungen. Die teureren Zimmer haben Satelliten-TV.

●Das **Greenery Hotel****** (167/2 Maharat Rd., Tel. 075-623648, krabi_greenery@hotmail.com) hat 30 große Zimmer und bietet TV, Minibar, einen Coffee Shop und eine Reiseagentur im Haus.

●Krabis Luxusherberge ist das etwa 2 km nördlich der Innenstadt an der Thung Fah Road gelegene **Krabi Maritime Hotel**LLL (Tel. 075-620028, Fax 075-612992). Es ist von einer fantastischen Gartenanlage umgeben und überblickt den Krabi-Fluss und die daran gelegenen Felsformationen. Zimmer mit allem Komfort (A.C., TV, Kühlschrank), Deluxe-Zimmer und Deluxe-Suiten. 1999 wohnte *Leonardo DiCaprio* in dem Hotel und wurde zu den Dreharbeiten zu „The Beach" täglich nach Ko Phi Phi Le hinübergeschippert.

Bildnisse in Wat Tham Suea

Bei Vorbuchung (sei es durch ein Reisebüro oder bei persönlicher telefonischer Voranmeldung) ergeben sich ca. 200-300 Baht Reduktion.

●Schräg gegenüber der Zufahrt zum Maritime Hotel liegt das **Krabi Royal Hotel** ****-***** (403 Uttarakij Rd., Tel. 075-620028, Fax 075-612992, krabiroyal@lemononline.com). Die Zimmer haben A.C., TV und Kühlschrank und sind sehr sauber und komfortabel; die zur Straße hinaus gelegenen Zimmer sind aber wohl zu laut. Die Zimmer sind teuer, wahrscheinlich kann man den Preis aber herunterhandeln. Falls ja, ist dieses Hotel eine gute Alternative zu den zumeist etwas gealterten Mittelklasse-Hotels in der Innenstadt.

Essen

●Eine sehr umfangreiche Speisekarte hat das **May & Mark Restaurant** schräg gegenüber dem Thai Hotel. Es gibt westliches Frühstück (Toast, Müsli, Porridge u.a.), zahlreiche westliche, mexikanische und Thai-Speisen, wie auch eine Reihe von vegetarischen Gerichten. Hier werden auch Bus- und Bootstickets angeboten.

●Gleich rechts daneben liegt das **Baan Thai Issara,** das sehr gute Backwaren, darunter auch Vollkornbrot anbietet.

●Seit vielen Jahren ein beliebter Traveller-Treff ist das **Chan Phen Restaurant & Guest House** (Tel. 075-612661) in der 145 Uttarakij Road, was zum großen Teil an der Besitzerin, Mrs. *Lee Hongyot,* liegt. Sie kredenzt gutes Essen und hat jede Menge Informationen zu Krabi parat.

●Das **Restaurant des Thammachart Guest House** (*thammachart* = „Natur") serviert thailändische vegetarische Gerichte.

●Sehr gute Pizzen, Crêpes, Spaghetti und andere italienische Gerichte serviert die von einem Italiener geleitete **Pizzeria Firenze** gegenüber dem Thammachart Guest House. Die Preise sind etwas gehoben, mit Pizzen ab 110 Baht, Crêpes ab 65 Baht; eine Tasse Beuteltee kostet 25 Baht.

●Das **Café Europa** (1/9 Soi Ruamjit, 81000 Krabi, Tel. 089-5910584, www.krabidir.com/cafeeuropa) bietet preiswerte Gerichte aus Skandinavien und Besitzer *Henrick* und seine Frau *Thip* sind eine Goldgrube an Informationen über die Region. Das Café vermietet auch ein paar schöne, saubere und sehr europäisch einrichtete Zimmer ab 350 Baht. Direkt gegenüber ist ein Biergarten.

●Das **Kwan Café** (Tel. 075-611706) in der 30 Kongka Road serviert gesundes Essen in spartanisch moderner Atmosphäre – Tofu-Burger und guter Kaffee.

●Gute Curries mit malaysischem Einschlag macht das moslemische **Hassana Restaurant** (nur in Thai und Arabisch ausgeschildert), das sich schräg gegenüber dem K.L. Guest House befindet. Morgens gibt es Roti, Teigfladen, die mit einer Fleisch-Soße serviert werden. Die Roti kosten einfach (ohne untergemischtes Ei) 4 Baht, mit Ei 8 Baht.

●Am **Morgenmarkt** etwas westlich der Maharat Road gibt es Snacks wie den berühmten *khao niu* oder „sticky rice" oder *khanom taan,* eine Köstlichkeit aus Grieß und dem Saft von Palmherzen, der für die Süße sowie für die gelbe Färbung sorgt.

●Ein **Nachtmarkt** findet sich jeden Abend gegen 18 Uhr in der Uferstraße am Pier ein. Zahlreiche Straßenstände bieten ein umfangreiches Programm, vom gerösteten Huhn *(gai yaang)* bis zum getrockneten Tintenfisch *(plaa mük)* und zu zahlreichen Süßspeisen.

●Wer nicht anders kann, findet auf der Maharat Road im recht bescheidenen Vogue Shopping Center einen KFC und **Swensen's Ice Cream.**

Unterhaltung

●**Popeye's Bar,** direkt neben dem Café Europa, hat bis spät in die Nacht geöffnet. Laute Rockmusik, Pool und Bier stehen auf dem Programm.

●Neben dieser kleinen Bar liegt der viel größere **Good Day?** Nachtclub, in dem am Wochenende vor vollem Haus Cover-Rockbands ihr Bestes geben. Das einheimische Publikum ist laut und jung.

Ortsverkehr

●**Songthaews** nach Ao Nang und zum Noppharat Thara Beach fahren alle paar Minuten ab der Patana Road, nahe der Einmündung in die Utarakij Road. Songthaews nach

Ao Luek fahren von einem Haltepunkt schräg gegenüber, nahe der Kreuzung Patana Rd./Preuksa Uthit Rd. ab. Songthaews zum Muschelfriedhof ab der Maharat Road.

- **Langschwanzboote** nach Ao Nang und Tham Phra Nang ankern an der Nordseite des Chao-Fah-Piers an der Kongka Rd.; hier lassen sich auch Boote zu anderen Fahrten anheuern. An der Südseite des Piers fahren die Boote nach Ko Lanta und Ko Phi Phi ab.
- **Motorräder und Autos** (Jeeps ab 1.000 Baht pro Tag) gibt's bei *Thaimit Rental,* Utarakij Road, Tel. 075-632054.

Anreise

- A.C.-Busse **ab Bangkok** fahren um 19 und 20 Uhr, Kostenpunkt 1. Kl. 580 Baht. V.I.P.-Busse fahren um 18.30 und 19.30 Uhr zu 850 Baht, bzw. 817 Baht (je nach Sitzzahl im Bus).

Busse **ab Ko Samui** 300-450 Baht (inklusive Bootsticket), ab Surat Thani 126 Baht, beides jeweils A.C. Normalbusse ab Surat Thani 61 Baht.

Busse **ab Phuket** kosten 65/117 Baht, ab Hat Yai 96 Baht. A.C.-Busse ab Hat Yai für 173 Baht.

- 2006 wurde Krabis neues Flughafengebäude in Betrieb genommen, **Thai Airways** fliegt derzeit 4-mal täglich per Direktflug aus Bangkok ein, Kostenpunkt 3.260 Baht, Business-Class 4.260 Baht. Flugzeit 1. Std. 10 Min. Ein Flug täglich ab Bangkok mit der Budget-Gesellschaft **Air Asia,** deren Tickets online zu buchen sind unter www.airasia.com.

Weiterreise

- Die **Busse** fahren alle von Krabi Junction ab, wo sie ihre festen Halteplätze haben.

Busse mit A.C. fahren täglich wechselnd vom Bus-Stand in der Stadt oder dem Vieng Thong Hotel ab.

Fahrten mit dem Songthaew zur Krabi Junction kosten 10 Baht, innerhalb von Krabi dagegen nur 4 Baht.

Hier einige Preise für A.C.-Busse ab Krabi: Ko Samui 300-450, Penang 550, Kuala Lumpur 750, Singapur 1050, Surat Thani 126, Hat Yai 173, Phuket 117 Baht.

- Von der Krabi Junction fahren ebenfalls **Gemeinschaftstaxis** nach Hat Yai (100 Baht pro Person) und Trang (50 Baht).
- **Boote** zu den Phi Phi Islands kosten 200 Baht (90 Min.). Tickets bei *Phi Phi Family* (Tel. 075-630165) oder *Andaman Wave Master* (Tel. 075-612463). Am einfachsten ist es Tickets direkt am Pier zu kaufen oder übers Hotel buchen zu lassen.

Boote nach Ko Lanta kosten 250 Baht. Zu buchen sind die Tickets in den zahlreichen Reisebüros von Krabi oder direkt am Pier.

- **Songthaews** zu den Stränden in der Umgebung fahren ab dem Markt, drehen dann aber erst noch ein paar Runden, ehe sie endgültig abfahren. Am besten an der Uttarakij Road anhalten und zusteigen.
- **Flugverbindungen** bestehen nach Bangkok (Thai Airways, Air Asia), Ko Samui (Bangkok Airways) und Singapur (P.B. Air). Der Flughafen befindet sich 15 km nordöstlich von Krabi.

Thai Airways, Tel. 075-622439-41; Bangkok Airways, Tel. 02-2293456-63; P.B. Air, Tel. 02-2610220-5.

Strände um Krabi

Klong Muang Beach

Ein ruhiger Strand, 22 km westlich von Krabi mit vegetationsreichem Hinterland. Dieser Strand zählt nicht zu den allerschönsten der Umgebung, nicht zuletzt weil eine gigantische Zementfabrik inmitten mehrerer teurer Resorts die Landschaft völlig verunstaltet. Dennoch wird hier emsig gebaut und neue Resorts schießen wie Pilze aus dem Boden. Die Abgeschiedenheit des Ortes zieht dennoch viele Leute an, die der überlaufeneren Strände überdrüssig geworden sind. Der Tsunami hat hier keine permanenten Schäden angerichtet.

Unterkunft

- Sehr beliebt bei Travellern sind die **Pine Bungalows***-**, auch wenn der Strand hier nur mittelmäßig ist. Es gibt Hütten ohne eigenes Bad und Bungalows mit eigenem Bad. Angeschlossen ist ein recht gutes Restaurant.
- Das von einem Deutschen geführte **Klong Muang Inn***** (089-9719938, webmaster@klong-muang-inn.de), bietet saubere Zimmer und deutsches Essen. Eine Thai Speisekarte gibt es auch.

Ansonsten bietet Klong Muang Beach eine ganze Reihe **eingezäunter, isolierter Resorts.** Wer hier Urlaub macht, kann wirklich Frieden und Abgeschiedenheit erwarten.

- Das **Andaman Holiday Resort**LLL (Tel. 075-644321, Fax 075-644320, info@andamanholiday.com) ist wohl eher für Pauschaltouristen konzipiert, der daran gelegene Strandabschnitt ist aber wohl der beste von Klong Muang. Komfortable Zimmer, Swimmingpool vorhanden.
- Das **Nakamanda Resort und Spa**LLL (Tel. 075-628200, Fax 075-644389, www.nakamanda.com) ist wohl derzeit das teuerste Resort in Krabi. Große und größere Villen in einem tropischen Garten, ein Pool direkt am Meer, ein umfangreiches Spa und absolute Ruhe kosten 500 bis 1200 US$ die Nacht. Das Design dieses Resorts nennt sich „Modern classic oriental" – Marmor, Sandstein, Harthölzer, Seide und Baumwolle sind integrale Elemente einer wunderschönen, exklusiven Ästhetik. Ein Restaurant ist angeschlossen.
- Gleich nebenan ist das **Sheraton Krabi Beach Resort**LLL (155 Moo 2, Nong Thale, Tel. 075-628000, 02-6209889,www.sheraton.com/krabi), das nicht ganz so exklusiv und sehr viel größer ist. Das Resort bietet jeden erdenklichen Wassersport – Windsurfing, Kanus, Segeln und Tauchen (Das Sheraton hat ein eigenes Dive-Center). Yoga-Kurse und Sightseeing werden ebenfalls angeboten.
- Ein weiteres teures Resort in der Gegend ist das **Phulay Beach Krabi**LLL (111 Moo 3, Nong Thale, Tel. 075-628111, Fax 075-628100, hotel@phulaybeach.com). Der Strand ist nicht schlecht und der Blick auf die vorliegenden Inseln ist spektakulär. Villen ab 800 US$ haben auch einen privaten Jacuzzi. Zimmer ab 220 US$
- Wenn man direkt durch das Zementwerk bis ans Ende von Klong Muang weiterfährt, endet die Straße im **Tup Kaek Sunset Resort**LLL (109 Moo3, Nong Thale, Tel. 075-628600-99, Fax 075-628666, www.tupkaeksunset.com) einer wunderschönen Bungalowanlage inmitten eines dichten Kasuarinawaldes. Preise ab 60 US$ in der Hochsaison. Die Bungalows sind etwas klein, aber der Strandblick ist sehr schön und verglichen mit den Preisen der Nachbarn hat das Tap Kaek durchaus etwas zu bieten. Kanutrips werden hier auch angeboten.

Anreise

Öffentliche Verkehrsmittel hierher gibt es nicht. Bei der Buchung einer der oben genannten Unterkünfte übernimmt das betreffende Unternehmen den Transport.

Noppharat Thara Beach

Dieser „Sternenstrand der neun Juwelen" – so lautet der Name auf Deutsch – befindet sich je nach eingeschlagener Route 17 bzw. 19 km von Krabi entfernt (letzteres beim Weg über Ao Nang). Er ist Teil des **Phi Phi National Marine Park,** ein beliebter Platz für Muschelsammler als auch für einheimische Picknick-Gesellschaften. Der Strand bietet sauberen, weißen Sand und klares Wasser, das Umfeld lässt aber ein wenig die tropische Szenerie vermissen, somit ist er nicht so attraktiv wie sein Nachbarstrand. Obwohl der Tsunami diesen Strand kaum beschädigt hat, sieht ein Teil der Hinterlandschaft wie eine permanente Baustelle aus.

Unterkunft

- Aufgrund des Nationalpark-Status sind die Baumöglichkeiten theoretisch begrenzt, es gibt nur wenige Unterkunftsmöglichkeiten, z.B. das **Cashew Nut****-*** und das **Andaman Inn****-***, dennoch wird auch hier emsig an neuen Projekten gebaut.

● *Nui*, der mit seiner kanadischen Frau auf Ko Yao Noi eine Bungalowunterkunft betrieb, hat sich an diesem Strand eine neue Bleibe geschaffen, die **Laughing Gecko Bungalows** *-** (Tel. 075-695115, 081-2705028). Die aus Holz gebauten Bungalows sind recht schlicht, aber das nette Besitzerpaar macht dies allemal wett. Zudem ist dies eine der preiswertesten Unterkünfte in der Gegend.

Unterhaltung

● Die **Luna Bar** am östlichen Ende des Strandes zieht bis in die frühen Stunden Touristen und Expats an.

● Die **Bad Habit Bar** ist etwas ruhiger und liegt vom Strand über die Strandstraße zurückversetzt ca. Strandmitte.

Anreise

● **Songthaews** ab Krabi für 20 Baht/ Person.

Ao Nang (Ao Phra Nang)

17 km von Krabi entfernt ist dies wohl der schönste Strand, den man, ohne auf Boote umsteigen zu müssen, von Krabi aus anfahren kann. Der Sand ist weiß, das Wasser klar, und an seiner Südseite wird er von schroffen, imposanten Felsen flankiert. Nicht umsonst hat sich der Tourismus hier von Jahr zu Jahr vervielfacht, was auch das Preisniveau stark hat ansteigen lassen. Zwar ist es hier noch nicht so teuer wie auf Phuket, die Zeiten der 50-Baht-Hütten sind aber vorbei. Inzwischen gibt es gar einen McDonalds. Ao Nangs etwas unattraktive Strandballustrade hat den Tsunami größtenteils aufgehalten – Hotels und Geschäfte sind der Zerstörung hier entkommen.

Unterkunft

● Die schönste und originellste Unterkunft ist sicher das **Phra Nang Inn**LLL (P.O. Box 25, Krabi, Tel. 075-612173-4), die sich aber auch nicht jeder wird leisten können. Das Haus ist so geschickt mit Holz verkleidet, dass man es auf den ersten Blick für eine etwas groß ausgefallene Waldhütte halten könnte. Es fügt sich nahtlos in die palmenreiche Umgebung ein. Die Zimmer haben A.C., TV, Mini-Bar; Frühstück für zwei Personen inklusive; Swimmingpool.

● Wunderschön sind die Bungalows des **Peace Laguna Resort*****-**** (Tel. 075-637345-6, Fax 075-637345), die vor einer schroffen Felswand angelegt sind. Vor den Bungalows befindet sich ein idyllischer kleiner Teich. Sehr gut!

● Ebenfalls empfehlenswert für ihren Preis sind die **Mountain View Bungalows****-*** (Tel. 075-637294). Es gibt einfache, ältere Bungalows und neuere, komfortablere (alle mit Bad).

● Nebenan ist **Penny's House*****-***** (Tel. 075-637295), das saubere Zimmer mit und ohne Bad und Klimaanlage anbietet. Die Dachterrasse bietet einen guten Blick auf die umliegende Felslandschaft.

● Einige hundert Meter vom Strand entfernt, an der Straße nach Krabi, steht das **Ao Nang Palm Hill*****-**** (Tel. 075-637207). Sehr gemütliche und saubere Bungalows mit A.C., TV und Kühlschrank.

● Sehr empfehlenswert sind die in einem Garten gelegenen **Gift's Bungalows****-*** (Tel. 075-637193). Saubere und ordentliche Zimmer mit Bad und Terrasse, guter Service und gutes Essen.

● Sehr gepflegte Zimmer mit Balkon bietet das **Beach Terrace Hotel*******, Frühstück ist im Preis enthalten. Buchungen unter Tel. 075-637180-3 oder Fax 075-637184, krabibeach terrace@yahoo.com.

● Das **Ao Nang Villa****-LLL (Tel. 075-611129, 075-611944, extension 37) hat eine Vielzahl Bungalows, alle mit Bad, die teuersten mit A.C.

● Preiswert: **Ao Nang Ban Lae Bungalows** *-*** (Tel. 075-637189) hat ein deutsches Restaurant; **Bream Guest House**** (Tel. 075-637555).

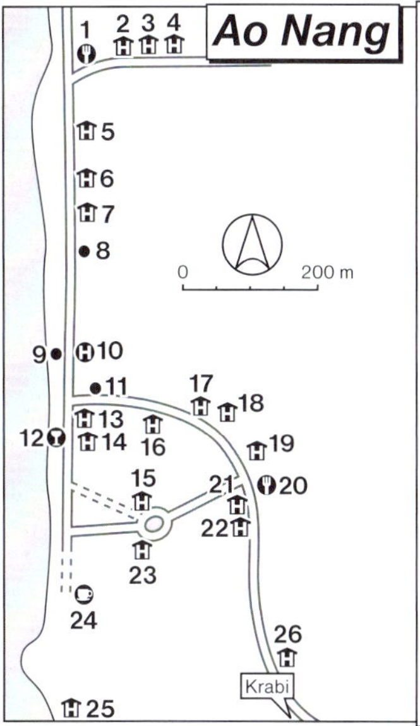

- 1 Ao Nang Seafood Restaurant
- 2 Ban Lae Bungalows
- 3 Beach Terrace Hotel
- 4 Krabi Resort
- 5 Wanna's Bungalows
- 6 Sea Breeze Bungalows
- 7 Gift's Bungalows
- 8 Polizei
- 9 Boote
- 10 Songthaews
- 11 Kanu-Verleih
- 12 Last Fisherman's Bar
- 13 Phra Nang Inn
- 14 Ao Nang Villa
- 15 Bream Guest House
- 16 Coral Hotel
- 17 Ao Nang Villa
- 18 B.B. Bungalows
- 19 Krabi Sea View Resort
- 20 McDonald's
- 21 Mountain View Guest House, Penny's
- 22 Ao Nang Village
- 23 Peace Laguna Resort
- 24 The Last Café
- 25 Paradise Cove
- 26 Ao Nang Guest House

- Wer Heimweh hat, kann jetzt in Ao Nang auch im **McDonald's** essen.
- In der **Last Fisherman's Bar** trifft sich Ao Nangs Strandszene bis spät in die Nacht.

Anreise

- **Songthaews ab Krabi** für 30 Baht/Person.

Inseln vor Ao Nang

Ko Poda

Schon von Ao Nang aus sichtbar ist die **wunderbare Kokos-Insel** Ko Poda, wenige Bootsminuten entfernt. Sie ist an ihren flachen Stellen mit Kokospalmen übersät, besteht ansonsten aus einem Felsmassiv und besitzt einen traumhaften weißen Strand. Beste Bade- und Schnorchelmöglichkeiten!

- Als Unterkunft stehen die **Poda Bungalows***** (Tel. 075-637032) (Bad) zur Verfügung, mit Restaurant.
- **Anfahrt** ab Ao Nang in gecharterten Booten, ab ca. 200 Baht, retour 350 Baht. Um 10 Uhr fahren Pendler-Boote zu 200 Baht/Pers. ab Ao Nang; Rückfahrt ca. 16.30 Uhr.

Ko Hua Khwan

Ko Hua Khwan oder auch **„Chicken Island"** verdankt ihren Namen einer Felsformation, die an einen Hühnerkopf erinnert. Sie ist nicht bewohnt und aufgrund des herrlichen Strandes ein beliebtes Ziel für Badeausflüge.

- **Anreise:** Der Bootscharter ab Ao Nang kostet ca. 500 Baht, darin ist dann auch eine mehrstündige Badepause enthalten. Pendler-Boote ab Ao Nang zu 250 Baht/Pers.

Tham Phra Nang Beach

Dieser wahrscheinlich schönste Strand in der Umgebung von Krabi erhielt seinen Namen von einer Höhle *(tham)*, in der einst eine himmlische Prinzessin *(nang)* gebadet haben soll. Darin soll sie auch ihrem irdischen Geliebten ein Kind geboren haben, weswegen die örtlichen Fischer dort Holzphalli opfern, um ihren Segen zu erhalten.

Aber Legende bei Seite – der mit abertausenden Kokospalmen gesäumte, feine weiße Sandstrand von Tham Phra Nang ist wohl der attraktivste der Umgebung und hat demzufolge in den letzten Jahren eine ungeheure Popularität erlebt. Seinen besonderen Charakter verdankt er den Felswänden, die sich an seinem Ostende auftürmen, und die die Sonnenbadenden aus der Entfernung betrachtet zu Winzlingen zu degradieren scheinen – eine massive Wand aus Stein, die von Alpinisten gelegentlich zum Abseil-Training genutzt wird!

Leider ist dieser fantastische Strand auch **touristischen Großunternehmen** nicht verborgen geblieben, und so wurde das Luxushotel *Rayavadee Premier Resort* in Betrieb genommen. Das führte jedoch gleich zur Kontroverse: Das Resort soll zum Teil Land in Beschlag genommen haben, das unter Naturschutz steht. Seltsamerweise waren im Grundamt sämtliche Papiere, die die Eigentümerrechte hätten klären können, spurlos verschwunden. Abgesehen davon fügen sich die Bungalows recht dezent in die tropische Umgebung ein. Kostenpunkt ab 15.000 Baht in der Hauptsaison!

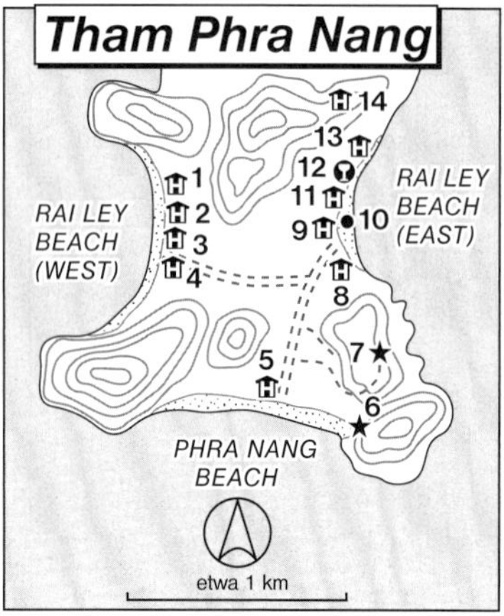

- 1 Ray Ley Beach Club
- 2 Ray Ley Village Resort
- 3 Sand Sea Bungalows
- 4 Ray Ley Bay Resort
- 5 Rayavadee Premier Resort
- ★ 6 Phra-Nang-Höhle
- ★ 7 Teich
- 8 Sunrise Bungalows
- 9 Ya-Ya Resort
- • 10 Bootsanleger
- 11 Rapala
- 12 Blue Diamond Bar
- 13 Ray Ley Hill Bungalows
- 14 Ray Ley Parkview Bungalow

Weniger attraktiv als der Tham Phra Nang Beach sind die an der West- und Ostseite des Landzipfels gelegenen Strände **Ray Ley West** und **Ray Ley East.** Hier sind die Bademöglichkeiten nicht so gut wie in Tham Phra Nang, das Wasser ist etwas trübe. Dafür breiten sich zwischen den Stränden Kokoshaine aus, die Südsee-Flair verbreiten.

Tsunamischäden halten sich hier sehr in Grenzen. Lediglich das *Rayavadee Premier Resort* wurde etwas beschädigt.

Unterkunft

● Zwischen den beiden Ray-Lay-Stränden reiht sich praktisch eine Bungalow-Kolonie an die andere, und sie unterscheiden sich kaum voneinander. Die am Ray-Lay-West gelegenen sind jedoch empfehlenswerter, da dort der Strand schöner ist. **Sunrise Bay Bungalow****-****, **Ya Ya Resort*****-*****, **Rapala******, **Sand Sea Bungalows******-LLL, **Ray Ley Village Resort******-LLL, **Ray Lay Beach Club****-****.

Anreise

● Ab Ao Nang fahren **Boote** für 30 Baht/Person in 15 Minuten nach Ray Ley West, nach Tham Phra Nang in ca. 20 Minuten. Gecharterte Boote kosten ab ca. 200 Baht für die einfache Fahrt. Boote zwischen Ray Lay und Tham Phra Nang kosten zumeist ebenfalls 30 Baht/Person. Boote ab dem Pier in Krabi für 60 Baht/Person. Im Monsun (Mai-Sept.) fahren in der Regel nur die Boote ab Krabi, von Ao Nang ist der Seegang zu gefährlich.

Umgebung von Krabi

Than-Bokhorani-Nationalpark

Dieser kleine Nationalpark befindet sich 45 km nördlich von Krabi (oder 40 km südlich von Phang-Nga) nahe der Distrikt-Hauptstadt **Ao Luk,** die von einer großen Straßenkreuzung, der Ao Luk Junction, markiert wird. Das waldreiche Gelände des Parks ist mit Felsformationen durchsetzt, die ihrerseits zahlreiche attraktive Grotten aufweisen. Aus einer entspringt ein Bach, der sich in mehrere Zweige aufteilt, die in einem Netzwerk von erfrischenden Wasserbecken münden. Hier darf auch gebadet werden! Das Gelände eignet sich aber genauso für Spaziergänge unter den hohen, dicht an dicht stehenden Baumriesen. Der Eintritt zum Park kostet 200 Baht.

● Direkt am Parkeingang gibt es **A.C. Bungalows*****, auch stundenweise zu mieten.

● Zur **Anfahrt** eignet sich jedweder Bus, der auf der Strecke Krabi – Phang-Nga, Trang – Phuket, Hat Yai – Phuket etc. verkehrt. Alle diese Busse fahren entlang des Highway Nr. 4 und passieren die Ao Luk Junction. Dort aussteigen und an der Kreuzung die Straße Nr. 4039 in südwestliche Richtung gehen, wo nach knapp 1½ km der Park liegt. Ab der Kreuzung fahren Songthaews (10 Baht).

Tham-Khao-Phra-Höhle

Etwa 100 m weiter südwestlich von Than Bokhorani zweigt eine holprige Straße in nördlicher Richtung von Straße Nr. 4039 ab, die nach ca. 500 m zur **Tham Khao Phra** führt, der „Höhle im Mönchsberg". Diese durchzieht einen steilen, hohen, rundgeformten Felsen und birgt einige Buddha-Figuren. Die umgebende, dichte Vegetation macht dieses Fleckchen zu einer erholsamen Idylle, zumindest solange die dort lebenden Mönche die laut plärrende Lautsprecheranlage ausgeschaltet lassen. Von der Höhle führt ein ausgeschilderter Weg nach über 1 km zu einer weiteren, aber weniger interessanten Höhle, der **Tham Khao Rang.**

Ko Lanta Yai
เกาะลันตาใหญ่

Parallel zum wachsenden Tourismus in Phuket und den Phi Phi Islands begann vor etwa anderthalb Jahrzehnten die zaghafte Entwicklung von Ko Lanta als „alternatives" Reiseziel. Die Insel bietet einige nette Strände, diese können aber mit vielen der bekannteren in der Region um Krabi und Phuket nicht mithalten. Was viele Reisende ab hier festhält, ist die relative Ruhe, die Abwesenheit von Discos, Hochhaus-Hotels und smarten Supermärkten. Die Erfahrung aber zeigt, dass dies nicht so bleiben wird. Der Anschluss Ko Lantas ans Stromnetz vor einigen Jahren war ein Sprung in die Zukunft, von dem man erahnen kann, was er mit sich bringt – die Insel entwickelt sich in letzter Zeit rapide in Richtung Hochpreistourismus, so wie man es auch auf vielen anderen Inseln erlebt hat. Die preiswerten Unterkünfte machen immer mehr teuren Anlagen Platz.

Ko Lantas einzige „Stadt" ist das aus zwei Straßen bestehende **Ban Saladan,** wo auch die Boote aus Phi Phi oder Krabi anlegen. Hier finden sich auch eine Bank, Bankautomaten und einige Geschäfte. Die Bevölkerung der Insel besteht hauptsächlich aus Moslems, dazu gesellen sich ein paar „Seezigeuner" oder *chao le.*

Der beste Strand ist der 2 km von Ban Saladan entfernte **Klong Dao Beach;** nach Süden wird die Küste felsiger, bietet aber dennoch vielerorts kleine Idyllen. Zu empfehlen sind Touren zu einigen der kleinen vorgelagerten Inseln wie Ko Rok Nok, Ko Ngai und Ko Muk, zu denen Langschwanzboote gechartert werden können. Das Unternehmen *Canoe Tours* (Tel. 081-2284213) bietet Kanufahrten durch die Mangrovenhaine an der Ostküste. Elefanten-Treks, die auf der Insel angeboten werden, kosten etwa 500 Baht pro halber Stunde.

Ko Lanta hatte im Tsunami einige Schäden zu verzeichnen, davon ist nun rein gar nichts mehr zu bemerken.

Unterkunft

Eine Reihe von Bungalow-Anlagen befindet sich an der Westseite von Ko Lanta Yai, die nur durch eine sehr schmale Wasserstraße von ihrer kleineren Schwesterninsel Ko Lanta Noi getrennt ist.

In der Regenzeit – also von Juni bis September – fallen die Preise oft sehr dramatisch. Häufig kann gehandelt werden.

An Laem Khaw Khwang

Dies ist die nordwestlichste Landzunge der Insel, nach ihrem Aussehen „Hirschhals-Kap" genannt". Die „Hauptstadt" Ban Saladan liegt 2 km weiter östlich.

- **Khaw Khwang Bungalows*****-LLL (Tel. 089-474706), zahlreiche Bungalows unterschiedlicher Ausstattung, recht gut, teilweise mit A.C. Sehr gute Strandlage.

Am Klong Dao Beach

- **Nobel House******-***** (Tel. 075-6840 96), ganz im Norden des Strandes, gute Bungalows zum Teil A.C. und Kühlschrank, in netter Anlage, sehr gutes Essen und Swimmingpool. Angeschlossen ist ein Büro von *Lanta Divers* (www.lantadiver.com).

●**Sun, Fun & Sea Bungalows Dive Resort** ****-***** (Tel. 075-684025, Fax 075-684026, www. thailandbungalow.ch), schweizerisch-thailändisches Management, gut ausgestattete Bungalows in netter Gartenlage, in der Off-Season ab günstigen 500 Baht. Tauchbasis, Reisebüro, Bar und Restaurant sind angeschlossen. Thai-Massage wird angeboten, Internet vorhanden.

●**Diamond Sand Palace*****-***** (Tel. 075-684135), recht gute Bungalows, die meisten mit A.C., mit sehr unterschiedlichen Preisen je nach Jahreszeit. In der Regenzeit von Mai bis September geschlossen.

●**Lanta Villa*****-*****, einige hundert Meter weiter südlich (Tel. 075-684129, 081-5362527, www.lantavillaresort.com), sehr gute, solide Bungalows, z.T. mit A.C und Kühlschrank., in gartenähnlicher Umgebung, Swimmingpool.

●**Lanta Sea House*******-LLL (Tel. 075-684073, Fax 075-684113, www.ko-lanta.com), gute Anlage mit komfortablen Bungalows, einige aus Holz, z.T. A.C. In der Off-Season fallen die Preise auf die Hälfte. Swimmingpool.

●**Southern Lanta Resort******-LLL (Tel. 076-684174-7, Fax 075-684174, www.southernlanta.com), 74 sehr gute Bungalows mit A.C., ein gutes Restaurant, Swimmingpool. Frühstück im Preis inbegriffen. Empfehlenswert.

●**Hans Restaurant & Bungalows****-*** (Tel. 075-684152, hanskohlanta@hotmail.com), geleitetet von einem Deutschen und seiner Thai-Frau; die Anlage war zunächst nur ein Restaurant, dem wurden später Bungalows hinzugefügt. Einige sind aus Stein, andere aus Bambus, für den niedrigen Preis insgesamt jedoch sehr gut. Motorradverleih und Internet.

Phra-Ae Beach

An seinem Südende geht der Klong Dao Beach in den Phra-Ae Beach über, beinahe ebenso schön wie obiger.

●**Sayang Beach Bungalows******-LLL (Tel. 075-684156, www.ko-lanta.com/hotels/sayang.htm), sehr schöne Bungalows zu diversen Preisen, z.T. A.C., dazu gute Strandlage.

●**Lanta Long Beach Resort******-***** (Tel. 075-684217, Fax 075-684215, lantalongbeach@hotmail.com), die Saison-Preise sind viel-

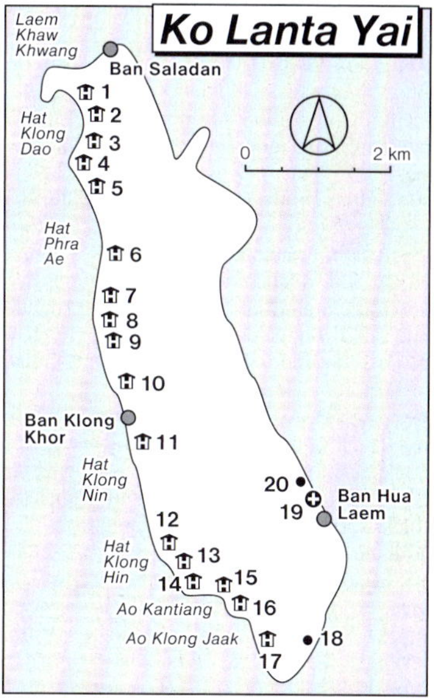

- 1 Nobel House
- 2 Diamond Sand Palace
- 3 Southern Lanta Resort
- 4 Lanta Sea House
- 5 Sayang Beach Bungalows
- 6 Papillon Resort
- 7 Reggae Resort
- 8 Lanta Manna Bungalows
- 9 Relax Bay Resort
- 10 Where else? (Bungalows)
- 11 Sunset Bungalows
- 12 Lanta Miami Bungalows
- 13 The Marina
- 14 Dream Team Bungalows
- 15 Kantiang Bay View Resort
- 16 Pimalai Resort
- 17 Waterfall Bay Resort
- 18 Nationalpark-Hauptquartier
- 19 Krankenhaus
- 20 Polizei

leicht etwas überzogen; besser in der Off-Season.

●**Papillon Resort*****-****** (Tel./Fax 075-684308, www.papillonlanta.com), akzeptable Bungalows mit Bad und Minibar. Skandinavisches Management. Jeep- und Motorradverleih.

●**Freedom Estate*****-****** (Tel. 075-6842 52, 089-8663036, Fax 075-864252, freedom estate1@hotmail.com), auf einem kleinen Hügel 300 m landeinwärts gelegen, mit Balkon und gutem Ausblick aufs Meer; ordentliche, solide Bungalows, teilweise A.C. Thailändisch-Schweizerisches Management. Preise in der Off-Season ab 850 Baht.

●**Reggae House Bar & Bungalow***-**, primitive Hütten aber extrem preiswert. Für Backpacker mit kleinen Budget. Mit beliebter Bar und gelegentlichen Live-Auftritten von thailändischen Ska- oder Reggae-Bands.

●**Relax Bay Resort*****-LLL (Tel. 075-6841 95, Fax 076-684196, www.relaxbay.com), diverse Bungalows, gemütlich und urig, teilweise mit A.C., relativ preiswert in der Nebensaison.

●**Where Else?****-*** (Tel. 081-5364870), Low-Budget-Hütten aus Kokosnussholz und Bambus, simpel aber wohnlich, in der Off-Season ab 200 Baht.

●**Lanta Marina Resort****-*** (Tel. 075-6841 68, www.lantamarina.com), einfache Bambushütten etwas landeinwärts gelegen, eine beliebte Low-Budget-Unterkunft. Die Preise liegen in der Off-Season bei 200-500 Baht, ansonsten 300-600 Baht.

Hat Klong Nin und weiter südlich

Etwa 5 km südlich vom zentralen Bereich von Phra-Ae gelegen, erstreckt sich der Strand von Klonh Hin, der sich bestens zum Schwimmen eignet. Hier finden sich einige relative preiswerte Unterkünfte, aber auch sündhaft teure.

●**Dream Team Bungalow*****-LLL (Tel. 075-618171, 081-2284184, www.ko-lanta.com/hotels/dreamteam.htm), ordentliche Bungalows in Gartenlage mit Terrasse oder Balkon und teilweise A.C. Swimmingpool. Günstigste Zimmer in der Off-Season 500 Baht.

●**The Narima*****-****** (Tel. 075-607700, Fax 075-607709, www.narima-lanta.com), gemütliche Holzbungalows mit Balkon, teilweise mit A.C., sehr nettes Besitzerpaar und angenehmes Ambiente. Preise in der Off-Season ab 1.000 Baht. Swimmingpool und Jacuzzi. Insgesamt sehr empfehlenswert.

●**Sunset Bungalows****-*** (Tel. 089-97314 15), gute Bungalows zu vernünftigem Preis. Guter Gegenwert.

●**Lanta Miami Bungalows*****-LLL (Tel. 075-697081, www.lantamiami.com), Bungalows aus Holz und Zement, aber gar nicht schlecht, teilweise mit A.C. Motorrad- und Autoverleih. In der Off-Season ab 400 Baht.

●**Kantiang Bayview Bungalows*****-**** (Tel. 081-7875192), in der Ao Kantiang, ca. 3 km südöstlich von Klong Nin, Zementbungalows z.T. mit A.C.

●**Pimalai Resort & Spa**LLL (Tel. 075-607999, Fax 075-607998, www.pimalai.com) supertolle, weit auslaufende Anlage mit luxuriösen Bungalows und Häusern und 900 m Strand vor der Tür. Mit Swimmingpool, Fitness-Club, Spa und Tauchladen. Bei Buchung Abholung per Boot. Preise: 8.500-40.000 Baht in der Off-Season, und bis zu 12.000-65.000 Baht in Spitzensaison um Weihnachten. Die teuersten Unterkünfte sind 3-Zimmer-Bungalows. Bei Aufenthalten von mehr als drei Tagen werden die Preise etwas gesenkt. Frühstück jeweils inbegriffen. Paare auf Hochzeitsreise erhalten eine Flasche Champagner, einen Hochzeitskuchen und einige andere kleine Aufmerksamkeiten – Voraussetzung ist, dass sie mindestens vier Tage bleiben.

●Das **Anda Lanta Bay Resort**LLL (ehemals *Waterfall Bay Beach Resort;* Tel. 075-607555, Fax 075-607599, www.andalanta.com), kurz vor dem Südwestzipfel der Insel gelegen und aufgrund der auf- und absteigenden Straße etwas schwer zu erreichen. Saubere und komfortable Bungalows mit A.C. ab ca. 5.000 Baht, Reduktionen um ca. 40 % in der Off-Season. Mit Swimmingpool und Jacuzzi.

Anreise

●**Boote** ab Krabi fahren um 10.30 und 13.30 Uhr, Kostenpunkt 200 Baht, Fahrzeit 2 Std. Weiterhin direkte Boote ab den Phi Phi Islands, Abfahrt 11.30 und 14.00 Uhr, Kostenpunkt 250 Baht, Fahrzeit Std. Alle Boote fahren nur außerhalb der Regenzeit, in den Monaten Oktober bis April. Bei Ankunft der Boote finden sich Schlepper ein!

- Ab Ban Hua Hin auf dem Festland an der Route 4206 legen **Fähren** nach Ban Saladan ab. Diese kosten 3 Baht/Pers. Die Mitnahme eines Motorrads kostet 10 Baht, eines Autos 50 Baht. Die Boote fahren zwischen 8 und 20 Uhr etwa alle halbe Stunde.
- Ab Krabi und Trang sind **kombinierte Bus-/Fährfahrten** möglich. Kostenpunkt ab Krabi 200 Baht, ab Trang 90 Baht (bzw. 120 Baht für Kleinbusse). Trang ist von Bangkok aus per Bus, Zug und direktem Flug zu erreichen. Bei den Zügen bietet sich Zusteigemöglichkeit in Petchburi, Hua Hin, Chumphon und Surat Thani.

Rück-/Weiterreise

- Einige Reiseunternehmen in Ban Saladan verkaufen **Bustickets** nach Hat Yai, Krabi, Pak Bara, Phuket und Bangkok. Einige Traveller haben über schlechten Service bei *Anut Tours & Travel* berichtet. Eine andere Agentur ist *Lanta Transport*. Hier gibt's Tickets nach Krabi (ca. 250 Baht), Trang (ca. 250 Baht), Phuket (ca. 400 Baht) und Bangkok (ca. 500 Baht). Außerdem unterhält das Unternehmen Kleinbusse, die nach Trang und Krabi fahren, dazu einen Motorrad- und Jeepverleih.
- Von Ban Saladan fahren **Motorradtaxis** zu allen Zielen auf der Insel; Kostenpunkt 20-120 Baht. Die Preise sind fix und auf Tafeln angegeben.

Nakhon Si Thammarat

นครศรีธรรมราช

Nakhon Si Thammarat ist nach Hat Yai die **größte Stadt des Südens** und historisch gesehen die wichtigste. Auf dem Gebiet der heutigen Stadt soll schon zur Srivijaya-Periode eine Siedlung gestanden haben, die als eine Art buddhistisches Zentrum galt. Der Ort ist extrem in die Länge gezogen, und ein eigenes Fahrzeug ist viel wert.

Die Einwohner von Nakhon Si Thammarat sind die Nachkommen von **indischen Händlern,** die sich am Anfang unserer Zeitrechnung mit der lokalen Bevölkerung vermischten.

Die Sehenswürdigkeiten – es gibt viele alte Tempel und gut erhaltene Gebäude aus dem frühen 20. Jahrhundert – liegen oft weit auseinander. In der Nähe der Stadt befinden sich einige Strände.

Die **Stadtmauer** misst 2.230 x 460 m Seitenlänge und ist noch in Überres-

Wat Mahathat in Nakhon Si Thammarat

ten erhalten. Die Mauer war schon zu den Zeiten König *Naresuans* und König *Narais* erneuert worden.

Wat Mahathat ist der wichtigste Wat der Stadt und soll im Jahre 757 während der Srivijaya-Periode von König *Si Thamma Sokarat* erbaut worden sein. Hier steht Thailands zweithöchste Stupa, die von zahlreichen kleineren Chedis umgeben ist. Auf dem Tempelgelände stehen über 100 Buddha-Figuren. Die Kunstschätze des Tempels werden in einem **Museum** ausgestellt, das von 8.30-12.00 und 13.00-16.30 Uhr geöffnet ist. Das Hauptausstellungsstück ist die Buddha-Figur Phra Buddha Singh, die aus Sri Lanka stammen soll.

An der Ratchadamnoen Road im Stadtzentrum befindet sich ein kleinerer Nachbau der **Giant Swing** (Brahmanen-Tempel, Sao Ching-Chaa) in Bangkok, an der früher das „Swinging Festival" zu Ehren des Hindu-Gottes Shiva stattfand (siehe Bangkok). Bis vor kurzem lebten noch ein paar Brahmanen-Priester in der Stadt, sie sind jedoch mittlerweile nach Bangkok abgewandert und halten den Brahmanen-Tempel dort instand.

Das **National Museum** an der Thanon Ratchadamnoen am Südrand der Stadt stellt auf mehreren Etagen eine große Sammlung historischer Objekte aus der Umgebung, aber auch aus anderen Landesteilen aus. Darunter sind prähistorische Funde als auch Handwerksartikel und zahlreiche hinduistische Götterfiguren. Geöffnet Mi-So 9.00- 12.00 Uhr und 13.00-16.00 Uhr, Eintritt (für Ausländer) 30 Baht.

Das relativ neue **City Museum** im Talad Park im Norden der Stadt ist ebenfalls einen Besuch wert. Das Hauptgebäude bietet einen exzellenten Überblick der Geschichte der Region und Stadt. Multimedia-Installationen, kurze Dokumentarfilme, Bild und Text-Tafeln, auch auf Englisch beschriftet, dokumentieren das Leben in Südthailand von prähistorischen Zeiten bis in die Gegenwart. Dazu Beschreibungen der Architektur (Tempel, Moscheen, Stadtmauer und traditionelle Wandmalereien) und eine Einführung in die Religionen der Region.

In einem zweiten Gebäude werden Szenen aus der Geschichte Nakhorn Si Thammarats lebensgroß dargestellt – moslemische und chinesische Händler beim Feilschen über Produkte aus der Region oder Importgüter, die seit Jahrhunderten in Nakhorn Si Thammarat gebräuchlich sind. Auch an den katastrophalen Sturm, der 1962 das Talumphuk-Kap verwüstete und über 100 Opfer forderte, wird erinnert. Geöffnet 9.00-17.00 Uhr. Eintritt frei.

Das Dorf **Tha Ruea,** 10 km südlich von Nakhon Si Thammarat, ist für seine Bastarbeiten aus dem Holz des Lipau-Baumes bekannt. In einigen Werkstätten wird das Material zu Armreifen, Hüten, Handtaschen u.Ä. verarbeitet, die am Ende des Arbeitsganges mit einer schützenden Schicht aus Lack überzogen werden. Die Werkstätten dienen gleichzeitig auch als Ausstellungsräume, und es darf gekauft werden. Um nach Tha Ruea zu gelangen, nehme man ein Songthaew bis zur Kreuzung am Talaat (Markt)

Nakhon Si Thammarat

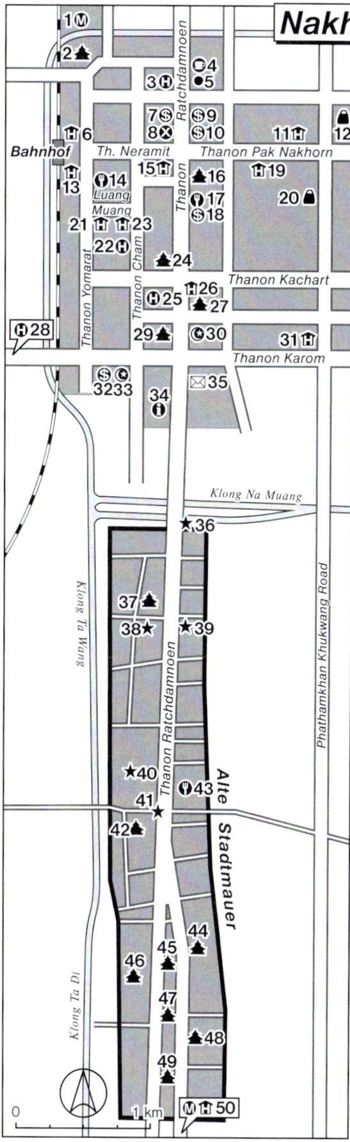

1 City Museum
2 Wat Sritavi
3 Bus zum Sabua Beach
4 D.D. Coffee House
5 Thai Airways
6 Phetpailin Hotel
7 Bangkok Bank
8 Taxis nach Surat Thani
9 Thai Farmers Bank
10 Krung Thai Bank
11 Nakhorn Garden Inn
12 Nachtmarkt
13 Montien Hotel
14 The Yellow Curry House
15 Thai Hotel
16 Wat Buranaram
17 Rest. Krua Nakhorn
18 Siam Commercial Bank
19 Grand Park Hotel
20 Robinson Department Store
21 Nakorn Hotel
22 Muang Thai Tours (Bangkok-Bus)
23 Bueloung Hotel
24 Wat Saotong-Tong
25 Bus zum Si Chon Beach
One Stop Tourist Kiosk
26 Thai Lee Hotel
27 Wat Suan Pa Neung
28 Busbahnhof
29 Wat Mahae Yong
30 kleine Moschee
31 Grand Nakara Hotel
32 Bangkok Bank
33 große Moschee
34 TAT
35 Post
36 Zoo und Aquarium
37 Wat Sema Muang
38 Ho Phra Issuan
39 Ho Phra Narai
40 Ho Phra Buddha Singh
41 Glockenturm
42 Wat Suan Pan
43 Vegetarisches Restaurant
44 Wat Sa Riang
45 Wat Phra Dami
46 Wat Phra Nakhon
47 Wat Mahathat
48 Wat Phra Boromathat
49 Wat Na Phralarn
50 Nationalmuseum,
Twin Lotus Hotel

Der verhüllte Chedi – Feste in Nakhon Si Thammarat

Zweimal im Jahr, zu den Festtagen **Makha Buja** und **Visakha Buja,** findet ein einzigartiges Fest am Wat Mahathat (Wat Phra Mahathat Vora Vihara) statt. Tausende von Gläubigen wickeln lange **orangene Stoffstreifen** um den Chedi des Tempels. Freunde und Familienmitglieder tun sich zusammen und kaufen einige hundert Meter Stoff. Alle Stoffstücke werden aneinandergenäht und um den unteren Teil des Hauptchedis, Phra Pathom Chedi, gewunden. Zu den Feierlichkeiten tragen die Teilnehmer weiße oder orangefarbene Kleidung und bringen Blumen und Räucherstäbchen mit. Der um den Chedi gewundene Stoff misst oft einige Tausend Meter.

Der genaue **Ursprung der „Wickelzeremonie"** *(phrapheni hae phaa kheun that)* ist unklar, der **Legende** nach wurde sie um das Jahr 1230 zum ersten Male begangen. In der Nähe des Küstenortes Pak Phanang hatten ein paar Fischer ein langes Stück Stoff gefunden, das traditionelle buddhistische Aufschriften trug. Die Bewohner des Ortes entschlossen sich, das Stück Stoff den Herrschern von Nakhon Si Thammarat zu schenken, die gerade Vorbereitungen trafen, den Phra Pathom Chedi feierlich einzuweihen. Die Herrscher Nakhon Si Thammarats waren zu jener Zeit *Phra Chao Si Thammasokraja, Phra Chao Chantraphanu* und *Phra Chao Pongsasura.*

Der Stoff mit den Aufschriften wurde dann gründlichst gereinigt, und zur Überraschung aller blieb die Schrift bestens zu erkennen. Man machte sich nun auf die Suche nach dem ursprünglichen Besitzer des Stückes. Nach geraumer Zeit kam heraus, dass es einer Gruppe von 100 buddhistischen Mönchen gehört hatte, die von einem Ort namens Hong Saowadi nach Sri Lanka segeln wollten. Dort sollte der Stoff um die Füße einer geheiligten Buddha-Statue gewickelt werden. Das Schiff der Mönche geriet in einen Sturm, und bis auf zehn kamen alle ums Leben. Diese Zehn erklärten sich nun bereit, das Stück Stoff stellvertretend um den **Chedi von Wat Mahathat** zu winden, und aus diesem Ereignis entstand die bis heute eingehaltene Tradition.

Unter Rama 2. wurde das Fest auf den Tag der Visakha Buja gelegt, und auf die Wickelzeremonie folgte das bekannte Umlaufen des Tempels, bei dem die Gläubigen Kerzen in den Händen halten (Thai: *wien tien;* etwa: „Das Umkreisen mit den Kerzen").

Rama 4. legte später den Festtag Makha Buja auf den 15. Tag des 3. Mondmonats, und auch an diesem Tag sollte die Wickelzeremonie begangen werden.

Wie bei vielen religiösen Feierlichkeiten in Thailand kommt aber auch hier der Spaß nicht zu kurz. Am Tempel werden klassische **Tanzdarbietungen** *(lakhon)* gezeigt oder *nang talung,* das traditionelle thailändische **Puppenspiel.** Oft reichen die Veranstaltungen bis in den frühen Morgen.

Hua Thanon, von dort fahren dann Songthaews nach Tha Ruea.

Eine weitere Spezialität der Stadt sind gehämmerte **Silberarbeiten** *(Niello)*. Einige Silbergeschäfte befinden sich gleich hinter dem Büro der TAT.

Nakhon Si Thammarat und Phattalung sind Zentren des traditionellen thailändischen **Schattenspiels,** *nang talung*. Die Aufführungen sind heute sehr selten geworden, dennoch gibt es noch einige Werkstätten, in denen die **Schattenspielfiguren** hergestellt werden. Das Grundmaterial ist getrocknetes Rindsleder, das in die gewünschten Formen geschnitten wird; Bambusstöcke werden angebracht, mit denen die Gliedmaßen der Puppen bewegt werden können. Je nachdem mit wie vielen Details die Schattenspielfigur ausgestattet ist, kann die Arbeit daran einige Stunden oder aber auch Monate in Anspruch nehmen. Die Thematik der Schattenspiele ist oft religiöser oder moralisch erbaulicher Natur; häufig werden Szenen aus dem Hindu-Epos „Ramayana" dargestellt. Nebenbei geht es manchmal auch ziemlich lustig zu. Die Aufführungen werden traditionellerweise von einem kleinen Orchester mit Blasinstrumenten, Trommeln und Gongs dramatisch untermalt.

Gekauft werden können die Figuren bei *Khun Suchart Subsin*. Dieser, geboren 1938 im nahem Tha Sala, gilt als Meister seines Fachs und hat mehrere nationale Auszeichnungen erhalten. Er begann sein Werk als Jugendlicher, und im Jahre 1985 wurden seine Anstrengungen durch den König gewürdigt, der ihn zu einer Präsentation in den Palast berief. Khun Suchart hat es sich zur Aufgabe gemacht, die Tradition des Schattenspiels am Leben zu erhalten, und in einem kleinen Museum hegt er eine Sammlung von Schattenspielfiguren aus mehreren Ländern, die ältesten davon sind 200 Jahre alt.

In seinem Anwesen namens Ban Nang Talung **(„Schattenspielhaus")** werden auch Darbietungen geboten (110/18 Si Thammasok Rd., Soi 3, Tel. 075-346394). Es befindet sich im Süden der Stadt, ca. 1½ km nordöstlich von Wat Boromathat oder ca. 2½ km nördlich des Twin Lotus Hotels. Die Fahranweisung „Ban Nang Talung" versteht jeder Songthaew- oder Motorradtaxifahrer.

Insgesamt ist das multi-kulturelle Nakhon Si Thammarat sehr angenehm – es gibt viel zu tun und zu sehen, die Leute sind sehr freundlich, die Hotels sind generell preiswert und auch das Essen ist gut.

Information

Am Sanam Na Muang („Stadtvorplatz") an der Ratchadamnoen Road befindet in einem wunderschönen Haus aus dem frühen 20. Jahrhundert sich ein sehr hilfreiches Büro der **TAT** (Tel. 075-346515-6, Fax 075-346517). Es gibt viel Prospektmaterial, Hotellisten u.Ä.

Zudem bietet auch die Stadtverwaltung einen **One Stop Tourist Information Point,** der allerdings außer ein paar Broschüren nichts zu bieten hat.

Leisure Tours (921/10 Thachang Road, Tel. 075-356829) ist der einzige örtliche Reiseveranstalter, der **Stadttouren** organisiert.

Unterkunft

In der Innenstadt in unmittelbarer Nähe des Bahnhofs befinden sich

zahlreiche gute und preiswerte Hotels. Nakhon Si Thammarat hat für seine Größe ein ausgesprochenes Überangebot an Hotels, was sich günstig auf die Preise auswirkt.

- Das **Thai Lee Hotel***-** (1130 Thanon Ratchadamnoen, Tel. 075-356948) liegt günstig in der Innenstadt (südl. der Siam Commercial Bank und des Bovorn Bazar) und hat schlichte aber saubere Zimmer mit Bad und ist vielleicht die günstigste Low-Budget-Option. Aufgrund des Straßenlärms nehme man ein Zimmer an der Rückseite.
- **Phetpailin Hotel****-*** (1835/38-39 Yomarat Rd., Tel. 075-341896-7); Zimmer mit Bad.
- **Montien Hotel****-*** (1509/40 Yomarat Rd., Tel. 075-341909-10); Zimmer mit Bad.

Kleingewachsene Bettlerin in Nakhon Si Thammarat

- **Thai Hotel****-**** (1375-5 Ratchadamnoen Rd., Tel. 075-341509, 075-356505); mit Disco im Haus.
- **Bue Loung Hotel****-*** (1487/19 Soi Luang Muang, Charoenwithi Rd., Tel. 075-341570); Zimmer mit Bad.
- **Nakorn Hotel***-** (1477/5 Thanon Yommaraj, Tel. 075-356318); einfache Zimmer (Bad), fungiert auch als Stundenhotel.
- Das **Thaksin Hotel****-***** (1584/23 Si Prat Road, Tel. 075-342790-4, Fax 075-342794) ist sicherlich das beste Hotel in der Innenstadt. Zimmer mit A.C., TV.
- Das **Nakorn Garden Inn***** (1/4 Thanon Pak Nakhon, Tel. 075-344831-5, Fax 075-342926) ist für den Preis von 445 Baht irre gut. Das imposante holzverkleidete Hauptgebäude steht tatsächlich in einem kleinen Garten und hat saubere, gemütliche, mit rotem Backstein verkleidete Zimmer mit A.C. und Wireless Internet Access, Kühlschrank und TV.
- Relativ neu ist das **Grand Park Hotel*****-**** (1204/79 Thanon Pak Nakhon, Tel.

075-317673, Fax 075-317674); es hat komfortable und moderne Zimmer mit A.C., TV und Kühlschrank und geräumige, teurere Suiten.

● Ganz neu ist das **Grand Nakara Hotel***** (30/295-296 Pathanakarn Road, Tel. 075-319557), das neben einem großen überdachten Nachtmarkt liegt und saubere, einfache Zimmer mit A.C. bietet.

● Das luxuriöseste Hotel ist das am Südostrand der Stadt (Richtung Pak Phanang) gelegene **Twin Lotus Hotel******-LLL (97/7 Pattanakarn-Kukwang Rd., Tel. 075-323777, Fax 075-323821). Dieses bietet seine Zimmer zu stark herabgesetzten Preisen an und dürfte damit auch für Reisende mit mittelstarkem Budget sehr attraktiv sein. In den Preisen ist ein Frühstücks-Buffet enthalten. Die Zimmer haben A.C., TV Kühlschrank und sind sehr komfortabel, und besonders die Standard-Zimmer (1.100 Baht) sind für ihre Ausstattung sehr günstig. Vorhanden sind zwei Restaurants, ein Coffee-Shop, ein Ice-Cream-Parlour und eine Disco, und es gibt einen Swimmingpool. Mit 420 Zimmern ist das Twin Lotus Hotel das größte Hotel Südthailands.

Essen

Es gibt jede Menge Thai- und chinesische Restaurants in der Stadt.

● Das **D.D. Café & Coffee House,** zwei Häuser neben der Thai Airways, macht „American Breakfast", wonach mancher ja vielleicht lechzt. A.C. arbeitet auf vollen Touren. Der Laden hat ein urgemütliches Ambiente und schon ab morgens früh sitzen hier die Lokalmatadoren, diskutieren die politische Lage und trinken natürlich frischen Kaffee – und manch einer auch ein kühles Bier.

● Am Bovorn Bazar an der Thanon Ratchdamnoen (etwas südlich von Wat Buranaram, neben der Siam Commercial Bank) befindet sich das **Khrua Nakhorn,** ein großes Open-Air-Restaurant mit sehr guter südthailändischer Küche. Morgens gibt es Frühstück mit Ei und Toast.

● Vor dem Robinson Department Store befindet sich das **Kopi,** das vielleicht beste chinesische Restaurant der Stadt.

● Das gemütliche **Wang Inn Krua Restaurant** befindet sich in einem Holzhaus neben dem Nakhorn Garden Inn an der Pak Nakhon Road und serviert gute Thai Gerichte.

● Das **A&A Restaurant,** ebenfalls neben dem Nakorn Garden Inn, serviert gute internationale und Thai Gerichte in rustikaler Atmosphäre und ist sehr populär. Die Kuchenauswahl und das Eis sind auch sehr gut.

● Im Vieng Fa Hotel macht man delikate Nudelgerichte, und der **Nachtmarkt** an der Thanon Chamrernwithee, nahe den Hotels Siam, Vieng Fa und Muang Thong, bietet ein absolutes Allround-Angebot.

● Auf der Ratchdamnoen Road, ungefähr 100 Meter nördlich des Glockenturms, befindet sich ein kleines **vegetarisches Restaurant,** das eine Reihe guter vorgekochter Gerichte bietet. Das Restaurant ist von 7.00 bis 18.00 Uhr geöffnet. Sonntags geschlossen.

Anreise

● **Busse** ab Bangkok (780 km) fahren zu A.C. 2. Kl. 454 Baht, A.C. 1. Kl. 583 Baht und V.I.P. 755 Baht. Des Weiteren direkte Busverbindungen u.a. ab Hat Yai, Krabi, Phuket, Surat Thani, Takua Pa, Songkhla und Trang.

● **Züge** ab Bangkok fahren um 17.35 (Ankunft 9.05) und 19.15 (Ankunft 9.55). Sieben weitere Züge halten in Thung Song, 40 km südwestlich von N.S.T. Von dort fahren Busse und Sammeltaxis weiter nach N.S.T.

● **Flüge** ab Bangkok mit Nok Air und P.B. Air; 1 Flug täglich, Flugzeit 1 Std. 15 Min.

Weiterreise

● **Busse** zu den meisten Zielen fahren ab dem Busbahnhof in der Thanon Phaniart, ca. 1½ km südwestlich des Bahnhofs.

● **Kleinbusse** fahren von der Yommorat Road ab, in der Nähe des Nakorn Hotel.

● **Gemeinschaftstaxis** zu verschiedenen Zielorten fahren ab einem Haltepunkt an der Thanon Yommarat, ca. 1 km südlich des Bahnhofs.

● Die **Züge** zurück nach Bangkok fahren um 13.00 (Ankunft 5.00) und 14.00 Uhr Ankunft (5.20).

● Das Büro der **Thai Airways**, die momentan nicht nach Nakhorn Si Thammarat fliegt, befindet sich auf der 1612 Thanon Ratchadamnoen, Tel. 075-342491. Das Büro verkauft allerdings Tickets für Nok Air und P.B. Air, zwei Billigfluglinien, die derzeit von hier nach Bangkok fliegen.

- Zum Verkehr innerhalb der lang gestreckten Stadt eignen sich die **Songthaews,** die für 10 Baht/Pers. über die Thanon Ratchadamnoen und einige Seitenstraßen pendeln. **Motorradtaxis** nehmen ca. 30 Baht für eine Strecke von 2 km, 15-20 Baht für jeden Kilometer mehr.

Khiriwong

Das Dorf Khiriwong, ca. 20 km südwestlich von Nakhon Si Thammarat am Fuße Khao Luang gelegen, machte im Jahre 1988 Schlagzeilen: Durch einen von starken Regenfällen ausgelösten Erdrutsch waren tausende illegal gefällter Baumstämme den Berg hinunter gerollt, hatten zahllose Häuser zertrümmert und dabei einige Dutzend Einwohner getötet. Nebenbei wurde der Verlauf des örtlichen Flusses permanent geändert. Die Katastrophe ließ wohl zum ersten Male eine Art Umweltbewusstsein in Thailand aufkommen. Es wurde ein landesweites Fällverbot ausgesprochen; man war zu der Erkenntnis gekommen, dass die Wassermassen, die die Katastrophe ausgelöst hatten (Südthailand erlebte zu der Zeit katastrophale Überschwemmungen), auf das unkontrollierte Abholzen des thailändischen Baumbestandes zurück zu führen waren. Das Fällverbot besteht noch immer, wird jedoch allzu häufig mit Hilfe von korrupten Staatsdienern unterlaufen.

Palmenhain in der Ao Tong Yang

Viele der weiblichen Bewohner von Khiriwong bestreiten heute ihren Lebensunterhalt durch die Herstellung von mit Naturfarben gefärbten Stoffen. Das Projekt wurde von der *Komol Kimthong Foundation* ins Leben gerufen. Die verwendeten Farben werden gewonnen aus den Kernen der Jackfruit, aus Blättern von Mangostinen und Mangos, aus Rambutanschalen, Betelnüssen, diversen Rinden sowie aus Sator, dem von den Süd-Thais so heiß geliebten Gemüse. Es sind Versuche im Gange, Natur-Shampoos und Seifen herzustellen.

- **Anreise:** Mit Bussen oder Songthaews in Richtung Lansaka.

Strände in der Umgebung

Sabua Beach

Zwanzig Kilometer östlich der Stadt befindet sich der hübsche, aber nicht sehr gut zum Schwimmen geeignete Sabua Beach, ein beliebtes Wochenendziel der Thais. Der Strand ist von Palmen und Kasuarbäumen gesäumt und mit vielen auf die Bedürfnisse von einheimischen Touristen zugeschnittenen Unterkünften versehen.

- Als **Unterkunft** stehen zahlreiche Bungalows zur Verfügung, die alle einen Stunden- und auch einen Tagespreis angeben, z.B.: Manun Bungalows** (Tel. 075-521330),Thasala Love Inn**-*** (Tel. 075-521348), Hat Sang Thong Bungalow** (Tel. 075-521326).
- **Anreise:** Ab einem Haltepunkt in der Ratchadamnoen Road fahren Songthaews für 30 Baht zum Sabua Beach. Achtung, dieser wird gelegentlich auch *hat sawanniwet* oder *Sawanniwet Beach* genannt.

Si Chon Beach

Etwas weiter entfernt ist der schönere Si Chon Beach, ein Sandstrand umgeben von Hügeln.

●**Unterkunft:** Sunthon Bungalows** (Tel. 075-536094), Prasansuk Villa****-**** (Tel. 075-536299), Hin Ngam Bungalows** (Tel. 075-535204). An Wochenenden, wenn der Strand von thailändischen Kurzurlaubern überlaufen ist, werden die Preise erhöht.
●**Anreise:** Es fahren Sammeltaxis ab der Yommarat Road in Nakhon Si Thammrat (30 Baht), dazu einige Songthaews ab der Rernwithi Rd. (30 Baht).

Ban Thung Sai & Ao Tong Yang

Nördlich an den Si Chon Beach schließt sich der lange, aber sehr schmale Strand von Ban Thung Sai an. Noch weiter nördlich liegt das Tong-Yang-Schutzgebiet, das nach der Bucht (*Ao*) Tong Yang benannt ist. In der kleinen Bucht befindet sich ein unglaublich schöner, von zahllosen Palmen und einigen dichtbewachsenen Hügeln gesäumter Strand. Dahinter plätschert ein kleiner Fluss. Ein absolutes Idyll!

●**Unterkunft:** Reguläre Unterkünfte gibt es nicht. Etwa 2 km weiter landeinwärts von Ao Tong Yang befindet sich ein Büro der Parkverwaltung *(suun anurak),* die Camping und auch Bungalow-Unterbringung*** ermöglichen kann (Tel. 075-529474).
●**Anreise:** Mit Motorrad-Taxis ab Si Chon oder mit eigenem Fahrzeug. Ao Tong Yang ist ein Juwel von einer Bucht, und es ist eigentlich gut, dass sie so abgeschieden ist.

Hat Nai Plao

Der schönste für den Tourismus schon erschlossene Strand ist der Hat Nai Plao, nahe der Hafenstadt **Khanom** gelegen, der vor allem bei einheimischen Touristen sehr beliebt ist. Ausländer sind eine absolute Rarität. Die Entfernung ab Nakhon Si Thammarat beträgt ca. 100 km, ab Surat Thani ca. 60 km.

Der Strand erstreckt sich in einer seicht geschwungenen Bucht, die von zum Teil dichter Vegetation umrahmt ist. In der nahe gelegenen Höhle Tham Wang Thong finden sich zahlreiche eigenartige braune und schwarze Steine, denen nachgesagt wird, dass sie demjenigen, der sie wegnimmt, Unglück bringen. Die Höhle ist zumeist verschlossen, der örtliche Dorfvorsteher *(phuu yai baan)* öffnet sie auf Anfrage.

Kaffee trocknen nahe dem Hat Nai Plao Beach

●**Unterkunft:** *Nai Plao Bay Resort***-***** (Tel. 075-529039), *G.B. Resort****-**** (Tel. 075-529253), *Supar Royal Beach Hotel**** (Tel. 075-528552), und das direkt angeschlossene *Supar Villa*****-LLL.

Ganz neu und sehr viel exklusiver ist das *Cha-Da Racha Resort & Spa*LLL (Tel. 075-527827, 02-2754046, www.chadaracha.com), das luxuriöse Bungalows mit privaten Veranden in balinesischem Baustil bietet. Ein Restaurant, eine Bar, ein Spa und ein Pool sind angeschlossen.

●**Anreise:** Mit Songthaews oder Minibussen ab Nakhon Si Thammarat, Surat Thani, Donsak und Khanom. Donsak und Khanom können per Boot von Ko Samui aus erreicht werden.

Khanom Beach

Nördlich an Nai Plao schließt sich der Strand von Khanom an, in dessen Nähe sich eines der Piers (ca. 10 km) zu Fahrten nach Ko Samui befindet. Trotz der geographischen Nähe zu Surat Thani gehört der Bereich noch in die Provinz Nakhon Si Thammarat.

Der Strand von Khanom ist idyllisch, gut zum Schwimmen geeignet und fast menschenleer. Wer nach dem Besuch von Ko Samui über Khanom zurück zum Festland fährt, wird hier mit ungewohnter Ruhe überrascht.

Im Inland von Khanom warten einige **Kalksteinhöhlen** auf Erkundung. Die vielleicht beeindruckendste davon, die Tham Khao Wang Thong, wurde erst 1942 entdeckt, als das umliegende Gebiet gerodet wurde. Durch einen teilweise nur mannsbreiten Eingang führt eine behelfsmäßige Leiter in die geräumige Höhle.

●Die ordentlichen Bungalows des **Khanom Hill Resort*******-LLL (Tel. 075-563101, 075-529403, Fax 075-5283440, info@khanom.de) stehen etwas erhöht am Strand und sind mit A.C. und Balkon ausgestattet. Preise ab 1.500 Baht. Die größten und teuersten Bungalows können bis zu 4 Pers. aufnehmen. Fahrräder werden kostenlos verliehen, die Miete von Motorrädern kostet 200 Baht/Tag.

● Das **Khanom Golden Beach Hotel****-LLL** ist die beste Unterkunft am Ort, mit 97 komfortablen A.C.-Zimmern samt TV, Kühlschrank etc. Das Hotel ist zumeist unterbelegt, und man kann sicher den offiziellen Preis um einiges herunterhandeln. Tel. 075-326690; www.khanom.th.com.

● Weitere **Unterkünfte:** *Tan Ku Resort* (Tel. 075529491), *Wanita Resort* (Tel. 075-326239), *Alongkot Resort* (Tel. 075-528657), jeweils in der Preislage**-****.

● **Anreise:** Per Songthaew oder per Motorrad-Taxi ab Khanom; Motorrad-Taxis kosten 40-60 Baht.

● **Weiterreise:** Nach Khanom fahren Sammeltaxis für 70 Baht ab dem Sammeltaxi-Haltepunkt an der Thanon Yommarat in Nakhon Si Thammarat. Zahlreiche Resorts in Khanom vermieten Motorräder (200-250 Baht/Tag).

Pak Phanang
ปากพนัง

Pak Phanang ist eine kleine Hafenstadt, 35 km südöstlich von Nakhon Si Thammarat und beiderseits der Mündung des Pak-Phanang-Flusses gelegen. Der Ort weist einen hohen **chinesischen Bevölkerungsanteil** auf, und es gibt hier sogar noch chinesische Klans - Vereinigungen, wie man sie aus Malaysia oder Singapur kennt.

Derzeit wird an der Mündung des Flusses ins Meer ein **Großhafen** gebaut, von dem sich die Stadtverwaltung zunehmenden Wohlstand für den Ort verspricht. Thai-sprachige Tageszeitungen berichteten, dass sowohl die lokale Mafia als auch die Polizei regelmäßig Schutzgeld vom Bauunternehmen erpressten.

Pak Phanang bietet keine speziellen Sehenswürdigkeiten, die Gegend um das alte Pier herum wird jedoch von zahlreichen **traditionellen Holzhäusern** geprägt, die man in einer so starken Konzentration nur noch selten in Thailand antrifft. Die meisten der Häuser gehören chinesischen Geschäftsleuten, von denen viele mittlerweile nach Bangkok abgewandert sind, und die nur noch die Miete kassieren.

Auf dem lebhaften **Markt** um den Fischerei-Pier herum wird man als Ausländer noch mit großen Augen bestaunt und aus vielen Kehlen lauthals begrüßt. Pak Phanang ist ein gutes Beispiel dafür, wie Südthailand aussah, bevor die Touristen kamen.

17 km nördlich von Pak Phanang erstreckt sich eine Landzunge, die im Norden im **Talumphuk-Kap** (*Laem Talumphuk*) endet. Das Kap ist ein bei der örtlichen Bevölkerung beliebter Ausflugsort. Der Weg dorthin wird allerdings von zahlreichen unansehnlichen Prawn-Farmen gesäumt, und der daran gelegene Strand ist auch nicht sonderlich erbauend, dafür findet sich viel unverfälschtes Lokalkolorit.

Am Kap liegt ein Fischerdorf, an dem ein thai-sprachiges Schild versichert, „Hier wird nicht gemordet" *(plord atyagam)!* Dergleichen Schilder sieht man auch andernorts in Südthailand.

Im Jahre 1962 fegte ein Wirbelsturm über die beinahe kahle Landzunge hinweg und hinterließ über eintausend Tote - ein Ereignis, das bis heute noch oft in Gesprächen erwähnt wird. Im Fischerdorf am Kap befindet sich ein kleines Museum, das an die Katastrophe erinnert.

Von Pak Phanang fahren Motorrad-Taxis für ca. 200 Baht zum Talumphuk-Kap.

Unterkunft

Der Ort ist leicht in einem Tagesausflug von Nakhon Si Thammarat aus zu besuchen. Übernachten kann man hier aber auch.

- Etwas südlich des alten Piers bietet sich das einfache **Pak Phanang Hotel***-*** (84/2 Phanit Sampan Rd., Tel. 075-517016) an.

Am Talumphuk-Kap bei Pak Phanang

- Das etwas bessere **Supphachok Hotel** **-*** (46/1 Phanit Sampan Rd., Tel. 075-517201) hat u.a. auch einige Zimmer mit A.C. Höchstpreis 400 Baht.

Essen

- Um das Pier herum liegen einige **einfache Restaurants,** nichts Auffälliges.
- An beiden Ufern der Flussmündung, da wo die Fährboote ab- und anlegen, findet sich je ein **7-Eleven-Shop.** Diese bieten, wie überall in Thailand, u.a. Sandwiches und andere Esswaren oder Snacks an.

Anreise

- **Expressbusse** fahren von einem Haltepunkt an der Thanon Kachart (Gachart) in Nakhon Si Thammarat, direkt neben Wat Wang Tok. 20 Baht.
- **Normalbusse,** die etwas öfter halten als obige, fahren zum selben Preis von einem Haltepunkt gleich ums Eck an der Thanon

Ratchadamnoen, gegenüber der Stadtverwaltung (*tetsabaan*).

- Von der Thanon Bo Ang, der östlichen Verlängerung der Thanon Kachart, fahren **Kleinbusse** (*rot thu*) zu 45 Baht.

Alle Busse enden in dem westlich der Flussmündung gelegenen Teil von Pak Phanang, gleich am Ufer. Um aufs andere Ufer zu gelangen, wo sich die alten Holzhäuser und der Markt befinden, nehme man eines der ständig übersetzenden **Fährboote** (*rüa kham faak*); Preis 5 Baht.

Khao-Luang-Nationalpark

อุทยานแห่งชาติเขาหลวง

Dieser Nationalpark befindet sich in der Provinz Nakhon Si Thammarat, deren dichte Wälder in den 1970er und 1980er Jahren kommunistischen Rebellen als Unterschlupf dienten.

Der Park ist 571 km² groß und besitzt im Khao Luang („Haupt-Berg") den mit 1.835 m höchsten Berg Südthailands. Die Niederungen des Gebietes sind mit Regenwald bewachsen. Es gibt wunderschöne Wälder zu durchstreifen, dazu locken einige sehr beeindruckende **Wasserfälle,** vor allem der Karom- und der Krung-Chin-Wasserfall. Diese sind beliebte Ausflugsziele der Bewohner der Umgebung.

Khao Luang weist eine außerordentliche **Tiervielfalt** auf. Es gibt 90 Säugetier- und 31 Reptilienarten. Tiger, Leoparden und Elefanten sind ebenso vertreten wie Gaur-Hirsche, Mungos und diverse Schlangenarten. Dazu kommen mindestens 200 Vogelarten, darunter viele Gebirgsvögel.

Ausländische Touristen zahlen 200 Baht **Parkgebühr.**

Unterkunft

Die Parkverwaltung stellt im Park **Bungalows****-**** (Tel. 075-309644) zur Verfügung, dazu bestehen Camping-Möglichkeiten zu 20 Baht/Person, die Zelte sind allerdings selbst mitzubringen.

Anreise

Der Park befindet sich ca. 30 km westlich von Nakhon Si Thammarat. Von dort fahren Songthaews über Lansaka zum Dorf Khiriwong am Fuß des Khao Luang (ca. 40 Baht).

Phattalung

พัทลุง

Eine malerische kleine Stadt, umgeben von Reisfeldern und Kokospalmen. Morgens wird ein lebhafter Markt abgehalten, und die Einwohner scheinen besonders freundliche Zeitgenossen zu sein – was aber nicht darüber hinwegtäuschen sollte, dass die Stadt einen etwas verwegenen Ruf hat.

Sehenswertes

Westlich der Stadt liegt **Wat Khuha Sawan,** ein Höhlentempel, der vielleicht nicht ganz so eindrucksvoll ist, wie die bei Petchaburi gelegenen, aber dennoch einen Besuch wert.

3 km nördlich von Phattalung findet man **Tham Malai,** eine Höhle mit einigen buddhistischen Schreinen.

In einem Stadion an Highway 4 in Richtung Trang, ca. 5 km südwestlich der Stadt, finden an manchen Sonntagen **Stierkämpfe** statt, bei denen zwei

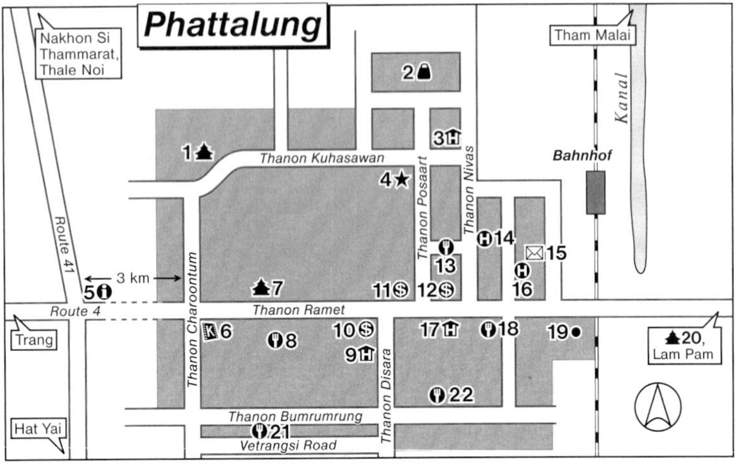

- 1 Höhlen-Tempel
- 2 Markt
- 3 Ho Fah Hotel
- 4 Schrein
- 5 Touristkiosk
- 6 Kino
- 7 Chinesischer Tempel
- 8 Bai Cha Restaurant
- 9 Thai Hotel
- 10 Bangkok Bank
- 11 Krung Thai Bank
- 12 Thai Farmers Bank
- 13 Nachtmarkt
- 14 Busse nach Nakhon Si Thammarat
- 15 Post
- 16 Busse nach Hat Yai und Trang
- 17 Phattalung Hotel
- 18 Roti Breakfast Rest.
- 19 Park
- 20 Wat Wang
- 21 Nong Kai Naem Nuang
- 22 Hong Thong Restaurant

wuchtige Stiere gegeneinander antreten. Beginn ca. 10 Uhr, Eintritt 20 Baht. Die meisten Besucher kommen, um Wetten abzuschließen, was in Thailand eigentlich illegal ist. Die Tradition der Stierkämpfe in Südthailand soll eine abgewandelte Form der spanisch/portugiesischen Stierkämpfe sein, die von den Portugiesen in Thailand eingeführt wurde. Eingeführt wurde sie offenbar in Nakhon Si Thammarat, wo die Portugiesen einst Handel trieben. Songthaews ab der Stadt fahren für 5 Baht zum Stadium.

Information

An der Thanon Ramet, ungefähr 200 Meter westlich des Kinos in Richtung Route 41 steht ein **Tourist Kiosk** vor dem Stadtrathaus. Geöffnet Mo-Fr 8.00-16.00 Uhr, scheint allerdings nicht immer besetzt zu sein.

Unterkunft

- Sehr preiswert ist das ziemlich finstere **Phattalung Hotel**** (43 Thaon Ramet), das auch als Stundenhotel fungiert. Kaum zu empfehlen.
- Recht ordentliche, große Zimmer (Bad) bietet das **Haw Fa****-*** (oder Ho Fah) Hotel (Tel. 074-611645); die teureren haben A.C.

Bäuerinnen bei Phattalung

• Das **Phattalung Thai Hotel****-*** (Thanon Disara, Tel. 074-611636) ist keine schlechte Wahl, es hat recht gute Zimmer Bad, einige davon mit A.C.

Essen

• **An der Thanon Ramet** liegt ein etwas schmuddeliges indisch-moslemisches Restaurant, das aber ein gut verdauliches Frühstück, z.B. *Sweet Egg Roti,* serviert. Das sind sowas wie süße Fladenbrote mit Ei. Zur Lokalisierung des Restaurants siehe die Karte.

• Das **Bai Cha** (Teeblatt) Restaurant, ebenfalls an der Thanon Ramet, serviert abends thailändische Gerichte in einem kleinen Biergarten.

• Die abendlichen **Essensstände** zwischen Thanon Nivas und Thanon Posaart zaubern allerlei Köstlichkeiten aus dem Ärmel, wie man es bei Nachtmärkten so gewohnt ist.

• Das **Hong Thong** ist ein besseres chinesisches Restaurant an der Thanon Bumrumrung mit entsprechenden Preisen.

• An der Vetrangsi Raod, die parallel und südlich zur Thanon Bumrumrung verläuft, liegt das **Nong Kai Naem Nuang,** ein sehr gutes vietnamesisches Restaurant, das *Naem Nuang* serviert – eine Art Frühlingsrolle, die man selbst zusammenstellt – mit Schweinefleisch, diversen Salatblättern, frischer Pfefferminze, Basilikum, Knoblauch, Gurken und einer süßscharfen Soße. Leider hat das Restaurant kein Schild auf Englisch.

Anreise

• **Busse** ab Bangkok Southern Bus Terminal (860 km) fahren zu 482/619 Baht A.C., V.I.P-

Busse zu 960 Baht. Abfahrt jeweils zwischen 19-20 Uhr. Weitere Busverbindungen u.a. ab Hat Yai. Nakhon Si Thammarat, Krabi, Phuket und Surat Thani. Ab Hat Yai fahren auch Sammeltaxis.

- **Züge** ab Bangkok fahren 5-mal am Tag. Um 4.58 fährt ein Zug nach Hat Yai, Padang Besar und Butterworth in Malaysia. Ankunft Butterworth 12.55 Uhr.

Weiterreise

- **Züge** in Richtung Süden fahren weiter nach Hat Yai, Sungai Golok und Yala (Abfahrt 4.41, 4.58, 5.40, 7.12 Uhr).

Umgebung von Phattalung

Saensuk Beach

Acht Kilometer östlich von Phattalung stößt die Thanon Ramet (Ramet Road) in der Ortschaft Lampam auf den **Songkhla Lake,** der bei seinem enormen Ausmaß kaum wie ein Binnensee wirkt, eher wie das Meer. Der hier befindliche Saensuk Beach ist ein beliebtes Ausflugsziel der örtlichen Bevölkerung, allzu hohe Erwartungen sollten jedoch nicht gestellt werden. Trotzdem kein schlechter Ort, um für ein paar Stunden aus der Stadt herauszukommen und die Ruhe (zumindest an Wochentagen) zu genießen.

- Zur **Anfahrt** nehme man ein Songthaew ab Phattalung (10 Baht).

Thale Noi

Der Thale Noi oder „Kleine See" 35 km nordöstlich von Phattalung ist ein kleinerer Binnensee, aber ein wichtiges **Vogelreservat.** Von Januar bis April finden sich hier 200 Arten von Zugvögeln ein, darunter Pelikane, Störche und Reiher.

- Ein sehr lohnenswerter Ausflug, nur ist die **Anfahrt** per öffentlichem Verkehrsmittel etwas ungewiss: Man nehme einen beliebigen Bus in Richtung Nakhon Si Thammarat, Thung Song oder Surat Thani und steige bei Khuan Khanun, ca. 20 km nördlich von Phattalung aus; dort in einen Bus/Songthaew umsteigen, um über die Straße Nr. 4048 weiter zum Thale Noi zu fahren.

Heiße Quellen

Gut 20 km südlich von Phattalung bei der Ortschaft Khao Chaison darf in Heißwasser gebadet werden: Aus einer Quelle am Fuße des **Khao Chaison** oder Chaison Hill strömt Wasser mit einer Temperatur von 52 °C, das in einem Tempelgelände zu Bädern genutzt werden kann. Es stehen kleine Badehäuser zur Verfügung.

- Zur **Anfahrt** nimmt man ein Songthaew ab Phattalung (ca. 20 Baht).

Banthat-Gebirge (Thuek Khao Banthat)

เทือกเขาบรรทัด

Das Banthat-Gebirge erstreckt sich in Nord-Süd-Richtung im Grenzgebiet zwischen den Provinzen Phatthalung und Trang und erreicht in seiner südlichsten Ausdehnung die Provinz Satun. Das Gebirge ist eines der **landschaftlich reizvollsten Gebiete Südthailands** und bietet abenteuerlustigen Trekkern ein weites Betätigungsfeld. Der Thai-Name *Thuek Khao Banthat* bedeutet „Lineal-Gebirge", eine

Anspielung auf die auffallende Geradlinigkeit des Gebirges.

Das Gebirge besitzt mehrere Gipfel über tausend Meter, der höchste ist 1.322 m hoch, und der gesamte Gebirgszug ist mit dichtem Wald bedeckt. In einigen Bereichen leben noch die **Sakai,** die „Ureinwohner" oder „Negritos" der Malaiischen Halbinsel. Ihre Herkunft ist umstritten, wahrscheinlich gehören sie der austroasiatischen Völkerfamilie an. Die Thais nennen sie umgangssprachlich *gnor,* „Rambutans" – eine scherzhafte Anspielung auf die krausen Haare der Sakai, die die Thais an die Stachel der Rambutan-Frucht erinnern.

Die Sakai, von denen einige auch in den Wäldern Malaysias leben, sind traditionell Jäger und Sammler; einen Teil ihrer Ausbeute tauschen sie bei Thais gegen Reis ein. Sie siedeln in den höheren Gebirgsregionen Südthailands (wie auch Malaysias), in Gebieten, in denen sie sich mit ausreichend Wildbret und Wurzelgemüse versorgen können. Die Sakai sind Nomaden und leben in Gruppen von 10-30 Personen. Alle paar Tage geben sie ihren Unterschlupf auf und ziehen weiter. Die in Südthailand lebenden Sakai sprechen je nach Siedelgebiet unterschiedliche Sprachen: Die Sakai im Banthat-Gebirge sprechen Teanan; die anderen Sakai sprechen Ted-

Am Fuße des Banthat-Gebirges

da und Ya-hai (in der Provinz Narathiwat) sowie Kan-siu (in der Provinz Yala).

Die Region am Fuße des Banthat-Gebirges ist am besten per eigenem Fahrzeug von Phattalung oder Trang aus zu erkunden. Über den Gebirgsrücken selber führen keine Straßen. Sehr malerische Szenerien eröffnen sich entlang der **Routen** 4122 und 4125, die vom Highway Trang – Phattalung in südliche Richtung abzweigen und etwa parallel zum Bergzug verlaufen.

Etwas östlich der Abzweigung der Route 4125 findet sich der Zugang zum Khao Chong National Park mit dem sehenswerten **Khao-Chong-Wasserfall.** Im Park besteht Unterkunftsmöglichkeit, man frage am Parkhauptquartier danach. Abseits der Route 4125 finden sich einige weitere, von großartiger Landschaft umgebene Wasserfälle, so der **Sai-Rung-Wasserfall,** und der von besonders dichter Vegetation umgebene **Phrai-Sawan-Wasserfall.** *Phrai Sawan* bedeutet recht zutreffend „Himmlischer Wald".

Weiter südlich, 10 km östlich der Ortschaft Ban Palian Nai, findet sich der eindrucksvolle, 320 m hohe **Ton-Tae-Wasserfall.** Von hier bieten sich einige Treks an: Der lohnenswerteste, aber wohl auch anstrengendste führt in ca. 9 Std. zum **Khao Chet Yot,** dem „Berg der sieben Gipfel". Im Büro der Forest Conservation Unit am Fuße des Ton-Tae-Wasserfalls kann man sich einen Führer vermitteln lassen; oder man frage nach *Khun Chen,* der in den siebziger Jahren als kommunistischer Untergrundkämpfer in den Dschungeln der Umgebung gelebt hat und nun auch Führungen anbietet.

Der Banthat-Gebirgszug war ähnlich wie die dschungelbewachsenen Berge in den Provinzen Surat Thani und Nakhon Si Thammarat in den siebziger Jahren der **Zufluchtsort kommunistisch-orientierter Studenten,** die sich nach der blutigen Niederschlagung der Studentendemonstrationen von 1973 mit Waffengewalt gegen den thailändischen Staat wandten. In den Dschungeln ernährten sie sich zum Teil von dem, was die Natur ihnen bot, und viele wurden zu Experten in Naturheilkunde. Dorfbewohner, die ihnen Nahrung zukommen ließen oder allein in dem Verdacht standen, sie zu unterstützen, wurden von der Polizei gnadenlos verfolgt und nicht selten schlichtweg exekutiert. Die Untergrundkämpfer wurden später amnestiert, und die schmerzvolle Periode in Thailands jüngerer Geschichte ist heute fast vergessen.

Ein anderer Trek führt durch fantastische Landschaft nach ca 14 km in ein Gebiet, das von Sakai bewohnt ist. Der Aufenthaltsort der Sakai wechselt beständig, die in der Gegend arbeitenden Gummizapfer wissen aber meist, wo sie gerade anzutreffen sind. Bei dem Trek passiert man den Zusammenstrom zweier Flüsse, an dem sich ein strahlend weißer Strand ausbreitet sowie das eine oder andere von der Außenwelt fast abgeschnittene Dorf. Eines davon, **Ban Tra,** wurde angeblich nach dem Niedergang des Srivijaya-Reiches (siehe auch Ortsbeschrei-

bung Chaiya) vor über eintausend Jahren gegründet.

Etwas weiter südlich des Ton-Tae-Wasserfalls findet sich der ebenfalls in wunderbarer Umgebung gelegene **Ton-Tok-Wasserfall.** Auf dem Weg dorthin, über eine sehr schlechte, unasphaltierte Landstraße, erhält man auch einen besonders guten Fernblick auf den Ton-Tae-Waserfall.

Unterkunft/Essen

- Beides findet sich möglicherweise im **Haus von Na Jai,** einer sehr netten Thai. Ihr Ehemann war ebenfalls kommunistischer Untergrundkämpfer und kennt sich bestens in den Wäldern aus. Das unscheinbare Haus befindet sich nahe dem Ton-Tae-Wasserfall, bei der Anfahrt von Ban Palian Nai aus kommend an der rechten Straßenseite, direkt neben einem kleinen Wasser-Reservoir. Die Preise sind vor Ort auszumachen. Im Zweifelsfalle frage man irgendjemanden im Ort nach *Na Jai.* Wer nur auf einen Tages-Trip kommt, sollte sich Essen aus Ban Palian Nai (s.u.) mitbringen.

Drei Generationen einer Familie im Banthat-Gebirge

Anreise

- Am günstigsten **mit eigenem Fahrzeug.**
- Ansonsten nehme man ein **Songthaew** von Trang zur kleinen Ortschaft Ban Palian Nai. Hier finden sich einige kleine Restaurants und Geschäfte. Von der Kreuzung in Ban Palian Nai gelangt man mit **Motorrad-Taxis** zum Ton-Tae-Wasserfall (10 km; ca. 100-120 Baht).

Trang

ตรัง

Trang ist eine recht geschäftige Stadt (50.000 Einwohner) mit einem bisweilen recht chaotischen Verkehr, deren Entwicklung mit der vergleichbarer thailändischer Städte nicht Schritt gehalten hat: Im Gegensatz zu der rapiden Modernisierung, der sich die meisten anderen Städte dieser Größenordnung unterzogen haben, wirkt Trang zum Teil etwas verschroben, mit zahlreichen alten, teilweise gar sinister aussehenden Bauten – und das trotz des bekannten Wohlstandes der Stadt.

Dieser ist in erster Linie dem **Kautschuk** zu verdanken, der in der Umgebung angebaut wird. Die Gummibäume wurden zuerst von einem Gouverneur Trangs, *Phraya Rasdanuprasit Mahissara Phaki,* aus Malaysia eingeführt. Der Aufstieg der Stadt begann, und 1 km außerhalb (heute am Highway nach Phattalung) errichtete man dem vorausschauenden Herrscher dann ein Denkmal.

Trang ist ein relativ wichtiger Transitort auf der Strecke Krabi – Tarutao / Ko Bulon Lae und von den lokalen Behörden werden auch die eigenen Attraktionen der Provinz zunehmend herausgekehrt.

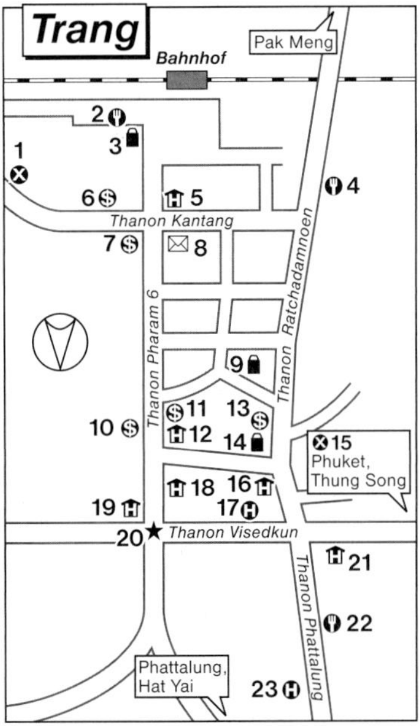

- 1 Taxis nach Kantang
- 2 Nachtmarkt
- 3 Diamond Department Store
- 4 Vegetarische Restaurants
- 5 Thumrin Hotel
- 6 Krung Thai Bank
- 7 Bangkok Bank
- 8 Post
- 9 Markt
- 10 Siam Commercial Bank
- 11 Thai Farmers Bank
- 12 Koh Teng Hotel
- 13 Bangkok City Bank
- 14 Richy Bakery
- 15 Taxis nach Nakhon Si Thammarath
- 16 Petch Hotel
- 17 Busse nach Thung Song
- 18 Wattana Hotel
- 19 Trang Hotel
- ★20 Uhrturm
- 21 Queen's Hotel
- 22 Vegetarische Restaurants
- 23 Busse nach Hat Yai, Phuket, Phattalung, Satun

Aufgrund des hohen chinesischen Bevölkerungsanteils findet in der Stadt, genau wie in Phuket, ein Vegetarian Festival statt, bei dem sich die trance-taumelnden Teilnehmer mit allerlei Gerät durchstechen.

Information

- Die **Trang Tourism Business Association** betreibt ein Informationsbüro in der Thanon Phra Ram 6 (Rama 6 Rd.), etwa gegenüber dem Wattana Hotel. Tel./Fax 075-215580. Es wird schriftliches Informationsmaterial ausgehändigt, und auch mündliche Fragen werden gewissenhaft beantwortet. Die TAT plant seit längerem die Eröffnung eines Büros in der Ratchadamnoen Road, bisher fehlt dafür aber das Geld.

Unterkunft

In Erwartung eines größeren Tourismus-Booms sind in Trang in den letzten Jahren mehrere Luxushotels aus dem Boden geschossen. Diese bieten insgesamt ein ausgezeichnetes Preis-/Leistungsverhältnis, und wer z. B. einmal „probehalber" in einem Fünf-Sterne-Hotel absteigen möchte, findet hier eine wirklich preisgünstige Gelegenheit dazu. Der große Boom ist ausgeblieben, und die Preise werden somit vorerst auf niedrigem Niveau bleiben. Die Preise für die Top-Hotels beginnen bei ca. 1.200 Baht, und Frühstück ist in der Regel inbegriffen.

- Das **Koh Teng Hotel****-*** (Thanon Phra Ram 6, Tel. 075-218148) hat Zimmer mit Bad, die teureren auch mit A.C. Angeschlossen ist ein recht gutes Restaurant.
- Das **Si Trang Hotel***** (Tel. 075-218944) nordöstlich des Bahnhofs an der Thanon Sathani („Bahnhofsstraße") ist eine der preiswertesten Optionen in der Stadt (am untersten Ende dieser Preiskategorie). Die Zimmer sind jedoch ziemlich finster und kosten alle denselben Preis, egal ob sie eigenes Bad haben oder nicht.
- Das **Wattana Park Hotel******-LLL (Tel. 075-216216, Fax 075-217217, www.wattanapark.com) ist ein modernes Business-Hotel mit komfortablen Zimmern mit A.C., TV, Kühlschrank. Zentrale Lage schräg gegenüber dem Uhrturm.
- Recht gute Zimmer (Bad) in diversen Preislagen bietet das **Queen's Hotel****-***; teurere Zimmer mit A.C., TV und Kühlschrank.
- Das **Thumrin Hotel******-LLL (Tel. 075-21101114, Fax 075-218057, www.thumrin.co.th) hat ausschließlich A.C.-Räume. Aufgrund der vorbeiführenden Straßen empfehlen sich die Zimmer in den oberen Etagen, aber auch da ist man vor dem Lärm nicht sicher.
- Saubere und bequeme Zimmer (Bad) und eine Suite hat das **Trang Hotel****** nahe dem Uhrturm (Tel. 075-218944).
- Ein 1996 eröffneter Ableger des Thumrin Hotels ist das mit fünf Sternen ausgezeichnete **Thumrin Thana Hotel*******-LLL im nördlichen Stadtbereich an der Straße nach Huai Yot und Krabi (69/8 Trang Thana Rd., Tel. 075-211211, 075-223223, Fax 075-223288-90, www.thumrin.co.th). Vorhanden sind mehrere Restaurants, ein Coffee-Shop, ein Business Center sowie Schönheits-Salon, Health Club, Sauna, Dampfbad und Jacuzzi. Für die derzeitigen Preise ist das Hotel sehr gut, dennoch bietet das folgende einen noch besseren Gegenwert.
- Ca. 2 km außerhalb der Innenstadt, an der Straße nach Phattalung, steht das 1996 eröffnete, ebenfalls mit fünf Sternen ausgezeichnete **M. P. Resort Hotel******-LLL (184 Trang-Phattalung Rd., Tel. 075-214230-45, Fax 075-211177, www.mp-resortbigboathotel.com). Es ist in Form eines Ozeandampfers angelegt, was zwar vielleicht nicht jedermanns Sinn für Ästhetik gerecht werden mag, dafür ist es vielleicht das Fünf-Sterne-Hotel im Lande, das das beste Preis-/Leistungsverhältnis bietet. Die super-komfortabel eingerichteten Zimmer (A.C., TV mit 12 Kanälen, Kühlschrank etc.) werden z.Zt. etwa ein Drittel unter ihrem offiziellen Preis angeboten. Im Preis ist ein Frühstück enthalten, dass entweder als Buffet daherkommt (wenn zahlreiche

Gäste im Hotel sind) oder als à-la-Carte-Frühstück (wenn nur wenige Gäste da sind). Dem Hotel angeschlossen sind ein Swimmingpool, eine Sauna, Health Club, Snooker-Raum, Golfplatz, eine Karaoke-Bar, ein Mini-Kino sowie zwei Restaurants und ein Coffee-Shop.

- Ein paar hundert Meter weiter in Richtung Innenstadt vom M. P. Resort aus steht das 1997 eröffnete **Trang Plaza Hotel******-LLL (132 Trang-Phattalung Rd., Tel. 075-226902-10, Fax 075-226901), das ähnlich gut ausgestattet ist wie die o.g. Hotels, jedoch nicht ganz dasselbe Flair zu erreichen scheint.

Essen

Preiswerte Thai- und chinesische Restaurants finden sich an jeder Ecke, etwas Besonderes ist jedoch nicht dabei. Es gibt einige moslemische Restaurants, so neben dem Diamond Department Store und zwei in der Thanon Kantang, ca. 100 m rechts vom Thumrin Hotel.

- Ein gehobenes Thai-Restaurant befindet sich im Erdgeschoss des **Thumrin Hotel,** wo auch eine Band aufspielt.
- In der Thanon Ratchadamnoen, neben der Bangkok City Bank, wartet die **Richy Bakery** mit gebackenen Delikatessen auf, Kuchen und Brotwaren aller Art. Ein Restaurant ist angeschlossen.
- In Bahnhofsnähe, nahe der Kreuzung Thanon Phra Ram 6 (Rama 6 Rd.) und Thanon Sathani, befindet sich die **Wunderbar,** eine Bar/Restaurant mit guten Thai-Speisen, Salaten, Sandwiches, Milk-Shakes und Bier. Zum Lesen liegen deutsche Magazine und Bücher aus, geöffnet tägl. 11.00-23.30 Uhr.
- In der Stadt gibt es **drei vegetarische Restaurants.** Diese sind i.d.R. nur 7-14 Uhr geöffnet; die Gerichte kosten ab ca. 15 Baht. Eines der Restaurants befindet sich an der Phattalung Road gegenüber dem Rathaus oder *Sala Klang;* dieses wird von den Mitgliedern einer taiwanesischen buddhistischen Sekte betrieben. Sehr freundlicher Service. Ein weiteres, etwas größeres vegetarisches Restaurant liegt an der Choerm Panya Road. Hier werden auch vielerlei gesunde Nahrungsmittel, Kräutertees und Naturkosmetika verkauft. Ein drittes, kleineres Restaurant befindet sich in 20/8 Thanon Tha Klang (die Straße, die nach Pak Meng führt), gegenüber dem *Talaat* (Markt) Tha Klang.

Verkehrsmittel

- Songthaews innerhalb von Trang kosten normalerweise 10 Baht, bei Fahrten zu etwas entfernteren Zielen bis zu 20 Baht.
- Einen Motorradverleih gibt es bei einem Motorradhändler gegenüber dem Koh Teng Hotel (44a Rama 6 Rd.); Preise um 200 Baht/Tag.

Anreise

- Von Bangkok (830 km) fahren diverse **Busse** nach Trang, darunter V.I.P-Busse (895 Baht), A.C.-Busse 1. Kl. (674 Baht) und 2. Kl. (578 Baht). Die V.I.P.-Busse schaffen die Strecke in 11-12 Std und haben nur 24 Passagiere. Weitere Busverbindungen u.a. ab Hat Yai, Ko Lanta, Krabi, Phuket und Satun.
- Ab der Hualamphong Station in Bangkok fahren täglich nur **zwei Züge;** Abfahrt 17.05 (Ankunft 7.35) und 18.20 Uhr (Ankunft 10.11). Der letztgenannte Zug fährt weiter bis Kantang (Ankunft 10.50 Uhr). Wer aus Richtung Nakhon Si Thammarat kommt findet Zusteigemöglichkeit im Zugknotenpunkt Thung Song (Thung Song Junction; 40 km von N.S.T., Fahrt mit Bus oder Sammeltaxi); Abfahrt dort um 5.57 und 8.24 Uhr. Fahrpreise ab Bangkok in der 3./2./1. Kl. 175-195 Baht (je nach Zug)/371-791 Baht (Sitz oder Schlafkoje)/1.280 Baht.
- **Flüge ab Bangkok** mit der Budget-Airline Nok Air zu ca. 1.900 Baht (www.nokair.com). Tägl. 1-2 Flüge, Flugzeit 1 Std. 20 Min.

Weiterreise

Es fahren viele **Kleinbusse** und **Sammeltaxis** ab diversen Haltepunkten in der Stadt.

- Ab einem Haltepunkt am Bahnhof von Trang fahren **Sammeltaxis** nach Hat Yai (80 Baht), Krabi (90 Baht) und Satun (100 Baht). Sammeltaxis nach Nakhon Si Thammarat ab einem Haltepunkt an der Visedkun Road (90 Baht). Die Sammeltaxis fahren zumeist ge-

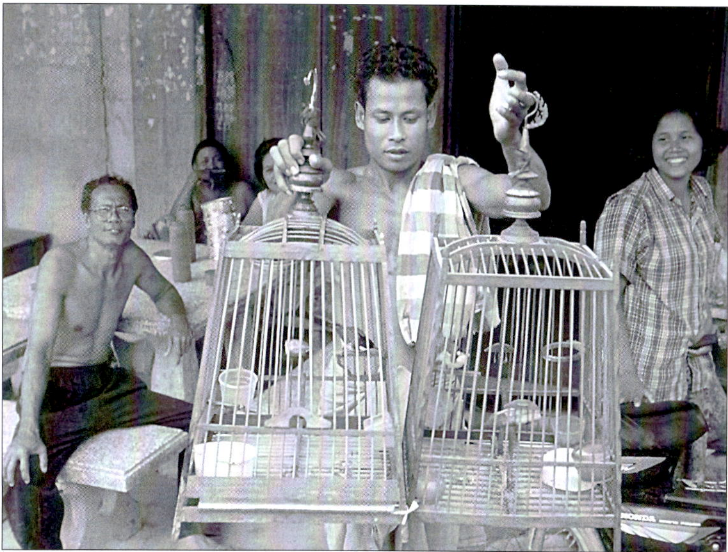

nauso rasant bis rücksichtslos wie die Kleinbusse.

- **Kleinbusse** nach Kantang fahren ab der Thanon Kantang, ca. 100 m östlich des Bahnhofs. Kleinbusse nach Hat Yai ab einem Haltepunkt an der Thanon Tha Klang, ca. ½ km nördlich des Bahnhofs. Kleinbusse nach Hat Yai ab der Thanon Huay Yot, von einem Haltepunkt einen weiteren ½ km nördlich. Weitere 100 m nördlich an der Thanon Huay Yot liegt der allgemeine Busbahnhof. Busse nach Satun fahren ab einem Haltepunkt an der Thanon Satun, ca. 1 km südöstlich der Innenstadt.
- Die **Züge** zurück nach Bangkok gehen um 13.50 (Ankunft 6.05) und 17.35 Uhr (Ankunft 8.35). Die Züge nach Kantang fahren um 10.15 Uhr, Ankunft 10.51 Uhr.

Vogelliebhaber bei Trang

Strände um Trang

34 km westlich von Trang erstreckt sich der zum Teil verschlickte **Pak Meng Beach,** der ein beliebtes Ausflugsziel der lokalen Bevölkerung darstellt. Westlichen Touristen hat er nicht allzu viel zu bieten. Wer „Glück" hat, kann dafür vielleicht von einer Straßenhändlerin gebratene **Ameiseneier** *(khai mot tort)* erstehen, eine weithin geschätzte Delikatesse.

Anfahrt

Sammeltaxis und **Kleinbusse** ab Trangs „Neuem Markt" *(talaat mai)* fahren für 50 Baht nach Pak Meng. Ansonsten nehme man einen **Kleinbus** bis Sikao (25 Baht), von wo Songthaews weiter nach Pak Meng fahren.

Nationalpark Hat Chao Mai

Sieben Kilometer südlich von Pak Meng, oder 45 km von Trang, erstreckt sich der 5 km lange Hat Chao Mai, ein Strand, der von Kasuarin-Fichten flankiert wird. Die gesamte Küstenlänge des Parks beträgt 20 km. Der Hat Chao Mai National Park umfasst auch große Areale **Mangroven- und Regenwald,** zudem gehören die Inseln Ko Muk, Ko Kradan, Ko Chao Mai, Ko Meng, Ko Waen, Ko Chueak und Ko Pling zu ihm.

Das Parkhauptquartier befindet sich am Hat Changlang, einem recht schönen Strand, der von **Kalksteinfelsen** überragt wird. Diese werden von einigen Höhlen durchzogen.

Vor der Küste werden gelegentlich die seltenen **Dugongs** oder Seekühe gesichtet. Diese Säugetiere werden bis zu 300 kg schwer und leben in kleinen Gruppen oder Familien. Obwohl sie unter Naturschutz stehen, werden sie wegen ihres Fleischs gejagt, und Umweltverschmutzung, die Schiffsschrauben der zahlreichen Boote sowie eine geringe Reproduktionsrate tun ihr übriges, und die Dugongs sind vom Aussterben bedroht. Gelegentlich treiben tote Dugongs an die Küste der Provinz Trang. Heute umfasst ihre Gesamtzahl vielleicht noch einige wenige Dutzend.

Einen Besuch wert ist die **Höhle Tham Chao Mai** in Süden des Nationalparks, die per Boot erreicht werden kann. Die aus drei Stufen bestehende Höhle beherbergt Stalagmiten, Stalaktiten und Fossilien. Boote ab dem Dorf Ban Chao Mai Hat Yao kosten ca. 500 Baht retour. Der **Eintritt** in den Nationalpark beträgt 200 Baht.

Unterkunft

- Die **Parkverwaltung** am Hat Changlang stellt **Bungalows*****-**** zur Verfügung. Campingmöglichkeit. Buchungen unter Tel. 075-210099 oder in Bangkok unter Tel. 02-5790529, 02-5794842.
- Nahe Ban Chao Mai Hat Yao steht **Sinchai's Chao Mai Resort****-*** (Tel. 075-203034), mit Bungalows mit und ohne eig. Bad, einige mit A.C., alle jedoch nicht besonders gut in Schuss.
- **Haadyao Nature Resort***-**** in Ban Chao Mai Hat Yao (Tel. 075-203012, www.thailandtrang.com) bietet Schlafsaalbetten (150 Baht) sowie recht gute Bungalows mit Bad (ab 300 Baht) und teilweise A.C. (ab 700 Baht) und Veranda. Angeschlossen ist ein Restaurant mit Spezialität „Seafood".
- **Changlang Resort*****-***** (Tel. 075-291 009, 081-2283679), am recht schönen Chang Lang Beach, diverse Bungalows, in der höheren Preislage mit A.C.
- Ende 2003 wurde am Changlang Beach das 144 Zimmer starke **Amari Trang Beach Resort**LLL eröffnet (Tel. 02-2553767, Fax 02-2553718, www.amari.com/trangbeach/). Alle Zimmer haben Blick aufs Meer, dazu A.C., TV, Kühlschrank und Mini-Bar. Mit drei Restaurants, Health Club, Spa, Tennisplatz, Swimmingpool u.v.m. Zimmer mit A.C., TV, Mini-Bar und Kühlschrank, ab ca. 2.500 Baht. Bei Buchung wird für den Transport ab Trang-Flughafen (45 km) gesorgt.

Anfahrt

Per **Kleinbus** ab Trang für 60 Baht. Gecharterte **Taxis** ab Trang kosten ca. 500 Baht.

Inseln vor Trang

Trang bietet sich als Ausgangspunkt für einige Inselausflüge an, so nach Ko Hai, Ko Muk, Ko Kradan, Ko Rok und Ko Libong.

Fischerboote bei Trang

Ko Ngai

Ko Ngai (oder **Ko Hai**) bietet einen sehr schönen, langen Strand mit guten Schnorchelmöglichkeiten. Ansonsten ist hier absolute Ruhe angesagt. Es gibt einige Unterkünfte.

- Das **Ko Hai (Ngai) Resort******-***** (Tel. 075-215923, kohngai@kohngai.com) ist eine sehr behagliche und gepflegte Anlage. Bungalows teilweise mit A.C., eine Tauschschule ist angeschlossen.
- **Ko Hai Villa*****-***** (Tel. 075-206924-5, Fax 075-225837, kohngai@yahoo.com), verschiedene, aber gute Bungalows.
- **Ko Ngai Paradise Bungalows*****
- Das **Koh Ngai Fantasy Resort**LLL (Tel. 075-211045, 075-216339, Fax 075-210317, fantasy@kohngai.com) hat einen fantastisch-schönen Strandabschnitt vor der Haustür. Die Bungalows (A.C. nur von 16-10 Uhr, Kühlschrank. Mini-Bar) sind etwas merkwürdig bunt, sicher nicht jedermanns Sache. Die Preise (ab ca. 4.500 Baht) schließen Frühstück mit ein, in der Nebensaison ca. 40 % preiswerter.
- **Anfahrt** per gechartertem Boot ab Pak Meng oder Ban Chao Mai Hat Yao zu ca. 700-800 Baht. Ab Pak Meng fährt ein Boot um 10.30 Uhr zum Fantasy Resort; Preis 150 Baht (Kinder 75 Baht), Fahrzeit 1 Std.

Ko Kradan

Ko Kradan hat ebenfalls sehr attraktive Strände und zahlreiche Korallenriffe, dazu unglaublich klares Wasser, so dass man an vielen Stellen bis auf den Meeresboden blicken kann.

●Vor dem **Ko Kradan Paradise Beach Resort*****-***** (Tel. 075-211391) breitet sich gleich ein Korallenriff aus. Das Resort organisiert den Transport hierhin, andernfalls selber ein Boot chartern; ab Pak Meng oder Ban Chao Mai Hat Yao ca. 1.000-1.200 Baht.

Ko Muk

Ko Muk weist eine Art Wassertunnel auf, das **Morakot Cave** (auf Thai *Tham Naam),* das bei Ebbe bis in eine Tiefe von 80 m befahren werden kann. Die Höhle ist rechtzeitig vor Einsetzen der Flut zu verlassen.

●**Ko Muk Garden Resort***-** (Tel. 075-212613, 075-219499), für den Niedrigpreis sehr gut; bei Buchung im Trang-Büro (Tel. 075-222296) wird für 150 Baht der Transport hierhin bewerkstelligt.
●Im sehr einfachen **Hat Farang Resort***-** gibt es keine Betten, sondern nur Matratzen auf dem Steinboden!
●**Sabaidee Resort*****, einfache Bungalows, Zeltvermietung zu 200 Baht.
●**Charlie's Bungalows*****, einfache Bungalows, kleine Zelte zu 100 Baht.
●**Anfahrt** von Trang per Kleinbus zum Pier Tuan Tung Ngu (60 Baht); von hier fahren Boote für 35 Baht/Pers. nach Ko Muk. Fahrzeit je nach Seegang 35-45 Min. Std. Einfacher per gechartertem Boot ab Pak Meng oder Tuan Thung Ngu zu ca. 1.000 Baht.

Ko Libong

Ko Libong ist die größte Insel vor der Küste von Trang und besitzt einige Fischerdörfer. Boote ab Kantang und Chao Mai. Die Gewässer um Ko Libong sind das Habitat der vom Aussterben bedrohten **Dugongs** (Seekühe), die hier in großen Mengen ihre bevorzugte Nahrung vorfinden, das Seegras. Die Insel selber beherbergt zahlreiche Tierarten, darunter viele Zugvögel. Ein Teil der Insel ist Naturschutzgebiet (landeinwärts von Laem Chu Hoy im Osten der Insel).

●**Ko Libong Nature Beach Resort*****-**** (Tel. 081-8946936). Hier werden auch Schnorchel- und Kajak-Touren organisiert.
●**Libong Beach Resort******-LLL (Tel. 075-225205, libongbeach@hotmail.com).
●Die **Anfahrt** geschieht mit Booten ab Ban Chao Mai Hat Yao für 30 Baht/Pers.; Bootscharter ab hier oder Pak Meng kostet ca. 800-1.000 Baht.

Ko Rok Nork

Ko Rok Nork ist wohl die schönste der in der Umgebung liegenden Inseln. Sie hat einen wunderschönen, in einer kleinen Bucht gelegenen Strand sowie gute Tauch- und Schnorchelmöglichkeiten. Bungalows auf Ko Lanta bieten für ca. 1.500 Baht Tagestouren nach Ko Rok Nork an. Wegen des hohen Seegangs ist die Insel über weite Strecken des Jahres unerreichbar (im Jan./Feb. am besten).

Ko Sukorn

Ko Sukorn oder **Ko Mu, „Schweins-Insel"**, ist ihrem Namen zum Trotz hauptsächlich von Moslems bewohnt (2.500 Einwohner), bei denen Schweine nicht sehr hoch im Kurs stehen (*sukorn* ist formelles Thai für „Schwein", *mu* das umgangssprachliche Wort dafür).

Auf der Insel erheben sich zwei Hügel auf eine Höhe von 150 m, und an der Ostseite erstreckt sich ein mäßiger, brauner Strand mit Wohnmöglichkeit. Derzeit soll es nur vier Autos auf der Insel geben, und der Ortsverkehr findet i.d.R. per Pedes oder Motorradtaxi statt.

● Die **Sukorn Beach Bungalows******-***** (075-207707, www.sukorn-island-trang.com) sind in eine Kokosplantage hineingebaut. Buchungsbüro neben der *Wunderbar* in Trang. 19 solide Bungalows mit Bad und teilweise A.C. Bei Buchung wird der Transfer zum Resort übernommen. Kajaks können kostenlos genutzt werden. Mountain-Bikes kosten 100 Baht/Halbtag, Motorräder 185 Baht/Halbtag.

● **Sukorn Island Resort****-*** (Tel. 075-2114 60, Fax 075-251648, Tel. in Trang 075-21969 79, Fax 075-219978; Buchungsbüro gegenüber Trang-Busbahnhof), 49 Bungalows, Preise je nach Lage, die am Strand gelegenen kosten 800 Baht, die ganz hinten gelegenen 300 Baht.

● Zur **Anfahrt** nehme man einen Bus von Trang nach Yan Ta Khao, von dort weiter einen Bus zum Pier Tha Sae. Von dort fahren Langschwanzboote für 150 Baht/Pers. nach Ko Sukorn. Ansonsten per Songthaew von gegenüber dem Bahnhof in Trang um 11.30 Uhr zum Pier Tha Kham in Palian; von dort fahren um 13.00 Uhr Fähren zu 20 Baht nach Ko Sukorn. Von der Anlegestelle auf der Insel fahren Motorradtaxis zu den Unterkünften (20 Baht).

Falls nötig gibt es sehr einfache **Unterkünfte in Yan Ta Khao** (*Si Lamduan***-***, 30 Yot Prasat Rd., Tel. 075-2811 26) und **in Palian** (*Mekee**, 6/19 Moo 1, hinter Samakorn Thung Yao Rd., Tel. 075-298220).

In Yan Ta Khao ist möglicherweise der **Southern Thai Botanical Garden** oder *Thung Khai* (an km 11 der Trang - Palian-Straße) einen Besuch wert. Dem Botanischen Garten sind ein Kräutergarten und ein Pflanzenmuseum angeschlossen, und diverse Wanderpfade führen durch unterschiedliche Vegetationen. Unterkunft vorhanden, Tel. 075-218435.

Ko Petra

Ko Petra wird zum Abbau von **Schwalbennestern** genutzt, und Besucher sind nicht gerne gesehen. (Zwischen den Konzessionsinhabern zum Schwalbennesterabbau und Nestdieben hat es in Thailand schon so manche blutige Auseinandersetzungen gegeben.)

Weitere Sehenswürdigkeiten in der Umgebung von Trang

Tham Thale (Sea Cave)

Die Tham Thale befindet sich circa 40 km nördlich von Trang oder circa 10 km westlich von Huay Yot, an der Straße nach Krabi (105 km). Diese „See-Höhle" durchzieht ein rundlicher Felsen, der von einem Fluss umgeben ist. Das Flusswasser dringt auch in die Höhle ein, die somit **nur per Boot besucht werden kann.** Boote fahren zu 30 Baht/Pers. oder für 200 Baht, falls man das gesamte Boot chartert. Während der Fahrt kann man an manchen Stellen aussteigen und einige Bereiche der Höhle zu Fuß erkunden.

In der Höhle, die zum Teil beleuchtet ist, finden sich mehrere „Zimmer", von deren Decke eindrucksvolle **Stalaktiten** herabhängen. In einigen Abschnitten ist die Decke sehr niedrig, und beim Bootsfahren muss man den Kopf einziehen, um nicht von einem Stalaktiten erwischt zu werden. Bei sehr hohem Wasserstand, z.B. in der Regenzeit, können keine Fahrten stattfinden.

Die für viele Besucher imposanteste oder beängstigendste Teilstrecke ist

ein über hundert Meter langer schmaler und niedriger **Tunnel** – schmal wie eine Röhre –, durch die sich die Boote mit aller Vorsicht durchbugsieren müssen. Die Decke ist an dieser Stelle so niedrig, dass man sich flach auf den Boden des Bootes legen muss, und zu den Seiten des Bootes bleibt auch kaum Platz zum Manövrieren. Dazu ist es stockdunkel, und da hilft auch die Taschenlampe des Bootslenkers nur wenig. Leute mit latenter Platzangst werden nach dieser Fahrt möglicherweise nie wieder eine Höhle besuchen wollen. Andere werden ihre helle Freude haben. Viele der thailändischen Besucher wirken in den dunkleren Bereichen der Höhle völlig verängstigt, was aber weniger an Platzangst liegt als an der weit verbreiteten Furcht vor „Geistern".

Wie bei allen Höhlenbesuchen sollte man feste Schuhe mitbringen sowie Kleidung, die ruhig schmutzig werden kann.

Einfache Unterkunft findet man in Huay Yot im *Asia Hotel**-** (125 Phetkasem Rd., Tel. 075-271449) und im *Huay Hot Hotel**-** (214-6 Phetkasem Rd., Tel. 075-271008).

Schülerinnen auf dem Heimweg

Thale Song Hong

Etwa 2 km westlich von der Tham Thale zweigt die Route 4236 in nördlicher Richtung vom Highway Trang – Krabi ab (im Bereich der Ortschaft Ban Sa). Die Straße führt nach 15 km zum Thale Song Hong, dem „See mit zwei Zimmern", einem malerisch von Hügeln und Wäldern umgebenen **Zwillings-See,** der durch eine Landbarriere zweigeteilt ist. Bei hohem Wasserstand wird die Barriere unsichtbar, und das Gewässer erscheint als ein einziger See. In der Regenzeit, bei starkem Regen und düsteren Wolken ergibt sich jedoch oft ein fast gespenstisches Bild.

Der Besuch des Sees lässt sich (mit eigenem Fahrzeug) gut mit der Besichtigung der Sea Cave (s.o.) kombinieren. Am See gibt es eine **Camping-Möglichkeit,** dazu **Unterkünfte,** die von der für das Gebiet zuständigen Parkverwaltung betrieben werden. Es gibt keine festen Übernachtungspreise, es wird aber um eine angemessene Spende gebeten. Leute mit **Pfadfinderausweis** finden Obdach in Häusern des *Thale Song Hong National Boy Scouts Camp,* bzw. auf einem Campingplatz. Anfragen beim Trang Physical Education and Sports Center, Tel. 075-224294.

Roi Chan-Phan Wang Wildlife Sanctuary

Im Bereich von Wangwiset am Highway Trang – Krabi, ca. 65 km von Trang (oder ca. 70 km von Krabi), zweigt eine Straße in Richtung Ao Tong ab. Dieser folge man 15 km, bis sich links eine unasphaltierte Landstraße auftut. An dieser ergibt sich nach 8 km eine weitere Abzweigung, an der man links einbiege. Nach 5 km erreicht man das Hauptquartier des Roi Chan-Phan Wang Wildlife Resort. Es besteht auch eine (nicht gerade leicht zu findende) Straßenverbindung von o.g. Thale Song Hong.

Roi Chan – Phan Wang bedeutet „Einhundert Stufen und eintausend Wasserbecken"; der Name bezieht sich auf die zahlreichen kleinen Wasserfälle, die sich in dem Gebiet ergießen. Das bergige Gelände schließt den **Khao Nor Chu-Chi** ein, den mit 1.762 m zweithöchsten Berg Südthailands (der höchste ist der Khao Luang in der Provinz Nakhon Si Thammarat).

Außerdem finden sich hier etliche **Gummi- und Kaffeeplantagen,** die hier trotz des Schutzstatus', das dem Gebiet zugesprochen wurde, geduldet werden.

Das Schutzgebiet ist die Heimat zahlreicher **Vogelarten,** darunter dem *taeo-raeo,* einer Vogelspezies, die nur in diesem Gebiet anzutreffen ist. Aufgrund dieser finden sich hier häufig Ornithologen aus aller Welt ein.

Satun

สตูล

Satun (25.000 Einw.) ist die kleine und beschauliche Hauptstadt der gleichnamigen Provinz, der südlichsten Thailands. Das allgemeine Straßenbild wirkt schon fast malaysisch.

So ist auch Satuns zentrale **Moschee** das hervorstechendste Merkmal, und am Ufer des schmalen Flusses durch den Ort sieht man moslemische Fischer, die ihre Netze flicken. Auch nicht zu übersehen ist eine starke chinesische Minderheit, chinesische Geschäftsleute dominieren Handel und Gastronomie.

Daneben bietet Satun wahrscheinlich die höchste Dichte von Friseurläden pro Quadratmeile in Thailand, man sieht sie an jeder Ecke, auffällig oft. Ein guter Platz für einen Haarschnitt also? (Aus anderen Orten aber weiß man, dass die Friseurszunft oft nur als Tarnung für ein ganz anderes Gewerbe herhalten muss!) Wichtiger aber als das: Satun ist ein Transitpunkt auf dem Weg zum Tarutao-Nationalpark.

Nach dem Haarschnitt wäre das **National Museum** einen Blick wert (Soi 5, Thanon Satun Thani). Das Museum ist der umgebaute zweistöckige „Gastpalast", *Kuden Mansion* genannt, den ein örtlicher Prinz Ende des 19. Jhs. für König *Chulalongkorn* gebaut hatte; leider ließ sich der Monarch dann niemals blicken. In den dreißiger Jahren des letzten Jahrhunderts durfte das Gebäude wenigstens einen Innenminister beherbergen. Wie in jener Zeit üblich, wurde der Palast in europäischem Stil erbaut, bzw. in einem Stil, den der Architekt – eingeschifft aus Penang – für europäisch hielt. Im 2. Weltkrieg machten die Japaner das Gebäude zu einer Kommandozentrale. Später waren hier Teile der Stadtverwaltung untergebracht. Heute untersteht es dem *Department of Fine Arts*. Im Museum ausgestellt sind Objekte oder Schautafeln, die im Zusammenhang mit der muslimischen Kultur des Südens sowie der Sakai, stehen; u.a. wird man über die malaiische Kampfsportart *sila* und muslimische Hochzeitsrituale informiert.

- Geöffnet Mi-So 9-16 Uhr, Eintritt 30 Baht.

Figur eines ausgezehrten Buddha in Satun

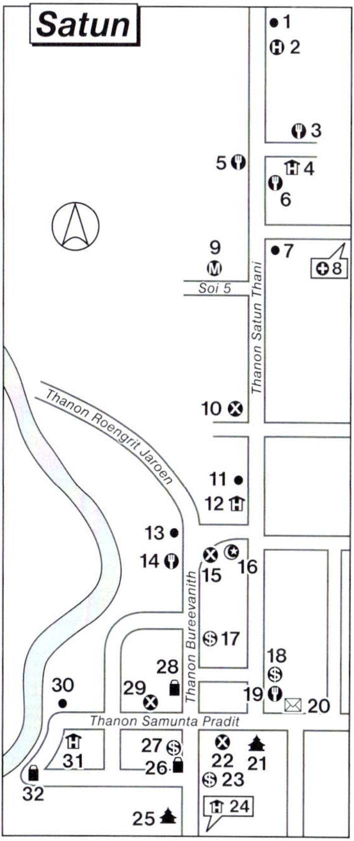

- 1 Thai Airways Office
- 2 AC-Bus-Tickets
- 3 Nice Pub Restaurant
- 4 Wang Mai Hotel
- 5 Crystal House Restaurant
- 6 Smile Fast Food Restaurant
- 7 Polizei
- 8 Krankenhaus
- 9 National Museum
- 10 Gemeinschaftstaxis
- 11 Kino
- 12 Satultanee Hotel
- 13 Immigration Office
- 14 Suhana Restaurant
- 15 Taxis nach Hat Yai
- 16 Moschee (Masjd Mambang)
- 17 Bangkok Bank
- 18 Siam Commercial Bank
- 19 "The Bakers" Restaurant
- 20 Post Office
- 21 Chinesischer Tempel
- 22 Taxis nach Hat Yai
- 23 Thai Farmers Bank
- 24 Amm G.H.
- 25 Wat Chanathip
- 26 D.K. Books
- 27 Krung Thai Bank
- 28 Taxis nach Pak Bara
- 29 D.K. Books
- 30 Songthaews nach Wang Prachan
- 31 Rain Thong Hotel
- 32 Markt

Nicht zu übersehen ist Satuns zentrale Moschee in der Satun Thani Road, **Masjid Mambang** (oder Bambang), ein recht ansehnlicher Bau in moderner islamischer Architektur.

Khao Phaya Wang am Klong Mambang in der Khuha Prawase Road ist ein Kalksteinfelsen, der von einer Höhle durchzogen wird. Darin finden sich Stalaktiten und Stalagmiten. Um den Felsen wurde ein öffentlicher Park angelegt, und wie immer an solchen Orten finden sich zahlreiche Essensverkäufer ein.

Unterkunft

● Das **Satultanee Hotel******-***** (Thanon Satun Thani, Tel. 074-711010, Fax 074-

711207) hat freundliches Personal und so viele Zimmer, dass immer etwas frei sein müsste. Mit Bad, A.C.,TV, Kühlschrank. Dem Hotel ist ein Coffee-Shop angeschlossen.

● Das **Rain Thong Hotel****-*** (Thanon Samunta Pradit, Tel. 074-711036) befindet sich nahe dem Pier, von dem die Boote nach Kuala Perlis in Malaysia ablegen. Auch hier ist das Personal sehr freundlich. Zimmer mit Bad.

● Das **Wang Mai Hotel*****-**** (Thanon Satun Thani, Tel. 074-711607) bietet ausschließlich A.C.-Räume; diese sind recht komfortabel.

● Das **Amm Guest House**** (676 Moo 3, Sulakhankun Rd., Tel. 074-724912, 086-28757 30) ist die einzige Unterkunft, die auf westliche Traveller eingestellt ist. Das Haus befindet sich 2 km südlich der Stadt am Fluss, bzw. einige Zimmer sind direkt über den Fluss gebaut. Originell. Die Zimmer sind sehr einfach, aber die Location hat etwas für sich. Die Besitzerin ist äußerst nett und spricht Deutsch.

Essen

● Die A.C.-Restaurants The Bakers, Crystal House und Smile Fast Food servieren **westliche Speisen** wie Spaghetti Bolognese, „American Breakfast" und sehr empfehlenswertes Eis. Thai- und chinesische Gerichte stehen ebenfalls auf der Speisekarte.

● Das **Suhana Restaurant** in der Thanon Bureevanith kredenzt hervorragende südthailändische Curries - aber Vorsicht, gnadenlos scharf!

● Gegenüber dem Krankenhaus, ca. 1 km vom Zentrum entfernt, köchelt ein kleiner **Essensmarkt;** es gibt preiswerte südthailändische und moslemische Küche, z.B. *roti*.

Anreise

● Ab Bangkok Southern Bus Terminal fahren verschiedene **Busse** nach Satun. Aufgrund der Entfernung (975 km) ist ein möglichst komfortabler Bus vorzuziehen. Aufgrund der zu erwartenden Fahrpreiserhöhungen ist mit folgenden Preisen zu rechnen: V.I.P.-Busse fahren für ca. 1.000 Baht (Fahrzeit 12 Std.), A.C.-Busse 1. Kl. 650 Baht, A.C. 2. Kl. ca. 500 Baht; letztere benötigen 14 Std. oder mehr Weitere A.C.-Busverbindungen ab Krabi (ca. 400 Baht), Phuket (ca. 500 Baht) und Trang (ca. 250 Baht). Normalbusse ab Hat Yai kosten 60 Baht.

● Wer den **Zug** bevorzugt, gelangt von Bangkok (Zusteigemöglichkeiten in Hua Hin, Chumphon, Surat Thani, Phattalung, Hat Yai) zum malaysischen Grenzort Padang Besar, ca. 60 km von Satun entfernt. Beim Aussteigen in Hat Yai (125 km) erübrigen sich die Grenzkontrollen.

● Ab einigen Orten gelangt man per **Sammeltaxi** nach Satun. So ab Hat Yai (60 Baht), La-Ngu (25 Baht) und Pak Bara (60 Baht). Kleinbusse ab Hat Yai kosten 60 Baht.

● Die **nächsten Flughäfen** befinden sich in Hat Yai und Trang.

Weiterreise

● Eine interessante Weiterreisemöglichkeit nach Malaysia gibt es per **Boot.** Ab dem Thammalang-Pier, 7 km südlich von Satun, fahren Boote nach Kuala Perlis und Pulau Langkawi. Songthaews fahren für 20 Baht zum Pier, Motorradtaxis zu 50 Baht; Abfahrt der Songthaews von einem Haltepunkt an der Kreuzung Thanon Satun Thani/Thanon Viset Mayura im Süden der Stadt.

Boote nach Kuala Perlis fahren unregelmäßig, Abfahrt, wenn genügend Passagiere an Bord sind. Preis 50 Baht, bzw. 100 Baht retour. Fahrzeit 45 Min.

Boote nach Pulau Langkawi legen ab um 8.45, 10.30, 14.00 und 16.00 Uhr. Kostenpunkt 180 Baht, Fahrzeit 1½ Std.

Um 9.00 Uhr fährt ein **Boot nach Ko Tarutao** (250 Baht) und **Ko Adang** (500 Baht).

Moschee in La Ngu bei Pak Bara

Pak Bara
ปากบะระ

Pak Bara, 65 km nordwestlich von Satun gelegen, ist ein lebhafter **kleiner Fischerort,** ansonsten aber nur interessant als Transitpunkt auf dem Weg zum Tarutao-Nationalpark. Wie überall in Thailand, so zieht auch hier die starke Präsenz von Fischern magisch das Gunstgewerbe an. Folglich sind die vorhandenen Unterkünfte in erster Linie Bordelle. Es gibt also keinen Grund zu verweilen.

Am Pier befindet sich ein Büro des Tarutao-Nationalparks, und die Angestellten können – sollten die regulären Boote schon abgefahren sein – beim Chartern eines privaten Bootes helfen.

Unterkunft

Nahe dem Pier finden sich einige Unterkünfte.

- **Grand Villa***** (Tel. 074-783499), gute Zimmer mit A.C.
- **Best House Resort****** (Tel. 074-783058), sehr gute Zimmer mit A.C. und TV.
- **Pak Bara Guest House***-**, einfache Zimmer und Bungalows.

Anreise

- **Ab Satun** fahren Sammeltaxis bis La-Ngu (40 Baht), von wo Songthaews die restlichen 10 km bis Pak Bara weiterfahren (25 Baht).
- Busse **ab Trang** fahren ebenfalls nur bis Langu.
- **Ab Hat Yai** fahren einige wenige Busse zu 60 Baht; häufiger und schneller sind die Kleinbusse zu 80 Baht, Abfahrt an der Niphat-Uthit 1 Rd./Ecke Thamnoonwithi Rd.).

Warenlieferung auf Ko Lipe im Tarutao-Nationalpark

Weiterreise

Um den Pier von Pak Bara herum finden sich einige Bootsleute, die sich zu Fahrten zu den Inseln der Umgebung anheuern lassen. Sie verfügen meist über die etwas langsamen *rüa haang yao* oder **„Langschwanz-Boote"**. Handeln!

Im Büro von Udom Tour (Tel. 081-9636916) links vor dem Pier lassen sich verschiedene, zumeist schnellere Bootstypen anheuern; die Preise sind allerdings auch relativ hoch.

Tarutao-Nationalpark

อุทยานแห่งชาติตะรุตา

Thailands erster **Meeres-Nationalpark** (seit 1974) umfasst ein Areal von 1490 km² mit 51 Inseln, gelegen vor der Küste der Provinz Satun. Die Inseln sind ebenso paradiesisch wie ihre Geschichte abenteuerlich: Jahrhunderte lang hatten sie „Seezigeunern" und Piraten als Unterschlupf gedient, bis sie in den 1940er Jahren zum Standort eines Gefangenenlagers für politische Straftäter wurde.

Als dann Thailand während des zweiten Weltkrieges keinen Proviant mehr auf die Insel schicken konnte, wurden sowohl Insassen als auch Gefängniswächter zu Piraten. Erst britische Truppen machten der Piraterie auf Tarutao 1946 ein Ende.

Heute ist die Inselgruppe ein Platz für Leute, die **unverdorbene Natur** genießen wollen; es bieten sich hervorragende Tauch- und Schnorchelgründe, in denen angeblich ein Viertel aller auf der Welt vorhandenen Fischspezies zu finden sind. Drei Hauptinseln haben Unterkunftsmöglichkeiten – Ko Tarutao, Ko Adang und Ko Lipe.

Die Inseln sind auch der Brutplatz dreier **Schildkröten-Arten,** der Grünen Seeschildkröte, der Hawksbill- und der Ridley-Schildkröte. Deren Eiablage-Saison sind die Monate Oktober bis Januar, in denen die Muttertiere jeweils ca. 50-150 Eier in tiefen Gruben im Sand vergraben. Etwa 2 Monate später schlüpfen die Tiere aus, von denen aber nur etwa 1-2 pro „Nest" überleben; die Mehrzahl wird die Beute von Raubvögeln. Um dem Aussterben der Gattungen entgegenzuwirken, werden in Teichen nahe dem Parkhauptquartier Jungtiere aufgezogen, die im Meer ausgesetzt werden, wenn sie zum Überleben in Freiheit stark genug sind.

Die düstere Vergangenheit von Tarutao

Jahrhundertelang hatten die Tarutao-Inseln den Meeresnomaden Chao Le und auch Piraten als Unterschlupf gedient, bis das Correction Department (Amt für Strafvollzug) sie 1937 zum Standort eines Gefangenenlagers für politische Straftäter erkor. An **politischen Gefangenen** herrschte zu jener Zeit dank einiger fehlgeschlagener Putsche kein Mangel. Nebenbei wurden dort auch „normale" Straftäter festgehalten, die – anders als die oft aus der Oberschicht stammenden politischen Häftlinge – zu Zwangsarbeiten herangezogen wurden.

Die Inseln waren in mehrfacher Hinsicht ein idealer Gefängnisstandort, waren doch Fluchtversuche durch die **im Wasser lauernden Haie** von vornherein zum Scheitern verurteilt. Die Brutalität der Bewacher tat ein Übriges, dem Namen Tarutao einen furchteinflößenden Beiklang zu geben. Zu alldem kam noch eine grassierende **Malaria** sowie eine während der Regenzeit nur unregelmäßige Versorgung mit Nahrung und Medikamenten, da der Bootsverkehr oft eingestellt werden musste.

Als sich mit Ausbruch des 2. Weltkrieges die Versorgungslage noch mehr verschlechterte, verbündeten sich die Bewacher mit den Gefangenen und bildeten **Piratenbanden,** die passierende Handelsschiffe plünderten. Eine 300 Mann starke Freiwilligeneinheit der Royal British Navy beendete die Freibeuteraktivitäten im Jahre 1946.

1947 war Tarutaos Zeit als das Alcatraz Thailands zu Ende, das Correction Department hielt jedoch noch bis 1972 am Besitz des Archipels fest.

1974 wurde es zum **Nationalpark** erklärt, was aber auch die **Umsiedlung** von einigen tausend Bewohnern zur Folge hatte. Diese lieferten sich mit den Parkwächtern häufig Feuergefechte, nach denen zahlreiche Tote zu beklagen waren. Das rigorose Vorgehen der Wächter, denen ein militärisches Training angediehen worden war, unterdrückte schließlich die Revolte.

Aus der wilden alten Zeit Tarutaos sind heute noch einige **Ruinen der Festungsanlagen** zu sehen.

Daneben sind die Inseln die Heimat von Fliegenden Lemuren, Loris, Wildkatzen, Ottern, Waranen, Kobras, Pythons und anderen **Schlangen.** Es gibt über 100 Arten von **Vögeln,** einige davon sind jedoch Zugvögel und somit nur Gäste auf Zeit.

Am Südwestende von Ko Tarutao befindet sich **Ko Rang Nok** („Vogelnest-Insel"), in deren Kalksteinhöhlen die Schwalben der Gattung *Callocalia escolenta* ihre Nester bauen. Diese bilden die Grundlage der Schwalbennestersuppe, der Abbau der Nester ist hier allerdings verboten. Am Höhleneingang befindet sich aber noch ein Schrein, an dem die Nestsammler früher Kuh- oder Büffelschädel opferten, um die Höhlengeister zu beschwichtigen.

Ko Tarutao ist die Hauptinsel des Archipels und misst in ihrer größten Ausdehnung 26,5 mal 11 km. An der Pante Bay befindet sich das Parkhauptquartier. Dort steht eine Gepäckaufbewahrung zur Verfügung (20 Baht/Stück, max. 2 Wochen). Nebenan findet sich ein Visitor Centre mit einem **Museum zu Geschichte und Meeresflora und -fauna** des Parks.

Unterkunft gibt es hier und an einem weiteren Strand sowie auf Ko Adang, wo auch einige Seenomaden leben. Es ist möglich an den Stränden Ko Tarutaos zu campen, allerdings muss man dann seine eigene Verpflegung mitbringen.

Der Park ist von Mai bis Oktober geschlossen. Ko Lipe ist in dieser Zeit bei gutem Wetter von Pak Bara dennoch zu erreichen.

Unterkunft/Essen Einkaufen

- Sowohl auf Ko Tarutao als auch auf Ko Adang stehen **Bungalows und Longhouses** für 3 bis 36 Personen***-LLL zur Verfügung. Auch Camping ist möglich und **Zelte** können vom Park ab 200 Baht angemietet werden. Sowohl auf Ko Tarutao als auch auf Ko Adang gibt es eine Kantine der Parkverwaltung. Meist ist natürlich Seafood angesagt. Reservierungen: Tel. 074-729002-3 Fax 074-7835 97, reserve@dnp.go.th.
- Im Park **Co-op Store** kann man sich mit Proviant für Ausflüge eindecken. Es gibt Reis, Dosenfisch und Kekse, dazu Hygieneartikel, Taschenlampen, Batterien etc.

Anreise

- **Reguläre Boote ab Pak Bara** fahren um 7.00 und 10.00 Uhr **nach Ko Tarutao;** Kostenpunkt 200 Baht einfach, 400 Baht retour. Rückfahrt um 9.00. Fahrzeit je nach Boot und Seegang 1 Std. Die Boote legen in der Pante Bay (Ao Phante) an, 22 km von Pak Bara entfernt.
- Das Boot um 10.00 fährt **von Ko Tarutao** weiter **nach Ko Adang;** Kostenpunkt 360 Baht. Rückfahrt um 9.00 Uhr. Boote, die Touristen nach Ko Lipe bringen, warten hier während der Saison schon auf die Fähre.
- Ab dem Thammalang-Pier in **Satun** fahren Boote für 250 Baht **nach Ko Tarutao** (450 Baht retour); die Boote fahren dann weiter **nach Ko Adang oder Ko Lipe** zu insgesamt 500 Baht (900 Baht retour). Ko Lipe ist nur einen Katzensprung per Longtail-Boat (30-50 Baht) von Ko Adang entfernt.

Ko Lipe

Die Insel Ko Lipe gehört zwar auch zum Nationalpark, aber im Gegensatz zu der unberührten Natur der Nachbarinseln, hat sich dieses winzige Atoll in den vergangenen Jahren rasant zu einer sehr beliebte Urlauberinsel entwickelt. Es wurde eine Vielzahl kleiner Bungalowunternehmen gebaut. Den-

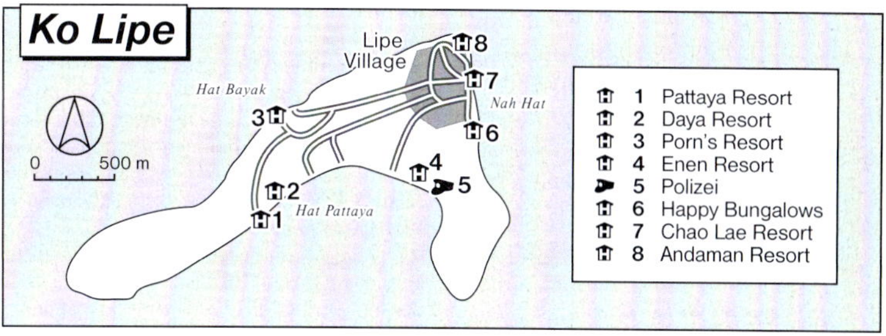

noch ist die Atmosphäre hier sehr viel beschaulicher als beispielsweise auf Ko Phangan. Ko Lipe scheint **derzeit das Paradies für Rucksackreisende** zu sein und abends gibt es am Strand eher Lagerfeuer als Techno-Partys.

Einige Bungalowunternehmen werden von Chao Ley, den **Seenomaden** Thailands, die hier seit mehr als 100 Jahren leben, geführt. Sie werden allerdings momentan von Investoren, die vom Festland auf die Insel strömen, unter Druck gesetzt, ihr Land zu verkaufen. Betrug, Korruption und Morde führen zurzeit bis vor das Gericht in Satun.

All das mag Touristen kaum stören, denn Ko Lipe ist wunderschön, die Korallenriffe um die Insel sind in recht gutem Zustand und die Insel offeriert jedes Jahr mehr Unterkünfte, nicht zuletzt, weil der wichtigste Strand, **Hat Pattaya,** so attraktiv ist.

Folgende Resorts gehören den **Seezigeunern:**

- **Porn's Resort****-*** (Tel. 074-728032), in wunderschöner Hügellage und sehr beliebt.
- **Pattaya Resort*****-**** (Tel. 074-728034), Bungalows aus Holz oder aus Beton.
- **Daya Resort***** (Tel. 074-728030).
- **Happy Bungalows*****, Bambusbungalows mit Bad direkt am Strand.
- **Enen Resort*****, ebenfalls Bambushütten, dazu eine kleine Reggae-Bar in einem trockengelegten Fischerboot.

Folgende Unterkünfte gehören einer **Familie vom Festland:**

- Das große, etwas hässliche **Andaman Resort***** (Tel. 074-711313, 074-729200) hat ordentliche Bungalows, dazu Zeltmöglichkeit (20 Baht mit eig. Zelt, 100 Baht für Zeltverleih).
- Direkt daneben liegt das **Chao Lae Resort** **-*** (Tel. 074-729201).
- **Anreise** siehe unter Tarutao-Nationalpark.

Ko Bulon Lae

เกาะบูฉนเวย์

Diese Insel, eine der schönsten Thailands, findet sich nördlich des Tarutao-Nationalparks, 22 km westlich der Hafenstadt Pak Bara. Ihrer relativen Isoliertheit am Südrand Thailands ist es zu verdanken, dass sie bisher noch fast völlig „naturbelassen" geblieben und der große Tourismus an ihr vorübergezogen ist. Wer einen ruhigen Aufenthalt auf einer wahren Paradies-Insel sucht, ist hier am Ziel. Außer Schwimmen, Schorcheln und Faulenzen gibt es allerdings nicht viel zu tun. Einige Traveller berichteten von Sandflöhen, die ihnen das Stranddasein etwas ungemütlich machten; in der Trockenzeit kann es zudem zu Wasserknappheit kommen.

Ko Bulon Lae ist die größte der aus vier Inseln bestehenden Bulon-Inselgruppe, dennoch ist sie klein genug, um sie in ein oder zwei Stunden zu durchwandern. An ihrer Ost- und Nordostseite erstreckt sich ein mehrere hundert Meter langer, absolut malerischer, weißer Strand. Dahinter wuchert dichte Vegetation, die nur von Trampelpfaden durchkreuzt wird. Fahrzeuge gibt es nicht, nicht einmal Straßen.

Die **Pangka Bay** an der Nordseite, bestehend aus Ao Panka Noi („Kleine Panka-Bucht") und Ao Panka Yai („Große Panka-Bucht"), ist sehr verschlickt und eine Enttäuschung auf diesem so herrlichen Eiland. Hier finden sich ein paar Häuser der Chao Le. Insgesamt leben kaum 100 Menschen auf der Insel. Um Ko Bulon Lae herum befinden sich **Korallenriffe,** und es bieten sich gute Tauch- und Schnorchelmöglichkeiten.

Unterkunft/Essen

- Die beste Bungalow-Anlage auf der Insel ist das **Pansand Resort******-***** (Tel. 081-7220279), das sich zudem am schönsten Strandabschnitt befindet. Es gibt Bungalows in diversen Komfortstufen. Die teureren haben ein eigenes Bad, der Preis scheint aber etwas überhöht.

  Angeschlossen ist ein Restaurant mit thailändischer, chinesischer und westlicher Küche und vor allem Seafood. Schnorchel-, Camping-, und Angelausflüge werden auf Wunsch organisiert. Buchungen unter obiger Telefonnummer oder aber im Stadtbüro des Resort *(First Andaman Travel Co.)* in Trang. Dieses befindet sich genau gegenüber dem Queen's Hotel; das Büro liegt etwas versteckt neben einem Eisverkauf (82-84 Visedkun Road, Tel. 075-218035, 075-219513, Fax 075-211010, www.pansand-resort.com).
- Wenige Minuten Fußweg weiter nördlich liegt das einfache **Bulon Lae Resort****, und der ihm vorgelagerte Strand ist fast genauso schön wie der am Pansand Resort. Bungalows mit Gemeinschaftsbad; Restaurant vorhanden.
- Etwas abgelegen, ca. 15 Min. Fußweg von den o.g. Bungalow-Anlagen entfernt, steht das **Pangka Bay Resort***** (Tel. 074-7815 32). Die ihm vorgelagerte Pangka Yai Bay oder Ao Pangka Yai ist sehr verschlickt und nicht zum Baden geeignet, dafür ist man hier fernab des bescheidenen touristischen „Trubels" von Bulon Lae. Der Weg zu den Bungalows führt durch dichten, hügeligen Wald, vorbei an einigen Häusern von Chao Le. Bungalows mit Bad; Restaurant vorhanden.
- Das **Bulon View Point Resort*****-**** (Tel./Fax 074-728005-6, bulon_view_satun@hotmail.com) hat gute Bungalows mit Bad, umgeben von sattgrüner Vegetation. Es werden Bootstouren angeboten.

Anreise/Rückreise

- Ab der Hafenstadt Pak Bara fahren um 14.00 Uhr **Boote** für 150 Baht/Pers. nach Ko Bulon Lae; Fahrzeit ca. 1 Std. Rückfahrt von der Insel 9.00 Uhr.
- Ansonsten lassen sich bei den Bootsleuten im Hafen **Langschwanz-Boote** *(rüa haang yao)* ab ca. 1.500 Baht für die einfache Fahrt anheuern. Fahrzeit je nach Boot und Wellengang 1-1½ Std. Die Bootsleute neigen meist zu Wucherpreisen, also handeln! Man wende sich nicht an einen der Mittelsleute, die sich am Pier herumtreiben und eine Kommission einstreichen wollen, sondern verhandle direkt mit einem Bootslenker.

Ein besonders umgänglicher Bootsmann ist *Prachuap Unjai,* der vier Tage die Woche als Nachtwächter im Visitor Center des Tarutao-Nationalparks (links vor dem Pier in Pak Bara) agiert. Tagsüber lässt er sich zu Bootsfahrten anheuern. Anfragen unter Tel. 074-781285 im Visitor Center.

Zur Rückfahrt von Ko Bulon Lae warte man einfach auf ein Boot, das Touristen aus Pak Bara heranbringt und sonst leer zurückfahren würde.

● **Schnellboote** lassen sich bei Udom Tour anheuern, dessen Büro sich links vor dem Pier in Pak Bara befindet (Tel. 081-9636916). Die Preise sind allerdings relativ hoch.

Thale-Ban-Nationalpark

อุทยานแห่งชาติทะเลบ้าน

Der 102 km² große Park befindet sich in der Provinz Satun, 37 km von Satun und etwa 90 km von Hat Yai entfernt. Das 1980 zum Nationalpark erklärte Gebiet ist mit **dichtem Regenwald** bewachsen und gibt einen guten Eindruck davon, wie wohl einmal fast der ganze Süden Thailands ausgesehen haben mag, bevor Anfang des vergangenen Jahrhunderts die Kautschukproduzenten ihre Schneise schlugen. Das Gelände ist hügelig und steigt mit dem **Khao Chin** als höchstem Punkt bis zu 720 m auf. Der Berg kann bestiegen werden.

Es gibt mehrere ansehnliche **Wasserfälle** im Park, so den Huay-Chingrit-Wasserfall, der in einem 3 km langen Fußmarsch vom Parkhauptquartier erreicht werden kann, oder den neunstufigen Yaroi-Wasserfall (5 km), zu dem man bequem per Auto gelangt. Die fünfte Stufe des Wasserfalles gilt als die schönste.

Außerdem sind einige **Höhlen** zu besuchen, unter anderem die Ton Din Cave und die Pu Yu Tunnel Cave. Vom Parkhauptquartier aus, das in einem von Kalksteinfelsen umgebenen Tal liegt, kann man auf diese Felsen aufsteigen. Von dort hat man einen guten Ausblick auf einen 32 ha großen Binnensee.

Das Gebiet soll in der Vergangenheit zahlreiche Elefanten, Tiger, Tapire, Loris, Zibetkatzen, Makaken, Stachelschweine und andere Dschungelbewohner beherbergt haben. Wie viele davon heute noch übrig sind, ist unklar. Bewiesen ist die Existenz von mindestens 210 Vogelarten, darunter auch der seltene **Nashornvogel.**

Unterkunft

● Nahe dem Parkhauptquartier stehen einige **Bungalows** und **Longhouses*****-****, die jeweils 6-20 Personen aufnehmen können. Das Aufstellen eines Zeltes kostet 40 Baht. Angeschlossen ist ein Restaurant mit preiswerter thailändischer Küche. Buchungen beim Forestry Department in Bangkok, Tel. 02-5612918.

Anreise

● Von einem Halteplatz gegenüber dem Rain Tong Hotel in Satun fahren **Songthaews** für 40 Baht nach Wang Prachan. Von dort fahren unregelmäßige Songthaews die letzten paar Kilometer zum Park. Gelegentlich fahren sogar die Songthaews aus Satun direkt bis zum Park.

● **Selbstfahrer** ab Satun fahren über Highway 406 in Richtung Hat Yai. Nach 19 km erreicht man die Kreuzung mit Straße 4184. Dort in Richtung Wang Prachan abbiegen und weiter zum Park fahren (20 km).

Hat Yai
หาดใหญ่

Hat Yai (150.000 Einwohner), ca. 1.000 km südlich von Bangkok und nur 64 km vor der Grenze zu Malaysia gelegen, ist das **Verkehrs- und Handelszentrum Südthailands.** Für viele Thais ist es ein Einkaufsparadies, da durch die nahe Grenze große Mengen geschmuggelter Waren ihren Weg in die Geschäfte der Stadt finden. Für viele Malaysier ihrerseits ist Hat Yai ein beliebter Zielort für einen Tagesausflug, da sie in den Hotels und Massage-Salons das finden, was ihnen im heimatlichen Malaysia in weniger großem Ausmaße geboten wird.

Die Stadt hat in den letzten Jahren eine enorme Modernisierung erlebt, an jeder Ecke schossen Shopping Center, Hotels und sonstige Neubauten aus dem Boden, die Hat Yai fast in eine Art **Mini-Bangkok** verwandelten. Für Traveller ist der Ort dennoch nicht sonderlich interessant, es sei denn, man ist auf Shopping aus.

Zehn Prozent der weiblichen Bevölkerung Hat Yais sind **Prostituierte,** und so lässt sich leicht ausmalen, wie das Nachtleben aussieht. Die meisten stammen aus dem ärmeren Norden, so aus Chiang Mai, Chiang Rai etc. Ihre Kundschaft wiederum stammt aus dem benachbarten Malaysia, aus dem jedes Jahr über 700.000 (meistens männliche) Touristen anreisen.

Die Anbahnung für die Kurzzeit-Liaisons findet meistens in den Hotels statt, und kaum ein alleinreisender

1	Mission Hospital
2	Moschee
3	Holiday Plaza
4	Thai Farmers Bank
5	Kim Yong Market
6	Rukthai Hotel
7	Thin Aek Hotel
8	Asian Hotel
9	Hat Yai Inter Hotel
10	Universität
11	Bullfighting
12	Royal Hotel
13	Vegetarisches Restaurant
14	Prince Hotel
15	Vegetarisches Restaurant
16	Vegetarisches Restaurant
17	Rado Hotel
18	Sukontha Hotel
19	Mandarin Hotel
20	Savoy Hotel
21	Saeng Fa Hotel
22	Cathay Guest House
23	Kim Yong Market
24	Siam City Bank
25	D.K. Books
26	Robinson Department Store
27	Taxi nach Narathiwat
28	King's Hotel
29	Osman Restaurant
30	Thai Airways
31	Chinesischer Tempel
32	Pacific Hotel
33	How Hua Hotel
34	Hat Yai Central Hotel
35	Vegetarisches Restaurant
36	Sakura Hotel
37	Ambassador Hotel
38	Emperor Hotel
39	Scala Hotel
40	TAT
41	Florida Hotel
42	Tourist Police
43	Chinesischer Tempel
44	Lee Gardens Hotel
45	Kosit Hotel
46	Taxi nach Yala
47	Malaysian Airlines (MAS)/ Zoo
48	Taxi nach Pattani

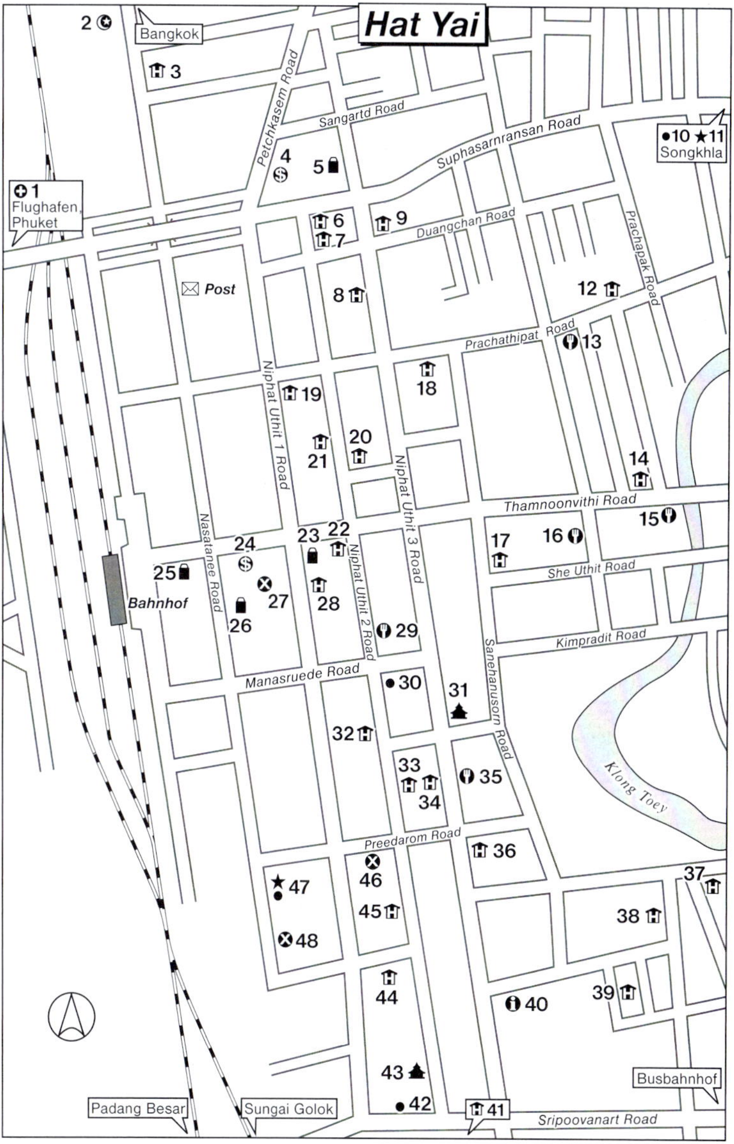
Hat Yai
2
Bangkok
3
Petchkasem Road
Sangartd Road
Suphasarnransan Road
●10 ★11
Songkhla
4
5
1
Flughafen,
Phuket
6
7
9
Duangchan Road
Prachapak Road
Post
8
12
Prachathipat Road
13
Niphat Uthit 1 Road
19
18
20
21
Niphat Uthit 3 Road
14
Thamnoonvithi Road
15
23
22
24
Niphat Uthit 2 Road
17
16
She Uthit Road
25
Nasatanee Road
27
28
Bahnhof
26
29
Kimpradit Road
Sanehanusorn Road
Manasruede Road
30
31
32
33
35
34
Klong Toey
Preedarom Road
36
37
47
46
45
38
48
44
39
40
43
42
Busbahnhof
Padang Besar
Sungai Golok
41
Sripoovanart Road

Mann bekommt nicht gleich beim Einchecken eine Frau angeboten. Im Zentrum Hat Yais befinden sich außerdem zahlreiche Coffee-Shops, Cocktail Lounges oder Massage-Salons mit „Ancient Massage“, die alle natürlich auf dasselbe herauslaufen.

Für den Traveller ist Hat Yai in erster Linie eine Zwischenstation, ein Platz, das nächste Ticket zu kaufen. Wer nur eine Nacht bleiben will, sollte vielleicht besser im 26 km entfernten Songkhla übernachten, wo die Hotels ruhiger sind und die Stadt angenehmer und erholsamer.

In den letzten Jahren ist es zu einigen **Bombenattentaten** in Hat Yai gekommen, unter anderem im Flughafen. Die Täter stammen vermutlich aus moslemischen Terrorgruppen. Anders als in den Provinzen Yala, Pattani und Narathiwat (siehe Exkurs „Terror in Yala, Pattani und Narathiwat“) muss von einem Besuch in Hat Yai aber nicht abgeraten werden. Die Attentate waren Ausnahmefälle, und es ist vorerst nicht anzunehmen, dass sich die Terroraktivität wie in den drei vorwiegend moslemischen Provinzen entwickelt.

Kleider auf dem Markt bei Hat Yai

Sehenswertes

Von mäßigem Interesse könnten die **Stierkämpfe** sein, die alle zwei Wochen ausgetragen werden und bei denen nicht Mensch gegen Stier, sondern Stier gegen Stier kämpft. Am 1. Sonntag des Monats finden die Kämpfe in einer Arena am Nora Hotel (in der Thamnoonwithi Road) statt. Am 2. Sonntag gehen die Stiere in der Hat Yai Arena an der Route 4 nahe dem Flughafen aufeinander los. 10.30-18.00 Uhr, Eintritt 10-30 Baht.

Interessant ist noch **Wat Hat Yai Nai,** ein neuerer Tempel am Westrand der Stadt, der einen großen liegenden Buddha beherbergt, der das Pilgerziel so mancher Reisegruppe malaysischer Chinesen ist. Als besonders kuriose Attraktion bietet der Wat ein Karussell mit hölzernen Mönchen darauf, die Bettelgefäße in den Händen halten, die mit den Namen der Wochentage bezeichnet sind. Die Gläubigen werfen Geld in das Gefäß, das ihrem Geburtswochentag entspricht. Zum Wat Hat Yai Nai fahren Songthaews ab der Innenstadt für 4 Baht.

Kauflustige sollten den **Santisuk-Market** zwischen den Straßen Niphat Uthit 1 und 2 nicht auslassen, in dessen überdachten, gassenähnlichen Arkaden besonders preisgünstige Elektronik-Artikel angeboten werden, so zum Beispiel Walkmen, Stereoanlagen und CD-Player, aber auch Uhren. Die Waren sind hier so preiswert, weil sie aus dem benachbarten Malaysia eingeschmuggelt werden.

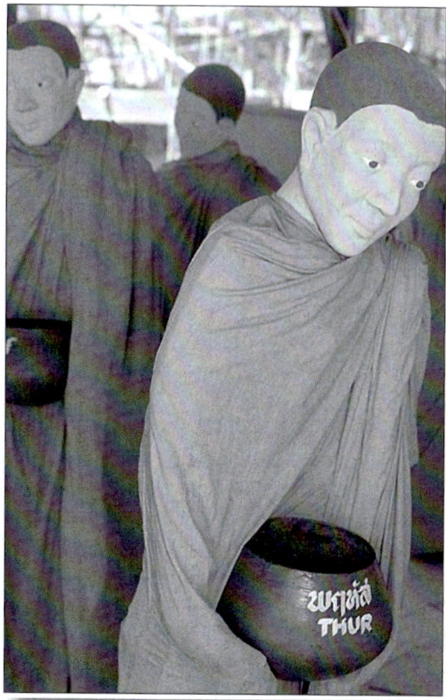

Wichtige Adressen

- Das **Tourist Office** befindet sich in 1/1 Soi 2 Niphat-Uthit 3, (Tel. 074-243747, 074-238 518, 074-231055). Das Büro ist eins der am besten ausgestatteten des Landes und bietet jede Menge kostenloses Informationsmaterial an.
- Die **Tourist Police** hat ihr Büro in der Sripoovanart Road, schräg gegenüber dem Florida Hotel. Tel. 074-246733.
- In Niphat-U-Thit 1 und 2 befinden sich zahlreiche **Banken** und **Wechselschalter,** wovon letztere zum Teil bis 20.00 Uhr geöffnet sind. Sind die Schalter schon geschlossen, so besteht noch die Möglichkeit, in einem der großen Hotels im gleichen Straßenblock zu wechseln, was aber ungünstige Kurse verspricht.

Künstliche Mönche in Wat Hat Yai

Unterkunft

Hat Yai verfügt über ein Riesenangebot an sehr guten Mittel- und Oberklassehotels, eine Folge des malaysischen „Short-Time"-Tourismus. Da in der jüngeren Vergangenheit die malaysischen Touristenzahlen aus Furcht vor AIDS jedoch rückläufig waren, herrscht ein Hotelüberangebot, und nicht selten werden die offiziellen Preise gesenkt, und man bekommt ein hervorragendes Zimmer zum relativen Niedrigpreis. Nicht ganz so günstig sieht es in der Guest-House-Szene aus, allzu viel Auswahl besteht hier nicht. Die meisten Unterkünfte drängen sich dicht an dicht in den drei Parallelstraßen Niphat Uthit 1, 2 und 3, wo sich somit allzeit ein Zimmer finden lässt.

Snack-Produktion in Hat Yai

- Hat Yais alter Traveller-Favorit, das **Cathay Guest House****-**** (23/1 Niphat Uthit 2, Tel. 074-243815), fungiert gelegentlich auch als Bordell – es gab Zeiten, da wurden männlichen Travellern per Bildkatalog willige Damen zur Auswahl vorgelegt. Trotzdem glitt es nicht völlig auf Schmuddel-Level ab, sondern blieb so etwas wie die inoffizielle Traveller-Zentrale, in dessen geräumiger Lobby eher Reise- als Bordellerfahrungen ausgetauscht wurden. Hotel- und Bordellwesen sind in Hat Yai aber immer mehr oder weniger verknüpft, das Cathay ist da noch harmlos. Die Zimmer (Bad) im Haus sind okay, zur Straße hin aber extrem laut und zu meiden.
- Neuer als obiges sind die beiden am Bahnhof gelegenen, sauberen **Lada Guest House** **-*** (13-15 Thamnoonvithi Rd., Tel. 074-243770) und **Louise Guest House****-*** (21-23 Thamnoonvithi Rd., Tel. 074-220966). Die Zimmer haben jeweils A.C.
- Ein preisgünstiges Hotels ist das **Pacific Hotel*****-**** (149/1 Niphat Uthit 2 Rd., Tel. 074-244062), mit nicht allzu großen, aber sehr sauberen Zimmern (Bad) in diversen Preislagen. Die teureren haben A.C. Für die zentrale Lage ist das Haus sehr ruhig, in dieser Preislage in Hat Yai eine Seltenheit.
- **Hotel Sakura*****-***** (165/1 Niphat Uthit 3, Tel. 074-246908) ist für die Qualität seiner Räume (A.C. TV) ebenfalls günstig, zudem noch recht zentral gelegen. Zimmer in verschiedenen Preislagen.
- Eine der besten Unterkunftsmöglichkeiten ist sicher das **Florida Hotel******-***** (8 Srippovanart Rd., Tel. 074-243921), ein Mittelklassehotel, das fast Oberklassenstandard bietet. Die feine Lobby sollte nicht abschrecken, es ist nicht so teuer, wie man annehmen könnte. Komfortable Zimmer (A.C., TV, Mini-Bar), oft gibt es Preisnachlässe.

- Das **King's Hotel****-*** (126 Niphat Uthit 1, Tel. 074-234140-4) ist nicht immer das allersauberste, bietet aber relativ komfortable Zimmer (A.C.) zu erträglichen Preisen.
- Das **New World Hotel*****-**** (144-158 Niphat Uthit 2, Tel. 074-246993) hat eine große Auswahl von sehr guten Zimmern (A.C., TV) und ist recht zentral in der Innenstadt gelegen.
- Nur einfacheren Ansprüchen wird das **Rukthai Hotel***-** (Niphat Uthit 2, gegenüber vom Kim Yong Market, Tel. 074-2430 54) gerecht; dafür billig, Zimmer mit und ohne eigenes Bad.
- Weitere preiswerte Unterkünfte: **Amarin Hotel*****-**** (285 Niphat Uthit 3 Rd., Tel. 074-244012); **Dusit Hotel*****-**** (25/3 Pacharom Rd. Tel. 074-232141); **Grand Hotel**** (41/1 Thamnoowithi Rd., Tel. 074-243286); **Kim Hua Hotel****-*** (129/10 Niphat Uthit Rd., Tel. 074-243532); **Metro Hotel*****-**** (Niphat Uthit 2 Rd., Tel. 074-244266); **Park Hotel****-*** (Niphat Uthit 2 Rd., Tel. 074-233351); **Prince Hotel*****-**** (128 Thamnoonwithi Rd., Tel. 074-243160).
- Hat Yais Luxusunterkünfte sind das **J.B.-Hotel*******-LLL an der 99 Jutee-Anusorn Rd., nahe der Straße in Richtung Songkhla (Tel. 074-234300-18, Fax 074-234328) sowie das **BP Grand Tower*******-LLL (74 Sanchanusorn Road (Tel. 074-239051-60, Fax 074-239747).

Essen

Viele Restaurants befinden sich an den drei Niphat-U-Thit-Roads, ein kleiner **Nachtmarkt** liegt am Savoy Hotel. Ein weiterer Nachtmarkt, riesig groß, befindet sich westlich des Uhrturms an der Phetkasem Road. Hier bieten Dutzende von Straßenständen ein preiswertes Allround-Angebot.

- Preiswert ist das Muslim-O-Cha, ein **Moslem-Restaurant** gegenüber dem King's Hotel, ebenso das Osman in Niphat Uthit 2. Morgens gibt's *Dal* und *roti* für nur drei Baht.
- Einige weitere preiswerte Moslem-Restaurants sind in der Seitenstraße, die sich nördlich des Kosit Hotel zwischen Niphat Uthit 1 und Niphat Uthit 2 erstreckt. Sehr beliebt für seine *roti* ist das kleine **Khrua Islam,** schräg gegenüber dem Eingang zum Bahnhof. Der hier schaffende Roti-Bäcker – ein ehemaliger Bodybuilder und Thai-Boxer – übt sein Gewerbe schon seit über 40 Jahren aus.
- Das **Mae Tip** in der Niphat Uthit 3 Road (ca. 100 m nördlich der TAT) ist Hat Yais beliebtestes Niedrigpreis-Restaurant für **Seafood** und südthailändische **Curries.** Die Gerichte kosten ab 10 Baht.
- Vegetarier haben eine besonders reichhaltige Auswahl an **vegetarischen Restaurants:** Ein von der Santi-Asoke-Sekte geleitetes Restaurant findet sich 50 m südlich des Eingangs zum J.B.Hotel; die anderen liegen in der Thanon Saeng Chang (neben Wat Rassami), in der Thanon Pracharom (schräg gegenüber vom Royal Hotel), an der Thamnoonwithi Road (gegenüber Hotel Prince), an der Niphat Uthit 3 Road (gegenüber dem Central Hotel) und in Soi 6 der San Sri Road (etwas südlich von Wat Paknam). Gerichte zu jeweils 15 Baht.

Unterhaltung

- Im noblen J.B.Hotel (99 Jutee-Anusorn Road) befindet sich eine Disco. Die Drinks kosten hier relativ teure 100 Baht.
- Eine exzellente Live-Band spielt im Hollywood Nightclub, Thamnoonwithi Rd., gegenüber Angel Travels. Die Laser-Anlage ist beeindruckend.
- **Post Laserdisc** gegenüber dem Hollywood Hotel ist ein gemütliches Video-Parlour und zeigt englischsprachige Filme. Dazu gibt es Bier und Snacks. Geöffnet ist dieser Laden meist von 9.00 bis 2.00 Uhr.
- Im **Washington Café** neben dem King's Hotel spielt bis 1.00 Uhr eine Band.

Anreise

- **Busse** ab Bangkok (1.014 km) benötigen je nach Bustyp 14-16 Std., es empfiehlt sich somit ein möglichst bequemer und schneller Bus, wenn es denn überhaupt ein Bus sein muss. A.C.-Busse 2. Kl. 675 Baht, A.C. 1. Kl.

743 Baht (14-15 Std.), V.I.P.-Busse 990 Baht (14 Std.). Zahlreiche weitere Busverbindungen, darunter ab Hua Hin, Krabi, Ko Samui (Bus/Boot-Kombi.; ca. 350 Baht), Pak Bara, Pattani, Phang-Nga, Phuket, Songkhla, Satun, Sungai Golok, Surat Thani, Trang und Yala.

• **Züge** ab Bangkok fahren um (in Klammern Ankunftszeit) 13.00 (5.36), 14.45 (5.54), 15.10 (7.18) und 15.35 Uhr (8.50). Preis in der 3. Kl. 249 Baht, mit A.C. 319 Baht, in der 2. Kl. 445 Baht, mit A.C. 555 Baht, im Sleeper 2. Kl. mit A.C. und Schlafkoje oben/unten 735/825 Baht, und in der 1. Kl. 1.374 Baht. Züge ab Butterworth in Malaysia fahren um 14.45 Uhr, Ankunft 11.55 Uhr.

• **Flüge** mit Thai Airways ab Bangkok 4-mal täglich, Flugzeit 1 Std. 30 Min., Preis 3.690 Baht. Dazu 4 Flüge täglich mit der Budget-Airline Nok Air (www.nokair.com) zu um die 2.000 Baht sowie 1 Flug täglich mit Orient Thai Airlines. Thai Airways hat einen Zubringerdienst ab dem Flughafen; für 60 Baht/ Pers. wird man zum Hotel seiner Wahl gefahren. Das ist einerseits günstig, kann aber zeitaufwändig sein, wenn man der letzte ist und ein paar Schleifen durch die Stadt fahren muss.

Eine **internationale Verbindung** besteht ab Singapur; täglich 1 Flug mit Thai Airways, Flugzeit 1 Std. 35 Min.

Weiterreise

• Außer zu den o.g. inländischen Orten bestehen **Busverbindungen nach Malaysia und Singapur.** Die Busse fahren ab dem Busterminal, ca. 2 km südöstlich der Innenstadt gelegen. Von/nach Padang Besar zu 30 Baht, Penang 400 Baht, Kuala Lumpur 500-600 Baht, Singapur 600-800 Baht. Einige der Busse, deren Tickets über eines der vielen Reisebüros in den Niphat Uthit-Straßen gebucht werden, fahren direkt vor den Büros ab, oder man wird per Minibus zum Busbahnhof gefahren, wo's dann weitergeht.

• **Nach Songkhla** (26 km) fahren alle 15 Min. Busse ab der Phetkasem Rd. direkt an einem Markt gelegen (16 Baht; Fahrzeit 45 Min.). Von derselben Stelle fahren auch Songthaews nach Songkhla (16 Baht). Sammeltaxis von diesem Punkt kosten 30 Baht/Pers., Fahrzeit ca. 40 Min.

• **Sammeltaxis** fahren ab diversen Haltepunkten: Nach Surat Thani und Padang Besar ab der Duang Chan Rd.; nach Songkhla ab dem Bahnhof sowie dem Uhrturm (30 Baht), nach Yala und Narathiwat ab der Niphat Uthit 1 Rd.; nach Nakhon Si Thammarat, Phattalung, Sungai Golok und Trang ab der Supphasarn Rangsan Rd.; nach Pattani ab einem Haltepunkt nahe der Sang Thon School, nach Satun ab der Rattakhan Rd.

• Sammeltaxis **zum malaysischen Grenzort Padang Besar** kosten 120 Baht/Pers. oder 600 Baht für das gesamte Taxi. Viele Traveller machen hier von der Möglichkeit Gebrauch aus Thailand aus- und dann wieder einzureisen, um einen neuen 30-Tage-Stepel in den Pass gedrückt zu bekommen. Die Grenze ist von 6-24 Uhr malaysischer Zeit geöffnet, d.h. 5-23 Uhr Thai-Zeit.

• **Züge** nach Butterworth in Malaysia (dort Fähr- und Brückenverbindung nach Penang) fahren um 6.00 Uhr, Ankunft 11.55 Uhr.

• Das **Büro der Thai Airways** befindet sich in der 182 Niphat Uthit 1 Rd., Tel. 074-233433). Vom Büro fahren Kleinbusse für 60 Baht/ Pers. zum Flughafen (15 km). Taxis nehmen ca. 300 Baht dorthin.

• Das **Herumkommen in der Stadt** ist durch die vielen Songthaews gewährleistet, die die Straßen auf- und abfahren. Kostenpunkt innerhalb der Innenstadt 10 Baht/Pers.

Umgebung von Hat Yai

Ton-Nga-Chang-Wasserfall

Etwa 27 km westlich von Hat Yai ergießt sich der Ton-Nga-Chang-Wasserfall über sieben Etagen in die Tiefe, umgeben von dichtem Wald. An der untersten Stufe finden sich selbst an Wochentagen, besonders nachmittags, zahlreiche einheimische Touristen zum Picknick ein. Wer es gerne etwas ruhiger hat, sollte auf die oberen Stufen ausweichen, was jedoch einen schweißtreibenden Fußmarsch einschließt: Bis zur obersten Stufe des

Wasserfalls sind 1500 m Wegstrecke über teilweise recht steiles Terrain zurückzulegen. Eine Mühe, die ob der herrlichen Natur aber lohnt.

Vorsicht allerdings vor Wanderungen abseits der ausgetretenen Pfade: 1995 verließ ein Tourist aus Singapur seine Tour-Gruppe, um das Gelände allein zu erkunden. Er verlief sich und irrte acht Tage umher, bevor ihn eine Rettungsmannschaft fand.

Der Name des Wasserfalls bedeutet Elefanten-Stoßzahn-Wasserfall, da er sich in zwei Ströme teilt, die an die zwei Stoßzähne eines Elefanten erinnern.

● Zur **Anfahrt** miete man am besten ein Taxi oder Songthaew ab Hat Yai, Kostenpunkt ca. 500 Baht für Hin- und Rückfahrt samt Aufenthalt. Busse fahren ab dem Plaza Shopping Mall in Hat Yai, lange Wartezeiten sind aber eventuell in Kauf zu nehmen.

Songkhla
สงขลา

Über die Geschichte Songkhlas ist nicht viel bekannt, aber soviel, dass der Ort jahrhundertelang eine wichtige Hafenstadt und ein Piratennest war, bis das aufstrebende Hat Yai Songkhla in den Schatten stellte. Die Bevölkerung der Stadt ist eine bunte Mixtur aus Thais, Chinesen und moslemischen Malaien, und diese Mischung wird auch in der Architektur deutlich. Songkhla (80.000 Einwohner) ist ein stiller Badeort mit einer Atmosphäre, die eher an das ruhige Hua Hin erinnert, als an Phuket oder Ko Samui.

Der **Strand** ist lang und schmal und von Kasuarbäumen gesäumt. Thais, die Picknick machen, sind dort viel eher anzutreffen als badende Touristen.

Vor der Küste, vor dem Kap Simila, liegen die beiden Inseln **Ko Meo** und **Ko Nu,** die „Katz-und-Maus-Inseln". In der Tat ähnelt die Form der Inseln diesen beiden Tieren, und die Katze scheint auf die Maus zu lauern.

Am **Kap Simila** befindet sich eine Imitation der Meerjungfrau von Kopenhagen. An dem dahinter befindlichen noblen Simila Hotel werden an einer Bude (Simila Service Center) Paddelboote und Motor-Katamarane verliehen. Paddel- oder Glasbodenboote kosten 40 Baht die Stunde, Motorboote 100 Baht.

Drei Kilometer südlich davon – immer am Strand langgehen – liegt das **Kap Kao Seng** mit einem moslemischen Dorf und wunderschön bemalten Fischerbooten. Letztere werden aber leider immer seltener.

In Songkhla selbst befindet sich ein **Nationalmuseum** (zwischen Rongmuang und Jana Road) mit Ausstellungsstücken aus allen Kunst-Epochen. Das über 100 Jahre alte Haus, in dem sich das Museum befindet, ist im sino-portugiesischen Stil erbaut (mehr sino als portugiesisch), und hat früher der wohlhabenden Familie *Na Songkhla* gehört, die eine bedeutende Rolle in der Geschichte der Stadt gespielt hat. Das Museum ist geöffnet Mi-So: 8.30-12.00 und 13-16.00 Uhr.

Wat Matchimawat, der wichtigste Wat der Stadt (an der Saiburi Road ge-

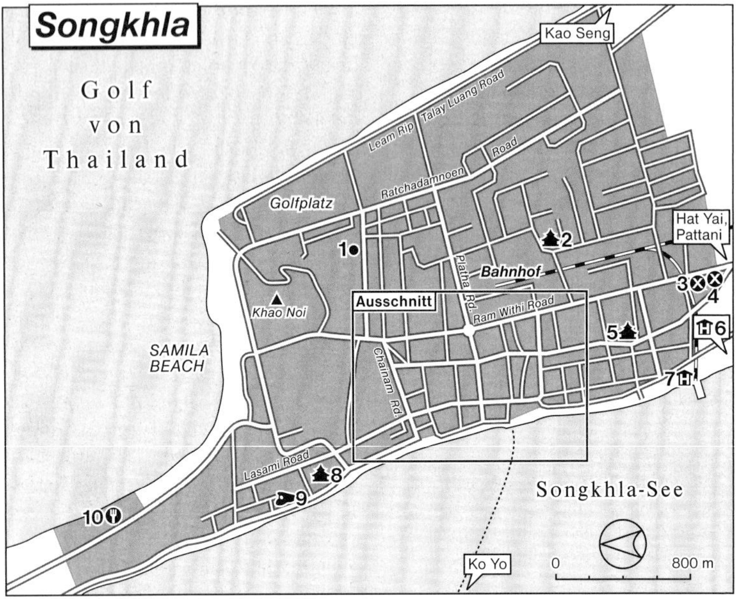
Songkhla
Golf von Thailand
Kao Seng
Talay Luang Road
Leam Rip
Road
Ratchadamnoen
Golfplatz
Hat Yai, Pattani
1
2
Platha Rd.
Bahnhof
3
4
Ausschnitt
Khao Noi
Ram Withi Road
5
6
SAMILA BEACH
Chainam Rd.
7
Lasami Road
8
9
10
Songkhla-See
Ko Yo
0
800 m

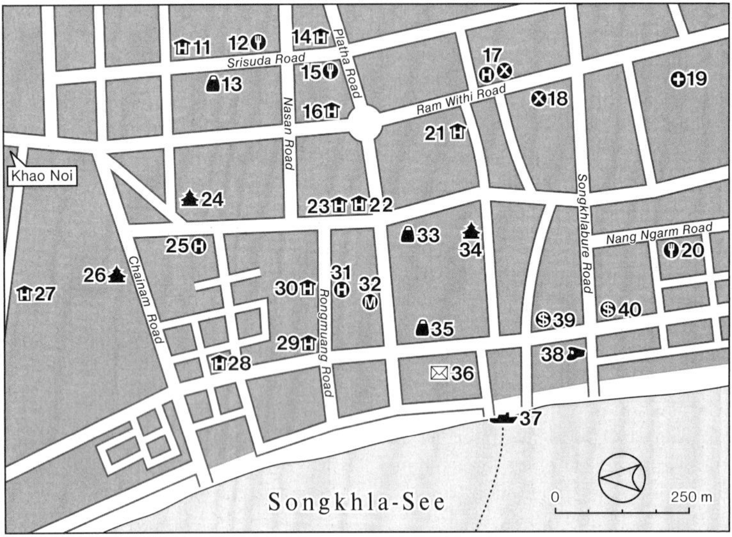
11
12
14
Platha Road
Srisuda Road
15
17
13
19
Nasan Road
16
Ram Withi Road
18
21
Khao Noi
Songkhlabure Road
24
23
22
Nang Ngarm Road
33
34
20
25
Chainam Road
26
31
32
27
30
Rongmuang Road
39
40
35
29
38
28
36
37
Songkhla-See
0
250 m

- 1 Chinesisches Konsulat
- 2 Wat Chai Mongkhon
- 3 Taxis nach Narathiwat
- 4 Taxis nach Nakhon Si Thammarat
- 5 Wat Matchimawat
- 6 Viva Hotel
- 7 Lake Inn
- 8 Wat Lamsai
- 9 Polizei
- 10 Seafood Restaurants
- 11 Royal Crown Hotel
- 12 Bai Meang Restaurant
- 13 Hot Bread Shop
- 14 Pavilion Songkhla Hotel
- 15 We'Za Restaurant
- 16 ABC Guest House
- 17 Busse & Taxis nach Hat Yai
- 18 Taxis nach Sungai Golok
- 19 Songkhla Hospital
- 20 Raan Tae
- 21 Sansabai Hotel
- 22 Queen Hotel
- 23 Sooksomboon 2 Hotel
- 24 Wat Chaeng
- 25 Busse nach Hat Yai
- 26 Wat Siam
- 27 Narai Hotel
- 28 Choke Dee Inn
- 29 Songkhla Hotel/ Holland House
- 30 Amsterdam Guest House
- 31 Busstation
- 32 Museum
- 33 Markt
- 34 Wat Donrak
- 35 Shopping Centre
- 36 Post/ Telegrafen-Amt
- 37 Fähre nach Ko Yo
- 38 Polizei
- 39 Bank
- 40 Bank

legen), beherbergt einen recht alten Marmor-Buddha und ebenfalls ein kleines Museum.

Unterkunft

●Das von einer Holländerin geleitete **Amsterdam G.H.***-** (Rongmuang Rd., Tel. 074-314890) hat einfache aber sehr preiswerte Zimmer (ohne eig. Bad) und ist beliebt bei Low-Budget-Reisenden. Fahrrad- und Motorradverleih.

●Das **ABC Guest House**** (28/14 Ram Withi Rd., Tel. 074-312558, noysarti123@hotmail.com) hat Zimmer mit und ohne eig. Bad, nicht sonderlich luxuriös, aber für den Preis recht gut.

●Das **Abritus G.H.**** (Ram Withi Rd., Tel. 074-326047, abritus_th@yahoo.com) hat Zimmer ohne eig. Bad, nicht sonderlich luxuriös aber für den Preis recht gut. Fahrrad- und Motorradverleih, dazu Internetanschluss und Restaurant mit sehr gutem Frühstück.

●Das **Sooksomboom 2 Hotel****-*** (Tel. 074-323808-9) besteht aus einem alten Flügel rechts und einem sehr neuen links daneben. Die Zimmer im alten Flügel (Bad) sind nicht überwältigend komfortabel aber sauber. Im neuen Flügel sind die Zimmer (A.C.) wohnlicher, dafür aber teurer; in der höheren Preislage mit TV.

●Direkt rechts neben dem Sooksomboon 2 liegt das **Queen Hotel****-***, (Tel. 074-3111 38) mit diversen Zimmern in unterschiedlicher Ausstattung.

●Das **Songkhla Hotel**** (Tel. 074-313505) an der Ecke Bamrungmuang Rd. und Vichianchon Rd. hat einfache, saubere, aber sehr hellhörige Zimmer (die Wände sind aus dünnen Holzplatten) mit und ohne Bad.

●Das **Sansabai Hotel**** in der Pechkiri Road (Tel. 074-311106) liegt schräg gegenüber vom Sooksomboon 1, ist renoviert und hat sehr saubere Zimmer mit Bad. Guter Service.

●Das **Choke Dee Inn****-*** in der Vichianchon Road (Tel. 074-312275) hat saubere Zimmer mit Bad, dazu einige teurere mit zusätzlicher A.C.

●Ein sehr gutes Preis-/Leistungsverhältnis bietet das ältere, aus Holz gebaute **Narai Hotel***-** in der 14 Chai Khao Road (Tel. 074-

Der Süden

Meerjungfrau in Songkhla

Wat Matchimawat

Boote am Strand

311078). Die preiswerteren Zimmer haben kein eigenes Bad.

- Die teureren Zimmer des **Lake Inn***** an der Nakhon Nowk Road (Tel. 074-314240) bieten gute Ausblicke über den Binnensee, die man von einem Balkon aus genießen kann; dazu gibt es etwas preiswertere Zimmer ohne Seeblick. Alle Zimmer haben Bad, A.C., TV und Mini-Bar.
- Guten Komfort bietet das fünfstöckige **Royal Crown Hotel*******, gelegen in der Chainam Road (Tel. 074-312174, Fax 074-321 027). Zimmer mit Bad, A.C. und TV, und im Preis ist das Frühstück enthalten. Dem Hotel ist eine Bäckerei angeschlossen.
- Das **Viva Hotel***** (Tel. 074-321033) ist nicht schlecht und hat saubere einfache Zimmer mit A.C. Allerdings ist auch eine Karaoke-Bar im Haus und die Lage ist nicht sonderlich zentral. Wer kein eigenes Transportmittel hat, ist weitab vom innerstädtischen Geschehen.
- Das gediegenste Hotel am Ort ist das neunstöckige **Pavilion Songkhla Thani Hotel****** (17 Platha Rd., Tel. 074-441850, Fax 074-3237 16), das für seinen Standard zudem recht preiswert ist. Die Zimmer sind komfortabel und haben Bad, A.C., Kühlschrank und Satelliten-TV.

Essen

- Entlang der Vichianchon Road befindet sich ein reger **Nachtmarkt,** der zum Teil bis zwei Uhr morgens geöffnet ist. Vorsicht: Der hier ausgeschenkte Mekhong ist z.T. gezinkt. Kopf- und Magenschmerzen sind garantiert.
- An der Westseite der auf die Vichianchon Road zulaufenden Petchkiri Road befinden sich tagsüber viele **Straßenstände,** die an Ort und Stelle köstliche kleine Kuchen backen, ebenso zwei Cafés mit Tee, Kaffee, und Kuchen im Angebot.
- Im Meer von Songkhla sind einige Ölplattformen bei der Förderarbeit, und aufgrund der zahlreichen westlichen Angestellten haben sich **in der Umgebung der Srisuda Road** einige auf Westler ausgerichtete Restaurants und auch Bars angesiedelt.
- Das **Bai Meang Restaurant** in der Srisuda Road kredenzt eine Reihe vietnamesischer

und thailändischer Gerichte in angenehmem, minimalistischem Ambiente. Besonders gut ist das *Nam Nuang,* eine Art Frühlingsrolle, die man selbst zusammenstellt – mit gegrilltem Schweinefleisch, frischem Salat, frischer Pfefferminze, Basilikum und Knoblauch, dazu eine süß-scharfe Soße.

● Der **Hot Bread Shop,** ebenfalls auf der Srisuda Road, hat Brot und Kuchen sowie Sandwiches, Fish & Chips im englischen Stil.

● Das **We'r Za,** an der Ecke Platha Road und Srisuda Road, sieht aus wie ein Fast-Food Joint, aber serviert eine große Auswahl thailändischer und internationaler Gerichte.

● **Raan Tae** in der 85 Nang Ngarm Road ist weithin für seine Meeresfrüchte bekannt. Geöffnet 11-14 und 17-20 Uhr.

● An der Laem Soen On Road, also an der Landzunge am nördlichen Strand und recht weit von der Innenstadt, gibt's in einigen Restaurants gutes **Seafood.**

Anreise

● Die Strecke **ab Bangkok** ist 1.004 km lang und die Fahrzeit beträgt ca. 12 Std. Mehrere A.C.-Busse der 1. Kl. fahren am Spätnachmittag und Abend (724 Baht). V.I.P-Busse fahren um 14.45 und kosten 1.125 Baht. Weiterhin direkte Busse u.a ab Nakhon Si Thammarat und Surat Thani.

● Zahlreiche Verbindungen per Bus, Songthaew und Sammeltaxi **ab Hat Yai** (26 km). Siehe dort unter „Weiterreise".

● Der nächste **Bahnhof** befindet sich in Hat Yai. Songkhlas Bahnhof ist seit geraumer Zeit nicht in Betrieb.

Weiterreise

● Die **Busse und Taxen** nach Hat Yai fahren von der Ramwithi Raod in Höhe des Bahnhofs ab. Die ersten ein oder zwei Kilometer rollen die Busse sehr langsam, so dass noch Passagiere zusteigen können.

● **Songthaews** stoppen ebenfalls dort oder können an der Straße nach Hat Yai angehalten werden.

● Die **Busse** können ebenfalls an der Endstelle in der Saiburi Road, nördlich des Sooksomboon 2 bestiegen werden. Songthaews innerhalb von Songkhla kosten 10-20 Baht.

Umgebung von Songkhla

Ko Yo

In dem westlich von Songkhla gelegenen **Binnensee** *(Thale Sap)* liegt die Insel Ko Yo (14 qkm), die für die dort gewebten **Baumwollstoffe** bekannt ist. Die Stoffe heißen demzufolge *phaa ko yo* oder „Stoffe von Ko Yo". Ein Großteil der Bevölkerung ist moslemisch.

Am Nordzipfel der Insel findet sich das interessante **Southern Folklore Museum,** das aus einer Ansammlung von typischen Thai-Pavillons besteht. Ausgestellt werden südthailändische Handwerksartikel und Gebrauchsgegenstände, so Töpferwaren, Schmuck, Textilien, Schattenspielfiguren, Flechtwaren, Waffen, Werkzeuge, und sogar das eine oder andere Boot. Geöffnet tägl. 8.30-17 Uhr, Eintritt 60 Baht. Ein Aussichtsturm neben dem Museum bietet einen Rundumblick über die Insel.

Dem Museum sind auch fünf attraktive Steinbungalows*** (Tel. 074-3311 84) angeschlossen. Diese sollen der Form nach traditionellen südthailändischen Tonbrennöfen nachempfunden sein. Heiß muss es dennoch nicht werden – alle Bungalows haben A.C., und von der Terrasse vor den Gebäuden hat man einen unglaublichen Blick über die Bucht nördlich von Ko Yo. Merkwürdigerweise können diese Bungalows nur Mo-Fr angemietet werden. Dem Museum ist auch ein Restaurant angeschlossen.

● Eine weitere Unterkunft auf der Insel ist das **Mak Resort**** (Tel. 084-0673936), das sich oberhalb der Uferstraße, aber unterhalb des

Terror in Yala, Pattani und Narathiwat

Seit einigen Jahren sind die Terroraktivitäten moslemischer Separatisten in den Provinzen Yala, Pattani und Narathiwat stark angestiegen. Derzeit kommt es täglich zu kleineren **Bombenattentaten oder Morden** an örtlichen Buddhisten, oder auch an Moslems, die als Handlanger der Regierung betrachtet werden. Seit Anbeginn des neuen Jahrtausends sind über 1.000 Menschen dem Terror zum Opfer gefallen.

Seit Beginn der Amtszeit von *Thaksin Shinawatra* im Jahre 2001 hat sich die Lage erheblich zugespitzt – inwieweit der Regierung dabei eine Schuld zugesprochen werden kann, ist debattierbar. Gewiss ist, dass die thailändischen Sicherheitskräfte nicht zimperlich mit ihren Gegnern umgehen: Am 28.4.2004 wurden 32 moslemische Terroristen, die einen Polizeiposten überfallen und sich danach in der **Krue Se Moschee in Pattani** verschanzt hatten, in einer fragwürdigen Aktion vom Militär erschossen. Die Terroristen – die allermeisten davon im Teenager-Alter und möglicherweise unter Einfluss von Amphetaminen – waren in der Moschee umzingelt worden, und Kritiker waren der Meinung, dass man sie leicht lebend hätte festnehmen können, da sie von jedwedem Nachschub abgeschnitten waren.

Am 25.10.2004 wurde eine Polizeistation **in Tak Bai** von 3.000 moslemischen Ortsbewohnern belagert. Sie forderten die Freilassung von angeblich unschuldig verhafteten Moslems. Das thailändische Militär schritt ein und es kam zu über 1.200 Festnahmen. Einige der Festgenommenen wurden in Lastwagen wie Vieh übereinandergestapelt, wodurch 79 Personen qualvoll erstickten.

Obige Ereignisse haben den Kampfeswillen der Terroristen offenbar nur bestärkt: Viele nachfolgende Morde an Buddhisten wurden angeblich aus Rache für Krue Se bzw. Tak Bai verübt.

Wer sich weiter für die Problematik interessiert findet bei Google unter den Stichworten „Tak Bai" oder „Krue Se" reichlich Informationen. **Vom Besuch vor Ort ist derzeit jedoch abzuraten.** Aus diesem Grund wird hier auf die Ortsbeschreibungen Yala, Pattani und Narathiwat verzichtet, die in den vorangegangenen Auflagen dieses Buches zu finden waren. Die Autoren hoffen, dass sich die Lage in naher Zukunft zum Besseren wendet und die Region wieder sicher zu bereisen sein wird.

Museums in einem kleinen Fischerdorf befindet. Betonbungalows mit Garage und ein schöner Blick über die Bucht. An der Uferstraße finden sich eine ganze Reihe Restaurants, die Seafood servieren.

- **Anfahrt:** Ko Yo ist über eine **Brücke** mit Songkhla verbunden; die Brücke ist insgesamt 2,6 km lang und verbindet Songkhla, Singha Nakhon und Ko Yo. **Songthaews** nach Ko Yo (10 km) fahren ab einem Haltepunkt an der Platha Road, Kostenpunkt 15 Baht. Das Museum befindet sich etwa 2 km hinter dem Markt von Ko Yo; die Songthaews fahren bis dorthin weiter.
- Wer **von Hat Yai** kommt, braucht nicht bis Songkhla durchfahren, sondern nehme einen der Busse/Songthaews/Taxis/Minibusse, die von Hat Yai nach Songkhla fahren und steige vor Songkhla an *„si yek bokosor"* („Kreuzung an der Bushaltestelle") aus (15 Baht). Von hier Busse nach Ko Yo (10 Baht).

Wat Ko Tham

Dieser Wat ist einer der heiligsten Orte der Umgebung, da es einen Fußabdruck Buddhas enthält. Der Wat liegt idyllisch auf einem Hügel zwischen kleinen Felsen und beherbergt die Figur eines liegenden Buddhas. Unten am Fuße des Wat werden in einer Werkstatt **Geisterhäuschen** fabriziert, die aber – es lebe die moderne Zeit – aus buntbemaltem Styropor bestehen.

● **Anfahrt:** Um zum Wat zu gelangen, nehme man ein Songthaew, das in Richtung Hat Yai fährt (Bus geht auch) und bitte den Fahrer, an der Kreuzung zu Wat Ko Tham herausgelassen zu werden. Der Fahrpreis beträgt 25 Baht. An der kleinen Kreuzung in Fahrtrichtung gesehen links abgehen, dann die erste Wegesgabelung rechts. Dann liegt der Wat nach 100 m auf der linken Seite. Der Fußweg von der Kreuzung beträgt etwa 500 m.

Zur Rückfahrt in die Stadt an der Kreuzung einfach ein Songthaew stoppen.

Wat Nang Lao

Dieser Tempel befindet sich im Ort Baan Nang Lao, ca. 70 km nördlich von Songkhla und 105 km südlich von Nakhon Si Thammarat. Wer die Strecke Songkhla – Nakhon Si Thammarat mit eigenem Fahrzeug fährt, kann hier einen Halt einlegen.

Der Tempel weist eine große, imposante **goldene Buddhafigur** auf, über der sich schützend die Haube einer Kobra ausbreitet. Ein gutes Fotomotiv! Vor der Figur stehen links die Statue eines Boddhisattva und rechts die der chinesischen Göttin *Mae Kuan Yin.* Der Buddha ist neueren Datums und hat nach Aussagen der Dorfbewohner 18 Millionen Baht gekostet. Wat Nang Lao bedeutet „Tempel der Laotin" (oder auch der Issaan-Bewohnerin), was darauf hinweisen mag, dass der Tempel einst von einer solchen gestiftet worden ist.

Der „Flaschen-Tempel" Wat Kuat

In Ban Klongharn im Distrikt Chana bei Songkhla steht der ungewöhnliche Wat Kuat. Der Tempel wurde aus in Zement gefassten Flaschen gebaut (*kuat* = „Flasche"), eine Idee, die dem Abt des Tempels von einem taiwanesischen Journalisten unterbreitet wurde. Der Tempel ist somit ein ungewöhnliches Beispiel für Recycling. Zudem sollen noch Gebäude zur Meditation und als Mönchsunterkunft errichtet werden. Auch von seinem Entwurf her ist der Tempel bemerkenswert: Der Chedi ist achteckig, und die in den Wänden gefassten Flaschen bilden augenfällige Muster. Im Jahre 2001 eröffnete der Abt des Tempels eine weitere „Filiale", einen Tempel in Sik, Kedah (Malaysia), in dem 15.000 Flaschen verbaut wurden. Im an Thailand angrenzenden Kedah leben zahlreiche Buddhisten thailändischer Abstammung.

Sungai Golok
สุไหงโกลก

Sungai Golok („sich windender Fluss"), 70 km südlich von Narathiwat, hat nichts Aufregendes zu bieten, ist jedoch der **Grenzübergang nach Malaysia** für Reisende nach Kota Bahru und an die sich anschließende malaysische Ostküste. Für malaysische Touristen ist es jedoch so etwas wie das Hat Yai des kleinen Mannes – das an sich ja schon das Bangkok des kleinen Mannes ist –, in dem sich ein überaus reger horizontaler Grenzverkehr abspielt. Hier, im tiefsten, moslemischen Süden, ist die provinzielle Sünde zu Haus, und die moslemi-

Motorrad-Trio

schen Fundamentalisten freut dies nur wenig. Nebenbei ist Sungai Golok auch eine Art Einkaufszentrum, in dem Thais aus Malaysia eingeschmuggelte Waren billig erstehen, die Malaysier sich dafür mit thailändischen Konsumartikeln eindecken.

Wer weiter nach Malaysia will, findet am Bahnhof und an der Busstation Motorrad-Taxis, die für 20 Baht/Person bis zur Grenze fahren.

Im Zuge der Unruhen in der hiesigen Provinz Narathiwat sowie in den benachbarten Provinzen Pattani und Yala, ist es in den letzten Jahren in Sungai Golok zu einigen **Bombenanschlägen** gekommen. Bei diesen wurden auch Touristen aus Malaysia und Singapur verletzt. Die Bomben explodierten zum Teil in Nacht-Clubs. Aufgrund der sehr angespannten Lage in der Region hat das thailändische Militär eine unübersehbare Präsenz in Sungai Golok. **Der Aufenthalt im gesamten Bereich der drei Provinzen Yala, Pattani und Narathiwat ist nicht ratsam,** und so muss jede/r selber entscheiden, ob er/sie den Grenzgang hier unternehmen will.

Information

Die **TAT** betreibt eine Zweigstelle am Grenzposten, die täglich von 8.30 bis 17.00 Uhr geöffnet ist. Tel. 073-612126.

Unterkunft

Aufgrund des regen „Durchgangsverkehrs" – malaysische Tagestouristen auf der Suche nach der Horizontalen – kann es in manchen Hotels recht unruhig zugehen.

- Das **Thailing Hotel**** (12 Charoenkret Rd., Tel. 073-611231-40) ist relativ sauber, relativ ruhig und sehr preiswert. Die Zimmer in den oberen Stockwerken sind weiter vom Verkehr entfernt und somit etwas ruhiger.
- **Asia Hotel****-*** (Charoenkret Rd., Tel. 073-611101), preiswert, aber alles andere als ein freudiges Erlebnis, Zimmer z.T. mit A.C.
- **Grand Garden Hotel*****-**** (Soi 3, Prachtiwat Rd., Tel. 073-611219, Fax 073-613 500, gghotel@cscoms.com), guter Gegen-

wert, Zimmer mit A.C. und TV und sehr komfortabel.

• Das **Genting Hotel***** (250 Asia 18 Rd., Tel. 073-613231-40) ist für den Preis nicht schlecht. Saubere Zimmer, Swimmingpool, Restaurant und Internet-Service.

Essen

• Die malaysischen Touristen laben sich in Golok, wie's oft kurz genannt wird, gerne an Seafood, das hier billiger ist als in Malaysia. Eines der besten Restaurants hierfür ist das **Seesom Restaurant** in der Nähe des Nachtmarktes an der Charoenkret Road, das allerdings auch eine große Auswahl anderer thailändischer Speisen sowie eine Speisekarte auf Englisch bietet.

• Ein lebendiger **Nachtmarkt** entwickelt sich ab ca. 18.00 Uhr gegenüber dem Thara Regent Hotel in Soi Puthorn.

Anreise

• **Busse** ab Bangkok kosten in den verschiedenen Busklassen 546/702/1.90 Baht; die Fahrzeit beträgt 17-18 Std. Weitere Busse u.a. ab Hat Yai, Krabi und Phuket.

• Eine bessere Option ab Bangkok sind aufgrund der langen Fahrzeit die **Züge** mit ihren Schlafwagen, auch wenn die Züge noch erheblich länger brauchen als die Busse. Abfahrt (in Klammern Ankunftszeit) um 13.00 (10.00) und 15.15 Uhr (10.40). Der zweite Zug ist somit etwas schneller. Die bequeme 1. Kl. kostet 1.493 Baht. Beide Züge enden in Sungai Golok.

Weiter-/Rückreise

• Neben **Bussen** nach Hat Yai, Krabi, Phuket u.a. fahren **Sammeltaxis;** Zielorte sind u.a. Hat Yai nach (250 Baht) Abfahrt an der Thetpathom Rd., nahe Einmündung Charoenkhet Rd.

• Zurück per **Zug** nach Bangkok geht's um 11.50 (7.55) und 14.05 Uhr (9.35).

Weiterreise nach Malaysia

Vom Bahnhof wie auch der Busstation fahren **Motorrad-Taxis** für 10 Baht/Pers. zur malaysischen Grenze (geöffn. 5.00-21.00 Uhr)

Nach dem Abstempeln des Passes durch die thailändischen Grenzbeamten ist es ein kurzer Fußweg zum malaysischen Grenzposten. Deutsche bekommen derzeit ihr Visum (3 Monate) direkt an der Grenze. Wenige Meter weiter stehen Sammeltaxis zur Weiterfahrt nach Kota Bahru bereit; Busse fahren auch dorthin, doch müssen u.U. längere Wartezeiten in Kauf genommen werden. (Siehe auch Kapitel Praktische Reisetipps, „Weiterreise in die Nachbarländer".)

Gebet mit Lotosblüte

Anhang

Ko Raya Yai

Wat Tham Suea, Krabi

Sonnenuntergangsstimmung am Meer

Glossar

Acharn/Ajarn	Hochstehender Mönch; Lehrmeister; Professor
Ao	Bucht
Amphoe	Distrikt
Amphoe Muang	Distrikthauptstadt
Baat	Das Almosengefäß der Mönche
Baht	Die thailändische Währungseinheit; 1 Baht entspricht 100 Satang (s.d.)
Ban/Baan	Haus; Dorf
Bhikku	Pali (s.d.) für Mönch; wörtl. „Bettelnder"
Bin-Ta-Baat	Der morgendliche Almosengang der Mönche
Bot	Ubosot; Hauptgebäude des buddhistischen Tempels, in dem auch die Mönchsordinationen stattfinden
Bot Kris	Kirche
Buat/Buat Phra	Mönchsweihe
Buddha	Wörtl. „Der Erleuchtete"; Ehrentitel für *Gautama Siddharta,* der um 543 v. Chr. geboren wurde und auf dessen Lehren der Buddhismus beruht.
Chaihat	Strand
Chao Le	Die ethnische Gruppe der „Meereszigeuner"; wörtl. „Meeresmenschen"; das *Le* ist Süd-Thai für „Meer".
Chao Phraya	Thailands wichtigster Fluss (365 km lang), der südlich von Bangkok in den Golf von Thailand mündet
Chang Phueak	Als heilig geltender „weißer" Elefant; Albino-Elefant
Changwat	Provinz
Chedi	Stupa oder Pagode; Bauwerk an buddhistischem Tempel, in dem Reliquien untergebracht sind
Dek Wat	Tempeljunge, nicht ordinierter Helfer
Dhamma	Pali (s.d.) für „religiöses Gesetz" oder „Religion"; von Sanskrit *dharma*
Doi Inthanon	Der mit 2565 m höchste Berg Thailands
Farang/Falang	Westlicher Ausländer; urspüngliche Bedeutung eigentlich „Franzose"
Gathoey	betrügerischer Transvestit oder Transsexueller
Hat	Strand
Issaan/Isan	Die nordöstliche Region Thailands, die kulturell eng mit Laos verwandt ist
Jam Phansa	Die dreimonatige Fastenperiode der Mönche, in der sie die morgendlichen Almosengänge unterlassen und stattdessen im Wat von den Gläubigen mit Nahrung versorgt werden
Jataka	Buddhistische Geschichte zur religiösen Erbauung, in dem von Buddhas (s.d.) vorangegangenem Leben erzählt wird
Kam	Von Sanskrit *karma,* „das Getane"; die Philosophie des Karma besagt, dass jedes Wesen in diesem Leben die Früchte aus den Taten in den vorangegangenen Leben erfährt; Gutes wird mit Gutem vergolten, Schlechtes mit Schlechtem
Kamnan	Dorfvorsteher
Khaek	Wörtl. „Gast"; Bezeichnung für Inder aber auch die thailändischen Moslems
Khao Phat	Gebratener Reis; thailändisches Standardgericht
Khanom	Oberbegriff für „Süßigkeiten"
Khon	Getanztes Theaterstück
Khrueang-Rang	Amulett
Kinnari	vogelähnliches, weibliches Fabelwesen
Klong	Kanal, Wasserstraße
Klik	Glücksbringer in Form eines Phallus

Krung Thep Wörtl. „Stadt der Engel", der thailändische Name für Bangkok
Kruth Der Garuda, ein adlerähnliches Fabelwesen und Reittier des Gottes Vishnu
Kuan Yin Chinesische Göttin der Gnade
Kuti Mönchsunterkunft
Laem Kap, Landzunge
Lak Muang „Stadtpfeiler", der das Zentrum eines Ortes markiert und an dem den Stadtgeistern geopfert wird
Lakhon Tanzdrama
Lanna Nordthailändisches Königreich, das seine Blüte im 15. Jh. erlebte
Likay Volkstümliche Theaterform
Ling Kang Schweinsaffe; wird in der Provinz Surat Thani zum Pflücken von Kokosnüssen abgerichtet
Luang Pho Ein verehrter (meist älterer) Mönch
Lumbini Der Geburtsort Buddhas (s.d.) im heutigen Nepal; in Thailand in der Form „Lumpini" geschrieben
Mae Chi Buddhistische Nonne
Mae Nam Fluss; wörtl. „Mutter des Wassers"
Mae Phosop Dem Reis, der heiligen Speise der Thais, innewohnende Schutzgöttin
Mae Tabtim Chinesische Göttin, der zum Teil in masochistisch anmutenden Trance-Festen gehuldigt wird
Mae Thorani Die „Mutter der Erde", die aus ihrem Schopf Wasser fließen ließ, um die Dämonen zu vertreiben, die Buddha (s.d.) bei der Meditation störten
Maya Thewi Die Mutter Buddhas (s.d.)
Mondop Kleines quadratisches Gebäude an Tempeln; von Sanskrit *mandapa*
Mor Hom Das traditionelle blaue Hemd der Farmer
Mudmee/ Mat-Mi Seidengewebe aus dem Nordosten Thailands
Muang Thai Thailand
Muay Thai Thai-Boxen
Naga Schlangengeist
Nakhon Stadt; von Sanskrit *nagara*
Nam Phrik/ Naam Phrik Chili-Sauce, Beigabe zum Essen
Nam Pla/ Naam Pla Fisch-Sauce, Beigabe zum Essen
Nam Tok/ Naam Tok Wasserfall
Nang Thalung Schattenspiel mit Figuren aus Leder
Ngaan Arbeit; aber auch: Fest
Ngaan Sop Totenfeier, Kremation
Ngaan Wat Tempelfest, Jahrmarkt
Ngop Traditioneller Hut der kambodschanischen Reisbauern, auch im Osten Thailands verbreitet
Niphaan Das Nirwana, die Erlösung aus dem Kreislauf der Wiedergeburten
Pak Klang Zentralthailand
Pak Nuea Nordthailand
Pak Tai Südthailand
Pali Tote, vom Sanskrit abgeleitete Sprache, in der die heiligen Schriften des Buddhismus verfasst sind. Das Thai weist starke Pali-Einflüsse auf.
Paknam/ Pak Nam/ Pak Naam Flussmündung
Pha-Nung Traditionelles Wickelgewand, sowohl von Frauen wie Männern getragen
Pasin Wickelgewand aus dem Nordosten, getragen von Frauen
Phiphat Traditionelles Thai-Musikorchester
Phra Mönch; auch Ehrentitel, der dem Namen der Mönche vorangestellt wird
Phra Chao Der allumfassende Gott
Phra Phum Erdgeist
Phra Saksit Mönch mit übernatürlichen, spirituellen Kräften

Phukhao Hügel, Berg
Prang Turm an Tempeln, übernommen aus der Architektur der Khmer
Prasat Kleineres Tempelgebäude mit kreuzförmigem Grundriss und schmalem Turm darauf
Prathet Thai Thailand
Rai Flächeneinheit; 1 Rai = 1600 m^2
Ramakien Die thailändische Version des Hindu-Epos Ramayana
Ruea Hang Yao „Langschwanz-Boot"
Ruea Duan Express-Boot
Russi Weiser, Einsiedler; von Sanskrit *rishi*
Rot Air Bus mit Klimaanlage
Rot Thammada Wörtl. „Normalbus"; ohne Klimaanlage
Roti Flaches rundes Fladenbrot indischen Ursprungs, Bestandteil der Moslem-Küche
Sala Unterstand, Ruheplatz, Pavillon
Sala Klang Verwaltungsgebäude, Rathaus
Sala Mangsa-wirat/ Mangsawilat Vegetarisches Restaurant
Samathi Meditation
Samlor Wörtl. „Dreirad"; Tuk-Tuk (s.d.), aber auch Fahrrad-Riksha
Sanjao Chinesischer Tempel
Satang Die kleinste thailändische Währungseinheit
Sak Tätowierung, vornehmlich zu dem Zweck, Unglück vom Träger abzuwenden
Saksit Spirituelle, übernatürliche Kräfte; von Sanskrit *shakti*
Samun-Pray Kräutermedizin
Sema Grenzsteine, die um ein Bot (s.d.) angelegt sind und sie so vom *Viharn* (s.d.) unterscheiden; von Sanskrit/Pali *sima*, „Grenze"
Siam Der alte Name Thailands, bis 1939 in Gebrauch
Silor Wörtl. „Vierrädrer", ein anderes Wort für Songthaew (s.d.)
Soi Gasse
Som-Tam Scharfer Salat aus unreifen Papayas, eine Spezialität des Nordostens
Songthaew Wörtl. „Zwei Reihen"; umgebauter Pick-Up-Truck, der als Nahverkehrsmittel dient
Surau Moschee
Susaan Friedhof
Takrao/Takraw Thailändische Sportart, bei der die Teilnehmer sich einen leichten Rattan-Ball zukicken
Talat/Talaat Markt
Talat Nam/ Talaat Naam „Schwimmender Markt", auf dem die Waren von Booten aus auf einem Klong (s.d.) feilgeboten werden
Talapat Der traditionelle Fächer der Mönche
Tambon Nächstkleinerer Verwaltungsbezirk unter dem Amphoe (s.d.)
Tha Ruea Pier, Hafen
Thale Meer
Thale Sap Binnensee
Tham Höhle, Grotte
Tham Bun Die Philosophie des Gute-Taten-Verrichtens, um dadurch als besseres Wesen wiedergeboren zu werden
Thanon Straße
Thanon Duan Expressway, Schnellstraße
Thep Engel oder himmlisches Wesen
Thevada Eine Art Engel; von Sanskrit *deva*, „Gott"
Tom Yam Eine scharfe Suppe
Tripitaka Wörtl. „Die drei Körbe"; eine Sammlung buddhistischer Unterweisungsschriften und Kommentare
Trok Gasse
Tuk-Tuk Auch Samlor (s.d.), eine Art Mini-Taxi auf drei Rädern

Ubosot	Siehe Bot
Viharn	Tempelgebäude, in dem Buddha-Figuren aufbewahrt werden, und das zu Gebetszeremonien dient
Vipassana	Buddhistische Meditationstechnik des „Einblicks" in gedankliche und körperliche Vorgänge
Wai	Der traditionelle thailändische Gruß, bei dem die Hände vor der Brust aneinandergelegt werden
Wai Phra	Wörtl. das „Verehren" oder „Grüßen" von Mönchen oder Göttern; beten
Wan Phra	Wörtl. „Mönchstag"; mehrmals monatlich begangener, durch den Mondkalender bestimmter Gebetstag
Wat	Eine buddhistische Tempelanlage; von Pali (s.d.) *vaddhu*
Wien Tien	Wörtl. „Umkreisen mit Kerzen"; an bestimmten religiösen Festtagen begangenes Zeremoniell, bei dem die Gläubigen die Tempel mit brenndenden Kerzen umrunden
Yaa Boraan	Kräutermedizin, Naturheilkunde; wörtl. „alte Medizin"
Yaa-Maa	Amphetamine, Aufputschmittel; wörtl. „Pferde-Medizin"
Yak	Furchterregende Statue, die als Tempelwächter dient; von Sanskrit *yaksha*
Yam	Eine Art Salat

Literaturtipps

- *Australian-New Zealand Women's Group:* **Bangkok Guide;** ein Leitfaden für Leute, die länger in Bangkok bleiben wollen, mit allen wichtigen Adressen und vielen Tipps. Das Buch enthält auch „Nancy Chandler's Map of Bangkok", eine originelle Bangkok-Karte, in der alle Sehenswürdigkeiten, Märkte etc. eingezeichnet sind. Die Karte gibt es auch unabhängig vom Buch zu kaufen.
- *Bhamorabutr, Abha:* **The History of Bangkok;** erschienen im Selbstverlag. Der Autor geht detailliert auf die Geschichte von Bauwerken, Stadtteilen und Persönlichkeiten ein. Sehr lesenswert, auch wenn das Englisch nicht immer ganz korrekt ist.
- *Bhamorabutr, Abha:* **The Chakri Dynastie;** veröffentlicht im Selbstverlag. Die Geschichte des thailändischen Königshauses anschaulich dargestellt.
- *Blume, Brigitte:* **Myanmar (Birma, Burma);** REISE KNOW-HOW Verlag, Reisehandbuch für den Abstecher nach Burma. Detailliert, praktisch, für Individualreisende.
- *Chaturabhand, Preecha:* **People of the Hills;** Editions Duang Kamol (D.K. Books). Eine Darstellung der wichtigsten Bergvölker Thailands, ihrer Gebräuche und Lebensgrundlagen. Gut lesbar.
- *Clarac, Achille:* **Guide to Thailand;** Oxford University Press, Kuala Lumpur. Mehr ein Kultur- als ein Reiseführer und sehr interessant für Leute, die sich mit der Geschichte und Architektur der Wats beschäftigen.
- *Devivere, Beate:* **Das letzte Paradies;** Fischer Verlag, Frankfurt/Main, Taschenbuch. Engagiertes Buch, das sich mit der Problematik der Regenwaldzerstörung und deren Folgen auseinandersetzt.
- *Dittmar, Johanna:* **Thailand und Burma;** Kunst-Reiseführer, DuMont-Verlag. Tempelanlagen und Königsstädte zwischen Mekhong und Indischem Ozean. Die ideale Ergänzung für alle diejenigen, die mehr über Architektur, Kunst und Kultur Thailands wissen wollen.
- *George, Uwe:* **Regenwald;** GEO-Buch, 2000. Umfangreicher Bildband über den tropischen Regenwald. Viele sehr gute Fotos.

- *Hanewald, Roland:* **Essbare Früchte Asiens;** Reise Know-How Verlag, 43 tropische Früchte werden vorgestellt und Tipps zum richtigen Umgang gegeben.
- *Hanewald, Roland:* **Das Tropenbuch;** Jens Peters Verlag, Berlin, Taschenbuch. Gute Tipps vom Leben und Überleben in tropischen und subtropischen Gebieten.
- *Hargreave, Oliver:* **Exploring Chiang Mai: City & Mountains;** WW Norton & Co. Ausgezeichneter Führer durch die Provinz Chiang Mai, mit schönen Fotos.
- *Hoskin, John:* **A Guide to Thailand – The Kingdom of Siam;** Mäßig informativer Führer mit schönen Fotos.
- *Hoskin, John:* **Bangkok;** Times Editions. Nett geschrieben und mit vielen schönen Fotos.
- *Hoskin, John:* **A Guide to Bangkok – City of Angels;** Asia Books. Ebenfalls mit guten Fotos, aber nicht so informativ wie das o.g. Buch vom gleichen Autor.
- *Jumsai Manich:* **A Popular History of Thailand;** Chalermnit, Bangkok. Eine gut lesbare Einführung in die thailändische Geschichte.
- *Krack, Rainer:* **KulturSchock Thailand.** Reise Know-How Verlag, Bielefeld. Fundiertes Hintergrundwissen, praxisnah auf die Situation des Reisenden ausgerichtet.
- *Lapcharoensap, Rattawut:* **Sightseeing;** Kiepenheuer & Witsch. Sehr empfehlenswerte literarische Sammlung von sieben Kurzgeschichten eines jungen Thai Schriftstellers, der zeitweise im Westen aufgewachsen ist. Die Erzählungen beschreiben ein Thailand, das dem Touristen weitgehend verborgen bleibt.
- *Lötschert, W./Beese, G.:* **Pflanzen der Tropen;** BLV Verlag, München 1984. Sehr gute Bestimmungshilfe für häufig vorkommende Pflanzen, die zudem auch den Nutzwert der Pflanzen mitbeschreibt.
- *Lutterjohann, Martin:* **Thai – Wort für Wort;** Kauderwelsch Bd. 19, Reise Know-How Verlag, Bielefeld. Ein auf die Bedürfnisse des Reisenden zugeschnittener Sprachführer, der bei der Verständigung mit Thais unschätzbare Dienste leistet. Begleitendes Tonmaterial erhältlich.
- *Mulder, Niels:* **Everyday Life in Thailand;** D.K. Book House, Bangkok. Eine gute Weiterführung nach dem o.g. Kultur-Knigge. Die Thai-Psyche wird wissenschaftlich-nüchtern analysiert.
- *Seidenfaden, Erik:* **1928 Guide to Bangkok;** Oxford University Press, Singapur: Die Neuauflage eines über 60 Jahre alten Reiseführers durch Bangkok, mit alten Fotos und Karten. Den Beschreibungen nach muss Bangkok eine beschauliche kleine Hauptstadt gewesen sein.
- *Smithies, Michael:* **Old Bangkok;** Oxford University Press, Singapur. Ein guter Überblick über die Vergangenheit von Bangkoks Sehenswürdigkeiten und wichtigen Persönlichkeiten.
- *Syamananda, Rong:* **A History of Thailand;** Thai Watana Panich, Bangkok. Das Buch bietet einen sehr guten Einblick in Thailands Geschichte, ohne zu akademisch zu werden.
- *Vater, Tom:* **KulturSchock Thailands Bergstämme und Seenomaden.** Reise Know-How Verlag, Bielefeld. Fundiertes Hintergrundwissen, praxisnah auf die Situation des Reisenden ausgerichtet.
- *Warren, Willium:* **A Guide to Phuket,** Asia Books. Beschreibung einer der schönsten Inseln Asiens mit wunderbaren Fotos.
- *Waugh, Alec:* **Bangkok – Story of a City;** Orientations Ltd. Bangkoks Vergangenheit aus der Sicht eines Schriftstellers und Bangkok-Liebhabers. Ein wenig Fiktion ist subtil untergemischt, aber das macht das Buch umso lesbarer.
- *Werner, David:* **Wo es keinen Arzt gibt. Medizinisches Gesundheitshandbuch zur Hilfe und Selbsthilfe auf Reisen.** Reise Know-How Verlag, Bielefeld.

Reise-Gesundheitsinformationen Thailand

Stand: 07.09.2006

Die nachstehenden Angaben dienen der Orientierung und sollen darüber informieren, was für eine geplante Reise in das Land an Gesundheitsvorsorgemaßnahmen zu berücksichtigen ist. Die Informationen wurden uns freundlicherweise vom **Centrum für Reisemedizin** zur Verfügung gestellt. Auf der Homepage **www.travelmed. de** werden diese Informationen stetig aktualisiert. Es lohnt sich, dort einmal nachzuschauen.

Klima:

Tropisches Monsumklima mit Regenzeit von Mai bis Oktober; winterliche Trockenzeit; heißeste Jahreszeit von März bis Mitte Mai; durchschnittliche Temperatur in Bangkok im Dezember 25,7 °C, im April 30,1 °C.

Einreise-Impfvorschriften:

Bei Direktflug aus Europa sind keine Impfungen vorgeschrieben.

Bei einem vorherigen Zwischenaufenthalt (innerhalb der letzten 6 Tage vor Einreise) in einem der unten aufgeführten Länder (Gelbfieber-Endemiegebiete) wird bei Einreise eine gültige Gelbfieber-Impfbescheinigung verlangt (Kinder unter einem Jahr sind davon ausgenommen).

Gelbfieber-Impfbescheinigung erforderlich bei Einreise aus:

Angola, Äquat. Guinea, Äthiopien, Benin, Bolivien, Brasilien, Burkina Faso, Burundi, Ecuador, Elfenbeinküste, Franz. Guyana, Gabun, Gambia, Ghana, Guinea, Guinea-Bissau, Guyana, Kamerun, Kenia, Kolumbien, Kongo, Rep., Kongo Dem. Rep., Liberia, Mauretanien, Mali, Niger, Nigeria, Panama, Peru, Ruanda, Sao Tomé & Principe, Senegal, Sierra Leone, Somalia, Sudan, Surinam, Tanzania, Togo, Tschad, Uganda, Venezuela, Zentralafrik. Republik

Empfohlener Impfschutz:

Generell: Standardimpfungen nach dem deutschen Impfkalender, spez. Tetanus, Diphtherie, Hepatitis A

Je nach Reisestil und Aufenthaltsbedingungen im Lande außerdem zu erwägen:

Impfschutz	Reisebedingung 1	Reisebedingung 2	Reisebedingung 3
• **Typhus**	x	x	
• **Hepatitis B** (1)	x		
• **Tollwut** (2)	x		
• **Jap. Enzephalitis** (3)	x		

(1)bei Langzeitaufenthalten u. engerem Kontakt mit der einheimischen Bevölkerung
(2)bei vorhersehbarem Umgang mit Tieren
(3)bei besonderen Aufenthaltsbedingungen in bestimmten ländlichen Gebieten. Impfstoff in Deutschland nicht zugelassen. Beschaffung über Apotheken m. entsprechenden Erfahrungen.

Reisebedingung 1:
Reise durch das Landesinnere unter einfachen Bedingungen (Rucksack-/Trekking-/Individualreise) mit einfachen Quartieren/Hotels; Camping-Reisen, Langzeitaufenthalte, praktische Tätigkeit im Gesundheits- o. Sozialwesen, enger Kontakt zur einheimische Bevölkerung wahrscheinlich;

Reisebedingung 2:
Aufenthalt in Städten oder touristischen Zentren mit (organisierten) Ausflügen ins Landesinnere (Pauschalreise, Unterkunft und Verpflegung in Hotels bzw. Restaurants mittleren bis gehobenen Standards);

Reisebedingung 3:
Aufenthalt ausschließlich in Großstädten oder Touristikzentren (Unterkunft und Verpflegung in Hotels bzw. Restaurants gehobenen bzw. europäischen Standards).

Wichtiger Hinweis:

Welche Impfungen letztendlich vorzunehmen sind, ist abhängig vom aktuellen Infektionsrisiko vor Ort, von der Art und Dauer der geplanten Reise, vom Gesundheitszustand, sowie dem eventuell noch vorhandenen Impfschutz des Reisenden.

Da im Einzelfall unterschiedlichste Aspekte zu berücksichtigen sind, empfiehlt es sich immer, rechtzeitig (etwa 4 bis 6 Wochen) vor der Reise eine persönliche Reise-Gesundheits-Beratung bei einem reisemedizinisch erfahrenen Arzt oder Apotheker in Anspruch zu nehmen.

Malaria

- Malaria-Risiko: ganzjährig
- hohes Risiko im nordwestlichen Grenzgebiet zu Myanmar sowie in der Provinz Trat im südöstlichen Grenzgebiet zu Kambodscha, extrem hoch in den Provinzen Tak (NW) und Trat (SO);
- mittleres Risiko in den o.g. Gebieten weiter landeinwärts, in einigen Grenzprovinzen zu Myanmar im SW und Kambodscha im SO; auf einigen Inseln, z.B. Ko Chang bei Ranong;
- geringes Risiko (mehr in der Regenzeit, weniger in der Trockenzeit) in den Waldgebieten der zentralen, nördlichen und östlichen Landesteile; auf einigen Inseln, z.B. Ko Chang und Ko Mak vor Trat im SO, Similan-Inseln vor Surat Thani im SW;
- kein bzw. sehr geringes Risiko in den südlichen Provinzen und Küstengebieten, auf den meisten vorgelagerten Inseln sowie in den höheren Gebirgslagen;
- Großstädte und Touristikzentren wie Bangkok, Pattaya, Hua Hin, Cha Am, Chiang Mai, Ko Samui, Phuket, Krabi (Stadtgebiet), Songkhla (Stadtgebiet), Hat Yai gelten als malariafrei.
- Vorbeugung: Ein konsequenter Mückenschutz in den Abend- und Nachtstunden verringert das Malariarisiko erheblich (Expositionsprophylaxe).

Ergänzend ist die Einnahme von Anti-Malaria-Medikamenten (Chemoprophylaxe) dringend zu empfehlen. Zu Art und Dauer der Chemoprophylaxe fragen Sie Ihren Arzt oder Apotheker, bzw. informieren Sie sich in einer qualifizierten reisemedizinischen Beratungsstelle (s.unten). Malariamittel sind verschreibungspflichtig.

Aktuelle Meldungen

• **Darminfektionen:** Risiko für Durchfallerkrankungen landesweit; Cholera wurde in letzter Zeit nicht gemeldet, größere Ausbrüche wurden offiziell nicht bekannt. Hygiene beachten.

• **Dengue:** Während der Regenzeit (Mai bis Oktober) ist landesweit sowie auf den vorgelagerten Inseln mit einem höheren Übertragungsrisiko dieser grippeähnlichen Viruskrankheit zu rechnen. Schwerpunkte haben sich in dieser Saison im N gebildet; höhere Fallzahlen gibt es auch in Bangkok und Umgebung sowie in der zentral gelegenen Provinz Chaiyaphum. Schutz vor tag- und nachtaktiven Überträgermücken beachten.

• **Vogelgrippe:** Nachdem die Tierseuche durch Influenza A(H5N1) Ende April 2006 erloschen schien, kam es in den letzten Wochen zu zahlreichen neuen örtlichen Ausbrüchen bei Hausgeflügel, vorwiegend Enten, sowie bei Kampfhähnen, die wohl zur Ausbreitung der Seuche beigetragen haben. Seit Ende Juli 2006 gibt es nach einer längeren Pause zwei neue menschliche Erkrankungsfälle durch den Erreger der Vogelgrippe. Beide hatten offenbar Kontakt zu verendeten Vögeln. Auf die wiederholt dargestellten Vorsichtsmaßnahmen für Reisende sei erneut hingewiesen.

• **Tollwut:** Hohes Risiko landesweit, auch in Städten, vor allem durch streunende Hunde. Bei verdächtigen Kontakten, insbesondere nach einer Bissverletzung, sofort Arzt aufsuchen.

• **HIV/AIDS:** Hohe Durchseuchung besonders bei den Risiko-Gruppen (Prostituierte und Drogenabhängige) in größeren Städten. Sexuelle Kontakte mit unbekannten Partnern sind stark risikobelastet.

Unter **www.travelmed.de** finden Sie Adressen von:
• Apotheken mit qualifizierter Reise-Gesundheits-Beratung (nach Postleitzahlgebieten).
• Impfstellen und Ärzte mit Spezialsprechstunde Reisemedizin (nach Postleitzahlgebieten).
• Abruf eines persönlichen Gesundheitsvorsorge-Briefes für die geplante Reise.

Kleine Sprachhilfe Thai

In Thailand kommt man gewöhnlich gut mit Englisch zurecht. Doch ist es mehr als nur eine Frage der Höflichkeit und des guten Willens, wenn man als Reisender zumindest einige Thai-Vokabeln beherrscht. Die folgende kleine Sprachhilfe und die Redewendungen in der Buchklappe sind dem Kauderwelsch-Band "Thai, Wort für Wort" von Martin Lutterjohann entnommen, der ebenfalls im Reise Know-How Verlag Peter Rump, Bielefeld, erschienen ist. "Thai, Wort für Wort" ist speziell für Reisende geschrieben worden und ermöglicht einen schnellen Einstieg in diese exotische Sprache.

Lautschrift

Im folgenden sind nur die Lautschriftzeichen aufgeführt, die anders als im Deutschen ausgesprochen werden. Doppelt geschriebene Selbstlaute werden lang ausgesprochen

gk Laut zwischen "g" und "k" bzw. nicht behauchtes "k"
kh behauchtes "k" wie im Deutschen, z. B. "k" wie "**K**opf"
ng nasaliertes "ng" wie in "sie sa**ng**", ein "g" ist nicht zu hören; auch am Wortanfang als ein Laut gesprochen
dj etwa wie "dsch" in "**Dsch**ungel" oder stimmhaftes "sch" wie in "**J**et"
s stimmloses "s" wie in "Ga**s**t"
ch stimmloses "sch" wie in "**Sch**ule" oder "tsch" wie in "Ma**tsch**"
y wie "j" in "**J**äger"
dt zwischen "d" und "t" bzw. nicht behauchtes "t"
th behauchtes "t" wie im Deutschen, "t" wie "**T**ag"
bp zwischen "b" und "p" bzw. nicht behauchtes "p"
ph behauchtes "p" wie im Deutschen, "p" wie "**P**ost"
r Zungen-r (gerollt), niemals ein Kehlkopf-r; Thai sprechen es manchmal wie ein "l" aus
w Halblaut zwischen "u" und "w" wie das englische "w" in "**w**ater" (Wasser)
ɵ kurz und offen wie in "**o**ft",

Die Töne

Im Thai gibt es fünf Töne, d.h. Sprechmelodien, die die Bedeutung einer Silbe verändern (siehe Beispiel rechts). Doch sollte man als Anfänger sich nicht allzusehr davon beeindrucken lassen. Wenn man das Wort sonst einigermaßen richtig ausspricht, versteht ein gutgewillter Thai, was gemeint ist.

Die folgende Grafik stellt die "Melodieführung" der Töne am Beispiel der Silbe **ka** dar:

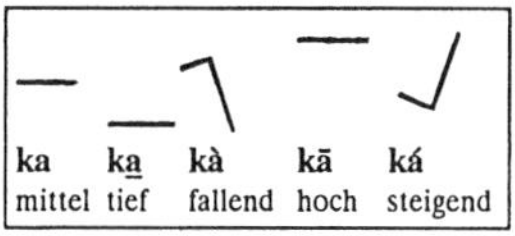

Die wichtigsten Fragewörter

thìi-nái	ที่ไหน	wo?
nái	ไหน	wohin?
thammai	ทำไม	warum?
yaangrai	อย่างไร	wie?
khrai	ใคร	wer?
thàorai	เท่าไร	wieviel?
mûarai	เมื่อไร	wann?
wan thìi thàorai	วันที่เท่าไร	an welchem Tag?
naan thàorai	นานเท่าไร	wie lange?

Die wichtigsten Richtungsangaben

khwáa müü	ขวามือ	rechts
sāai müü	ซ้ายมือ	links
dtrong bpai	ตรงไป	geradeaus
dtrong-khàam	ตรงข้าม	gegenüber
dtrong-nìi	ตรงนี้	genau hier
khàang-khàang	ข้างๆ	neben
khàang-nàa	ข้างหน้า	vorne, vor
khàang-láng	ข้างหลัง	hinten, hinter
thìi-nìi	ที่นี่	hier
thìi-nàn	ที่นั่น	dort
sii-yääk	สี่แยก	Kreuzung

Grundzahlen

Das thailändische Zahlensystem stammt wie das vieler benachbarter Sprachen aus dem Chinesischen. Es ist einfach und logisch. Man muß insgesamt nicht einmal zwanzig Wörter kennen.

0	**súun**	10	**sip**
1	**nüng; et** (in Zusammensetzungen)	11	**sip-et** (nicht: "sip-nüng")
2	**sɵ́ɵng**	12	**sip-sɵ́ɵng**
3	**sáam**	13	**sip-sáam**
4	**sii**	14	**sip-sii**
5	**hàa**	15	**sip-hàa**
6	**hok**	16	**sip-hok**
7	**djet**	17	**sip-djet**
8	**bpäät**	18	**sip-bpäät**
9	**gkàao**	19	**sip-gkàao**
20	**yìi-sip** (nicht: "sɵ́ɵng-sip"), (oft verkürzt zu **yìip**)	100	**(nüng-)rɵ̄ɵi**
21	**yìi-sip-et**	200	**sɵ́ɵng-rɵ̄ɵi**
22	**yìi-sip-sɵ́ɵng**	500	**hàa-rɵ̄ɵi**
	etc.		etc.
30	**sáam-sip**	1000	**(nüng-)phan**
31	**sáam-sip-et**	3000	**sáam-phan**
40	**sii-sip** etc.	5000	**hàa-phan**
			etc.
10.000	**(nüng-)müün**	1.000.000	**(nüng-)lāan**
30.000	**saam-müün**	4.000.000	**sii-lāan**
100.000	**(nüng-)sǟän**	1.000.000.000	**phan-lāan**
600.000	**hok-sǟän**		etc.

djet-rɵ̄ɵi sáam-sip-hok
sieben-hundert drei-zehn-sechs
736

müün bpäät-phan hàa-rɵ̄ɵi
zehntausend acht-tausend fünf-hundert
18.500

Ziffern

Ziffer		
๐	0	súun
๑	1	nüng
๒	2	sóong
๓	3	sáam
๔	4	sii
๕	5	hàa
๖	6	hok
๗	7	djet
๘	8	bpäät
๙	9	gkàao

Die wichtigsten Floskeln & Redewendungen

chài ใช่ Ja, stimmt.	**mài chài** ไม่ใช่ Nein, stimmt nicht.
mii มี Ja, es gibt.	**mài mii** ไม่มี Nein, gibt es nicht.
เชิญ **chöön** "bitte": Angebot ขอ **khóo** um etw. bitten	โปรด/กรุณา **bproot / gkarūnaa** auffordern ช่วย **chùai** um Hilfe bitten
khoop-khun khrāp/khà' ขอบคุณครับ/ค่ะ Danke.	
mài bpen rai ไม่เป็นไร Macht nichts!, Keine Ursache!	
sawat-dii khrāp/khà' สวัสดีครับ/ค่ะ Guten Tag!, Auf Wiedersehen!	
sabaai-dii lőö สบายดีเหรอ Geht's gut? (unter Freunden)	
bpen yangngai bàang เป็นยังไงบ้าง Wie geht es Ihnen?	
sabaai-dii khrāp/khà' สบายดีครับ/ค่ะ Danke, mir geht es gut.	
bpai la nā ไปละนะ Ich gehe jetzt!, Tschüß!	
phóm/di-chān chüü ... ผม/ดิฉัน ชื่อ... Ich(m/w) heiße ...	
gkin-khàao dùai-gkan māi กินข้าวด้วยกันไหม (Einladung zum Essen)	
khóo-thòot khrāp/khà' ขอโทษครับ/ค่ะ Entschuldigung!	
chòok dii nā khrāp/khā' โชคดีนะครับ/คะ Viel Glück!, Alles Gute!	

Anhang

Kommunikationshilfe für unterwegs

Die Liste ist z.B. mit der Kartenlegende auf der ersten Seite zu gebrauchen: Frage und gewünschter Zielort werden einfach kombiniert, indem man daraufzeigt. Darüber hinaus sind einige wichtige Floskeln und Antworten ergänzt.

Ich suche ...	ผม/ฉันหา...
Wo ist ...?	...อยู่ที่ไหน
Ich möchte nach ... gehen/fahren.	ผม/ฉันต้องการจะไป...
Wie komme ich nach ...?	ไป...ไปอย่างไร
Bringen Sie mich bitte nach ...	ช่วยพาผม/ฉันไป...
Wo fährt der Bus ab nach ...?	รถไป...ออกจากที่ไหน
Welcher Bus fährt nach ...?	รถคันไหน...ไป...
Ist dies der Bus nach ...?	รถคันนี้ไป...หรือเปล่า
Was kostet die Fahrt nach ...?	ค่าโดยสารไป...เท่าไร
Ist es weit bis nach ...?	ไป...ไกลไหม
Ja, es ist weit.	ไกล
Nein, es ist nicht weit.	ไม่ไกล
Gibt es ...?	มี...ไหม
Ja, es gibt.	มี
Nein, gibt es nicht.	ไม่มี
Was ist das?	นี่อะไร
Wieviel kostet das?	นี่ราคาเท่าไร
Wer spricht Englisch?	ใครพูดภาษาอังกฤษได้
Ich kann kein Thai.	ผม/ฉันพูดไทยไม่ได้
Ich habe verstanden.	ผม/ฉันเข้าใจ
Ich habe nicht verstanden.	ผม/ฉันไม่เข้าใจ
Bitte schreiben Sie mir das auf.	ช่วยกรุณาเขียนให้ที
Danke!	ขอบคุณ

HILFE!

Dieses Reisehandbuch ist gespickt mit unzähligen Adressen, Preisen, Tipps und Infos. Nur vor Ort kann überprüft werden, was noch stimmt, was sich verändert hat, ob Preise gestiegen oder gefallen sind, ob ein Hotel, ein Restaurant immer noch empfehlenswert ist oder nicht mehr, ob ein Ziel noch oder jetzt erreichbar ist, ob es eine lohnende Alternative gibt usw.

Unsere Autoren sind zwar stetig unterwegs und versuchen, alle zwei Jahre eine komplette Aktualisierung zu erstellen, aber auf die Mithilfe von Reisenden können sie nicht verzichten.

Darum: Schreiben Sie uns, was sich geändert hat, was besser sein könnte, was gestrichen bzw. ergänzt werden soll. Nur so bleibt dieses Buch immer aktuell und zuverlässig. Wenn sich die Infos direkt auf das Buch beziehen, würde die Seitenangabe uns die Arbeit sehr erleichtern. Gut verwertbare Informationen belohnt der Verlag mit einem Sprechführer Ihrer Wahl aus der über 200 Bände umfassenden Reihe „Kauderwelsch" (siehe unten).

Bitte schreiben Sie an:

REISE KNOW-HOW Verlag Peter Rump GmbH, Postfach 140666, D-33626 Bielefeld, oder per e-mail an: info@reise-know-how.de

Danke!

Kauderwelsch-Sprechführer – sprechen und verstehen rund um den Globus

Afrikaans ● Albanisch ● Amerikanisch – *American Slang, More American Slang,* Amerikanisch oder Britisch? ● Amharisch ● Arabisch – Hocharabisch, für Ägypten, Algerien, Golfstaaten, Irak, Jemen, Marokko, ● Palästina & Syrien, Sudan, Tunesien ● Armenisch ● *Bairisch* ● Balinesisch ● Baskisch ● Bengali ● *Berlinerisch* ● Brasilianisch ● Bulgarisch ● Burmesisch ● Cebuano ● Chinesisch – Hochchinesisch, kulinarisch ● Dänisch ● Deutsch – *Allemand, Almanca, Duits, German, Nemjetzkii, Tedesco* ● *Elsässisch* ● Englisch – *British Slang, Australian Slang, Canadian Slang, Neuseeland Slang,* für Australien, für Indien ● Färöisch ● Esperanto ● Estnisch ● Finnisch ● Französisch – kulinarisch, für den Senegal, für Tunesien, *Französisch Slang, Franko-Kanadisch* ● Galicisch ● Georgisch ● Griechisch ● Guarani ● Gujarati ● Hausa ● Hebräisch ● Hieroglyphisch ● Hindi ● Indonesisch ● Irisch-Gälisch ● Isländisch ● Italienisch – *Italienisch Slang,* für Opernfans, kulinarisch ● Japanisch ● Javanisch ● Jiddisch ● Kantonesisch ● Kasachisch ● Katalanisch ● Khmer ● Kirgisisch ● Kisuaheli ● Kinyarwanda ● *Kölsch* ● Koreanisch ● Kreol für Trinidad & Tobago ● Kroatisch ● Kurdisch ● Laotisch ● Lettisch ● Lëtzebuergesch ● Lingala ● Litauisch ● Madagassisch ● Mazedonisch ● Malaiisch ● Mallorquinisch ● Maltesisch ● Mandinka ● Marathi ● Modernes Latein ● Mongolisch ● Nepali ● Niederländisch – *Niederländisch Slang,* Flämisch ● Norwegisch ● Paschto ● Patois ● Persisch ● Pidgin-English ● *Plattdüütsch* ● Polnisch ● Portugiesisch ● Punjabi ● Quechua ● *Ruhrdeutsch* ● Rumänisch ● Russisch ● *Sächsisch* ● *Schwäbisch* ● Schwedisch ● *Schwiizertüütsch* ● *Scots* ● Serbisch ● Singhalesisch ● Sizilianisch ● Slowakisch ● Slowenisch ● Spanisch – *Spanisch Slang,* für Lateinamerika, für Argentinien, Chile, Costa Rica, Cuba, Dominikanische Republik, Ecuador, Guatemala, Honduras, Mexiko, Nicaragua, Panama, Peru, Venezuela, kulinarisch ● Tadschikisch ● Tagalog ● Tamil ● Tatarisch ● Thai ● Tibetisch ● Tschechisch ● Türkisch ● Twi ● Ukrainisch ● Ungarisch ● Urdu ● Usbekisch ● Vietnamesisch ● Walisisch ● Weißrussisch ● *Wienerisch* ● Wolof ● Xhosa

Interessante Websites

www.accesstoinsight.org
Informationen zum in Thailand praktizierten Theravada-Buddhismus.

www.auswaertiges-amt.de
Die Website des Auswärtigen Amtes, mit Länder- und Gesundheitsinformationen, konsularischen Adressen etc.

www.bbl.co.th
Die Bangkok Bank online, unter anderem mit den aktuellen Wechselkursen.

www.bkkmetro.com
Bangkoks ausgezeichnetes Stadtmagazin „Bangkok Metro" online.

www.cia.gov/cia/publications/factbook
Informationen und Daten zu allen Ländern der Welt, zusammen gestellt vom CIA.

www.chiangmai-mail.com
Nachrichten aus Chiang Mai.

www.chiangmainews.com
Ebenfalls Nachrichten aus der Metropole des Nordens, dazu viele Tipps und Adressen.

www.der-farang.com
Nachrichten aus Pattaya und Thailand im Allgemeinen, Tipps, Features auf Deutsch.

www.dhammathai.org
Informationen zum Buddhismus, speziell der thailändischen Variante, dazu Chat-Room.

www.ehotelbooking.com
Landesweite Hotelbuchungen.

www.ethailand.com
Webportal mit Zugang zu zahlreichen Zeitungen, dazu Infos, Hotel- und Appartmentbuchung u.v.m.

www.gophuket.com
Hotelbuchungen auf Phuket.

www.hoteleasy.com
Landesweite Hotelbuchungen

www.hotels-phuket.com
Hotelbuchungen auf Phuket und anderswo im Land

www.khaosanroad.com
Die „offizielle Website" der Backpackerstraße Khao San Road in Bangkok, mit hilfreichen Tipps zu Unterkünften, Restaurants, Shopping etc.

www.oanda.com/convert/classic
Die aktuellen weltweiten Wechselkurse

www.pattayamail.com
Nachrichten aus Pattaya und Umgebung.

www.phuket.com
Hotelbuchungen auf Phuket

www.phuket-discovery.com
Hotel- und Tourbuchungen, Infos

www.phuketgazette.com
Nachrichten aus Phuket, von einer Schwesterpublikation von *The Nation*

www.phuket-hotels.com
Hotelbuchungen auf Phuket.

www.phuket-phuket.com
Informationen zu Phuket, Hotelbuchungen

www.rockhardphuket.com
Die Website einer Go-Go-Bar auf Phuket, u.a. mit Nachrichten aus Phuket, frech und ohne Blatt vor dem Mund präsentiert.

www.sawadee.com
Landesweite Information, Hotelbuchungen

www.seacanoe.net
Ökologisch ausgerichtete Kajak- und Bootstouren, das erste Unternehmen dieser Art in Thailand und mittlerweile oft kopiert.

www.siam-society.org
Die Website der Siam Society, die sich dem Erhalt thailändischer Kultur widmet, mit interessanten Vorträgen und interessanten Tour-Angeboten.

www.stickmanbangkok.com
Informationen und Reflektionen eines in Bangkok ansässigen westlichen Expats; auch viel zum „schmuddeligen" Nachtleben und den Beziehungen zwischen Westlern und Thais.

www.talesofasia.com
Erlebnisberichte und Neuigkeiten aus Thailand, S.O.-Asien und darüber hinaus.

www.thaigov.go.th
Die offizielle Website der thailändischen Regierung, mit Pressemitteilungen und Veranstaltungskalender.

www.thailand.com
Web-Portal mit allgemeinen Informationen, Wetterbericht, Hotelbuchungen u.v.m.

www.thailand-community.de
Nachrichten und Wissenswertes aus/über Thailand, dazu Forum, zur Abwechslung mal auf Deutsch.

www.thailandlife.com
Ausgezeichnete Website eines thailändischen Studenten, der über sein Land erzählt.

www.thailandtourismus.de
Die Website des thailändischen Fremdenverkehrsamts in Frankfurt, mit zahlreichen allgemeinen Landesinformationen.
www.thailife.de
Nachrichten um die thailändische Gemeinde in der BRD, Addressen von thailändischen Tempeln, allgemeine Hinweise u.m.
www.thaivisa.com
Alles um Thai-Visas, Arbeitserlaubnis etc.
www.tourist.police.go.th
Die Website der thailändischen Tourist Police, mit Addressen der Zweigstellen, dazu Verhaltens- und Sicherheitshinweise.
http://weather.yahoo.com/regional/THXX.html
Wettervoraussagen zu zahlreichen Orten Thailands.
www.yellowpages.co.th
Thailands Gelbe Seiten online.

Weitere spannende Websites stehen auch im Kapitel „Information – Informationen aus dem Internet".

Register

Ortsverzeichnis Deutsch – Thai

Aranyaprathet	อรัญประเทศ
Ayutthaya	อยุธยา
Ban Chiang	บ้านเชียง
Ban Krud	บ้านกรูด
Ban Phe	บ้านเพ
Ban Pong	บ้านโป่ง
Bangkok	กรุงเทพฯ
Bang Pa-In	บางปะอิน
Bang Saen	บางแสน
Bang Saphan	บางสะพาน
Ban Tha Kam	บ้านท่าคำ
Banthat-Gebirge	เทือกเขาบรรทัด
Bor Sang	บ่อสร้าง
Cha-Am	ชะอำ
Chaiya	ไชยา
Chaiyaphum	ชัยภูมิ
Chantaburi	จันทบุรี
Chiang Dao	เชียงดาว
Chiang Khan	เชียงคาน
Chiang Khong	เชียงกอง
Chiang Mai	เชียงใหม่
Chiang Rai	เชียงราย
Chiang Saen	เชียงแสน
Chumphon	ชุมพร
Damnoen Saduak	ดำเนินสะดวก
Doi-Inthanon-Nationalpark	อุทยานดอยอินทนน
Doi-Khuntan-Nationalpark	อุทยานดอยขุนตาล
Fang	ฝาง
Hat Yai	หาดใหญ่
Hua Hin	หัวหิน
Hot	ฮอด
Huai-Nam-Dang-Nationalpark	อุทยานแห่งชาติห้วยน้ำคัง
Kaeng-Krachan-Nationalpark	อุทยานแห่งชาติแก่งกระจาน
Kamphaeng Phet	กำแพงเพชร
Kanchanaburi	กาญจนบุรี
Khao-Chamao - Khao-Wong-Nationalpark	อุทยานเขาชะเมาเขาวง
Khao-Luang-Nationalpark	อุทยานแห่งชาติเขาหลวง
Khao-Sok-Nationalpark	เขาสก
Khao-Wong-Nationalpark	อุทยานแห่งชาติเขาวัง

Khao-Yai-Nationalpark	อุทยานแห่งชาติเขาใหญ่
Khemmarat	เขมราฐ
Khon Khaen	ขอนแก่น
Khorat	โคราช
Khun-Chae-Nationalpark	อุทยานแห่งชาติขุนแจ
Khun Yuam	ขุนยวม
Khuraburi	คุระบุรี
Ko Bulon Lae	เกาะบุฉนเวย
Ko Chang	เกาะช้าง
Ko Lanta Yai	เกาะลันตาใหญ่
Ko Phangan	เกาะพงัน
Ko Phi Phi	เกาะพีพี
Ko Phra Thong	เกาะพระทอง
Ko Samet	เกาะเสม็ด
Ko Samui	เกาะสมุย
Ko Tao	เกาะเต่า
Ko Thalu	เกาะทะลุ
Ko Yao Noi	เกาะยาวน้อย
Ko Yao Yai	เกาะยาวใหญ่
Krabi	กระบี่
Kraburi	กระบุรี
Laem Mae Phim	แหลมแม่พิม
Laem Ngop	แหลมงอบ
Lampang	ลำปาง
Loei	เลย
Lopburi	ลพบุรี
Mae Chan	แม่จัน
Mae Hong Son	แม่ฮ่องสอน
Mae Sa	แม่สา
Mae Sariang	แม่สะเรียง
Mae Sai	แม่สาย
Mae Sot	แม่สอด
Mae Taeng	แม่แตง
Mae Wang	แม่วาง
Muang Buran	เมืองบุราณ
Mukdahan	มุกดาหาร
Nakhon Pathom	นครปฐม
Nakhon Phanom	นครพนม
Nakhon Ratchasima	นครราชสีมา
Nakhon Sawan	นครสวรรค์
Nakhon Si Thammarat	นครศรีธรรมราช

Anhang

Nam Nao National Park	อุทยานแห่งชาติน้ำหนาว
Nam-Tok-Mae-Surin-Nationalpark	อุทยานน้ำตกแม่สุรินทร์
Nan	น่าน
Narathiwat	นาราธิวาส
Nong Khai	หนองคาย
Nonthaburi	นนทบุรี
Pai	ปาย
Pak Bara	ปากบะระ
Pak Phanang	ปากพนัง
Pathum Thani	ปทุมธานี
Pattani	ปัตตานี
Pattaya	พัทยา
Petchaburi	เพชรบุรี
Phang-Nga	พังงา
Phattalung	พัทลุง
Phayao	พะเยา
Phimai	พิมาย
Phi Phi Islands	เกาะพีพ
Phitsanulok	พิษณุโลก
Phrae	แพร
Phu-Hin-Rong-Kla-Nationalpark	อุทยานภูหินร่องกล้า
Phu Kradung	ภูกระดึง
Phuket	ภูเก็ต
Phuket Town	เมืองภูเก็ต
Prachuap Khiri Khan	ประจวบคีรีขันธ์
Prasat Khao Phanom Rung	ปราสาทเขาพนมรุ้ง
Ranong	ระยอง
Ratchaburi	ราชบุรี
Rayong	ระยอง
Roi-Et	ร้อยเอ็ด
Sakhon Nakhon	สกลนคร
Samoeng	สะเมิง
Samut Prakarn	สมทรปราการ
Samut Songkhram	สมุทรสงคราม
Sangkhlaburi	สังคลาบุรี
San Kamphaeng	สันกำแพง
Satun	สตูล
Si Ratcha	ศรีราชา
Si Saket	ศรสระเกษ
Si Satchanalai	ศรีสัชนาลัย
Songkhla	สงขลา

Sop Ruak	สบรวก
Sukhothai	สุโขทัย
Sungai Golok	สุไหงโกลก
Surat Thani	สุราษฎร์ธานี
Surin	สุรินทร์
Tak	ตาก
Tambon Thep Sadet	ตำบลเทพเสด็จ
Tarutao-Nationalpark	อุทยานแห่งชาติตะรุเตา
Thale-Ban-Nationalpark	อุทยานแห่งชาติทะเลบัน
That Phanom	พระธาตุพนม
Thaton	บ้านท่าตอน
Trang	ตรัง
Trat	ตราด
Ubon Ratchathani (Ubon Thani)	อุบลราชธานี
Yala	ยะลา

Die Autoren

Rainer Krack, Jahrgang 1952, lebt seit 1978 hauptsächlich in Asien. Etwa 5 Jahre verbrachte er in Indien, Pakistan, Sri Lanka und Bangladesh. Seit 1987 wohnt er in Bangkok.

Nach seinen ersten Indienreisen begann Rainer Krack, Waren von Indien nach Deutschland zu exportieren, um seine Reisen zu finanzieren. Zwischendurch studierte er Indologie und lernte indische Sprachen. Daneben fing er an, über Gesehenes und Erlebtes zu schreiben und wurde so, eher ohne es zu beabsichtigen, zum Journalisten. Seitdem arbeitet Rainer Krack als freier Journalist. Reisen und Schreiben – seine beiden Hobbies wurden zum Beruf. Mittlerweile sind von ihm im Reise Know-How Verlag eine Reihe Bücher über Thailand, Nepal, Indien und Sri Lanka erschienen.

Tom Vater, der die Hälfte des Jahres in Thailand verbringt, reiste 1993 erstmals nach Asien, zunächst, um als Musikwissenschaftler im Auftrag der British Library die Musik der Minderheiten Südasiens aufzuzeichnen. Seitdem sind seine Artikel zu den Themen Tourismus, Umwelt, Politik, Kultur und Minderheiten in Südasien weltweit erschienen. Sein Reisebuch „Beyond the Pancake Trench – Road Tales From The Wild East" ist 2004 bei Orchid Press (Hongkong) erschienen. Ein erster Roman „The Devil's Road to Kathmandu" erschien 2006 bei Dragon's Mouth Press (Hongkong).

Tom Vater schreibt gelegentlich Dokumentarfilm-Drehbücher für das deutsche Fernsehen. Er hat für den Reise Know-How Verlag bereits die Titel „Bangkok" und „Phuket" bearbeitet sowie den KulturSchock „Thailands Bergstämme und Seenomaden" geschrieben. Seit 2006 ist er Co-Autor der Bände „Thailand" und „Thailands Süden".

Artikel und weitere Informationen unter www.tomvater.com.

Kartenverzeichnis

1 Thailand
MYANMAR
Chiang Rai
Luang Prabang
Thanh Hoa
Golf von Tonkin
VIETNAM
Doi Inthanon 2595
Chiang Mai
LAOS
Vinh
VIENTIANE
Mekong
Wang
Yom
Bilin
Salween
Nan
Dong Hoi
Udon Thani
Zentral-Kordillere
Tak
Phitsanulok
Moulmein
Khon Kaen
Golf von Martaban
Ping
Phetchabun-Kette
THAILAND
Chi
Nakhon Sawan
Saravane
Uthai Thani
Chai Nat
Ubon Ratchathani
Khao Ton Thai
Chao Phraya
Nakhon Ratchasima
Mun
Tha Chin
Khwae Noi
Khwae Yai
Tavoy
BANGKOK
Phanom-Dongrak-Kette
Khong
Ratchaburi
Samut Prakan
Pakong
Samut Songkhram
Chonburi
MYANMAR
Phetchaburi
Tonle Sab
Kompong Thom
Pattaya
Chanthaburi
Rayong
Hua Hin
KAMBODSCHA
Trat
Banthat-Berge
MERGUI-ARCHIPEL
Prachuab Khiri Khan
KO CHANG
Mekong
PHNOM PENH
SAIGON
Chumphon
MY THO
Ranong
GOLF VON THAILAND
VIETNAM
KO PHANGAN
KO SURIN
KO SAMUI
Quan Long
Surat Thani
KO SIMILAN
Phang-Nga
Nakhon Si Thammarat
Krabi
PHUKET
Trang
Phattalung
Thale Sap Songkhla
Songkhla
ANDAMAN-SEE
Hat Yai
KO TARUTAO
Satun
Pattani
0
300 km
Narathiwat
Kota Bharu
MALAYSIA

2
Bangkok Übersicht
Suphanburi
PAK KRET
Ayutthaya
Don Muan International Airpo
304
340
Song Hong
Mae Nam Chao Phraya
302
31
1
NONTHABURI
Bang Son
Bang Su
BANG KRUAI
Mo Chit
TALING CHAN
North-Eastern Bus Terminal
Northern Bus Terminal
Bang Phlad
Dusit
338
Nakhon Pathom
Phaya Thai
BANGKOK (KRUNG THEP)
Southern Bus Terminal
BANGKOK NOI
31
Bahnhof Bangkok Noi
Din Daeng
Central Station
National Stadium
Bahnhof Hualamphong
BANGKOK YAI
Bahnhof Wongwien Yai
3
PHASI CHAROEN
Saphan Taksin
Eastern Bus Terminal
Thung Mahamek
4
THONBURI
Khlong Toey
On Nut
34
CHOM THUNG
Yannawa
340
Mae Nam Chao Phraya
PHRA PRADAENG
3
303
0
5 km
RAT BURANA
Samut Sakhon

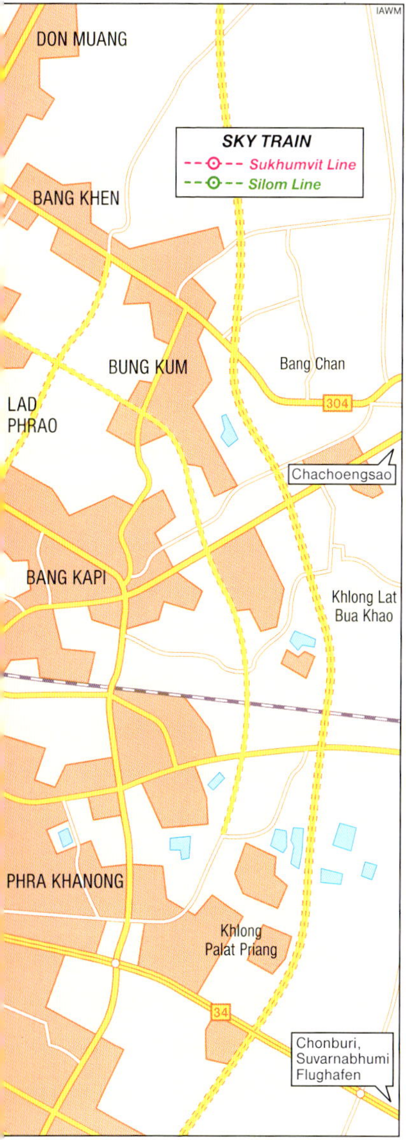
IAWM
DON MUANG
SKY TRAIN
Sukhumvit Line
Silom Line
BANG KHEN
BUNG KUM
Bang Chan
304
LAD PHRAO
Chachoengsao
BANG KAPI
Khlong Lat Bua Khao
PHRA KHANONG
Khlong Palat Priang
34
Chonburi, Suvarnabhumi Flughafen

3 Umgebung Bangkok

Ban Mi
Khok Samrong
Lopburi
Phra Phuttabat
Ang Thong
Tha Rua
Phachi
Saraburi
Ayutthaya
Nong Khae
Kaeng Khoi
Muaklek
Pak Chong
Lam Takhong Dam
Sung Noen
Nakhon Ratchasima
Pak Thong Chai
Chok Chai
Khon Buri
Nakhon Nayok
Prachin Buri
Pathum Thani
Thanyaburi
Don Muang
Lam Luk Ka
Bang Sang
Prachantakham
Kahin Buri
Minburi
Nong Chok
BANGKOK
Chachoengsao
Bang Phli
Suvarnabhumi
Samut Prakan
Pom Phra Chunlachomkiao
Wat Si Long
Sa Kaeo
Watthana Nakhon
Aranyaprathet
Phanat Nikhom
Chonburi
Wang Nam Yen
KAMBODSCHA
Bo Thong
Bang Saen
Si Ratcha
Laem Chabang
Nong Takhian
Bang Lamung
Pattaya
Ko Phai
Ko Lan
Pluak Daeng
Wang Chang
Khao-Chamo-Nationalpark
Khlong Kha
Thung Yai Khong
1556
Pong Nam Ron
Hat Noi
Ko Khram
Sattahip
U Tapao
Samae San
Ko Samaesan
Ban Chang
Rayong
Klaeng
Laem Mae Phim
Ban Phe
Makham
Chanthaburi
IAWM
Kartenatlas

4 Zentralthailand
Mae Sariang
Chiang Mai
Sop Prap
Li
1061
1222
1764
1820
Nai Thong
Thoen
1285
Tanen-Gebirge
Mae Nam Ping
Bhumiphol-Stausee
Mae Phrik
1081
1240
Tha Song Yang
1450
Route 1085
2080
Sam Ngao
Thung Saliam
Ban Tak
Ban Dan Lan Ho
Mae Ramat
1918
1128
1182
12
Tak
105
Mae Sot
Phran Kratai
Martaban
Kawkareik
Moulmein
1101
Kamphaeng Phet
MYANMAR
Mudon
Kada
2080
2152
Khlong Lan
Amherst
Umphang
Thanbyuzayat
1782
1960
ANDAMAN-SEE
Nam Chon Dam
1253
1554
1811
Ye
1755
Sangkhlaburi
Khao Laem Dam
0
50 km
Ban Rai
MYANMAR
LAOS
VIETNAM
Bangkok
KAMBODSCHA
VIETNAM
Golf von Thailand
MALAYSIA

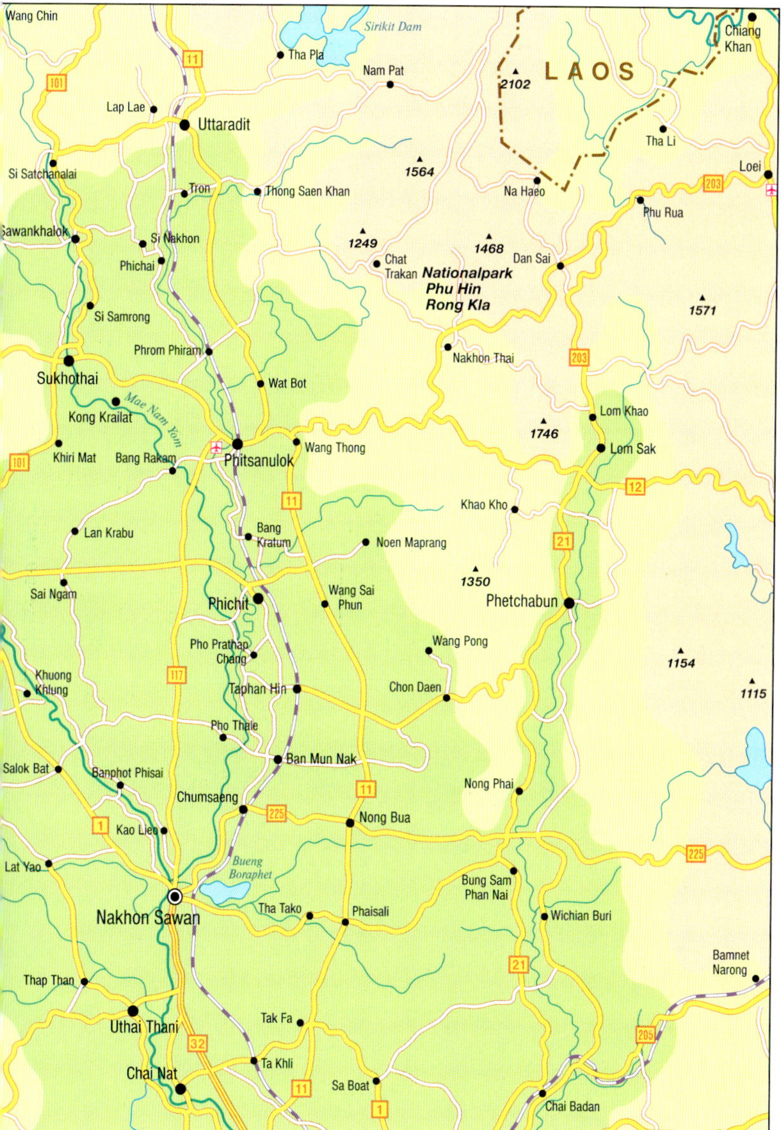

Kartenatlas

5
Der Norden
0
50 km
MYANMAR
(BURMA)
Mae Nam Salawin
1839
1979
Thaton
Fang
Doi Angkhang
1300
LAOS
VIETNAM
MYANMAR
Bangkok
KAMBODSCHA
VIETNAM
Golf von Thailand
MALAYSIA
Ban Mae La Na
1843
107
Mae Aw
Nationalpark
Huai Nam Dang
1794
1570
Doi Chiang Dao
2175
Phrao
1695
Mae Hong Son
Pai
Sop Kai
Chiang Dao
Pha Bong
Mae Ngat
Stausee
1534
Nationalpark
Nam Tok
Mae Surin
108
Mae Taeng
Khun-Chae
Nationalpar
1250
Pong Faen
203
Mae Surin
Wasserfall
Route
1096
National-
park Doi-
Suthep-Pui
118
Mae Surin
San
Sai
Pong Din
Samoeng
Mae Rim
Doi Saket
Khun Yuam
Chiang Mai
Bor Sang
San Kamphaeng
1818
Doi Inthanon
2565
Hang Dong
Saraphi
San Pa Thong
Mae Wang
Lamphun
1326
Ban Tha Kam
Nationalpark
Doi Inthanon
Mae Chaem
1373
108
Pa
Sang
Chom Thong
Mae Tha
Nationalpa
Doi Khunta
Mae La Noi
1563
11
Ban
Hong
Hang Chat
Ob Luang
Mae Sariang
1430
Hot
Ko Kha
Mae Nam Salawin
Mae Tub
Stausee
Soem
Ngam
Sop Moi
Doi Tao
Mae Nam Ping
106
Om Koi
1764
Li
1061
1
Tak
IAWM

Meiktila, Mandalay, Kengtung
Goldenes Dreieck
1550
Mae Sai
1512 Doi Thung
Ban Hin Taek
Chiang Saen
Ban Houei Sai
Chiang Khong
Mae Salong
Mae Chan
LAOS
1225
Chiang Rai
Wiang Chai
Payameng Hai
Menam Khong (Mekong)
1543
Thoeng
Mae Suai
Ban Huey Kon
Phan
Pa Daet
Chiang Kham
1575
1739
1969
Thung Chang
2100
Wiang Pa Pao
Mae Chai
Chun
2079
Chiang Klang
Wang Nua
Pong
Pua
Phayao
Bor Kluea
Tha Wang Pha
1790
Chiang Muan
1360
Ban Luang
Santi Suk
1162
Nan
Ngao
Mae Nam Yom
1396
Mae Charim
Chae Hom
1414
Kin-Lom-Stausee
Wi Ang
Song
1294
Mae Mo
Rong Kwang
Na Noi
1728
Muang Pak-Lay
Phrae
Na Mun
Menam Khong (Mekong)
Long
Sung Men
Ban Khok
1149
1247
1030
Sirikit Dam
Fak Tha
1465
1032
Wang Chin
Uttaradit
Tha Pla
Nam Pat
2102

6 Der Nordosten (Ubon Ratchathani)
Phitsanulok
Khon San
Phu Wiang
Ubon Ratana Dam
Udon Thani
Huai Mek
Nong Kung Si
Sahatsakha
Chum Phae
12
Nong Rua
Khon Kaen
Kalasin
Ban Fang
Phu Khieo
Ban Thaen
Phra Yun
Kamalasai
1154
1217
1115
Kaset Sombun
201
2
Kosum Phisay
Maha Sarakham
Mancha Khiri
Chonnabot
Kaeng Khlo
Nong Bua Daeng
Ban Phai
Kae Dam
Borabu
Waeng Yai
219
Chaturapha Phiman
Wapi Pathum
Chaiyaphum
225
Phon
Na Chuak
Waeng Noi
Na Dun
Nakhon Sawan
Ban Khwao
Nong Song Hong
Nong Bua Rahaeo
Ban Luam
202
Pathum Rat
Bua Yai
Bamnet Narong
Chatturat
Prathai
Phutthaisong
Phayakkha-phum Phisai
Khong
Chumphon Buri
Kham Sakae Saeng
Chum Phuang
Mae Nam Mun
Satuk
205
Khu Muang
Dan Khun Thot
Phimai
Non Sung
Chakkarat
Lam Plai Mat
201
Kham Thale So
Huai Thalaeng
Nakhon Ratchasima (Khorat)
Buriram
Sung Noen
Bangkok
Surin
Lam Takhong Dam
219
218
Pak Thong Chai
Chok Chai
24
Nong Ki
Nong Bun Nak
Nang Rong
Prakhon Chai
Prasat
Prasat Khao Phanom Rung
Khao-Yai-Nationalpark
Khon Buri
Lahan Sai
Ban Kruat
Soeng Sang
Thai
Phum Sâmraông
304
MYANMAR
LAOS
VIETNAM
Bangkok
KAMBODSCHA
VIET-NAM
Golf von Thailand
MALAYSIA
Prachantakham
Kahin Buri
Ta Phraya

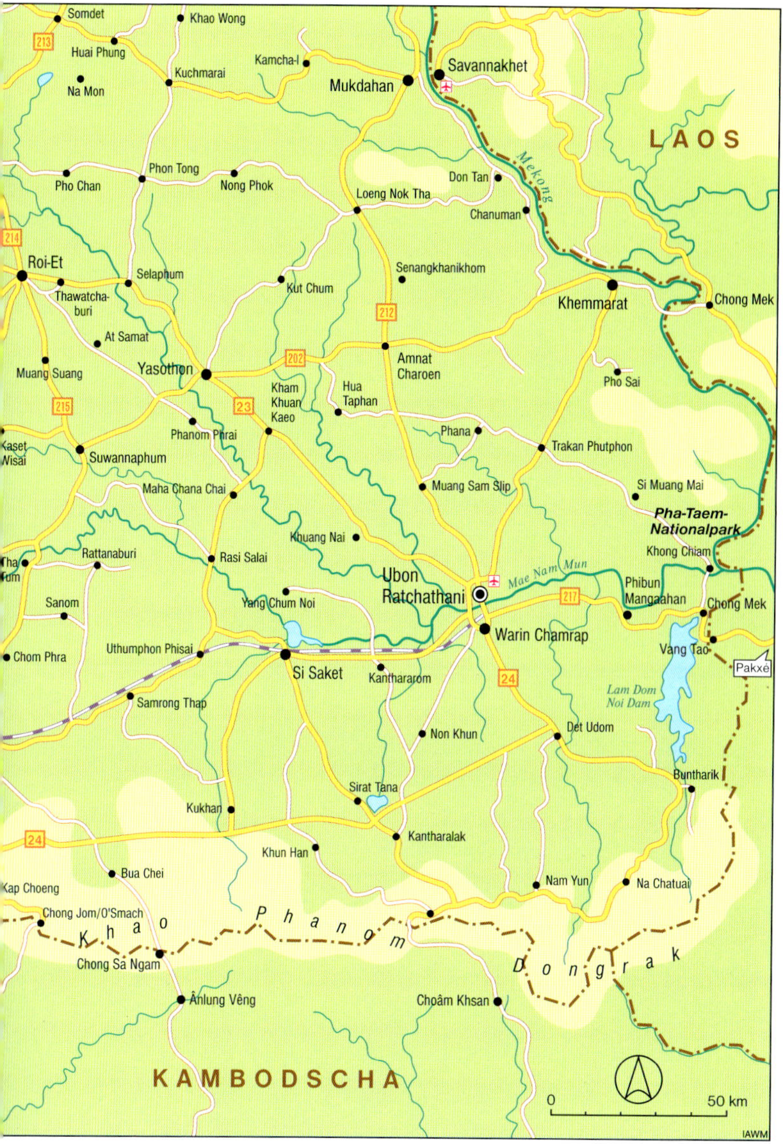

Kartenatlas

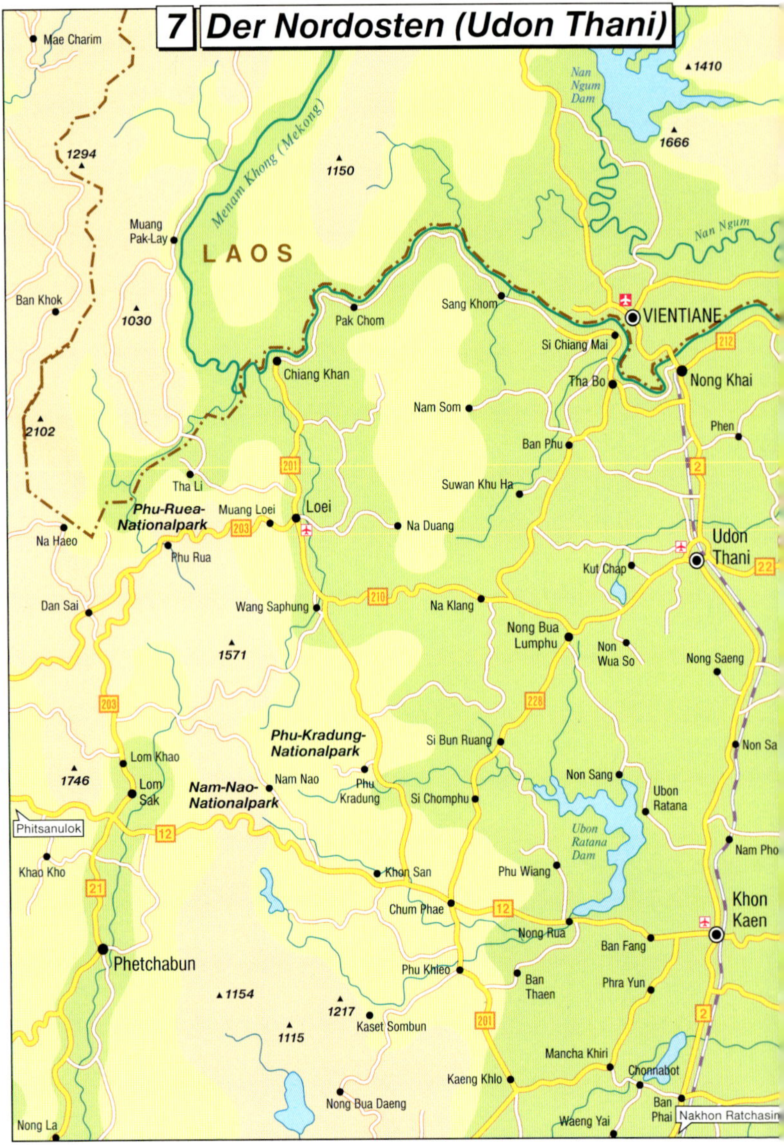
7 Der Nordosten (Udon Thani)
LAOS
Menam Khong (Mekong)
Nan Ngum Dam
Nan Ngum
VIENTIANE
Mae Charim
Muang Pak-Lay
Ban Khok
Pak Chom
Sang Khom
Si Chiang Mai
Chiang Khan
Tha Bo
Nong Khai
Nam Som
Phen
Ban Phu
Tha Li
Suwan Khu Ha
Phu-Ruea-Nationalpark
Muang Loei
Loei
Na Duang
Na Haeo
Phu Rua
Udon Thani
Kut Chap
Dan Sai
Wang Saphung
Na Klang
Nong Bua Lumphu
Non Wua So
Nong Saeng
Phu-Kradung-Nationalpark
Si Bun Ruang
Non Sa
Lom Khao
Lom Sak
Nam-Nao-Nationalpark
Nam Nao
Phu Kradung
Si Chomphu
Non Sang
Ubon Ratana
Phitsanulok
Ubon Ratana Dam
Nam Pho
Khao Kho
Khon San
Phu Wiang
Chum Phae
Nong Rua
Khon Kaen
Ban Fang
Phetchabun
Phu Khieo
Ban Thaen
Phra Yun
Kaset Sombun
Mancha Khiri
Chonnabot
Kaeng Khlo
Nong Bua Daeng
Ban Phai
Nakhon Ratchasin
Nong La
Waeng Yai
1410
1666
1294
1150
1030
2102
1571
1746
1154
1217
1115
201
203
210
228
212
2
22
12
21

Kartenatlas

8
Ostküste
Kahin Buri
Ta Phraya
Phum Thmâ Pôk
Phanom Sarakham
304
Sa Kaeo
33
Svay Chêk
Watthana Nakhon
Aranyaprathet
Poipet
Sanam Chai Khet
Sisophon
331
Wang Nam Yen
317
KAMBODSCHA
Bo Thong
Bâvel
Khao Yai
777
Nong Yai
Thung Yai Khong
1556
Khlong Kha
Ban Laem
344
Khao-Chamo-Nationalpark
Pluak Daeng
Wang Chang
Pong Nam Ron
Baan Phakkad
Pailin
Trêng
Klaeng
3
1164
Rayong
Makham
Laem Mae Phim
Ban Phe
Chanthaburi
Bo Rai
Ko Samet
Laem Sing
Khao Saming
Trat
Ao Sapparot
Laem Ngop
1595
Ko Chang
Ko Mak
Ko Kradat
Golf von Thailand
Ko Kut
Khlong Yai
Hat Lek
Ko Kong
0
50 km
IAWM
MYANMAR
LAOS
VIETNAM
Bangkok
KAMBODSCHA
VIETNAM
MALAYSIA